陕西煤化工技术工程中心有限公司
Shaanxi Coal Chemical Technology Engineering Centre Ltd.

陕西煤化工技术工程中心有限公司是由陕西煤业化工集团有限责任公司和中国科学院大连化学物理研究所，在成功进行DMTO工业化试验的基础上组建的。公司注册资本12 727万元人民币，截至2010年底，资产总额1.26亿元。公司现有员工76人，其中博士2人，硕士21人，本科15人。

2009年，国家发展改革委正式批准建设煤制化学品国家地方联合工程研究中心，作为研究院所和企业用户之间的技术转化平台，从技术创新引领产业发展的角度出发，围绕煤制化学品、煤基清洁能源和碳基新材料三个方向，进行煤化工新技术的开发。

2010年，工程中心先后取得了两项具有世界先进水平的工业化技术试验成果。6月26日，新一代甲醇制低碳烯烃（DMTO-II）工业化技术开发成功，通过了中国石油和化学工业协会组织的鉴定，该项技术达到世界先进水平。该技术是在DMTO技术基础上的进一步创新，也是我国煤制烯烃技术取得的又一次重大进展，对发挥煤炭资源优势，发展我国甲醇制烯烃新型煤化工具有重大的战略意义。11月28日，高混合碳四催化裂解制丙烯工业化技术在北京通过了中国石油和化学工业协会组织的鉴定，该项技术将为我国炼油工业和化工工业所产生的碳四资源的进一步增值加工和综合利用，开辟了一条技术可靠、经济竞争力优越的工艺路线。

陕西煤化工技术工程中心有限公司
Shaanxi Coal Chemical Technology Engineering Centre Ltd.

　　2011年1月，DMTO-Ⅱ工业化技术开发项目经我国两院557名院士的评选，入选为"2010年中国十大科技进展新闻"。6月，工程中心与华油科技有限公司签署了首套混合碳四烃制丙烯技术许可协议。

　　组建至今，工程中心先后建成了一套百吨级全流程循环流化床工业化试验装置、一套小型工业催化剂生产装置、一套微型反应器评价装置，进一步健全和完善了工业化试验基础设施，有力支撑了煤化工技术开发和产业化。

世界首套DMTO-Ⅱ工业化实验装置

电　话：029-88452390　传　真：029-88452297

网　址：http://www.sxccec.com

地　址：陕西省西安市高新区科技三路西段科伟化工三楼

西部超导材料科技有限公司
Western Superconducting Technologies Co.,Ltd.

西部超导外景

西部超导材料科技有限公司是由西北有色金属研究院联合中信金属公司、深圳创新投资公司、西安国有资产经营公司以及西安天汇投资公司等多家股东共同投资于2003年成立的，注册资本25 544万元，总资产15亿元，通过承担国家高技术产业化示范工程项目，建成了国际先进、国内一流、规模化的以稀有金属材料和超导材料深加工为主导的高科技公司。

西部超导公司现有员工530余人，本科及以上学历人员360人，占职工总数70％，形成了一支以5名院士为顾问，以工程院院士和3名归国博士为带头人，以30名博士和80余名硕士为骨干的稀有金属材料和超导材料专业技术研发队伍。公司拥有高素质的专业技术人才队伍及独立自主知识产权，先进的科学管理经验，开发了钛合金材料及高端的稀有金属材料等新产品，形成了钛合金材料、超导材料和生物医用材料三大拳头产品，广泛应用于航空航天、生物医疗、石油化工、能源交通等多个领域，部分产品出口到欧、美等国家，产品质量稳定，深受国内外用户的好评。同时充分发挥自身的研发和产业优势，先后承担了国家、省、市等各类项目50余项，申请专利100余项，已获授权专利30项，先后开发新产品40余种牌号、100多种规格，新产品占公司销售收入的65％以上。公司是我国"超导材料制备国家工程实验室"以及"陕西省航空材料工程实验室"挂靠单位，现已成为国内最具创新能力的高技术企业之一。

电话：029-86514505 86514515　传真：029-86514507　网址：http://www.c-wst.com/
地址：陕西省西安经济技术开发区明光路12号

西部超导材料科技有限公司
Western Superconducting Technologies Co.,Ltd.

西部超导公司拥有多台国际先进的8吨、5吨真空自耗电弧炉，4 500吨、1 800吨及1 000吨大型液压锻造机组、进口精锻机、70米70吨拉床、多模拉丝机等400余台套设备，建成了专业化钛合金棒丝材、超导线材生产线。公司具备年产铸锭6 000吨、棒材3 000吨、NbTi、Nb3Sn低温超导线材400吨、型材100吨的生产能力，是国际上唯一可同时批量生产NbTi合金棒材及NbTi超导线材全流程企业。

国际先进的超导线材生产线

钛合金棒材

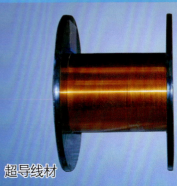

超导线材

电话：029-86514505 86514515　传真：029-86514507　网址：http://www.c-wst.com/

地址：陕西省西安经济技术开发区明光路12号

高功率半导体激光器专业提供商

西安炬光科技有限公司

高功率半导体激光器测试车间

西安炬光科技有限公司是一家由国家"千人计划"刘兴胜博士为首的数名归国留学人员团队、中国科学院西安光学精密机械研究所与国投高科技有限公司共同投资的国家级高新技术企业，专业从事高功率半导体激光器研发、技术服务、生产、销售与应用。公司成立于2007年，现有员工140余名，其中博士11人，硕士28人，操作工人全部具备大专以上学历。截至2010年底，公司资产总额9 835万元。

炬光科技在光电子封装领域拥有热管理技术、无铟化工艺技术、光谱控制技术、Low-smile工艺技术、性能稳定性控制技术、功率扩展技术、多光束合成技术、系统集成技术等核心技术。2009年，公司三项科技成果通过省级鉴定，鉴定结论为产品综合指标"国际先进水平"，部分技术指标达到"国际领先水平"，一项科技成果荣获陕西省科学技术奖一等奖。截至2011年6月，公司已申请各项专利及软件著作权58项，其中21项专利已授权。

"一个领军人物可以带动一个团队，一项核心技术可以催生一大产业"。2010年3月，由炬光科技等三家单位联合发起、有20家相关单位参加的"陕西省高功率激光器及应用产业联盟"宣告成立；2010年7月，陕西省出台了《激光产业发展专项规划（2010年-2015年）》，将激光产业作为陕西省"十二五"期间重点发展的一个高技术产业。

电话：029-88880786　　网址：http://www.focuslight.com.cn
地址：陕西省西安高新区信息大道17号

高功率半导体激光器专业提供商

西安炬光科技有限公司

目前，炬光科技已形成年产各类半导体激光器10万件的生产能力，产品已批量为多家大型激光加工设备厂商及科研单位供货，占到了国内约15%的市场份额，并已有20%种类的产品出口海外。公司已发展成为国内实力最强、规模最大、市场份额占有率最高的国内第一品牌，并被中国光学学会激光加工专业委员会授予"高功率半导体激光器产业先驱"称号。

电话：029-88880786　　网址：http://www.focuslight.com.cn

地址：陕西省西安高新区信息大道17号

中国高技术产业发展年鉴（2011）

张晓强 / 主编
Zhang Xiaoqiang / Editor-in-chief

CHINA HIGH-TECH INDUSTRY DEVELOPMENT ALMANAC (2011)

北京理工大学出版社
BEIJING INSTITUTE OF TECHNOLOGY PRESS

版权专有　侵权必究

图书在版编目（CIP）数据

中国高技术产业发展年鉴.2011/张晓强主编.—北京：北京理工大学出版社，2011.9

ISBN 978-7-5640-5094-8

Ⅰ.①中… Ⅱ.①张… Ⅲ.①高技术产业—经济发展—中国—2011—年鉴 Ⅳ.①F279.244.4-54

中国版本图书馆CIP数据核字(2011)第181051号

出版发行 /	北京理工大学出版社
社　　址 /	北京市海淀区中关村南大街5号
邮　　编 /	100081
电　　话 /	(010)68914775(办公室) 68944990(批销中心) 68911084(读者服务部)
网　　址 /	http://www.bitpress.com.cn
经　　销 /	全国各地新华书店
印　　刷 /	北京天成印务有限责任公司
开　　本 /	880毫米×1230毫米　1/16
印　　张 /	44
彩　　插 /	4
字　　数 /	1072千字
版　　次 /	2011年9月第1版　2011年9月第1次印刷
定　　价 /	400.00元

责任校对 / 陈玉梅

责任印制 / 边心超

图书出现印装质量问题，本社负责调换

《中国高技术产业发展年鉴》

主　编：张晓强

编委会：（按姓氏笔画排序）：

马晓河　王一鸣　王昌林　刘艳荣　任志武　孟宪棠
陈东琪　张序国　张昌鸣　顾大伟　徐建平　梁　桂
綦成元　察志敏

编　审：

伍　浩　白京羽　石　一　吴　钰　沈竹林　李　新
王树海　雷　霆　柳卸林　高世楫　齐建国　薛　澜
王春法

编辑部：

主　任：伍　浩

成　员：王　欣　王金英　江　川　赵　军　高塬竣
　　　　袁润松　李　帅　曾智泽　王　君　李红宇
　　　　林中萍　姜　江　潘　悦　曹亚东　张嵎喆

前 言

2010 年，我国高技术产业保持高位平稳运行，产业发展的各项主要数据均较 2009 年同期有较大幅度的增长，产业发展已基本恢复至金融危机前水平，应对金融危机成果进一步巩固。2010 年我国高技术制造业累计完成总产值 76 156.31 亿元，同比增长 24.60%，增幅提高 19.44 个百分点，较规模以上工业总产值增速低 5.77 个百分点，高技术产业对工业增长的贡献率为 10.76%，较 2009 年提高 5.58 个百分点；实现增加值同比增长 16.6%，增幅回升 8.87 个百分点，较规模以上工业增加值增速高 0.9 个百分点；新产品产值 15 465.35 亿元，较 2009 年增长 27.92%，增幅回升 19 个百分点；全行业实现固定资产投资 7 351.6 亿元，同比增长 40.2%，占制造业投资比重超过 10%。全年高新技术产品出口额达到 4 443.5 亿美元，同比增长 32.7%。2010 年 1—11 月，全国高技术制造业实现销售收入 66 551.19 亿元，利润达到 3 597.89 亿元，同比分别增长 27.69%和 43.95%。

为帮助广大读者和高技术产业工作者准确、及时了解国内外高技术产业发展动态、政策法规等信息，我们在有关领导的指导下，编辑出版了《中国高技术产业发展年鉴（2011）》。本书内容共分六大部分：

（一）产业综合篇：介绍了 2010 年中国高技术产业发展、国家高新技术产业开发区、创业投资业的发展情况；并对高技术产业中的一些重点行业，主要包括信息产业、新材料产业、生物产业、航天产业、可再生能源产业、软件产业、集成电路产业、互联网产业、转基因农作物产业、医药产业以及中国现代中药产业等的发展情况、特点与发展趋势进行了分析。

（二）地区发展篇：37 个省（自治区、直辖市）、计划单列市发展和改革委员会撰写了 2010 年当地高技术产业发展的基本情况、特点和发展思路。

（三）海外发展篇：介绍了世界电子信息产业、软件产业、可再生能源产业、太阳能光伏等产业的发展情况，以及欧洲各国创新绩效、美国 2010 年科学与工程指标概览和世界各国和地区的科技投入现状与发展趋势。

（四）政策法规篇：收录了国务院和各部委 2010 年发布的与高技术产业发展相关的政策、法规和规划。

（五）大事记录篇：收集了 2010 年高技术产业发展及信息产业、生物、产业、新材料产业、新能源产业、航天航空产业发展中的一些重要事件。

（六）基础数据篇：为便于读者查找高技术产业中的一些基础数据，本书收录了国家统计局关于《全国高技术产业动态检测信息快报》的主要经济指标。

《中国高技术产业发展年鉴（2011）》的编辑和出版，得到有关领导和许多专家的大力支持，我们在此表示衷心感谢。

《中国高技术产业发展年鉴》编辑部
2011 年 6 月

目 录

产业综合篇

1　2010年中国高技术产业发展情况/3
2　2010年中国创业投资发展情况/11
3　2010年国家高新技术开发区发展综述/20
4　2010年中国信息产业发展综述/39
5　2010年中国生物产业发展综述/51
6　2010年中国新材料产业发展综述/56
7　2010年中国航天产业发展综述/64
8　2010年中国可再生能源产业发展综述/72
9　2010年中国软件产业发展情况分析/92
10　2010年中国集成电路产业发展情况分析/101
11　2010年中国互联网产业发展情况分析/110
12　2010年中国医药产业发展情况分析/119
13　2010年中国现代中药产业发展情况分析/128
14　2010年中国转基因农作物产业发展情况分析/135

地区发展篇

1　2010年各地区高技术产业发展情况比较/143
2　2010年北京市高技术产业发展情况与展望/150
3　2010年天津市高技术产业发展情况与展望/158
4　2010年河北省高技术产业发展情况与展望/162
5　2010年山西省高技术产业发展情况与展望/167
6　2010年内蒙古自治区高技术产业发展情况与展望/174
7　2010年辽宁省高技术产业发展情况与展望/181
8　2010年吉林省高技术产业发展情况与展望/189
9　2010年黑龙江省高技术产业发展情况与展望/192
10　2010年上海市高技术产业发展情况与展望/199
11　2010年江苏省高技术产业发展情况与展望/206
12　2010年浙江省高技术产业发展情况与展望/210
13　2010年安徽省高技术产业发展情况与展望/217
14　2010年福建省高技术产业发展情况与展望/222

15　2010年江西省高技术产业发展情况与展望/230

16　2010年山东省高技术产业发展情况与展望/235

17　2010年河南省高技术产业发展情况与展望/240

18　2010年湖北省高技术产业发展情况与展望/245

19　2010年湖南省高技术产业发展情况与展望/250

20　2010年广东省高技术产业发展情况与展望/253

21　2010年广西壮族自治区高技术产业发展情况与展望/258

22　2010年海南省高技术产业发展情况与展望/267

23　2010年重庆市高技术产业发展情况与展望/272

24　2010年四川省高技术产业发展情况与展望/276

25　2010年贵州省高技术产业发展情况与展望/282

26　2010年云南省高技术产业发展情况与展望/286

27　2010年西藏自治区高技术产业发展情况与展望/296

28　2010年陕西省高技术产业发展情况与展望/300

29　2010年甘肃省高技术产业发展情况与展望/304

30　2010年青海省高技术产业发展情况与展望/310

31　2010年宁夏回族自治区高技术产业发展情况与展望/314

32　2010年新疆维吾尔自治区高技术产业发展情况与展望/320

33　2010年新疆生产建设兵团高技术产业发展情况与展望/325

34　2010年大连市高技术产业发展情况与展望/329

35　2010年青岛市高技术产业发展情况与展望/335

36　2010年宁波市高技术产业发展情况与展望/341

37　2010年厦门市高技术产业发展情况与展望/345

38　2010年深圳市高技术产业发展情况与展望/352

海外发展篇

1　2010年世界电子信息产业发展综述/359

2　2010年世界软件产业发展综述/366

3　2010年世界可再生能源产业发展综述/378

4　主要国家和地区的太阳能光伏产业发展综述/396

5　欧洲的创新绩效：一个长期视角/463

6　2010年科学与工程指标概览/493

7　世界各国和地区的科技投入现状与发展趋势/520

政策法规篇

1 中华人民共和国无线电管制规定（中华人民共和国国务院 中华人民共和国中央军事委员会令第 579 号）/563

2 国务院关于修改《中华人民共和国专利法实施细则》的决定（中华人民共和国国务院令第 569 号）/565

3 国务院关于修改《中华人民共和国知识产权海关保护条例》的决定（中华人民共和国国务院令第 572 号）/582

4 国务院关于 2009 年度国家科学技术奖励的决定（国发 [2010] 3 号）/586

5 国务院关于进一步做好利用外资工作的若干意见（国发 [2010] 9 号）/587

6 国务院关于 2010 年度国家科学技术奖励的决定（国发 [2010] 43 号）/588

7 2010 年国家工程研究中心评价结果（国家发展改革委 2010 年第 4 号公告）/589

8 《废弃电器电子产品处理目录（第一批）》和《制订和调整废弃电器电子产品处理目录的若干规定》（国家发展改革委 2010 年第 24 号公告）/590

9 第十七批享受优惠政策的企业（集团）技术中心名单（国家发展改革委 2010 年第 30 号公告）/592

10 国家重点节能技术推广目录（第三批）（国家发展改革委 2010 年第 33 号公告）/593

11 废弃电器电子产品处理目录（第一批）适用海关商品编号（2010 年版）（国家发展改革委 2010 年第 35 号公告）/594

12 国家发展改革委关于推进国家创新型城市试点工作的通知（发改高技 [2010] 30 号）/595

13 国家发展改革委关于对百泰生物药业有限公司基因重组人源化单克隆抗体 h–R3 等 117 项生物领域国家高技术产业化示范工程授牌的决定（发改高技 [2010] 1255 号）/597

14 国家发展改革委关于印发加强区域产业创新基础能力建设工作指导意见的通知（发改高技〔2010〕2455 号）/598

15　国家发展改革委 工业和信息化部关于做好云计算服务创新发展试点示范工作的通知（发改高技 [2010] 2480 号）/603

16　国家发展改革委办公厅、财政部办公厅关于请组织推荐 2010 年创业风险投资备选企业的通知（发改办高技 [2010] 484 号）/604

17　国家发展改革委办公厅关于 2010 年继续组织实施微生物制造、绿色农用生物产品高技术产业化专项的补充通知（发改办高技 [2010] 533 号）/605

18　国家发展改革委办公厅关于组织实施 2010 年信息安全专项有关事项的通知（发改办高技 [2010] 549 号）/607

19　国家发展改革委办公厅关于组织实施 2010 年新型电力电子器件产业化专项的通知（发改办高技 [2010] 614 号）/609

20　国家发展改革委办公厅关于 2010 年继续组织实施彩电产业战略转型产业化专项的通知（发改办高技 [2010] 1065 号）/611

21　国家发展改革委办公厅关于当前推进高技术服务业发展有关工作的通知（发改办高技 [2010] 1093 号）/613

22　关于选择一批产业技术创新战略联盟开展试点工作的通知（国科办政 [2010] 3 号）/615

23　关于下达 2010 年度国家有关科技计划项目的通知（国科发计 [2010] 265 号）/616

24　关于加强十一五科技计划项目总结验收相关管理工作的通知（国科发计 [2010] 314 号）/617

25　关于印发《国家科技重大专项知识产权管理暂行规定》的通知（国科发专 [2010] 264 号）/620

26　财政部 海关总署 税务总局关于调整重大技术装备进口税收政策暂行规定有关清单的通知（财关税 [2010] 17 号）/624

27　财政部 科技部 国家发展改革委 海关总署 国家税务总局关于科技重大专项进口税收政策的通知（财关税 [2010] 28 号）/626

28　通信网络安全防护管理办法（中华人民共和国工业和信息化部令第 11 号）/628

29 工业和信息化部关于废止原国防科学技术工业委员会《国防科技工业技术基础科研管理办法》和《国防基础科研管理办法》的决定（中华人民共和国工业和信息化部令第17号）/630

大事记录篇

综合类/633
信息产业类/641
新材料产业类/645
生物、医药产业类/647
新能源产业类/649
航空航天产业类/655

基础数据篇

2010年1—12月分行业高技术产业增加值/659
2010年1—12月分行业高技术产业总产值/660
2010年1—12月分行业高技术产业新产品产值/661
2010年1—12月分行业高技术产业工业销售产值/662
2010年1—12月分行业高技术产业出口交货值/663
2010年1—11月分行业高技术产业主营业务收入和利润/664
2010年1—11月分行业高技术产业全部从业人员/665
2010年1—12月分地区高技术产业总产值/666
2010年1—12月分地区高技术产业新产品产值/667
2010年1—12月分地区高技术产业工业销售产值/668
2010年1—12月分地区高技术产业出口交货值/669
2010年1—11月分地区高技术产业主营业务收入和利润/670
2010年1—11月分地区高技术产业全部从业人员/671
2010年1—12月信息化学品制造业总产值/672
2010年1—12月信息化学品制造业出口交货值/673
2010年1—12月医药制造业总产值/674
2010年1—12月医药制造业出口交货值/675
2010年1—12月医疗设备及仪器仪表制造业总产值/676

2010年1—12月医疗设备及仪器仪表制造业出口交货值/677
2010年1—12月电子及通信设备制造业总产值/678
2010年1—12月电子及通信设备制造业出口交货值/679
2010年1—12月电子计算机及办公设备制造业总产值/680
2010年1—12月电子计算机及办公设备制造业出口交货值/681
2010年1—12月航空航天器制造业总产值/682
2010年1—12月航空航天器制造业出口交货值/683
2010年1—12月高技术产业投资情况（一）/684
2010年1—12月高技术产业投资情况（二）/685
2010年1—12月高技术产业资金来源情况（一）/686
2010年1—12月高技术产业资金来源情况（二）/687

中国高技术产业
发展年鉴(2011)

产业综合篇 --------→
Industrial General

CHINA
HIGH-TECH
INDUSTRY
DEVELOPMENT
ALMANAC
(2011)

# 2010 年中国高技术产业发展情况

一、2010 年高技术产业发展的总体情况

2010 年，全国高技术产业保持高位平稳运行，产业发展的各项主要数据均较 2009 年同期有较大幅度的增长，产业发展已基本恢复至金融危机前水平，应对金融危机成果进一步巩固。2010 年全国高技术制造业累计完成总产值 76 156.31 亿元，同比增长 24.6%（见图 1）；增加值同比增长 16.6（见图 2)%，比全国规模以上工业增速高出近 1 个百分点；全行业实现固定资产投资 7 351.6 亿元，同比增长 40.2%，占制造业投资比重超过 10%。全年高新技术产品出口额达到 4 443.5 亿美元，同比增长 32.7%。1—11 月，全国高技术制造业实现销售收入 66 551.19 亿元，利润达到 3 597.89 亿元，同比分别增长 27.69% 和 43.95%。电信业在资费水平

图 1　2010 年单月高技术制造业累计总产值同比增速

继续下降11.7%的基础上,全年完成电信业务总量30 955亿元,同比增长20.5%;TD-SCDMA用户发展迅速,总量突破2 000万,并完善了TD-LTE产业链;在软件服务业继续保持较快增长的同时,软件业全年收入达到约13 300亿元,同比增长31.3%。

总的来看,2010年全国高技术产业发展主要呈现以下特点:

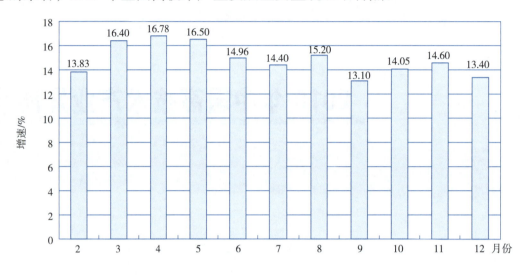

图2 2010年单月高技术制造业增长值同比增速

一是全年高技术产业保持平稳较快发展。2010年,全国高技术产业回稳态势进一步巩固,产业发展环境较2009年有明显改善,高技术制造业产值、增加值等关键数据已逐渐回归至金融危机前正常年份的增长水平,基本保持了平稳较快增长态势,也为2011年战略性新兴产业和高技术产业继续保持又快又好发展奠定了良好基础。

二是高技术产业盈利水平持续升高。2010年,在高技术产业加速回暖,产业规模进一步扩大的同时,大部分高技术企业积极吸取金融危机教训,更加重视产业技术创新,提高产品附加值,高技术产品结构优化也取得一定进展,有效地扩大了产品利润空间。2010年,高技术制造业销售利润率达到5.41%(见图3),创7年来全国高技术制造业销售利润率新高。

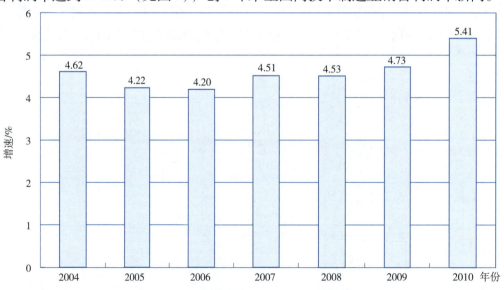

图3 2004—2010年高技术制造业销售利润率

三是各行业均表现出良好的增长态势。随着全球高技术产品市场的逐步回暖,加之国内电子信息产业调整和振兴规划、3G 建设、"家电下乡"等一系列扩内需政策的继续深入实施,信息产业快速回升。全年电子通信制造业实现总产值 36 112.8 亿元、同比增长 25%,增幅较 2009 年提升了近 23 个百分点。计算机产业止跌回升,实现总产值 19 689.6 亿元,同比增长 20.3%。生物、航空、航天等新兴产业继续保持快速发展态势。2010 年生物医药产业总产值突破万亿元大关,达到 11 933.82 亿元,同比增长 27.07%;航空航天产业实现总产值 1 585.2 亿元,同比增长 21.66%(见图 4)。

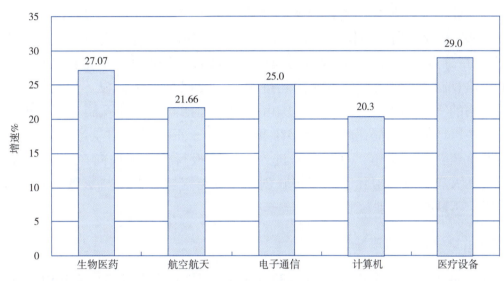

图 4　2010 年高技术制造业各行业产值增速

四是中西部地区继续保持快速增长。金融危机期间,东部地区由于外向度高,受金融危机冲击较为明显。2010 年,随着外需市场的逐步回升,东部地区高技术产业发展也快速回暖。全年东部地区实现总产值 64 357.81 亿元,同比增加 22.8%。与此同时,中西部地区继续保持了快速增长,2010 年,中部、西部地区总产值分别增长 36.45% 和 33.79%,分别比全国高技术制造业平均增幅高出 12 个和 9 个百分点。其中,安徽、河南、重庆、湖南、广西、海南等省市区增幅超过 40%。

二、高技术产业各行业发展情况

1. 电子产品制造业实现恢复性增长

2010 年,电子信息制造业规模以上企业实现销售产值 6.3 万亿元,同比增长 25.5%;工业增加值同比增长 16.9%,比上年提高 11.6 个百分点。主要产品产量继续保持平稳增长。全行业生产手机 10 亿部、微型计算机 2.5 亿台和集成电路 653 亿块,分别同比增长 35%、25.6% 和 30.7%。整机产品升级换代明显加快,彩电产品中液晶电视占到近八成,LED 背光电视、3D 电视开始成为新的热点;笔记本电脑在微机中的比重超过 70%,平板电脑、台式一体机的销量保持 30% 以上的增速;支持 3G 网络的手机产量增速超过 60%。基础行业发展快于整机行业。电子元件和电子器件行业 2010 年销售产值同比分别增长

29.4%和39%，出口额分别达到765亿美元和682亿美元，同比分别增长33.9%和52.7%，分别高于电子信息制造业出口增速4.6个百分点和23.4个百分点。通信设备、家用视听和计算机等整机行业销售产值同比分别增长12.3%、21.2%和24.4%。出口结构进一步优化。电子信息制造业一般贸易继续保持上升趋势，2010年累计出口额达977亿美元，同比增长46.7%，高于电子产品制造业出口增速17.4个百分点；加工贸易占出口的比重为77.7%，同比下降2.9个百分点。投资增速创近年新高。在国务院发布《关于加快培育和发展战略性新兴产业的决定》，以及外向型企业恢复增长的带动下，2010年电子信息制造业成为工业投资增长较快的领域。全年500万元以上投资项目共完成固定资产投资5 993亿元，同比增长44.5%，比上年增速提高27个百分点，比工业总投资增速高21.7个百分点。中西部地区发展迅速，产业转移趋势加快。中部的安徽、江西、湖南等省电子信息制造业销售产值增速均超过45%；随着西部大开发、川渝综合实验区等区域发展战略的实施推进，四川省、重庆市持续加大招商引资和发展力度，2010年电子信息制造业销售产值分别同比增长45.3%和77.2%，正在成为信息产业新的增长区域。企业战略性重组活跃。长虹、TCL大举进入上游面板行业，加快向产业链上游的延伸。华虹与宏立、大唐与中芯国际、亚信与联创、长城与冠捷、方正与宏基等实施战略合作或兼并重组，不断提升企业核心竞争力。

2. 软件业继续保持快速增长

2010年，我国软件销售收入达到1.33万亿元，同比增长31.3%。其中，软件产品、系统集成和支持服务收入分别达到4 208亿元和2 910亿元，同比分别增长28.6%和31.8%，列细分行业收入前两位。软件服务收入一直呈现增幅高于全行业水平的态势，软件服务化趋势日益明显。中心城市成为软件产业主要集聚地。2010年，全国4大直辖市和15个副省级城市软件收入达10 643亿元，同比增长32%，占全国软件收入的80%。西部地区中心城市地位更为突出，成都、西安、重庆三市软件收入占西部地区的90%。

3. 电信业转型升级加快

2010年，我国3G发展进程加快，移动互联网、宽带接入等业务获得较快发展。据初步统计，全年完成电信业务总量30 955亿元，同比增长20.5%；基础电信企业主营业务总收入8 988亿元，同比增长6.4%；电信固定资产投资3 197亿元，同比下降14.2%。全年电信综合价格水平同比下降11.7%，为稳定物价做出了贡献。电信网络水平进一步提升。截至2010年底，全国光缆线路长度达995万千米，比上年末增长166万千米；移动电话交换机容量15亿户，比上年新增6 433万户；全国互联网国际出入口带宽1 099Gbps，同比增长26.8%。全国所有行政村通电话，所有乡镇通互联网，实现了"十一五"规划提出的电信普遍服务目标。电信用户总规模进一步扩大。截至2010年底，全国移动电话用户达到8.6亿户，全年新增用户1.12亿户，再创年度新增用户数新高。3G用户累计达到4 705万户，其中TD用户约2 000万，占全国3G用户的45%。电信业转型升级明显加快。基础电信企业2010年非话音业务收入已占企业主营业务总收入的42.3%，比上年提高5.3个百分点。据初步估算，增值电信企业2010年总收入约1 000

亿元，同比增长超过20%。互联网企业影响力显著增强。截至2010年底，全国互联网网民达4.57亿户，普及率达34.3%；累计新增固定宽带接入用户2 236万户，新增移动互联网用户1.26亿户，互联网发展移动化趋势进一步显现。国内14家上市互联网企业收入增速普遍高于3大基础电信企业，腾讯、百度和阿里巴巴的市值已经超过中国电信集团的市值，在全球互联网公司市值排名中已分别升至第4、6、12位；盛大、腾讯、第九城市以及完美时空等互联网企业纷纷开展海外投资和并购行动。

4. 生物产业继续保持高速发展

在世界经济逐步复苏、国内经济较快增长的背景下，2010年，我国生物产业保持了快速发展的势头。产业规模快速扩大。2010年1—11月，生物医药实现销售收入10 734.8亿元，同比增长26.16%，实现利润总额1 114亿元，同比增长28.34%。2010年，发酵行业产值超过1 850亿元，同比增长15.6%。生物种业等也快速发展，我国已超越美国成为全球第一大种子市场，年销售额将近600亿元。2010年生物产业产值约1.6万亿元。生物医药企业兼并重组出现积极信号。已形成国药集团、华润北药、上药集团等一批具有制造、商业完整产业链，年产值接近500亿元的特大型医药龙头企业集团。生物医药国际化发展取得进展。2010年，生物医药工业1—11月实现出口交货值169.97亿美元，同比增长21.17%；医疗器械出口总额124.83亿美元，同比增长21.93%。此外，生物医药领域的外商投资日趋活跃，跨国药企纷纷加快了在我国进行包括研发、生产、销售在内的完整医药价值链布局步伐。

5. 航空产业发展取得积极进展

2010年，航空工业继续保持快速发展，中国航空工业集团公司和中国商用飞机有限责任公司民用航空产品产值共实现110.05亿元，同比增长12.5%。市场开拓取得进展。中国商飞公司与国航、东航、南航、海航、GECAS公司、国银金融租赁有限公司签署了C919客机启动用户协议和100架飞机启动订单，标志着国产C919飞机获得了主流航空公司的认可。截至目前，新舟系列飞机已获得国内外意向、确认订单总数达到204架；中航工业先后与委内瑞拉、刚果金、印尼、津巴布韦等国签署41架民机销售合同，金额总计3.9亿美元，与此同时，获得了俄罗斯、老挝、柬埔寨等国家总计14架MA60飞机的确认订单。民机研制出现新机遇。截至2010年12月底，C919项目累计科研投入已达27.7亿元；ARJ21实现4架飞机同时进行适航取证试飞，新舟600飞机已取证交付。新舟700新一代涡桨支线飞机项目启动，Z15/EC175中型多用途直升机、Z9/H425消防救援直升机、Z8F100均实现首飞，Z11改进型直升机、Y12F型飞机等的研发也取得了积极进展。国际合作卓有成效。截至2010年底，已有霍尼韦尔等17家国外著名系统设备供应商参与C919系统研制，涉及美国、法国等5个国家，先后成立了14个合资公司；2010年实现转包生产总额7.6亿美元，年均增长超过18%。空客天津总装线项目产能按计划稳步推进，2010年累计交付A320飞机39架，空客A320机翼、B747-8副翼等关键设备的成功制造交付也标志着我国已具备了先进民机大部件的制造能力。地方航空产业基地集群效应显现。以天津为例，随着空客天津总装线项目的逐步投达产及中航直升机项目的建设投产，50多家国内外航空企业落户天津空港经济区（航空产业基地核心区），涉及飞机总装、维修等重点领域，航空产业链初步形成。国内航空租赁业发展初具规模。自2007年有关金融租赁的法规颁布以来，国内航空租赁业规模逐步壮大。截至2010年底，我国民航系统运输机队共有1604架飞机，租赁企业数量已经超过6家。4家国内银行系租赁公司的机队规模从2007年的25架增加到目前的134架，年均增长率高达75%。其中，2010年净增飞机47架，航空产品租赁规模达到406亿元，同比增长超过40%。

6. 创业投资成为带动产业发展的新兴力量

2010年上半年，基金募集延续2009年二季度以来的回暖态势，以人民币基金为主，共募集新基金61支，资金总额达到398.1亿元人民币，较去年下半年增长67.3%，为去年同期的2.5倍；创业投资行业共披露投资项目295个，投资金额108.4亿元人民币，为去年同期水平的1.5倍；上半年共披露退出项目136个，较去年同期明显增加，其中以IPO（首次公开募股）方式退出123笔，占比达九成，比例较2009年四季度进一步提高。国家新兴产业创投计划稳步推进，截至6月底，国家发展改革委、财政部已批复确认13支基金的组建方案，下达中央财政资金6.5亿元，带动地方省级配套资金6.5亿元，吸引社会资本28.7亿元，其中部分基金已完成注册并开始正式运营。

三、下一步产业发展面临的形势和主要问题

2010年，全国高技术产业发展总体上看，保持了较好较快地发展，进一步稳固了产业回升向好的趋势。但全球金融环境尚未完全稳定，发展态势还未完全明朗，2011年，全国高技术产业发展势必面临更为复杂的国内外环境。一是世界金融环境有望继续向好，但下行风险值得关注。世界经济有望延续复苏态势，我国高技术产业有望继续保持较快增长。但国际金融危机的深层次影响还未完全消除，全球经济是否已经进入良性循环的稳定增长期还一时难以判断，还存有潜在系统性和结构性风险，根据世界货币基金组织预测，2011年全球经济增速将从2010年的4.8%降至4.2%。二是进入"十二五"规划期，内需市场潜力巨大。2011年是"十二五"规划的启动年，以战略性新兴产业为代表的一批重大工程加快实施、收入分配改革不断深入和城镇化进程的显著加快，都将蕴含巨大的信息产品和服务需求。同时，伴随着云计算、物联网、生物医药、节能环保等战略性新兴产业的不断发展，都为带动我国战略性新兴产业和高技术产业的转型升级带来了难得的机遇，也势必将进一步壮大我国高技术及战略性新兴产品市场空间。三是战略性新兴产业宏观环境进一步优化。随着《决定》实施细则、战略性新兴产业发展"十二五"规划、信息产业发展"十二五"规划等一批重大产业规划以及软件和集成电路、高技术服务业等一批重大产业政策的陆续出台，2011年我国战略性新兴产业发展的宏观环境必将进一步优化，有望再度推动我国战略性新兴产业加速发展，逐渐形成一批新型业态，形成新的产业增长点。

此外，产业发展也存在一些亟待解决的问题：一是战略性新兴产业总体投入不足与盲目建设并存。由于战略性新兴产业尚处于发展的初级阶段，许多新技术一时还难以转化为现实生产力，加之我国货币政策正逐步由适度宽松转向稳健等原因，社会资本参与

战略性新兴产业发展的积极性还有待进一步提高。与此同时，在光伏、新型显示等普遍关注的战略性新兴产业领域，部分地区并未充分考虑本地区是否具有发展上述产业的基础、技术以及市场条件，盲目展开投资；还有些地方对外资项目给予不合理的补贴，被外商左右竞相提高优惠力度，在一定程度上扰乱了正常的市场竞争秩序。二是关键领域的技术研发和产业布局滞后。我国战略性新兴产业核心关键领域技术产业布局较发达国家还很滞后，虽然华为、中兴、腾讯等企业在自主创新方面已经取得了一定成就，但是大部分中小企业依然存在创新意识不强、投入不足、创新主体不突出等问题。此外，国内企业往往由于国际化、标准化的滞后，一时跟不上应用步伐，自主标准推广和产品创新得不到上下游企业的有效支持，导致在银行智能卡、云计算等重点战略性新兴产业领域面临可能错失内需扩张机遇的风险。三是制造成本进一步上升。随着我国经济的快速发展和资源能源的严重制约，土地、人力、资源能源成本的快速上涨，给高技术企业带来了一定的经营困难，如在东部沿海地区，出现了较为明显的用工难问题。此外，部分高技术企业反映虽然2010年出口形势明显好转，销售收入快速回升，但由于原材料价格上涨过快，盈利反而有所下降。四是贸易保护主义抬头。金融危机后，各国普遍更为重视实体经济发展，此外，各国政府迫于国内各种就业压力、选民压力等原因，国际贸易保护主义抬头趋势明显，对我国高技术产业发展，特别是高新技术产品出口可能带来极为不利的影响。以华为为例，其产品关键参数已经完全具备与诺基亚西门子、爱立信、北电等国外巨头竞争的实力，但在北美和印度却屡被当地政府以安全、产品质量等原因拒之门外，同时，华为提出收购3com、英国马可信电信公司等合理的国际化发展诉求，虽然得到了相关公司董事会的赞成，但也被收购企业所在国政府以"国家安全"等理由横加阻挠。

四、政策措施建议

1. 发挥规划宏观指导作用

2011年是"十二五"规划的开局年，按照《中共中央关于制定国民经济和社会发展第十二个五年规划的建议》总体要求，以及"十二五"规划编制的总体部署，及时出台相关产业规划，切实加强中央和地方、产业和科技、应用和研发等各方面规划、政策的衔接和配套。围绕加快转型升级、强化自主创新的总体目标，将调结构、转方式的各项战略部署落到实处。一是明确加快培育发展战略性新兴产业和高技术产业的指导方针、具体路径和战略步骤，实施若干研发、产业化、市场应用、业务创新和政策扶持相互协调的系统性工程。二是强化战略性新兴产业和高技术产业的区域布局，一方面强调东中西部错位发展，引导产业合理布局和有序转移；另一方面，在平板显示、集成电路等投资大、涉及面广、对关键技术和资源依赖较多的领域，充分考虑地方资源禀赋和基础条件，着眼培育几个有竞争力的产业集群，有效地避免遍地开发、重复建设。三是加快推进三网融合等新业态发展，着力解决制约新型业态发展的体制障碍和市场监管问题，加快TD-SCDMA、地面数字电视等自主标准的商业化应用。推进低空空域管理改革，从制度上保障通用航空领域管理、服务保障管理和安全管控。四是加强科技重大专项和产业发展规划的衔接配套，强化关键产业领域的统筹布局。

2. 开拓高技术产品内需市场

一是继续实施好"家电下乡"等扩内需政策，尽快实现高技术产品内外需市场共同支撑高技术产业发展的良好局面。二是完善政府采购、招投标、首台套、高新技术产品目录等相关政策，积极为国内创新型产品开拓市场，促进自主创新高技术产品的发展。三是加强分析研究，结合国内外技术发展热点，以及专项实施，支持引导企业将技术创新重点转向市场急需的关键技术领域。四是抓紧研究知识产权、财政、税收等相关政策措施，优化完善我国高技术产品竞争环境，促进高技术产业快速发展。

3. 稳步推进创业投资发展

一是继续推进实施新兴产业创投计划，引导创业投资和社会资本投向早期、高技术型创业企业。二是发展专注投资早期创业企业的投资方式，为早期创业企业提供资金和管理支持。三是尽早建立创业投资统计体系，为正确引导和管理创业投资发展和创投机构准确决策提供依据。

4. 坚定不移地实施自主创新战略

一是加强政策实施相关部门的联系沟通，建立各级政府财政、税收、科技、金融、知识产权、人事等部门的政策落实协调机制，明确执行主体、责任主体和监督主体。二是加强对政策实施情况和效果的跟踪分析，重点了解、发现政策实施过程中出现的突出问题，及时研究提出解决问题的相关方法。三是继续加大自主创新政策宣传力度，提高企业自主创新积极性。

5. 大力培育龙头企业

一是加强关键领域的垂直整合，鼓励和支持有条件的企业加大研发投入，加强全产业链的技术创新和产业整合能力。二是探索产业化专项的支持手段，在目前关键技术还受制于人的高技术产业领域，开设产业化专项，支持有实力的高技术企业实现关键技术突破。

6. 深化国际合作

着力提升高技术产业利用外资和境外投资的水平和效益。积极引导外商投资与产业结构调整、自主创新、西部大开发等国家重大战略紧密结合，支持中外企业加强研发合作，推进知识产权共享。引导国外高水平生产性服务业向中国转移。不断开拓国际市场，促进更高水平、更大规模、更深层次参与国际分工合作。大力推动 TD-SCDMA、地面数字电视等自主标准和技术的国际推广。以国际区域合作机制为平台，推进大型高技术企业等向外拓展。健全企业出口与境外投资的服务体系，强化商务部门和行业协会的对外协调能力，积极应对和引导 WTO 等国际组织的规则调整，为对外贸易发展和企业"走出去"创造良好环境。

国家发展和改革委员会高技术产业司

2010 年中国创业投资发展情况

2010 年是中国创业投资史上最具历史性意义的一年，中国创投市场无论在募资、投资还是退出方面，均刷新历史。从新基金募集情况看，中外创投机构募资热情近乎狂热，基金募集的数量和规模都显著增加，其中人民币基金募集个数占比在九成以上，领先地位进一步巩固；投资方面，投资案例总数及投资金额均大幅上扬，投资行业布局紧跟国家政策导向及市场热点，互联网、清洁技术以及生物技术/医疗健康依旧遥遥领先；对比不同类型创投机构，2010 年本土创投活跃度空前高涨，投资占比进一步扩大，退出方面更是尽享"盛宴"；另外，中国企业赴美 IPO 也迎来小高潮。

据清科研究中心数据显示，2010 年中外创投机构共新募基金 158 支，其中新增可投资于中国内地的资本量为 111.69 亿美元；投资方面，中国创投市场共发生 817 起投资交易，其中披露金额的 667 起投资金额共计 53.87 亿美元；退出方面，2010 年共发生 388 笔退出交易，其中 331 笔 IPO 退出交易占总数比例高达 85.3%。

一、2010 年我国创业投资机构变化情况

纵观 2002 年至今，中国创业投资市场上无论新募基金数还是募资总额都一路高歌猛进，尽管在 2008 年末因受金融危机重创而整体回调，但进入 2010 年，中国创投市场上基金募集不仅热情空前高涨，甚至近乎狂热。据统计数据显示，2010 年，中外创投机构共新募集 158 支基金，募资总量达 111.69 亿美元，较 2009 年全年涨幅分别高达 68.1% 和 90.7%；而与 2008 年的历史高位比较，涨幅也分别为 36.2% 和 52.8%（见图 1）。

近年来，随着国内有限合伙人（Limited Partner，简称 LP）群体的扩容，政策环境的完善以及退出渠道的畅通等因素利好，人民币基金募集赶超美元基金之势已基本明朗，并在 2010 年进一步奠定自己的主流地位，开始主导在中国市场的交易和运作，从境外基

图 1　2002—2010 年创业投资机构募集情况比较

来源：清科研究中心 2011.01

www.zdbchina.com

金夺取了相当大的交易份额。许多主要的海外创业投资和私募股权投资机构，均宣布成立人民币基金并获得高额认购。

据清科研究中心统计显示，2010 年共有 146 支新募集完成人民币基金，募资总额共计 68.67 亿美元，分别占全年募资总量的 92.4% 和 61.5%，较 2009 年 89.4% 和 60.9% 的占比进一步扩大。但从基金的平均规模来看，外币基金依旧略胜一筹（见图 2 和图 3）。

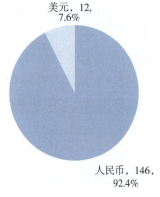

图 2　2010 年新募基金币种分布（按数量，个）

来源：清科研究中心 2011.01

www.zdbchina.com

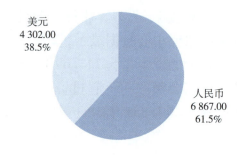

图 3　2010 年新募基金币种分布/百万美元

来源：清科研究中心 2011.01

www.zdbchina.com

二、2010 年我国创业投资的投资情况分析

1. 中国 VC 市场投资案例数首破 800 大关　投资金额亦达 54 亿美元

2010 年，中国创投市场投资案例数首破 800 大关，共发生投资案例 817 起，其中披

露金额的667起涉及投资总额53.87亿美元,不仅远超2009年全年477起共计27.01亿美元的投资总量,较2008年全年607起共计42.10亿美元的投资亦是有过之而无不及(见图4)。

图4　2002—2010年中国创业投资市场投资总量比较

来源:清科研究中心2011.01
www.zdbchina.com

2. 互联网、清洁技术、生物技术/医疗健康名列前茅

2010年,中国创投市场所发生的817起投资案例共分布于23个一级行业。其中,互联网、清洁技术以及生物技术/医疗健康一如既往的名列前茅(见图5和图6)。

2010年互联网领域的投资案例数以及总投资金额均创历年新高,全年共发生125起投资案例,涉及投资金额共计7.18亿美元,较2009年全年61起投资案例数及3.17亿美元的投资金额,涨幅分别高达104.9%和126.5%。其中,52笔投资都集中在电子商务领域。2010年电子商务投资主体更加多元化,广布于服装、消费品、珠宝、化妆品、团购等细分领域,另一方面,作为电子商务行业的"后起之秀",团购网站也纷纷吸金,随着网络消费占社会零售市场总体的规模比重日益增加,以及对二、三线城市市场的继续挖掘,电子商务行业引起巨大的成长空间而颇受投资者关注。

2010年,清洁技术行业共发生84起投资案例,涉及投资金额共计5.08亿美元,较2009年全年53起投资案例数及3.56亿美元的投资金额,涨幅分别高达58.5%和42.7%。随着国家对环保行业的重视和投资力度的进一步明确,"低碳经济"迅速成为当下最热门的投资概念之一。

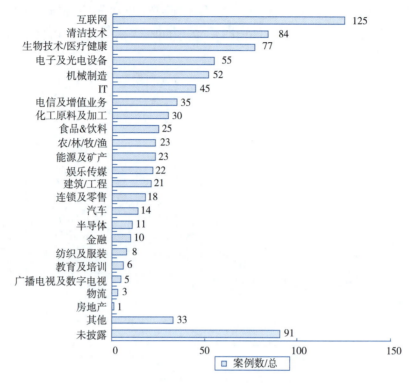

图5　2010年创投投资行业分布（按数量，起）

来源：清科研究中心 2011.01
www.zdbchina.com

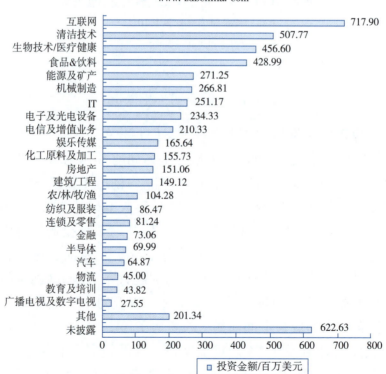

图6　2010年创投投资行业分布（按金额，百万美元）

来源：清科研究中心 2011.01
www.zdbchina.com

三、2010年我国创业投资退出情况分析

1. 本土创投"盛宴"开席

自金融危机以来,外资创业投资机构的投资步调放缓,为本土创投创造了绝佳的发展机遇。境内方面,中国创业板的尘埃落定,境内资本市场退出渠道的畅通也在极大程度上加速本土创投的繁荣景象,本土创投机构的竞争优势越发显现。2010年,本土创投发展更加迅猛,全年投资案例数和投资金额分别为526起和27.20亿美元,占全年投资总量比重分别为64.4%和50.5%,较2009年302起的投资案例数和13.19亿美元的投资金额涨幅分别为74.2%和106.2%(见图7和图8)。

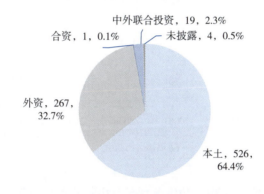

图7 2010年不同投资主体的投资数量差异(按数量,起)

来源:清科研究中心 2011.01
www.zdbchina.com

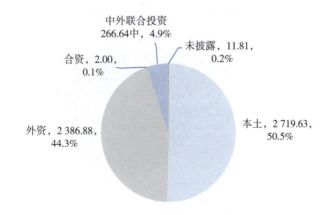

图8 不同投资主体的投资金额差异(按金额,百万美元)

来源:清科研究中心 2011.01
www.zdbchina.com

2. 创业板效果显现,本土创投尽享丰收盛宴

2010年,中外创业投资机构共发生388笔退出交易,较2009年全年123笔涨幅高达

215.4%。2010年中国企业在全球掀起一轮上市热浪，全年共有157家风险投资（VC）支持的企业IPO涉及退出交易331笔，占退出交易总数的85.3%。除此之外，2010年，股权转让方式共发生20笔退出交易，占比为5.2%；兼并和收购（M&A）退出共有24笔，占比为6.2%；回购退出1笔，占比为0.3%（见图9和图10）。

图9　2002—2010年创投市场退出情况比较

来源：清科研究中心2011.01

www.zdbchina.com

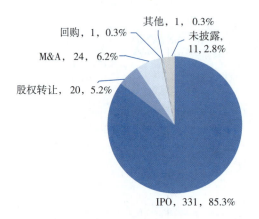

图10　2010年创投市场退出方式分布（按数量，笔）

来源：清科研究中心2011.01

www.zdbchina.com

2010年，中国创投市场上共有157家曾获得VC投资的企业IPO上市，共涉及退出交易331笔，超过2009年的两倍。境内方面，退出渠道畅通的效果终于显现，全年共有119家VC支持的上市企业涉及238笔退出交易，分别占总数的75.8%和71.9%。境外方面，随着国外资本市场的回暖，海外上市也于2010年下半年恢复活跃，中国企业在资本市场普遍获得较高估值,其背后 VC/PE 投资机构在境内外退出中获得丰厚回报。全年共有 38 家 VC 支持的上市企业涉及 93 笔退出交易,较 2009 年的 10 家企业共计 18 笔境外 IPO 退出交易数明显增加,涨幅分别达到 280.0% 和 416.7%(见图 11)。

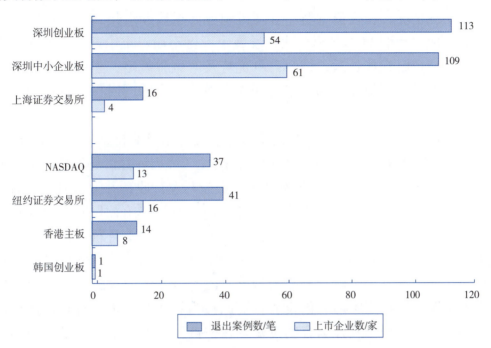

图 11 2010 年 VC 支持企业 IPO 情况

来源:清科研究中心 2011.01
www.zdbchina.com

四、制约创业投资发展的环境因素及基本结论

中国创业投资市场面临的挑战和风险主要体现在四个方面:

一是行业运作不规范。缺乏全国性的行业协会来进行自律,政府监管方面也没有明确主管部门,而是多环节多机构监管,政策法规体系仍待完善。因此,众多机构都是"摸着石头过河",随着各路新军涌入创投行业,"短期牟利者"逐渐增多,出现了一些打着"创投"招牌进行非法集资的行为,扰乱市场秩序的稳定。

二是估值水平过高,虚增市场投资泡沫,会促使一些萌芽中的行业走上"烧钱"的畸形发展道路。创业板已经历了自 2009 年 10 月 30 日正式登陆深交所之后的第一个年头。首批 28 家企业挂牌上市以来,对于创业板的各种评价甚嚣尘上,毁誉参半。创业板为中小企业和 VC 带来无限机遇的同时,也面临估值、监管等各种难题。

三是投资者仍待成熟。目前的创业投资界投资人大都没有经过历史周期的考验,投资分析的专业程度和对市场发展规律的把握方面都还不够成熟,加上投资团队快速扩容,很多从业者都没有足够的实际操作经验。因此,投资机构需要回归团队建设,人才培养和价值创造。随着市场的优胜劣汰,行业集中度将不断提高。

四是缺少优秀管理机构。中国创投市场渗透率相对西方发达国家而言仍然非常低,虽然未来拥有巨大而独特的发展空间，但缺少优秀管理机构已经成为制约市场发展的重要因素。在激烈的竞争环境中，将更加考验创投机构的专业性和抗风险能力。随着各路资本开始积极涌入，市场中项目资源相对有限，市场竞争加剧，如何在战略层面高瞻远瞩，结合自身实际情况，在投资策略、管理机制方面积极探索找到当前市场环境下最优的发展路径，已成为当下VC/PE机构快速发展中不得不面对重中之重。而面对新的竞争环境，创投机构应把眼光放长远，结合自身优势及时调整策略，建立竞争优势，在中国经济结构调整的大环境下抓住机遇，在合理提高整体节奏的同时保持理性投资，从而保证我国创投事业未来走得更加稳健和长远。

此外，随着国有股转持社保基金政策的实施，国有创投的持续发展仍面临较大考验。2009年6月19日，财政部、国资委等部门联合颁发《境内证券市场转持部分国有股充实全国社会保障基金实施办法》，规定股份公司首次公开发行股票并上市时，国有股东需按实际发行股份数量10.0%的比例将上市公司部分国有股转持给社保基金。这对充实社保基金的重要性无可厚非，但转持办法的实施与当前国家大力支持科技创新、扶持创投机构发展的大环境不相符，对中国国有创投机构带来巨大影响。国有创投机构投资项目多属创新型中小企业，具有投资较为分散的特点，因此该办法的实施将造成国有创投股权少而划转多的情况，导致多家国有创投的投资回报为零甚至为负，对其投资热情和长远发展都产生制约，也不利于发挥国有创投资本在扶持科技型中小企业发展中的引导和放大作用。2010年，越来越多的国有创投机构开始向民营化方向迈进。一些老牌的国有创投，纷纷完成了"民营化"的改造。

五、对2011年我国创业投资情况的展望

中国经济的稳定快速发展和全球经济复苏，为中国VC/PE行业的募资、退出和投资环境的不断改善奠定了基础。总体看来，2011年中国创业投资市场仍然会是迅速发展的一年。更多的外资和本土GP加入到管理人民币基金和美元基金的两条战线，机遇与挑战并存。

募资方面，2011年募资大势或将继续"飙升"，募资总量将持续火热募集状态。人民币基金依然是多数机构的首选，而"两条腿走路"也将继续是基金募集策略的重要方向。究其原因，一方面，国内LP正快速扩容，海外LP持续看好中国市场，逐步加大投资配置比例，上海、北京已经实行QFLP；2010年保险资金开闸，2 230多亿元资本蓄势待发；社保基金也计划加速投资脚步；引导基金的步伐更是不减；高净值富裕个人同样觊觎中国创投业的巨额回报。因此，可以预测未来一段时间内中国创投市场资本总量"飙升"基本没有悬念。其二，目前VC/PE市场竞争格局明显加剧，投资节奏逐步加快，尽管关于"泡沫"呼声不断，但投资估值依然保持高位，这也迫使创投机构需要更多的资本储备，在广播种的同时也为下一个"严冬"备粮。

投资方面，2010年，中国创投市场的投资案例数和投资总金额彻底扭转了金融危机以来的下降趋势，甚至"估值高"的呼声已是不绝于耳，中国创投市场竞争"激烈"程度已明显高于前几年。2011年，随着国内政策环境的优化，以及各级政府部门和国民对

于创业投资的认知增加,各路新兴创业投资暨私募股权投资机构不断涌现,从券商开展直投业务,到保险机构政策开闸,再到上市公司掀起创投热,以及银行系的"暗流涌动",中国创业投资暨私募股权投资行业队伍正在快速壮大,与此同时,市场投资竞争格局"加剧"也属必然,因此2011年将是"大浪淘沙"的一年。面对竞争环境的变化,已经有不少创业投资机构先发制人,及时调整策略。从投资行业来看,2011年,广义互联网、清洁技术、生物技术和医疗健康产业依然会是投资热点。而随着中国产业结构的转型升级,"农村城市化"和"消费升级"将成为保持经济增长的两个原动力,因此,大农业、消费品、化工及现代服务业等也会在投资方面得到长足发展。

退出方面,2010年是丰收之年,中国企业上市持续引领全球IPO,创业投资机构也进入退出高峰期,无论本土还是外资机构都尽享饕餮盛宴。而中国本土的创业投资暨私募股权投资机构在2010年获得骄人的战绩,显示出熟悉中国市场的竞争优势,特别是在创业板推出之后,获得高额回报。2011年,IPO有望继续引领VC退出热潮,而股权转让和并购方式退出占比也将扩大。中国拥有丰富的中小企业资源,符合上市条件的优秀企业数不胜数。因此,在未来一段时间内,在中国经济持续高速增长的宏观环境下,国内资本市场,尤其是中小板及创业板将持续、稳定扩容,创投境内退出前景将非常可观。2011年全国证券期货监管工作会议上,证监会主席尚福林明确指出,扩大中关村试点范围、建设统一监管的全国性场外市场,成为今年证监会主导工作之首,由此为"新三板扩容"吹响了号角,创投境内退出又增加更多机遇。

政策方面,近年来中国创业投资暨私募股权投资相关法律架构不断完善,机构投资者准入限制逐步打开,退出渠道日渐拓宽,中国VC/PE市场因而迅猛发展,成为了中国资本市场中的重要力量,弄潮其中的各类机构也逐渐形成了较成熟的募资、投资、退出策略及内部管理机制。2011年,相关政府部门为了进一步优化外资参与人民币基金政策环境,在鼓励人民币基金发展的同时,也相继出台或正在制定有关人民币基金的监管政策与措施,力图促进人民币基金的可持续、规范发展。这些政策与措施包括国家发改委最新发布的人民币基金备案制度、全国人大及中国证监会牵头进行的《证券投资基金法》修订等。

此外,中国创业投资行业正处于高速发展阶段,伴随而来的是人力资源竞争加剧以及人员流动率加快等问题,如何完善投资机构内部治理机制与薪酬体系成为各机构关注的焦点。2011年创投行业从业人员队伍将继续壮大,行业整体薪酬水平有望上调。

北京大学中国经济研究中心　郑杏果

2010 年国家高新技术开发区发展综述

2010 年，全国高新区继续深入贯彻落实科学发展观，进一步推进高新技术产业发展，促进了产业结构调整和经济增长方式转变，尤其在推动战略性新兴产业发展、建立资源节约型和生态园区建设方面发挥了先锋表率作用。

一、各项经济指标保持稳步增长

为充分发挥高新区的"引领、辐射、示范和带动"优势，国务院适时启动了"省级高新区升级"工作。2010 年 9 月至 12 月，分两批审核通过 27 家省级高新区升级为国家高新区，截止到目前，国家高新区的数量由过去的 56 家增加到 83 家。

（一）新升级带来新增长

2010 年统计数据显示，83 家高新区共有企业 55 243 家，年末从业人员 960.4 万人，营业总收入 105 917.3 亿元，工业增加值 21 410.0 亿元，工业总产值 84 318.2 亿元，净利润 6 855.4 亿元，上缴税额 5 446.8 亿元，出口创汇 2 648.0 亿美元。

2010 年，83 家高新区工业增加值占同期全国第二产业增加值比重达 11.5%；出口创汇占同期全国外贸出口总额的 16.8%；园区生产总值 31 703.4 亿元，占全国国内生产总值比重达 8.0%。

加入新升级的 27 家高新区，国家高新区占国内工业增加值、出口创汇、国内生产总值等指标，分别提升 1.7、0.1 和 1.0 个百分点。也说明，新升级的 27 家高新区在数量上占原 56 家高新区近一半，但经济总量相比还较小，还有很大发展空间。

（二）经济总量增速加快

2010 年，56 家①高新区创造营业总收入 97 180.9 亿元，工业总产值 75 750.3 亿元，工业增加值 19 271.7 亿元，净利润 6 261.3 亿元，上缴税额 4 968.2 亿元，进出口总额 4 361.2 亿美元。其中出口创汇 2 476.3 亿美元。1992—2010 年，高新区营业总收入、工业总产值、工业增加值、净利润、上缴税额、出口创汇年均增长率分别为 39.9%、39.6%、27.3%、36.3%、41.3% 和 42.7%。（如图 1 所示）

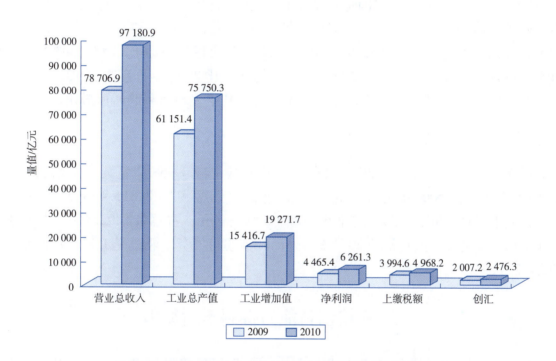

图 1　2009—2010 年 56 家高新区主要经济指标比较

56 家高新区主要经济指标与 2009 年增速比较，除上缴税额趋缓 0.5 个百分点外，其他指标均高出 2009 年同期增速 4.2、7.8、1.7、5.1 和 23.8 个百分点。特别值得一提的是，随着全球金融危机逐渐好转，高新区出口受阻现象日益得到控制，逐步摆脱金融危机的影响，正逐渐趋于稳定向好。

（三）经济增长态势显著

2010 年，56 家高新区中近一半增速高于高新区平均水平。营业总收入增速高于 23.5% 的高新区有 27 家，工业总产值增速高于 23.9% 的高新区有 26 家，工业增加值增速高于 25% 的高新区有 27 家，净利润增速高于 40.2% 的高新区有 27 家，上缴税额增速超过 24.4% 的高新区有 27 家，出口创汇增速超过 23.4% 的高新区有 28 家。

（四）增长质量稳中有升

2010 年，56 家高新区实现工业增加值 19 271.7 亿元，年增长 25%，高出同期全国第

---

① 从本部分开始，均按 56 家高新区数据进行同比分析。

二产业增加值增速12.8个百分点，占全国第二产业增加值10.3%，高于2009年0.5个百分点。有25家高新区的工业增加值超过300亿元以上，比2009年增加9家；此外，高新区出口创汇年增长23.4%，较2009年提高23.8个百分点，占同期全国外贸出口总额15.7%；高新区创造的园区生产总值达28 276.1亿元，比2009年增加5 159.6亿元，占全国同期国内生产总值比重达7.1%，较2009年占比提高0.1个百分点。

（五）经济效率持续走高

2010年，高新区企业人均创造价值的能力继续提升。人均营业总收入113.1万元，人均工业总产值88.2万元，人均工业增加值22.4万元，人均净利润7.3万元，人均上缴税额5.8万元，人均出口创汇2.9万美元。以上6项指标分别比2009年增长12.0%、12.4%、12%、28.1%、13.7%和11.5%。人均数额比2009年分别高出12.1万元、9.7万元、2.4万元、1.6万元、0.7万元和0.3万元，其中人均净利润增速最快。

（六）税收增长保持稳定

2010年，高新区企业缴税保持稳定增长共上缴税额4 968.2亿元，年增长24.4%。其中年销售收入在500万元以上的规模工业企业上缴税额3 811.4亿元，占总量的76.7%；营业总收入超亿元以上企业缴税额4 590.7亿元，占总量的92.4%；上市企业上缴税额1 012.4亿元，占总量的20.4%；外商和港澳台投资企业缴税1 722.7亿元，占总量的34.7%。

二、科技创新能力得到不断加强

高新区吸纳国内外大批高素质优秀人才，企业不断加强研发投入，汇集创新资源，提升创新能力，产生了一批具有国内外先进水平的科技创新成果。

（一）人才队伍发展较快

2010年，高新区企业年末从业人员859.0万人，是1992年建区初期的25.3倍，较2009年增加48.5万人，年增长6.0%。高新区大专学历以上人员达444.6万人，较2009年增加59.9万人，占从业人员总量51.8%。其中，硕士学位毕业生36.9万人、博士学位毕业生4.3万人、留学归国人员近4.7万名，分别比2009年增加5.2、0.5和1.1万人。2010年，按从业人员构成，具有中高级职称人员114.3万人，占总量的13.3%。在263名国家千人计划引进的海外高层次创业人才中，有近85%左右来自高新区内。

高新区从事科技活动人员超过161.1万人，较2009年增加5.4万人，占总量的18.7%。如按R&D人员和R&D研究人员人头计算，分别达84.7万人和24.5万人，占总量的9.9%和2.9%。近几年来，在高新区企业中涌现出大批女科技工作者，在参加科技活动人员中女性科技人员有18.6万人，占科技活动人员11.5%。（如表1所示）

表1 高新区从业人员构成情况　　　　　　　　　　单位：万人

年份	从业人员	大专以上学历	硕士毕业	博士毕业	留学人员	科技活动人员	研发人员	中高级职称
2009	810.5	384.7	31.7	3.8	3.6	155.7	54.1	108.6
2010	859.0	444.6	36.9	4.3	4.7	161.1	84.7	114.2

（二）创新经费增加显著

2010年，高新区企业用于科技活动经费的支出明显增加，达3 404.5亿元，较2009年增加556.5亿元，年增长19.5%。科技活动经费中，企业内部用于科技活动的非政府经费支出3 094.2亿元、使用来自政府部门经费148.8亿元、委托外单位开展科技活动的经费支出126.4亿元，企业内部用于科技活动的非政府经费当年形成的固定资产352.3亿元。

企业R&D经费内部支出1740.3亿元，较2009年增加397.6亿元，年增长29.6%。高新区企业R&D经费内部支出占产品销售收入比重达2.3%。高新区企业R&D支出占全社会R&D经费支出24.6%，占全部企业R&D经费支出33.6%。（如图2所示）

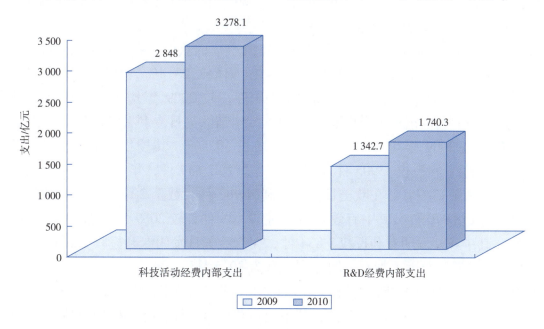

图2　科技活动经费和R&D经费支出情况

（三）政府资金支持加大

2010年，高新区财政科技拨款总额达139.2亿元，比2009年高出20亿元，年增长16.8%，高新区财政科技拨款占高新区财政支出比例达8.3%。高新区用于对科技型中小企业创新基金配套资金达44.5亿元，年增长20%；用于扶持创业投资机构资金166.3亿元、用于扶持担保机构资金99.0亿元，高新区为企业创新创业提供了强有力的资金支持。

（四）智力资源优势突出

2010年统计数据显示，高新区中聚集了众多科研机构和大专院校，为园区经济发展提供知识载体和创新源头。高新区内共聚集各类大学339所，研究院所772个，企业技术中心2 792个，博士后工作站473个，国家工程技术（研究）中心252个。研究机构与企业间形成了良好的产学研合作关系，加速了高新技术成果的产业化。

（五）创新活动内容丰富

2010年，高新区企业的科技创新活动内容越加丰富，企业通过不断开发新工艺、研制新产品、承担各级政府的科技计划项目、参与标准的制定，购买国内技术、引进国外技术、进行引进技术消化吸收再创新等形式多样的创新活动，不断提升创新能力，增强市场竞争力。企业参与的科技项目数量达154 540项，其中R&D项目达59 455项。企业积极参与标准的制定，共有195家企业参与各类标准的制定，其中102家企业在标准制定中发挥着主导作用，参与行业标准、国家标准和国际标准制定的企业分别达161家、96家和8家。

（六）创新成果不断涌现

2010年，高新区企业生产的主导产品有57 838种，其中开发生产新产品产值达25 597.2亿元，新产品销售收入26 306.4亿元，新产品销售收入占产品销售收入比重达34.2%；其中，21个高新区超过平均值。

2010年，国家高新区企业更加重视自主知识产权的获取，积极申报专利。当年专利申请量达124 980件，较2009年增加23 999件，年增长23.8%，其当年专利申请量占全国总量的10.2%。其中发明专利申请63 770件，较2009年增加13 107件，年增长25.9%，其发明专利申请量占全国总量16.3%。申请欧美日专利1 817件；共获得授权专利70 378件，较2009年增加23 624件，年增长50.5%，其授权专利数量占全国总量8.6%。其中发明专利授权23905件，较2009年增加7 647件，年增长47.0%，其发明专利授权占全国总量17.7%。在欧美日授权专利有967件。截至2010年底，高新区企业已拥有有效专利188 970件，其中有效发明专利69 168件，较2009年增加14 866件，年增长27.4%，其中境外发明专利授权3 834件，拥有欧美日发明专利授权2 253件，是2009年的6.6倍。高新区每万人拥有发明专利数量为80.5件。

2010年，按其他知识产权情况，企业共拥有软件著作权49 542件，其中当年获得7 709件；拥有集成电路布图2 127件，其中当年获得309件；拥有植物新品种361件，其中当年获得36件；共拥有注册商标90 914件，其中当年注册16 819件，拥有境外注册商标12 775件；获得各种国家奖项2 656项。

三、企业成长能力进一步提升

（一）企业资产运作良好

高新区企业年末资产达103 015.8亿元，较2009年增加17 065.2亿元，年增长19.9%；年末负债56 042.0亿元，较2009年增加10 057.7亿元；净资产达46 973.8亿元；高新区资产负债率为54.4%。企业平均年末资产19 901.1万元，较2009年增加

3 893.0万元，年增长24.3%。企业净资产收益率达13.3%，比2009年增加2.5个百分点；资产上亿元企业8 552家，较2009年增加825家，年增长10.7%；亿元以上企业年末资产达95 708.5亿元。高新区企业年末资产增长情况详见表2。

表2 高新区企业年末资产增长情况比较

指标 年份	企业年末 资产合计/亿元	企业平均年末 资产/万元	净资产 收益率/%	资产上亿元企业		
				企业数/家	年末资产 总计/亿元	企业平均年末 资产/亿元
2009	85 950.6	16 008.1	10.8	7 727	78 828.7	10.2
2010	103 015.8	19 901.1	13.3	8 552	95 708.5	11.2
2010年增长/%	19.9	24.3	23.1	10.7	21.4	9.8

（二）技术收入增长明显

2010年，高新区企业各种技术性收入达7 373.2亿元，年增长24.5%。技术收入占营业总收入7.6%，较2009年增加0.1个百分点。其中，企业进行技术转让收入192.0亿元，占技术性收入总额2.6%；技术承包收入1 209.3亿元，占技术性收入总额16.4%；技术咨询和服务收入3 767.3亿元，占技术性收入总额51.1%；技术委托收入429.7亿元，占技术性收入总额5.8%，与2009年相比，技术承包和技术委托的收入占比加大，体现出企业技术开发能力增强，参与各类项目数量加大。以上四类收入中，技术咨询和服务获得的收入占比最高，占技术性收入1/2以上的份额。

（三）上市企业数量增加

2010年，高新区已有上市企业870家，较2009年增加85家，年增长10.8%。这些上市企业实现营业总收入达22 334.6亿元、实现工业总产值18 440.4亿元、实现工业销售产值17 807.8亿元、实现工业增加值4 592.1亿元、实现利润1 624.9亿元、实现上缴税额1 012.4亿元、实现出口创汇431.9亿美元，分别占高新区相应指标总量23.0%、24.3%、24.4%、23.8%、26.0%、20.4%和17.4%。

在已上市的870家企业中，按上市地点分类情况看：在国内2个交易所上市企业数量最多567家，占上市总量65.2%。其中：深交所上市261家，上交所上市237家，创业板上市企业69家。此外，还有在香港上市企业106家，占上市总量12.2%。在国外上市企业达197家，占上市总量22.6%，其中在美国纳斯达克上市企业66家，在纽约交易所上市企业38家，在新加坡上市企业20家，在日本上市企业2家，在英国上市企业8家，在其他板块上市企业有63家。上市企业分布情况见图3。

在870家上市企业中，按新标准认定的高新技术企业有613家，占上市总量70.5%。

（四）高新技术企业群体不断壮大

2010年，56家高新区上报高新技术企业12 629家，较2009年增加1 198家，年增长

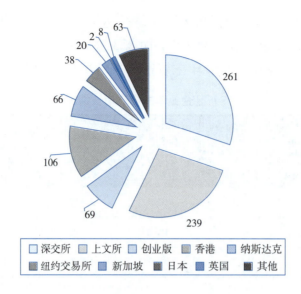

图 3　上市企业分布图（单位：个）

10.5%，高新技术企业数量占总量的 24.4%，占比高于 2009 年的 3.1 个百分点。由此可见，占统计范围不到 1/4 的企业，其实现的各项经济指标分别占总量 45% 以上。高新技术企业数量的增加，说明高新区注重认定和培训工作，使区内符合条件的企业都有申报机会。同时，也意味着企业生产的产品符合国家重点支持的高新技术领域，企业增加研发投入，企业注重知识产权保护，对提升高新区的经济发展起到越来越重要的作用。高新技术企业主要经济指标及占比情况见表 3。

表 3　高新区内高新技术企业主要经济指标

年份　指标	2009	2010	2010 增长率/%	2010 占总量比/%
企业数量/家	11 431	12 629	10.5	24.4
从业人员/万人	352.9	412.5	16.9	48.0
营业总收入/亿元	34 573.1	45 914.9	32.8	47.2
工业总产值/亿元	27 819.1	37 255.0	33.9	49.2
工业增加值/亿元	7 022.5	9 508.9	35.4	49.3
净利润/亿元	2 509.3	3 659.0	45.8	58.4
上缴税额/亿元	1 692.5	2 287.5	35.2	46.0
出口创汇/亿美元	987.4	1 163.8	17.9	47.0

（五）规模化水平不断提升

2010 年，高新区企业快速成长，规模化水平不断提升。据对 51 764 家企业的统计，收入超过亿元以上企业达 7 838 家，占总量的 15.1%，创造的营业收入占总量的 70.6%。

营业收入超过 10 亿元以上企业 1 362 家，超过 30 亿元以上 526 家，超过 50 亿元以上 333 家，超过 100 亿元以上 153 家。高新区产品销售收入在 500 万元以上的规模工业企业有 18 315 家，占总量的 35.4%。这些企业实现营业总收入达到 73 141.9 亿元，占总量的 75.3%；工业增加值 17 848.0 亿元，占总量的 92.6%；工业总产值 71 064.6 亿元，占总量的 93.8%；实现工业销售产值 68 785.9 亿元，占总量的 94.2%；实现净利润 4 451.3 亿元，占总量的 71.1%；上缴税额 3 811.4 亿元，占总量的 76.7%；出口创汇 2 339.7 亿美元，占总量的 93.7%。

主要经济指标的企业均值水平也大幅提升。其中，企业平均营业总收入达 18 773.8 万元，高出 2009 年 4 114.8 万元；其他经济指标的企业平均值为：工业总产值 14 633.8 万元、工业增加值 3 723.0 万元、净利润 1 209.6 万元、缴税 959.9 万元、出口创汇 478.4 万美元。

截至 2010 年，按企业控股情况分布：国有控股企业 4 928 家，集体控股 2 001 家，私人控股 33 488 家，港澳台控股 2 065 家，外商控股 4 824 家，其他 4 458 家。

（六）企业国际化步伐加快

2010 年，高新区年末累计外商实际投资额 1 087.0 亿美元，较 2009 年增加 59.3 亿美元，年增长 5.8%。当年实际投资额 245.8 亿美元，年增长 3.0%。在 51 764 家企业中，境外上市 303 家，三资企业 8 500 家。51 764 家企业实收资本中的港澳台资本和外商资本分别为 1 455.8 亿元和 3 992.0 亿元；企业海外上市股本融资 259.8 亿元，较 2009 年增加 24.3 亿元；企业对外直接投资额 1 570.9 亿元，是 2009 年的 2.4 倍；进出口总额 4 361.2 亿美元、出口创汇 2 476.3 亿美元，年增长 23.4%，出口额超亿美元以上企业 384 家，较 2009 年增加 72 家；外籍常驻人员 2.6 万人、引进外籍专家 1.6 万人；高新区企业共拥有境外授权专利数量 3 834 件，较 2009 年增加 1 053 件；拥有境外注册商标 12 775 件，较 2009 年增加 4 401 件。

2010 年，共有 27 家企业在海外设立营销机构，有 14 家设立技术研发机构，有 4 家企业建立海外生产制造基地。一批企业已经超越了单纯技术和人才的引进，开始注重产品出口和国际合作，在海外布局选点，使企业的产品在国外建立营销、研发和生产基地一体化，"走出去"战略促使企业走向世界的步伐加快。

（七）出口产品领域得到优化

2010 年，高新区高新技术产品共有 57 838 种，其中实现产品出口创汇的产品达 1 670.9 亿美元，年增长 20.8%，占高新区全部出口创汇总额的 67.5%。高新区电子与信息领域产品出口占首位，达 1 099.8 亿美元，较 2009 年增加 206.7 亿美元，占总出口额的 65.8%；保持第二位的是光机电一体化领域，达 142.8 亿美元，占产品出口总量的 8.5%；排在第三位是新能源及高效节能领域，达 136.3 亿美元，占产品出口总量的 8.2%；新材料技术 85.8 亿美元，占产品出口总量的 5.1%。各领域产品出口占比排序未变，但新材料、电子信息领域占比有所加大。

高新区企业主要产品出口国别和地区情况：出口到美国 416.6 亿美元，占产品出口总额的 24.9%；其次是港澳台 326.2 亿美元，占产品出口总额的 19.5%；欧洲 265.5 亿美元，占产品出口总额的 15.9%；出口日本 200.5 亿美元，占产品出口总额的 12.0%；出口到东南亚 184.5 亿美元，占产品出口总额的 11.0%。出口地区占比中，出口到东南亚的占比有所下降，其他地区均上升。

（八）产业结构调整初显成效

高新区积极扶持战略性新兴产业发展，绝大多数都是在国家高新区率先萌芽、起步和发展，在各个产品领域中，国家高新区都拥有较高水平的科技成果和相当规模的产业集群。高新技术产品销售收入不断提高，国家高新区已经成为国家高新技术产业发展的核心基地和新兴产业持续涌现的策源地。

2010 年，电子信息领域产品销售收入继续领先，达 16 402.3 亿元，远高于其他领域，较 2009 年增加 2 518.9 亿元，占产品销售收入总量的 28.7%，所占比重较 2009 年减 1.7 个百分点；光机电一体化销售 8 984.3 亿元，较 2009 年增加 2 175.1 亿元，占产品销售收入总量的 15.7%，较 2009 年提升 0.8 个百分点；新材料领域 7 212.6 亿元，占产品销售收入总量的 12.6%，较 2009 年趋缓 0.3 个百分点；新能源及高效节能技术 5 106.9 亿元，占产品销售收入总量的 8.9%，较 2009 年提升 1 个百分点；生物技术领域为 4 240.6 亿元，占产品销售收入总量的 7.4%，较 2009 年略低 0.9 个百分点；其他领域产品销售收入总量排序依次是：环境保护技术 746.2 亿元，占总量的 1.3%；航空航天技术 223.8 亿元，占总量的 0.4%；核应用技术 212.4 亿元，占产品销售收入总量的 0.4%；地球、空间、海洋工程 139.8 亿元，占产品销售收入总量的 0.2%。新能源和核应用技术销售收入占比有所提高。

四、各区域高新区保持协同稳定发展

（一）西部地区经济发展有待加强

2010 年，我国西部地区 13 个高新区（包头、南宁、桂林、成都、重庆、绵阳、贵阳、昆明、西安、宝鸡、杨凌、兰州、乌鲁木齐）共实现营业总收入 13 642.5 亿元，工业总产值 11 649.9 亿元，工业增加值 3 326.5 亿元，净利润 759.5 亿元，上缴税额 659.1 亿元，出口创汇 197.1 亿美元，分别较 2009 年增长 20.5%、24%、24%、31.9%、12.1% 和 28.7%。其占高新区总量比例分别为 14%、15.4%、17.3%、12.1%、13.3% 和 8.0%。

按增速水平看：出口创汇和工业总产值高出高新区平均增速 5.3 和 0.1 个百分点。营业总收入、工业增加值、净利润、上缴税额均低于平均值，以上指标分别较平均值减缓 3、1、8.3 和 12.3 个百分点。

按同期增幅看：净利润和出口增幅最大，分别高出 8.6 和 4.6 个百分点。工业总产值和工业增加值分别高出 2009 年 2.5 和 2.2 个百分点。营业总收入高出 2009 年 0.2 个百分点。上缴税额则减缓 3.8 个百分点。详见表 4。

表4 西部高新区主要经济指标比较

指标 \ 年份	2009	2010	2009 增长/%	2010 增长/%
营业总收入/亿元	78 706.9	97 180.9	19.3	23.5
其中：西部	11 325.1	13 642.5	20.3	20.5
其他	67 381.8	83 538.4	19.1	24.0
工业总产值/亿元	61 151.4	75 750.3	16.1	23.9
其中：西部	9 396.3	11 649.0	21.5	24.0
其他	51 755.1	64 101.3	15.1	23.9
工业增加值/亿元	15 416.7	19 271.7	23.3	25.0
其中：西部	2 682.1	3 326.5	21.8	24.0
其他	12 734.6	15 945.2	23.6	25.2
净利润/亿元	4 465.4	6 261.3	35.1	40.2
其中：西部	575.6	759.5	23.3	31.9
其他	3 889.8	5 501.8	37.1	41.4
上缴税额/亿元	3 994.6	4 968.2	24.9	24.4
其中：西部	588.2	659.1	15.9	12.1
其他	3 406.4	4 309.1	26.6	26.5
出口创汇/亿美元	2 007.2	2 476.3	-0.4	23.4
其中：西部	153.1	197.1	24.1	28.7
其他	1 854.1	2 279.2	2.0	22.9

（二）东北地区经济发展增势上扬

2010年，我国东北地区7个高新区（沈阳、大连、鞍山、长春、吉林、哈尔滨和大庆）共实现营业总收入10 512.8亿元、工业总产值9 406.9亿元、工业增加值2 472.0亿元、净利润721.7亿元、上缴税额611.8亿元、出口创汇102.6亿美元，分别较2009年增长26.5%、27.2%、27.8%、46.1%、27.9%和43.0%。其占高新区总量比例分别为10.8%、12.4%、12.8%、11.5%、12.3%和4.1%。

按增速水平看：净利润和出口创汇增速最快，达46.1%和43.0%。出口创汇和工业总产值增速排在6大经济区域之首，出口创汇高出平均值19.6个百分点。净利润提高5.9个百分点，营业总收入、工业总产值和上缴税额分别提高3个百分点以上，工业增加值提高2.8个百分点。

按同期增幅看：出口创汇增幅最大高于2009年44.2个百分点。工业总产值、净利润、营业总收入和上缴税额分别高出19.2、19.1、17.5和16.1个百分点。工业增加值同样高于

2009年7.6个百分点。详见表5。

表5 东北地区高新区主要经济指标比较

指标 \ 年份	2009	2010	2009 增长/%	2010 增长/%
营业总收入/亿元	78 706.9	97 180.9	19.3	23.5
其中:东北	8 310.3	10 512.8	9.0	26.5
其他	70 396.6	86 668.1	20.6	23.1
工业总产值/亿元	61 151.4	75 750.3	16.1	23.9
其中:东北	7 397.2	9 406.9	8.0	27.2
其他	53 754.2	66 343.4	17.3	23.4
工业增加值/亿元	15 416.7	19 271.7	23.3	25.0
其中:东北	1 934.2	2 472.0	20.2	27.8
其他	13 482.5	16 799.7	23.8	24.6
净利润/亿元	4 465.4	6 261.3	35.1	40.2
其中:东北	493.9	721.7	27.0	46.1
其他	3 971.5	5 539.6	36.2	39.5
上缴税额/亿元	3 994.6	4 968.2	24.9	24.4
其中:东北	478.5	611.8	11.8	27.9
其他	3 516.1	4 356.4	26.9	23.9
出口创汇/亿美元	2 007.2	2 476.3	-0.4	23.4
其中:东北	71.8	102.6	-0.6	43.0
其他	1 935.4	2 373.7	-0.4	22.6

（三）长三角地区经济发展趋于平缓

2010年，我国长三角地区8个高新区（上海、南京、苏州、无锡、常州、泰州、宁波、杭州）共实现营业总收入18 788.4亿元，工业总产值15 365.7亿元，工业增加值3 475.6亿元，净利润1 371.4亿元，上缴税额906.1亿元，出口创汇818.2亿美元，分别较2009年增长18.6%、16.2%、17.8%、58.4%、28.4%和13.0%。其占高新区总量比例分别为19.3%、20.3%、18.0%、21.9%、18.2%和33.0%。

按增速水平看：净利润和上缴税费增速分别在6大区域中位居第一。增速高出高新区平均值18.2和4个百分点。其他4项指标增速趋缓。营业总收入、工业总产值、工业增加值和出口创汇分别减缓4.9、7.7、7.2和10.4个百分点。

按同期增幅看：出口创汇增幅最大高于2009年33个百分点，其次是净利润增幅高于15.1个百分点。工业总产值和营业总收入增幅分别高出5.7和5.6个百分点。工业增加值和上缴税额增幅较2009年减缓2.5和6.3个百分点。详见表6。

表6 长三角地区高新区主要经济指标比较

指标 \ 年份	2009	2010	2009增长/%	2010增长/%
营业总收入/亿元	78 706.9	97 180.9	19.3	23.5
其中：长三角	15 845.1	18 788.4	13.0	18.6
其他	62 861.8	78 392.5	21.0	24.7
工业总产值/亿元	61 151.4	75 750.3	16.1	23.9
其中：长三角	13 229.4	15 365.7	10.5	16.2
其他	47 922.0	60 384.6	17.7	26.0
工业增加值/亿元	15 416.7	19 271.7	23.3	25.0
其中：长三角	2 950.0	3 475.6	20.3	17.8
其他	12 466.7	15 796.1	24.0	26.7
净利润/亿元	4 465.4	6 261.3	35.1	40.2
其中：长三角	866.0	1 371.4	43.3	58.4
其他	3 599.4	4 889.9	33.3	35.9
上缴税额/亿元	3 994.6	4 968.2	24.9	24.4
其中：长三角	705.9	906.1	34.7	28.4
其他	3 288.7	4 062.1	23.0	23.5
出口创汇/亿美元	2 007.2	2 476.3	-0.4	23.4
其中：长三角	724.2	818.2	-10.0	13.0
其他	1 283.0	1 658.1	6.0	29.2

（四）珠三角地区经济发展形势较好

2010年，我国珠三角地区6个高新区（广州、深圳、珠海、中山、惠州、佛山）共实现营业总收入11 533.0亿元，工业总产值10 944.0亿元，工业增加值2 751.3亿元，净利润598.3亿元，上缴税额419.5亿元，出口创汇691.2亿美元，分别较2009年增长21.3%、26.2%、37.4%、42.2%、26.0%和36.9%。其占高新区总量指标比例分别为11.9%、14.5%、14.3%、9.6%、8.4%和27.9%。详见表7。

按增速水平看：工业增加值增速在六大区域中位居第一。出口创汇和工业增加值增速分别高出平均值13.5和12.4个百分点。工业总产值、净利润和上缴税额分别高出2.3、2和1.6个百分点。营业总收入增速下滑2.2个百分点。

按同期增幅看：出口创汇增幅最大，高出2009年29.1个百分点。净利润高出2009年14.7个百分点。工业增加值、工业总产值和营业总收入增幅分别高出9、8.3和0.2个百分点。上缴税额增幅比2009年减缓0.1个百分点。详见表7。

表7 珠三角地区高新区主要经济指标比较

年份 指标	2009	2010	2009 增长/%	2010 增长/%
营业总收入/亿元	78 706.9	97 180.9	19.3	23.5
其中：珠三角	9 505.9	11 533	21.1	21.3
其他	69 201.0	85 647.9	19.0	23.8
工业总产值/亿元	61 151.4	75 750.3	16.1	23.9
其中：珠三角	8 669.1	10 944	17.9	26.2
其他	52 482.3	64 806.3	15.8	23.5
工业增加值/亿元	15 416.7	19 271.7	23.3	25.0
其中：珠三角	2 003.1	2 751.3	28.4	37.4
其他	13 413.6	16 520.4	22.5	23.2
净利润/亿元	4 465.4	6 261.3	35.1	40.2
其中：珠三角	420.6	598.3	27.5	42.2
其他	4 044.8	5 663	36.0	40.0
上缴税额/亿元	3 994.6	4 968.2	24.9	24.4
其中：珠三角	332.9	419.5	26.1	26.0
其他	3 661.7	4 548.7	24.8	24.2
出口创汇/亿美元	2 007.2	2 476.3	-0.4	23.4
其中：珠三角	504.9	691.2	7.8	36.9
其他	1 502.3	1 785.1	2.9	18.8

（五）中部地区经济发展有所回落

2010年，我国中部地区10个高新区（太原、合肥、南昌、郑州、洛阳、株洲、武汉、襄樊、长沙、湘潭）共实现营业总收入12 873.8亿元，工业总产值11 801.2亿元，工业增加值3 423.7亿元，净利润703.1亿元，上缴税额810.2亿元，出口创汇103.3亿美元，分别较2009年增长27.3%、26.8%、22.3%、28.6%、24.3%和10.7%。其占高新区总量指标比例分别为13.3%、15.6%、17.8%、11.2%、16.3%和4.2%。

按增速水平看：营业总收入增速在6大经济区域中位居第一。营业总收入和工业总产值增速高出平均值3.8和2.9个百分点。工业增加值、净利润、上缴税额和出口创汇增速分别减缓2.7、11.6、0.1和12.7个百分点。

按同期增幅看：营业总收入、工业总产值、工业增加值净利润和上缴税额增幅比2009年分别减缓1.6、3.1、9.4、3和0.1个百分点。出口创汇增幅减缓最大，达39.9

个百分点。详见表8。

表8 中部地区高新区主要经济指标比较

指标 \ 年份	2009	2010	2009增长/%	2010增长/%
营业总收入/亿元	78 706.9	97 180.9	19.3	23.5
其中：中部	10 116.7	12 873.8	28.9	27.3
其他	68 590.2	84 307.1	18.0	22.9
工业总产值/亿元	61 151.4	75 750.3	16.1	23.9
其中：中部	9 305.0	11 801.2	29.9	26.8
其他	51 846.4	63 949.1	13.9	23.3
工业增加值/亿元	15 416.7	19 271.7	23.3	25.0
其中：中部	2 798.9	3 423.7	31.7	22.3
其他	12 621.8	15 848	21.6	25.6
净利润/亿元	4 465.4	6 261.3	35.1	40.2
其中：中部	547.0	703.1	31.6	28.6
其他	3 918.4	5 558.2	35.7	41.8
上缴税额/亿元	3 994.6	4 968.2	24.9	24.4
其中：中部	651.7	810.2	24.4	24.3
其他	3 342.9	4 158	25.0	24.4
出口创汇/亿美元	2 007.2	2 476.3	-0.4	23.4
其中：中部	93.4	103.3	50.6	10.7
其他	1 913.8	2 373	-2.0	24.0

（六）环渤海地区经济发展趋向稳定

2010年，环渤海地区9个高新区（北京、天津、石家庄、保定、济南、青岛、淄博、潍坊、威海）共实现营业总收入27 755.7亿元，工业总产值14 539.4亿元，工业增加值3 343.3亿元，净利润1 990.7亿元，上缴税额1 459.0亿元，出口创汇423.2亿美元，分别较2009年增长25.9%、24.9%、23.0%、33.4%、26.1%和18.4%。其占高新区总量指标比例分别为28.6%、19.2%、17.4%、31.8%、29.4%、17.1%。

按增速水平看：营业总收入、工业总产值和上缴税额增速略高于平均值。工业增加值、净利润和出口创汇增速分别低于平均值2、6.8和5个百分点。营业总收入、工业总产值和上缴税额增速分别高出平均值2.4、1和1.7个百分点。

按同期增幅看：出口创汇增幅最大，高出2009年27个百分点。工业总产值和工业增加值增幅分别加快10.4和2.8个百分点。营业总收入、净利润和上缴税额增幅比2009年分别减缓0.7、10.8和5.8个百分点。详见表9。

表9　环渤海地区高新区主要经济指标比较

年份 指标	2009	2010	2009 增长/%	2010 增长/%
营业总收入/亿元	78 706.9	97 180.9	19.3	23.5
其中：环渤海	22 053.6	27 755.7	26.6	25.9
其他	56 653.3	69 425.2	17.5	22.5
工业总产值/亿元	61 151.4	75 750.3	16.1	23.9
其中：环渤海	11 639.3	14 539.4	14.5	24.9
其他	49 512.1	61 210.9	16.4	23.6
工业增加值/亿元	15 416.7	19 271.7	23.3	25.0
其中：环渤海	2 717.6	3 343.3	20.2	23.0
其他	12 703.1	15 928.4	24.0	25.4
净利润/亿元	4 465.4	6 261.3	35.1	40.2
其中：环渤海	1 491.9	1 990.7	44.2	33.4
其他	2 973.5	4 270.6	24.9	43.6
上缴税额/亿元	3 994.6	4 968.2	24.9	24.4
其中：环渤海	1 157.4	1 459.0	31.9	26.1
其他	2 837.2	3 509.2	22.2	23.7
出口创汇/亿美元	2 007.2	2 476.3	-0.4	23.4
其中：环渤海	357.5	423.2	-4.3	18.4
其他	1 649.7	2 053.1	0.5	24.5

五、未来高新区的发展

当前，国家高新区发展进入了机遇和挑战并存的重要时期。从全球看，国际金融危机正深刻地改变着世界经济格局，抢占未来发展制高点正在引发新一轮科技竞争和创新高潮。不论是在发展中国家还是发达国家，都将高科技园区发展提升到国家战略的高度，体现了其在全球经济竞争中占据主动的战略意图。我国国家高新区将面临更为激烈的国际竞争。从国内看，我国正处于转变发展方式、调整经济结构的重要关口。提高自主创新能力、建设创新型国家将有许多重要任务等待国家高新区去完成。特别是在发展战略性新兴产业方面，国家高新区大有可为。

未来十年是我国实现全面建设小康社会目标的重要机遇期，国家高新区要站在新的起点上，更加突出提高自主创新能力，建设创新型国家的国家战略，在经济社会发展中，继续发挥好"引领、示范、辐射、带动"作用，实现以下战略目标：

（一）自主创新的战略高地

高新区要努力培育企业的创新能力，在创新引领、创新态势上下功夫，使国家高新区成为国家的创新中枢，成为带动区域创新能力的引领和示范。国家高新区企业研发投入要力争占全社会研发投入的30%以上。企业发明专利授权数量要占国家企业授权总量30%以上，万人专利拥有量也要保持较高水平。国家高新区还要培育具有创新潜力的高新技术企业群体，形成中国芯、高性能计算机、卫星导航、非典疫苗、3G技术等多项具有战略意义的成果，进一步推动华为、联想、百度、尚德等一批具有核心竞争力的企业开始走出国门，积极参与国际竞争。

（二）战略性新兴产业的核心载体

发展战略性新兴产业，是党中央、国务院新时期应对国际竞争、加快经济发展方式转变和保持国民经济快速稳定发展的重大举措。新时期，国家高新区要依靠原有的孵化器、大学科技园、软件园、产学研联盟等载体组织，面向国际，建立并提升全球化的运作能力，源源不断地培养出具有国际水平的创业企业；充分利用20年来形成的电子信息、生物医药、新材料等高科技产业，重点实施"战略性新兴产业培育工程"，加强全球资源整合，加快产业重点技术突破，在节能环保、新一代信息技术、生物、高端装备制造、新能源、新材料和新能源汽车领域内有选择地支持引导、重点发展特色优势集群，引领当地经济发展，促进经济结构调整和发展方式转变。

（三）实践科学发展的先行区

进一步理清战略框架。首先要着力抓好国务院批准的中关村科技园区、武汉东湖和上海张江园区的自主创新示范区的先期发展。根据各区域高新区发展的基础，进行"三类园区"建设的规划指导，对已批准"三类园区"建设方案的高新区，要实施动态管理，分类指导，科学统筹，逐步完善。要针对各区域高新区发展情况的不同，结合所在区域的发展导向、工业基础和资源禀赋，加强高新区评价的深度分析和对区域决策的科学指导。要着力培育新升级高新区，加快"以升促建"建设步伐。要有竞争态势和新业态的培植，结合中西部地区的发展，结合城市化建设，促进高新区为可持续科学发展作典范。

在国务院批准建立国家高新区20周年、科技部启动实施"十二五"规划之际，国家高新区将继续高举火炬旗帜，积极推进体制机制创新和产业组织创新，坚持走内涵式发展道路，加快实现以增强自主创新能力为核心的"二次创业"的步伐，在积极创建一流园区、创新型科技园区和创新型特色园区的过程中，不断提升发展的能力和潜力，在新的环境下不断展现新的成就和风采。

科技部火炬高技术产业开发中心
中国高新技术产业开发区协会

附表1 2010年国家高新区主要经济指标一览表（56家高新区）

高新区	企业数/家	从业人员/人	营业总收入/千元	工业总产值/千元	工业增加值/千元	净利润/千元	上缴税额/千元	出口创汇/千美元
北京	15 720	1 158 308	1 593 866 575	498 801 616	86 320 000	110 637 253	76 719 943	22 742 175
天津	3 463	285 560	301 641 718	184 506 941	40 473 667	28 450 967	14 323 514	4 845 323
石家庄	453	64 003	125 226 579	96 269 581	24 106 028	6 846 498	7 660 757	664 844
保定	160	78 076	76 271 755	78 405 248	15 592 703	6 011 441	2 780 916	2 852 262
太原	927	112 171	126 340 173	112 030 229	27 008 406	4 354 662	7 113 802	202 300
包头	501	110 563	109 156 134	112 676 080	35 213 246	5 567 933	5 351 301	988 095
沈阳	724	139 555	181 510 848	152 224 376	36 169 757	10 306 776	8 498 243	1 605 930
大连	1 934	197 173	162 531 690	122 088 304	39 049 142	11 988 332	7 825 169	6 152 949
鞍山	513	84 832	103 129 731	90 029 874	28 128 585	6 574 091	5 298 973	438 143
长春	884	121 569	280 262 281	273 242 165	66 048 929	28 404 914	20 332 233	516 302
吉林	744	112 797	104 000 896	100 465 072	26 755 761	3 706 801	5 770 223	425 462
哈尔滨	252	115 350	120 013 565	107 605 307	22 640 960	6 184 021	7 638 409	998 087
大庆	420	97 190	99 830 402	95 030 467	28 403 048	5 006 593	5 815 724	123 462
上海	1 108	330 485	580 554 298	377 218 593	79 867 730	54 933 823	36 496 048	23 973 884
南京	260	152 794	277 688 328	268 201 291	49 296 510	16 530 085	13 833 122	6 126 677
常州	1 115	157 943	151 333 358	147 798 291	38 414 571	9 423 217	5 805 228	4 384 795
无锡	1 021	281 188	303 923 610	302 007 914	67 708 578	20 743 716	8 785 003	16 499 901
苏州	1 018	226 986	221 305 185	207 540 310	49 682 402	11 623 416	8 836 712	20 762 306
泰州	249	37 470	51 612 136	50 820 470	14 762 532	3 155 890	3 010 117	637 909
杭州	1 686	224 875	182 027 163	110 923 953	29 452 214	13 920 013	10 250 971	4 070 270
宁波	338	99 440	110 391 154	72 063 293	18 376 163	6 814 472	3 593 856	5 363 209
合肥	406	133 387	145 416 262	150 278 220	46 159 890	9 276 669	19 501 790	1 126 320
福州	184	60 704	47 288 830	49 397 905	13 362 802	2 381 716	1 491 820	2 384 907
厦门	320	111 588	135 962 176	130 225 027	29 140 550	7 143 049	6 960 472	11 515 107
南昌	288	94 130	83 986 381	78 124 356	24 452 110	3 002 729	7 598 600	1 165 278
济南	521	139 567	151 204 248	115 299 991	36 433 931	12 485 840	14 984 923	2 045 285
青岛	145	79 254	130 785 837	110 599 963	22 803 139	7 311 999	5 651 604	1 829 445
淄博	434	111 996	154 160 819	143 019 930	40 869 145	6 918 520	13 011 124	1 941 489
潍坊	348	118 271	153 749 930	139 425 274	40 666 275	14 558 276	6 146 922	1 655 292

续表

高新区	企业数/家	从业人员/人	营业总收入/千元	工业总产值/千元	工业增加值/千元	净利润/千元	上缴税额/千元	出口创汇/千美元
威海	211	75 710	88 664 709	87 615 697	27 060 761	5 846 191	4 622 096	3 746 602
郑州	621	104 172	126 432 596	111 532 608	33 245 827	8 083 856	7 029 736	361 069
洛阳	458	89 395	90 927 167	72 672 872	23 262 115	5 618 082	4 864 052	1 320 835
武汉	2 468	328 822	292 614 195	250 878 139	86 033 644	17 667 077	16 126 808	3 776 600
襄樊	323	82 673	102 064 743	100 594 057	28 062 108	4 359 896	4 686 940	380 811
长沙	725	179 892	184 181 281	168 779 475	38 230 017	13 563 718	8 985 635	644 821
株洲	208	77 776	72 997 120	73 791 478	23 256 096	2 587 585	2 815 542	506 685
湘潭	232	63 447	62 421 331	61 435 472	12 654 907	1 799 043	2 299 717	850 317
广州	1 929	334 586	341 379 590	268 945 190	66 528 257	16 459 539	10 351 870	20 415 804
深圳	505	298 547	311 707 345	302 112 624	80 122 881	20 502 530	18 156 659	15 006 967
珠海	454	198 748	129 059 230	141 071 943	31 937 328	8 482 376	4 658 164	9 996 085
惠州	182	116 751	77 598 763	77 376 767	16 265 185	2 382 602	1 486 747	8 407 063
中山	388	76 856	107 860 764	109 910 900	30 540 639	4 364 715	2 765 914	7 061 759
佛山	452	179 893	185 690 142	194 980 717	49 735 583	7 635 593	4 529 780	8 233 251
南宁	684	110 907	68 005 318	54 667 330	17 792 791	5 325 866	3 598 277	822 449
桂林	296	70 921	38 945 187	43 009 978	13 122 040	2 224 406	2 604 975	587 753
海南	122	30 146	24 243 498	24 786 638	5 441 316	2 129 831	1 787 613	170 871
成都	1 420	260 640	286 063 449	268 279 227	79 193 700	17 016 379	11 215 491	7 990 312
重庆	235	106 150	91 906 325	68 747 386	17 134 194	7 165 142	4 401 654	807 197
绵阳	110	108 799	64 291 474	77 341 956	17 156 502	1 904 680	1 658 111	1 014 864
贵阳	112	112 921	44 361 074	38 093 282	10 516 300	1 413 246	1 877 855	721 479
昆明	217	55 931	92 335 469	72 750 967	15 463 400	5 192 694	3 987 021	481 299
西安	2 129	246 179	350 596 999	253 003 133	80 496 666	18 814 343	19 077 868	4 951 265
宝鸡	395	1 087 59	96 389 076	96 196 485	27 172 126	5 144 287	5 747 275	529 836
杨凌	124	14 115	8 332 457	4 354 689	1 614 244	115 178	324 286	107 706
兰州	399	85 949	86 073 132	56 421 380	14 083 396	3 908 812	5 066 837	104 175
乌鲁木齐	229	34 466	27 778 495	19 356 639	3 692 622	2 153 975	1 002 106	598 761
合计	51 764	8 590 376	9 718 092 989	7 575 027 070	1 927 173 417	626 125 353	496 816 546	247 634 044

附表2 2010年新升级国家高新区主要经济指标一览表（27家高新区）

高新区	企业数/家	从业人员/人	营业总收入/千元	工业总产值/千元	工业增加值/千元	净利润/千元	上缴税额/千元	出口创汇/千美元
肇庆	129	51 023	40 700 111	41 164 140	9 554 903	1 244 816	967 764	1 428 939
江门	18	9 112	5 213 352	5 551 768	1 266 320	217 456	157 796	322 328
东莞	75	27 831	23 851 347	20 799 327	2 880 173	965 785	633 877	911 835
南阳	92	43 507	13 481 286	13 100 281	3 608 212	687 040	782 327	177 136
蚌埠	219	48 979	25 726 043	27 236 473	6 295 810	1 390 406	1 083 913	502 517
芜湖	148	37 791	30 976 407	31 345 442	7 327 882	3 056 620	1 434 442	307 943
景德镇	165	50 486	39 038 964	39 472 300	10 672 844	1 050 593	1 492 291	336 767
新余	103	38 626	45 586 882	45 214 821	11 093 534	12 218 139	1 293 079	1 942 584
安阳	191	41 069	26 105 928	17 698 326	3 673 078	985 274	904 809	112 641
宜昌	211	67 656	70 368 143	76 967 116	19 292 206	4 607 724	2 238 549	938 548
济宁	304	108 629	129 249 422	122 496 974	32 692 850	8 530 114	10 611 803	546 814
烟台	243	46 937	23 349 510	23 840 416	5 431 158	1 388 950	1 181 047	527 267
唐山	95	15 271	10 392 940	10 303 655	4 010 002	896 508	724 170	112 443
燕郊	104	21 466	27 864 017	22 482 514	4 642 143	1 660 630	865 144	198 313
营口	289	37 593	35 338 430	33 794 955	10 318 419	1 872 456	1 110 171	44 485
辽阳	10	24 369	54 873 905	59 508 851	17 417 662	3 322 600	5 939 838	689 552
齐齐哈尔	27	15 844	7 510 385	8 065 798	2 582 356	396 338	460 644	118 812
延吉	145	10 137	11 570 673	11 580 418	5 113 393	609 968	4 583 298	49 946
昆山	426	149 346	81 350 878	83 400 763	20 264 055	4 353 991	2 868 675	6 552 708
绍兴	141	29 216	16 394 976	13 411 045	2 833 535	587 860	635 341	239 456
渭南	41	17 195	17 045 468	16 243 766	4 658 199	883 857	514 068	230 594
青海	38	11 524	5 945 101	6 047 322	2 125 234	268 837	390 135	35 999
昌吉	30	2 348	3 102 910	3 309 896	737 672	372 097	94 236	1 427
白银	20	12 381	6 019 767	5 950 634	1 956 785	274 459	243 999	76 179
柳州	97	61 008	100 404 605	94 294 217	17 451 886	5 827 908	5 712 809	374 655
宁夏	37	6 889	6 096 148	6 643 648	1 762 490	490 500	98 546	155 924
泉州	81	27 126	16 078 179	16 870 906	4 168 618	1 253 804	837 037	226 246
合计	3 479	1 013 359	873 635 776	856 795 772	213 831 419	59 414 730	47 859 807	17 162 058

2010年中国信息产业发展综述

一、2010年信息产业发展基本情况

2010年是"十一五"规划收官之年,也是我国信息产业回升调整的重要一年。在"家电下乡"与"以旧换新"等扩内需政策的实施和外需市场逐步回暖的共同作用下,电子信息产业出现恢复性增长,软件产业和对外贸易出现新的突破,电信产业的3G业务建设和发展稳步推进,移动互联网业务蓬勃发展,邮政产业扭转了业务收入增长率连年下滑的态势,信息产业的经济效益稳步提高,产业结构进一步优化,行业为推动信息化发展和促进两化融合发挥积极作用,在国民经济发展和全球产业布局中日益占据重要地位(见表1,图1)。

表1 2010年信息产业发展总体情况

	额度/亿元	比2009年增长率/%
国内生产总值GDP	397 983.0	10.3
工业增加值	160 030.0	12.1
电信业务总量	30 955.0	20.5
电信业务收入	8 988.0	6.4
邮政业务总量	1 985.0	21.6
邮政业务收入	1 276.8	16.6
电子信息产业[①]销售收入	78 000.0	29.5

数据来源:国家统计局《2010年国民经济和社会发展统计公报》及工业和信息化部《2010年全国电信业统计公报》与《2010年电子信息产业运行公报》。

---

① 注:电子信息产业包括电子信息产品制造业与软件产业。本文除注明出处的数据以外,其他数据均来自工业和信息化部所公布的数据。

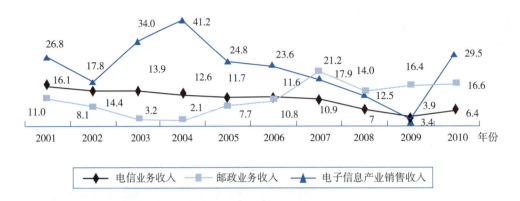

图 1　2001—2010 年信息产业各产业业务收入同比增长情况

数据来源：国家统计局与工业和信息化部各年度相关行业发展统计公报。

1. 电信业

2010 年电信业累计完成电信业务总量 30 955 亿元，同比增长 20.5%；实现电信主营业务收入 8 988 亿元，同比增长 6.4%；完成电信固定资产投资 3 197 亿元，同比下降 14.2%；电信综合价格水平进一步下降，同比下降 11.7%。

2010 年全国电话用户超过 11.5 亿户，总数达 115 339 万户，比 2009 年净增 9 244 万户。其中全国移动电话用户总数达 85 900 万户，比 2009 年末净增 11 179 万户；移动电话用户在电话用户总数中所占比重达 74.5%。全国固定电话则持续了下降势头，净减少 1 935 万户，达 29 438 万户。其中，城市电话用户达 19 662 万户，减少 1 528 万户；农村电话用户达 9 776 万户，减少 407 万户。固定电话与移动电话普及率分别达到 22.1 部/百人和 64.4 部/百人，移动电话普及率比 2009 年年底提高 8.1 部/百人，固定电话普及率比 2009 年下降 1.5 部/百人（见图 2）。

图 2　2001—2010 年电话用户增长情况

数据来源：国家统计局各年度国民经济和社会发展统计公报、工业和信息化部各年度通信业发展统计公报。

2010 年我国网民数达 4.57 亿人，互联网普及率达 34.3%。其中宽带网民数占网民总数的98.3%，达4.5亿人；手机网民数占网民总数的60.8%，达3.03亿人，比2009年净增0.69亿人；农村网民数达1.25亿人，占网民总数的27.3%。全国光缆线路长度净增166万公里，达995万公里。固定长途电话交换机容量减少41万路端，达1 644万路端；移动电话交换机容量净增6 433万户，达150 518万户。全国互联网国际出口带宽达1098957Mbps，同比增长26.8%。

2. 邮政业

2010年邮政业全行业完成业务总量1 975亿元，完成业务收入1 280亿元，与"十五"末相比，业务总量和业务收入都实现了翻番，增幅高于同期GDP增幅。其中邮政企业和全国规模以上快递服务企业完成业务收入[①]1 276.8亿元，同比增长16.6%；业务总量累计完成1 985.3亿元，同比增长21.6%。

2010年邮政业完成的主要业务中，除邮政函件与邮政包裹业务总量有所下降外，其他邮政业务均呈增长态势。其中，邮政函件业务累计完成74亿件，同比下降1.6%；邮政包裹业务累计完成6 595万件，同比下降8.1%。邮政投递业务扭转了不断下滑的态势，其中，报纸业务累计完成171.8亿份，同比增长6.1%；杂志业务累计完成10.5亿份，同比增长3.4%；汇兑业务累计完成2.8亿笔，同比增长3.3%。邮政特快专递业务继续保持快速增长的势头，全国规模以上快递服务企业业务量累计完成23.4亿件，同比增长25.9%；业务收入累计完成574.6亿元，同比增长20.0%。

3. 电子信息产业

2010年我国规模以上电子信息产业实现销售收入78 000亿元，同比增长29.5%。其中电子信息制造业实现收入63 645亿元，同比增长24.1%，实现了生产增速的恢复性增长；经济效益持续提高，实现利润2 825亿元，同比增长57.7%；对外贸易发展良好，电子信息产品完成出口交货值5 912亿美元，同比增长29.3%。软件服务业继续保持高增长的态势，累计完成业务收入1.3万亿元，同比增长31.3%。

表2 电子信息产业主要产品产量情况

产品名称	累计	比2009年增减/%
集成电路/亿块	652.5	57.4
移动通信手持机/万台	99 827.4	46.4
微型计算机设备/万台	24 584.5	35.0
房间空气调节器/万台	10 899.6	34.9
家用电冰箱/万台	7 300.8	23.1
彩色电视机/万台	11 830.0	19.5
其中：液晶电视机/万台	8 937.5	32.1
程控交换机/万线	3 133.3	-24.5

数据来源：国家统计局《2010年国民经济和社会发展统计公报》及工业和信息化部《2010年电子信息产业经济运行公报》。

① 不包括邮政储蓄银行直接营业收入。

作为全球重要的电子信息产品制造基地，随着"家电下乡"和"以旧换新"扩大内需政策实施效果的显现及外需市场的逐步回暖，我国电子信息主要产品，除程控交换机以外，均实现大幅度增长。集成电路的增长达57.4%，移动通信手持机、微型计算机设备、房间空气调节器、液晶电视机等产品的年增长率均超过30%。

二、2010年信息产业的运行特点

（一）电信业

2010年我国电信业围绕加快转变发展方式的主线，积极推动行业转型发展，3G建设和业务发展稳步推进，移动互联网业务蓬勃发展，市场竞争格局进一步优化。尽管2010年完成的电信固定资产投资下滑幅度较大，但全行业回升调整趋势明显，继续保持平稳健康运行的态势，成为推动经济稳定增长、培育发展的战略性新兴产业之一，在推动两化融合和支撑国民经济社会发展中发挥了重要的作用。

1. 电信业成为推动经济稳定增长、培育发展的战略性新兴产业之一

全球经济危机唤起了世界各国对电信业发展的重视。2010年，在各国所制定的应对危机的战略和规划中，电信业都是浓墨重彩的一笔：欧盟"数字化议程"5年计划，新加坡"电子政府"5年蓝图，俄罗斯10年期信息社会建设方案，韩国的"智能韩国"蓝图，英国的2 000亿英镑国家基础设施规划等。宽带战略不仅推动着整个社会信息化进程，更成为提振经济、增强国家核心竞争力的手段。

我国政府对电信业的发展给予了同样重视，在国务院2010年10月出台的"关于加快培育和发展战略性新兴产业决定"中，将建设宽带、泛在、融合、安全的信息网络基础设施、推进"三网"融合，促进物联网的研发和示范应用作为培育与发展战略性新兴产业新一代信息技术产业领域的重点内容；工业和信息化部、国家发展改革委、科技部、财政部、国土资源部、住房和城乡建设部、国家税务总局等七部委于3月17日联合印发了《关于推进光纤宽带网络建设的意见》。目前，中国移动已在包括广州在内的6个城市开展了TD—LTE试验网规模试验；中国电信已经开始布局试点城市宽带战略，在国内多个省份展开FTTH（光纤到户）部署工作。电信业升级对其他产业产生的辐射带动，对我国经济结构的转型升级起到重要的支撑作用。3G建设不仅推动电信业转型，还带动了信息通信、商务金融、文化娱乐等各方面的业务应用和创新，推动移动互联网、电子商务、文化创意等新兴产业的发展，更带动传统产业的升级改造，成为两化融合①的重要平台。

2. 业务收入增速出现恢复性增长，固话市场份额进一步萎缩

2010年，在3G业务的不断扩大、移动数据业务空前繁荣的推动下，我国电信业务总

---

① 两化融合是信息化和工业化的高层次的深度结合，是指以信息化带动工业化、以工业化促进信息化，走新型工业化道路；两化融合的核心就是以信息化为支撑，追求可持续的发展模式。

量继续保持高速增长的态势,同比增长 20.5%,增幅比 2009 年同期增长 6.1 个百分点;实际完成电信业务收入的增长率仅为 6.4%,在增幅连续 8 年下降后,首次出现恢复性增长,增幅比 2009 年同期提高 2.5 个百分点(见图 3)。

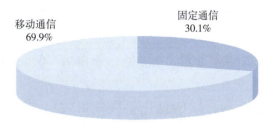

图 3　2010 年电信业务收入构成

随着移动资费水平的进一步下调,移动电话年净增用户量再创新高。2010 年,全国移动电话用户净增 1.12 亿户,达 8.59 亿户。其中,3G 用户净增 3 473 万户,累计达 4 705.1 万户。移动电话普及率达 64.4 部/百人,比 2009 年底提高 8.1 个百分点。移动增值业务发展较快,移动个性化回铃、短信、彩信业务用户分别达 57 408 万户、70 062 万户和 18 037 万户,渗透率分别达 66.8%、81.6% 和 21.0%。目前移动用户在电话用户总数中所占比重已达 74.5%,移动通信业务收入占电信主营业务收入的比重升至 69.9%,移动电话用户与固定电话用户的差距超过 5.6 亿户。在固定电话用户中,无线市话用户继续呈现快速减少的趋势,2010 年我国无线市话用户净减少 1 736 万户,无线市话用户在固定电话用户中所占比重从 2009 年底的 14.7% 下降到 9.7%。

固话市场份额进一步下降。2010 年,全国移动电话通话时长累计达 43 261 亿分钟,同比增长 22.4%。固定本地电话通话量累计达 4 369 亿次,同比下降 19.1%。全国 IP 电话通话时长累计达 998 亿分钟,同比下降 15.8%。其中,从固定电话终端发起的通话同比下降 30.4%;从移动电话终端发起的通话同比下降 5.6%。通过移动电话终端发起的 IP 电话所占比重从 2009 年底的 57.8% 上升到 65.7%。

3. 3G 业务发展低于预期,中国移动市场老大的竞争格局依旧

2010 年是中国电信市场 3G 业务大规模开展的元年,在三大运营商中,中国联通凭借其具有的 WCDMA 技术优势,对 3G 业务开展的重视程度最高,希望以此为契机,提升中国联通的竞争力。然而,由于长期以来中国联通在电信市场竞争中处于劣势,其在品牌效应、产业链影响力、营销费用筹措、内部管理体制等方面所存在的缺欠,对整体 3G 业务的推动作用有限。中国电信尽管在实力上强于中国联通,但由于其拥有的 CDMA2000 技术在全球范围是一个非主流的技术,因此在手机终端方面仍处于劣势。中国移动则因受制于 TD-SCDMA 而无法很好地发挥其品牌、网络和管理的优势。加之大众市场需求有一个培育过程,不是一蹴而就的,2010 年,我国 3G 业务发展的态势低于市场预期。中国移动尽管在新增用户和收入上的市场份额有所下降,但随着 2010 年上半年中国经济的稳步回升,通信行业的通话量提升、价格弹性回升,具有最大规模效应的中国移动成为电信行业恢复性增长的主要获益者,中国移动 2010 年实现营业收入 4 852.31 亿元,同比增长 7.3%。占我国电信业营业收入的 54%,其市场老大的地位仍然稳固。

4. 移动增值业务得到大幅增长，农村信息通信能力进一步提高

2010年，基础电信企业实现增值电信业务收入2 175亿元，同比增长15.7%，占主营业务收入的比重上升到24.2%。其中，移动增值业务收入1 947亿元，增长19.0%；固定增值业务收入227亿元，下降7.0%。其中，各类短信发送量达8 317亿条，同比增长6.1%。其中，无线市话短信业务量67亿条，下降47.6%；移动短信业务量8 250亿条，增长7.0%。

为消除城乡之间的数字鸿沟，以信息化手段促进农村经济社会的发展，我国电信业加强了基础设施建设与信息服务推广两方面的工作。到2010年末，全面实现了"村村通电话、乡乡能上网"的"十一五"农村通信发展规划目标。全国范围内100%的行政村通电话，100%的乡镇通互联网（其中98%的乡镇通宽带），94%的20户以上自然村通电话，全国近一半乡镇建成乡镇信息服务站和县、乡、村三级信息服务体系。此外，已有19个省份实现所有自然村通电话，75%的行政村基本具备互联网接入能力。通过"信息下乡"活动，建成"农信通"、"信息田园"、"金农通"等全国性农村综合信息服务平台，涉农互联网站接近2万个。建成乡镇信息服务站20 229个、行政村信息服务点11 7281个，网上建成乡镇涉农信息库14 137个、村信息栏目135 478个。

（二）邮政业

2010年新《邮政法》的实施为邮政业的快速发展带来契机，全行业业务量与收入逐月回升，扭转了邮政业务收入增长率连年下滑的趋势，邮政普遍服务和快递业务公众满意度稳步提升，行业对国民经济的基础性作用进一步加强。

1. 新《邮政法》促进快递行业快速发展，邮政市场秩序逐步得到规范

于2009年10月1日正式施行的新《邮政法》首次将快递业务纳入调整范畴，确立了快递企业的法律地位，极大地释放了快递企业发展活力。在邮政市场秩序逐步得到规范、市场的监督管理不断加强的条件下，各快递企业通过整合资源、加强能力建设、提升服务，目前已形成国有、民营和外资多种所有制经济共同发展的新格局。市场化、网络化、规模化、品牌化程度不断提高。2010年，快递业务收入完成574.6亿元，快递业务量完成24亿件，分别是"十五"末的250%和300%，快递对国民经济的支撑作用日益显现。我国2010年快递的日处理业务量突破1 000万件，位居美、日之后，已进入世界前三位。

而《邮政法》中有关"持证上岗、资金规模、服务能力、安全保障"等快递市场准入制度方面的规定，促进了快递行业的大规模资产重组。3月阿里巴巴正式入股了第一个专门针对电子商务的快递企业——星辰急便，在北京、上海、广州、深圳等11个城市推出了POS机上门刷卡[1]；5月海航集团旗下的北方物流（控股）有限公司正式签约重组天天快递，收购天天快递60%股份。

---

[1] POS机刷卡，即人们在家里在网络上购买衣服、化妆品等后，可以先不付款，等货物送上门，在快递员手上的POS机上刷银行卡进行付费的网购方式，可以省去网上支付或者支付现金给快递员的麻烦。

在新《邮政法》实施后的一年时间里，全国18.5万人参加了快递业务员的职业鉴定，核准颁发快递业务经营许可证2 916个；2010年，国家邮政局颁发了5 889件快递业务经营许可证，占快递市场90%以上份额的快递企业依法获得了经营许可。行业安全监管信息系统初步建成，实现政府与主要快递企业运行数据的实时对接。通过快递服务评价体系的完善，完成了申诉中心建设，畅通了用户申诉渠道，用户满意度显著提升。

2. 各级政府加大对普遍服务的支持力度，邮政普遍服务的保障水平明显提升

各级政府对邮政普遍服务的支持力度不断加大，邮政普遍服务保障监督机制不断完善，空白乡镇邮政局所补建工作取得了突破性进展。2010年，国家安排专项资金，用于西部和农村地区邮政普遍服务网点改造。"村邮户箱"工程全面启动。全国25个省、区、市出台了支持村邮站发展的政策。北京、河南、重庆等地村邮站建设取得突破，全国村邮站覆盖率稳步提升。在城市，有关部门联合制定了信报箱设置技术规范和产品标准，将信报箱建设纳入住宅分户验收的强制性内容。全国28个省、区、市邮政管理局与当地建设行政主管部门联合发布政策文件，推进信报箱的建设，全国新建住宅楼信报箱安装率明显提高。

在国家先后实行了邮政普遍服务和特殊服务业务营业税免税、调整完善特殊服务业务成本负担机制、对邮政普遍服务和特殊服务亏损予以财政补贴以及将邮政基础设施重点建设项目逐步纳入国家规划等一系列有效政策的扶持下，邮政普遍服务保障水平明显提升。目前，我国覆盖城乡的邮政网络已经成为世界规模最大的邮政网络之一。邮政营业网点达5.4万处，邮路达2.1万条，总长380万千米，投递路线总长达490万千米。邮政服务"三农"连锁配送网店总数超过24万处，覆盖全国86%的县、市和超过三分之一的行政村。

（三）电子信息产业

2010年，我国电子信息产业在扩内需政策拉动和外需市场逐步回暖的共同作用下，行业出现恢复性增长，软件产业增速稳步回升，对外贸易出现新突破，经济效益稳步提高，投资持续高位增长，产品结构调整深入，产业链向上延伸的趋势更加明显，企业、市场和区位布局出现新趋向，行业为推动信息化发展和促进两化融合发挥积极作用，在国民经济发展和全球产业布局中日益占据重要地位。

1. 内外需市场扩张带动行业恢复性增长，全球制造大国的地位更加凸显

2010年，规模以上电子信息制造业实现主营业务收入63 645亿元，同比增长24.1%；实现利润2 825亿元，同比增长57.7%。经济效益持续提高，全行业销售利润率达4.4%，高出2009年0.9个百分点。全行业亏损企业3 940个，同比下降19.1%；18.8%的企业亏损面比2009年同期减少7.3个百分点，亏损企业亏损额同比下降42.5%。

在家电下乡、以旧换新等扩大内需政策的持续作用下，我国农村市场的发展潜力被有效激发，城市家电产品更新推动市场销售取得新的突破，电子信息产业内销保持快速

增长。2010年,我国规模以上电子信息制造业完成内销产值26 733亿元,同比增长24.7%,连续11个月保持20%以上增速。其中,全国家电下乡产品累计销售7 718万台,实现销售额1 732亿元,同比分别增长1.3倍和1.7倍;家电以旧换新销售量和回收量均超过3 000万台,比2009年增长2倍以上。

随着外需市场逐步回暖,出口呈现恢复性增长。2010年,我国电子信息产品实现5 912亿美元出口额(见图4),同比增长29.3%(见图5),占全国出口的37.5%(见图6);实现出口交货值36 662亿元,同比增长26.2%,扭转了2009年下滑(-5.6%)的局面,行业出口依存度(57.8%)比2009年提高0.2个百分点。电子信息产品进口增速超过出口,完成进口4 216亿美元,同比增长34.0%,占全国进口30.2%。在市场需求的推动下,2010年,我国生产彩电1.18亿台,手机9.98亿部,微型计算机2.46亿台,数码相机9 000万台,其产品产量均名列全球第一,全球电子信息产品制造业基地的产业地位更加稳固。

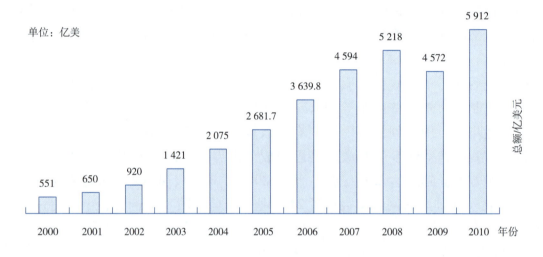

图4 电子信息产品出口总额

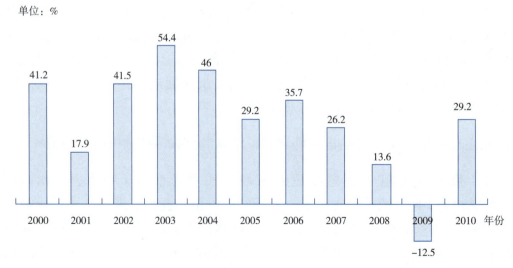

图5 电子信息产品出口额同比增长幅度

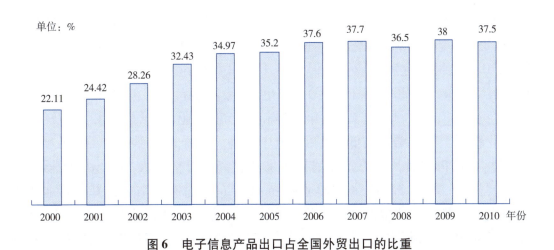

图6 电子信息产品出口占全国外贸出口的比重

数据来源：国家统计局各年度国民经济和社会发展统计公报、工业和信息化部各年度通信业发展统计公报与电子信息产业经济运行公报。

2. 软件收入规模突破万亿，服务化趋势明显

2010年，我国软件业实现新的突破，产业增速稳步回升，业务结构调整加快，企业发展和区域布局出现新的特点，在国民经济中的地位不断提升。实现软件业业务收入13 364亿元，同比增长31%，占电子信息产业的比重超过18%，在全球软件与信息服务业中所占份额超过15%，软件业增加值占GDP比重超过1%，软件业从业人数超过200万人，软件业务收入超百亿元的企业达4家。自2001年以来，年均增长38%。

与网络相关信息服务的迅速发展使服务在软件业的比重创出新高。2010年，信息技术咨询服务和信息技术增值服务收入分别为1 233亿元和2 178亿元，同比增长37.2%和44.6%，高于全行业5.9个百分点和13.3个百分点，两者收入占全行业比重达25.5%；在集成电路行业复苏和软件外包市场增长的带动下，实现设计开发收入593亿元，同比增长73.1%；完成系统集成和支持服务收入2 910亿元，同比增长31.8%；实现软件产品收入4 208亿元，同比增长28.6%；嵌入式系统软件受通信类产品增长放缓的影响，完成收入2 242亿元，同比增长15.1%，低于全行业16.2个百分点。

3. 固定资产投资高速增长，行业结构调整趋势加快

2010年，在国家发展战略性新兴产业、外向型企业恢复增长的带动下，电子信息产业投资高速增长，固定资产投资（500万元以上项目）完成5 993亿元，同比增长44.5%，比2009年高27个百分点，比工业投资增速高21.7个百分点。在投资到位资金中，自筹资金、国内贷款、利用外资、国家预算内资金的占比分别为70.2%、15.3%、10.2%和0.8%。其中，由于显示技术加快更新换代，LED行业全年完成投资1 661亿元，同比增长57.5%，增速比2009年提高54.7个百分点，其中光电器件、电光源增速达75.5%和67.1%；计算机行业受外需回暖影响，全年完成投资575亿元，同比增长101.7%，增速比2009年提高96个百分点，其中外部设备和整机投资增长119.3%和89.8%；通信设备行业受电信业投资下滑影响，全年投资增长16.9%，低于2009年19.6

个百分点；家用视听、电子元件行业投资增速分别由 2009 年的 -4.1%、3.9% 转为增长 31.9% 和 29.8%；电子材料行业投资增速则由 2009 年的 54.2% 降至 18%。

尽管 2010 年新增固定资产较多，但新开工项目数增速出现下滑，新开工项目 4 548 个，同比增长 2.4%，比 2009 年低 39 个百分点。除港澳台企业新开工项目增长 38.7% 外，内外资企业新开工项目均与 2009 年基本持平。就行业而言，移动通信及终端设备、家用视听行业新开工项目增速均低于 5%，电子元件、光纤光缆等行业新开工项目下降幅度超过 15%。在销售方面，电子元件销售收入首次突破万亿元大关，电子元器件行业销售产值分别增长 29.4%、39%，软件产业保持 30% 左右的速度增长，基础行业成为推动产业增长的重要力量；集成电路 909 升级工程启动，为产业链延伸和完善奠定坚实基础。整机产品升级加快，平板电视、笔记本电脑在相关产品中占比超过四分之三，LED 电视、智能手机渗透率超过 20%，平板电脑、3D 电视、3G 手机日益成为市场的热点。

4. 区域布局向沿海地区聚集，内外资企业呈现新格局

沿海周边和川渝地区正在成为新的增长极，中心城市成为软件业发展的聚集点。2010 年，中西部地区销售产值分别增长 38.2%、44.3%，高于东部地区 24.2% 增速的 14、20.1 个百分点。产业转移趋势加快，安徽、江西、河南、湖南和广西等沿海周边省份产值增速均超过 35%；川渝地区产值增长 45.3%、77.2%，成为全国产值增速最快的地区之一。就软件而言，东部地区完成软件业务收入 11 449 亿元，同比增长 31.8%；其中，江苏、辽宁、福建、山东四省软件收入增长超过 35%，占全国比重达 35%，逐步打破过去京粤两地占全国一半以上的集中局面，京粤两地占比下降为 35.5%；全国 4 个直辖市和 15 个副省级城市软件收入 10 643 亿元，同比增长 32%，占全国比重达 80%。在中西部地区中心城市地位更为突出，成都、西安、重庆三城市占西部地区的 90%，武汉、长春两城市占中部地区 30% 以上。

2010 年，内外资企业发展呈现新格局：内资企业通过实施战略重组、积极向产业上游延伸及加快网络化服务化战略转型等途径加快产业调整步伐，实现销售产值 29.3%，占行业比重达 27.7%，比 2009 年提高近 1 个百分点；外资企业则通过增加基础行业在华布局、加快研发机构转移与加大委托加工等方式更加注重占有价值链的高端，外商规模增速有所降低，外商投资企业销售产值、出口交货值、投资分别增长 22.7%、24.5%、11.3%，低于全行业平均水平 2.8、1.7、33.2 个百分点；占全行业比重比 2009 年下降 1.1、0.9、5.4 个百分点。港澳台投资企业扭转 2009 年负增长局面，销售产值、出口交货值、利润增长 27.5%、28.4% 和 60.9%，分别高出全行业平均水平 2、2.2 和 7.2 个百分点。

5. 科技创新取得新成效，国民经济支柱性产业地位日趋突出

2010 年，我国电子信息产业在服务器、通信设备、软件等多个领域取得新突破。采用了我国自主创新技术，可用于无线近场、远距离通信和身份管理等领域的虎符 TePA 标准，2010 年 6 月被国际标准化组织/国际电工委员会（ISO/IEC）发布为 WAPI 基础框架方法标准，虎符 TePA 正式成为我国在基础性信息安全领域的第一个国际标准。至 2010

年底，全国信息技术领域专利申请总量超过 110 万件，比 2009 年增长 10% 以上，其中，全国计算机软件著作权登记量突破 8 万件，"十一五"期间登记量翻两番，年均增速达 37%。华为、中兴、大唐、恒生电子、中控科技、信雅达等多家企业获得国家科技进步奖。新产品开发步伐加快，全年规模以上电子信息制造业实现新产品产值 14 210 亿元，同比增长 27.4%，超过产值增速 1.9 个百分点，占销售产值的比重达 22.4%，比 2009 年提高 0.3 个百分点。

2010 年，电子信息制造业增加值、利润、投资增速分别高于工业平均水平 1.2、4.3、21.7 个百分点，规模以上电子信息制造业从业人员 880 万人，比 2009 年新增 102 万人，占全国城镇新增就业人口的 1/10。上缴税金 950 亿元，同比增长 43.1%，收入、从业人员占全国工业比重达 9.1%、9.7%，电子信息产品出口占全国出口比重达 37.5%。彩电、手机、计算机平均价格同比均下降 10% 以上，电子信息产品价格水平的不断下降，为抑制物价过快上涨发挥了积极作用。

三、中国信息产业存在的主要问题

尽管 2010 年，我国电子信息产业基本摆脱了国际金融危机的负面影响，进入平稳发展阶段。但在世界各主要经济体纷纷抢占电子信息产业战略制高点、国际竞争日益激烈的形势下，我国电子信息产业发展仍然存在产业基础依然薄弱、信息服务市场监管机制不健全、企业经营成本压力加大等问题。

1. 电子信息产业基础仍然薄弱，产品价格走低影响企业研发投入

电子信息制造业的发展模式仍然以投资驱动、加工贸易为主体，以外向型经济为特征。目前我国的 CPU、操作系统、存储芯片、液晶面板等上游关键件依然受制于人，与产业发展相配套的电子材料、零配件、仪器设备等上游产品与世界先进水平相比仍有较大差距，许多产品仍然严重依赖进口。与此同时，随着我国人口红利的日益减少，企业生产成本不断提高，加之资源瓶颈和环境污染所凸显的电子垃圾处理等问题，使电子信息产业结构调整升级工作迫在眉睫。但由于外资品牌经营策略的调整，挤压了本土企业的市场份额和利润空间；而本土企业产品的同质化生产加剧了国内市场的竞争，使电子信息产品价格一路走低，生产企业的营业收入及产品利润不断下滑，企业创新研发的投入资金"捉襟见肘"，例如在第三代平板显示技术研发方面就出现了参与的企业少、人才少、研发资金更少的局面。我国电子信息产业创新发展的基础仍然薄弱，自主研发能力较弱，有利于品牌企业发展的大中小企业互补的格局没有形成，行业发展中的一些深层次问题依然存在、内生发展动力不足，在市场竞争中仍然处于劣势地位。

2. 产品生产成本上涨较快，企业经营成本压力加大

原材料价格上涨、人民币升值加快、劳动力紧张及成本不断攀升等多种因素叠加导致电子信息产品的生产成本上涨较快，而在国家新兴产业政策的指导下，风电、绿色照明、电动或混合动力汽车、动车机组、高压变频电源等节能减排产业的加快培育与发展，

使需要由进口解决的中高端电子材料、电子元器件、集成电路等核心基础产品需求量进一步增大，将进一步加大生产企业的经营成本压力。由于原材料价格大幅上涨，2010年我国电子信息制造业主营业务成本同比增长了28%。其中珠江三角洲劳动力成本平均上涨20%以上，使国内多家骨干彩电企业效益出现下滑。而我国电子信息产品出口集中的传统整机领域的国际市场容量近年来已趋于稳定，随着人民币升值压力的不断加大、原材料价格的持续上涨，将进一步降低我国产品出口的成本优势；在国际金融危机影响尚未彻底消除、国际市场尚存不确定因素的情况下，将有可能压缩我国产品出口的市场份额。

3. 信息服务市场管理机制不健全，网购市场的快速发展对快递业的服务能力构成挑战

尽管2010年信息服务业发展较快，但保证市场健康发展所必须的经营者诚信机制、市场主办者自管机制、行业协会建设自律机制、消费者保护机制及政府监管监督机制等市场管理机制尚不健全，保障市场顺利运行的法律法规仍然缺乏，因此电信运营市场上出现了互联网传播淫秽色情及低俗信息、手机网站涉黄等不规范的竞争行为。而近两年网络购物的异军突起，在给快递行业带来发展机遇的同时，也对规模尚小、生产力水平不高、发展不均衡的邮政与民营快递企业的服务能力形成挑战。

国家发展和改革委员会产业所　林中萍

2010 年中国生物产业发展综述

一、2010 年生物产业在规模等方面延续良好发展态势

在世界经济逐步复苏、国内经济较快增长的背景下,2010 年,我国生物产业保持了快速发展的势头,呈现出以下几个特点:

1. 产业规模延续扩大趋势

初步估算,2010 年生物产业产值近 1.6 万亿元。其中,生物医药产业保持快速发展,2010 年 1—11 月,生物医药实现销售收入 10 734.8 亿元,同比增长 26.16%,实现利润总额 1 114 亿元,同比增长 28.34%。生物制造业继续保持良好的增长态势,预计 2010 年发酵行业产品总产量超过 1 683 万吨,同比增长 9.3%,其中柠檬酸、酶制剂、淀粉糖、酵母、赖氨酸增幅均超过 14%。2010 年,发酵行业产值超过 1 850 亿元,同比增长 15.6%。生物种业等也快速发展,我国已超越美国成为全球第一大种子市场,年销售额将近 600 亿元。生物育种业、生物肥料产业、生物农药产业、生物饲料产业、动物用生物制品产业等也快速发展。生物质能源的开发和利用取得新进展,预计 2010 年底,我国农村户用沼气 4 000 万户,占适宜农户总数的 28.6%。我国农业废弃物沼气工程将达 6.8 万处,年产沼气约 9.5 亿立方米。户用沼气池和大中型沼气工程的年沼气利用总量约为 140 亿立方米,折标煤 1 000 万吨。燃料乙醇和生物柴油利用规模逐步增加,2010 年,4 家陈化粮燃料乙醇生产项目和广西中粮木薯乙醇项目估计合计生产约 186 万吨燃料乙醇,全年车用乙醇汽油消费量约 1 860 万吨,占全国汽油消费量的 26.4%,生物柴油产能超过 100 万吨。

2. 生物医药企业兼并重组出现积极信号

已出现具有制造、商业完整产业链,年产值接近 500 亿元的特大型医药企业集团。

据 Wind 统计显示，2010 年以来，累计发生 145 起与医药资产有关的并购事件。其中，以国药集团、华润北药、上药集团为代表的生物医药领域的龙头企业，以扩大产能、提高技术研发能力、拓展销售渠道、打造完整产业链为目的，通过兼并、联合、重组等形式脱颖而出成为行业整合者，发展成为生物医药领域的龙头企业。

3. 生物医药领域出现国际化发展苗头

2010 年，生物医药产品对外出口持续增长。生物医药工业 1—11 月实现出口交货值 1 118.4 亿元，同比增长 21.17%；医疗器械出口总额 124.83 亿美元，同比增长 21.93%。

二、生物产业发展出现了几个新情况新特点

1. 干细胞技术应用发展迅速，行业监管有待规范

近年来生物治疗技术的研究不断深入以及新型生物治疗技术的大量涌现，使得疾病的生物治疗应用研究和产业化不断取得新的突破，生物治疗产业作为一种新的产业已经带动了并将极大促进社会经济的发展，得到了各国政府和企业的广泛关注和重视。

干细胞技术是指通过对干细胞分离、体外培养、定向诱导等过程，在体外培育出全新、正常甚至更年轻的细胞、组织或器官，并最终通过细胞、组织或器官的移植实现临床治疗。美国奥巴马政府撤销限制胚胎干细胞研究的行政命令，使干细胞技术再次成为全球自然科学关注的焦点。在国内，部分企业已在探索干细胞技术产业化的道路上抢得先机，开始向医院提供干细胞技术支持，由医院对病人实施治疗，开展视神经发育不全、进行性肌营养不良、脑瘫等病种的合作研究，生物治疗市场前景广阔。

2009 年 5 月，我国正式实施《医疗技术临床应用管理办法》，该办法明确将自体干细胞和免疫细胞治疗技术、异基因干细胞移植技术纳入第三类医疗技术管理，但具体监管措施不明确，干细胞技术有待规划，以促进行业健康、良好的发展。

2. 医药研发外包产业（CRO）产业联盟发展活跃

近年来，由于研发的难度和成本不断加大，越来越多的跨国公司采取了研发外包（CRO）的形式。2010 年全球新药研发外包服务市场总值约为 360 亿美元。随着发达国家的人力、原材料等资源成本的增高，外包服务正在由欧美外包企业向亚洲等低成本市场转移，我国医药研发外包的市场规模迅速增长。

近年来我国 CRO 企业通过联盟形成集合优势，发展极为活跃。中国生物技术创新服务联盟（ABO）通过树立"北京服务"的国际品牌，打造"一站式"整合化的研发外包模式，并将国际标准的质量保证系统引入服务体系。2010 年已有近 40 家成员单位，实现销售收入 11.2 亿元，国际服务收入达 5.4 亿元，首次突破总额的 50%。北方抗体联盟 2010 年接纳了 13 位新成员，进一步整合了抗体产业上下游关键技术，搭建了靶标筛选、抗体增效技术、人源化修饰、大规模细胞培养等一批关键技术平台，推动了美妥昔单抗注射液、大肠癌单抗 CAb－1、CAb－2 等一批抗体药物的产业化进程。

3. 国家生物信息库开始组建

随着生物医学基础研究的飞速进展，基因、蛋白序列等生物信息呈现几何增长态势，美国、欧盟和日本先后建立了国家级的基因数据库（美国国立生物技术信息中心 NCBI、欧洲分子生物学实验室 EMBL 和日本 DNA 数据库 DDBJ），以有效储存和管理以生物基因序列为主体的海量基因数据。长期以来，三大数据库接收世界各地研究机构发表的科学文献的生物信息数据，涵盖几乎所有已知的 DNA、RNA 和蛋白质数据，实际上垄断了全世界的生物基因数据资源。在数据库使用过程中，由于此三大基因数据库建设时间较早，在基因数据体系建设、标准规范、数据共享、应用软件开发等方面都难以适应基因数据的高速增长，运行压力巨大，为照顾本国利益，频繁对别国设置障碍和限制使用，直接阻碍我国相关领域的科研进展。

2010 年，国家发改委已批复同意组建深圳国家基因库。深圳国家基因库定位于公益性非营利机构，是服务国家战略的国家级创新科研和产业基础设施，依托深圳华大基因研究院的科技实力和数据产出优势，打造以基因资源管理和生物信息数据处理为核心的世界级平台，成为国家基因资源的核心提供者和未来生物产业发展的重要基石。

4. 质量安全标准接轨国际

目前我国化学药制剂出口到欧美规范市场的只有 20%，其中外资企业在制剂出口方面占有很大份额。原料药的优势在国内药品制剂企业中并没有得到充分发挥，国内药品制剂企业通过国际公认质量保障体系认证的企业不到 30 家。中国药品质量保障体系在药品质量管理理念、装备技术水平、特别是质量管理规范等方面与国际规范市场国家相比存在明显差距，最基础的是药品制剂产业的质量保障体系是否能符合国际公认标准。只有我国药品制剂企业的质量保障体系能获得国际公认质量保障体系的认证，我国企业自主生产注册的产品和提供的合同研究和加工服务才有机会在新一轮的国际研发、生产外包业务中充分参与市场竞争。对此国家发改委已着手组织实施药品制剂质量保障体系升级专项工作，引导和推动我国医药产业结构优化升级，稳步提升我国药品制剂在国内、国际市场中在质量保障体系方面的竞争力，促进我国医药产业可持续性的健康发展。

此外，国家药物安全评价监测中心和昭衍新药研究中心通过了美国 CAP 认证。这将为我国自主创新药物研发和医药研发外包服务提供了国际认可的检验平台，帮助企业获得去往国际市场的"通行证"。这为疫苗等药物和研发外包服务的出口搭建了重要的平台，由此可以引导高端生物企业通过高标准的生产和服务走向国际市场。

三、2010 年生物产业在产业政策调整、原料成本上涨等方面面临压力

1. 医药政策发生调整，生物医药发展受到影响

近年来，针对我国生物产品监管、自主创新等存在的问题，国家出台了一些新的政策措施，包括修订出台了新的《药品注册管理办法》、《中国药典》等，从长期来看，医

药政策调整有利于我国生物产业发展。但从近期看,药品审评标准等发生变化对企业发展影响较大。许多企业反映,国家有关部门对现有药品进行重新登记注册、新药审批进展缓慢,给企业发展带来较大影响。

2. 原料供应能力低,生物能源、生物医药发展遇瓶颈

近年来,随着国际原油价格的持续攀升和资源的日渐趋紧,原料短缺成为制约生物能源、生物基材料发展的主要瓶颈,加快发展木薯等非粮能源植物,开展产业化示范,实现原料供应多元化,是当前我国生物能源、生物基材料发展迫切需要解决的重大问题。

2010年全国市场上537种中药材中有84%涨价,范围和幅度都为历年罕有。中药材涨价对中成药、保健品、中药饮料食品公司影响较大。相关企业成本压力增大,部分企业已经启动涨价。中药材涨价的市场原因是随着产业化规模不断扩大,对中药材的需求不断增大,加之今年中药材产量下降,中药材资源供应偏紧。但深层次原因:一是我国中药产业链条不完整,中药材资源、市场渠道等基础环节薄弱,对野生中药材过度依赖,近80%中药原料来源为野生。二是许多中成药企业对参与产业链上游中草药材生产的战略意识不够,积极性不高,缺乏自有原料药材基地,对中药材原料的议价能力弱。

3. 跨国巨头入侵,民族种业危急

当前,生物产业外商投资发展呈现出从简单的加工组装转移向上下游产业延伸的新特点。在生物育种领域,我国生物育种企业的规模、销售收入、研发投入和市场控制能力与跨国种业公司差距巨大,国际种业巨头基本已全部登陆中国,初步完成了在中国的研发和经营布局,并在对我国主要农作物种子市场和转基因技术研发和种子经营进行着强力渗透。在高端蔬菜种子,国外种子公司中占50%~70%的份额,美国先锋公司的玉米品种"先玉335"在吉林省占38%左右,而在西南地区国外玉米品种占到一半以上,有的省区高达70%,直接威胁我国种业甚至农业的安全。

四、2011年生物产业在规模、投资等方面发展趋势乐观

2011年,随着世界经济的复苏,国际市场将进一步回暖,特别是在我国加快培育战略性新兴产业的大背景下,我国生物产业将面临国外产业转移加速、国内市场扩张以及发展环境日益完善的重大机遇。因此,预计2011年我国生物产业在产业规模、技术创新、投资、国际化等方面将会继续较快发展,产业规模增幅将不低于20%。

1. 生物产业将保持快速增长态势

随着全球经济的复苏,生物产业有望迎来新一轮发展。国际货币组织预测2011年全球药品市场将达到8 800亿美元,未来十年世界药品市场将以6%~7%左右的速度稳定增长,国际货币组织对中国市场的规模增长率估计为25%~27%。受医疗体制改革、人口增长、环保监管加强、工业化进程加快等因素影响,我国生物产品市场将继续保持快速增长的态势。特别是随着我国城镇居民收入水平的提高,农村新型合作医疗、城镇居民

社保制度的全面推进，生物医药市场需求将强劲增长。据预测，医改将拉动普药市场剧增 1 600 亿~1 700 亿元。

2. 产业集中度将不断提高

在生物医药领域，2010 年 10 月，由工信部、卫生部、国家食品药品监管局共同制定的《关于加快医药行业结构调整的指导意见》，标志着医药产业结构调整的整体目标已经明晰。今后医药产业的产品结构、技术结构、组织结构、出口结构和区域结构将进行逐步的调整。意见中明确，基本药物主要品种销量居前 20 位企业所占市场份额应达到 80% 以上，实现这一目标的主要手段就是加大基本药物生产企业间的并购重组，扶优扶强，短期内提高市场集中度。

3. 通用名药物将进入最佳的发展机遇

到 2015 年前，全球每年都有大批大品种药品专利到期，这一阶段，通用名药物生产企业将进入最佳的发展机遇。此外，受金融危机的影响，欧美发达国家纷纷压缩医疗费用支出，质优价廉的通用名药物将得到较快发展，全球通用名药物市场将以每年 10%~15% 的速度增长，远高于全球制药业整体发展速度，这为我国生物医药产业发展带来了重大机遇。我国制药企业在过去的几十年中已形成了一套完整的药物仿制科研开发体系，在通用名药物领域已经具备了较强的仿制能力。加快推动我国医药模仿创新，发展有国际竞争力的品牌通用名药，是我国医药企业参与全球竞争的一条可行之路。

五、相应的措施建议

要加快培育生物产业，必须充分利用国外产业转移、国内医药市场扩张以及医药产业发展环境日益完善的有利时机，采取有效措施，提升我国生物产业自主发展能力。

第一，加大对生物技术研究开发与产业化的投入，建立财政性资金优先采购自主创新生物产品制度，对完全可降解生物材料、生物柴油、生物质发电和经批准生产的燃料乙醇等重要生物产品给予支持，实施税收优惠政策支持生物产业发展。

第二，建立并完善以企业为主体、市场为导向、产学研结合的技术创新体系，掌握关键核心技术，加强科技创新成果的转化，实施重大产品创新工程，促进生命科学、生物技术、生物产业的上、中、下游形成有机结合。

第三，提高行业准入门槛，加强监管，促进企业整合，扶持经济实力雄厚、拥有自主知识产权、带动作用强的大型企业集团，鼓励生物企业之间的重组，做大做强若干生物企业集团。

第四，坚持国际化发展，广泛开展国际合作和交流，在更高层次上参与国际生物产业的分工与合作，将国际合作列入国家设立的科技、产业化和创新能力专项。

国家发展和改革委员会产业所　王　君

2010年中国新材料产业发展综述

2010年，我国新材料产业受到高度关注，进入快速发展的关键时期。主要得益于两个方面：一是国务院《关于加快培育和发展战略性新兴产业的决定》确定"十二五"期间重点发展包括新材料产业在内的七大战略性新兴产业，新材料产业被定性为"国民经济的先导产业"，迎来发展的重大政策机遇；二是全球宏观经济趋势向好，我国经济规模明显扩大，经济结构不断优化，为新材料产业的发展创造了巨大的市场需求空间。同时，2010年新材料产业也面临着原材料价格及人工成本的大幅度上涨，行业利润空间受到压制、高端市场需求仍然依赖进口等多方面挑战。

一、整体发展状况

新材料既是传统产业转型升级的基础，也是战略性新兴产业发展的命脉，这决定了其广阔的成长空间。"十一五"期间，我国新材料产业规模和技术水平有了很大提升，但还未从根本上实现由资源密集型向技术密集型、由劳动密集型向高效经济型的转变，我国新材料产业仅有大约10%左右的领域处于国际领先水平，60%～70%处于追赶状态，还有20%～30%与国外同行存在相当差距，距离新材料强国还有较大距离。

2010年，我国新材料产业的发展呈现出以下主要特点：

1. 产业保持较快发展、产业发展环境明显改善

2010年，我国新材料产业回稳态势进一步巩固，产业发展环境较2009年有明显改善，产值、增加值等关键数据已逐渐回归并超过金融危机前正常年份的水平，保持了较快增长态势。在某些领域，如半导体照明、多晶硅材料、稀土材料等市场有较大幅度的提升。同时，随着《国务院关于加快培育和发展战略性新兴产业的决定》将新材料产业

定性为"国民经济的先导产业",是其他战略性新兴产业的基础,国家和地方也将推出具体的发展规划和支持政策,将为新材料产业的发展创造良好的产业环境。

2. 新材料成为传统产业结构调整升级的重要手段

我国经济规模已居全球第二,但产业仍主要集中在中低端,传统产业亟待进行调整升级。就材料产业来说,我国是名副其实的材料大国,钢产量、有色金属、建筑材料、化工材料等多少年来都是世界第一位。但是我国还远不是材料强国,高端产品全球竞争力弱。从新材料产业与其他产业联系来看,新材料产业既是战略性新兴产业发展的基础核心,也是传统产业转型升级的有效途径。

同时,我国处于转变经济发展模式的关键时期,发展节能环保、高端设备制造、新能源等战略性新兴产业已经成为提升国家竞争力的重要手段。而新兴产业的发展离不开新材料的开发和应用,新材料产业对中国成为世界制造强国至关重要,因此发展新材料将成为提升我国核心竞争力,赢得未来全球竞争的必然选择和重要途径。

3. 各地致力打造具有集聚效应的产业化基地

到 2010 年底,我国 20 多个省市将新材料作为高新技术产业发展重点之一,建立了 100 多家区域性新材料产业化基地,涵盖了几乎所有的新材料领域,新材料产业正逐步成为地区经济的重要增长极。

通过产业化基地建设,各区域依据产业、资源或区位优势形成特色发展格局,新材料产业呈现集聚发展趋势。已有 20 多个城市形成了不同规模的新材料产业集聚区,广州、天津、青岛等地逐渐发展成为化工新材料产业基地;甘肃金昌、湖南长株潭、陕西宝鸡、重庆及山西太原等内陆地区依托资源优势成为航空航天材料、能源材料及重大装备材料基地;深圳、厦门、扬州、芜湖等在光电新材料以及电子信息材料领域具有较强优势;江苏徐州、河南洛阳、江苏连云港、四川乐山等地硅材料产业呈现良好发展态势。

4. 资源整合力度加大,新材料产业结构进一步完善

我国多数材料产品为资源型或者初级产品,单位国内生产总值所消耗的矿物原料比发达国家高 2~4 倍,二次资源利用率只相当于发达国家水平的 1/4~1/3,资源优势向技术和产业优势的转化急需提升。2010 年,我国加大了优势资源优化重组的力度,通过兼并、重组,淘汰那些高投入、高消耗、高污染、低效益的过剩落后产能,重点支持具有高性能、高附加值的高技术项目,扶持培养一批具有国际先进水平、上下游产业链集约化程度高、市场应变能力强的龙头企业来提升产业竞争力。同时,随着我国在稀土、稀有金属等方面实施资源保护和限制出口政策,国际相关企业开始将更高端的技术和产品生产转移到我国,我国新材料产业结构逐步优化。

二、关键领域产业发展状况

1. 半导体照明（LED）

2010年是我国半导体照明产业快速发展的一年，也是产业规模迅速扩大和产业环境明显改善的一年。在国内产业政策和国际市场需求的双重拉动下，我国成为全球半导体照明产业发展最快的区域，其中外延芯片和照明应用产品的发展最为突出。

2010年，我国已经到厂安装的MOCVD设备总数达300台，我国40多家外延芯片企业在未来3年的设备购进计划超过1 000台。2010年，芯片产值达50亿元，较2009年的23亿元实现倍增，国内GaN芯片达5 600kk/月。LED封装产值达250亿元，增长23%（见图1），其中高亮LED产值达230亿元。2010年，我国半导体照明应用的增长非常突出，应用领域的整体规模达900亿元，整体增长率达50%；其中，背光应用和通用照明应用的增长最为突出，LED背光应用年增长率达167%，LED照明产品年增长率达153%。

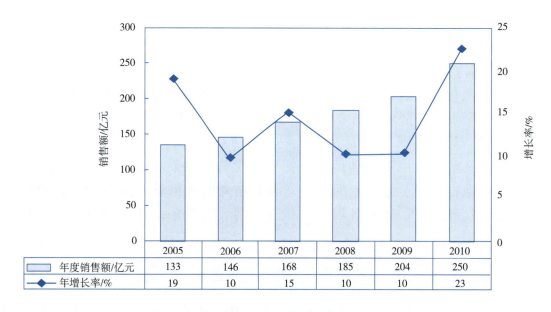

图1　我国LED封装市场规模及增长率变化

2. 光伏多晶硅材料

我国多晶硅行业通过自主创新以及引进技术再创新，打破了发达国家对多晶硅生产技术的垄断和封锁，实现了多晶硅的规模产业化，产能、产量增长很快。截至2010年底，我国共有已建、在建项目87个，合计在建规模113 550吨/年（见表1）。尽管我国新建的多晶硅企业很多，但整个行业的集中度相对较高，规模以上企业（产量超过3000吨）仅有4家，市场占有率超过68%，按产能排序，国内中能和赛维都已挤进全球前十大企业。

表1 2008—2011年我国多晶硅产能和产量表

年度 项目	2008	2009	2010	2011 E
产能/吨	15 310	65 000	70700	85 000
产量/吨	4 515	18 300	43 500	65 000
产能释放率/%	29	28	60	76

尽管近年来国内多晶硅的产量不断增加，但远不能满足国内需求，仍需大量进口。2008—2010年，我国进口多晶硅呈逐年上涨态势，分别为1.7万吨、2.27万吨和4.75万吨，均超过市场需求的50%。可以判断，短期内国内多晶硅产量仍将不能满足国内需求。

尽管全球光伏产业超预期的快速发展为中国企业带来良好发展机遇，但企业的扩产却让整个产业形成产能过剩、产量供应不足的矛盾。出于对整个市场的考虑，2010年底，工信部出台了多晶硅行业的准入条件，不仅对新建多晶硅项目的规模要求在3000吨/年以上（电子级多晶硅项目为1 000吨/年），同时在生产技术经济指标（在2011年年底前，还原能耗达60度/千克）、环保等多方面进行了限制。

3. 稀土材料

我国是全球最大稀土生产国和出口国，但长期缺乏国际定价权。1990—2005年，稀土出口量增长近10倍，平均价格却跌至1990年的一半。目前中国以占全球36%的稀土储量，供应了90%以上的全球贸易需求量，明显不可持续（见图2）。为保护稀土资源，近几年我国控制稀土开采总量，出口配额则呈下降趋势，2010年的稀土出口配额下降了近40%。

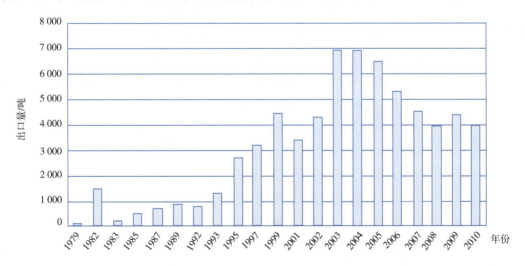

图2 我国稀土历年出口量及发展阶段

2010年，我国稀土产品出口量为39 813吨，继续保持下降，同时稀土资源的整合显现出新的特点，稀土资源类上市公司走向由几大龙头企业控制整个中国稀土资源行业的新局面。由于我国实行包括生产和出口在内的总量控制，已经有部分国外稀土功能材料生产企业在向中国转移部分产能，随之转移还有相关高端技术和市场。预计国际市场稀土价格将继续高位运行，并有望继续上涨。与此同时，中国的稀土和下游科技企业将获得较好的发展机遇，中国将有机会成为真正意义上的世界稀土产业中心。

4. 钛合金材料

2010年下半年开始，中国钛工业呈明显回升态势。在国家刺激内需政策拉动下，中国化工、航空航天、冶金等行业用钛有大幅增长，从而使中国钛制品的销售量达创记录的35 636吨。2010年中国海绵钛的产量达创记录的57 770吨，同比增长41.6%，销售量达创记录的55 300吨，同比增长32.1%。钛加工材的产量达创记录的38 323吨，同比增长53.5%，销售量达创记录的35 636吨，同比增长52.9%（见图3）。

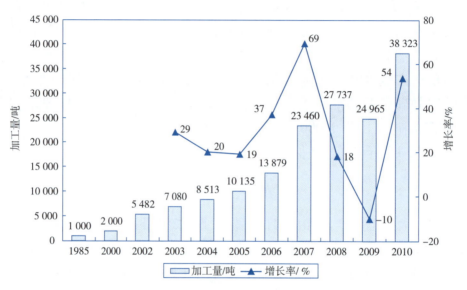

图3 我国钛加工材产量发展

2010年，中国钛工业扭转了2009年海绵钛和钛加工材双双净进口的局面，但钛薄板和钛焊管仍需大量进口。与2009年相比，海绵钛的进口稍有下降，而出口则大幅增加7.1倍，全年实现净出口183.799吨；钛加工材则继续保持高的进口量（6 133.515吨）和高出口量（7 551.3吨），全年实现净出口1 417.785吨。

5. 稀有金属材料

（1）铟

2010年我国铟市场呈现外需复苏、内需扩张的良好态势，铟产量在经历了连续三年下降后，2010年有所恢复。据中国有色金属工业协会初步统计，2010年我国精铟产量为336吨（其中再生铟为10吨），比2009年增长1.5%。其中，铅锌冶炼企业综合回收铟237吨，占我国总产量的70.5%。

2010年国内低熔点合金、电池、焊料等领域的铟需求明显增长，估计我国消费量达100吨左右，比2009年增长40%。2010年国内ITO靶材需求继续保持增长态势，但主要依赖进口，全年进口量在300吨左右（折合铟约225吨）。据统计，目前国内液晶面板新建或待建项目有9个，其中第八代面板项目有6个，这意味着国内液晶镀膜用ITO靶材的需求存在很大增长潜力。如果这些项目如期达产，加之其他非电视镀膜行业的消费，到2012年，国内仅镀膜行业对铟的需求将有望突破500吨。

（2）钼

2010年，全球钼市场需求在经济复苏的支撑下显著回暖，钼消费量为20.8万吨，同比增长19.1%。中国钼消费量同比增长5.6%至5.7万吨，占全球27.4%。

2010年我国钼产量出现恢复增长，全年钼精矿产量同比增长9.6%至8万吨，基本接近2008年8.1万吨的水平。2010年我国钼产品贸易呈现两大主要特点：一是钼产品出口显著增加，进口大幅下降，我国钼产品贸易再度实现净出口。全年我国钼出口量达1.9万吨，同比增长1.4倍，钼进口量为1.7万吨，同比下降51.3%。二是钼产品以保税区进出口贸易为主，转口贸易居多。

（3）钨

中国有色协会统计2010年我国钨精矿产量为115 097吨，进口钨品折成钨精矿量为7 460吨，废钨利用量相当于钨精矿量17 330吨，合计2010年钨原料供应量为139 887吨。2010年我国钨品出口26 072.3吨（钨金属量，不含硬质合金），较2009年的15 697.4吨增加10 374.9吨，增幅为66.1%，除钨精矿、偏钨减少，钨材、钨铁略有增长外，其他钨品出口量都大幅增长。2010年国内钨消费金属量35 802吨，消费构成如图4所示。

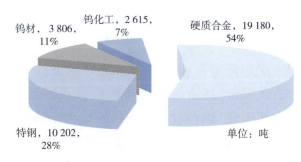

图4　2010年国内钨消费结构

预计2011年中国钨的供需情况仍是供不应求，国内钨产品价格仍将有所增长。根据国土资源部文件，中国政府增加了2011年钨矿生产指标，氧化钨生产指标是8.7万吨，较2010年的8万吨增加8.75%。基本采矿是68 680吨，循环利用是16 200吨，2010年分别为66 480吨和13 520吨。

6. 化工新材料

"十一五"期间，我国化工新材料产业发展迅速，已初步形成一个新兴化工产业门类。2010年，我国化工新材料市值达2 000亿元以上，但中国化工新材料的整体发展仍落后于国际先进水平，国内化工新材料整体市场自给率约为40%，高端产品仍依赖进口。

（1）聚氨酯

我国聚氨酯工业经过近10年的高速发展，产业布局已基本形成。其中，以上海为中心的长三角地区和以烟台为中心的环渤海地区成为我国两大原材料产业基地。以广州为中心的珠三角则成为我国聚氨酯下游产品开发应用最为发达的地区。

我国聚氨酯原材料产能增加迅速，产需矛盾逐步缩小。2010年，随着新建产能的释放，环氧丙烷（PO）产能和产量达156万吨和120万吨、聚醚多元醇（PPG）产能达132万吨、MDI产能达139万吨、TDI产能达44万吨，供需缺口持续缩小。得益于高性能聚氨酯材料在多个领域的广泛应用，聚氨酯材料消费量由2007年的455万吨增长到2010年的599万吨，预计未来聚氨酯产品的需求将保持10%左右的增长速度（见图5）。

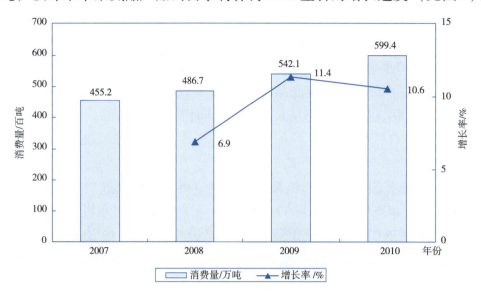

图5　2007－2010年我国聚氨酯产品消费情况

（2）有机硅

在电子、汽车、纺织、房地产等行业强劲需求的带动下，有机硅行业在2010年保持了2009年以来的增长势头，终端产品市场也稳步增长，室温胶继续保持产销两旺，硅油和硅树脂有较大幅度增长，热硫化硅胶制品和LED胶成为市场热点。

作为有机硅工业的基础和支柱，近几年甲基氯硅烷的生产规模扩展很快，截至2010年底，我国已经建成甲基氯硅烷单体生产厂14家，总产能1200k吨/年，已占全球产量的1/3，同时进口量持续减少，2010年1—11月净进口132k吨/年，同期减少3.2%。国产有机硅的市场份额也在不断提升，2006年以前，国产量很少，2008年达40%，2009年超过60%，2010年则达70%以上，预计2011年将全部实现自给。

（3）钛白粉

2010年钛白粉行业总体上延续了积极向上的发展态势，市场需求走强，企业开工率和效益保持高位，与2008年全行业80%以上企业亏损形成巨大反差。2010年，我国钛白粉总产量约为147.4万吨，比2009年增长40.9%；进出口方面，全年进口量共26.9万吨，增长率为9.9%，全年出口量为26.6万吨，增长率为157.1%，创历史最高纪录。2010年，我国5 000吨/年及以上规模企业51家，其中15家产能在5万吨/年以上，4家企业产能超过15万吨/年。今后钛白粉企业工作的重点就是减少生产成本、提高生产环境质量的同时，不断完善及开发高档钛白粉。

（4）工程塑料

我国工程塑料工业已逐步形成了具有树脂合成、塑料改性与合金、加工应用等相关配套能力的完整产业链，基本的工程塑料树脂均能在国内生产，聚合能力达每年60万吨左右，改性树脂材料年产量也有200多万吨，过去国外对我国禁运的特种工程塑料树脂现在国内都能生产，并且能够少量出口。

我国通用工程塑料的消费量2004—2009年的复合年均增长率为10%，2009年需求量为248万吨，主要用于电子电器、建筑和汽车领域。"十二五"期间通用工程塑料需求量仍将保持快速发展，2009—2015年复合年均增长率为5.8%。我国特种工程塑料2009年消费量约为2.25万吨，2009—2015年需求量的复合年均增长率预计为17.3%。

（5）碳纤维

随着碳纤维在工程修补、飞机制造、汽车及其部件、电子设备套壳、集装箱、医疗器械、深海勘探和新能源开发等方面的应用，国内对碳纤维的需求逐步扩大，2010年我国碳纤维需求达1万吨左右。体育休闲领域碳纤维的需求仍占据中国碳纤维需求的首位，但其年增长率呈下降趋势。工业应用领域对碳纤维的需求出现了较快的增长趋势，2010年对碳纤维的需求量达1 900吨/年，是2003年需求量的9.5倍。航空航天领域对碳纤维的需求也较快，2010年对碳纤维的需求量达250吨/年，是2003年需求量的4.2倍。2010年，中国全面启动和实施的大飞机重大专项整体配套项目中，包括了碳纤维在内的诸多化工新材料项目，许多碳纤维研究项目或千吨级产业项目纷纷启动。同时，2010年随着中国海上风电序幕的拉开，碳纤维在风机叶片领域为中国碳纤维产业迎来了新的发展机遇。

目前国内T300级碳纤维产业化基本进入成熟阶段，百吨级和千吨级碳纤维生产线已投入生产。2010年总产量可望达1 500吨。目前，国内有大小碳纤维企业20多家，合计产能约9 000吨/年，约占世界总产能的14%，到2011年底将建成13家，到2015年国内大小碳纤维企业总计将近40家。但国内很多生产线运行和产品质量都不稳定，无论是质量和规模与国外相比差距都很大，短期内还摆脱不了对进口产品的依赖。

三、发展展望

根据国务院《关于加快培育和发展战略性新兴产业的决定》，新材料产业被定性为"国民经济的先导产业"，是重要的战略性新兴产业。加快培育和发展新材料产业，对于支撑战略性新兴产业发展，保障国家重大工程建设，促进传统产业转型升级，构建国际竞争新优势具有重要的战略意义。

"十二五"期间，我国新材料产业将以提升自主创新能力为重点，以战略性新兴产业发展和国家重大工程建设亟需的关键材料为突破口，加快推进产业规模化发展，不断提高保障水平。期间将大力发展稀土功能材料、高性能膜材料、特种玻璃、功能陶瓷、半导体照明材料等新型功能材料；积极发展高品质特殊钢、新型合金材料、工程塑料等先进结构材料；提升碳纤维、芳纶、超高分子量聚乙烯纤维等高性能纤维及其复合材料的发展水平；开展纳米、超导、智能等共性基础材料研究。

随着2011年新材料产业的分项规划细则出台，新材料产业具体的资金支持、税收优惠、产品目录等内容会得以明确，产业将在更高起点上发展。到2015年，我国将力争建立起具备一定自主创新能力、规模较大、产业配套齐全的新材料产业体系，突破一批国家建设急需、引领未来发展的关键材料和技术，培育一批创新能力强、具有核心竞争力的骨干企业，形成一批布局合理、特色鲜明、产业集聚的新材料产业基地，为新材料产业持续快速发展奠定坚实基础。

国家新材料行业生产力促进中心　　王滨秋

2010年中国航天产业发展综述

2010年是我国国民经济和社会发展第十一个五年规划收关之年，也是《航天发展"十一五"规划》任务完成验收之年。"十一五"期间，我国成功研制并发射了航天器57个，其中各类人造地球卫星54颗、2个月球探测器和1艘"神舟"号飞船，与"十五"期间成功发射航天器28个，其中飞船5艘，卫星23颗相比，我国航天基础工业和科研生产能力得到明显提升，确保了航天科研生产任务和国家科技重大专项的顺利进行。载人航天和探月工程取得历史性突破，载人航天实现航天员出舱，探月工程成功发射了嫦娥二号，实现了科学目标，嫦娥二号探测器，完成了预定的工程任务，过去五年我国航天取得了辉煌成就，极大地推动了我国航天事业的发展，为国家经济和社会发展、国防建设、科技进步发挥了重要的作用。

一、航天科技实力明显提升

1. 运载与卫星发射服务业稳步发展

2010年长征系列运载火箭发射15次，成功发射航天器20个，其中我国自主研制的18颗卫星和月球探测器——嫦娥二号被送入太空。

通信卫星领域。我国发射的鑫诺六号卫星，覆盖我国大陆及港、澳、台地区，该卫星投入运营后将为我国卫星通信与广播电视提供更好的服务。

导航卫星领域。我国连续发射了5颗北斗导航系统组网卫星，确保了北斗卫星导航系统自主运行。

遥感卫星领域。遥感卫星九号、遥感卫星十号、遥感卫星十一号相继进入太空，在科学试验、国土资源普查、农作物估产及防灾减灾等领域，为国民经济建设发挥积极作用。"风云三号"卫星是我国新一代极轨气象卫星，可在全球范围内实施三维、全天候、多光谱、定量探测，获取地表、海洋及空间环境等参数，实现中期数值预报。

科学探测与研究卫星领域。实践十二号卫星、"实践六号"04组A星和B星主要用于开展空间环境探测、空间辐射环境及其效应探测、空间物理环境参数探测，以及其他相关的空间科学试验等科学与技术实验。天绘一号卫星主要用于执行科学研究、国土资源普查、地图测绘等诸多领域的科学试验任务，将满足国家测绘保障和国土资源调查的迫切需求。

微小卫星领域。通过搭载发射的"皮星一号A"卫星是公斤级重量的微小卫星，主要进行技术验证实验。

截至2010年12月，我国自主研发的在轨卫星数量达58颗（见表1）。

表1　2010年我国长征运载火箭发射卫星统计表

序号	运载火箭名称	发射中心	发射日期	航天器名称
1	长征三号丙	西昌	2010.01.17	北斗导航第三颗导航卫星
2	长征四号丙	酒泉	2010.03.05	遥感卫星九号一组三星
3	长征三号丙	西昌	2010.06.02	北斗导航第四颗导航卫星
4	长征二号丁	酒泉	2010.06.15	实践十二号
5	长征三号甲	西昌	2010.08.02	北斗导航第五颗导航卫星
6	长征四号丙	太原	2010.08.10	遥感卫星十号
7	长征二号丁	酒泉	2010.08.24	天绘一号
8	长征三号乙	西昌	2010.09.05	鑫诺六号通信广播卫星
9	长征二号丁	酒泉	2010.09.22	遥感卫星十一号、皮卫星两颗
10	长征三号丙	西昌	2010.10.01	嫦娥二号
11	长征四号乙	太原	2010.10.06	实践六号A、B
12	长征三号丙	西昌	2010.11.01	北斗第六颗北斗导航卫星
13	长征四号丙	太原	2010.11.05	风云三号新一代极轨气象卫星
14	长征三号甲	西昌	2010.11.25	中星 二十A星
15	长征三号甲	西昌	2010.12.18	北斗第七颗北斗导航卫星

2. 航天科技重大工程进展顺利

（1）探月与深空探测工程

"嫦娥二号"实现了地月转移轨道、X频段深空测控、月球轨道捕获、轨道机动与快速测定轨、全新的着陆相机与数据传输和着陆区高分辨率成像等六方面的技术创新与突破。我国已逐渐形成监测预警、航天器防护和空间环境保护三大工程体系，多项标志性研究成果已在工程上得到应用，受到国际社会的高度称赞。

（2）载人航天工程

2010年10月，我国正式启动实施载人空间站工程，将于2011年发射天宫一号目标飞行器和"神舟"八号飞船，实施首次空间飞行器无人交会对接试验。中国航天员科研训练中心的志愿者王跃将与来自俄罗斯和欧洲国家的 5 名志愿者一起，参加人类首次模拟火星载人航天飞行试验。

（3）北斗卫星导航系统

2010 年我国通过连续发射的 5 颗导航卫星，将加快建设我国北斗卫星导航系统，争取能够提供高精度、高可靠的定位、导航和授时服务，具有导航和通信相结合的服务特色。

（4）新一代大运载火箭工程

我国新一代大推力运载火箭长征五号运载火箭已突破多项关键技术，进入实质研制阶段，成功进行了地面短程试车，运载能力比以前的运载火箭提升一倍。长征五号运载火箭是瞄准中国航天未来 20~30 年的需要规划而研制的一个系列火箭群。

3. 我国航天工业基础能力与国防装备水平大幅提升

长征系列运载火箭已实现了由单件、小批量生产向批量生产，由研制向研制生产并重，由试验型向产业化发展的重大转变，我国运载火箭已进入到真正的高密度发射阶段。在 2010 年国庆阅兵中，洲际、地地、舰空、空空、地空等多种战略、战术导弹悉数登场，遍布陆、海、空和二炮各兵种，充分展示了我国目前具备研制生产的多种多套高新导弹武器装备的水平，中国的国防实力和维护国家主权、安全和领土完整的能力。

通过"十一五"国防能力建设，重大型号研制周期大为缩短，宇航产品基本形成小批量工业化生产模式，航天器年生产能力从 10 个（卫星/飞船/探测器）左右增加到 20 个左右，运载火箭年生产能力从 10 发左右增加到 16 发左右。卫星发射中心综合发射能力实现了多方面跃升，实现了从发射单一型号火箭到发射多种型号火箭的跃升，可将有效载荷从数十公斤至数千公斤不等的卫星送入太空；实现了从单射向多射，从发射单一轨道卫星到发射高中低多种不同轨道卫星的跃升；实现了从每年最多执行几次发射任务到年发射能力达到 20 颗以上航天器的跃升。

航天科技工业 2010 年总收入为 2 250 亿元人民币以上，较 2009 年增长 30% 以上，利润总额为 150 亿元人民币左右，从业人员达 25 万人以上，以国有企业为核心的航天工业体系格局正随国家改革步伐逐步形成。

二、航天高技术应用产业发展加快

1. 航天科技应用不断拓展

2010 年，航天高技术在卫星运营和安保信息服务，高性能碳纤维及其复合材料、飞机碳刹车盘、高性能膜等新材料，兆瓦级风力发电、新能源光伏等新能源和环保，国产轿车、电动汽车及其零配件、HT－L 粉煤气化炉等工业产品及配套，空间生物培育和制药等领域得到广泛应用。航天卫星资产重组效益初步显现，业务收入、利润总额等经营能力显著提高，以国家卫星为主体的运营业务实现利润增长 26.9%，核心业务竞争力全面提升。

我国航天以"卫星应用,数字城市,安全防务"为主题,在上海世博会上突出展示了航天应用产业提供的"天地一体"系统整体解决方案。具有我国自主知识产权的卫星定位技术的"特殊芯片",在上海世博会新能源汽车远程监控系统中的首次应用,具有该芯片的车载信息系统,比GPS导航系统精度提高2~3倍,能实现数据的双向传输功能,能够与终端实现双向互动。航天太阳能发电项目是我国目前太阳能发电中光伏建筑一体化规模最大、技术最多,也是世博史上太阳能发电技术最大规模应用的项目。航天企业建立推动电动汽车产业整体发展的开放技术平台,研发电动汽车、纯电动新能源汽车的电池模型等新技术,积极参与中央企业发起电动车产业联盟,推进航天高技术应用的领域和范围。航天企业大力发展具有自主知识产权的工业控制机、铁路安全运行系统、传感器、中压变频器等产品,进一步开发具有核心技术的通用型及行业专用型产品。

2. 科技自主创新硕果累累

截至2010年底,航天科技工业共建成完善18个国防科技重点实验室,并积极推动国家工程实验室、国家级工程研究中心、系统级研发中心和专业研发中心建设。可靠性增长试验的加速方法推进了航天产品可靠性的创新,在型号任务中首次得到应用。2010年6月首枚气象火箭在海南探空火箭发射场成功发射,并首次采用GPS技术获得了中国低纬度地区20公里至60公里高度的高精度临近空间大气温度、压力和风场的探测参数。航天核心能力建设不断提高关键元器件的国产化率,使我国成为全球第三个可批量生产红外单光子探测器的国家,为我国量子密码规模化应用奠定了基础。

"十一五"期间专利申请数量逐年上升,年均增长率30%以上,仅航天科技集团公司发明专利申请数从"十一五"之初的185项增加到"十一五"末的1 437项,发明专利所占比重为80%以上,2010年获得国家和部级科学技术奖500余项,其中国家最高科学技术奖1项,国家科学技术进步特等奖1项,国家科学技术进步一等奖6项,国防科学技术特等奖4项。

3. 航天产业改革不断深化,产业格局发生变化

航天产业新的布局加快建设,不断完善。西部和中部地区,在金属材料、卫星应用产业示范基地建设,进入发展快车道。华北和东北地区,建设北京中关村航天科技创新园区建设纳入北京市中关村科学城的总体发展规划。届时,包括神舟投资、中国卫星等在内的航天企业覆盖宇航、航天技术应用、航天战略性新兴产业等多个产业,涉及卫星导航、卫星遥感、深空探测、载人航天、空间科学等多个领域的项目,航天公司和研发中心都将入驻技术创新园。天津,新一代运载火箭产业化基地正在崛起,长征五号运载火箭采用多项自主创新的高新技术,各项综合性能指标达到国际先进运载火箭水平。上海,闵行航天城二期工程将建成技术领先的试验中心以及22个专业齐全的实验室,将重点加强6个专业的建设,构建先进的研发平台,提升上海运载火箭总体水平和自主创新能力。海南航天发射场配套区项目总用地面积6 100亩,海岸线约4千米,总投资为120亿元,发射场将于2013年具备发射条件,届时海南航天主题公园也将完成一期建设,并投入运营。航天科技西安卫星应用产业示范基地的建设,推动了卫星应用产业驶上"快

车道"。极大地推动了以卫星通信广播、卫星导航、卫星遥感应用为核心的卫星应用产业的发展，促进卫星应用产业成为高新技术产业的新经济增长点。深圳卫星大厦占地5 000平方米，建筑总面积46 400平方米，计划于2011年投入使用，可同时满足微小卫星研制生产及管理的各项需求。

4. 社会责任与经济效益

航天企业在青海玉树地震发生后立即启动应急通信保障预案，部署抗震救灾抢通工作，迅速组织力量，全力调度卫星通信资源，不惜一切代价，为抗震救灾提供通信保障。中国资源卫星应用中心在第一时间启动了重大自然灾害监测预案，成立了青海地震遥感监测应急小组，在较短时间内完成了震前遥感数据以及基础地理数据的收集与整理，并积极安排资源卫星、环境减灾卫星对地震灾区进行快速遥感监测。以最快速度和最有用的卫星遥感数据为国家相关部门组织开展抗震救灾工作提供了决策支持，为地震救援提供服务数据。在舟曲应急救援中，风云二号等气象卫星、环境减灾卫星为国家气象、减灾委、地震局、环保等部门强化监测预报，给灾区气象、环境监测预报提供了重要支撑。

上海世博会的安保科技系统，"太空家园馆"建设及运营、世博中心光伏兆瓦级电站、航天动力锂电池汽车等项目，精彩绝伦的展品展项、形象生动的3D影片、贴心细致的运营服务，赢得观众的广泛赞誉，超过300万人次观众进馆参观，有300万游客在太空家园馆体验"太空之旅"。太空家园馆被上海市委、市政府评为"世博工作优秀集体"，同时获得了"工人先锋号"、"世博园区文明场馆"、"世博园区服务保障先进集体"、"世博绿色出行低碳馆"等多项荣誉称号，成为世博会的十大热门场馆之一。通过我国首颗专门为青少年量身定制的希望一号科普卫星，来自内地、香港、澳门、台湾地区的多名青少年，完成了首次"两岸四地"青少年业余无线电爱好者通联活动。

三、卫星应用产业

1. 通信卫星

中星22号卫星在轨稳定运行十周年，成为迄今为止我国在轨运行时间最长的卫星，树立了我国卫星长寿命、高可靠的典范。鑫诺六号通信广播卫星代表我国在通讯和广播卫星领域最新的技术能力，装载了30多个转化器，设计寿命已达15年，目前运行稳定，各系统工作正常。卫星具有大容量、高可靠、长寿命等技术特点，将为进一步改善我国广播电视的直播条件，丰富广大人民群众，特别是边远山区群众的文化生活打下基础。

2. 气象和海洋卫星应用

我国气象灾害占自然灾害70%以上，造成的直接和间接经济损失每年约为2 000亿元~3 000亿元，占国内生产总值的3%~6%。国家卫星气象中心利用静止气象卫星资料制作的各种信息产品已达25种，为气象、海洋、农业、林业、水利、航空、航海、环境保护等领域提供了大量的公益性和专业性服务，产生巨大的社会效益和经济效益。目前，世界上有 20 多个国家和地区，如澳大利亚、日本、美国、欧洲以及东南亚的一些国家，包括我国香港、澳门、台湾地区，都在使用风云卫星的观测数据。而利用海洋卫星数据，有关部门可以制作 3—9 月逐月平均的海温和叶绿素分布图，并及时向海洋渔业生产部门提供服务，从而增加产量，获得可观经济效益。中国海洋卫星的发展目标是建立一整套海洋卫星体系，包括 3 个卫星系列，分别是海洋一号（海洋水色卫星系列）、海洋二号（海洋动力环境卫星系列）和海洋三号（海洋监视监测卫星系列），将逐步形成以卫星为主导的立体海洋空间监测网。

3. 环境与减灾星座应用

目前"环境与灾害监测预报小卫星"A 星、B 星的运行与应用情况良好，更加完善的星座计划（"4+4"星座）也将启动，届时会大大缩短重复观测时间。

4. 陆地资源卫星应用

我国资源卫星已广泛用于农业、林业、水利、海洋、环保、国土资源和城市规划及灾害监测等领域。资源卫星数据在巴西、中国周边和南美洲地区也得到了广泛应用，逐步形成业务化、规模化应用。中国资源卫星应用中心已向广大用户分发陆地卫星数据 100 余万景。其中，包括资源一号 01 星、02 星、02B 星数据 79 万景，相当于覆盖国土面积 600 余遍。国家还将启动高分辨率对地观测系统工程，整合现有的遥感卫星地面系统，正在建设的国家陆地卫星数据中心是我国陆地观测卫星数据集中处理、多方共享、广泛应用的重要存储中心。它的持续建设，将全面提升国产陆地观测卫星服务国民经济建设的能力，为国家综合部门和广大用户提供长期、连续、稳定的数据源，为国家宏观战略决策、行业管理提供有力支撑，为我国卫星应用产业发展做出积极贡献。

5. 导航卫星应用

我国自主研制并运行的"北斗"卫星导航系统在测绘、电信、水利、渔业、交通运输、森林防火、减灾救灾和公共安全等诸多领域得到应用。特别是在四川汶川、青海玉树抗震救灾，北京奥运会和上海世博会中发挥了重要作用。

6. 其他航天应用产业

太空诱变育种试验，所选育出高产、质优和抗病能力强的青椒，产量增加 25%，维生素 C 含量提高 15%~20%，病情指数降低 55%，且口味好，为国家农业经济的发展提供了新的增长点。太空育种技术已给人们生活带来了非常丰富健康的农副产品。在甘肃、新疆、江西、湖南、海南等地建立了 10 个航天育种推广种植基地和研究中心，截至 2010 年 5 月，已育成并通过国家或省级鉴定的新品种达 60 多个，已大规模在农业生产中推广应用，形成以生物原料药和生物保健品为代表的产品系列，以及包括粮食作物、蔬菜、花卉等空间育种产品系列，航天工程育种的产业化已初现端倪。

四、国际交流与合作

1. 国际交往与合作实现历史性突破

中国政府有关部门、中科院、社会机构以及企业与美国、英国、法国、德国、意大利、卢森堡、马来西亚、智利、玻利维亚、老挝、国际宇航联合会以及国外大学、研究机构、航天企业开展航天领域的交往与合作，举办和参与世界月球、全球环境影响、国家空间站政策和法律等会议，就卫星的出口、运营等合作项目开展实质性的合作。特别是中美双方政府就航天领域的有关合作，开始了积极探索，这在中美联合公报中得到具体反映，实现了历史性突破。

2. 国际合作领域向多元化发展

中国航天的国际化道路坚持实施互利共赢的开放战略，与国际社会共同应对全球性挑战、共同分享发展机遇。在深空探测、月球探测、火星探测、卫星出口、商业发射、卫星通信、卫星遥感、卫星导航、卫星地面站、减灾防灾、国际救援、航天学术交流、人才培养、国际空间法律和政策等领域开展更加广泛的国家交流与合作。

3. 航天产业国际化步伐加快

中国航天商业发射已走过20年的光辉路程，影响到美国、法国、英国、德国、意大利、卢森堡、马来西亚、中国香港等国家和地区，我国长征运载火箭的可靠性与竞争力，给国际通信卫星公司、欧洲卫星公司、欧洲通信卫星公司世界三大卫星运营商，以及欧美卫星制造商等留下深刻印象。中国航天企业已成为世界上为数不多的提供完整配套的发射服务、卫星、地面设备、项目融资、项目保险、项目培训等航天产品与服务的系统集成供应商，可提供天地一体化的解决方案。同时，航天技术应用产品也开始走出国门。中国航天正全方位挺进国际宇航市场，中国航天的国际化进程全面提速。

我国的气象卫星、资源卫星数据、图像处理、信息提取与解译，已为多个国家和地区提供了良好服务，为受灾国家和地区、国际组织提供过大量无私帮助，为国家争得了荣誉。

五、存在的主要问题

1. 国家航天立法工作过于迟缓

我国社会主义法律体系进一步完善，航天必须跟上国家法制化建设。航天立法工作较为缓慢，已经影响到航天的未来发展。抓紧航天立法，尽早颁布国家航天法，积极参与国际空间法的修改与实施，树立一个负责任航天大国的国际形象，是航天未来发展的当务之急。

2. 航天科技工业改革进展缓慢

由于航天科技工业的特殊性，航天科技工业属于国防科技工业中相对较为封闭、改革缓慢、开放度小的行业。航天科技工业体系的改革滞后国家经济改革和国家安全发展的步伐，国际化程度偏低，我国航天科技工业要打破自我封闭的状态，坚持走中国特色新型工业化道路，形成服务于社会主义市场经济的航天工业体系，是我国航天未来发展极为重要的任务之一。

3. 我国航天产业结构急需调整

太空经济时代即将到来，发达国家经过多年积累，已经做好充分准备。我国航天产业因历史的特殊情况和国际环境的制约，起步较晚，发展迟缓，积极调整目前航天产业的结构，按照国家战略性新兴产业培育和发展的部署，必须进一步提高航天产业对国家经济发展的贡献率。

4. 企业经营发展能力有待提高

航天科技工业、航天产业的发展问题，突出反映了航天企业面对社会主义市场经济其企业经营发展能力较弱。由于行业特殊性，企业长期享受国家政府的特殊优惠政策，容易形成国有企业垄断行为，不思进取的坏毛病，习惯计划经济、行政管理的传统方式，缺少激烈的市场竞争环境下的经营发展能力。

六、2011年的发展展望

我国航天在"十二五"开关之年，将按照航天发展"十二五"规划的部署，全面实施航天科技重大专项。计划长征系列运载火箭发射20次左右，将把20个以上的航天器送入太空。载人航天工程发射天宫一号目标飞行器和神舟八号飞船，实施我国首次空间飞行器无人交会对接飞行试验。继续实施探月二期工程，完成嫦娥三号卫星研制阶段工作；实现"萤火一号"发射，开展火星科学探测。继续发射导航卫星，不断完善北斗卫星导航系统，逐步实现全球化的导航定位功能。积极推进新一代运载火箭长征五号研制工作，确保研制计划阶段任务的如期完成。启动我国高分辨率对地观测系统工程，国家空间基础设施建设等一系列国家航天的重大项目与工程。加快整合国家对地观测遥感业务运用，不断提高卫星运营服务业的比重，实现航天产业结构调整，实施国家战略性新兴产业计划。

预计航天科技工业2011年总收入为2 850亿元人民币以上，利润总额为172亿元人民币左右。

中国航天工程咨询中心　石卫平　林步圣　唐富荣

2010 年中国可再生能源产业发展综述

一、可再生能源发展的总体情况

2010 年，我国可再生能源产业总体保持快速增长的发展态势。其中，可再生能源利用总量继续增加，占一次能源消费的比例稳步提升；在国内外市场的带动下，可再生能源制造业规模不断扩大，产品的国际竞争优势不断增大；随着市场和产业规模的扩大，可再生能源对国民经济的贡献日益突出，在战略性新兴产业中的地位不断提高；除此之外，我国可再生能源产业的快速发展也对世界清洁能源发展做出了重要贡献，在应对气候变化、减少温室气体排放方面发挥了重要作用。

1. 可再生能源利用总量继续增加，占一次能源消费比例稳步提升

2010 年，我国可再生能源利用总量达到了 2.93 亿吨标准煤（不包括传统方式利用的生物质能），同比增长 13%，约占全国一次能源消费总量的 9%（见图 1）。

在发电方面，2010 年全国可再生能源装机规模达到 2.52 亿千瓦，年发电量 7 649 亿千瓦时，同比增长 13%（见图 2）。

其中，水电装机总容量达到 2.13 亿千瓦，年发电量达到 6 863 亿千瓦时；并网风电装机容量达到了 3 107 万千瓦，吊装容量超过 4 400 万千瓦，成为全球第一大风电装机国（按吊装容量计），年发电量达到 510 亿千瓦时，约占全国总发电量的 1%；除此之外，生物质发电累计装机达到 669 万千瓦，年发电量 268 亿千瓦时；太阳能光伏发电累计装机达到 83 万千瓦，年发电量约为 4.5 亿千瓦时（见图 3）。

在供热方面，2010 年全国可再生能源供热达到 2 462 万吨标准煤，同比增长 14%。其中，全国太阳能热水器使用面积达到 1.68 亿平方米，占世界太阳能热水器总使用量的

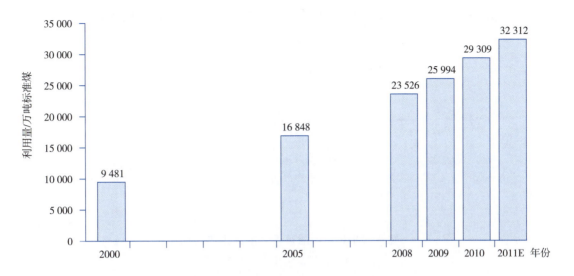

图1 中国可再生能源利用量（单位：万吨标准煤）

数据来源：国家发改委能源研究所

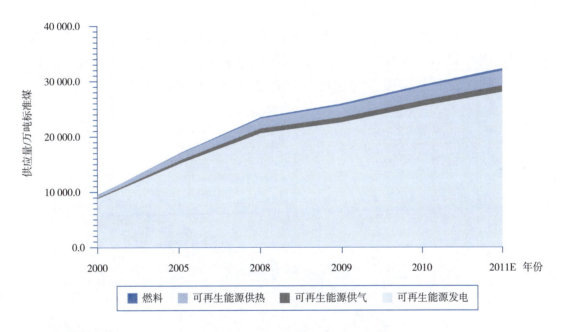

图2 中国可再生能源发电能源供应量

数据来源：国家发改委能源研究所

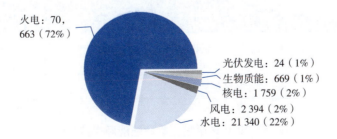

图3 可再生能源发电装机结构

数据来源：中国电力联合会，2011

60%以上，年能源供应量达到 2 016 万吨标准煤，同比增长 16%（见图 4）。

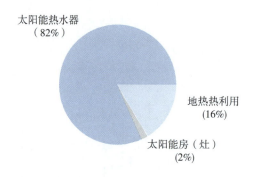

图 4　2010 年中国可再生能源供热结构
数据来源：国家发改委能源研究所

在供气方面，2010 年全国可再生能源供气总量达到 140 亿立方米，折合 1 000 万吨标准煤，同比增长 8%。其中，农村户用沼气数量达到 4 000 万户，占适宜农户总数的 28.6%；农业废弃物沼气工程达 6.8 万处，年产沼气约 9.5 亿立方米。

在燃料供应方面，2010 年全国可再生能源燃料供应量达到 476 万吨，折合 368 万吨标准煤，同比增长 11%（见图 5）。其中，固体成型燃料产量达到 250 万吨；燃料乙醇产量达到 186 万吨，表 1 为 2010 年全国可再生能源的开发利用汇总表。

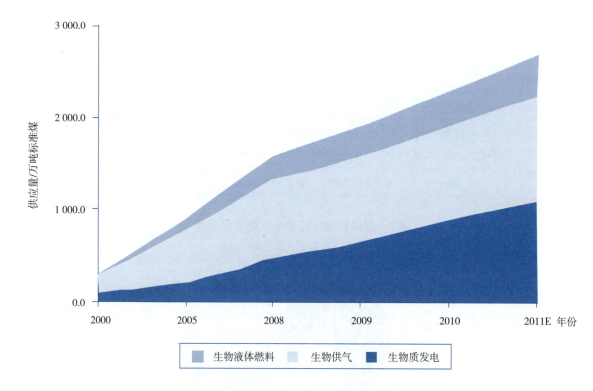

图 5　2010 年中国生物质能能源供应量
数据来源：国家发改委能源研究所

表1 2010年我国可再生能源开发利用量

	利用规模	年产能量	折标煤/万吨/年
一、发电	25 212/万千瓦	7 649/亿千瓦时	25 479
水电	21 340	6 863	22 991
并网风力发电	3 107	510	1 566
小型离网风力发电	7.5/30 万台	0.8	2
光伏发电	83	4.5	14
生物质发电	669	268	897.8
地热发电	5	2.5	8
二、供气		140/亿立方米	1 000
户用沼气	3 950/万口		
大型畜禽场沼气	4 700/座		
工业废水沼气	1 600/座		
三、供热			2 462
太阳能热水器	16 800/万平方米		2 016
太阳灶	200/万台		46
地热热利用		10 000/万吉焦	400
四、燃料			368
生物质固体成型燃料	250/万吨		125
车用酒精	186/万吨		186
生物柴油	40/万吨		57
五、可再生能源总计			29 309
六、全国一次能源消费量			323 000
七、可再生能源比重%			9.07

数据来源：国家发改委能源研究所

2. 可再生能源制造业规模继续扩大，产品的国际竞争力日益提高

2010年，我国可再生能源产业在国内外市场的带动之下，产业规模快速增长；随着规模的扩大、技术水平的提高和成本的下降，国内可再生能源产品的国际竞争力日益提高。

在风电产业，2010年全国国内品牌风电机组产量达到1 600万千瓦，同比增长约16%，占全国新增市场份额的90%。其中，华锐、金风和东汽三家主要生产制造企业的新增装机容量分别达到430万千瓦、370万千瓦和262万千瓦，市场份额为23%、19%和14%；2011年初，国产风机价格已经降到4 000元/千瓦左右，相对于同类型的国际产品，竞争优势日益明显（见表2）。

表2 2010年主要风电制造企业装机容量及市场份额

序号	制造商	装机容量/MW	市场份额/%
1	华锐	4 386	23.2
2	金风	3 735	19.7
3	东汽	2 623.5	13.9
4	联合动力	1 643	8.7
5	明阳	1 050	5.5
6	Vestas	892.1	4.7
7	上海电气	597.85	3.2
8	Gamesa	595.55	3.1
9	湘电风能	507	2.7
10	华创风能	486	2.6
11	重庆海装	383.15	2.0
12	南车时代	334.95	1.8
13	远景能源	250.5	1.3
14	GE	210	1.1
15	Suzlon	199.85	1.1
16	华仪	161.64	0.9
17	银星	154	0.8
18	运达	129	0.7
19	三一电气	106	0.6
20	长星风电	100	0.5
	其他	382.9	2.0
	总计	18 927.99	100

数据来源：中国风能协会，2011

在太阳能光伏产业，2010年我国光伏电池制造业在欧洲主要国家消费市场的拉动下，光伏电池产量达到800万千瓦，同比增长100%，占世界光伏电池总生产量的50%以上，连续三年位居世界第一（见图6）。其中，主要晶体硅电池组件企业的生产成本降到1.3美元/瓦以下，较国际厂商的生产成本低约30%，竞争优势越发突出。

在太阳能光热产业，2010年全国太阳能热水器年生产量达到4 900万平方米，同比增长16.7%；太阳能热水器企业达到3 000多家，整机企业达到1 800家左右，其余为配套、配件厂家（见图7）。除此之外，真空管热水器全玻璃真空镀膜线达到2 000多条，原材料硼硅玻璃的产量达到89万吨。

在生物质能产业，2010年，我国陈化粮乙醇和车用乙醇汽油推广应用项目继续实施，全国4家陈化粮燃料乙醇生产企业和广西中粮木薯乙醇项目合计生产了184万吨燃料乙醇；同时，我国生物质成型燃料年产量超过250万吨。

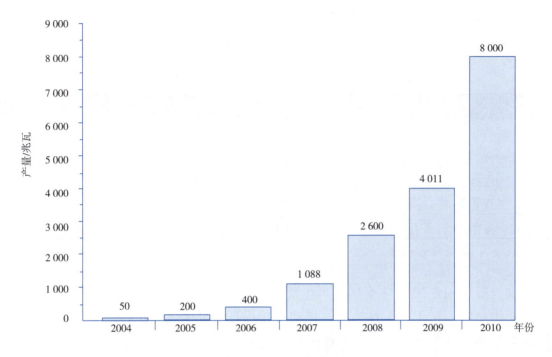

图6　2010年中国太阳能光伏电池产量

数据来源：国家发改委能源研究所

图7　2010年中国太阳能热水器产量及安装量

数据来源：国家发改委能源研究所

3. 可再生能源对国民经济的贡献日益明显，在战略性新兴产业中的地位日益提高

2010年，我国可再生能源产业对国民经济的贡献不断增加，在促进产业结构转型、拉动就业方面发挥了重要作用。

在产值方面，2010年全国可再生能源产业规模接近4 000亿元，对GDP的贡献达到1%，已经开始在国民经济中发挥了重要作用（见表3）。其中风电制造业实现产值1 000亿元左右；太阳能光伏制造业实现产值1 500亿元；太阳能热水器产业产值达到700亿元；生物质及装备制造业产值达到 970 亿元，可再生能源产业已经成为拉动经济的重要增长点。

表3 2010 年中国可再生能源对 GDP 的贡献

	GDP 贡献量/亿人民币	GDP 贡献量/亿美元
风电	1 000	150
太阳能光伏	1 500	230
太阳能热水器	700	110
生物质能	970	150
总计	4 170	640

数据来源：国家发改委能源研究所估算

在带动投资方面，2010 年全国可再生能源产业投资规模达到 2 000 亿元人民币以上。其中风电新增吊装容量 1 800 万千瓦，带动直接投资 1 500 亿元左右；太阳能光伏发电新增生产能力达到 1 000 万千瓦，带动直接投资超过 500 亿元，可再生能源产业已经在产业结构转型中扮演了重要角色。

在就业方面，可再生能源带动直接就业 400 万人以上。其中风电产业就业人数达到 26 万人；太阳能光伏产业就业人数达到 30 万人；太阳能热水器产业就业人数达到 300 万人；生物质能产业就业人数达到 79 万人（见表4）。

表4 2010 年中国可再生能源产业对就业的贡献

	Employment/百万人
风电	0.26
太阳能光伏	0.30
太阳能热水器	3.00
生物质能	0.79
总计	4.35

数据来源：国家发改委能源研究所估算

总体来看，在诸多的战略性新兴产业中，可再生能源已经成为最具活力和增长最快的产业之一，并且开始发挥越来越重要的作用（见图8）。

4. 我国可再生能源发展受到世界瞩目，对全球的贡献日益突出

作为全球最大的风机、太阳能光伏电池和太阳能热水器生产制造国，我国可再生能源产业的高速发展已经受到世界各国的关注，在减少温室气体排放和清洁能源供应方面做出了诸多贡献。

从清洁能源供应来看，我国可再生能源产业的迅猛发展不仅为本国带来了源源不断的清洁能源，而且开始为世界提供越来越多的清洁能源。以我国出口的太阳能光伏电池产品为例，2010 年我国光伏电池生产量达到 800 万千瓦，每年将为全球提供清洁电力 96

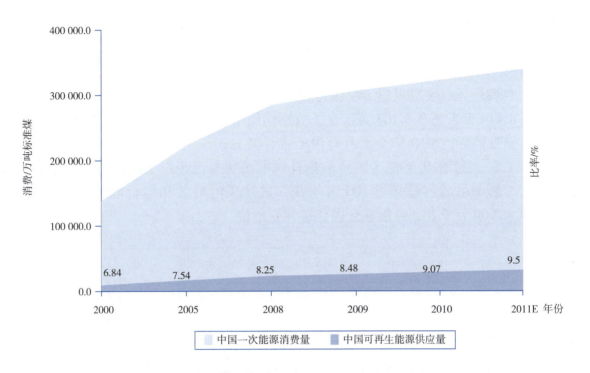

图8 中国可再生能源占一次能源消费的比例
数据来源：国家发改委能源研究所

亿千瓦时，折合 326 万吨标准煤；整个生命周期内将为全球提供清洁电力 2 000 亿千瓦时，折合标准煤 6 800 万吨（见表5）。

表5 我国太阳能光伏发电产业对世界清洁能源的贡献

年份	光伏电池产量 /兆瓦	年可发电量 /亿千瓦时	年能源可供应量 /万吨标准煤	生命周期内可发电量 /亿千瓦时	生命周期内能源可供应量 /万吨标准煤
2006	400	4.8	16.3	100	340
2007	1 088	13.1	44.4	272	924.8
2008	2 600	31.2	106.1	650	2 210
2009	4 011	48.1	163.6	1 002	3 409
2010	8 000	96.0	326.4	2000	6 800

数据来源：国家发改委能源研究所估算

从减少温室气体排放来看，我国可再生能源利用量的不断增加，也开始为应对气候变化、减少温室气体减排量做出了一定的贡献。以 2010 年可再生能源利用总量 2.93 亿吨计算，我国将减少二氧化碳排放 8.75 亿吨，减少二氧化硫排放约 52 万吨，减少氮氧化物排放约 52 万吨。

二、风电产业

2010 年，我国风力发电市场规模继续扩容，大规模风电基地建设进展顺利，陆上风电场开发速度加快；在此基础之上，国内风机制造业继续保持健康发展，国产风机市场占有率继续提高；海上风电场和技术开发开始启动，未来发展值得期望。

1. 陆上风电规模化利用继续加速

2010 年，我国风电装机规模继续保持快速增长，累计风电总吊装容量和并网运营容量分别达到 4 470 万千瓦和 3 107 万千瓦，分别同比增长 85% 和 75%（见图 9）。

从地区分布来看，2010 年全国共有内蒙古、河北、辽宁、吉林、黑龙江、山东、宁夏、新疆、江苏、甘肃 10 个省（区）的累计风电吊装容量超过 100 万千瓦（见图 10）。其中，内蒙古新增吊装容量超过 300 万千瓦，累计风电吊装和运营容量预计分别达到 1 100 万千瓦和 900 万千瓦，继续在全国保持领先地位。

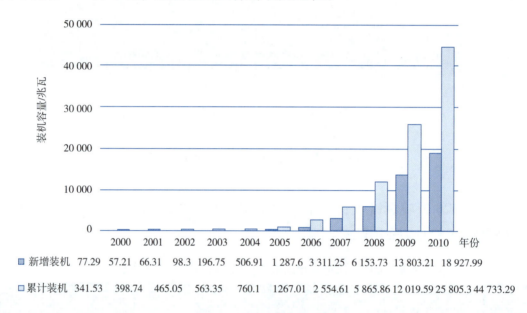

图 9　中国风电装机容量

数据来源：中国风能协会，2011

从市场分布来看，2010 年我国风电场建设主要集中在三北地区的千万千瓦风电基地。其中，2010 年 10 月，我国首个千万千瓦风电基地甘肃酒泉风电基地项目一期竣工，装机容量 536 万千瓦。

2. 风电设备制造业综合竞争力继续提高

2010 年我国风机制造商的技术水平继续提高；同时风机生产成本不断下降，市场竞争优势明显。

第一，我国风电装备制造技术水平快速提高。随着国内风电形势的发展，国内主要风机企业加速研制和推出大容量、先进风电机组，我国已经具备 1.5 兆瓦以上各类技术类型多种规格产品的制造能力。其中，华锐风电率先于 2009 年完成了 3 兆瓦海上风电机组的研制并在上海东海大桥项目中得到应用，并于 2010 年 10 月正式下线 5 兆瓦风电机组，启动了 6 兆瓦风电机组的研发工作；金风公司于 2010 年 9 月成功并网运行直驱永磁低风速 1.5 兆瓦风力发电机组，开始小批量生产 2.5 兆瓦永磁直驱风电机组和 3.0 兆瓦混合传动风电机组，也启动了 6 兆瓦风电机组研制项目。

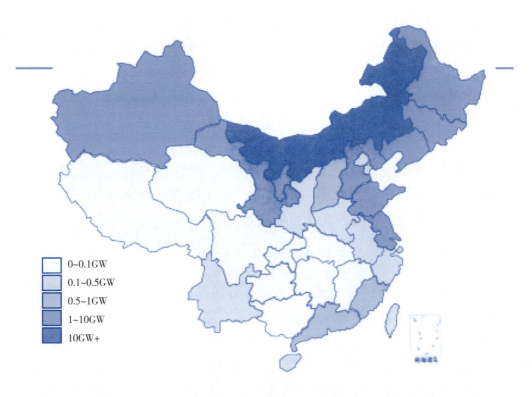

图 10　中国风电装机分布图

数据来源：中国风能协会，2011

第二，风电机组造价和市场报价进一步降低。由于零部件价格降低、技术水平和规模化程度提高等原因，2010 年初国内 1.5 兆瓦风电设备招标价已经降到了 4 500 元/千瓦。在 2010 年 10 月举行的河北张北和新疆哈密风电基地风电机组招标会上，1.5 兆瓦风电机组报价大多进一步降至每千瓦 4 000～4 100 元，其中金风科技的 3 850 元/千瓦的最低报价将 1.5 兆瓦风电机组单位千瓦造价拉入 4 000 元以内。随着风电机组价格迅速下降，陆地风电场的建设成本也有能力降至 8 000 元/千瓦左右。

3. 风电产业的国际化水平继续提高

作为全球发展最迅猛的风电市场和制造业基地，我国吸引了美国通用电气公司 GE、丹麦 Vestas、德国 Nodex、西班牙 Gamesa、印度 Suzlon 等全球风电企业在中国进行研发新技术和开设工厂，并将中国作为出口枢纽。风电设备制造企业的全球采购为风电设备供应链上的国外企业提供了发展良机，变流器、主轴轴承、控制系统等附加值高的关键零部件的直接进口或采购外资企业产品的比例均在 60% 以上。除此之外，我国企业还积极参与美国风电开发及风电设备制造，金风、湘电、沈阳瑞祥（A – Power）等企业已经或准备在美国销售风机或设立风电机组制造厂。

4. 海上风电技术开发和规模化应用开始起步

我国首个海上风电场上海东海大桥 10 万千瓦海上风电项目于 2008 年启动建设，2010 年 8 月 31 日全部机组顺利完成海上风电场项目 240 小时预验收考核，正式建成投运。该项目全部采用华锐风电自主研发的 34 台 3 兆瓦海上风电机组，预计未来年发电量可达

2.6亿千瓦时。该项目是我国第一个国家海上风电示范项目,也是全球欧洲之外第一个大型商业化运行的并网海上风电项目,实现了我国海上风电真正意义上零的突破,打破了国际垄断巨头的技术封锁和价格歧视,为我国建设海上风电场积累了宝贵经验。

三、太阳能光伏产业

2010年,我国太阳能光伏产业发展快速。其中,光伏电池制造业在欧洲主要国家消费市场的拉动下,行业规模继续位居世界第一;产业瓶颈得到突破,企业的国际竞争优势日益明显;在政策带动下,国内光伏市场开始规模化启动。

1. 国际市场带动我国光伏产业规模继续扩大

2010年,我国太阳能光伏发电产业"先抑后扬",上半年在金融危机的影响之下,国内光伏发电产业发展缓慢,但随着下半年欧洲主要国家光伏发电消费市场的复苏,行业整体恢复高速增长。在多晶硅生产环节,2010年我国多晶硅产量达到4.3万吨以上,同比增长110%,产业总体规模位居世界第三,仅次于美国和德国,连续三年整体增幅超过50%,多晶硅自给率达到50%左右(见图11)。多晶硅全行业实现产值150亿元左右,净利润超过20亿元。在硅片加工环节,2010年我国晶体硅硅片产量超过1 000万千瓦,同比增幅超过60%,产业总体规模位居世界第一。硅片全行业实现产值达到500亿元人民币左右,净利润超过50亿元。在光伏电池生产环节,2010年我国太阳能光伏电池产量达到800万千瓦,增长幅度超过90%,连续三年产业总体规模位居世界第一。光伏电池生产全行业实现产值700亿元人民币左右,净利润超过30亿元。在光伏电池组件生产环节,2010年我国太阳能光伏电池组件产量达到900万千瓦,增长幅度超过100%,产业总

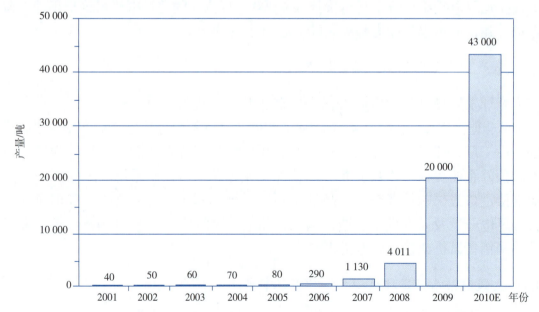

图11 我国多晶硅产量变化

数据来源:国家发改委能源研究所

体规模位居世界第一。光伏电池生产全行业实现产值 1 200 亿元人民币左右，净利润超过 30 亿元。在薄膜电池生产环节，虽然 2010 年我国薄膜光伏电池产能达到 250 万千瓦，但由于晶体硅太阳能电池成本下降较快，薄膜电池生产受到比较大的影响，当年产量为 50 万千瓦，产能利用率仅为 20% 左右，薄膜电池全行业实现产值 40 亿元人民币，净利润达到 4 亿元。

2. 产业集中度提升带动企业国际竞争力增强

2010 年，我国主要光伏电池生产企业继续扩大产能，企业规模和生产优势得以继续增强，生产成本持续下降，国际竞争优势明显。

第一，主要企业生产规模继续扩大，我国光伏电池产品占国际市场的比例由 2009 年的 38% 增加到 2010 年的 50%。2010 年主要光伏制造业企业均在大幅扩张产能，其中保利协鑫下属江苏中能公司和赛维 LDK 公司多晶硅产能达到万吨以上；保利协鑫、赛维 LDK 公司、昱辉阳光和英利集团硅片产能达到或超过 100 万千瓦；河北晶澳、无锡尚德和英利集团三家企业的电池产量达到或超过 100 万千瓦。

第二，产业集中度进一步提高。2010 年世界光伏制造业继续向我国集中，其中在全球排名前十的多晶硅生产企业中，大陆地区企业占 2 家；排名前十的硅片生产商中，中国大陆地区企业共占 6 家；排名前十的太阳能电池生产商中，中国大陆地区企业共占 5 家；排名前十的组件生产商中，中国大陆地区企业共占 6 家。

第三，企业国际竞争力继续提高。随着企业规模的扩大和技术水平的提高，我国光伏产品的成本持续下降，其中江苏中能多晶硅生产成本达到 25 美元/千克，接近世界领先水平；赛维 LDK 等硅片企业的生产成本低于 0.7 美元/瓦，较国际厂商约低 10% 左右；河北晶澳等电池制造企业的生产成本低于 1.0 美元/瓦，较欧洲企业约低 20% 左右；英利集团和常州天合等公司晶体硅电池组件生产成本达到 1.3 美元/瓦，较日本和欧洲主要企业约低 30% 以上，企业的成本优势明显。

3. 国内市场规模化启动，但光伏市场仍高度依赖出口

2010 年我国 280 兆瓦国家并网光伏发电特许权示范项目和 200 兆瓦"金太阳和光电建筑应用示范工程"（简称"金太阳示范工程"）关键设备供应商招标完成，国内光伏发电市场开始规模化启动。其中，第一轮甘肃敦煌 1 万千瓦国家并网光伏发电特许权示范项目及跟标项目 2010 年顺利建成并网发电；第二轮 28 万千瓦国家并网光伏发电特许权示范项目招标顺利结束并开始开工建设，国内大型并网光伏发电市场开始起步；20 万千瓦"金太阳和光电建筑应用示范工程"关键设备供应商招标完成，分布式光伏发电市场逐步扩大。总体而言，2010 年我国新增太阳能光伏发电装机约为 50 万千瓦（含安装未并网，因此与中国电力联合会数据有差别），累计装机超过 80 万千瓦（见图 12）。不过，虽然国内太阳能光伏发电市场发展迅速，但相对于国内庞大的制造业规模，光伏产品高度依赖国外市场的局面并没有得到改善。2010 年我国光伏电池产品出口比例仍约为 93%，仅较 2009 年下降 2% 左右，国内市场仍非常有限。

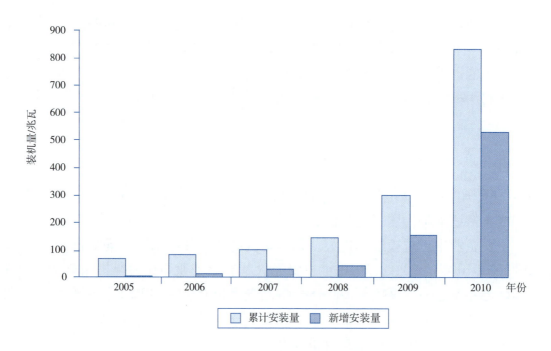

图12　我国光伏发电装机变化

数据来源：国家发改委能源研究所

四、太阳能热利用产业

2010年，我国太阳能热水器生产量和运行保有量继续保持世界第一。太阳能热水器年生产量达到4 900万平方米，同比增长16.7%，运行保有量达到1.68亿平方米，同比增长15.9%，市场和产业均稳步增长。

1. 太阳能热水器产业体系继续完善

目前，我国太阳能热利用产业已形成了从原材料加工、集热器生产到热水器生产的完整产业链。同时，产品开发制造、工程设计、营销和市场服务的产业服务体系也不断增强，并带动了玻璃、金属、保温材料和真空设备等相关行业的发展。总体来看，2010年，全国太阳能热水器产业总产值达到700亿元，比2009年增长100亿元，企业利润平均维持在10%左右，为社会提供了超过350万个就业岗位。

2. 太阳能热水器企业竞争力有所提高

2010年，全国太阳能热水器销售额超过亿元的企业有30多家，产值20亿元人民币以上的企业有4家，多家企业的产能超过了100万台。随着大型骨干企业大规模生产基地的建设，现代化和工业化的生产设备得到应用，如太阳能真空自动流水生产线、全程自动化高压智能发泡线，水箱连续加工生产线等，这些自动化生产设备的应用，我国太阳能热水器工业化生产模式基本成型。此外，一些企业开始引入现代化企业的管理制度和理念，筹划上市，希望通过公开上市筹集资金，形成规模效益。但企业数量多，大小企业并存的现象变化不大，产品同质化现象没有明显的转变。

3. 太阳能热水器产品出口增加

2010年,太阳能热利用产品的出口已扩展到150多个国家和地区,出口额度达到2.5亿美元,约占全国太阳能热水器市场的2.39%。2010年,出口的主要产品是集热管和热水器,也开始向国外出口生产设备和成套生产线,开始在当地合作建厂

五、生物质能产业

与风电和太阳能光伏产业相比,2010年我国生物质能产业发展保持相对稳定。其中,生物质发电装机容量继续攀升;农村生物质沼气工程进展顺利;而生物燃料生产也相对稳定。

1. 生物质发电保持稳定增长

生物质发电是生物质能利用技术中最成熟和发展规模最大的技术。截至2010年底,全国建成各类生物质发电装机合计约670万千瓦,同比增长42%(见图13),已经超过《可再生能源"十一五"规划》中装机550万千瓦的设定目标;其中蔗渣发电达到170万千瓦,秸秆林木废弃物发电达到226万千瓦,城市垃圾发电达到223万千瓦,沼气和垃圾填埋气发电达到50万千瓦。

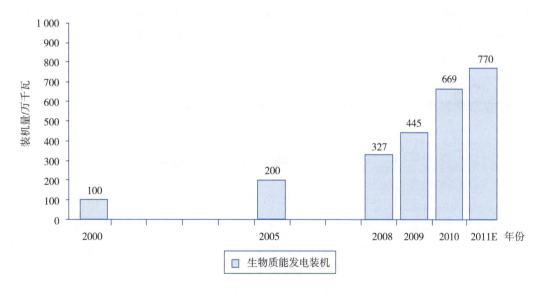

图13 我国生物质能发电装机

数据来源:国家发改委能源研究所

2. 农村生物沼气工程进展顺利

2010年,国家进一步加大农村沼气建设的发展力度,全年共投资52亿元,主要用于加快推进农村户用沼气、大中型沼气和集中供气工程建设等工作;全国全年共建成大型沼气工程4 000处,年产沼气约5.4亿立方米;中型沼气工程2.2万处,年产沼气约2.8亿立方米;小型沼气工程4.2万处,年产沼气1.3亿立方米。

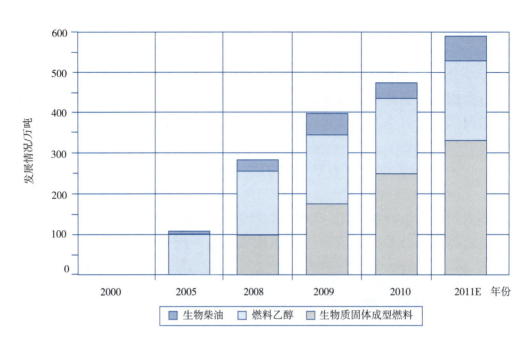

图 14　我国生物质燃料发展情况

数据来源：国家发改委能源研究所

3. 生物质燃料生产继续推进

2010 年，我国燃料乙醇的生产原料仍以玉米、小麦等粮食作物为主，陈化粮消耗量约为 530 万吨，全年合计生产了 186 万吨燃料乙醇；全年车用乙醇汽油消费量约 1 800 万吨，占全国汽油消费量的 25.9%（见图 14）。生物质成型燃料目前在我国处于产业化发展初期阶段，通过近年来的技术改进和创新，主要设备已经基本实现国产化。2010 年，我国生物质成型燃料年产量超过 250 万吨，产值约为 13.8 亿元。

六、海洋能和地热能的研发进展

2010 年，我国海洋能和地热能产业发展仍然缓慢。其中、潮汐发电等海洋能利用方面的进展仍然局限在少数试点和示范工作方面；高温地热能利用仍然主要集中在西藏等少数地区，中低温的地热水直接利用和地源热泵技术的利用范围进一步扩大。

七、可再生能源产业政策

2010 年我国可再生能源市场和产业政策不断完善。其中，海上风电第一轮特许权招标开始启动并完成招标，海上风电政策开始启动；第二轮光伏发电特许权招标完成，"金太阳示范工程"继续推进，太阳能光伏发电政策开始持续推进；"家电下乡"带动太阳能光热政策体系不断完善；生物质发电等生物质能政策有一定的调整。

1. 海上风电政策开始启动

2010年初，国家能源局会同国家海洋局共同发布《海上风电开发建设管理暂行办法》，以规范海上风电项目开发建设管理，促进海上风电有序开发、规范建设和持续发展，并要求各地申报海上风力发电特许权招标项目，此项政策标志着我国海上风力发电建设正式启动。2010年10月，我国首轮100万千瓦海上风电特许权项目招标在北京开标。此轮招标共有4个项目，均位于江苏，分别是滨海海上风电场30万千瓦项目、射阳海上30万千瓦项目、东台潮间带20万千瓦项目、大丰潮间带20万千瓦项目。4个海上风电中标项目上网电价最高为0.74元/千瓦时，最低为0.62元/千瓦时，其中华锐风电将提供滨海和射阳两个项目的风机，金风科技和上海电气将分别负责提供大丰和东台项目的风机。目前，海上风电在我国刚刚起步，面临着开发成本高、设备研发力量薄弱、施工经验不足等困难，本次特许权招标项目对促进海上风电发展起到里程碑式的作用。

2. 太阳能光伏发电激励政策持续推进

2009年，我国开始实施"太阳能光电建筑应用示范项目"和"金太阳能示范工程"，明确为分布式光伏发电系统提供财政补助；同年国家能源局也启动了第一轮大型光伏电站的特许权示范招标，为大规模光伏发电站建设提供政策支持。2010年6月，国家能源局启动了第二轮太阳能光伏发电特许权招标，这是迄今为止我国最大规模光伏电站的特许权招标项目，共涉及陕西、青海、甘肃、内蒙古、宁夏和新疆等西北六省的13个光伏电站项目，装机容量共计280兆瓦。其中，11个项目装机容量为20兆瓦，其余2个项目装机容量为30兆瓦。第二轮太阳能光伏发电特许权招标的顺利完成，进一步扩大了国内大型并网电站的市场空间，同时为我国大规模发展太阳能光伏发电提供了决策参考依据。2010年9月，为加强示范工程建设管理，进一步扩大国内光伏发电应用规模，降低光伏发电成本，促进战略性新兴产业发展，财政部、科技部、住房城乡建设部和国家能源局联合下发《关于加强金太阳示范工程和太阳能光电建筑应用示范工程建设管理的通知》，对《财政部、科技部、国家能源局关于实施金太阳示范工程的通知》和《财政部关于印发太阳能光电建筑应用财政补助资金管理暂行办法的通知》中有关政策内容进行了相应调整。2010年10月，四部委联合启动200MW"金太阳和光电建筑应用示范工程"关键设备供应商招标工作，对晶体硅光伏组件、并网逆变器以及储能铅酸蓄电池3类关键设备进行了集中招标，16家国内企业中标，我国与建筑结合的太阳能光伏发电市场也得到了进一步扩展。

3. 太阳能光热政策不断完善

2009年开始的太阳能产品下乡活动促进了太阳能热水器产品在农村市场的加速普及，带动农村市场规模不断扩大，太阳能热水器产品的档次和价格有所提高，市场竞争进一步加剧。2010年2月和12月，第二轮和第三轮太阳能产品下乡招投标完成，中标产品补贴范围逐步扩大，平均中标价格有所提升，参与和中标企业数量不断增加。太阳能热水器市场从少数几个重点省份迅速向全国扩展，中西部地区市场快速启动、增长迅速，销售与售后服务渠道需继续扩展完善。2010年家电下乡规模约达到900万平方米,对节能减排和改善农村居民的生活水平发挥了重要作用。

4. 生物质能政策有所调整

在生物质发电政策方面,2010年7月和8月,国家发改委及国家能源局先后出台了《关于完善农林生物质发电价格政策的通知》和《关于生物质发电项目建设管理的通知》,规定未采用招标确定投资人的新建农林生物质发电项目,统一执行标杆上网电价每千瓦时0.75元,开始实施全国统一的标杆上网电价,保证生物质发电项目的收益。在生物质液体燃料方面,2010年,我国生物柴油市场的整体环境发生了巨大改观。在海南省率先推广BD5、BD10生物柴油销售,形成国内首个生物柴油销售示范市场。2010年初,由中国海洋石油总公司投资兴建的年产6万吨生物柴油产业化示范项目正式投产。这是海南首个建成投产的生物柴油项目,也是国家发改委批准的"首批国家级生物柴油产业化示范项目"中最早投产的一个。2010年5月,国家发改委等四部委联合发出《关于组织开展城市餐厨废弃物资源化利用和无害化处理试点工作的通知》,有利于推动建立餐饮废油原料收集体系,规范生物柴油原料市场;9月,国家质检总局和国家标准委联合发布了《生物柴油调和燃料(B5)》标准,为生物柴油正式进入市场奠定基础;11月,海南省开始在柴油中掺混使用生物柴油。12月,财政部和国家税务总局恢复对利用废弃动植物油脂生产的纯生物柴油免征消费税的优惠政策。上述一系列支持政策有利于规范和改善生物柴油市场、促进生物柴油产业的健康发展。在生物质成型燃料方面,为加快推进秸秆能源化利用,培育生物质成型燃料应用市场,2010年财政部根据《秸秆能源化利用补助资金管理暂行办法》,向50余家年生产规模超过1万吨的企业提供共计约2.7亿元财政补助,支持了约200万吨固体成型燃料的生产。

八、我国可再生能源产业发展面临的主要问题

2010年,我国可再生能源市场和产业均保持快速增长的发展态势,但是随着可再生能源产业和市场规模的不断扩大,如何保持可再生能源产业的健康可持续发展成为下一阶段我国面临的主要问题。

1. 可再生能源政策需要不断完善和贯彻落实

现阶段,政策仍然是支持可再生能源这一新兴产业发展的重要因素。虽然《可再生能源法》实施以来,我国可再生能源发展迅速,但是仍然有部分市场和产业政策需要不断完善,同时也需要对现有产业政策也进行进一步的贯彻和落实。在可再生能源保障政策方面,我国可再生能源的电价机制、电网建设和运行等市场管理机制尚不健全,还无法适应大规模发展的需要。如水电价格低于火电价格,不利于水电移民成本的合理消化,影响了水电开工和建设进度;缺乏电网的输电价格形成机制,没有实行输配分开,缺乏鼓励电网消纳风电等可再生能源的价格机制,影响了电网消纳风电的积极性;目前的电力调度运行机制也不利于城市太阳能分布式发电的顺利并网等。在风电方面,风电并网

和市场消纳已经成为现阶段制约风电发展的主要问题。为全面保障可再生能源发电的上网和市场消纳，2010年4月1日起开始实施的《可再生能源法》（修正案）要求建立可再生能源发电全额保障性收购制度，电网企业应全额收购可再生能源发电量，但从实施的效果来看，部分风电仍然无法有效并入电网，造成比较大的浪费。在太阳能光伏方面，虽然我国产业发展快速，但是市场和产业政策非常有限，对国内市场和产业的支持力度也较低；从现有的政策效果来看，国内光伏发电市场的规模化启动仍然面临一定的障碍，光伏发电也面临无法有效并网的实际问题。

2. 可再生能源产业核心竞争力需要继续提高

2010年，我国可再生能源产业无论是在产业规模、技术水平和产品质量方面都有了显著的进步，但是在成果背后，产业的核心竞争力，特别是在部分核心技术水平方面仍然需要提高。在风电方面，虽然我国风机设备国产化水平达到80%以上，但是主要核心零部件如主轴轴承等核心零部件仍然需要进口；在新型风电和海上风电技术研发方面，我国仍然与世界先进水平存在一定的差距。在太阳能光伏产业，国内企业的多晶硅还原能耗和四氯化硅处理技术与德国、美国等先进企业的差距仍然明显；在硅片制造环节，多线切割机等关键高档设备仍然需要从瑞士和日本进口；在电池制造环节，高效率商用晶体硅光伏电池和薄膜电池的研发与日本和美国等传统强国有一定的差距；在组件生产环节，部分高端材料，如超纯玻璃、EVA等仍然有赖进口。在太阳能热利用产业，面对于目前普遍使用的太阳能热水器，其产品品种单一，难以满足用户的不同需求，特别是城市高端客户的需求，急需要升级换代；同时大多数光热企业规模小、产业集中度较低、企业管理制度多为家族式管理，缺乏现代化管理制度。在生物质能产业，我国还没有形成独立的产业制造体系，关键零部件配套能力低，大型核心设备的总体设计和集成技术与国际先进水平有一定差距，亟待培育具有核心竞争力的龙头企业和成熟的产业链。

3. 可再生能源公共服务体系需要建立和健全

随着行业的持续快速发展，我国可再生产业在公共信息服务、产业公共技术平台建设、产品检测和认证等相关配套体系建设方面尚跟不上产业发展的步伐，已经在一定程度上制约了产业的发展。第一，产业公共信息服务缺乏。目前国内尚无权威准确的可再生能源产业信息收集、整理、分析和发布平台，可再生产业信息来源无法保证，信息质量和准确程度均无法满足政府决策和企业运营的需要；同时由于产业发展速度太快，可再生能源信息无法得到有效更新，容易给公众和社会各界带来负面的信息，对企业发展起到反面的作用。第二，产业公共技术平台建设需要加快建设。目前国内可再生能源产业的技术研发工作主要由各企业自己承担，在前沿技术开发、重点项目攻关、产品试验等涉及产业公共技术服务方面，仍然缺乏强有力的公共技术支撑。如在风电方面，我国还缺乏大型叶片公共检测试验平台；在光伏方面，国内还没有光伏产品公共检测试验电站，这些都为可再生能源产业的可持续发展带来了一定的影响。第三，标准、测试和认证方面的工作刚开始起步。在光伏产业方面，部分标准、测试和认证尚属空白，需要加紧制定和建设。一些企业具备了较强的测试能力，但国内还没有权威的第三方机构开展产品的测试和质量认证工作；在生物质能方面，建立国家级产业化支撑机构和专项支持资金，加强公共研究测试平台和标准、检测、认证体系的构建。

4. 可再生能源人才培养机制急需建立

我国虽然是可再生能源的生产与应用大国，但还缺乏有效可再生能源的人才培养机制，以促进可再生能源的可持续发展。一方面，随着可再生能源产业的不断发展，应用范围的不断扩大，我国越来越需要多层次、跨学科人才，特别是专业管理、技术、市场和研究人员，这些人才将直接影响整个可再生能源产业研发、生产和管理水平，进而影响整个产业的健康发展。另一方面，我国还没有建立起行之有效的可再生能源人才培养体系，风能、太阳能和生物质能专业技术人才非常有限，现有人才队伍无法满足产业发展需要，人才问题已经成为制约我国由可再生能源利用大国向可再生能源产业和利用强国转变的重要因素。

九、2011 年我国可再生能源发展展望

2011 年预计我国可再生能源产业将保持增长态势，可再生能源利用总量继续增加，可再生能源产业规模随着市场的不确定性增加，增长速度可能减缓，而国内产业政策仍将不断完善，可再生能源的健康发展值得期望。

1. 可再生能源利用总量将进一步增加，占一次能源消费的比例继续提高

2011 年，预计我国可再生能源利用总量可达 3.2 亿吨标准煤（不包括传统方式利用的生物质能），将约占全国一次能源消费总量的 9.6%。从风电来看，我国将继续大力推进 8 个千万千瓦级风电基地建设，在已经完成内蒙古东、内蒙古西、东北、河北、甘肃、新疆、江苏、山东千万千瓦风电基地规划的基础上，开始制定分阶段的风电基地建设方案，有序推进风电开发利用。预计 2011 年我国新增风电吊装容量和并网运营容量约为 1 400 万千瓦，累计吊装容量和并网运营容量分别达到 5 600 万千瓦和 4 500 万千瓦，仍将集中分布在三北地区的 6 大千万千瓦陆地风电基地。从太阳能光伏发电来看，国内扶持政策推动我国太阳能发电建设规模进一步扩大。2011 年第二轮 280 兆瓦并网光伏发电特许权示范项目建设起步，初步预计在西部地区的光伏电站特许权招标项目总建设规模预计达到 50 万千瓦；"金太阳示范工程"将继续支持城市建筑推广太阳能光伏发电，户用光伏系统或独立光伏电站将进一步解决无电人口集中地区的用电问题。从太阳能热利用来看，对于随着太阳能热水器家电下乡工作的进一步推进，太阳能热水器的普及率 2011 年将会进一步提高，市场竞争将会加剧。预计太阳能热水器 2011 年的年产量达到 5 600 万方平米，保有量达到 1.9 亿平方米，年可替代标准煤 2 400 万吨。此外，2011 年太阳能热发电商业化工程的试点、示范项目将会启动建设。国家太阳能热发电特许权招标项目——内蒙古 50MW 太阳能槽式热发电项目和大唐天威（甘肃矿区）10MW 太阳能槽式热发电试验示范项目将开工建设，我国太阳能热发电产业开始进入培育阶段。从生物质能来看，2011 年生物质能产业将继续向多元化发展，各种生物质能利用的规模将继续稳

步扩大,生物质能资源综合利用水平持续提高,经济和资源环境效益进一步改善。

2. 可再生能源产业规模仍将扩大,市场将稳步增长

在风电产业方面,随着国内市场增速趋稳,国内产业增长速度将减缓。今后几年,我国的风电场建设速度可能维持在年装机1 500万~2 000万千瓦之间;而实现规模化生产的风电机组制造业拥有年产近4 000万千瓦的制造能力,已经满足国内市场的需求,面临急剧增加的国内竞争和利润压力,因此寻求海外市场的扩张不仅为目前强大的产能找到出口,更有望成为新的、可持续的利润增长点。在光伏产业方面,2010年由于全球市场对光伏电池和组件的旺盛需求,我国太阳能光伏电池和组件制造商纷纷扩产,预计到2011年底,我国太阳能电池的总生产能力将接近2 000万千瓦,随着这些产能的释放,国内光伏电池制造业规模将继续扩大,电池产量将达到1 000万千瓦以上,产值超过1 500亿元。在太阳能热利用方面,随着一些领头企业2011年继续实施大规模扩张,在全国各个地区建设生产基地,全国性的生产格局正在形成,市场竞争将会加剧。在新型生产基地的建设中,自动化、工业化的生产装备得到应用,整个产业的生产效率,自动化水平逐步提升。

3. 可再生能源政策将进一步完善,国内市场发展将会得到保障

2011年是"十二五"开局之年,我国将研究出台新的能源发展规划,将根据2020年非化石能源占一次能源消费15%的战略目标和可再生能源发展形势,提高可再生能源发展目标,不断完善产业政策。其中,预计我国仍将继续保持水电为可再生能源开发利用主体,并加快提高风电在能源供应中的比重,普及生物质能的多元化利用,全面推广太阳能热利用,继续提高太阳能发电的经济性和市场竞争力,从而进一步促进可再生能源规模化开发利用,国内可再生能源市场将得到一定程度的保障。为实现这些目标,2011年我国将继续完善市场、价格、财税等政策,重点建立实施新能源配额制,落实新能源发电全额保障性收购制度,并加强目标考核、行业监管、完善标准,促进和规范可再生能源规模化利用。

国家发展和改革委员会能源所　王仲颖
中丹可再生能源发展项目办公室　朱顺泉

2010 年中国软件产业发展情况分析

一、2010 年中国软件及服务业发展总体情况

软件产业是国家战略性新兴产业，是国民经济和社会信息化的重要基础。近年来，在国家一系列政策措施的扶持下，经过各方面共同努力，我国软件产业获得较快发展。2011 年 1 月 28 日，国务院印发了《关于进一步鼓励软件产业和集成电路产业发展若干政策的通知》（国发［2011］4 号），这为进一步优化软件产业发展环境，提高产业发展质量和水平，增强科技创新能力，培育一批有实力和影响力的行业领先企业，创造了良好的产业发展环境。

1. 产业规模保持较快增长

2010 年，我国软件产业完成软件业务收入 13 364 亿元，产业规模比 2001 年增长 17.8 倍，年均增长 38%（见图 1）；占电子信息产业的比重由 2001 年的 6% 上升到 18%；软件业增加值占 GDP 的比重由 2001 年不足 0.3% 上升到超过 1%。与 2009 年发展态势相比，2010 年软件产业发展保持了良好的局面；增加值 3 851 亿元。全行业从业人数超过了 200 万人。

2. 产业结构中服务化趋势更加突出

服务收入增长带动软件业务调整，特别是与网络相关的信息服务发展迅速。2010 年，信息技术咨询服务和信息技术增值服务收入分别为 1 233 亿元和 2 178 亿元，同比增长 37.2% 和 44.6%，高于全行业 5.9 个百分点和 13.3 个百分点，两者收入占全行业比重达 25.5%，比 2001 年提高 18.9 个百分点。

图 1　2006—2010 年中国软件产业规模

数据来源：根据工业与信息化部运行局，2011 年 1 月 30 日

软件产品收入 4 208 亿元，同比增长 28.6%；嵌入式系统软件受通信类产品增长放缓影响，完成收入 2 242 亿元，同比增长 15.1%，低于全行业 16.2 个百分点。受集成电路行业复苏和软件外包市场增长带动，设计开发实现收入 593 亿元，同比增长 73.1%；系统集成和支持服务实现收入 2 910 亿元，同比增长 31.8%（见表 1，图 2，图 3）。

表 1　2010 年软件产业主要经济指标完成情况

	软件产品	软件技术服务	系统集成和支持服务	嵌入式系统软件	IC 设计业	合计
收入/亿元	4 208	3 411	2 910	2 242	593	13 364
占全部软件服务业总收入的比重/%	31.5	25.5	21.8	16.8	4.4	100

数据来源：根据工业与信息化部运行局，2011 年 1 月 30 日

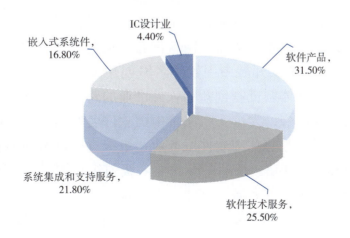

图 2　2010 年各类软件业务收入所占比重

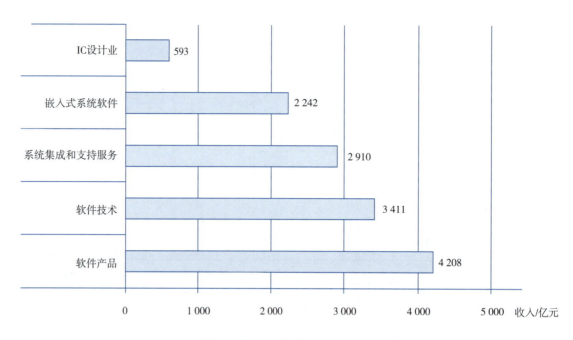

图3　2010年软件产业收入结构

软件技术服务收入增速较快的原因有两个：一是随着中国软件市场和软件产业逐步走向成熟，大规模采购软件产品、建设软件平台及粗放式软件开发的时代已经结束，而对软件进行二次开发、维护、咨询等软件服务的需求却迅速增长起来。二是通过互联网提供在线服务的软件企业越来越多，从互联网服务中取得的收入正在大幅增加。

3. 推动了产业集聚发展和创新提升

软件服务业具有集聚发展的特点，城市是软件服务业的主要载体和核心聚集区。以软件服务业集聚城市为载体，开展中国软件名城创建工作，是新时期深入落实科学发展观，创新软件服务业工作思路和模式，充分发挥地方积极性和优势，集聚资源、突出特色、营造环境，加快发展我国软件服务业、提升软件服务是经济社会发展能力的一项重要的探索性工作。

试点城市按照中国软件名城创建工作总体安排，建立了部省市协商会议机制，制定了试点工作方案和评价标准，务实开展试点工作，取得了良好成效。例如，南京市作为首个中国软件名城创建试点城市，按照中国软件名城创建工作总体部署，五年来特别是2009年和2010年上半年，务实开展中国软件名城创建试点工作，取得了显著的创建成效，实现了推动行业发展的体制机制创新和软件产业的跨越式发展，对两化融合和经济社会发展的支撑能力显著增强，为进一步完善中国软件名城创建工作体系做出了突出的贡献。2010年8月，工业和信息化部软件服务业司组织对南京市中国软件名城创建试点工作进行了总结调研和专家评估。按照中国软件名城创建工作程序，2010年9月工业和信息化部授予南京市"中国软件名城"称号。下一步，江苏省和南京市将继续按照中国软件名城创建工作的总体部署和要求，立足新起点，把握新形势，围绕更高的创建目标，将南京市"中国软件名城"提升到更高层次，充分发挥"中国软件名城"的带动示范作用，推动江苏省和南京市软件产业实现新的更大跨越。

中国软件名城创建工作极大地调动了地方省市特别是软件服务业集聚城市发展软件服务业的积极性和主动性，对于汇聚资源，营造更加有利的产业环境，促进软件服务业集聚发展和创新提升发挥了重要的作用。目前，越来越多的城市申请创建中国软件名城，中国软件名城创建工作的影响力和社会效应正在迅速提升。

4. 软件及信息服务业正以立体式的渗透方式在各行业中快速普及

现代服务业广泛渗透在服务业各主要行业和领域。而信息服务业又立体式地渗透在现代服务业各主要行业和领域，是现代服务业的重要工具、手段和重要支撑的产业。

软件及信息服务业对各行业的立体式渗透体现在各行业间的横向扩散和在行业内部的纵向深化两个方面。横向扩散表现为，电子信息技术不仅与机械、汽车、能源、交通、轻纺、建筑、冶金等传统工业技术的互相融合，加速了汽车电子、医疗电子、能源电子、安防电子等新兴市场的兴起和迅速壮大，还创造出大批新兴服务业；纵向深化表现在制造业的中间投入中对服务的投入大量增加，现代服务业加速向现代制造业生产前期研发、设计，中期管理、融资和后期物流、销售、售后服务、信息反馈等全过程渗透，现代制造业内部逐渐由以制造为中心转向以服务为中心。

随着现代服务业向社会经济各领域渗透和扩散的日益广泛，作为现代服务业重要工具、手段和支撑的软件及信息服务业，也愈来愈成为国家和企业竞争能力的重要组成部分，发展信息服务业的意义因此已经远远超出了其行业本身的范围，而是关系到一个国家产业结构的优化升级乃至从工业社会向信息社会过渡的进程，进而成为衡量一国经济社会发展水平的重要标志。

软件与信息服务（其类别及适用范围见表2）具有软件行业与劳动密集型行业的多重特性，使得其对工业资源的依赖较少、产生较高的附加值，并且能够提供较多的就业机会。

表2　软件研发及服务类别及适用范围

类别	适用范围
软件研发及开发服务	用于金融、政府、教育、制造业、零售、服务、能源、物流、交通、媒体、电信、公共事业和医疗卫生等部门和企业，为用户的运营/生产/供应链/客户关系/人力资源和财务管理、计算机辅助设计/工程等业务进行软件开发，包括定制软件开发、嵌入式软件、套装软件开发、系统软件开发、软件测试等
软件技术服务	软件咨询、维护、培训、测试等技术性服务
信息系统运营和维护服务	客户内部信息系统集成、网络管理、桌面管理与维护服务；信息工程、地理信息系统、远程维护等信息系统应用服务
基础信息技术服务	基础信息技术管理平台整合、IT基础设施管理，数据中心、托管中心、安全服务、通讯服务等基础信息技术服务

5. 工业软件呈现快速增长局面

工业软件指专用于或主要用于工业领域，为提高工业企业研发、制造、经营管理水平和工业装备性能的软件。工业软件可以提高产品价值、降低企业成本、提高企业的核心竞争力。工业软件是"两化融合"的切入点、突破口和重要抓手，对于推进我国工业结构调整和产业升级、保持经济平稳较快发展具有重大的意义。

受益于我国国民经济的整体快速发展，我国工业软件的研发和应用呈现出快速增长的局面。我国的各大工业软件厂商在自主创新的基础上，开发出大量适应我国工业企业特点、满足企业需求、技术先进、性能优秀的软件产品，在机械、石化、钢铁等行业中得到广泛应用。这些软件产品围绕工业产品研发设计、流程控制、企业管理、市场营销等环节，为提升企业的数字化、自动化、网络化和管理现代化水平，促进传统产业结构调整和改造升级起到了巨大推进作用。

6. 企业创新成效显著

2010年，重点监测的软件前百家企业累计完成软件业务收入2 900亿元，同比增长21%，占全国收入的21.7%；实现利润553亿元，同比增长13%。其中软件业务收入超百亿元的企业达4家，比2009年增加1家。

企业创新成效显著，据中国版权保护中心数据显示，2010年全国计算机软件著作权登记量突破8万件，"十一五"期间登记量翻了两番，平均增速达37%，华为、中兴等企业名列前位。同时，在2010年度国家科技进步奖评审中，中控科技、华为、中兴、恒生电子、信雅达等多家软件企业获得科技进步二等奖。

二、2011年软件服务业发展面临的问题与机遇

当前，软件系统加快向网络化、智能化和高可信的阶段迈进，软件即服务是重要的发展方向。面对国际金融危机的影响和产业转型的趋势，软件产业发展既面临着挑战又面临着难得的发展机遇。产业融合转型的速度持续加快。

信息技术和产业仍处于快速发展期，领域的技术发展和更新进一步加快，以云计算、SaaS、物联网、智慧地球等为代表的新技术、新模式、新概念不断涌出，为培育新的增长点带来了机遇，同时跨国公司已先行部署，新一轮竞争高潮正在到来；网络化、服务化发展趋势日益明显，内容与网络、产品与服务、与其他行业之间的融合进一步提速、加深，将为整个产业融合创新和转型提升带来更大的挑战和机遇。

1. 软件服务业发展面临的主要问题

（1）高端软件的关键技术仍受制于人，标准对产业发展的引导作用有待加强

中国软件产业规模虽然增长较快，在软件服务业产业链各环节均取得了不同程度的发展，但关键技术仍受制于人，操作系统、数据库、办公软件、应用软件等领域的关键技术和核心产品的标准都掌握在国外软件厂商手中，市场基本为国外软件厂商垄断，产业的稳健发展及国家信息安全受到严重威胁，产业自主创新体系亟须健全完善，而发展高端软件正是解决这一问题的关键所在。

软件服务业标准体系急需建立健全，对已有软件标准的宣传、推广与应用力度不足。

还必须积极制定和推广与自主知识产权相结合的技术和服务标准、规范，例如 SOA、云计算、物联网、信息技术服务等领域相关标准、规范，通过标准来引导产业健康发展，掌握市场话语权、主导权，突破国外软件厂商的垄断（见图 4）。这些措施都是高端软件发展的外在表现。

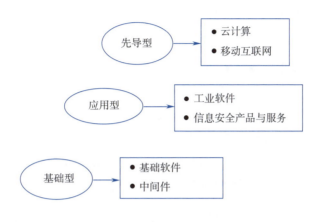

图 4　高端软件的界定

（2）工业软件应用层次还较低，结构需要改善

目前国产工业软件品种还比较少，功能也不是非常全面，在很多领域还是国外巨头占据主导地位。工业软件的研发和推广应用的进度还跟不上中国工业化发展步伐，还不能满足广大制造业对信息化的需求。

中国信息化和工业化建设两张皮的现象仍然十分严重。目前企业对工业软件认识还简单停留在单个软件的应用上，没有实现软件和企业核心业务流程及行业的全面充分融合。工业软件应用层次还较低，能够满足企业核心业务需求的行业应用解决方案明显缺乏，信息孤岛、业务孤岛等现象明显。工业软件的结构失衡，经营管理软件和过程自动化软件比例较高，应用于生产、技术综合性信息服务能力明显不足，不利于中国制造业的转型提升和发展。

专业从事工业软件的企业数量还不多，不能满足产业发展的需求。在国际上从大公司剥离产生专业性软件公司要走很长的路。国内虽然也有宝钢的宝信、首钢的首钢自动化等典型企业，但总体来说数量还很少。因此在信息技术快速发展新形势下，需要站在新的高度和以新的视角来理解"两化融合"和工业软件，要切实贴近行业，挖掘行业用户需求，大力发展面向行业的应用解决方案，形成工业软件的配套能力，着重提升企业核心竞争力，进而提升整个工业的能力。

（3）产业创新平台优势尚未形成，不利于软件中小企业快速成长

中小企业作为我国软件企业的主体，在国民经济和社会发展中发挥着特殊而重要的作用。顺应信息化带动工业化浪潮，加快发展软件信息服务业，更加需要根据中小企业发展的特点和需求，引导和推动中小企业技术支持服务平台，为中小企业提供技术支持，整体提升中小企业的生产技术水平，实现产业技术升级。

当前，尚未形成这样一个创新平台，急需要进一步整合各部门、各中介机构、各制造企业的资源，密切配合，以此推动软件信息服务业的发展壮大。

2. 软件服务业发展面临的机遇

（1）形成了有利于行业长远健康发展的长效机制

2010年9月8日，国务院常务会议审议并原则通过《国务院关于加快培育和发展战略性新兴产业的决定》；2011年出台的"十二五"规划，把新兴产业发展作为重要内容，这些政策将成为推动新兴产业发展的动力，也是未来几年非常重要的政策导向。软件产业发展正日趋成为国民经济建设的重要支柱。在新一代信息技术发展过程中，软件产业所带来的经济产值比重，已成为中国新的经济增长风向标，而软件产业也必将伴随着市场经济的需求，在未来成为信息化发展的主要力量。

在国家经济转方式、调结构的关节点上，战略性新兴产业利好政策的接连出台，不但从扶持的角度加速软件产业发展，而且通过对行业准入和标准的规范，形成有利于行业长远健康发展的长效机制。软件的渗透力强、覆盖面广，战略性新兴产业离不开软件业支撑，为了适应战略性新兴产业快速发展的需求，高端软件必然会得到快速发展和应用推广。

（2）新的软件纲领性文件对鼓励软件产业自主创新的导向作用日益显著

伴随软件在经济社会发展各领域应用范围的不断拓展和渗透程度的不断加深，信息技术更新速度的明显加快，软件等信息技术仍将是全球最重要、最活跃的生产要素，软件产业仍将是世界各国竞争的战略制高点。当前，信息获取、传输、处理技术及其运用正在酝酿重大突破，基于信息网络的服务业务面临指数级增长的机遇，以软件和集成电路为代表的信息技术向第一、第二、第三产业的渗透融合，不断创造新商业模式，孕育新兴产业，也为软件产业的发展提供了难得机遇。

在此形势下，我国更加高度重视软件产业，并于2011年1月28日出台了《进一步鼓励软件产业和集成电路产业发展的若干政策》。这一产业政策有望作为国家发展软件产业的新的纲领性政策文件，带动我国软件产业政策体系的不断健全和完善，营造出更加良好的政策环境和社会氛围，创造了更加广阔的内需发展空间，成为我国软件产业发展的重要保障。

各类信息技术、网络业务之间、信息技术和其他技术之间加快融合渗透，信息技术的产业融合趋势为软件服务业提供了广阔的发展空间。

（3）新的技术与应用为我国软件及信息服务业未来带来长期向好的发展前景

我国信息服务业发展迅速。在信息技术服务业方面，在过去5年内，我国信息技术服务业规模保持了年均30%以上的增长速率；信息传输服务业方面，通信网络建设水平与服务水平不断提升；数字内容服务业快速发展，基于网络的信息服务与传统的出版、媒体、娱乐、唱片等行业开始融合，动漫、游戏等新型的文化创意产业蓬勃兴起。

与此同时，以3G、LTE、NGN、Wi–Fi、WiMAX、RIFD、GPS为代表的新技术及新应用为现代信息服务业的发展带来了新的机遇。新技术的应用将进一步推动我国信息化水平的提升，极大地拓展了信息服务业的发展空间，为现代信息服务业发展带来了巨大的发展空间。

（4）中国政府明确支持云计算技术及产业发展，这为软件产业发展进一步明确了战

略思路

商业模式是企业创造价值的基本方式,商业模式创新是推动产业格局重塑的重要因素。当前,服务化已成为软件产业发展的基本趋势,而商业模式创新是实现和推动软件产业服务化的重要途径和手段。云计算是软件产业服务化的集中体现,其本质就是面向服务的商业模式创新。它改变了IT资源交付和使用模式,用户能够通过网络随时随地获得所需的服务。基于云计算的硬件设备、基础软件、开发工具、应用软件、信息服务等新产品、新业态不断涌现,产业格局正在发生巨大变化。

世界各国如美、日、欧等国家和地区都把云计算作为未来重点发展的战略领域,无论是美国的 Apps.gov、星云,英国的 G-cloud、日本的霞关云计划,都争先投入资金发展云计算,力图在"第三次 IT 变革"中占据优势地位。

面对这一发展浪潮,中国也积极布局发展。2010 年 6 月,胡锦涛总书记在两院院士大会上就指出:"互联网、云计算、物联网、知识服务、智能服务的快速发展为个性化制造和服务创新提供了有力工具和环境",将云计算应用提上了创新生产方式的高度。10月,国家发展和改革委员会、工业和信息化部联合发布《关于做好云计算服务创新发展试点示范工作的通知》,确定在北京、上海、深圳、杭州、无锡五个城市先行开展云计算服务创新发展试点示范工作,进一步明确了国家发展云计算的总体思路和战略布局。

三、2011 年我国软件服务业发展展望及政策建议

2011 年是"十二五"的关键之年。我国软件技术和产业发展呈现出新的趋势:一是软件技术正在向网络化、构建化、平台化的方向发展;二是软件产业全面进入了结构性调整时期,加速了从硬件主导型向软件和服务主导型转变;三是软件外包作为信息技术和专业分工高度发展的产物,加深了在全球范围内信息产业领域的分工合作,目前全球的软件产值已经有 1/3 通过对外发包来完成。这些新的发展,改变了人们从事科学研究的传统方法,拓宽了人类传播知识的渠道,扩大了人们共享科技成果的空间;更重要的是为中国软件科技创新和产业化发展,提供了新的巨大的机遇。把握全球化、网络化及其引发的其他重大技术变革带来的机遇,是今后软件科技创新面临的重大任务。

1. 重点发展云计算

随着云计算概念的普及,国内业界对于云计算逐渐形成了一个共识:如果忽视以云计算为代表的未来技术,中国 IT 公司将会落后于其他国家。云计算以其极高的技术和资金门槛,正日渐被美国等少数发达国家高度集中和垄断。国际各大 IT 巨头已围绕"云计算"技术纷纷在中国展开布局,将中国作为云计算业务发展的热点区域,云计算业务在中国市场具有巨大的发展潜力。

云计算服务的实现,既需要依托硬件基础设施作为基础,如数据中心集群、规模化的服务器及存储和高速网络;同时离不开借助成熟的虚拟化、自动化技术。目前,国内不乏拥有大规模基础设施的公司,但是缺乏虚拟化等云计算的核心技术。目前国内已经上马的云计算应用,大多是国外大型 IT 公司与国内地方政府和厂商合作的结果。

2. 移动互联网平台软件

移动互联网时代，为满足人们日益增长的需求，各种新应用层出不穷，不过所有应用都建立在基本的软件平台之上。这些在移动互联网环境下，能够为各种应用软件提供开发平台、应用支撑、运行保障的软件，被称为移动互联网平台级软件。

移动互联网平台级软件主要包括：智能手机操作系统、移动数据库、移动安全软件、移动中间件。智能手机是目前最为广泛使用的移动终端。智能手机上所有移动应用软件都离不开智能手机软件的支撑。移动数据库为移动计算提供了应用支撑，使云计算等应用得以实现。移动安全软件为系统软件和其他应用软件"保驾护航"，预防重要个人信息或商业信息泄露。移动互联网目前发展迅猛，作为定位于一个开放的信息承载网络，向固定用户和移动用户在内的所有用户提供 IP 电话、电子邮件、Web 业务、FTP 业务、电子商务等业务、WAP 业务、基于位置信息的业务、短消息结合业务等具有移动特色的因特网服务，移动互联网的安全性越来越受到通信行业的重视。移动互联网安全防护体系建设包含网络防护、重要业务系统防护、基础设施安全防护等多个层面，包含外部威胁和内部管控、第三方管理等多个方位的安全需求，因此需要全面考虑不同层面、多个方位的立体防护策略。

3. 工业软件

工业软件有其特殊性，"工业"是其服务对象，是其发展的沃土，"软件"是其应用手段，也是其发展的根基。从中国制造到中国创造，工业软件是个桥梁。工业软件是指专用于或主要用于工业领域，为提高工业企业研发、制造、经营管理和工业装备性能的软件。工业软件可以提高工业产品价值、降低企业成本、提高企业的核心竞争力，是现代工业装备的大脑。要抓住传统产业改造升级的迫切需求，大力发展工业软件和行业解决方案，提升对生产的服务能力。要抓住"两化融合"有利时机，紧密结合传统产业技术改造，大力发展面向企业研发设计、生产自动化、流程管理等环节的工业软件、嵌入式软件以及解决方案等，推动其在机械、化工、汽车、电力等传统产业的大量应用。

4. 软件与信息服务外包

伴随国内信息化建设步入以人为本、和谐发展新的历史阶段，信息化建设与推动社会进步和改善民生的关系日趋紧密，汽车电子、移动终端等消费类电子产品的广泛应用，推动软件服务业的发展与社会民生领域的结合日趋紧密。

"十二五"期间，全球技术和产业结构调整将继续深化，我国软件服务业进一步做大做强的压力日益凸显。为加快转变经济发展方式、实现"两化"深度融合，软件服务业的发展重心将提升自主创新能力，提高对经济社会发展的支撑服务能力，面向重点行业和社会民生等关键领域，坚持以用立业、以用兴业、以用强业，在软件产业核心技术和关键领域实现重大突破，软件服务业发展将迎来创新突破、应用深化、融合发展、转型拓展的重要机遇。

中国电子信息产业发展研究院　曹　方

2010 年中国集成电路产业发展情况分析

2008—2009 年，受国际金融危机和硅周期双重影响，中国集成电路产业连续两年下滑，但在国内宏观经济向好和全球集成电路市场复苏的带动下，2010 年中国集成电路产业扭转了下滑局面并实现大幅增长，为产业实现持续发展、迈上新台阶奠定了基础。未来几年，中国集成电路产业发展将面临难得机遇，仍有巨大发展空间。

一、2010 年中国集成电路产业发展情况分析

2010 年，得益于全球经济回暖的大环境，也得益于平板电脑、智能手机、平板电视等产品热销的拉动，中国集成电路产业一改前两年的颓势，出现强劲反弹，技术取得明显进步，重点产品开发和应用取得突出成绩，呈现良好的前景。

1. 产业规模恢复增长，产业结构进一步优化

在国内外市场强劲增长的拉动下，2010 年中国集成电路产业快速增长，全行业实现销售收入 1 440.15 亿元，同比增长达 29.8%，扭转了 2008—2009 年连续两年规模下滑的不利局面。集成电路设计、芯片制造和封装测试三业的格局不断优化，2010 年国内集成电路设计业同比增速达 34.8%，规模达 363.85 亿元；芯片制造业增速也达 31.1%，规模达 447.12 亿元；封装测试业增速相对稍缓，同比增幅为 26.3%，规模为 629.18 亿元。总体看，集成电路设计业与芯片制造业所占比重呈逐年上升的趋势，2010 年分别达 25.3% 和 31%，封装测试业所占比重则相应下降，2010 年为 43.7%，形成三业并举、较为协调的格局。产业上游的设备与材料业也取得明显进展，形成了一定产业规模。产业集聚效应更加明显，长江三角洲、京津环渤海和泛珠江三角洲 3 个集聚区继续蓬勃发展，成都、重庆和西安等西部重镇发展日益加快。

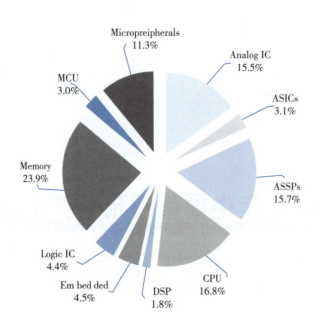

图 1　2010 年中国集成电路市场产品结构

数据来源：CCID，2010 年 2 月

在产品结构方面，受益于市场整体保持快速增长，几乎每种集成电路产品都保持了较快增速，其中存储器受到来自各应用领域的带动，增速最快，增速超过 40%，市场份额达 23.9%，依然是中国集成电路市场份额最大的产品。CPU 和计算机外围器件则受到笔记本产量增速相对稍缓的影响，市场份额有所下滑（见图 1）。

2. 自主创新能力提高，中高端产品取得突破

2010 年，中国集成电路自主设计的产品种类不断丰富，由低端向中高端延伸。网络路由器芯片、3G 移动通信芯片、移动互联芯片、数字电视芯片、CPU、MCU 和安全芯片等一批中高端产品自主研发成功并占有一定市场份额。40 纳米 TD－SCDMA 多模手机芯片的研制成功为 TD－SCDMA 标准的推广应用提供了有力支撑。65 纳米制造工艺实现量产，45 纳米制造工艺也将在 2011 年开发成功并量产；高压技术、数模混合和功率器件等特色工艺模块开发成功，不断满足国内需求；12 英寸生产线达 5 条，8 英寸生产线达 14 条。BGA、CSP、MCP 等新型封装技术已在部分生产线应用。高密度离子刻蚀机、大角度离子注入机、45 纳米清洗设备取得实质性突破，部分设备已在生产线上运行。单晶硅、光刻胶、抛光液、高纯气体、靶材等材料取得明显进展。

3. 企业实力稳步提升，市场开拓能力增强

截至 2010 年，中国共认定集成电路设计企业 332 家。已有 4 家集成电路企业进入电子信息百强企业名单。60 多家设计企业销售收入过亿元，最高销售收入为 45 亿元。2 家制造企业销售收入过百亿元。中芯国际 65 纳米制造工艺已占全部产能的 9%，为全球第 4 大芯片代工企业。

封装测试企业前 10 名中，长电科技、南通富士通等中资企业地位明显提升，长电科技已进入全球 10 大封装测试企业行列。一批优势设计企业市场竞争力明显提升。展讯通

信和联芯科技的 TD-SCDMA 终端芯片出货量已超过 3 000 万颗；北京君正和福州瑞芯的多媒体处理芯片取得市场领先地位；国民技术的 USBKEY 安全芯片国内市场份额超过 70%；苏州国芯的嵌入式 CPU 累计出货量超过 1 亿颗；澜起科技和杭州国芯的数字电视芯片打破国外垄断，有线数字电视信道解调芯片市场占有率超过 50%；华大电子、大唐微电子、同方微电子和上海华虹等累计供应第二代居民身份证芯片 11.5 亿颗。

国内设计企业与芯片制造企业、芯片制造企业之间的合作不断加深，如大唐电信入股中芯国际，比亚迪收购宁波中纬，上海华虹 NEC 与上海宏力半导体共同投资成立上海华力建设 12 英寸生产线。国内领先厂商积极探索国际并购，如展讯海外并购射频芯片公司（Quorum），长电科技收购新加坡 APS 公司，浪潮集团收购奇梦达西安研发中心，企业技术实力和市场竞争力大幅提升。

4. 资本市场表现活跃，行业整合初现端倪

随着市场的回暖以及创业板的推出，国内集成电路企业特别是设计企业上市热情空前高涨。包括珠海欧比特、国民技术、福星晓程、锐迪科等集成电路设计企业，以及东光微电子等分立器件企业纷纷在 2010 年成功实现 IPO。至 2010 年年底，国内半导体领域上市公司累计已达 24 家。此外，北京君正、中颖电子、深圳明威、上海矩泉、成都和芯、杭州国芯、上海新进等多家集成电路企业也正积极酝酿登陆资本市场。可以说，资本市场的活跃表现为国内集成电路产业的发展注入了新的活力。

同时，国内外集成电路行业间的整合也初见端倪，TI 收购成都成芯成为 2010 年中国芯片制造领域的大事。在集成电路设计领域，Atheros 收购上海普然、联发科收购苏州傲视通等也引人注目。随着中国市场地位的日益提高、产业基础的不断成熟，将会有更多的境外公司选择以并购的方式进入中国。

5. 集成电路市场需求强力反弹

2010 年，中国集成电路市场结束了连续多年来增速连续下降的趋势，市场增速达 29.5%，实现销售额 7 349.5 亿元，是继 2005 年之后市场增速最快的一年（见图2）。市场的反弹得益于全球经济的复苏，市场对下游整机电子产品的需求旺盛，从而带动对上游集成电路产品的需求。此外，由于 2010 年下游市场对芯片需求强劲，因此整体上使得芯片价格相对往年较为坚挺，在某些产品领域甚至出现芯片价格上涨的现象。总体看，2010 年之所以能实现市场的大幅反弹，关键还是因为 2009 年市场受全球金融危机影响造成衰退，从而导致市场基数较低，因此，2010 年全球市场和中国市场双双实现高速增长。

从市场应用结构来看，2010 年，汽车电子领域依然是中国集成电路市场发展最快的领域，全年市场增速达 36.8%，其市场份额稍有上升，但由于其市场基数本身较小，因此对整体集成电路市场的带动作用有限。计算机领域依然是中国集成电路市场最大的应用领域，2010 年市场份额为 45%，由于 2010 年中国笔记本电脑相对于其他主要的电子整机产品产量增速稍缓，因此计算机领域集成电路市场的份额较 2009 年也稍有下滑。网络通信和消费电子领域则分别受到手机以及家电产品产量大幅增长的带动，其市场增速都保持在 30% 以上（见图3）。整体来看，PC 和手机仍然主宰集成电路市场的发展，二者

图2　2006—2010年中国集成电路市场销售额规模及增长率

数据来源：CCID，2011年2月

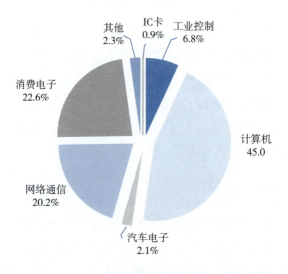

图3　2010年中国集成电路市场应用结构

数据来源：CCID，2011年2月

所消耗的集成电路产品超过集成电路整体市场的一半，然而随着其他各类产品应用的增加，这两类下游产品所占的市场份额将缓慢缩小。但未来几年，这两类产品仍然将是集成电路消耗市场的主导产品。

在进出口方面，根据海关统计数据，2010年，中国集成电路进口额达1 569.9亿美元，同比增速31.0%；出口额为292.5亿美元，同比增速25.5%。可以看出，中国集成电路产品进出口差额较大，中国所需的集成电路多数仍然需要进口，中国集成电路市场的发展速度也基本与进口规模的增速保持一致。

二、2010 年中国集成电路产业发展特点

中国集成电路产业市场需求大，产业规模相对较小，绝大部分产品依赖进口，其发展特点主要表现在以下几个方面：

1. 产业链不完善，专用设备、仪器和材料发展滞后

专用设备、仪器和关键材料等产业链上游环节比较薄弱，不足以支撑集成电路产业发展。目前，国内设备仍停留在比较低端、分离单台产品阶段，仅有少数高端装备进入生产线试用，生产线上的系统成套设备、前工序核心设备及测试设备几乎全部依赖进口。国内大尺寸硅片、光刻胶、特种气体、掩模板等关键材料等也基本依赖进口。

2. 价值链整合能力不强，芯片与整机联动机制尚未形成

国内大多数设计企业积累不足，国产芯片以中低端为主，缺乏定义产品的能力，也不具备提供系统解决方案的能力，难以满足整机企业需求。多数整机企业停留在加工组装阶段，对采用国产芯片缺乏积极性，整机产品引领国内集成电路产品设计创新的局面尚未形成。芯片企业与整机企业间相互沟通不充分，具有战略合作关系的企业不多，没有形成全方位多层次的联动机制。

3. 产品开发加快，代工与封测产能吃紧

集成电路设计业的快速发展导致国内芯片代工与封装测试产能普遍吃紧。2010 年中芯国际、华虹 NEC、宏力半导体等国内主要芯片代工企业的产能利用率都保持在 94% 左右。长电科技、南通富士通、天水华天、华润安盛等国内主要封装测试企业在 2010 年也普遍呈现产能吃紧的状况。芯片代工与封装测试产能吃紧已经影响到许多国内中小型集成电路设计公司的正常业务。众多中小设计企业因拿不到产能而放空市场。"产能为王"已经成为集成电路企业获取竞争优势的重要手段。

4. 产业总体规模偏小，市场自给能力不足

近年来，虽然中国集成电路产业迅速发展，但仍难以满足巨大且快速增长的国内市场要求，国内市场所需的集成电路产品大量依靠进口。"十一五"期间国内集成电路进口规模迅速扩大，2010 年已达创纪录的 1 570 亿美元，集成电路已连续两年超过原油成为国内最大宗的进口商品。2010 年中国集成电路产业销售收入 1 440.2 亿元，仅占全球市场的 8.6%。中国是全球最大的集成电路市场，但自行设计生产的产品只能满足市场需求的 1/5，在通用 CPU、存储器、微控制器、数字信号处理器等量大面广的通用集成电路产品方面，国内基本还是空白。这些集成电路产品还全部依赖进口。国内集成电路行业在核心技术与产品的研发与产业化方面，其竞争实力仍有待进一步加强。

三、中国集成电路产业发展展望

中国作为全球最大的整机生产国和重要的信息化市场,集成电路市场平均增速为两位数,已成为全球最大的集成电路消费市场,成为支撑本土企业发展的沃土。同时,全球范围内产业转移、产业流程进一步分工细化以及未来几年内可能发生的集成电路科技巨变,都为中国作为后进国家,切入新的增长极,做大做强集成电路产业带来机会。

1. 全球范围内产业转移带来发展机遇

过去十年全球集成电路市场重心逐渐由欧美向亚太转移。2001年全球集成电路市场基本上还是北美、欧洲、日本、亚太四分天下,四大区域市场各占全球20%多。经过2008—2009年全球经济危机,全球产业资源进行了一轮猛烈重组,产业集中度更高。全球经济危机扮演了推手角色,加速了产业资源向中国流入。日本本土市场狭小,高度依赖向中国出口,金融危机导致日元升值,削弱了日本企业的出口竞争力,加上地震给日本集成电路产业发展带来严重负面影响,促使日本对华加快转移集成电路产业。另外,海峡两岸电子信息产业上下游对接形成的chinwan,对韩国集成电路企业形成竞争威胁。多种因素导致了"日韩第二次对华产业战略转移"的出现,这次转移的主要产业是液晶面板和集成电路制造(见图4)。

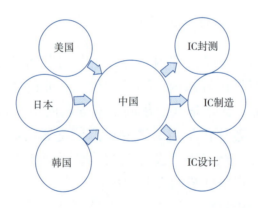

图4 全球集成电路产业向中国转移趋势

2. 产业流程分工细化带来发展机遇

集成电路行业正在继续分化,在IP核产业方面,出现了为集成电路设计公司提供IP核评估的专业公司,让用户降低使用IP核的风险;在设计方面,一些企业专注于前端的仿真、验证和功能设计,把后端的版图设计外包;在制造方面,一些中小型Foundry专注于模拟、射频工艺的研发和应用,区别于标准的CMOS工艺;在封装测试方面,专注于面向某些应用的产品或功能的封装测试。产业流程进一步分工细化降低了新进入者的门槛,为后进国家切入市场带来机会(见图5)。

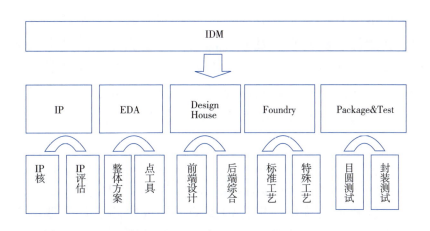

图 5　产业流程分工细化趋势

资料来源：邢雁宁，未来十年中国集成电路产业的发展机遇与挑战，http：//miit.ccidnet.com/art/32559/20110224/2317669_1.html

3. 国内产业政策环境进一步向好

基于集成电路对于国民经济和国家安全的高度重要性，中国政府对集成电路产业的发展给予了一贯的高度关注，并先后采取了多项优惠措施。2011年1月国务院正式发布了《国务院关于印发进一步鼓励软件产业和集成电路产业发展若干政策的通知》（国发〔2011〕4号），明确提出，"继续实施国发18号文件明确的政策，相关政策与本政策不一致的，以本政策为准"，其中对集成电路产业的支持更由设计企业与生产企业延伸至封装、测试、设备、材料等产业链上下游企业，可见〔2011〕4号文件是18号文件的拓展与延伸。国家对集成电路产业的政策扶持力度更进一步增强。随着4号文件的实施，未来国内集成电路产业的政策环境还将进一步向好（见图6）。

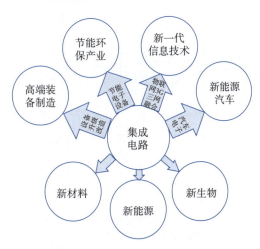

图 6　国家战略性新兴产业规划给集成电路产业发展带来的机遇

4. 国家战略性新兴产业带来发展机遇

2010年10月，国务院正式发布《国务院关于加快培育和发展战略性新兴产业的决定》（国发〔2010〕32号），明确提出"抓住机遇，加快培育和发展战略性新兴产业"。

国家确定重点发展的战略性新兴产业包括了下一代信息技术、节能环保、生物产业、高端装备制造产业、新能源、新材料以及新能源汽车等七大方向。其中在下一代信息技术领域，则重点包括高性能集成电路，以及物联网、三网融合、新型显示、下一代移动通信、下一代互联网等领域。国家加大对战略性新兴产业的鼓励，不仅将直接惠及集成电路产业，更能够通过拉动各类下游应用市场，间接带动国内集成电路企业的发展。

5. 资本市场将为集成电路企业融资提供更多机会

集成电路设计企业属于典型的高成长性、高科技含量的企业，也是国家明确表示优先支持上市的企业。创业板的推出，极大地推动了集成电路设计企业的上市热情，并在一定程度上打通国内集成电路企业发展所面临的资金瓶颈。而通过创业板上市所带来的财富效应，还将吸引更多的创业资金和创业人才投入到集成电路设计行业。此外，国务院4号文件中也明确提出将从中央预算内投资、产业投资基金、银行贷款以及企业自筹资金等多角度对集成电路行业的融资活动给予鼓励。这些都将有力推动国内集成电路设计行业乃至整个集成电路产业的发展。

6. 未来几年市场将保持平稳发展态势

展望2011年，在经历了2010年的高速增长之后，无论是全球市场还是中国市场，市场将会进入平稳发展的阶段，预计市场增速将在10%左右，市场发展的主要驱动力仍然主要来自PC、手机、液晶电视以及其他产量较大的电子信息产品。此外，未来新兴应用成为市场增长的推动因素之一，xPad等新兴电子信息产品市场的发展也在一定程度上推动了集成电路市场的发展，随着医疗电子、安防电子以及各个行业的信息化建设的持续深入，应用于这些行业的集成电路产品所占的市场比重将会越来越多。

图7　2011—2013年中国集成电路市场规模及增长率预测

数据来源：CCID，2010年2月

未来3年，汽车电子的增速将会明显放缓，但依然将明显高于整体集成电路市场的增长，PC领域的增速也将会有所放缓，这将直接影响到存储器市场和CPU市场的发展，值得注意的MCU产品，未来随着社保卡发卡量的增加，用于IC卡领域的MCU（微控制器）将会受到带动，而且随着MCU应用范围的拓宽，中国MCU的增速将明显快于整体集成电路市场。

未来几年，产品方面，存储器仍将是中国集成电路市场上份额最大的产品，其市场份额将会保持在20%以上，CPU、ASSP和模拟器件的市场份额也相对较高，将保持在15%以上。应用领域方面，3C（计算机、网络通信和消费电子）领域仍然是中国集成电路产品主要的应用领域，三者的市场份额将一直保持在整体市场的85%以上。

当然，也应看到，国内外集成电路市场发展仍有较大不确定性，产业竞争日趋激烈，加大了本土企业发展压力，产业链衔接不畅影响产业整体发展。尤其芯片制造业为应对高昂的工艺研发费用和生产线投资，将逐渐集中形成若干个产业生态圈。同时，集成电路产品市场总值跟随全球GDP波动起伏，多数产品寿命周期缩短，产品价格下降更为迅速，形成客观上要求缩短设计周期，成为本土集成电路企业必须面对的挑战。

工业和信息化部中小企业发展促进中心　童有好

2010年中国互联网产业发展情况分析

目前，中国已成为世界上互联网使用人口最多的国家，截至 2010 年 12 月底，网民规模达 4.57 亿，较 2009 年底增加 7 330 万人，移动互联网数达 2.77 亿，互联网普及率上升大 33%，电子商务交易额达 4.5 万亿元。在产业规模持续扩大同时，2010 年互联网应用推陈出新，微博、团购、云计算强劲发展，受到社会广泛关注。

一、2010 年中国互联网产业发展情况分析

互联网与实体经济不断融合，利用互联网改造和提升传统产业，带动了传统产业结构调整和经济发展方式的转变。互联网发展与应用还催生了一批新兴产业，工业咨询、软件服务、外包服务等工业服务业蓬勃兴起。

1. 互联网法制建设进一步完善

中国坚持依法管理、科学管理和有效管理互联网，努力完善法律规范、行政监管、行业自律、技术保障、公众监督和社会教育相结合的互联网管理体系。中国管理互联网的基本目标是，促进互联网的普遍、无障碍接入和持续健康发展，依法保障公民网上言论自由，规范互联网信息传播秩序，推动互联网积极有效应用，创造有利于公平竞争的市场环境，保障宪法和法律赋予的公民权益，保障网络信息安全和国家安全。2010 年，工信部下发进一步落实网上备案信息真实性工作方案，文化部发布网络游戏和音乐网站管理通知，国家工商总局网络商品交易服务行为管理暂行办法开始实施，侵权责任法法律法规开始生效。

2. "三网融合"迅速展开

三网融合是指电信网、广播电视网、互联网在向宽带通信网、数字电视网、下一代

互联网演进过程中,其技术功能趋于一致,业务范围趋于相同,网络互联互通、资源共享,能为用户提供语音、数据和广播电视等多种服务。2010年1月,国务院决定加快推进电信网、广播电视网和互联网三网融合,促进信息和文化产业发展。国务院办公厅6月30日下发了《国务院关于印发推进三网融合总体方案的通知》,确定了第一批三网融合试点地区(城市)名单,中国三网融合工作迅速展开。运营商在三网融合的大背景下,加大了对融合终端的采购力度。iPad、智能手机、CMMB终端,各类三屏乃至多屏融合的终端产品不断涌现。CMMB手机电视借上海世博会、广州亚运会的东风,实现了突破性发展;中国移动在2010年底前对TD+CMMB终端进行了大规模招标;平板电脑产品也通过电信运营商的渠道进入家庭市场。三网融合将会从根本上改变文化信息资源保存、管理、传播、使用的传统方式和手段,为知识创新和两个文明建设营造一个汲取文化信息的良好环境。

3. 互联网基础资源更加丰富

截至2010年12月,中国IPv4地址数量达2.78亿,IPv4地址资源已分发完毕,IPv4向IPv6全面转换更加紧迫(见图1)。IPv6将原来的32位地址转换到128位地址,几乎可以不受限制地提供地址,可以解决互联网IP地址资源分配不足的问题。目前,有一些系统和设备厂商开始支持IPv6,但从IPv4尽快转换到IPv6,还需要从政策法规、技术标准、组织机构等等多个方面入手,确保能够顺利地从IPv4过渡到IPv6地址。

图1 2006年12月—2010年12月中国IPv4地址资源变化情况

资料来源:中国互联网络信息中心(CNNIC),第27次中国互联网络发展状况统计报告,2011年1月

2010年,中国域名总数下降为866万个,其中,.CN域名435万个。网站数量下降为191万个,.CN网站为113万个,占网站整体的59.5%(见表1)。网站数量的下降与国家加大互联网领域的安全治理有关,网站等互联网基础资源的质量随着"水分"的溢出而得到提升。虽然网站数量下降幅度较大,但网页数和网页字节等互联网资源数大幅增长。2010年,国际出口带宽达1098956.82Mbps,年增长26.9%。

表1　2009年12月与2010年12月中国互联网基础资源对比

类别	2009年12月	2010年12月	年增长量	年增长率%
IPv4/个	232 446 464	277 636 864	45 190 400	19.4
域名/个	16 818 401	8 656 525	-8 161 876	-48.5
其中CN域名/个	13 459 133	4 349 524	-9 109 609	-67.7
网站/个	3 231 838	1 908 122	-1 323 716	-41.0
其中CN下网站/个	2 501 308	1 134 379	-1 366 929	-54.7
国际出口带宽/Mbps	866 367.20	1 098 956.82	232 590	26.9

资料来源：中国互联网络信息中心（CNNIC），第27次中国互联网络发展状况统计报告，2011年1月

4. 个人应用更加深入

2010年中国网民规模继续稳步增长，总数达4.57亿，互联网普及率达34.3%，较2009年底提高5.4个百分点（见图2）。全年新增网民7 330万，年增幅19.1%。截至2010年底，中国网民规模已占全球网民总数的23.2%，占亚洲网民总数的55.4%。

图2　2002—2010年中国网民规模与普及率

资料来源：中国互联网络信息中心（CNNIC），第27次中国互联网络发展状况统计报告，2011年1月

5. 中小企业应用加快发展

截至2010年12月，中国有94.8%的中小企业配备了电脑，无电脑的中小企业仅占5.2%，92.7%的中小企业接入互联网（见图3）。规模较小企业中互联网接入比例相对较低，规模较大的企业中互联网的接入比例已接近100%。

目前，中小企业互联网应用中，普及较广的还是客户服务和企业内部管理方面的应

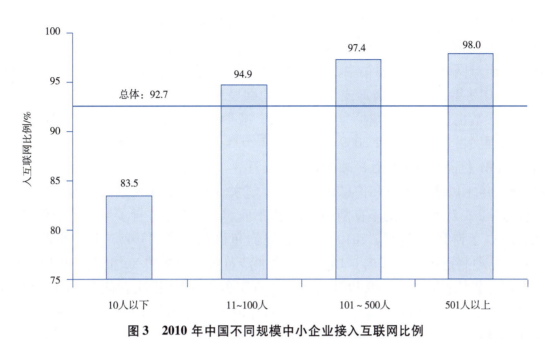

图3　2010年中国不同规模中小企业接入互联网比例

资料来源：中国互联网络信息中心（CNNIC），第27次中国互联网络发展状况统计报告，2011年1月

用（见图4）。但实际上，对中小企业而言，如何获得客户、如何拓展市场才是关乎生存的最紧要需求。当前，中国中小企业中电子商务/网络营销方面的互联网应用水平还普遍偏低，需要重点提升。

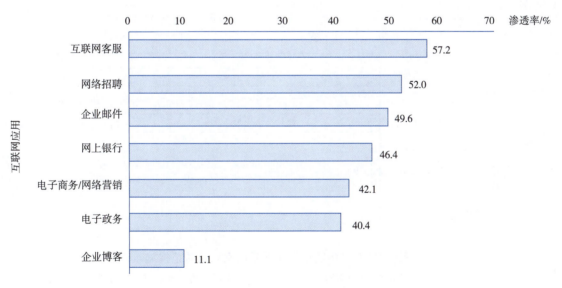

图4　2010年中国中小企业各类互联网应用渗透率

资料来源：中国互联网络信息中心（CNNIC），第27次中国互联网络发展状况统计报告，2011年1月

6. 网络和信息安全状况有所改善

2010年，中国网络和信息安全状况有所改善，安全保障能力稳步提升。政府积极推动法律法规、技术标准、基础设施、网络信任体系等方面的建设，不断加快网络与信息安全管理平台建设，加大对通信网络的监管力度和对钓鱼网站、非法网站以及不良信息

的防范和清查力度,尤其加大对手机移动媒体和技术服务网站的主动监管,完善域名注册信息的备案工作。

随着政府对网络安全问题集中治理力度的不断加大,中国的基础网络安全问题有了明显改善。2010年,遇到过病毒或木马攻击的网民比例为45.8%,较2009年下降10.8个百分点,人数也从2.17亿减少为2.09亿人,减少近800万人。同时,有过账号或密码被盗经历的网民占21.8%,较2009年降低9.7个百分点。遇到过账号密码被盗的人数从2009年的1.21亿降到9 969万,减少2 000余万。

自2009年末以来,工业和信息化部实施了《关于进一步深入整治手机淫秽色情专项行动工作方案》,对大规模的不良网站进行了清理。CNNIC也进行了域名注册信息专项治理行动,取得了阶段性胜利。2010年共受理钓鱼网站举报23 455个,处理钓鱼网站22 573个;处理并记录涉黄域名6 168个;添加涉黄域名黑名单86批次,共计3 551个;通知注册服务机构删除涉黄链接以及对域名进行实名认证82批次。截至2010年12月31日,CN域名实名比率已达97.2%,CN域名新注册实名比率达100%,CN域名下不良应用举报比例逐步下降。随着国家域名的网络安全保障机制进一步完善,对网络与信息安全事件的发现和处置能力大大增强。

同时,中小企业互联网安全防护总体水平也有较大提高。安装杀毒软件是中小企业互联网安全保护最主要的措施,在接入互联网的中小企业中,有91.7%的中小企业安装了杀毒软件;有76.5%的中小企业加装防火墙;仅5.4%中小企业未采取任何安全防范措施(见图5)。

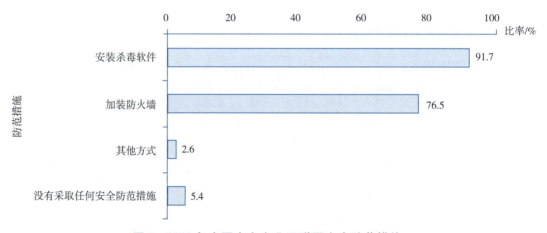

图5　2010年中国中小企业互联网安全防范措施

资料来源:中国互联网络信息中心(CNNIC),第27次中国互联网络发展状况统计报告,2011年1月

7. 行业信息化水平不断提升

2010年,中国互联网信息化投入达91.6亿元,比2009年增长26.7%,摆脱了2009年经济危机环境下的投资恐慌(见图6)。互联网信息化投资最大亮点在于云计算的建设,互联网各龙头企业均在云平台的建设和应用中投入较大资源和精力。其中,盛大规划从2010年到2012年三年间,投入10亿元人民币打造盛大云平台,并针对云平台与同行业展开一系列的合作伙伴建设。2010年,盛大与金山达成合作协议,金山网游在盛大

平台上进行合作运营成为网游领域的最大新闻。新浪为提升视频业务的服务能力，扩大其广告营收，也推出云视频平台。目前，互联网企业在云计算方面的应用已经涵盖业务运营、开发支持和对外合作等多种模式。云计算所带动的服务器、网络设备以及解决方案服务采购的需求也大幅提升。

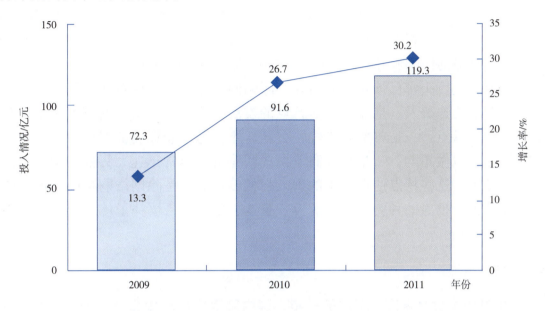

图6　2009—2011年中国互联网行业信息化投入情况

资料来源：CCW Research，2011年4月

2010年，网络游戏、综合门户与即时通讯投资规模放缓的同时，电子商务、网络视频和垂直门户发展迅猛，成为2010年信息化投资高速增长的重要驱动力。其中，电子商务除平台建设外，各厂商在第三方支付监管办法出台后，把更多精力投入到第三方支付平台的建设和完善当中。除阿里巴巴支付宝和QQ财付通外，网易在2010年推出微支付平台，盛大也在积极开发盛付通以备战第三方支付市场的大战。

二、2010年中国互联网产业发展特点

互联网作为中国的战略性新兴产业，其发展表现出一些新特点。

1. 移动互联网发展迅速

2010年，中国手机用户规模突破8亿，手机网民规模继续扩大，达3.03亿，较2009年底增加6 930万人。手机网民在总体网民中的比例进一步提高，从2009年末的60.8%提升至66.2%。2010年，手机网民较传统互联网网民增幅更大，成为拉动中国总体网民规模攀升的主要动力，移动互联网展现出巨大发展潜力。传统互联网时代正在向移动互联网时代迈进，内容版权、移动支付、移动上网安全、终端发展成为业界普遍关注的话题，各种类型的移动互联网应用相继出现，移动互联网发展进入快车道。

2. 团购用户迅猛增长

2010年是中国团购元年。截至2010年12月，中国团购用户数已达1 875万人。目前，团购活动正更多向二三线城市扩展。团购发展如此火爆的原因有两点：第一，各大主流网站的纷纷加入。2010年团购网站发展最初只有较少一些人士运营独立的团购网站，如满座网、美团网等。随后，中国最大的购物网站淘宝网推出聚划算；门户网站新浪、搜狐、腾讯均已开通团购服务；之后社区类网站人人网开通糯米网。截至2010年底，几乎所有中国互联网巨头都已涉足团购行业。团购网站作为互联网业界盈利与增强用户黏性的有效工具，迅速普及，推动了团购行业的发展。第二，与团购的特点密不可分。团购存在一些鲜明特点：一是典型的"轻"公司，不需考虑仓储物流等硬性投入，只要有网站和人，既可以做团购；二是这种商业模式回笼资金非常迅速，只要团购成功，即可获得收益。团购的这些特点使得团购的进入门槛较低。三是除网络购物网站推出的团购外，其他团购网站推出的种类主要是美容、餐饮、娱乐等，填补了传统网络购物中服务性消费较少的空白。

3. 微博客快速兴起

2010年是中国微博客快速兴起的一年，国内微博客用户规模约6 311万人，在网民中的使用率为13.8%。手机网民中手机微博客的使用率达15.5%，手机微博客的快速发展带来了手机端信息生产和消费行为快速拓展。微博客凭借平台的开放性、终端扩展性、内容简洁性和低门槛等特性，在网民中快速渗透，发展成为一个重要的社会化媒体。微博客作为快速发展的新兴网络应用，对互联网产业将产生深远影响。第一，微博客正在发展成为重要的新闻源，使新闻媒体的传播形态发生变化；第二，微博客与即时通信、博客、社交网站用户的高度重合，将对其他社交网络应用市场产生较大影响。同时，将加快社交网络的平台化发展；第三，微博客信息的即时性、碎片化等特征，将加快实时搜索等网络服务的技术开发和应用。

4. 行业竞争更加激烈

2010年，中国互联网商业竞争表现得尤其激烈，如通信领域的霸主腾讯和中国网络安全软件巨头360之间的"3Q"大战，盛大文学起诉百度文库盗版，京东与当当的价格战等，反映了互联网行业竞争格局已进入新阶段。此外，2010年网络商战之激烈，还突出表现在竞争的无序，对底线的漠视。广大网友对"网络公关""水军"有了广泛认知，对于他们如何操纵网络舆论、颠倒是非黑白的行径也有了了解。任何一个产业的发展中都必然会遇到"恶战"，这不仅是一种挑战，也是一种机遇，如果能借此完善司法和执法漏洞，调整产业发展政策，不论是互联网商战，还是其他任何产业的恶性竞争，都将得到显著改善。

5. 中小企业网络应用有待进一步提升

企业网站一般具有品牌营销、销售、客服等多种职能，但多数中小企业网站功能主要集中在展示上，互动功能、交易功能、后台统计功能方面欠缺，这也导致多数中小企业网站只是虚设，没有发挥作用（见图7）。从中小企业网站更新频率来看，大多数中小企业并没有将网站作为信息发布的重要领地。超过一半以上的中小企业网站平均一个月都难以更新一次，可见很多中小企业网站都处于半停滞的状态，网站利用水平普遍偏低。

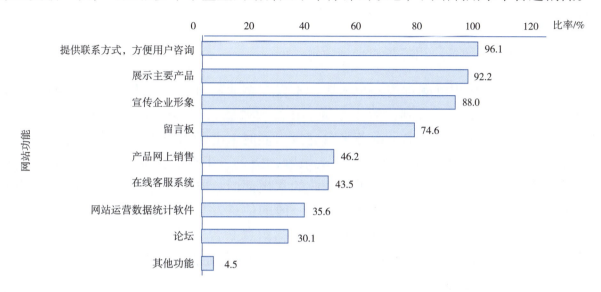

图7　中国中小企业网站功能设计

资料来源：中国互联网络信息中心（CNNIC），第27次中国互联网络发展状况统计报告，2011年1月

三、中国互联网产业发展展望

中国把互联网列入"十二五"规划中的战略性新兴产业，将加强扶持发展，并明确提出加快三网融合、电子商务、电子政务相关产业发展，全面提高信息化水平。未来几年，中国互联网新的应用层出不穷，产业将继续保持快速发展。

1. 微博客将成为引领网络创新的热点

微博客（微博）是新兴起的一类开放互联网社交服务，国际上最知名的微博网站是Twitter，美国总统奥巴马、美国白宫、FBI、Google、HTC、DELL、福布斯、通用汽车等很多国际知名个人和组织在Twitter上营销和与用户交互。目前，国内著名的微博有：新浪微博、搜狐微博、网易微博、嘀咕、叽歪、滴、做啥、139说客、9911等。当前，微博这种新式互联网应用在中国异常火爆，以新浪微博为代表的众多网站被媒体热炒。毫无疑问，微博将是互联网行业未来两三年引导创新的热点，也将是潮流引爆点。在2011年，微博客也将成为各大网站的必备，成为不可或缺的一部分。

2. 物联网产业化将加速发展

物联网作为当前新一代信息技术的重要组成部分，是通过射频识别、红外感应器、全球定位系统、激光扫描器等信息传播设备，把任何物体与物联网相连，进行信息交换和通信。进入物联网时代，智能医疗、环境监控、智能电梯、动物标识、电子钱包、智能电网等都将慢慢渗透应用到人们生活的各个领域。在国家"十二五"规划中，物联网被正式列为重点发展的战略性新兴产业之一，补充纳入到重点技术研究和发展规划之中。物联网已经在信息领域深入人心，政府各部门、IT制造业、系统集成商、电信运营企业都在高度关注，不少地方政府在"十二五"规划中也都进行了相关布局。未来几年，智能建筑、智能办公、智能家居、RFID等产业将是重点发展领域。

3. 企业电子商务应用将覆盖全产业链

电子商务的应用范围将进一步拓展，不仅在企业商机与贸易撮合方面，还从发布商机、寻找客户开始，一直到洽谈、订货、在线付收款、开具电子发票以至到电子报关、电子纳税等，都能够通过电子商务平台完成。同时，电子商务平台还能覆盖某行业或某领域产业链，甚至能全面应用于企业从采购、研发、生产、招商、市场、零售、企划、行政、财务、人力、设计等几乎所有企业的常规部门。电子商务企业尤其是专业化电子商务企业，其所扮演的角色将不仅满足于一般的信息发布与交易平台，更将扮演"第三方行业综合服务商"的重要角色，这其中包括信息平台、交易平台、信誉评级、行业媒体、咨询机构、会展服务商、信息化服务商，甚至网络融资服务平台等。

4. 移动电子商务应用潜力巨大

在经历了对网络广告、SP、网游、垂直搜索、WEB2.0、B2C电子商务等热门市场争夺之后，"3G时代"已经到来，中国电子商务已步入了对移动电子商务市场进行抢滩布局的新阶段。中国移动电子商务正呈现良好的发展势头，中小企业应用成为移动商务发展的热点，呈现出广泛渗透，规模扩张的特点。随着移动通讯技术的突破，以及政策环境的不断优化，移动电子商务的建设与发展已成为了潮流和趋势。事实上，阿里巴巴、联想、百度等众多行业龙头企业早已在移动电子商务领域布局。

5. 政府不断提高行业网站扶持力度

政府对行业网站的关注度逐年上升，在积极推进行业网站平台发展建设上，通过市场环境、企业认知情况、政策法规、支付保证体系等方面深入开展，已经开始为企业尤其是中小企业带来效率和效益。如2010年1月起，国家发改委和商务部正式批准建设的首个"国家电子商务示范城市"落户深圳。同月，国家工信部首次突破行政界域，广东乐从镇被授予全国首个"国家级电子商务试点"，政府将引导企业电子商务和服务示范区。2010年3月，第十一届全国人民代表大会第三次会议国务院总理温家宝作政府工作报告时指出，要加强商贸流通体系等基础设施建设，积极发展电子商务。未来几年，行业网站将得到快速发展。

中国互联网的快速发展，得益于中国的改革开放政策，得益于中国经济的持续发展，也得益于国际先进技术和经验。中国互联网的发展极大地促进了中国科技、经济、政治、社会、文化的发展，促进了中国社会文明进步和人民生活水平的提高。

中国电子工业标准化研究所　梁　萍

产业综合篇

2010 年中国医药产业发展情况分析

一、2010 年中国医药经济发展概况

1. 我国医药工业恢复高位增长，盈利水平持续向好

2010 年，伴随世界经济逐步复苏，我国宏观经济形势平稳发展，国内生产总值（GDP）比 2009 年增长 10.3%，首次超越日本成为世界第二大经济体，这为实现我国医药产业全年预期目标奠定了良好基础。与此同时，由于医药产品的刚性需求特性以及新医改政策带来市场扩容机遇，2010 年我国医药经济恢复高位增长，对外贸易形势好转，结构调整逐步推进，产业总体呈现持续向好态势。

2010 年 1—11 月，全国医药工业累计完成工业总产值（现价）11 239.5 亿元，同比增长 26.4%；主营业务收入 10 734.8 亿元，同比增长 26.2%；累计实现利润达 1 114.0 亿元，同比增长 28.3%。预计全年医药产业实现总产值 1.25 亿元左右，同比增长 27% 左右；实现利润 1 250 亿元左右，增幅有望保持在 28.5% 左右（见图 1）。

（1）我国医药工业各子行业的发展情况

从各子行业的发展情况来看，2010 年 1—11 月份各子行业工业总产值和主营业务收入增速均在 20% 以上，增速最快的是中药饮片和生物制药，中药饮片增长 40%，生物制药增长 31%。各子行业利润增速也多在 20% 以上，增速最快的仍是中药饮片和生物制药，中药饮片增长 56%，生物制药增长 41%，利润增速低于 20% 的是化学原料药和医疗器械，它们分别为 16% 和 19%。中药饮片各项指标高速增长与我国中药材价格出现了大幅的增长有关，从 2010 年年初开始全国市场上 537 种常用中药材中有 84% 价格上涨，其涨幅一般在 5%~180% 之间，同时由于国内中药材价格上涨，也带动了中药材饮片出口增

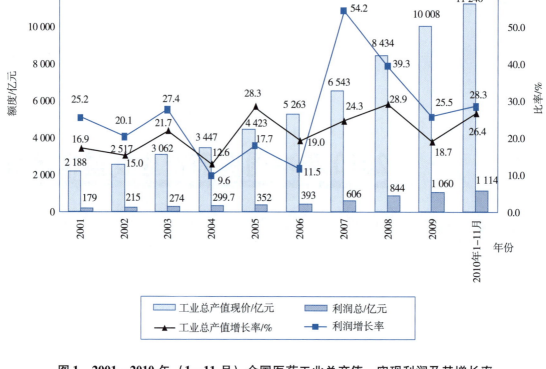

图 1 2001—2010 年（1—11 月）全国医药工业总产值、实现利润及其增长率

数据来源：2001—2009 年中国医药统计年报，2010 年 1—11 月为快报数

长（见表1）。

表 1 2010 年 1—11 月我国医药工业及各子行业主要经济指标增长状况

行业名称			工业总产值/亿元	增长率%	主营业务收入/亿元	增长率/%	利润总额/亿元	增长率/%
全国医药工业			11 239.5	26.4	10 734.8	26.2	1 114.0	28.3
子行业	化学制药工业		5 342.6	24.2	5 222.9	24.1	526.9	23.8
	其中	化学原料药	2 157.0	24.4	2 151.5	23.4	173.6	16.4
		化学药品制剂	3 185.6	24.1	3 071.4	24.6	353.3	27.8
	中药制药工业		2 965.2	28.9	2 767.6	28.5	270.2	33.0
	其中	中成药	2 295.2	26.1	2 153.0	25.5	223.9	29.0
		中药饮片加工	670.0	39.5	614.6	40.4	46.3	56.4
	生物生化制品		1 178.7	31.0	1 062.4	30.5	153.9	41.5
	医疗仪器设备及器械		1 048.3	23.2	998.4	24.5	105.2	18.9
	卫生材料及医药用品		631.4	29.4	613.6	27.8	53.2	37.8
	制药专用设备		72.8	32.4	69.9	35.7	4.55	31.9

2010 年 1—11 月，全国医药工业销售利润率为 10.40%，同比增长 0.2 个百分点。其中化学原料药、中成药、医疗器械工业的销售利润率较 2009 年同期水平分别下降 0.24、0.25 和 0.56 个百分点；化学制剂行业的销售利润率为 11.50%，比 2009 年同期提高 0.38 个百分点；而生物制药行业的销售利润率是各子行业中最高的，2010 年 1—11 月份达

14.49%，比2009年同期增长0.67个百分点，已接近世界领先医药企业15%的平均利润率水平，体现了生物医药产业高回报的特点（见图2）。

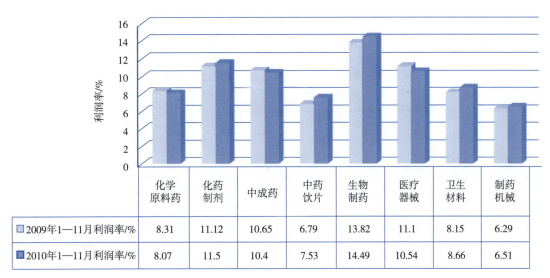

图2 2010年1—11月我国医药工业各子行业销售利润率情况

（2）重点地区医药产业发展情况

从各省市医药产业发展情况看，2010年1—11月工业总产值和利润总额前10位的省市共实现工业总产值和利润总额为7 694亿元和809亿元，分别占全国的68.5%和72.6%。山东、江苏、广东和浙江四省位居前四位，其工业总产值和利润总额共计为4 641.8亿元和472.7亿元，占整个行业的41.3%和42.4%。近年来，山东省医药工业总产值和利润水平在全国稳居第一，2010年1—11月其所占比重分别达14.5%和13.6%。此外，在工业总产值前10位省份中，河南、吉林、江西省增幅均超过30%，而上海市增幅最小，为15.6%；在利润前10位省市中，山东、广东、河南、四川等省增速均超过30%，北京、河北增幅最小，为13.5%和13.1%（见表2）。

表2 2010年1—11月全国医药工业总产值和利润总额前10名省市

排名	地区	工业总产值/亿元	同比增长%	排名	地区	利润总额/亿元	同比增长%
1	山东省	1 592.9	26.1	1	山东省	151.5	34.1
2	江苏省	1 447.7	29.1	2	江苏省	138.3	24.4
3	广东省	860.1	27.3	3	广东省	95.8	30.1
4	浙江省	741.1	22.1	4	浙江省	87.1	16.4
5	河南省	678.43	38.2	5	河南省	71.2	35.9
6	吉林省	561.3	36.0	6	北京市	66.8	13.5
7	四川省	528.6	26.0	7	上海市	61.9	26.4
8	上海市	452.5	15.6	8	四川省	47.4	39.3
9	江西省	425.1	30.4	9	吉林省	44.6	19.1
10	北京市	406.7	15.8	10	河北省	44.4	13.1

(3) 全国各规模企业和各经济类型企业发展总体情况

从全国医药工业企业规模看，小型企业较多，有 6 777 家，占全国医药工业企业的 86%。同样，亏损企业中，小型企业也较多，有 1 131 家，约占小型企业总数的 16.7%。但从亏损额看，各规模企业亏损情况上，大型企业数量少，亏损同比严重（见表3）。

表3 2010年1—11月各规模企业总体情况

企业规模	企业数量/个	亏损企业数/个	亏损企业占同类企业比例/%
小型	6 777	1 131	16.7
中型	1 024	99	9.7
大型	83	2	2.4
全部	7 884	1 232	15.6

从营业收入和利润方面来看，各规模企业营业收入和利润均上涨，从利润率角度看，小型企业数量多，利润率略低，为8.0%，中型企业利润率较高，为13.1%，大型企业利润率为10.6%。

表4 2010年1-11月各规模企业收入利润情况

企业规模	营业收入/亿元	同比增长/%	利润总额/亿元	同比增长/%	利润率/%
小型	4 470.4	33.3	356.3	40.1	8.0
中型	3 796	19.9	496.1	26.9	13.1
大型	2 468.7	24.0	261.5	17.4	10.6
全部	10 735.1	26.2	1 114.0	28.3	10.4

表5 2010年1—11月各类型企业收入利润情况

企业类型	营业收入/亿元	同比增长/%	利润总额/亿元	同比增长/%	利润率/%
国有经济	424.1	32.3	45.9	30.0	10.8
集体经济	121.8	29.6	10.7	1.9	8.8
股份制经济	4 376.8	24.8	467.6	30.5	10.7
外资经济	3 072.8	19.4	389.4	20.8	12.7
其他经济	2 739.5	36.0	200.4	41.6	7.3
全部	10 735.0	26.2	1 114.0	28.3	10.4

从企业经济类型来看，各经济类型企业在营业收入和利润方面表现良好，股份制经济和外资经济占主体地位，营业收入和利润共占全部企业的70%和75%。在利润率的比较上，外资经济排在第一位，为12.7%，集体经济和其他经济低于平均水平，国有经济和股份制经济利润率均超过平均水平（见表5）。

(4) 全国医药产业完成固定资产投资情况

2010年1—11月，医药产业累计完成固定资产投资总额 1 753.3 亿元，同比增长 28.8%。分行业看，对固定资产投资增幅贡献较大的行业是医疗仪器设备及器械制造业、化学药品制剂制造业。一方面，鼓励医疗器械本地化政策的实施，推动了投资者对医疗器械行业的持续投入；另一方面，备战新版GMP，促使制剂制造行业资金投入大幅提升。

此外，制药工业水污染物排放新标准的全面实施、重大新药创制专项经费逐步到位、企业新药投入加大等，均带动了固定资产投资的上升。

2. 医药商业购销稳步增长

2010年1—7月，全国七大类医药商品累计销售总值为2 902.4亿元，同比增长12.5%，纯销售为1 490.6亿元，同比增长4.7%。销售总额居前五位的地区依次为上海、北京、浙江、广东、江苏，共占全国的57%。见表6。

从分类情况看，2010年1—7月药品类总销售额2 213亿元，同比增长13.4%，纯销售为1 125.8亿元，同比增长4.95%；中成药类总销售额为458亿元，同比增长11.3%，纯销售为249.2亿元，同比增长4.3%；医疗器械类累计总销售额42.5亿元，同比增长5.4%，纯销售为23.4亿元，同比增长3.4%。

表6 2010年1—7月七大类医药商品购销情况

类别 \ 量值	购进总值 金额/亿元	同比增长/%	销售总值 金额/亿元	同比增长/%	纯销售 金额/亿元	同比增长/%
七大类总计	2 613.9	11.1	2 902.4	12.5	1 490.6	4.7
药品类	2 007.8	12.0	2 213.0	13.4	1 125.9	5.0
中成药类	410.2	9.3	458.0	11.3	249.2	4.3
医疗器械类	39.6	4.2	42.5	5.4	23.4	3.4

3. 医药进出口增速全面恢复，贸易平衡得到改善

2010年以来，世界经济继续缓慢复苏，国际医药市场需求稳定，国内医药市场持续较快增长，稳出口、扩进口政策效应继续显现，医药企业整体竞争力进一步提升，新兴医药市场开拓成效明显，产品结构优化取得实质性进展。在这些因素共同作用下，我国医药对外贸易呈现恢复性较快增长态势，进、出口规模均超过2009年水平，总体好于预期。

2010年，我国医药进出口总额616.58亿美元，比上年同期增长24.57%。其中出口405.73亿美元，增长24.87%；进口210.85亿美元，增长23.98%。2010年我国医药进口增幅明显扩大，进出口顺差没有因出口增长出现进一步扩大，顺差占进出口额比重为31.69%，与去年基本持平，医药贸易步入健康发展轨道。见表7。

2010年我国医药保健品各类商品进出口基本情况如下：

（1）西药类商品进出口基本情况

西药类产品是我国医药保健品进出口的主力产品，进出口额占全部医药保健品进出口总额的60.42%。2010年我国西药类产品进出口改变了2009年的徘徊局面，进出口总额达363.71亿美元，同比增长25.45%。

2010年，我国西药类产品进口总体呈量平价增态势，进口量只增长2.45%，进口均价则上涨17.65%。但三大类进口产品情况各异：原料药量价齐升，以量增为主，进口数量增长20.72%，进口均价增长2.97%；西成药进口量增价减，进口量增长25.7%，均

价下跌8.12%；生化药进口则呈现巨幅量减价升局面，进口量下降91.18%，进口均价则上涨1 484%。

2010年，由于国际西药类产品市场强劲恢复，我国西药类产品的出口也持续向好，原料药和西成药出口量价齐升，生化药则量跌价升。从出口额看，生化药出口21.33亿美元，增幅最大，达47.86%；西成药出口14.97亿美元，增幅为31.19%；原料药出口203亿美元，增幅为26.19%。

（2）医疗器械类商品进出口基本情况

2010年，我国医疗器械进出口总额强劲增长，首次突破200亿美元大关，达226.56亿美元，同比增长23.47%。其中，出口额为146.99亿美元，同比增长20.05%；进口额为79.57亿美元，同比增长30.35%。出口额和进口额均创历史最高记录，进口增速高于出口增速10.3个百分点。总体来看，2010年我国医疗器械对外贸易继续保持较大顺差，累计贸易顺差额达67.42亿美元。

（3）中药类商品进出口基本情况

2010年，我国中药商品进出口额为26.32亿美元，同比增长22.74%。其中，出口额19.44亿美元，同比增长22.78%；进口额6.88亿美元，同比增长22.61%。

2010年，中药类各商品进出口普遍增长，提取物出口额为8.15亿美元，同比增长17.62%，占中药商品出口总额的41.92%，依然是中药商品出口的主力；提取物进口额为1.3亿美元，同比增加7.16%，占中药商品进口总额的18.95%。2010年中药材饮片出口额为7.76亿美元，同比增长28.07%，占中药类产品出口总额的39.89%。中成药出口额为1.93亿美元，同比增长18.05%；进口额为2.18亿美元，同比增长23.71%，中成药贸易自2008年开始呈现逆差，并一直延续至2010年，逆差额有所加大。保健品出口额为1.61亿美元，同比增长32.27%；进口额2.03亿美元，同比增长30.33%，保健品进出口虽然在中药商品贸易中同比增幅最大，但依然呈现较大逆差，2010年逆差额达4 200万美元，创历史新高。

表7　2010年我国各类医药产品出口状况

类别	进口总额/亿美元	同比增长/%	出口总额/亿美元	同比增长/%
西药产品	124.4	20.53	239.3	28.17
医疗器械类	79.57	30.35	146.99	20.05
中药产品	6.88	22.61	19.44	22.78
总计	210.85	23.98	405.73	24.87

二、2010年中国医药行业发展环境分析

1. 医改配套文件密集出台，5项重点改革稳步推进

2010年，关于公立医院改革试点、医疗机构药品集中采购工作规范和药品集中采购

监督管理办法、进一步鼓励和引导社会资本举办医疗机构的意见、建立健全基层医疗卫生机构补偿机制等新医改方案配套文件密集出台，使我国医药卫生体制改革不断深化并取得明显进展和初步成效。

2月11日，卫生部等五部委联合发布《关于公立医院改革试点的指导意见》，选定16个城市作为国家联系指导的公立医院改革试点地区，将逐步取消药品加成，增设药事服务费。

3月5日，国家发改委发布关于《国家发展改革委定价药品目录》等有关问题的通知，将定价药品目录由2005年的1 561种调整为1 917种，新增进入2009年版《国家基本医疗保险、工伤保险和生育保险药品目录》药品通用名称项下的所有处方药剂型，以及基本药物这些最常用的基础药物全部纳入定价药品目录。

4月6日，国务院办公厅印发《医药卫生体制五项重点改革2010年度主要工作安排》，围绕5项重点改革3年目标，提出了2010年度的16项主要工作任务。

5月11日，国家药监局明确对基本药物实行全品种电子监管工作相关事宜，规定凡生产基本药物品种的中标，应在2011年3月31日前加入药品电子监管网。

7月15日，由卫生部等7部委联合签发的《医疗机构药品集中采购工作规范》和《药品集中采购监督管理办法》正式公布。医疗机构药品集中采购将实行全程监管，各省建立非营利性药品集中采购平台，医疗机构须通过这个平台采购药品。

11月19日，国务院办公厅印发《建立和规范政府办基层医疗卫生机构基本药物采购机制的指导意见》，将基本药物的采购权统一回收到省级卫生行政部门。

11月26日，国务院办公厅转发《关于进一步鼓励和引导社会资本举办医疗机构意见的通知》，放宽了社会资本的准入范围，鼓励多元化办医格局。

11月29日，国家发改委发布了关于降低头孢曲松等部分药品最高零售价格的通知，决定从12月12日起，降低头孢曲松等部分单独定价药品的最高零售价格，涉及抗生素、心脑血管等17大类174种药品。据测算，调整后的药价比先前规定价格平均降低19%。

12月10日，国务院办公厅发布关于建立健全基层医疗卫生机构补偿机制的意见，明确基层医疗卫生机构补偿政策。

随着医改配套文件陆续出台，5项重点改革稳步推进，取得积极进展。截至2010年底，全国城镇基本医疗保险参保人数4.3亿人，新农合参合人数8.3亿人，总覆盖人数超过12.6亿人，90%以上的城乡人口有了基本医疗保障。城镇居民医保和新农合政府补助标准提高到每人每年120元，大部分地区住院费用政策范围内报销比例提高到60%，门诊统筹扩大到50%以上的地区。基本药物制度在50%左右的政府办基层医疗卫生机构启动实施，基本药物价格平均下降30%左右，基层综合改革取得不同程度的进展。

2. 三部委发布加快医药行业结构调整的指导意见

2010年10月，工信部等3部委制定了《关于加快医药行业结构调整的指导意见》，明确了结构调整目标和措施，重点内容是扶持创新及技术提升、推进并购重组、提升行业集中度。

《意见》提出了5大具体目标，分别是：基本药物主要品种销量居前20位企业所占市场份额应达80%以上；在化学药领域，争取有10个以上自主知识产权药物实现产业化；在生物技术药物领域，争取有15个以上新的生物技术药物投放市场；在中药领域，培育50个以上疗效确切、物质基础清楚、作用机理明确、安全性高、剂型先进、质量稳定可控的现代中药，同时促进民族药的研发和产业化，促进民族药标准提高，加强中药知识产权保护；在医疗器械领域，培育200个以上拥有自主知识产权、掌握核心技术、达到国际先进水平、销售收入超过1 000万元的先进医疗设备。

《意见》明确支持我国医药行业由大变强，对大型企业跨省（区、市）重组后的改扩项目优先予以核准，在股票发行、企业债券、中期票据以及银行贷款方面给予支持。同时表示，将继续加大对医药研发的投入，对具有我国自主知识产权的新药研制，在科研立项、经费补助、新药审批、进入医保目录和技术改造投资上给予支持；同时对拥有自主知识产权的产品，在价格核定过程中给予单独制定价格的政策。

3. 生物产业被列为战略性新兴产业，生物医药获政策支持

2010年10月，我国正式发布《国务院关于加快培育和发展战略性新兴产业的决定》，在生物产业方面，《决定》明确：要大力发展用于重大疾病防治的生物技术药物、新型疫苗和诊断试剂、化学药物、现代中药等创新药物大品种，提升生物医药产业水平。加快先进医疗设备、医用材料等生物医学工程产品的研发和产业化，促进规模化发展。着力培育生物育种产业，积极推广绿色农用生物产品，促进生物农业加快发展。推进生物制造关键技术开发、示范与应用。加快海洋生物技术及产品的研发和产业化。

4. 新版药品GMP正式发布将影响未来医药领域竞争格局

2011年2月，国家药监局公布，《药品生产质量管理规范（2010年修订）》（新版GMP）将于2011年3月1日起施行。新版GMP修订的主要特点包括：加强药品生产质量管理体系建设，大幅提高对企业质量管理软件方面的要求；全面强化从业人员的素质要求；细化操作规程、生产记录等文件管理规定，增强了指导性和可操作性；进一步完善药品安全保障措施。新版GMP要求：自3月1日起，新建药品生产企业、药品生产企业新建（改、扩建）车间应符合新版药品生产质量管理规范的要求。现有药品生产企业将给予不超过5年的过渡期，并依据产品风险程度，按类别分阶段达到新版药品生产质量管理规范的要求。与此同时，国家食品药品监管局正在制定新版药品生产质量管理规范的贯彻实施意见，并将于近期发布。

新版GMP的实施有望改善我国现有药品生产企业在整体上生产集中度较低，自主创新能力不足以及药品安全事故频发等问题。其与欧盟看齐的高标准，则更为国内优势医药企业做大做强、向欧盟出口创造了条件。但是，由于新规范大大抬高了行业门槛，并需要高额的投入，预计新版GMP的实施将会导致一大批经营乏力的中小药企被淘汰出局或被兼并重组，这将可能影响我国未来5年医药领域竞争格局。

三、2011年我国医药行业发展预期

2011年将巩固扩大基本医疗保障覆盖面，基本实现全民医保；职工医保、城镇居民

医保参保人数达 4.4 亿，参保率均提高到 90% 以上；在新农合方面将进一步巩固覆盖面，参合率继续稳定在 90% 以上；2011 年将进一步提高筹资标准，政府对新农合和城镇居民医保补助标准均提高到每人每年 200 元，适当提高个人缴费标准等。与此同时，全国各级财政增加医改资金，2009 年到 2011 年，将比原先测算的 8 500 亿元多 3 000 亿元，达 11 500 亿元。

2011 年，新的《药品价格管理办法》正在按照医改工作的整体要求进行完善后发布。2011 年 3 月，国家发改委第 27 轮降价令正式实施，再降 162 种药品价格，平均降幅 21%，涉及中外相关制造企业、100 多个药品的数千个品规的化学药品悉数降价。预计后续还会有内分泌、抗肿瘤、中药等其他品类的降价。按照以往医保目录调整惯例，预计今年还会针对新进医保品种进行降价。

据悉，《医药工业十二五规划》明确："十二五"期间，全国医药工业总产值目标年均增长 20% 以上，到 2015 年，全国医药工业总产值将达到 30 000 亿元。截至 2015 年，全国销售收入居前 100 位的企业将占到全行业销售收入的 40% 以上，而在基本药物领域，将保证主要品种的前 20 家生产企业所占市场份额达到 80% 以上，这意味着全行业集中度迅速提升。此外，"十二五"期间将有 20 个自主创新药物投入市场。

5 月 5 日，商务部正式对外发布了《全国药品流通行业发展规划纲要（2011—2015）》，明确了行业发展的"十二五"时期的总体目标和主要任务：一是提高行业集中度，调整行业结构；二是发展药品现代流通和经营方式，加强对外交流合作；三是规范药品流通秩序，加强行业信用建设；四是加强行业基础建设，提升行业发展水平。具体发展目标是：形成 1～3 家年销售额过千亿元的全国性大型医药商业集团，20 家年销售额过百亿元的区域性药品流通企业；药品批发百强企业年销售额占药品批发总额 85% 以上，药品零售连锁百强企业年销售额占药品零售企业销售总额 60% 以上；连锁药店占全部零售门店的比重提高到 2/3 以上。县以下基层流通网络更加健全。骨干企业综合实力接近国际分销企业先进水平。

总的说来，从宏观层面而言，随着医改的深入及政策层面的支持，国内医药市场仍将保持快速的增长势头；从微观层面而言，企业一方面由于 GMP 改造、环保要求提升、能源和原材料涨价，运营成本正在逐步加大；另一方面药品降价的压力又将降低企业的毛利率水平，而新药审批收紧造成企业缺乏新的增长点，更使企业凸显经营压力。2011 年度，据国家发改委初步预测，全国医药商业销售市场为 8 600 亿元，增幅为 23%。其中全国医院用药规模约 5 500 亿元，同比增长约 25%；零售市场约为 1 950 亿元，同比增长约 16%；医药产业总产值可达 15 500 亿元左右，同比增长 24%。

北京生物技术和新医药产业促进中心　戴浩森　潘　悦

2010 年中国现代中药产业发展情况分析

一、2010 年我国中药产业经济运行基本情况

1. 行业总体呈现持续向好态势

随着医药卫生体制改革的全面推进和不断深化，2010 年我国中药产业受益于良好的政策环境，资产规模继续扩大，产销情况明显好转，经济效益显著增长，对外贸易稳步回升，行业总体呈现持续向好态势。

2010 年 1—11 月，我国中药制药工业（含中成药和中药饮片加工制造业 2 个子行业）完成工业总产值 2 965.2 亿元，同比增长 28.9%；实现主营业务收入 2 767.6 亿元，同比增长 30%；实现利润总额 270.2 亿元，同比增长 28.5%（见图 1）。

预计 2010 年全年实现工业总产值 3 172 亿元，同比增长 29.5%；累计实现利润总额近 300 亿元，同比增长 33% 左右；各项主要经济指标增速均高于全国医药工业同期增长速度。见图 2。此外，2010 年我国中药制造业资产突破 3 000 亿元，同比增长 18% 左右；企业数 2 300 多个，比 2009 年同期增加 100 多个；从业人员接近 50 万人，同比增长 7.6%；累计完成固定资产投资总额近 500 亿元，同比增长 16%。

2. 中药饮片各项指标呈现高速增长

从我国中药制药工业的 2 个子行业（中成药和中药饮片加工制造业）的发展情况看，2010 年 1—11 月份中药饮片工业总产值和主营业务收入分别增长 39.5% 和 40.4%，利润增长 56.4%，增速居全国医药行业之首。中药饮片各项指标高速增长与我国中药材价格出现大幅增长有关，从 2010 年初全国市场上 537 种常用中药材中有 84% 价格上涨，其涨

图1　2006—2010年（1—11月）全国中药制药工业主营业务收入和利润总额情况

数据来源：2006—2009年中国医药统计年报，2010年1-11月为快报数

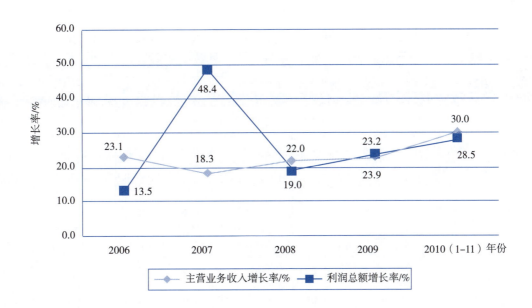

图2　2006—2010年（1—11月）全国中药制药工业主营业务收入和利润总额增长率

数据来源：2006—2009年中国医药统计年报，2010年1—11月为快报数

幅一般在5%～180%之间，同时由于国内中药材价格上涨，也带动了中药材饮片出口增长。中成药工业总产值和主营业务收入分别增长26.1%和25.5%，利润增长29.0%，低于中药饮片的增速（见表1）。

表1　2010年1—11月我国中药制药工业及其子行业主要经济指标增长状况

行业	量值	工业总产值/亿元	增长率/%	主营业务收入/亿元	增长率/%	利润总额/亿元	增长率/%
中药制药工业		2 965.2	28.9	2 767.6	30.0	270.2	28.5
其中	中成药	2 295.2	26.1	2 153	25.5	223.9	29.0
	中药饮片	670	39.5	614.6	40.4	46.3	56.4

3. 中药产业传统大省地位稳固

从我国中药制药工业的地区分布看，2010年1—11月，我国中药产业传统大省地位稳固，主营业务收入前3位的省依然为吉林、山东、四川，第4～10位依次为江西、广东、天津、河南、湖北、江苏和湖南，天津2010年高速增长首次跃入第6位。见表2。利润总额前3位的省为山东、吉林、四川，第4～10位依次为广东、河北、天津、河南、江西、贵州和湖北。中药制药工业主营业务收入和利润总额前10位的省市占全国的比重均为64.1%，十强省市的起点为销售突破百亿、利润突破10亿元（见表3）。主营业务收入前10位的省市中，增速最快并高于全国平均速度的依次为天津、吉林、江西。利润总额前10位的省市中，增速最快的依次为湖北、天津、江西、贵州、山东，均高于全国平均增速。

表2　2010年1—11月我国中药制药工业主营业务收入前10位省市情况

排名	地区	中药制药工业/亿元	同比增长/%	地区	中成药制造业/亿元	同比增长/%	地区	中药饮片加工业/亿元	同比增长/%
	全国	2 767.6	30.0	全国	2 153	25.5	全国	614.6	40.4
1	吉林省	339.2	46.9	吉林省	288.8	39.9	山东省	87.6	23.9
2	山东省	270.1	23.3	山东省	182.5	23.5	四川省	77.0	16.5
3	四川省	240.7	18.3	江西省	168.6	29.6	安徽省	64.5	52.5
4	江西省	182.1	30.4	四川省	163.7	48.0	吉林省	50.4	95.3
5	广东省	159.0	25.6	天津市	136.6	19.8	河南省	40.0	17.0
6	天津市	139.8	126.6	广东省	126.4	21.4	广东省	32.6	36.6
7	河南省	131.8	29.1	贵州省	95.7	19.0	湖北省	30.1	69.1
8	湖北省	109.8	21.2	河南省	91.8	37.7	湖南省	27.9	56.2
9	江苏省	101.2	6.5	江苏省	81.3	13.2	辽宁省	27.5	34.0
10	湖南省	100.1	18.7	广西	80.9	29.0	北京市	23.4	31.6

表3　2010年1—11月我国中药制药工业利润总额前10位省市情况

排名	地区	中药制药工业/亿元	同比增长/%	地区	中成药制造业/亿元	同比增长/%	地区	中药饮片加工业/亿元	同比增长/%
	全国	270.2	28.5	全国	223.9	29.0	全国	46.3	56.4
1	山东省	34.0	34.4	吉林省	30.5	18.7	山东省	7.7	61.6
2	吉林省	32.0	19.0	山东省	26.4	34.3	四川省	4.7	-4.7
3	四川省	18.9	-5.5	广东省	15.9	17.6	陕西省	4.2	2 898.8
4	广东省	17.0	19.7	河北省	15.8	26.9	湖北省	4.0	120.1
5	河北省	16.2	27.6	四川省	14.2	39.3	河南省	3.7	1.9
6	天津市	12.1	59.2	天津市	11.9	33.9	北京市	3.5	52.2
7	河南省	11.6	20.8	贵州省	10.2	48.7	安徽省	2.8	63.3
8	江西省	11.0	57.1	江西省	10.1	57.2	江苏省	2.1	80.5
9	贵州省	10.2	47.8	广西	9.2	27.5	福建省	1.7	66.7
10	湖北省	10.0	88.7	黑龙江省	8.8	22.2	吉林省	1.4	20.3

4. 中药各类商品进出口普遍增长

2010年，随着全球市场对中国医药产品需求回暖，我国医药外贸加快了增长步伐，国际日趋盛行的"绿色回归"理念也为我国中药出口提供了难得的发展契机。2010年，我国中药商品进出口额为26.32亿美元，同比增长22.74%。其中，出口额19.44亿美元，同比增长22.78%；进口额6.88亿美元，同比增长22.61%（见表4）。

表4　2010年我国中药类产品出口状况

类别		进口总额/亿美元	同比增长/%	出口总额/亿美元	同比增长/%
中药产品		6.88	22.61	19.45	22.78
其中	植物提取物	1.3	7.16	8.15	17.62
	中药材及饮片	1.37	52.2	7.76	28.07
	中成药	2.18	23.71	1.93	18.05
	保健品	2.03	30.33	1.61	32.27

2010年我国中药类商品进出口的主要特点是：

第一，中药各类商品进出口普遍增长，提取物仍为出口主力。2010年，提取物出口额为8.15亿美元，同比增长17.62%，占中药商品出口总额的41.92%，依然是中药商品出口的主力；提取物进口额为1.3亿美元，同比增加7.16%，占中药商品进口总额的18.95%。2010年中药材饮片出口额为7.76亿美元，同比增长28.07%，占中药类产品出口总额的39.89%。中成药出口额为1.93亿美元，同比增长18.05%；进口额为2.18亿美元，同比增长23.71%，中成药贸易自2008年开始呈现逆差，并一直延续至2010年，逆差额有所加大。保健品出口额为1.61亿美元，同比增长32.27%；进口额2.03亿美元，同比增长30.33%，保健品进出口虽然在中药商品贸易中同比增幅最大，但是依然呈现较大逆差，2010 年逆差额达到 4 200 万美元，创历史新高。

第二，中药出口以传统市场为主，东盟成为新亮点。日本、中国香港、美国以及韩国依然是传统中药的主要出口市场，2010 年出口增幅均超过 10%。这四个市场的出口额占整个中药出口额 48.71%。2010 年 1 月，中国—东盟自由贸易区协议正式实施，我国与东盟各国间中药类商品的关税大幅降低，同时通关更加便利。受此影响，2010 年中国对东盟中药进出口额同比增加 28.05%，为 4.22 亿美元，高于我国中药进出口年平均增幅 6 个百分点。其中，出口 3.37 亿美元，同比增长 26.97%；进口 0.85 亿美元，同比增长 32.55%，进出口均呈现迅猛增长。

第三，出口企业结构呈现多元化趋势，私营仍占大头。2010 年，中药类产品出口企业共计 3 263 家，比 2009 年增加 332 家，民营企业成为出口主力军，出口金额占比高达 48.02%；三资企业出口金额占比 29.12%；国有企业出口金额占比仅为 22.7%。值得关注的是，在民营企业中，私人企业的出口量占 9 成以上。从事中药类产品进口的企业为 1 591 家，三资企业进口 3.02 亿美元，占比 43.84%；民营企业进口金额 3 亿美元，占比 43.64%；国有企业进口仅有 8 558 万美元，占比 12.44%。

二、2010 年我国中药产业发展热点分析

1. 全面落实新医改方案和《若干意见》取得成效

2010 年，我国中医药业全面落实新医改方案和国务院《关于扶持和促进中医药事业发展的若干意见》并取得较好成效。各省市普遍提高中医药报销比例、降低报销起付线，推进中药基本药物的增补、配备和使用。市场上最为关注的基本药物目录中独家品种共计 26 种，除西药芬太尼外，其余均为中成药。11 家上市公司生产的中成药被遴选进入独家品种。多数独家品种此前大部分的销售来自于城镇，进入基本药物目录后，农村基层市场开始启动。此外，中央安排 50 多亿元，重点支持了 16 个国家中医临床研究基地、41 所地级市以上中医院和 147 所县中医院建设。吉林、上海等 9 个省（区、市）出台扶持促进中医药发展的专门文件。卫生部、国家中医药管理局出台意见支持甘肃中医药发展。国家中医药管理局首次召开全国民间医药和民营中医医疗工作座谈会，提出鼓励和引导社会资本举办中医医疗机构，形成多元办医格局。

2. 生物产业被列为战略性新兴产业，中药产业获政策支持

2010 年，国务院出台《关于加快培育和发展战略性新兴产业的决定》，生物产业被定为七大战略性新兴产业之一，并将发展现代中药列为国家发展战略性新兴产业生物医药部分重点之一，在政策上加大支持力度，中药产业将迎来巨大发展机遇。与此同时，工业和信息化部等三部门联合印发《关于加快医药行业结构调整的指导意见》，提出优先发展具有中医药优势的治疗领域的药品，培育 50 个以上疗效确切、物质基础清楚、作用机理明确、安全性高、剂型先进、质量稳定可控的现代中药，同时促进民族药的研发和产业化，促进民族药标准提高，加强中药知识产权保护。卫生部等三部局发布《关于加

强医疗机构中药制剂管理的意见》，简化审批程序，扩大调剂范围，规范制剂管理。

3. 中药企业面临欧盟《传统植物药注册程序指令》的禁销大限

欧盟是世界上最大的植物药市场，占世界植物药市场份额40%以上。2004年3月31日，欧盟颁布了《传统植物药注册程序指令》，规定传统草药"在申请日之前至少已有30年的药用历史，其中包括在欧共体内至少已有15年的使用历史"，并设置了7年过渡期，允许以食品、植物药原料或农副土特产品等各种身份在欧盟国家销售的草药产品销售至2011年3月31日，在此期间允许采用传统草药简化申请途径来获取药品的合法地位。

如今，7年过渡期已结束。2011年4月29日，欧盟委员会发布新闻公报宣布欧盟《传统植物药注册程序指令》从5月1日起全面实施，届时未经注册的中药将不得在欧盟市场上作为药品销售和使用。但截至目前，我国还没有一例中药通过欧盟注册。其原因之一是由于以前申报不规范，企业无法提供销售15年的证明。在国际市场上，中药除了对亚洲少数几个有使用中草药传统的日本、韩国等以中药名义出口外，其他包括欧洲、美国、非洲等地都是以食品形式出口，在这种情况下，国内企业没有办法提供单个产品在欧洲销售15年的历史。此外，要拿到欧盟许可所需的高额费用也让诸多企业望而却步。由此，多方人士认为我国中药企业出口将受到严重影响，许多在欧盟应用多年的中药都将被迫退出欧盟市场。为此，欧盟表示，欧盟指令并非是要全面禁止中药，而针对的是植物药，即便是在5月1日之后，部分中药仍可以像过去一样作为食品或保健品销售和使用，只要不表明是治疗或预防某种疾病的药物无需注册，至于具体划分是药还是食品将取决于成员国。

为应对2011年4月正式生效的欧盟草药药品法案，商务部、中国医药保健品进出口商会等部门，于2010年12月初在全国挑选了兰州佛慈、同仁堂、广州奇星三家中药企业的10个中药品种在欧盟申请注册，希望借此机会打通欧盟市场。

4. 药材价格"通胀"，中药企业承受成本压力

从2010年初开始，全国中药材价格出现大幅增长。中国中药协会提供的统计数据表明：2010年全国市场537种中药材中有84%涨价；其中，2%的中药材涨幅超300%，冬虫夏草、水蛭、松贝母、青贝、阿胶、西洋参、太子参、三七、牛黄等位居前列。

中药材大幅涨价主要有三个因素：第一，从2010年初开始，我国西南地区先后经历了干旱、洪水、泥石流等一系列自然灾害，直接导致中药材供应减少。第二，中药材的需求不断扩张。第三，游资炒作促使中药材价格非理性增长。在国家对楼市的宏观调控下，游资从楼市撤出资金中的一部分流入了中药材市场，囤积居奇，直接导致了中药材价格的上涨。

由于中药材价格上涨，使2010年我国中药饮片加工制造业高速增长，增速居全国医药行业之首，并且带动中药材饮片出口增长28%。但是，由于中成药多为普药，很多药价受到政策限制，药企很难使药材涨价转化为中成药价格上涨，因此在中药材这一"通胀"格局下，中药企业承受巨大的成本压力，中药企业的生产经营将不可避免地受到

冲击。

三、我国中药产业发展趋势展望

  2011年是我国"十二五"规划的开局之年，国家《十二五规划纲要》明确支持中医药事业发展：要推进中医药继承与创新，重视民族医药发展，加强中药资源保护、研究开发和合理利用，推进质量认证和标准建设，以及医疗保障政策和基本药物政策要鼓励中医药服务的提供和使用。年初召开的全国食品药品监督工作会议指出：2011年将鼓励中药、民族药创新和二次开发，将出台加强中药管理的若干意见，引导中药产业健康发展。2011年3月，国家发展改革委已正式对2010年现代中药高技术产业发展专项项目给予批复，国家将投入近4亿元支持66个项目的研究。专项将主要针对优质中药原料药材生产基地的建设、创新药物品种的产业化及中药制药过程质量控制先进技术的综合示范应用三部分内容展开。在优质原料药材生产基地的建设专项中，将针对当前紧缺、用量大、且有较好种养基础的野生药材品种，推动其家种、家养进程，项目完成后，有效缓解由于野生药材资源紧缺导致用药价格升高的问题，逐步降低对野生药材资源的依赖，满足中药产品快速增长的需求，保障中药产业的可持续发展。在创新药物品种的产业化专项中，将针对中医药治疗具有优势的病种，如肿瘤、心脑血管病、代谢性疾病（糖尿病、高脂血症等）、肝病、病毒性感冒（流感）、妇科慢性疾病及胃肠道疾病等的创新中成药进行产业化，以推动具有我国自主知识产权、技术先进、成熟度高的中药成果产业化，使更多的疗效确切、可供临床选择的中药新产品走向市场。在中药制药过程质量控制先进技术的综合示范应用专项中，将围绕中药产品安全、有效、质量可控等关键环节，推动一批饮片、中成药的生产过程质量控制关键技术应用，为形成中药生产过程控制技术标准和规范体系奠定基础。通过专项的实施，将力争引导形成一批合作关系清晰、合作实体明确、合作任务落实的产学研用合作项目，推动建立技术开发合作机制，促进中药产业技术联盟的形成。

  2011年，随着国际市场对绿色产品需求的持续增长，中药产品在出口方面将继续保持增势，优势产品主要是植物提取物、中药材饮片、保健品类商品。在国际市场对中国中药类产品继续保持旺盛需求的同时，也面临着美国cGMP（动态药品生产管理规范）法令的出台、韩国中药材进口实施电子数据库核查管理、欧盟《传统植物药注册程序管理》的施行的严重挑战，因此积极应对这些法律，加快推进中药现代化进程，提升中药材产业化水平，将是我国中药行业2011年以及今后一段时间内亟需解决的重要课题。

北京生物技术和新医药产业促进中心 戴浩森 潘 悦

14

2010年中国转基因农作物产业发展情况分析

一、2010年转基因农作物产业发展情况分析

1. 全球转基因作物种植面积持续较快增长

从全球范围看，转基因作物自1996年实现产业化后始终保持强劲发展势头。据国际农业生物技术应用服务组织（ISAAA）最新发布的统计资料，2010年全球转基因作物种植面积比2009年又增长10%，达到1.48亿公顷，是1996年的87倍；15年累计种植面积已达10亿公顷（相当我国耕地面积8.3倍）。目前全世界81%的大豆、64%的棉花、29%的玉米、23%的油菜种植的都是转基因品种。大面积生产转基因作物的有美国、阿根廷、巴西、印度、加拿大、中国等29个国家（其中也包括8个欧盟成员国）；另有30多个国家和地区虽未正式批准商业化种植，但允许转基因产品进口用作饲料和食品加工，如欧盟成员国和日本进口转基因大豆数量几乎占世界大豆贸易总量的40%。过去转基因作物多以单一抗除草剂、抗虫和抗病性状为主，但近年兼有两种或多种性状的转基因作物，尤其是粮食作物的发展引人注目。美国早在15年前就批准商业化种植转基因抗虫玉米和抗除草剂大豆，现在种植面积已分别占玉米、大豆总面积的86%和93%。除了工业与饲用外，玉米和大豆也是重要的食品加工原料，目前美国市场上70%的食品都含有转基因成分。值得重视的发展动向还有：近年外国公司研发的转基因水稻品种已分别在美、加两国通过安全审批；转基因耐旱玉米年内即可进入北美市场。此外，含有复合功能基因、改善营养、增进健康的新一代转基因作物的研究开发近年也明显提速。例如，含有8个基因、能防治多种害虫、并具有抗两种除草剂特性的玉米已获准在美国生产应用；以瑞士科学家为主研发的、可减少贫困儿童失明的富含维生素A的转基因"金色大米"已

进入审批最后程序；富含 ω–3 不饱和脂肪酸的大豆即将上市；具有保健、防病、抗癌功能或能显著提高产品附加值的油料、糖料、蔬菜、水果、花卉、牧草等多种转基因植物的开发已成为技术竞争新的热点。

另据不完全统计，1996—2009 年，全球种植转基因作物创造的总效益达 650 亿美元，其中增产优质占 56%，节约工本占 44%，增加或挽回产量 2.29 亿吨，减少农药用量 39.3 万吨。发展中国家 1 440 万农户因种植转基因作物而增加收益或摆脱贫困。由于效益显著，许多发展中国家纷纷增加投入，大力推动转基因产品的开发和应用，2009 年转基因作物种植面积增长速度与效益已超过发达国家；2010 年全球转基因作物种植面积最大的 6 个国家中，发展中国家占 4 个。

综上所述，经过 20 多年的发展，转基因作物育种巨大的经济、社会和生态效益已充分显现，其推广应用速度之快更创造了近代农业科技发展的奇迹。值得注意的是，这种增长一直伴随着社会上时起时伏的"转基因安全问题"的争议，更显示出转基因技术的强大生命力。转基因技术已是大势所趋，成为农业科学技术发展的必然。可以预见，随着科学实践的不断积累，社会公众对转基因技术的认识也会逐步走向科学和理性，转基因产品不仅为广大农民所欢迎，也将为更多的消费者所接受，转基因育种发展前景将更加广阔。

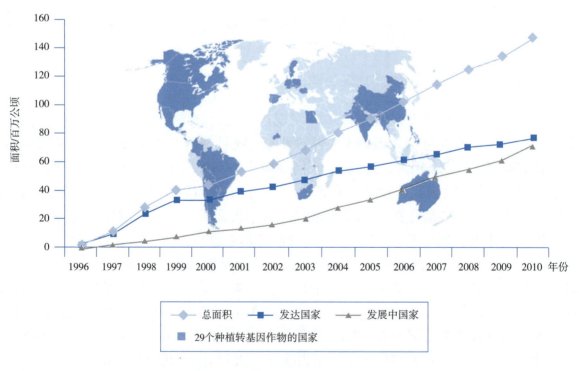

全球转基因作物种植面积（1996—2010）
来源 Clive James，2010

2. 我国转基因作物育种产业挑战和机遇并存

第一，跨国公司对我国种业发展威胁不断加剧。从全球范围看，转基因作物育种技术及其产业在经历了技术成熟期和产业发展期之后，目前已进入至关重要的、以抢占技术制高点与经济增长点为目标的战略机遇期。以转基因为核心的生物技术是发达国家科技核心竞争力和新兴产业的经济增长点，当然，也成为发展中国家农业振兴的希望所在。目前，全球已有涉及抗病虫、抗除草剂、品质改良等13类目标性状、24种转基因作物进入田间试验或市场销售，但绝大部分核心技术仍为跨国公司所控制。孟山都、杜邦先锋、先正达、拜耳等跨国公司以基因专利为重要资产和主要竞争手段，已从原来单一生产化工产品转向生产转基因农产品，并通过兼并种子公司进行产业结构重组，促进了农业发展方式的转变。据统计，发达国家农业科技进步贡献率已达81%（我国农业科技进步贡献率约为50%）。以孟山都公司为例，2009年研发投资高达11亿美元，产值达113亿美元，其中95%来自生物技术产品。

随着经济全球化、贸易一体化的不断加快，世界农业经济与贸易格局正在发生深刻转变，围绕基因、人才和市场的国际竞争已日趋白热化。若资源进一步向跨国公司集中，其垄断优势将逐级放大，甚至有可能控制一个国家的农业命脉。近年跨国公司纷纷在我国建立独资或合资的研究机构和生产企业，其抢占和控制中国转基因作物市场的战略意图更加明显。尽管其研发的转基因作物尚未获准在我国种植，但依仗其强大技术与专利优势，已对我国粮食安全和种业安全形成巨大威胁。例如，国外公司近年开发并垄断了抗除草剂转基因大豆的核心技术，这种大豆不仅有利于防除杂草危害，更具有含油率高的优良特性（国外品种含油率高达21%，国内生产品种仅17%）。我国对转基因大豆这项高技术过去未予重视，一度曾以"不发展转基因粮食作物"为"绿色壁垒"将其拒之门外。然而，由于近年国内食用油和饲用豆粕需求急剧上升，终于难以抵挡国外大豆潮水般涌入，进口数量逐年攀升，2010年已达5 480万吨，超过国内生产能力的3倍以上。目前国内市场和加工几乎已为国外左右，整个大豆产业陷入了举步维艰、受制于人的困境。2010年，我国玉米多年自给自足的局面也被打破，当年自国外进口转基因玉米157万吨。由于养殖业的高速发展，国内玉米生产供不应求很可能成为今后粮食作物发展新的突出矛盾，如何避免重蹈大量进口大豆的覆辙，切实保障我国粮食安全，应当未雨绸缪，引起各方面高度警惕和重视。

第二，生物育种已列入我国战略性新兴产业。继2008年"转基因生物新品种培育"作为关系我国未来经济社会和科学技术发展的16个重大科技专项之一正式实施后，以这项技术为重点的农业生物育种又于2010年被国务院列为我国急需培育和发展的战略性新兴产业重点领域。这进一步体现出我国政府对农业生物产业发展的高度重视，并再次表明我国推进以转基因为重点的生物技术研究和应用的明确导向。

第三，我国转基因棉花、玉米和水稻三项成果已具备产业发展条件。根据科技部重大专项办公室2010年调查评估，我国新开发的转基因三系杂交棉、植酸酶玉米和抗虫水稻被认为是拥有自主知识产权、研究达到国际先进水平、能够保障环境和食用安全、潜在效益巨大的标志性成果，已基本具备大规模产业化的能力。

一是，抗虫棉的研究开发是我国独立发展转基因育种、打破跨国公司垄断、抢占国际生物技术制高点的范例。上世纪90年代，我国棉花生产因遭受棉铃虫危害每年造成近百亿元的经济损失；数十万吨剧毒农药投入棉田不仅效果甚微，反而加重害虫抗性并导致严重的环境污染和人畜中毒事故。面对农业生产的重大需求，我国科学家锐意进取，独立开发了拥有自主知识产权的 Bt 杀虫蛋白单价、双价和融合基因、建立了棉花花粉管通道等高效、大规模转化平台以及预防害虫抗性产生的"天然庇护所"技术、基因安全性检测监测技术，培育出一大批高产、优质、抗虫性好、生态适应性强的品种，并实现了大规模产业化。截至 2009 年底，已获审定的抗虫棉品种超过 200 个，河北、山东、河南、安徽等棉花主产省抗虫棉种植率接近 100%，累计增加产值超过 330 亿元。抗虫棉的应用不仅有效控制了棉铃虫对棉花的危害，还大大减少了玉米、大豆、花生、蔬菜等作物上棉铃虫的数量，总受益面积达 3.3 亿亩。由于减少了 70% 的杀虫剂用量，农药中毒事故得到有效控制，棉田污染指数下降 21%，农业生态环境得到显著改善。在此基础上，我国科学家近年又攻克了棉花杂交育种三系配套的世界难题，在国际上首次培育成功皮棉产量提高 20% 以上的三系杂交抗虫棉，目前已有 4 个品种通过国家审定，为大规模产业发展创造了良好条件。

二是，转基因植酸酶玉米也是我国近年自主创新、达到国际领先水平的重大成果。我国现已拥有世界上最大的养殖业规模，每年饲用玉米用量已超过 1 亿吨。饲料玉米中含有一种富含磷营养的"植酸"，因无法被动物消化吸收随动物粪便排放到水域而导致水体的富营养化，加剧了蓝藻、赤潮等环境污染；与此同时，每年又不得不大量进口我国稀缺的磷酸氢钙以补充饲料中的磷营养。为了破解我国畜牧业发展和环境保护中的这一难题，我国科学家创造性地从真菌中分离了高效植酸酶基因，并将此基因直接转入玉米，动物食用后就能将植酸磷转化为可以直接吸收的磷营养，它不仅能使环境中磷污染降低 40%，而且能提高玉米饲料营养利用率 30% 以上，肉蛋品质产量均有显著提高。据中国农业科学院饲料研究所估算，若我国配合饲料产量达 1.7 亿吨、植酸酶玉米产量达 8 500 万吨，将减少畜禽粪便中磷排放的 40%，达 170 万吨，并可节约添加磷酸氢钙 136 万吨。此外，由于大大简化了生产程序，这项技术还能显著发挥节能减排的功效。

三是，转基因抗虫水稻研发的重大进展是我国独立发展转基因技术的又一成功事例。近年水稻螟虫危害呈逐年加重之势，已成为水稻增产的主要威胁。据全国农业技术推广中心统计，2000—2009 年 3 种螟虫年均发生面积高达 6.1 亿亩次，稻谷损失 10 年累计达 1 600 万吨。为治理螟虫危害，我国科学家将拥有自主知识产权的 Bt 杀虫基因转入杂交水稻，成功培育了"华恢 1 号"、"Bt 汕优 63"等水稻优良品系。转基因水稻在生产试验中显示出巨大的应用潜力，备受试验区农民的欢迎。据中国科学院农业政策研究中心调研，转基因抗虫水稻杀虫效果显著，可以减少稻田防治害虫农药用量的 80%，显著减轻了环境污染和农药残留，为水稻增产提供了保障。若我国 50% 的稻田种植转基因抗虫水稻，每年可减少农药用量 28.8 万吨，并因能节约大量人工投入，将大大缓解水稻产区劳力短缺的突出矛盾。

上述三项成果，亦被国外科学家誉为具有中国特色的转基因经济、饲料和粮食作物产品的"三驾马车"，若能实现产业化不仅会促进中国农业生产的发展，也将在国际生物技术领域产生巨大影响。

第四，我国种业产业结构调整步伐加快。今年 2 月国务院常务会议讨论通过了《关于加快推进现代农作物种业发展的意见》。会议指出，必须坚持自主创新，改革体制机制，完善法律法规，整合农作物种业资源，加大政策扶持和投入力度，快速提升我国农作物种业科技创新能力、企业竞争能力、供种保障能力和市场监管能力，构建以产业为主导、企业为主体、基地为依托、产学研相结合、育繁推一体化的现代农作物种业体系。随着近年农作物生物育种和种业的发展，国内已涌现出一批具有较强经济和研发实力、管理规范、立志于生物育种产业发展、具有很大发展潜力的国有和民营企业。

二、2010年转基因农作物产业存在的主要问题及对策

1. 加快品种审定、加大攻关力度、确保产业发展目标实现

建议尽快协调和改进现行管理办法，突破安全性评价与品种管理职能分离和程序繁复的现状，加快对研发水平居国际前列、已获得安全应用证书的转基因作物新品种的审定，并稳步推进，促其在3～5年内推广应用或扩大示范。为确保产业发展目标的实现，建议加大指导与支持力度，专门设置产学研结合的产业化重大项目，集中力量攻关。与此同时，也要继续加强有关转基因作物安全性监管和评价工作。对于不具备基因操作资质的单位，以及研究开发、产品流通等过程中的违规现象要坚决予以整顿和制止，真正做到有法可依、执法必严，为产业化的健康发展提供切实保障。

2. 高度重视、大力开展科学传播

为创造转基因新品种产业化发展的良好氛围，建议当前应高度重视生物育种的宣传普及工作，以增进公众对国家生物技术发展战略的了解和对转基因技术的认知。对此项工作，不能靠临时应对，而应全面规划、精心组织、常抓不懈、落到实处。政府部门应及时进行安全管理与评价有关信息的权威发布，扩大与公众交流、维护公众的知情权和选择权；科技专家有责任、有义务解疑释惑，引导公众科学、理性地认识和对待转基因技术；新闻媒体要致力于转基因技术的客观报道，担当起传播科学知识的社会责任。

3. 以转基因品种开发为动力，促进农作物种业创新

目前我国农作物种业多数企业规模小、技术含量低、研发能力弱，难以实现研发和产业化的对接。抓住农作物种业改革和转基因生物育种重大专项实施之机，以转基因品种市场开发为动力，将有利于从高起点切入，探索和建立产学研结合新机制和新途径。建议加快以企业为主体的国家级生物育种工程中心的建设、完善包括融资、并购、减免税收等一系列扶植和鼓励生物育种产业发展的政策并推进实施，力争用较短的时间培育出拥有转基因核心技术、形成较大生产规模、可与跨国公司抗衡的现代育种龙头企业或企业集团。

三、对2011年中国转基因农作物产业发展情况展望

我国农业生物育种的发展正处在一个重要时刻，关键要看能否不失时机地推进产业化。尽管我国转基因育种的整体实力与发达国家仍有较大差距，自主创新能力有待进一

步提高，但目前在棉花、玉米和水稻转基因技术的某些方面已居国际前列并具有自己的特色，已有一批实力强、管理好、研发后劲足的国有和民营企业在种业创新的搏击中脱颖而出。应当坚信，只要我们抓住有利时机，充分利用在制度、资源以及人才与技术上的优势，大力推进转基因研究和新品种产业化，一定能够增强我国转基因技术的国际竞争力，带动转基因育种整体水平提升，逐步实现农业发展方式的根本转变。反之，如果囿于"转基因安全"争论而犹豫不决、裹足不前，就将失去这一难得机遇，让积多年努力形成的研发优势得而复失，最后也难以阻挡国外转基因产品的涌入；不仅农业发展会受制于人，还将会给我国经济社会发展带来严重不利影响。

国家"十二五"发展规划中要求："加快农业生物育种创新和推广应用，开发具有重要应用价值和自主知识产权的生物新品种，做大做强现代种业。"转基因作物产业发展涉及众多的部门和单位，也涉及种业安全、生物安全、知识产权等复杂问题，2011年应以"十二五"规划为指导，尽快统一认识、统一步调，调整部署，加快推进。在此基础上，经过不懈努力，争取早日培育一批具有重大应用前景和自主知识产权的优良品种，建设一批标准化、规模化、集约化、机械化的优势种子生产基地，打造一批育种能力强、生产加工技术先进、市场营销网络健全、技术服务到位的现代农作物种业集团，全面提升我国农作物种业发展水平。

中国农业科学院生物技术研究所　黄大昉

中国高技术产业发展年鉴(2011)

地区发展篇 --------→

Regional Development

CHINA
HIGH-TECH
INDUSTRY
DEVELOPMENT
ALMANAC
(2011)

2010 年各地区高技术产业发展情况比较

一、2010 年我国高技术产业发展的总体运行情况

2010 年，金融危机对我国高技术产业的负面影响有所减轻，高技术产业总体运行态势较好，各主要指标增速出现不同程度回升，全年累计完成总产值 76 156.31 亿元，同比增长 24.60%，增幅回升 19.44 个百分点，高技术产业对工业增长的贡献率为 10.76%，较 2009 年提高 5.58 个百分点；实现增加值同比增长 16.6%，增幅回升 8.87 个百分点；新产品产值 15 465.35 亿元，较 2009 年增长 27.92%，增幅回升 19 个百分点。2010 年，我国高技术产业实现出口交货值 37 408.22 亿元，较 2009 年增长 25.11%，扭转了 2009 年比 2008 年度负增长的局面。

二、2010 年我国高技术产业发展情况的地区比较

1. 东、中、西部地区比较

（1）从高技术产业总体发展看，东部地区依旧占据主导地位，中部地区总产值、新产品产值增速最快，西部地区出口增长最快

从总量指标看，2010 年，东部地区高技术产业实现总产值、新产品产值、出口交货值分别为 64 357.81 亿元、13 071.79 亿元、36 114.8 亿元，占全国份额分别高达 84.5%、84.5%、96.54%，较 2009 年分别微降 1 个百分点、0.5 个百分点、0.6 个百分点，在全国的主导地位不变。同期，中部地区和西部地区高技术产业占全国比重均有所上升，西部地区实现出口交货值首次超过中部地区。

从增速指标看，2010 年东部地区高技术产业总产值、新产品产值和出口交货值的增长率分别为 22.81%、26.74%、24.26%，较 2009 年同期增速分别大幅回升 19.85 个百分点、21.78 个百分点、30.05 个百分点，但均低于全国平均增速；同期，中部地区高技术产业总产值、新产品产值和出口交货值增长率分别为 36.45%、39.67% 和 31.2%，较 2009 年同期增速分别大幅回升 15.55 个百分点、26.83 个百分点 19.77 个百分点；西部地区高技术产业总产值、新产品产值和出口交货值增长率分别为 33.79%、32.42% 和 85.01%，较 2009 年同期增速分别提高 14.16 个百分点、9.41 个百分点、68.83 个百分点（表1，图1，图2）。中部地区高技术产业总产值和新产品产值增速最快，西部地区出口交货值增速最快。总体上看，各个地区高技术产业发展已经逐步走出金融危机的阴影，中西部地区增速依然高于东部增速，中西部地区高技术产业发展进一步缩小与东部地区差距的态势不变。

表1　各地区高技术产业主要经济指标（2010 年）

量值 区域	总产值/当年价		新产品产值/当年价		出口交货值	
	总量/亿元	同期增长/%	总量/亿元	同期增长/%	总量/亿元	同期增长/%
全国	76 156.21	24.6	15 465.37	27.92	37 408.18	25.11
东部地区	64 357.81	22.81	13 071.79	26.74	36 114.80	24.26
中部地区	6 866.58	36.45	802.12	39.67	618.31	31.20
西部地区	4 931.92	33.79	1 591.44	32.42	675.10	85.01
北京	3 007.65	11.02	1 577.95	8.64	1 214.43	4.51
天津	2 295.63	19.79	1 357.92	23.19	1 074.58	18.14
河北	923.83	33.36	60.21	45.51	165.3	38.59
山西	249.92	26.72	58.45	7.76	55.42	-1.40
内蒙古	247.31	-3.63	0.00	-99.99	10.99	37.83
辽宁	1 742.33	33.45	352.09	21.69	527.22	51.22
吉林	720.73	33.22	113.21	44.08	6.76	8.33
黑龙江	373.61	21.16	32.78	16.51	12.93	-32.28
上海	6 958.01	23.36	718.66	12.29	4 990.19	25.81
江苏	16 413.65	26.84	3 086.32	26.66	9 793.58	25.52
浙江	3 563.13	30.55	1 215.52	35.84	1 308.59	27.99
安徽	689.97	46.89	131.64	45.32	44.51	42.20
福建	2 630.09	31.75	336.88	48.56	1 526.26	30.33
江西	1 128.82	39.41	73.02	15.07	165.61	59.45
山东	5 562.21	20.99	1 256.76	19.71	1 673.90	23.63
河南	1 380.98	40.68	104.49	36.68	55.49	20.92

续表

量值\区域	总产值/当年价 总量/亿元	总产值/当年价 同期增长/%	新产品产值/当年价 总量/亿元	新产品产值/当年价 同期增长/%	出口交货值 总量/亿元	出口交货值 同期增长/%
湖北	1 356.07	25.87	125.61	33.2	224.04	24.58
湖南	966.49	49.3	162.92	83.95	53.56	85.76
广东	20 914.52	19.13	3 109.49	42.62	13 827.43	23.48
广西	447.53	56.68	37.23	46.68	60.02	62.21
海南	99.45	55.53	0.00	0.00	2.31	-21.19
重庆	571.35	44.90	234.51	20.47	52.39	70.95
四川	2 322.83	36.74	1 037.86	32.63	457.39	108.95
贵州	320.96	17.10	64.02	19.11	12.80	23.78
云南	167.99	18.01	24.90	10.72	6.93	21.4
陕西	895.10	23.50	157.63	63.96	69.18	36.11
甘肃	107.24	29.50	14.93	29.87	2.93	114.67
青海	25.36	20.03	0.03	72.24	0.08	75.92
宁夏	39.58	20.80	17.58	31.96	9.81	17.89
新疆	27.87	17.71	2.76	37.11	3.55	112.37

资料来源：2010年1-12月份我国高技术产业发展统计数据

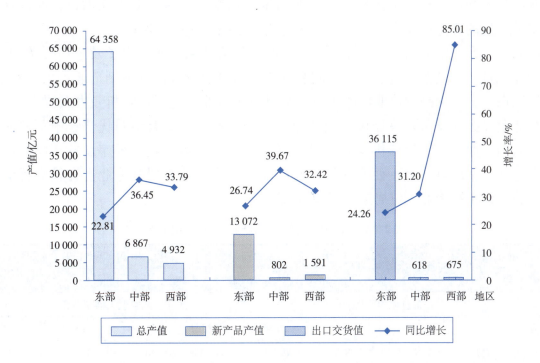

图1 东、中、西部地区高技术产业总产值、新产品产值、出口交货值及同期增长（单位：亿元，%）

资料来源：2010年1-12月份我国高技术产业发展统计数据

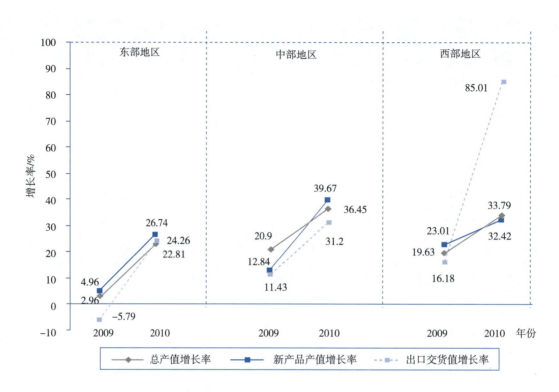

图 2　2009、2010 年东、中、西部地区高技术产业总产值、新产品产值、出口交货值同期增长率比较（单位/亿元,%）

资料来源：2010 年 1—12 月份我国高技术产业发展统计数据

（2）从高技术产业的分行业比较看，东部地区在除航空航天器制造业外的其他五大分行业中仍占绝对优势，中部地区则总产值增速均快于全国行业平均增速，西部地区除医药制造业外的其他行业出口交货值增速均快于全国行业平均增速。

从高技术产业中的信息化学品制造业、航空航天器制造业、电子及通信设备制造业、电子计算机及办公设备制造业、医药制造业和医疗设备及仪器仪表制造业六大分行业看，东部地区在信息化学品制造业、电子及通信设备制造业、电子计算机及办公设备制造业、医药制造业和医疗设备及仪器仪表制造业五大分行业仍然占有绝对优势；中部地区在信息化学品制造业、电子计算机及办公设备制造业、医药制造业和医疗设备及仪器仪表制造业产值规模和出口均大于西部地区；西部地区在航空航天器制造业占有较大优势，在电子及通讯设备制造业也位居第二（见表2）。

表 2　各地区分行业高技术产业比较（2010 年）

量值 区域	总产值/现价		出口交货值		总产值/现价		出口交货值	
	总额/亿元	增长/%	总额/亿元	增长/%	总额/亿元	增长/%	总额/亿元	增长/%
行业	信息化学品制造业				航空航天器制造业			
全国	1 089.31	51.33	258.31	61.36	1 585.2	21.66	175.47	−13.48
东部地区	690.05	47.71	209.27	49.01	648.17	28.26	97.18	−25.25
中部地区	279.32	67.91	46.29	146.07	339.50	16.17	16.45	−13.4
西部地区	119.94	38.95	2.75	232.43	597.53	18.24	61.84	14.93

续表

量值	总产值/现价		出口交货值		总产值/现价		出口交货值	
区域	总额/亿元	增长/%	总额/亿元	增长/%	总额/亿元	增长/%	总额/亿元	增长/%
行业	医药制造业				医疗设备及仪器仪表制造业			
全国	11 933.82	27.07	908.09	19.6	5 664.33	29	1 068.59	26.86
东部地区	7 025.32	24.98	752.55	21.33	4 450.12	29.05	998.92	25.95
中部地区	3 238.97	33.87	113.83	23.65	850.16	33.61	47.36	46.80
西部地区	1 669.53	23.56	41.71	-11.20	364.05	18.89	22.31	31.68
行业	电子及通信设备制造业				电子计算机及办公设备制造业			
全国	36 112.78	25	19 743.41	25.96	19 689.6	20.34	15 248.65	24.4
东部地区	32 506.28	23.08	18 999.33	24.51	19 032.75	19.34	15 054.98	24.22
中部地区	1 784.52	46.36	230.74	34.00	373.20	25.18	163.65	19.50
西部地区	1 821.98	44.55	513.34	111.18	283.65	147.22	30.02	133.44

资料来源：2010年1—12月份我国高技术产业发展统计数据

与2009年相比，东部地区高技术产业总产值占全国的比重在信息化学品制造业、医疗设备及仪器仪表制造业、航空航天器制造业分别提高2.04个百分点、0.53个百分点、1.72个百分点，在电子及通信设备制造业、电子计算机及办公设备制造业、医药制造业分别下降1.28个百分点、0.71个百分点、0.67个百分点；东部地区高技术产业出口交货值占全国的比重只在医药制造业上升1.95个百分点，在其他行业均有所下降。

与2009年相比，东部地区、中部地区各行业总产值增速均出现不同程度回升，出口交货值增速在航空航天器制造业较大幅度回落，其余五个分行业出口交货值增速均有所提高；西部地区则在信息化学品制造业总产值增速有所回落，其他行业总产值均增速回升，在医药制造业出口交货值增速回落，其他行业出口交货值增速均不同程度提高。总体而言，东部地区只有在航空航天器制造业、医疗设备及仪器仪表制造业的总产值增速和医药制造业出口交货值的增速快于全国平均增速；中部地区除航空航天器制造业外，其余五个行业总产值增速均快于全国平均增速，除电子计算机及办公设备制造业外，其余五个行业出口交货值增速均快于全国平均增速；西部地区电子及通信设备制造业、电子计算机及办公设备制造业总产值增速快于全国平均增速，除医药制造业外，出口交货值增速快于全国平均增速。

2. 重点地区和省、市间比较

通过对各省市的比较研究，2010年我国各省市高技术产业发展具有以下特点：

（1）"长三角"地区领先地位较稳固，"环渤海湾"地区内需为主、"珠三角"地区外需为主的格局不变

首先，从高技术产业总产值、新产品产值和出口交货值占全国比重的静态指标看，2010年"长三角"地区分别达到35.37%、32.46%和43.02%，均高于"珠三角"地区和"环渤海湾"地区，表明"长三角"地区的高技术产业发展在我国三大主要区域中仍处于领先位置。与2009年相比，"长三角"地区高技术产业总产值、出口交货值占全国比重均有所提高，新产品产值占全国比重略降；"珠三角"地区高技术产业总产值、出口交货值占全国比重仅次于"长三角"地区，"环渤海湾"地区新产品产值占全国比重仅

次于"长三角"地区。与2009年相比,"珠三角"地区新产品产值占全国比重有所提高,"环渤海湾"地区高技术产业发展的三项指标均有所回落(见表3)。

表3 各地区高技术产业主要经济指标(2010年)

区域	指标	总产值(当年价)		新产品产值(当年价)		出口交货值	
		总量/亿元	比重/%	总量/亿元	比重/%	总量/亿元	比重/%
全国		76 156.31	100.00	15 465.35	100.00	37 408.22	100.00
环渤海湾	合计	13531.65	17.77	4604.93	29.78	4655.43	12.44
	北京	3 007.65	3.95	1 577.95	10.20	1 214.43	3.25
	天津	2 295.63	3.01	1 357.92	8.78	1 074.58	2.87
	河北	923.83	1.21	60.21	0.39	165.3	0.44
	辽宁	1 742.33	2.29	352.09	2.28	527.22	1.41
	山东	5 562.21	7.30	1 256.76	8.13	1 673.90	4.47
长三角	合计	26 934.79	35.37	5 020.50	32.46	16 092.36	43.02
	上海	6 958.01	9.14	718.66	4.65	4 990.19	13.34
	江苏	16 413.65	21.55	3 086.32	19.90	9 793.58	26.18
	浙江	3 563.13	4.68	1 215.52	7.86	1 308.59	3.50
珠三角	合计	20 914.52	27.46	3 109.49	20.11	13 827.43	36.96
	广东	20 914.52	27.46	3 109.49	20.11	13 827.43	36.96

资料来源:2010年1-12月份我国高技术产业发展统计数据

其次,从新产品产值率指标看,"环渤海湾"地区为34.03%,仍大大高于"长三角"地区和"珠三角"地区,但较2009年回落1.17个百分点;"珠三角"地区为14.87%,较2009年提高2.46个百分点,与"长三角"地区差距减少,见下表4。

表4 "环渤海湾"地区、"长三角"地区和"珠三角"地区高技术产业比较(2010年)

区域	新产品产值率/%	出口比重/%
长三角地区	18.64	59.75
珠三角地区	14.87	66.11
环渤海湾地区	34.03	34.40

资料来源:根据《2010年1-12月份我国高技术产业发展统计数据》计算而得

最后,从出口比重指标看,"长三角"、"珠三角"和"环渤海湾"地区分别为59.75%、66.11%和34.40%,"环渤海湾"地区高技术产业发展依然主要面向内需市场,"珠三角"地区外向型倾向依然明显,出口比重较2009年提高2.03个百分点,但仍未恢复到金融危机前的水平,表明金融危机后国内市场对"珠三角"地区高技术产业发展的支撑力度有所加大。

(2)广东省在全国高技术产业发展中仍居首位,增速大幅回升,发展模式逐步向创新驱动转变

从高技术产业总产值、新产品产值和出口交货值占全国比重的静态指标看,2010年广东省分别为27.46%、20.11%和36.96%,在全国各省、市的高技术产业发展中仍居首位。从高技术产业总产值、新产品产值和出口交货值增速等动态指标看,2010年广东省分别为19.13%、42.62%和23.48%,较2009年分别大幅回升18.86个百分点、26.75个

百分点和32.98个百分点；此外，从新产品产值率指标看，2010年广东省的新产品产值率为14.87%，较2009年上升2.46个百分点，但仍低于全国20.31%的平均水平，表明广东省高技术产业发展还需加大创新力度、加快发展模式转型。

（3）江苏省、上海市、山东省、北京市和浙江省五省市高技术产业的产业地区集中度略有下降，增速出现大幅回升，发展势头较好（见表5）。

表5 江苏、上海、山东、浙江、北京五省市部分指标占全国比重（2010年）

	总产值/%	新产品产值/%	出口交货值/%	工业销售产值/%
江苏	21.55	19.96	26.18	21.78
上海	9.14	4.65	13.34	9.18
山东	7.30	8.13	4.47	7.34
浙江	4.68	7.86	3.50	4.63
北京	3.95	10.20	3.25	3.94
合计	46.62	50.79	50.74	46.88

资料来源：根据《2010年1—12月份我国高技术产业发展统计数据》计算而得

首先，从高技术产业总产值、新产品产值、出口交货值和工业销售产值占全国比重的静态指标看，2010年，江苏省、上海市和山东省高技术产业总产值在全国继续分列第二位、第三位和第四位，浙江省高技术产业总产值超越北京位居第五位，北京退后一位位列第六位，五省市高技术产业总产值占全国高技术产业总产值的46.62%，产业的地区集中度较2009年微降0.31个百分点。而且从五省市的新产品产值、出口交货值和工业销售产值占全国比重看，分别为50.79%、50.74%和46.88%，分别较2009年回落2.98个百分点、0.48个百分点和0.44个百分点。可见，上述五省市高技术产业在全国的地位微降，见下表6。

表6 江苏、上海、山东、浙江、北京五省市和全国部分指标比较（2010年）

	总产值增速/%	新产品产值增速/%	出口交货值增速/%	工业销售产值增速/%	新产品产值率/%
全国	24.6	27.92	25.11	24.9	20.31
江苏	26.84	26.66	25.52	27.11	18.80
上海	23.36	12.29	25.81	23.24	10.33
山东	20.99	19.71	23.63	20.92	22.59
北京	11.02	8.64	4.51	9.75	52.46
浙江	30.55	35.84	27.99	30.07	34.11

资料来源：2010年1-12月份我国高技术产业发展统计数据

其次，五省市在总产值增速、新产品产值增速、出口交货值增速、工业销售产值增速指标上均有大幅回升，上海、浙江、北京均扭转了2009年较2008年度负增长的态势，浙江省这四项增速均快于全国增速，表现出强劲的快速发展势头。

最后，从新产品产值率指标看，五省市中除浙江省外的其他省市均有所降低，其中，江苏省、上海市的新产品产值率仍低于全国平均水平，占据全国高技术半壁江山的这五个省市仍需加强创新，改变单纯依靠规模扩张的高技术产业发展模式。

上海交通大学安泰经济与管理学院　李瑞宣
国家发展和改革委员会产业所　李红宇

2010 年北京市高技术产业发展情况与展望

2010 年是"十一五"时期的最后一年,是北京市按照《国务院关于培育和发展战略性新兴产业的决定》要求,大力推进战略性新兴产业发展,深入落实中关村示范区"1+6"新政,全面推进中关村国家自主创新示范区建设,系统谋划"十二五"时期高技术产业发展的关键时期,在北京市委、市政府坚强领导下,北京市以创新驱动发展为着力点,以体制机制创新为抓手,紧紧围绕服务型、总部型、知识型和消费型首都经济特征,全面推进创新型城市建设,加快产业结构调整,做强"北京服务"和"北京创造"品牌,重点打造"两城、两带",提升首都产业的竞争力、影响力和辐射力,使首都经济走上高端引领、创新驱动的轨道。

一、高技术产业发展和自主创新工作进展情况

(一) 2010 年高技术产业发展总体情况

1. 高技术服务业稳定增长

据北京市统计局统计,2010 年,北京市高技术产业实现增加值约 2 695.38 亿元,占北京市 GDP 的 19.56%,增速超过 14%。

高技术服务业保持较快增长,全年累计实现增加值 2 155.1 亿元。其中,信息服务业实现增加值 1 242.2 亿元,同比增长 16.5%,在第三产业中总量仅次于批发零售业、金融业;科技服务业实现增加值 912.9 亿元,同比增长 7.8%。

2. 重点产品情况

整体出口形势平稳,主要产品出口稳步增长。据北京海关初步统计:2010 年高新技

术产品出口 193.71 亿美元,同比增长 10.6%,占出口总额的 34.9%。手机仍是北京市出口最多的商品,2010 年,北京市累计出口手机 1.72 亿部,共计 108.3 亿美元,同比下降 8.7%。

重点电子产品产量快速增长。2010 年,北京市手机产量 2.74 亿部,比 2009 年增长 28.2%,继续保持较高增速;集成电路产量 25.27 亿块,比 2009 年增长 40.3%;计算机产量 938.59 万台,同比增长 13%,显示器产量 877.76 万台,同比增长 36.1%。

3. 自主创新情况

专利申请保持活跃增势。2010 年,北京地区专利申请量 57 296 件,增长 14.1%,占全国总量的 5.2%,全国排名第六,与江苏、广东等地差距较大。专利授权量 33 511 件,增长 46.2%,占全国总量的 4.5%,在全国排名第六,与江苏、广东、浙江的差距依然较为明显。

技术交易实现突破。2010 年北京技术市场主要运行指标实现两个突破:一是技术合同成交总额突破 1 500 亿元(1 579.5 亿元);二是技术交易额(扣除非技术交易部分)突破 1 000 亿元。成交技术合同 50 847 份,比 2009 年增长 1.8%,技术合同成交总额 1 579.5 亿元,比 2009 年增长 27.8%,比 2006 年翻一番,占全国的 40.4%。

4. 重点区域情况

中关村示范区经济保持平稳较快发展态势。2010 年中关村示范区企业实现总收入超过 1.5 万亿元,同比增长约 20%,约占全国高新区的 1/6;企业实现增加值预计达 2 600 亿元,同比增长 15%;高新技术产品出口总额 223 亿美元,约占北京市 43%;收入过亿元的企业 1 360 家,比 2009 年增加 107 家。

技术创新的辐射带动作用进一步增强。2010 年中关村示范区技术合同成交额 1 579.5 亿元,同比增长 27.8%,约 80% 输出到京外地区。其中,战略性新兴产业领域的技术合同成交额 1 103.6 亿元,增长 54.7%,占北京市 82.9%。企业拥有授权专利 3.5 万多件,其中授权发明专利 1.3 万件。

全年新增上市公司 39 家,创历史新高。2010 年新上市的中关村企业中,在境内上市 27 家,境外上市 12 家,当年上市企业 IPO 融资达 439 亿元人民币。截至目前,中关村示范区境内外上市公司总数达 176 家,其中境内 104 家,境外 72 家;IPO 融资总额近 1 600 亿元。在境内创业板上市企业达 31 家,形成了创业板中的"中关村板块"。在中关村代办股份转让系统挂牌企业达到 81 家。2010 年中关村企业共获得创业投资约 15 亿美元,占全国约三分之一。

北京经济技术开发区产业结构优化升级。2010 年,开发区规模以上工业企业完成产值 2 221.7 亿元,同比增长 13%。工业生产恢复到金融危机前的正常水平,产值超出 2007 年 110.3 亿元。电子信息、装备制造、生物工程和医药、汽车及交通设备四大主导产业共完成产值 1 990.3 亿元,同比增长 13.6%。其中,电子信息产业占开发区工业总量近六成,全年增长 4%,对开发区工业增长的贡献率为 19.4%。以博世力士乐、SMC 为代表的装备制造、以奔驰为代表的汽车及交通设备、以拜耳为代表的生物工程和医药三大主导产业、以航天长征火箭为代表的航天航空等新兴产业和以加多宝为代表的都市工业等支撑产业均保持较高增速，对开发区工业增长的贡献率接近80%。开发区产业结构调整已初见效果，产业布局得到进一步优化，整体产业发展水平显著提高，为"十二五"形成十大产业集群奠定了良好基础。

（二）系统谋划自主创新和产业发展

一是编制中关村国家自主创新示范区规划及相关示范区建设指导性文件。根据国务院批复支持中关村科技园区建设国家自主创新示范区精神，会同中关村管委会等市有关部门，积极配合国家发展改革委等有关部门研究制订《中关村国家自主创新示范区发展规划纲要（2011—2020年）》。同时，积极配合中关村管委会、市规划委、市法制办等市有关部门制定《中关村国家自主创新示范区空间范围和布局规划方案（2010年—2020年）》、《中关村国家自主创新示范区条例》、《建设中关村国家自主创新示范区行动计划（2010—2012年）》等政策文件。

二是研究起草"十二五"时期高技术产业发展规划。按照"十二五"时期发展规划研究编制工作的总体部署，积极开展高技术产业相关研究，在充分总结"十一五"时期北京市高技术产业发展情况的基础上，结合国家对于高技术产业发展的政策导向，系统分析北京市高技术产业的资源特点、现有基础、面临形势、区域定位，以实现向创新驱动发展转型，促进重点产业发展和提升自主创新能力为目标，起草了《北京市"十二五"时期高技术产业发展规划》，提出了以创新驱动经济发展方式转变为目标，以体制创新和资源统筹为动力，坚持"高端化、总部化、集约化、轻型化、低碳化"的发展理念。

三是研究制定《北京市贯彻落实国务院〈关于加快培育和发展战略性新兴产业的决定〉的实施意见》。根据国务院《关于加快培育和发展战略性新兴产业的决定》文件精神，结合北京市产业基础，市发展改革委研究制订了《北京市贯彻落实国务院〈关于加快培育和发展战略性新兴产业的决定〉的实施意见》，重点推进新一代信息技术、生物、新能源、新材料、新能源汽车、节能环保、高端装备制造和航空航天等战略性新兴产业重点领域的发展。

四是加快落实国务院批准的中关村"1+6"的鼓励科技创新和产业化的系列先行先试改革政策。按照国务院关于搭建首都创新资源平台，实施中央级事业单位科技成果处置和收益权改革、税收优惠、股权激励、科研经费管理改革、高新技术企业认定和建设全国场外交易市场等"1+6"试点政策批复精神。先后研究出台了《关于贯彻落实国家支持中关村科技园区建设国家自主创新示范区试点税收政策的通知》、《中关村国家自主创新示范区市属单位股权激励改革试点工作实施意见》、《中关村国家自主创新示范区企业股权激励登记试行办法》、《关于进一步推进中关村国家自主创新示范区股权激励试点工作的通知》、《中关村国家自主创新示范区科技重大专项项目（课题）经费间接费用列支管理办法（试行）》、《中关村国家自主创新示范区科技重大专项资金试点管理办法》、《关于中关村国家自主创新示范区有关高新技术企业认定管理试点工作的通知》等一系列"1+6"新政的落实文件，保障了各先行先试政策的规范、有序开展。

（三）积极推进政府资金投入方式转变

一是建立完善北京市重大科技成果转化和产业项目资金统筹机制。为推进北京市科技成果转化和产业发展，研究建立了重大科技成果转化和产业项目统筹工作机制，统筹北京市重大科技成果转化和产业项目，统筹政府资金投入，推进重大科技成果在京实施和转化。未来5年内拟安排500亿元政府资金作为北京市重大科技成果转化和产业项目统筹资金。实现项目来源由单点征集向多层次多渠道发现转变，政府投入由分散决策向集中统筹转变，资金投入由政府资金为主向政府投入、国有资本金和社会资本的多元化投资组合转变，支持方式由补助贴息为主向股权投资、创业投资转变，项目跟踪由监督为主向监督、后评价和服务延伸并重转变等五个转变。

二是积极推进国家新兴产业创业投资基金运转。为进一步发挥政府资金的引导和杠杆作用，支持战略性新兴产业发展，北京市联合国家发展改革委、财政部在电子信息、生物医药、新能源和环保、高技术服务业等领域设立4只创投基金，重点扶持处于初创期、成长期的创新型企业和高成长性企业。基金总规模10亿元，每只基金规模2.5亿元，其中国家出资0.5亿元，北京市政府出资0.5亿元，拟吸引社会资金1.5亿元。2010年7月7日，首批4只创业投资基金正式揭牌。目前，4只基金已全部完成设立，正在积极开展对相关领域企业的投资工作。截至2010年12月底，4只基金已投资项目8个，投资金额13 255亿元。按领域划分，电子信息领域投资6 000万元、生物医药领域投资4 400万元、新能源与环保领域投资2 355万元、高技术服务领域投资500万元。投资对象主要为处于初创期、成长期的创新型企业和高新技术企业。创业投资基金对北京市新兴产业发展的推进作用逐渐显现。

（四）积极搭建产业创新发展平台

一是搭建央地创新资源联动平台。为统筹集成产学研用等各方创新资源，加强央地合作、校企合作，通过建立顺畅的创新资源衔接、联动机制，努力将科技智力优势转化为产业创新优势。融合各方资源，研究设立中关村科技创新和产业化促进中心，搭建推进科技成果转化和产业化、示范区人才特区建设、科技金融和投资服务、政府采购创新产品、政策先行先试、示范区规划建设以及中关村科学城建设等重点工作的服务平台，形成促进产学研用协同创新的服务机制，实现关键共性技术的突破和工程化。

二是强化创新基础能力提升平台。鼓励在京企业、研究机构积极参与国家重大科技专项建设，积极对接国家重大科技专项，会同市科委等有关部门研究制订了北京市科技重大项目产业化投资资金管理暂行办法。推进蛋白质、重大工程材料服役安全研究评价、航空遥感等国家重大科技基础设施建设。以中国科学院为依托，研究推进北京综合研究中心建设。

三是健全企业技术创新能力提升平台。以国家工程研究中心、国家工程实验室、企业技术中心为重点，积极推进数字电视国家工程实验室、北京理工大学电动汽车国家工程实验室等一批自主创新能力项目建设。按照国家发展改革委统一安排，积极推进国家工程研究中心创新能力建设项目、企业技术中心创新能力建设项目的推荐工作和后评价工作。同时，研究制定《北京市工程研究中心管理办法》和《北京市工程实验室管理办法》，开展首批市级工程研究中心和工程实验室的评审认定工作，在物联网、太阳能光伏等战略性新兴产业的重点领域布局一批市级工程研究中心和工程实验室，进一步完善了北京市创新能力建设体系。

四是完善政府采购创新产品服务平台。深入开展政府采购中关村自主创新产品试点工作，会同市财政局出台了《关于做好北京市政府采购自主创新产品统计工作的通知》，对各区县财政局和政府采购代理机构，开展行政办公类领域采购自主创新产品的统计工作进行了规定。据统计，2010 年，共有涉及新能源汽车、装备制造、信息化和服务等多个领域的 356 个项目应用了自主创新产品，采购金额 51.5 亿元，超额 30%完成了年初市政府下达的采购任务。同时，全年共组织认定了五批 488 家企业的 1 009 项自主创新产品，以及两批 18 家企业的 21 项首台套重大技术装备示范项目。

（五）推进重点产业基地及重大项目建设

一是安排高技术产业市政府投资。全年安排国家新兴产业创投计划首批创业投资基金北京市配套资金项目、高清交互基础设施示范工程（应用工程一期）项目、北京汽车产业研发基地建设项目、航天桥充电站项目等高技术产业项目资金，共下达市政府投资 18.48 亿元。

二是促进重点产业基地发展。积极协调推动"未来科技城"央企人才创新基地、昌平国家工程创新基地、生物医药产业基地、中科院怀柔研发基地、密云呼叫中心基地、北京亦庄移动硅谷、数字电视产业园、大唐无线产业园、航空产业园、新能源汽车设计制造产业基地、北京新能源产业基地、北京绿色能源产业基地、北京石化新材料科技产业基地等重点产业基地建设，促进产业专业化、集聚化发展。

三是推进重大产业项目建设。推进京东方 TFT－LCD8.5 代线、交互式高清数字电视、北京 CBTC 研发中心、北京长安汽车公司乘用车建设、北京现代二工厂新增 5 万辆整车技术改造、北京现代三工厂建设、生物医药公共服务平台、生命所（二期）项目等一批重点产业项目建设，实现了产业高端化、集群化发展。同时，按照市领导指示精神，积极协调推进北京市与国家电网公司开展智能电网建设战略合作，积极推进新能源汽车充电站、充电桩建设。

四是争取国家高技术产业化项目落地北京。继续做好国家集成电路设计、彩电产业战略转型、新型电力电子器件、信息安全、微生物制造、绿色农用生物产品、现代中药、创业风险投资等高技术产业专项的申报工作，争取一批北京项目获得国家支持。同时，按照国家发展改革委高技术司的要求，积极组织高技术产业化项目的验收工作，完成了 2010 年全年的验收计划。

五是积极推进绿通项目建设和内资项目免税确认工作。全年纳入市级绿色审批通道的产业项目共计 67 项，其中工业项目 13 项、高技术项目 54 项，项目总投资约 1 521.38 亿元，85%已完成立项审批。同时，进一步落实国家及北京市免税政策，积极与国家发展改革委、北京海关等部门进行沟通，避免企业利用政策走私，为企业提供规范、透明的政策环境，确保国家鼓励发展的项目充分享受税收优惠政策。经统计，今年共审核进口设备免税项目 27 项，用汇额约 11.5 亿美元。

（六）推进试点城市和示范工程建设

一是获批成为三网融合试点城市、云计算服务创新发展试点示范城市。按照国家发展改革委、工业信息化部、广电总局等有关部门的要求，会同市经济信息化委、广播电视局等市有关部门积极争取，成为全国首批三网融合和云计算服务创新发展试点示范城市。加紧研究编制"北京市三网融合试点方案"和"云计算服务创新发展试点城市建设方案"，为北京市信息化建设水平的全面提升打下了基础。

二是获批建设国家高技术服务业基地。为推动高技术服务业集聚发展，促进经济发展方式转变，北京市积极研究完善促进高技术服务业发展的政策措施，提出了北京市国家级高技术服务业基地建设方案，与上海、天津、重庆等 15 个城市和地区共同成为了首批国家高技术服务业基地。为进一步发挥北京市产业资源集聚、产业基础坚实的优势，推进产业结构优化调整赢得了主动。

三是积极争取成为国家电子商务示范城市。协调推进中关村电子商务创新集聚区、通州区电子商务总部集聚区发展建设，研究搭建服务于电子商务的云计算、物联网、移动互联网公共支撑环境和工程技术平台，支持一批特色 B2B、B2C、C2C 电子商务企业品牌化发展，构建完整、高效的电子商务应用、服务和支撑体系，争取成为国家电子商务示范城市。

四是积极推进物联网技术在城市安全运行和应急管理领域的示范应用。按照市领导要求，成立了由市领导挂帅的市应急管理物联网应用建设领导小组，积极推进城市安全运行和应急管理领域物联网技术应用。会同市应急办、市经济信息化委等有关部门研究起草了《北京市城市安全运行和应急管理领域物联网应用建设总体方案》，先期将重点围绕春节期间烟花爆竹综合管理、极端天气条件下"交通保畅"等方面开展物联网重点示范工程建设，以点带面、稳步推进，逐步将物联网技术推广到城市安全运行和应急管理的各个方面。

二、下一步工作展望

2011 年是"十二五"的开局之年，贯彻落实国家关于培育和发展战略性新兴产业的决定、中关村国家自主创新示范区发展规划纲要（2011—2020 年）、"十二五"时期高技术产业规划等产业发展指导性文件的关键时期，我们将坚持以科学发展为主题，以建设有中国特色的世界城市为坐标，以加快转变经济发展方式为主线，以强化科技创新驱动为重点，进一步丰富首都经济的服务经济、知识经济、总部经济和绿色经济的内涵，坚持创新驱动、高端引领、文化提升、消费拉动的发展路径，着力打造"北京服务"和"北京创造"两大品牌，全面提升首都经济竞争力、影响力和辐射力。

1. 统筹推进创新制度安排

一是积极推进中央、地方创新联动发展。搭建中央、地方创新联动发展平台，进一步加强央地合作、校企合作，高效配置和集成创新资源，重点推进重大科技成果转化和产业化、科技金融、政府采购创新产品、人才特区建设、政策先行先试、规划建设、中关村科学城建设等服务平台建设。二是大力推进示范区体制机制改革与创新。继续深入开展科研院所、国有企业股权激励和分红试点、科技重大专项经费列支间接费用试点、外汇管理改革试点、政府采购自主创新产品试点等专项工作，逐步研究完善创新体制机制。三是加强人才队伍建设。实施人才强市战略，建设中关村人才特区，集成"千人计划"、"北京海外人才聚集工程"和中关村高端人才聚集工程的政策资源，创建类海外学术环境，为首都发展提供强有力的人才支撑和智力保障。四是全面促进科技与资本的对接。逐步完善覆盖技术创新和产业发展全过程的多功能、多层次金融服务体系。设立战略性新兴产业创业投资引导基金，推进北京市参股设立国家新兴产业创投计划的创业投资基金运作，引导和鼓励社会资金投入战略性新兴产业领域。五是促进知识产权创造和技术交易。鼓励企业以核心技术为依托，与标准研究机构、高等院校、跨国公司等合作，积极参与技术标准的研制，推进中国技术交易所建设。

2. 做强"北京创造"、"北京服务"品牌

一是培育和提升"北京服务"品牌。进一步提高"四个服务"水平，重点推进央地合作。积极推进国家高技术服务产业基地建设，充分发挥北京市在软件、移动通信、集成电路设计、生物医药研发、知识产权服务等多个领域的产业优势，进一步巩固提升信息服务业，加快发展科技服务业，做大做优知识产权服务业。二是打造和发展"北京创造"品牌。培育和壮大一批产业链整合能力强、能主导产业链分工、在更大范围内配置产业资源的龙头企业。以企业自主核心技术为依托，以各级标准化组织为抓手，在重点产业领域创制一批具有国际水平的标准。重点推进具有较好基础的产业基地建设，打造一批具有国际竞争力的高端产业集聚区，形成一批具有国际影响力的产业集群。统筹利用好央源、外源、地源、民源四类主体，全面提升北京市自主创新能力。

3. 大力培育发展战略性新兴产业

大力发展战略性新兴产业。加快出台《北京市贯彻落实国务院〈关于加快培育和发展战略性新兴产业的决定〉的意见》。瞄准国际前沿技术和产业发展趋势，把发展战略性新兴产业作为产业结构升级的突破口，培育新的经济增长点，培育"北京创造"品牌。将知识密集度高、引领带动作用强、发展潜力大、综合效益好的新一代信息技术、生物、新能源、节能环保、新能源汽车、新材料产业、航空航天产业、高端装备等八大领域作为战略性新兴产业的发展重点，依托首都科技资源优势和产业基础，加强产业关键核心技术和前沿技术研发，掌握产业发展主动权。以关键技术研发和装备研制带动重点领域突破，以重大工程建设和示范应用培育市场需求，实施重大产业创新发展工程。支持商业模式创新，强化金融服务支撑，优化市场环境，努力实现重点领域跨越发展。

4. 大力促进重大自主创新成果产业化

一是集聚一批高端创新资源。以产业技术研究院、工程研究中心、工程实验室、企

业技术中心、产业联盟为载体，推进产学研用协同创新。在重点产业领域布局一批市级工程研究中心和实验室，强化产业基础创新能力。二是突破一批关键核心技术。积极争取国家重大科技专项落户，推进蛋白质、重大工程材料服役安全研究评价设施、北京综合研究中心项目建设，攻克生物、新材料、新一代信息技术等领域核心关键技术。三是加快一批创新成果转化。健全重大科技成果发现、筛选机制，重大项目落地协调服务和联动机制，引导扶持国有和民营资本参与创新成果转化。四是做大做强一批创新型企业。实施创新型企业"十百千工程"，以"一企一策"的方式重点支持。推进中关村百家创新型企业试点工作及"专、特、精、新"的小巨人企业的培育工作，形成一批有影响力的创新企业集群。五是加快推进一批示范应用工程。加快建设"国家级高技术服务业基地"、"云计算服务创新发展试点"、"电子商务示范城市"和"三网融合试点城市"四个国家级试点建设。推进云计算、物联网等新一代信息技术在交通、城市应急等城市管理领域的示范应用。促进新能源汽车在公共交通、市政等领域的示范应用。

5. 重点谋划"两城"、"两带"发展

一是积极推进中关村科学城和未来科技城建设。加快对存量资源挖潜置换和规划调整，新建一批新型产业技术研究院，推进与中央单位合作共建一批研发基地，加快对中关村科学城建成区的改造升级。全面加快未来科技城基础设施建设，利用中央企业创新资源集聚优势，积极引进海外高层次创新人才，积极打造具有国际影响力的大型企业集团技术创新和成果转化的基地。二是打造北部研发服务和高新技术产业发展带和南部高技术制造业和战略性新兴产业发展带。以海淀区平原地区、昌平区南部地区为主要节点，整合北清路、七北路沿线空间资源，构筑北部研发服务和高新技术产业发展带，打造以研发服务和信息服务为主、推动高新技术成果孵化转化的产业集群。有效整合亦庄、大兴为主体的城市南部产业空间资源，构筑南部高技术制造业和战略性新兴产业发展带，拓展北京经济技术开发区范围，打造电子信息、生物医药、节能环保、新能源汽车等现代制造业和战略性新兴产业集群。三是加快建设一批专业化的产业基地。重点建设数字电视产业园、移动硅谷、星网工业园、集成电路生产基地、中关村软件园、大兴生物医药产业基地、昌平新能源汽车设计制造产业工程基地、采育新能源汽车科技产业园等一批专业化产业基地。

北京市发展和改革委员会

2010 年天津市高技术产业发展情况与展望

2010 年是实施"十一五"规划的最后一年,也是推动天津在高起点上实现新发展、再上新水平的关键一年。面对后金融危机时期复杂多变的国内外经济环境,大力发展高技术产业成为加快转变经济发展方式,保持经济又好又快发展的重要举措。

据天津市统计局统计,2010 年,天津市高新技术产业实现工业产值 5 100.8 亿元,同比上升 21.84%,高新技术产业产值占天津市规模以上工业产值比重达 30.6%,比 2009 年提高 0.6 个百分点;实现增加值 1 328.3 亿元,同比上升 23.95%,占天津市 GDP 比重达 14.6%,与 2009 年持平;专利申请 25 142 件,同比增长 31.0%;专利授权量达 10 998 件,首次突破万件大关;全社会研发支出占生产总值比重达 2.5%。经过多年不断发展,电子信息产业形成了移动通信、半导体材料及器件、智能化仪表及控制、基础电子、系统集成等优势特点,新能源产业形成了风力发电、绿色电池、太阳能电池三大板块,航天航空产业也以空客大飞机、中航直升机、彩虹无人机、新一代大推力运载火箭、直播通信卫星等龙头产品为标志形成了"三机一箭一星"的发展格局。

一、做好"十二五"规划工作

组织了《天津市高新技术产业发展"十二五"规划》、《天津市战略性新兴产业发展"十二五"规划》的编制。《天津市高新技术产业发展"十二五"规划》,对"十一五"期间天津市高新技术产业发展的现状、存在的问题和下一步发展的形势进行了认真剖析,提出了加快壮大高新技术产业规模、着力提升自主创新能力、积极推动高新技术产业集群化发展、强化高新技术对传统产业的提升改造能力四大任务;《天津市战略性新兴产业发展"十二五"规划》初步提出天津市"十二五"战略性新兴产业以航空航天、新型信息与网络、生物技术与健康、新能源、新材料、节能环保、高端装备制造等 7 个领域为重点，发展物联网、高性能计算机、智能电网、新能源汽车、细胞基因工程、高速轨道交通、高端智能与基础制造装备等 29 个重点方向。同时，围绕国家下一步促进引进技术消化吸引创新和战略性新兴产业规划的编制，开展了《促进引进技术消化吸收再创新政策措施研究》和《国家战略性新兴产业与高技术产业的关系及其界定研究》课题研究。

二、推进产业集聚式发展

结合国家高技术产业基地建设，编制了《国家高技术产业基地发展规划和重点建设项目规划》，制定的《天津市国家高技术产业基地建设指导意见》已经市人民政府同意，以市政府办公厅文件的形式印发。组织编写了天津市高技术服务业发展工作实施方案，提出信息服务、生物技术服务、研发设计服务、技术创新服务、新兴技术服务业等产业领域为发展重点，着力推进应用服务示范、重大项目引擎、优势企业抚育、高端人才引聚、产业基地建设等重点任务。天津市已被国家发改委确定为 15 个国家高技术服务产业基地之一。

三、推动产业规模化发展

全年高新技术产业实现工业产值 5 100.8 亿元，是"十一五"末年的 2.4 倍，年均增长 19%。全年高新技术产业表现出两大特点：一是产业持续增长，单月增速逐月攀升；二是各领域均形成了一批对产业有较强带动作用的龙头企业，电子信息、航天航空、生物技术和医药、新材料、新能源产业领域前十名企业产值均达到所在领域产值总和 50% 以上，高新技术产业 50 亿元以上的企业接近 20 家。

四、加强创新平台建设

制定了《天津市工程实验室管理办法》和《天津市工程研究中心管理办法》，发布了《天津市认定企业技术中心管理办法》。新增国家级企业技术中心 4 家。天津国际生物医药联合研究院、中科院天津工业生物技术研究所、滨海超算中心等一批重大创新载体和平台建成运行，军事医学科学院滨海科研及成果转化基地规划建设启动。天津能源计量仪表实验室改造项目、知识产权服务中心业务服务设施建设项目开工建设，启动了科技之家项目建设，这些项目建成后将进一步完善创新能力建设基础条件，从而提升为产业服务的水平。

五、推进高技术产业化项目实施

年内有天津化工研究设计院的石化工业水处理国家工程实验室、天津红日药业股份公司中药复方制剂血必净注射液高技术产业化示范工程、天津中环半导体股份有限公司 6 英寸 SBD/FRD 生产线技术改造、天津市德力电子仪器有限公司数字地面电视测试仪器设备的研制生产项目等一批项目建成投产。新增电容式触摸屏技术产业化项目、手性合成逆转录酶抑制剂类抗艾滋病药物产业化、民用航空模拟训练设备研发和生产项目等16个项目列入2010年市重大高新技术产业化项目计划。项目涉及电子信息、生物医药、新能源、新材料、航空航天、装备制造和现代农业等7个产业领域的核心技术和关键技术的产业化。项目总投资15.66亿元，建成达产后可年新增销售收入40.22亿元，新增利税8.40亿元。80项自主创新产业化重大项目累计开发新产品536项。

六、大力发展科技型中小企业

天津市接近四分之三的高新技术产业产值来自中小企业，而且中小企业的产值增速已经超过30%。中小企业具有创新性强、发展潜力大、发展速度快的特点。为扶持一批科技型中小企业做大做强，天津出台了《中共天津市委天津市人民政府关于加快科技型中小企业发展的若干意见》、《关于印发天津市科技型小巨人成长计划的通知》、《关于印发天津市科技型中小企业认定管理办法》等一系列政策文件，基本形成了从认定、服务、扶持支持科技型中小企业发展的政策体系，天津市科技型中小企业达1.3万家，力生制药、九安医药、经纬电材、瑞普生物等科技型中小企业成功实现上市。

2011年高技术产业化工作将以建设更高水平的创新型城市为目标，坚持提高自主创新能力为发展的主线，围绕产业升级和战略性新兴产业发展，重点做好以下几方面工作：

一是积极培育和发展战略性新兴产业。结合天津市实际，按照《国务院关于加快培育和发展战略性新兴产业的决定》相关要求，出台《天津市关于贯彻落实〈国务院关于加快培育和发展战略性新兴产业的决定〉的实施意见》，计划重点发展航空航天、新型信息与网络、生物技术与健康、新能源、新材料、节能环保、高端装备制造等七大产业。组织实施飞机、汽车数字化装配技术与装备，航空特种训练模拟设备，物联网技术，基于功能基因的生物技术药物研究关键技术，生物质能源开发利用关键技术，医用高分子材料等20项左右高水平研发转化项目。按照产业集群化、资源集约化、发展可持续化的思路，在巩固生物产业原有优势的基础上加快中药现代化和国际化、推进化学原料药和制剂一体化、促进医疗辅助技术产业化，同时努力构建化工新材料、电子信息新材料、复合功能材料三大材料板块，抓好国家生物医药国际创新园、国家中药现代化科技产业基地、国家新能源产业化基地、国家半导体照明工程高新技术产业化基地、国家民用航空高新技术产业化基地等产业聚集区的建设。努力创新融资方式，设立天津市战略性新兴产业领域创业投资基金，鼓励天使投资、创业投资、股权投资投资于战略性新兴产业，争取更多企业在创业板和中小企业板上市。

二是大力推动科技型中小企业发展，促进科技型中小企业实现跨越式发展。具体围绕科技型中小企业初创期、成长期和发展壮大期三个阶段，分别实施促进全社会创业和小企业群体发展的燎原计划、促进科技型中小企业快速成长的卓越计划、培育科技型大企业的巨人计划。重点加强创业辅导、孵化器建设、天使投资、创业大赛等工作，促进全社会创业活力的迸发；重点加强对成长性科技型中小企业扶持、生产力促进中心等科技服务平台建设、产学研合作、科技特派员队伍建设、科技与金融结合等工作，促进一批科技型中小企业快速成长；重点加强科技型企业壮大中的关键技术开发和重大产品创新，促进科技型企业不断增强国内外市场竞争力，培育一批科技型巨人企业和具有市场竞争力的品牌，成为战略性新兴产业和优势高新技术产业发展中的重要力量。

三是强化自主创新能力建设。出台《天津市工程实验室管理办法》和《天津市工程研究中心管理办法》，开展市级工程实验室和工程研究中心的认定工作。积极推动在建的市级工程实验室、工程研究中心升级为国家—地方联合工程实验室、工程研究中心，推进国家级和市级两级产业技术创新体系建设。鼓励企业加大技术研发投入，开展产业核心技术和关键技术的科技攻关。鼓励企业、研发机构广泛开展科学数据共享、仪器设施共用、资源条件保障和试验基地协作，进一步完善研发资源共享机制。

四是抓好国家高技术产业基地建设。实施"产业倍增、技术创新、基础服务建设、创新能力建设、重大产业化示范、基地布局优化"六大工程，加快已批复的航空航天、新能源、高技术服务业国家高技术产业基地核心区建设，建设好生物、电子信息国家高技术产业基地核心区，积极培育3～5个基地拓展区，形成具有明显区域特色的产业聚集区，强化国家基地的综合实力和示范带动能力。

五是积极推进高技术服务业发展。重点在物联网、云计算、下一代互联网三大领域开展应用服务示范，组织实施一批高技术服务业重大项目，培育一批发展潜力大、市场前景好、具有较强竞争力的高技术服务小巨人企业，提升高技术服务企业对上下游行业的配套服务能力，形成一定产业聚集效应，争取形成2个高技术服务业核心区。

六是加快高新技术产业化，积极培育新兴产业。大力推进具有自主核心技术、产业关联度大、带动作用强的重大科技成果的转化和产业化。建设一批重大高新技术产业化项目。壮大航空航天产业、新能源产业、电动汽车、生物技术产业、现代中药、半导体照明产业、软件及信息安全产业、装备制造、新材料、科技服务业等10个高新技术产业集群，培育新的经济增长点。

天津市发展和改革委员会

2010年河北省高技术产业发展情况与展望

2010年，河北省高技术产业发展工作深入落实"十一五"高技术产业发展规划，加强规划和政策引导，大力推进高技术产业基地、园区和项目建设，积极引进战略合作，提升产业自主创新能力，各项工作都取得了较好成绩，高技术产业实现了较快增长。

一、2010年高技术产业发展情况

1. 高技术产业发展回升加速

据河北省统计局统计，河北省规模以上高技术产业增加值实现804.9亿元，同比增长28.5%，高于河北省规模以上工业增速12个百分点，比2009年同期快9个百分点，创历史新高。其中，增长快的是新能源、电子信息和先进制造，同比增速分别达62%、38.8%和31.4%。预计全部高技术产业增加值实现1 260亿元，占河北省地区生产总值的比重达到6.24%，超额完成"十一五"规划目标。

2. 产业基地加快发展

石家庄国家生物产业基地实现总产值470亿元，利税70亿元，分别增长34%和40%，产业链逐步向高端化延伸。石药工业园三期、华药工业园、以岭医药产业园、神威现代中药产业园等建设进度加快，柏奇、常山生化等一批新兴企业迅速发展。保定国家新能源产业基地实现总产值409.9亿元，利税50.3亿元，分别增长33.3%和64.5%。光电、风电、输变电三大主导产业发展迅猛，英利、天威、中航惠腾、国电联合动力、科诺伟业等一批行业领军企业竞争优势显著增强。

3. 重点项目建设力度加大

华药投资20亿元的新型头孢项目和投资40亿元的新型制剂项目开工建设，英利集团800兆瓦光伏电池项目一期300兆瓦、京东方一期"移动装置用TFT-LCD显示模块项目"、中船重工718所制氢装置产业化和高纯度三氟化氮电子气体项目等项目已完成投产。国晶新能源公司年产20吨锗单晶、旭新光电产业园等项目开工建设。在建的52个国家高技术产业发展项目和81个省级高技术产业重点推进项目进展顺利，全年共有8个国家项目、45个省级项目竣工验收。有20个项目国家发改委已下达投资计划，获资金支持1.3亿元，电子信息产业振兴、现代中药、微生物制造和绿色农用产品等专项20多个项目通过了国家专家评审和中咨公司评估，待批复下达投资计划。

4. 创新能力得到提升

唐山三友集团有限公司、晨光生物科技集团、迁西板栗集团、神威药业等4家企业技术中心新获国家认定，河北省国家级企业技术中心数量达到27家。新认定省级企业技术中心31家，使省级技术中心数量达到223家。围绕主导产业和战略性新兴产业重点领域，启动建设石药集团手性药物、晶龙集团光伏材料及工艺等首批18家省级工程实验室，支持建设25家省工程技术研究中心、重点实验室，进一步增强了重点行业的共性关键技术研究能力。

5. 引进合作取得新成效

中国航天科工集团第二研究院总投资10亿元的航天科研项目签约在保定易县建设；武汉凯迪公司总投资32.5亿元的综合性生物质能源开发项目落户张家口赤城建设；承钢集团与中科院过程所共建"钒钛资源高效清洁利用与产品工程实验室"项目签署了合作协议；秦皇岛开发区与美国诺贝尔论坛基金会合作建设"诺贝尔（中国）生物医药产学研基地"、与IBM中国研究院合作"IBM数据产业联合研究与发展"项目启动实施。石家庄市政府、中电科13所与美国ICE公司就聚光砷化镓太阳能电池项目签署合作协议，一期项目已落地开工建设。中科廊坊科技谷合作引进中科院工程热物理所、理化所、过程所等单位到廊坊建设中试基地。张家口张北县依托新能源产业聚集区建设，引进中国电科院、中电大唐新能源公司建设大型电网并网系统研发中心、风电设备运行考核中心、检修技术研发中心和新能源培训中心。

存在的主要问题：一是高技术企业获得金融机构贷款支持的难度较大，河北省创业投资还没有形成较大投资能力，投资机构数量少，投资资本规模小，难以满足高技术产业发展需要。二是政府投入资金较少，河北省专项资金投入远低于发达省份，政府投入的引导扶持功能较弱。三是河北省具有"国家队"研究实力的大院大所数量少，一大批优秀人才流向京津地区，创新创业支撑能力弱。四是企业技术创新主体地位不突出，研发基础条件弱，创新投入不足，产业发展急需的设计、开发、策划等高端人才缺乏。

二、2011年高技术产业发展的总体思路和工作重点

2011年河北省高技术产业发展的总体思路是：以科学发展观为指导，以科技创新和市场需求为"双动力"，坚持优势领域、重点突破，以重点项目、示范园区（基地）和产业链为抓手，强化"创新驱动、示范引领、引进合作、集聚发展"，强化政府扶持引导，扩大引进战略合作，优化发展环境，培育壮大新兴战略支撑产业，用高新技术改造提升传统优势产业，在构建河北现代产业体系中发挥引领和支撑作用。初步考虑，2011年河北省高技术产业增加值增长25%。

工作重点及措施主要有六个方面：

1. 加强规划编制和政策引导

按照省政府部署和国家高技术产业发展规划，研究提出河北省战略性新兴产业和高技术产业"十二五"发展规划，指导河北省高技术产业发展。深入贯彻落实《国务院关于培育和发展战略性新兴产业的决定》，研究提出促进河北省战略性新兴产业发展的实施意见。结合国家高新技术产业、战略性新兴产业发展方向和河北省实际，近期重点发展新能源、电子信息、生物、新材料、高端装备制造、节能环保、新能源汽车、高技术服务业等领域。

2. 着力推进产业带和基地建设

发挥区位和产业基础优势，创优发展环境，吸引要素集聚，推进重点项目建设和龙头企业发展，引进配套协作，延伸产业链条，促进产业集聚发展。重点推进环首都新兴产业带、5个国家高技术产业基地和一批特色高技术产业集聚区建设。

一是环首都新兴产业带。以紧邻首都的涿州、安次、涞水、涿鹿、怀来、赤城、丰宁、滦平、兴隆、三河、大厂、香河、广阳、固安等14个县（市、区）为重点，发挥区位和产业基础优势，吸引和承接首都科技资源外溢和产业转移，打造首都新兴产业培育发展区、科技成果孵化转化区和低碳经济示范区。按照省政府印发的《河北省环首都新兴产业示范区开发建设方案》要求，建立健全领导和组织协调机制，高起点编制示范区总体规划和产业发展规划，制定示范区项目准入标准，落实好土地、财政、环评、创新孵化、投融资等五方面突破性政策。积极开展与首都经济、科技领域的沟通对接，创新招商方式，以示范区为载体，充分利用首都及全国性经贸洽谈和成果展示交易平台开展推介招商，大力引进项目、技术和人才。加快启动和完善起步区基础设施建设，2011年底前区内基本实现"九通一平"，全面完成一年打基础的目标任务。

二是5个国家高技术产业基地。已具相当规模的石家庄国家生物产业基地、保定国家新能源高技术产业基地、廊坊国家电子信息产业化基地三个基地要加快在建重点项目建设，力争早日完成投产，发挥支撑性作用；以基地行业领军企业为龙头，加强产业配套协作，促进产业集聚和产业链高端化，尽快做大做强。刚刚获得批复的石家庄、廊坊两个国家高技术服务业基地要尽快建立推进工作机制，完善基地建设方案，增强基础设

施和公共服务功能，谋划实施一批重点项目，做好国家专项项目储备。石家庄基地重点发展应用软件、软件服务外包、物联网、集成电路设计、动漫设计等产业，推进石家庄软件园、卫星导航产业基地、石家庄全国"动漫衍生产品产销战略联盟"和"中国·石家庄动漫衍生产品集散交易中心"取得突破性进展。廊坊基地重点发展软件、数据服务、研发设计等产业，吸引数据中心、云计算、软件及服务外包企业落户；依托廊坊科技谷建设，吸引科研院所、高校和研发机构到廊坊落户，到2011年底中科院落户中试线超过50条。

三是特色新兴产业集聚区。加快壮大已有一定基础的邢台光伏产业、邯郸新材料、石家庄半导体照明、安国现代中药、唐山高端装备制造、承德仪器仪表、秦皇岛数据产业、承德钒钛新材料、张家口张北新能源等一批高成长性特色产业集聚区，以骨干企业为龙头，拓展延伸产业链条，支持配套企业和产品跟进，不断壮大集聚区产业规模和特色优势。此外，每个市县争取再谋划1~2个特色新兴产业集聚区。加强对集聚区发展的支持引导和协调服务，通过高端论坛、经贸洽谈、专业招商、媒体舆论等多种方式，大力开展集聚区推介宣传，开展境内外合作，支持引进一批重点项目和高端人才团队，符合条件的积极争取国家和省专项支持，不断提升产业规模和行业影响力。

3. 加强产业技术创新平台建设

加强产业创新基础能力建设，对经国家、省认定的企业技术中心、工程实验室、工程研究中心等创新平台择优给予补助支持，引导其改善研究实验条件，增强产业关键共性技术的研究开发能力。强化企业技术创新的主体地位，建立完善国家、省、市（扩权县）三级企业技术中心管理机制，积极为企业提供咨询、培训等服务，新认定省级企业技术中心20家以上。帮助符合国家技术中心建设条件的企业积极申请国家认定，提升河北省自主创新能力和国内影响力。推进行业创新平台建设，以省内优势企业、科研机构、高等院校为依托，新建10家以上省级工程实验室或工程研究中心。支持有条件的产业技术创新平台积极争取国家级或国家和地方共建工程实验室、工程研究中心。鼓励重点产业集聚区整合区域科技资源，建设一批公共技术研发、检测、实验中心和中试基地；依托行业骨干企业，联合相关科研机构、高等院校建设一批产学研技术创新联盟，大力增强行业共性关键技术研发和服务支撑能力。重点推进河北钢铁研究院、新奥煤基低碳能源研究院、承德钒钛技术工程研究中心、英利太阳能光伏发电实验室、国电联合动力风电设备及系统技术重点实验室等高端创新平台建设。

4. 强化引进合作

抓住国家推进京津冀都市圈发展的契机，乘环渤海地区崛起之势，主动加强与京津的交流与对接合作，积极承接京津新兴产业转移和扩散，吸引境内外人才、技术、投资等进入河北省创业发展。依托新兴产业示范区和高技术产业基地建设，积极开展面向京津的技术、产业和团队招商，促进双方多方位、宽领域融合合作。进一步巩固和深化河北省与中电科、中钢研、中船重工、中航工业等央企的战略合作，推进中电科半导体照明基地、中钢研涿州基地、中船重工邯郸高新技术产业基地等已有合作项目的顺利实施，并寻找吸引新的合作项目再落户河北。充分利用香港投资贸易洽谈会、中国廊坊国际经济贸易洽谈会、深圳高交会、北京科技博览会、上海工博会、中国生物产业大会等展示交易平台，组织开展战略性新兴产业技术、项目招商和产业集聚区推介活动，为引进境内外投资者、高端合作项目和创新团队搭建平台。

5. 进一步拓宽投融资渠道

一是加大政府资金扶持引导。按照《国务院关于培育和发展战略性新兴产业的决定》要求，推动设立省级战略性新兴产业发展专项资金，发挥政府资金的引导、扶持和放大功能，为战略性新兴产业重大项目引进合作、自主创新能力建设、产业关键共性技术研发及示范应用、扶持培育国家项目提供引导资金支持，为中小企业融资增信。二是加快发展创业投资。抓住国家资金参股设立创业投资基金试点的机遇，吸引社会投资，积极推动省风险投资公司、省金汇科技投资公司、省信息产业投资公司等发起的"河北汉明达信息产业创业投资基金"、"河北国创生物医药产业创业投资基金"、"河北信产新材料创业投资基金"等三只创业投资基金列入国家试点，争取国家资金对河北省创业投资的支持。积极创造条件开展省市两级联合设立创业投资基金试点工作。三是强化投融资机构的融资支持。加大省信息产业投资公司、省科技投资公司、省国控担保集团、省中小企业担保服务中心等政府性投融资机构对高新技术企业投资或提供融资担保支持。引导传统产业国有企业通过兼并重组或直接投资进军战略性新兴产业。建设完善投资交易市场，疏通投资资本退出渠道。鼓励金融机构利用科技企业信用互动、科技保险、知识产权质押等多种方式，为处于起步发展阶段的战略性新兴产业企业提供融资服务。

6. 着力优化发展环境

全面落实国家和省有关推进新兴产业和高技术产业发展各项政策措施，引导各地在重点项目及基地园区谋划建设、产业发展资金支持、资源要素配置等方面更多地向新兴产业倾斜。发挥科技企业孵化器、技术创新服务中心、生产力促进中心等服务机构的作用，为引进科技人员创业、科技成果转化和技术创新服务提供良好的平台服务条件。研究制定河北省战略性新兴产业指导目录，建立完善高技术产业和战略性新兴产业统计体系，加强对新兴产业发展的趋势和动态监测分析。利用网络、报刊、新闻发布会等多种形式，加强战略性新兴产业政策动态、发展动向、典型经验、招商重点、融资需求等的宣传和推介服务，营造全社会关注、支持新兴产业发展的舆论氛围。

河北省发展和改革委员会

2010 年山西省高技术产业发展情况与展望

一、高新技术产业发展的总体情况

近年来，省委、省政府认真贯彻科学发展观，制定了一系列重大政策措施，有力地促进了高新技术产业的快速发展。高新技术产业已经成为山西省国民经济新的增长点，对于调整山西省经济结构，促进产业升级，提高产业竞争力产生了重大推动作用。

1. 高新技术产业总体规模逐步扩大，产业综合实力有所增强

2010 年，山西省高新技术产业进一步突出重点，扶优扶强，强化特色，产业保持了持续快速健康发展的良好势头。按照山西省高新技术产业口径计算，山西省高新技术产业增加值达到 390.8 亿元，与 2009 年相比增长 59.8 亿元，占山西省 GDP 的比例为 4.3%。就发展趋势看，高新技术产业产值和增加值总体保持稳步增长，高新技术企业规模不断壮大，产业综合竞争力日益提高。

2010 年山西省高技术产业总产值为 249.92 亿元、新产品产值 58.45 亿元、工业销售产值 225.05 亿元、出口交货值 55.42 亿元，与 2009 年同期相比，分别增长 26.72%、7.76%、26.25%、-1.4%，分别位于全国第 23 位、21 位、23 位和 17 位，居全国中下游水平。

2010 年，山西省按照新办法认定的高新技术企业达 200 家。其中，2008 年国家新的《高新技术企业认定管理办法》和《高新技术企业认定管理工作指引》出台后，重新认定了太钢不锈钢公司等三批共 76 家高新技术企业，享受高新技术企业税收优惠 5.3 亿元；2009 年又新认定 67 家，当年享受税收优惠 3.93 亿元；2010 年认定 53 家，涉及生物医药、电子信息、新材料、先进制造等多个领域，当年享受税收优惠 6 亿元。

2. 高新技术产业化持续快速推进，产业化项目分布结构不断优化

"十一五"以来，山西省坚持项目带动战略，围绕新材料、新能源、生物医药、节能环保、先进制造、电子信息、现代农业等重点领域，以重大高新技术成果产业化为目标，组织实施了一批国家和省级高新技术产业示范化项目。截至 2010 年底，山西省共批复高新技术产业化项目 180 余项，项目总投资 136.3 亿元，其中争取国家高技术产业化项目 42 项，项目总投资达 3.14 亿元。这些项目的建设和实施，促进了一大批高新技术成果转化为生产力，培植了一批高新技术名牌产品，壮大了一批高新技术企业，为山西省高新技术成果转化发挥了良好的示范带动作用。

3. 各地区高新技术产业快速发展，高新技术产业集群效应初步显现

山西省高新技术产业发展地区分布相对集中。据统计，2010 年，太原市高新技术产业增加值 135 亿元，占地区生产总值 7.6%，发展速度远远领先于其他市。另外，运城市、长治市和晋中市也是山西省高新技术产业发展比较集中的区域。近年来，山西省按照增强高新技术产业聚集度和培植具有区域特色产业基地的发展思路，立足资源、技术和人才优势，围绕同类产业和产业链，积极推进高新技术产业集聚，初步形成了太原和运城镁合金深加工、晋东南 LED、运城重型汽车、晋东南新型煤化工、太原风电装备、长治光伏等一批具有区域特色、核心竞争力强的产业集群或产业基地。

4. 高新技术园区产业规模和入驻企业不断增加，成为推动山西省高新技术产业快速发展的重要力量

高新技术开发区作为高新技术产业的集聚地和辐射中心，是山西省提高自主创新能力的重要基地。山西省现有国家级高新技术产业开发区和省级高新技术产业开发区各 1 个，还有一批高新技术产业相对集中的经济开发区和园区。

国家级高新技术产业开发区太原高新区，2010 年产业规模不断扩大，实现科工贸总收入 1 060 亿元，工业总产值 940 亿元，地区生产总值 322 亿元，利税 90 亿元，五年来主要经济指标年均增长 22% 以上，实现总量翻番，经新办法认定的高新技术企业达 94 家，占山西省高新技术企业总数的近 50%；特色产业集群快速崛起，以全球最大的不锈钢精密带钢、太阳能用单晶硅片（二期）、合成油研发基地等项目为代表的重点工程顺利推进，一批旗舰企业正在快速生成，对经济的示范引领作用日益增强；创新能力不断增强，全年成功获批"国家火炬计划软件产业基地"、"国家科技兴贸创新基地（新材料）"两个国家级基地，科技创新平台建设实现了新跨越，截至 2010 年底，太原高新区拥有自主创新项目 597 项，专利 600 余项，5 个国家级基地，5 家企业被列入国家创新型试点企业，创新广度和深度有效拓展，创新能力进一步增强。高新区已成为山西省高新技术人才、项目、企业最聚集的区域。

5. 高新技术产业研发实力日益提高，高新技术产业自主创新能力显著增强

工程研究中心和工程实验室是高新技术产业化的重要创新平台，是提高自主创新能

力的基础工程。"十一五"以来，山西省大力提升现有工程技术中心、工程实验室对高新技术产业发展的支撑能力的基础上，积极推进以产业技术战略联盟为主要形式的产学研合作，有重点、有步骤地组织具有较强研究开发和综合实力的企业、高校和科研机构新建了一批省级工程技术研究中心、工程实验室，同时不断充实试验装备和研发条件，提供研发项目资金支持，进一步培植成为国家级工程技术研究中心、实验室，使其成为了山西省乃至全国开放式的高新技术产业创新平台，为高技术成果产业化提供支撑。截至2010年底，山西省工程技术中心5个，其中国家级工程研究中心1个；工程实验室5个，其中国家级工程实验室3个。

6. 高新技术产业相关政策法规不断完善，产业发展环境日趋优化

2009年以来，先后制定了《山西省人民政府关于发挥科技支撑作用促进经济平稳较快发展的意见》、《山西省工程研究中心管理办法》、《山西省工程实验室管理办法》等一系列政策性文件，按照国家和省促进高新技术产业发展的新精神和新要求，重新修订了《山西省高新技术产业发展条例》，向省政府上报了《山西省人民政府关于加快培育和发展战略性新兴产业的决定（征求意见稿）》。这些法规与政策的出台实施为山西省高新技术产业发展提供了重要的制度支撑和宏观引导。同时山西省各地也积极采取措施，加强政策和资金引导，使人才、技术、资本不断向高新技术产业集聚，有效推动了山西省高新技术成果转化和产业化进程。

二、存在的突出问题和制约因素

虽然从2010年山西省高新技术产业发展情况看，产业规模有所扩大，但与发达省份相比差距仍然很大，与山西省经济社会发展的要求还很不适应，仍然存在许多不容忽视的问题和制约因素。

1. 产业带动作用不明显

从2010年产业发展总体看，山西省高新技术产业还处于成长期，产品生产工艺与国内外先进水平相比存在较大差距，大多数产品处于初加工、低档次、低附加值阶段，深加工、中高档、高附加值的中高端产品较少，市场竞争力不足；大多数企业处于独立完成生产制造的全过程，相互之间关联度不高，缺乏社会化专业协作；高新技术产品分散在许多传统行业中，集聚效应不强，产业优势不突出，对山西省经济的带动作用受到很大的限制。

区域高新技术产业发展不平衡也导致了高新技术产业对经济发展的辐射作用不强。以太原市为例，太原高新区集中了山西省近50%新认定的高新技术企业，集中了大部分生产高新产品的企业。

2. 投融资体系不健全

受到山西省产业结构是以传统能源和原材料为主的刚性产业结构和高新技术本身风

险性因素等方面的综合因素影响，当前，山西省高新技术产业发展投融资体系不健全，一是已设立的高新技术产业发展资金和科技型中小企业技术创新资金总量少，且经费来自不同部门，难以集中运用、形成合力，无法满足山西省高新技术产业化的需要；二是现行金融管理体制使高新技术企业获得信贷支持的难度较大，银行资金对高新技术产业支持明显偏少。以山西省扶持的高新技术产业化项目投资到位率看，银行贷款到位率不足50%；三是高新技术产业投融资体系不健全，特别是创业投资体系发展滞后，延缓了高新技术产业化和规模化进程。

3. 技术创新能力较弱

高新技术产业作为资金、技术、知识密集型产业，高效的研发能力是其发展的命脉。从企业层面看，目前山西省大部分高新技术企业创新意识不强，对产业科技发展的动态了解不够，同时也害怕承担进行高新技术的自主研发可能带来的投资风险，致使企业缺乏自主支持产权，缺乏独立承担科研项目的实力和科技创新的动力。而且多数企业发展资金有限，因而更偏向于技术的引进，而没有很好将技术引进与消化、吸收、再创新结合起来，导致企业很难真正掌握核心技术和关键技术，仍然停留在重生产轻研发、重扩能轻创新的较低层次，企业产业的发展只能处在高新技术产业链中的加工制造环节，生产出来的产品仅是组装型或引进技术型，其附加值低，难以给企业带来更大经济效益。以生物医药产业为例，2010年山西省生物医药生产企业研发投入不足销售收入的1%，与发达地区5%的水平相比尚有较大差距，直接导致了山西省生物产业的核心竞争力不强，抗风险能力较差。

从政府层面看，山西省的高新技术企业、高校和科研院所仍然各自为政，高校或科研院所服务地方经济或企业的意识不强。在设立课题或技术研究方向时，缺乏对市场需求的准确、技术把握，科研成果或研发的新技术不能满足高新技术产业现实的发展需要。在科研成果应用转化方面欠缺考虑，研究的课题或成果几乎有一半是通过鉴定后就束之高阁，无法进行产业化。

4. 高新技术产业人才缺乏

高新技术产业技术含量高、产品更新换代快，决定其发展所需人才的要求较高，必须要有大批具有较高科学技术知识，又熟悉经济管理并且有开拓创新精神的复合型人才。就山西省而言，虽然人力资源较为丰富，但高素质人才较少，真正适应高新技术产业发展需求的复合型人才更是极其匮乏。2010年，山西省高新技术企业中从事科技活动人员、科学家和工程师、研发人员的比例远远低于全国平均水平，这在很大程度上制约了山西省高新技术企业创新能力的提高。

同时，山西省由于经济基础薄弱、科研条件不好、生活待遇偏低、工作环境不尽如人意等各种因素，人才流失现象也非常严重，高新技术企业在吸引和留住人才方面存在着较大劣势，要想引进或留住那些可以整体把握高新技术产业发展特点，适应市场环境变化的高级管理人才、企业家群体、高层次创新人才难度更大。如何培养人才、引进人才、留住人才、用好人才是山西省高新技术产业快速发展的关键。

5. 产业发展环境不够宽松

山西省虽然制定了一系列适合高新技术产业发展的优惠政策，但由于全社会尚未形成大力发展高新技术产业发展的统一认识，加之缺乏强有力的统一的指导协调机构，导致部分政策在执行过程中难以落实。高新技术产业投资环境还不够宽松，各级市、县政府对高新技术产业发展的重视程度不足，招商引资力度不大，到山西省投资建厂的国内外知名高新技术企业较少。同时，高新技术产业中介服务机构数量偏少、规模偏小，大部分中介服务机构的主流业务还处于以房地产服务和项目申报代理服务为主的低级阶段，针对企业技术创新、成果转化和产业化的高端服务非常缺乏。

三、促进高新技术产业发展的对策建议

1. 建立健全高新技术产业管理体系，加强政府对高新技术产业的领导和各部门之间的协调

一是省政府成立"山西省高新技术产业发展领导小组"，研究制定加快高新技术产业发展的发展战略与政策，定期发布《当前优先发展的高新技术产业化重点领域指南》，提高省政府的宏观指导和产业服务的效能。二是各级政府和有关部门要根据优先发展的高新技术产业化重点领域指南，重点发展的高新技术产品目录，制定优惠政策，简化项目审批程序，优先满足土地等建设条件，搞好服务，支持高新技术产业项目建设。三是完善高新技术产业统计指标体系，研究制定适合山西省高新技术产业发展实际的统计评价指标体系和评价方法，把高新技术产业的统计工作纳入常规性统计渠道，定期对山西省及各市高新技术产业发展水平进行科学评价，强化政府对高新技术产业发展的监测、预测和产业宏观引导。

2. 加快高新技术产业基地建设步伐，大力推进高新技术产业集聚

按照现有产业发展基础，结合资源和技术优势，以完善产业链为重点，有选择、有重点地培育一批产业优势明显的聚集区，通过财政、税收、土地、金融等方面的重点支持，推动其产业规模快速壮大，技术水平明显提高，总体实力进一步增强。今后，要重点培育晋东南LED半导体照明产业基地、太原镁合金深加工产业基地、运城高性能钕铁硼永磁材料及元器件产业基地、太原高铁关键零部件产业基地、晋东南新型煤化工产业基地、晋中甲醇新能源汽车产业基地、现代中药产业基地等七大高新技术产业基地，力争经过几年的培育，使其成为地方特色明显、产业发达、竞争力强的高新技术产业集聚区，其中新型煤化工产业基地、镁合金深加工基地、LED半导体照明产业基地和中药现代化基地成为在全国具有较强竞争力的产业化基地。

3. 组织实施一批重大高新技术产业化项目，提高高新技术产业自主创新能力

产业化是高新技术研发的最终目标。一是要围绕山西省高新技术产业发展的重点领

域，精选一批市场容量大、技术含量高、对经济发展具有重大带动作用的高新技术产业化项目，予以重点扶持。通过高新技术产业化项目的培植，促进一批高新技术企业集团做大做强，带动山西省高新技术产业整体规模的迅速扩大。二是在大力提升现有工程技术中心、工程实验室对高新技术产业发展支撑能力的基础上，在高新技术产业的若干领域，有重点、有步骤地组织具有较强研究开发和综合实力的企业、高校和科研机构新建一批省级工程技术研究中心、工程实验室，同时不断充实试验装备和研发条件，提供研发项目资金支持，进一步培植成为国家级工程技术研究中心、实验室，使其成为山西省乃至全国开放式的高新技术产业创新平台，为高技术成果产业化提供支撑。三是配合国家高新技术产业重大专项，在山西省重点发展的高新技术产业领域，组织实施一批高新技术产业化重大科技攻关项目，培育形成山西省产业新的增长点。四是加快在高新技术产业的重点领域新建一批产业技术创新战略联盟，支持有能力的企业、高校和科研单位参与或牵头组建全国性产业技术战略联盟，围绕产业发展的关键技术和共性技术开展联合攻关，推动产学研的"深度"融合，为山西省高新技术产业的快速发展提供技术支撑。

4. 加大财政资金对高新技术产业发展的支持力度，完善高新技术产业财税支持体系

一是在积极争取国家财税政策支持的同时，进一步优化投资结构，进一步加强高新技术产业的投入。每年以不低于省级财政经常性收入的增长幅度增加省级财政中用于产业技术研究与开发的资金投入，在省级预算内建设投资中增加对高新技术产业支持的年度预算，落实好科技创新平台建设资金、产业共性关键技术工程化和系统化开发资金、高新技术产业化示范工程补助资金。二是各级财政要加大对自主创新的高新技术产品的首购、订购力度，对纳入国家自主创新产品目录中的山西自主创新产品优先首购和订购。三是要优化高新技术产业财政投入结构，发展改革、经信、科技等部门所安排的固定资产投资、中小企业专项资金、技术创新专项资金、科技经费以及各级政府的科技发展资金，要适当向高新技术产业倾斜。四是针对高新技术产业发展过程中，大中小企业对政府财政资金贴息的不同要求，对银行信贷愿意支持的大企业、大集团，仍然采用给予贷款贴息的支持方式；对银行不愿意给予信贷支持的中小企业，改变贷款贴息的单一方式，引导社会资本投资建立高新技术中小企业担保公司进行信贷担保，政府对认定和授权的担保公司可采取再担保等方式，支持中小高新技术企业的发展。

5. 强化各类金融机构对高新技术产业的扶持，构建高新技术产业金融支撑体系

一是大力推动创业风险投资发展，继续加大省级创业风险投资引导基金的资金注入，并鼓励各市政府设立创业投资引导基金，引导社会资金流向创业投资企业。省有关部门要加紧制定出台促进创业风险投资发展的激励政策，完善风险资本退出机制，促进企业、金融机构、个人和境内外投资机构等各类投资者积极从事创业风险投资活动，特别是鼓励山西省煤焦领域的民间资本进入风险投资领域，实现民间资本与风险资本的融合。二是强化各类金融机构对高新技术企业的金融支持，鼓励政策性银行和政策性担保机构加大对高新技术产业发展的扶持力度，对重大高新技术产业化项目、科技成果转化项目给予重点支持。积极创新金融产品和服务方式，引导商业银行和其他各类担保机构对高新

技术企业开展多形式的信贷和担保服务。支持和鼓励有条件的高新技术企业上市或债券融资。

6. 加大高层次创新人才培养和引进力度，完善高新技术产业人才激励机制

一是围绕高新技术产业发展的八大重点领域、相关产业创新平台建设和重大项目的实施吸引聚集一批高层次的技术和管理人才，发展产学研合作教育，着力培养造就一批创新能力强、管理水平高的学科带头人和企业管理者，形成具有山西特色的高层次创新人才团队。在实施重大工程和重大科技计划项目中，重视和做好相关创新人才的引进工作，把引进高层次人才作为项目单位重要的考评指标。二是完善高新技术产业人才激励机制，建立健全科学合理的人才资源管理和开发机制，完善客观、公正的评价体系和激励机制，推进科技人才分配机制改革，为高新技术产业营造良好的人才环境。制定和实施有利于高新技术产业发展的人力资源政策，支持科技人员从事成果转化，对成果转化实施人给予股份体现。灵活运用户籍制度、用人制度、工资分配奖励制度，调动科技人员积极性。推进企业博士后工作站的科研工作，吸引优秀博士到企业从事科技创新。

山西省发展和改革委员会

2010年内蒙古自治区高技术产业发展情况与展望

2010年，内蒙古面对复杂多变的国内外经济环境，认真贯彻落实国家宏观调控的各项政策措施，经济社会总体实现又好又快发展。预计全年实现地区生产总值11 655亿元，增长14.9%；经济结构不断优化，多元发展、多极支撑的现代产业体系初见成效，统筹区域和城乡经济发展力度不断加大；经济运行的质量不断提高，地方财政收入和企业经济效益大幅提高，城乡居民收入稳定增加，民生状况明显改善。内蒙古高技术产业依托独特的优势和现实的需求，围绕优化产业结构、提升产业层次和转变经济发展方式，不断增强自主创新能力，高技术产业发展取得积极成效。

一、2010年高技术产业发展的基本情况

1. 优势产业稳步发展，结构调整步伐明显加快

2010年内蒙古高技术产业围绕产业多元、延伸和升级的要求，在后金融危机形成"倒逼"机制推动下，结构调整步伐明显加快，主要表现在高技术产业指标有升有降，优势生物产业保持持续较快增长。2010年内蒙古高技术产业实现产值247.31亿元。其中，医药制造业实现产值177.44亿元，增长33.58%，高于全国6.51个百分点，占自治区高技术产业产值的71.75%。医疗设备及仪器仪表制造业实现产值1.77亿元，增长107.33%，高于全国77个百分点。从高技术产业主要财务指标来看，2010年1—11月自治区在工业销售值和主营业务收入双双下降的情况下，利润总额达到9.6亿元，同比增长78.11%，高出全国平均水平35个百分点，表明自治区高技术产业正从高端行业低端产品向科技含量高附加值高的产业方向转变，并有逐步加快趋势。自治区高技术产业增长动力正向多元化回归，高技术产品出口呈现快速增长态势，2010年出口交货值同比增

长37.83%，比上年增速增加了69.4个百分点。

2. 新兴产业初具规模，局部领域关键技术取得突破

近年来，自治区高技术产业相关领域取得积极进展，具备了一定的产业规模和技术基础。自治区的能源、化工、冶金、农牧产品加工等主要产业的技术水平高于全国平均水平，大型乳业、羊绒加工企业的工艺、设备水平世界领先；新建的一批大型煤化工、氯碱化工、天然气化工项目的规模与技术装备达到世界先进水平；重点钢铁、有色冶炼企业的技术水平达到国内先进水平。

新能源领域，兆瓦级风机制造、生物柴油等技术取得重大突破，已投产风机整机制造企业12户，建设规模750万千瓦，零部件企业30户，风力发电机装机容量近1 000万千瓦，居全国第一位；太阳能光伏发电装机容量达0.7万千瓦，生物质能发电装机容量达9万千瓦。新材料领域，多晶硅、单晶硅已分别形成产能9 150吨和2 500吨，切片产能460兆瓦；稀土储氢、稀土永磁、稀土抛光等稀土新材料分别占全国的25%、10%、40%；2010年稀土产业产值达到100亿元，占全国稀土工业总产值的比例达41.5%。节能环保领域，电石渣水泥生产能力已达到150万吨/年，焦炉煤气综合利用率达到95%以上。利用粉煤灰提取氧化铝取得了重大突破。内蒙古大唐国际再生资源开发有限公司3 000吨/年氧化铝的工业化试验装置打通了提取氧化铝的全套工艺流程，利用高铝粉煤灰年产20万吨氧化铝示范生产线正在建设。生物领域，益生乳酸菌发酵剂、玉米超高产、体细胞克隆等技术具有领先水平，已形成呼和浩特市、赤峰市等产业聚集区，形成了生物原料药、发酵制品、基因工程疫苗、生物农药、生物饲料、中蒙药、化学合成药等系列产品。高档药用明胶、鹿茸素、微生物培养基等一批项目建成投产，双歧杆菌三联制剂、乳杆菌制剂、饲用金霉素、动物疫苗等产品已实现了规模化生产。蒙药方面，开发出保利尔、扫日劳等一批自主创新的蒙医药科研成果，并实现了产业化，蒙药制药企业的年销售收入接近20亿元。高端制造领域，鄂尔多斯腾飞飞机制造公司引进通用飞机生产线项目已开展前期工作；具有世界领先水平3.6万吨黑色金属垂直挤压设备的投产，标志着我国大口径厚壁无缝钢管制造技术打破了国外垄断；北方股份有限公司占有国内非公路矿用车市场75%的份额，重型汽车、工程机械、风力发电机、煤机、化机等机械装备制造业发展迅速。

3. 骨干企业快速成长，优势区域集聚能力增强

伴随着新技术的突破，在高技术领域形成了一批创新能力和竞争力较强的骨干企业。如新能源产业领域的金骄、中兴能源、汇全、伊泰等；新材料领域的稀土高科、华业特钢、神舟硅业等；高端制造领域的腾飞飞机制造、北方重工集团、北方奔驰等；生物工程领域的金河、东宝、福瑞等；电子信息领域的中网福通、旭冠及包头软件园区等。同时，骨干企业加速向呼包鄂和通赤两个区域聚集，呼和浩特生物产业基地、包头装备制造基地已初具雏形，特色新兴产业集聚区快速发展的格局。

优势领域形成特色鲜明、创新能力较强的产业链条。生物产业方面形成了以呼和浩特为中心的牛羊良种繁育及乳业产业链、兽用疫苗产业链、以玉米为原料生产生物制品

的综合利用产业链、中蒙药产业链。高端装备制造方面形成了以包头、鄂尔多斯为中心的载货汽车、风电设备制造、铁路车辆及矿山机械制造等系列产业链条。

4. 信息化建设不断加强，软件业发展势头良好

2010年内蒙古自治区电子信息产业累计完成固定资产投资45.1亿元，同比增长104.5%，规模以上电子信息产品制造业实现销售收入68亿元。电信固定资产投资完成80.8亿元，电信基础设施保障水平不断提高。电信业务总量达662.4亿元，增长22.2%。

以呼和浩特、包头科技园区为平台，引进、培育、支持软件企业不断提升能力和水平，扩大服务范围和规模，带动了软件业快速发展。目前，包头内蒙古软件园，入园企业已达150多家，主要开发计算机、自动化控制、网络工程和智能化控制等软件，已有31家企业通过国家软件企业认定，86个产品通过软件产品登记。自治区共有软件企业近300家，登记认证的软件产品130多个，软件业收入超过21亿元，增长48.7%。内蒙古蒙科立软件有限责任公司开发的蒙古语办公等软件，不但应用到牧区、蒙语教学的学校，还销往其他省区和蒙古国；该公司还与蒙古国国立大学、伊和·扎萨格大学签订合作协议，共同开发英—蒙数字词典、蒙古历史文献数据库以及面向蒙古国市场的语言信息处理通用软件等产品。

5. 自主创新能力不断增强，创新环境得到改善

2010年，自治区创新体系建设取得进展，目前，拥有自治区以上工程（技术）研究中心53家、工程（重点）实验室54家，企业技术中心69家。依托区内外研发平台，加强了关键领域技术攻关，在产业技术升级、产业链延伸、产业集群等方面取得重大突破，初步形成了以稀土产业领先发展，新材料、生物技术、电子信息、机电一体化和新能源等为优势的高技术产业集群格局。截至2010年底，自治区高新技术开发区8个，工业园区45个，企业研发中心48家，国家认定高新技术企业122家。同时，专利申请资助政策也促进了自治区发明专利持续增长。至2010年9月，在新产品开发、新材料研制、新装置设计制造、新品种培育方面已取得108项成果，获得国家科技奖励8项。

2010年自治区科研人员已达3.1万人，直接投入的R&D人力达1.27万人/年，自治区R&D总经费已突破52亿元，R&D经费与GDP比值为0.53%。在《内蒙古自治区关于推动产业技术创新战略联盟构建的实施意见》、《内蒙古自治区高新技术特色工业产业化基地认定管理办法》等一系列政策法规的引导下，自治区创新创业环境得到优化和改善，生物、稀土及新材料、地下煤气化、马鹿、新能源及装备制造、新一代煤（能源）化工等一批产业技术创新战略联盟的构建，对促进高技术产业结构调整和产业协调发展具有重要意义。

二、高技术产业发展面临的问题

当前，自治区高技术产业虽然有了长足发展，但与全国先进省市区相比还存在较大差距，产业发展中面临着一些突出的困难和问题：一是产业总体规模仍然较小。高技术

产业产值少，在全国排位第 24 位，目前还没有产值超百亿元的高新技术企业。高技术产业实现产值仅占自治区规模以上工业总产值的 5.79%，增加值占自治区生产总值比重仅为 1%。二是投入和技术储备不足。自治区 R&D 投入强度处于全国较低水平，居 27 位；高技术产业新产品产值偏少。三是创新成果的转化和应用水平低。科技与经济结合不紧密的问题仍比较突出，自主创新成果的产业化率低。2007、2008 两年内蒙古处于全国经济综合竞争力上游区第 10 位，而综合科技进步水平排在全国第 21 位，反映了科技滞后于经济的问题仍然比较突出。四是企业技术创新动力不足，创新型人才短缺。企业的技术创新主体地位尚未确立，高技术人才向企业流动的激励机制尚不完善，企业科技人才的培养、使用还存在体制性障碍。部分《中长期科技发展规划配套政策》没有得到充分落实，激励效果不明显。

三、2011 年高技术产业发展趋势判断

2011 年宏观经济面临的不确定因素较多，经济运行的形势十分复杂。对于高技术产业来说，面临的机遇和挑战并存。一是宏观经济保持持续快速发展态势不会改变，以能源重化工为主的传统产业依然在自治区经济发展中占有绝对的主导地位，并且这种状况在短期内不会有较大改变。但受资源、环境的硬约束和国家宏观调控政策的影响，产业结构调整的力度将进一步加大，发展知识技术密集、资源消耗少、成长潜力大、综合效益好的战略性新兴产业和高技术产业，是未来自治区产业保持竞争优势的必然选择。二是国家已经出台了加快培育和发展战略性新兴产业的决定，战略性新兴产业发展规划也将在上半年编制完成，鼓励和支持战略性新兴产业发展的政策措施有望尽快进入操作层面，各级政府强有力的政策引导，有助于社会资本、人才和创新资源更多地向高技术领域和战略性新兴产业领域配置。三是后金融危机时代世界各国把更多的力量投入到新兴技术和新兴产业领域，新能源、新材料、新一代信息技术和生物技术有望得到突破，全球性的知识和技术创新对高技术产业具有强大的助推作用。四是国务院将出台《关于进一步促进内蒙古自治区经济社会又好又快发展的若干意见》的政策预期，又为自治区的高技术产业发展创造了宽适的环境。自治区近期鼓励自主创新和结构调整的最新部署，在国家的支持下，内蒙古将进一步夯实高技术发展基础。五是随着自治区近年来综合经济实力的不断提升，自治区对科技创新的投入不断加大，创新创业政策环境逐步改善，各类创新平台的建设和创新能力不断提高，高技术产业发展的基础不断巩固。

具体分析，2010 年以来国家和自治区陆续实施的一些行业政策性因素对高技术产业发展提供了旺盛的需求和政策支持，自治区将培育和发展战略性新兴产业列入"十二五"规划发展重点，并将研究出台有关政策，将有利于统筹规划战略性新兴产业扶持政策和整合产业战略资源，为战略性新兴产业和高技术产业发展创造良好的政策环境。

——2010 年下半年以来，稀土行业整合步伐的加快和产业集中度的提高，有利于自治区充分利用稀土资源的独特优势，大力发展稀土新材料和稀土系列技术和产品，推动自治区稀土产业进入一个持续快速增长期。

——节能环保产业面临新机遇。"十二五"规划已将二氧化碳排放作为约束性指标纳

入，国家和自治区将陆续出台相关措施力推低碳经济。这一方面必然增加对节能环保领域技术创新的需求，另一方面使近年来高技术在节能减排、发展循环经济领域积累的成果扩大应用领域，获取新增效益。

——西部大开发新政"鼓励类企业减按15%征税"获得延续，自治区将有一大批企业受益。继续认定的国家级高新技术企业，将享受减15%税率征收所得税政策，通过鼓励创新的政策导向和新税制的引导功能，其创新投入和自主创新能力将得到整体提升。

——国家电网规划将在自治区建设两条特高压输电线，解决部分风电上网问题。自治区依托目前全国风电装机总容量之首的优势地位，风电技术势必成为今后重点发展的能源技术。预期将对风电装备制造业、智能电网相关技术设备及智能化变电站、离网型小型风机系列产品开发等相关产业产生明显拉动。

——自治区确定赤峰市为"我国生物质能源开发试点城市"，美国"第一太阳能"在鄂尔多斯建设2千兆瓦光伏电站等重大事件，对自治区生物质能、太阳能的开发利用起到积极的促进作用。

四、2011年高技术产业发展重点

2011年是"十二五"计划的开局之年，按照自治区经济工作会议确定的指导思想、战略目标和重点任务，以推动产业结构调整和转变发展方式为主线，以培育发展战略性新兴产业和增强自主创新能力为重点，以体制创新和技术进步为动力，以实施高技术产业化项目和示范工程为抓手，着力推动技术集成、产业集群、要素集约；强化企业技术创新主体地位和产业化创新平台建设，开展关键和共性技术研发，在自治区形成一批具有自主知识产权和知名品牌、国际竞争力较强的优势企业；优化产业布局，延伸产业链条，建设产业基地，推进高新技术产业化和传统产业高新技术化；扩大产业规模，提升高技术产业在自治区生产总值中的比重；创新发展机制，完善政策保障措施，形成多元化支撑产业发展的格局。

1. 立足重大需求和技术创新，加快培育战略性新兴产业

着力于调整优化经济结构，依托现有的产业基础，全力推进非资源型产业发展，加快构建多元发展、多极支撑的战略性新兴产业体系。结合内蒙古的特点和优势，将重点在新能源、新材料、生物产业、高端装备制造、节能环保、新一代信息技术领域，着力培育一批具有引领和带动作用的重点企业，高起点高标准建设一批重大技术研发应用示范项目，合理布局一批产学研结合的创新平台，推动创新能力建设。

新能源方面。积极开展风电、核电、生物质能、太阳能装备的技术开发和规模化生产，推进风力、光伏发电等国产设备示范工程，推动装备的标准化、系列化，逐步提高新能源在能源消费结构中的比重。生物产业方面。面向健康、农业、环保、能源等领域的重大需求，充分发挥自治区特有的资源优势和技术优势，努力在关键技术和重要产品研制方面实现新突破，提高生物医学、生物环保、生物农业的自主创新能力，积极发展基于非粮原料的下一代生物能源，加快生物基材料的发展，加强生物资源的保护，做大

做强生物产业。新材料方面。大力开发稀土新型材料、电子信息材料、能源材料、航空航天材料、新型化工材料等，加强材料、工艺、装备的技术集成，发展推广短流程、低能耗、轻污染、少排放、可循环的材料制造技术，建设先进的材料性能评价和质量保证体系。信息产业方面。积极承接东部地区产业转移，大力发展软件产业和基于信息通信技术的服务外包，支持研发设计服务专业化发展，推进知识产权服务、工程设计等专业技术服务领域的市场。节能环保产业方面。重点开展以绿色、低碳、循环经济为标志的节能、降耗、减排技术、清洁生产研发、装备制造和成果推广，开发清洁环保创新产品。在生态保护、沙尘治理、节水、耕作制度、荒漠半荒漠草原可持续发展等方面，开发先进适用的创新技术及产品。装备制造产业方面。发挥在重型车辆、工程机械、现代农牧业装备以及铁路产品技术水平的产业优势，重点发展重型汽车、铁路车辆、矿山机械、现代农牧业装备、食品机械、工程机械、军品装备，以及风电、光伏、核电关键零部件和整机装备为主导的优势特色产业集群，形成风机制造、矿山机械等特色产业链。

2. 坚持科学规划合理布局，强化区域创新能力建设

认真贯彻落实国家发展改革委《加强区域产业创新基础能力建设工作指导意见》，加强区域创新体系建设。根据区域产业发展优势和特色，加快培育呼和浩特生物产业基地、包头稀土新材料和装备制造基地，统一规划产业布局，促进产业积聚。扶持重点企业加强技术创新能力建设，加快新技术、新产品开发，扩大产业规模。根据不同地域的特点和优势，积极培育建设现代中蒙医药、机械制造、资源综合利用、风机光电设备制造等一批地方特色产业链，促进协作配套和产业延伸。

加强区域创新平台建设。积极争取国家支持，充分利用京蒙合作和产业转移的有利机遇，加快推进国家地方联合工程研究中心、国家地方联合工程实验室、京蒙联合工程研究中心和工程实验室建设。充分发挥重点高新技术企业的主体作用和重大建设项目示范带动作用，建设企业技术中心和企业研发中心，积极引进高端技术人才和管理人才，提升企业技术创新能力。支持和帮助自治区重点高等院校和科研院所，与国内外知名的高校和科研机构进行协作联合，解决自治区经济建设中亟需的关键和共性技术问题。加强技术交易市场和平台建设，搭建科研成果转化应用的桥梁，满足重点项目和重点企业的技术需求。

3. 主动承接信息产业转移，大力推进信息化建设

充分发挥自治区在区位、土地、能源等方面的优势，积极承接京津冀和东北地区信息产业转移。在统筹规划布局和与先进地区进行有效对接的基础上，按照主导产业突出、承接产业转移目标明确、产业规模较大、产业链条较长、协作配套水平较高等标准，选择符合自治区实际的具体项目，培育壮大电子信息产品专用材料产业，建设上下游关联、产业间配套、各具区域特色的电子信息产业集群。在产业规模大、研发能力强和骨干企业集中的"呼包鄂"地区和东部赤峰、通辽地区建设信息产业基地和园区，积聚优势资源，形成产业集群。

以建立和完善农村牧区信息基础设施和"三农三牧"综合信息服务体系为重点，组

织实施农村牧区宽带普及工程，推进农村牧区电信、广播电视和互联网发展。积极开发和整合农牧、水利、林业、气象、科技等涉农涉牧信息资源，构建业务应用支撑平台。加快教育科研信息化建设，继续发展农村牧区中小学远程教育，提高科研设备网络化应用水平，推动教育科研资源共享。积极推进医疗服务信息化，促进医疗、医药和医保联动。统筹规划和支持就业、社保、保障性住房等民生类信息系统建设，更好地发挥为民便民利民作用。

积极推进"三网融合"和两化融合。加快呼包鄂乌"两化融合"创新试验区建设，推动能源、冶金、装备制造、化工、农畜产品加工等传统产业和新能源、新材料等新兴产业信息化应用，强化生产过程在线监测、预警和控制，加快企业管理信息系统建设。发展基于信息技术的现代物流、金融服务、电子商务等服务业，开展鄂尔多斯云计算数据中心等一批重点项目的前期工作。

统筹电子政务规划和建设。充分利用现有网络资源，加强现有网络资源的整合，合理规划布局各地区、各部门网络建设，加快建设自治区电子政务外网、应急指挥平台、宏观经济监测与管理系统等重点建设项目，做好信息惠农、智能电网、欠发达地区普惠医疗服务、信息安全等试点工作。

内蒙古自治区发展和改革委员会

2010年辽宁省高技术产业发展情况与展望

一、2010年高技术产业总体情况

2010年，辽宁省高技术产业继续保持快速的增长态势，实现总产值（当年价）1 742.33亿元，同比增长33.4%，累计完成增加值（当年价）884.6亿元，同比增长23.6%，其中，规模以上高技术产业产品实现增加值464.1亿元，同比增长29.2%，高技术服务业实现增加值420.6亿元，同比增长17.9%。实现新产品产值（当年价）352.09亿元，同比增长21.7%，完成出口交货值527.22亿元，同比增长51.2%。

1. 电子及通信设备制造业发展迅猛

2010年，辽宁省规模以上电子及通信设备制造业实现增加值198.5亿元，同比增长30.9%，完成总产值756.2亿元，同比增长35.9%。见图1。以大连英特尔、华录集团、沈阳LG为代表的一批信息企业对行业推动作用明显，其中总投资25亿美元的大连英特尔项目12英寸（65纳米）芯片制造厂于2010年9月正式投产，月产量约达52 000片，正式达产后，年销售收入可达到200亿元；大连华录集团高清视盘机和高清投影仪均已实现量产，月产量分为10万台和5 000台，企业全年实现销售收入80.9亿元；在沈阳市的积极推动下，沈阳LG全面启动从CRT向大尺寸LCD转产改造，项目总投资8亿元，已完成投资4亿元，推动企业进入新的发展阶段。

2. 民用航空产业规模不断壮大

1—12月，辽宁省规模以上民用航空航天企业实现增加值38.96亿元，同比增长23%，完成总产值206.1亿元，同比增长27.7%（见图2）。沈阳民用航空高技术产业基

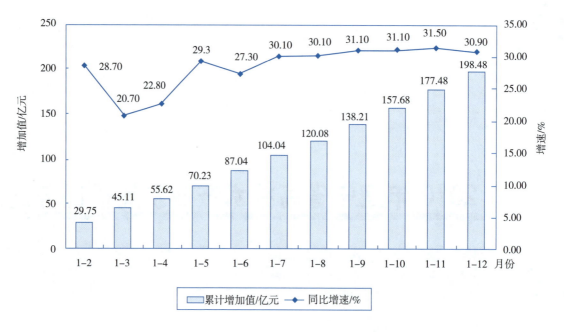

图1　1-12月电子及通信设备制造业增加值走势图

地的规模化壮大对辽宁省民用航空产业的发展具有积极的推动作用，截至目前，该基地已投产项目1个，在建项目4个，拟开工项目3个，正在推进项目10个。其中已投产的沈飞民机公司Q400飞机大部件转包项目，总投资11.6亿元，转包生产庞巴迪公司Q400飞机前机身、中机身、后机身、尾锥及舱门等大部件，交付额已达1.23亿美元。与加拿大庞巴迪公司联合研制的C系列进展顺利，为美国塞斯纳公司委托制造的L-162通用飞机实现第一期量产。

图2　1—12月航空航天器制造业增加值走势图

3. 医药制造业和医疗设备及仪器仪表制造业保持较快增速

1—12月，辽宁省规模以上医药制造业实现增加值123.3亿元，同比增长21.9%，实现总产值381.4亿元,同比增长22.8%;医疗设备及仪器仪表制造业实现增加值63.9亿元,同比增长29.9%,实现总产值239.7亿元,同比增长31.8%。医疗制造业的快速发展离不开龙头企业自主创新能力的增强,其中东软集团自主研发的PET(正电子发射断层扫描装置)已成功打进北美市场,2010年获得美国市场一次性6台订单,标志着辽宁省本土品牌国际化进程的进一步加快。

4. 高技术服务业蓬勃发展

1—12月,高技术服务业继续保持增长态势,实现营业收入907.7亿元,同比增长24.5%,实现利润148.2亿元,同比增长16.9%。其中信息传输、计算机服务和软件业发展快速,实现营业收入665.5亿元,同比增长24.8%,占高技术服务业总收入的73.3%(见图3),实现利润126.1亿元,同比增长12.6%,占高技术服务业利润总额的85.1%。东软集团管理型信息安全运维与应急服务项目、锦程国际物流集团国际海运信息服务系统、辽宁北方实验室信息安全测评公共技术服务项目等一大批信息服务平台项目的建成投产,推动了高技术服务业日益壮大。其中,沈阳金道物流综合信息服务试点现有注册会员数超过7万家,为其中15%~20%的物流企业提供信息服务和技术支持;大连锦程国际物流集团在国内首创国际海运信息服务系统,为海运物流企业提供规范科学的海运信息查询、发布和网上业务处理等服务,该服务系统已投入使用,全年实现成交金额130亿元、销售收入4 738万元,形成了年服务企业400万家以上的能力。

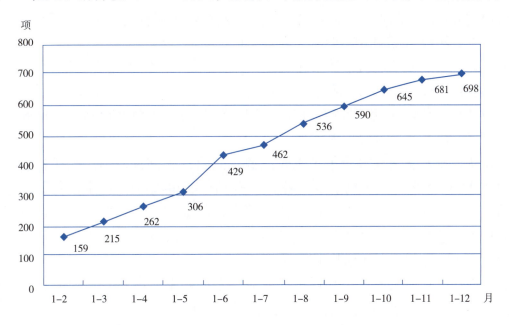

图3　1-12月高技术产业投资在建项目数量走势图

5. 高技术产业投资规模持续扩大

1—12月,辽宁省高技术产业在建项目698项,同比增长20.3%,其中新开工项目542项;计划总投资约1 082.6亿元,同比增长27.6%;累计完成投资约491.6亿元,同比增长24.7%;新增固定资产约213.9亿元,同比增长3.3%。区域上看,沈阳、大连、本溪三市是高技术产业项目的聚集发展区,在建项目数量分别为296项、87项和82项,三者之和占在建项目总量的66.6%。行业方面，在建项目主要集中在医药制造业、电子及通信设备制造业和医疗设备及仪器仪表制造业，在建项目数量分别为259项、186项和164项，占总数量的87.2%。

6. 高技术产业集聚效应得到发挥

国家软件基地、软件出口基地带动大连软件及信息服务产业进入了发展成熟期。目前，大连市软件及信息服务企业数量超过600家（其中包括35家世界500强企业在大连设立的分支机构），软件从业人数约6万人。大连的软件产业已形成软件园集群，培养起华信、海辉、亿达信息、欧力士、文思等一批高端软件和信息服务企业。沈阳软件服务业进入快速发展期，以沈阳国际软件园为代表、以浑南新区为主要聚集区的软件企业聚集发展成为辽宁省软件服务业后起之秀。此外，围绕航天工程、船舶电子、汽车电子、通讯服务等领域形成的企业集聚园区将加速大连软件的自主创新进程。

国家信息产业基地在其最大项目——英特尔12英寸（65纳米）芯片制造厂已投产之外，由SEMI（国际半导体设备材料产业协会）组团的约100家集成电路配套企业正在洽谈落户大连事宜，截至目前已有18家落户。同时，大连本土的龙头企业如中国华录、环宇集团、辽无二集团等纷纷通过加大自主创新投入，增强了参与全球电子信息产品制造领域竞争能力，成为大连信息产业的中流砥柱。

国家新材料产业基地已有大连融德航天航空动力合金特种材料项目、台湾丽昌新材料有限公司的先进碳材料项目、大连合生科技开发有限公司双金属复合管项目等20个新材料项目落户，2010年实现销售收入130亿元以上。

本溪生物医药产业基地已累计入驻项目188个，其中：生产类项目125个，科研类项目32个。项目投资总额373.53亿元，重点发展大病种常用药、新型制剂、精深加工中药饮片、道地药材大品种开发、生物疫苗、基因工程药物、新型医疗器械、保健食品等产品，预计项目全部达产后可实现销售收入617亿元。

锦州光伏产业发展聚集区聚集了阳光能源、博阳光伏科技、华昌光伏科技、新世纪石英玻璃等23家企业，已形成了以工业硅、多晶硅、单晶硅、硅片、太阳能电池及组件、非晶薄膜电池等为主导产业，以光伏工程设计与安装、石英材料、高纯石墨、氮化硅、电极材料、逆变器、控制器等为光伏系统配套产业的较完整的光伏产业链。锦州光伏产业产值达100亿元，同比增长106%。

沈北通信产业基地已形成中兴通讯产业园、上海晨讯通讯科技产业园、新邮通通讯科技产业园、德信手机产业园、科诺手机产业园等重点园区，聚集了一大批知名企业。生产手机主板、模组、3G可视手机、核心网、基站设备等近千种高技术产品，获得手机生产设计发明专利133项，手机年生产能力达1 000万部，全年实现产值270亿元。

7. 自主创新体系日益完善

目前，辽宁省自主创新平台建设取得丰硕成果，已建设起省级企业技术中心393个、国家级31个，省级工程研究中心21个、国家级12个，省级工程实验室37个、国家级3个。另有辽宁省农科院与丹东农科院联合申报的玉米工程实验室已通过国家初审。2010

年，沈阳、大连市在全国创新型城市评选中脱颖而出，被国家发展改革委确定为国家创新型城市，为增强辽宁省自主创新能力将起到进一步促进作用。

在已建成的创新平台中，特变电工沈阳变压器集团"特高压变电技术国家工程实验室"重点突破了电磁、强度、温升、绝缘等核心技术，开发出自主知识产权的创新成果30项，获得发明专利5项，并获得国家科学技术进步一等奖、中国机械工业科学技术特等奖等多项奖励。大连艾科科技"微波光电子工程研究中心"研究开发的40G亚微米级激光焊接机、10G小型化可插拔式光发射次模块性能指标达到国际先进水平，增强了企业的核心竞争力。

8. 国家高技术产业发展项目成果显著

2010年，辽宁省在建的国家高技术产业发展项目66个，这些高技术产业化项目的建设，在为企业带来巨大效益的同时，也提升了企业的行业地位。其中：沈阳国际软件园软件公共服务平台项目总投资3.186亿，2010年底入园企业达20家，与30余家企业签订入驻协议，包括航空、装备制造、计算机智能技术等众多领域科技型企业，全年实现销售收入9.5亿元；芯源公司研发的8～12英寸集成电路制造匀胶显影设备技术指标和性能达到国际先进水平，打破了国外产品的垄断局面，对于促进我国集成电路装备产业发展具有重要意义；东软研发的下一代互联网高性能流量深度净化与控制系统，针对下一代互联网中异常流量处理问题专门提出了全新的解决方案，有效地滤除恶意有害的流量，对于我国下一代互联网健康安全发展提供了强有力的技术产品保障；辽宁园艺种苗有限公司茄果类设施蔬菜新品种繁育项目成功利用细胞生物学技术和分子技术，研究开发出甜辣椒和辣椒的花药培养技术，改变了传统的自交系统选择法，有效地将育种周期缩短了4～5年。

二、2011年高技术产业发展环境分析

1. 有利条件

一是国家将加快经济发展方式转变的力度，这为高技术产业的发展提供了难得机遇。同时，国务院下发的《国务院关于加快培育和发展战略性新兴产业的决定》，也为以高技术产业为代表的新兴产业发展提供了有利的宏观环境。

二是国家继续实施东北地区等老工业基地振兴战略，辽宁沿海经济带、沈阳经济区已发展上升为国家战略，这些都为辽宁省高技术产业发展提供了良好的发展空间。

2. 不利条件

一是为防控通胀，我国货币政策将由适度宽松转向稳健，由于银行存款准备金上调和加息的影响，增加了中小高技术企业的融资难度。

二是全球经济复苏缓慢，将进入一个长期低速增长期，全球消费增长不容乐观，各国出于保护本国就业的需要，贸易保护主义将有所抬头，我国产品出口将面临更高的贸

易壁垒，出口增速会非常有限。

3. 主要指标

2011年，预计全年辽宁省高技术产业增加值可实现1 080亿元，同比增长20%以上。

三、2011年主要任务

1. 加快培育新兴产业

按照《辽宁省人民政府关于加快发展新兴产业的意见》，从辽宁省省情和科技、产业基础出发，培育一批发展潜力大、带动作用强的新兴产业是2011年工作的重中之重。在电子信息领域，紧紧围绕国家《电子信息产业振兴规划》中明确的集成电路、通信、数字音视频、计算机及下一代互联网、软件、电子基础产品等重点产业领域，形成以英特尔、华录、清华同方、新邮通、路明集团、东软等龙头企业为带动，以沈阳、大连为核心，沿海经济带和沈阳经济区为支撑，各市具有地方特色的产业基地和园区为辐射的发展新格局。在生物技术领域，生物医药产业重点做好生物技术药物、化学创新药物、现代中药及医疗器械的发展，加强生物制药提纯、筛选、创制、安全评价、临床研究等环节的技术开发和应用，支持辽宁成大、三生制药、辽宁诺康、珍奥集团等重点企业的狂犬病、乙肝等疫苗、生物药品和医疗器械的研发及产业化。生物育种产业坚持常规生物育种和现代高技术生物育种"两条腿"走路，加强创新能力建设，加快先进技术和成果的引进，建立公益性农作物、畜牧、水产种质资源（基因）库，重点支持沈阳伟嘉牧业新型饲用淀粉液化芽孢杆菌抗菌肽、沈阳科丰牧业动物益生素—抗菌肽—生物酸复合制剂等一批国家高技术项目的建设。在新材料领域，以沈阳化工股份有限公司、中科院沈阳金属研究所等单位为依托，重点发展纳米靶向药物、纳米基塑料等纳米材料。以大连理工大学和中科院大连物理化学研究所等单位为依托，重点发展纳米信息材料、纳米能源材料、纳米粉体材料、纳米发光材料、纳米催化材料、纳米碳纤维等产品产业化。以鞍钢、本钢及辽阳忠旺等企业为依托，重点发展特殊钢、精品钢、铝型材、镁质材料等。在民用航空推进中航集团和沈阳市的全面战略合作。继续抓好冲8－Q400飞机、C系列、ARJ21飞机的研制生产任务。抓住东北地区成为低空领域开放试点的机遇，加快赛斯纳等通用飞机的产业化步伐，以此推动辽宁省通用航空产业的发展，使其成为辽宁省经济发展的新亮点。在新能源领域，以光伏产业链为重点，逐步向硅材料等上游核心产业延伸，重点发展多晶硅、单晶硅、硅锭、切片、电池、组件以及光伏产业配套的高纯石墨、切削液、LED光源组件、控制系统等光伏产业主导产品和配套产品的生产，形成完整的晶硅电池产业链；配套发展光伏玻璃、非晶薄膜电池、高效非晶硅薄膜电池等非晶电池产业链，完善光伏产业链条，提升技术含量及产品附加值。加快建设沈阳博尼斯（沈阳）硅业有限公司投资25亿元，年产3 000吨多晶硅项目。风力发电产业以华锐为龙头，重点研发3兆瓦以上整机装备，以替代进口，推动行业健康发展。在节能环保领域，围绕石化、冶金、建材、电力、煤炭等重点行业，开发节水、燃煤工业锅炉节能、余热余能利用、节电等关键技术和装备；发展空气污染防治、固体废物处理、低噪声、电磁污染及光污染控制、核电磁辐射安全防护等环保产业关键技术和装备；发展以废旧物品回收利用为重点的循环经济关键技术和装备。

2. 努力增强自主创新能力

增强自主创新能力，提高技术扩散、技术转移、技术辐射能力，为振兴辽宁老工业基地提供重要技术支撑。一是围绕辽宁省新兴产业发展，新建一批省级工程研究中心、工程实验室，壮大省级自主创新体系。二是在辽宁省具有产业优势的数控控制总线技术、中药质量控制技术、航空钛合金构件制造及装备、网络化控制等省级工程实验室和工程研究中心，择优向国家申报，争取1~3个项目上升为国家级创新平台或国家与地方联建平台，为地方优势产业发展提供强大技术支持。

3. 抓好重大高技术产业化项目建设

高技术产业化重大项目是发展壮大高技术产业的重要手段。2011年要紧紧围绕电子信息产业振兴等重点专项，筛选一批技术基础好，市场前景广阔，企业承担能力强，准备和正在实施技术改造，配套资金、环保、土地等建设条件完备的项目上报国家，争取一批项目列入国家专项。

4. 大力促进信息技术应用

大力推广信息技术应用，使之成为改造提升传统产业、促进社会事业发展的重要手段。一是积极推动"三网融合"。围绕电信网、广播电视网和互联网融合发展，抓好大连市三网融合试点工作，以华录、环宇阳光集团等骨干企业为龙头，开展基于下一代互联网和三网融合的"数字化城市"、"数字化生活"服务系统工程、文化信息资源共享工程、智能城市交通、城市安防管理系统工程等。二是做好电子商务应用。推进锦程国际物流加大网络布局建设，加强海外代理开发与合作，实现业务跨越式增长；支持金道物流申请国家物流信息化标准以及与世界最大的电子商务集团——阿里巴巴开展物流信息化方面的合作。以成功应用物流信息化系统的企业为示范，进一步扩大物流公共信息平台的覆盖面。三是发展电子政务。做好辽宁省"省市县"三级党员、干部、人才等组织干部信息管理系统建设；发展沈阳基础教育下一代互联网应用，建立"IPV6应用体验中心"，普及"数字化校园"；进一步强化公共卫生事件医疗救治信息系统的应急保障功能等，不断发挥这些重点项目的应用示范作用，推动辽宁省电子政务水平再上新台阶。四是鼓励大型骨干企业信息化应用。鼓励装备制造、石化、航空航天、铁路、电力、电信等重点行业企业建立信息化工程实验室，加强关键共用技术开发及推广。以北方电脑有限公司为示范，积极发展面向大中型装备制造企业的信息系统外包服务，全面开发和引进应用于装备制造业的软件产品，实现制造业的现代设计、制造、管理等关键技术的突破，全面提升制造业的生产组织模式和管理模式。加快高能耗、高物耗和高污染行业的信息化改造，充分挖掘利用各种潜在的信息资源，促进节能降耗、控制污染、保护环境。

5. 积极促进产业聚集

继续发挥好辽宁省民用航空、软件、软件出口、新材料、信息产业等国家级高技术产业基地的集聚带动作用的同时，尽快发展壮大锦州光伏、本溪生物医药、沈阳通信等3个省级高技术产业基地。

锦州光伏产业基地要推动15个已开工建设项目尽快达产，加快新建项目及新签约项目建设步伐，到2011年底，要实现产业产值200亿元。本溪生物医药产业基地开工及运营项目要达到150家，扶持园区内辽宁修正生物制药、成大生物、东北制药集团辽宁生物医药、天士力、开普医疗系统、美罗君元等重点医药企业发展，到2011年底达到产值110亿元。沈北通信产业基地要推动19个开工项目建成投产，重点发展基地内中兴通讯产业园、上海晨讯通讯产业园，新邮通讯产业园等重点园区发展，2011年达到产值200亿元的目标，为实现五年打造"千亿手机产业基地"做好开局。支持抚顺先进能源装备、朝阳新能源电器、辽宁万家数字技术、抚顺碳纤维、盘锦海洋工程装备制造、营口渤海科技城、鞍山海城菱镁新材料等具有地方特色的产业集群发展。

6. 积极发展辽宁省高技术服务业

充分发挥沈阳、大连两市的区位优势及技术和人才的比较优势，加快建设国家级高技术服务产业基地。沈阳要突出浑南、沈北、铁西"两极三带"产业聚集区特色，针对物联网、云计算、软件服务、数字文化、研发设计服务等重点产业，打造一批标志性示范工程，建设一批公共创新平台。大连要加快基地核心区建设，大力推进技术研发、工业设计、创意产业、成果转化、动漫产业、生物技术、科技服务等相关的高技术服务产业发展。在沈阳、大连的试点带动作用下，要使辽宁省高技术服务业产业结构不断优化，产业竞争力持续增强，2011年，辽宁省高技术服务业要实现增加值430亿元，同比增长15%。

7. 推动建立辽宁省新兴产业创业投资基金

积极争取国家在辽宁省设立1~2只新兴产业创新投资基金，以进一步促进辽宁省中小高新技术企业融资渠道多元化，扶持创新型企业快速发展。

辽宁省发展和改革委员会

2010年吉林省高技术产业发展情况与展望

一、高技术产业运行情况

1. 总体情况

2010年，吉林省高技术产业以推进战略性新兴产业发展为核心任务，着力发展壮大高技术产业基地、提升自主创新能力、改善发展环境，围绕光电子信息、生物、新材料、现代农业等重点领域，实施高技术产业化重大专项，组织开展产业化前期关键、共性技术研发专项，加快推进工程研究中心、工程实验室建设，全面提升电子政务、电子商务等国民经济和社会信息化建设水平，研究制定"十二五"规划和鼓励发展高新技术产业的政策意见。高技术产业保持了较好的发展态势。

吉林省高技术产业保持高速增长态势。2010年吉林省实现高技术产业总产值720.73亿元，同比增长33.22%；实现新产品产值113.21亿元，同比增长44.08%；实现工业销售产值687.80亿元，同比增长34.32%。实现出口交货值6.76亿元，同比增长8.33%。长春禹衡光电编码器等27个高技术项目投产运行，壮大了高技术产业实力。

2. 主导产业呈现快速健康发展态势

——信息产业平稳增长。2010年，电子及通信设备制造业实现产值65.75亿元，同比增长25.41%，实现出口交货值2.22亿元，同比增长47.56%。电子计算机及办公设备制造业实现产值6.80亿元，同比增长19.83%。信息化学品制造实现产值3.2亿元，同比增长66.03%。长春新产业光电子技术有限公司工业用高功率激光器等30个信息产业振兴和调整改造项目进展顺利，建立了吉林省国家汽车电子产业风险投资基金。

——生物产业规模不断提升。其中,具有代表性的领域——医药制造业继续保持强势增长。2010 年,吉林省实现医药制造业产值 594.63 亿元,同比增长 34.86%,实现出口交货值 3.57 亿元。生物制造、生物农业、生物能源等领域均保持了较好的发展势头。长春大成公司与国家开发银行签订金融合作协议,化工醇项目第一批贷款融资 80 亿元;与国家开发银行签订协议建设通化市国家新型工业化产业(医药产业)示范基地。集安益盛人参优质高产栽培技术推广与产业化、吉林中森万亩防风野生规范化种植等一批项目进展顺利。建立吉林省国家生物产业风险投资基金。

——自主创新能力建设进一步加强。吉林省共有国家级工程研究中心 2 家,国家级工程实验室 2 家,省级认定工程研究中心 30 家,省级认定工程实验室 34 家;国家认定企业技术中心 13 家,省级认定企业技术中心 136 家。

二、2011 年高技术产业发展分析预测

从宏观形势分析,2011 年吉林省高技术产业发展的影响因素有利有弊。一是积极的财政政策及吉林省启动实施的投资拉动战略,将有力地促进高技术产业发展。二是国家发展战略性新兴产业的重大决策,吉林省《加快培育和发展战略性新兴产业的实施意见》、《吉林省战略性新兴产业发展"十二五"规划》的出台,以及实施服务业跨越计划、战略性新兴产业培育计划等,将有力地促进高技术产业做大做强。同时,国家实施的稳健货币政策,也会使吉林省部分高技术产业,感受到信贷资金紧张的压力。总体看,吉林省高技术产业将继续保持平稳、高速、健康发展态势。

三、2011 年主要工作

2011 年是"十二五"规划的开局之年,国家将采取积极稳健宏观经济政策,保持经济平稳发展,加快推进经济结构战略性调整,扎实发展战略性新兴产业。2011 年是振兴吉林老工业基地、加快经济发展方式转变的关键一年。吉林省把加快培育和发展战略性新兴产业作为统筹推进"三化",实施"三动"战略重大举措。

(1) 做好"十二五"规划的组织实施工作。2011 年是"十二五"的第一年,也是贯彻落实"十二五"规划,起好步开好头的关键一年,按照省委省政府的要求,精心组织科学安排,实现"十二五"开门红。

(2) 推进战略性新兴产业。按照国家和省委省政府要求,全面启动战略性新兴产业发展规划,落实财政专项资金并出台资金管理办法,研究出台土地、税收等支持政策。配合完成国家产业技术和产品指导目录的编制,出台省里的产业指导目录;完成各领域专项规划编制工作。积极推进生物化工、新材料、新能源汽车等重点产业取得重大突破。

(3) 加强高技术产业调度及运行分析。加强高技术产业发展趋势跟踪和高技术产业统计分析,建立和健全统计分析和监测预测系统,提高对相关产业发展的前瞻性和预测能力,建立和完善信息、生物等高技术产业相关产业领域的业务数据采集通道。联合省统计局、科技厅、工信厅等部门,做好吉林省战略性新兴产业发展监测分析。

(4) 抓好产业基地和产业链建设工作。按照国家组织实施区域特色高技术产业链和推进

战略性新兴产业集聚地建设的工作部署，重点组织实施人参产业链建设；启动一批省级战略性新兴产业基地建设，重点抓好规划编制和政策等环境建设，积极争取进入国家基地布局。

（5）做好国家高技术产业专项组织申报和建设管理工作。围绕国家组织实施的高技术产业重大专项，结合吉林省特色优势，重点围绕信息、生物、现代中药、新材料、新能源等做好高技术项目的组织申报工作，同时根据国家高技术产业项目管理办法，做好在建高技术项目的调度管理和协调服务工作，加快推进项目建设进度。

（6）做好产业技术研发和高技术产业化专项组织实施工作。认真做好产业技术研发和高技术产业化专项的组织实施工作，围绕高技术产业重点领域，针对制约产业发展的关键、共性技术瓶颈，采取公开招标和合作研发等方式，有针对性地组织开展产业技术研发专项组织工作，集中力量，集成优势，力争有所推进、有所突破，促进吉林省产业技术进步。

（7）推进高技术产业基地建设。切实推进长春国家光电子产业基地、长春国家生物产业基地、通化国家生物产业基地建设，完善基地协调机构，理顺基地建设管理体系，研究和探索有利于基地发展的运行机制；研究提出高技术产业基地建设发展的相关政策、措施，营造良好的创新创业环境，吸引企业、科研机构及相关要素聚集；开展基地支撑条件和公共平台布局，加快实验动物中心、公共实验中心、医药中试生产中心等公共平台建设，支持合作共建、资源共享；加大基地投入力度，发展创业风险投资，积极开展融资和争取银行贷款支持，拓宽基地建设资金筹集渠道。

（8）加强信息化建设。扎实推进电子政务，大力发展电子商务。支持发展面向企业和公众的公共服务，提高企业信息化水平。发展先进网络文化，建设公共文化信息服务体系，进一步推进文化信息资源共享。有序推进教育、文化、公共卫生、劳动和社会保障、灾害预警和救灾等社会公共领域的信息化建设。用信息化技术，提高减灾防病、突发公共卫生事件处理能力。

（9）提高自主创新能力。抓住国家政策机遇，发挥基础优势和区位优势，突出重点、带动整体，整合资源、创新机制，全面提升区域创新能力。切实推进已经认定的64家省级工程研究中心、工程实验室建设，加强资源整合，加大投入力度，支持10~20家自主创新能力建设载体实施创新平台项目建设；推进艾滋病疫苗工程实验室、药物基因和蛋白筛选工程实验室等向国家队迈进，力争全年吉林省有2家工程实验室、工程研究中心纳入国家计划；围绕信息、生物、节能减排等重点领域，新增认定工程实验室、工程研究中心16家，使自主创新能力建设载体总数达到80家；建设和完善国家（省）认定企业技术中心，建立110家企业技术中心动态数据库。

（10）重大问题调查研究。研究提高自主创新能力、建设技术研发及创新基地的思路和建议；围绕三网融合、软件和集成电路、数字电视、生物、产业化等产业政策的出台，研究促进相关产业和领域发展的政策措施；研究和探索加快吉林省高技术产业融资和创业投资发展等有关问题；研究制定省工程研究中心、工程实验室认定、建设和管理办法；围绕吉林省经济发展的重点领域，研究规划特色高技术产业链，重点研究考虑玉米生物技术产业链，探讨区域特色高技术产业发展的新模式。

吉林省发展和改革委员会

2010 年黑龙江省高技术产业发展情况与展望

2010 年，黑龙江省全面贯彻落实党中央、国务院"扩内需、保增长、培育战略性新兴产业"的战略方针，以贯彻省委建设"八大经济区"和实施"十大工程"战略部署为统领、以发展新材料、生物、新能源装备、新型农机装备、交通运输装备、绿色食品、煤化石化、矿产经济、林产品加工业、现代服务业等十大产业为重点，以实施产业结构调整重大项目为突破，积极承接产业梯次转移，加快利用高新技术改造、提升传统产业步伐，黑龙江省高技术产业稳步、健康发展。

一、2010 年黑龙江省高技术产业发展情况

黑龙江省深入落实科学发展观，以增强自主创新能力、促进科学发展为战略主线，精心组织实施重大科技专项和重点科技项目，科技支撑引领能力明显增强，有效支撑了经济发展方式转变和产业结构优化升级，大批科技成果实现产业化，在东北老工业基地振兴、建设创新型省份和全面建设小康社会中发挥了强有力的支撑作用。自主创新能力进一步提升，"十一五"期间，黑龙江省综合科技水平在全国排序中呈逐年上升趋势。在三峡工程、北京奥运、航天航空等国家重大工程中，取得了一批享誉国内外的创新成果。共获得国家级奖励 91 项，专利申请量由 2006 年的 6 535 项提高到 2010 年的 10 296 项。科技成果转化实现新突破。科技成果登记由 2006 年的 997 项提高到 2010 年的 1 453 项，应用成果转化率达 81.9%；共认定登记技术合同 1 633 项，成交金额 51.8 亿元，优选了 109 个高新技术成果进行重点推广和示范，加速了科技成果向现实生产力的转变。

创新体系建设进一步加快。以企业为主体的创新体系、以高等院校和科研机构为主力的知识创新体系和社会化、网络化的科技中介服务体系快速发展，区域技术创新体系进一步完善。目前黑龙江省拥有国家级企业技术中心 11 个、国家工程研究中心 3 个，国

家级产业基地 2 个，围绕战略性新兴产业培育和重点产业振兴、重点行业发展，构建了大豆、奶业、高性能纤维及先进复合材料等 9 个产业技术创新战略联盟，搭建了黑龙江省科技创新创业共享服务平台，科技创新基础能力和公共科技服务能力建设取得突破性进展和明显成效，科技资源配置更加优化高效，产学研合作实现新突破，高技术产业发展成效显著。2010 年中航工业哈尔滨东安发动机（集团）有限公司被认定为国家级企业技术中心，省农科院国家玉米工程实验室建设项目通过国家审核，项目单位按照要求进一步完善了相关建设条件。哈尔滨焊接研究所高效焊接新技术工程中心二次创新能力建设项目完成评审工作，等待国家批复。

黑龙江省生物工程与医药、新材料、航天航空、先进装备制造、新能源、电子信息、光伏产业等具有特色优势的高技术产业群逐渐发展壮大。据省统计局统计，黑龙江省高新技术产值由"十五"末期的 1 301 亿元增加到 2010 年 3 941 亿元，高新技术产值年均增长 24.3%。

省发改委积极争取国家高技术产业补助资金，黑龙江省黑龙江金日光电科技有限公司晶体硅太阳能光伏产业化等 10 个项目列入 2010 年电子信息产业振兴和技术改造专项中央预算内投资计划，争取国家补助资金 4 200 万元，电子信息产业中小企业技术改造专项 10 个项目，争取国家补助资金 935 万元。省发改委积极谋划推进重大项目，在省产业结构调整重大项目专项中重点推进了 11 个高技术产业化项目，安排了省产业结构调整重大项目专项资金 3.3 亿元，项目总投资 79.74 亿元，项目涵盖了光伏新材料、电子信息、生物、新能源等多个高技术产业领域。

二、2010 年高技术产业工作情况

（一）启动了《黑龙江省战略性新兴产业"十二五"规划》编制工作

2010 年 3 月初启动了《黑龙江省战略性新兴产业"十二五"规划》编制前期工作。按照突出思想性、战略性、完整性、特殊性和可能性的原则，结合国家发改委工作动态和黑龙江省实际，经过认真研究讨论，首先制定了黑龙江省战略性新兴产业发展规划编制工作方案，并组织省科工委、省机械工业协会、省医药工业协会等九个行业部门召开了专家座谈会，听取了专家学者对黑龙江省发展战略性新兴产业的意见建议，系统探讨了黑龙江省战略性新兴产业的领域界定、发展目标、发展重点等问题，初步形成编制规划的第一手材料。目前，规划文本已基本完成。为切实增强规划的操作性，我们积极完善梳理规划重点项目，谋划储备了近 800 个高技术产业类项目，在广泛征求专家和相关部门的意见和建议后，择优纳入规划中。黑龙江省人大常委会第二十次会议上对黑龙江省《关于战略性新兴产业发展情况的报告》给予肯定。

（二）自主创新能力明显提升

（1）创新成果成绩显著。专利申请量、授权量大幅攀升，专利申请量、专利授权量分别由 2006 年的 6 535 项、3 622 项增加到 2010 年的 10 296 项、5 079 项；科技成果登记

由 2006 年的 997 项提高到 2010 年的 1 453 项，应用成果转化率达 81.9%；共认定登记技术合同 1 633 项，成交金额 51.8 亿元，并优选了 109 个高新技术成果进行重点推广和示范，加速了科技成果向现实生产力的转变；共获得国家级奖励 91 项，其中国家科技进步奖 73 项（特等奖 4 项），国家自然科学将 16 项，国家技术发明奖 2 项，知识产权创造能力显著提升。

（2）创新体系加快建设。中航工业哈尔滨东安发动机（集团）有限公司被国家发改委认定为第十七批享受国家优惠政策的国家级企业技术中心，并在深圳高交会获得授牌荣誉。目前黑龙江省累计拥有 11 家国家级企业技术中心，国家工程研究中心 3 个，国家级产业基地 2 个，国家工程技术研究中心 4 个，国家级重点实验室 7 个，国家级大学科技园 4 个，国家级火炬计划特色基地 11 个，国家级示范生产力促进中心 8 个。同时为推进黑龙江省创新建设，参照国家相关办法，批准了第二批省级工程研究中心和工程实验室组建方案，哈尔滨医科大学中俄眼科省级工程研究中心等 5 家企业认定为省工程研究中心。启动建设了省农科院国家玉米工程实验室建设项目、哈尔滨焊接研究所高效焊接新技术工程中心二次创新能力建设项目，并将该项目上报到国家发改委高技术司，目前已分别通过国家审核和完成项目的评审工作。

（3）产学研合作实现新突破。共组建了 14 家产业技术创新战略联盟（大豆、乳业和马铃薯为国家级联盟），成员单位达到 383 家，省内外 229 家企业、79 家高等院校、73 家科研院所，形成了联合开发、优势互补、利益共享、风险共担的合作机制。建立了哈尔滨汽轮机厂有限责任公司等 7 家企业院士工作站。

（4）科技创新体制机制日趋完善。出台了《黑龙江省人民政府关于加快科技创新体系建设，促进科技成果产业化的若干意见》、《黑龙江省创业投资政府引导基金管理办法（试行）》等一系列相关办法、意见，激励了科技人员创新创业的积极性，营造了良好的科技创新创业的发展环境。

（三）产业基地建设加快，产业集聚作用显现

哈尔滨市生物产业和民用航空产业是国家发展改革委批准认定的国家高技术产业基地。近年来，两个国家高技术产业基地的各项经济指标继续保持平稳增长，核心特色产业不断发展，产业规模不断扩大，产业聚集度进一步提升，对经济的拉动作用明显。

1. 生物产业基地

为落实党中央、国务院关于扩大内需、促进经济增长的重大战略决策，用好用足国家补助资金，省发改委从加快发展生物产业、创新发展模式、转变经济发展方式的实际需要出发，以哈尔滨国家生物产业基地为主要依托，在黑龙江省生物产业领域积极谋划和组织实施了一批核心力强、经济效益好的自主创新和产业化项目。哈尔滨同一堂药业有限公司年产 3 亿粒参灵通络胶囊、珍宝岛制药有限公司注射用骨肽产业化等 39 个项目获得国家发改委立项批复，国家补助资金 1.7 亿元。省科技厅在生物医药、生物环保、生物能源、生物农业等领域重点支持了紫杉注射液的研制、畜禽废水高效强化处理工艺及生物资源化技术、生物发电与废水处理一体化电池体系的研究等 296 个科技项目，支

持经费1.06亿元。在生物医药、农业生物技术及生物质能源等领域有9个项目列入科技部国际科技合作计划，国拨经费累计1 323万元，获得科技部"重大新药创制"科技重大专项项目12个，国拨经费累计3 050万元；获得国家科技成果转化资金农业项目15个，国拨经费累计880万元。

2. 民用航空产业基地

按照国家对基地建设的有关要求和部署，编制完成了《哈尔滨国家民用航空产业基地发展规划》，同时，积极进行项目储备，征集民用航空产业基地项目。在国家扩大内需的新形势下，先后谋划建设了两批共24个民用航空产业基地产业化项目。哈尔滨飞机工业集团有限责任公司波音787复合材料部件转包生产、哈尔滨飞机工业集团有限责任公司4吨级直升机等6个民用航空产业项目在国家发改委立项批复。项目总投资48.1亿元，争取国家支持资金11.13亿元。在建的哈飞空客复合材料制造中心、Y12F飞机研制、Z15直升机研制、波音787飞机复合材料部件转包生产、4吨级系列直升机产业化等45个产业化项目建设进展顺利，2010年累计完成投资27.75亿元，预计项目建成后，实现销售收入46亿元，利润11.67亿元，税金5.75亿元。哈尔滨航空工业（集团）有限公司技术中心创新能力项目建成投产，并通过验收。哈飞空客复合材料制造中心项目总投资20.6亿元，已列入2011年省产业结构调整重大项目，争取省产业结构调整资金。

（四）组织开展重大项目的调研论证工作

按照领导批示及工作安排，省发改委对汉能控股集团薄膜太阳能电池项目、哈尔滨天顺化工科技开发有限公司高性能碳纤维项目、中国电信集团系统集成有限责任公司黑龙江分公司黑龙江省建三江农场智能农业大棚系统项目、大庆红光科技公司"汉宇通"语言学习系统项目、绥化市光伏材料产业园等项目进行了系统的调研论证，掌握了项目进展的实际情况，并及时形成调研报告上报省委、省领导分别给予明确批示，为省委、省政府决策提供辅助决策支撑。

（五）黑龙江省多家企业荣获国家发改委授牌殊荣

为充分发挥国家高技术产业化示范工程项目的带动示范作用，省发改委积极向国家发改委推荐黑龙江省高技术产业化示范工程项目授牌和国家企业技术中心的认定申报工作，黑龙江强尔生化技术有限公司宁南霉素、大庆田丰生物工程有限公司奶牛优良品种性别控制繁育等6个高技术产业化项目在全国生物产业大会上被授予"国家高技术产业化示范工程"牌匾；在第十二届高交会上，国家发改委又对经济效益突出、运行情况良好的战略性新兴产业、高技术产业项目进行了授牌表彰。黑龙江省海格科技全集成红外接收器、哈尔滨信诺科技有限公司信息安全认证系统等3个高技术产业化项目被授予"国家高技术产业化示范工程"牌匾，哈东安发动机被授予"国家认定企业技术中心"牌匾。

（六）加快重大项目建设，推进产业结构调整和优化

根据省政府第28次专题会议精神，按照省政府提出的"重新研究筛选10~20个产

业结构调整重大项目，要在3~5年内实现销售收入50亿元~100亿元"的要求，省发改委通过深入企业调研、召开座谈会等形式，认真分析研究，围绕黑龙江省战略性新兴产业发展，第一批重点筛选推荐了牡丹江旭阳太阳能科技公司非晶硅薄膜太阳能电池、哈尔滨天顺化工科技公司高性能碳纤维原丝、碳丝建设等7个科技含量高、对黑龙江省调整产业结构有积极促进作用、未来能够形成新的经济增长点的省产业结构调整重大项目，省产业结构调整专项资金支持额度为3亿元，共引导企业投入资金66.4亿元，财政专项资金投入与企业投入比例达到1:22，充分发挥了政府资金"四两拨千斤"的作用。组织实施第二批省产业结构调整重大项目中，省发改委筛选推荐了黑龙江中惠高效节能环保低温辐射电热地膜供暖系统、黑龙江杰隆年产10 700吨动物源性蛋白产品等4个对黑龙江省产业发展有拉动作用的重点项目。一批产业结构调整重大项目的扎实推进，将使黑龙江省现代装备、光伏产业、新能源、电子信息、生物等领域的优势得到进一步增强，带动了黑龙江省重点产业的集聚化、专业化、高端化发展。

（七）加快项目建设，全面开展项目验收工作

省发改委认真研究《国家高技术产业发展项目管理暂行办法》，本着求真务实的原则，加大对项目验收的督办、指导力度，采取切实有效的措施，项目验收工作取得显著效果。全面完成了1999年至2007年以来国家高技术产业发展项目验收任务。

三、2011年工作思路和主要任务

1. 开展促进战略性新兴产业及高技术产业发展相关政策的制定工作

（1）牵头做好《黑龙江省战略性新兴产业发展规划》完善工作。按照年初制定的工作计划，在广泛征求专家和相关部门的意见和建议的基础上，对《黑龙江省战略性新兴产业发展规划（初稿）》进行完善，计划上半年以省政府文件印发全省贯彻实施。配合好国家制定战略性新兴产业发展指导目录，以及做好设立国家战略性新兴产业专项资金的争取工作。

（2）为推进自主创新体系建设，指导和规范创新能力平台有序发展和高效运行，研究制定出台省级创新平台建设相关政策性意见。

（3）按照省委、省政府的统一部署，开展生物、光伏新材料等产业发展的推进工作，并编制切实可行的实施方案。

2. 积极推进重大项目建设，促进战略性新兴产业及高技术产业快速发展

（1）积极谋划重大项目。重点在新材料、生物、新能源等领域精心谋划技术含量高、市场前景好、竞争力强的项目，力争做到谋划一批、储备一批、实施一批，推进产业结构优化调整，逐渐形成创新驱动的发展模式。

（2）继续做好国家高技术产业项目的争取工作。按照国家高技术产业专项通知要求，将继续积极做好项目的组织、申报、争取工作，进一步完善项目申报条件，指导重点企

业认真筛选和策划项目，组织更多技术含量高、牵动性强的高技术产业化项目，争取国家更多的支持。继续做好省级工程研究中心、工程实验室的培育组建工作，重点做好国家工程实验室及工程中心、国家认定企业技术中心、国家创新能力专项以及区域产业创新基础能力建设的申报争取工作。

（3）省产业结构调整专项的组织实施工作。为充分发挥政府资金的引导和带动作用，加快黑龙江省产业结构调整步伐，2011年将继续做好省产业结构调整高技术类项目的储备、筛选工作；积极参与十大产业推进组工作，配合牵头部门积极开展生物产业、新材料产业的项目推进工作。

（4）加强续建项目管理，促进项目尽快建成投产。项目的验收工作一直是我们关注和重视的焦点，最近几年从国家到地方都加大了项目验收的推进力度。为保证项目及时验收，我们将严格把关，坚持原则性与灵活性相结合加强指导，督促各地市采取有效措施，协调有关部门，进一步加强在建项目管理，加快项目建设进度，继续做好项目验收工作。

3. 推动优势产业集聚和优化新兴产业布局

（1）推进两个国家级产业基地建设。加快推进哈尔滨生物产业基地、哈尔滨民用航空基地建设。促进生物产业、民用航空产业实现专业化、集聚化、跨越式发展。

哈尔滨生物产业基地：建设一批国内知名生物产业园区，培育一批国内知名的生物领域龙头企业，建立有利于生物产业快速发展的组织管理体系、技术支撑体系、投融资体系和政策法规体系。形成生物医药、生物农业产业集群发展，促进生物能源、生物制造、生物环保等产业快速发展。到2011年底，生物产业主营业务收入力争超过400亿元，重点支持15~20家成长性好的大型企业，实施30~40项重大产业化项目，建设4~6个具有鲜明特色的生物产业园区。

哈尔滨民用航空基地：加强创新创业体系建设。建立以企业为主体、市场为导向、产学研相结合的民用航空创新体系，依托哈航集团公司技术中心等国家和省级企业技术中心、中国航空工业空气动力研究院（部级重点实验室）及航空产业相关研究院所、高等院校，形成支线飞机、通用飞机和直升机的设计、制造、适航性证明的技术能力，小型航空发动机关键技术开发能力，提升航空产品竞争力，实现规模化生产。制定落实有利于促进民用航空产业基地发展的优惠政策。加大对航空产业基地基础设施的投入，对自主研发取得实质性进展的企业给予减免税政策支持，也建议国家设立航空产业基地技术创新专项资金。依托哈尔滨飞机工业集团、东安发动机集团、中国空气动力研究院、哈尔滨工业大学等为航空工业配套的科研院所和生产企业，在立足现有产品生产、研制的基础上，进一步形成以飞机、发动机为龙头产品，民用航空基础研究、民用航空制造业、通用航空服务业协调发展的航空产业链。实施大项目拉动战略，重点推进哈飞空客复合材料制造中心、Y12F飞机研制、Z15直升机研制、波音787飞机复合材料部件转包生产、4吨级系列直升机产业化等45个产业化项目建设。

（2）加快推进新兴产业集聚发展。加快建设高新技术产业开发带、高新技术产业开发区、大学科技园、火炬计划特色产业基地、科技企业孵化器、对俄科技合作中心及基地、民营科技企业示范区、农业科技示范区与星火产业带等高新科技产业集中开发区。

重点推进哈尔滨国家级高新区的建设，整合科技资源、优化服务环境、提高自主创新能力，使其各项主要经济指标进入全国一流园区行列；重点推进大庆高新区国家级创新型园区建设。以国家科技部、中石油集团及省政府三方"联合共建"方式，加强其与周边科技园区合作，解决发展空间难题，加大投入力度，支持其建设成为国家级创新型园区；重点推进齐齐哈尔高新区成为国家级高新区建设。促进特色产业基地、民营科技示范区与高新区建设的相互融合，探索高新科技产业集中开发区的发展模式。

重点支持哈工大、哈工程、哈理工、黑大四家大学科技园建设；鼓励与引导东北农业大学、大庆石油学院、八一农垦大学、哈师大、哈商大、佳木斯大学等有条件的大学辟建大学科技园；支持大学科技园、工程中心、重点实验室组建产业联盟；将大学科技园的建设统一纳入到高新科技产业开发区的管理与服务范畴，并落实到所在地市政府的规划之中，使黑龙江省科教资源优势转化为产业优势、竞争优势。

通过建设高新科技产业集中开发区，有效整合与科学配置现有的各种科技资源，加快科技成果向现实生产力转化，促进科技与经济的有效结合，实现高新技术产业的集聚与快速发展，推动高新科技产业集中开发区成为战略性新兴产业集约化、规模化、集聚化发展的示范区，培育一批光伏新材料、生物、新能源、现代装备等战略性新兴产业集群。

4. 提升自主创新能力，推进创新体系建设

（1）在2010年产业技术研究开发的基础上，根据黑龙江省实际情况，对有能力自主创新的重点领域，予以重点支持。继续做好省级工程研究中心、工程实验室的培育组建工作，重点做好国家工程实验室及工程中心、国家认定企业技术中心、国家创新能力专项以及区域产业创新基础能力建设的申报争取工作。

（2）积极推进科技园区建设行动计划，为创新创业营造良好环境。加快"一带两区四基地"建设，进一步提升哈大齐高新技术产业带的集聚实力，实现哈大齐高新技术产业开发带高新技术产值增长30%以上。加快建设哈尔滨科技创新城，充分发挥科技教育人才的优势，加快"二次创业"进程；大庆高新区要按照一流的国家创新型园区目标，加快形成自身产业特色，为资源型城市转型提供有力保障；齐齐哈尔高新区要加快产业集聚功能与配套服务功能建设；牡丹江、佳木斯高新区要加快建设步伐，争取早日进入国家级高新区行列。

（3）推进创新型企业培育行动计划，提高企业自主创新能力。充分发挥制造业信息化科技工程在企业研发、管理、生产、服务中的作用，改造提升传统产业，推进黑龙江省支柱产业向全球化、绿色化、服务化方向发展。加快国家级高新技术企业的孵化、培育与认定。以中小企业集聚区、高新技术开发区、特色产业集聚区为重点，加强专利优势培育企业、专利优势试点企业的建设。

黑龙江省发展和改革委员会

2010 年上海市高技术产业发展情况与展望

2010 年，上海市认真贯彻党中央、国务院关于建设创新型国家的战略部署，坚决落实《关于加快培育和发展战略性新兴产业的决定》，充分发挥高技术产业在扩内需、保增长、调结构、上水平、惠民生中的重要支撑作用，主动服务国家战略、组织编制规划、努力完善政策环境、大力推进重大项目建设，促进产业结构调整，着力推进高技术产业（含战略性新兴产业，以下简称"高技术产业"）和自主创新快速发展。

一、2010 年上海高技术产业发展总体情况

经历了 2009 年国际金融危机的冲击，2010 年上海市高技术产业全面复苏，产业规模达到历史最高水平，新兴领域加快发展，新兴技术和新型商务模式不断涌现，呈现了快速反弹的发展势头。

1. 总产值大幅回升

2010 年，上海市高技术产业总体上呈现快速反弹的发展态势。按照现行价格数据，1—12 月，上海高技术制造业实现总产值 6 958 亿元，同比增长 23.36%。各分行业均有两位数的同比增长。其中信息化学品制造业增幅为 101%，航空航天器制造业为 62%，核燃料加工业为 28%，电子及通信设备制造业为 26%，医疗设备及仪器仪表制造业为 24%，电子计算机及办公设备制造业为 22%，医药制造业 15%。

2. 全行业效益大幅好转

1—11 月，上海高技术制造业全行业均实现盈利，共实现利润 218 亿元，同比增长 182%。从分行业情况看，电子及通信设备制造业、医药制造业、医疗设备及仪器仪表制

造业是主要的利润来源，1—11 月份分别实现盈利 97 亿元、50 亿元、40 亿元。

3. 出口交货值稳步回升

2010 年，上海高技术制造业累计完成出口交货值 4 990 亿元，比 2009 年同期增长 25.81%。分行业看，高技术制造业全行业出口交货值均实现两位数的增长；其中电子及通信设备制造业、电子计算机及办公设备制造业、医药制造业、医疗设备及仪器仪表制造业分别增长 31%、23%、20%、33%，都略高于行业同期产值增幅。

4. 新兴产业快速发展

新能源汽车制造业完成工业总产值 18 亿元，比 2009 年同期增长 140%，增速最快；新能源制造业完成 149 亿元，增长 78%；民用航空制造业完成 24 亿元，增长 53%；新材料制造业完成 1 117 亿元，增长 42%。上述行业增幅均高于上海规模以上工业增长平均水平。

二、2010 年上海高技术产业和自主创新主要领域发展情况

1. 电子信息制造

电子信息制造业稳步回升。集成电路制造，受益于平板电脑和智能手机等消费热点兴起，集成电路全行业需求快速恢复，预计 2010 年全年总销售额近 550 亿元，同比增长 40%。初步预测 2010 年华虹 NEC、台积电上海等实现盈利、毛利率超过 25%；展讯通信实现销售收入突破 20 亿元，成为我国规模最大、技术最先进的 IC 设计企业之一。通信设备制造，受益于 2G/3G 移动通信、光传输、宽带接入等市场需求较大幅度增长，上海主要通信企业 2010 年取得较好效益，研发投入和自主创新有较大投入。例如，上海贝尔 2010 年实现主营业务收入约 180 亿元，同比增长 20%；实现利润 4.3 亿元，同比增长 24%；自主研发创新投入约 15 亿元，研发投入比达 9%；年内推出新产品 18 个。平板显示，行业复苏明显。例如，上海天马全年保持 95%~98% 的产能利用率，2010 年实现销售收入 19 亿元，同比增长 58%；扭亏为盈，实现利润 1.8 亿元。由上海天马托管的上海中航光电子 5 代 TFT–LCD 生产线，也已重新投入生产，目前正在加快产品线改造进程，争取尽快切入平板电脑市场。物联网，继续方兴未艾。上海以中科院上海微系统所、嘉定区为依托，组建了上海物联网中心，同时在嘉定区、浦东新区建设物联网产业化基地，并在社区安防、楼宇节能等多个领域开展了物联网示范工程建设。

2. 软件及信息服务

2010 年，上海软件和信息服务业保持平稳较快发展。

一是软件和信息服务业规模持续增长。2010 年上海信息服务业实现经营收入 2 532 亿元，比 2009 年同期增长 20.1%。电子商务交易额达 4 095 亿元，比 2006 年翻了一番，占全国比重达 10%，网络使用率和网络购物率均居全国首位。

二是软件产业能级进一步提升。2010年上海新增认定软件企业266家,登记软件产品1 554个。通过CMM/CMMI3以上国际认证的企业近117家。截至2010年底,上海有规模以上软件和信息服务企业3 900家,其中2010年经营收入超亿元企业达到173家(不包括信息传输服务企业),在海内外上市的企业累计达29家,软件和信息服务业从业人员32.3万人。

三是三网融合带动信息服务业加快发展。互联网服务五大网游企业实现经营收入47.8亿元,同比增长19.8%;四大主流视频网站营业收入均大幅增长;电信服务业增速持续回升,高于2009年同期3个百分点。

四是云计算成为软件和服务业新增长点。2010年上海获批建设国家云计算服务创新发展试点示范城市,授牌了闸北、杨浦和浦东三个云计算基地,全面实施云海计划,力争到2012年带动软件和信息服务业新增经营收入千亿元。

3. 生物医药

2010年,上海生物医药产业保持平稳较快发展。

一是经济总量平稳增长。2010年1—11月,上海生物医药产业经济总量1 427.75亿元,同比增长13.87%。其中,制造业实现工业总产值638.17亿元,同比增长17.88%;医药商业销售总额为703.08亿元,同比增长8.46%;服务外包业服务收入86.5亿元,同比增长34.65%。总体上产值增速高于上海市工业平均水平,也高于6个重点发展工业行业。

二是重点企业势头良好。100家重点骨干企业的经济总量达到859.667亿元,同比增长27.4%。国企实力不断"提速":上药集团完成资产重组后,实现了医药资产的整体上市,目前是A股市场市值最大、综合竞争力最强的全产业链医药上市公司,2010年实现利税增长20%以上。民营企业奋力"追赶":2010年迪赛诺实现工业产值25亿元,同比增长25%;和黄药业、扬子江海尼药业等企业工业产值均超过10亿元,同比增长30%以上;凯宝药业实现工业产值超过10亿元,同比增长130%。外资企业继续"领跑":上海罗氏制药、施贵宝、西门子、帝斯曼等大公司产值规模继续名列前茅,勃林格殷格翰、捷普、葛兰素史克等公司,同比增长均达40%以上。

三是创新能力显著提升。2010年上海共获得药物临床研究批文33个(一类新药7个),获得生产批文16个;获批Ⅰ、Ⅱ类医疗器械产品1 602个,Ⅲ类医疗器械产品153个;生物医药领域销售过亿元的创新产品达到55个。2010年承担了国家"重大新药创制"180余项任务。

四是空间集聚效应明显。2010年上海落在6个产业园区中的生物医药项目比例超过90%。以龙头企业为骨干,研发机构和相关产业链上下游企业集聚发展模式正在积极探索之中。浦东将建设上药集团、复星医药、扬子江药业产学研一体化的园区;奉贤区将建设国药控股生物制品产业园区;金山将建设康德莱集团、复星医药集团集聚产业链上下游企业的生产园区。

4. 新能源

上海太阳能产业受益于国际需求大幅增长和上海市高技术产业化政策作用,实现快速发展，产能超过1.7GW，比2009年增长超过60%。重点企业项目进展顺利，尚德"冥王星"、晶澳"赛秀"等一批高效太阳能电池产业化项目实施扩产计划。薄膜太阳能电池核心装备——PECVD研制成功，填补了国内空白。

上海风电产业加快发展，规模亟须扩大。2010年上海电气风电公司生产2MW风机165台，1.25MW风机234台，3.6MW大型海上风机取得首个订单，并取得20万千瓦海上风机订单。但国内市场竞争加剧，市场价格已由年初的5 000元/千瓦，降到目前约4000元/千瓦，下降约20%。华锐风电上海临港基地项目准备开工，上海万德风电2MW永磁直驱风力发电机研发成功。2MW风机主轴承、控制系统等关键部件研制成功，整机带动控制器、逆变器、发电机、叶片等关键部件发展的格局初步形成。

5. 信息化

一是"两化融合"实现重点突破。围绕上海市重点工作，着力深化国家级"两化融合"试验区建设，通过推进重点项目，实现了"两化融合"在重点行业的突破。重点聚焦航空、装备和化工三大行业深化信息化应用，上海市重点跟踪60余个企业信息化应用项目，在精益造船系统、虚拟汽车设计、化工装备节能改造、核电装备数字化工厂等领域形成了典型示范。根据上海市"两化融合"发展水平指标体系调查评估结果显示，2010年上海市"两化融合"发展指数超过72（2009年为69）。二是电子政务重点项目取得显著进展。上海市在做好基础工作的同时，加强沟通协调，通过重点项目的建设进一步推动跨部门的信息化共享应用。2010年完成法人信息共享与应用系统开发，建立了8家单位124万条法人信息库，覆盖范围包括法人登记、资质和监管信息，项目建设经验在全国地方电子政务信息共享与业务协同经验交流会上做交流发言；完成政务信息资源目录备案系统开发，实现试点单位间的政务信息资源目录备案和信息交换。截至2010年12月17日实现各政府部门备案公文类目录16.34万条，试点单位备案业务类目录2 400余条。网上行政审批平台基本建成，企业注册登记并联系统上线运行。

6. 自主创新

一是推进国家重大科技专项的实施。目前，上海在极大规模集成电路制造装备和成套工艺、重大新药创制、"核高基"等9个民口国家重大科技专项中，已争取到365个项目（不含大飞机），涉及国拨经费65.2亿元；上海市地方配套资金10.8亿元。二是继续深入开展中科院和上海市院市合作工作，协调推进中科院浦东科技园的建设和中科上海高等研究院的筹建。三是积极组织申报和建设国家级科研设施，进一步夯实上海科技创新物质基础。上海光源工程于2010年1月通过国家验收，目前已正式对中外各学科领域科研用户开放。蛋白质科学设施于2010年9月获初批复，已在中科院浦东科技园内启动建设。国家肝癌科学中心获国家科研批复成为我国第二家国家科学中心。四是努力借助世博契机强化上海自主创新工作。2010年中国上海世博会重点展示了我国战略性新兴产业发展的重要成果，覆盖新能源汽车、LED、太阳能光伏发电、TD—LTE、物联网、智能电网等新兴技术领域。目前，上海正在加大后世博工作力度，争取尽早将展示的自主创新新兴技术成果推向产业化。

三、关于上海推进高技术产业发展的有关措施

2010年，我们以战略性新兴产业发展为抓手，主动服务国家战略、组织编制规划、努力完善政策环境、大力推进重大项目建设，促进产业结构调整，带动上海市自主创新和高技术产业化快速发展。

1. 组织编制上海市战略性新兴产业规划

为配合国家《国务院关于加快培育和发展战略性新兴产业的决定》（以下简称《决定》），我们在市委、市政府推进上海市九大高技术产业化发展思路和相关产业发展行动方案的基础上，组织上海市有关部门、区县、开发区、企业、行业协会、创投等，编制了《上海市战略性新兴产业发展"十二五"规划（汇报稿）》，现已完成了规划初稿。高技术服务业是战略性新兴产业发展的重要支撑，我们已着手组织编制《上海市高技术服务业发展"十二五"规划》，现已形成基本思路。

2. 积极争取国家支持上海市战略性新兴产业发展

一是积极争取国家支持，并已获准在上海开展云计算服务创新发展试点示范、私人购买新能源汽车补贴试点，及建设国家高技术服务产业基地。二是积极争取中央预算内投资产业振兴专项支持，2009—2010年获得中央资金支持20亿元，其中"909"工程升级改造项目获支持7.8亿元；带动社会新增投资409.2亿元。三是推进国家与上海市联合设立的创业投资基金组建工作，新材料、生物医药、软件和信息服务业、新能源4只创业投资基金获国家批复和2亿元资金支持，现已开始运作；其中上海市投入2亿元，共带动社会投入13.5亿元。四是组织上海市相关企业申报现代中药、绿色农产品、新型电力电子器件、集成电路设计、彩电产业战略转型等国家高技术产业化专项，获国家支持资金1.36亿元。此外，协调推进中科院浦东科技园建设和上海高等研究院筹建，蛋白质科学设施已获国家扩初批复；积极争取国家支持紫竹科学园区升级为国家级高技术产业开发区。

3. 努力完善战略性新兴产业发展的政策环境

一是配合国家《决定》，在规划布局、鼓励创新、财税和金融支持等方面向国家提出33条政策建议。二是着手研究制订贯彻落实《决定》的实施意见。三是梳理了长期影响战略性新兴产业发展的17条政策瓶颈，正在提请市领导协调推动，通过争取国家支持或制订地方举措，力求取得突破。四是努力吸引社会资金投向战略性新兴产业，设立上海市创业投资引导基金，制订出台《上海市创业投资引导基金管理暂行办法》。五是研究制订战略性新兴产业的支持政策，发布了《上海市生物医药创新产品价格管理办法（试行）》；研究制订《上海市私人购买新能源汽车补助实施暂行办法》。

4. 大力推进重大项目建设

一是推进高技术产业化和自主创新重大项目实施。支持启动第二批18个、第三批35

个高技术产业项目。二是推进"909"工程升级改造、上海天马 OLED、东方有线下一代广电网（NGB）等一批重大项目建设，加快上海光源工程、国家肝癌科学中心等重大科技设施建设。三是会同相关部门推进支持映瑞光电、松下等离子、日月光封装测试、台积电增资扩产等一批高技术产业化重大项目落地。四是持续开展信息化建设，完成基于居民电子健康档案的卫生信息化工程先期试点项目等立项。

四、关于 2011 年上海高技术产业走势的判断

综合有关企业和专家的意见，目前国际市场需求有所回暖，特别是计算机、通信及其他电子产品新的消费热点纷呈（如智能手机和平板电脑带动的小尺寸平板显示、集成电路芯片、终端制造等），预计国际市场需求将在 2010 年快速反弹的基础上，后续维持平稳复苏的态势。

从投资角度看，高技术产业各主要领域均告别了 2009 年等待投资机会的观望期，涌现出较多单体达到一定规模的产业投资项目。企业对产业投资力度的明显加强，一方面表明产业界对近期经济形势持较乐观态度；另一方面也表明，2011 年起，上海高技术产业将有更多产能释放，上海高技术产业产能规模和技术能级具有提振作用。综上，我们对 2011 年的高技术产业走势总体表示乐观。

五、2011 年高技术产业工作及政策的建议

当前，上海和全国的经济正处在企稳回升的关键时期。发展高技术产业是加快产业结构调整、确保经济平稳较快发展的重要环节。建议国家继续坚持立足当前、着眼长远，重点抓好政策的协调落实和跟踪评估，着力放大政策效应，着力推进重大项目，着力扩大社会投资，强化政府引导和社会推动高技术产业可持续发展的良性机制。具体政策措施建议如下：

1. 行业政策方面

一是软件和集成电路产业，建议国家尽快出台《鼓励软件产业和集成电路产业发展的若干政策》，对集成电路、软件和信息服务业给予更优惠的税收、财政、创新、人才等方面的政策。

二是新能源产业，建议国家参照资源综合利用产品增值税政策，对光伏发电等新能源发电项目给予与风力发电项目一样的增值税优惠，即对增值税实行即征即退 50%。

2. 金融政策方面

建议国家试点放开外资投资创业投资基金的外汇管制，在一定期限内，给予上海一定外汇额度，允许符合条件的境外投资者结汇后投资于注册在上海的股权投资企业，鼓励外资参与战略性新兴产业创业投资基金。

3. 人才政策方面

借鉴中关村国家自主创新示范区股权激励试点政策，建议国家同意在上海设立职务发明股权试点，对实现产业化的高校、科研院所及国有企业的职务科技成果，采取期权、分红权等多元化方式，对做出突出贡献的科技人员和经营管理人员进行奖励。

4. 重大项目方面

建议国家加大对关系国家安全和发展的重大科技设施、重大产业项目的工作推进和资金支持力度，尽快批准相关重大项目。在新兴高技术产业领域，如太阳能、风能、新材料、生物医药等领域，扩大建设国家工程研究中心、工程实验室的建设覆盖范围，加大支持力度，促进新兴行业前沿技术、共性技术和行业标准等工作发展。

5. 统计目录方面

建议国家尽快出台战略性新兴产业的统计指标体系和产业指导目录，并建议国家根据近年来各新兴领域发展情况，及时合理调整高技术产业统计范围，更新我国高技术产业统计体系。

上海市发展和改革委员会

2010年江苏省高技术产业发展情况与展望

一、2010年高新技术产业发展概况

2010年，江苏省高新技术产业取得突破性进展，为应对危机实现江苏省经济平稳较快发展提供有力支撑，为实施创新驱动战略、优化产业结构和转变发展方式作出了重要贡献。

1. 高新技术及新兴产业发展规模显著提升

坚持围绕经济转型升级配置使用科技资源，围绕高新技术产业发展需求推进自主创新和科技成果转化，促进了高新技术产业总量快速增长、质态逐步优化、效益不断提升。江苏省高新技术产业保持快速发展，据省统计局统计，2010年高新技术产业产值突破3万亿元，占规模以上工业总产值的33%。新兴产业发展迅猛，2010年新能源、新材料、生物技术和新医药、节能环保、软件和服务外包、物联网等六大新兴产业实现销售收入20 647亿元，占全部工业销售收入的23%，在抗击金融危机、促进经济发展中发挥了重要作用。

2. 自主创新综合实力显著提升

以企业为主体、市场为导向、产学研相结合的技术创新体系不断完善，企业创新资源配置能力、自主研发能力和开放创新能力逐年提高，2010年，江苏被列为国家技术创新首批试点省，南京、苏州、无锡、常州列为国家创新型试点城市，无锡列为国家云计算试点城市。全社会研发投入840亿元，占江苏省GDP比重2.1%，其中80%以上研发投入由企业完成，基本达到创新型国家投入水平。组织实施一批国家重大科技专项，国

拨预算安排居全国前列；江苏省专利申请量23.6万件，发明专利申请量超5万件，继续保持全国第一。101个市、县、区通过全国科技进步考核，通过率95%以上。44个市、县（市）、区被评为全国先进，14个县（市、区）成为国家科技进步示范县（市），位居全国第一。高技术产品出口占江苏省45%以上，自主知识产权和自有品牌占本土工业产值48%以上，科技贡献率达到54%，江苏区域创新能力综合排名连续两年全国第一。

3. 产业集约发展能力显著提升

各类科技园区蓬勃发展，形成了高新技术产业集聚集约发展的良好态势。高新园区加快转型，4个高新区被列为国家创新型试点园区，泰州医药高新区、昆山高新区分别成为全国唯一的医药国家高新区和建在县级市的国家高新区，无锡成为全国唯一的国家物联网产业高技术产业基地，江苏省16个国家和省级高新园区创造了江苏省40%的高新技术产业产值和60%的新兴产业产值。创业园区建设成效显著，江苏省拥有国家级高新技术创业服务中心37家、国家级软件园5个，均居全国首位；国家大学科技园11家、保持全国省份第一位；科技孵化器面积超过1 500万平方米、在孵企业1.5万多家，分别占全国的1/3和1/5。

4. 重大项目支撑作用显著提升

认真抓好国家项目"组织申报、项目评估、过程管理和培训、竣工验收、后评估"管理五个环节，实实在在促进国家项目的申报和实施。重点加大国家高技术项目验收工作力度，按照国家项目建设计划和验收计划，督促地方和项目单位抓好项目进度，配合完成了江苏顺大等项目的验收。规范项目核准和备案批复文本格式和审批程序。加强国家项目的指导、培训和服务，重点推进龙飞光电7.5代液晶面板、无锡海力士技改、无锡国电光伏等列入2010年省政府50件重点工作的重大项目。认真做好项目的核准和备案工作，完成了江苏捷科彤明航空配件、可成科技（宿迁）等21个项目开展前期和核准，国电晶德太阳能年产1000MW晶硅太阳能光伏产业垂直一体化项目等8个项目的备案工作。这批项目投资总额超500亿元，项目的建设对各地保增长、促发展、调结构具有积极的推动和支撑作用。

二、2011年工作思路和工作重点

2011年是"十二五"开局之年，是全面贯彻落实中共十七届五中全会和省委十一届九次全会精神的第一年。省发改委高技术产业工作将紧紧围绕省委、省政府重点工作任务，委工作目标和中心工作，坚持全面落实科学发展观，以改革创新为动力，以转变经济发展方式为主线，以促进转型升级、建设现代产业体系为战略目标，以推进新兴产业倍增计划、实现新兴产业跨越发展为中心任务，加大高技术产业发展的工作力度，加快自主创新体系建设，促进高技术产业化、国际化和信息化的融合发展，为经济平稳较快发展和"两型社会"建设发挥积极作用。

主要目标：全社会研发投入1 000亿元，占GDP比重达2.2%；高新技术产业产值突破 35 000 亿元，占规模以上工业比重达 34%；知识创新产出持续提高，确保专利申请总量继续保持全国第一。

1. 切实做好"十二五"规划编制工作

在深化江苏"十二五"高技术产业发展等课题研究的基础上，做好"十二五"新兴产业发展、高技术产业发展等规划编制。在充分调研和协调有关部门的前提下，研究"十二五"高技术产业、新兴产业和创新能力建设发展有关规划体系的建立，提出规划实施的保障措施，确保规划真正得到实施，充分发挥规划的指导作用。开展沿海地区等区域性高技术产业发展规划思路研究等。

2. 切实推进新兴产业跨越发展

全面推进新兴产业倍增计划的实施。重点发展新能源、新材料、生物技术和新医药、节能环保、软件和服务外包、物联网等六大新兴产业，到 2011 年，六大新兴产业实现销售收入达 2.6 亿元。实施 100 个以上重大产业化项目，加快培育一批具有全球影响力的创新型企业，加快创建一批具有自主知识产权和自主品牌的产品。重点推进新一代信息产业的发展，努力把江苏省建成战略性新兴产业的先行区。

3. 切实推进自主创新体系建设

加强南京、无锡、苏州等国家创新型试点城市的建设。协调编制创新型试点城市的建设规划，整合创新资源，促进科教资源和产业资源融合，重点发挥使之成为新兴产业发展的主要载体。加强城市创新体系建设，促进城市创新和产业创新互动发展。加强产业创新载体建设。扎实推进国家和地方联合创新平台建设，集成各方力量，充分发挥产业技术创新的重要引领作用。大力推进企业创新载体建设，加强省级工程中心和工程实验室的建设，重点推进六大新兴产业领域工程中心、工程实验室和企业技术中心的争取和建设工作。

4. 切实加强高技术产业基地建设

继续加快南京软件、苏州电子信息、无锡微电子、泰州生物和连云港新材料等国家高技术基地建设，充分发挥高技术产业基地的整合功能，促进产业链上下游延伸，加快构建高技术产业链。加快新兴产业特色产业基地建设。积极推进 20 个已认定基地建设规划编制等，进一步加强已认定基地的建设工作。2011 年按照有发展重点、有重大项目、有创新载体、有系统支撑的要求，新认定 10 个新兴产业基地。重点建设和推进国际有影响力、国内领先的昆山平板显示特色产业基地，制造技术达到国际先进水平的南京智能电网特色产业基地，研发水平国内领先的苏州纳米技术特色产业基地，行业规模领先、技术先进的徐州新能源和装备制造特色产业基地等。

5. 切实加强国家高技术领域试点示范

做好云计算创新发展试点示范。以无锡市成为国家首批云计算试点示范城市为契机，加强统筹规划、突出安全保障、创造良好环境、推进产业发展、着力无锡试点示范实现重点突破，并以示范应用为突破口，建立云计算服务产业链。做好高技术服务产业试点示范。加强苏州高技术服务产业基地建设的指导，并将苏州市作为江苏省开展高技术服务产业的示范试点加以推进。做好全国传感网产业试点示范。加快推进无锡传感网国家高技术产业基地建设，探索建立集技术创新、产业化和市场应用于一体的传感网产业体系。做好新兴产业创业投资专项的试点工作。根据国家《创业投资企业管理暂行办法》，结合江苏省实际，支持符合条件的企业，进行国家创业投资专项的试点工作。积极组织和推荐，促进江苏省新兴产业发展的创业投资基金的设立。

6. 切实加强重大高技术产业项目的实施

加强国家高技术专项项目的组织申报。按照国家高技术专项要求，认真组织和推荐项目，争取国家支持。推进国家高技术重大专项项目的实施。按照国家和省有关要求，积极推进国家项目实施，严格项目管理，发挥国家高技术项目的示范作用。积极推进高技术重点项目建设。重点推进龙飞光电7.5代线薄膜晶体管液晶显示器件项目、苏州三星液晶显示器年产120万片第8代薄膜晶体管液晶显示器件项目、南京中电熊猫液晶显示科技有限公司高世代液晶面板项目、海力士三期技术改造项目和宜兴国电科技太阳能电池项目等一批新兴产业化重大项目。加强国家项目的验收工作。进一步加强对在建项目的调度和管理，及时发现问题，解决问题，完成列入国家验收计划的项目验收。

江苏省发展和改革委员会

2010 年浙江省高技术产业发展情况与展望

一、高技术产业发展总体情况

1. 产业继续保持稳健发展

产业增长势头良好。2010 年浙江高技术产业实现总产值 3 563.1 亿元，同比增长 30.6%；产值规模居广东、江苏、上海、山东之后，排全国第 5 位。进出口贸易规模扩大。浙江省高新技术产品出口增长平稳。2010 年，浙江高技术产业出口交货值 1 308.6 亿元，增长 28%。其中，信息化学品出口 38.3 亿元，增长 67.1%，医药制造业出口 212.7 亿元，增长 20%，电子及通信设备制造业出口 454.1 亿元，增长 30%，电子计算机及办公设备制造业出口 472.3 亿元，增长 28.5%，医疗设备及仪器仪表制造业出口 130 亿元，增长 24.9%。若干重点行业发展势头良好。分行业看，电子及通信设备制造业实现总产值 1 371.8 亿元，增长 36%；医药制造业稳步增长，实现总产值 772.2 亿元，同比增长 20.7%；电子计算机及办公设备制造业实现总产值 615.9 亿元，增长 28.4%；医疗设备及仪器仪表制造业实现总产值 640.9 亿元，增长 26.4%；信息化学品制造业实现总产值 15.4 亿元，增长 74.7%；航空航天制造业实现总产值 0.7 亿元。

2. 高技术企业和产业集群加快发展

浙江省目前已经拥有软件产业、信息产业、生物产业、高技术服务业、新材料等 5 家国家级高技术产业基地和建德新材料、舟山海洋生物、萧山新能源等 3 家省级高技术产业基地，以及杭州、绍兴等 3 家国家级高新区、15 家省级高新技术园区，浙江已经形成了以高技术产业基地和高新产业园区为支撑的产业发展格局。2010 年前三季度、浙江

11 家高新园区实现产品销售收入 2 646.4 亿元，工业总产值 2 524.6 亿元，利税总额 341.3 亿元，同比分别增长 23.5%、18% 和 34%。全年新认定高新技术企业 664 家，累计认定 3 580 家。企业创新意识不断增强，规模以上企业新产品产值率达 18% 以上。

3. 产业自主创新能力进一步提升

浙江科技综合实力明显增强。2010 年浙江科技活动人员和 R&D 人员分别达到 53 万人和 20 万人，全社会科技投入 830 亿元，研发经费支出占国内生产总值的比重达到 1.8% 以上；浙江科技发展水平居全国第 4 位，自主创新能力指数居第 5 位，科技人力指数居第 6 位。创新体系建设取得积极进展。浙江已经有各类科研机构近 7 000 家，其中省部属 57 家、市属 130 余家、省级民营研究所 20 家、企业研发机构 5 694 家、高校研究机构 205 家。发明专利授权数继续保持大幅攀升的趋势，全年专利申请量 120 742 件，授权量 114 643 件，分别增长 11.2% 和 43.4%，其中发明专利申请 18 027 件，授权 5 719 件，分别增长 15.2% 和 18.7%，继续保持全国前列。

二、浙江促进高技术产业发展的主要工作

2010 年，在国家发改委的精心指导和省委、省政府的正确领导下，我们以培育发展战略性新兴产业为核心，以对接央企、争取项目、促进创新为重点，以推进产业化、信息化为手段，加快高技术产业发展，圆满完成了各项任务，取得了好的成绩。

1. 积极谋划，牵头推进战略性新兴产业总体性工作

省发改委作为省促进战略性新兴产业工作领导小组办公室所在部门，根据省委、省政府的重要批示精神，突出抓好促进战略性新兴产业发展工作。一是加强组织领导。成立了省促进战略性新兴产业发展工作领导小组和综合专家组，九大重点领域分别成立了编制工作组和专家组。二是制定工作方案。反复与相关部门沟通协商，提出了推进战略性新兴产业发展工作的总体思路、任务分工、进度安排和工作抓手，经省政府专题会议研究通过。三是明确重点领域。研究提出《关于浙江省战略性新兴产业重点领域的建议》，并组织多个领域的 10 多位专家进行了论证。四是开展思路研究。起草了《浙江省发展战略性新兴产业若干重点问题研究》报告，理清了发展思路和目标，明晰了各领域发展的关键环节和布局框架。五是组织编制规划。协调各专项规划牵头部门扎实做好编制工作，先后下发了《关于浙江省战略性新兴产业专项规划编制工作有关事项的通知》、《关于进一步修改完善战略性新兴产业重点领域专项规划的通知》，各专项规划经领导小组会议审议并修改完善后，提交省政府专题会议审议通过，年底前已由省政府印发。六是加强协调推进。印发了《关于战略性新兴产业重点领域专项规划和年度实施方案的通知》，要求各有关部门制定年度实施方案予以推进。从 9 月开始，省战略性新兴产业系列报告会在杭州陆续召开。10 月 22 日，国家发改委召开鼓励和引导民营企业发展战略性新兴产业座谈会。浙江省作为民营经济发达省市之一，和有关龙头企业一起参会并发言。

2. 全力以赴，积极推进与军事医学科学院合作对接

推动浙江省与军事医学科学院加强合作，实现优势互补、互利双赢、共同发展，这对于浙江省加快转型升级，培育发展生物医药等战略性新兴产业具有十分重要的意义。我们围绕签订合作框架协议、共建创新载体、实施一批项目等方面着力加强对接合作。主动沟通、科学谋划，多次前往军医科院进行协商，密切关注进展情况，及时协调领导互访事项。6月，军事医学科学院科技部主要领导率院属8个研究所主要负责人和专家一行14人考察浙江省生物医药产业，并与40多家骨干企业负责人进行了座谈交流。7月，厉志海主任再次率队到军医科院就省院战略合作框架协议等事项进行了研究和讨论。8月24日，浙江省与军事医学科学院在北京签订省院合作框架协议和院企共建4个国家级研发中心的协议，之后，我们主动跟踪服务，积极做好考察交流、信息发布等合作事宜，督促落实合作意向。及时向省内200多家相关企业印发了3册《项目合作信息汇编》，不少企业主动对接，在项目合作、人才培养、委托服务等方面达成了初步意向。目前，已展开合作的抗流感药物等6个项目实施顺利，以海正药业为主体的2个技术创新联盟项目和共建4个研发中心正在加快推进具体启动事项。同时，积极推进省政府与中国电科战略合作协议落实工作。成立了"战略合作协议推进工作小组"，专程赴京与中国电科进行了会谈，就推进工作，特别是带动浙江相关产业发展等方面进行了衔接。

3. 统筹协调，组织编制生物产业发展规划

牵头开展基本思路研究，充分调研，形成了系统的研究报告。多次召开协调会、论证会，大力开展与各个层面的沟通争取工作，使生物产业作为重中之重列在九大领域首位。目前《生物产业规划》已经省政府正式发布实施。6月份，组织杭州诺泰、中肽生化等10多家杭州国家生物产业基地骨干企业参加了在济南举办的第四届中国生物产业大会，专馆展示了杭州生物产业基地核心区的整体形象。浙江省升华拜克、天元生物、浙江医药等8家企业在大会上被国家授予生物领域国家高技术产业化示范工程称号。10月22日，我们组织承办了以生物产业实施与跨越为主题的专项报告会，省领导和浙江有关部门、重点生物企业等代表400多人参加了会议。报告会后，参会企业代表纷纷与专家沟通交流，共谋产业发展，一批创新能力较强的生物企业有望乘势而上。

4. 积极争取，努力做好国家项目和资金管理工作

强化项目的组织、协调与管理，带动项目单位和有关部门分析产业发展方向，选择项目技术路线，论证难点和关键问题，提高项目水平。充分发挥主观能动性，努力挖掘储备项目，认真组织申报项目，千方百计争取项目，全年先后申报了新型电力电子、现代中药、企业技术中心创新能力建设等多个专项50余个项目，已有30多个项目被批准或进入中咨公司评估阶段。加快国家项目建设进度，对杭州、嘉兴、金华等地的一批国家高技术产业化项目进行了专项督查。组织参加了在深圳举办的第十二届高新技术成果交易会，浙江省浙大网新等7家企业荣获高技术产业化示范项目授牌，浙江三花股份有限公司等7家企业技术中心被授予第十七批国家认定企业技术中心，省发改委被授予优秀

组织奖。

5. 加大力度，扎实推进高技术产业较快发展

2010年以来，高技术产业拉动作用明显增强，生物产业、新一代信息技术产业、新能源产业、新材料产业等得到了快速发展。4家国家高技术产业基地集聚效应明显加快，成为了区域高技术产业发展的重要增长极。在创新能力建设方面，探索开展省级工程研究中心和省级工程实验室的建设，完善区域创新体系，不断强化自主科技成果的产业化能力。启动并建设了浙江工业大学绿色制药、中控科技集团有限公司流程工业智能系统等5家省级工程实验室和工程研究中心。11月初，国家发改委在杭州召开提升民营企业创新能力座谈会，浙江省8家企业和省发改委等有关部门应邀作交流发言。在培育省高技术产业基地方面，重点开展了建德新材料、普陀海洋生物、萧山新能源等一批高技术产业基地的建设工作，积极推进高技术产业集聚和经济转型升级。在发展高技术服务业方面，组织编制了《浙江省推进高技术服务业工作方案》和《杭州国家高技术服务产业基地申请报告》，提出了浙江省发展高技术服务业的思路、目标、主要任务和政策措施，以及建设杭州高技术服务业基地的相关建议。10月20日省发改委带队在京参加了国家发改委组织的基地评审，获得了专家的好评。11月2日，国家发改委正式批复同意建设杭州国家高技术服务产业基地。在推动信息产业和信息化发展方面，积极培育电子元器件、软件、集成电路设计等重点行业，打造钱塘中间件产业联盟等产学研联合体，浙江信息产业迅猛发展，已成为浙江工业经济的主导产业。启动了物联网、低碳技术试点示范工作，围绕长三角地区信息一体化，积极推动区域信息资源共享。以创建电子商务试点示范工作为重点，以"金宏"、"金审"工程等电子政务重大项目为支撑，以"云计算"等高技术服务业为导向，信息化发展水平跃上新台阶。推动杭州正式列入国家创新型城市试点和国家云计算试点城市，组织杭州编制了云计算创新发展实施方案上报国家发改委审批。

三、2011年浙江高技术产业发展工作重点

当前，浙江省高技术产业发展正面临着重大机遇。一是国家大力推进战略性新兴产业，有利于带动相关产业长足发展。"十二五"时期将成为我国经济社会发展基本纳入科学发展轨道的关键五年，迫切需要以高技术改造提升传统产业，为我国高技术产业提供了巨大的市场需求；二是世界科技创新孕育新突破，产业升级步伐加快。国际金融危机激发了科技进步和创新步伐的加快，推动着世界产业变革与结构调整。为早日走出金融危机，各国将更加注重发展本国实体经济，特别是高成长性、高带动性、高附加值的高技术产业；三是推进结构调整是解决国内经济发展深层次矛盾的根本举措，发展高技术产业是推进结构调整的重要内容。随着我国人均GDP超过3 000美元，城镇化水平不断提高，城乡居民购买力明显增强，消费结构将加速升级，对高技术产品的需求持续增强；四是国家节能减排约束性要求倒逼发展可再生能源、减排技术装备、高技术产业等低碳经济；五是提高自主创新能力、建设创新型省份步伐加快，海外留学生归国创业高潮兴

起，有利于培育国际一流的技术研发能力，掌控自主创新知识产权，在更高起点上推进高技术产业发展。

2011年是浙江省经济发展全面转型升级至关重要的一年，更是浙江省高技术产业在新起点迈向新高度的关键之年。我们要按照"加快转变经济发展方式、推进经济转型升级"的总体要求，扎实开展各项重点工作。2011年浙江省高技术产业发展工作的总体思路是：深入贯彻实施"八八战略"和"两创"总战略，做大做强高技术产业，积极培育战略性新兴产业和高技术服务业。通过实施一批对推进战略性新兴产业成长具有重大带动作用的项目，培育一批掌控新兴产业核心技术和具有自主知识产权的企业，规划构建一批具有国家战略地位的新兴产业集聚平台，逐步建成一批具有浙江特色的战略性新兴产业。同时，加快高技术对传统产业的改造，不断增强高技术产业的自主创新能力和国际竞争力，全面提升产业化、信息化和国际化水平。建成信息、生物等一批国家级和省级高技术产业基地，工程研究中心、工程实验室、企业技术中心等研发机构的总量规模进一步扩大，高技术产业发展工作继续走在全国前列。

为做好2011年高技术产业和战略性新兴产业发展工作，我们要在做好"十二五"规划编制、国家项目及资金争取、创业风险投资培育、高技术系统队伍建设等工作的同时，集中力量、统筹协调，加快培育发展战略性新兴产业，积极推进培育高技术服务业、深化央企合作、打造高技术产业基地、建设创新能力体系、强化重大问题研究等各项重点任务。

1. 加快培育发展战略性新兴产业

积极履行省促进战略性新兴产业发展工作领导小组办公室的职责，按照省委省政府的部署全面推进各项工作。一是根据《国务院关于加快培育和发展战略性新兴产业的决定》，结合浙江省实际，出台《关于加快培育和发展战略性新兴产业的实施意见》。二是协调各专项规划编制单位制定所属领域的年度推进计划，落实各重点领域的发展任务和目标。三是做好向国家战略性新兴产业发展工作部际协调小组汇报衔接，抓好包括项目储备、技术储备、人才储备等各项前期工作，加强对各地市和重点企业的指导和服务，争取国家重大产业创新发展工程、重大应用示范工程和示范基地落户浙江。四是举办好促进战略性新兴产业发展系列报告会、九大重点领域专项规划发布会、浙江推进战略性新兴产业发展工作万人动员大会等重要活动，营造声势，推进工作。

2. 大力推动高技术服务业发展

结合杭州高技术服务产业基地建设，在信息技术服务、数字内容服务、生物技术服务、电子商务服务、研发设计服务、知识产权服务、分析检测服务和科技成果转化服务等高技术服务领域，支持建设若干个特色高技术服务产业集群，培育一大批专业化服务能力强、业务模式新颖的中小高技术服务企业。为抢抓机遇，重点做好以下工作：一是健全推进机制，以部门协作、省市联动为导向，成立浙江省促进高技术服务业产业发展工作组。二是编制规划，在开展《浙江省高技术服务业若干重大问题思路研究》的基础上，编制《浙江省高技术服务业发展规划》。三是出台政策意见，根据国家有关精神，结合浙江省实际，制定发布《浙江省促进高技术服务业发展的若干政策意见》。指导各地市制定出台符合当地产业发展需要的相关政策。四是建立统计体系，根据国家初步提出的高技术服务业统计目录，建立并不断完善高技术服务业统计体系，做好高技术服务业统计试点工作。五是加强汇报衔接和项目储备，积极争取国家高技术服务业专项项目和资金支持。六是依托杭州等国家创新型城市试点，加快建设国家高技术服务产业基地，组织实施杭州市云计算创新发展试点工作。同时，培育建设若干省级高技术服务产业基地。

3. 加大与高技术类央企对接合作力度

要在与中国电科、军事医学科学院开展合作的良好基础上，进一步加大与高技术类央企的对接合作力度。要充分发挥央企在技术、人才、资本、信息、品牌等各方面的优势，以互利双赢共同发展为目标，更深层次、更高水平、更广度地推进与高技术类央企的全面合作，不断巩固和扩大业已形成的良好合作势头，形成签约一家央企、实施一批项目、带动一个产业的大好局面。同时，要深化落实已签订的战略合作协议。

4. 培育建设高技术产业基地和重大项目

科学确定产业基地的定位、发展目标和发展模式，指导并协调推动相关基地建设。一是做强国家基地。要通过规划和项目引导，加快杭州信息产业、生物产业、高技术服务业和宁波新材料基地的建设，促进杭州软件产业基地的产业结构进一步优化升级。要全面促进国家基地核心区块建设，大力支持基地公共服务和创新平台建设，使国家基地尽快成为浙江省高技术产业的"动力核"。二是做大省级基地。在2010年的基础上，继续在高技术产业实力较强、集聚度较高的区域建设一批省级高技术产业基地，并努力培育其成为国家级高技术产业基地。已批复的省级基地要尽快成立基地管理机构，明确基地发展布局，制定专项扶持政策，积极搭建公共服务平台，完善服务体系，加强资源整合，全面推进基地建设。三是培育发展环境。以产业规划和空间规划为指导，以产业链为纽带，加强政策引导，加大扶持力度，促进高技术人才、资金和技术等要素向优势区域集中，形成浙江高技术产业群体优势和局部强势。要加强基地发展和管理模式的创新，研究制定基地考核机制。四是推进重点项目建设。遴选一批高技术产业重大项目进行重点服务推进，注重加强对项目申报工作的指导，积极协调项目建设中出现的问题，保质保量推动项目建设。

5. 全面推进创新能力体系建设

一是加强自主创新形势分析，及时、准确地把握创新发展的情况、问题和趋势。二是宣传和落实国家支持民营企业建立技术创新平台的政策措施，加快推进民营企业技术创新平台建设。三是根据浙江省九大战略性新兴产业规划，组织开展生物产业等重点领域创新能力建设需求研究，建设和优化国家工程中心，进一步完善省级工程研究中心和工程实验室的计划体系及经费渠道，谋划设立若干个省级工程研究中心和实验室，建设一批相对完善的研发、中试等创新平台，择优申报国家与地方联合创新平台，抢占产业技术发展的制高点。四是与省有关部门形成合力，加强国家企业技术中心认定及能力建设工作。五是深入推进杭州等创新型城市试点建设，推进建设规划实施，开展创新型城市评价指标体系研究，提出创新型城市建设专项方案建议。

6. 协调推进信息化工作

一是要以贯彻落实《浙江省信息化促进条例》为契机，优化完善工作体制和机制，推进信息化工作依法行政。二是要推进信息化与工业化融合，围绕产业集群、重点行业、企业三个领域，采取有针对性的举措，统筹推进融合工作。三是要积极主动参与"三网融合"工作，争取在各领域先行先试、示范推广，确保浙江省三网融合技术创新、业务创新、产业发展和安全保障工作走在全国前列。四是根据国家和省有关要求，积极推动电子政务项目风险评估、政务信息容灾备份等项工作，发挥本系统在上述领域的主导作用。五是积极推进电子商务、企业信息化、信息安全产品产业化等领域的重大项目建设，并积极争取国家试点示范工程资金支持。

浙江省发展和改革委员会

2010年安徽省高技术产业发展情况与展望

2010年以来，随着应对金融危机各项政策措施的效应继续发挥，一批重大项目的带动作用初步显现，省委、省政府对高技术产业和自主创新的政策支持和财政投入力度持续加大，安徽省高技术产业继续保持较快增长，自主创新和信息化建设步伐持续加快。

一、总体发展情况和存在的主要问题

1. 高技术产业

一是产业总体规模快速扩大。2010年，安徽省规模以上高技术工业企业746家，累计完成工业增加值220.86亿元，比2009年增长29.7%；累计完成工业总产值689.97亿元，比2009年增长46.89%。

二是产业结构逐步优化。优势产业地位更加突出，电子及通信设备制造业总产值占安徽省高技术产业的41%，医药制造业占安徽省的36%，设备及仪器仪表制造业占安徽省的15%；电子计算机及办公设备制造业、信息化学品制造业和航空航天器制造业规模较小，共占安徽省的8%。部分产业分工地位快速提高，产业链前端产品增多。平板显示领域，拥有京东方、乐凯、彩虹等领军企业，具备生产TFT-LCD用彩色滤光片、玻璃基板、光学薄膜等上游关键材料的能力。LED领域，拥有三安、德豪润达、彩虹蓝光等知名企业，可进行外延片、芯片制造和器件封装。此外，奇瑞电动汽车用锂离子电池隔膜材料、中科大量子通信、淮北中润生物质精炼等关键技术已达到世界先进水平。

三是产业集聚程度进一步增强。皖江城市带承接产业转移示范区产业聚集带初步显现，按照国家发改委统计口径，2010年示范区共实现高技术总产值495.13亿元、增加值159.34亿元，分别占安徽省高技术产业的71.8%、72.1%。合芜蚌自主创新试验区产业集群基本形成，2010年实现高技术总产值322.32亿元、增加值105.99亿元，分别占安徽省的48%、47%。特色产业链建设进入新阶段，总投资130亿元的铜陵铜基材料产业链是安徽省第一条列入国家计划的产业链，也是国家安排建设的第3条产业链，建成后预计实现产值约205亿元。马鞍山磁性材料及元器件产业链总投资80亿元，预期实现产值约103亿元。高技术产业基地建设步伐加快，安徽省12个高技术产业基地已形成规模化生产能力，合肥电子信息产业基地、芜湖光电产业基地建设加速。高新技术开发区健康发展，芜湖、蚌埠高新区成功升级为国家级高新区。

安徽省高技术产业和新兴产业发展较快，但总体上规模偏小、技术薄弱，与发达地区仍有较大差距。

一是产业总体规模小。高技术产业总产值仅占全国的0.8%，在安徽省国民经济中所占比重也偏低，高技术产业增加值仅占安徽省的4%，拉动作用有限。

二是领军企业少，企业成长性不足。缺少规模上十亿的带动型强的龙头企业，产业链核心环节缺失，集聚度不高。

三是区域性差异明显，发展不平衡。安徽省高技术产业和新兴产业主要集中在合芜蚌试验区和皖江城市带，淮北、淮南、阜阳、宿州、六安等皖北各市规模很小，只有零星企业分布。

2. 自主创新

"十一五"以来，安徽省大力实施创新推动战略，积极探索区域创新发展道路，加快建设创新型安徽，取得了显著成效，自主创新已经成为安徽的一大特色、一个品牌、一面旗帜。

一是区域创新体系基本形成。2010年，在电子信息、生物、新材料、新能源、公共安全和节能减排等新兴产业领域新增省级及以上创新平台（工程研究中心、工程实验室和企业技术中心）28家，其中国家级7家。

二是科技成果不断涌现。2010年，安徽省累计申请专利35 272件，较上年增长29.6%，专利申请量居全国第7位、中部第1位；累计获专利授权13 806项，增长21.6%，专利授权量居全国第12位、中部第3位。

三是企业的创新主体地位基本确立。目前安徽省70%以上的科研机构、科技活动人员、研发经费、专利申请数和省级科技成果来自企业或由企业承担，企业的创新主体地位已经确立。

四是部分领域自主创新优势明显。安徽汽车已成为我国自主品牌的一个典范，研发投入居全国前列。总投资约15亿元的奇瑞汽车节能环保国家工程实验室是我国汽车行业第一家国家工程实验室，建成后将成为亚洲规模最大、实验设备最先进、功能最齐全的汽车技术开发平台。江汽、奇瑞和华菱共同参与的安徽汽车领域自主创新及高技术产业化专项的建设，将大幅度提高安徽省汽车行业的创新能力，增强我国汽车的国际市场竞争力。此外，安徽省在语音合成、全超导核聚变等高端研发领域居世界领先水平。

五是创新环境不断优化。省委、省政府大力实施创新推动战略，相继启动了"合肥市国家创新型城市试点"、"皖江城市带承接产业转移示范区"、"国家技术创新工程试点省"等建设，这些国字号品牌极大地推动了创新要素的集聚。

近年来，安徽省自主创新能力显著提高，科技支撑经济社会发展能力不断增强，但还存在以下一些突出问题：

一是自主创新能力与产业关联不紧密。科大、中科院合肥物质研究院、中电集团的一批研究所对安徽省产业贡献甚小，产学研合作不够紧密，科研优势没有很好地转化为产业优势。2010年，安徽省高校、科研院所的专利申请总量仅占安徽省申请总量的4.8%。

二是企业自主创新能力较弱，研发投入不足。拥有核心技术的企业不多，高附加值产品比重低。高级研发人员严重不足。在国家发改委组织的对2009年国家认定企业技术中心评价中，就研究与试验发展经费支出额指标前100名排名中，安徽省当时的18家国家级企业技术中心中，只有铜陵有色、奇瑞汽车和江淮汽车列入其中，分别居第55位、69位和85位；发明专利拥有量前50名企业中，没有一家安徽企业入围。

三是自主创新的开放度不高。虽然2010年引进了一批大企业、大项目，但多在安徽建设生产基地，建立研发中心的较少。

3. 信息化

"十一五"时期，安徽省以"数字安徽"建设为抓手，积极推进信息技术在各领域的应用，着力建设信息化基础设施体系，不断强化信息化建设保障能力，形成了政府推动、各方协力、全社会共同参与信息化建设的良好氛围，信息化水平迈上了一个新的台阶。

一是信息网络建设取得长足发展。光缆、宽带（多媒体）数据网、广播电视网络覆盖安徽省所有市、县、乡镇和大部分行政村，形成了以光纤传输为主、微波和卫星通信为辅，能承载各种通信业务和数字电视的信息传输网络。

二是电子政务发挥先导作用。省市级电子政务外网基本建成。省市县网站群建设取得积极进展，已拥有省市县三级政府网站170多个，县以上政府网站全面建立；"乡乡有网站"工程取得积极进展，80%以上的乡镇区建立政府网站。省市县级办公自动化系统广泛使用。各类"金"字头工程进展顺利，部分工程处于全国先进行列。

三是企业信息化扎实推进。安徽省规模以上工业企业的信息化基础指标大幅度提高，培育出江淮汽车、合力叉车、奇瑞汽车等148家制造业信息化示范企业，合肥市、宁国成为首批省级两化融合试验区，合肥、芜湖市较好地完成国家级制造业信息化示范市任务。

四是电子商务应用领域快速拓展。徽商集团等传统商贸企业、海螺集团等工业企业电子商务应用水平不断提高。购物、订票、水电气交费等生活领域电子商务逐步普及。涌现出了安徽粮食批发交易市场等一大批开展电子商务的典型。

五是农业农村信息化水平明显提升。安徽省农村信息化服务体系基本形成，省、市、县普遍建立了农业信息管理服务机构，90%以上的乡镇建立了农业信息服务站，80%以上的行政村建有信息服务点。安徽新农村综合信息服务平台、党员干部现代远程教育工程等在促进农村信息化建设中发挥了重要作用。

六是公共服务信息化务实推进。教育、医疗卫生、环境保护、旅游、应急指挥、社会保障等领域信息化水平不断提升，社区信息化建设进行了积极探索，为保障社会管理、构建和谐社会方面提供了有效保障。

七是支撑服务体系日趋完善。初步建成安徽省空间地理基础信息数据库、人口信息数据库等基础性数据库。网络信息安全体系建设开始起步，安徽省数据灾备外包服务中心基本建成，信息安全保障能力明显提高。安徽省信息化组织体系逐步完善，出台了《"数字安徽"建设管理办法》和电子政务省级行政审批标准体系。

同时，安徽省信息化建设也存在一些问题：如基础网络利用和信息资源开发不够，低水平重复建设和资源浪费问题还比较突出，重建设、轻应用的局面尚未得到根本扭转，条块、部门之间缺乏有效的信息共享机制，信息化管理体制和调控力度有待进一步加强，信息化政策法规相对滞后，信息安全保障能力和信息化人才培养落后于实际需要等。

二、2011 年发展趋势判断

2011 年安徽省高技术产业、自主创新和信息化建设将迈上一个新台阶。

（1）政府高度重视。当前，安徽面临加速发展的难得机遇和全面转型的严峻挑战，省委、省政府把创新推动和新兴产业作为核心发展战略，出台了《关于加快培育和发展战略性新兴产业的意见》，2010—2015 年，每年安排 5 亿元设立战略性新兴产业引导资金，重点支持电子信息、节能环保、新材料、生物、新能源、高端装备制造、新能源汽车和公共安全八大产业。此外，明年省财政将继续安排合芜蚌自主创新试验区专项资金 6 亿元、皖江城市带承接产业转移示范区专项资金 10 亿元、国家技术创新工程安徽省试点工作专项资金 2 亿元。各市对战略性新兴产业的重视程度也大大提高，纷纷出台相应配套政策，安排配套资金。

（2）重大项目带动作用充分显现。2010 年，建成了一批大项目，引进培育了一批大企业。合肥京东方六代线、乐凯滤光膜、鑫昊 PDP、彩虹 TFT 玻璃基板、普乐非晶硅太阳能电池等一批重大项目建成投产。2011 年，合肥 8.5 代线、彩虹蓝光 LED、芜湖三安 LED 外延片及芯片、德豪润达 LED、信义光伏玻璃、铜陵铜基新材料产业链等一批重大项目将继续推进。

（3）创新能力建设稳步推进。2010 年省发改委在积极申报国家创新能力建设项目的同时，批复了电子信息、生物、新材料、新能源、先进制造和节能减排领域省级工程研究中心和工程实验室 21 家，2011 年将继续建设一批省级创新平台，争取一批国家级创新平台，提高安徽省自主创新能力。

（4）创业投资发展进入新阶段。合肥公共安全、芜湖汽车电子及关键零部件 2 只创业投资基金，列入国家首批创业投资试点计划，获得国家 1 亿元资金支持。目前 2 只基金已进入项目投资阶段，相关领域的处于初创期、成长期的创新型企业和高成长性企业将因此受惠。省创业投资引导基金已引导各类资金共同设立创投基金 12 支，直接参股的 5 支基金已全面进入设立和投资工作阶段，为中小高技术企业的设立和成长正发挥积极推动作用。

三、政策措施建议

今后我们将围绕加快培育战略性新兴产业这一核心任务，立足本省特色和优势，选准主攻方向，整合各方面资源集中突破，在注重省内培育的同时，突出对外开放，努力实现跨越式发展。希望国家在以下几方面给予政策和资金支持：

（1）建议国家尽快落实战略性新兴产业相关专项资金和激励政策，加强对地方战略性新兴产业培育的指导。

（2）建议在物联网、云计算、高技术服务业、创业投资等新兴领域开展系统的培育指导，并继续开展试点、鼓励先行先试。

（3）建议进一步完善现有的高技术产业统计体系，建立科学的战略性新兴产业统计体系和自主创新评价体系。

（4）对安徽省高技术产业发展项目，特别是对省委省政府高度重视的、产业链关键环节重大项目在政策和资金方面继续给予大力支持，希望国家发改委尽快审批合肥京东方8.5代线，支持量子通信产业化。

（5）继续支持安徽省自主创新能力建设，提高企业技术中心、工程研究中心和工程实验室的研发能力。建议在高技术产业基地、区域特色产业链布局方面继续给予大力支持，推动产业集聚，从而带动安徽经济的快速发展。

安徽省发展和改革委员会

2010 年福建省高技术产业发展情况与展望

一、2010 年高技术产业发展情况

2010 年，福建省深入认真贯彻落实中央关于加快转变经济发展方式、高技术产业发展的各项部署，积极调整高技术产业战略，加大政策引导力度，加强自主创新能力建设，大力促进科技成果转化，加快培育战略性新兴产业，产业持续保持平稳快速增长。

1. 增长速度回升迅猛，持续保持较高水平

我们紧紧抓住国家大力发展高技术产业的机遇，努力克服金融危机带来的影响，促进高技术产业回暖。福建省高技术产业在延续 2009 年下半年以来企稳回升的基础上，全年继续保持较高增长水平，高技术产业总产值 2 630.09 亿元，增长 31.75%；高技术产业增加值 600 亿元，增长 21.7%；高技术产业出口交货值 1 526.26 亿元，增长 30.33%；新产品产值 336.88 亿元，增长 48.56%，综合经济效益是金融危机以来最好的年份。一些优势行业增长尤为迅猛，如电子及通信设备制造业各项指标增幅均超过 40%，其中总产值增长 47.79%，出口交货值增长 58.33%。

2. 出口保持旺盛需求，增速同比大幅提高

由于金融危机有所减缓，国际市场需求显著回暖，今年以来福建省高技术产业产品出口呈现大幅回升势头，全年高技术产业出口交货值 1 526.26 亿元，增长 30.33%（2009 年同期为下降 14.7%），比规模以上工业高 7.13 个百分点，已恢复到金融危机爆发前水平。部分重要产品出口增幅较大，如彩电出口增长达 42%，电子元器件增长达 70%。

3. 大部分产品销售抢眼，产销率保持高位运行

金融危机爆发后，福建省高技术产业苦练内功，加大研发力度，不断开发新技术、新产品，增强品牌意识，提高抗危机能力，具有行业优势的产品生产仍继续保持产销两旺的势头。全年高技术产业新产品产值336.88亿元，增长48.56%；高技术产业实现销售产值1 875.65亿元，产销率达98%。同2009年相比，液晶电视产量增长67%，数字电视机顶盒产量增长10%，手机增长40%，打印机产量增长15%。

4. 重点项目建设继续推进，发展后劲不断增强

2009年以来，为有效应对国际金融危机，福建省启动建设了一批高技术产业项目，其中仅中央增投项目就达30个，总投资23.23亿元，目前这批项目建设进展顺利，一批项目已建成投产，为高技术产业快速发展提供了有力支撑，如：冠捷科技与韩国LG集团在福清合作投资设立捷星显示科技（福建）有限公司，今年生产液晶显示器350万台，实现产值30亿元；未来3—5年，年产值预计可达到70亿元。宸鸿科技触控面板产值今年达100亿元，明年将新增60亿元。福建钧石能源公司总投资4.8亿元，占地320亩投资建设非晶硅薄膜太阳能电池生产线，至2011年初，将形成年产200MW太阳能电池的能力。龙岩德泓台商光电产业园已规划用地1 500亩，计划于2011年之前建成年产值超10亿元的光电产品生产基地。

5. 新兴产业发展迅速，有望成为新增长点

适应通信和新一代信息技术发展需要，部分新兴产业快速崛起，如：处于物联网产业链上游的新大陆凭借在自动识别技术上的国内领先优势，连续中标国内大型工程，并开发出全球首颗二维码解码芯片，使物联网技术以及二维码识读核心技术取得重大突破，并达到国际先进水平。星网锐捷2009年以来已投入近2亿元研发资金，致力于在物联网、云计算、三网融合领域打造新的产业梯队。马尾显示器件产业园区目前正重点推进"物联网产业园区"建设，以新大陆二维码、上润智能传感器、冠林科技智能楼宇、国脉科技无线数据传输为技术核心，发展壮大与物联网应用直接相关的计算机、软件、集成电路、通信等相关产业，这些产业有望成为高技术产业新的增长点。

2010年，福建省高技术产业虽然呈现大幅回升走势，但也存在一些问题，主要有：一是产业结构依然单一，电子信息产业比重较高；二是产业核心技术依然缺乏，企业市场竞争力仍较弱；三是企业升级转型态势缓慢，仍处于产业链的中、低端环节。

二、2010年主要工作

1. 认真编制"十二五"发展专项规划

根据省政府和国家发改委关于组织开展"十二五"高技术产业和战略性新兴产业发展专项规划的要求，牵头组织有关部门在调查研究的基础上，开展了《福建省高技术产

业暨战略性新兴产业"十二五"发展专项规划》编制工作。通过成立规划编制小组、拟定规划大纲、扎实开展考察调研、讨论等，完成了"专项规划"的初稿。从目的、范围、期限、产业现状、面临形势、总体思路、空间布局、重点方向及保障措施等方面，对"十二五"期间福建省高技术产业暨战略性新兴产业发展作了全面的分析、论述和规划。为使该规划更加准确反映福建省的实际情况和未来五年的发展方向，还组织有关部门和专家召开"专项规划"征求意见会，对专项规划做了进一步的修改、补充和完善，形成征求意见稿。开展征集高技术暨战略性新兴产业重点储备项目工作，储备项目138个，总投资1 218亿元。同时认真做好项目筛选和申报工作以及项目整理分类统计等工作。在"专项规划"编制取得阶段性成果的基础上，做好专项规划与其他规划的衔接。一方面，做好专项规划与《福建省国民经济和社会发展第十二个五年规划纲要》的衔接，尤其是高技术产业和战略性新兴产业发展的重点方向要在《纲要》中体现。另一方面，做好与国家发改委制定的高技术和战略性新兴产业相关规划的衔接，在整体方向上要与国家保持一致，并争取更多的项目列入国家规划中。

2. 加强中央增投项目的监督、管理和服务工作

近两年，为应对国际金融危机，国家支持了福建省一批高技术产业项目建设，为使中央增投项目发挥应有的效应，促进福建省高技术产业健康发展，根据中央检查组、国家发改委通知要求和省领导的指示精神，多次组织会议，加大工作协调力度，督促企业抓紧项目建设方案的制定和项目实施，要求做好按月（旬）上报项目进展情况，明确资金使用领域和进度要求，对项目实施中存在问题与企业共同商讨提出解决办法，加快项目建设进度。认真配合中央检查组工作，对部分项目进行实地抽查，掌握被抽查项目的建设基本情况、投资计划完成情况、项目建设管理情况、竣工及运营效果、资金筹集及管理使用情况，以及发生违规违纪违法问题的情况，对有问题的项目和企业，会同当地政府提出相应的整改措施，确保项目按要求顺利实施。

3. 继续加大自主创新能力建设

积极推动中国科学院在福建省设立海西研究院，力争将其建设成为海峡西岸经济区产业技术源头创新及应用创新基地；依托厦门大学组建纳米制备技术工程研究中心，同时结合厦门晋大纳米科技、龙岩高岭土等企业力量，建设若干中试生产线；依托福建仙芝楼生物科技有限公司组建药用菌工程研究中心，利用福建省丰富的生物资源，开展系列产品开发；在软件、动漫、物联网等产业领域依托福建信息职业技术学院、福州软件园产业基地开发有限公司、福建省电子产品监督检验所等企事业单位，分别组建福建省先进制造业软件公共服务平台、福建省动漫游戏公共技术服务平台、福建省物联网应用软件及系统技术评估与质量控制平台等公共服务平台，为行业提供关键、共性和前瞻性技术。为重点扶持处于初创期、成长期的创新型企业和高成长性企业，根据国家发展改革委、财政部有关新兴产业创业投资基金试点工作会议精神，在物联网、新材料、新能源等新兴产业领域组织新大陆、中保、红桥等创投机构申报第二批创业投资基金，积极争取国家支持。至2010年，创新平台总建筑面积8.23万平方米，总投资约7.5亿元，其

中中央和省级预算内投资约 1.83 亿元；购置仪器设备 7 074 台（套），总价值 3.3 亿元，其中部分平台技术装备水平达到或超过国内先进水平；建成了 22 条工业试验线或中试生产线和 20 多个工程化技术开发平台。初步形成了以市场为导向，产学研相结合的区域科技创新体系。

4. 切实抓好软件和新材料产业专项实施工作

为贯彻落实国务院关于《鼓励软件产业和集成电路产业发展的若干政策》和《福建省人民政府关于进一步加快软件产业发展的意见》等文件精神，在年度计划实施中，根据福建省软件产业发展的基础和存在的问题，重点支持企业联合高校及科研院所，引进、消化、吸收国内最新的软件科研成果，突破关键、共性技术，进行新产品的开发以及有较大创新、工艺成熟、产业带动作用强的软件科技成果产业化项目。积极争取国家扶持资金，组织各部门申报，并研究确定了福建国通信息科技有限公司"基于智能信息终端的星驿便民综合服务平台研发及产业化"等 11 个软件产业项目，上报国家发改委及工信部。经国家部委联合审查，获准列入 2010 年电子信息产业振兴和技术改造计划，并获扶持资金 4 550 万元。与此同时，全年共安排省级预算内软件产业发展专项资金 1 890 万元，扶持 28 个软件项目，其中 1 280 万元，用于补助福州软件园产业基地开发有限公司"软件与信息服务产品公共检测评价中心"等 6 个软件公共服务平台建设；610 万元，用于福建新大陆电脑股份有限公司"基于 RFID 技术和信息安全的电子支付 POS 产品产业化"等 22 个软件产业化及技术开发项目。资金总额超过闽政办函〔2009〕129 号文规定的年度 1 500 万元的任务要求，也是历年来省发改委在软件产业上安排扶持资金最多的一年。继续推动福建省新材料产业做大做强，实施新材料产业专项，全年共安排预算内资金 1 900 万元，支持了 36 个新材料产业化重点项目和重大产业技术开发项目。

5. 大力促进科技成果转化

加大 6·18 科技成果对接力度，积极引导企业对接一批科技含量高、附加值大、产业链长、带动力强的项目。按照 6·18 科技成果转化省级财政专项资金重点扶持领域指南，组织实施 6·18 科技成果转化项目，从电子信息、生物医药、光机电、新材料、节能环保、先进制造等领域的近 110 个项目中，筛选出 66 个项目进行重点扶持，安排省级预算内资金 2 600 多万元给予扶持，带动社会投资近 11 亿元。此外，秉承建设生态文明和大力发展以低碳为特征的循环经济、绿色经济理念，在第八届 6·18 项目成果交易会期间，首次设立低碳产业馆，倡导低碳引领生活，组织各地市和省直有关部门及 30 多家企业参加展览，展示福建省新材料、新能源、节能环保等产业近几年发展的技术、产品、重点企业和几十项低碳技术成果以及低碳产业小发明、小创造成果，同时展出世界海水淡化技术发展概况和平潭岛海水淡化项目，而且，展馆载体主要材料均采用可回收材料制作，真正做好低碳环保、环境友好，得到媒体的好评。利用第十二届中国科协年会在福建省举办的机会，会同有关处室积极开展项目前期对接和成果征集工作，结合年会开展 5 场左右的专题调研并促成了 35 个项目在本届年会中签约对接。同时配合"院士专家工作站"和"福建省中国科学院院士联络处"牌匾授牌仪式，组织各地市发改部门、县市和相关产业创新平台、企业、高校、科研院所约200人参加由有关知名专家作的"国家十二五生物产业发展规划"和"科技中介与技术转移的最新模式"介绍及项目推介。继续落实闽台信息产业在LED和物联网方面的深度对接，依托省高科技产业发展促进会，配合省信息化局，与台湾工研院等进行对接，以园区为载体，深化闽台在平板显示、LED及光伏电子等领域的对接合作；配合省信息化局、质监局等，组建两岸三地RFID（射频识别）产业联盟、移动通讯产业联盟、LED产业联盟等。

6. 积极推动科技基础设施建设

抓紧推进省科技馆新馆项目前期工作，多次召开项目协调会议，会同省财政厅、重点办、福州市人民政府和省科协对项目建设方案进行论证，并将专家论证方案上报省政府。继续推进高新技术孵化器二期建设，积极推动中科院海西研究院建设，项目一期总投资2.27亿元，建筑面积6.78万平方米，主要建设海西材料所、海西制造所、海西动力所以及海峡两岸科技交流中心，打造海峡西岸重要的科研基地。

7. 认真做好高技术产业发展和项目调研工作

为进一步加快高技术产业发展，深入开展调研工作，侧重对福建省创新平台建设情况进行总结梳理，归纳出福建省在创新平台建设中的主要经验，如：积极争取各级领导支持，明确专项建设资金来源，制订管理办法和专项规划，规范组织申报及评审程序等。此外，在运行管理方式上也做了总结，如：积极组织宣传推介活动，大力促进产学研合作，加快项目前期工作进度，利用审批手段，规范平台运作等等，这些调研成果，在国家发改委召开的"国家地方联合创新基础能力建设工作座谈会"上得到肯定和好评。为做好项目管理，还深入基层、企业，对组织上报的高技术产业化项目、产业技术开发项目、小发明及小创造项目等进行了重点调研，重点了解企业项目前期准备情况、实施进展情况、存在问题等，与企业一起共同推进项目建设。为扶持海洋新兴产业发展，赴厦门、莆田调研海洋生物资源开发、生物固碳等项目；赴北京拜访中国海洋学会对接项目并邀请学会组织专家来闽进行专题调研。针对福建省企业在提升自主创新能力过程中，普遍存在着资金投入不足、高层次科技人才不足、核心技术不足等"三不足"问题，根据省发改委在规划制定、政策引导、项目推动等职能，从项目、资金、服务、管理四个方面牵头提出今后一个时期强化这方面工作的十五项具体举措。对审计中发现的部分存在问题的项目，认真调研核实，对个别项目及时调整建设方案，或敦促项目单位加快建设进度，较好地执行了审计决定。

8. 开展生物、新材料产业基本情况统计调查

生物产业、新材料产业是福建省国民经济和社会发展第十一个五年规划纲要确定重点培育的战略性高技术新兴产业，但这两个行业的统计资料较零散，口径也不一致，省发改委与省统计局等相关部门合作研究，初步提出了生物产业、新材料产业领域的细分行业目录，加强对生物产业、新材料产业运行情况的监测及预测，逐步建立生物产业、新材料产业统计指标及相关数据。

三、2011 年主要工作思路

要贯彻落实省委省政府提出的"科学发展、跨越发展"的总体思路，按福建省"十二五"规划纲要和国务院发布的《关于加快培育和发展战略性新兴产业的决定》要求，着眼于国内外高技术和新兴产业发展方向，立足福建省产业基础和潜在优势，整合资源、拓展需求、循序渐进、形成规模，大力培育发展具有前景广、资源消耗低、带动系数大、就业机会多的高技术和战略性新兴产业，尽快形成新的经济增长点和竞争优势。

1. 组织实施"十二五"发展专项规划

2011 年是"十二五"规划实施的第一年，要积极适应新变化，牢牢抓住新机遇，全面落实新要求，认真做好以下几项工作：一是做好"十二五"发展专项规划的宣传工作。提高认识，统一思想，使各地市发改委和从事高技术产业的相关企事业单位，把发展思路同"十二五"规划要求相衔接，利用创新平台等载体，不定期举办"十二五"规划相关产业发展研讨会、项目推介会等活动。福建省发改委系统举办一期"十二五"规划学习研讨会。二是积极争取国家政策和资金支持。继续深化福建省同国家有关部委的规划衔接，取得国家大力支持，尽可能使福建省的项目纳入国家相关专项规划和专项资金盘子。三是进一步完善省级高技术暨战略性新兴产业项目储备库。加强调研，发掘龙头企业及重大项目，做好筛选、培育工作，为高技术暨战略性新兴产业发展提供有力支撑。

2. 加快培育战略性新兴产业

战略性新兴产业事关抢占新一轮经济和科技发展制高点，要认真实施国务院有关决定，加大培育力度。一是推动战略性新兴产业基地建设。按照"十二五"规划要求，大力支持福州信息产业国家高技术产业基地建设。重点扶持泉州、漳州、莆田等地发展光伏、液晶显示、集成电路、移动通信等产业。积极支持南平、三明等地建设生物产业高技术产业基地。二是组织实施战略性新兴产业专项。重点围绕新一代信息技术、生物与新医药、新材料、新能源及节能环保、海洋新兴产业，组织实施战略性新兴产业专项，重点开展关键共性技术研发，扶持一批有较大创新、工艺成熟、产业带动作用强的产业化项目，重点启动 100 个项目建设，总投资约 400 亿元，年度投资力争达到 100 亿元以上。三是继续争取国家支持设立战略性新兴产业创业投资基金。积极争取国家发改委、财政部参股，在物联网、新材料、新能源等新兴产业领域设立创业投资基金，以市场化方式独立规范运作，重点扶持战略性新兴产业领域处于初创期、成长期的创新型企业和高成长性企业。

3. 继续推动国家与福建省联合建设创新平台

围绕做强做大福建省高技术产业和加快培育战略性新兴产业，突出福建省地方特色产业链、地方主导产业等有较好创新资源基础的领域，强化区域创新基础能力建设，在现有省级工程实验室、工程研究中心基础上，围绕新一代信息技术、生物与新医药、新材料、新能源及节能环保等高技术暨战略性信息产业领域。一是加大与国家有关部门的沟通。争取在生物毒素、现代发酵、菌草等领域使福建省一批具有优势的创新平台列入国家地方联合建设工程研究中心（工程实验室）专项；二是继续联合国家共同推进平台建设。重点是海峡两岸土木工程防震减灾、工业烟尘控制、数字电视、生物医药、功能材料等5个在建工程研究中心和生物毒素、作物分子育种等7个在建工程实验室建设；在食品安全等领域建设1~2个工程实验室；在光电信息等领域联合建设若干个"6·18"技术创新服务平台。

4. 做大做强特色产业链

继续推动福建省高技术暨战略性新兴产业集聚化和专业化，使福建省已形成集聚效应的产业链，集成发展福建省具有优势的新兴产业。一是支持福州信息产业国家高技术产业基地建设。落实国务院《关于进一步鼓励软件产业和集成电路产业发展若干通知》（国发〔2011〕4号）文件精神，促进电子信息、软件、动漫等产业的集聚式发展；二是继续推动福厦沿线信息产业集群、生物产业集群、新材料产业集群的建设。从核心部件、关键材料、重大装备的自主研发设计制造入手，推动产业价值不断向高端延伸。扶持泉州微波通讯产业基地和德化陶瓷产业基地、厦门软件产业基地和光电产业基地、漳州光电产业基地和智能仪表产业基地、三明生物医药产业基地、南平生物产业基地、龙岩环保产业等特色产业链建设；三是以光电、平板显示器件、微波通讯、软件、生物医药、太阳能光伏等战略性新兴产业为重点。加快培植一批具有地方特色明显、产业规模较大、竞争力较强的高技术产业集聚区和特色产业链，逐步形成一批技术先进、效益良好、影响较大的省级高技术产业基地，带动福建省高技术暨战略性新兴产业发展。

5. 不断提升科技成果转化层次

进一步突出双向推介，拓展领域，完善机制，追求科技成果转化实效。一是扩大成果对接范围。围绕战略性新兴产业，拓展高校、科研院所和国家级学会、协会等的合作模式，拓展合作渠道，持续对接生成一批大项目，加快培育壮大战略性新兴产业。二是改进"6·18"科技项目专项资金的扶持方式。适当增加战略性新兴产业的比重和重点项目的比重，深化项目的跟踪服务，提高资金使用效益。三是在第九届"6·18"展会上设立新兴产业馆。重点展示产业发展趋势、重点项目、骨干企业、主导产品和重大产业技术需求等。

6. 认真做好中央增投项目的竣工验收工作

根据福建省中央增投项目的建设年限，2011年有一大批项目即将陆续建成投产，要按照国家有关要求，认真做好这批项目的竣工验收工作，及时发挥项目的投资拉动作用。一是加强竣工项目跟踪管理。深入基层，对拟建成竣工投产的项目进行实地考察，按竣工验收要求协助企业做好相关准备工作，对存在的问题加大协调力度，及时予以解决，督促企业按建设计划及时完工。二是认真做好竣工验收的组织工作。对拟验收的项目，先由相关管部门按有关要求实施专业验收，对存在问题及时整改，在此基础上，再由各市发改委部门组织收集整理验收资料完成初验后，省发改委牵头有关部门组织验收。三是加快验收速度。2011年要验收的项目较多，要认真制定验收计划，争取每月完成两个项目的验收。

7. 进一步加强调研工作

一是开展战略性新兴产业的调研。摸清福建省战略性新兴产业的现状，包括现有企业数量、产业规模、布局、存在问题等情况以及未来发展趋势，为培育壮大福建省战略性新兴产业提供决策基础。二是加强高技术暨战略性新兴产业发展运行分析。紧密跟踪分析高技术暨战略性新兴产业的走向，及时发现倾向性、苗头性问题，提出应对措施和政策建议。继续会同统计部门建立、完善高技术暨战略性新兴产业统计指标。及时完成半年及年度福建省高技术暨战略新兴产业发展情况报告。三是继续做好创新平台功能作用发挥情况调研。对现有平台的技术转移、经济效益、提升产业竞争力、创新能力、队伍培养等方面进行评价。为完善动态管理制度及退出机制，实行优胜劣汰，滚动发展，提供决策依据。

福建省发展和改革委员会

2010 年江西省高技术产业发展情况与展望

一、2010 年产业发展总体情况

2010 年江西省高新技术产业延续 2009 年以来企稳回升的态势，实现平稳快速发展，总量规模不断扩大，质量效益持续提升，产业结构进一步优化，对国民经济发展的贡献日益提升。到 2010 年底，江西省高新技术产业内共有规模以上工业企业 1 428 家，占江西省规模以上工业企业的 18.13%，比 2009 年增加 168 家，增长 13.3%，高新技术产业产值和收入双双跨越 3 000 亿元，实现圆满收官。

1. 产业发展主要特点

（1）多项指标实现新跨越。2010 年与 2009 年相比，江西省高新技术产业实现"双倍增"。据省统计局统计，2010 年完成总产值 3 128.78 亿元，实现主营业务收入 3 131.99 亿元，分别是 2009 年的 2.07 倍和 2.20 倍。实现利润总额和出口交货值双双突破 200 亿元，分别达 214.42 亿元和 428.60 亿元，是 2009 年的 1.88 倍和 1.51 倍（见图 1）。

（2）增速继续保持高位。高新技术产业增加值继年初以 38.2% 的同比增幅实现良好开局后，一直保持 30% 以上的增长，全年累计增长 34%，比 2009 年提高 9.8 个百分点。单月增幅受 2009 年基数前高后低的影响，总体呈逐月攀升态势，其中：单月最高增幅出现在 10 月，达 40.1%（见图 2）。

（3）战略性新兴产业引领作用显著。2010 年，江西省十大战略新兴产业完成工业增加值 1 335.82 亿元。实现主营业务收入 6 340.77 亿元，占江西省工业主营业务收入的比重达到 44.7%，同比增长 47.4%，拉动江西省工业收入增长 20.6 个百分点，贡献率达 47.1%；实现利润 375.08 亿元，同比增长 77.5%，拉动江西省工业利润增长 33 个百分

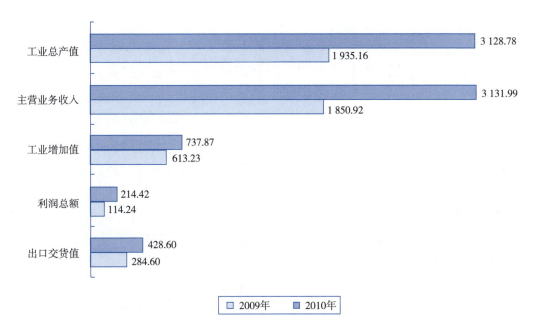

图1 高技术产业主要生产经营指标/亿元

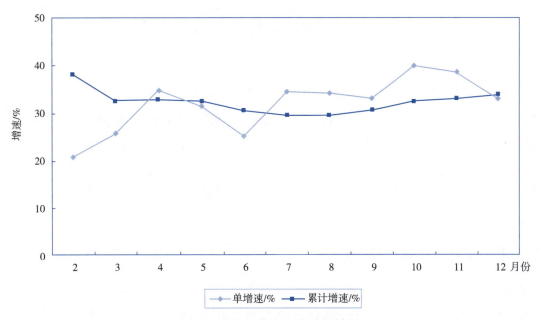

图2 高新技术产业增加值情况

点。十大战略新兴产业工业完成投资1 955.14亿元，比2009年增长36.2%，比江西省固定资产投资增速快3.7个百分点。从具体分产业看，航空制造业遥遥领先，投资额达到40.06亿元，比2009年增长170.8%；风能、核能产业也是迅速增长，投资额达到96.09亿元，比2009年增长68.1%，居第2位；非金属材料产业投资额达到206.76亿元，比2009年增长58.4%，居第3位；金属新材料产业、生物产业、文化产业投资分别增长41.4%、47.8%和39.7%，均高于江西省投资平均增速。

（4）生态高新彰显绿色生机。鄱阳湖生态经济区内高新技术产业发展生机勃勃，区内669家规模以上工业企业实现增加值434.12亿元，占江西省58.83%；实现利润总额100.32亿元、出口交货值252.43亿元，占江西省比重分别为46.79%和58.90%。

2. 存在的主要问题和制约因素

从总体看，江西省高新技术产业回升向好的势头正在逐步巩固，但还存在一些问题值得关注。

一是世界经济虽然出现一定的复苏势头，但复苏的基础还比较脆弱；国内经济面临通胀压力，投资受宏观调控约束。从产业内部看，目前产业发展很大程度上仍主要依靠投资拉动和政策支撑，以自主创新为代表的发展动力仍然不足。区域和领域间发展差异较大，影响产业整体发展水平。

二是随着经济逐步复苏，市场对能源、原材料的需求猛增，国际油价大幅度攀升，工业主要原材料、燃料、动力购进价格全面上涨，导致高新技术产业生产运行成本上升，利润空间被压缩，企业运营难度加大。

三是部分行业投资增长过快，产业结构仍不够合理，存在无序、低水平重复建设现象，造成资源浪费。结构调整工作政策性强、涉及范围广、组织协调难度大，仍有待于进一步积极地往前推动。

二、2010年高技术产业主要工作

1. 做好重大课题研究、重大规划编制工作

在认真组织省内"十二五"规划专项调研活动和积极承担国家课题研究的同时，着力编制好高技术产业相关专项规划，完成了"十二五"江西省创新基础能力建设、江西省生物产业发展等专项规划的起草编制工作，出台了《江西省加快战略性新兴产业超常发展若干意见》、《江西省扶持风能核能及节能产业延伸产业链的若干意见》等扶持政策，分产业制定了战略性新兴产业合作推进会制度。

2. 积极构建产业投融资新平台

省政府整合了2亿元财政性资金，筹建四支战略性新兴产业创业投资基金并争取国家批准设立。目前，成立了江西省创业投资管理有限公司，完成了江西省新能源、新材料和南昌现代服务业等3只创业投资基金的筹建工作，并向国家上报了设立申请。

3. 全力推进重大产业化项目

认真做好重点产业振兴和改造、绿色农用生物产品、微生物制造等国家专项等申报和实施工作，一批产业项目被列入2010年国家重点产业振兴和改造专项投资计划，诚志生物年产600吨D-核糖结晶等项目获得"国家高技术产业示范工程"授牌。同时，省政府还整合了2亿元财政性资金，重点扶持了32个省高新技术产业化重大项目，目前所有项目均已开工，其中，瑞晶科技年产50兆瓦太阳能电池项目已建成投产，经纬汽车JW6F30节能变速器、博美生物高效猪瘟新型疫苗产业化等11个项目形成了部分生产能力。

4. 加快建设高技术产业基地

重点加快了南昌航空产业国家高技术基地建设，成立了江西洪都商用飞机公司，开工建设了南昌航空城一期工程，完成国产大飞机机身等直段首段研制任务并交付使用；在景德镇直升机产业园区，依托昌飞公司生产优势和602所研发优势，启动了3吨级双发直升机合作生产和转包生产、10吨级通用型直升机开发、无人直升机生产区建设等一系列航空产业重大项目，启动了景德镇直升机产业配套园区建设。同时，着力推进了南昌生物产业国家高技术产业基地发展，江西益康一次性使用无菌心脏二尖瓣球扩张导管高技术产业化等一批生物项目进展顺利；启动了特色产业链基地建设，组织编制了钨与稀土等一批特色产业链基地发展规划。

5. 不断加强创新能力建设

争取国家支持，着力加快建设了新余钢铁技术中心创新能力、江西中医学院药物实验动物中心和省农科院农业生态与产品检测评估中心等一批研发项目，重点推进了江西省农科院水稻重点实验室、天人生态科技企业技术中心等一批研发平台建设。同时，启动了国家地方联合工程中心筹建工作，完成了在江钨、晶能等家企业设立钨与稀土、半导体照明等省级工程中心的评审、认定工作。

三、2011年工作思路和主要任务

2011年是"十二五"开局之年，江西将以建设鄱阳湖生态经济区上升为国家战略为契机，紧紧围绕加快推进战略性新兴产业发展这条主线，在国家发改委的指导下，重点抓好以下工作：

1. 研究出台相关政策措施

制订《江西省贯彻落实〈国务院关于加快培育和发展战略性新兴产业的决定〉的实施方案》，并根据国家将出台的相关规划和扶持政策，会同省内相关部门，拟订江西省的实施细则。加快制订《江西省战略性新兴产业基地认定试行办法》、《江西省战略性新兴产业创业投资引导基金实施办法》等一批管理办法，推动相关工作健康有序开展。

2. 推动创新能力水平提升

以组建国家地方联合工程中心为重点，切实做好省级工程研究中心、工程实验室、企业技术中心等的培育与发展工作，力争有更多的省级研发平台上升为国家级平台。启动一批省级战略性新兴产业基地认定工作。

3. 推进国家航空产业基地建设

力争2012年底南昌航空城大飞机和国际航空转包生产区首栋厂房封顶，并开始设备的安装调试工作。协助做好洪都新机场建设申报工作和国产大飞机第二试飞基地、第二总装基地的争取工作，协助洪都按时完成国产大飞机机身研制生产任务。集中资源支持景德镇进一步做大做强直升机研发基地和生产基地，加大招商引资力度，建设直升机零部件产业园区。

4. 加快国家生物产业基地建设

组织编制生物产业核心园区产业发展规划，明确发展特色，强化基础条件和服务设施建设，培育核心竞争力。成立江西省生物产业协会，加强产业合作、协调和自律，培育公共服务平台。

5. 积极发展创业投资基金

按照国家统一部署，继续做好生物医药、文化创意等产业创业投资基金的筹建与申报工作，力争已上报的新能源、新材料和现代服务业3只产业创业投资基金尽快获得国家批准。积极引导基金管理团队做好项目筛选工作。

6. 继续做好重大项目的组织实施

一是按国家要求，策划组织好国家高技术示范工程、创新能力建设、信息化示范等专项的项目申报工作，积极争取国家支持。在国家部署和指导下，有序开展物联网、电子商务示范城市建设试点工作。二是继续做好江西省高新技术产业化重大项目评审、计划下达和组织实施的工作。

7. 加强重大项目管理工作

重点加强对国家高技术产业发展项目、电子振兴和产业结构调整项目以及江西省高新技术产业化重大项目等的协调、调度与监督，加快推进项目建设进程。同时，进一步完善项目验收办法和制订好相关验收计划，依法依规定组织好验收活动。

江西省发展和改革委员会

16

2010 年山东省高技术产业发展情况及展望

一、2010 年高技术产业发展整体情况

2010 年，山东省委、省政府紧密围绕"转方式，调结构"这条主线，认真贯彻落实国家一系列加快发展高技术产业的方针政策，尤其是把加快培育和发展战略性新兴产业摆在突出位置上，努力转变观念，解放思想，扎实工作，山东省高技术产业继续保持加快发展的良好势头，战略性新兴产业扎实起步。山东省高技术产业实现产值 5 562.21 亿元，同比增长 20.99%，总量继续位居全国各省市第四位。

1. 产业发展呈现的主要特点

（1）主要高技术行业继续保持一定增长。医药制造业实现产值 1 741.86 亿元，同比增长 25.74%，总量继续位居全国第一位；医疗设备及仪器仪表制造业实现产值 468.15 亿元，同比增长 23.06%，总量居全国第四位；电子计算机及办公设备制造业实现产值 1 313.46亿元，同比增长 17.33%，总量居全国第四位；电子及通信设备制造业实现产值 1 986.30亿元，同比增长 18.54%，总量居全国第四位。信息化学品制造业实现产值 40.42 亿元，同比增长 42.42%。航空航天器制造业实现产值 12.11 亿元，同比增长 49.80%。

（2）创新能力建设取得新进展。山东省 R&D 经费支出达 519.6 亿元，占 GDP 比重达 1.53%。济南、青岛、烟台进入国家创新型城市试点城市行列。海洋科学国家实验室、国家深海基地、海洋科学综合考察船、国家山东医药研发大平台、千万亿次超级计算中心等国家级创新平台建设进展顺利。新增山东量子科学技术研究院、山东钢铁研究院等创新型研究机构。国家新认定企业技术中心 16 家，国家批复企业技术中心创新能力项目

12 个。山农大土肥资源高效利用、省农科院小麦玉米育种、三角集团子午胎制备等 3 个国家工程实验室已通过评估。同时，新组建 17 家省级工程实验室。全年取得重要科技成果 2 333 项，其中获得国家科技奖励成果 36 项。发明专利申请和授权分别达到 17 259 件、4 106 件，同比分别增长 21.35% 和 7.97%。

（3）产业化重点项目进展顺利。全年国家新批复山东省高技术产业发展项目 24 个，另有 29 个项目已通过中咨公司评审。在建国家高技术产业发展项目 142 个，有 45 个项目建成投产，其中 19 个项目完成验收。

（4）产业加速集聚式发展。新增济宁、烟台两家国家级高新区。济南市成为全国第 8 家综合性国家高技术产业基地，新认定 12 家省级高技术产业基地。依托济南、德州等高技术产业基地，成功举办了第四届中国生物产业大会和第四届世界太阳城大会。

（5）战略性新兴产业培育工作开局良好。为促进转方式调结构，省委九届四次全会明确提出实施传统产业优化升级以及培育发展战略性新兴产业的"双轮驱动"发展战略。今年 3 月 31 日召开的省政府常务会议上，分别研究通过了省政府关于加快培育和发展战略性新兴产业的实施意见以及第一批 100 个战略性新兴产业省级项目，近期省政府将正式发布，省政府将在资金、土地等方面采取一系列优惠政策，加快培育和发展山东省的战略性新兴产业。

2. 存在的主要问题

近年来，山东省高技术产业取得了长足发展，但与先进省市相比还存在着一些问题和不足。主要表现在：

（1）投入不足。首先是政府投入不足，如 2010 年省本级财政科技实际支出仅 15 亿元，远低于上海、广东、江苏等省份。其次是投融资体系不完善，金融对高技术的支持力度不够，信贷资金支持中小企业的力度尚待加强，创业投资还不够活跃。

（2）科技成果转化率低。如 2010 年山东省高技术产业实现的新产品产值仅为 1 256.76 亿元，而同期江苏为 3 086.32 亿元，广东为 3 109.49 亿元，科技成果转化为新产品的能力和后劲明显不够。

（3）其他。在人才培养和引进、企业创新主体地位的确立、组建产业联盟等方面还存在着一系列问题和不足。

二、2010 年高技术产业工作情况

2010 年，省发改委全力开展关于加快培育和发展战略性新兴产业的思路研究，加快编制"十二五"专项规划，努力做好经济形势分析，继续抓好产业化、创新能力和产业基地等"三个一批"，较好地完成了全年工作任务。

1. 全力抓好战略性新兴产业的培育

一是积极开展调研。先后召开 7 次座谈会，在广泛征求各方面意见的基础上，形成了关于加快发展山东省战略性新兴产业的建议，报送省政府并得到采纳。二是代省政府

起草了《山东省人民政府关于加快培育和发展战略性新兴产业的实施意见》，已经省政府常务会议研究通过，即将正式发布。三是组织筛选了第一批 100 个战略性新兴产业省级项目。这批项目已经省政府常务会议研究通过，省政府即将正式发布。

2. 研究编制山东省高技术产业"十二五"发展规划

我们承担了山东省战略性新兴产业、高技术产业和生物产业等三个专项规划，目前已经形成初稿，预计 2011 年上半年正式发布。

3. 加强经济形势分析

按照高技术司和省政府的要求，积极开展高技术产业、信息产业、生物产业、基地、自主创新等方面的形势分析，形成了多份形势分析报告，为领导决策提供了参考。

4. 主动做好创新能力、产业化、基地等项目工作

围绕增强自主创新能力、推进产业化和促进产业集聚式发展这一中心工作，积极争取国家政策资金扶持，努力吸引创投、信贷等各类社会资金，建设了一批创新平台，实施了一批产业化项目，培育了一批特色产业链和产业集群，有力促进了山东省高技术产业又好又快发展。

5. 成功承办了第四届中国生物产业大会

2010 年 6 月，省发改委与济南市政府、德州市政府一起成功承办了第四届中国生物产业大会。大会对于宣传生物产业，加强各方合作与交流，发挥了重要的作用。

三、2011 年工作思路和主要任务

1. 发展思路

围绕"转方式、调结构"这条主线，以自主创新为核心，以产业化为立足点，统筹规划，集约投入，优化环境，围绕"四新一海"等战略性新兴产业重点发展领域，继续做好"三个一批"，即：继续建设一批国家级和省级创新平台，进一步完善区域创新体系；继续实施一批高技术产业化项目，加快科技成果转化进程；围绕山东半岛蓝色经济区、黄河三角洲高效生态经济示范区等两个国家级区域战略和省会都市圈、鲁南经济带等省级重点区域发展战略，突出产业特色和优势，继续培植一批产业链、优势产业集群和产业基地，加快产业集聚式发展。

2. 发展重点

在重点发展以新材料、新一代信息技术、新能源及节能环保、新医药及生物、海洋开发等"四新一海"为核心的战略性新兴产业的基础上，同时大力发展高端装备制造和新能源汽车等产业。

（1）新材料产业。重点是高性能特种纤维和特种高分子材料。加快实施东岳含氟高分子聚合物产业化、万华聚氨酯新材料产业链上下游循环经济一体化、威海拓展高性能碳纤维产业化等一批重点项目，延长产业链条，尽快在碳纤维、芳纶、超高分子量聚乙烯纤维和玻璃纤维等高性能特种纤维领域，以及含氟材料、聚氨酯为代表的特种高分子材料等领域，形成较为明显的产业优势和发展特色。加快实施美晨5 000万件/年热塑性弹性体、日科化工新型高分子材料AMB、双连制动高档陶瓷纤维增强树脂基配方汽车用刹车片等一批重点项目，尽快在新型合金材料、特种玻璃、功能陶瓷、半导体照明材料等新型功能材料方面实现突破。

（2）新一代信息技术产业。加快推进三网融合，促进物联网、云计算的研发和示范应用。加快建设海信TD-SCDMA终端测试系统、海尔基于3G网络的家庭网络生活中心、歌尔LED背光模组、中孚内网安全保密综合管理平台等一批重点项目，推进集成电路设计、新一代移动通信、新一代显示、传感器与RFID、信息安全及信息服务等新兴领域发展。

（3）新能源及节能环保产业。重点发展太阳能、风能、生物质能、核能、工业清洁生产和节能、环保及资源综合利用等。加快实施皇明年产180千米菲涅尔式太阳能热发电高温集热管、孚日CIGSSe薄膜太阳能电池、力诺年产700MW光伏电池片、台海玛努尔核电设备、华能石岛湾高温气冷堆电站、北车风电2.5~5兆瓦风电机组等重点项目，力争在太阳能热利用、光伏发电、LED照明、核电和风电建设与装备、主要工业行业清洁生产与循环经济等方面实现新突破。

（4）新医药及生物产业。以生物医药、生物育种和生物制造三大领域为重点，加快建设山东国家重大医药创制综合大平台、威高系列新型医疗器械、鲁抗辰欣抗肿瘤新药、新时代药业系列化学创新药物、鑫秋种业转基因抗虫棉、华兴纺织年产2 000吨纯壳聚糖纤维、意可曼年产7.5万吨可完全生物降解材料PHA等一批重点项目，推进先进医疗设备、医用新材料、化学创新药、基因工程药、诊断试剂等新医药产品的研发和产业化，培育和推广一批重要农作物优良品种，开发一批利用农副产品及其废弃物为原料的生物基新材料、绿色农用生物产品等，做大做强山东省的生物产业。

（5）海洋开发。抓住山东半岛蓝色经济区上升为国家战略的重大机遇，突出资源、技术优势，加快建设中集海洋工程研究院国家海洋石油钻井平台研发中心、荣信海产品副产物酶技术利用、东方海洋5.5万亩海洋牧场、青岛博智汇力海洋寡糖产业化等一批重点项目，加快发展海洋药物、海洋功能食品及添加剂、海洋油气资源勘探与开发、数字海洋及动态管理、海水综合利用等海洋新兴高技术产业。

（6）高端装备制造产业。充分发挥中国重汽的技术优势，加快实施MAN发动机项目，为我国重型汽车提供高性能的发动机总成。加快实施蓬莱中柏京鲁海洋工程装备、黄海造船多用途重吊船整船建造、蓬莱巨涛重型海上采油生产平台等重点项目，促进海洋工程装备产业发展。加快实施华东重工重型装备、巨能液压6万吨级重型模锻设备、铸造锻压所激光切割机等重点项目，促进以数字化、柔性化及系统集成技术为核心的智能制造技术的发展，强化工业基础配套能力。

（7）新能源汽车产业。加快实施中通客车年产2万辆新能源客车及节能型客车等重点项目，促进新能源汽车动力电池、驱动电机和电子控制及混合动力、整车制造水平的提高，推进高能效、低排放节能汽车产业发展。

3. 建议采取的政策措施

（1）加强统筹协调，优先培育和发展战略性新兴产业。尽快建立山东省战略性新兴产业部门协调机制，统筹推进山东省战略性新兴产业发展。认真落实省委儿届十次会议精神，抓紧启动实施战略性新兴产业倍增工程计划，围绕"四新一海"，开展第二批战略性新兴产业省级项目遴选工作，增长发展后劲。

（2）结合区域优势和特色，着力培植特色产业链。在新能源、生物、新材料、新信息等重点培育的战略性新兴产业领域，以高新区、经开区、基地等各类产业集聚区为重点，整合资源，集中投入，加快培植一批特色产业链。2011年要重点培植万华聚氨酯、东岳磺酸离子膜、太阳能利用、LED照明等几条产业链，并选择1~2条在全国有影响的产业链争取得到国家的扶持。

（3）创新体制机制，推进基地和园区建设。以新增的济南国家综合性高技术产业基地和烟台、济宁国家级高新区为契机，积极借鉴西安、武汉、长株潭等国家综合性高技术产业基地或高新区的先进经验，认真研究和大胆探索基地和园区管理和运作的体制机制，尽快形成一套高效顺畅的工作推进模式，发挥政策洼地效应，吸引各类资源要素聚集，加快基地和园区发展，尽快成为山东省高技术产业和战略性新兴产业发展的龙头。

（4）加强创新能力建设，进一步提高自主创新能力。加快推进3个国家创新型城市试点工作，继续争取更多的国家级研究机构和创新平台落户山东省。围绕"四新一海"关键领域和重大技术，继续开展省级创新平台建设工作，成立一批产业联盟，促进产学研结合。

（5）完善投融资体系，拓宽融资渠道。支持国家开发银行山东省分行加大扶持生物高技术项目的力度，并争取把扶持领域拓展到其他高技术产业和战略性新兴产业领域。大力发展创业投资，争取年内有2只以上的国家参股的战略性新兴产业创投基金落户山东省；发挥省级创投引导基金的作用，扩大面向战略性新兴产业的创业投资基金数量，力争战略性新兴产业五大重点领域都设立专门的创业投资基金；鼓励有条件的市（县）、高新区、开发区、基地等设立地方财政参股的支持新兴产业的创业投资基金；鼓励央企、民企、外资等各类投资机构在山东省设立创投基金或机构，助推山东省高技术产业和战略性新兴产业发展。

山东省发展和改革委员会

2010 年河南省高技术产业发展情况与展望

一、2010 年高技术产业发展计划完成情况

2010 年以来，河南省高技术产业运行情况良好。全年高技术产业实现工业增加值同比增长 31.9%，比 2009 年同期提高 13.4 个百分点；实现主营业务收入 1 301 亿元，同比增长 34.5%；实现利润 134 亿元，同比增长 53.8%。

二、2010 年高技术产业重点工作进展情况

（1）高技术产业重点项目建设顺利。一是推进省重点项目建设。1—11 月，20 个高技术重点项目完成投资 109 亿元，占年目标的 102.4%，已超额完成年度投资目标。项目总体进展顺利，其中，中硅高科 2 000 吨多晶硅、中科诺数码产品制造、金龙集团动力锂离子电池等 5 个项目已建成投产；富士康 IT 产业园、香港华亿集团漯河显示器等项目已开工建设。

（2）战略性新兴产业发展规划编制。一是着手起草河南省《加快培育和发展战略性新兴产业的实施意见（代拟稿）》，已完成初稿，计划近期上报省政府，审定后印发全省。二是在前期完成《河南省"十二五"战略性新兴产业发展规划思路研究》和电子、生物等战略性新兴产业专题研究的基础上，研究编制《河南省"十二五"战略性新兴产业发展规划》，目前已形成初稿。

（3）招商引资取得新突破。一批重大基地型项目落户河南省，富士康、台湾友旺、保绿新能源、协鑫光伏、鹤壁（深圳）电子科技园、漯河电子工业城等项目开工建设，成为未来河南省战略性新兴产业发展的新增长点。特别是富士康 IT 产业园的开工建设，

投产后将形成年产6 000万部智能3G手机的生产能力，为河南省电子信息产业实现跨越式发展起到了重要推动作用。一批在建项目进展顺利。安阳新能薄膜太阳能电池项目一期建成投产；美国阿格斯太阳能公司薄膜太阳能电池项目进展顺利。

（4）与央企重大战略合作持续深入。按照省政府的总体要求和统一部署，加快推进与中航工业、兵器集团、中国中铁等央企的战略合作。2009年以来，先后与中航工业、兵器集团、中国中铁分别签署了战略合作框架协议，今年与中国电子、中冶科工签订了战略合作协议。按照与中航工业战略合作协议，洛阳航空光电产业基地、中国空空导弹研究院锂离子动力电池、中航电动车等项目进展顺利；新乡汽车零部件产业基地建设已经启动。与兵器集团合作方面，南阳超硬材料研发及产业化基地、特种车辆及零部件产业化基地、焦作平光光电产业基地项目进展顺利，其他规划项目的前期洽谈正在积极推进。与中国中铁股份在盾构装备制造产业基地建设、郑州地铁工程等方面的合作也在积极推进。与中冶科工合作方面，中硅高科万吨级多晶硅产业化基地建设稳步推进。

（5）自主创新能力进一步增强。一是研发中心建设步伐明显加快，研发中心质量建设迈上新台阶。2010年中铁隧道集团等4家企业获批国家级企业技术中心，新建绿色包装材料及制品、电池材料、食用菌等13家省级工程实验室，郑州汉威光电等113家省级企业技术中心。截至目前，河南省省级以上企业技术中心数量达674家，其中国家级44家，超额完成了"十一五"规划的目标任务。二是突破了一批产业关键核心技术。中铁隧道硬岩盾构成套装备关键技术取得重大进展，已应用于重庆轨道交通建设；乐凯二胶厂自主开发出国际先进的紫激光CTP版材，填补了国内空白；南阳防爆攻克了核电厂用系列核级电动机关键技术，打破国外垄断，形成核级电动机的产业化生产能力；南阳二机数字化超深井钻井装备研制取得重大突破，整体性能达到国际先进水平等。

（6）信息化水平进一步提升。一是河南省基础电信业务稳步推进，电信业务总量稳步提升。1—11月，河南省电信业务总量1 308.3亿元，电信业务收入355.5亿元，同比增长为15.7%和10.5%。二是信息网络基础设施建设成绩显著。河南省基本实现县城以上城区、重点乡镇、高速公路、4A级以上景区3G信号全覆盖，所有自然村村村通电话，完成了18个省辖市广播电视网络的双向改造。三是信息技术在企业管理、产品研发、生产、营销等领域的应用不断深入，信息化和工业化融合取得阶段性成效。四是信息化应用水平稳步提升。人口、宏观经济等基础数据库与重大电子政务应用系统建设稳步推进；郑州、平顶山、许昌等市启动了"数字城市"建设。

三、2011年面临的形势

分析2011年经济发展的形势和环境，河南省高技术产业发展面临新的发展机遇。一是国务院已经出台《关于加快培育和发展战略性新兴产业发展的决定》，国家将推出一系列培育和发展战略性新兴产业的扶持政策，为高技术产业发展提供了良好政策环境。二是经济转型升级、节能减排对加快发展战略性新兴产业提出了更高的要求。三是国内新兴产业深化布局调整，沿海先进省份新兴产业的制造环节将进一步向中西部有条件的地区转移，并逐渐向集群式和链式转移的方向发展，河南省承接产业转移的能力不断增强。

四是国内新兴市场的启动和扩张，将为高技术产业发展提供新的发展空间。国家实施金太阳工程，培育光伏市场；国家加大医保投入、推进公共防疫免疫计划的实施，国内医药市场将继续保持较快的增长速度；城镇化建设进程的加快，推动轨道交通、智能电网等产业呈现良好发展态势。

四、2011 年工作思路、目标

基本思路：深入贯彻落实科学发展观，把加快培育和发展战略性新兴产业放在推进产业结构升级和经济发展方式转变的突出位置。按照创新引领、重点突破、开放带动、集聚发展的要求，加强规划引导和政策支持力度，完善产业创新支撑体系，强化核心关键技术研发；实施产业创新发展工程，促进资金、技术、人才等生产要素向优势领域和区域集聚；优化投资环境，积极承接产业转移，拉长产业短板，提升发展水平，推动战略性新兴产业由点式发展向集群式发展转变。选择最有基础和条件的领域为突破口，加快发展新能源汽车、生物和新能源产业，抢占产业发展制高点；大力发展对传统产业转型升级具有突出带动作用的电子信息、节能环保和新材料产业，迅速扩大新兴产业规模。

发展目标：2011 年，河南省战略性新兴产业保持 20% 以上的增长速度。全社会 R&D 经费投入占 GDP 的比重力争突破 1%。新建省级以上研发中心 100 家，其中国家级 10 家。

五、2011 年重点工作

1. 实施产业创新发展工程，加快战略性新兴产业发展

以抢占新能源汽车、生物和新能源产业制高点，扩大电子信息、节能环保和新材料产业规模为目标，选择太阳能电池及材料、半导体照明、新型显示、创新药物、现代中药、生物育种、绿色农用品、智能电网、新型合金材料、电动汽车及关键零部件十个重点领域，组织实施产业创新发展工程。一是加快实施一批重大科技成果产业化项目，实现产业技术水平和规模的跨越式发展；二是充分发挥省重大科技计划、科技攻关计划和企业自主创新专项作用，集中力量，突破一批制约产业发展的重大关键技术；三是支持优势企业，强化产学研结合，建设一批高水平的工程实验室，形成行业创新平台；四是推动建立以企业主导、科研机构、高等院校积极参与的产业创新联盟，促进创新资源向优势企业集中；五是集中配置政府可控的土地、环境容量、电量等要素资源，优先倾斜支持战略性新兴产业项目建设。六是加强与金融机构的衔接沟通，引导银行贷款向战略性新兴产业倾斜，推动秉原创业、普惠正通、深创投在生物、新材料、高端装备等领域设立创业投资基金。

初步计划，2011 年战略性新兴产业创新发展工程，实施 300 项目，总投资 1 200 亿元，其中年度投资计划 400 亿元，计划年内建成投产项目 151 个，新开工建设项目 88 个。其中，电子信息产业，充分发挥富士康 IT 产业园示范带动作用，吸引产业链关联配套企业落地，形成 6 000 万台手机生产能力。积极引进台湾、广东等地区电子信息产业转移，

积极发展信息家电、平板电视、数字视听、笔记本电脑等产品，实施仕佳通信年产400万片光分路器芯片等重大项目。生物产业，力争在生物医药、生物育种、生物制造等方面形成一批新亮点，加快建设天方药业新厂区、河南现代农业研究开发基地、北科生物干细胞与再生医学工程产业化等重大项目。新能源产业，提升多晶硅制备技术水平，快速扩大薄膜、晶硅、聚光太阳能电池规模，积极推动天冠集团纤维乙醇生产示范线的推广应用，实施保绿新能源薄膜太阳能电池等重大项目，新增300兆瓦生产能力。新能源汽车，以动力电池为突破口，实施中航电动汽车动力总成系统等项目，新增5亿安时动力电池生产能力。新材料产业，扩大精密超硬材料制品比重，提升钼钨、钛、镁等合金精深加工水平，稳定千吨级碳纤维、对位芳纶生产工艺，实施中南钻石精密加工用超硬材料刀具等项目。

2. 加快基地园区建设

依托产业集聚区，结合产业基础和优势，集中力量，加快推进建设战略性新兴产业特色园区，使产业集聚区成为河南省发展战略性新兴产业的重要载体。一是围绕产业聚集区特色主导产业，推动基础制造、公共研发、金融服务、现代物流、人才培养等五个公共服务平台建设。加快发展现代物流、科技研发、市场交易、商务及信息咨询等生产性服务业，引导培育管理咨询、技术转让、人才培训、融资担保等中介机构，建立完善公共服务体系。二是进一步创新招商方式，发挥行业协会商会作用，组织大型专业招商、定向招商、主题招商活动，推动产业集群化、配套化和规模化转移。省招商引资奖励专项资金、省工业结构调整资金、高新技术产业化资金集中支持基地园区重大招商引资项目和特色主导产业项目建设。三是加快基础设施建设。加快园区现有基础设施的互通共享，支持采取BT、BOT等融资方式和整体开发模式，积极开展银企定向融资试点，加大基础设施和生产性服务设施的投入。重点推动建设富士康IT产业园、杉杉郑州科技园、漯河电子工业城、鹤壁长城科技园、郑东新区中国电科产业园、新乡航空高科技产业园、郑州紫光科技园等，建成10个左右规模优势明显的特色产业园区。推动郑州生物、洛阳新材料、南阳新能源三个国家基地，结合产业集聚区建设完善基地发展规划，设立基地建设地方政府专项资金，培育建设郑州综合性国家高技术产业基地，提升国家高技术产业基地建设水平。

3. 积极推进应用示范

在高效节能产品、新能源、新能源汽车等重点领域，选择产业化初期、社会效益大、市场机制难以有效发挥作用的重大技术和产品，组织推进应用示范项目，培育市场，拉动产业发展。实施电动汽车示范工程，2011年在郑州和新乡两市投入100辆新能源公交车和1000辆电动出租车，建成各类电动汽车充电站30座，充电桩1 500个；实施金太阳工程，2011年计划在河南省建设光伏建筑一体化电站10.6兆瓦；实施半导体照明示范工程，2011年在郑州、洛阳、新乡、三门峡等市选择10条道路进行半导体照明改造。

4. 着力加强招商引资

一是深化与央企的战略合作，重点推进已签约重大项目建设。积极协调、跟踪服务，推动中航郑飞电动汽车、中航锂电动力电池二期工程、中国电科产业园、新乡航空产业园、中铁郑州盾构TBM研发基地、天方药业新厂区工程、国药集团河南药物生产基地、中硅高科光伏产业基地、焦作光电产业园、中兴3G产业园等10个重大项目加快建设步伐。二是抓住富士康和长城电子落户河南的有利时机，以商招商，瞄准其控股的以及产业关联的华硕、微星、技嘉等知名企业加大招商力度，争取其在河南省布局生产基地。

5. 强化创新能力建设

着力提升企业研发中心质量，引导国家级企业技术中心加大投入，实施纤维乙醇产业化关键技术研究等一批高水平的研发项目，形成一批重大科技成果；新建省级以上研发中心100家，其中国家级15家。二是推进郑州国家创新型城市建设，整合资源，建立企业为主体、园区为载体、产学研相结合的城市创新体系；引导创新要素向企业聚集，培育一批拥有核心技术的创新型企业。

6. 提升信息化水平

一是推进"数字河南"建设，启动数字图书馆、数字博物馆建设，加快电子病历、社会保险一卡通等与民生紧密相关业务的信息化应用。二是大力推进信息化与工业化的深度融合。在优势工业领域，实施20项制造业信息化示范项目，提升先进装备的智能化水平，促进冶金、石化、建材等精品原材料工业的节能减排和资源综合利用，推动食品、纺织等中高端消费品工业向基于网络的服务型制造转变。三是启动建设郑州电子产品交易中心。引进战略投资者，在郑州建设电子产品交易平台和有型交易市场，逐步形成中部地区规模领先、门类齐全的电子信息产品交易集散中心。四是加强信息安全产品研发。支持信大捷安、数字证书中心等企业积极发展网络身份认证、智能安全芯片、涉密存储介质等信息安全产品。五是稳步推进电子政务建设。加快河南省机构编制管理信息系统等项目建设，完成河南省监狱系统信息化工程等项目前期工作。

河南省发展和改革委员会

地区发展篇

18

2010 年湖北省高技术产业发展情况与展望

一、2010 年湖北省高新技术产业发展情况

2010 年，湖北省认真贯彻落实中央宏观调控政策，把自主创新作为推动发展方式转变和产业结构调整的重要手段，着力培育和发展战略性新兴产业，加速壮大高新技术产业规模，湖北省高新技术产业发展迈入快车道，为实现"十二五"跨越式发展奠定了良好基础。

1. 高新技术产业持续快速增长

（1）主要经济指标大幅提升。据省统计局测算，2010 年，湖北省高新技术产业累计实现总产值 5 374.9 亿元，增长 28.7%；实现增加值 1 702.4 亿元，增长 26.5%，增幅高于同期规模以上工业增长速度近 3 个百分点。高新技术产业增加值占湖北省生产总值的比重达到 10.8%，较 2009 年提高了约 0.5 个百分点。高新技术产业经济效益显著提升，全年累计实现销售收入 5 120.5 亿元，增长 29.4%；实现利税 547.9 亿元，较 2009 年增长 40.9%，是"十一五"时期增长最快的一年。高新技术产品出口形势喜人，全年累计完成出口交货值 370.8 亿元，增长 43.7%，增速较 2009 年提高了 53 个百分点。湖北省高新技术产业总体处于历史最高的增长区间，高新技术产业总产值、增加值、出口交货值，较"十五"末分别增长了 2.37 倍、2.21 倍和 2.82 倍，实现了"十一五"的完美收官，也为"十二五"时期实现跨越式发展奠定了良好基础。

（2）主导产业全面向好。电子信息、生物、新材料、先进制造等高新技术主导产业，自金融危机以来首次出现全面快速增长的可喜局面。其中，电子信息产业在消费电子产品产销增长的拉动下，实现持续快速增长，全年累计完成增加值 303.7 亿元，增长

24.2%。先进制造业在汽车产业高速发展的带动下，继续保持强劲增长态势，累计实现增加值 622.3 亿元，较 2009 年增长 33.6%，拉动湖北省高新技术产业增长 11.7 个百分点。新材料产业摆脱了 2009 年的低迷态势，重新走上发展的快车道，全年共实现增加值 357.3 亿元，同比增长 30.4%，增幅较 2009 年大幅提升了近 35 个百分点。生物产业继续保持平稳较快增长，累计完成增加值 100.6 亿元，较 2009 年增长 19.8%。

（3）骨干企业支撑作用明显。2010 年，湖北省高新技术产品产值过 10 亿元的企业达到 77 家，合计实现产值 3 630 亿元，较 2009 年增长 34.7%，比湖北省平均增速快了 6 个百分点。其中，富士康全年累计生产数码相机 431.9 万台，电脑组件 1 947.9 万台（套），电脑整机 178.1 万台，完成产值 161.2 亿元，同比增长 127%。冠捷显示累计生产显示器 1 341.8 万台，完成产值 143.9 亿元，增长 27.3%。武汉邮科院完成产值 120 亿元，增长 19.6%；华工科技实现产值 20 亿元，增长 33.3%。人福科技、安琪酵母、东阳光等骨干企业也保持了较好发展势头。

（4）新增长点拉动效应显著。湖北省在"十一五"时期引进和培育的一批重点项目逐步进入收获期，成为湖北省高新技术产业发展新的增长点。2010 年，富士康电脑、打印机项目开工建设，累计完成投资 13.6 亿元，生产规模进一步扩大。武汉天马 4.5 代 TFT-LCD 项目全年完成投资 18.5 亿元，已正式建成投产。武汉新芯 12 英寸集成电路项目，与中芯国际正式签署了合资框架协议，1—12 月累计完成投资 7.8 亿元，生产 NROM 芯片 4.2 万片，实现产值 3.9 亿元，较 2009 年增长了 108%。宜昌南玻多晶硅项目全年完成产值 8.1 亿元，增长了 3.5 倍。此外，藤仓烽火光电材料、珈伟太阳能、武汉生物技术研究院等项目继续稳步推进。宜昌劲森公司液晶显示背景光源、随州泰晶公司小型高频音叉晶体谐振器等 20 个国家高技术产业发展项目完成竣工验收，开始投产发挥效益。初步测算，新的增长点对湖北省高新技术产业增长的贡献率达到 20% 左右。

（5）自主创新能力稳步提升。创新成果产出丰硕。2010 年，湖北省科学研究与试验发展经费总支出预计达到 260 亿元，较 2009 年增长 21.8%。高强度的科技投入带来了丰硕的科技成果，全年湖北省共取得省部级以上重大科技成果 750 项。湖北省累计申请专利 31 311 件，其中，发明专利申请 7 410 件，比 2009 年的 6 065 件增长了 22.2%。累计获得专利授权 17 362 件，较 2009 年增长 52.9%，比全国平均水平高 27.5 个百分点。其中，企业专利授权增长 65.9%，高出全国平均水平 29 个百分点，增幅明显高于全国平均水平。区域创新体系建设不断完善。襄樊新火炬、武汉虹信等 4 家企业技术中心被认定为国家企业技术中心，是近年来国家一次认定湖北国家级企业技术中心最多的一年，湖北省国家认定企业技术中心已达到 31 家。新批复认定省级企业技术中心 39 家，湖北省省级企业技术中心总数达到 253 家。批复认定了光通信器件湖北省工程实验室等 10 个省级工程实验室，以及病毒病防治湖北省工程研究中心等 6 个省级工程研究中心，省级工程研究中心（工程实验室）建设取得新突破。

2. 自主创新示范区和高技术产业基地建设加快推进

东湖国家自主创新示范区建设全面展开。为合力推动示范区建设，国家成立了科技部、发改委等 15 个部委负责人组成的部际协调小组，湖北省、武汉市也先后成立了示范区建设领导小组，多方协调推动示范区建设的工作机制初步形成。此外，《省委、省政府关于加快东湖国家自主创新示范区建设的若干意见》（鄂发［2010］4号）正式出台，省、市相关部门和东湖高新区围绕建设企业信用体系、市场主体准入、建立中小企业融资风险补偿机制、实施高级人才个人所得税奖励、股权激励、政府采购和科技成果奖励等方面，也分别制定了20项配套政策文件，各项创新试点工作正在扎实推进。东湖高新区的规划开发面积也由原来的224平方千米，扩充至518平方千米。

国家高技术产业基地建设加快推进。武汉综合性国家高技术产业基地建设稳步推进，2010年累计完成高新技术产业总产值2 638亿元，同比增长28.4%；实现增加值883亿元，同比增长24.2%。武汉国家光电子产业基地建设取得新成效，基地光电子信息产业全年完成投资62.7亿元，累计实现总收入750.1亿元，同比增长31.7%。武汉国家生物产业基地加快推进，2010年累计完成投资71.4亿元。创新园、生物医药园、生物农业园和医疗器械园等"四大特色园区"加快推进；技术支撑平台、公共服务平台、企业孵化平台、信息资源共享平台、投融资平台、人才引进平台等"六大平台"全部建成并投入运营；并引进了美国辉瑞、德国拜耳、华大基因等104个项目，其中66个项目开工建设或入驻办公。

虽然湖北高新技术产业总体实现持续快速增长，但也还存在以下问题：

一是高新技术产业结构尚待进一步优化。2010年，湖北省高新技术产业规模和效益实现同步快速发展，较大程度上得益于先进制造产业的快速扩张和效益提升。先进制造和新材料产业占湖北省高新技术产业的比重已达58%，电子信息、生物等技术含量相对较高的产业仅占24%，高新技术产业内部结构不优的问题尚未得到根本解决。此外，湖北省高新技术产品大多处于产业链的外围，价值链的低端，加工装配型产品居多，自主设计开发的产品相对较少，产业结构性矛盾和粗放型扩张问题尚待进一步解决。

二是制约产业加快发展的不确定因素不容忽视。在部分产业刺激政策效应逐步减退，新产品市场尚未开拓的情况下，湖北省高新技术产业持续加速上扬的基础有待巩固。尤其是，继富士康、天马、中芯国际之后，湖北省高新技术产业领域投资规模大、带动性强的重大项目相对较少；原材料、劳动力等要素价格全面上涨，人民币升值，银行信贷规模控制等多种因素叠加，又进一步加大了企业生产经营压力。制约高新技术产业加快发展的不确定因素依然较多，面临的困难和矛盾依然突出，必须引起高度重视。

二、2011年工作重点和主要任务

2011年是"十二五"起步之年，湖北将以发展高新技术产业和培育战略性新兴产业为主线，以提高自主创新能力为支撑，以高技术产业基地为载体，以实现跨越式发展为目标，扎实抓好各项工作任务的落实，力争湖北省高新技术产业保持快速增长势头，战略性新兴产业培育初见成效。

1. 抓好规划实施和重大问题调研工作

抓紧做好战略性新兴产业发展、高技术产业及创新能力建设"十二五"规划的修改完善和发布工作，重点抓好规划的组织实施。加强规划的宣传，落实和细化配套政策措施，做好规划与年度计划的衔接，找准工作抓手，力争让规划落到实处，充分发挥规划的宏观指导作用。加强重大问题调研，围绕新材料产业发展、企业技术创新能力等，开展调研，力争形成有较高决策参考价值的研究成果。

2. 培育战略性新兴产业

认真贯彻落实省委、省政府《关于加快培育战略性新兴产业的若干意见》。注重发挥省战略性新兴产业领导小组办公室的作用，重点协调和推动实施新兴产业五大重点工程。充分整合创新资源，加快突破一批关键核心技术。重点组织实施一批技术含量高、市场前景好、带动作用强的重大产业化项目，推动产业规模化发展。积极推进"光纤到户"、"三网融合"、"无线城市"等示范应用工程建设，以应用促发展。大力发展创业投资引导基金，扶持创业投资，推动新兴产业加快发展。

3. 推动示范区和高技术产业基地建设

积极推动东湖国家自主创新示范区建设，认真落实好省示范区领导小组和部际协调小组布置的各项任务。推进做好示范区发展规划编制工作，注重衔接，加强宏观指导。推动东湖高新区电子信息、生物、新能源、节能环保、新材料等战略性新兴产业发展，打造湖北省战略性新兴产业龙头。

继续抓好武汉综合性国家高技术产业基地和光电子、生物产业、信息产业三个专业性国家高技术产业基地建设。集聚国内外资源，加强自主创新，加快高新技术产业化步伐，迅速壮大产业规模，促进产业集聚。发挥省生物产业领导小组办公室作用，促进"光谷生物城"加快建设，积极推进国际产业园前期工作，争取能有更多重大项目落户。支持宜昌生物产业园快速发展，推广"光谷生物城"的建设模式，在有条件的地区再认定几个生物基地特色园区。

4. 推进高新技术产业化

着力推动国家高技术产业化项目建设。围绕国家拟组织实施的彩电产业战略转型、高技术服务业、半导体照明、现代中药、生物育种、信息化试点、信息安全、低碳技术创新及产业化等专项，加强项目策划和前期准备工作，积极争取国家投资。继续抓好在建国家高技术产业发展项目的建设，抓好资金及时到位、配套条件落实、进展情况监督检查、竣工验收等工作，力争在2011年又有20个在建国家项目完成建设任务，开始发挥效益。

抓好省光电子信息、生物产业、重大新产品开发等专项的组织实施工作。完善专项实施方案，重点支持一批自主创新成果产业化项目，进一步增强专项的集聚和放大效应。加强项目中期评估和后评估工作，抓好项目建设投资问效工作，充分发挥政府专项资金对优势资源配置和产业发展的引导带动作用及投资效益。

继续组织实施百项重点高新技术产品推广计划。对湖北省百项重点新技术、新产品推广计划实施两年来的情况进行认真总结，调整和充实项目库，加大倾斜支持力度，积极探索示范推广的有效形式，以新应用带动新增长，培育一批有较高科技含量和市场前景的拳头产品。

5. 提高自主创新能力

积极推进研究实验体系建设，着力推动中科院（湖北）产业技术创新与育成中心、生物技术研究院、新能源研究院等研发平台建设。大力推动产业技术开发体系建设，继续推动光纤通信、光纤传感、下一代互联网等在建国家工程研究中心、工程实验室建设，充分发挥国家级平台的技术辐射和产业育成作用。重点围绕七大战略性新兴产业重点领域，布局和建设若干省级工程研究中心和工程实验室，着重开展产业关键技术攻关和重大新产品开发，以及重要技术标准的研究制定工作，并以此为基础争取国家与地方联合共建。着力加强企业技术创新体系建设，加大鼓励企业技术创新的政策落实力度，继续组织认定一批省级企业技术中心，争取能有更多的国家认定企业技术中心落户湖北。组织实施企业创新能力建设专项，加大支持力度，引导创新要素向企业集聚，鼓励企业加大研发投入，推动企业成为技术开发和创新的主体。

6. 完善高新技术产业投融资体系

加快构建以政府投资为引导、以企业投资为主体、以招商引资为突破口、以创业风险投资为发展方向的多元化投资体系。全力争取新兴产业创业投资基金获得国家支持。积极组织有意向、有条件的企业争取国家创业风险投资的支持，争取能有更多的项目列入国家创业风险投资项目计划。落实省政府对规范设立与运作我省创业投资引导基金的意见，牵头组建省创业投资引导基金理事会。引导和鼓励创业投资资本向早期企业和新兴产业投资。加强与国家开发银行的工作对接，争取政策性金融对湖北高新技术产业和新兴产业的支持。支持高新技术企业利用资本市场融资。

7. 积极推动经济和社会信息化

组织实施好湖北省电子政务外网项目建设，实现国家规定的网络建设和功能目标。积极争取国家支持，在空间地理信息、新农村综合信息服务、电子商务、智能电网、现代物流等领域组织实施若干信息化试点工程。大力发展信息服务业和信息安全产业，积极支持湖北省通信业转型发展，继续推进3G网络建设和光纤宽带建设，进一步提高农村信息化基础设施水平。

湖北省发展和改革委员会

2010年湖南省高技术产业发展情况与展望

2010年,在省委、省政府的正确领导下,湖南省贯彻中共中央十七届五中全会精神,全面推进"四化两型"建设,大力发展高技术产业,规划部署战略性新兴产业发展。高技术产业高速增长,发挥了推进经济结构转型升级的"领头羊"作用。2011年是"十二五"规划实施第一年,湖南省将以科学发展观为指导,推进高技术产业在"两型"社会建设中发挥更重要的作用。

一、基本情况

1. 高技术产业快速成长。2010年湖南高技术产业在2009年较高增长的平台上继续保持快速增长,表现出良好的成长性,年内高技术产业实现总产值6 437.01亿元;实现增加值1 951.08亿元,比2009年增长36.4%。在发展加速的同时,企业规模也迅速壮大。2010年底,湖南省高技术企业平均规模(平均产值)3.57亿元,是"十五"末期2005年的2.5倍。产值过亿元的企业846家,占全部企业数的46.9%,比2005年提高25.3个百分点;产值过10亿元的企业89家,占全部企业数的4.9%,比2005年提高1.9个百分点;产值过100亿元的企业9家,而2005年没有产值过百亿元的高技术企业。全年大中型高技术行业企业358家,占全部企业数的19.8%。

2. 高技术领域集聚现象明显。湖南高技术龙头、优势产业带动效用突出,高技术领域集聚现象明显。2010年居各领域前三的高技术改造传统产业、新材料技术和生物与新医药技术三大领域增加值分别达757.37亿元、644.45亿元和212.88亿元,占湖南省高技术增加值的比重分别为38.8%、33%和10.9%,合计占比达82.7%。数据表明,经过近几年来的快速发展,湖南已形成装备制造、新材料、生物医药、电子信息等优势产业集群,而这些优势产业正是支撑湖南经济增长的生力军。

3. 产业集聚区域辐射引领效应显现。长株潭地区是湖南高技术产业集聚程度最高的地区，也是高技术产业规模最大、发展最快的区域，对湖南省高技术产业发展的辐射引领作用突出。2010 年，该地区纳入高技术产业统计的企业 843 家，占湖南省的 46.7%。实现的增加值、销售收入和利税分别占湖南省的 59.9%、59.3% 和 66.0%，增速分别比湖南省平均水平快 1.8 个百分点、4.4 个百分点和 12.9 个百分点。随着"3+5"城市群发展战略、大湘西开发战略等区域协调发展战略的实施，产业集聚区域辐射引领效应日益显现。全年"3+5"地区高技术产业增加值增长 36.9%；大湘西增长 37.5%，区域竞相发展态势基本形成。

4. 科技创新能力增强。2010 年末湖南省有 12 个国家级、100 个省级工程技术研究中心。其中，新增 2 个国家级、19 个省级工程技术研究中心。有 6 个国家级、64 个省级企业重点实验室。承担国家"863"计划项目 188 项。签订技术合同 5 137 项，技术合同成交金额 40.09 亿元。取得省部级以上科技成果 865 项。其中，基础理论成果 47 项，应用技术成果 806 项。获得国家科技进步奖励成果 18 项、国家技术发明奖励 2 项。专利申请量 22 381 件，授权量 13 873 件，分别增长 40.3% 和 66.9%。其中，发明专利申请量 6 438 件，增长 45.8%。企业、大专院校和科研院所的申请量分别增长 45.5%、37.7% 和 8.9%，授权量分别增长 98.5%、49.4% 和 93.0%。

二、2011 年工作思路

抓好 2011 年高新技术产业发展和战略性新兴产业培育工作，事关"十二五"开局和起步。高新技术产业发展将围绕以下重点开展工作：

第一，着力培育和发展战略性新兴产业。2011 年是战略性新兴产业发展工作的新起点。要按照省委、省政府的统一部署，做好规划政策制定、重大项目建设等相关工作，突出产业发展重点，完善产业体制机制，突破产业关键技术，启动产业市场需求。一是要制定战略性新兴产业发展规划的实施方案，贯彻落实战略性新兴产业的发展思路，发展目标、重点任务和政策保障措施等。二是实施战略性新兴产业重大项目，增强技术创新和产业化能力，系统部署战略性新兴产业规划 8 大工程，加快推进先进制造、新材料、电子信息、生物、新能源等领域的重大建设项目，对接国家高技术服务业、节能环保等专项。三是加快启动高技术服务业等领域的高技术产业基地建设，及时调整完善对基地的管理和支持，加强特色高技术产业链发展。

第二，加强自主创新能力建设。在金融危机中，产业创新能力不强的问题进一步凸显。2011 年，重点针对当前自主创新中的薄弱环节，着力推进科技创新、产业创新、企业创新和区域创新。一是加快组建节能环保、文化创意、新能源、航空航天等省工程研究中心和工程实验室，增强产业创新能力。二是开展省级企业技术中心认定，有针对性地认定和支持一批对产业技术发展具有重要影响力和支撑作用的企业技术中心建设，引导企业在做大的基础上向"做强"转变。三是大力推进长沙国家创新型城市试点工作，进一步完善和组织实施创新型城市建设试点工作，积极争取国家中西部区域创新能力建设专项和国家地方联合共建创新平台。

第三，推进创业投资发展工作。2009 我们争取国家批复了 3 家高技术产业创投基金，2010 年又向国家申报了 3 家，受到了社会各界的广泛关注和好评。2011 年将进一步抓好创投工作，为政府支持新兴产业发展闯出一条新路。一是扎实推进国家已批复的首批 3 只创投基金正式运行，完善基金申报、专家评审、审批、监管、考核等规程，积极争取国家组织实施第二批创业投资基金。二是继续对接国家组织实施的创业投资专项，研究建立项目投资风险控制和后期管理机制，推动投资项目向早中期创业企业倾斜。三是研究并推动省创业投资引导基金的科学规范运行，在认真总结参股基金、直接投资项目经验的基础上，探索引导基金管理制度和运作规范，发挥引导基金对高技术产业创业投资发展的引导和支持作用。

第四，深入开展信息化建设。信息化是"两型四化"建设的重要内容，对提高经济社会活动的效率，拓展新兴市场具有重要作用。下一步，将进一步加强信息化基础设施建设，营造信息化良好环境。一是研究提出有利于信息化发展的政策措施，包括以带动本省产业发展、支持自主创新为目标的信息化政府采购政策，以促进政府和国有企业服务外包为目标的鼓励外包政策。二是继续推动湖南省重大信息化工程建设，大力支持较不发达地区信息化工作，抓紧完成湖南省政务外网、金融交易信息平台等重要信息系统建设。三是深入开展信息化领域的试点工作，在医疗、能源、物流等领域启动新的信息化试点工作，研究相关支持政策。四是提高信息化领域自主创新能力，积极推动电子政务仿真模拟环境、信息化装备系统验证环境以及电子商务创新平台建设。

湖南省发展和改革委员会

2010年广东省高技术产业发展情况与展望

一、发展情况

受国内拉动内需政策成效显现和外需市场逐步回暖的共同作用,在 2009 年同期基数较低的情况下,同时受 2009 年高技术产业逐步恢复、基数不断加大的影响,2010 年广东省高技术产业稳步回升,总体呈现"前高后稳"的态势。

1. 总体形势

产业规模平稳增长。广东省规模以上高技术制造业实现增加值 4 127.43 亿元,同比增长 18.6%,占 GDP 比重为 9.1%,比 2009 年低 0.7 个百分点;高技术制造业增加值占工业增加值比重为 20.6%(见表1)。广东省高技术制造业实现产值 20 914.52 亿元,同比增长 19.13%。

表1 2005—2010年广东省高技术产业发展主要规模指标表

	2005 年	2006 年	2007 年	2008 年	2009 年	2010 年
高技术产业增加值/亿元	2 353.0	2 836.1	2 883.1	3 179.4	3 455.8	4 127.43
占工业增加值的比重/%	25.0	24.1	20.4	20.8	21.4	20.6
高新技术产品出口额/亿美元	835.8	1 044.39	1 283.48	1 486.2	1 393.74	1 753.53
占广东省出口总额的比重/%	35.1	34.6	34.8	36.8	38.8	38.7

高新技术产品进出口形势逐步好转。在 2009 年高新技术产品进出口降幅逐步收窄的基础上,2010 年广东省高新技术产品进出口形势逐步好转(见图1)。2010 年广东省高新

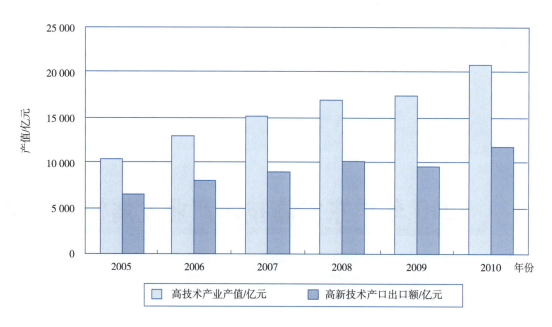

图1 广东省高技术产业发展趋势图

技术产品出口额达 1 753.53 亿美元，同比增长 25.8%，占广东省外贸出口总额的 38.7%，比 2009 年低 0.1 个百分点；广东省高新技术产品进口额达 1 489.09 亿美元，同比增长 29.5%，占广东省外贸进口总额的 44.9%，比 2009 年低 0.7 个百分点，增速均低于广东省外贸进出口增速。

产业投资呈恢复性增长。相比 2009 年高技术产业投资较为低迷的状况，2010 年高技术产业投资呈现出恢复性增长态势。2010 年，广东省通信设备、计算机及其他电子设备制造业完成固定资产投资 526.74 亿元，同比增长 36.7%，增速高于工业投资 19.5 个百分点；医药制造业完成固定资产投资 50.56 亿元，同比增长 18.1%。

2. 发展特点

电子信息产业快速增长。广东省电子信息业实现增加值 3 614.75 亿元，增长 18.6%，高于同期工业增速 1 个百分点。平板显示、移动通信等新兴电子信息产业快速发展。移动通信手持机（手机）、微型计算机设备和集成电路产量同比分别增长 59.6%、84.7% 和 47.1%，其中移动通信手持机（手机）产量达 4.92 亿台，约占全国总产量的一半；彩色电视机产量约占全国总产量的 40%。值得关注的是，受彩电出口大幅增加及"家电下乡"等因素影响，显像管彩色（CRT）电视机产量同比增长达 13.6%。

战略性新兴产业发展势头良好。据初步测算，2010 年新能源、高端新型电子信息、生物医药、新材料、航空、节能环保等六大新兴产业增加值约 2 800 亿元，占 GDP 的 6.2%。其中，新型平板显示产业快速发展，广东省生产液晶显示屏 11.88 亿片，增长 47.2%；生产液晶显示模组 5.64 亿套，增长 16.0%；生产发光二极管（LED）248.23 亿只，增长 42.2%。信息服务业稳步发展，广东省软件业务收入达 2 417.09 亿元，增长 21.9%，居全国首位；信息传输、计算机服务和软件业成吸收外资新热点，全年合同利用外资额度达 6.99 亿元，同比增长 246.6%；49 家企业成为国家规划布局内重点软件企业，比 2009 年增加 16 家。生物产业继续保持快速发展势头，广东省医药制造业实现增加值242.22亿元，增长22.0%，高于同期工业增速4.4个百分点；化学药品原药和中成药产量分别增长29.6%和14.7%。

产业创新能力逐步增强。2010年，广东省高技术产业新产品产值达3 109.49亿元，同比增长42.62%，增速较产业整体水平高23.5个百分点；占总产值的比重为14.9%，同比提高了2.5个百分点，创新产品成为支撑高技术产业发展的重要因素。2010年，广东省专利申请量和授权量分别为152 907件和119 346件，同比增长21.7%和42.7%；其中发明专利申请量和授权量分别为40 866件和13 691件，同比增长26.7%和20.6%，其中发明专利授权量居全国首位；PCT国际专利申请量为6 678件，同比增长51.2%，占全国总量超过50%，居全国第一位；专利申请结构进一步优化，发明专利申请量占专利申请总量的26.7%，比2009年提高1个百分点（见表2和图2）。

表2　2005—2010年广东省专利申请情况一览表

	2005年	2006年	2007年	2008年	2009年	2010年
申请量总计/件	72 220	90 886	102 449	103 883	125 673	152 907
发明专利申请	12 887	21 351	26 692	28 099	32 247	40 866
实用新型申请	18 951	23 886	25 389	28 883	39 027	47 706
外观设计申请	40 382	45 649	50 368	46 901	54 399	64 335
授权量总计/件	36 984	43 516	56 451	62 031	83 621	119 346
发明专利授权	1 876	2 441	3 714	7 604	11 355	13 691
实用新型授权	11 107	15 644	21 636	25 072	27 438	43 901
外观设计授权	24 001	25 431	31 101	29 355	44 828	61 754

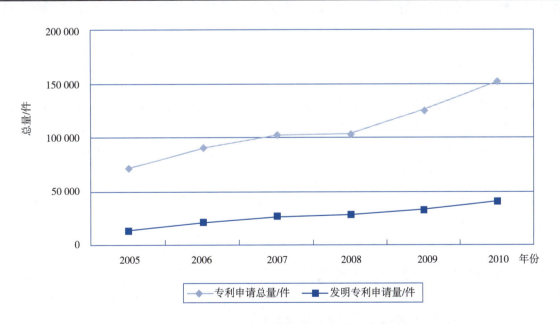

图2　广东省专利申请总量与发明专利申请量趋势图

产业效益进一步提升。电子及通信设备制造业、医药制造业以及医疗设备制造业等产业利润总额快速增长，增速大幅高于产业规模增速，部分产业效益得到明显提升。2010年1—11月，广东省规模以上电子及通信设备制造业实现利润总额518.88亿元，同比增长32.4%，高于产业增加值增速15.4个百分点；其中电子元件、电子器件的利润总额大幅增长，同比分别增长114.9%和218.6%，分别高于产业增加值增速100.7个百分点和201.9个百分点；医药制造业实现利润总额77.3亿元，同比增长34.9%，高于产业增加值增速13.9个百分点。

全社会创新投入稳步提高。财政科技投入稳步增长。2010年，广东省财政科学技术投入达213.36亿元，同比增长40.3%，占广东省地方财政一般预算支出的3.94%。截至2010年底，广东省创业投资备案企业60多家，管理资产超200亿元，其中已用于创业投资的资金达130亿元。预计2010年研究和发展经费支出总额可达780亿元，占GDP比重约1.8%，比2005年提高了0.68个百分点，有望完成"十一五"规划目标。

区域创新体系进一步完善。广州市成为国家创新型城市，广东省新增10家国家企业技术中心。截至2010年底，广东省共有国家重点实验室13家，国家工程实验室7家，国家级工程（技术）研究中心19家，国家企业技术中心49家。广东省新增108家省级工程技术研究开发中心和85家企业技术中心，累计分别达522家和430家。围绕高端新型电子信息、新能源汽车、半导体照明、生物医药等领域，开展省级工程实验室建设试点工作，初步确定组建12家省级工程实验室。全国首个国家级区域专利信息服务中心落户广东。全面启动质量强省活动和省政府质量奖评审。

创新载体建设成效显著。2010年，广东新增广州和深圳2家高技术服务业国家高技术产业基地，在信息、软件、生物、新材料、航空、高技术服务业等领域累计建立12家国家高技术产业基地。新增东莞、肇庆和江门3家国家级高新技术产业开发区，总数达9家，居全国第一；新增韶关、湛江、云浮、潮州、茂名等5家省级高新技术产业开发区，总数达12家。产业基地和高新区的建设，为提高自主创新能力提供了良好的创新载体。

3. 存在问题

广东高技术产业固有的对外依存度较高、核心竞争力不强、发展层次较低等深层次、结构化问题尚未能在短期内得到根本性解决。以下两方面问题的存在将在一定程度上影响广东高技术产业的发展后劲：

一是产业对外依存度仍然较高。一方面是产品市场以外需为主。2010年，广东省高技术产业出口交货值为13 827.43亿元，占总产值的66.1%。另一方面是主要核心关键产品仍依赖进口。以集成电路为例，广东生产的集成电路产量为161.1亿块，而同期进口量高达860.9亿块，是广东省产量的5.3倍。

二是吸收外资仍处于较低水平。外商投资延续2009年以来的低迷态势，虽然2010年吸收外资形势逐步回暖，但仍处于较低水平。2010年，广东省通信设备、计算机及其他电子设备合同利用外资仅23.37亿美元，在2009年低位水平上仍下降6.0%；医药制造业合同利用外资仅0.36亿美元，同比下降82.1%。

二、2011年主要任务

2011年是实施高技术产业"十二五"规划的开局之年。广东要全面实施《珠江三角洲地区改革发展规划纲要》，围绕培育战略性新兴产业、谋划重大项目、夯实创新基础等重点任务，促进广东省自主创新能力不断提高、新兴产业逐步壮大，推动广东省高技术产业加快进入创新驱动、内生增长的科学发展轨道。

（1）进一步优化产业发展环境。启动实施广东省高技术产业发展、科技发展、信息化等"十二五"规划，加强产业发展宏观引导。实施省电子信息产业调整和振兴规划，制定实施细则。深入实施广东省建设创新型广东行动纲要。加快落实自主创新产品政府采购（首购）、研发经费加计扣除等激励政策，激发全社会创新动力。

（2）加快培育战略性新兴产业。实施战略性新兴产业总体规划与各产业专项规划。贯彻落实国务院加快培育和发展战略性新兴产业的决定，进一步加大财政支持力度。重点培育支持战略性新兴产业百强项目。积极争取与国家联合设立高端电子信息、生物医药等新兴产业创业投资基金。集中力量优先支持高端新型电子信息、新能源汽车、半导体照明等三大战略性新兴产业发展。组织实施《广东省电动汽车发展行动计划》，启动实施广东省新能源汽车示范推广试点工作，推动新能源汽车产业发展。深入组织实施数字家庭行动计划，开展"三网融合"试点，推动数字家庭产业发展。积极推进新型平板显示技术研发及产业化，促进新型平板显示产业发展。深入实施"千里十万"大功率LED路灯产业化示范推广工程，加快半导体等节能照明产品的推广应用。实施《广东省促进生物产业发展实施方案》，促进生物产业加快发展。

（3）强化重大项目拉动。抓好一批带动性强、关联度高的重大产业项目建设。加快推进高世代液晶面板、薄膜太阳能电池、高性能碳纤维材料、通用飞机等重大项目建设，推动产业链上下游配套产业发展。积极引进大型央企、知名民企以及世界500强公司在广东投资建设一批产业链关键环节重大项目。大力推进信息产业、软件、生物、新材料产业、航空产业、高技术服务业等国家高技术产业基地建设。推动深港创新圈、中新（广州）知识城等重大创新集群建设，推进高新区发展转型升级，加快完善国家高技术产业基地公共服务体系，推动各类资源和高端产业向产业基地和园区聚集。

（4）大力推动自主创新及成果产业化。进一步深化省部、省院产学研合作，深入实施国家、省重大创新工程和科技专项，开展粤港联合攻关，突破掌握一批重要关键技术。加快推进具有自主知识产权技术的应用开发和产业化推广。组织实施国家高技术产业化专项。进一步实施知识产权战略和技术标准战略，加大知识产权保护力度，建设符合现代产业体系要求的先进标准体系。

（5）着力完善区域创新体系。推动广州、深圳国家创新型城市建设。加快建设散裂中子源、华南超级计算中心等重大科技基础设施。争取国家重点实验室、工程中心、工程实验室、企业技术中心等国家级创新平台落户广东；建设一批省级工程实验室和工程研究中心，并争取列入国家地方联合共建计划。积极引进创新科研团队和领军人才，建立健全高层次创新人才体系。

广东省发展和改革委员会

2010年广西壮族自治区高技术产业发展情况与展望

一、"十一五"高技术产业发展情况

"十一五"时期，自治区高技术产业发展工作以科学发展观为指导，认真贯彻落实中央和自治区关于高技术产业发展的各项工作部署，积极应对国际金融危机对高技术产业带来的冲击，大力发展高技术产业，积极培育发展战略性新兴产业。五年间，自治区自主创新能力、高技术产业和信息化水平不断取得新进展，高技术产业呈现健康快速发展的良好势头。

1. 产业规模不断扩大，产业聚集不断提高

"十一五"期间，自治区大力发展特色高技术产业，面对2008年国际金融危机的冲击，仍然保持快速增长的势头。据统计，2010年高技术产业总产值447.53亿元，比2009年增长56.68%，占西部省区的9.1%，排西部省区第4位；新产品产值37.23亿元，比2009年增长46.68%；工业销售产值408.26亿元，比2009年增长57.19%；出口交货值60.02亿元，比2009年同期增62.21%；"十一五"期间，自治区高技术产业总产值年平均增长率达到32.64%，实现了较快发展。

高新区快速发展，2010年4个高新区工业总产值1 934.37亿元、总收入2 093.92亿元、总利税214.48亿元、出口创汇14.2亿美元，分别比2009年同期增长31.55%、31.2%、24.71%、48.41%。

柳州高新区获得国家支持升级为国家级高新区，北部湾经济区国家高新技术产业带建设加快，高新园区产业集聚作用明显增强，强劲推动自治区高技术产业的发展。自治区已构建起医药制造业、电子及通信设备制造业、电子计算机及办公设备制造业三大高

新技术产业体系。

2. 创新平台建设不断加强，自主创新体系不断完善

"十一五"期间，自治区高度重视创新平台建设。一方面推动一批创新平台进入国家级创新平台行列。自治区首家国家工程实验室——西南濒危药材资源开发国家工程实验室获准建设；特色生物能源国家地方联合工程研究中心、免疫诊断试剂国家地方联合工程实验室、甘蔗育种与栽培技术国家地方联合工程研究中心、生物质能源酶解技术国家重点实验室、国家非粮生物质能源工程技术研究中心、国家杂交水稻工程研究中心东盟分中心等落户自治区。另一方面支持企业研发平台建设。为广西千亿元产业提供全面的技术支撑，全面提升产业技术水平和竞争力，组织实施"1823"工程和"350"工程建设。在自治区食品、汽车、石化等14个千亿元产业和新材料、新能源、节能与环保、海洋等4个新兴产业中建设23个产业研发中心，逐步攻克350项重大科技项目。

目前，国家批准自治区建设国家级工程实验室1个，国家地方联合工程研究中心和工程实验室3个，国家级工程技术研究中心2个，国家级企业技术中心8个，省部共建重点实验室1个。同时，自治区也建设了一批工程技术研究中心、企业技术中心和重点实验室，建设了博士后科研工作站19个、博士后科研流动站1个，建立人才小高地21个。这些创新平台覆盖了生物、信息、新材料、新能源、装备制造、化工冶金、轻工等重要领域。

"十一五"期间，自治区专利申请超过1.8万件，授权1.1万多件。创新能力不断增强，南宁市成为国家创新型试点城市，柳州市被评为国家级制造业信息化示范城市。创新成果不断涌现，装备制造方面，成功开发出世界首台可再生空气混合动力柴油发动机，连续研制成功国内首台达到欧Ⅳ、欧Ⅴ排放标准的柴油发动机，研制成功世界最大机械式硫化机；研制出我国最大的轮式装载机柳工899Ⅲ装载机；研制出新型环保型"双电"（"电池+电容"）纯电动公交客车等。特色农业方面，成功育成华南稻区第一个米质达国际一级优质米标准的感光型水稻新品种"百优838"；首创桑蚕育种"化性遗传互补"技术，解决了亚热带桑蚕育种世界性难题；自育的"桂糖28号"甘蔗新品种是我国目前甘蔗品种中糖分最高的品种之一；先后成功培育出世界首例冷冻胚胎克隆水牛等等。科技进步使广西在甘蔗、木薯、桑蚕、速丰林、水牛等产业处于全国领先地位。

3. 产业化项目加快建设，示范辐射作用不断增强

"十一五"期间，自治区将生物产业作为重点产业加快发展，积极向国家争取项目和资金支持。2008年2月国家发改委批准南宁生物国家高技术产业基地项目建设，2009年9月，国家发改委批准广西药用植物园改造升级项目建设。目前，这两个生物产业项目建设有序推进，项目建成后，为自治区下步发展生物医药、生物能源、生物制造和生物农业打下良好基础。

积极推进国家高技术产业化重大专项，充分发挥示范辐射带动作用。"十一五"期间，自治区列入国家高技术产业化重大专项发展计划项目共31项，总投资43.76亿元，国家补助资金2.68亿元。在建项目14项，总投资8.14亿元。在建的燃料乙醇木薯原料

产业基地、油梨新品种繁育示范工程、酶法转化木薯淀粉生产海藻糖产业工程、青蒿琥酯示范工程、海洋低值鱼类综合开发示范工程等国家高技术产业化重大专项工程进展顺利。

做好项目验收工作，加快高技术产业化项目建设进度。按照国家项目验收计划，对已列入验收计划的项目，实行定期上报项目实施进度，掌握项目进展情况，不定期召开项目进度协调会，及时发现和协调解决项目建设中存在的问题，督促项目单位加快工作进度。"十一五"期间，对于列入验收计划的南方优质牧草新品种杂交象草繁育及良种、桂林利凯特机动车净化催化剂用金属载体、北海源龙利用珍珠贝提取天然牛磺酸、广西神州JMF超效射流气浮废水处理回用系统、北海银河输配电网混成控制系统、广西得意数码中间软件及其应用产品、桂林正翰离子交换纤维辐射改性加工、广西大宗地道及濒危稀缺药材良种繁育、半宙制药复方笨佐卡因凝胶系列产品等高技术产业化示范工程以及三金药业技术中心创新能力项目、柳工技术中心创新能力建设项目等项目组织竣工验收，产业化示范辐射带动作用不断增强。

4. 全面推进信息化建设，工业化与信息化加快融合

"十一五"期间，根据《2006—2020年国家信息化发展战略》和《国民经济和社会发展信息化"十一五"规划》的要求，全力推进自治区信息化建设工作。信息化基础设施建设不断加强，已形成以光缆为主，微波、卫星为辅的数字化传输网络，为信息交流、资源共享和发展网络经济提供有力保障。电子商务取得新进展，公共信息服务平台、移动电子商务及新农村综合信息服务试点工作已经开展。自治区金盾、金审、金质、金保、金农政府信息化工作稳步推进。自治区本级电子政务外网已初步成型。自治区本级电子政务外网平台已铺设光缆总长210公里，同时支持政务外网、政务内网和机要网运行。其中，政务外网实现87个厅局级单位联网，并通过租用运营商线路上联中央政务外网，自治区应急办、监察厅、农业厅、煤监局、安监局、劳动保障厅、扶贫办、专利局、图书馆等9个单位，已经由该网上联中央政务外网开展业务应用；机要专网实现光纤千兆连接了180个厅局级单位；政务内网实现光纤百兆连接了150个厅局级单位。国家组织实施的电子政务外网工程、广西统计信息化工程自治区本级扩建和广西监狱信息化建设（一期）项目已立项。国家组织实施的电子政务外网工程、自治区本级电子政务内网平台扩建、金税工程三期一阶段广西项目、广西统计信息化工程自治区本级扩建、广西金宏基础工程建设、金财一期工程广西、自治区党政专用电信网扩充ISDN系统工程项目等已完成可行性研究报告。金农工程一期项目自治区建设部分、《金土工程广西项目（一期工程第一阶段）》、广西"金宏"基础工程、广西系统信息化扩建项目、中国—东盟区域性中心城市信息化平台（一期工程）已批准项目初步设计。同时，广西无线电频谱监测网络系统建设稳步推进。

工业化与信息化加快融合。推进重点区域和重点产业"两化"融合试点，大力推动利用信息技术改造提升传统产业，重点推进食品、石化、汽车、机械等千亿元产业研发信息化，推进企业管理信息化。"两化"融合成效初显，柳州市被评为国家级制造业信息化示范城市，自治区承担的国家信息化工程重大项目——广西壮族自治区支柱产业信息

化关键技术研发与应用，实施以"甩图纸"、"甩账表"和"甩图纸+甩账表"工程，建立示范企业32家。据不完全统计，32家"两甩"试点企业实施后比实施前新增销售收入11.2亿元，新增利税4700万元，平均新产品贡献率13%，新产品开发周期缩短24%，生产周期缩短11%，产品平均综合成本降低16%，新产品数量年均增加26%。

5. 突出区位和资源特色，加快培育战略性新兴产业

按照国家的要求和自治区的部署，从2009年下半年开始，自治区着手开展对战略性新兴产业重大问题和发展思路调研，2010年3月底，编制完成《广西壮族自治区人民政府关于加快培育发展战略性新兴产业的若干意见》（送审稿）报自治区政府。10月10日《国务院关于加快培育和发展战略性新兴产业的决定》正式颁布，为了贯彻落实国家的决定精神，自治区编制了《广西壮族自治区人民政府关于加快培育发展战略性新兴产业的意见》，提出了"十二五"及其今后一段时间重点建设"双十千项工程"，选择生物医药、生命健康、新材料、新能源、节能环保、新一代信息、新能源汽车、生物农业、先进装备制造、养生长寿健康、海洋等十大战略性新兴产业为发展重点，争取将战略性新兴产业发展成为自治区"十二五"新的增长点。

回顾"十一五"，自治区高技术产业发展迅速，但是面临问题和困难也不少。一是科技投入不足，促进高技术产业发展的扶持激励政策有待完善。2009年自治区科研和试验发展经费（R&D）投入47.2亿元，占自治区生产总值的比重仅为0.61%，远远低于全国平均水平1.70%，在31个省市自治区中排26位，远远没有达到"十一五"规划目标，支持新兴产业发展的投资、财税等扶持激励政策有待改善。二是产业规模不大，高新园区集聚带动作用有待加强。自治区高技术产业经济总量排名在全国20位左右徘徊不前，高技术产业增加值占自治区生产总值的比重很低，高新园区集聚高技术产业的能力和对产业发展的促进带动作用有待加强。三是产品竞争力不强，自主创新能力有待提升。高技术产业相当一部分产品附加值低，缺少世界名牌，产品利润率低，自主创新能力和创新成果产业化水平有待提升。四是体制机制不健全，高技术产业发展环境尚待优化。有利于产业发展的体制机制必须尽快建立，在科研开发、专利申请、成果转化、企业重组、制度创新和创新产品市场培育等方面为产业创造良好的发展环境。

二、面临的形势分析

1. 发展机遇

一是后危机时代世界科技发展的机遇。近年来，发达国家纷纷制定国家发展战略规划，大力培育新兴产业，致力于在振兴经济的同时抢占发展新优势，全球科学技术迅猛发展。二是《国务院关于加快培育和发展战略性新兴产业的决定》和《关于进一步促进广西经济社会发展的若干意见》带来的机遇。加快培育和发展战略性新兴产业有利于加快经济发展方式转变，切实解决经济发展与资源环境的矛盾，是未来发展的主攻方向。《意见》提出加快发展自治区高技术产业，提升企业自主创新能力，在优势领域培养壮大

一批创新型企业,为自治区新兴产业的发展提供了政策保障。三是国家新一轮西部大开发和北部湾经济区开放开发国家战略实施的机遇。这些国家战略实施以及中国—东盟自由贸易区建成,为自治区创造良好的发展环境,对培育发展战略性新兴产业提供了极为有利的条件。四是自治区全面建设小康社会,实现可持续发展的机遇。改革开放特别是实施西部大开发战略以来,自治区经济社会快速发展,人民收入水平大幅提高,群众对技术先进的高品质消费品的需求与日俱增,市场需求空间很大。

2. 面临挑战

一是世界各发达国家在战略性新兴产业上争夺发展主动权的挑战。当今世界许多发达国家都把科技创新作为最重要的着力点,把发展战略性新兴产业作为引领复苏、带动经济社会发展的战略突破口。美国、日本、欧盟等国家在后危机时代纷纷出台发展新兴产业政策,世界各国围绕新兴产业的竞争已经拉开帷幕。二是国内发达地区加快结构调整和欠发达地区承接产业转移相互竞争的挑战。发达地区一面把传统产业向中西部转移,一面全力发展战略性新兴产业;欠发达地区在相互竞争承接产业转移的同时,也在积极发展战略性新兴产业,双重发展和竞争形成严峻挑战。三是自治区产业规模小、创新能力差、体制机制不完善的挑战。自治区产业规模特别是高技术产业规模不大,科技创新资源和能力不足,支持创新创业的投融资和财税政策、体制机制不完善,成为自治区发展战略性新兴产业的主要挑战。

面对机遇和挑战,"十二五"期间,自治区高技术产业要重点抓好创新能力、产业化、集聚化、信息化、国际化等方面的工作。

一是增强自主创新能力。要加强科技基础设施建设,面向经济社会发展重大需求,在生物、现代农业、生态环保、能源资源、生命健康等领域,强化基础性和共性技术研究平台建设,增强共性、核心技术研发能力。要加快构建以企业为主体、市场为导向、产学研相结合的技术创新体系,重点引导和支持创新要素向企业集聚,加大政府科技资源对企业的支持力度,使企业真正成为研究开发投入、技术创新活动、创新成果应用的主体。要强化科技创新支持政策,全面落实企业研发投入加计扣除、研发设备加速折旧、所得税减免等激励自主创新的政策措施。

二是推进创新成果的产业化。认真贯彻落实国家关于自主创新和高技术产业相关政策,引导社会资源共同促进高技术产业化。要针对高技术产业发展的关键环节,以及战略性新兴产业发展的重点领域,进一步加大扶持力度,积极组织实施高技术产业化重大工程和专项,促进重大创新成果转化为现实生产力,通过家电下乡、三网融合等手段,为高技术产品开拓新兴市场。继续组织实施新兴产业创投计划,努力为新兴产业营造良好的创业环境。

三是加快产业集聚。要在信息、生物、高技术服务等重点领域,建设集聚度高的高技术产业基地,建设一批特色优势高技术产业链。大力支持产业基地、产业链公共服务与创新平台建设。鼓励为高端人才在高技术产业集群创业、工作提供更多便利,加速人才、资金等生产要素向优势区域、产业基地集聚,实现自治区高技术产业集群化、特色化发展,充分发挥产业集群的辐射带动作用。

四是加强信息化建设。在经济信息化方面，要推动工业化和信息化深度融合，加快制造企业生产管理信息化；整合涉农信息资源，建设农业综合信息服务体系；培育电子商务服务，推动网上信用、在线支付、现代物流等电子商务支撑体系建设。在社会信息化方面，要推动建设统一政务网络、公共数据资源和业务协同平台，实现政府部门设施共建、数据共享；加快建设资源环境监测、重点产业调控、重要市场监管等领域的业务系统，完善电子监察和网络审批、审计体系，为构建高效、廉洁、公正、透明的政府提供信息支撑；推动医药卫生信息化和远程医疗服务，加速构建城乡一体化的社会保障信息服务体系。

五是走开放合作发展道路。一方面要积极创造条件，鼓励和引导外资投向高技术产业，同时加大力度吸引先进地区高技术产业向自治区转移。另一方面要支持有条件的企业"走出去"，设立研发、设计、生产基地，建立境外营销网络，通过兼并、收购等方式，利用当地资源，开拓海外市场。依托每年召开一次中国—东盟博览会的平台，利用中国—东盟自由贸易区建成的有利条件，重点在生物医药、生物农业、电子信息等产业加强与东盟国家的合作，加快自治区高技术产业和战略性新兴产业的发展。

三、2011 年工作思路

2011 年是"十二五"的开局之年，打好基础，对于完成"十二五"规划目标至关重要。在新的一年里，自治区高技术产业工作要以科学发展观为指导，全面贯彻中共十七届五中全会精神，认真落实自治区党委、政府富民强桂新跨越的战略举措，大力培育发展战略性新兴产业和高技术产业，加快创新发展工程建设，增强促进高技术产业示范工程的带动作用，不断提高自治区经济社会信息化水平。

1. 突出重点狠抓落实，全力推进战略性新兴产业加快发展

《广西壮族自治区人民政府关于加快培育发展战略性新兴产业的意见》是指导自治区战略性新兴产业发展的纲领性文件，明确了未来 5~10 年自治区战略性新兴产业发展的指导思想、基本原则、发展目标、战略任务和发展重点，以及需要采取的政策措施。2011 年及整个"十二五"时期，要集中力量，重点培育发展生物医药、新材料、新能源、节能环保、新一代信息、新能源汽车、生物农业、先进装备制造业、海洋产业、养生长寿健康等十大战略性新兴产业。要按照国家加快培育发展战略性新兴产业的要求，认真落实自治区人民政府的相关部署，加强对问题的分析和研究，找准加快培育和发展自治区战略性新兴产业的切入点和突破口，落实各项推进战略性新兴产业发展的保障措施，积极制定推进工作方案。

制定战略性新兴产业"十二五"规划及相关专项规划。一要根据自治区人民政府关于加快培育发展战略性新兴产业意见的要求，注意与国家编制战略性新兴产业"十二五"规划以及相关专项规划的衔接，完善前段工作成果，理顺发展思路，高标准、高起点制定自治区战略性新兴产业"十二五"规划。二要根据自治区人民政府的工作安排，牵头组织制定战略性新兴产业专项规划和基地发展规划。按照职能分工，组织协调自治区各

有关部门编制生物医药、新材料、新能源、节能环保、新一代信息、新能源汽车、生物农业、先进装备制造业、海洋产业、养生长寿健康等十个专项规划，在编制专项规划的基础上，编制与各个专项规划相对应的我国南方民族药和国家基本药物重大疾病原料药、有色金属新材料和生物基新材料、清洁能源示范、节能环保和循环经济示范、新一代信息产业、区域性新能源汽车产业、区域性特色生物农业、世界级工程机械装备制造、区域性海洋产业、中国—东盟医疗保健养生等十个基地规划。三要加强战略性新兴产业项目库建设。培育发展战略性新兴产业是一项新的工作，要从有利于争取国家资金支持和有利于组织实施广西"十二五"战略性新兴产业发展规划出发，做好项目储备建库工作。

2. 加快创新平台建设，进一步完善自主创新体系

根据国家产业创新发展工程的重点，结合自治区高技术产业发展的趋势和要求，积极组织实施创新发展工程建设。在国家、地方联合共建工程实验室、工程研究中心的基础上，着手研究自治区级工程实验室、工程研究中心的建设，全面推进实施"350"工程和"1823"工程建设。加快西南濒危药材资源开发国家工程实验室、特色生物能源国家地方联合工程研究中心、免疫诊断试剂国家地方联合工程实验室、甘蔗育种与栽培技术国家地方联合工程研究中心、国家非粮生物质能源工程技术研究中心、国家杂交水稻工程研究中心东盟分中心、百色市现代农业技术研究推广中心等创新平台建设；推进南宁国家高技术生物产业基地生物医药生物炼制公共服务平台、中国—东盟科技合作与技术转移服务网络中心、社会化农村科技信息综合服务平台建设；继续推动具有资源特色和产业优势的重点企业申报国家工程实验室、工程研究中心；重点建设汽车、内燃机、汽车零部件等千亿元产业研发中心；积极支持在工业、农业、社会发展、基础研究及国际科技合作等领域组织实施一批重大科技专项工程。结合国家级企业技术中心、自治区级企业技术中心、重点实验室、工程技术研究中心，积极推进创新能力和基础设施建设，构建完善的创新体系，全面提高自治区自主创新能力和企业核心竞争力。

3. 实施重大项目专项建设，推进高技术产业加快发展

积极组织实施重大产业专项。一是抓住2011年国家高技术产业支持的方向、重点，积极筛选组织一批业主有资质有实力建设条件完备的项目申报国家资金支持。二是加快一批在建高技术产业项目建设进度。加强组织协调，督促桂林南药股份有限公司广西青蒿琥脂、广西田野科技种业股份有限公司燃料乙醇木薯原料高产高粉种植、广西天繁能源科技有限公司沼气纯化液化压缩燃气、广西浩海农贸优质高产抗病油梨新品种繁育、广西思源高产高糖甘蔗新品种繁育等高技术产业化示范工程以及玉林市富英制革生产技术及工业废液循环利用技术开发和工业化链接项目加快建设，充分发挥示范带动作用。三是积极帮助一批高技术产业项目落实国家补助资金，引导、集聚更多的社会资金投向高技术产业。争取国家支持桂林天和药业聚异丁烯型骨通贴膏透皮贴剂、广西和生生物年产5万吨生物羧甲基淀粉钠、广西万寿堂药业现代装药伊血安颗粒、广西凤翔集团优质肉鸡新品种繁育、广西必佳非粮生物质TLP快速高效沼气发生生物反应器、北部湾出口型水产品生物育种及健康养殖等高技术产业示范工程以及玉柴YC6T柴油机、柳工智能

化挖掘机、桂林橡胶机械厂轮辋直径 51″ 及以上的全钢子午线巨胎关键装备、玉柴国 IV 排放柴油机电子控制系统、柳工智能化挖掘机建设、桂林光隆 FTTx 光纤接入系统核心器件等重大产业技术开发项目并尽快下达国家补助资金，促使项目早日开工建设。

加强项目管理，改变重申报轻管理的做法。为更好利用国家资金支持自治区高技术产业发展，按照项目申报符合程序、建设规范、资金专款专用、示范带动作用大等要求加强对使用国家资金的高技术产业项目组织管理。项目申报阶段，要按照国家对项目业主和项目建设条件的要求，严格审核项目业主的资质、经济实力和项目的各项建设条件，不符合要求的不予上报；项目实施阶段，要与有关部门加强协调，及时了解项目建设情况和存在的问题，督促个别进展缓慢的项目，加快项目建设进度。项目竣工投产以后，要加紧组织项目验收工作，完善程序。高技术产业化项目要做到从选项、申报、评审、建设、验收等全过程的管理。

4. 加快信息化基础设施建设，全面提升自治区信息化水平

按照经济信息化、社会信息化、政府信息化、文化信息化的要求，促进信息技术的广泛应用，全面提升自治区信息化水平。电子政务建设，要从达到整合网络资源、推动信息共享、促进业务协同的目标出发，按照自治区人民政府的统一部署，组织编制广西电子政务工程建设项目管理暂行办法，统筹各市县电子政务建设方案，加快电子政务重点工程建设。一是继续推进自治区电子政务外网骨干网建设。重点推进广西电子政务外网工程项目和广西电子政务数据容灾备份中心等重大信息化基础设施建设，逐步构建完善的电子政务外网综合平台，满足各政务部门利用信息化手段进行社会管理和公共服务的需求，形成各部门信息共享和交换的基础平台。二是继续推进金字工程建设，重点建设"金宏工程"。大力推进广西投资项目管理系统、广西宏观经济监测及辅助决策系统、广西重大项目管理系统、广西国民经济和社会发展规划计划系统建设，建成广西投资项目管理中心大屏幕多媒体展示系统。推进金土工程广西项目（一期二阶段）、金审工程广西二期项目建设。三是推进国家应急平台体系一期工程广西应急平台项目、自治区政法信息网络工程、自治区司法行政系统信息化工程、全国监狱信息化广西区一期工程、广西住房和城乡建设行业市场监管与决策支持系统一期工程、自治区人口计生管理服务与决策信息系统项目、广西无线电频谱监测网络系统的续建工作。

积极推进经济社会信息化。加快信息化工业化融合，继续推进重点区域和优势产业"两化"融合试点，支持建设一批"两化"融合重点项目，大力发展企业电子商务系统和面向本地产品的电子商务平台建设，支持行业龙头企业、软件骨干企业和科研院所组建行业信息化推进联盟。完善适用于中小企业的电子商务服务体系，推动面向全社会的信用服务、网上支付、物流配送等支撑体系建设。推进农村信息化建设，通过建设农经网、农村党员远程教育、文化共享和农家书屋等农村信息化工程，推动信息入乡、网络进村，使农民能利用网络了解农产品价格行情，学习种养殖技术，促进农民增收。加快推进中国电子北海产业园产品研发、广西新未来半导体敏感元器件、北海创新科存储产业园等一批电子信息产业项目建设和桂西北少数民族村寨防火信息化试点报警系统的建设。

5. 加紧实施创业投资计划，进一步加强投融资平台建设

要抓住国家实施新兴产业创投计划，开展设立创业投资基金试点工作的有利时机，创造条件，完善发展环境，积极争取在自治区参股设立创业投资基金。研究探索建立与大型企业、投资机构、民间资本的合作机制，推动自治区创业投资基金管理公司建立。探索政府参股基金的操作模式，引导创投基金重点用于发展自治区生物医药、生物能源、生物农业、生物制造等生物产业以及战略性新兴产业。通过设立创投基金，拉动民间投资，引导社会资源集聚，加快把生物产业培育成自治区高技术产业和战略性新兴产业的支柱产业。

进一步加强与国家开发银行等金融机构的合作。完善开发银行和发展改革委协调机制，通过定期协调，提高金融部门对于产业发展、专项规划、重大项目等方面的参与程度。提出通过共同参与项目筛选、建设管理和竣工验收，探索高技术产业项目和战略性新兴产业项目加快融资的有效方法。按照国家和自治区关于共同推进高技术产业融资工作的有关要求，研究构建融资平台和担保体系。加快南宁生物国家高技术产业基地在功能分区、产业规划、出台扶持政策等方面的工作，加快基础设施建设，创造良好发展环境，增加进区项目规模。研究用足用好国家开行给南宁生物基地的30亿元授信资金，促进南宁生物基地加快建设。同时，进一步加强与其他商业性银行的合作，积极争取银行支持，解决企业、项目融资问题。

6. 着力突出体系建设，加强重大问题研究

着眼于促进战略性新兴产业、高技术产业加快发展，深入分析新时期自治区经济发展面临的新问题、新形势、新要求，着重在规划编制、产业推动、基地建设、资金安排使用、项目验收等方面，研究提出完善体系建设的新思路、新方法、新举措。重点围绕如何落实战略性新兴产业"十二五"规划，促进战略性新兴产业创新集成、产业集聚、资源集约、商业集散进行研讨、交流和对接。研究如何利用自治区统筹推进重大项目的机制推动战略性新兴产业项目的建设；研究出台产业项目推进的激励政策和措施，调动各市、各部门培育发展战略性新兴产业的积极性和主动性；研究设立战略性新兴产业发展专项资金的方案，制定专项资金使用程序和管理办法；研究出台支持战略性新兴产业发展的财税优惠政策。探讨建立联合研究制度，组织区直部门、市发改委、金融机构等相关单位，按照国务院关于鼓励和引导民间投资健康发展的有关要求，研究制定推进民营企业建立技术创新平台的政策措施。研究如何充分利用高技术产业基地为战略性新兴产业服务的方式与方法，并就自治区"十二五"高技术产业发展工作思路、促进高技术产业发展的政策环境、提高科技经费使用效率等方面的重大问题开展课题研究。研究如何在"三网"融合、智能电网、医疗信息化等重点领域开展工作，探索物联网、云计算的应用示范，推动新一代信息技术应用与推广。

广西壮族自治区发展和改革委员会

2010 年海南省高技术产业发展情况与展望

2010 年以来，海南省以科学发展观为指导，结合海南省产业结构战略性调整的要求，围绕着提高海南省经济增长的质量和效益、推动经济、社会可持续协调发展的目标，发挥资源优势，突出产业特点，高技术产业发展取得了显著成绩，为"十二五"期间海南省战略性新兴产业的快速发展奠定了坚实基础。

一、2010 年海南省高技术产业总体情况

1. 高技术产业规模快速扩大

2010 年海南省高技术产业规模继续保持平稳增长的良好态势，根据海南省规模以上工业企业数据统计，2010 年海南省高技术产业产值（不含软件和通信产业）328.92 亿元，占海南省规模以上工业总产值的 24.2%，其中生物产业 90.89 亿元、电子信息制造业 19.41 亿元、新材料业 63.63 亿元、先进制造业 41.24 亿元、汽车关联产业 104.19 亿元和新能源产业 9.57 亿元。软件和通信业实现主营业务收入 80.3 亿元。高技术产业已初具规模，产业发展态势良好。同时在人才和技术方面也具备了一定的基础，产业基地建设初具成效，政策支撑体系逐步健全，产业基础建设阶段已基本完成，有力地推动了海南新兴产业的发展。

2. 重点领域发展取得突破性进展

（1）生物医药产业成为海南省新兴工业的支柱产业之一。2010 年，海南省制药企业共 83 家，其中通过 GMP 认证企业 78 家，规模以上生产企业有 57 家。据省医药保健品行业协会统计显示，2010 年海南省 60 家正常生产的制药工业企业完成工业总产值（现行

价）81.17 亿元，同比增长 40.9%（未扣除价格因素），比 2009 年的增长速度（24.22%）提高了 17 个百分点，实现工业增加值 37.54 亿元，同比增长 46.6%。

（2）信息产业进入良好发展时期。2010 年海南省信息产业规模持续扩大，电子信息产品制造业实现销售产值 19 亿元，同比增长 53.84%；规模以上软件服务业实现收入 7.6 亿元，同比增长 38.43%；形成了包括海南天涯在线网络科技有限公司、三星（海南）光通信技术有限公司、海南北斗星通信信息服务有限公司在内的若干龙头企业。通信业实现主营业务收入 72 亿元，同比增长 18.81%。

（3）先进制造领域已初具雏形。以"一汽海马"为龙头的现代汽车及配套产业群形成一定规模，实现产值 104.19 亿元，同比增长 65.9%。同时，船舶修造和海洋工程装备制造业的相关项目已相继启动。

（4）新材料、新能源初具规模。新材料产业领域初步形成了精细化工材料、非织造材料、非金属硅质材料、复合材料、金属新材料等五大特色优势产业；在新能源领域，一批大项目相继投产建设，一期 100 兆瓦太阳能电池项目已在海口高新区建成投产，二期已动工建设。汉能集团光伏产业研发制造基地正式落户海口综合保税区新区。海南天聚新能源科技有限公司的太阳能电池片项目，也将从 200 兆瓦扩大到 500 兆瓦。中核集团和华能集团共同出资建设，总投资超过 200 亿元的海南昌江核电项目开工建设。金牌 20 兆瓦光伏并网发电项目已列入国家金太阳示范工程，6 万吨生物柴油项目已竣工并投入试运行。另外在新能源方面海南还成为风能、核能、生物能等新能源投资的热土，华能、中海油、国电等央企争先进驻海南实施收购、重组及新建和扩建能源项目，有力推动了海南新能源站点建设。

3. 特色产业园区建设快速推进

海口药谷建设初具雏形，目前集聚了海南长安国际制药有限公司、万特制药（海南）有限公司、海南皇隆制药厂有限公司、海南康芝药业股份有限公司等 20 多家生物医药企业，成为国内生物医药企业较为集中的区域之一。海口国家高新技术产业开发区"一区多园"的产业发展格局基本形成。海南生态软件园初步建成，中国软件公司、中电科技公司等 143 家信息技术企业和高科技研发中心签约入园。三亚创意产业园建设全面启动，已集聚中兴通讯、中核建、海云天网络、用友软件、丰华科技、清华大学研究生院、北大科技园等 10 多家信息技术企业和高科技研发中心，一批重大项目签订投资协议，总投资约 121 亿元。灵狮海南国际创意港引入 56 家国内外设计企业以及机构，惠普公司已在海南建设四大新兴研发和人才培训基地。以新材料、软件为特色的海南省高新技术产业示范区（老城开发区）建设取得重要进展，英利集团、汉能集团未来五年在海南总投资 170 亿元、1600 兆瓦的太阳能电池项目相继落户，产业聚集效应和辐射作用逐步增强。昌江循环经济示范区成为国家级循环经济示范区。陵水低碳经济示范区开工建设。

4. 科技支撑能力进一步增强

创新平台建设进展明显。2010 年海南省新增省级工程技术研究中心 5 家、省级重点实验室 6 家，分别比上年增长 66.7% 和 50.0%。目前，海南省共有国家级工程技术研究中心2家、省级工程技术研究中心共30家、省级重点实验室共21家，国家创新型企业1家，国家创新型试点企业7家，国家认定企业技术中心2家。覆盖农业、制造业、新材料、信息电子和生物制药等多领域的工程技术研究中心格局基本建立。海南省获得国家科技进步奖1项，组织实施国家火炬计划项目10项、科技型中小企业技术创新基金项目17项、国家973计划前期研究专项课题5项、国家星火计划项目13项、国家农业科技成果转化资金项目17项、国家重点新产品计划项目5项、国家自然科学基金项目72项。全年共申请专利1019项，较上年减少2.0%；获得专利授权714项，比上年增长13.3%。建立了海南热带花卉以及南药、黎药在内的若干产业技术创新战略联盟。建立了省大型科学仪器协作共用网，实现海南省大型科学仪器资源共享，为500多家企业提供了测试服务。组织实施了一批重大高技术产业化示范项目，贯黄感冒颗粒、胆木浸膏片等10多个药品进入规模生产阶段。

5. "信息智能岛"建设稳步推进

初步形成了大容量、高速率、覆盖海南省城乡的信息通信网络，综合通信能力显著增强。截至2010年10月，海南省互联网用户数达到289万户，电话用户数达到771万户，有线电视在线用户数120万户，行政村电话通达率100%，海南省20户以上自然村电话通达率100%，乡镇通宽带互联网率达100%。海南省初步建成统一的电子政务平台，在国内率先开通了省政府门户网站，建设水平进入全国先进行列。信息资源体系建设开始起步，财政、工商、税务、公安、统计、国土、药监、测绘、气象等部门的系统建设和应用取得成效。社会事业信息化稳步推进，综合服务水平不断提高。

"十一五"高技术产业规划主要目标的基本完成，为"十二五"时期海南省高技术产业实现跨越发展、培育新增长点奠定了良好的基础，但也存在一些问题和制约因素：高技术产业发展规模偏小。重点领域优势不明显，集聚度不高。科技创新能力、引领带动性不强，产业国际化发展水平不高。吸引人才难与人才留不住问题、用地制约等比较突出。

二、2011年工作思路和重点

根据《国务院关于加快培育和发展战略性新兴产业的决定》中确定的未来5~10年我国重点发展领域和海南省产业发展实际，"十二五"时期海南省高技术产业按照链群发展、园区带动、重点突破的思路，明确发展目标，力争通过5年努力，高技术产业产值突破1000亿元。根据海南省省情和需求，重点发展生物技术和新医药、电子信息、新能源、高端装备制造、新材料、海洋高技术、节能环保、新能源汽车、高技术服务业和文化创意产业10大产业；着力建设海口高新区、澄迈生态软件园、昌江循环经济示范区、三亚创意产业园、陵水低碳经济示范区、文昌航空及卫星应用产业园、定安塔岭工业园等7个园区，促进人才、技术、资金等要素向优势区域集聚，加强公共技术平台建设，建设若干特色鲜明、产业链条完善、创新能力强的高技术产业和战略性新兴产业集聚区；瞄准国家目标，结合海南省实际和产业基础，组织实施生物医药创新发展、生物新兴产业促进、高端装备制造等10大工程，努力实现跨越发展。

1. 优化产业发展格局，加强特色园区和产业基地建设

坚持统筹协调、可持续发展的布局原则，加快产业集聚发展，促进高技术支柱产业向中心地区和特色园区集中，增强海口对高技术产业发展的辐射带动作用，加强特色高技术产业园和产业基地建设，推进沿海高技术产业隆起带整体发展，加速形成海南省高技术产业"一核一带七园"的发展新格局。

依托各地产业发展基础，推进要素向园区集中，积极发展各类具有资源优势和竞争优势的产业形态，加强特色优势产业基地建设，形成相互支撑、相互补充、各具特色的产业载体。海口高新区：重点发展生物及新医药、汽车及配套、新能源、新能源汽车和部分新材料产业。澄迈生态园：重点发展新一代电子信息制造业、软件及服务外包和基于物联网、云计算、下一代互联网、新一代移动通信技术的新兴信息服务业和特种玻璃、薄钢等新材料产业。昌江循环经济示范区：重点发展节能环保与资源循环利用、精密仪器制造、特色钢铁和新型建材等新材料产业。三亚创意产业园：重点发展软件开发及服务外包、新一代通信产品研发、动漫游戏、影视、网络服务等信息服务和文化创意产业。陵水低碳经济示范区：重点发展物联网、下一代互联网、软件、文化创意等产业。文昌航空及卫星应用产业园：重点发展航天配套产业，包括航天创意、教育培训业、太空食品和营养品生产加工业，航天纪念品设计和生产业以及航天技术研发业。定安塔岭工业园：重点发展中药制药、生物制药、基因制药工程、药物中间体、医药精细化工、仓储物流、保健品制造、医疗器械以及药用包装材料等生态药业和水产加工、热带水果加工、热带作物深加工、肉联综合加工、果蔬冷藏运销等农副产品加工业。其中，生物及新医药、汽车及配套产业、新能源等产业基地集中布局在海口高新区和定安塔岭工业园；软件及服务外包产业基地和新材料产业基地布局在澄迈生态园；创意产业基地和航空及卫星应用配套产业基地分别布局在三亚和文昌；海洋高新技术产业基地布局在海南省洋浦经济开发区，重点发展海洋专用设备、海洋矿产资源开发、海水利用等海洋高新技术产业，海藻开发、燃料乙醇等生物能源和部分新材料产业；农副产品加工重点布局在塔岭工业园。

2. 加强制度创新，加大扶持力度

按照国务院《关于推进海南国际旅游岛建设发展的若干意见》鼓励发展高技术产业的要求，深入研究海南省在投融资、财税、土地、开放等方面享受的国家特殊政策对高技术产业的积极影响，使高技术产业领域的政策优势更加凸显。积极打造战略性新兴产业的政策试点区。抓住机遇，继续发挥经济特区"改革实验田"的作用，大胆进行体制和政策创新。积极争取战略性新兴产业的相关政策在海南省率先试点，抢占发展先机。大力完善高技术产业的政策体系，破除高技术产业发展的体制机制障碍，充分运用国家赋予的立法权限，出台有利于海南省高技术产业发展和高新技术应用的相关政策和地方法规，营造更加完善的政策环境。

3. 加大对外合作，拓展市场空间

利用区位优势，积极参与国际和国内区域分工合作。加强同东盟、"泛珠"区域经济合作。利用海南良好的港口和海运条件，开辟专门承接国内外高技术制造业产业转移的加工区，加快建设生态产业园区和三亚创意园区等，积极承接国内外高技术服务业转移。大力引进国际化大企业，促进高技术产业国际化发展。按照优先发展重点，有的放矢做好招商引资工作，注重引进国际化大企业，带动中小配套企业增加出口。鼓励企业积极利用周边国家资源投资设厂，促进产业规模迅速壮大。

利用国际旅游岛建设契机，培育新的市场需求。将信息智能岛建设与国际旅游岛建设有机结合，有效利用信息基础设施，以重大信息化工程建设为信息产业发展进一步拓展市场空间。积极组织实施重大应用示范工程，引导消费模式转变、增强可持续发展能力，大力培育开拓新能源市场、环保市场、新材料市场等，拉动相关产业发展。

4. 整合创新资源，提升创新能力

落实鼓励和支持企业加大科技投入的相关税收优惠政策。对经认定的高新技术企业按照相关规定给予一次性奖励，奖励资金专项用于企业技术创新。鼓励与支持企业牵头承担国家和省重大科技研发项目，开展高新技术和关键共性技术的研究开发。企业承担国家科技项目（课题）在海南省区域内建设实施的，按照相关规定给予配套扶持。

加强产业创新能力建设。发挥省内外高校、科研院所的人才供给和知识支撑作用，瞄准国内外知名学术带头人和知名研发机构，加大引进和合作力度。加强产学研联合，组建一批省级重点实验室、工程（技术）研究中心和工程实验室，构建区域技术创新平台，提高高技术产业系统集成和工程化能力。在优势领域争取国家在海南省设立国家工程（技术）研究中心或国家工程实验室。

海南省工业和信息化厅

2010年重庆市高技术产业发展情况与展望

2010年是"十一五"收官之年，重庆高技术产业全面落实国发3号文件，努力开放发展，在危机中抢抓机遇，深度参与国际大分工，以信息领域快速发展为强力支撑，实现稳定较快增长，增加值占GDP比重完成"十一五"规划目标，为"十二五"高技术产业和战略性新兴产业发展奠定坚实基础。

一、2010年高技术产业发展情况

1. 产业基本情况

产业整体进入快速发展通道。2010年重庆高技术产业增速创"十一五"新高，预计产值增长31%达2 530亿元，增加值增长33%达855亿元，占GDP比重约为11%，完成"十一五"10%的规划目标。规模以上高技术项目完成投资增长45%，较2009年提高约20个百分点，为产业持续快速发展增添新的动力。

电子信息制造业异军突起。2010年，重庆惠普、富士康等笔记本电脑项目相继投产，产品出口欧洲，行业实现从无到有质的飞跃，为电子信息制造业增长贡献约16个百分点，预计全年电子信息制造业产值达915亿元，增长约43%，超历史新高，是重庆市高技术产业增长最强劲的领域。

重点产业领域平稳增长。2010年生物产业预计产值增长约26%达520亿元，增速超过全国平均水平约5个百分点；高技术服务产业主营收入预计超过732亿元，增长17%，基本与2009年持平，其中通讯业和研究开发服务主营业务收入增幅约10%，分别达170亿元和105亿元，软件业及信息服务业主营业务收入超过325亿元，增长25%，创新服务主营业务收入增长15%，达132亿元；新材料产业产值增长约20%，达320亿元。

2. 产业推进亮点

初步建立笔记本电脑产业基地。惠普2 400万台笔记本电脑和富士康代工项目相继投产，广达、英业达项目今年底到明年初将建成，宏基项目正式落户重庆，笔记本电脑制造产业链整机环节已初步完成布局；一百余家配套生产企业签约落户重庆，近20个项目建成投产，其中笔记本显示屏生产项目产值已超10亿元，"两区十园七基地"的产业发展格局初步形成；铁海联运和空中货运专线相继打通，物流优势开始显现，并实现对欧洲产品出口；两路寸滩保税港区封关运行，西永综合保税区通过验收，创造了当年批准、当年建设、当年验收的"重庆速度"。

多个产业领域进入国家战略布局。2010年重庆市高技术产业国家战略地位进一步提升，依托国家生物产业和信息产业基地建设，获得中央新增投资创历史新高，为产业实现快速发展发挥了重要作用。在已有两大基地建设基础上，争取国家批准重庆市建设高技术服务产业基地、医疗器械产业创新基地等几个国家级产业载体，积极创建综合性国家高技术产业基地。高技术服务产业、新材料、医疗器械等重点产业领域进入国家战略布局。

产业发展环境进一步改善。2010年重庆市高新技术创业投资基金总规模超过70亿元，国家参股的电子信息产业创投基金已获国家投资。与国家开发银行沟通合作，支持重庆国家生物产业基地建设，帮助中小生物企业贷款融资。市政府出台《重庆市微型企业创业扶持管理办法（试行）》、《重庆市鼓励引进消化吸收再创新实施办法》等鼓励中小企业发展和扩大开放的政策，进一步完善产业发展政策体系。

战略性新兴产业进入发展规划。重庆市战略性新兴产业发展规划研究完成，战略性新兴产业成为重庆市调整优化产业结构，转变经济增长方式的重大战略选择，将打造新一代信息产业成为重要支柱产业，做大做强高端装备制造、新能源汽车、节能环保三大优势产业，培育新材料、生物、新能源三大先导产业，实施"2+10"产业链集群建设方案，建设笔记本电脑和离岸数据开发处理"2"个重要基地，培育通信设备、集成电路、轨道交通装备、新能源汽车、环保装备、风电装备、光源设备、新材料、仪器仪表、生物医药10个千百亿产业集群。

3. 面临的主要问题

自主创新有待进一步加强。2010年重庆市科技研发投入占GDP比重为1.3%，未能完成"十一五"规划的1.7%的目标，与1.8%的全国平均水平还有较大差距。政府投入占科技研发投入的比重不到17%，政府投入不足。

多数产业缺少专业园区载体，集聚程度不高。除笔记本电脑制造行业在布局园区集聚了上百家整机和配套产品生产企业，初步形成"两区十园七基地"的集聚发展格局以外，生物、新材料、高技术服务等产业相关企业均零散地分布在主城各个园区，园区的专业化和产业集聚发展的程度都不高。

部分行业政策制度瓶颈日益明显。医药行业新药评审注册程序缓慢，近两年来重庆市获得新药证书的品种不到10个，大量创新药物积压在临床结束阶段，无法快速形成产业增长点；大型原创医疗器械受医疗体系、就医观念、利益保护等因素制约，无法实现规模化推广。

二、2011年重庆产业发展面临的形势

1. 国内国际环境

国务院已发布《关于加快培育战略性新兴产业的决定》，把以高技术产业为主体的战略性新兴产业，作为推动"十二五"产业结构调整，转变经济增长方式的重要力量，将在"十二五"期间设立专项发展资金、实施重大工程项目、推动建设国家产业基地，高技术产业迎来重大发展机遇，将推动产业在未来一段较长时期内持续快速发展。同时国际国内高技术产品市场持续复苏，以占主体地位的电子产品为例，从2009年以来，我国电子产品出口交货值持续回升，逐步恢复至危机前水平；美国、日本、欧洲等几个主要发达国家制造业采购经理指数均回升至50%以上，我国达55%，预示着全球制造业的扩张，将促进高技术产业稳定发展。

2. 市内产业形势

总体来看，2011年重庆市高技术产业有望承续快速发展的势头，实现"十二五"良好开局。信息产业有望实现跨越式发展，将推动高技术产业快速增长：一是笔记本电脑项目的规模效应释放，成为产业的强劲增长点。2011年惠普2 000万台笔记本电脑项目和富士康代工项目将量产，广达和英业达代工项目也将正式投产，宏碁笔记本电脑项目有望建成，上下游配套厂商及相关行业正逐步形成产能。二是重点高技术领域酝酿新突破。生物产业胃病疫苗项目产业化；TD手机芯片规模化量产；数据开发和处理中心建设有望取得进展。三是战略性新兴产业加快培育发展。市政府将设立战略性新兴产业发展专项资金，制定有关扶持政策，支持产业发展。

三、2011年高技术产业发展展望

1. 发展思路和目标

深入贯彻科学发展观，切实落实"314"总体部署和国务院3号文件精神，围绕建设西部产业高地，以及长江上游科技创新中心和成果产业化基地的战略任务，紧紧抓住国家加快培育发展战略性新兴产业的契机，全力保证"十二五"顺利开局。坚持开放引进与自主创新相结合，着力转变发展方式和增强综合创新能力，加快培育发展战略性新兴产业。以国家高技术产业基地为重要平台，着力打造新一代信息产业为重庆市重要支柱产业，做大做强高端装备制造、节能环保、新能源汽车等优势产业，积极发展新材料、生物、新能源等先导产业，推进高技术产业迈上新的发展台阶。

主要预期目标：高技术产业增加值增长35%以上，占GDP比重提高到13%。

2. 主要发展任务

一是全力推动建设笔记本电脑基地和离岸数据开发处理中心。把新一代信息产业放在优先发展的战略性支柱产业地位，推动惠普、宏碁、富士康、广达、英业达等电脑整机项目建设，积极引进配套企业和项目落户，进一步完善笔记本电脑产业链条，打造全球最大的笔记本电脑生产基地；争取建成国家级"离岸外包特许产业园"，完善硬件条件建设，积极承接国际跨国企业集团数据开发和处理业务，加快建设离岸数据开发和处理中心。

二是加快培育发展战略性新兴产业。抓住国家发展战略性新兴产业的机遇，制定战略性新兴产业发展专项规划，积极争取国家政策资源，研究出台产业发展政策，实施产业示范、创新基础、科技专项、市场培育、企业引进、人才培养等工程，大力发展"10"大千百亿产业链集群，抢占产业发展先机。

三是进一步增强自主创新能力。加强自主创新基础能力建设，在关键环节和领域依托有条件的企业、高校科研机构，建设工程（重点）实验室、工程（技术）研究中心和企业技术中心，培育更多的国家级以及国家地方联合创新平台，组建产业创新战略联盟和产学研联盟，提高产学研结合度，推进科研成果产业化。加快建设长江上游科技中心和成果产业化基地。

四是积极营造良好产业发展环境。做好国家参股地方创业投资基金工作，推动创业投资业加快发展；支持重点高技术龙头企业上市融资；积极协调相关部门，协助高技术项目落实房产税减免、进出口税减免、引进人才个税减免以及用地等优惠政策。

重庆市发展和改革委员会

2010年四川省高技术产业发展情况与展望

2010年，四川高新技术产业工作坚持科学发展观，认真贯彻落实中共十七届五中全会和省委九届八次全会精神，围绕省委、省政府关于"两个加快"的工作基调，强化科技支撑，积极推进高新技术产业化，加快高新技术改造提升传统产业的步伐，四川省高新技术产业平稳增长，运行质量和效益明显提高，成效显著。据省统计局统计，2010年，四川省1 498家规模以上高新技术企业，实现工业总产值4 962亿元，增长30%；占全部规模以上工业总产值的比重由2006年的17.0%增至2010年的20.9%；利润总额330亿元；新产品产值1 830亿元左右，占规模以上工业45%；出口交货值608亿元，同比增长65%，占规模以上工业71%以上。圆满完成了"十一五"发展目标和任务。

一、2010年四川高新技术产业发展情况

（1）总量快速增长，运行质量提高。高新技术产业的工业总产值、新产品产值、工业销售产值、出口交货值等增长幅度继续保持西部第一，全国前列的位置。其中出口交货值增速全国第一、总产值、工业销售收入增速全国第四位。

（2）集聚优势明显，辐射带动加强。以电子信息、新能源、新材料和重大装备制造为主的高新技术产业分别在成都、德阳和绵阳集聚，集约化和规模化发展优势突出，效益显著。成、德、绵高技术产业带的工业总产值、工业增加值、实现税利等各项经济指标，均占四川省高新技术产业总量的90%以上。同时，其他地区依托资源优势和产业基础加快发展高新技术产业，如乐山和眉山新能源、遂宁电子信息、自贡新材料产业发展势头良好。

（3）优势行业突出，新兴产业崛起。电子信息制造业增速全国第一，产业规模在四川省高新技术产业中的比重继续提高，信息安全产业占全国30%以上的市场份额，信息

化学品（材料）产业发展增速全国第一。生物产业稳定增长，新材料、新能源产业提速发展，民用航空产业稳步发展。

（4）成果转化加快，规模不断扩大。高新技术产业规划的9个战略产品、80个重点产品产业化进程加快，大多数产品进入投产或部分投产阶段，天威四川硅业有限公司多晶硅项目、天威新能源公司多晶硅太阳能电池项目、四川蓝天直升机有限公司直升机制造项目等一批高技术重大项目相继竣工投产，进一步增强了成都电子信息、新能源、新材料、民用航空等高技术产业领域规模和发展后劲。

（5）创新能力提升，支撑产业发展。四川宏达（集团）、惊雷科技、铁骑力士、地奥制药、高金食品和川威集团有限公司等6家企业技术中心获国家认定。新建的5个国家地方联合工程研究中心、工程实验室进展顺利，已实现多项关键共性技术突破，并取得多项自主创新产权，为产业结构调整、产品升级换代，提供技术支撑。

（6）信息化进展加快，行政效率提高。金农工程一期，金税工程三期、金纪工程一期、电子政务外网二期、政府采购电子平台建设等项目顺利启动，加快了政府信息化建设进程，降低了行政成本，提高了行政效率和服务能力，政府信息化设施水平明显提高。

二、2010年四川高新技术产业发展主要工作

1. 加强规划编制，促进高新技术产业发展

（1）根据国家发改委和省政府对《"十二五"四川省培育和发展战略性新兴产业规划》的工作安排，省发改委牵头会同省经信委、科技厅、财政厅等27个省级部门和各领域专家成立了《规划》编制协调小组和起草小组，完成了《规划》编制方案，目前，正有序开展《"十二五"四川省培育和发展战略性新兴产业规划》编制相关工作。

（2）按照《国务院关于加快培育和发展战略性新兴产业的决定》（国发〔2010〕32号）和省政府的要求，省发改委会同省经信委、科技厅、财政厅等27个部门完成了《四川省贯彻落实〈国务院关于加快培育和发展战略性新兴产业的决定〉的实施意见》（代拟稿）起草工作，近期将上报省政府审定发布。

（3）根据省政府领导指示要求，结合当前国内外市场需求和四川省发展现状，按照科学发展观要求，以资源节约、环境友好和经济高效为标准，编制并发布了《四川光伏产业发展建设规划》。

2. 注重形势分析，加强重大课题研究

（1）按照国务院《关于加快培育和发展战略性新兴产业的决定》，结合四川省培育和发展战略性新兴产业的紧迫性和客观实际，省发改委牵头完成了《四川省"十二五"培育和发展战略性新兴产业规划思路》，初步选定了新一代信息技术、高端装备制造、新能源、新材料、生物和节能环保等作为战略性新兴产业发展的重点领域。

（2）组织省级有关部门、重点市（州）、科研院所开展了加快四川省生物产业发展战略研究，并向省委、省人大、省政府、省政协领导报送了《四川省发展和改革委员会

关于四川生物生产发展建议》。

（3）为加强四川省"十二五"信息产业发展的宏观指导，省发改委联合省经信委、省通管局完成了《"十二五"四川信息产业发展规划编制思路》研究，分析四川省信息产业发展现状和主要问题，研究提出"十二五"发展思路、目标、主要任务及重大项目等，为《规划》编制奠定基础。

3. 推进基地建设，争取国家批建授牌

（1）四川·成都（国家）新能源高技术产业基地。按照省委、省政府主要领导的指示精神，省发改委组织成都等市发改委和省级有关部门编制了《四川·成都国家新能源高技术产业基地申请报告》上报国家发改委，并积极开展相关汇报、协调、沟通和申请报告的修改完善工作，多次进京向国家发改委汇报、争取，新能源基地于2010年上半年得到国家发改委批复建设。

（2）成都（国家）高技术服务产业基地。按照省委、省政府关于加快发展服务业的工作部署，为推动四川省高技术服务业集聚发展，促进成都创新型城市试点建设，2010年初，省发改委即牵头会同省级相关部门和成都市及相关市州编制《成都（国家）高技术服务产业基地建设方案》并上报国家发改委，做好沟通、协调和答辩工作，成都高技术服务产业基地于2010年10月得到国家批复建设。

（3）四川·成都（国家）新材料高技术产业基地。为贯彻落实中共中央第十七届五中全会和省委第九届八次全会关于培育和发展战略性新兴产业的工作部署及加快发展新材料产业的要求，省发改委组织成都等市发改委和省级有关部门编制了《四川·成都国家新材料高技术产业基地申请报告》，并组织行业专家对申请报告进行了论证、修改、完善，于2010年12月向国家发改委报送《四川·成都（国家）新材料高技术产业基地申请报告》。

4. 构建创新体系，推动产业持续健康发展

（1）加强区域创新体系建设。结合成都国家创新型试点城市建设，围绕四川省高新技术优势产业和特色产业，着力推进工程研究中心和工程实验室等关键共性技术创新平台建设，除积极争取国家级工程研究中心和工程实验室外，在战略性新兴产业相关重点领域，新批复了一批省级工程研究中心和工程实验室。

（2）推动以企业技术中心为主要形式的企业创新体系建设。2010年，向国家发改委申报了宏达（集团）有限公司等13家国家认定企业技术中心，其中9家参加了初审答辩，取得国家认定的企业技术中心6家，创历史新纪录，国家认定企业技术中心四川省累计达到33家。

5. 加强项目推进工作，促进自主创新成果产业化

（1）积极争取国家项目资金支持。紧紧围绕自主创新成果转化、推进高新技术产业发展，加强项目的储备、筛选、申报工作。我们组织申报了信息安全、彩电转型、集成电路、新型电力电子器件、现代中药、微生物制造、绿色农用生物产品、企业技术中心

能力建设等8大专项,共38个项目。

(2) 加大项目验收和监管力度。一是根据国家发改委关于加强高技术产业在建项目验收的通知要求,加大国家高技术产业化示范工程项目管理力度,今年共验收了18个项目,达到了国家发改委要求的应验收项目完成率80%以上要求。针对个别项目建设进度滞后情况,多次组织相关部门和市州发改委与企业协调沟通,落实项目建设外部条件,推进项目建设进度。二是按照《国家高技术产业发展项目管理暂行办法》的要求,加大了项目申报、建设、验收等环节的管理力度。

(3) 积极汇报争取高新技术产业重大项目。全力做好富士康801［第8.5代薄膜晶体管液晶显示线（TFT－LCD）］、802（光电显示下游系列产品研发、生产及应用）、803（年产4 200万台全球最先进的便携式平板电脑）、台湾仁宝电脑、戴尔（成都）旗舰基地、联想成都生产基地等重大高新技术产业项目的引进,帮助制定和完善项目建设方案,积极做好国家核准801项目的申报、汇报、协调等相关工作。

三、2011年四川高新技术产业发展的重点

2011年是"十二五"开局之年,也是规划编制和发布年,面对新形势、新任务,四川省高技术产业工作将按照党中央十七届五中全会、省委九届八次全会、四川省经济工作会议精神和部署,继续深入贯彻落实科学发展观,紧紧围绕"加快建设灾后美好新家园,加快建设西部经济发展高地"这一主线,加强规划编制、研究重大问题、培育新兴产业、突破关键环节、提升创新能力,加快推进高新技术成果产业化步伐,为促进经济发展方式转变,支撑四川省经济又好又快发展作贡献。

1. 加强规划编制,突出发展方向

(1) 编制《"十二五"四川省培育和发展战略性新兴产业规划》。按照国务院《关于加快培育和发展战略性新兴产业的决定》,牵头会同有关部门完成贯彻落实《决定》实施意见（代拟稿）的上报审定工作。确保《"十二五"四川省培育和发展战略性新兴产业规划》于2011年上半年报省政府审定发布。

(2) 编制《成都（国家）高技术服务产业基地规划》。按照国家发改委《关于做好当前高技术服务业工作的通知》要求,在国家发改委批复的《成都（国家）高技术服务产业基地申请报告》基础上,会同省级有关部门和成都市发改委编制《成都（国家）高技术服务产业基地规划》,着力营造良好的政策环境,实现高技术服务业又好又快的发展。

(3) 编制《"十二五"四川省信息产业发展规划》。会同有关部门,深入分析四川省信息产业面临的新形势,围绕促进转型升级、实现由大到强的总体目标,突出自主创新与产业竞争力的提升,突出电子制造与信息服务的互动,编制完成并上报《"十二五"四川省信息产业发展规划》。

(4) 编制《四川省"十二五"自主创新能力建设规划》。分析四川自主创新基础能力现状和主要问题,提出"十二五"时期四川省自主创新能力发展思路、方向、任务、

目标和政策措施，编制完成《四川省"十二五"自主创新能力建设规划》，指导四川省自主创新体系的建立和完善，大力提升自主创新能力，支撑经济发展方式转变和结构调整。

（5）编制《四川省"十二五"生物产业发展规划》。分析生物产业当前发展现状和存在主要问题，提出四川省"十二五"时期推动生物产业发展的总体思路、发展目标、发展重点、主要任务和重大政策、重大项目等。

2. 培育新兴产业，突出发展重点

（1）明确发展重点领域。以"突破核心关键技术，扩大示范推广应用，加快产业化，构建产业支撑体系"为工作重点，推动设立四川省战略性新兴产业发展专项资金，加大财税、金融、融资和相关保障政策措施的支持力度，积极培育和发展新一代信息技术、高端装备制造、新能源、新材料、生物和节能环保等六大战略性新兴产业。

（2）推动六大产业发展。新一代信息技术产业重点发展新一代移动通信、下一代互联网核心设备和智能终端、三网融合、物联网、云计算、高端服务器、集成电路、新型显示、高端软件和信息服务。高端装备制造产业重点发展航空装备、公务机、卫星应用、大型核电重大装备、大型发电成套设备、轨道交通装备等。新能源产业重点发展新一代核能技术、风电技术装备、光伏产业、生物质能、煤矿瓦斯气能源化与资源化利用、新能源汽车等。新材料产业重点发展新型功能材料、先进结构材料、生物医用新材料、高性能复合材料、超硬材料、同位素及制品、辐照改性材料等。生物产业重点发展生物技术药物、生物医学工程产品、生物农业、下一代生物能源、生物制造等。节能环保产业重点发展高效节能、先进环保、资源循环利用等关键技术装备、产品和服务。

（3）培育战略性新兴产品。在战略性新兴产业重点领域选择拥有自主知识产权，具有关键核心技术，在国内外同类产品中处于国际先进、国内领先水平或可以替代进口，产品已通过国家认证认可的检测实验室和检测机构检验（检测）合格，市场前景广阔，成长潜力巨大，能明显带动上下游产品或相关产业发展，自主创新产品进行重点培育。做大做强20个重大关键产品；加快发展80个左右重点培育产品；引导发展100个左右区域特色产品。培育和形成新兴产业链，促进产业集群发展，壮大企业和集团。

3. 围绕中心任务，突破关键环节

（1）加快高新技术产业化项目建设。做深、做细、做好申报国家高技术产业化重大项目前期工作，加强申报项目的答辩辅导，争取得到国家更多项目、资金的支持。加强在建国家高技术产业化示范工程项目建设和管理工作，积极协调解决项目建设过程中的有关问题，加快形成实物工作量，争取早日建成投产，发挥示范带动作用和社会、经济效益。

（2）完善自主创新体系建设。结合成都创建国家创新型城市试点工作，广泛调动大专院校、科研院所和企业的积极性，促进产学研结合，加大力度推进在建的工程研究中心、工程实验室和企业技术中心能力建设项目顺利竣工，发挥效益，在四川省战略性新兴产业重点领域、国家高技术产业基地和区域特色优势产业领域，新建一批国家和省级

自主创新平台和公共服务平台，争取国家认定更多的企业技术中心，逐步建立健全四川省自主创新体系。

（3）推进高新技术产业基地建设。以软件、信息、生物、民用航空、新能源、高技术服务业等国家高技术产业基地为载体，加快探索并建立集技术创新、产业创新和体制创新于一体的综合性产业发展平台，加快基地建设。同时以太阳能光伏、民用航空、新材料和高技术服务业等领域为重点，加快培植一批地方特色明显、产业发达、竞争力强的高技术产业集聚区和特色产业链和重大项目，争取得到国家支持，发挥国家高技术产业基地的集聚和示范作用，带动四川省高技术产业发展。按照中咨公司评估要求会同省级有关部门和相关市州发改委修改完善《四川·成都（国家）新材料高技术产业基地申请报告》，做好向国家发改委的汇报、沟通工作，争取早日得到国家的批复授牌。

（4）加大重大项目的推进力度。按照省委、省政府的要求和省发改委党组的部署，积极做好富士康801、802、803、台湾仁宝电脑、戴尔（成都）旗舰基地、联想成都生产基地项目、宏碁结算销售中心等重大电子信息产业项目的引进、汇报、争取和协调推进工作，确保一批世界知名企业和重大项目落地建成。

四川省发展和改革委员会

25 2010年贵州省高技术产业发展情况与展望

一、基本情况

2010年,在贵州省委、省政府的正确领导下,在国家发改委和有关部委的大力支持下,贵州省各地、各有关部门和单位认真贯彻落实中央和省关于高技术产业发展的各项部署,积极调整发展战略,大力发展高技术产业。贵州省从加快改革开放和增强自主创新能力入手,把加快改革开放作为体制机制创新和经济发展的动力,把增强自主创新能力作为产业结构调整和经济发展方式转变的中心环节,着重在政策发展环境营造、自主创新能力建设、产业核心竞争力提升、科技成果转化、工作方式创新等方面开展工作。贵州省高技术产业的产业化能力和创新能力不断增强,产业规模不断扩大,产业水平不断提升,逐渐发展成为贵州省国民经济中的重要产业,呈现出快速健康发展的良好势头。

(1)产业规模继续扩大,保持稳定增长。2010年,贵州省高技术产业总产值为320.96亿元,同比增长17.1%,占GDP比重的7%,比2005年翻了一番。"十一五"期间,贵州省高技术产业总产值平均增长率为12.5%,实现了较快发展。贵州省已构建起了医药制造业、航空航天器制造业、电子及通信设备制造业三大高技术产业体系,形成了以生物技术、航空航天技术、电子信息技术、新材料技术、新能源技术、先进制造技术、精细化工技术等为主的高技术企业群体。高技术服务业发展加快,2010年贵州省软件产业实现收入36亿元,电信服务业实现主营业务收入约275亿元。

(2)结构调整力度加大,新兴产业发展加快。在重点领域和重点行业,大力推进高新技术、先进适用技术改造和提升传统产业,建设完成了一批有资源优势、有创新亮点、可形成自主知识产权的技术开发项目和产品,有效提升了产业核心竞争力。生物产业、航空航天产业、新材料产业、新兴信息产业、新能源产业、高技术服务业快速发展,涌现了中成药制造、通用飞机研制和生产、磷系新材料、复合改性聚合物材料、多晶硅材料、3G 通信、数字电视、生物质能源、地热能源、物理化学电源、电信增值、动漫产业等新的经济增长点。产业集聚式发展格局初步形成，安顺市民用航空产业国家高技术产业基地、贵阳高新技术产业开发区、贵阳经济技术开发区、贵阳市生物产业贵州省高新技术产业基地、毕节地区综合性贵州省高新技术产业基地和省级高新技术产业园区加快发展，起到了调整产业结构和促进产业集聚的重要作用。2010 年，贵州省高技术产业新产品产值 64 亿元，同比增长 19.11%，占贵州省规模以上工业新产品产值的 25.2%。

（3）经济效益稳定增长，发展后劲继续增强。随着医药制造业、航空航天制造业和电子及通讯设备制造业等高技术优势产业的不断发展，贵州省高技术产业总体效益稳步提高。2010 年，贵州省高技术产业工业销售产值 281 亿元，同比增长 15.5%；实现利润 21.4 亿元，同比增长 19.3%；完成投资 20.3 亿元，新增固定资产 8.7 亿元，约与 2009 年持平；在建项目约 200 个，新开工项目 66 个，建成投产项目 41 个，进一步增强了贵州省高技术产业的发展后劲。

（4）自主创新能力得到提升。目前，贵州省已有国家地方联合工程研究中心（工程实验室）3 家，国家工程技术研究中心 2 家，国家重点实验室 2 个，国家认定企业技术中心 12 家，省级工程研究中心（工程实验室）15 家、省级认定工程技术研究中心 44 家，省级重点实验室 29 家，省级认定企业技术中心 108 家，覆盖了生物、信息、新材料、新能源、航空航天、装备制造、化工冶金、轻工等重要领域，促进了技术自主开发能力、系统创新能力、信息技术应用能力的全面提升，为推动产业自主创新和优化升级提供了技术支撑和保障。2010 年，贵州省综合科技进步水平指数为 36.8%、高新技术产业化指数为 41.6%、科技促进经济社会发展指数为 45.4%，分别比 2005 年提高了 9.4、13.7、16.4 个百分点；专利申请量、授权量分别为 4 414 件、3 086 件，比 2005 年分别增长 198%、333%。"十一五"期间，完成省级成果登记 677 项，评选出省最高科学技术奖 1 项，省科学技术奖 411 项，获得国家科学技术进步奖 10 项。在自主创新方面，贵州省已逐步走出了一条以培育具有自主知识产权的核心技术为重点，以整合省内外科技资源、加强创新能力基础设施建设为基础，以提高产业和企业核心竞争力为目标，以集成创新和引进吸收消化再创新国内外技术成果相结合的道路。

（5）信息化建设步伐加快。贵州省已经建成多层次、多内容的现代通信网络，光缆线路总长近 23.7 万千米，电话普及率 59.4 部/百人，互联网宽带用户 150 万户，互联网普及率 19.8%，互联网出省带宽 325GbpS，基本实现"乡乡通宽带"、"村村通电话"，贵州省数字电视用户达 250 万户，广播电视双向网改造已在贵州省全面展开。电子政务工程进展顺利，贵州省电子政务外网建设基本完成，各地各部门建设了 20 余个规模较大的应用系统，在科技、教育、财政、税务、工商、农业、经贸、公安、交通、劳动和社会保障、计划生育、国土、质监等方面信息化建设取得了明显成效。农业信息服务系统不断完善，农村党员远程教育网络、农经网等已普及到贵州省所有乡镇，在贵州省建立了 2 万多个远程教育点。贵州省一大批大、中型企业通过应用信息技术对传统产业实施了改造，能源、冶金、航空航天、电子、化工、烟草、机械、新材料和民族医药等行业的信息化水平逐步提高。传统服务业转型步伐加快，信息服务业快速发展。电子商务、文化创意及动漫产业发展势头良好。科技、教育、文化、医疗卫生、社会保障等领域信息化步伐明显加快。

（6）军民结合产业发展提速。贵州省充分发挥国防军工企业的人才、技术优势，实施军民结合、寓军于民战略，优化配置军民创新资源，加强技术集成创新，全面推进军民结合产业的建设，开发了一批具有自主知识产权的对产业发展具有重要作用的共性、关键性技术，形成了一批高技术产品，极大地提高了企业的自主创新能力和核心竞争力，辐射带动了地方相关产业的发展，初步形成了军民双向转移、相互促进的高技术产业发展特色。以011基地为主体，加快安顺民用航空产业国家高技术产业基地的建设，依托正在开展前期研究工作的中型涡桨多用途飞机、与巴西合作的贵州阿莫特飞机制造有限公司轻型飞机、自主设计的民用无人机、飞机零部件转包、莲花轿车、天马轴承等项目，基本形成以通用飞机、民用无人机系统、航空零部件、专用车辆等为主导产品的航空与装备制造业高技术产业集群。以061基地为主体，加快贵州航天高新技术产业园区建设，依托从事塑胶、铝工业加工设备、铸锻、汽车零部件等行业的众多企业，基本形成以航天高技术、新能源、机电一体化装备、精密机械基础件等为主导产品的航天与装备制造业高技术产业集群。以083基地为主体，加快贵州新添高新技术产业开发区平台建设，力争尽早实现年产销手机1 000万部、年产销电子元器件200亿只的目标，形成以通讯产品、新型电子元器件和电子新材料为主导的信息高技术产业集群。

（7）高新技术产业基地建设取得新进展。国家发改委于2008年2月批准安顺市成为民用航空产业国家高技术产业基地后，贵州省开展了以下工作：一是批准实施了《贵州省安顺市民用航空产业国家高技术产业基地发展规划》和《贵州省安顺市民用航空产业国家高技术产业基地产业发展控制性详细规划》；二是制定出台了《贵州省人民政府关于促进安顺市民用航空产业国家高技术产业基地加快发展的指导意见》；三是建立了由省政府、省直有关部门、安顺市人民政府和贵航集团组成的航空产业基地规划建设领导小组；四是加快推进航空产业基地产业发展项目和基础设施重点项目建设；五是积极进行招商引资和拓展建设资金来源。《中型涡桨多用途飞机立项论证报告》通过了中航工业集团公司组织的专家评审，该项目已具备申报中航工业集团公司内部立项，再联合中航工业集团公司共同向工信部申报立项研发试制的条件。此外，根据《国家发展改革委关于加快国家高技术产业基地发展的指导意见》提出的"支持省级高技术产业基地发展"的要求，贵州省发改委批复了"毕节地区综合性贵州省高新技术产业基地"和"贵阳市生物产业贵州省高新技术产业基地"，为贵州省生物医药、生物农业、生物制造、生物能源、生物环保、先进制造、新材料、新能源、电子信息等高技术产业的发展提供了平台。

（8）国家重大科技基础设施建设进度加快。500米口径球面射电天文望远镜项目（简称FAST项目）是国家领导小组审议确定的国家十二大科技基础设施之一，是中国科学院和贵州省合作共建项目。项目拟采用我国科学家独创的设计和贵州省独特的喀斯特地形条件和极端安静的电波环境，建造一个500米口径球面射电，形成具有国际先进水平的天文观测与研究平台，为我国开展暗物质和暗能量本质、宇宙的起源和演化、太空生命起源和寻找地外文明等研究活动提供重要支持。它的建设对于改善我国科技基础设施条件，自主创新能力，增强科技竞争能力，促进原始性创新成果产生，带动高技术发展具有极其重要的战略意义。FAST 拥有 30 个足球场大的接收面积，建成后将成为世界上最大的单口径射电天文望远镜。该项目从提出到工程方案的理论和模型试验、台址水文和工程地质勘察等，中科院国家天文台与全国 20 余家单位合作，做了大量前期工作，取得了丰硕的科研成果，为项目的建设提供了科学依据和基础条件。贵州省三任省委书记、省长，贵州省各相关厅局、各级地方政府及普通百姓等对 FAST 项目给予了高度关注和全力支持。在各方的积极努力下，FAST 项目现场土石方开挖工程已经开工。依托 FAST 项目，贵州省会同国家天文台、黔南州政府已经组织开展了《FAST 项目贵州省配套项目建设规划》的编制工作，统筹进行供水、供电、通讯、道路、服务设施的建设，规划中科院贵州射电天文台、贵州射电天文研究中心、电磁环境保护、贵州大学天文学系、贵州天文馆、科普教育和科技旅游等建设发展工作，为确保 FAST 项目顺利建设和安全运行创造条件，充分发挥 FAST 项目的综合效益，促进地方经济社会协调发展。

（9）高技术产业发展的宏观环境进一步完善。一是加强领导，统筹高技术产业发展和经济发展。为了加快发展高技术产业，省人民政府及其有关部门从政策、机制、产业配套等方面注意改善高技术产业的发展环境，成立了贵州省信息化建设领导小组、贵州省中药现代化领导小组、贵州省知识经济领导小组，加强了对贵州省高技术产业及知识产权工作的领导，出台了一些相关政策，并都得到了具体的落实。二是制定出台了《贵州省高新技术产业发展条例》。对完善贵州省高新技术产业发展制度，规范高新技术产业发展活动，营造良好有序的投资创业环境，保护国家利益、社会公共利益和高新技术产业发展活动当事人的合法权益，促进高新技术产业快速健康发展，发挥了积极的作用。三是认真组织制定和实施高技术产业发展规划。省发改委认真组织制定和实施了《贵州省高技术产业发展规划研究》、《贵州省磷化工高技术产业链发展规划研究》、《贵州省生物资源深加工高技术产业链发展规划研究》、《贵州省煤化工高技术产业链发展规划研究》、《贵州省磷化工高技术产业链发展专题规划》、《贵州省生物产业发展规划》、《贵州省"十一五"高技术产业发展规划》和《贵州省可再生能源发展规划研究》，《贵州省道地药材开发利用高技术产业链发展专项规划》、《贵州省"十二五"战略性新兴产业发展专项规划》、《贵州省"十二五"高技术产业发展专项规划》、《贵州省"十二五"推进信息化发展专项规划》、《贵州省"十二五"中医药事业发展专项规划》编制工作进展顺利。四是认真做好信息沟通工作。每年编写完成《贵州省高新技术产业发展报告》，每季度编发一期《贵州高技术产业》工作动态，建立开通了"贵州高技术产业网"。

二、存在问题

贵州省经济发展水平较低，目前尚处于工业化初期向中期迈进的阶段，产业结构完善升级任务艰巨，发展高技术产业面临不少问题和困难。一是从宏观层面上看，科技投入不足。2009 年贵州省科研和试验发展经费（R&D）投入占贵州省生产总值的比重为 0.68%，仅比 2005 年提高 0.11 个百分点，远远低于"十一五"规划目标。二是从政府管理层面上看，科技与经济相结合的问题还没有根本解决。政策体系尚待完善，体制改革仍需深化，创新创业的投融资机制和发展环境亟待健全。三是从市场主体层面上看，企业创新能力弱、投入严重不足、产业和企业规模小、信息化水平低、缺乏核心技术等问题较突出。

三、下一步工作打算

1. 抓紧发展战略、规划、政策的研究制定工作

进一步完善高技术产业发展的宏观环境，并加强相关政策的协调、衔接和落实，提高服务水平，形成政策合力。抓紧开展《贵州省高新技术产业发展条例》配套规章的立法工作，力争尽快出台《贵州省高技术产业发展项目管理暂行办法》、《贵州省高新技术产业发展专项资金管理办法》、《贵州省高新技术产业发展项目认定办法》。认真做好贵州省高技术产业发展规划及相关配套规划的编制工作。组织编制完成《贵州省可再生能源发展规划研究》、《贵州省道地药材开发利用高技术产业链发展专项规划》和《FAST项目贵州省配套建设专项规划》。

2. 加快推进战略性新兴产业发展

一是认真组织实施贵州省"十二五"战略性新兴产业发展规划和贯彻《国务院关于加快培育和发展战略性新兴产业的决定》的实施意见，做好产业和项目储备。二是加强对战略性新兴产业发展的监测分析。三是完善有利于战略性新兴产业发展的体制机制和政策环境。四是加快实施一批重大项目，增强技术创新能力和产业化能力。五是加快高新技术改造提升传统产业，为战略性新兴产业发展提供坚实基础。

3. 积极推进信息化和工业化融合

积极推进国民经济和社会信息化进程，加快信息化和工业化融合的工作步伐，以信息化促进工业化、城市化，积极推进信息技术推广应用、现代信息基础设施建设和加快电子信息产业发展。按照国家和省的工作部署，开展"三网融合"和物联网试点示范，加快电子政务、电子商务、企业信息化和农村农业信息服务工程建设，推进下一代互联网（IPV6）发展，支持云计算等新技术开发应用，大力培育信息服务产业。

4. 加强技术创新，大力推进高技术产业创新体系建设

根据贵州省高技术产业发展的趋势和要求，整合现有的资源，组织大型企业、高校、科研院所的技术力量，积极推进工程研究中心、企业技术中心、重大科学工程、知识创新工程、产学研联合、重点实验室建设改造等产业创新能力和科技基础能力建设，培育自主知识产权的产业核心技术，提高特色产业的核心竞争力，增强高技术产业持续创新能力，促进高水平的科技成果向现实生产力转化。

5. 继续组织设施高技术产业化建设项目

依托有实力的企业、集团公司，继续申报国家高技术产业发展重大专项项目。根据

国家发改委的安排和要求，准备一批有特色、技术含量高、产业链较长、带动面宽、市场前景广阔、经济效益好的项目，争取国家支持。推进高校、科研院所参与项目建设的工作，提高项目的科技含量和技术水平，鼓励已经完成省级高技术产业化项目的企业参加申报，同时进一步规范申报工作，提高项目的申报质量和水平，做好审查把关工作。

抓好省级财政预算投资安排的高技术产业发展项目的前期工作和建设管理工作。一是争取省政府加大对科技和高技术产业发展的投入；二是抓紧申报国家支持设立创业投资基金的工作；三是建立项目储备制度，完善科学决策机制，规范建设管理程序，加强协调服务，针对高技术产业化项目兼有研究开发和建设任务的特点，组织实施好省级高技术产业发展项目；四是按照投资体制改革要求，改革完善项目立项和可研审查、核准和备案以及项目执行过程的审理和监督机制，组织专家对所实施的项目进行中期和后期评估，及时掌握项目的进展情况和效益情况，解决共性问题。

6. 注重发挥中介组织的作用

加快政府职能转变，在实际工作中善于发挥中介组织的作用。探索有效方式，鼓励、引导和依靠中介组织为政府的宏观调控和决策服务。在深化行政审批制度改革方面，要积极发挥和依靠评估与咨询、投资项目评审等机构为政府职能部门提供多方位的信息咨询服务，提高工作效率。在产业和产业技术的发展方面，要依靠有关行业协会和服务机构对有关重点行业的产业和技术发展动态进行跟踪分析、研究，建立有关产业布局和产业规模的预警机制，避免盲目决策上项目，引导企业理性投资，有效遏制重复建设。

四、贵州省高技术产业发展的目标

贵州省高技术产业发展的目标是：以自主创新为先导，以高技术产业化为核心，促进信息化和工业化融合，走新型工业化道路，切实贯彻落实《贵州省高新技术产业发展条例》和高技术产业发展规划，突出加速发展、加快转型、推动跨越的主基调，充分利用市场机制的促进作用和国际化机遇，围绕着发挥优势特色资源和技术，在信息产业、航空航天产业、生物产业、先进制造产业、现代农业等领域大力促进高技术产业的快速发展，加快培育和发展节能环保、生物、新材料、新能源、高端装备制造、新一代信息技术、新能源汽车等战略性新兴产业。力争通过5年至10年的努力，贵州省高技术产业增加值占贵州省GDP比重提升到6%以上，高新技术改造提升传统产业作用更加明显，信息化水平进一步提高，生物、新能源、新材料技术和产品在解决资源、环境等瓶颈问题中发挥更重要的作用，支撑引领经济社会发展的效果进一步提高；高技术产业R&D研发投入占总产值的比重达到5%左右，建成一批具有重大影响力的创新平台，突破一批产业发展的核心共性技术和关键技术，创新能力明显增强；在有发展优势的领域初步形成一批具有国内先进水平和国际领先水平，产业链条完善、特色鲜明、创新能力强的高技术产业集群，使高技术产业发展成为贵州省重要的支柱产业，促进贵州省经济社会又好又快、更好更快发展。

贵州省发展和改革委员会

2010 年云南省高技术产业发展情况与展望

一、2010 年云南省高技术产业发展总体情况

2010 年，云南省高新技术产业发展环境不断改善，产业规模仍继续保持平稳增长的良好态势，在推进经济结构调整、发展方式转变和新兴产业培育方面的作用日趋明显。

（一）2010 年运行态势

2010 年，云南省高技术产业实现总产值 167.99 亿元，比 2009 年同期增长 18.01%。云南省高新技术产品进出口总额 12.9167 亿美元，其中：出口 6.450 7 亿美元，同比增长 4.6%。进口 6.466 亿美元，同比增长 56.7%。高新技术产品在云南省外贸进出口、出口和进口中所占的比重分别为 9.6%、8.5% 和 11.2%。预计 2010 年云南省高新技术产业产值可达 1 150 亿元左右。

总体看来，云南高新技术产业产值继续保持了年均 20% 以上的速度递增，增长速度超过同期云南省工业年均增长速度，产业布局初显雏形，其新的经济增长点的作用正在显现，成为国民经济发展中最具活力的部分，有力地促进了经济结构的优化升级，推动了经济社会又好又快发展。特别是 2010 年 11 月作为承担了两个国家高技术产业化项目和一个国家生物产业基地公共服务平台建设项目的云南沃森生物技术有限公司在深圳创业板的成功上市，使"十一五"以来实施组织高技术产业化示范项目和促进高新技术企业发展的工作成效得到了充分展现，也为未来云南高新技术产业企业和产业的发展带来了希望和憧憬。

（二）云南省高新技术产业计划执行情况

1. 高技术产业发展项目

列入2010年云南省高新技术产业发展项目计划的项目共96项，其中：承担国家高技术产业发展项目计划项目48项，地方高新技术产业发展项目计划项目48项，项目总投资46.14亿元，到2009年底累计完成投资29.57亿元，2010年计划投资14.46亿元。根据对项目执行情况的统计，到12月底可完成计划项目投资。

2. 生物医药产业

2010年1—12月，云南生物医药产业完成工业总产值166亿元，工业增加值58.92亿元，利润总额20.46亿元，同比分别增长36.6%、24.78%和46.6%，仍然保持了强劲的增长势头。其中，天然保健品、日化产品、植物提取物、香精香料、中药材种植加工等成为拉动云南生物医药产业发展的新增长点，大生物医药产业的体系正在形成。

3. 电子信息产业

2010年1—12月，电子信息制造业累计完成主营业务收入49.46亿元，比2009年同期增长36.9%。规模以上软件企业100户，累计完成主营业务收入39.47亿元，比2009年同期增长45%，其中，软件产品收入实现6.96亿元，系统集成和支持服务收入实现30.26亿元，信息技术咨询和管理服务收入实现1.35亿元，信息技术增值服务收入实现0.4亿元，嵌入式系统软件收入实现0.07亿元，设计开发收入实现0.43亿元。

4. 电信业

2010年云南省电信业务收入累计完成210.48亿元，同期增长率8.97%，完成年计划目标208亿元的101.19%；电信业务总量累计实现776.33亿元，累计同期增长14.4%，完成年计划目标750亿元的103.51%。固定资产投资完成73.27亿元，同期增长22.91%，完成年计划目标60亿元的122%。截至2010年12月份，电话用户总数达到2 807.06万户，电话用户普及率61.41部/百人。

（三）2010年完成的重点工作

1. 进一步完善了云南高新技术产业政策法规保障体系

在贯彻落实《云南省高新技术产业促进条例》，认真实施《云南省高新技术产业发展项目暂行管理办法》的基础上，2010年制定发布了《云南省工程研究中心暂行管理办法》、《云南省工程实验室暂行管理办法》，进一步完善了有利于促进高新技术产业发展和产业创新能力建设的规范化管理体制；推动了《云南省关于贯彻国家促进自主创新成果产业化若干政策的实施意见》的顺利发布实施，为促进科技成果转化为现实生产力提供了强有力的政策保障。

2. 紧跟形势，科学谋划"十二五"发展蓝图

在认真总结"十一五"以来的经验和教训，深入企业、高校和科研院所进行调查研究的基础上，把握后金融危机时代高新技术产业发展和战略性新兴产业培育的新形势，按照将云南建设成为绿色经济强省、民族文化强省和中国面向西南开放的桥头堡的新要求，在积极参与《云南省国民经济和社会发展"十二五"规划》编制工作的同时，牵头编制了2个重点专项规划《云南省战略性新兴产业发展"十二五"规划》、《云南省国民经济和社会发展信息化"十二五"规划》、3个部门规划《云南省高新技术产业发展"十二五"规划》、《云南省生物医药产业发展"十二五"规划》、《云南省电子政务发展规划（2011—2015）》，完成了《区域特色高技术产业链建设组织方式及对区域经济促进作用研究》、《云南省促进引进技术消化吸收再创新政策措施研究》、《关于构建区域医疗信息化平台若干问题研究》等3个国家地方联合研究课题，进一步明确了未来5年发展的思路、目标、任务和重大工程、重点项目，针对性地提出了可操作性较强的保障措施。

3. 把生物医药产业作为培育和发展战略性新兴产业的重点加以推进

为进一步加强对云南省生物医药产业发展工作的领导，充分发挥各职能部门作用，健全统筹推进生物医药产业发展的工作机制，经过扎实的基础性工作，省政府成立了生物医药产业发展领导小组，同时，编制了《云南省生物医药产业发展"十二五"规划》以及与之配套的《云南省关于促进生物医药产业发展的若干政策》，已经省政府第47次常务会审议原则通过，并于2011年初正式下发实施。

4. 积极争取国家资金支持

一是争取国家下达2009年自主创新和高技术产业化专项、2010年电子信息产业振兴和技术改造扩大内需项目、2010年国家电子政务专项、技术中心创新能力建设项目等国家扶持资金1.245亿元。

二是根据国家2010年专项的相关要求，及时组织上报了14个项目，申请国家支持资金1.06亿元。其中5个项目已获得国家批准，国家承诺安排扶持资金2 450万元；滇虹集团技术中心和云冶集团技术中心创新能力建设项目通过国家发展改革委组织的专家评审和中咨公司评估。

5. 高新技术产业发展项目的示范带动作用，在若干高技术产业领域形成了项目特色

通过组织实施国家高技术产业发展项目和省级高新技术产业发展项目，加速了高新技术与特色产业的有机结合，促进了结构调整，在生物、新材料等领域形成了特色和比较优势，并探索了资源可持续开发和产业协调发展的模式。同时，形成了以项目为载体，政府资金为引导，企业投入为主体，银行贷款和其他资金广泛参与的多渠道、多层次投融资体系，充分发挥了国家高技术产业化项目引导投资、以点带面的积极作用，产业化项目国家投资带动社会投资达1:10，取得了政府投入四两拨千斤的效果。同时，对进一步提升优势产业的技术水平和市场竞争力促进云南省产业结构调整、特色优势经济发展

起到了积极的推动作用。通过承担国家高技术产业化项目，一批高技术企业，特别是民营高技术企业逐步崛起，一批中小型高新技术企业通过项目辐射正在迅速成长。

6. 区域创新能力建设取得长足发展，增强高新技术产业发展后劲

2010 年，结合"十二五"规划，特别是云南省战略性新兴产业的发展和培育工作，积极引导和部署有基础条件的企业、高校和科研院所，独立或合作申报省级工程研究中心、工程实验室。根据国家发展改革委《关于加强区域创新基础能力建设工作指导意见的通知》、《云南省自主创新基础能力建设规划》、《云南省工程研究中心管理暂行办法》和《云南省工程实验室管理暂行办法》，2010 年省发改委又命名了 7 个工程研究中心和 3 个工程实验室。这批省级工程研究中心和工程实验室的建设，将进一步提升云南省在生物、新材料、光电子、高端装备制造和节能环保产业领域的工程化技术能力，利用中心技术平台优势，加强与国内外相关企业及相关研究院所的联合，为企业技术开发提供技术支持，加强国内外技术交流与合作，为企业培养该领域的高水平技术人才，增强企业自主创新能力，促进相关产业的技术进步和产业升级。

同时，向国家发改委上报推荐了沈机集团昆明机床公司、瑞升集团、昆药集团、鑫圆锗业、云南电网、云南路桥 6 家企业的企业技术中心申报国家认定企业技术中心，其中云南电网公司技术中心获批成为国家第十七批认定国家级企业技术中心；认定省级企业技术中心 31 家。

通过努力，目前云南已有国家重大科学工程 2 个、国家工程研究中心 2 个、国家工程实验室 1 个、国家地方联合工程研究中心（工程实验室）4 个、国家重点实验室 3 个，国家工程技术研究中心 1 个，国家认定企业技术中心 12 个，国家级科技企业孵化器 7 家，省级重点实验室 34 个、工程技术研究中心 27 个、工程研究中心 17 个、工程实验室 5 个、省级企业技术中心 164 个，在矿产资源开发、生物资源保护开发利用等领域已成为在全国有较大影响的研发基地，为云南经济又好又快发展提供了强有力的物质基础和科技支撑。

此外，2010 年下达了 2007 至 2009 年批准的省级产业重大关键技术研发专项 6 个项目经费 310 万元和 2010 年新批复的"机场固体废弃物资源化应用技术研究与开发"经费 300 万元。有力地支撑了云南省支柱产业壮大、重点产业振兴、战略性新兴产业培育和重大工程实施的产业技术需求。

7. 努力促进产业集聚式、集约化发展

在发挥市场配置资源基础性作用的同时，加强政府宏观规划和政策以及项目布局引导，围绕生物、光电子、有色及稀贵金属材料、化工、先进装备制造等领域，促进高技术人才、资金和技术向优势区域集中，云南省高新技术产业开发园区发展迅速。高新技术产业园区已经成为云南省实施高新技术产业发展项目的首选区域、生物产业聚集式发展的重要平台、高新技术产品出口的重要基地、国内外资本关注的重点区域和实施人才强省战略、培养引进高层次科技人才的重要基地。

2010 年，围绕生物和新材料产业的发展，推进昆明国家生物产业基地和稀贵金属产

业区域特色高技术产业链建设取得较好成效。

——根据《昆明国家生物产业基地建设规划》和《基地公共服务条件建设规划》，昆明国家生物产业基地核心区和扩展区建设稳步推进，围绕重点发展的生物农业、生物医药、特色生物资源深度开发、生物服务、生物能源等产业领域，正努力朝着"将昆明建成我国重要的种质资源、基因资源保存、开发利用基地和生物产业研发、生产、出口基地"的目标迈进。2010年，"昆明国家生物产业基地"实现工业总产值300亿元左右，工业增加值120亿元；其中"核心区"实现工业总产值150亿元左右，出口创汇1亿美元以上。结合昆明新城高新技术产业基地建设，昆明国家生物产业基地核心区新区3平方公里详细性规划已编制完成，配套基础设施建设和招商引资工作正在同步展开。同时，产业支撑体系逐步完善。在原有生物多样性保护与开发科技创新体系的基础上，昆明基地公共实验中心、实验动物中心、生物医药中试生产中心等公共服务平台以及生物医学动物模型、花卉新品种开发与生产、微生物菌种筛选与应用、病毒性传染病生物制品等工程研究中心相继建设和投入使用，结构合理完整、装备先进配套、人才分布合理、成果转化快捷、运行高效规范的产业技术支撑链条正在形成。根据培育和发展战略性新兴产业和将云南建设成为中国面向西南开发的桥头堡的需要，2010年，又新启动了云南省天然药物工程研究中心、远程医疗设备及服务工程研究中心、酶资源开发与应用工程研究中心、三七生物技术与制药工程研究中心、云南省热带亚热带草食家畜良种繁育生物工程研究中心、植物提取物工程研究中心、烟草废弃物资源综合利用工程研究中心等一批区域产业技术创新平台的建设。同时，作为生物产业基础研究重大工程的云南省政府和中科院共建西南生物多样性实验室，2010年完成了初步设计批复，现也已开工建设。

——围绕进一步壮大云南省稀贵金属新材料产业规模，带动稀贵金属产业由基础材料的生产向新材料领域的升级调整，进一步提升我国稀贵金属产业的国际竞争力，2010年组织编制并向国家发展改革委上报了《云南省稀贵金属产业区域特色高技术产业链总体方案》。同时，着手组织编制拟上报国家发展改革委的产业链关键环节的产业化项目和产业技术平台建设项目资金申请报告，积极争取获得国家支持。

8. 全面推进经济社会信息化建设

2010年，继续按照《云南省国民经济和社会信息化"十一五"发展规划》，以电子政务建设为核心、全面推进经济社会信息化建设。电子政务系统普遍开展、信息资源开发利用水平进一步提高，电子商务等应用进一步普及，信息技术在服务于经济、社会、科技、文化、教育等领域的效果逐步显现。结合《云南省国民经济和社会信息化"十二五"发展规划》和《云南省电子政务发展规划（2011—2015年）》的编制工作，与省工信委等相关部门共同开展了《云南省工信融合对策研究》、《云南省农业农村信息化发展对策研究》等云南省信息化课题研究及调研工作，为规划编制奠定了基础。

——电子政务建设稳步推进。2010年向国家上报电子政务项目共3项；同时，继续按照省发改委、省工信委、省财政厅三家联合审查审批的方式推进省级电子政务项目建设，电子政务建设正在从网络连通向信息资源共享转变，云南省财政、工商、税务、公安、社保、医保、教育、卫生、城乡建设、环境保护、质量监督等各类业务通过信息网络为民服务的成效日益显现。

——信息产业平稳发展。紧紧抓住国家扩大内需的战略机遇，结合云南省在光电子产业、信息材料制造等方面的优势，组织项目申报，做大云南省信息产业规模。2010年向国家发改委上报了云南天达光伏科技股份有限公司的"高效太阳能电池及组件技术改造建设项目"等5个项目，列入了国家2010年扩大内需项目投资计划，获得国家扶持资金2 000万元。

——信息服务业得到进一步发展。东讯公司"大湄公河次区域（GMS）企业电子商务平台"建设项目获得国家450万元的资金支持，目前已开通中、英、泰、越南、柬埔寨、老挝、缅甸7种语言版本，项目建设丰富了云南省电子商务服务模式，为改善云南省电子商务环境起到了一定作用。南天终端安全管理平台产业化项目获得国家补助400万元，通过项目建设，对现有内网安全管理产品进行优化升级，能够提高金融等行业的信息服务安全保障水平。2010年，南天、昆船、云通服公司进入中国软件百强企业。

——国家地面数字电视标准海外推广取得实效。云数传媒公司"在复杂地理环境中基于数字微波组网方式下的国际地面数字电视单频网应用示范网络建设项目"获得国家补助1 500万元。依托该项目建设，云数传媒公司又以中国地面数字电视标准（DTMB）投资运作老挝数字电视项目，并取得实质性进展，已实现中国地面数字电视标准对老挝首都万象用户的信号覆盖。通过地面数字电视在国内播出及在南亚、东南亚地区相关国家应用推广发展模式的积极探索，为推动我国广播影视高附加值产品出口、促进我国外贸发展方式转型、产业结构调整做出了积极贡献。

——云南省信息化发展环境不断优化。结合省发改委的职能职责，对云南省有关部门出台的"两化融合"、无线电等相关规划以及公众移动通信建设和管理、第三代移动通信网络建设、无线电应急管理等相关政策文件进行了认真研究，并提出意见建议。研究提出了《关于促进云南省信息产业发展相关建议的报告》，为优化云南省信息化发展环境做出了贡献。

9. 积极破解高新技术产业发展投融资难题

积极开展建立云南省新兴产业创业投资基金的相关前期工作，着手组建云南省生物产业和新材料产业创业投资基金，在确定了基金管理人、完成政府出资落实及社会投资人招募基础上，编制完成了云南省生物产业和新材料产业等两个创业投资基金组建方案，并上报国家发改委。

10. 强化了项目管理工作

2010年，完成了"印楝复合群落建造及产业化示范工程"等7个国家高技术产业发展项目和红塔集团企业技术中心、云锡集团企业技术中心、磷化集团企业技术中心等3个国家级企业技术中心创新能力建设项目的验收工作。

二、云南省高新技术产业发展存在的主要问题和面临的机遇

1. 存在问题

自主创新能力仍然较弱；产业技术开发严重滞后于发展需求；有效支持高新技术产业发展的机制还需完善；中小企业融资难问题严重等问题仍然制约着高新技术产业发展。

2. 云南省高新技术产业面临的机遇

未来十五年是我国全面建设小康社会和创新型国家的关键时期，面对全球经济正处于长周期中的重要调整期和当前经济危机还将持续较长时间的情况，使我国高技术产业发展面临更为复杂的国际环境，与此同时，我国的城镇化、信息化的发展，内需的高速增长，以及对资源环境的更加重视，将为我国高技术产业发展提供更为广阔的空间。

云南将作为我国面向西南开放的桥头堡，这使云南从对外开放的"末梢"变为"前沿"，桥头堡的建设对加快承接沿海及海外产业转移，积极融入"泛珠三角"和东南亚、南亚区域合作，推进云南省有实力的大企业"走出去"，更好地利用国内外两个市场、两利资源，形成以开放促改革促发展的新动力，推动经济发展方式转变和经济结构调整。

国家已明确将加快培育和发展战略性新兴产业作为国家战略，并将通过战略性新兴产业的发展提高国家科技实力和综合国力，推动经济社会可持续发展。云南省应顺应新的形势与要求，把握发展契机，大力培育和发展战略性新兴产业，促进经济发展方式转变，壮大产业规模，提升产业竞争力，培育新的经济增长点。

三、2011年的工作思路和工作重点

1. 总体思路

把发展战略性新兴产业作为引领云南调整产业结构、转变经济发展方式和实现可持续发展的战略重点，把加快发展高新技术产业放在国民经济更加突出的地位，科学规划、统筹实施。加强创新引领，努力培育和大力发展生物、光电子、新材料、高端装备制造、节能环保和新能源产业等战略性新兴产业；加大用高新技术改造传统产业的力度，推进传统产业优化升级和优势特色产业发展；大力培育和发展高技术服务业，努力形成新的经济增长点；整合各种资源，进一步加强创新体系能力建设，强化企业技术创新的主体地位，努力突破一批制约产业发展的关键核心技术，形成一批具有自主知识产权的创新成果；以体制机制创新为动力，大力推进金融创新、管理创新、人才培养和使用机制创新，努力营造有利于创新创业、科技与经济有机结合的良好氛围，积极推进创新成果产业化。

2. 工作重点

一是做好自主创新能力建设，加快建立以企业为主体、市场为导向、产学研相结合

的技术创新体系，引导和支持创新要素向企业集聚，促进科技成果向现实生产力转化。二是积极围绕战略性新兴产业，做好培育工作。重点以生物医药产业为突破口，实施大企业、大品牌和大品种战略。同时，围绕生物产业、光电子、高端装备制造、新材料、节能环保和新能源产业启动一批关键技术研发、产业化和市场推广重大专项工程。为新兴产业的培育提供技术支撑，促进产业集聚与产业基地建设。三是研究出台战略性新兴产业指导目录。四是积极推进新兴产业创投基金的设立和运作，促进高新技术产业与资本市场相结合。五是坚持体制、机制创新，完善鼓励技术创新和科技成果产业化的法制保障、政策体系、激励机制、市场环境，形成各级政府强力支持高新技术产业发展的政策合力，推进云南省高新技术产业快速、健康发展。

3. 主要工作措施

一是集中力量加快推进战略性新兴产业的培育和发展。二是健全以企业为主体、产学研紧密结合的开放型区域创新体系。三是创新项目组织方式，以培育战略性新兴产业为主线，进一步做大高新技术产业群。四是继续通过申报国家高技术产业化项目，推进自主创新成果产业化。五是加快推进组建云南省新兴产业创业投资基金。六是继续做好信息化的建设和推进工作。

云南省发展和改革委员会

2010 年西藏自治区高技术产业发展情况与展望

"十一五"以来,在党中央、国务院的亲切关怀下和全国人民的无私帮助下,特别是在国家发改委、科技部等有关部委的大力支持下,自治区坚持以民生需要和产业发展需要为重点,不断加大科技投入,进一步改善创新环境,着力提高科技成果转化率,增强产业创新能力,因地制宜、有重点地推动高技术产业发展,取得明显成效,高技术产业规模、产业水平较"十五"时期有较大提升,对增强产业发展动力和加快产业结构调整起到了积极的促进作用。

一、西藏高技术产业发展基本情况

1. 科技创新基础条件不断改善,产业创新能力进一步增强

截至 2009 年底,自治区有藏医药、太阳能、信息产业、农牧业和生物产业等科研机构十余所,国家级和自治区级科技示范园区 4 个,国家地方共建企业技术中心(重点实验室)3 个,自治区级重点实验室 9 个,自治区级工程技术研究中心 3 个,科技孵化器 1 个。全年申请专利量达 177 件,其中发明专利、实用新型专利等较"十五"时期取得了突破性进展。其中:

藏医药方面为促进藏药业加快发展,自治区通过把政府支持和企业发展、研发与成果转化相结合,组织实施了"藏药产业技术创新联盟工程"和"藏药现代化国家地方联合工程研究中心"、"藏药固体制剂国家地方联合工程实验室"建设,加强了藏药产业关键共性技术的研发步伐,加大了藏药研发和藏药材标准化研究,建立和完善了有利于技术创新、成果转化的产学研合作机制,促进科研成果向现实生产力转化,着力提升高技术产业的核心竞争力和区域经济的持续发展能力。"十一五"期间,完成了 6 种国家级新

藏药研发；完成了182种藏药材的本草学考证、功能主治、理化鉴别等标准制定工作；抢救、收集和整理了近百个传统藏药秘方和验方；完成了部分传统藏药剂型改造与开发工艺研究，申请了专利技术8项。

新能源方面。组织实施了"金太阳科技工程"，重点在新型折叠式太阳灶、太阳能集热供暖技术，太阳能沼气、风—光互补发电技术、光伏并网发电技术等新能源领域开展了技术攻关和研发应用推广，太阳能沼气和太阳能集热供暖技术和相应产品从无到有，填补了西藏的应用空白。"十一五"期间，累计共推广太阳灶39.5万台；太阳能供暖面积达1万平方米；被动式太阳房约360户、1.8万平方米；光伏电站121座，总装机容量2 196.54千瓦；风—光互补总装机容量220千瓦；太阳能用户系统10 004套，总装机容量2 758.4千瓦。目前，西藏已成为我国太阳能应用率最高、用途最广泛的省区之一，太阳能资源的综合利用技术水平不断提高，太阳能技术的研究、示范和推广成效显著。

特色农牧业方面。陆续实施了金牦牛科技工程、牦牛胚胎移植、家畜高效养殖、设施蔬菜立体栽培、农作物高产高效栽培与标准化生产、种植业结构调整增效与农区高效养殖技术集成及产业发展、尼洋河流域林下资源开发及产业化关键技术研究与示范等一系列重大课题的实验研究等一批产业技术研发项目，扶持了青藏高原特色农牧产品深加工国家地方联合工程研究中心建设，为西藏特色农牧业发展起到了重要的科技支撑和引领作用；以企业为主体，围绕青稞、荞麦、虫草、红景天等特色农林产品开发技术的研发投入力度有明显加大，为特色资源的开发利用奠定了基础。

信息产业方面。加强了信息基础设施建设步伐，建成了相对完善的信息网络体系，信息技术的应用水平不断提高。加大了基于Windows、Linux的系列藏文软件的研发和推广，不仅加快了民族地区地方语言教学、办公、沟通等信息化手段的应用，抵制住了外国知名软件企业在藏文信息化方面的冲击；扶持开展了具有自主知识产权的国产卫星导航系统研发和推广应用；在移动终端藏语言化产品研发、本地化的电信增值服务业务拓展等领域不断增强。

基础创新平台建设方面。政府支持加快了高技术产业平台建设，企业技术中心、重点实验室建设步伐加快。西藏（成都）科技孵化器已发展入孵企业28家，入孵项目31个，一批藏医药、可再生能源、特色农牧业产品、特色生物产品、信息技术与电子等研究项目取得阶段性成果，一批企业技术中心和重点实验室建设进展顺利，产业创新能力明显增强。

此外，围绕西藏铜、铅锌、锂、地热等优势矿产资源开发需要，自治区积极引导企业开展了铜矿堆浸法生物浸出—萃取—电积全湿法提铜技术工艺、盐湖锂资源提取工艺、碳吸附电解提金工艺等技术的研究应用，有力地促进了高原条件下矿产资源的开发进程，提高了资源的综合利用率。

2. 具有地方特色的高技术产业发展规模不断扩大，产业水平不断提高

"十一五"期间，随着西藏产业创新基础条件的不断改善和创新能力的不断增强，高技术产业呈现出良好的发展态势。主要表现在：一是藏医药和生物医药的生产能力和生产规模不断扩大。新技术新工艺的不断推广应用和企业技术改造力度的不断加大，有利

地促进了传统藏医药向集团化和现代医药方向的发展，藏药新品种、新剂型生产能力进一步提高；西藏诺迪康药业有限公司国家一类新药重组人脑利钠肽为世界上生产此类药物的两家企业之一（另一家是强生公司）。二是特色农畜产品资源开发力度不断加大。基于青稞、荞麦、虫草、红景天等特色农畜产品提取葡聚糖、黄酮、青稞红曲、超氧化物歧化、2，3—丁二醇产业化项目以及着色剂、添加剂、特色生物饮品、保健品、香水等开发项目陆续上马，开发力度不断加大，对延长产业链、提高农畜产品附加值、增强产品核心竞争力具有重要意义，为把西藏建设成为我国重要的特色农畜产品生产加工基地打下基础。三是新能源利用水平不断提高。3MW光伏电池生产线改造项目、低温余热发电项目、光—热电站项目的建设运营，使西藏的新能源综合利用水平有了较大提高。四是信息产业发展步伐加快。一方面，信息基础设施得到较大改善，通信增值服务、有线电视数字化转换、行业基础信息数据库建设步伐加快，为信息产业发展奠定了良好基础；另一方面，藏文软件研发与推广应用、基于国产卫星的面向交通运输领域为主的卫星导航高技术产业化示范工程和面向旅游服务、商贸餐饮服务领域的"西藏通"综合信息服务平台以及移动终端藏语言化、藏文电子词典生产、藏语文语音识别系统、基于国产卫星数据的西藏自治区卫星遥感信息综合应用高技术产业化示范、企业销售平台、第三方网上支付平台、藏汉英多媒体学习机产业化等项目建设步伐的不断加快，标志着西藏信息产业开始进入起步发展阶段。

二、"十二五"高技术产业发展的初步考虑及主要措施

纵向看，"十一五"期间西藏高技术产业发展取得一定成绩；但横向比，西藏仍属于全国发展能力较差的地区之一，在诸多领域尚处于起步阶段，高技术产业发展任重道远，存在的主要问题有：一是市场容量小、产业化难度大，往往有好的项目因无足够的资金而不能形成产业化，科技成果转化慢，新技术、新成果的推广较为迟缓；二是高技术产业化水平低，产业链短，附加值不高，开发创新能力不强，转化率低；三是高技术产业发展投入不足，自治区研究与实验经费支出占生产总值的比重较低，企业用于研发的投入少，尚未建立吸引区内外风险投资的有效渠道；四是高技术人才短缺、创新能力弱，高原地区特殊的自然条件使引进、留住、用好人才较为困难，人才短缺成为制约产业化发展的主要因素之一；五是新的高技术企业认定办法规定条件更为严格，符合高技术企业标准的企业不多，高技术企业所占比例不高。

"十二五"时期，西藏的高技术产业发展，要把国家加快培育战略性新兴产业的工作部署和西藏的优势资源开发利用有机结合起来，进一步扩大产业的领域和范围，抓住创新能力建设的几个关键环节，加快创新基础能力建设，在广度和深度上下工夫。初步考虑：按照中央关于加快培育战略性新兴产业的总体要求，紧紧围绕国民经济发展需要，充分发挥资源优势和后发优势，以形成产业可持续发展内在动力为长远目标，科学把握技术研发、新技术产业化、市场开拓、人才培养等关键环节，有计划地推动一批企业技术中心（工程实验室）建设，培育一批创新能力强、具有核心竞争力的高技术企业，力争在新能源、生物医药、生物育种、信息产业和新材料产业等重点领域有突破性进展，

努力走出一条具有西藏特色的高技术产业发展道路。

　　新能源方面，充分利用西藏丰富的太阳能、地热能、风能、生物质能等新能源资源，因地制宜地加快新能源综合利用，促进多能互补，进一步扩大新能源的开发利用规模。一是加快传统太阳能新技术、新材料研发与应用，促进能源节约；二是充分发挥国家新能源产业政策的作用，解决光伏发电、光热互补领域关键技术问题，并推动一批重点项目建设，提高资源利用率；三是加快固态生物质炭技术的适应性研究和产业化发展。生物医药方面，系统地推进传统藏医药文化的发掘、保护和机理研究，在现有藏药研究机构、企业技术中心、藏医药实验室的基础上，继续扩大国家地方联合共建藏医药工程中心（实验室）的范围和规模，充分利用现代技术加快我区特色生物医药研发和产业化发展，从根本上增强藏医药创新能力，力争在藏医药研发和产业化方面有新进展。生物育种方面，以加快农牧业结构调整、满足不断加快发展的特色加工业需要和确保粮食安全为长远目标，加快基因工程、胚胎工程等现代生物技术应用，加快重点领域高原特色品种的生物育种及产业化进程，为将西藏建设成为我国重要的高原特色农产品基地奠定基础。信息产业方面，重点在藏文软件和服务平台建设方面要处于国内主导地位，利用自身优势为我国在藏文系统开发和应用方面抵制住来自微软等系统开发商对藏文系统的推广应用，满足区内人民群众对藏文应用平台的需要。新材料方面，依托优势矿产资源，利用新技术加大高原条件下锂、铯、铷、锗、镓等稀土材料的提取工艺研发和产业化，为我国新材料产业提供资源保障。

西藏自治区发展和改革委员会

2010年陕西省高技术产业发展情况与展望

2010年，陕西省高技术产业继续保持平稳增长势头，发挥了促进经济结构调整和发展方式转变的引领作用，推动了陕西省经济平稳较快发展。

一、2010年总体情况

2010年，陕西省高技术产业保持平稳发展势头，产业结构快速调整优化，完成总产值同比增长23.5%，新产品产值同比增长63.96%。

（1）电子信息产业继续保持企稳回升势头。陕西信息产业全年实现销售收入803亿元，同比增长31%，其中制造业355亿元，同比增长25.8%；软件服务业448亿元，增长35.36%。行业经济运行特点：一是软件服务业规模进一步扩大，继续保持高速增长态势。实现销售收入占信息产业比重达55.8%。其中，软件设计开发收入增长强劲，同比增长达149%。二是信息产品制造业结构逐步调整。晶圆片、半导体分立器件、集成电路等产品增长较快，同比均超过80%，产业结构逐步向技术含量高、附件值高的电子信息材料、高端元器件等过渡。三是重点企业经营情况逐步回暖。例如，陕西电子信息集团较好地延续了去年底的增长态势，全年实现营业收入81.5亿元，同比增长58.2%；产业调整初见成效，以太阳能光伏和半导体照明为代表的新兴产业增长较快，实现收入12.7亿元，成为新的经济增长点。彩虹集团积极推进企业战略转型，加快实施高世代TFT-LCD玻璃基板研发及产业化、太阳能光伏玻璃生产线等项目，加快培育和扩大新的利润增长点。全年实现销售收入47.19亿元，同比增长26.1%；其中新兴业务实现销售收入15.41亿元，同比增长100%，占集团收入总额的56.68%，企业生产经营进入了快速发展的轨道。目前，彩虹已拥有1条5代、8条5代兼容5.5代、4条6代液晶玻璃基板生产线，年产基板600万片，成为行业内重要的液晶玻璃基板研发制造企业。"十二五"期间，彩虹将建成42条液晶玻璃生产线，产能满足50%以上国内市场需求，力争实现"稳居国内第一，跃居世界前三"的目标。

（2）航空航天产业呈现快速增长趋势。2010年陕西航空航天产业完成总产值324.94亿元，同比增长24.08%，增长幅度高出去年平均水平10个百分点；出口交货值34.7亿元，同比增长37.26%。主要原因是国家加大了对航空航天产业的投入，特别是大飞机项目进入到了关键时期，产业规模不断扩大。西安阎良航空基地呈现出良好的发展趋势，航空产业集群不断壮大，已累计注册企业300多家，航空发动机叶片数字化精加工等一批重点项目建设进展顺利，园区基础设施建设全面推进。西安民用航天产业基地全年实现销售收入88亿元，同比增长41%。以中国加拿大卫星通讯产业园、中国授时中心卫星时频系统、中国卫星通讯集团公司运营中心为代表的一批重点项目入驻基地，总投资达54.7亿元，初步形成了卫星应用产业链，产业集群规模不断壮大。

（3）生物医药产业发展趋缓。2010年，陕西省医药产业完成总产值229.22亿元，同比增长15.98%，增长幅度低于全国平均水平。拥有自主创新产品的重点生物医药企业保持较好增长态势，陕西步长制药实现利润3亿元，同比增长65.88%；杨凌东科麦迪森制药实现工业总产值2.48亿元，同比增长76.28%。主要原因是陕西省医药企业总体规模小，对新品种、新剂型、高附加值的产品投入不足，大多数企业仍然停留在低水平重复，快速增长后劲不足。

（4）新材料产业平稳增长。2010年，以钛及钛合金为代表的新材料产业完成总产值183.6亿元，同比增长24%，保持平稳增幅，主要产品国内市场占有量达70%以上。运行特点：一是国有大中型企业国内市场增长强劲，国际市场逐渐复苏，带动产销量保持平稳增长；二是产品结构不断调整优化，高、精、尖产品逐渐占据主导地位，原有低附加值的粗加工产品逐渐萎缩；三是高附加值钛应用类产品开发力度增强、市场需求增大，产品种类增多、档次提升，但也存在批量少、品种多、技术难度大、周期短的特点；四是科技创新成效明显，以钛合金新兴水滴管制品、数控加工钛镍磁力泵研制等一批项目列入中央、省科技计划。

（5）光伏和半导体照明产业初具规模。2010年陕西省光伏和半导体照明产业实现总产值120亿元，同比增长100%。主要特点：一是产业链逐步形成。光伏产业形成从多晶硅材料生产到太阳能组件系统的完整光伏产业链，并向光伏电站延伸；LED产业形成外延片、芯片、封装到应用的LED产业链。二是市场主体多元化。以比亚迪、深圳拓日为代表的上市公司，以中电投、有色集团、延长集团、陕西电子集团为代表的大型国企，以碧辟佳阳、华新联合为代表的外资企业，以隆基硅为代表的民营企业成为市场的主体，形成陕西省光伏和LED产业发展的中坚力量。三是技术和成本优势明显。通过自主创新实现部分核心关键设备产业化，有效降低了生产成本；通过光伏产业链垂直整合，有效降低了光伏系统成本和光伏电价。四是产业发展环境有待改善。面临光伏产品出口竞争激烈的形势，与东部沿海省份相比，陕西省在金融支持大宗工业品出口退税等方面的配套服务有待进一步加强。

主要问题：一是高技术某些领域由于受技术、资金、体制等影响，转型较慢，短期不能形成主导产业。如彩虹集团液晶玻璃基板及其配套产业。二是很多技术水平高、市场前景广阔的产品，目前仍处于成长期，规模过小，不能有效支撑陕西省战略性新兴产业发展。如炬光科技高功率半导体激光器及其应用产业。三是战略性新兴产业的重点行业投入不足，新产品开发周期长，企业投入不足，影响整个行业的发展。如生物医药行业由于新产品开发不足导致后劲乏力。四是产业链建设才开始起步，还未形成规模效应；产业基地的综合服务体系和聚集效应亟待加强。

二、2010 年主要工作

（1）制定促进高技术发展的相关政策。启动编制了《陕西省"十二五"战略性新兴产业发展规划思路》，代省政府起草了《陕西省人民政府关于加快培育和发展战略性新兴产业的意见》、《关于促进生物产业加快发展实施意见》等，印发了《陕西省生物医药产业发展专项规划（2010—2015 年）》、《陕西省新材料产业发展专项规划（2010—2015 年）》、《陕西省激光产业发展专项规划（2010—2015 年）》、《陕西省发展改革委关于加快高技术产业基地发展的指导意见》、《陕西省高技术产业联盟建设指导意见》、《陕西省工程研究中心（工程实验室）评估办法》等。《陕西省高新技术产业发展条例》已通过省人大审核颁布实施。编制了《陕西省物联网产业发展研究报告》、《造就领军人才队伍带动新兴产业发展》、《资源主导型产业和新兴战略性产业技术需求分析报告》等。

（2）积极推进科技成果产业化。一是积极争取国家高技术产业项目和资金扶持。2010 年有 39 个项目列入国家高技术产业发展项目计划，国家安排资金 1.492 7 亿元。二是加大省级专项资金对项目的支持力度。安排省级高新技术产业发展专项资金和省产业发展引导资金 7 100 万元，支持了 30 多个项目建设。三是加快推进创业投资基金工作。启动了现代能源、循环经济、生物医药、航空、软件和集成电路、新材料等创业投资基金组建工作，其中陕西省现代能源、新材料、循环经济等 3 个高技术创业投资基金方案已上报国家发展改革委。

（3）推动创新体系建设。一是按照国家发展改革委批复西安开展国家创新型城市试点工作总体要求，组织编制了《西安建设国家创新型城市发展规划》，上报国家发展改革委。二是向省政府上报了《陕西省生物医药研究院组建方案》。三是组织成立了陕西省高功率激光器及应用产业联盟等产业公共服务平台，提升了高校、科研院所、企业间的协同创新能力，重点培育一批具有自主知识产权、成长潜力大的创新型企业。四是批复建设了陕西省生物材料、层状金属复合材料、新型电子元器件和电子材料、二氧化碳捕集与封存及综合利用等 16 家省级工程研究中心。五是积极指导西安交大快速制造国家工程研究中心、西电公司国家高压电气工程实验室、陕西师大西北濒危药材资源开发国家工程实验室、西部超导公司超导制备技术国家工程实验室以及国家地方联合工程研究中心等创新平台建设。

（4）支持重点产业链和基地建设。一是为加快西安阎良国家航空产业基地建设，省发改委在原有资金规模的基础上，连续 5 年每年安排 1 000 万元用于园区基础设施建设的贷款贴息。二是积极支持重点产业链建设。依托宝鸡国家新材料高技术产业基地构建钛及钛合金产业链，从技术创新体系、重点产业链项目、公共服务平台和支撑环境等方面延伸产业链，提升价值链。同时还筹划了激光产业链和碳纤维产业链。三是积极推进西安高新区加快建设世界一流园区，会同有关部门在自主创新能力建设、科技成果转化及产业集群发展等方面支持西安高新区加快建设和发展。支持西安高新区建设 6 平方公里的软件服务外包基地和 2 000 亩的西安半导体产业园建设。启动建设占地 1 000 亩的阎良新材料产业园和激光产业园。

三、2011 年工作展望

2011 年高技术产业发展工作的总体思路：围绕调结构、转方式的总体要求，以科技创新为动力，以培育和发展战略性新兴产业为核心，以创新型城市建设为依托，以产业基地为载体，推动高技术产业又好又快发展。2011 年，高技术产业计划实现增加值同比增长 23%。为此，要做好以下六个方面的工作：

（1）编制"十二五"专项规划和制定促进相关产业发展的政策。根据国家发改委高技术司和省发改委的统一安排，编制《陕西省"十二五"战略性新兴产业发展规划》、《陕西省"十二五"物联网产业发展规划》、《陕西省"十二五"民用卫星应用产业发展规划》等。组织实施生物医药、新材料、激光等专项规划，促进陕西省高技术产业加快发展。贯彻落实《陕西省高新技术产业发展条例》，一是牵头拟定《陕西省高新技术产业发展项目认定管理办法》，报省政府批准实施；二是会同省统计局建立陕西省高新技术产业统计体系，启动高新技术产业统计工作。

（2）进一步加强自主创新基础能力建设。一是在国家确定的战略性新兴产业领域，积极组织申报国家工程研究中心、工程实验和企业技术中心等一批国家级创新平台。二是依据规划组建省生物医药研究院。三是在装备制造、新一代信息技术、新材料等战略性新兴产业领域，建设一批省级工程研究中心、工程实验和企业技术中心。四是加强生物基地、新材料基地、航空基地、航天基地、软件基地等基地公共服务平台建设。

（3）大力推进战略性新兴产业示范园区和产业联盟建设。一是大力支持西安高新区世界一流科技园区建设。二是继续推进航空、航天等国家高技术产业基地建设。三是启动激光器、新材料、物联网等战略性新兴产业示范园区建设。四是加快组建生物医药、新材料、民用卫星应用、物联网等产业联盟，搭建产业聚集发展平台。

（4）加快推进西安国家创新型城市试点工作。按照国家发展改革委要求，加快推进西安开展国家创新型城市试点建设工作，不断完善区域创新体系和创新环境，大力培育发展自主创新型企业，为陕西省战略性新兴产业发展提供环境保障。拟在 5 月份举办西安国家创新型城市发展高层论坛。

（5）加快重点产业链和产业化项目建设，积极推进战略性新兴产业发展。一是加快推进激光、钛及钛合金、高性能碳纤维、集成电路、民用卫星等产业链建设，培育新的增长点。二是在新一代信息技术、新材料、航空航天等领域组织实施半导体功率器件、生物医药、集成电路设计、高性能有色金属材料等专项，推动重大科技成果产业化。三是加快新能源等创业投资基金的设立工作，为战略性新兴产业规模发展提供资金支持。

陕西省发展和改革委员会

2010 年甘肃省高技术产业发展情况与展望

一、2010 年高技术产业发展情况

2010 年，是贯彻落实国家保增长、扩内需、调结构重大举措的关键之年，也是实现"十一五"规划的收关之年。甘肃省紧紧围绕全年经济社会发展目标和"十一五"高技术产业发展规划要求，以项目为抓手，加大工作力度，着力推进高技术产业化项目、基地、产业链和创新能力建设，使甘肃省高技术产业的产业化能力和创新能力不断增强，产业规模不断扩大，产业水平不断提升，发展环境不断改善，高技术产业呈现出平稳健康发展的良好势头。

1. 高技术产业平稳较快发展

2010 年，甘肃省高技术产业制造业实现总产值 107.24 亿元，同比增长 29.5%；工业销售产值 96.34 亿元，同比增长 23.43%；新产品产值 14.93 亿元，同比增长 29.87%；出口交货值 2.93 亿元，同比增长 114.67%。2010 年电子信息全行业（包括电子制造业和软件服务业）实现工业总产值 27.2 亿元，同比增长 29.9%；实现工业增加值 13.42 亿元，同比增长 26.2%；实现主营业务收入 47.91 亿元，同比增长 18.4%；实现利税总额 7.26 亿元，同比增长 32.97%，其中：软件服务业实现利税总额 3.46 亿元。高技术产业规模逐步扩大。

2. 高技术产业发展项目进展顺利

一是加快国家高技术产业发展项目进度。2010 年，甘肃省在建国家高技术产业发展项目 57 项，项目总投资 50 亿元，截至年底，预计完成投资 35 亿元，建成并验收 5 项。

二是加大省级高技术产业发展项目的支持力度，提高企业关键技术的研发及产业化的能力。2010 年，甘肃省在新材料、新能源、生物、信息技术和先进装备制造等领域组织实施了一批高技术产业化、创新能力及信息化建设、高技术产业技术改造和产业升级、产业研究与开发专项等 45 个项目，共安排补助资金 4 700 万元。

3. 高技术产业集聚效应显现

产业基地建设取得新进展。酒泉新能源装备制造产业基地汇聚了省内外多家大型风电制造企业进行研发、生产，初步形成了辐射西部省区市的新能源装备制造产业集群。金昌新材料国家高技术产业基地、白银有色金属新材料及制品研发生产基地、国家中药现代化科技产业基地和兰州生物产业省级高技术产业基地等一批产业基地正在抓紧建设，基地的产业链条、产业配套和区域创新体系逐步完善，产业集聚化、规模化优势进一步显现。

中药产业链建设实施顺利。立足甘肃省中药材资源优势，加强中药材种植、加工、生产、研发、流通、服务等环节的关联配套和协调发展，甘肃省实施的特色中药材产业链建设正在稳步推进，特色中药材家养驯化取得初步成效。目前，重点支持的 10 个产业化示范工程项目已陆续开工。

园区建设发展取得显著成效。甘肃省不断加快园区建设步伐，出台新的支持政策和实施方案，使引进入园的企业不断增加，产业集聚进一步加大。2010 年年底，甘肃省开发区实现生产总值 610 亿元，实现财政收入 86 亿元。国家级、省级开发区共入驻企业 4 563 家，入区企业实现工业增加值 225 亿元，带动就业 38 万人，人均实现生产总值 16.05 万元，人均工业增加值 407.4 万元，创造工业增加值 150.3 万元。

4. 着力构建战略性新兴产业发展环境

加大战略性新兴产业培育力度，以省政府名义制定下发了《甘肃省人民政府关于贯彻落实〈国务院关于加快培育和发展战略性新兴产业的决定〉的意见》和《甘肃省人民政府关于加快培育和发展战略性新兴产业的行动计划》。《贯彻落实意见》和《行动计划》，明确提出以新材料、新能源、生物、信息技术和先进装备制造等产业为重点，按照"前五年建基地、促集群、扩规模，后五年抓支柱、促先导、大提升"的两步走发展思路，力争实现战略性新兴产业增加值占生产总值比重 2015 年达 12%、2020 年提高到 16% 的目标，并制订了强化组织领导、加强规划引导、增强智力支撑等保障措施，以及包括财税、土地、环保、金融、产业政策等方面的具体政策条款，为培育和发展略性新兴产业创造了良好的环境。

5. 科技支撑能力不断增强

甘肃省依靠自主创新推进产业结构调整，科技事业得到快速提升。一是科技进步水平持续提高。2010 年，甘肃省共登记省级科技成果 1 065 项，专利申请量 3 558 件，专利授权量 1 868 件，获得国家科技奖 6 项，省科技奖 181 项。二是科技创新体系逐步健全。2010 年，兰州理工大学科技园获国家级大学科技园认定。酒泉新能源基地被认定为国家风电装备高新技术产业化基地，酒泉国家风电装备、天水国家先进制造、白银国家新材料等3个高新技术产业化基地被认定为国家高新技术产业化基地，甘肃省高新技术创业服务中心、兰州高新技术产业开发区创业服务中心被列入国家级创业服务中心。在省级自主创新体系建设上，以增强甘肃省自主创新能力为核心，着眼现实需要和未来发展，加强科技创新体系建设。2010年，新建省级工程研究中心（实验室）23个，甘肃省重点实验室（重点实验室培育基地）14个、甘肃省工程技术研究中心20个，产业技术创新战略联盟4个，创新型企业16个，高新技术企业33个。三是科技支撑能力显著增强。甘肃省通过重大专项的实施，解决了一批核心关键技术问题，培育了一批拥有自主知识产权的高新技术产品，壮大了一批高新技术企业，2010年，共争取国家科技重大专项、"973"计划研究专项等项目598项，获得经费支持3.48亿元，立项实施各类科技项目850项。

6. 企业自主创新能力进一步提高

近几年，甘肃省一直坚持把增强企业自主创新能力作为提高企业核心竞争力的重要手段，努力抢占经济增长的制高点。2010年，研究出台了《甘肃省企业技术中心认定评价考核办法》、《甘肃省行业技术中心建设指导意见》、《关于加快企业技术中心创新能力建设的意见》等扶持企业技术创新能力建设的政策措施。通过新建企业技术中心，积极推进产学研联合，扶持企业开展产业化过程的技术研发，提高产业竞争力。2010年新认定国家级企业技术中心1个，省级企业技术中心19个。

7. 信息化建设取得明显进展

信息基础设施建设步伐加快。截至2010年，甘肃省光缆总长度达20.96万千米，宽带网络覆盖甘肃省县级以上城市和99%的乡镇，电话交换机总容量达691.6万门，宽带交换机端口容量达136万个，移动电话交换机总容量达1 800多万门。信息技术在企业产品设计、制造和经营管理上的应用日益普及。甘肃省重点企业90%建立了内部网，80%实现了办公自动化，50%建立了管理信息系统。与联通、电信和移动三大通信运营商合作，推动数字城市建设。2010年甘肃省已在兰州、嘉峪关、天水开展建设数字城市。支持中小企业信息化建设，在定西、白银开展了"动力100助推中小企业信息化建设"活动，为甘肃省1.5万户集团客户、中小企业提供移动信息化应用和服务。开展信息化平台建设，支持电信"商务领航"平台和省机械科学研究院装备制造业数字化设计公共服务平台建设，为甘肃省7.2万户各类信息和行业应用提供门户网站管理、视频会议、计算机辅助设计、工业设计等外包服务。稳步推进省电子政务工程建设。2010年甘肃省列入国家计划的电子政务项目共2项，总投资约3 755万元，争取国家补助资金847万元。

二、存在问题

尽管甘肃省高技术产业取得明显进展，但与中东部省市相比仍然存在较大差距，主要表现在：

（1）高技术产业规模偏小。高技术产业规模不大，占经济总量的比重不高，产业结构不尽合理，产品结构性矛盾比较突出，缺乏具有较为广泛影响力的龙头企业和名牌产品，产业集聚效应不够明显，尚未发挥对甘肃省经济发展的核心带动作用。

（2）高技术产业统计体系不健全。目前甘肃省尚未建立一套完整的高技术产业统计体系，使甘肃省高技术产业总体发展情况和发展水平不能得到系统地、清晰地分析和认识，为今后高技术产业发展的决策无法提供科学的依据和帮助。

（3）高技术产业面临资金短板。全社会用于高技术研发及产业化的资金规模偏小，2010年甘肃省研发资金支出仅占GDP的1.1%，低于全国1.8%的水平。科技发展投资和创业投资发展缓慢，多层次的资本市场体系不完善。一些技术含量高、市场潜力大的高技术成果因缺乏资金支持，难以转化和推广应用。

三、2011年发展趋势

2011年，甘肃省高技术产业将迎来良好的发展机遇，形势整体看好，主要表现在：

第一，高技术产业发展的政策环境看好。一是国务院和省政府相继出台加快培育和发展战略性新兴产业的意见和政策，为甘肃省培育新材料、新能源、生物、信息技术和先进装备制造产业带来了加快发展的机会，甘肃省将紧紧抓住国家和省上加快培育和发展战略性新兴产业相关政策的陆续出台的机遇，围绕甘肃省确定的5大重点领域启动一批关键技术研发、产业化、创新能力建设和市场推广等重大专项工程。为高技术产业提供技术支持，促进产业基地、园区、产业链等集聚发展。二是国务院《关于进一步支持甘肃经济社会发展的若干意见》和《关于深入实施西部大开发战略的若干意见》等政策的出台，对甘肃省进一步调整产业结构，加快企业技术进步，提升自主创新有积极的促进作用。三是国务院《关于中西部地区承接产业转移的指导意见》为甘肃省充分发挥产业基础和劳动力、资源等优势，推动高技术产业快速发展，促进甘肃省产业结构战略性调整和实现经济又好又快发展，提供了难得的历史机遇。

第二，甘肃省投资环境进一步改善。随着经济全球化和区域一体化进程加快，国家经济结构调整和区域协调发展战略的实施，我国东部地区向中西部产业转移的步伐加快，甘肃省将采取有效措施，更多地吸引外部资金，学习先进技术，为高技术产业的发展注入新的活力，也有利于甘肃省高技术产业聚集区的建设和发展。

但是影响甘肃省高技术产业发展的不利因素依然存在：一是外部竞争环境异常激烈。甘肃省同周边其他省市和地区，均将电子信息、生物医药、新材料、新能源等作为高技术产业发展的重点，产业趋同的现象十分明显，竞争异常激烈。二是资金瓶颈问题难以突破。甘肃省高技术企业特别是中小型高技术企业面临的融资问题尤其严峻。受政府投入和企业自筹资金的限制，高技术企业的融资主要依靠风险投资和金融市场，而目前甘肃省风险投资市场发育不良，风险资本规模偏小，融资渠道单一，创业基金和中小企业信用担保体系尚未建立，致使大量民间资金无法进入风险资本市场，也无法实现与技术有效的结合，导致很多技术无法转化为现实的生产力，阻碍了甘肃省高新技术产业的规模发展。

四、2011 年工作思路及主要任务

2011 年,甘肃省应增强贯彻产业政策和指导产业发展的能力,积极转变经济发展方式,以加快培育和发展战略性新兴产业为主线,不断提升自主创新能力,尽快形成新的经济增长极和竞争优势。

1. 加快培育和发展战略性新兴产业

立足甘肃省资源优势和产业优势,注重技术突破、产业融合和体制机制创新,积极培育和推进新材料、新能源、生物、信息技术和先进装备制造等战略性新兴产业的发展。编制完成"十二五"战略性新兴产业各专项规划,研究提出促进战略性新兴产业发展的政策措施,制定产业发展指导目录。按照《甘肃省人民政府关于贯彻落实〈国务院关于加快培育和发展战略性新兴产业的决定〉的意见》和《甘肃省人民政府关于加快发展战略性新兴产业的行动计划》中确定的重点任务,将工作落实到相关责任单位,签订目标责任书,切实有效加以推进。抓住国家启动实施新兴产业创投计划的政策机遇,加强与国家的汇报与沟通,以战略性新兴产业为重点,争取 2011 年内在重点领域成立国家批准由中央财政入股的创业投资基金,借以推进战略性新兴产业的快速发展。围绕新材料、生物医药、生物育种、信息产品制造、新能源装备制造等领域,组织实施一批研发、产业化和市场推广等专项项目,力争在这些领域率先取得突破。

2. 大力推进产业创新平台建设

围绕战略性新兴产业的核心环节,以关键技术开发为重点,推动以工程研究中心(实验室)为主的行业创新体系建设和以企业技术中心为主的企业创新体系建设。积极推进国家地方联合工程研究中心(实验室)建设,落实建设资金和各项政策措施,高标准、高质量、高水平完成工程研究中心和工程实验室建设任务,努力打造甘肃省一流工程技术创新平台。加大支持力度,进一步提升现有省级产业创新平台的能力和水平,继续开展省级工程研究中心(工程实验室)、企业技术中心、公共服务平台的认定与建设。对特色突出、辐射带动作用强和行业影响明显的,组织申报国家级或国家地方联合工程研究中心(工程实验室)和企业技术中心,并给予资金支持,通过强化研发、系统集成和工程化试验条件建设,进一步巩固提升优势特色领域的科技创新水平和竞争能力。

3. 加强高技术产业基地建设

做大做强甘肃省已形成集聚效应的高技术产业链和产业基地,集成发展甘肃省具有优势的新兴产业。加快推进金昌新材料国家高技术产业基地和兰州省级生物产业基地建设进度。围绕甘肃省战略性新兴产业发展,以产业链为基础,优化高技术产业布局,积极推进省级高技术产业基地建设,为争取纳入国家级基地打下良好基础。开展基地公共服务平台建设,推动企业与高校、科研院所联合建设一批公共服务平台,有效提升科技成果的转化能力和企业技术创新能力。

4. 全面推动信息化建设

加快建设甘肃省电子政务外网，充分利用现有资源，合理安排省级电子政务网络的建设和管理工作，完善省级政务外网与市州政务外网的联网工作，实现各级政府及部门各业务网络的横向间与上级业务网络间的互联互通和资源共享。继续推进金字工程等电子政务项目的建设。加快金审工程（二期）、甘肃省突发公共卫生事件医疗救治信息系统等13个项目的建设。以电子商务网络为平台、CA安全认证体系、网上支付体系和物流配送体系为重点，构建电子商务运营环境。

5. 做好高技术产业发展项目管理工作

继续做好筛选、推荐、申报工作，争取有更多领域、更多项目列入国家高技术产业发展项目计划。加大资金支持力度，创新支持方式和模式，激励引导各方共同推进一批有市场、技术含量高、产业化前景好的省级高技术产业重点项目建设。加强在建项目管理，及时了解和掌握项目进展情况以及国家资金的使用管理、存在问题和处理措施等，协调落实建设条件，确保项目按计划执行。对完成建设任务，已具备竣工验收条件的项目，指导项目单位做好各个单项验收工作，认真总结经验教训，及时组织开展项目竣工验收。通过"十二五"高技术产业规划和战略性新兴产业相关规划的编制，充实和完善项目库，为争取国家资金支持做好准备。

6. 积极开展重大课题研究

围绕战略性新兴产业重点领域，开展"甘肃省动力电池及其产业发展研究"、"甘肃省特色植物育种、推广及深加工区划分析研究"和"甘肃省优质马铃薯品种繁育与示范推广"等课题研究，围绕区域创新体系构建、区域特色产业链、创业投资引导机制、建立创新共同体等开展专题调研。

7. 加强战略性新兴产业监测和经济运行分析

建立战略性新兴产业动态监测分析和产业评价指标体系，及时提出季度及半年度产业发展情况报告，紧密跟踪分析战略性新兴产业的发展特点、存在问题及运行趋势，及时发现倾向性、苗头性问题，提出应对措施和政策建议，指导甘肃省战略性新兴产业健康发展。

甘肃省发展和改革委员会

2010 年青海省高技术产业发展情况与展望

一、2010 年高技术产业发展情况

2010 年青海省高技术产业工作以促进产业结构调整和传统产业优化升级，构筑特色产业为中心，结合青海省优势资源的开发和支柱产业的发展，大力加强科技创新能力建设，促进新兴产业的形成，高技术产业有了进一步的发展。全年完成投资 24.3 亿元，同比增长 20%。

通信业保持了较快的发展势头，技术装备水平进一步提高，综合能力得到增强。2010 年，通信固定资产预计完成 13 亿元。通信基础设施得到进一步改善，形成以光缆为主体，卫星为辅的基础传输网络。截至目前，光缆线路总长度达 65 036 千米，互联网用户达 33.5 万户，电话用户总数达 482.2 万户，青海省电话普及率达到 86.6 部/百人。

二、完成的主要工作

1. 以编制专项规划为中心，加强重大问题研究

一是根据国家的产业政策及投向，结合青海的实际情况，编制完成了《青海省"十二五"高技术产业发展思路研究》。

二是将《青海盐湖资源综合利用开发化工新材料高技术产业链实施方案》上报国家，并准备组织专项项目实施。

三是根据国务院办公厅《关于加快培育和发展战略性新兴产业的决定》（国发[2010] 32 号）通知精神，编制完成了《青海省贯彻国务院关于加快培育和发展战略性新兴产业的决定实施方案》并上报省政府。

四是配合有关部门完成《玉树地震灾后通信基础设施重建规划》。

2. 以国家政策为导向，加大项目前期工作力度，积极争取国家项目

一是按照国家发改委相关高技术产业化要求，结合省内实际情况，组织编制了29个项目的资金申请报告，上报了现代中药产业发展、微生物制造、电子信息材料3个高技术产业化专项的20个项目。经过国家发展改革委组织的审核之后，已有8个项目列入2010年国家高技术产业发展计划。

二是信息化及创新能力建设方面，2009年国家发改委批复的电信安全托管灾备、医疗保险信息系统、农信社银行综合业务系统3个信息安全项目建设进展顺利，电信安全托管灾备及医疗保险信息系统于年内可基本建成；青海中信国安科技发展有限公司盐湖资源综合利用国家地方联合工程研究中心、青藏高原特有草种资源开发及应用国家地方联合工程实验室、青藏高原有色金属资源高效利用国家地方联合工程实验室也已全面建设。

三是组织实施了《青海省生物产业领域自主创新和高技术产业化专项实施方案》中的6个国家批复重点项目。

四是根据国家发改委关于组织实施低碳技术创新及产业化示范工程的通知要求，积极组织青海桥头铝电股份有限公司编写了铝电解槽低压电节能与减排综合技术创新及产业化示范工程项目资金申请报告上报国家发改委，并积极配合中咨公司进行项目评估。

3. 以加强国家补助资金管理为重点，狠抓在建高技术产业化项目建设

一是狠抓年度计划的实施。2010年青海省共安排高技术产业化项目17项，计划投资23.8亿元，实际完成投资24.3亿元。8个续建项目中3个项目在按计划加紧进行建设，其余5个项目均已建成完工。9个新开工项目均在按计划加紧进行建设。

二是针对省级重点建设项目，将青海锂业、亚洲硅业项目作为工作的重中之重，加大了项目的协调力度，多次同项目单位和相关部门进行沟通，协调项目建设中的困难和问题，确保了重点项目的实施。

三是加强项目和资金管理，严格执行《国家高技术产业项目管理办法》，对建设项目实行法人责任制、招投标制、工程监理制、合同管理制，确保了工程质量。同时加强了检查监督，开展了定期和不定期的项目专项检查，资金做到专款专用，收到较好的效果。

四是加大对项目验收的工作力度。积极督促已建成项目完善相关建设资料，年内完成了4个项目的竣工验收，圆满完成了国家级高技术产业化示范工程项目年度竣工验收计划工作。

4. 积极推进青海省信息化建设

2010年，青海省电子政务建设方面安排建设资金5 835万元，其中落实国家专项资金3 795万元，省级预算内专项资金2 040万元。主要用于青海省电子政务内、外网建设、电子监察、人口宏观管理与决策信息系统、价格举报管理信息系统、党政专网会议电视控制中心、部门局域网等的建设。同时，开展了青海藏区信息化建设等前期工作，有力推动了信息化发展。

三、2011 年高技术产业发展展望

2011 年青海省高技术产业发展要积极应对经济形势新变化，积极加快培育和发展战略性新兴产业，全面贯彻落实国务院关于支持青海等省藏区社会经济发展的若干意见，进一步增强自主创新能力，促进青海省高技术产业化发展。以青海省光伏产业、盐湖资源、电子信息材料、高原特有生物资源等特色优势资源为依托着重做好优势资源增值转化及生态环境建设中的高技术产业化和技术创新工作。围绕产业结构调整，加快用高技术改造传统产业，强化自主创新支撑平台建设，提高高技术产业、产品和工艺、装备的高技术含量，做大做强支柱产业。根据 2011 年国家资金投向，结合青海省特色资源的开发，筛选并培育一批有市场、技术含量高、产业化前景较好的高技术产业化项目，做好项目前期工作的论证和新开工项目的建设协调工作，进一步规范和简化程序，提高办事效率。抓好已建成高技术产业化项目的竣工验收工作。

2011 年计划安排高技术产业化项目 24 项，计划总投资 28.2 亿元，其中，续建项目 12 项，计划总投资 23 亿元，新开工项目 12 项，计划总投资 5.2 亿元。通信固定资产投资 10 亿元。

围绕上述目标 2011 年主要抓好以下几个方面的工作：

1. 突出重点，推进青海省高技术产业化进程

一是根据青海省贯彻《国务院关于加快培育和发展战略性新兴产业的决定》实施方案，加快制定青海省新能源、新材料、生物、节能环保、高端装备制造、新一代信息技术、新能源汽车等七大领域的战略性新兴产业发展专项规划，制定和完善相配套的政策措施，积极推进青海省的战略性新兴产业发展。

二是根据国家高技术产业重点领域指南，重点抓好国家自主创新和高技术产业化、区域特色产业链、绿色农用生物产品、微生物制造、现代中药、电子信息、卫星应用、新农村综合信息服务信息化等专项项目的前期工作，争取国家的专项支持。同时，力争获得国家对青海盐湖资源综合利用开发化工新材料高技术产业链的批复，并组织专项项目实施。对 2010 年上报的低碳技术创新及产业化专项项目进行跟踪落实，争取列入国家项目计划。

三是积极创造条件，大力发展省级高技术产业化项目。根据 2011 年国家资金投向的变化，以及国家对地方高技术产业发展支持有限的现实，筛选并培育一批有市场、技术含量高、产业化前景较好的省级高技术项目予以项目前期、贴息等支持，加快青海省高技术产业发展。重点抓好青海盐湖工业、新材料、装备制造业、特色生物资源等方向项目的前期工作。

四是抓好项目竣工验收及在建项目、新开工项目的建设协调工作。根据国家要求加快项目验收工作，进一步督促项目单位完善项目验收的各项准备工作，抓紧验收，确保 2011 年年底前完成一批国家级高技术产业化项目的验收工作，并按国家要求提交评价报告。继续抓好在建项目的协调工作，加大在建项目、新开工项目的监管力度。

地区发展篇

2. 加快建设具有区域特色的高技术产业基地，促进产业集聚式发展

立足青海省盐湖、有色金属、高原生物、太阳能等资源，以西宁经济开发区一区四园为依托，建设一批具有资源优势和区域特色的高技术产业基地，促进产业集聚快速发展。重点发展以多晶硅、单晶硅、铜箔、镁基、铝基合金为主的新材料、以高原特有动植物为主的生物医药及光伏产业，不断完善产业链，培育新兴产业，形成具有青海特色的高技术产业。

3. 继续抓好电子政务和信息化建设

一是继续建设和完善青海省电子政务网络平台的功能。内网在完善和向乡级延伸公文传输、视频会议系统的同时，继续加强网络安全、身份认证和政务信息公开系统建设；外网建成覆盖青海省各级政府及相应政务部门的电子政务外网网络平台。推动重点应用系统的互联互通、资源共享和业务协同，提高政府公共服务水平。

二是支持覆盖农业、资源、环境、科教、文化、卫生、就业、交通、旅游、社会保障等重点领域信息资源的公益性开发。

三是做好各部委金字号工程自上而下的建设。在继续做好金盾二期、监狱信息系统建设的基础上，积极配合有关部门争取相关部委信息化建设国家配套资金支持。

四是推广企业信息化和电子商务的应用。利用企业现有基础，组织实施一批以普及推广计算机数控系统、工业生产过程控制，计算机辅助设计/制造、计算机管理和营销信息系统，努力推动青海省的企业信息化和电子商务的发展。

4. 抓好自主创新体系建设，为高技术产业的持续发展提供技术支撑

在产业技术研发方面：针对青海省在资源开发中的技术瓶颈加大科技攻关力度，一方面以盐湖资源、高原特有生物资源等特色优势资源为依托着重做好优势资源增值转化及生态环境建设中的高技术产业化和技术创新工作。另一方面围绕产业结构调整，加快用高技术改造传统产业，进一步促进产业技术进步，提高石油天然气、有色金属、盐湖化工以及煤炭、电力等能源工业的产业、产品和工艺、装备的技术含量，促进工业经济增长方式的转变。主要抓好钾、镁、锂、硼等资源综合利用技术研发，开发符合青海盐湖资源特点的低成本、工程化技术；难选和低品位铅锌矿高效选择性捕收及选冶联合流程技术；高耗能工业生产过程集成优化节能技术；开发濒危、急需、紧缺中藏药材的GAP种植、繁育技术，双低、高产的中早熟和极早熟甘蓝型杂交油菜新品种等。同时，突出抓好重点行业、重点区域和重点企业节能减排关键技术的研发和应用。

在自主创新能力建设方面：根据国家发改委《关于加强区域产业创新基础能力建设工作指导意见的通知》要求，制定青海省自主创新能力建设规划，明确思路、发展方向、重点任务和目标，采取有针对性的政策措施，指导推进青海省创新平台的建设。围绕培育战略性新兴产业，推进关键共性技术的研发和产业化。按照《国家地方联合创新平台建设实施办法》，组织申报国地联合创新平台项目。

青海省发展和改革委员会

2010年宁夏回族自治区高技术产业发展情况与展望

2010年,在自治区党委、政府的正确领导下,紧紧围绕自治区经济发展战略,认真贯彻落实胡锦涛总书记视察宁夏时关于加强科技创新的指示精神,以转变经济发展方式为目标,加强科技创新能力建设,加大科技攻关和科技成果转化力度。一年来,自治区自主创新科技创新能力和科技支撑能力显著增强,高新技术产业化明显加快,各项工作保持良好发展态势。

一、2010年高新技术产业发展情况

(一)自治区高新技术产业发展良好

2010年,自治区以新能源、新材料、生物产业和先进装备制造、新一代信息技术为重点的高新技术产业呈现出快速发展势头,对地区经济发展的影响力明显增强。新能源产业发展迅速,到2010年底,自治区风电装机达到111万千瓦,建成太阳能光伏并网电站11万千瓦,太阳能发电能力居全国前列,完成并超过了"十一五"预定的产业发展目标。新一代信息产业有了长足进步,电子信息制造业实现增加值增长50%,软件业收入增长超过20%,信息化指数达到63.2%,自治区信息化建设加速推进。以数控机床、自动化仪表及系统等为代表的先进装备制造业,以钽铌铍为代表的新材料产业均保持了较高的增速,生物产业延续了上升态势。

2010年,自治区高新技术产业实现总产值140亿元,同比增长16%。高新技术产品出口3.82亿美元(见图1),比2009年增长31.6%,占自治区出口总额的32.6%;机电产品出口1.31亿美元,增长50.2%;金属镁、钽铌铍及制品出口分别增长87.6%和79.9%。

图1　2005—2010年自治区高新技术产品出口情况

自治区科技创新能力不断增强。2010年，宁夏有2项科技成果分别获得2009年度国家科技进步二等奖、技术发明奖二等奖。自治区全年登记区级科技成果167项，比2009年减少18.9%；专利申请数为739件，其中发明专利268件，实用新型专利397件，外观包装专利74件；专利授权1 081件，发明专利授权61件。自治区高新技术企业达到31家，国家创新型企业1家。通过"大型煤基甲醇生产装备"、"镁冶炼节能降耗"等项目建设形成了一批具有自主知识产权的科研成果，物理法多晶硅冶炼技术处于全国最高水平，大型燃气轮机铸件实现了国产化和规模化生产，首套煤基烯烃项目试产成功。焦炉气非催化转化制甲醇技术取得重大进展，首台1.5兆瓦风电设备核心部件——高速双馈风力发电机研制成功。培育特色作物和经济林木新品种9个、新品系50多个、引进筛选出国内外优新品种140多个，研究建立30多套特色优势农产品生产技术标准，示范推广新品种、新技术、新装备300多万亩，共增加经济效益6.6亿元。

自治区科技创新体系建设取得新进展。截至2010年底，自治区拥有国家重点实验室1家，国家工程技术研究中心3家，国家地方联合工程实验室（研究中心）3家，国家企业技术中心9家。自治区级重点实验室15家，省部共建国家重点实验室培育基地3家，自治区级企业（集团）技术中心40个。自治区自主创新平台建设进展顺利，在高新技术成果研究、应用和转化方面发挥的作用越来越突出。

（二）宁夏高新技术产业重点工作成效显著

1. 一批"十二五"重点专项规划全面启动

2010年，自治区发改委牵头，开展了多个与高新技术相关的重点专项规划编制与研究工作。2010年底，《加快宁夏生物产业发展研究》、《加快宁夏高新技术产业发展研究》等课题研究相继完成，已进入规划编制阶段，战略性新兴产业"十二五"发展专项规划编制也全面启动。自治区发改委、经信委、科技厅、财政厅联合开展了战略性新兴产业"十二五"发展思路的研究,规划编制由北京国际工程咨询公司承担。《宁夏回族自治区国民经济和社会发展第十二个五年规划纲要》,把培育战略性新兴产业作为优化产业结构、推进发展方式转变、提升产业竞争力的重要抓手,明确了重点发展新能源、新材料、先进装备制造业、生物、新一代信息产业节能环保等战略性新兴产业,提出设立战略性新兴产业发展专项资金和产业投资基金,实施战略性新兴产业"倍增计划"。

2. 积极实施国家各类重大专项

自治区高技术产业链建设取得突破性进展。2010年4月,《宁夏回族自治区钽铌铍钛等稀有金属新材料特色高技术产业链发展规划》(2009—2020)的9个重点项目通过了中国国际工程咨询公司评审。该产业链的建立,对提升自治区新材料产业的创新能力,带动产业结构调整,解决产业发展中重大瓶颈问题有着重要的意义。2010年,产业链各重大项目相继开工建设,整体进展良好。

国家专项项目申报和管理取得良好成效。2010年,按照国家发改委对于国家专项项目管理和申报工作的要求,自治区发改委完成了对国家关键领域自主创新和高技术产业专项项目可行性研究报告的批复,组织开展了绿色生物制品和微生物制造专项、振兴和技术改造电子信息产业专项等多个专项的申报,包括"宁夏地面数字电视单频示范网建设项目"、"动物(猪、牛、羊)卫生及动物产品质量安全RFID追溯系统"、宁夏监狱信息化一期、国家电子政务和国家应急平台体系宁夏建设项目等一批国家专项项目获批。国家补助资金到位4 049万元。2010年,自治区在建国家高技术项目共22项,其中发改委18项,经信委4项,完成高技术产业化项目验收6项。

区域自主创新能力建设继续推进。自治区宁东煤化工资源循环利用等三个地方重点工程实验室(研究中心)被列入第一批国家地方联合工程研究中心(工程实验室)中。2010年以来,自治区发改委多方筹措资金,累计拨款1 100万元支持宁东煤化工资源循环利用、枸杞繁育与加工、西北特色经济林栽培与利用三个国家地方联合工程研究中心(实验室)建设,有力地推动了实验室的各项工作。工程实验创新能力平台的高新技术成果研究、应用和转化功能已初见成效。

2010年4月10日,自治区发改委牵头起草的《关于促进生物产业加快发展的意见》通过了自治区人民政府第61次常务会议审议。2010年8月,自治区人民政府办公厅印发了《自治区关于促进生物产业加快发展的意见》(宁政办发〔2010〕128号)。该文件成为指导"十二五"推动自治区生物发酵、生物医药产业发展的重要政策性文件。

3. 继续推进自治区高新技术产业基地的建设

继2009年确定了首批石嘴山新材料和吴忠新能源两个自治区级高新技术产业基地以来,2010年,自治区发改委继续开展自治区高新技术产业基地的认定,围绕自治区高新技术产业发展的重点领域,对具有良好产业基础和技术优势的地区加强了前期指导,灵武羊绒、银川先进装备制造等高新技术产业基地等的申报认定工作正在进行中。为了推动宁夏高新技术产业基地建设,自治区发改委、自治区财政厅共同组织实施了2010年自治区高新技术产业基地重大高新技术产业化专项，安排政府资金 3 000 万元，面向新材料、新能源（制造）、生物、羊绒产业、先进装备制造、电子信息产业、重大产业技术升级等领域，支持了一批具有较高技术含量和产业化前景的高新技术项目，对高新技术产业发展提供政府资金补助，起到了"以政府资金为引导，带动企业和其他资金投入到高新技术产业领域"的作用。

4. 高技术产业化工作获得国家发改委的授牌表彰

2010 年中国生物产业大会在山东济南召开，自治区发改委组织区内具有代表性的伊品生物股份有限公司参加了本届生物产业大会布展。国家发展改革委对近年实施并取得显著经济和社会效益的 117 项生物领域高技术产业化示范工程项目，授予"国家高技术产业化示范工程"牌匾，表彰其对我国生物产业高技术产业化工作所作的贡献。宁夏康亚药业有限公司的"圣畅—吲达帕胺缓释片"和宁夏多维泰瑞制药有限公司的"年产 300 吨泰妙菌素兽药原料药"两个高技术产业化示范工程项目获得此项殊荣，是自治区发改委连续三年获得国家高技术产业化示范工程的授牌奖励。2010 年，11 月 16 日，在深圳举办的第十二届高新技术成果交易会上，自治区发改委组织中色（宁夏）东方有色集团公司参加了"加快培育和发展战略性新兴产业"主题展览，并获得国家发改委颁发的优秀组织奖。这些奖项的获得是对自治区高技术产业化工作的肯定，也是对自治区高新技术产业化工作的推动和激励。

二、存在的问题

2010 年以来，自治区高新技术产业整体发展良好，但受国际市场对人民币升值预期、原材料涨价、国内外同行业的竞争加剧等因素的影响，2011 年自治区高新技术产业的发展面临着许多不确定因素，产业结构调整的任务依然艰巨，高新技术产业深层次的问题仍然存在，高附加值产品缺乏，新兴产业增长缓慢，对地区经济调整的影响力不强等根本性问题没有得到解决。

1. 企业技术创新能力较弱

自治区绝大多数大中型企业对先进适用技术引进、消化和再创新的能力严重不足，具有自主知识产权的高新技术成果储备缺乏，企业自主创新的意识需进一步加强。相当多的新产品都处于仿制和移植阶段，具有自主知识产权的高附加值、高技术含量的产品稀缺，整体上产品在国内外市场的竞争力不强。

2. 重点产业的关联度低

重点产业配套能力不足，专业化生产和社会化协作水平低一直是困扰自治区产业发展的突出问题。自治区机床行业中 70% 的功能部件、标准件、油漆等需要从区外购入，加工件中 50% 需要从区外协作配套，严重影响产业做大做强。煤炭、风能、镁产业的产业链条短、分工简单，产业链条松散，结构不合理。

3. 对战略性新兴产业的培育力度不够

政府对战略性新兴产业的引导力度不足，融资手段单一，创业投资尚未建立，融资性担保机构不多，多层次金融市场不完善。价格和税收政策不配套，市场环境有待进一步改善。

4. 自主创新人才匮乏

战略性新兴产业对高水平专业人才需求巨大，但自治区高素质科技人才短缺，缺少从事自主创新开发的领军人才和技术创新团队。高层次优秀人才、知名专家学者和学科带头人严重缺乏，中层技术力量补充困难，基层科技人员水平急待提高。"十一五"期间，自治区从事科技活动的人员仅占专业技术人员的8.74%，比全国平均水平低2.6个百分点；从事R&D活动的人员占专业技术人员的2.08%，比全国平均水平低1.6个百分点；每万人中从事科技活动的人员只有15人，比全国平均水平低40%。整体科技创新能力较弱，没有形成对高新技术产业发展的支撑体系，影响和制约了新兴产业的快速发展。

三、2011年发展情况及分析

2011年是"十二五"的开局之年，也是宁夏战略性新兴产业的起步之年。自治区将围绕加强自主创新能力建设，大力培育战略性新兴产业，提升区域性产业竞争能力，力争实现高新技术产业发展的新突破。

（一）大力发展战略性新兴产业

1 组织开展战略性新兴产业重大工程的建设

继续开展国家各类重大高技术产业化专项的申报工作，积极争取国家资金对自治区战略性新兴产业的支持。依托国家各类重大专项项目建设，加速自治区节能环保、新材料、新能源、生物产业、先进装备制造、新一代信息产业等战略性新兴产业的建设，刺激和发展新的经济增长点，逐步提高战略性新兴产业在自治区经济发展中的比重，推进宁夏的产业结构调整。

建立自治区战略性新兴产业发展专项资金，加大对各战略性新兴产业的培育，重点围绕战略性新兴产业各个领域中急待解决的关键技术问题和产业发展瓶颈，加快培育节能环保、新一代信息产业，组织实施战略性新兴产业重大专项。以重大项目带动企业新技术、新工艺的应用和产业技术集成，提升自治区高新技术产品的市场竞争力。强化政府资金的引导作用，创新资金使用方式，选择成长性好的优质企业和优质项目重点培育，防止急功近利、揠苗助长，避免盲目发展和重复建设，使企业成为自主创新和产业发展过程中的主体。充分发挥政府资金在产业发展中的引导作用，吸引更多的民间资本向高新技术产业聚集，引导风险投资机构和金融部门投入重大项目建设，为高成长性、高附加值的项目提供良好的金融服务，加速高新技术成果的转化。

2. 加快高新技术产业链的建设

2011年，宁夏钽铌铍钛稀有金属新材料区域特色高技术产业链全面进入建设期，要积极争取国家资金支持，加强项目管理，确保项目顺利实施。此外，围绕新材料、新能源、生物产业等，积极组织开展铝镁新材料、光伏产业等高技术产业链的建设，以壮大自治区战略性新兴产业的规模，增强产业竞争力，提升产业自主创新能力，增强战略性新兴产业对地区经济增长的影响力。

3. 继续开展自治区高新技术产业基地建设

继续抓好石嘴山新材料高新技术产业基地、吴忠新能源高新技术产业基地建设，加快灵武羊绒、先进装备制造等高新技术产业基地的组织筹备，积极开展基地重点建设工程、重大项目的组织和论证。指导完成灵武羊绒高新技术产业基地发展规划，在2011年底以前完成对灵武羊绒高新技术产业基地的认定。同时，加紧制定《自治区高新技术产业基地管理办法》，为自治区高新技术产业基地的健康发展提供政策保障。

（二）加强自主创新能力建设

1. 继续开展自主创新机构建设

继续推进国家地方联合工程研究中心（实验室）的建设，按照国家发改委批复确定的重点建设任务要求，加速重点研发基础设施的建设，加快宁东基地资源循环利用重大技术的研究，完成关键技术成果的放大试验，建立产业化项目和重大关键技术储备，为宁东资源循环利用提供技术领域的重大支撑，按期全面建成宁东基地资源循环利用国家地方联合工程实验室。

继续推进地方工程研究中心（实验室）建设。按照《宁夏回族自治区工程实验室管理暂行办法》的要求，继续开展羊绒、模压淬火机床等地方工程实验室重大项目建设，加快推进新能源、酶工程、电力电子磁性器件等自治区工程研究中心（工程实验室）的筹备，确定工程研究中心（实验室）的发展方向和重点任务，为新能源、生物产业等重点领域建设创造技术支撑，争取在2011年再建设一批地方工程研究中心（试验室），并为申报国家地方联合自主创新平台做好准备。

2. 开展区域性综合自主创新能力试点

围绕"十二五"战略性新兴产业所确定的重大领域，以先进装备制造、新一代信息产业和新能源为重点，依托银川高新技术开发区和软件园，充分发挥园区内高新技术企业集中、各类高新技术人才聚集的优势，以自主创新建设项目为载体，开展重点领域产业能力提升工程建设，全面提升企业在重大项目组织策划、建设实施和应用示范等方面的能力，增强重点领域内各类企业的综合创新能力，开展区域性综合自主创新能力建设试点，为"十二五"末将银川建设成为全国自主创新型城市创造条件。

宁夏回族自治区发展和改革委员会

2010年新疆维吾尔自治区高技术产业发展情况与展望

一、2010年高技术产业发展基本情况

2010年，在国家发展改革委的大力支持和新建维吾尔自治区党委、人民政府的正确领导下，自治区全面落实高技术产业发展"十一五"规划，大力发展生物医药、生物育种、绿色生物农业、新能源、新材料、电子信息等高技术产业，促进战略性新兴产业加快形成，推动传统产业的优化升级和经济结构调整，加快建设区域创新体系，各项工作取得了显著成效。

1. 高技术产业规模平稳增长

2010年，新疆维吾尔自治区高技术产业在国家扩内需、保增长、调结构、促和谐政策的带动下，继续保持了较好的发展速度，实现总产值（当年价，下同）27.87亿元，同比增长17.71%；新产品产值2.76亿元，增长37.11%；工业销售产值26.78亿元，增长25.66%，出口交货值3.55亿元，增长112.37%。

2. 高技术服务业发展势头良好

2010年，新疆维吾尔自治区高技术服务业继续保持稳步增长态势。实现电信业务总量565.5亿元，同比增长21.3%；电信业务收入140.2亿元，增长10.7%；电信固定资产投资70.5亿元（其中3G投资8.8亿元），增长0.7%。电信综合资费水平下降10.7%。新增电话用户214.6万户，总数达到1 907.3万户，其中：固定电话用户减少25.6万户，总数达547.5万户，下降4.5%；移动电话用户新增240.2万户，总数达1 359.8万户，增长21.5%。互联网宽带用户达161.1万户，增长30.1%，移动互联网用

户达671.7万户。固定电话普及率和移动电话普及率分别达到25.4部/百人和68部/百人，分别下降5.6%和增长29.3%。

3. 电子信息产业保持较快发展速度

2010年，新疆维吾尔自治区116家电子信息企业实现主营业务收入50亿元，同比增长66%；其中：制造业9家规模以上企业主营业务收入30亿元，增长140%，利润总额5.2亿元，增长315%；软件业107家规模以上企业业务收入20亿元，增长17.6%，利润总额1.9亿元，增长16%。截至目前，自治区认定的信息系统集成企业417家（其中国家认定的软件企业71家），已具备完成信息化建设工程、软件开发和信息服务等信息化综合服务能力。

4. 高新技术产业自主创新能力增强

一是新疆维吾尔自治区高新技术企业创新能力不断增强。截至2010年底，拥有国家认定的高新技术企业89家，先后有两批共5家企业进入国家创新型企业试点行列，14家试点企业进入自治区"企业技术创新引导工程"，企业技术开发机构80个，重点实验室23个，工程技术研究中心16个（其中国家级5个），国家地方联合工程实验室2个，企业技术中心102家（其中国家级8家），生产力促进中心22个；已初步形成了比较完善的企业科研开发体系。初步形成了多层次、宽领域的自主创新体系，自主创新能力不断加强。二是创新成果不断涌现。2010年新疆维吾尔自治区共申请专利3 560件，同比增长24%，授权2 562件，同比增长37.3%。一批具有自主知识产权的科技成果实现了产业化。新疆众和股份高硅变形铝合金及其挤压材和用于生产平板显示用大尺寸关键超纯铝靶材、新疆中科传感高精尖片式NTC热敏电阻器、新疆华康药业维吾尔药尿通卡克乃其片、维吾尔药业"通滞苏润江胶囊"系列产品等一批原创性成果转化获得国家资金支持。

5. 高技术产业化项目实施工作稳步推进

一是新疆维吾尔自治区争取国家高技术产业化发展项目和资金取得新突破。2010年，共争取国家批准自治区实施了新疆众和股份有限公司平板显示用大尺寸超高纯铝靶材生产线建设、新疆电子研究所有限公司"新疆电子研究所有限公司产业化基地（园区）与创新服务平台建设"项目——基于RFID物联网技术的研发平台建设及应用、惠森生物技术有限公司年产1万吨坤奇尔高效复合微生物肥料、天物科技发展有限公司年产10万吨瓜果专用EV抗病生物肥料、新疆电子政务外网一期工程建设项目等11个示范工程项目，其中电子信息产业项目8个、绿色生物农业项目2个、电子政务项目1个；落实国家补助资金7 237万元，截至2010年底已到位国家补助资金5 870万元，其中电子信息产业8个项目4 000万元，新疆电子政务外网一期工程建设项目1 570万元，特变电工创新能力建设项目300万元。这批项目的实施推动了自治区高技术产业发展工作，尤其是在扶持和壮大自治区电子信息产业规模与实力，提升自治区电子信息产业自主创新能力，优化电子信息产业区域布局，培育自治区特色电子信息产业等方面起到了良好的示范带动作用。

二是项目验收工作取得新进展。2010 年，加大督促乌鲁木齐市五彩园林科技有限公司银新杨、密胡杨等优良抗逆林木种苗高技术产业化示范工程等 3 个待验收项目单位尽快完成环评、消防、审计等单项验收，抓紧编写竣工总结报告，截至 2010 年底自治区发展改革委会同有关单位完成对乌鲁木齐市五彩园林科技有限公司银新杨、密胡杨等优良抗逆林木种苗高技术产业化示范工程、新疆芳香植物科技开发公司芳香植物引种和大面积栽培、薰衣草精油微胶囊加工高技术产业化示范工程的验收工作；新疆众和股份有限公司微电子用高纯铝制备技术创新能力建设项目的单项验收已完成，可按计划进行整体竣工验收；随着 3 个项目的验收，自治区共有 28 个国家高技术产业化项目（2010 年前国家共批复 35 个产业化项目）通过了验收。三是项目实施工作取得新成绩。新疆特丰药业股份有限公司结合雌激素提取高技术产业化示范工程、华西种业有限公司优质棉新陆 17 号等新品种高技术产业化示范工程、天润赛里木湖渔业科技开发有限公司高白鲑、凹目白鲑白鲑属鱼高寒淡水良种繁育高技术产业化示范工程、华兴种畜繁育有限责任公司新疆良种肉羊优质快繁及工厂化养殖高技术产业化示范工程 4 个项目在 2010 年中国生物产业大会上被授予"生物领域高技术产业化示范工程"称号，并受到国家表彰。

新疆维吾尔自治区高技术产业虽然取得了较大进步，但也面临较大困难和挑战。一是高技术产业发展规模较小，总体上处于起步阶段，高技术产业占国民经济的比重较低，对国民经济发展的贡献有限。二是高技术产业化水平低，产业链短，附加值不高，开发创新能力不强，转化率较低。三是高技术产业发展投入不足，自治区研究与试验发展经费支出占生产总值的比重较低，科技财力投入综合评价在全国处于落后水平，企业用于研发的投入少，尚未建立吸引区内外风险投资的有效渠道。

二、2011 年高技术产业发展工作思路、主要任务和对策措施

1. 工作思路和主要任务

2011 年是"十二五"规划的开局之年，新疆维吾尔自治区将紧紧抓住中央推进新疆跨越式发展和长治久安的战略机遇，以科学发展观为指导，按照国家提出的关于提高自主创新能力、提升高新技术产业的要求，切实着力增强企业自主创新能力，加快培育战略性新兴产业，抓紧完善创业环境，全面推进经济社会信息化，推动自治区高技术产业加快发展。力争 2011 年自治区实现高技术产业总产值 35 亿元，比上年增长 25%。

（1）大力增强自主创新能力。一是强化自主创新支撑平台建设。抓好铝电子材料和光伏发电控制及集成国家地方联合工程实验室的组建和运行管理，不断提高其研发、工程化实验能力；继续筛选符合国家申报条件的工程研究中心、工程实验室和企业技术中心向国家推荐，力争得到国家认定和支持，以推动自治区工程研究中心、工程实验室和企业技术中心的建设，完善区域创新体系。二是研究推动企业创新工程试点，支持企业技术中心建设，加强企业的自主创新能力，提升产业核心竞争力。三是开展创新型城市试点工作，完善相关配套政策，推动全社会形成自主创新的良好氛围。四是继续建设好重大科技基础设施，配合做好重大科技专项的相关工作，为长期发展提供更强的基础

能力。

（2）加快培育战略性新兴产业。一是积极组织实施高技术产业化项目，推动自主创新成果转化为现实生产力。二是要支持区域特色高技术产业发展，推动建设一批高技术产业基地，加快发展一批具有明显区域特色的产业链，促进区域产业结构调整。三是积极培育新的增长点，把握新科技革命的难得机遇，组织实施软件和集成电路、下一代互联网、新一代移动通信、生物医药、生物医学工程、新材料等重大专项，加快信息、新材料、新能源、生物产业发展。

（3）大力提升产业技术水平。一是要针对农业、能源、交通、环保等国民经济重点领域的关键环节，积极组织实施重大产业技术进步项目，提升重点产业的核心竞争力。二是要研究制定应用高新技术改造提升传统产业的相关政策措施，综合运用财政、税收、金融、进出口、政府采购等手段，构建推动企业技术进步的良好政策环境。

（4）抓紧完善创业环境。一是要加快发展创业风险投资，争取进行创业风险投资试点，抓紧研究设立创业投资引导基金，引导社会资源，支持创新型企业发展。二是要加强与金融、证券机构的合作。三是要及时研究分析高技术产业创业发展中的融资难、人才缺乏等问题，提出有针对性和可操作性强的政策措施。

（5）积极推进经济社会信息化。一是进一步加大信息技术的推广应用。尤其是加大应用信息技术改造提升传统产业力度，大力推进自治区优势资源领域、特色产业和重点企业的信息化进程，促进节能降耗，提高资源利用效率，增强企业的市场应变能力。二是积极推动电子政务、信息安全、应急防灾等重大信息化项目建设，加快建设新疆电子政务外网建设项目、维吾尔、哈萨克族语言文字信息资源建设与共享工程、应急平台体系工程、自治区重要信息系统异地灾难备份中心等项目。三是要在信息化装备、电子商务、信息安全等领域建设一批自主创新基础设施，继续组织实施信息安全产品产业化专项，加强信息安全服务和标准制定工作，不断提高信息安全水平。四是要大力促进大型骨干企业信息化，支持工业和农业龙头企业的信息化建设，大幅度提高企业信息化水平，加快农村信息化应用。

2. 对策措施

（1）深入宣传国家高技术产业发展政策。加强高技术产业发展政策的宣传力度，通过广播、电视和报纸、互联网等广泛宣传国家高技术产业发展政策，使全社会了解国家高技术产业发展政策，充分认识发展高技术产业对提高自治区国民经济发展水平、实现跨越式发展的重要性。

（2）组织协调好"十二五"规划报批工作。力争尽早全面完成新疆战略性新兴产业发展、生物产业发展、高技术产业发展、国民经济和社会信息化、科学技术发展、通信等"十二五"专项规划的报批工作，尽早发挥"十二五"规划对自治区高技术产业发展指导作用。

（3）积极争取国家资金支持，促进高技术产业快速发展。认真做好高技术产业发展项目的前期工作，积极筛选和储备一批高技术产业化项目，大力开发和建设一批技术含量高、市场前景好、带动作用大、示范效应广、附加值高的项目。加强高技术产业化项目库建设，在发展中滚动更新，随时满足上报项目的需要。加强对高技术产业化项目的审批和管理，按照国家高技术产业化发展方向和重点，认真编制项目申请报告，积极争取国家资金更多的支持，促进高技术产业快速发展。

（4）深入基层开展调查研究。一是为更科学制定相关高技术产业发展政策，2011年拟对乌鲁木齐、昌吉、克拉玛依、巴州、伊犁五个自治区高技术产业重点发展区域进行有针对性的调研，二是进行分方向调查研究，结合实际有针对性对自治区生物产业、新能源、新材料、资源深度开发等重点领域进行调查研究，为发展自治区战略性新兴产业提出措施建议。

（5）加大项目管理工作。一是对在建的国家高技术产业发展项目加大检查力度，了解项目的执行情况和存在的问题；二是对到期的国家高技术产业发展项目抓紧做好验收准备工作，除特殊情况外，争取全部验收；三是根据国家已颁布和即将颁布的高技术产业发展政策，制定完善的项目管理规章制度，建立相应的管理细则，与自治区有关部门积极配合，严格按照国家有关政策对项目进行监督管理，确保国家资金用于项目建设，保证国家项目的顺利完成；四是建立定期汇报制度，及时了解项目执行情况，及时发现问题，及时解决问题；五是强化项目上报监审工作，确保项目建设条件和建设内容落实，按时验收。

（6）做好各种衔接沟通工作。根据国家发改委2011年高技术产业发展工作重点，积极加强与高技术产业司的工作联系，及时了解国家相关政策，争取国家的支持和指导；了解国内外高技术产业发展的动态，借鉴兄弟省市区在高技术产业发展方面的先进经验，促进自治区高技术产业的发展。

新疆维吾尔自治区发展和改革委员会

2010 年新疆生产建设兵团高技术产业发展情况与展望

一、2010 年高技术产业发展基本情况

2010 年新疆兵团高技术产业发展工作贯彻中央新疆工作座谈会精神，围绕兵团经济发展的重点开展工作，高技术产业化和信息化工作取得一定成效。

1. 高技术产业运行良好

2010 年新疆兵团高技术产业重点联系企业总产值同比增长 20.7%；工业销售产值同比增长 32.2%；利润总额同比增长 18.3%；新产品产值同比增长 23.8%。以电子元器件制造为代表的信息产业快速发展，成为新疆兵团高技术产业新的经济增长点和亮点。新疆兵团高技术产业各项指标平稳增长，经济运行良好。

2. 规划编制及课题研究工作进展顺利

编制完成《兵团战略性新兴产业发展总体思路》和《兵团生物产业"十二五"发展思路》，提出发展战略性新兴产业和生物产业的指导思想、基本原则和发展重点。参与了《兵团信息化"十二五"规划》和《兵团信息产业"十二五"发展规划》的相关工作。

注重调研和课题研究工作。根据国家积极培育和发展战略性新兴产业的部署，为全面、真实掌握兵团战略性新兴产业发展的基本情况，兵团发改委组成调研组，对兵团范围内的 6 个师和 12 家企事业单位、团场及科研院所进行了调研，并撰写了调研报告，与石河子大学联合开展了《高技术产业与战略性新兴产业关系》课题研究，提出了《兵团关于加快培育和发展战略性新兴产业实施意见》，在"十二五"高技术产业规划中增加了战略性新兴产业专篇。

3. 企业技术中心工作取得新进展

一是根据《国家发改委关于申报2010年（第十七批）国家认定企业技术中心的通知》要求，兵团发改委积极推荐新疆天康畜牧生物技术股份有限公司申报国家级企业技术中心，对申报材料进行严格审查。经国家发改委等五部门审定，被确定为第十七批享受优惠政策的国家认定企业技术中心，并在深圳第十二届高交会上进行了授牌。

二是根据《自治区企业技术中心认定与评价办法》，兵团发改委和自治区经信委等单位组成审核组对石河子贵航农机装备有限责任公司技术中心等5家企业技术中心进行了现场审核。根据自治区企业技术中心评价和认定工作要求，兵团发改委和自治区经信委等5部门联合下发了2010年自治区企业技术中心认定企业名单。石河子贵航农机装备有限责任公司技术中心、新疆北新路桥建设股份有限公司技术中心、新疆康地种业科技股份有限公司技术中心和新疆绿华糖业有限责任公司技术中心被认定为自治区级企业技术中心。截至2010年底，兵团共有企业技术中心31家，其中，国家企业技术中心4家。

三是为加强兵团企业技术中心管理，学习和借鉴东部发达地区先进经验，2010年9月16—29日，兵团发改委与兵团科技局在杭州联合举办了"2010年兵团企业科技创新人才培训班"。兵团各企业技术中心负责人及相关科技系统管理人员共计38人参加了培训。

4. 项目管理工作稳步推进

2010年新疆兵团有14个项目列入国家项目计划，项目总投资2.25亿元，到账国家资金5 750万元，比2009年同期增长84.6%。7万亩甘草人工种植基地高技术产业化项目通过国家发改委批复。新疆兵团电子政务外网一期工程建设项目得到国家全额资金支持，项目建设按计划顺利推进，截至目前，兵团、师、团三级传输网络已基本建成。

积极做好项目验收工作，按照验收计划，对新疆中国彩棉（集团）股份有限公司天然彩色棉良种繁育高技术产业化项目等4个项目进行了验收。

新疆乌鲁木齐希望电子有限公司三相异步电动机高效智能相控节电器等3个项目列入自治区技术创新项目计划，得到自治区财政资金支持。

5. 制定了《兵团工程实验室管理暂行办法》

根据《国家工程实验室管理办法（试行）》，结合兵团实际，负责起草了《兵团工程实验室管理暂行办法》，在征求有关部门意见的基础上，经过讨论修改后印发。该办法对工程实验室的申报与审核、建设与验收、运行与管理、评价与考核等方面做出了规定。

6. 推进产学研联合，促进科技成果转化

根据自治区经信委《关于组织申报2010年自治区产学研联合开发示范基地的通知》要求，组织新疆伊力特实业股份有限公司等5家企业申报自治区产学研联合示范基地。经自治区企业技术进步（产学研）工作领导小组审定，新疆伊力特实业股份有限公司、新疆青松建材化工（集团）股份有限公司、新疆冠农果茸集团股份有限公司和新疆新光油脂有限公司4家企业被确认为自治区第四批自治区产学研联合开发示范基地。

7. 组织参加第四届中国生物产业大会

根据兵团领导批示和山东省人民政府的邀请，由兵团发改委牵头组成代表团参加了第四届中国生物产业大会。会上国家发改委对新疆塔里木河种业股份有限公司《优质长绒棉良种繁育高技术产业化示范工程项目》等117项生物领域高技术产业化示范工程项目授予"国家高技术产业化示范工程"称号，并颁发了牌匾。

8. 新产品开发有新进展

根据《自治区优秀新产品及开发有功人员奖励暂行办法》，石河子贵航农机装备有限责任公司的齐伟获2010年度自治区企业技术创新突出贡献奖，公司开发生产的"4MZ—5自走式采棉机"获自治区优秀新产品一等奖。新疆天宏纸业股份有限公司开发生产的"木质素磺酸钠"获自治区优秀新产品三等奖。

二、2011年高技术产业发展重点工作

2011年是"十二五"规划开局之年，新疆兵团高技术产业发展工作要以科学发展观为指导，认真贯彻落实中央推进新疆跨越式发展和长治久安的战略部署，紧紧抓住国家发展战略性新兴产业和促进东中部产业向西部转移的难得机遇，突出重点、狠抓落实，做好项目储备和承接产业转移的准备，以提高自主创新能力为抓手，积极培育战略性新兴产业，促进高技术产业规模化发展。重点抓好以下几方面工作：

1. 做好规划的发布实施工作

按照"十二五"规划编制工作总体部署，做好高技术产业发展规划与兵团国民经济和社会发展规划及相关规划的衔接。做好规划的组织实施和宣传工作，发挥规划在资源配置、引导投资、产业布局的基础性作用，严格按照规划审批项目，安排投资，促进兵团高技术产业按照"十二五"规划目标实现又好又快发展。

2. 进一步加强项目管理

一是积极向国家发改委汇报，及时跟踪、了解国家支持新疆跨越式发展和对口支援、发展战略性新兴产业的方向和重点，争取更多的高技术产业发展项目列入国家计划。二是根据国家高技术产业发展专项要求，积极做好生物育种、现代中药、信息化试点等专项项目的组织申报工作。三是加强在建项目的监督管理，不定期对项目进行抽查，发现问题，及时协调解决，确保项目按计划实施。四是加强项目验收工作，严格按照项目验收计划，做好项目验收工作，发挥项目投资效益。

3. 切实加强自主创新能力建设

一是继续支持科研基础设施和创新能力建设，重点支持"二校一院"重点实验室建设。二是在做好2家已认定国家地方联合工程研究中心建设和管理工作的同时，积极争

取国家地方联合工程实验室工作。三是适时召开企业技术中心管理经验交流会。争取3家企业技术中心通过自治区及兵团共同认定。四是加强技术中心的评价和考核工作，引导技术中心加大技术开发投入、注重新产品开发、提高专利保护意识，发挥技术中心在企业技术创新中的核心作用。

4. 积极培育发展战略性新兴产业

根据国务院《关于加快培育和发展战略性新兴产业的决定》要求，结合兵团资源优势和产业基础，制定《兵团关于加快培育和发展战略性新兴产业实施意见》。积极组织实施新兴产业重大项目，促进新兴产业加快发展，形成新的经济增长点。

5. 积极稳妥地推进新兴产业创业投资试点工作

根据国家组织开展第二批创业投资基金试点工作的要求，在前期工作的基础上，按照市场化原则，引导、推动农八师石河子市设立现代农业、新材料创业投资基金，为高技术产业发展创造较为宽松的投融资环境。

6. 积极承接高新技术产业转移

根据《国务院关于中西部地区承接产业转移的指导意见》，紧紧抓住19省市对口支援新疆的有利时机，根据资源优势和产业发展需求，积极与有关部门配合，制定具体工作计划，做好承接高新技术产业转移相关工作。以城镇为依托，以工业园区和开发区为平台，以天山北坡经济带为重点，以信息产业转移为契机，促进兵团高新技术产业聚集发展。

7. 促进信息化与工业化的融合

继续贯彻《兵团电子信息产业调整和振兴实施意见》，加大信息技术推广应用力度，促进信息化与工业化的融合。一是紧紧围绕发展"六大支柱产业"，加快企业信息技术应用步伐，应用信息技术改造和提升传统产业，促进信息化与工业化的融合。二是做好兵团电子政务外网项目的验收工作，推动兵团应急平台建设项目的各项前期工作，加强项目管理，切实通过项目建设，提高兵团政务效率和应急指挥能力。三是组织开展信息惠农试点工作，及时总结试点经验，不断完善试点方案，切实取得试点效果。

8. 积极开展重大问题调研

根据兵团发改委统一安排和工作需要，做好兵团技术创新体系重大问题调研。制定调研工作方案，编制调研提纲，通过调研摸清兵团技术创新体系的现状、存在问题、发展需要和建设需求，为兵团制定相关政策，进一步加强技术创新体系建设，提供参考，当好参谋。

新疆生产建设兵团发展和改革委员会

34

2010 年大连市高技术产业发展情况与展望

2010 年是"十一五"计划收官之年，也是后金融危机时期经济发展形势极为复杂、高技术产业发展较不稳定的一年。按照市委、市政府年初的工作部署，大连市的高技术产业在围绕创建国家创新型城市，加快国家高技术产业基地建设，促进集成电路、高技术服务、新材料、生物等产业的聚集，带动一大批创新能力和高技术产业化项目建设等方面取得较大进展，形成了一批新的经济增长点，对推进大连市的经济结构调整做出了重要贡献，为"十二五"规划的顺利实施奠定了坚实基础。

全年高新技术产业产值 5 178 亿元，比 2009 年增长 29.1%，其中规模以上工业高新技术产品产值 3 613.9 亿元，增长 29%；高新技术产业增加值 1 378 亿元，比 2009 年增长 31%，其中规模以上工业高新技术产品增加值 910 亿元，增长 24.1%。新认定高新技术企业 82 家、技术先进型服务企业 30 家，高新技术企业和技术先进型服务企业分别达到 252 家和 68 家。全年专利申请总量 17 442 件，其中发明专利 4 043 件，分别比 2009 年增长 53.8% 和 69.3%；专利授权总量 6 199 件，其中发明专利 752 件，分别增长 39.7% 和 20.3%。

一、2010 年高技术产业发展情况及特点

1. 国家创新型城市建设迈出坚实步伐

2010 年国家发展改革委和科技部先后确定大连为创建国家创新型城市试点。根据国家关于创建国家创新型城市试点工作有关要求，分阶段编制完成了《大连市创建国家创新型城市初步方案》、《大连市创建国家创新型城市总体规划》和《大连市创建国家创新型城市实施方案》，与《大连市 2010—2015 年战略性新兴产业发展规划》、《大连市"十

二五"高技术产业发展规划》和《大连市"十二五"科技发展规划》统一考虑，相互衔接；规划工作紧紧围绕"振兴东北老工业基地"、"辽宁沿海经济带发展"，"加快全域城市化进程"、"推动经济发展方式转变和经济结构调整"，"推进三个中心、一个聚集区建设"五大主题和将大连市建设成为促进东北区域经济发展"头雁"的目标开展。

启动了创新型城市重点工程"大连生态科技创新城"建设，编制了《大连生态科技创新城建设概念方案》、《大连生态科技创新城产业定位概念方案》，并以此为标志正式启动国家创新型城市试点建设工作；大连生态科技创新城坐落于 70 平方千米的大连市西郊国家森林公园旁，总体规划面积 65 平方千米，可建设用地 25 平方千米，东临建设中的大连市体育新城与机场核心发展区域，距大连国际机场仅 5 千米，距市中心仅 12 千米，距离大连港仅 13 千米，规划中的地铁四号线将科技城与市区紧密相连，沈大高速公路延长线连通东北全境。大连生态科技创新城将以"生态、科技、创新"为开发建设主导思想，采用新思路、新体制与新机制推进整体的开发建设。坚持以人为本、建设与规划的和谐，并突出特色发展，同时具备高端性与包容性，力争成为国家级区域性科技创新、科技资源集聚中心，为大连乃至东北地区在结构调整与产业升级方面发挥引领和示范作用，从而全面提升区域发展水平。大连生态科技创新城将依托于大连、面向东北、辐射东北亚，形成一个科技创新、绿色发展的示范区；高智人才、高端产业集聚区；生态文明、宜居宜业的新城区。突出自主创新引领功能及高端服务产业的辐射功能。重点发展与引进科技研发、建筑设计、工业设计、创意产业、创新服务、教育培训、金融商务等智慧型、高端与高附加值产业，打造具有国际先进水准的产业集群。

2. 战略性新兴产业实现集聚式发展态势

2010 年，通过国家高技术产业基地建设步伐稳步推进，大连市的战略性新兴产业初步实现了集聚式发展态势。2010 年，大连国家高技术服务业基地获批。自此，大连同时拥有"软件产业"、"软件出口"、"新材料"、"信息产业"、"高技术服务业"等五个国家高技术产业基地。

大连国家高技术服务业基地申报工作在 2010 年开展，已于 2010 年 10 月在深圳高交会期间获得国家发展改革委授牌。高技术服务业基地核心区位于"大连生态科技创新城"，"大连生态科技创新城"秉承"大公园、新城市"的理念，将产业定位是以绿色化、高端化为方向，重点引进国内外著名企业研发中心、著名设计公司、重点科研院所和重点大学的研发机构、各类新技术新产品开发中心、科技成果转化和中介服务机构，大力发展工业设计、研发与专业教育、专业性信息技术服务、专业技术与商务服务、金融与产业投资、可持续发展与生态技术研发等产业和企业总部经济，打造具有世界先进水平的集群创新型城市。依托大连市在高技术服务产业领域的雄厚基础，随着基地的建设，大连的高技术服务业将在"十二五"期间得到迅猛发展。

"十一五"以来，大连市高技术产业紧密围绕依靠科技进步和创新，以构建转变经济增长方式的技术支撑体系为重点，通过推进产业集群发展、创新平台建设，有效地促进了软件及信息服务、集成电路、光电子、生物医药、新材料、新能源、现代农业等高技术产业发展。

依托国家软件产业基地、国家软件出口基地及国际信息产业基地，重点推进了旅顺南路软件产业带和大东沟服务外包基地建设，目前，大连初步形成了以旅顺南路软件产业带为依托的软件和服务外包产业集群，汇集了众多软件外包、产品研发和系统集成企业，产业规模由1998年的2亿元迅速扩张到2009年的400亿元，年均增长高达61.9%；大连英特尔项目于2010年10月26日正式投产，以其为依托，拉动以SEMI组团引进的半导体设备材料产业项目及相关上下游产业的发展，通过完善集成电路设计、制造、测试、应用等产业链条，发挥产业集聚效应，建立和完善技术创新体系，实现产业由外延型向内涵型、由加工制造为主向产业价值链全面延伸的转变。

新材料产业发展迅猛，依托国家新材料产业基地，以辽宁"五点一线"沿海经济带的重要一点——花园口经济区为核心区，向旅顺北路产业带、大连开发区、登沙河临港工业区、大连高新园区辐射的大连沿海新材料产业带，重点发展特种功能材料、特种纤维及复合材料、膜及新型催化剂等产业，力图打造东北地区最大的新材料产业基地。作为基地核心区，花园口经济区目前已吸纳大连融德航天航空动力合金特种材料项目、台湾丽昌新材料有限公司的先进碳材料项目、大连合生科技开发有限公司双金属复合管项目等20个新材料项目落户，已成为吸引国内外投资、发展新材料产业的重要聚集区。

生物产业2010年实现产值260亿元，增长22%，已初步形成以生物医药、生物农业（主要为海产品养殖）为主体，生物制造、生物环保、生物能源等领域推进发展的产业格局。在实现产业有序发展的同时，大力推广生物修复技术的应用及生物产业领域公共技术服务平台的建设，保障了海洋等生物资源、生物领域前沿技术、前沿人才的可持续供给，奠定了"十二五"生物产业跨越式发展的基础。

3. 区域创新体系逐步完善

"十一五"期间，大连市通过组织实施一系列创新能力建设项目，在电子信息、先进装备制造、新材料、新能源、生物医药、海洋等领域形成了逐步完善的区域创新体系，为大连市战略性新兴产业发展、国家创新型城市建设、高技术产业发展提供了强劲的原动力。

"十一五"期间实施国家级创新能力建设项目11项。其中国家工程研究中心3项、国家级技术转移中心1项、国家认定企业技术中心创新能力建设项目7项。通过项目的建设对提升行业和企业的创新能力起到了很大的促进作用。目前，大连市国家级企业技术中心开发费支出额占销售收入的比重都高于3%。大连市八十多家大中型工业企业都不同程度地开展了CAD、CAM、CIMS等信息技术应用，建立了企业MIS系统，用信息化带动工业化的进步和发展。如中国华录的数字光盘产业光头、驱动器关键技术的研发平台建设，使得中国华录的新产品开发数量从2003年的91种提高到2010年的200余种，其主要产品游戏机芯、刻录机、蓝光DVD在金融危机的形式下均依然保持较稳定的生产，其中华录自身拥有音频和视频国家标准的蓝光DVD在市场中体现了突出的抗金融危机能力，依托自主知识产权和自主创新技术的关键产品展示出了强大的生命力。

"十一五"期间实施省、市级创新能力建设项目70项，其中2010年实施市级工程研究中心、市级工程实验室项目20项。项目依据《大连市工程研究中心管理办法》和《大连市工程实验室管理办法》,在电子信息、生物、新能源、新材料、先进制造、海洋等领域组织实施。通过这些创新能力建设项目的实施,为提高大连市产业自主创新能力和核心竞争力,突破产业结构调整和重点产业发展中的关键技术装备制约,强化对国家、省、市重大战略任务、重点工程的技术支撑和保障发挥至关重要的作用。如大连华信作为大连市软件和服务外包领军企业,通过建设嵌入式软件工程研究中心和软件可靠性工程实验室,企业自身外包能力得到了显著增强,已摆脱对外方的严重依赖,并获得了发包方的广泛信任,2010 年以来企业业绩在业界普遍下滑的时候继续取得较快增长势头;大连光洋科技通过大连市数控系统工程研究中心建设,使其高档数控系统的研发和工程化能力大大提高,开发出的 11 轴 5 联动立式铣车复合加工中心、14 轴 5 联动卧式车铣复合加工中心等数控系统已初步替代国外同类产品。此外光洋科技研制的基于 Windows 系统下的实时控制系统和正余弦插值与数字化电子设备对于提升计算机控制系统的性能、打破国外 500 倍以上细分器产品对华封锁的局面具有重要意义。新源动力自承担燃料电池国家工程研究中心项目建设以来,在燃料电池实现在汽车上的商用方面做了大量的工作,在产品的可靠性、寿命及成本等制约燃料电池产业化发展的关键瓶颈技术进行了重点攻关并取得多项突破,其产品在北京奥运会等国家重大活动中成功示范运行;公司与上汽集团合作开展了燃料电池产品的商业化生产,在 2010 年上海世博会上大量装备了其生产的燃料电池汽车。

2010 年全面启动大连生态科技创新城建设,推进中科院大连科技创新园"九通一平"等基础设施建设。国家级科技企业孵化器发展到 10 家,占全省 53%,居东北之首。发展壮大风电、重大装备轴承、半导体照明、数控机床、太阳能光伏等 8 个产业技术创新联盟,推进重点产业和新兴产业关键核心技术研发与产业化。全年规模以上工业企业新产品开发 2 650 余项,比 2009 年增长 20%。重工·起重在国内率先成功研制 5 兆瓦海陆两用风电机组样机,国内首台、具有自主知识产权的一重大连百万千瓦级核反应堆压力容器发运,中远船务建造的国内首条深水钻井船顺利下水,大橡塑研制的国内首台 20 万吨大型挤压造粒机组试车成功。连城科技开发的硅太阳能电池板多线切割机打破国外技术垄断并实现产业化,天维科技研发的具有国内领先水平的数字高清终端播放系统成功应用于中国网络电视台。

4. 大连市统一的电子政务建设步入正轨

大连市统一的电子政务外网和内网建设工作已顺利开展,通过有重点的选择条件成熟的、急需的、有利于扩大信息化应用市场的电子政务数据库和应用系统的建设,提高了大连市电子政务建设水平。根据市政府领导指示,2010 年电子政务建设工作的指导思想是总结大连市电子政务建设经验,研究大连市电子政务建设新的模式。2010 年完成的主要工作有:进一步完善电子政务外网统一平台建设一期工程,依托电子政务统一平台,建设三大基础数据库,提升大连市电子政务应用水平;充分整合各部门应用系统,重点推进电子监察、网上行政审批等电子政务重要应用工作;按国家要求完成应急指挥平台建设项目。

5. 存在的问题

（1）区域创新及经济发展的"头雁"作用不强：大连经济总量目前仅占东北地区的13.7%，而深圳约占珠三角的26%，上海占长三角的25%，天津占京津冀的21%。所以，如果放眼于整个东北地区，目前的大连还够不上"头雁"。同时，大连的创新能力和创新成果对东北地区的辐射和带动作用更显不足。

（2）产业链高端环节缺乏：目前大连的制造业基本处于价值链的低端。尽管软件和服务外包产业发展十分迅速，但是从全球范围看，大连的软件和服务外包产业发展整体上处于产业价值链的中下游环节，利润高的两端都在境外。

（3）产业聚集度有待进一步提升：虽然近年来大连市在石化、船舶、装备制造、电子信息和软件等领域逐步形成了具有一定优势和市场竞争力的产业聚集区，但与国内外一些发达地区相比，大连市现代产业聚集区建设还存在一些亟待解决的主要问题，如：规划滞后、布局分散、功能不完善、聚集效应较低等。大连的现代产业聚集区建设尚处于初级发展阶段，还没有形成以分工协作为基础的有机联系、有机组合的产业组织链条。

（4）创业投资体系不健全：当前，大连市企业融资渠道比较单一，大多数依靠创业人员自筹资金帮助企业发展，能够并且已经通过银行贷款、资本市场、风险投资等方式融资的企业较少；其次，这些企业在创业之初通常不占有大量的固定资产，难以获得抵押贷款；第三，中小企业实力不强，能通过上市获得融资的很少；最后，风险投资体系的不完善阻碍了创业企业通过风险投资方式获得资金。

二、2011年高技术产业发展思路

2011年高技术产业的发展思路是：以"十二五"规划为指导，全面落实科学发展观，贯彻实施国家自主创新战略，进一步解放思想，以更加强烈的改革意识，以更加进取的开放理念，以更加开阔的国际视野，创新发展方式，广聚创新资源，优化创新环境，提高创新能力，在创新中转型、在转型中跃升，促进经济、社会、文化全面创新，增强城市综合实力。按照目前大连市高技术产业发展态势，结合"十二五"规划目标，2011年大连市高新技术产业增加值预期1 760亿元，增长28%左右，其中规模以上工业企业高新技术产品增加值预期1 130亿元，增长24%左右。

2011年高技术产业发展工作主要围绕六方面开展。一是会同有关部门，着力推进创新型城市建设工作；二是落实《大连市战略性新兴产业发展规划》，主要手段有：优化产业布局，设立新兴产业创业投资基金；三是积极推进国家高技术产业基地建设工作，争取国家项目支持，做好地方高技术产业化项目；四是继续推进产业自主创新能力建设工作，完善区域创新体系；五是重点推进电子政务外网、内网统一平台建设，做好信息资源的整合和利用。

1. 推进创新型城市建设

根据《大连市创建国家创新型城市总体规划》及《大连市创建国家创新型城市规划

实施方案》，以创新型城市重点工程"大连生态科技创新城"建设为重要落脚点，全面开展试点工作；另科技部 2010 年于国家发改委后也批复大连建设国家创新型城市，2011 年拟联合市科技局等部门抓好此项工作的落实。

2. 推进设立新兴产业创业投资基金

积极跟踪上报国家发改委的三只创投基金，督促有关单位尽快落实基金设立的相关条件，争取获得国家扶持。同时，2011 年要在总结前期创投基金工作经验的基础上，加强与有关部门的合作，继续开展国家新兴产业创投基金设立和管理工作。

3. 推进高技术产业基地建设

要继续推进软件产业、软件出口、新材料、信息产业、高技术服务业等国家高技术产业基地建设。要建立健全基地管理机构，强化对基地的规范管理。2011 年重点推进高技术服务业基地 1.35 平方公里核心起步区建设，完成 10 万平方米产业楼、36 万平方米住宅及商务配套，并正式投入使用。核心起步区将发挥生态科技创新城样板作用，大力发展低碳经济、采用节能建筑与基础设施，探索具有大连特色的新城发展模式，营造良好软环境，使之成为具有引领作用的大连生态科技创新城示范工程。

4. 推进自主创新能力建设

继续围绕国家高技术产业基地及具有产业优势的高技术产业领域，建设一批工程研究中心、工程实验室、企业技术中心及公共技术服务平台，创建以企业为主体、市场为导向、产学研相结合的技术创新体系。重点支持国家认定企业技术中心创新能力建设，突破产业结构调整和重点产业发展中的关键技术装备制约，强化对国家、省、市重大战略任务、重点工程的技术支撑和保障发挥至关重要的作用。要全面推进国家地方联合共建创新能力项目建设工作。以突出大连地方特色和优势及体现国家级水平为目标，组织好国家地方联合工程研究中心和实验室项目申报工作。

5. 推进电子政务统一平台建设

为解决大连市电子政务建设资金投入大、资源利用率低、运维管理成本高、资源开发利用少、安全水平参差不齐等问题。在目前统一硬件和网络平台的基础上，落实《大连市政务应用系统统一建设规划》，在应用系统统一平台的基础上，开展各部门政务部门电子政务前期工作。

大连市发展和改革委员会

2010 年青岛市高技术产业发展情况与展望

2010 年，面对复杂的发展环境，青岛以科学发展观为指导，以转方式调结构为主线，抢抓蓝色经济区和高端产业集聚区建设机遇，大力推进自主创新，加快创新型城市建设，实施新兴产业创投计划，加快战略性新兴产业培育，积极争取国家电子商务示范城市，着力提高信息化水平，推动青岛市高技术产业实现健康快速发展。2010 年青岛市高新技术产业产值实现 5 573 亿元，同比增长 22.6%，占规模以上工业总产值的比重达到 47.01%。1—12 月，青岛市高新技术产品进出口总额 65.83 亿美元，同比增长 28.4%；其中出口 32.52 亿美元，同比增长 18.7%，进口 33.31 亿美元，同比增长 39.5%，高新技术产品出口与进口均实现持续稳定增长。

一、2010 年高技术产业发展的特点

（一）自主创新能力进一步提高

2010 年初，青岛成为国家创新型试点城市和首个国家技术创新工程试点城市，自主创新成为青岛市发展的主导战略，并明确了在全国率先建成创新型城市的目标，创新型城市建设加快推进。2010 年青岛市研发投入 125 亿元，占 GDP 的比重达到 2.2%。

（1）公共创新平台建设获新进展。新增青岛啤酒、海洋化工院 2 家国家重点实验室，总数达到 5 家，位居全国同类城市首位；海尔、南车国家工程实验室加快推进，积极争取国家轮胎先进装备和关键材料工程实验室；国家生物产业基地一期医药中试中心建成并投入使用；组建市工业技术研究院，启动与兰州大学、中联科伟达、哈工大产业化中试开发平台共建工作。

（2）企业创新能力建设获新突破。企业技术创新体系建设取得新进展，新增青建集

团、康大外贸、海利尔药业3家国家级企业技术中心，总数达到20家，稳居计划单列市首位；同时，青岛国家级企业技术中心运行质量也走在全国前列，高于国家平均水平。截至2010年底，青岛市拥有市级以上企业技术中心达220家，较"十五"末，增长45%。

（3）大型科研院所引进力度加大。中科院光电院青岛研发基地科研大厦主体封顶，中科院兰化所青岛研发基地动工建设，中科院能源科技与技术中心完成规划设计论证，产业技术育成中心揭牌成立，中科院软件所、中科院煤化所研发基地合作备忘录签署，中科院生物能源所与美国波音公司研发中心、香港大学工程学院签署科技合作备忘录，AMD公司与青岛市政府签署战略合作备忘录。

（4）人才强市战略实施步伐加快。实施《青岛市中长期人才发展规划纲要（2010—2020）》，新引进生物医药、仿真与模拟、激光探测等领域10个创新团队，新增高端人才140人，其中国家千人计划1人，中科院百人计划9人。海尔国家海外高层次人才创新创业基地加快建设，高新区和青岛海洋科技国家实验室入选省海外高层次人才创新创业基地。截至2010年底，青岛拥有国家级创新型科技人才达到983人。

（5）知识产权战略实施推向深入。全面实施《青岛市知识产权战略纲要》，研究建立推进知识产权工作协调机制，深入开展知识产权维权保护工作，实施中小企业知识产权战略推进工程和专利创造倍增计划，搭建专利展示交易平台，推进知识产权商品化和产业化。2010年，青岛市专利申请量10 735件，同比增长22.6%；专利授权量6 796件，同比增长53.3%，其中发明专利765件，同比增长38.5%。

（二）战略性新兴产业初具规模

青岛市将培育和发展战略性新兴产业作为转方式调结构，增强城市核心竞争力的重要举措，及早部署，确定"十二五"及今后一个时期要大力发展新一代信息技术等七大战略性新兴产业，并制定相关促进措施，加快发展。战略性新兴产业已初具规模：

（1）战略性新兴产业发展独具特色。新能源产业布局已现雏形，在风能、生物质能、太阳能利用装备等方面已初具规模；新材料产业领域相对集中，新型高分子材料产值占整个新材料产值的70%，LED价值链高端外延片生长技术与设备、芯片制造与封装技术实现重大突破；国家生物产业基地建设成效突出而且特色鲜明，产业规模不断壮大；高端装备制造方面，形成年产高速动车组200列、城轨车辆1 000辆、高档客车或内燃动车组300辆的能力；信息技术产业基础雄厚，物联网和RFID技术研究与应用走在全国前列。

（2）实施战略性新兴产业创投计划。设立市级创业投资引导基金，总规模5亿元，成立了专门引导基金管理机构，事业性质。完成新一轮国家参股创投基金评选工作，遴选出海尔电子信息等多只基金上报国家争取中央财政资金参股。启动第一批市级创业投资引导基金参股征集工作。积极承办了全国高技术产业发展系统创业投资基金工作培训班。专设机构规范基金运作，开创了创业投资发展工作新局面，在2011年全国高技术产业发展工作会议交流经验。

（3）新兴产业创新园区建设加快推进。完成高新区胶州湾北部园区区域整合，实现园区内统一规划建设管理，推动高新区招商效率大幅提高，仅 2010 年上半年就新引进生物医药、先进装备制造等领域的新兴产业项目 22 个，总投资达到 156 亿元，协议投资额是 2009 年的 2.5 倍，新兴产业和高端产业集聚速度明显加快，推动高新区成为国家创新型科技园区。编制完成高新区科技创新创业体系建设规划，高新区成为青岛市战略性新兴产业重要集聚区。

（三）信息化建设水平不断提高

2010 年，青岛市重点推进国家电子商务示范城市建设和高技术服务业发展，电子商务和高技术服务业发展的支撑体系和环境建设不断完善。青岛成为国家"三网融合"试点城市，标志青岛市信息化建设上新台阶。

（1）积极打造国家电子商务示范城市。围绕创建国家电子商务示范城市，制定了《青岛市创建国家电子商务示范城市工作方案》上报国家。同时，积极参与了国家发展改革委组织的电子商务示范城市若干问题课题研究，为争创试点工作奠定坚实的基础。开展青岛·阿里巴巴中小企业电子商务工程，截至 2010 年底，新增中小企业用户 566 家，青岛电子商务专区内企业总数达到 409 924 家，总浏览量超过 1 167 万次，日均超过 19 万次。实施物流信息化试点示范项目，开展旅游电子商务网站标准化创建工作。

（2）高技术服务业发展重点日益突出。信息服务业成为青岛高技术服务业发展重点，基础条件不断完善，中国联通"云计算"基地落户青岛，中国联通北方数据中心和东北亚数据中心加快建设；海洋科技服务优势日益明显，国内最大的海洋高性能科学计算与系统仿真平台主体完工，海洋数据共享与服务平台建设更加完善；中联 2.5 产业园、动漫产业园等一批创意产业园区产业集聚效应显现，青岛市建成或在建文化创意产业重大项目 20 余项，总投资超过 236 亿元；青岛市软件和研发设计服务产业规模不断扩大，2010 年完成软件业务收入 212 亿元，同比增长 92%。

（3）"两化"融合试验区建设加快推进。成为全国 8 个"两化"融合试验区之一，制定两化融合试验区实施方案，在推广行业信息化优秀解决方案和推动企业信息服务部门剥离并发展成为行业信息技术服务商等试点方面取得初步进展，青岛高校信息产业有限公司企业智能动态能源管控等系统在青岛市 15 户企业推广，青岛创纬信息科技有限公司自主知识产权的 C3 企业信息化系统在全国 8 个纺织服装企业推广。强化工业信息化运行形势监测企业遴选工作，截至 2010 年底已有 40 家企业完成国家监测网站注册工作。

（4）"三网融合"示范城市建设步伐加快。成为全国"三网融合"试点城市，政务网进社区全面普及，实现从市、区（市）、街镇、社村（重点村）的四级全面互联；城市社区信息化建设初见成效，四方区完成国家城市社区信息化试点任务，开通居民服务热线；民政通系统走进家庭，成为"三网融合"技术和物联网技术应用示范；农村网络基础设施建设稳步提高，农业信息体系基本框架搭建完成；青岛市基本实现 3G 网络无缝覆盖，"无线城市"支撑网络与应用体系初步构建。设立物联网专项资金，编制出台了《青岛市物联网应用和产业发展规划（2010—2015）》。

（四）海洋高技术产业加快发展

在山东半岛蓝色经济区上升为国家战略之际，围绕半岛蓝色经济区和高端产业集聚区建设，青岛充分发挥在海洋资源、海洋科研、海洋产业等方面的优势，加快海洋创新平台建设，积极打造海洋高技术产业基地，推动海洋经济加快发展。2010年，青岛市海洋产业完成产值1 550亿元，实现增加值550亿元。

（1）海洋重大创新平台建设获新突破。青岛海洋科学与技术国家实验室加快推进，综合楼及高性能科学计算与系统仿真平台完成主体封顶。科考船和深潜基地项目加快建设，青岛国家海洋能综合实验基地筹建工作全面启动，省船舶工程设计研究院引进进展顺利，中船重工七一〇所引进工作取得阶段性进展，签署共建备忘录，天津大学"青岛海天船舶设计研究院"完成规划设计。海洋工程腐蚀与控制工程技术中心正式挂牌成立，省海仪所成为国家首批海洋高技术领域成果产业化基地。

（2）海洋高技术产业发展呈现新面貌。围绕争创国家海洋高技术产业基地，青岛已构建较为完善的蓝色经济产业体系，海洋工程装备和海洋生物医药成为主要增长点。武船重工海洋工程、中石油海洋工程、扬帆造船等项目竣工投产，中石化LNG项目开工建设，深海装备试验监测基地加快建设；海水淡化工程装备形成自主技术，海水利用等示范工程达到国家领先水平；国家海洋生物产业基地一期项目竣工，高新区蓝色生物医药产业园、中德生态园开工建设；鳌山海洋科技创新及产业发展示范区交通框架初步形成。董家口港区总体规划获国家批准，完成基础设施投资100多亿元，入驻项目总投资额达到300亿元。

二、存在问题

（1）全社会研发投入尚需引导加大。青岛企业科技活动经费支出占销售收入的比重以及全社会研发投入占GDP的比重，与上海、深圳、苏州等城市相比尚有差距，企业拥有的知识产权数量偏低，2010年发明专利授权量只占授权专利总量的10.6%。自主创新能力建设的协调发展机制尚未形成，对科教、经济、社会、文化等领域创新资源缺少有效统筹。

（2）战略性新兴产业规模亟待提高。青岛战略性新兴产业发展尚处于起步阶段，新兴产业竞争优势不明显，具有强大核心竞争力的产业不多，战略性新兴产业规模较小；同时，海洋等科研优势未能有效转化为产业优势；发展战略性新兴产业的投融资体制不完善，创业投资规模不足，产业领军人才缺乏，高端人才数量不足等问题亟待解决。

（3）城市信息化发展环境尚需优化。"三网融合"在内容管理、核心网、传输接入、平台终端等方面缺乏统一标准，"三网融合"标准体系亟待完善；电子商务的法律环境、诚信监管体系有待建立健全，企业电子商务管理成本较高，缺乏更加完善的鼓励政策；城市创新和信息化缺少法律保障，法律保障机制亟待建立健全。

三、未来展望

1. 发展形势

党的十七届五中全会指出，"十二五"时期我国发展仍处于可以大有作为的战略机遇期。2011年是"十二五"开局之年,随着扩内需等政策的深入实施和效应显现,青岛市经济社会发展必将延续快速健康发展态势,但是与节能减排约束性指标产生矛盾,加快经济发展方式转变和产业结构调整成为青岛市经济发展工作主线。进一步加大研发投入,大力推进自主创新,重点发展战略性新兴产业和高技术产业,抢占经济科技竞争制高点,培育青岛发展新优势,成为今年青岛加快经济发展方式转变的重要突破点。因此,要深刻认识并准确把握国内外形势的新变化和新特点,抢抓重大战略机遇期,密切关注国家政策导向,加快战略性新兴产业发展。

2. 工作思路

2011年,青岛将以十七届五中全会和中央经济工作会议精神为指导,深入落实全国发展改革工作会议和全国高技术产业发展工作会议精神,以科学发展观为主题,以转方式调结构为主线,结合青岛市"十二五"国民经济和社会发展规划及有关专项规划的实施,加强政策和热点问题研究,出台加快培育和发展战略性新兴产业的实施意见,着力培育新一代信息等七大战略性新兴产业;完善城市创新体系,大力推进自主创新,加快创新型城市建设;加快推进国家生物产业基地建设,加快发展蓝色经济和高端产业,积极争创国家电子商务示范城市和高技术服务业基地城市;加快实施新兴产业创投计划,支持创业投资企业发展,推动青岛市高技术产业实现更高水平发展。

3. 重点工作

(1)加快推动国家创新型城市建设。实施创新型城市建设专项规划,加快推进国家海洋科技实验室、国家生物产业基地公共服务平台、高新区蓝色生物医药孵化中心等公共服务平台项目建设,提高行业公共服务能力;继续加快海尔、南车国家工程实验室建设,争取轮胎先进装备与关键材料国家工程实验室获得国家批复。巩固企业技术创新能力建设,推动产业链条整体创新,实施一批创新工程和示范项目,引领提高城市创新能力水平。

(2)加快培育壮大战略性新兴产业。实施青岛市"十二五"战略性新兴产业发展规划,制定发布《青岛市加快培育和发展战略性新兴产业的实施意见》,研究培育和发展战略性新兴产业考核机制。充分利用国家在战略性新兴产业等方面的优惠政策,重点发展新能源、新材料、新一代信息技术、生物等七大新兴产业。推进新型半导体照明显示产业基地、生物寡糖制剂、异戊橡胶等一批新兴产业项目。

(3)加快创建国家电子商务示范城市。实施青岛市电子商务发展规划,制定《青岛市创建国家电子商务示范城市实施方案》,争创国家电子商务示范城市。实施商贸流通、物流、旅游等服务业电子商务示范工程建设;探索适合的电子商务发展途径,推动建设以"信用青岛"为核心的电子商务诚信体系,形成具有青岛特色的电子商务应用和服务模式;积极推动移动电子商务、数字家庭、数字家政服务等创新服务,推进电子商务惠民工程。

(4)深入实施新兴产业创业投资计划。研究支持创业投资发展的扶持政策,完善运行监管办法,建立市级创业投资项目库,充分发挥市级创业投资引导基金的功能和作用,争取引导基金参股设立子基金 3~5 只，推动青岛市创业投资规模进一步扩大，拓宽战略性新兴产业融资渠道。密切跟踪国家发改委国家参股创投基金设立进程，提前做好基金组建筹备工作，推动国家参股创投基金尽快运行。

（5）加快推进国家高技术产业基地建设。继续推进国家级生物产业基地建设，加快生物产业公共创新服务平台建设。组织研究高技术服务业和海洋高技术产业发展战略、政策和重点发展方向，实施"十二五"高技术服务业和海洋高技术产业基地发展规划，争创国家高技术服务业基地和国家海洋高技术基地。

4. 建议措施

（1）尽快出台支持新兴产业发展的政策措施。制定实施培育和发展战略性新兴产业的配套政策措施，制定出台战略性新兴产业发展指导目录，建立新兴产业指标体系，研究鼓励和引导民间资本进入战略性新兴产业的具体措施，尽快开展新一轮国家创投基金试点工作。

（2）制定出台支持海洋高技术产业发展的措施。研究制定支持海洋高技术产业发展的政策措施，加快蓝色经济创新平台建设，提高蓝色经济自主创新能力，建立国家级海洋科技成果交易中心，支持国家海洋高技术产业基地建设。

青岛市发展和改革委员会

36

2010年宁波市高技术产业发展情况与展望

一、2010年高技术产业发展情况

2010年，宁波市高技术工作认真贯彻全国高技术产业发展工作会议精神，着力加强科技创新体系建设，营造良好的科技创新环境，大力培育发展战略性新兴产业，宁波市高技术工作和信息化工作继续保持平稳较快发展的良好态势。

1. 区域创新能力不断提升

2010年，宁波市通过科技部验收，被确定为全国首批国家创新型试点城市。全年新增国家级企业技术中心1家、省级高新技术企业研发中心32家、省级企业工程（技术）中心8家，新组建产学研技术创新联盟2个。培育市级重点实验室3家、市级企业工程（技术）中心78家，引进共建技术研发机构34家。2010年，专利申请量26 399件，增长16.4%，其中发明专利申请2 859件，增长5.4%；专利授权量达到25 971件，增长64.1%，其中发明1 209件，增长50.7%。顺泽橡胶公司承担的国际科技合作项目"优质丁腈橡胶大规模生产整套工艺的引进"项目获科技部经费支持1 018万元。宁波市企业牵头完成的"大功率中速船用柴油机关键技术研究及产业化"、"核电站密封新技术、新产品及应用"等2项成果获得国家科技进步二等奖；24项成果获得省科技进步奖，其中市农科院完成的"甬粳2号A及所配籼粳杂交晚稻新组合选育及产业化"项目获省科技进步一等奖。

2. 高技术产业快速发展

据市统计局统计，2010年，宁波市高新技术产品产值达2 119.03亿元，同比增长55.42%，其中：电子与信息产业、先进制造、新材料等三领域高新技术产品产值分别占高新技术产品产值的 21.88%、23.73% 和 33.49%。高新技术产业产品产值占规模以上工业总值的比例为 21.88%。新培育国家级创新型试点企业 1 家和国家级创新型企业 2 家，新培育 6 家省级创新型试点企业，新增 22 家经科技部批复成为高新技术企业。

3. 电子信息产业和信息服务业快速发展

2010 年宁波市电子信息产业产值 1 549 亿元，其中电子产品制造业规模以上企业实现工业总产值 1 341 亿，比去年同期增长 30%，软件产业实现业务收入超过 100 亿，同比增长 38%，信息服务业主营业务收入达到 108 亿元，同步增长 5%。电子信息制造企业实力进一步增强，11 家企业入围 2010 年浙江省电子信息产品制造业 30 强，4 家企业入围浙江省信息产业外贸出口 10 强。

为加快推进宁波市信息化建设和电子商务发展，宁波市积极筹备"信息化与城市发展"的上海世博会首个主题论坛，出台《关于迎接中国 2010 年上海世博会加快推进宁波市信息化重大工程建设的实施意见》，组织实施 81890 求助服务中心拓展、市民卡、信息亭、数字口岸、宁波港信息化、数字乡村和农村综合信息服务站等信息化十大重点工程。市委市政府发布《关于建设宁波智慧城市的决定》，明确宁波市建设智慧城市的指导思想、基本原则和总体目标，对宁波市今后一个时期内的智慧城市建设作出了重要部署。智慧物流应用系统、智慧健康保障应用系统、高新区软件研发推广产业基地、杭州湾新区智慧装备和产品研发与制造基地等应用系统和智慧产业基地的建设实质性启动。

4. 创新投入不断加大

科技投入逐年增加。2009 年宁波市研究与试验发展（R&D）经费支出占 GDP 的比例 1.5%，比 2008 年提高 0.17 个百分点，2010 年宁波市 R&D 支出占 GDP 比例超过 1.6%。2010 年，宁波市财政科技投入达 22.2 亿元（其中市本级财政科技投入达 5.5 亿元，比上年增长 10%）；宁波市规模以上工业企业科技活动经费支出达 110.7 亿元，增长 32.4%。在加大市、区两级财政科技投入的同时，宁波市充分利用国家政策，积极争取国家支持。2010 年共争取国家科技经费支持 3.14 亿元，约占整个"十一五"的 45%。

5. 国家高技术产业化项目管理成绩显著

2010 年，宁波市获得国家发改委批复的产业振兴和高技术产业化项目共计 14 项，补助资金 7 000 万元。其中：中国科学院宁波材料技术和工程研究所磁性材料科技创新服务平台等 7 个关键产业领域自主创新及高技术产业化专项项目获得国家补助资金 2 900 万元；慈溪市双爱实业有限公司年产 8 000 套集成电路各向异性导电胶检测治具项目等 4 个 2010 年产业振兴项目获得国家补助资金 2 000 万元；宁波博一格数码科技有限公司年产 30 万台地面数字电视一体机建设项目获得国家补助资金 800 万元；博威集团和宁波方太技术中心创新能力建设项目获得国家补助资金 1 300 万元。宁波太阳能电源有限公司太阳能电池及组件高技术产业化示范工程、宁波立立电子股份有限公司高技术产业化示范工程、宁波康强电子股份有限公司集成电路引线框架生产线升级扩建项目、宁波升谱光电半导体有限公司大功率高亮度 LED 产业化项目等 4 个项目被国家发改委授予国家高技术产业化示范工程。另外，宁波比亚迪半导体有限公司年产60万片6吋新型电力电子用半导体器件产业化项目已通过国家发改委组织的初审、答辩，现进入批复程序，预计可获国家补助资金1 500万元。

2010年，宁波市获得国家高技术产业化发展项目共计34项，项目总投资42.7亿元，均能严格按照国家批复的内容和要求组织实施，项目进展顺利。截至目前，已到位资金34亿元，占投资总额的79.6%；已完成投资30.7亿元，占投资总额的71.9%。其中7个项目建成完工并通过项目竣工验收，4个项目已具备竣工验收条件，正在抓紧组织验收，其他在建的23个项目均按照国家发改委批复的内容和要求组织实施。

6. 战略性新兴产业加快培育

为加快培育和发展宁波市战略性新兴产业，根据区域要素资源结构特点、经济发展阶段、产业结构现状和市场发展需求，确定新材料、新能源、新装备、新一代电子信息技术、海洋高技术、节能环保、生命健康、创意设计等八大产业为近期宁波市优先发展的战略性新兴产业，组织开展八个专项规划编制。《宁波市加快培育发展战略性新兴产业的实施意见》基本形成，总体目标是：力争到2015年，宁波市战略性新兴产业形成快速发展、协调推进的基本格局，全社会研究与试验发展经费支出占地区生产总值的比重达到2.5%，战略性新兴产业总产值6 000亿元以上，占工业总产值的比重达到30%，增加值率高于同期工业平均水平5个百分点，新材料、新一代信息技术、新能源、新装备产业成为支柱产业。

7. 存在的主要问题

（1）区域技术创新水平仍然较低。与同类城市相比，仍然处在一个相对落后的地位。大部分企业技术创新水平较低，自身研发能力较弱，技术储备不足。2010年，宁波市授权发明专利占全部授权专利比例为4.65%，低于全国（10.77%）、全省（5.59%）的平均水平。

（2）全社会科技投入相对不足。2009年宁波市全社会研究与试验发展（R&D）经费支出占GDP的比例虽达到1.5%，但仍低于全省（1.73%）、全国（1.70%）的平均水平，与同类城市比也有不少差距。

（3）科技服务业发展滞后。总体规模小，服务能力和水平处于较低层次，特别缺乏产业技术需求分析、技术咨询评估、技术转移服务、企业技术创新战略咨询等较高层次的科技创新服务机构。

二、2011年高技术产业发展展望

1. 着力推进国家创新型试点城市建设

研究制定宁波市建设国家创新型试点城市的监督考评方案，加强有关指标的分析研究。制订和实施创新型城市发展规划和相关配套政策措施，重点推进市及县（市）区建立财政科技经费支出稳定增长机制，确保财政科技投入增长幅度高于同级财政经常性收入增长幅度3个百分点以上。力争2011年授权发明专利达到1 300件；实施重大关键共性技术攻关40项，引进高新技术350项，开发市级以上新产品2 000项；新增市级以上企业工程技术中心 50 家，引进共建技术研发机构 25 家，新建技术创新公共服务平台 5 家，组建产学研技术创新战略联盟 2 个。

2. 着力推进高新技术企业产业集聚升级

扶持科技型中小企业发展，加大对企业创新的政府财政支持力度，引导中小型科技企业创新发展。抓好高新技术企业、科技型企业认定和管理，积极引进高端制造业、服务业企业，优化创新高新技术产业发展环境。加大新兴产业和新产品开发的扶持力度，积极培育新的经济增长点。依托宁波市的国家火炬计划特色产业基地、国家高技术产业基地等政策、土地、产业集聚等优势，推进产业基地建设。2011 年力争 R&D 经费支出占 GDP 比重超过 1.7%（力争达到 1.8%），争取认定高新技术企业 50 家，培育创新型企业 30 家、专利示范企业 30 家，力争高新技术产品产值超过 2 250 亿元。

3. 积极争创国家电子商务示范城市

宁波市已经编制完成了《宁波市电子商务示范城市建设规划》并上报国家发改委，积极争取国家认定。2011 年，宁波将规划建设一批电子商务工程项目，加快构建泛在化的信息网络，积极推进"三网融合"，建立完善信息安全监管体系，加快网络数据中心建设，争取早日进入国家电子商务示范城市行列。

4. 加快培育和发展宁波市战略性新兴产业

批准发布《宁波市加快培育和发展战略性新兴产业的实施意见》及相关专项规划，制订出台鼓励发展新材料、新能源、新装备和新兴服务业等产业目录。通过突破关键核心技术，集聚高端领军人才，实施重大产业项目，培育产业发展主体，搭建公共服务平台，积极促进新材料、新能源、新装备、新一代电子信息技术、海洋高技术、节能环保、生命健康、创意设计等八大新兴产业的集聚发展。

5. 建立完善创业投资体系，开展国家创业投资基金试点

深入创业投资的研究，完善《宁波市创业投资发展资金管理办法》，做好宁波市创投企业和创投基金设立相关政策的梳理。做好宁波市设立国家创业投资基金试点的前期研究、实施方案的制定、创投团队的选择以及基金相关工作。

6. 继续完善高技术项目库，做好高技术产业专项管理

一是通过宁波市战略性新兴产业八个专项规划的编制，征集一批技术领先，具有自主知识产权、产业关联度高、市场前景开阔、经济效益好，具有一定规模的高技术产业项目充实项目储备库。二是做好项目申报工作。继续做好项目筛选、推荐工作，争取更多领域、项目列入国家高技术产业化发展项目。三是加强对在建项目的管理，及时掌握项目建设进展情况，确保项目按计划执行。四是做好完工项目的竣工验收工作。

宁波市发展和改革委员会

2010 年厦门市高技术产业发展情况与展望

一、2010 年厦门市高技术产业发展情况概述

1. 总体经济指标

2010 年，厦门市高新技术企业（以下简称"高企"）数达 524 家，占全省已认定高企数 46.54%，约占全国已认定高企数的 1/60。累计实现销售收入 1 343.72 亿元，同比增长 45.92%，其中销售收入超 10 亿企业 26 家，其中销售收入超百亿企业 1 家；累计实现工业总产值 1 315.28 亿元，同比增长 45.29%，占厦门市规模以上工业总产值 35.84%；累计出口交货值 544.77 亿元，同比增长 49.79%。新认定办法实施三年以来，厦门市高企数、总收入连续增长，如图 1 所示。

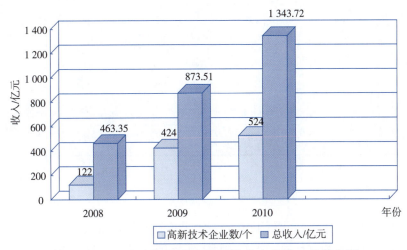

图 1　2008－2010 年厦门市高新技术企业数、总收入图

2. 各技术领域高新技术企业情况分析

电子信息技术领域的高新技术企业作为厦门市三大支柱产业之一,保持了良好的带头作用,2010年实现总收入423.58亿元,完成工业总产值406.93亿元,超10亿元企业达到7家,其中宸鸿科技总收入超百亿,同比增204%;联想移动、厦华电子总收入均超40亿元。

高新技术改造传统产业领域的高新技术企业实现总收入371.15亿元,完成总产值374.86亿元,其中厦工股份总收入超过70亿元,同比增长71%,金龙联合总收入超过50亿元、金龙旅行车和ABB开关总收入超过30亿元。

新材料技术领域的高新技术企业保持强劲发展势头,实现总收入319.11亿元,完成总产值308.15亿元,其中正新橡胶、正新海燕总收入分别超50亿元、30亿元。

生物与新医药技术领域的高新技术企业总体发展稳中有升,其中银鹭食品总收入超50亿元,同比增长53%,展现了厦门市农业龙头企业的风范,中盛粮油总收入超过10亿元;资源与环境技术领域是国家优先支持发展的重点高新技术领域,实现总收入达58.48亿元,其中节能照明企业表现出色,通士达总收入超过15亿元,同比增16%;高技术服务业是新兴的高新技术产业,实现总收入29.9亿元,其中太古飞机总收入超过20亿元,但相比2009年,这一领域有所下滑;新能源及节能技术领域的高新技术企业实现大幅增长,总收入达28.62亿元,其中巨茂光电产值超10亿元,带动了整个行业的发展(见表1)。

表1 各技术领域总体发展情况一览表

技术领域	企业数/家	本年度总收入/亿元	同比增长/%	本年度总产值/亿元	本年度出口交货值/亿元
电子信息技术	223	423.58	73.39	406.93	258.77
高新技术改造传统产业	104	371.15	38.80	374.86	86.29
新材料技术	87	319.11	45.10	308.15	105.06
生物与新医药技术	36	112.12	35.29	113.85	9.15
资源与环境技术	44	58.49	29.55	60.15	39.34
高技术服务业	12	29.94	-26.06	23.7	21.32
新能源及节能技术	17	28.62	37.82	26.94	24.84
航空航天技术	1	0.71		0.71	0
合计	524	1 343.72	45.92	1 315.29	544.77

3. 各资本形式高新技术企业情况分析

厦门外向型经济特点显著,厦门市524家高新技术企业中,三资高新技术企业181家,实现工业总产值949.81亿元,占厦门市高新技术企业总产值的72.21%。内资企业

343家，企业数占厦门市高新技术企业数的60.27%，实现总收入388.38亿元、总产值365.47亿元，占厦门市高新技术企业总产值的27.79%。

在厦台资高新技术企业发展良好。2010年，含台资成分（包括台商独资、合资及从第三地转投资等）的企业58家，实现总收入522.51亿元，占厦门市高新技术企业总收入38.89%，工业总产值518.64亿元，出口创汇45.7亿美元（见图2）。

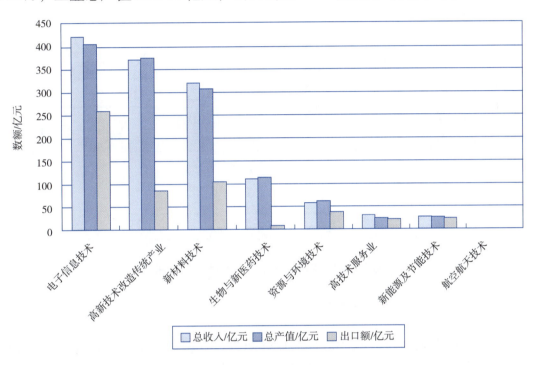

图2　各技术领域情况图

4. 各行政区域内高新技术企业情况分析

以企业注册地为统计依据，厦门市各行政区域内高新技术企业的主要经济指标如下，厦门市高新技术企业主要集中在火炬区、集美区和海沧区（见表2，图3）。

表2　各行政区域高新技术企业主要指标一览表

所属区域	企业数/家	本年总收入/亿元	同比增长/%	本年总产值/亿元	出口创汇/亿元
火炬区	195	382.01	56.04	380.58	197.62
集美区	71	331.72	38.40	327.69	93.35
海沧区	55	258.3	63.06	256.91	126.99
湖里区	71	131.35	19.26	127.42	59.2
思明区	99	115.32	55.02	95.91	48.44
同安区	24	64.98	22.62	66.71	17.23
翔安区	9	60.04	48.58	60.06	1.94
合计	524	1 343.72	45.92	1 315.28	544.77

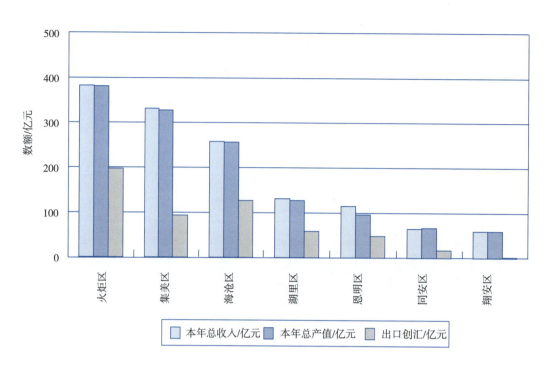

图3 各区高新技术企业主要经济指标图

5. 厦门火炬高新区经济运行情况

2010年厦门市火炬高新区经济运行呈良好态势，在厦门市工业经济发展中地位凸显。全年完成工业总产值1 298.51亿元，同比增长390亿元，增长42.85%，占厦门市工业总产值的35%，成为福建省首个工业产值上千亿元的开发区；完成固定资产投资41.43亿元，增长77.96%；地区生产总值272.94亿元，增长42.16%；出口创汇113.1亿美元，增长40.71%；合同利用外资2.82亿美元，增长24.97%；实际利用外资2.77亿美元，增长4.92%；合同利用内资23.69亿元，增长123.48%；财政总收入28.26亿元，增长36.6%；区级财政收入9.8亿元，增长40.01%。

"十一五"期间，厦门火炬高新区积极落实《国家中长期科学和技术发展规划纲要（2006—2020）》，以提升国家级高新区自主创新能力和国际竞争力为目标，坚持产业集群发展，创新要素聚集，进一步将招商引资、固定资产投资、创新创业等方面工作有机结合起来，加快经济发展方式的转变，着力发展战略性新兴产业。根据《2008—2009年中国高新技术产业开发区投资环境竞争力年度研究》报告，厦门火炬高新区以84.45分名列全国投资环境竞争力十强高新区的第4位。

5年间，高新区实现工业年总产值增长716亿元，占厦门市40%；固定资产投资204.95亿元；吸引国内外投资136.27亿元，其中外资11.17亿美元。主要工作成效体现在以下四个方面：一是产业结构清晰，光电产业得到快速发展，二是成功实施扩区，提升高新区发展竞争力，三是区域创新体系不断完善，四是形成一套优质高效的管理服务体制和机制。

二、2010 年厦门市高技术产业发展的主要特点

1. 自主创新能力不断提升，迅速摆脱金融危机影响

高新技术企业认定政策的实施，极大地推动厦门市企业自主创新能力不断提高，激励企业创造和获取核心自主知识产权，申报专利和获得专利的数量大幅度提高，特别是发明专利增长迅速。高新技术企业成为厦门市经济发展转方式的"排头兵"以及经济结构调整的"主引擎"。高新技术企业中有创新型企业 98 家，其中国家级创新型（试点）企业 12 家；工程中心 69 家，其中国家级工程中心 2 家；重点实验室 25 家，其中国家级重点实验室 3 家。厦门市的高新技术企业已基本摆脱了金融危机的影响，整体运行情况回到了金融危机前的水平。

2. 支柱产业稳健发展，新兴产业给力增长

随着厦门市打造百亿产业链工程的深入实施，厦门市原有的电子信息、化工、机械三大支柱产业逐步摆脱金融危机的冲击，保持健康蓬勃发展，以钨材料、LED、新能源汽车、生物医药等新兴产业逐步发展壮大，特别是光电显示产业已成为发展最为迅速的地区之一。数据显示，在各技术领域中，电子信息技术领域的高新技术企业总收入占高新技术企业总收入的 31.52%，同比增长 45.92%，老牌企业厦华电子、联想移动、华联电子等电子企业均表现出良好的增长。宸鸿科技（厦门）有限公司通过自主研发，其触控显示器等产品占据了市场较大份额，成为全球该领域的龙头企业，企业发展迅猛，产值突破百亿。

3. 资本市场表现活跃，更多企业成功上市

继厦华电子、东南融通、安妮股份、合兴包装、三安光电等企业之后，2010 年厦门市又有多家高新技术企业成功上市，科华恒盛、建科院、三五互联、三维丝、乾照光电、易联众等一批具有创新能力强、成为行业领头羊的高新技术企业，成功登陆 A 股创业板、中小板，展现了厦门市高新技术企业的风采；宸鸿科技则于 10 月份在台湾成功上市，目前股价高居股市前十。

三、2011 年厦门市高技术产业发展思路和主要措施

2011 年，厦门要以"推动科学发展、加快海西建设"为统领，以"建设创新型城市"为核心，以"调结构、减负担、促发展"为重点，组织资源、用足政策、创新措施、突出重点，大力推进高新技术产业发展，促进经济平稳较快发展。

（一）发展思路

（1）围绕国家创新型城市建设，增强自主创新能力。通过营造自主创新良好环境，

大力推进集成创新和引进、消化、吸收再创新,打造特色鲜明的区域创新体系。

(2) 围绕海峡西岸先进制造业基地建设,提升核心竞争力。大力发展高新技术产业、战略性新兴产业和特色产业,运用高新技术和先进适用技术改造提升传统产业,推进产业结构调整和升级,努力将厦门建设成为国内高新技术产业重要基地。

(3) 围绕新经济增长点培育,策划储备一批关系经济社会发展的重大项目。落实国务院出台的海西相关政策,在摸底统计省、市重点建设项目和主要建设项目的基础上,积极策划、生成一批高技术产业发展项目,增强经济发展后劲。

(二) 主要措施

1. 抓创新型城市建设

(1) 不断完善创新体系建设。一是加快建设对台科技合作交流基地,提升厦门服务海峡西岸的创新能力。二是加快公共技术服务平台建设,进一步做强做优现有各类科技创新研发平台和孵化器,积极引进和扶持国家研究机构、国家重点大学、跨国公司、著名央企、民企和台湾企业来厦设立研发机构,重点推动建设国家钨材料工程技术研究中心、国家半导体照明产品检测认证中心、厦门知识产权产业化基地等一批科技创新平台,办好中科院厦门城市环境研究所,加快建设厦门产业技术研究院,构建强大的城市创新体系,形成海峡西岸区域性研发中心,成为具有国内先进水平的创新型城市。三是加强海洋科技中试基地及研发平台建设,开发培育海洋药品、保健食品、海水综合利用等新兴产业,形成以海洋生物技术为核心的产业链,争取建立南方国家海洋科学技术中心,建设现代化的海洋产业开发基地。四是落实中国·海峡项目成果交易会(以下简称6·18)长效工作机制,切实发挥"6·18"平台在项目、技术、资本和人才方面的优势作用;五是建立较为完备的市级创新体系,积极争取国家级、省级工程实验室、工程中心、工程技术研究中心和企业技术中心的建设,增强产业持续发展后劲,建设创新型城市。

(2) 下大力气改善自主创新环境。一是制定实施鼓励自主创新的各项政策措施,加强高新技术企业培育和认定,全面提升知识产权创造、运用、保护和管理水平。二是大力发展高新技术服务业,运用信息化改造提升传统服务业。三是积极培育中介服务机构,吸引国内外具有一定影响力的中介服务机构来厦或在厦设立分支机构,提升厦门市技术咨询、技术转让等中介服务机构的服务水平和服务质量。四是为完善投融资环境献计献策,积极帮助解决中小企业缓解融资难问题,可尝试在确保资金不外流的前提下,允许国内、境外公司控股,或改造各类风险、担保机构,并设立中小企业发展基金。

(3) 打造创新型人才队伍。组织实施海外高层次人才、领军型创业人才引进计划,着力解决厦门市支柱产业和战略性新兴产业发展所急需的高端人才。一是创新人才引进模式。依托各区、各园区和市重大科技平台、重点企业、高等院校、科研机构等,以重大科研项目为载体,建立吸引国内外高端科技人才来厦门独立或参与开展创新创业的机制。丰富人才引进内涵,有针对性地引进一些短期高级人才。在住房待遇、配偶就业、子女就学、户口、工资关系、社会保险等方面实施灵活政策,重点引进能突破关键技术、发展高新产业、带动新兴学科的科技创新创业核心人才。二是加强人才梯队建设。以重大产业化专项、优秀学科带头人计划等人才培养工程为龙头，依托厦门大学、华侨大学、理工学院等高等院校，结合厦门市优势企业发展需求，加快培养一批具有较高水平的专家、学者和学术带头人，以此带动高层次科技人才队伍建设。三是完善人才使用制度。建立健全公开、公平、公正的人才竞争机制、激励机制，为人才创造良好的创新创业工作环境和生活条件。

2. 抓产业结构调整

（1）大力发展高新技术产业。一是推进视听通讯、钨材料、软件、半导体照明、电力电器等国家特色产业基地以及光电显示产业集群试点建设。二是充分发挥厦门火炬高新技术产业开发区作用，加快建设国家留学人员创业园、国家高新技术创业中心、国家技术转移示范基地和国家火炬计划软件产业基地。三是加强与台湾科学工业园区等交流合作，重点引进和开发液晶显示、太阳能、节能汽车、精密仪器等高附加值的新技术、新产品，打造国内高新技术产业重要基地。

（2）加快培育和发展战略性新兴产业。一是继续加大力度开展战略性新兴产业的招商引资，努力承接国际间产业整体转移，重点引进光电子、数字内容产业、生物产业链需求项目。二是有针对性地出台扶持战略性新兴产业发展的"一对一"政策，以及招商引资奖励政策。

（3）积极扶持高新技术产业化及项目成果转化。一是积极争取国家支持，组织企业申报国家高技术重大专项、科技创新计划等专项，推进企业跨越式发展。二是充分发挥省"6·18"平台功能，推进"6·18"长效工作机制，积极开展"走出去，请进来"等多种形式的专题对接活动，帮助企业提升自主创新能力，为企业寻找项目、技术、资本和人才。三是发挥市级财政资金在产业结构调整升级中的引导作用。组织实施一批高新技术产业化和科技计划项目，有重点地选择2~3个领域，有针对性地组织重大专项实施。

3. 抓重大项目策划

（1）选好招商项目。一是瞄准世界500强和国内大型央企、民企，筛选、策划一批带动性强、关联度高、效益好的能形成龙头带动作用的高新技术大项目；二是围绕做强做大产业链，提高产业竞争力，筛选、策划一批针对产业链关键环节和缺失的项目；三是围绕能形成自主知识产权，可抢占产业制高点，筛选、策划一批重大高新技术项目。

（2）发挥龙头带动作用。对接国家产业调整与振兴规划，围绕主导产业发展，针对光电产业链、电子信息产业链和光伏产业链等的薄弱环节、需求项目及技术攻关项目，提出发展思路和招商工作建议，同时，加大友达等大项目配套企业的招商引资工作，积极策划建设生物医药产业基地。

（3）用好"6·18"平台。贯彻落实"6·18"长效机制，组织各区、火炬高新区密切跟踪第八届"6·18"对接项目，力促对接项目早日落地转化。继续开展"走出去、请进来"等形式灵活多样的对接活动，贯彻省组委会开展日常对接的"6·18"工作思路，重点组织几场专业性、针对性较强的项目对接活动，努力提升对接工作实效。

厦门市发展和改革委员会

38

2010 年深圳市高技术产业发展情况与展望

2010 年是深圳经济特区成立 30 周年,也是"十一五"规划实施的最后一年。一年以来,面对全球经济发展趋缓、国际形势剧烈动荡的外部发展形势,在党中央、国务院的正确领导下,在国家发改委的悉心指导和大力支持下,深圳市坚决贯彻胡锦涛总书记在深圳经济特区建立 30 周年庆祝大会上的重要讲话精神,认真落实关于加快转变经济发展方式的决策部署,不断加大政策创新和制度创新力度,着力培育发展战略性新兴产业,努力发展壮大高技术产业,大力提升自主创新能力,扎实推进国家创新型城市建设。

一、2010 年深圳高技术产业发展的基本情况

1. 经济规模实现新突破

在全国经济增速调整趋缓的情况下,深圳市经济增速逐季上升,主要经济指标实现历史性突破,城市综合实力进一步增强。2010 年,深圳市生产总值突破 9 000 亿元,经济总量在国内大中城市继续保持第四位;外贸出口总额突破 2 000 亿美元,实现十八连冠;全口径财政收入突破 3 000 亿元,地方财政一般预算收入突破 1 000 亿元,保持国内大中城市第三位。三次产业结构比例发展为 0.1:47.2:52.7,继续保持二、三产业协调推动经济增长的格局。

2. 高新技术产业支柱作用日益显现

一是率先实现高新技术产品产值突破 1 万亿元目标,达到 10 176.19 亿元,占规模以上工业总产值比重达到 55.9%,高新技术产品增加值为 3 058.85 亿元,占深圳市本地生产总值的比重为 32.2%;二是率先推出战略性新兴产业发展规划及政策,2010 年生物、

互联网、新能源三大新兴产业迅速崛起成为经济发展的新引擎，增速分别达到30%、47%和35%；三是率先培育出以华为为突出代表的1 000亿级的本土自主创新型企业，2010年华为销售收入达280亿美元，约合人民币1 850亿元，中兴通讯整体销售合同额达1 000亿元规模；四是率先培育出具有国际竞争力的创新型企业梯队，拥有超过3万家科技型企业，在通信、电子信息、生物、新材料、新能源、文化创意等领域具有很强的竞争力；五是率先形成较大规模的自主创新企业家群体，特区优良的创新环境和氛围培育出以马化腾、王传福、李锂等为代表的一批创新型企业家；六是率先在深圳高新区形成自主创新"高产田"，按照规划面积11.5平方千米计算，2011年高新区每平方千米实现工业总产值262.11亿元、增加值69.82亿元、税收15.36亿元。

3. 自主创新能力不断增强

2010年，深圳市实现本地生产总值9 510.9亿元，全社会研发投入（R&D）约346.2亿元，R&D占GDP的比重提升到3.64%，是全国平均水平的两倍。在较高强度的研发投入支撑下，2010年深圳市国内专利申请49 430件，其中发明专利申请23 956件；国内专利授权34 951件，其中发明专利授权9 615件；PCT国际专利申请5 584件，约占全国申请总量的43%，连续七年居全国第一。截至目前，深圳市累计专利申请26.21万件，累计授权13.91万件，累计有效专利10.25万件；获得国家科学技术奖42项；累计拥有中国驰名商标61件，中国名牌产品80个；"十一五"期间，深圳市参与各级标准制修订超过1 400项；荣获"国家知识产权试点城市"、"国家知识产权示范城市创建市"、"国家商标战略实施示范市"称号。

4. 区域创新体系不断完善

依托改革开放先行优势，深圳市初步建立了以市场为导向、以产业化为目的、以企业为主体，官产学研资介紧密结合的高技术产业服务支撑体系。目前，深圳市已与几十所国内外著名大学和研究机构合作建立了一批为高技术产业发展提供服务的技术转移平台和公共技术平台，并逐步建立和完善了检测认证、信息检索等中介服务平台。此外，深圳市设立了深圳创业投资政府引导基金，积极参与组建国家级新兴产业创业投资基金，着力完善高技术产业投融资体系，大力支持创新型企业发展。

5. 自主创新的政策制度环境进一步优化

近年来，市政府颁布实施《关于增强自主创新能力促进高新技术产业发展的若干政策措施》、《关于加强高层次专业人才队伍建设的实施意见》等一系列重要政策文件，在加大科技投入、加强创新基础能力建设、扶持企业自主创新、保障产业发展空间、吸引创新人才等方面都提出了操作性强、含金量高的优惠政策，进一步优化了加快国家创新型城市建设、促进高技术产业发展的政策环境。市人大颁布实施《深圳经济特区科技创新促进条例》，将自主创新纳入法制化轨道。这些文件立意目标"高"，发展理念"新"，可操作性"实"，同时十分注重与国家、省、市相关文件的衔接，体现了继承式创新和开放式创新，成为深圳市实施自主创新战略的行动纲领。

二、深圳市高技术产业发展存在的问题和发展趋势

1. 2010 年深圳市高技术产业发展存在的主要问题

（1）传统发展模式有待加快转变。目前深圳市经济外贸依存度仍然高达 234% 左右，受国际经济波动和环境变化的影响较大，以大进大出为特征的加工贸易比重偏高，要素驱动型的发展模式尚未根本改变，创新驱动和经济发展质量有待进一步提高。

（2）企业自主创新能力亟待提高。虽然深圳市的华为、中兴、腾讯等企业在自主创新方面走在全国前列，但是大部分中小企业依然存在创新意识不强、投入不足、创新主体不突出等问题，已严重不适应市场竞争日趋激烈的需求。

（3）基础创新能力建设任务重。由于城市发展的历史原因，深圳市创新体系还存在薄弱环节，科技基础设施、公共创新平台建设和发展相对滞后。深圳市缺乏与发展战略性新兴产业相适应的高水平大学和科研机构的支撑，缺乏高水平的学术交流平台和载体，源头创新能力不足。

（4）创新型人才集聚难度大。受人才环境、人才成本等因素影响，深圳市近年来对人才的吸引力严重下降，加上本地化人才培养能力有限，深圳市创新人才供给不足。随着深圳市创新需求不断向源头延伸和向高端攀升，高端人才的短缺越来越成为制约未来创新发展的"瓶颈"。

2. 2011 年深圳市高技术产业发展趋势

从外部环境看，世界经济有望继续恢复增长，但不稳定不确定因素仍然较多，将对深圳市高外贸依存度的经济增长产生持续影响。从国内环境看，国内经济将保持平稳较快增长，但宏观经济政策由适度宽松调整为积极的财政政策和稳健的货币政策，将加大深圳市优化产业结构和扩大内需的压力。

从深圳市发展趋势看，随着转变经济发展方式和特区一体化进程加快，有望率先步入新一轮科学发展。一是经济保持平稳较快增长，外贸出口逐步回暖，企业生产经营总体状况良好，企业景气指数处于高度景气区间，企业家信心指数继续攀升，经济发展延续稳健回升趋势。二是加快转变经济发展方式和特区一体化发展将增强深圳市发展后劲。生物、互联网、新能源、新材料等新兴产业加速发展，成为新的经济增长点。特区一体化和新功能区开发建设加快推进，将带动投资总量和结构优化，有利于拓展高技术产业新的发展空间。三是国家收入分配制度改革、城镇化战略等一系列扩大内需尤其是居民消费需求政策的实施，将为高科技产品内销规模快速扩张提供增量空间，有利于深圳市以国际市场为主导的外向型经济加速向国际国内两个市场并重的开放型经济转型。四是受高新技术产品出口面临外需增长放缓和人民币升值双重压力等因素影响，高技术产业发展仍面临较大挑战。

总体看来，2011 年，支撑深圳市高技术产业发展的国际国内环境未发生根本变化，《国务院关于加快培育和发展战略性新兴产业的决定》、《中共深圳市委、深圳市人民政府

关于加快转变经济发展方式的决定》、《深圳市国民经济和社会发展第十二个五年规划纲要》等规范性文件的实施将为高技术产业发展注入新活力新动力,深圳市高技术产业有望于2011年保持较好较快增长。

三、2011年深圳市高技术产业发展工作思路

1. 着力加强自主创新,加快建设国家创新型城市

(1) 加强创新载体建设。基本建成国家超级计算深圳中心,加快建设深圳国家基因库等重大科技基础设施,继续推动深圳国家高技术产业创新中心和中科院深圳先进技术研究院发展,全面启动南方科技大学一期工程建设,规划建设知识创新、技术创新和产业创新相结合的大沙河创新走廊,力争2011年新增国家级重点实验室、工程实验室、工程研究中心和企业技术中心3~5家。

(2) 提升核心技术创新能力。进一步加强与国内外知名院校合作,组织引导本市大学、科研机构、企事业单位承担和参与国家科技重大专项,力争在核心电子器件、高端通用芯片及基础软件、超大规模集成电路制造技术及成套工艺、新一代宽带无线移动通信等战略领域实现一批核心技术突破。

(3) 推进技术成果产业化。围绕软件和集成电路、下一代互联网、新一代移动通信等重点领域,力争2011年新增实施10~20个国家高技术产业化项目。积极争取国家、省科技计划项目在深圳实施产业化,加快推进高技术产业化示范工程和国家综合性高技术产业化基地建设。

(4) 加快建设深港创新圈。共同打造深港创新服务检测平台、科技信息平台、技术转移平台,重点建设深港创新合作基地和香港高校深圳产学研基地,实施食品安全、药物研发、重大疾病预防、无线射频和知识产权等创新专项,进一步加强深港科学创新和产业创新合作。实施国际科技合作计划,加强与欧盟、独联体、亚太地区国家的双边和多边科技交流与合作。

(5) 组织实施引进海外高层次人才孔雀计划。加快实施两院院士、优秀青年科学家、国家科技大奖获得者、重大前沿核心技术技能掌握者、新产业新行业创新创业者引进培育扶持计划,汇聚国内一流创新团队和人才。继续实施人才安居工程,启动第二批人才住房货币化补贴发放工作,完善对引进国内外高层次人才和团队创新创业资助等配套政策。

2. 着力发展高端产业,推动产业结构优化升级

(1) 建设新兴产业重点项目信息库,加快新兴产业项目培育,推动生物、互联网、新能源新兴产业规模化发展。拓展新兴产业发展领域,出台新材料产业发展规划及政策,积极培育新一代信息技术、海洋经济等新兴产业。2011年,力争深圳市生物产业规模达到700亿元,互联网产业规模达到540亿元,新能源产业规模达到750亿元。

(2) 完善支持战略性新兴产业发展的政策体系,培育战略性新兴产业百强企业。加

快推进战略性新兴产业基地建设，对入驻企业和项目给予政策倾斜。促进战略性新兴产业重点产品的应用推广，将本市自主创新产品列入政府优先采购清单。加快构建战略性新兴产业标准体系和专利池，启动建设产业动态跟踪分析系统。

（3）加快三网融合试点工作，鼓励电信运营商与广电企业在网络基础设施、业务内容等领域开展合作。编制建设智慧深圳总体规划，制定物联网产业发展行动计划，搭建物联网公共技术研发及检测认证平台。大力发展电子商务，推进国家电子商务示范城市建设。实施云计算服务创新发展试点示范工作，构建云计算管理平台和基础设施，开展云计算应用示范。

（4）制定产业导向目录，促进产业结构调整优化。重点扶持发展拥有自主品牌和自主技术的电子信息产业，确保华星光电第8.5代TFT-LCD面板生产线建成投产，加快旭硝子TFT-LCD液晶玻璃基板生产线等项目建设。大力发展高端装备制造业，加快比亚迪和五洲龙新能源汽车、长安标致乘用车等项目建设，推进微小卫星及其应用的产业化，发展机载电子设备制造。

（5）针对重点产业链的高端环节和缺失环节，制定出台重大产业项目招商引资目录和年度实施计划，开展上下游产业链招商，缩短重大招商引资项目评估周期和审批程序。加强深港联合招商和深莞惠联动招商，加快构建高层次、国际化招商平台和海外招商网络。制定出台推进年度产业用地整备计划，对重点开发区域和重大产业项目提前进行土地整理储备工作。

深圳市发展和改革委员会

海外发展篇

Overseas Development

CHINA
HIGH-TECH
INDUSTRY
DEVELOPMENT
ALMANAC
(2011)

海外发展篇

2010年世界电子信息产业发展综述

在发达经济体稳步复苏和新兴经济体高速增长的带动下，2010年，世界电子信息产业开始走出低谷，电子信息产品市场全面进入回升通道。电子信息产品产销规模止跌回升；企业并购和转型态势明显，并不断开拓新的业务领域；信息技术应用进一步深入，创新内涵更加丰富，融合仍是大势所趋。未来几年，世界经济整体发展形势继续向好，为电子信息产业的复苏提供了良好的外部环境，电子信息产品市场规模将维持4%~5%的增速。①

一、2010年世界电子信息产业发展情况

2010年，全球电子信息产品制造业产值为1.65万亿美元，与2008年持平，比2009年增长9.7%；软件业产值为1.03万亿美元，比2009年增长5%。2010年，全球电子信息产业产值为2.68万亿美元，同比增长8%。

1. 电子信息制造业稳步复苏

近两年随着各国大规模经济刺激政策措施的出台，世界电子信息产品市场开始逐步复苏。2010年，世界电子信息产品产销值均达到1.65万亿美元，与2008年持平，分别比2009年增长9.7%和6.82%。预计未来两年电子信息产品市场仍会保持平稳发展态势。

从分类电子信息产品的产销情况看，2010年，除办公设备外，所有电子信息产品产销都实现正增长。其中产值增长最快的是电子元器件，比2009年增长13%，其次是电子数据处理设备和消费电子信息产品，分别比2009年增长11.5%和8.8%。在电子信息产

---

① 毕开春，全球电子信息产业：稳步复苏格局调整，http://news.ccidnet.com/art/1032/20110215/2311563_1.html

品市场销售额方面,增长最快的也是电子元器件,增长率为 13.4%,其次是无线通信设备和电子数据处理设备,分别比 2009 年增长 5.3% 和 4.9%。电子元器件成为 2010 年产销增长的排头兵,主要原因是世界半导体芯片市场强劲反弹。受智能手机和移动互联网设备的推动,无线通信产品产销增长远大于电信产品的增长。

在各类电子信息产品中占市场份额最大的是电子元器件,其次是电子数据处理设备、通信产品以及消费电子信息产品,这 4 大类产品的市场份额分别为 30%、27%、21% 和 9%。

2. 视听产业快速增长

2010 年,伴随世界经济的缓慢复苏,以视听产品为主的全球消费电子产业摆脱了 2009 年的下滑态势,实现了快速增长,其中新兴市场表现尤为突出(见图1)。平板显示产业加速向中国大陆转移,中国成为全球最大的平板电视市场。LED 电视、3D 电视、智能电视等视听新品推陈出新步伐加快,主要厂商调整战略、布局新品,从整体上推动了产业发展。在行业技术领域,3D 电视相关的技术研发已具备一定基础;借助 3D,PDP 技术的比较优势得以彰显;面板技术在发光效率和新兴应用方面获得突破;欧盟与中国的电视能效标准相继发布,中国数字电视地面传输标准的国际化取得重大突破。

图 1　2007—2013 年世界消费电子产业销售额变化趋势

数据来源:The Yearbook of World Electronics Data 2010

3. 集成电路产业增长创历史新高

2010 年电子整机产品市场出现巨幅增长,强烈的需求直接拉动了集成电路市场。2010 年全球个人计算机产量 3.76 亿台,同比增长 19.2%;手机市场同比增长 15%,其中智能手机达 2.51 亿台,同比增长 37.9%;彩电产量为 2.43 亿台,同比增长 16%。随着全球经济的好转以及市场需求的增长,集成电路产业在 2010 年上半年快速复苏,第一季度全球集成电路销售额为 699 亿美元,同比增长 65.4%,环比增长 7.5%。第二季度继续保持快速上涨的势头,销售额达 748 亿美元,同比增长 44.7%,环比增长 7.1%。虽然下半年增长速度明显慢于上半年，但增长的趋势一直保持到年末。第三季度销售额为794亿美元，同比增长26.2%，环比增长6.1%。第四季度销售额仅环比增长0.4%，同比增长11.2%。最终2010年集成电路市场总额超过3 000亿美元，年度增长率达到30%以上，是近10年来年度增长率最高的一年，达到历史最高水平。计算机系统和外设组成的数据处理是集成电路产品最大类应用，占40%；其次是无线通信，占20%；其后是消费电子，占19%；有线通信和工业电子均约为9%；汽车电子为6%。

全球集成电路市场需求的增长，导致了英特尔、台积电等公司的业绩上升并达到历史最高点。同时，在存储器行业，大部分企业也实现扭亏为盈。美光增长率达113%，在全球集成电路厂商排名中跃升至第8位。此外，新兴的平板电脑、新型移动终端等也对全球集成电路产业起到不小的牵引作用。在这种需求带动下，全球主要的集成电路厂商都获得不同幅度增长，专注于消费电子市场的瑞萨电子表现明显，实现128.3%的增长率，在全球集成电路厂商排名中列于第5位。

目前，集成电路技术仍遵循着摩尔定律快速发展。以英特尔为代表的先进集成电路企业一直在不断研发新产品。2010年初，英特尔基于32nm工艺的CPU产品已经上市，基于下一代22nm新工艺的产品也已进入试产阶段，并即将投入量产。三星半导体采用了更加先进的30nm工艺生产内存，并计划在2011年采用更先进工艺。台积电也开始45nm产品的量产，并宣称将跨过22nm直接进入20nm的工艺研发。[①]

4. 软件产业回暖发展

随着全球经济的复苏，电子信息产品硬件市场大幅反弹，软件产业也回暖发展，增长率为5%，产业规模再次过万亿美元，达10 310亿美元。以云计算、移动互联网、社交网络、绿色IT等为代表的新技术、新模式由概念走向应用，潜移默化地改变着软件产业结构乃至社会经济生活的方方面面。产业发展环境在技术叠加和模式创新基础上，变得错综复杂，软件服务外包呈现爆发式增长、企业并购活跃、软件知识产权和信息安全问题凸显。企业纷纷顺应潮流，立足于创新型的研发、模式转型、构建产业链的战略，新一轮全球软件产业竞争格局的调整已经开启。

软件企业战略转型已是大势所趋，云计算等新模式的出现将驱动新一轮的产业转型。近年来，苹果公司通过i系列产品重整旗鼓，极大地改变了软件产业甚至是整个信息产业的格局。软件产业格局正在走向多元化，Wintel联盟已貌合神离，智能手机、平板电脑和上网本之间的区别迅速弱化。嗅觉灵敏的软件企业已在纷繁复杂的情况下加速转型的步伐，以期在激烈的竞争中保持领先优势。

企业巨头们不断研发新技术，或采用技术叠加的方式，在产品上推陈出新。为以更低廉的成本和高效运作占据新兴技术的制高点，以欧美国家为主导的软件企业并购活动频繁，他们更侧重软件服务和应用领域，也更加重视市场潜力而非规模本身。野心更大的企业则会在巩固自身的优势之外，寻求进一步的拓展，从单一业务向全产业链业务转变，甚至改变其赖以生存的基本商业模式。谷歌在2010年完成了18宗收购，主要集中在

---

① 中国行业研究网，2010年世界集成电路产业发展情况调查分析，http://www.marketavenue.cn/upload/News/2011-04/NEWS_3 608.html

移动互联网、社交网络、电子商务（包括在线支付）等领域。赛门铁克凭借着对 VeriSign 认证业务的收购，在网络用户认证和内容认证市场中扮演着越来越重要的角色。CA 公司 2010 年的市场费用与 2009 年相比大幅提升 50%，达 2 亿美元，不到一年时间就以数亿美元先后买下了 Nimsoft、3Tera、Cassatt、NetQoS 和 Oblicore 等多家中小软件公司。惠普则一举拿下 Palm，欲推出 PalmPad 平板电脑，加入与苹果公司的竞争。

总体来看，大的软件企业一旦将本领域的市场潜力挖掘殆尽，便会凭借稳固的基础和充裕的资金进行商业模式的革新和拓展。苹果公司凭借其特殊的产品与商业战略创新方式，从一家单纯的电脑公司向全业务公司转型，对上下游产业链几乎达到全封闭式占有。苹果公司的这种做法，也导致其竞争对手遍布行业各个领域，促使更多的企业横向拓展。谷歌在平衡收入和利润的驱动力下，实行多元化产品的战略，广泛涉足消费者在线服务领域，诸如离线广告、企业主机软件服务和企业搜索市场等。此外，还有甲骨文公司对 Sun 的收购，SAP 对 Sybase 的兼并，微软进军搜索引擎，EMC 吞并 Greenplum 等。谷歌推出 Android、涉足社交网络，与苹果公司和 Facebook 剑拔弩张。行业的整合与扩张正在急剧加速，必将导致行业与行业、业务与业务之间的界限越来越模糊。

二、2010 年世界电子信息产业发展特点

受世界经济复苏的利好影响，全球电子信息产业增长势头良好，并呈现如下特点：

1. 新兴经济体成为引领产业复苏的主导力量

2010 年，世界大多数国家和地区电子信息产品产值全面恢复增长。亚太及新兴经济体 2010 年的产值增长率远高于发达国家，2010 年增长率基本都达两位数。中国依然位列增长率榜首，2010 年产值达 4 841.5 亿美元，比 2009 年增长 18%。韩国增长率位居第 2，达 14.46%。新加坡、墨西哥、马来西亚增长率在 12% 左右，巴西也达 9.76%。其中马来西亚产值增长幅度最大，由 2009 年的下降 18.03% 回升到 2010 年的增长 12.34%。美国、日本和德国的增长幅度分别为 3.28%、5.29% 和 0.69%。

2010 年，世界电子信息产品市场普遍回升。美国仍是全球最大的电子信息产品市场，2010 年电子信息产品市场规模增长率从 2009 年的下降 5.01% 回升到增长 4.69%。西欧国家电子信息产品市场增长微弱，德国、法国分别增长 0.69% 和 0.89%，英国仍处于负增长，下降 0.51%。新兴经济体电子信息产品市场增长最快，特别是中国，增长率为 14.89%，其次是墨西哥、巴西、韩国，市场增长率都超过了 10%。

2. 电子信息企业并购转型加快

国际金融危机和经济萧条对电子信息企业造成极大冲击，企业纷纷缩减开支、减少投资，并购和转型成为众多企业应对危机、谋求更长远发展的重要举措。2010 年，随着世界经济的逐步复苏、电子信息产品市场的稳步回升，各大电子信息企业加速整合优势资源，实施产品多元化发展战略，通过企业并购，拓展其业务领域，巩固市场占有率，以提高企业在全球的竞争力。2010 年，电子信息企业并购持续升温，硬件厂商向软件与

服务转型扩展态势更加明显。我国软件企业也在加速并购，向服务战略转型。随着软件行业的发展，软件销售业务的比重会逐步下降，咨询服务业务的比重逐步提高。软件企业提供管理咨询、IT 规划、IT 应用评估等更高附加值的服务成为软件行业的发展趋势。

3. 宽带网络加速发展，融合成为显著特征

目前，信息网络向宽带、融合、泛在的下一代网络发展演进的速度不断加快。2010 年，宽带网络发展迈入新阶段，世界各国纷纷出台宽带国家计划，将宽带普遍服务列入行动议程。2010 年信息网络融合不断深入，固定和移动通信网相互交融，电信网与互联网融为一体，三网融合高速推进。2010 年中国三网融合进入关键时期。国务院总理温家宝主持召开国务院常务会议，决定加快推进三网融合，并提出了推进三网融合的阶段性目标，显示了中国政府对三网融合的高度重视。

4. 商业模式创新凸显，技术应用纵深发展

创新一直是电子信息产业发展的核心动力，如今信息技术创新步伐仍在不断加快，创新的内涵更加丰富，涵盖了技术产品创新、系统集成创新以及商业模式创新等各方面。商业模式创新成为信息产业发展的新引擎，主要体现在技术产品服务化和产业链体系的重构上。云计算成为未来信息产业服务最重要的商业模式之一，目前 3 种模式已初显端倪，即：基础设施即服务、软件即服务和平台即服务。信息技术的发展越来越体现出以应用为导向的特征，以应用驱动的信息技术变革为产业发展开拓了更广阔的发展空间。物联网产业就是电子信息技术应用不断深化的集中体现。目前，全球主流国家先后都提出了物联网发展战略规划，推动物联网的应用实践。

三、世界电子信息产业发展趋势

未来几年，世界电子信息产品市场总体看好，各国进一步加快信息基础设施建设和信息技术深度应用，新一代信息技术的快速发展、新兴市场的加快回升，将使全球电子信息产品市场维持 4%～5% 的增速。电子信息产业格局进一步调整，产品市场结构局部微调；技术集成化、服务化趋势明显，产业竞争门槛日益提升；新兴产业群将为电子信息产业应用提供更为广阔的市场空间。

1. 技术集成化、服务化趋势明显

2010 年，全球电子信息产业增长处于温和复苏阶段，由于受 2009 年国际金融危机和经济衰退的影响，增速仍未达到危机前水平。但信息技术创新的步伐并未停止，信息技术持续增长的动力依然强劲。随着信息技术应用进一步深入，技术集成化、服务化趋势日益明显。信息技术越来越表现为技术群的协同发展，例如以集成电路、网络技术为代表的信息技术群带来了整个产业的变革，并已渗透到其他学科和领域。电子信息产业从 PC 时代走向互联网时代，未来产业也将从 PC 时代的以应用为中心走向以数据服务为中心，IT 技术产品服务化趋势日益明显。云计算服务将成为未来电子信息产业服务最重要

的商业模式之一。软件的服务化让中小企业信息化门槛降低，使中小企业更为便捷和灵活地使用软件，更符合中小企业的需求。未来，建立在信息技术应用基础上的生产性服务业将保持 30% 的增长速度，特别是电子商务、现代物流、网络金融、软件和服务外包等新型生产性服务业，加速了全球范围内的资源优化配置和产业转移。信息技术的综合集成与交叉融合增大了技术研发难度，需要技术、人才、资金等创新要素的集中投入，少数大企业通过核心技术创新形成标准或体系联盟，对后发企业形成壁垒，进而主导产业发展。

2. 新兴产业群提供广阔的发展空间

危机之后都会伴随着科技的新突破，催生新兴产业，形成新的经济增长点，从而推动新一轮产业革命。美国、欧盟和日本等都将注意力转移向新兴产业，纷纷出台一系列战略举措，给予前所未有的强有力政策支持，也将信息技术开发和应用所形成的新兴产业作为发展重点。美国政府注重各种智能系统和先进通信技术的发展，将 189 亿美元投入能源输配和替代能源研究，218 亿美元投入节能产业，200 亿美元用于电动汽车的研发和推广。未来智能系统的建立、新能源的研发等，都将为电子信息产业应用提供更为广阔的空间。欧盟委员会在发布《欧盟物联网行动计划》之后，还将于 2011—2013 年每年新增 2 亿欧元进一步加强物联网研发力度，同时拿出 3 亿欧元专款支持物联网相关公司合作短期项目建设，以实现欧洲在基于互联网的智能基础设施发展上领先全球的目标。随着资金的大量投入，信息技术、产业和管理创新将更加活跃，电子信息产业应用领域不断拓展。下一代网络、物联网、新型显示器件、数字视听、半导体照明等新兴产业群在未来 5 年将创造不低于 5 万亿美元的全球市场需求。

3. 日本地震对世界电子信息产业链造成较大影响

日本是全球第三大电子信息产业大国，据《世界电子数据年鉴 2010》统计，2010 年世界电子信息产品市场规模为 1.65 万亿美元，日本所占比例为 10.42%，约为 1 719.3 亿美元，在全球地位举足轻重。尤其值得一提的是，日本在电子信息产业多个领域具有行业领先地位，如被动元件（电容、电阻、电感、晶振等），精密光学仪器、元件，平板制造设备、耗材、电子及半导体化学品，数码产品，汽车电子等位居世界第一，白色家电、半导体等位居世界第二。毫不夸张地说，凡涉及到电子信息产业领域的关键产品和技术，几乎都有日本企业的身影。2011 年的日本地震对快速成长的智能手机关键元器件 HDI 板的影响最大，其次为面板产业、太阳能和晶圆代工等。由于日本在全球电子信息产业链中的重要位置，短期内将引起内存 DRAM、NAND 产品、部分高端芯片及数码光学器件等短缺和价格上涨。

4. 电子信息产业全面复苏，市场规模持续增长

从电子信息产业本身看，产业正处于温和复苏阶段。预计 2011—2013 年电子信息产业市场规模将处于持续增长阶段。其中，电子信息制造业 2011 年市场规模将达 17 356.6 亿美元，较 2010 年增长 5.19%；2012 年将达 18 187.5 亿美元，较 2011 年增长 4.79%；

2013年市场规模将增至18 993.1亿美元，较2009年增长4.43%。世界软件产业的增长率将维持在6%左右，2011年产业规模将达1.1万亿美元。由于在促进增长、推动经济复苏和发展方面的关键作用，电子信息产业仍然是各国抢占经济科技的战略制高点。近年来世界各国纷纷推出了新的电子信息产业发展战略，把信息技术与传统工业的融合应用作为未来发展的重点。在欧盟、日本出台的电子信息产业相关的战略中，还特别把物联网在传统产业中的应用作为未来发展的重点。这些政策的进一步落实，将有力促进世界电子信息产业的全面复苏。

5. 产业格局调整，产品市场结构局部微调

受经济复苏程度不同的影响，世界电子信息产业格局进一步调整和深化。以中国、印度等为代表的新兴经济体，电子信息产业规模不断扩张，在世界电子信息产业中的地位逐步提升。从市场份额看，中国在世界电子信息产品市场中所占份额将由2010年的18.83%提高到2013年的20.31%。而美国、日本和西欧等发达经济体，受国际金融危机影响较大，2010年，经济复苏形势不明朗，导致其电子信息产业的市场份额逐步下调。其中美国市场份额将由2010年的23.73%下降到2013年的22.8%，日本将由2010年的10.42%下降至2013年的10.03%，西欧将由2010年的18.75%下降到2013年的17.44%。中国上升幅度最大，西欧地区下降幅度最大。从国家层面看，美国、中国和日本仍将占据世界电子信息产品市场的主导地位。产值上，中国将继续居于首位，其次是美国，日本仍居于第3位。在市场规模上，美国和日本所占比重小幅下降，中国所占份额持续上升，总体上仍保持美、中、日前3位的格局。包括印度、韩国在内的亚太其他国家以及巴西、俄罗斯等新兴国家的电子信息产品市场发展前景良好。在产品结构方面，未来3年，电子元器件、电子数据处理设备、无线通信设备和消费类电子信息产品仍将占据世界电子信息产品份额的前4位，世界主要电子信息产品所占份额将基本保持稳定，变化幅度不大。

工业和信息化部中小企业发展促进中心　童有好

2010年世界软件产业发展综述

一、2010年世界软件产业发展现状

1. 全球软件产业规模有所增长,软件服务的比重快速上升

受全球经济增长放缓等因素的影响,2010年全球软件与信息服务业产业规模达11 877亿美元,同比增长7.2%(见下图1)。

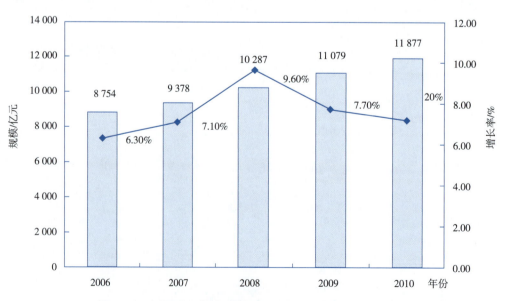

图1 2006—2010年全球软件与信息服务业规模与增长

数据来源:赛迪顾问 2011,02

其中，2010年软件产品市场规模达3 000亿美元，同比增长6.6%；信息服务市场规模达8 877亿美元，同比增长7.4%。今后几年，软件服务比重将不断上升（见图2，表1）。

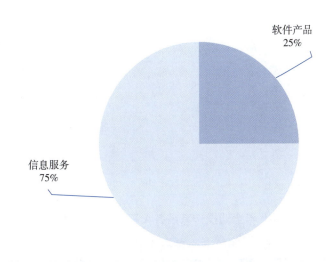

图2 2010年世界软件产业结构

表1 2009-2010年全球软件产品和信息服务总量与增长   单位：亿美元

年份市场规模	软件产品/亿美元	信息服务/亿美元	合计/亿美元
2009	2 814	8 265	11 079
2010	3 000	8 877	11 877
增长率/%	6.6	7.4	7.2

数据来源：赛迪顾问2011，02

2. 操作系统领域微软继续处于领先地位

2010年，全球操作系统市场总收入303.5亿美元，比2009年增长7.8%并首次突破300亿美元大关。微软继续凭借Windows占领先地位，不过Mac OS、Linux都有相当快的发展。其中微软一家贡献238.48亿美元，年增幅8.8%，市场份额高达78.6%，相比2009年增加0.7个百分点。Windows 7的发布和Windows XP的逐步退休显然功不可没。IBM、惠普的市场份额位列第二、第三，分别为7.5%、3.7%。甲骨文收购Sun之后跻身第四位。Linux、Mac OS分别在服务器、客户端操作系统中取得最快发展，其中后者得益于苹果台式机、笔记本销量的明显增加，不过因为苹果市场基础太小，份额仅1.7%，排在第六位。过去一年中，服务器、客户端操作系统分别成长5.7%、9.3%（见图3，表2）。

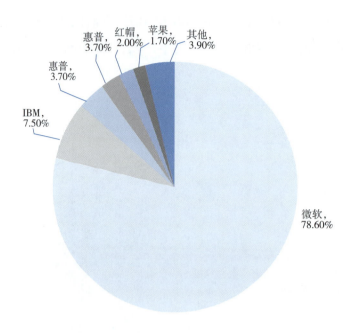

图3 2010年全球操作系统各大厂商市场份额构成图

表2 2010年全球操作系统市场结构

企业名称	2010年		2009年		年增幅/%
	收入/亿美元	所占份额/%	收入/亿美元	所占份额/%	
微软	238.48	78.6	219.26	77.9	8.8
IBM	22.84	7.5	21.63	7.7	5.6
惠普	11.25	3.7	11.09	3.9	1.4
甲骨文	7.8	2.6	0.1	0.0	7 682.8
红帽	6.1	2.0	5.17	1.8	18.0
苹果	5.2	1.7	4.49	1.6	15.8
其他	11.83	3.9	19.68	7.0	-39.9
总计	303.5	100	281.42	100	7.8

3. 全球服务外包领域日益扩展

根据联合国贸发会议估计，未来5～10年全球服务外包市场将以30%～40%的速度递增。数据表明，服务外包正以其不可替代的优势成为国际商务活动中的新宠。而且有越来越多的跨国公司将加入到服务外包的行列，从而更加扩大了服务外包的市场规模。服务外包领域日益扩展。在全球范围内，伴随着服务外包总量扩大的同时，新的服务外包领域在逐渐形成，服务外包的定义有了新的外延。特别是近年来信息技术及网络技术的发展，使服务外包所需的技术水平逐渐提高，全球知识密集型服务外包兴起，许多公司不仅将数据输入文件管理等低端服务转移出去，而且还将风险管理、金融分析、研究开发等技术含量高、附加值大的业务外包出去。总体上，目前全球服务外包涉及的范围已由传统的信息技术外包和业务流程外包拓展到金融、保险、会计、人力资源管理、媒体公共管理等多个领域（见图4）。Gartner预测，2010年全球IT服务总量将达8 930亿美元，其中服务外包总量将达5 105亿美元。另据麦肯锡预测，2020年，全球服务外包市场整体收入将超过1 50万亿美元，其中，中小企业技术和业务服务潜在市场规模将达2 500亿美元。目前，95%的全球财富1 000强企业已制订了业务外包计划。到2020年，全球离岸服务外包市场将达1.65万亿到1.8万亿美元。

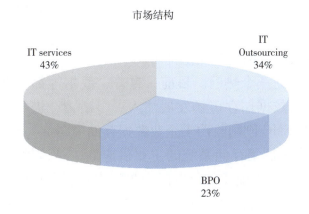

图4　全球服务外包市场结构
资料来源：根据Gartner历年研究报告整理

4. 全球软件及服务业并购整合趋势明显

软件企业并购潮的背后不但是软件产业整合趋势的表现，更标志着新的应用模式即将出现。并购重组整合一直是软件行业的发展主旋律，在资本、市场与技术的三重驱动下，2010年软件行业并购、重组趋势明显，软件供应商的数量呈减少趋势，但软件公司获得了更大发展空间。

互联网、云计算、SaaS等领域的并购最多。并购给各公司发展带来积极影响，使企业技术研发水平和市场营销能力都迅速提升。标准和核心技术成为市场竞争制胜点，国际软件公司纷纷通过收购、联盟等方式，在全球范围内优化资源配置、争夺有效创新技术和优秀人力资源。

手机的软件应用已成为目前产品竞争力的重要部分，诺基亚、苹果等各手机制造商都加大了这一领域的投入。而通过收购应用程序开发公司，手机制造商自己提供手机应用也成为一个发展趋势。2010年3月，加拿大手机软件开发商Viigo在其官方网站发布声明称，黑莓（BlackBerry）手机制造商RIM已出资收购Viigo，但没有透露具体金额。利用Viigo平台，其他外部开发者可更容易为黑莓手机开发出大量应用程序。据悉，Viigo的黑莓应用程序平台分为多个模块，用户可按照自身需求选择其中一种，如RSS新闻聚合、天气预报和新闻等等。此外，利用Viigo平台，媒体公司还可开发出广告支持的黑莓应用程序。收购Viigo后，将有利于RIM降低应用程序平台的运营成本，同时加快相应技术的开发速度。Viigo首席执行官马克·鲁多克（Mark Ruddock）称："我们的技术团队已加入RIM，今后Viigo将继续凭借自身在黑莓应用程序开发上的优势，使黑莓手机平台能够向用户提供更多实时内容。"

当越来越多的设备被允许参与互联网连接，安全便成为计算机性能的主要考量因素之一。英特尔与McAfee的并购，将计算领域与安全领域的两大巨头捆绑到了一起，共同打造健康的互联网环境。2010年8月，英特尔宣布以每股48美元现金收购安全软件公司McAfee，此笔交易总值将达约78.6亿美元。如此大规模收购一家软件公司，在英特尔42年公司历史上极为罕见。这宗收购把全球最大的芯片制造商打造为安全领域的领先企业之一，让英特尔能够把触角延伸到各类连接至互联网的设备——从平板电脑、手机到电视和冰箱。为解决公司安全服务不足以覆盖手机、电视、ATM以及其他可与网络连接设备的安全隐患，英特尔收购将整合安全软件与硬件两项服务，从而大大加强个人用户、企业和政府设备、服务器以及网络的安全性。

数据储存是企业领域的一个热门。目前，惠普、戴尔等都相继进入该领域，而众多领军企业的进入，必然为数据储存市场发展注入更多活力，进一步加速市场发展。2010年11月，企业软件巨头EMC刚刚收购了企业数据存储公司Isilon，涉及金额为22.5亿美元。美国Isilon公司是全球群集存储系统的主要供应商，是该领域的领导者。Isilon的企业级、模块化的IQ产品提供智能化的、专门为数字内容服务存储系统。这种群集存储系统，具备极高的存储处理通量和高可扩展性，需要使用Isilon的数据储存服务的客户包括生物科学、媒体娱乐、石油和天然气领域的公司。EMC自主数据储存产品Atmos将对Isilon的产品形成补充。目前，EMC在数据储存市场拥有20%的份额，因此这笔收购将提高其地位。EMC预期，在2012年下半年，这两项产品合并收入将达10亿美元。

2010年12月，作为全球领先的通信设备企业思科公司，宣布完成了收购领先的网络管理软件供应商LineSider Technologies的交易。LineSider Technologies是一家私有公司，主要帮助客户构建安全部署云计算基础设施所需的各种网络服务。LineSider可以帮助思科快速准备网络服务。LineSider基于政策的解决方案可自动回复预先设定的商业方案并通过各种网络产品和服务交付平台实现最大性能。思科的云计算战略以合作伙伴为中心，LineSider的技术可增强思科与软件合作伙伴社区之间的合作，尤其是在服务管理领域内的合作。

二、2010年世界主要软件生产国家和地区产业现状

软件产业链的上游为操作系统、数据库等基础平台软件，主宰着整个产业，决定产业内的游戏规则，大部分上游企业位于美国；软件产业链的中游主要分为子模块开发和独立的嵌入式软件开发两类，它们可以回溯影响上游规则的制定，前一类以印度、爱尔兰为代表，后一类日本实力比较强大；下游分为高级应用类软件（ERP、SCM等）一般应用类软件和系统集成中的软件开发三类，主要是在上游的基础平台上进行的二次开发，中国这个方面发展较快。

美国、欧盟、日本、印度、韩国、中国是世界软件产业发展较具代表性的国家和地区，软件产业在这些国家和地区的经济体系中和信息产业发展中都占相当地位，软件产业也已成为这些国家和地区发展的战略重点。

1. 美国

美国软件产业的规模以及技术水平一直处于世界领先行列。一直以来，高度重视发

展基础和核心软件技术，控制着软件开发平台和软件工具，已形成完整的产业链条，在全球软件产业发展中处于领先和核心地位。作为全球最大的软件生产国，美国共有软件企业8万多家。世界500强软件企业前10位中有8家公司的总部设在美国，其中包括微软、思科、IBM、甲骨文、SUN等。此外，美国还有成千上万家小型软件公司。

目前，全球90%以上的操作系统、数据库管理软件及网络浏览器等基础软件和大部分通用套装软件、高端软件产品被美国所垄断，绝大部分软件技术标准的控制权也掌握在美国手中。美国软件市场是发展最为成熟的地区市场，代表了软件市场与技术发展的方向。美国正将重点转移到网络软件的核心技术和产品上，以微软为代表的世界软件巨头正试图在网络时代建立新的垄断联盟。美国软件公司掌握着多数软件核心技术，软件产业优势主要集中在技术、资金密集的软件领域，如平台类软件、基础类软件和大量的创新软件产品。微软及其合作伙伴对全球经济起着至关重要的影响作用，2010年微软公司及全球合作伙伴营收总计为5 800亿美元。微软相当一部分的增长将来自小企业，通过向小企业提供服务和支持，其合作伙伴同时也能获得丰厚回报。随着企业越来越多地采用虚拟技术，传统计算领域将出现新机会，提供集软件、硬件于一体的综合系统的硬件厂商将在传统计算产品市场上获得成功。

2. 欧盟

作为一个区域经济联合体，欧盟启动宏大的E-Europe计划作为重大应用来带动整个软件产业的发展，并鼓励采取开放源代码软件来构筑基础架构，以期在未来软件产业竞争格局中占有先机。欧盟的软件产业涵盖了信息化应用、服务外包、网络软件、嵌入式应用等关键领域和重点产品，其跨国公司拥有资本规模优势，研发投入量大且比例高，拥有大量专利技术和技术标准。随着用户信息应用结构化调整力度的加大，其软件企业显示出敏捷的反应能力，纷纷推出各种成套和工业化的解决方案满足用户个性化需求。欧盟软件产业增长领域主要集中在应用软件方面，通过多极应用推动产业发展。欧盟的应用软件研发实力较强，尤其在通信软件、企业管理软件方面，其产品在国际市场上占有较高的市场份额，拥有大量专利技术和技术标准。软件和计算机服务业中，在一些关键领域欧盟拥有世界领先的公司，比如：企业软件领域的SAP（德国），嵌入式系统领域的Dassault（法国）和BAE系统（英国）。企业软件、嵌入式和分布式软件、硬实时设计、可靠和容错计算系统、软件代理技术、软件工程、高端计算和网格架构等是欧盟的技术强项所在。

英国软件产业的优势领域除数据库、支柱软件包外，还包括虚拟现实、WAP技术、基于神经系统的多媒体应用、实时和对安全性要求高的软件以及金融、财务软件和娱乐软件。在软件和信息服务（包括软件开发、生产，整套计算机系统、技术咨询及服务）方面，英国也表现不俗，目前已超过电子产业。英国的软件研制开发实力较强，许多国际信息技术集团公司在英设立了研究开发机构，如Computer Associate、微软公司等。

法国软件服务业市场与全球市场的结构多有相似之处，信息技术开支最大的行业为工业与能源，其次为金融业。但该行业属于信息技术开支的成长率（+14.8%）最快的部门之一。法国社会的许多职业需要掌握一种或多种特殊软件，如会计、审核、农户饲养和轮作管理、处方管理等。面对各行各业对软件的需求，法国政府一方面开启技术移民的大门，从国外吸引包括软件人才在内的信息技术人才；另一方面则在政府实施的信息社会行动计划和科研优先领域中增加投入，促进软件业的研究与发展。

3. 日本

进入21世纪以来，日本积极推进IT立国战略，在信息产业领域，先后颁布了三项重大国家战略——e-Japan战略、e-Japan战略Ⅱ和u-Japan战略。这三个战略紧密围绕日本信息产业乃至整个国民经济在不同时期的发展方针和重点，形成一个前后衔接、循序渐进的战略体系：e-Japan战略以宽带化为突破口大力开展信息基础设施建设，为推动国民经济和社会信息化打下良好的硬件基础；e-Japan战略Ⅱ以促进信息技术的应用为主旨，利用实施e-Japan战略所创造的信息基础设施，重点推进IT技术在医疗、食品、生活、中小企业金融、教育、就业和行政等7个重点领域的应用；u-Japan战略前瞻性地抓住信息、通信技术发展的制高点，力图通过实现"无所不在"的网络社会，在更深的程度上和更广的范围内拓展信息技术的应用，使日本成为未来信息社会发展的楷模。这三大战略，显现出日本以信息技术应用为导向的新的信息产业发展思路。日本希望通过将最先进的IT技术应用于经济社会生活，为国民经济和人民生活创造良好的IT应用环境。

日本是信息服务业高度发达的国家，从产业地位看，信息服务业已成为推动日本经济飞速发展的巨大推动力和保持其国际竞争优势地位的战略性新兴产业。日本的信息服务业中最大的一项是软件服务，软件服务在信息服务产业中占有重要地位。据相关统计资料，目前日本承接软件开发的销售收入占产业销售总额的46.3%，再加上信息处理服务、承接系统等管理运营服务、数据库服务等其他类型的服务，软件服务比例达80%以上，而软件产品的销售收入仅占销售总额的9.4%。日本的嵌入式软件产业很发达。在汽车、手机、信息家电等这些信息现代化的电子机械产品当中，嵌入式控制系统是决定产品价值的一个非常重要因素。日本嵌入式系统的关联产业达59万亿日元的规模，占日本总体GDP496兆日元的11.9%。据估计，在日本嵌入式软件技术人员的从业人数大约有193 000人左右。另外嵌入式软件的开发费用大约是2万亿7 300万日元，占嵌入式整体系统整个开发费用的40%左右。随着对嵌入式软件需求的不断增加，对嵌入式软件人才的需求也在不断增加。但是从现状看，人才供不应求，现在大约有94 000多技术人员的缺口，所以嵌入式软件人才的培养成为当务之急。从行业分布看，制造业、金融与保险业、政府机关是行业销售额最大的三个行业，这三个行业的销售额占产业总额的50%左右。尤其值得注意的是日本信息服务产业的"同行业之间的交易额"占整体13.3%，这充分反映了日本软件与信息服务产业形成了紧密的产业链条，上下游企业之间的合作与协同发展有助于整个产业的良性增长。

4. 印度

从上世纪90年代开始，印度逐渐成为全球最大的提供软件和服务外包的国家，承接全球65%的软件外包市场业务和46%的服务外包市场业务。根据NASSCOM的数据，印度软件业目前有员工 200 万。软件和服务业一直是印度 IT 产业持续增长的主要驱动力。目前，印度出口软件和服务几乎遍及全球。美国的经济衰退对印度经济产生了一定影响。在过去四年中，印度 BPO 复合增长率近 37%，是印度 IT 产业中增长最快的部门。

外包业是印度经济的重要组成部分，其增长前景的暗淡直接影响了印度经济的总体增长速度。软件发展和 ITES（IT 服务）/BPO（业务流程外包）是印度在全球范围内拥有坚实机会的领域。软件业的迅猛增长带动了对电脑硬件的巨大需求。印度软件出口的业务领域正逐步拓宽，走向高端。以前印度软件出口主要包括定制的应用软件开发和维护，目前有些印度软件公司有能力提供一整套完整的商业解决方案，甚至可以为技术供应商、非 IT 公司的各种客户进行产品开发。

5. 新加坡

全面发展的软件跨国公司和本地公司具有丰富的系统综合能力和较大规模项目的应用开发经验，构成了新加坡软件企业的龙头支柱。新加坡软件公司在产品开发速度和技术水平发挥方面很有优势，市场触角伸展广泛。

新加坡发展软件产业的举措是：第一，培植软件产业发展的沃土。作为新兴经济发展支柱，新加坡软件业具备非常有利的发展条件，具有互联网服务、科技服务供应商、互联网集成科技、信息通信保安服务、语音科技这 5 个优势技术领域。第二，新加坡政府与业者积极合作，促进产业进步。技能中心计划，在这个计划下，信息通信发展管理局会合业内环球领导者，设立专门技能中心。企业界通过该中心与本地大学学府和研究机构进行合作，推动先进科技的运用、开发新产品与知识产权，并在制订国际标准方面发挥影响力。推行信息通信本地企业提升计划，这个计划鼓励本地企业和跨国公司建立互惠互利的战略伙伴关系。该计划的跨国公司伙伴会把先进技术传授给本地企业，并且让本地企业利用它们的环球科技专家网络，更快地开发出新产品与服务。第三，积极投资发展软件人力资源。为推动软件产业增长，新加坡积极投资发展软件人力资源，推行了不少提升软件产业人才素质的计划。学校方面，所有大专院校都开设信息通信领域课程，全力栽培国家急需人才，鼓励在职的专业人员学习市场最需要的技术。同时，新加坡信息通信发展管理局拨出大量经费赞助学术交流计划，鼓励本地及海外学生到新加坡公司实习。

6. 俄罗斯

2010 年，俄罗斯软件外包业务模式从传统外包转向提供信息技术服务，软件产业出口总额超过 31 亿美元（见图 5）。而 2009 年，这一数据为 27.5 亿美元，年同比增长 13%。到 2010 年末，俄罗斯软件市场上已有 12～15 家员工人数超过千人的公司。市场在不断壮大的同时，发展方式也发生了转变——即由直接外包逐渐向提供成熟的整体解决方案和系统集成转变（见图 6）。

7. 韩国

韩国的软件产业，由于其系统软件、网络软件、数据库软件、安全软件等基础性软

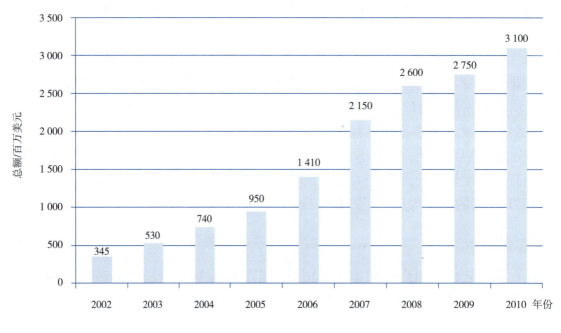

图 5　俄罗斯软件出口总额

资料来源：俄罗斯软件协会

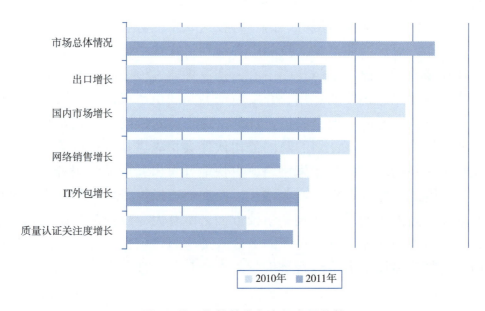

图 6　俄罗斯软件外包市场发展趋势

件缺乏市场竞争力，故采用了开放、自由竞争的方式，导入国外先进软件技术及产品，以支持本国软件的发展，迅速拓展其应用软件市场。韩国的软件主要集中在与本地化相关的产品上，特别是在文字处理、教育、娱乐、财务、ERP 及某些专用领域方面，韩国软件产品占据主导地位。在文字处理软件、企业资源管理（ERP）软件、电子资料交换（EDI）软件、教育软件、医院管理软件、应用集成（EAI）软件等方面，韩国都有较为成熟的发展。

在产业融合方面，韩国特别重视将软件技术与其他产业进行融合，从而提升产品附加值和产业竞争力。韩国政府明确提出将促进信息产业与汽车、造船、航空等其他产业的融合，建立大企业和中小风险企业一起成长的产业链。而且还把汽车、造船、医疗、纤维、机械、航空、建筑、国防、能源、机器人等信息技术整合效果显著的行业定为10大战略行业，充分发挥用信息技术改造其他产业的显著作用。韩国知识经济部发表报告预测，韩国2011年的软件产值有望达373亿美元，同比增加8.4%。软件出口有望达107亿美元，同比增加17.1%。其中，信息技术服务业出口额将达到4亿美元，同比增长36%。同时，为有效支持韩国软件产业的发展，韩国知识经济部决定投入1.93亿美元，投入规模比2010年增加7 281万美元，该预算主要用于开发新软件、提高软件质量、培养优秀人才等方面。此外，为减少成本，韩国知识经济部将通过改善承包制度、推动大中小软件企业共同发展等措施，以优化软件产业的发展环境，并强化国际竞争力以及扩大海外市场的占有率。

三、2010年全球软件产业发展的基本特点

1. 已经发展为政府高度关注的战略性产业

在很多国家的发展战略中，软件产业占据非常重要的位置。软件产业是以开发和利用信息资源为中心内容的产业活动，它提供的信息服务水平的高低，直接关系到信息化的水平和成效。在激烈的市场竞争中，软件产业以内容产品和服务业带动信息制造业的发展，具有高增长性，潜在发展规模巨大，可以提供大量的工作岗位；软件信息服务业提供的精神产品是推动文化发展与社会进步的不可忽视的新生力量。因此，近年来各个国家和地区纷纷加大了对软件产业的政策扶持力度，逐渐由边缘性产业发展为政府高度关注的重点战略产业。政府政策扶持以推动产业快速增长，正成为近年来全球软件产业发展的显著特点之一。

2. 各国信息化发展战略为软件产业营造了新的发展空间

信息化建设过程中能充分利用软件等信息技术、促进信息服务发展和信息资源共享，对软件服务业的发展具有重要的引领和支撑作用。在已有基础上，世界主要国家和地区都发布了新的信息化发展战略，展示出新发展趋势。例如日本的i-Japan，美国的《2009年美国复兴与再投资法》，法国的《数字法国2012计划》，韩国的《IT韩国未来战略》等，均以在社会重点领域、重点行业推进信息化深入应用，提高国家信息技术应用水平为目标，这为软件产业创造了新的发展机会。

3. 软件信息服务业因新兴应用驱动而变得逐渐丰富

软件产业是一个不断成长的产业。在信息技术发展的同时，信息服务业也随之逐渐丰富，尤其在信息技术带来的传统产业升级和变革中，信息服务业起到举足轻重的作用。随着互联网和移动网络在全球的快速普及，依托于网络的各种数字化内容服务日益成长，促动了数字影音、网络展示、网络学习等新兴市场的发展。在这些新兴市场的拉动下，软件信息服务业的内涵得到空前拓展与丰富。信息服务业是在产业融合基础上诞生的新兴产业，与众多传统产业存在着交叉、重合的区域，这也印证了软件产业多角度、多层

次的丰富内涵。软件及信息服务业在各类网络应用平台上广泛传播、迅猛发展，网络普及到的地方必然存在内容服务，而互联网"质"的增长，也必然依赖于丰富的信息内容产业的存在。

4. 业务重点向基于服务的方向转变

软件产业的竞争重点已从基于设施的业务转向基于服务的业务发展。在产业发展初期，软件技术是企业开展信息化业务的基础，依靠软件技术就可获得较高的附加值。但随着信息服务的不断升级，软件厂商的竞争也将由基于技术的业务转向基于服务的业务发展。如何明确用户的价值需求，并根据不同细分市场客户的需求特点，设计个性化的软件产品，成为软件厂商发展的新重点和新挑战。

四、2011 年世界软件产业发展展望

1. 信息技术服务趋向价值链高端

随着软件与信息服务外包业务领域不断拓展，技术、知识、资金密集型项目的比例越来越高，服务外包所需的技术知识水平提高；同时发包商与供应商间的关系也越来越趋向新型战略协作伙伴关系，要求供应商具备更强的技术实力。今后的服务外包将从数据输入、呼叫服务等低端服务流程向知识流程外包（KPO）等价值链高端发展，软件研发、风险管理、金融分析、物流管理等技术含量高、附加值大的外包业务将成为服务外包市场的热点。预计未来，规模扩大化和专业化水平提高将成为软件与信息服务外包两个方向发展，对供应商的要求也将越来越高，信息技术服务向价值链高端发展。

2. 云计算、云存储、云服务将进一步得到关注

互联网的发展带来信息技术服务模式的创新和转变。软件即服务正成为一种新的软件开发和应用模式，获得越来越多开发企业和应用企业的认可。全生命周期的信息技术服务业将进一步发展，IT 咨询设计、运营和维护服务等业务，促进信息系统集成服务向产业链前后端延伸，推动系统集成、测试、数据处理等业务向高端化发展。云计算、云存储、云服务趋势明显，众多企业高度支持云计算技术研究，纷纷推出产品。

3. 高融合成为软件应用的新方向

各类信息技术、网络、业务间，信息技术和其他技术间加快融合渗透，高渗透性本身就是软件服务业的特征。这种融合，既体现在终端产品功能的融合，即个人计算、通信、消费电子的融合；又体现在运行平台上的服务融合，即通信服务、内容服务、计算服务等融合。两化融合战略进一步加速了软件服务业与工业领域的融合发展，以绿色、低碳经济为目标，工业软件将进一步提升传统产业竞争能力。面向政务、医疗、社保、教育、商务等领域的行业应用软件发展迅速，软件服务业已渗透到各行业各领域，将进一步改变人们的生产、生活方式。

4. 软件内容产品将会向模块化、集成化、智能化方向发展

标准的、跨平台的、高兼容单元式软件产品将被不断开发。在计算机网、电信网和广电网间，原本各自独立运行的软件内容产品可以互用、兼容，复用性将大幅提升。在同一网络中，由于使用相似的制作技术，使得素材、模块、半成品等可多次复用于不同内容产品生产过程中，最终导致网络游戏、数字动漫、网络教育、数字影音、网络展示、数字出版等领域的产品和技术相互渗透、融合，产业界限将会变得越来越模糊。

5. 3G 及 LTE 演进领域的通信软件发展空间巨大

全球 3G 网络宽带化、泛在化、智能化，极大拓展了软件市场的应用空间。3G 使移动通信的数据传输和业务支撑能力大幅提升，移动通信业务更加多样化、个性化、多媒体化，3G 应用软件将不受时空限制，深入渗透生产活动和生活方式，构建人类发展和文明演化的全新网络环境。基于 3G 的软件服务包括视频通话、无线上网、移动办公、手机支付等多种业务，内容丰富而精彩。软件企业将在 3G 终端应用软件领域加大研发力度，发展操作系统、中间件、浏览器、应用软件等产品。重点发展包括流媒体播放器、手机游戏、手机动漫和手机杀毒软件等应用软件。结合云计算、物联网等新兴业务模式，大力发展软件即服务（SaaS）、平台即服务（PaaS）、基础即设施（IaaS）、系统集成、信息技术咨询、整体解决方案等面向 3G 应用的技术服务业，将成为新一轮软件厂商的战略选择。随着光通信技术的逐步成熟，全球光纤接入部署不断加快。以 3G 增强型和长期演进技术（Long Term Evolution）等为代表的无线移动接入进入宽带化新阶段，第四代移动通信技术（4G）的标准化进程已全面展开，无线城市的建设和发展进一步推动了通信软件技术的应用和普及。

6. 物联网将进一步拓宽软件产业的应用空间

宽带、融合、泛在、安全的新一代网络基础设施将是今后发展趋势，统筹部署宽带应用、着力应对网络融合已成为今后的发展重点。当前，网络融合的加速推动了物联网的发展，与此同时，物联网的兴起也延伸了软件信息服务业的应用空间。原本在人类社会内部形成的网络信息交流，由于物联网的融入，使得人类社会可以与物质世界进行信息传递，从而实现了人与人、人与物、物与物之间的交流。"智慧地球"、"感知中国"、智能城市等正是多种网络融合下产生的新的发展理念和思路。云计算利用网络将强大运算能力、存储能力和软件资源进行集中共享，实现海量数据挖掘、知识共享和智能决策。物联网、互联网和云计算交融发展正在构建无所不在、人与物共享的关键智能信息基础设施，实现生产和生活信息流的无缝连接，大大改变生产方式、社会管理、公共服务和人类生活，提高对自然灾害、突发性事件的预警、应急响应和处置能力，成为人、自然、环境相互适应与和谐发展的重要支撑。

中国电子信息产业发展研究院　曹　方

2010年世界可再生能源产业发展综述

一、发展现状

随着世界能源消费的不断增长和全球气候变暖问题的日益严重,能源与环境成为当今世界关注的重大问题。发展可再生能源可以减缓化石能源消耗,减轻环境污染,遏止全球气候变暖,是解决能源和环境问题、实现可持续发展的重要措施。大力发展可再生能源已成为全球主要国家的共同战略选择。2010年全球已安装的可再生能源发电总容量(不包括大型水力发电)已约达370亿千瓦,约占全球发电装机的5.1%和全球发电量的3.6%(见表1)。各主要可再生能源技术近年的年增幅均超过20%。其中,生物液体燃料当年产量341亿加仑(约1.02亿吨),风电新增装机3 800万千瓦,太阳能光伏新增装机1 500万千瓦。

表1 各种可再生能源技术的容量(2006–2010年)

	2006	2007	2008	2009	2010
可再生能源装机容量(无大水电)/GW	63	240	280	305	370
风电累积安装/GW	74	94	121	159	197
并网光伏累计安装/GW	5.1	7.5	13	21	36
光伏电池年产量/GW	2.5	3.7	6.9	10.7	16.2
太阳能热水器累积安装量/GWth	105	126	145	180	225
生物质乙醇产量/年产十亿公升	39	50	67	76	105
生物柴油生产/年产十亿公升	6	9	12	17	20

资料来源:REN21. 2010。《2010全球可再生能源情况报告》以及作者数据整理。

在可再生能源投资方面，根据《可再生能源国家吸引力指数》报告，2010 年全球可再生能源投资额达 2 430 亿美元，较 2009 年上升 30 个百分点。

二、风电

1. 发展概况

2010 年全球风电市场继续保持稳定增长。据全球风能协会（GWEC）的统计，到 2010 年底全球累计风电装机容量已达到 1.97 亿千瓦。2010 年增长速度为 24%，当年新增装机容量达到 3 827 万千瓦，与 2009 年同期基本持平（小幅下降 1.4%），如图 1 所示。在经历了 5 年的高速增长后，全球风电在继续释放增长潜能的同时，在发展速度方面变得日趋合理和理性。

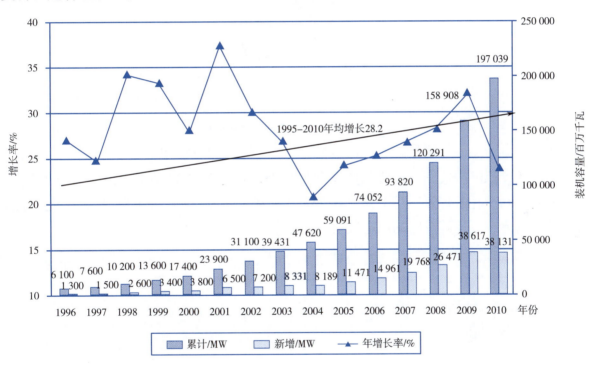

图 1 历年全球风电市场的发展

数据来源：全球风能理事会，Annual market update 2010

从区域分布看，欧洲、北美洲和亚洲仍然是世界风电发展的三大主要市场，但相比 2009 年，三者的权重发生了比较明显的变化。欧洲方面，2010 年欧洲新增装机 991.8 万千瓦，占 2010 年全球新增装机的 25.9%，相比 2009 年 28.2% 的全球新增装机份额有所下降。截至 2010 年底，欧盟累计装机 8 630 万千瓦，占全球累计风电装机容量的 43.8%，欧洲各国，特别是德国、丹麦等经济实力较强的欧洲国家的陆上风电大规模开发基本完成，海上风电尚未迎来爆发期，因而新增装机量有小幅下降。

2010 年北美洲新增装机 580.5 万千瓦，相比 2009 年的 1 143 万千瓦降幅明显，占到全球新增装机的比例，也由 2009 年的 30% 下降到 2010 年的 15.1%。2010 年亚洲新增风电装机 2 145 万千瓦，继续保持全球最大的风电市场。

从国别来看（见图2），2010年中国新增装机1 893万千瓦，继续保持全球新增装机首位，累计装机4 473万千瓦，首次超过美国成为全球最大的风电装机国。美国新增装机511.5万千瓦位居全球第二，累计装机达4 018万千瓦，居全球第二，中美在新增装机量上的差距进一步扩大。印度2010年新增装机213.9万千瓦，上升到全球第三。

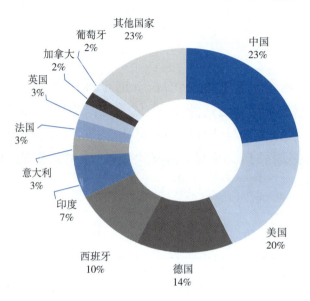

图2　2010年全球风电累计装机

数据来源：全球风能理事会，Annual market update 2010.

西班牙、德国、法国、英国和意大利位列全球装机的4到8位，2010年新增装机分别为151.6万千瓦、149.3万千瓦、108.6万千瓦、96.2万千瓦和94.8万千瓦。此外，加拿大、瑞典、土耳其等国的风电装机容量也超过30万千瓦（见图3）。

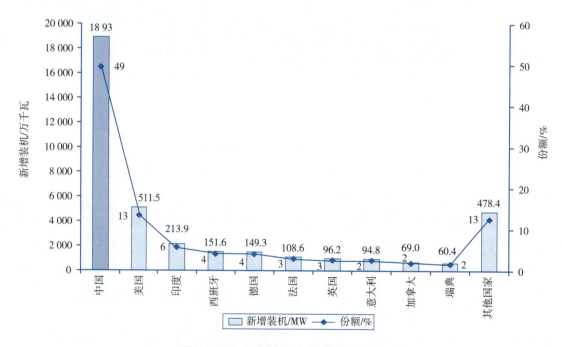

图3　2010年全球风电新增装机情况

数据来源：全球风能理事会，Annual market update 2010.

2. 海上风电

2010年全球海上风电产业步入全面发展的新阶段，全球海上风电新增装机容量144万千瓦，超过2009年海上风电装机的两倍，累计装机达355万千瓦，已经初步实现了海上风电的规模化发展（见表2，图4）。除了长期进行海上风电开发的英国、丹麦、德国等国外，比利时、爱尔兰、荷兰等国也在2010年步入海上风电开发国的行列。但是，除我国的东海大桥项目外，海上风电项目基本都仍局限在欧洲（见表3）。英国依旧是全球海上风电新增装机和累计装机第一的国家。

表2 2010年全球海上风电主要国家的发展情况

	2009年新增装机/MW	2010年新增装机/MW	2010年累计装机/MW
比利时	0	165	195
中国	63	39	102
丹麦	228	207	832.9
德国	60	108	168
爱尔兰	0	0	25
荷兰	0	0	246.8
挪威	2.3	0	2.3
瑞典	30	0	163.3
英国	306	925	1819
合计	689.3	1444	3 554.3

资料来源：BTM World Market Update 2010

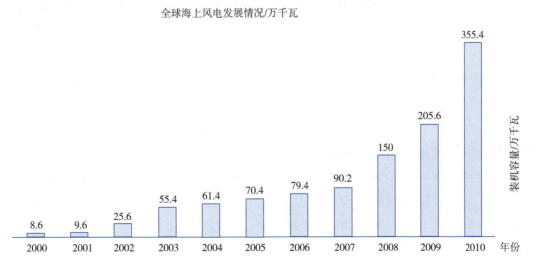

图4 全球近海风电场装机容量变化

表3 世界在建或即将完成的海上风电场

项目名称	国家	规模/MW	设备制造商
Gunfleet Sands Phase 2	英国	172	Dong Energy
Robin Rigg	英国	180	Vestas
Greater Gabbard 2	英国	151.2	Siemens
Walney Phase 1&2	英国	183.6	
Roedsand 2	丹麦	207	
Thanet Phase 1	英国	300	Vattenfall
Baltic 1	德国	48.3	
Bard I	德国	370	
Bligh Bank	比利时	165	
Bligh Bank 2	比利时	165	
Ormonde	英国	150	
Sheringham Soal	英国	315	
东海大桥	中国	100	Sinovel

资料来源：BTM World Market Update 2010

三、太阳能

1. 太阳能光伏

2010年在金融危机的影响之下，太阳能光伏发电消费市场在上半年发展缓慢，但在下半年迅速复苏，并带动了整个产业的快速发展，整体呈现"先抑后扬"的发展态势。截至2010年底，全球光伏发电市场累积安装量达3 700万千瓦以上，增幅超过50%（见图5），当年新增安装量达1 500万千瓦，同比增长100%以上。2000年到2006年间，全球光伏发电新增市场年均复合增长率达33.9%，2006年到2010年年均复合增长率达66.3%。其中，欧洲太阳能光伏发电市场继续保持强劲增长势头（见图5）。2010年，欧盟27国的光伏发电新增1 200万千瓦，约占全球新增装机的80%。德国依旧是全球最大的太阳能光伏发电消费市场，年新增装机约为800万千瓦，连续两年占全球新增装机的50%以上，其次是意大利和捷克，分别达到150万千瓦和87万千瓦。此外，美国和日本两个国家的光伏发电市场保持稳定增长，年新增装机分别达80万千瓦和75万千瓦；新兴市场如中国、印度则处于光伏发电大规模发展的前期阶段，年新增装机达50万千瓦和5万千瓦，约占全球装机比例的3.3%和0.33%（见图6）。

在光伏电池制造方面，2010年全球光伏电池产量达1 620万千瓦，同比增长50%以上。其中，我国大陆光伏电池的产量达800万千瓦，同比增长100%，台湾地区产量达250万千瓦，同比增长90%以上，两者合计约占世界总生产量的60%以上。其次为欧洲、日本和美国，光伏电池产量分别为200万千瓦、170万千瓦和80万千瓦。伴随着产量的

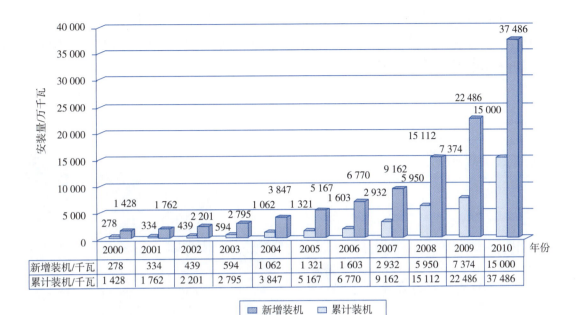

图5 全球太阳能光伏累计安装量

数据来源：欧洲光伏工业协会，2010

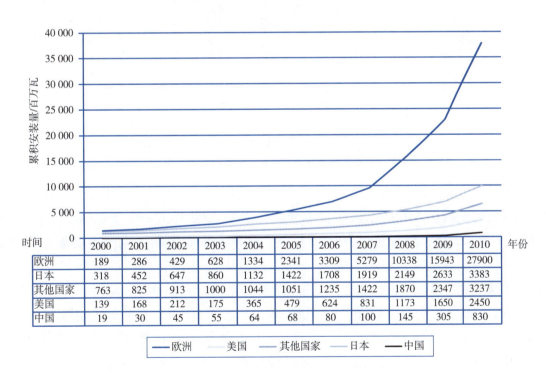

图6 全球太阳能光伏发电累积安装量分布及增长情况

数据来源：欧洲光伏工业协会，2010

增长，光伏电池制造业集中度进一步提高。2010年，全球主要太阳能电池生产企业继续扩张产能，企业规模和技术优势继续增强，其中河北晶澳、美国第一太阳能公司、无锡尚德和英利集团4家企业的电池产量达到或超过100万千瓦。除此之外，光伏电池制造业继续向亚洲地区集中，全球排名前10的太阳能电池生产商中，中国大陆、台湾地区和日本公司共占8家。随着晶体硅太阳能电池成本的下降，2010年薄膜电池特别是硅基薄膜电池的生产和销售均受到了比较大的冲击，薄膜电池市场占有率由 2009 年的 19% 下降到 15% 左右。日本夏普、三洋等公司退出或推迟薄膜太阳能电池业务，美国应用材料公司也宣布退出非晶硅薄膜技术市场。

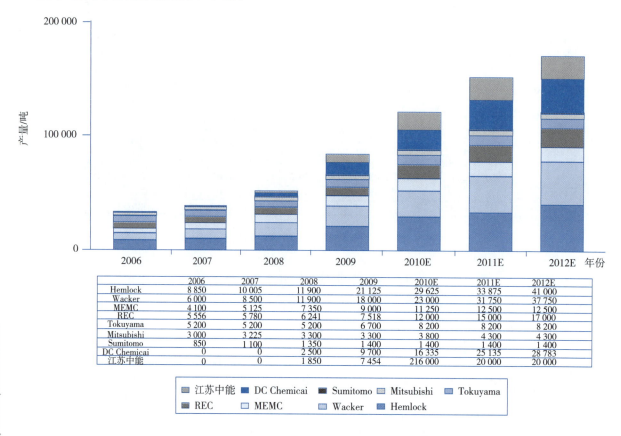

图 7　全球主要多晶硅企业产量及预期产能

数据来源：欧洲光伏工业协会，摩根斯坦利，高盛，2010

在原材料方面，2010 年全球多晶硅产量继续增加，达到 12 万吨以上，原料瓶颈得到缓解。由于规模的扩大和技术进步，综合能耗水平 2008 年的 300 千瓦时/千克下降到当前的 200 千瓦时/千克，降幅超过 30%。目前，全球太阳能多晶硅生产主要集中在美国、德国、日本、挪威等国家。目前全球较大的多晶硅生产企业有美国的海姆落克（Hemlock）公司、德国瓦克（Wacker）公司、美国 MEMC 公司、挪威 REC 公司和日本的德山公司（Tokuyama）等少数企业（见图 7）。2007 年以后，韩国 OCI（原东洋制铁化学）和江苏中能先后进入多晶硅生产领域。图 7 为世界主要多晶硅企业及其产量，其中海姆落克公司、德国瓦克公司为全球最大的两家多晶硅生产企业。此外，高效、稳定、低成本光伏电池的研发取得明显进步。其中日本三洋电机公司研发出世界上光电转化效率最高的商用太阳能电池板，转化效率高达 20.7%。此外，经过美国可再生能源实验室证实的大面积 CIGS 薄膜电池组件的效率达到了 14.3%，这一效率是所有商业规模 CIGS 组件技术的最高效率。

太阳能光伏发电成本在 2010 年继续保持下降趋势。其中，多晶硅的价格在 2010 年波动较大，但基本维持在 50 美元/千克～90 美元/千克的范围内，较 2009 年平均水平下降了约 10%～20%；晶体硅光伏电池组件价格下降到 1.5 美元/千瓦左右；包括逆变器在内的平衡部件的价格也快速下降。

2. 太阳能热发电

太阳能热发电是直接利用太阳光，将其数倍聚焦后，形成高能密度和高温，其产生的热量可用于驱动传统发电系统发电。太阳能热发电的热量还可以应用在其他方面，包括：为工业过程和建筑供热和供冷、海水淡化，及制氢等方面。2006年太阳能热发电技术重新进入高速发展的轨道，美国、西班牙和澳大利亚等国开始技术研发和试点项目的建设工作。到2010年，全球太阳能热发电电站总装机容量为129.2万千瓦（包含正在建设的和已经运行的），分布在美国、西班牙和澳大利亚等几个国家（见图8）。

美国在太阳能热发电领域十分积极。2010年美国能源部为4家太阳能热发电的技术新兴企业提供6 200万美元的研发资金，促进将先进技术推向市场。2010年一年仅美国加州政府能源局公示的太阳能热发电工程装机容量就已达24GW，加州政府提出到2030年加州太阳能发电中，热发电与光伏的比例为4:1，太阳能光热发电将成为太阳能主流利用技术。在欧洲方面，西班牙是欧洲太阳能热发电市场的热点国家，现有实际安装项目的发展速度在2010年已经超过美国，预计2013年安装量将达2.3GW。

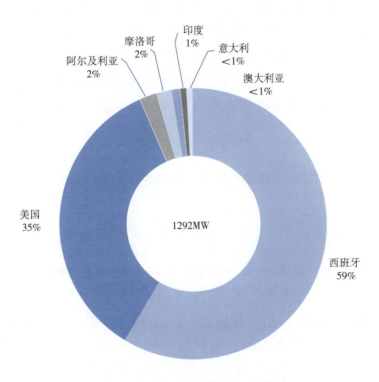

图8　全球太阳能热发电工程分布

3. 太阳能热利用

太阳能热水系统是太阳能热利用应用最广泛的技术，近几年在世界范围内得到了快速发展。累计至2009年底，全球53个国家太阳能热利用累计安装运行总面积2.46亿平方米，当年全球新增太阳能集热器安装面积0.29亿平方米，中国持续位居市场第一位，在平板与真空管热水器的市场占有率达58.9%，其次为欧洲国家（见图9）。

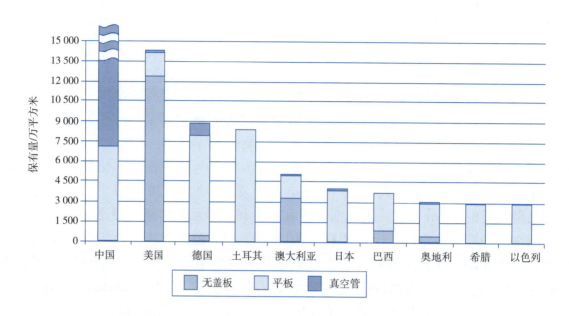

图9　2009年底世界太阳能集热器总保有量前十位国家的保有量及产品类型

数据来源：IEA Solar Heating and Cooling Programme "Solar Heat Worldwide" 2011

在产品结构方面，根据IEA 2009年统计数据显示，目前世界太阳能热水器以平板和真空管产品为主，并以真空管型累计安装量最多，约占56.0%，主要为中国市场；其次为平板型，约占31.9%，以欧洲为最大市场。无盖板产品约占11.4%，以美国为最大市场，主要应用于温水游泳池（见图10）。2009年新增太阳能热水器5 210万平米，比2008年增长25.3%，中国占当年新增能力的80.6%，欧洲占10.2%。

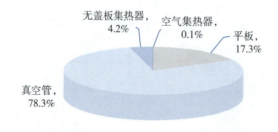

图10　集热器各类型占2009年新增太阳能集热器安装量的比例

数据来源：IEA Solar Heating and Cooling Programme "Solar Heat Worldwide 2011"

欧洲仍然是太阳能热利用应用范围最广泛的市场，除常规的热水系统外，还包括家庭及宾馆的取暖系统，及不断增长的大型区域性供暖系统、空调系统和工业应用系统。在奥地利、德国、瑞士和荷兰等国，超过20%以上的太阳能系统不仅提供热水，还提供取暖等其他热利用（见图11）。

分析显示，世界上平板和真空管集热器在2000—2009年间的年均增长率为20.8%。2009年的安装量几乎是2004年的3倍。2009年比2008年增长了27.3%，其中中国（+35.5%）和澳大利亚（+78.5%）增长强劲，而欧洲（-9.9%）、中东（-6.7%）和北美（-9.8%）则有所下降（见图12）。

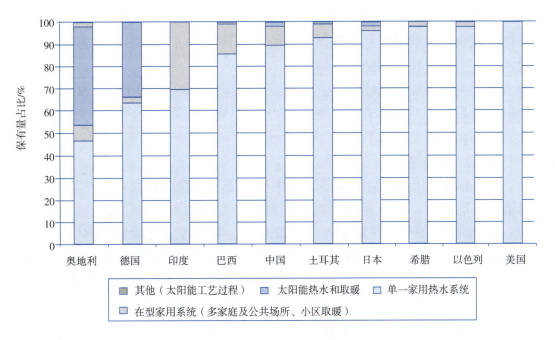

图 11 2009 年世界太阳能集热器保有量前十位国家的太阳能应用系统类型分布

数据来源：IEA Solar Heating and Cooling Programme "Solar Heat Worldwide" 2011

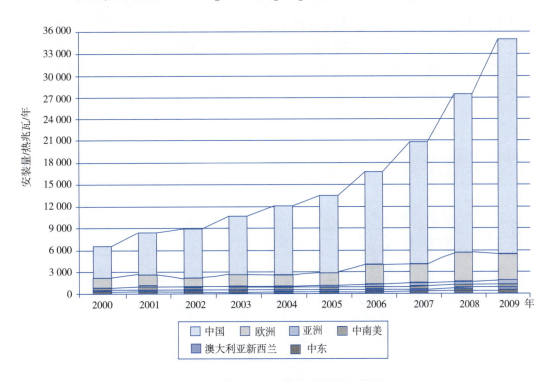

图 12 平板和真空管集热器年安装量

四、生物液体燃料

1. 燃料乙醇

近几年来，尽管全球生物燃料的发展形势普遍低于预期，但世界各国对生物燃料的前景仍然充满希望。特别是 2010 年以来，全球生物燃料产业正在逐步摆脱金融危机的影响，以美国为代表的生物燃料产业发展较好的国家在新环境下，纷纷对生物燃料的研发、政策、投入等方面做了相应调整和部署。

2010 年全球对生物燃料投资额为 116 亿美元，较 2009 年的 120 亿美元相比变化不大，但金融危机后续影响仍存在，市场总体仍不稳定。根据美国可再生燃料署（Renewable Fuels Association）的公布数据，2010 年全球燃料乙醇的产量为 230.1291 亿加仑（约为 6 875.1 万吨）。

美国、巴西和欧盟仍是生物液体燃料的主要制造和消费国家及地区。其中，根据来自美国能源情报署的数据，2010 年美国燃料乙醇的产量约为 132.3 亿加仑，相比 2009 年的 107.5 亿加仑，增幅达 23%。在政策方面，2010 年，美国政府延续对乙醇生产的补贴政策并提高了汽油中乙醇掺混比例。2010 年，巴西能源生产的 47% 来自于可再生能源，其中 18% 来自于甘蔗。据巴西能源部 2010 年 9 月底发布的预测报告，2010 年巴西乙醇生产量为 260 亿升，到 2019 年将达 640 亿升。巴西目前正在评价使现有乙醇生产提高 12 倍的可能性，若能实现，则可望替代世界消费汽油约 10%。在欧盟方面，据国际再生燃料机构（GRFA）与分析机构 F. O. Licht 统计，继 2009 年增长 31% 后，欧盟 2010 年的乙醇生产量继续增长了 24%，从 2009 年的 37 亿升（292 万吨）增长到 2010 年 46 亿升（393 万吨）。法国仍是最大的燃料乙醇生产国，其次是德国和西班牙。2010 年，奥地利和瑞典的燃料乙醇增长十分迅速，分别增长 102% 和 124%（见图 13）。根据欧盟"20－20－20"法案，到 2020 年所有欧洲汽油的 13% 都必须来自于可再生原料，而目前欧洲汽油仅 3.5% 来自可再生来源生产，预计在今后 10 年内可再生运输工业将以超过 10 倍的速度增长。

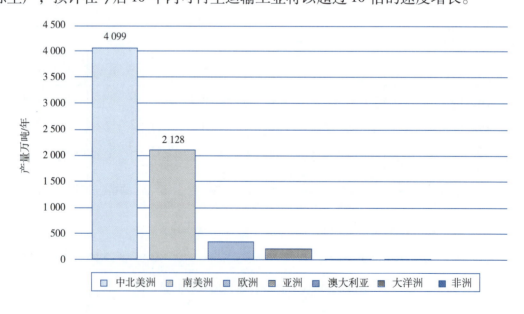

图 13　2010 年全球生物乙醇产量

数据来源：F. O. Lichts

2. 生物柴油

生物柴油由于其无污染、可再生，以及具有良好的动力性能等特点，被国际可再生能源界誉为最具发展前景的替代油品。近年来，生物柴油在国际上发展较快，从麻疯树籽中提取的生物柴油已被用于新西兰航空和大陆航空的航班上。欧洲是全球生物柴油最主要的生产和消费者（见图14）。生物柴油的生产主要采用油菜子、大豆、棕榈油和葵花籽等作为原料，动物油油也都已经开始应用。根据欧洲生物柴油委员会最新数据显示，2010年，欧盟27国的生物柴油产能为2 190万吨。

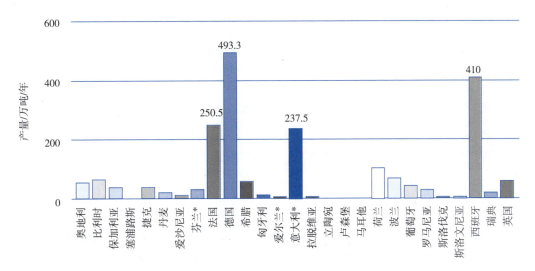

图14 2010年欧盟各国生物柴油产能

资料来源：EBB

五、主要国家和地区的发展特点

1. 欧盟

以应对气候变化和实现京都议定书承诺为着眼点，欧盟是发展可再生能源最早、力度最大、成就最明显的区域。在2000—2010年间，欧盟天然气发电装机容量新增1.18亿千瓦，风电增长7 430万瓦，光伏发电增长2 640万千瓦，与此相对比，燃油发电下降1 320万千瓦，煤电装机下降950万千瓦，核电下降760万千瓦。2010年，全部可再生能源新增装机2 270万千瓦，占欧盟当年新增发电容量的41%（见表4）。

表4 欧盟可再生能源新增装机情况

年度	可再生能源新增容量/百万千瓦	占当年欧盟电力新增容量的%
1995	1.3	14
2008	13.3	57
2009	17.3	63
2010	22.7	41

来源：欧洲风能协会（www.ewea.org）

虽然可再生能源持续增长的趋势没有变化，但2010年欧盟可再生能源增长的结构有了明显变化。风电自 2007 年开始在欧盟新增装机容量第一的位置，首次被光伏发电超过，欧盟 2010 年新增 1 200 万千瓦光伏发电装机，累计装机达 2 600 万千瓦，与此相比，风电新增装机约 930 万千瓦，累计达 8 420 万千瓦（见图 15）。以小型分布式发电为主的光伏发电，在各国积极的电价政策促进下，获得了飞速发展。此外，2010 年欧洲的天然气发电实现了跨越式发展，新增装机 2 800 万千瓦，大大超过了过去三年年增 500 万千瓦~600 万千瓦的发展速度，这也使得可再生能源在新增电力装机中的比例自 2007 年开始第一次低于 50%，但仍连续 5 年保持了 40% 以上的比例。

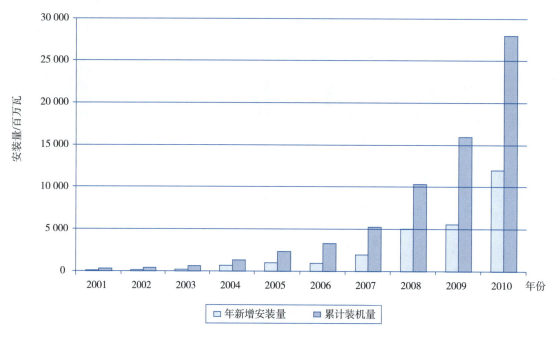

图 15　欧洲历年太阳能光伏发电新增及累计安装量

数据来源：2009 年以前数据来源于 EPIA，2010；2010 年数据系课题组整理

在新增发电装机容量所占份额处于领先的同时，在满足总电力需求方面，可再生能源的比例也逐步提高，如 2010 年风电在丹麦、葡萄牙、西班牙、爱尔兰、德国电力消费中的比重，已分别上升到 24.0%、14.8%、14.4%、10.1% 和 9.4%，风电满足了整个欧盟 5.3% 的电力需求，显示出风电已经在欧盟地区发挥替代能源的作用。在光伏方面，2010 年欧盟的太阳能光伏发电总装机已达 2 600 万千瓦，占欧盟电力总装机的 3%。德国仍然是太阳能光伏发电第一大国，总装机容量达到 1 700 万千瓦，其后分别是西班牙、意大利、捷克和法国，分别为 370 万千瓦、260 万千瓦、130 万千瓦和 86 万千瓦。其中，累计装机容量大于 100 万千瓦的国家有德国、西班牙、意大利、捷克 4 个国家（见图 16）。

在光伏新增装机方面，2010 年欧盟 27 国的光伏发电新增 1 200 万千瓦，约占全球新增装机的 80%，占欧盟新增电力总装机的 21.7%。德国年新增装机约为 800 万千瓦，连续两年占全球新增装机的 50% 以上，依旧是全球最大的太阳能光伏发电消费市场，其次是意大利、捷克、法国、西班牙和比利时，分别达 150 万千瓦、87 万千瓦、60 万千瓦、45 万千瓦和 20 万千瓦（见图 17）。

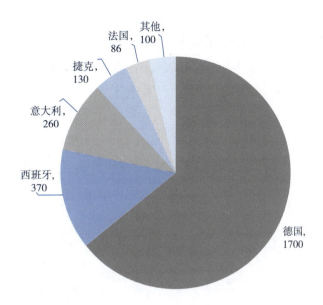

图 16　2010 年欧洲太阳能光伏发电累计装机分布（/万千瓦）

数据来源：2009 年以前数据来源于欧洲光伏工业协会，2010；2010 年数据系课题组整理

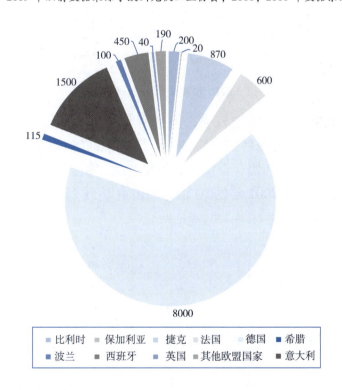

图 17　2010 年欧洲太阳能光伏发电新增安装量分布（/百万瓦）

数据来源：2009 年以前数据来源于欧洲光伏工业协会，2010；2010 年数据系课题组整理

2. 美国

在风电方面，2010 年以前，美国的风电经历了一段高速发展时期。2009 年达到创纪录的 1 000 万千瓦新增装机（见图 18）。然而 2010 年美国只有 511.5 万千瓦新增装机，几乎只是 2009 年安装数量的一半，政策的不确定性是 2010 年美国风电装机显著下降的主要原因。美国有 38 个州都有了大规模的风电项目，其中 14 个州的风电装机超过了 100 万千

瓦。位于前五名的是德克萨斯、爱荷华、加利福尼亚、明尼苏达、俄勒冈和华盛顿州。另一方面，风电成本在过去两年里有了明显下降，最近签订的电力购买协议电价是 5~6 美分每千瓦时，使得风电具有了与天然气发电的竞争能力。美国国内安装的风机有约 50% 为国内制造，有超过 400 家制造厂服务于风电工业，雇佣了 85000 名"绿领"工人，为风电的进一步高速发展做好了准备。目前风电约占美国电力需求的 2%。2008 年的一份美国能源部报告估计，到 2030 年风电可以提供 20% 的电力。

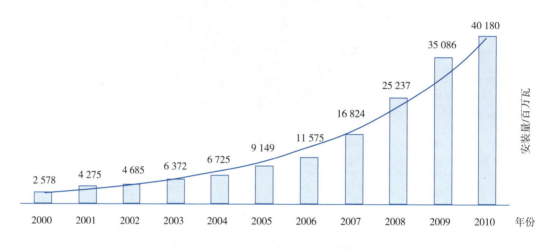

图 18　2010 年美国风电累计安装量

美国太阳能光伏发电技术的应用较早，但是商业化市场发展缓慢。进入 21 世纪以来，美国太阳能光伏发电呈现"先慢后快"的态势，2004 年以前发展速度较慢，市场规模不大；2004 年以后发展速度开始加快，市场开始慢慢扩大。截至 2009 年底，美国光伏发电累计装机达到 165 万千瓦，约是 2001 年的 10 倍，2010 年达到 250 万千瓦左右（见图 19）。在

图 19　美国太阳能光伏发电累计装机容量（单位：MW）

数据来源：欧洲光伏工业协会，2010

太阳能产业政策方面，美国参议院能源委员会于2010年通过了"千万太阳能屋顶提案"，该提案计划是在2020年之前安装1 000万个太阳能系统，总安装容量将达30～50GW，财政补助方式为工程项目净投入的50%，类似于中国的"金太阳示范工程"。美国希望以此树立太阳能全球应用市场新的领导者角色。

在生物液体燃料方面，2010年的乙醇生产量和生产能力均有上升，生产量已从2009年107亿加仑提高到2010年132亿加仑，比2000年16亿加仑提高了超过750%。其中大型生产商所占份额已从2008和2009年占11%提高到2010年的12%，但仍低于2001—2007年占16%和2000年占41%的份额。此外，美国还有152亿加仑的在建乙醇生产能力。根据美国能源情报署统计，在2010年生产的120亿～130亿蒲式耳玉米中约有48亿蒲式耳被用于生产乙醇。

3. 日本

日本太阳能光伏发电技术应用始于上世纪70年代的"阳光计划"，但直到1998年本国累计装机容量才突破1万千瓦。21世纪以来，日本太阳能光伏发电保持稳定增长，特别是2009年开始实施的新的太阳能光伏发电补贴政策，促使日本当年新增装机49万千瓦，2010年更是达到新增装机75万千瓦，累计装机达到340万千瓦，同比增长30%，约是2000年的10倍（见图20）。根据日本2009年制定的新能源和可再生能源发展计划，预计到2020年，太阳能光伏发电装机容量将达到2 800万千瓦，为2005年的20倍，其中户用系统约占70%，非户用系统占30%。

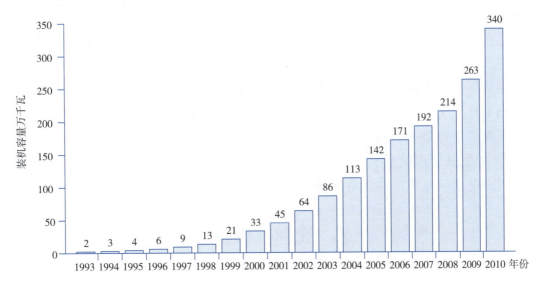

图20　日本太阳能光伏发电累计装机容量

数据来源：日本能源经济研究所，2010

在多晶硅制造方面，由于中国、韩国等国的多晶硅企业产能扩张比较明晰，日本传统的三大多晶硅巨头所占市场份额有所下滑，德山（Tokuyama）、三菱（Mitsubishi）的产量已连续3年分别保持在6 700吨和3 300吨，住友（Sumitomo）则在2010年新增产量100吨，达到1 400吨。

4. 新兴经济体

2010 年以来,新兴经济体以更加积极的态度加入到全球新能源革命的浪潮中。许多国家都根据各自国家社会经济发展情况和资源禀赋的不同,制定了卓有成效且各具特点的发展战略。

(1) 巴西

由于巴西拥有丰富的甘蔗资源以及在第一次全球石油危机后推行的国家政策,巴西自上世纪 70 年代中期起就成为全球燃料乙醇的领跑者。截至 2010 年 7 月,乙醇已主导巴西运输燃料市场,以 E100(100% 乙醇)和 E25 混合使用为主,同时,政府还指令在所有汽油中要掺混 20%~25% 乙醇。巴西现新销售的所有轻型汽车都是灵活燃料汽车,允许使用乙醇和汽油的混合物来驱动。

巴西是全球最大的生物燃料出口国,占全球市场份额的 60%。但是,由于越来越多的海外市场征收高额的进口关税,巴西乙醇在欧洲、美国等海外市场面临诸多障碍。另一方面,燃料乙醇的生产需要配合拥有灵活燃料技术的汽车。尽管巴西在相关技术上已经取得了较大的成功,但由于缺乏生产、使用和分销乙醇的相关配套设施,灵活燃料汽车技术尚未在世界上其他地区广泛应用,这也是巴西燃料乙醇产业全球化的一大障碍。

(2) 印度

印度面临的主要问题是基础设施薄弱和电力短缺,特别是农村地区的电力短缺已经成为困扰印度居民生活水平和经济发展的重要制约因素。而另一方面,印度拥有丰富的可再生能源资源,特别是非常适合分布式能源利用方式的太阳能资源。因此,印度把发展可再生能源,特别是可再生能源的分布式利用作为国家的重要能源战略。为此,印度专门成立了"新能源与可再生能源部",负责指导本国可再生能源的发展,并在其第 11 个五年计划中提出从 2008 到 2012 年增加约 1 500 万千瓦可再生能源装机的目标,同时创造规模达到 190 亿美元的可再生能源市场。印度政府已经计划拿出 10 亿美元政府财政用于可再生能源津贴补助金。特别值得强调的是,印度于 2010 年提出《国家太阳能任务》,计划到 2022 年发展 2 000 万千瓦的太阳能光伏。该计划进一步强化了印度走分布式发电以解决农村用电这一重大民生问题的决心。

六、全球发展趋势

1. 全球风电产业的增长将有所放缓,中国市场的地位将日益凸显

虽然可再生能源持续增长的趋势没有变化,但 2010 年可再生能源增长的结构有了明显变化。欧美地区风电的发展速度都有所放缓,而光伏发电增长迅速。特别是欧盟地区,2010 年新增光伏发电装机首次超过风电新增装机。由于美国风电政策的不确定性,欧洲陆上风电开发已经达到较高水平,以及海上风电离大规模开发仍有一段距离等原因,全球风电新增装机的增长预计将进一步放缓,而我国在全球风电市场中的占比和地位将显得更加突出。

2. 太阳能光伏发电将进一步普及，产业或将迎来爆发点

2010年全球光伏电站装机容量的增长额中很大一部分是由德国、捷克等国下调光伏上网电价补贴引起的抢装效应带来的，这实际上是对2011年欧洲光伏市场扩大的一种透支。由于欧洲等主要国家光伏发电补贴费率的下调，预计2011年全球光伏市场增速将有所放缓，但是在2012年前后，光伏产业将迎来爆发点。另一方面欧盟目前的补贴电价仍处于光伏发电成本降低后的一个合理可控的范围区间中，加上美国"千万屋顶计划"的政策效用会逐步显现，可以预见太阳能光伏发电将进一步在欧洲国家和美国普及，太阳能资源分布广泛、分布式应用便利的优势将会得到进一步发挥，光伏发电的替代作用也有望逐步凸显。

3. 美国或将树立太阳能利用领域的全球领导者地位

美国将逐步在可再生能源的应用，特别是太阳能资源利用方面，替代欧盟树立新的领导者地位。一方面美国在太阳能光伏方面拥有合理的技术路线、明确的发展目标和强有力的政策支持，近期已经明确发出了市场崛起的信号。另一方面，美国在太阳能热发电方面有着长期的技术和示范项目积累，更多的太阳能热发电商业化示范项目将会迅速进入启动建设的阶段。通过美国等国的推动，太阳能光热发电也将成为太阳能主流利用技术。

4. 生物液体燃料的不确定性加大，贸易争端有可能加剧

生物液体燃料的发展不仅关系可再生能源产业、交通运输产业的发展，更关系到美国、欧盟等发达国家和地区农业生产的稳定。因此，主要国家都对生物液体燃料的贸易有所控制。欧盟在其"可再生能源指令"中对生物液体燃料进口设定了严格的减排准入标准，希望借此保护区域内的生物液体燃料产业和能源作物种植业。美国也采取了提高关税的政策限制超量的进口。相比而言，巴西的生物液体燃料出口可能会进一步受到限制，生物液体燃料的贸易争端将进一步加剧。

5. 全球可再生能源产业的整合和重组可能性较大

各国政府在大力鼓励新能源产业发展的同时，也在2010年对产业政策特别是补贴政策做出显著调整，以确保新能源产业发展的经济性。这些政策的变化会对产能结构进行调整，压低企业的利润空间，督促企业进行技术创新。这些变化也将可能导致企业用于规模扩张的融资变得更加困难，国际可再生能源市场需求的不确定性增加，竞争特别是价格竞争将更加激烈。缺乏核心技术和技术创新能力的企业将面临更加残酷的市场竞争，全球可再生能源产业有逐步洗牌的可能。

国家发展和改革委员会能源所　王仲颖
中丹可再生能源发展项目　黄　禾

4 主要国家和地区的太阳能光伏产业发展综述

前 言

2008年7月，石油价格达创纪录的147.27美元/桶，油价即将突破200美元/桶也即将成为现实。由于经济和金融市场动荡，石油价格在过去12个月中巨幅波动，这突出说明了我们对石油的严重依赖，并促使我们推广可再生能源，这才能将价格波动的风险最小化。

2006年初的天然气危机、2008年夏季和2009年初的天然气供应中断等都表明欧洲能源的总体供应非常脆弱。解决方法一方面是寻求能源供应的多国化，另一方面是能源种类的多样化，包括可再生能源和光伏能源。

2009年6月，欧洲新的关于"促进使用可再生能源"（Promotion of the Use of Energy from Renewable Sources）指导意见生效，不仅为各会员国设定了到2020年的强制性指标，而且还给出如何达到这些目标的指导意见。该意见的目标是为欧洲提供必要措施，以达到在2020年减少温室气体排放量20%的目标，从而与全世界一起，确保温室气体在大气中稳定在450ppm至550 ppm的范围内。

光伏技术是实现这种脱碳能源供应转变的一项重要技术途径。太阳能资源在欧洲和世界各地非常丰富，也不会被某个国家所垄断。未来，不管什么原因引起石油价格和能源价格上升，光伏发电和其他可再生能源是唯一能促使价格降低的因素。

出于对经济危机的反应，大部分的20国集团国家都出台了经济复苏计划，这些计划都包括了"绿色刺激"措施。然而，与正在讨论的中国新能源重整计划相比，我们在绿色能源方面的承诺投资非常有限。

2008年，光伏工业的产量几乎增加一倍，全世界产量已达7.3GWp光电单元。光伏产业在过去10年年均增长超过40%，已成为当前增长最快行业。商业分析机构预测，到2010年，它的市场容量将达400亿欧元，并且对消费者来说也更加廉价。在2008年，薄膜光伏增长较光伏市场整体增速更快。

第八版的"光伏状况报告"尽量给出目前有关光伏动向的概况，包括研究、制造和市场推广。尽管并非每个国家都对光伏行业发展给予相同关注，而且这也超出了本报告的范围；但我们希望，这份报告能提供一份对世界各地情况有用的概述。也欢迎增加任何其他相关信息，这些信息将用于更新该报告。

本报告中的意见是基于当前作者所接触到的信息，并不能反映欧洲委员会的意见。

一、概述

2008年，全球太阳能组件产量[①]在6.9GW到8GW之间。2008年数据十分不准确，这是因为市场过热，同时一些公司报告的是出货数据，而另外一些公司给出的是生产数据。此外，由于当前经济形势困难，许多公司不愿给出公司的秘密数据。尽管如此，通过这些数据，仍可以看出产量的大幅增长和硅供应紧张的局面。然而，许多硅扩建项目的推迟，如果市场的恢复速度超过硅扩建项目，可能会加剧硅供应紧张的局面。我们用自己从各种公司和团体收集到的数据和其他多种数据进行对比，得出7.35GW的估计值（图1），较2007年相比增长大约80%。

同时，中国内地和中国台湾地区的产量增加比例很大，中国内地以大约2.4GW的产量，仍保持第一位；欧洲紧随其后，为1.9GW；日本1.2GW；台湾地区0.8GW。在产品方面，Q-cell（德）公司排首位（570MW）；其次是Suntech（中国），550MW；第一太阳能（First Solar）（美国/德国/马来西亚合资）503MW；夏普（日本）470MW。而在出货量方面，排序稍有不同，Q-cell（德）公司排首位（570MW），Suntech（中国）470MW、夏普（日本）458MW、第一太阳能（First Solar）（美国/德国/马来西亚合资）435MW。

产量的大幅增加也催生了创业板股票的增长。如果看一下一级销售点出货量报告（5.5GW）[Min 2009]的数字，就能够看到这些变化，同时全球光伏市场的规模估计在5.5GW到6GW之间[Epi 2009，Fra 2009]。

自2003年以来，光伏生产增长近10倍，年增长率在40%至80%，而薄膜市场——从一很低水平开始——年均增长90%以上。2008年一级销售点的出货量增至750兆瓦（14%）。薄膜产量和市场总份额的高速增加表明，薄膜技术正越来越获得市场接受；同样具有竞争力的技术还有非晶/微晶硅，碲化镉和铜（铟，镓）（硫，硒）$_2$薄膜等。另外，越来越多的光伏制造商多样化他们的产品组合，并将薄膜产品添加到基于晶片的产品上。应当注意到，当前薄膜市场的龙头第一太阳能（First Solar）2009年的生产能力将

[①] 太阳能组件产量的涵义：
— 在基于硅晶片的太阳能电池情况下，仅指电池本身；
— 在基于薄膜的太阳能电池情况下，指整个集成模块；
— 只统计实际生产有源电路（the active circuit）（电池）的公司；
— 不统计购买这种电路并生产电池的公司。

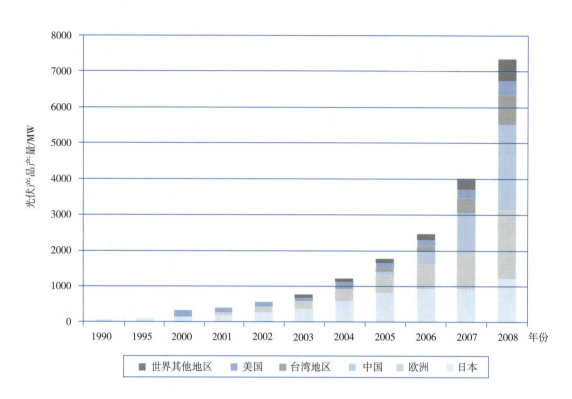

图1　1998—2008年间光伏电池/组件产量

数据来源：Navigant [Min 2009]，光伏新闻 [Pvn 2009] 和我们的分析

突破1GW。夏普（日本）（2007年）、昭和壳牌石油公司（日本）（2008年）和Best Solar（中国）（2008年）已分别宣布，他们将各自增加薄膜产量，至少到2010年（Best Solar，夏普公司）和2011年分别实现1GW产能（昭和壳牌石油公司）。尽管有这样的发展规划，但在此期间，薄膜市场的扩张速度有所放缓，到2010年薄膜市场占20%至25%的市场份额似乎难以实现，这是因为其他许多薄膜制造商在此期间的生产能力目标仅为500MW。

生产太阳能产品或提供相关服务的上市公司已吸引越来越多私人和机构投资者。在2008年，全球可再生能源和能源效率部门的新增投资，增加到创纪录的1 550亿美元（约合1 100欧元①），比2007年增长5%，但到下半年，受金融危机影响，投资大幅下降（季度变化：第三季度-10%，第四季度-23%）[New 2009]。2009年第一季度延续了这种趋势（与2008年第四季度相比下降47%），但此后第二季度实现增长（比2009年第一季度增长83%）[New 2009a]。

在太阳能发电领域的新投资增长再次超过生物能源，仅次于美国风力发电，达335亿美元，占2008年新增投资的21.6%[环境署2009]。太阳能发电仍是增长最快的投资领域：并购交易达110亿美元（合78.6亿欧元），风险投资（VC）和私募股权（PE）达55亿美元（合39.3亿欧元），公共市场投资达64亿美元（合45.7亿欧元）。

在过去几年，咨询公司和提供市场研究和投资机会的金融机构数大大增加，尽管利率不断升高，分析家们仍非常有信心地认为光伏行业是一个长期健康的行业。受金融危

---

① 汇率：1欧元=1.4美元

机影响，股市下跌，PPVX①（光学光伏类股票指数）在 2008 年底下跌至 2 095 点。从 2009 年 1 月到 7 月，该指数上涨 12.9% 到 2 552 点，30 个 PPVX 公司②的市值达 326 亿欧元。据预测，来自政府的"绿色刺激"资金，会进一步推动光伏市场，这些资金旨在帮助减轻经济衰退的效果。自 2008 年 9 月开始，主要经济体已宣布了大约 1 850 亿美元的恢复资金，目的是促进可再生能源的发展或提高能源的使用效率。然而，分析家们预测，2009 年仅仅支出了 15% 或更少，这些资金的三分之二将用于 2010 年和 2011 年。

2010 年，光伏产业的市场预测分别为 6.8GW（Navigant 的保守估计），7GW 到 10GW（威盛，政策驱动的情况下，EuPD，萨拉兴银行，LBBW 的预测），17GW（光子咨询预测）。大量增幅正在公布或实施，如果它们全部成为现实，2010 年底，全球太阳能电池产量将超过 38GW。这表明，即使是最乐观的市场增长预期，也远低于计划中的容量增幅。这就会造成相当低的使用率，并加速从过去几年的卖方市场转到供给过剩的买方市场，将减少产品的利润空间。这种发展将加快光伏工业的整合，并带动更多的合并和收购。

目前太阳能电池技术已相对成熟，并能提供可靠产品，有足够效率且能达到 25 年的寿命。太阳能电池的可靠性，以及电网负荷过重引起电力中断的潜在可能和传统能源发电价格的上涨，都增加了光伏系统对我们的吸引力。

约 85% 的现有产品使用基于薄膜晶体硅的技术。截至目前，这项技术的主要优势是可以购买完整生产线，而且可以在一个相对短的时间内安装并启动生产。这种可预测的生产启动方案，具有风险低且投资收益便于计算。不过，由于最近硅原料短缺和公司进入市场很容易，导致薄膜产能的大规模投资扩张。有超过 150 家公司参与了薄膜太阳能电池产业中，包括从研发到制造工厂等方面。

过去硅原料就比较短缺，硅片生产企业建立相对缓慢，加上太阳能产品的生产加速扩张，都会使新的潜在硅制造商进入这个市场。

目前，可以看到以下发展趋势：

■ 硅生产商正在增加他们的生产能力，这将在未来几年缓解供应方压力。然而，许多扩建项目已因财政拮据和目前市场形势而延误。

■ 新的硅片生产商正在进入市场，并正在完成他们的业务计划或已兴建新生产设施。但是，由于目前的财政机会有限，一些项目被搁置或取消。

■ 太阳能公司加速向薄硅片和更高效率的太阳能电池转型，以节省每 Wp 的硅需求。

■ 现有制造商的薄膜生产能力正在显著扩张，大量新制造商试图进入市场，来满足光伏模块的需求增长。尽管一些公司减小了扩张规模，新进入者和他们的规划能力仍使总的公布产能增加。如果所有公布的薄片产能都实现的话，到 2010 年，将形成 11GW 产能。这与去年秋季作出的公告相比，增长约 10%。

到 2010 年，可用于太阳能的硅生产能力预计会达 9.95 万吨［PVN 2008］到 24.5 万吨［Eup 2008］。太阳能电池的潜在产量还取决于每 Wp 的材料使用，材料的单位消耗将

---

① PPVX 是一个非商业金融指数，在太阳能杂志《光子》和《奥科－投资》上发表。该指数从 2001 年 8 月 1 日的 1000 点开始，有 11 个公司每周以欧元作为参考货币进行统计。只有前一年度营业收入 50% 以上为光伏产品和服务的公司才被包括在内。［光学 2007］。

② 请注意，随着新公司加入该指数和其他一些公司被排除在外，该指数的组成会不断发生变化。

从目前的 10g/Wp 减少到 8g/Wp，但并非所有制造商都能达到这种水平。

类似于其他技术领域，新的产品将进入这个市场，从而进一步降低成本。聚合光伏发电（CPV）是一个新兴市场，到 2008 年底，它的总装机容量约 17MW。此外，Dye-cells（一种电池）也将进入市场。光伏市场整体的健康发展，加速了这些技术的进步。有意思的是，不仅有新公司进入到薄膜生产行业，同时，还使以硅为基础的光伏电池制造商多元化。

可以预见，为维持光伏产业的极高增长率，需要同时在不同方面作出努力：

■ 大幅增加太阳能级的硅生产能力；

■ 不断减少每块太阳能电池和每 Wp 的原材料消耗，例如更高效率，更薄晶片，更少膜装损失等；

■ 加速薄膜太阳能电池技术和聚合光伏技术的市场推广，并以超常增速扩展产能。

进一步降低成本，不仅取决于规模化的效益，同时也取决于封装系统的成本，如果整个模块的效率仍低于 15%，那么这些低效率领域就需强烈刺激措施。

二、世界市场

2008 年，世界光伏产量增长超过 80%，达到约 7.35GW。已安装的系统市场增加约一倍，估计目前达 5.6GW 到 6GW，如图 2 所示。这主要代表的是并网发电的光伏市场，究竟在多大程度上包括网下和消费产品市场并不清楚。大约 1.3GW 到 1.75GW 的差异，可以由未公布的网下安装量（约 100MW 网下农村电力，约 100MW 通信/信号，约 80MW

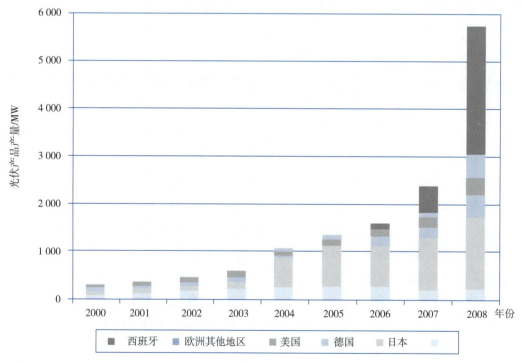

图 2　2000—2008 年的光伏安装量

数据来源：EPIA［Epi 2009］，Euroserver［Sys 2009 及 JRC 分析］

网下商业电力）、消费类产品（约100MW）、存储状态的电池和模块等解释。

2008年世界光伏产量的显著增长主要是由于西班牙光伏市场的大幅增长（几乎增加了5倍），从2007年的560MW增加至2008年的2.5GW~2.7GW［Epi 2009年，Sys 2009］。第二个最大、最稳定的市场是德国，达1.5GW，其次是美国（342MW）、韩国（282MW）、意大利（258MW）和日本（230MW）。

光伏能源晴雨表（Photovoltaic Energy Barometer）报告说明，2008年，欧洲已累计安装的光伏系统容量达9.5GW。

尽管欧洲光伏生产增长超过80%，达1.9万千瓦，其中，西班牙市场迅猛发展，德国稳定的市场规模和意大利市场的快速增长，比利时的发展前景，捷克（51MW），法国（46MW）和葡萄牙（50MW），但这些并未改变欧洲对太阳能电池/模块的净进口状况。随着产能的持续扩展，以及西班牙市场的快速增长，将来这种状况可能会得到改变。

第三大市场是美国，它有342MW的光伏设施，其中292MW并网发电［Sei 2009］。加利福尼亚州、新泽西州和科罗拉多州合计超过美国电网连接的光伏市场的75%。经过一年多的政治辩论，美国参议院在2008年9月23日最终通过了延长太阳能和其他可再生能源税收优惠措施。2008年10月3日，在众议院和参议院经过长达数周辩论和谈判后，经国会批准和总统签署，"2008年能源改进和扩展法"成为法律，并成为H. R1424——"2008紧急经济稳定法（Emergency Economic Stabilization Act of 2008）"的一部分。

在2009年5月27日，奥巴马总统宣布要从《美国再投资和恢复法》中支出超过4.67亿美元，在全美加速地热和太阳能领域的扩张、发展、部署和使用。美国能源部（DOE）将从恢复法案中提供1.176亿美元，以加速太阳能技术在美国各地的广泛商业化。5 150万美元将直接投入光伏技术开发，4 050万美元将用于太阳能项目的部署，这些项目关注太阳能部署过程中的非技术性障碍。

美国光伏市场并非单一市场，而是由区域市场和特殊应用相结合，提供了最具成本效益的光伏解决方案。在2005年，累计并网发电的光伏系统装机容量超越网下系统。这主要是由于一个由政府或最终用户资助的广泛的"购买式"计划，因此，从2002年开始，并网市场开始快速发展。

韩国在2008年成为世界第四大光伏市场。截至2006年底，累计装机的光伏发电系统容量只有大约25MW。在2007年安装了45MW，2008年市场远远超过预计的75MW至80MW，新安装量达282MW［Kim 2009］。发展动力源于韩国政府要在2011年实现新能源和可再生能源（NRES）达到能源总消耗5%的目标。因此，光伏市场的目标是到2012年要达1.3GW的光伏发电能力，到2020年要达4GW。

2009年1月，韩国政府已宣布第三期全国可再生能源计划，根据该计划，从现在到2030年，可再生能源的份额将稳步增长。该计划涵盖了投资、基础设施、技术发展、促进可再生能源计划等领域。新计划要求可再生能源市场份额到2015年达4.3%，2020年达6.1%，2030年达11%。

为实现这一目标，韩国实行了一个15年内有吸引力的上网电价，同时投资补助高达

60%。从 2008 年 10 月至 2011 年的上网电价①参见表 1：

表 1　韩国税收优惠［Kim］固定价格 Won/kWh（欧元/kWh）

时间	期限	<30kW	>30kW			
2008 年 9 月 30 日	15 年	711.25（0.44 欧元）	677.38（0.42 欧元）			
时间	期限	<30kW	30kW–200kW	200kW–1MW	1MW–3MW	>3MW
2008 年 10 月 1 日 –2009	15 年	646.96（0.40）	620.41（0.39）	590.87（0.37）	561.33（0.35）	472.7（0.30）
	20 年	589.64（0.37）	562.84（0.35）	536.04（0.34）	509.24（0.32）	428.83（0.27）

从 2012 年起，韩国计划以一项可再生能源组合标准来代替价格政策。在新的价格方案中，可以选择 15 年保证和较高价格，或者 20 年保证和稍低价格。以前 100MW 的最高限额提高到 500MW；如果在 2009 年没有实现，那么 2010 年新系统的固定价格将在稍后公布。不过，累计装机容量在 2007 年末为 78MW。2008 年 1 月，根据计划安装了 46MW，同时，超过 560MW 已在计划或建设中。韩国政府的目标是到 2012 年，装备 10 万栋房屋和 7 万座公共/商业楼宇的光伏发电系统。有意思的是，一些大型工程将符合清洁发展机制（CDM）的信贷，根据京都议定书，允许交易减排量（CER）。

经过两年衰退后，日本市场略有反弹，达 230MW 的新装机容量，比 2007 年增加 9%，但新装机容量仍比 2006 年低 21%。为改变这种形势，日本经济贸易和产业省（METI）提出一个新的由政府实施的投资意向计划，该计划从 2009 年 1 月开始实施。2008 财年的最后几个月（2009 年 1–3 月）以及 2009 财年将安装 1 百万套系统，约 400MW。

METI 开始重新修订可再生能源组合标准（RPS）的法律，以筹备新的光伏电力推广计划，这将刺激人们购买"超额"的光伏电力，并计划在 2010 年度推广这项措施。"日本复兴计划"的三大支柱，1）低碳革命；2）健康长寿；3）增加吸引力，具体项目包括："计划成为世界领先的太阳能和节能国家"，并号召推广光伏发电。他们的目标是到 2020 年，实现光伏累计安装容量增加 20 倍。

除中央政府外，地方政府、公共机构也宣布了自己的计划。东京都政府计划在未来 10 年安装 1GW，并在 2009 和 2010 年财年投资支持安装住宅光伏系统。其他县、市也相继公布了实施计划，并提供额外投资奖励。截至 2008 年底，累计总装机容量在 2008 年达 2.15GW，还不到 2010 年原定目标 4.8GW 的一半。尽管 2008 年与 2007 年相比，产量增长 31%，日本在世界光伏设备市场的份额从 23% 进一步下降至 17%。在该领域的十大公司中，日本公司数与中国相同，都为 3 家（图 3）。

中国大陆和台湾地区在太阳能电池制造方面产能的迅速扩大，并没有反映其各自的内部市场规模。

尽管中国光伏市场在 2008 年增长一倍有余，达 45MW，但其国内市场仍不足总光伏产量的 2%。这种情况可能会发生改变，因为中国在 2009 年 3 月上旬宣布的 4 万亿人民

---

① 汇率 1 欧元 = 1 600KRW

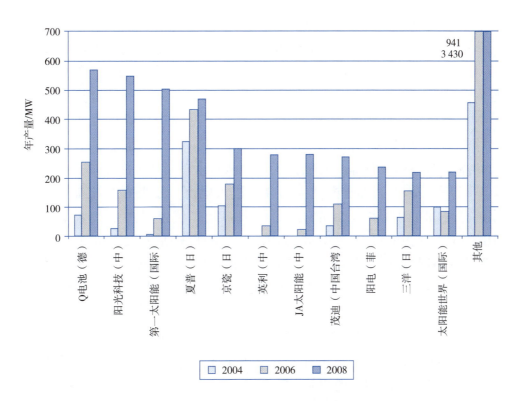

图 3　2008 年 10 大光伏公司

币刺激计划中，有 2 100 亿①（220 亿欧元）用于绿色能源计划。2009 年 3 月 23 日，财政部、住房和城乡建设部［财政部 2009］宣布太阳能补贴方案，并立即开始生效。2009 年的每 Wp 安装贴补将是 20 元（约 2.10 欧元/Wp）。该文件既没有提到个人安装的限制，也没有总的市场规模限制。据有关人士透露，70% 的奖励预算会移交给省级财务部门。

分析人士认为，这些措施将加快中国国内市场发展。2009 年增加一倍，甚至三倍的市场规模，似乎可以作为一个起点，从 2012 年起实现 GW 级的市场规模。中国现在的目标是到 2011 年达 20GW 的太阳能发电能力。2009 年 7 月，根据新的能源经济刺激计划，中国修订了 2020 年的目标，力争实现安装的太阳能发电能力达 20GW。此外，国家能源局（NEA）还资助太阳能发电，实行 1.09 元/千瓦时的补贴（0.115 欧元/千瓦时）。

为推动太阳能产业发展，台湾地区政府决定资助从事研发的厂家，并会向使用太阳能的消费者提供奖励。大约 12 家厂商表示有意在制造太阳能电池薄膜膜片领域投资，其中 8 家将建立自己的工厂来加工这些产品。而且，台湾地区政府支持的研究机构——工业技术研究院（ITRI），将为本地制造商从海外引进先进的技术。

2009 年 6 月 12 日，"立法院"通过了"可再生能源发展条例"，其目的是在未来 20 年使可再生能源发电能力增加到 6.5GW。预计其中有 1.2GW 将来自太阳能。

2008 年 7 月 1 日，印度总理辛格宣布了印度第一个应对气候变化的全国行动计划。为应对气候变化挑战，印度确立 8 项旨在开发和使用新技术的国家任务。太阳光发电和利用集中太阳能发电（CSP）被确立为国家太阳能任务（NSM）。国家太阳能任务中的光伏行动要求合作研发，技术转让和生产能力建设。2009 年 4 月，联邦政府制订了国家太

---

① 1 欧元=9.5RMB

阳能草案。它的目的是使印度在太阳能领域成为全球领导者，并且，实现已安装太阳能发电能力在 2020 年达 20GW，在 2030 年达 100GW，在 2050 年达 200GW。

2009 年 4 月，SEMI 的光伏小组发表白皮书，白皮书确定了需要关注的重点，合作和以需求为导向的研发，并把这些作为印度光伏产业成长和发展的关键挑战 [Sem 2009]。这明确说明，目前在生产能力和设施建设上的支持，对整个国家的太阳能应用潜力来说非常不足。印度的材料和半导体研究基础非常好，如果有适当的公共和私人投资来设立研发计划，印度学术界和工业部门有能力实现光伏产业的加速发展和成长。

截至 2008 年底，印度大部分光伏应用并未进入电网，主要是太阳能灯、太阳能家用系统、太阳能路灯和抽水系统。目前有 33 个太阳能光伏发电系统接入电网，总容量约 2MWp。印度第十一个五年计划（2008—2012 年）的目标是安装 50MW 的并网光伏发电系统，这将得到新能源和可再生能源部的投资和购电方案补贴。与这些温和的安装计划相反，印度的太阳能公司预计，印度光伏市场到 2010 年将增长到 1 ~ 2GW。

另一个值得注意的发展事实是，最大的 10 家光伏制造商所占市场份额从 2004 年的 80% 下降到 2008 年的 50%。这种发展说明，越来越多的太阳能电池制造商正在进入这个市场。目前，中国内地和台湾地区的生产能力迅速扩张，但其他国家如印度、马来西亚和韩国也在大力吸引太阳能领域的投资。

通过对全球 200 多家公司的调查，2008 年和 2009 上半年已公布产能再度大幅增加（图 4 所示）。这里只使用了各公司公开宣布的数据，并没有使用第三方数据。信息截止日期是 2009 年 7 月。

图 4　2008 年世界光伏产量及计划的产能扩张

这种方法当然是有缺陷的：a）并非所有公司都提前宣布自己的产能增加；b）在金融紧缩期，扩张计划一般会会推迟或缩减，以减小对金融市场的影响。

因此，产能数字只能给出大概的趋势，并不能代表最终数字。值得一提的是，尽管有相当多的参与者宣布放缓扩张，或取消暂时的扩张计划；但新进入该领域的企业，特别是大型半导体或能源相关公司，在产能上将弥补因放缓扩张或取消暂时扩张计划的产能。至少在纸面上，增加了预期生产能力。

此外，对所有增加产能的评估相当困难，因为它受以下不确定性因素影响。与日本相比，在欧洲、美国或中国公布的产能，往往缺乏完成的时间信息。日本人认为，公开宣布的计划表明了一种承诺。在日本，满足时间目标的道义压力高于其他地方，在其他地方延误更易于被接受。不是所有公司都会提前宣布产能的增加。

此外，要注意产能的宣布，通常要考虑到不同运行模式，如转换次数、每年的运行时间等。

产能增加的公告通常并不指明产能以及经常提到的设备安装何时会到位，因此，也并不意味着该生产线的充分运作。这意味着，特别是在采用新技术的情况下，生产线安装与太阳能电池实际销售间，必然有时间上的延迟。此外，产能并不等于销量，两者间有显著差异。

如果所有这些雄心勃勃的计划可以实现，到2012年，中国将拥有全球大约32%的生产能力，达54GW，其次是欧洲（20%），中国台湾（15%）和日本（12%）（图4）。不过，预计产能利用率将进一步下降，由2007年的56%下降到2008年的54%，到2012将下降到不足50%。

2005年薄膜片太阳能电池组件的年产量首次超过100MW。从此，薄膜太阳能电池的复合年均增长率（CAGR）大大超出行业的整体增长，其市场份额从2005年的6%增加到2007年的10%，在2008年增长到12%~14%。薄膜片在2008年的出货量比2007年增长129%，其产能利用率达60%，略高于光伏产业的整体使用率54%。

从事薄膜太阳能电池生产的公司超过150家，包括从研发到主要的制造工厂全产业链。2007年第一家100MW的薄膜片工厂投入生产，2008年公布的新生产能力再次提升。如果所有扩张计划得以实现，到2010年，薄膜片的生产能力可达11.9GW（而2007年米兰第22届EUPVSEC的报告预测仅为4.5GW），占光伏产品总数的30%（39GW），到2012年在全部54.3GW中占20.4GW（图5）。第一个采用多种薄膜技术，产能达到GW级的薄膜片工厂正在建设。

然而应该了解的是，在薄膜领域，已宣布增加其生产能力或启动生产的150家公司中，实际上只有四分之一可以制作出商业应用的薄膜模块。2010年宣称的薄膜的生产能力为12GW，几乎是2009年的两倍。考虑到2009年底的生产能力已经做好生产准备，第一太阳能和夏普共计生产约2GW，而其他生产者也将实现大约相同的产量。因此，如果市场条件允许，2010年生产出4GW的产品是可能的。至于余下的2GW是否能按期实现则具有较大不确定性。

尽管只能对世界不同地区做一些有限对比，规划的电池产能仍描绘出一些非常有趣的发展特征。首先是技术，以及公司分布，在不同地区差异很大。欧洲48个、中国41个、美国25个、中国台湾17个、日本9个和其他地方总共16个。117家公司中，多数是基于硅片的。原因可能是，在此期间有许多公司为非晶和/或微晶硅提供完整的生产

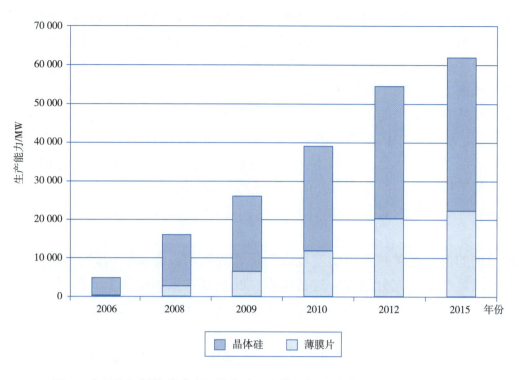

图5　实际和规划的薄膜太阳能电池和晶体硅太阳能电池组件产品的产能

线。30家公司将使用由Cu（In，Ga）（Se，S）$_2$作为吸收材料的薄膜太阳能电池组件，而11家公司使用CdTe，8家公司使用染料和其他材料（见图6）。

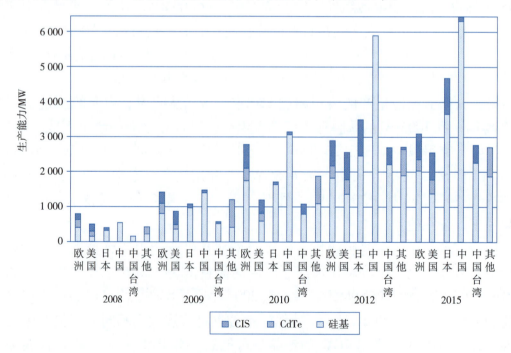

图6　薄膜片产能增加的地区和技术分布

聚集光伏发电（CPV）是一个新兴市场，到2008年底，累积大约有17MW装机容量。有两个主要途径——高聚集度>300个太阳辐射（HCPV）或中聚集度，约为2~300个太阳辐射。为最大限度发挥CPV的优点，该技术要求强直接照射（DNI），这些地区属于有限的地理范围——即地球的"阳光地带"。CPV的市场份额仍很小，但越来越多的企业在关注 CPV。在 2008 年生产了大约 10MW，2009 年和 2010 年的市场份额预计分别为 30MW 和 100MW。

随着太阳能产业用硅的产能持续扩大到 12 万吨，同时，材料消耗减少到 8g/Wp，理论上可以生产约 20GW 太阳能电池（硅基 15GW，薄膜 6GW）。这将是当前乐观的市场预期量的两倍。2007 年和 2008 年，考虑到出货量，Navigant 咨询公司给出的太阳能电池产业的总体产能使用率为 56% 和 54% ［Min 2009］。这与生产方面的使用率不同，Navigant 给出的出货量是 3061MW 和 5492MW。

第二，超过 15 家公司的目标是在未来五六年总产量达 1GW 或更多。同时，把目标定在 500MW 或更多的公司有超过 20 家。

第三，中国的产能将大幅增长，其世界市场份额将从 2005 年的 11.9% 上升到 2012 年的约 32%。这种生产能力将大大超过中国 2009 年公布的，到 2011 年累计安装 2GW 的计划。尽管中国国内市场出现了积极增长的迹象，但中国的太阳能电池制造商仍将继续保持很高的出口率（2007 年 98%），将主要出口到欧洲、美国和正在增长的发展中国家市场等。

在回答关于气候变化问题政府间小组委员会（IPCC）第四次评估报告《2007 年气候变化》，欧洲理事会在 3 月 8-9 日的布鲁塞尔会议上通过了约束性目标，即到 2020 年，可再生能源占整个欧盟能源消耗份额的 20%，所有会员国在整个欧盟运输业的汽油和柴油消耗中，生物能源最低占 10% 的份额［CEU 2007］。2009 年 6 月 5 日，2009 年欧盟第 28 次会议，推广使用可再生能源指导意见正式公布后，这一目标将成为法律［欧盟 2009］。

2008 年 9 月 1-5 日，在第 23 届欧洲光伏太阳能展会期间，Anton Milner——威盛（EPIA）总裁，展示了欧洲光伏产业协会的新构想：到 2020 年，光伏系统将完成 6% 至 12% 的欧洲电力生产。这相当于 210TWh~420TWh 电力或 175GW~350GW 容量的光伏发电系统。为了实现这个新设想，约 165GW~340GW 的容量必须在 2009 年至 2020 年期间安装。每年的新装机容量，需要从 2008 年的约每年 4.5GW 增加到 2020 年的约每年 40~90GW。这相当于在未来 12 年的年 CAGR（复合年增长率）为 26% 至 33%。

这与过去几年相比将发生巨大变化。自 1999 年德国引进法律实施以来，超过 80% 的欧洲光伏系统安装在德国。西班牙光伏市场从 2005 年的 14.5MW 增长至 2008 年的 2.7GW。但 2009 年的前景并不十分乐观，因为西班牙政府设定了每年 500MW 的安装上限，远远低于 2008 年安装数字。自 1999 年以来，欧洲光伏生产年均增长 50%，到 2008 年几乎达 2GW。同时，欧洲市场的占有率从 20% 增至 25%，而中国也从 0% 增至 30% 以上。相反，美国由于国内市场的疲软，市场份额下降。到 2005 年，在日本市场的份额增加并稳定在 50%（±3%），但 2006 年大幅下降到 37%，2007 年 24%，2008 年 16%。

为保持目前的市场份额水平，并促进威盛 EPIA 新构想的实现，欧洲光伏产业在今后几年里还将继续维持高速增长。然而，这只有在可靠的和长期的政治保障条件（这种条件不能每年改变）下才可能实现。这样在欧洲，才能实现对光伏产业投资者和最终消费者的回报。其中很重要的问题之一是，关于让可再生能源发的电能简单、优先进入欧洲和全世界电网。

在如进口关税、税收优惠或直接投资补贴等金融支持机制中，必须设计一种方式，既能考虑到成本和市场发展条件，也能考虑到产业获得必要的资本投资。

除了这个政治问题，还需要不断改善太阳能电池和系统技术。这要求在材料使用和消耗、装备设计、可靠性和生产技术，以及提高整体效率的新概念等方面，进一步研究和发展。

生产太阳能电池是 21 世纪的一项关键技术，相关技术的发展对发展中国家的电气化和京都议定书目标的实现具有重要意义。

一、日本

使日本光伏产业成为全球光伏领域的领导者的长期研究与发展规划以及市场执行情况等措施始于 1994 年。日本的能源政策的原则是 3E，即：

- 日本的能源（Energy）供应安全（替代石油）
- 经济（Economic）效益（市场机制）
- 与环境（Environment）和谐相处（依照京都议定书目标削减二氧化碳排放）

（一）日本推行新能源的政策

在以前的状态报告中，已指出日本和欧洲在推广可再生能源的主要区别在于使用可再生能源的原因、历史等［J？g 2004］。

目前的基本能源政策是基于市场原则，但要确保稳定供应、环境友好的生产，以及合理的能源消耗［MET 2006］。支持和促进新能源发展的政策基于以下目的：

- 促进节约能源措施；
- 开发和使用不同来源的能源；
- 确保石油的稳定供应；
- 立足于市场原则的能源市场。

日本的自然资源、常规能源资源匮乏，加上当前中/长期石油供应状况，日本稳定的能源供应存在风险。同时要解决全球环境问题，如减少像二氧化碳等温室气体排放，都需要加快实施新能源发展。对日本在这方面的立法和行动描述可以参见 2008 年光伏状况报告［Jäg 2008］。

2008 年 11 月，日本经济产业省公布了"促进推广太阳能发电行动计划"［MET 2008］。该行动计划是为了支持政府的"实现低碳社会行动计划"（内阁于 2008 年 7 月批准），该计划设定的目标如下：

- 增加了太阳能发电系统的数量，到 2020 年增加 10 倍，到 2030 年增加 40 倍；
- 在 3 ~ 5 年内，使太阳能发电系统的价格降大约一半；

"综合迅速的一揽子政策（Comprehensive Immediate Policy Package）"（政府和执政党在 2008 年 8 月制定）也列举了在家庭、企业和公共设施等地方安装太阳能发电装置等，并作为努力创造一个低碳新社会而推广应用的新能源技术。

提出的一系列措施，可以分为三类：

- 供应和需求

装置数量需要增加，设备价格要求降低，市场需要扩展。这些应该通过实施两个方面的措施，即："供应方"措施（提供高性能、低价格的太阳能发电系统）和"需求方"

措施（促进各个地方，如家庭，企业和公共设施等，安装太阳能发电系统），这样才能发挥出协同作用。

■ 建设体制基础

有了供应方和需求方的辅助措施后，至关重要的是体制基础，包括管理方法，应该以全面和统一的方式制定。为此，政府应以有利于平稳推进太阳能发电的方式改进体制基础。

一个合适的工具是可再生能源组合标准法（RPS 法），该法解答了长期能源供应和需求的展望。

■ 巩固太阳能相关的工业基础设施，加强国际竞争力，并支持国际扩张

除了扩大太阳能发电相关的产业范围，目前，迫切需要通过提供技术开发支持和保障原材料供应，以加强其工业竞争力。政府应协助太阳能电池制造商和其他太阳能发电行业，使他们能在未来日本的产业结构中，发挥核心作用。

日本经济产业省给出的主要政策推动力可以概括为以下几点：

■ 能为确保稳定的能源供应做贡献，如石油替代能源；
■ 环境负担小的清洁能源；
■ 能创造新行业和就业机会；
■ 创造分散能源系统的优势；
■ 能够使电力负荷平整（降低能源峰值）。

最新发展是 2009 年 7 月 1 日制定了新法律，它是关于促进能源供应商使用非化石能源资源和高效使用化石能源材料。有了这项法律，购买"过剩"的光伏发电系统电力，已不再是基于电力公司的一个自愿协议，而是成本由所有电力用户分摊的国家方案。

新方案对于购买多余的光伏系统发电量的具体设置如下：

■ 公用事业公司有义务以固定价格购买光伏系统所发的电。
■ 具有固定价格资格的是那些在住宅或者非住宅楼宇内的，与电网连接的光伏系统，它们与电力公用事业公司有合同关系（反向流动）。专门用来发电的光伏系统和 500kWp 以上的系统不具备这个资格。
■ 2009 财年的固定价格如下：住宅光伏系统 <10kW，48 元/千瓦时（0.37 欧元/千瓦时）；具有双电源的住宅光伏系统，如太阳能 + 燃料电池等，39 元/千瓦时（0.30 欧元/千瓦时）；非住宅光伏系统，24 元/千瓦时（0.18 欧元/千瓦时）
■ 费率保持 10 年不变。
■ 收购价格每年都将由关于剩余电力购买计划的分部委员会进行审查，并逐步降低。
■ 所有电力用户将承担同样的光伏附加费。

（二）光伏计划实施

日本的住宅光伏实施计划是运行期最长的一个计划，于 2005 年 10 月终止。1994 – 1996 年间，该计划最初以"住宅光伏系统监测计划"开始；随后实施了"发展住宅光伏系统基础设施计划"，该计划从 1997 开始实施。在此期间，住宅部分的平均价格从 1994 年的 2 百万元/kWp，减少到 2004 年的 67 万元/kWp。随着 2005 年 10 月"住宅光伏系统

发展方案"的结束,新能源基金会(NEF)的价格支持将不再继续。

住宅光伏系统发展计划引导日本光伏市场的发展达 12 年之久。2006 年,88.5% 的新安装系统,即 254MW 是并网的住宅系统;在日本光伏住宅计划的指导下,累积的太阳能发电量达 1617MW,而整个 2006 年度,总装机容量为 1709MW[MAT 2007]。然而,在 2007 财年,日本市场下降到 210MW,2008 年只恢复到 230MW[Ohi 2009,Epi 2009]。在 2008 年底,累计总装机容量 2.15GW,不到原定 2010 年目标 4.8GW 的一半。

一般认为,2005 财年住宅光伏系统发展计划的结束是新安装系统减少的主要原因,但与其说是 2 万元/kWp 奖励措施的原因,不如说是缺乏政治支持。为阻止日本市场的下降趋势并刺激国内市场,2008 年 8 月底,日本经济产业省(METI)宣布,他们希望恢复对住宅光伏系统的投资补贴,并已提交了预算申请。

这些振兴日本市场的新措施,以及经济产业省的"展望新能源产业(Vision for New Energy Business)"(2004 年 6 月),"新国家能源战略(New National Energy Strategy)"(2006 年 6 月)和"促进太阳能发电推广行动计划(Action Plan for Promoting the Introduction of Solar Power Generation)"(2008 年 11 月)巩固了对可再生能源的政治支持。

这些活动的目的,是建立一个独立的可持续发展的新能源业务及各项关于光伏产业的明确支持措施。关键要素是:

1. 把促进技术发展的战略作为提升竞争动力:
推动科技发展以克服高成本;
发展方便连接电网的光伏系统,并创建可以执行的环境。
2. 加速需求创造:
除了补贴之外,制定一系列支持措施;
支持创造新的产业模式。
3. 提高竞争力,建立可持续发展光伏产业:
建立标准、规范和鉴定系统,促进人力资源的可用性,同时保障性能、质量与安全;
增强对光伏系统的认识;
促进国际合作。

关键的要素是产业政策导向,其目标是加强日本的可再生能源产业。这包括从原材料生产、电池、组件和 BOS 零部件制造等整个价值链,以及在海外市场创造就业机会。重点加强国际标准的建立,有助使日本的这种新产业模式国际化。

日本对安装光伏发电系统的支持部门,已从经济产业省扩大到环境省(MOE)、国土交通省(MLIT)、日本农业、林业和渔业省(MAFF)。

在政府的各种措施外,超过 300 多个地方政府,也采取了促进光伏系统安装的措施。其中公布的最大计划是东京都政府的计划,它将在 2009 年和 2010 年度,支持在 4 万户住宅中,安装 1GW 的光伏系统。

日本电力公司协会(FEPC)则宣布,预计到 2020 年,将累积建立装机容量达 10GW 的光伏发电厂[Ikk 2008]。2004 年,NEDO(日本新能源产业技术开发机构)、METI(日本经济产业省)、PVTEC(日本太阳能光伏发电技术研究协会)和 JPEA(日本光伏能源协会)起草了"2030 年光伏路线图(PV Roadmap towards 2030)"(图 7)[Kur 2004]。世界范围的情况变化，特别是快速增长的光伏生产和市场，以及亚洲的能源需求的加速生长，日本对气候变化和温室气体减排量要求的变化，引发了路线图的修订，从 PV2030 修改成了 2030 + 。修改的目的是进一步扩大太阳能的使用，并维护日本光伏产业的国际竞争力。

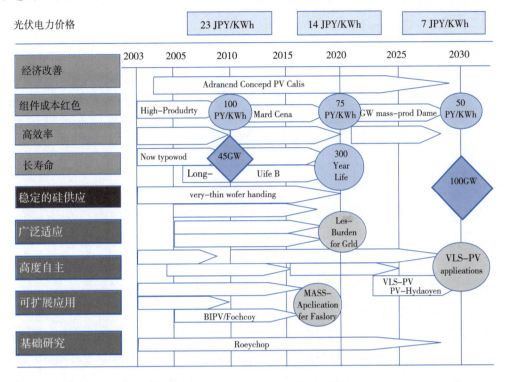

图7　日本光伏研究和市场营销线路图

2030 年路线图的目标从"到 2030 年，使光伏发电技术成为一项关键技术"改为"使光伏发电这项到 2050 年，能够减少二氧化碳排放量的技术成为一项关键技术，以便它不仅能促进日本，而且能促进全世界的发展"。

在 PV2030 + 中，目标年份已被从 2030 年延长至 2050 年，并且规定到 2050 年，能够满足 5% 至 10% 的国内主要能源需求。PV2030 + 假设，日本可以提供大约三分之一的海外市场销量（见表2）。为了改善经济效益，"实现网格均衡"的概念和发电成本没有变化。此外，PV2030 + 旨在 2050 年实现发电成本低于 7 元/千瓦时。考虑到技术的发展，这个目标可能加速实现，从 2030 年提前到了 2025 年，比 PV2030 年的设定期限提前了 5 年。2050 年，超高效率的太阳能电池的转换效率可能发展到 40%，甚至更高。

表2　光伏发电未来的增长：2030 年光伏状况

目标发展完成 年份	2010	2020（2017）	2030（2025）	2050
发电成本	与家用零售价格相当（23 元/kWh）	与商业零售价格相当（14 元/kWh）	与一般能源发电相当（7 元/kWh）	与一般能源发电相当（7 元/kWh or 以下）
商业组件转换（实验室效率/%）	16（20）	20（25）	25（30）	超高效率组件 40 以上

续表

年份 目标发展完成	2010	2020（2017）	2030（2025）	2050
供应日本市场的产量（GW/年）	0.5~1	2~3	6~12	15~35
出口产量（GW/年）	ca 1	ca 3	ca 30~35	ca 300
主要应用	单个家庭或公共设施	多个家庭或公共设施，商业建筑	单个/多个家庭或公共设施，商业应用，EVS收费等	消费者使用，工业，运输，农业等独立能源

（三）NEDO 光伏计划

在日本，独立政府实体的日本新能源产业技术开发机构（NEDO）负责可再生能源的研究规划。当前，在能源和环境技术开发项目框架下的光伏发展规划有3个要点 ［NED 2007］：

■ 新能源技术发展
■ 推广使用新能源与节能措施
■ 国际项目

其中，除了未来光伏生产的增加，一个主要的优先项目是降低太阳能电池和光伏系统的成本。除此之外，还有未来技术规划（在 NEDO 内部和外部），日本的研究机构和公司只有在受邀情况下才能参与。对于非日本的合作伙伴，有"未来发展项目"，以及 NEDO 的联合开发计划，主要是处理非应用研究课题。

在新能源技术发展规划（New Energy Technology Development Programme）中，有对光伏技术中明确问题的项目，并网连接系统的问题，以及一些公众请求问题等。

光伏发电的现场试验项目（2007—2014 财年）（将于 2010 年完成安装工作）

为进一步促进光伏系统的推广，必须将它们安装在公共设施、住宅大楼，以及一些工业部门，例如工厂；这样安装的潜在好处是其市场将与分散的国内消费市场相当。尽管大中型光伏系统的成本已被充分降低，而且发电效率也经过鉴定，但是它们的发展速度比分离的家庭系统要慢得多。采用新模块或其他方面的创新系统，需要通过综合研究以验证其有效性（部分由技术研究补贴承担）。对经营数据进行分析、评估和公开，进一步鼓励降低成本和对系统性能的改进。NEDO 和联合开发机构各承担 50% 的费用。

加速实用光伏发电系统技术的开发（2008—2009 财年）

光伏技术需要进一步发展，以充分增加光伏系统的效率，并在 2020 年使发电成本降低到 14 日元/kW。通过各种项目，包括研究和开发新一代太阳能光伏发电系统技术，NEDO 正在支持关键技术的研究和开发，这是为了研究这些技术可行性而面临的中长期挑战。虽然许多外国公司都在积极进入光伏市场，NEDO 的目的是保持日本在光伏技术发展领域的竞争力和加强工业基础。为实现这些目标，NEDO 将在某些具有尽早实际应用、大规模化生产、商业化和市场竞争力等潜力的技术领域提供支持，直到 2015 年。

有了这些总体目标，这一项目的目的是先进太阳能电池制造关键技术的提前实际应用，利用过去的技术研究和开发，以及光伏发电技术的发展，能够为日本未来长期发展，提供相当的能源供应。为保持日本的技术开发竞争力，NEDO 为项目提供补贴（50% 的资助比例）来解决以下几个问题：

■ 加强薄膜硅太阳能电池生产技术（包括超级大面积电池生产和高速薄膜生产）和轻量化技术。

■ 多晶硅薄膜太阳能电池的切片技术。

■ CIS 薄膜太阳能电池透明化过程的优化技术。

下一代光伏系统技术研究开发（2006—2009 财年）

为了在今后的能源发电中发挥重要作用，光伏系统的成本效益、性能、功能、适用范围和可用性必须大幅改进，以协助太阳能发电的推广和使用。鉴于此，对中长期创新技术的发展努力超过了对现有技术的简单扩展。更为明确的是，正在开展以下项目的研究和开发：

■ 提高 CIS 薄膜太阳能电池效率的技术和在轻量级基板生成太阳能电池的关键技术。

目标效率：

对于面积为 $100cm^2$ 的子组件区域，效率 18%；

对于面积为 $900cm^2$ 的子组件区域，效率 16%；

对于面积为 $100cm^2$ 在轻量级基板的子组件区域，效率 16%；

■ 能够提高生产力和改善硅基薄膜太阳能电池效率的技术。

高生产力目标：

（1）大面积微晶硅薄膜（$4 m^2$），沉积速率 >2.5nm/s，单块电池效率 >8%；

（2）微晶硅薄膜片 $100 cm^2$ 基板，沉积速率 >10 nm/s，单块电池效率 >8%；

（3）薄膜硅蚀刻速率：20nm/s；

高效率：对于 $1000 cm^2$ 组件面积，效率 15%（膜片沉积速度：2.5nm/s）；

■ 高效率，组件化和持久的染料敏化太阳能电池技术。

对于小面积（$1 cm^2$）电池，效率高达 15%；

组件的寿命目标效率为 8%（$900 cm^2$）；

■ 生产高新一代效率超薄结晶硅太阳能电池的技术和相关工艺。

结晶硅太阳能电池的生产技术发展，具有：

单晶硅：100 微米基板厚度，$125 \times 125 mm^2$ 的效率 21%；

多晶硅：100 微米基板厚度，$150 \times 150 m m^2$ 的效率 18%；

■ 改善有机薄膜太阳能电池效率和寿命的技术。

对于小面积（$1 cm^2$）电池，目标效率 7%；

暴露在空气和直接光照情况下，100 小时后，相对效率退化 ≤10%；

■ 寻找可以显著降低成本、改善性能、延长太阳能发电系统寿命的新一代技术。

新型太阳能电池的研究开发（2008 财年 – 2014 财年）（第三年后同行审查）

该项目的目标是用创新和改革的理念，大幅提高太阳能电池转换效率。在 2008 年 7 月，选择日本东京大学、AIST（产业技术综合研究所）和东京工业大学，作为执行这些任务的卓越中心（CoE）。下列选定的研究课题，对国际合作开放：

■ 超高效率的后硅太阳能电池

（1）超高速效率多结太阳能电池集中器；

（2）高效率量子结构串联太阳能电池和它们的生产技术；

（3）基于量子点超晶格的超高效率太阳能电池；

（4）合成材料的超高效率多结太阳能电池。

■ 具有低集中率的薄膜片全光谱太阳能电池

（1）纳米点带隙控制/多出口/带隙的应变锗技术/新型硅基和非晶合金薄膜片/薄膜材料设计；

（2）硅基薄层聚集器/宽带隙硅于薄膜片/多电池接口连接/黄铜金属基板的薄膜聚集器/光学设计/碲化镉薄膜聚集器；

（3）表面等离子体/p型的TCO/全光谱的TCO/字形透明导电片。

■ 探索具有高度有序结构的新型薄膜片多结太阳能电池

（1）高度有序的平面聚硅烷/有序纳米结晶硅材料/镉基窄带隙材料/异质接口器件；

（2）宽带隙硫族基材料/使用新型宽带隙材料的太阳能电池/基于氧氮化物的宽带隙材料/氧基宽带隙材料/基于CIGSSe的串联式太阳能电池；

（3）使用纳米硅的新概念太阳能电池，纳米碳和单结晶有机半导体/使用相关材料的新概念太阳能电池/使用纳米材料，具有控制结构新概念太阳能电池；

（4）机械堆叠技术/高效率光捕捉技术/使用制备技术来改善玻璃基板，以提高氧化物膜片的透明传导性。

光伏发电系统共同的基础技术研究开发（2006—2009财年）

为了将来促进光伏发电系统的推广，必须发展和整合常用的基本技术，并降低太阳能电池的成本。为此，目前正在进行下列的研究和开发活动：

■ 新太阳能电池评价技术的发展

为增加安装数量，评估太阳能电池组件和太阳能发电系统的性能和可靠性的方法正在开发。

■ 光伏环保技术的发展

目前正在进行研究，不同的环境条件下的光伏发电系统准则。与太阳能电池回收相关的技术和光伏发电的生命周期评估（LCA）技术都正在研究中。

■ 关于光伏发电技术的研究发展趋势

研究和发展趋势，未来发展方向，分析和评价国外光伏发电的状态等，都被密切关注。

集群光伏发电系统的孤岛检测测试技术的研究开发（2008—2009财年）

关于集群太阳能光伏发电系统与电网互联的示范项目将在2002财年-2007财年间实施，为孤岛检测系统开发出一项新技术，它以集群内的任何住宅光伏发电系统（光伏系统）为目标。然而，目前日本的认证计划中，光伏系统电网连接保护装置只适用于单一的光伏系统，因此，并不能保证聚集太阳能装置连接到通用电网上能正常运行。为进一步发展光伏系统，有必要开发用于集群光伏系统连接到电网的保护技术，并建立测试技术来验证保护的有效性。利用实验设备和集群互连光伏发电系统示范项目的成果，该研究开发项目的目的是建立测试技术，也将有助于集群电网连接光伏系统的孤岛检测认证。

大规模光伏发电系统的电网稳定性确认（2006—2010财年）

预计大规模光伏（PV）发电系统将会得到越来越多地发展。当这种大规模光伏系统大量连接到电网的时候，可能会引起光伏系统的固有输出波动对电网电压和频率产生影响的担心，并导致对光伏系统的传播和实际应用限制。为了调查这一问题，需要进行下面的工作：

■ 当大规模光伏系统连接到电网时，需要对各种所需技术的有效性进行确认，包括电压波动抑制技术、频率（输出）波动抑制技术、大型光伏输出控制技术，还有谐波抑制技术。也需要开发出能够稳定电网的大型光伏发电调节器。

■ 上述研究课题也都适用模拟仿真的研究方法，模拟仿真的研究方法也将对未来大型光伏系统的安装准备奠定基础。

支持创新新能源技术的风险投资项目（2006—2011财年）

该项目的宗旨是促进尚未开发的能源相关技术的发展，包括新的来源/技术，如①光伏发电；②生物质；③燃料电池和电池组；④风力发电及不可利用的能源来源。更确切地说，该项目旨在充分利用由风险投资公司和其他机构掌握的这些有前途的技术，来引进和推广新能源系统。到2010年，不仅要建立和扩大新业务，还要充分利用风险投资公司，以促进新能源系统的发展。

促进新能源在地方推广的项目（从1998财年开始）

该项目是旨在加快新能源设备引进工程和新能源推广/介绍项目，项目将由当地政府实施。该设施推广项目最多资助地方政府50%的装备/设施推广费用，大约2 000万元用于宣传活动。

非盈利组织如果能够引进有效的新能源应用系统，也有资格获得地方一级的支持。国家为了鼓励非盈利组织推广的积极性，以促进新能源发展，提供的资助可以高达项目成本的50%。

国际项目主要是帮助、促进亚洲发展中邻国的技术发展。

利用太阳能光伏发电系统作为国际合作示范项目（从1992财年开始）

光伏发电系统的实际广泛实际应用所必须的技术进步，离不开系统的各项改进，包括：系统可靠性、示范作用，以及减少成本等方面。NEDO与几个发展中国家一起，进行利用太阳能发电的国际合作和示范项目，这些国家的自然条件和独特社会制度在日本很难寻觅到。

■ 大型光伏系统的集成控制技术研究示范项目（高容量电容器光伏系统＋集成控制）

实施国家：中国（青海）（2006—2009财年）

为增加光伏发电系统的大容量，人们正在做出大量努力。然而，人们担心光伏发电系统短期输出的波动可能会导致电压变化，并降低发电质量。

在这个项目中，通过电双层电容器来实现电力供应的稳定将得到验证。除可以弥补一般产量波动外，双层电容可以快速响应瞬时电压变化，易于使用，而且失效后对环境影响很少。

其他将在这个项目中验证的任务包括：用于电力系统故障或其他情况下的故障响应，以及当系统容量显著增加时，节省空间和设备的措施。

此示范项目所在地是西宁国家级经济技术开发区，在中国青海省西宁市。

光伏发电系统设计支持工具的发展（2006—2009 财年）

通过 NEDO 的国际合作示范项目所得到的数据和知识，包括那些与光伏发电系统相关的数据，将开发出反映这些结果的一些高可靠性设计支持工具，以提高准确性，并加速有关光伏发电系统容量、产量和经济效益的设计工作。

提高应用光伏发电系统维护技术的支持项目（2006—2009 财年）

为进一步提高技术知识水平，并通过技术，如太阳能发电系统，来普及可重用能源的使用，有必要掌握足够的方法和技术，从而能实现对系统的高效使用、维护和管理。然而，目前在大多数亚洲国家，都没有广泛开展对可重用能源提供的系统教育和培训的机构。为解决这个问题，NEDO 利用国际合作示范项目所获得的成果和知识，来帮助亚洲其他国家，对选定的工程管理人员进行教育和培训。之后，这些人就会成为自己的国家培训人员。NEDO 将为参与的国家准备教材和培训课程，并由已经掌握技术的培训人员向自己国家的培训人员和学生实施教育和培训课程。

在泰国纳瑞宣大学的可再生能源技术学校（SERT）担任这项目的实施中心。SERT 被选中的部分原因是它在发展可再生能源教育计划方面的努力，包括了关于光伏发电系统的课程。

建立稳定和先进的并网光伏系统的国际合作和示范项目（2005—2009 财年）

为了准备未来大规模引进像光伏（PV）这样的可再生能源发电系统，我们需要能够稳定供应，并且使电压和频率波动最小的技术，甚至能够电网之外独立操作的技术。这些技术能够使可再生能源微型电网在用电需求点附近兴建。在这个项目中，需要开着这些实验，以解决这些技术难题，从而使这些微型电网生产能稳定供应的电力。

（四）日本的市场情况

随着屋顶型技术的发展和 1997 年"住宅光伏系统基础设施发展计划"补贴方案的推广，日本光伏生产迅速增加。住宅市场推广计划，实际上一个温和的政治支持，当它实施结束后，日本光伏市场从 2005 年的约 290MW 降至 2007 年的 210MW，2008 年稍有回升达 230MW。到 2008 年，累计总装机容量为 2.15GW，不到 2010 年原定目标 4.8GW 的一半 [Ohi 2009，Epi 2009]。

在 NEDO 多项不同计划的支持下，经过 30 多年发展，到 2008 年已经有 11 家日本光伏制造公司生产出太阳能电池 [Ikk 2009]，约占世界太阳能电池产量的 17%（1 220MWp）。尽管从 2007 年至 2008 年，日本的整体产量增长超过 30%，但由于全世界的产量翻番，日本制造商的整体市场份额仍然下降。

所有的日本太阳能电池制造商都已宣布自 2010 年起将大幅增加生产能力，显示出对世界市场连续高增长的期望。如果宣布增加的生产能力得以实现，日本的生产能力将从 2007 年的 1.5GW 增加到 2010 年的 4.5GW，到 2012 年，接近 7GW。

METI 推出了一个新的投资补贴制度，从 2009 年 1 月开始实施，2008 年度的补充预算为90亿日元（6 900万欧元）。2009财年，该方案的预算额为200.5亿日元（5 400万欧元）。新的补贴为7万元/KWp（540欧元），将用于小于10kWp的系统，且仅当系统成本低于70万元/kWp。在2008财年最后的几个月（2009年1－3月）和2009财年，分配的预算能够安装10万多系统，大约400MW。

METI开始修改再生能源组合标准（RPS）法律以准备引入一个新的光伏发电购买计划。新法律于2009年7月1日颁布，并设定了固定价格，使"富余"的光伏系统发电购买率要高于目前的居民用电价格24元/kWh（详见第3.1章）。并计划在2009年底开始实施该项目，小于10kWp的住宅系统，购买价格为48元/kWh，并允许在10年内偿还。新RPS法草案规定，在新的电力购买计划支持下，2014年光伏发电系统发电目标为3.89TWh。

除中央政府、地方政府外，公共机构也宣布了自己的计划。东京都政府计划在未来10年安装1GW，并在2009和2010年财政年度，给予安装住宅光伏系统投资支持。其他县、市也相继公布了实施计划，并提供额外的投资奖励。

到目前为止，大多数光伏系统安装在住宅房屋上。截至2008财年底，2.15GWp中的大约1.75GWp，安装在了住宅建筑上。值得注意的是，屋顶系统能真正集成的数目很少，尽管这样的解决方案都是现成的。造成这种情况的原因之一是，人们在光伏系统的投资是要"展览"它们，以显示他们的环保意识和生活方式。

2006年6月，日本光伏能源协会发表对光伏"日本未来的光伏产业"的愿景，以回应METI 2006年6月发表的"新国家能源战略"[Ikk 2006]。这一愿景文件是2002年版本的修订版，考虑到了世界光伏市场的大幅增长，以及国际原油和能源价格的飙升。考虑到累积装机容量目标，2010年的4.8GW和2030年100GW，文件中给出的2010年期望的国内市场为1.18GW。

2030年路线图经过修改，新的PV2030＋版本将时间跨度从2030年扩展到2050年。新的座右铭是"让光伏发电成为能够为2050年减少二氧化碳排放量发挥出重大作用，以便它能够促进不仅对日本，而且对全球社会发展做出重要贡献的关键技术之一"。

在PV2030＋中，2010年日本国内市场估计在0.5GW至1GW，估计2020年2GW至3GW，2030年6GW至12GW。PV2030＋假设日本可以提供大约三分之一海外市场销量（见表2）。

2008年在日本东京举行的光伏国际展览会（2008年7月30日—2008年8月1日）上，日本光伏能源协会（JPEA）会长本田纯一（Junichi Honda）在接受采访时，表示了他的看法，他认为国内市场应占日本实际产量的35%至40%。这接近JPEA 2006年的远景数字，并且必须让人们看到，如果市场被一个新的住宅光伏计划刺激，这个目标是完全可以实现的。新建住宅光伏计划已经意识到了这一点，但即使新方案获得批准，到2010年，日本所有的安装光伏系统容量也在3GW之内（图8）。这与PV2030＋的假设一致，即日本可提供海外市场约35%的产品需求。

日本光伏产业的特殊状况是，大部分生产能力局限于几个大公司，它们占据了整个或至少大部分光伏产业价值链，例如太阳能电池、组件、BOS部件，有时即使是光伏系统的安装和维修也由同一家公司提供；这样的发展结果是由日本建筑市场的特殊情况造

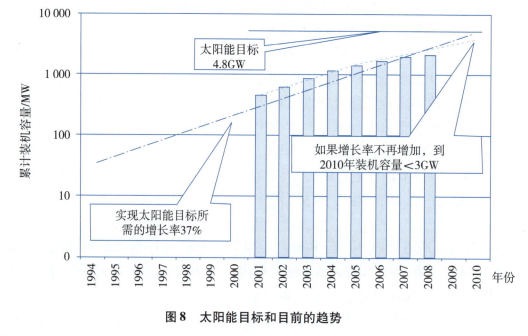

图 8　太阳能目标和目前的趋势

成的。住宅房屋的平均寿命是 25~35 年，与太阳能组件的寿命吻合的很好。许多房屋是预制的或建筑公司使用的标准化的建筑组件，有利于太阳能组件的集成。太阳能电池制造商认识到了这个特点，他们可能购买小区或建筑公司，或者与这类公司结成战略联盟。

四、中国

自 2001 年以来，中国太阳能电池的生产能力和公布的再建生产能力迅速增加，产量从 2001 年的只有 3MW 增长至 2007 年的 1070MW。2008 年的预计产量为 2.3GW 到 2.9GW。2009 年，已公布的产能增加至 8.9GW，到 2010 年达为 12.3GW。与此同时，中国旨在建立自己的多晶硅生产能力；2007 年的生产能力估计数字相差颇大，从 1225 吨［Pvn 2008］到 4550 吨［Cui 2007］再到 8900 吨［Yol 2008］。2010 年的数字同样是如此，从 29 050 吨［PVN 内 2008］到 84 500 吨［崔 2007］。然而，尽管有些差异，但也表明中国意欲建立自己硅原料供应能力的决心。这可从中国意欲发展多元化的能源供应体系和克服现有能源短缺的战略中看出这种意欲建立自己硅原料供应能力的决心。

为什么太阳能这么令人感兴趣呢？在中国发展论坛的 2003 年研讨会上，有人强调指出，如果照此发展，中国的基本能源需求在 2020 年将达 23.0 亿吨石油当量或 2000 年消费量的 253%［Fuq 2003］。在这种情况下，到 2020 年，电力需求将达 4200 亿 kWh（图 9）。

这种发展要求政府出台更多政策支持，以提高能源使用效率和推广可再生能源。根据提出的建议措施发展的话，虽然化石能源的需求仍将继续增长，但将大大低于过去的高速增长。

全国人民代表大会常务委员会 2005 年 2 月 28 日通过了中国可再生能源法。同时，中国政府提出，到 2020 年，可再生能源占能源总消费量 10% 的发展目标，这将带来可再生能源的巨大增长，因为，目前可再生能源占能源总消费量的比例是 1%。可再生能源法于

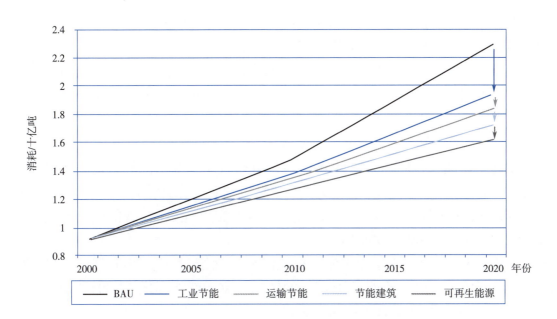

图 9 不同预测情况下，中国到 2020 年化石燃料的总消耗

2006 年 1 月 1 日实施，但没有提出任何具体的光伏发电装置增长率。由国家发展和改革委员会（NDRC）、全球环境基金（GEF）和世界银行（WB）联合出版的 2006 年中国光伏产业发展报告，估计 2010 年的市场规模为 130MW［NDR 2006］。该报告指出，太阳能电池生产和国内市场发展之间的不平衡，不仅阻碍了中国能源来源的可持续发展，而且也阻碍了光伏产业的健康发展。

在国家中长期科技发展规划纲要（2006—2020 年）中，太阳能被列为优先发展项目。

新能源和可再生能源技术：开发低成本，大规模可再生能源的开发和使用技术，大型风力发电装备；开发和利用高成效比的光伏电池技术；发展太阳能发电技术，并研究建筑物的太阳能一体化技术；发展燃料电池、水电、生物质能、氢能、地热能、潮汐能、沼气等能源技术。

此外，国家中长期可再生能源发展计划已经将太阳能光伏发电作为重要发展方向。在国家基础研究计划，即所谓的 973 计划中，也有关于"利用太阳能大规模制造氢的基础研究"的课题。

在国家部委的支持下，中国目前的实验室光伏电池最高效率为 21%，商业化光伏组件和正常的商业化电池分别有 14%～15% 和 10%～13% 的效率。中国减少了太阳能光伏发电生产成本，太阳能电池的价格从 2000 年的 40 元/Wp（4.40 欧元/Wp）[1] 开始逐渐下降。在 2009 年 7 月，国家能源局（NEA）制订了太阳能发电补贴价格 1.09 元/千瓦时（0.112 €/千瓦时）[2]。应当指出，这以甘肃敦煌的一个太阳能发电项目为参考。然而，根据国家发改委下属能源研究所的研究，这些补贴对于中国企业来说肯定是不够的。

目前，商业公司需要 1.3～1.5 元/千瓦时（0.134 欧元/千瓦时和 0.155 欧元/千瓦时）的补贴才会比较合适。因此，该研究所正呼吁政府调整价格，以加快国内市场增长。

---

[1] 汇率 2003：1RMB = 0.11 欧元
[2] 汇率 2009：1RMB = 0.103 欧元

当太阳能光伏发电系统的发电成本到 2010 或 2011 年下降到约 1 元/千瓦时（0.103 欧元/Wh）的时候，将与常规发电成本价格相当。

2009 年 7 月 21 日，由卫生部、财政部，教育部、科学技术部和国家能源局联合发出通知，通过一个名为"金太阳"的项目，在未来两至三年内补贴光伏示范项目。根据通知，政府将资助光伏发电系统和输电设施总投资的 50%，并为独立项目提供 70% 的补贴。现有预算能支持 500MW 的光伏发电装置安装。

一项促进"新能源发展"发展的新计划，包括风能、太阳能和核能，预计今年年底公布。据政府高级发言人声明，并在多个中文媒体刊登，在此能源振兴计划下，未来 10 年，新能源领域的投资将达 3 万亿元人民币（3 090 亿欧元），在智能电网上的投资将超过 4 万亿元人民币（4 360 亿欧元）。

中国大陆太阳能发电潜力估计为 1 680 亿吨石油当量（相当于每年 1 953.6TWh）[CDF 2003]。中国大陆 1% 的地区和 15% 的转化效率，就能提供 29 304 TWh 的太阳能。这一数据将是 2001 年全球电力消耗的 189%。

中国全国人民代表大会常务委员会 2005 年 2 月 28 日通过可再生能源法。虽然可再生能源法于 2006 年 1 月 1 日已经开始生效，但对中国光伏设备安装的影响仍然有限，原因在于没有设定光伏产品的关税。该法的主要特点如下：

- 国务院能源部门负责实施和管理可再生能源发展，包括资源调查；
- 政府预算确定了可再生能源发展基金，以支持研发和资源评估；
- 政府鼓励和支持各类可再生能源并网发电；
- 电网企业应购买覆盖范围内的可再生能源电力，并提供电网接入服务；
- 可再生能源发电的电网接入价格应由价格主管部门确定，超出数额应以电网覆盖范围内的价格销售；
- 该法 2006 年 1 月开始生效。

2005 年，国家发改委能源研究所、中国可再生能源发展战略研究室的王思成介绍了"中国光伏产业战略地位"[Sic 2005]。"十一五"期间（2006—2010）国家光伏系统的累计建设目标是，到 2010 年达 500MW。2020 年中国的预测光伏市场相当乐观，累计安装能力达 30GW，其中 12GW 已包括在中国大型光伏发展计划中，该计划定于 2010 年。但是，由于这个计划没得到官方的认可，实际光伏发电装置远低于这个数字。

因此，由中国可再生能源行业协会、中国绿色和平组织、欧洲光伏产业协会和世界自然基金会撰写的 2007 年中国光伏发展报告，降低了对中国市场的预期，预测 2010 年的累计安装容量为 300MW [Chi 2007]。2020 年，有两种预期，低预测目标为 1.8GW，依据是旧的政府政策，而如果引入大力支持机制，高预测目标为 10GW。

2009 年 5 月，SEMI 的光伏小组发表了题为《中国的太阳能未来》的白皮书[Sem 2009a]。中国面临着快速增长的能源需求，同时，中国正在建立一个包括多晶硅原料、锭和硅片以及电池和组件等在内的全供应链的光伏产业。该报告建议，加速光伏发电，到 2014 年使其在中国的能源比例中达全球平均水平。该报告的主要政策建议包括：

- 建立明确的光伏安装目标。调整现有国家目标，并到 2014 年达全球平均水平。包括将 2010 年目标从 300MW 调整为 745MW，2020 年目标从 1.8GW 调整为 28GW。

■ 颁布适合中国国情的，明确和易于管理的光伏激励政策，利用市场和法律机制鼓励光伏领域的私人投资。

■ 保持当前的农村电力工作，但在此之前，应考虑并网的大规模电厂和建设一体化系统。

■ 在中央和地方各级政府中，加速执行政府直接投资补贴的发展模式，在可再生能源法中，有效落实上网电价计划。

白皮书还指出，尽管日益增加的太阳能发电需求带来了巨大的经济与社会效益，但是中国光伏需求的不足可能危及其他国家政府的光伏鼓励政策。欧洲、美国和其他地方的政策制定者可能认为，中国是各自国家鼓励光伏需求发展的经济政策的主要受益者。中国本身并没有为导致全球化石燃料减少使用作出贡献。

2006年11月1日，为促进利用太阳能热利用和太阳能发电，一部新的高效能源建设法在深圳实施。无法使用太阳能的项目将需要政府特别许可，否则将不允许投放市场。到2010年，深圳建设局预计，50%的新建筑将安装太阳能热水系统和20%的新建筑将使用太阳能光伏发电系统。

2009年3月初，中国公布的4万亿人民币刺激经济计划，其中包括2 100亿（216亿欧元）的绿色能源计划。2009年3月23日，中国财政部与住房和城乡建设部 [Mof 2009] 宣布了太阳能补贴计划并立即生效。有人建议，70%的预算将由省级财政部门使用。2009年BIPV将补贴20元/Wp（2.06欧元/Wp）和屋顶应用补贴15元/Wp（1.46欧元/Wp）。该文件既没有涉及单个设施的上限，也没有设置整个市场的上限。这种补贴将直接支付70%，该项目完成后再支付余下的30%。

所有>50kW的系统、多晶组件的组件效率>14%、单晶组件的组件效率>16%，或者薄膜片组件的组件效率>6%的都符合补贴资格。资助申请从5月15日至8月30日。然而，国家发改委（NDR）官员的评论表明，诸如电网连接问题等还没有进行充分讨论。其中一个原因是，宣布补贴的部门并没有对电网的管辖权。

除2009年3月23日，中国财政部、住房和城乡建设部制定 [Mof 2009] 实施的太阳能补贴方案外，2009年7月21日，财政部宣布了另外一项支持计划——金太阳计划——从而让试点城市支持在建筑物内使用可再生能源。

2009年4月，JLM Pacifc 大纪元报道，根据中国商业新闻，江苏省计划实施一项新计划，以促进太阳能的快速应用 [Jlm 2009]。根据计划，江苏计划2009年建设和屋顶安装的设施达10MW屋顶装置；2010年达50MW，包括40MW的屋顶项目；2011年达200MW，包括180MW的屋顶工程。该计划还提到建立只为江苏省光伏产业服务的基金，用于提供项目建设补贴和风险保障。该计划进一步规定了配额和本地公司配置。

过去18个月中陆续宣布的中国多个大型光伏项目，高达1GW。其中，有多少能真正得以实现，以创造本地太阳能光伏发电系统的市场仍有待观察。

有了这些措施，2009年，中国太阳能光伏市场增长两倍或三倍似乎是有可能的，从而成为2012年GW级市场发展的起点。中国现在的目标是2011年安装的太阳能总容量为2GW。2009年7月，新的中国能源经济刺激计划修订了2020年安装的太阳能发电目标，提高到20GW（图10）。

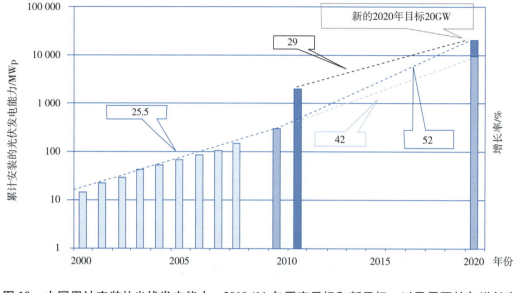

图 10　中国累计安装的光伏发电能力，2010/11 年原定目标和新目标，以及需要的年增长率

五、中国台湾地区

2002 年，台湾地区政府有关部门核准了可再生能源发展计划，目标是到 2010 年，可再生能源的发电量占台湾地区总发电量的 10% 及以上。该计划要求各级政府以及一般公众共同努力发展并积极使用可再生能源。2004 年，台湾地区颁布了"补贴光伏示范系统措施"，作为到 2008 年台湾地区发展计划的一部分。该计划规定的补贴覆盖了光伏系统安装费用的 50%。

台湾地区政府所采取的支持计划，提供最多达 150 000 元新台币/kWp（3 225 欧元/kWp）[①] 的投资补助，但也仅为安装成本的 50%。政府机构、公立学校和医院是最适宜于示范项目的地方，容量小于 10kWp 的可进行 100% 的投资补贴。此外，对所有可再生能源，支付给核准的申请人 2 元新台币/千瓦时（0.043 欧元/千瓦时），持续支付 10 年并可延长到 20 年。其他可再生能源的支持措施，包括在节能或利用可再生能源方面实行 13% 的税收优惠、2 年加速折旧和低息贷款。

太阳能开发项目包括一系列长期目标。按计划，到 2030 年，将有 750 万居民能利用太阳能；工业和商业应用约为住宅用量的一半。公众事业的太阳能发电能力可望达到与工业和商业部门相同的水准；在山区和远离陆地的海岛上，建立独立的太阳能发电系统。到 2020 年，岛屿的太阳能发电能力应达到 450 吉瓦（1.2 万千瓦光伏）。

2008 年 7 月，台湾地区政府决定指定太阳能和发光二极管（LED）两个行业，作为其未来积极发展的行业。台湾地区政府计划，鼓励家庭安装太阳能板发电并用 LED 灯取代现有公共照明以节省电力。

据估计，到 2015 年，上述两个行业的产值可能超过 1 万亿新台币（21.5 亿欧元）。为促进太阳能产业，台湾地区政府资助从事研发的厂商，并鼓励消费者使用太阳能。在

---

① 汇率：1 欧元 = 46.50 新台币

官方计划的帮助下，材料供应商正在扩大业务，并加大在该领域的投资。此外，大约12名制造商表示打算投资制造用于太阳能电池的薄膜片，其中8家将建立自己的产品加工厂。到2015年，太阳能产业可能会达到4 500亿新台币（96.8亿欧元）。

由台湾地区政府支持的研究机构——工业技术研究院（ITRI），已经制定了一个研发计划，在2015年到2020年间，将组件成本降低到大约1美元/Wp。研究课题包括基于各种晶圆的太阳能电池的效率提升，以及集中各种概念和新设备的薄膜太阳能电池。尽管研发预算在未来4年增加一倍，但重点是提高生产能力和改善制造技术的产业支持。

台湾地区政府2008年9月11日通过了"应对经济衰退和支持经济发展的计划"，该计划包括促进太阳能发展在内的41项措施。2008年和2009年，台湾地区政府拨出10亿新台币（150万欧元）用于补贴消费者购买太阳能发电系统。台湾地区政府计划补贴一半的太阳能设备安装成本，以及安装太阳能光伏发电系统的住户将享受2.1元新台币/千瓦时（0.045欧元/千瓦时）电费标准。2010年台湾地区设置的目标是使累计安装量增加一倍，达31MW。

2009年6月12日，台湾地区"立法院"最后批准了可再生能源发展条例，此举将加快发展台湾地区的绿色能源产业。新的法律授权地区政府通过各种激励机制加强可再生能源发展，包括收购机制、奖励示范项目和放松监管限制。目标是在20年内，增加台湾地区可再生能源总发电能力，使之达6.5万千瓦。

据光伏委员会主席蔡琴耀介绍，新法律每年将吸引至少30亿元新台币的投资（6 450万欧元），两年内创造至少约1万个就业机会，并形成1 000亿元新台币的产值。蔡琴耀建议设置绿色能源的价格下限为8元新台币/千瓦时（0.172欧元/千瓦时），因为这样才能保证合理的利润空间。

六、美国

2008年，美国以342MW的太阳能光伏装机容量成为全球第三大市场，其中292MW并网发电［Sei 2009］。加利福尼亚州、新泽西州和科罗拉多州三个州占美国并网光伏市场的75%以上。截至到2008年，美国的累计装机容量约为1.15GW（768MW并网）。由于联合太阳能（a-Si）和第一太阳能（CdTe）的薄膜太阳能电池产量增加，导致2008年的产量增长53%至414MW。美国市场中的薄膜太阳能电池份额约28%，远高于全球平均6%的市场份额。

美国的光伏市场不是单一的光伏市场，而是一个区域市场和特殊应用的集聚，为光伏产业提供了最具成本效益的解决方案。2005年，累计装机的并网光伏系统容量超过了离网系统。由于州或事业机构支持的一系列"购买"计划，自2002年以来并网市场的增长速度更快。

第一太阳能正在继续扩大其CdTe薄膜太阳能电池的生产，并计划在2009年底，1.1GW可以全面投入运营，到2011年超过1.3 GW［Fir 2009］。然而，大部分生产能力都位于美国以外（马来西亚790MW，德国198MW，法国>100MW）。联合太阳能已决定在2010年扩大产能到300MW，2012年到1GW［Ecd 2008］。在2006年收购了壳牌太阳能的生产设备后,2007 年,SolarWorld AG 又收购了小松硅片在希尔斯伯勒的生产设施,并将其转变为一个硅片太阳能制造厂,产能为 500MW。新的希尔斯伯勒设施在 2008 年秋季开始生产,预计 2009 年产量将稳步增长。Evergreen Solar 也在稳步增长,并宣布公司已获得足量硅以保证到 2012 年产量增加到 850MW [Eve 2008]。

经过多年的政治僵局和谈判,美国支持可再生能源的政策于 2005 年开始好转。主要突破是,在 2005 年 7 月 29 日,2005 年能源法案在参议院获得通过,并由总统布什于 2005 年 8 月 8 日签署。本法案的主要支持机制是:

■ 针对太阳能的商业能源信贷抵税比例由 10% 增加到 30%,为期两年。适用技术包括光伏发电、太阳能热水器、聚光太阳能发电和太阳能混合照明。两年后,信贷抵税比例恢复为 10% 的永久水平。

■ 建立住宅太阳能的能源信贷抵税比例,即在年底报税时可将安装成本的 30% 从年收入中减去(以减税),为期两年(至 2008 年底);但住宅系统的税收抵免上限为 2 000 美元。

第二个里程碑事件是加州的"百万太阳能屋顶计划"或参议院法案 1(Senate Bill 1,SB1),在 2006 年 8 月 14 日由加州参议院最终通过,2006 年 8 月 21 日由施瓦辛格州长签署。官方机构预计该计划将产生一百多万个太阳能屋顶,到 2018 年,至少安装 3GW 光伏发电装置。

早在 2006 年 1 月,加州公用事业委员会(CPUC)将"加州太阳能计划"付诸实施,该计划给太阳能光伏系统提供一个长达 10 年、金额高达 29 亿美元(23.2 亿欧元)的折扣。然而,CPUC 仅仅负责政府投资的公共事业,折扣只是提供给这些公用事业单位的顾客。SB1 将这些折扣计划扩大到市政设施,如萨克拉门托市公用事业区和洛杉矶的电力和自来水事业处,并允许该计划的总成本增加到 33.5 亿美元(23.9 亿欧元)。它还增加了公用事业客户出售太阳能过剩发电量给这些事业设施的上限比例;该上限以前规定为 0.5% 之内,但现在限制在 2.5% 之内。从 2011 年开始,SB1 要求发展超过 50 个、新的、提供太阳能系统的单户住宅作为选择之一。人们相信,这些条例草案连同其他州的措施,将大大增加美国对光伏太阳能系统的需求。

2008 年 9 月 23 日,经过一年多的政治辩论,美国参议院最终支持延长太阳能和其他可再生能源的税收减免措施。2008 年 10 月 3 日,经国会批准和总统签署,"2008 年能源的改进和推广法案"成为 H. R. 1424 "2008 年紧急经济稳定法案"的一部分。

2009 年 2 月 17 日美国总统奥巴马签署了美国恢复和再投资法案(ARRA)。这项法案主要包括的太阳能方面的规定是:

■ 建立财政部(DOT)的授权计划。

■ 改进投资税收减免,消除了补贴能源融资的 ITC 处罚。

■ 新的能源部贷款担保计划。

■ 建立税收激励措施,对购买用于生产太阳能电池材料和部件,以及所有的太阳能技术的生产设备,加速折旧,并退税 30%。

在能源税收激励法案2005[①]的支持下，发行了清洁可再生能源债券（CREBs），资金主要用于州、地方、社区、公用事业和电力合作项目。2008年的能源改进和扩建法案扩大了CREB计划，并改变了一些计划措施。2009年美国恢复和再投资法，扩大筹资规模，规模达24亿美元（17亿欧元）。其中，8亿美元（5.714亿欧元）用于州、地方政府和社区。8亿美元（5.714亿欧元）用于公共电力供应商，8亿美元（5.714亿欧元）用于电力合作者（co-ops）。获得批准的项目将获得利率非常低的贷款，低至0.75%。2005年，在ARRA提供新资金前，CREB计划用12亿美元（8.571亿欧元）资助573个太阳能项目，超过总共922个项目的一半，主要资助在拨款授权的前两个阶段。2008年的能源改进和推广法，延长了CREB计划，并改变了某些计划的规定。国税局直到2009年8月4日，都接受申请者。2009年5月27日，奥巴马总统宣布从ARRA中支出超过4.67亿美元（3.336亿欧元），在整个美国扩大和加快发展、部署和适用地热和太阳能能源的利用。美国能源部将提供1.176亿美元（8400万欧元）的恢复法案基金，以加速美国太阳能技术的商业推广。5150万美元（3678万欧元）将直接进行光伏技术的开发，4050万美元（2890万欧元）将用于太阳能项目，这些项目将集中解决太阳能部署过程中暴露出的一些非技术性壁垒。

尽管并网光伏系统的安装在过去几年增加很多，增长率约40%，仍有许多需要努力才能达到"百万屋顶"计划的目标（图11）。

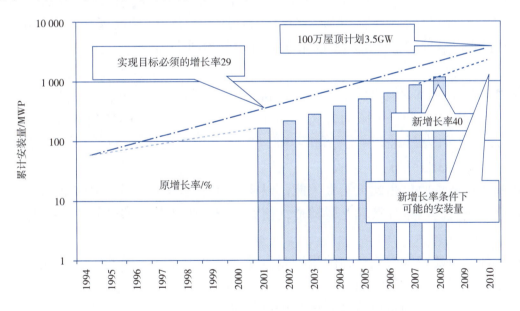

图11 基于2004—2007年安装量的100万屋顶目标增长率

图12显示了2009年（1—4月）美国全国范围内的平均电力价格，平均上涨7.5%，从10.49ct/kWh至11.28ct/kWh。以这些数字为基础，美国电网系统根据当地电力净成本和市场激励机制，可分为四大类，从而得到具有竞争力的光伏发电系统交钥匙价格表。

虽然美国大多数州都在那些需要显著性奖励措施的类别中，四分之一的美国人居住在5个具有最好市场的州。在这些州，光伏发电具有成本效益，安装成本6美元/Wp（假

[①] 外部预算编制增加54部分

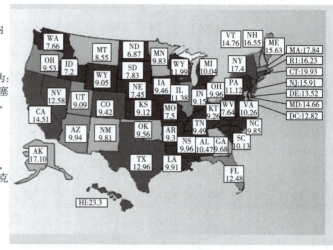

图 12　2009 年住宅平均电价（美元/kWh）[Eia 2009]

设长期融资作为抵押）。这 5 个州也是具有最高经济潜力的。

加州 SB1 能源法案以及其他州的计划，正在帮助加速实施太阳能发电。不过新的支持措施是否力度足够，以及它们何时能够刺激美国安装数量的增加，仍然有待观察。

2004 年 9 月，美国光伏产业公布了他们的 2030 年光伏发电路线图及以后的"我们的太阳能未来"[Sei 2004]。这个路线图的主要目标是："到 2025 年，太阳能提供的发电量占所有美国新发电量的一半"。工业协会将会持续一段时间支持这些有效的政策，以增加美国的太阳能发电量和销售量。建议采取的行动分为两个部分：

市场拓展

■ 制定住宅及商业税收优惠，增大目前州政府和联邦政府的支持。首次安装 10kW，将获得 50% 的税收抵免，上限为每瓦 3 美元。任何超过 10kW 的部分将有资格获得 30% 的税收抵免，上限为每瓦 2 美元。每年降低 5% 的上限将促使价格持续下降，逐步过渡到一个没有税收优惠的市场。

■ 修改风能税收优惠政策给太阳能，以便两者都能享受现行的 10% 投资税收抵免。

■ 建立统一的网络计量和互联标准，使太阳能发电者都能够简单、公平地进入电网，并得到公平赔偿。

■ 增加联邦政府太阳能电力的采购量，至每年 1 亿美元，以建立太阳能电力的公共部门市场。

■ 支持国家公众利益项目和其他举措以推动太阳能电力发展，并与公共和私人组织建立战略联盟以扩大太阳能市场。

研究与发展

■ 增加研发投资额，到 2010 年达每年 2.5 亿美元。

■ 加强在晶体硅、薄膜片、平衡系统组件的投资，以及新系统的概念，这对现行行业至关重要——减少它们当前成本与性能和技术潜力之间的障碍。

■ 支持所有高风险、长期的系统组件研发，这些可以跨越目前技术使其达到新的性能水平，并降低系统安装成本。

■ 提高一些地方设施和设备的资金支持，这些地方包括卓越中心、大学、州实验室

（桑迪亚州实验室，州可再生能源实验室）——以及在州再生能源实验室的科学和技术设施，将实验室的发现和工业制造和使用产品间的时间间隔缩短50%。

■ 促进工业与大学和州实验室业间的伙伴关系，以推动光伏制造和生产技术的发展。

6.1 支持光伏的激励措施

美国的政治状况导致没有统一的光伏奖励措施。"一百万个太阳能屋顶"最初由克林顿总统于1997年签署，由于缺乏一个专门的预算，能源部（DoE）只能支持消除市场障碍的措施，或者支持当地推广计划的发展。这些措施的目标很实际而且以市场为导向：到2010年，促进100万"太阳能屋顶"的销售及安装。可用的技术包括光伏发电（光伏）、太阳能热水器、分散太阳能收集器、太阳能空间加热和冷却和游泳池加热。

经过几年的政治谈判后，2005年联邦能源法案生效。其主要激励措施是针对太阳能的商业能源信贷抵税比例由10%增加到30%，为期两年。此外，它还建立了住宅太阳能的能源信贷抵税比例，即在年底报税时可将安装成本的30%从年收入中减去（以减税），为期两年（至2008年底）；但住宅系统的税收抵免上限为2 000美元。该税收减免延长到2016年，最终在2008年9月由美国参议院批准，并于2008年10月3日签署成为法律。

2006年8月8日加州SB1的实施，2006年8月24日加州公共事业委员会（PUC）在加州太阳能行动中采用了基于绩效的奖励。自2007年1月1日，PUC为规模大于100kWp的商业太阳能系统安装设施以及其他更大的设施，提供以性能为基础的奖励。对于规模小于100kWp的住宅和小型企业系统，将根据每个系统的未来预计性能提供奖励。这两种机制都奖励选择和正确安装高品质的太阳能系统。这项PUC2006年1月通过的决定，实现了前一阶段的加州太阳能计划。该太阳能计划的目标是提高加州安装的太阳能量的总能力，到2017年达3 000MW。

从2007年1月1日开始，住宅和小型商业系统得到每瓦2.50美元的奖励，并将于有资格获得更多的联邦税收减免。政府和非盈利性组织将获得每瓦3.25美元（2.32欧元）以弥补其缺少的联邦税收优惠。对于大于100kWp的系统，运营的最初5年，可征税的实体将根据发电量，得到0.39美元/kWh（0.279欧元/kWh）的奖励，政府/非盈利性组织将根据发电量，得到0.5美元/kWh（0.357欧元/kWh）的奖励。

许多州和联邦政府，已通过了鼓励发展光伏市场和其他可再生技术的政策和计划。这些包括直接立法授权（如可再生内容要求）和金融激励[①]（如税收减免）。金融激励通常涉及经费或其他公共资金，而直接的立法授权通常不涉及。在这两种情况下，这些计划对重要的光伏市场发展提供了支持。奖励的类型描述如下：其中，投资退税、贷款和补贴是最常用的——在全国所有州中，至少有39个州有这种计划。最常见的机制是：

■ 个人免税（联邦政府，21个州+波多黎各）

■ 企业免税（联邦政府，24个州+波多黎各）

■ 可再生能源投资的销售免税（27个州+波多黎各）

■ 物业税豁免（35个州+波多黎各）

---

① 美国能源部已制订了金融激励措施：（1）政府转移经济资源给商品的买方或卖方，或能降低买方的支付价格，提高卖方收到的价格；（2）降低了生产货物成本或服务；及/或（3）创建或扩大生产者市场［Gie 2000］。

■ 购买式计划（19个州+哥伦比亚区、维尔京群岛、234个公用设施、8个地方）

■ 贷款计划和赠款（联邦政府，40个州+维尔京群岛；69个公用设施，17个地方，7个私人设施）

■ 工业生产的支持和鼓励措施（联邦政府，24个州+波多黎各，33个公用设施，9个私人设施）

对美国不同的支持计划，其中一个最全面的数据库由北卡罗莱纳州立大学的太阳能中心负责管理。州可再生能源奖励数据库（DSIRE）是关于州、地方、公共设施的综合性信息来源，以及部分经过选择的促进新能源发展的联邦奖励的信息［Dsi公司2009］。所有不同的支持计划都在那里有所描述，并且强烈建议访问DSIRE网站http://www.dsireusa.org/，更详细的信息可以参见相关图表。

皮尤中心研究全球气候变化的B. J. Rabe的一项研究报告，深入研究了美国州可再生组合标准的重要作用［Rab 2006］。其中的一项关键信息是：

各州被迫颁布或扩大RPSs是由于多个原因，而温室气体排放量可能是，也可能不是促进这项措施被采用的中心因素。相反，各州预计，可以从促进可再生能源发展中获得快速的经济发展，特别是考虑到发展本地能源，可能会创造新的就业机会。反过来，各国也被RPS的前景所吸引，即在未来几十年，它能够提供可靠的电力供应，同时，通过扩大使用可再生能源，可以有效减少常规空气污染物。

2009年8月，29个州、哥伦比亚特区和关岛有了可再生组合标准，另外5个州也各有州的目标，在佛罗里达州一个公用设施已同意RPS（图13）。在14个州和哥伦比亚特区，RPS包括最低太阳能和分布式发电（DG）的规定（图14）。

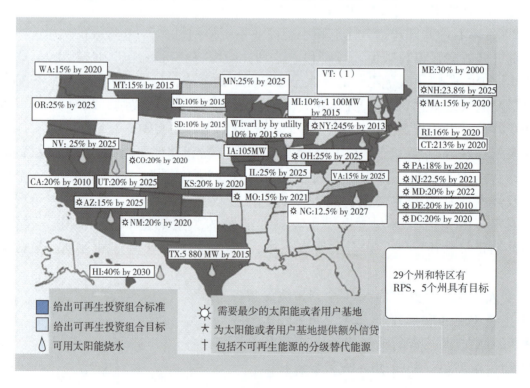

图13　美国各州的可再生能源组合标准（2009年8月）

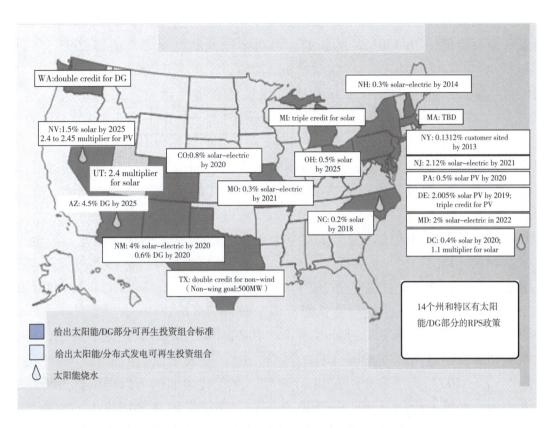

图 14　美国各州的太阳能/DG 部分的 RPS 政策（2009 年 8 月）

光伏产业的另一非常重要的措施是电网接入。2009 年 8 月，美国 42 个州、华盛顿特区、关岛、波多黎各、维尔京群岛和美属萨摩亚实施了净计量政策（图 15）。在爱达荷州、南卡罗来纳州和得克萨斯州的一些公用设施已同意自愿净计量。

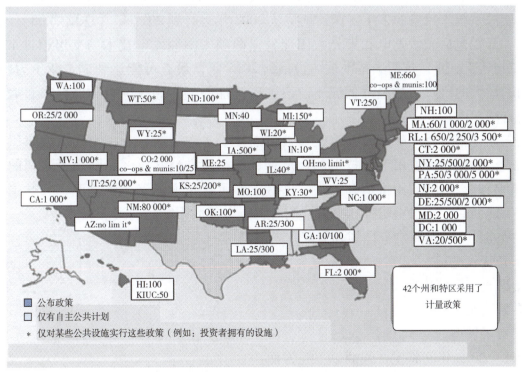

图 15　美国各州的净计量政策和上限（2009 年 8 月）

忧思科学家联盟（The Union of Concerned Scientists）的预测，到2025年，RPS和可再生能源基金可能促使76 750MW的新的、可再生能源的发展。与美国1997年可再生能源（不包括水电）的容量相比，将大幅增加570%以上［Uni 2009］。在州一级，承诺增加使用可再生能源，将会对减少二氧化碳排放量具有重要影响。到2025年，这些州的RPSs将会每年减少总共超过183亿吨的二氧化碳排放，这相当于减少了3 000万辆汽车的上路行驶。州一级的受益不仅仅是只包括减少大量的温室气体排放，而且这也是多样化能源供应来源的一个有效手段，能够提高能源安全、创造就业，并有益当地经济发展。后者可能是最近一些州重新审议并大量增加或加速其每年所需可再生能源的背后真实原因。

这些产能大部分会是风能，但光伏发电也越来越成为一个选择。因此，其他10个州在科罗拉多州的RPS之后，也制订了一个太阳能发电的明确目标。此外，一些州在其RPS上增加了规定，使得光伏发电系统的预期增长了几倍。加利福尼亚州和纽约的RPS的法律，为短期内新的可再生能源增长创造两个最大的市场。

2007年12月，Ken Zweibel，James Mason 和 Vasilis Fthenakis（肯韦贝尔，詹姆斯梅森和瓦西利斯弗塞纳基斯）在美国《自然科学》上，发表了他们的愿景"一个庞大的太阳能计划"［Zwe 2007］。文章介绍，到2050年，光伏技术如何可以提供近3 000GW的电力。作者表示，在第一阶段，从现在到2020年，太阳能必须在大规模生产方面具有竞争力。为实现这一目标，到2020年要建成大约84GW的光伏发电和集中式太阳能电站。与此同时，必须建设必要的高压直流（HVDC）传输系统。

这样一个计划的实现将彻底改变市场情况以及美国的产品、技术基础。

6.2 太阳能技术计划

美国太阳能技术计划（SETP或太阳能计划）的目的是为美国发展具有成本竞争力的太阳能能源系统。目前的多年工作计划将从2008年运行到2012年［DOE 2008］。每年用于研究和开发包括光伏发电和聚光太阳能发电两项太阳能发电技术的支出超过1.7亿美元（1.214亿欧元），这两项技术被认为是到2015年，最有可能达到成本竞争力的技术。该计划的最大的研发挑战是降低成本、改善系统性能，并寻找生成和储存来自太阳的能量的新方法。

太阳能计划还旨在确保新技术能够被市场接受。许多消除非技术性市场障碍的工作已经完成，如更新不适用于新技术的规范和标准，改进公共设施和消费者之间的互联协议，分析公共设施的实用价值和能力。这些工作可以帮助消费者、企业、公共事业在考虑可再生能源时，作出更明智的决策，同时，也方便太阳能的购买。

太阳能计划通过4个分计划开展其主要活动：

■ 光伏发电；
■ 聚光太阳能发电；
■ 系统集成；
■ 市场转型。

2008—2012年间将主要强调以下几方面：

（1）将聚光太阳能发电（CSP）完全纳入美国太阳能计划（SAI）。

(2) 改善CSP和光伏发电技术的存储技术。

(3) 在分布式和集中式发电应用中,将太阳能技术更好地融入电网。

(4) 消除城市和州一级的太阳能技术应用的技术和管理方面的障碍。

(5) 提高美国能源部及其实验室与合作伙伴的能力,以快速、有效地转变研发理念,从基础理论研究到应用科学研究,然后推向市场。

(6) 探索和发展光伏下一代技术,使其能够在SAI规定的时间前为消费者服务。

(7) 协助美国工业恢复其在全球太阳能市场的领导作用。

(8) 通过太阳能计划,让所有参与者增进其对环境和组织安全性的了解。

太阳能计划目标支持能源部的2006年战略规划[DOE 2006],在其5个明确的战略主题中,能源安全是DOE支持太阳能计划的一个关键因素。另外,该计划支持研究和开发规定和广泛的能源目标,这些目标在2005年国家能源政策法案(EPAct 2005)和能源独立和安全法案(EISA)中都曾列出。在这部法案中,国会表示强烈支持减少对外国能源的依赖,支持减少可再生能源发电成本和传输成本。国会和政府的支持,以及可以得到的财政奖励措施,对于实现太阳能计划的目标非常重要。

该计划列出了太阳能光伏发电的经济目标(表3),这是由主要市场的分析得出的。他们根据能源成本分摊原则(LCOE),要使太阳能技术在这些市场有竞争力。

表3 太阳能计划成本目标

市场区域	价格 目前美国常规能源电力价格/(美元/kWh)	平滑的能源价格/(美元/kWh)		
		基准	目标	
		2000	2010	2015
公共 商业(a)	4.0~7.6			
	2.5~24.5 (b)	13~22	13~18	5~7
	5.4~15.0 (c)	16~12	9~12	6~8
	6.09~20.89 (d)			
住宅	5.8~16.7 (c) 7.5~23.3 (d)	23~32	13~18	8~10

注释:(a) 在许多商业应用中,公共成本是免税的。这种情况下,考虑到税收的影响,太阳能的成本应与有效的市场成本相比。

(b) 2009(1-7月)IEC平台峰值时刻的,在选定的站点,白天电力批发价格;

(c) 太阳能计划中引用的电力成本;

(d) 2009(1-4月)电力成本[Eia 2009]。

根据太阳能计划,住宅和商业目标价格是基于目前的零售电力价格,并考虑能源情报署(EIA)比较乐观的预测,即到2025年,电力价格将保持相对稳定(实质)。在这些假设情况下,该计划预计如果达到了太阳能市场的成本目标,美国2015年,将实现在5GW~10GW的光伏安装,2030年实现70GW~100GW。

2007年,能源部桑迪亚国家实验室NREL小组,以及来自大学和私营工业领域的专家,制定了10项光伏技术路线图。[DOE 2008a] 专家。这项工作的完成,是支持太阳能美国计划行动的一部分。这些技术路线图为每项技术总结了现状,并指出了未来的目标。

中波段光伏发电，多激子光伏发电和纳米结构光伏发电的发展蓝图，仍处于起草阶段。

6.2.1 太阳能技术研究计划

为克服大规模制造、销售和安装光伏技术的挑战和障碍，美国的策略是通过发展的手段实现这些挑战性目标。目前正在开展的多种技术研究，处于不同的成熟阶段。随着工业领域、大学和国家实验室的各种人才的有效结合，所需成本、性能和可靠性目标应能实现。明确的光伏研究正为实现这些目标而努力，包括：

（1）光电系统及组件的开发；
（2）光电材料及电池技术；
（3）测试与评估；
（4）电网/建筑一体化。

光伏分项计划的研发活动分为以下3类：

6.2.1.1 新装置和新工艺

太阳能技术计划的光伏研究重点是开发新的光伏设备和工艺，并且具有潜在的巨大性能和/或成本优势。

拟议研究的目标是以下光伏领域：

- 设计、开发和基本失效测试应用的实验室规模设备原型；
- 实验室规模的完整工艺演示评估；
- 没有元件或开发系统原型情况下的初步科学研究或文献综述；
- 使用实验室研究评估初步技术、市场的产品和工艺技术概念；
- 物理建模；
- 参数估计；
- 其他相关分析方法。

本研究着重于两个方面：

（1）下一代光伏发电：2007年4月，美国能源部发起一项"下一代光伏设备和工艺"的项目，以期在2015年开发出新的光伏电池和/或工艺。感兴趣的潜在领域包括，但不限于以下内容：

- 有机光电器件、结晶、非单晶装置、光电化工、先进的多结、低维结构、优化的接口、传输特性以及跨部门问题；
- 混合光伏—氢概念发电，供电网络和存储；
- 低成本制造技术，环境/回收问题，新的制造工艺。

预计到2015年，对光伏设备和生产工艺的研究将生产出光伏电池原型和/或工艺，到2020—2030年，完全实现商业化能力。2007年底25个下一代光伏项目启动。

（2）光伏发电技术的预孵化器：新项目旨在帮助小企业，到2012年实现从太阳能光伏技术的概念研究转型发展到商业上可行的光伏原型。该项目的目标包括：促进光伏技术的电网平等性，将光伏技术创新过渡到原型阶段，以低于1美元/瓦的成本开发光伏概念原型。

光伏技术的预孵化器项目，弥补了光伏技术孵化器项目的不足，该项目2007年启动；虽然都支持小企业，但分别侧重不同的研发阶段。预孵化器项目的重点是促使想法从概念论证到商业上可行的原型，光伏孵化器项目的目标是加速原型和商用前技术向试运行和全面生产的阶段转变。

光伏技术预孵化器以研发进展需要克服的障碍为目标，创造一个创新和可行的光伏设备或适合制造的组件原型。这个项目以技术为中心，包括创新的光伏电池和组件技术，适合住宅屋顶、商业天台和公用设施市场。

6.2.1.2 组件和系统原型

美国太阳能计划的组件和系统原型样机的研究，强调组件和系统原型样机以试验规模发展。成本、可靠性或性能优势是必需演示的。

拟进行的研究将针对以下内容：

- 组件原型开发，设计具有全部功能和完整"外观和感觉"的商业产品；
- 加速合格测试以改善组件设计，并获得对可靠性问题的及早洞察；
- 对所有规模化经营的新生产工艺，提供完整的概念证明；
- 实验室测试，以提供系统集成和优化所需的数据；
- 在试生产工艺的基础上评估组件成本。

推进此任务的金融工具被称为光伏孵化基金。这项申请资金的结构具有灵活性和周期性。每个项目的执行期为18个月，因为美国能源部在第9个月会进行阶段性审查，项目存在终止的可能性。所有项目必须是结构化的，因此公司只有成功交付其新硬件的预先样本，才能获得来自美国能源部的经费。这一办法将使处于早期研究阶段的公司将重点放在技术示范上，同时确保纳税人在这些项目的投资获得最好价值。

2008年9月，美国能源部公布了第二轮光伏（PV）的孵化资金的获得者。这些项目的重点是开发光伏原型组件和系统，以及2010年进入商业化市场的障碍。第一轮结果已在2007年6月公布。

光伏孵化器奖励那些以研究与发展全功能光伏系统和组件原型为目标，并以试验规模生产的项目。原型技术预计，可能是通过承包商装备，NREL工艺开发与集成实验室设施或其他适当设施，已经完成了新的制造工艺概念的验证。这些项目的目标是：

- 探索新的制造工艺和产品的商业潜力；
- 促进国内光伏产业的创新和增长；
- 建立一个高效和循环资金的机会；
- 扩大和多样化国内已经处于"市场就绪（market-ready）"的光伏技术。

6.2.1.3 系统开发及制造

这些研发活动旨在加强工业和大学研究人员在组件和系统大规模生产间的合作，并能以美国太阳能计划的目标成本进行发电。

本研究分为两个方面：

（1）技术路径合作伙伴——重点研究和发展具备大规模生产能力的聚光太阳能发电（CSP）和光伏发电（PV）组件和系统设计，并能以目标成本提供能源。

选择技术路线合作伙伴的团队包括公司、实验室、大学和非营利组织，共同加快推动美国光伏（PV）系统生产的商业化。这些合作伙伴包括50多家公司、14所大学、3个非盈利组织和2个国家级实验室。当前项目阶段侧重于发展、测试、演示、验证、新光伏组件互连、系统和装备制造等项目。当前的目标是：
- 将更好的产品推向市场以实现新的应用；
- 培育国内光伏产业的发展；
- 用成果影响美国能源经济。

（2）大学的工艺和产品开发支持——由大学进行有针对性的材料科学和工艺技术研究，以支持开发新CSP和光伏系统的行业领导团队，在2010—2015年间实现商业化。

这个项目侧重对高校主导的系统开发和制造进行研究，强调对光伏产品和开发过程直接的、短期改善，以支持美国的太阳能倡议目标。目标是充分利用大学的理解和经验以改进光伏产品和工艺。

（3）光电供应链和横向技术——该项目识别和加速独特的、能影响太阳能产业发展的光伏产品或工艺。该项目支持DOE的SETP计划的总体目标。

非太阳能公司有很多技术和能力可以用于光伏制造的方法和产品中，并有益于光伏产业发展。这种极具影响力的技术包括：提高产量或诊断流程的改造；改进可靠性和提高光、热或电气性能的材料解决方案；或系统组件的流水线安装。这些改进带来的影响对单个产品或加工步骤而言可能很微小，然而，当在整个光伏行业推广后，所有这些改进的整体影响将会非常显著。

资助的项目范围从自动装配到半导体制造、目标产品生产等。2~6年内，产品成本的降低有可能影响很大一部分光伏产业。

此外，美国太阳能计划的市场转型工作解决了太阳能技术商业化的障碍。

6.3 高效率太阳能电池计划

2005年，美国国防部高级研究计划局发起高效率太阳能电池（VHESC）计划在未来几年，发展效率达50%的太阳能电池。该计划目的是减少平均负载20磅（约9公斤）的单兵装备，而以往必须如此负重以给便携式产品提供电力。

初始阶段，从2005年11月开始，由特拉华大学统筹。该阶段的合作伙伴包括BP太阳能、蓝方能源、能量聚焦、Emcore和上汽集团。重点研究团队包括特拉华大学、NREL、佐治亚理工学院、普渡大学、罗彻斯特大学、麻省理工学院、加州圣巴巴拉大学、光学研究协会和澳大利亚国立大学。

在最初阶段的光学和太阳能电池结构设计合作，研究了超高效率、低成本制造技术。有关议题包括：
- 横向太阳能电池架构——将扩大材料的选择（无格/电流不匹配），提高性能
- 衬底为高性能、低成本的硅太阳能电池，垂直接触的独立太阳能电池架构
  ——扩大材料的选择
  ——整体式结构，降低材料和制造成本
  ——没有隧道结
- 低成本多结太阳能电池
  ——基于现有高效率材料的新结构
  ——高、中、低能量光子设计的并行路径和材料
- 高性能基板、低成本的硅太阳能电池

■ 量子点太阳能电池（Quantum dot solar cells）
——优化太阳能电池的结构选择性能源接触
——密集量子点阵列

2007年7月，DARPA宣布启动第二阶段计划，通过资助新成立的杜邦大学特拉华VHESC联盟以实现实验室规模的工作向设计和制造样机模型的转变。为此，DARPA资助该联盟1220万美元，该经费是一项为期三年总额可能高达1000亿美元的多阶段计划的一部分。杜邦管理这个由推荐企业、研究机构组成的联盟，致力于优化VHESC太阳能电池效率并降低成本。

6.4 美国光伏产业路线图

为应对不断扩大的光伏市场的挑战，美国光伏产业在2001年已设计了光伏路线图，作为建设该行业的指导，2004年美国又更新了该路线图［Sol 2001，Sel 2004］（图16）。在2001年，主要问题是：确保美国的技术所有权并实施宏大的商业化战略，从而以最低成本获得巨大收益。为此，他们呼吁"工业和政府在研究和技术进步方面，进行合理、持续的合作投资"。

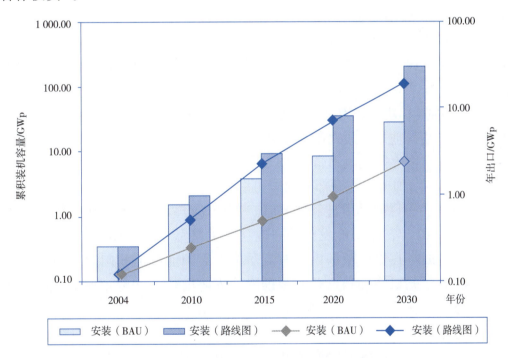

图16 美国光伏产业路线图［Sel 2004］

尽管需要高额投资，但由于环境和直接的经济效益以及额外的能源安全要求，投资额必将远远超过预计投资额。

在2004年的更新中，美国的产业界宣称，它们原来的降低成本和发展市场的分析是正确的，但美国并没有实现目标的必要投资，而日本和德国却进行了大量投资。加州是执行美国光伏计划的亮点之一。但加州的成功不能代替整个国家发展市场的承诺。因此，工业界得出结论："有效的、长期坚持的政策，将持续增加太阳能发电的规模，将使市场大幅增长、技术提高、成本降低。"

在2004年的更新中，业界展示了两个场景。第一个像往常一样，是个雄心勃勃的

"路线图"，目标与 2001 年相比有所增加。根据路线图，到 2025 年，光伏发电应提供所有美国新发电量的一半，产生约 7% 的国家电力，而在 BAU 规划中，仅有 1%。未来 25 年，光伏产业预计在美国将雇用超过 26 万人（BAU，5.9 万人）。为达到上述目标，光伏产业必须要重夺市场领导权，必须保持技术的所有权。根据美国光伏产业的路线图，必须全力采取以下措施要求。

重夺市场领导地位

■ 为市场领导地位创造激励措施——实施住宅和商业设施的税收抵免，这需各州和联邦政府的支持。最初安装的 10kWp 应得到 50% 的税收抵免，上限为 3 美元/瓦；超过 10kWp 的部分，将按照 30% 的税收抵免，上限为 2 美元/瓦；每年降低 5% 的上限，将促使价格持续下降，慢慢过渡到无税收抵免的市场。风能的税收信贷，应用于太阳能发电也应采取扩大的方式，允许在太阳能发电设备安装上，结合使用现有 10% 的税收抵免业务。

■ 建立统一的网络计量和互联标准，给予太阳能发电的业主可以随处简单、公平利用电网的权利，并按照他们提供的太阳能电力价值得到公平补偿。

■ 增加政府采购太阳能发电量，每年 100 万美元，建立 20 年的电力购买合约，并动用资金为联邦机构安装太阳能。领导者应为购买太阳能这种绿色能源作出贡献，并引导机构利用太阳能发电设备，这样可以提高能源安全并为美国这个最大的电力消费国做好应急准备。

■ 支持和加强州和地方努力推进太阳能发电的政策，通过制订联邦奖励提高现有的州政府支持，并鼓励其他州采用太阳能政策以打开新市场、增加销售量，并帮助消费者、公用事业和社区分享由太阳能电力带来的收益。

■ 到 2010 年，增加美国能源部太阳能研发预算，每年 2.5 亿美元，以撬动我们的研发才能，从而通过平衡目前晶体硅和薄膜片、制造、可靠性与下一代光伏技术来建立太阳能市场。在过去 10 年，太阳能发电的研究已帮助降低了近 50% 的成本；而在未来 10 年，研究将使发电成本在更广范围内具有竞争力。美国能源部和国家实验室应验证太阳能系统性能以提升金融机构的信心，并帮助降低太阳能行业的资金成本。该计划将引导高风险研究以推进潜在的开创性（"蛙跳"）技术和工艺。

保持技术所有权

成功技术的基础，是卓越的研究和开发。美国业界认识到，为减少太阳能发电系统的成本，提高组件和系统的能源转换效率，并提高其制造效率（例如，产量和收益），以下平衡联邦研发的投资必不可少：

■ 培养目前存在的或即将商业化的技术，这对目前美国的产业发展非常关键——这包括晶体硅和薄膜片以及平衡系统的组件。这将缩小这些技术与它们能达到目标间的差距，帮助确保实现未来 10 年路线图的技术目标。

■ 使美国拥有下一代太阳能发电技术——投资于高风险、长期的技术研发，将为超越今天的技术，达到新的性能水平和降低成本提供选择机会。这些研发包括开发推动当前技术到下一性能水平的新材料，发现与展示超高效率的新设备（例如，纳米技术的方法，多结和分层设备）、开发超低成本设备（例如，有机或塑料太阳能电池，超薄薄膜片)。投资也要刺激下一代全集成的太阳能能源系统。这包括模块和平衡系统的组件,包括新的"智能"电子、光学、集成、基于架构的能源、储存、氢生产以及先进的电力电子产品等。

■ 增强对现有卓越中心、国家实验室和 NREL 的科学与技术设施的支持——这对改进结晶硅和薄膜片很关键。这些中心有助于缩短实验室发现和工业使用之间的时间间隔,至少缩短 50% 的时间,有效加快创新向市场的转移。他们还要克服生产问题以及工业运行中障碍的快速针对措施。

■ 继续发展的计划,以及各行业、大学和国家实验室的伙伴关系——在光伏研发和制造薄膜片间的伙伴关系,产生并创造了前所未有的"成本分担、合作研究"的研究模式,该模式应不断扩大和加强。先前的路线图认为,联邦研发投资的倍增效应是产业成功的一个重要策略。但是这种情况并未出现,全球竞争的不断加强已经威胁到了美国的研究领导地位。为扭转这一趋势,美国将逐步增加其每年的研发投资,到 2010 年达 2 500 万美元。这种持续投资将加速美国当前的工业技术实力以获得短期市场,并确保美国拥有和制造服务于未来人类的太阳能产品。

相比 2001 年,新修订的路线图强调长期发展本国产业的强大国内市场的重要性。这与先前的假设,即美国光伏产业路线图可以依靠其每年 70% 的产品出口率,形成了鲜明对比。像日本,拥有强大的国内市场将加速生产能力的扩大,而美国仍缺乏强大的国内市场。这可能是美国失去市场领先地位的重要原因之一,美国占据首位多年,现在却落后于日本、欧洲和中国,位居世界第四。

七、欧洲

拥有 27 个成员国的欧盟,政治结构相当多元,也没有统一的可再生能源管理模式。不过,在 2007 年 3 月 8—9 日在布鲁塞尔举行的欧盟理事会上,通过了一个有约束力的目标,即到 2020 年,可再生能源在整个欧盟能源消费中,占有 20% 的市场份额,以及实现化石燃料占欧洲运输业,汽油和柴油的消费比重 10% 的最低目标 [CEU 2007]。

为了实现这些新目标,欧洲理事会要求制定全面一致的可再生能源框架,这才产生了"促进使用可再生能源"的指导意见 [EC 2009]。这项新的指导意见 2009/28/EC,2009 年 6 月 25 日生效,经修订后取消了 2001/77/EC 和 2003/30/EC 两个指导意见 [EC 2001 年,EC 2003]。

新指导意见的要点如下:
■ 使用可再生能源的强制性国家整体目标和措施,以及如何达到目标的指导办法;
■ 2020 年国家行动计划目标包括运输、电力、供暖和制冷等方面;
■ 会员国应该为可再生能源发电提供优先接入或保证接入电网的条件;
■ 每个会员国应在 2011 年 12 月 31 日之前,提交一份促进和使用能源的进展报告,此后每 2 年报告一次。第六次报告将于 2021 年 12 月 31 日发布;
■ 确保可持续生产和使用生物能源的标准和规定,以避免不同生物质能源使用中的冲突。

本指导意见超过"未来能源：可再生能源"[EC 1997]白皮书，以及"欧洲能源供应安全战略"绿皮书所设定的目标[EC 2000]。为实现京都议定书中二氧化碳减排量的义务，并降低对能源进口的依赖，所制定的目标是，到2010年，可再生能源应提供总能源供应的12%，以及欧盟电能供应的21%。

白皮书规定，到2010年，欧盟累计安装的光伏系统能力目标为3 000MW，或比1995年的安装能力提高100倍。并假设这些光伏系统的发电量将在2.4～3.5TWh，取决于安装系统所处的气候条件。目标到2006年已完成，2008年底，累计装机容量9.5GW，超过原定目标的3倍。

2005年秋季，该委员会提交了有关2001/77/EC指导意见的第二份报告，其中包括了在不同支持机制下的应用和合作经验[EC 2005]。该报告的结论是，协调可再生电力支持计划还为时过早，为实现2010年目标，应该马上制定一个具有连续性的计划。

"由于不同的成员国具有各种不同的潜力和发展状况，关于可再生能源的发展很难在短期内实现一致。此外，对系统的短期改变可能会破坏某些市场，使某些国家更难实现它们的目标。然而，对目前不同系统的统一要求，其优势和劣势必须加以分析和监测，这对中长期的发展也是很重要的。"

"委员会认为，采用协调的办法来支持可再生能源计划是适当的，这主要基于国家间的合作关系和国家计划的影响优化两方面。"

新的指导意见给出了所有不同成员国新能源所占比例（图17），以及如何达到目标的实现途径（图18）[EC 2009]。至于决定使用什么样的技术来达到国家目标，留给成员国自己决定。到2010年6月30日，所有会员国要把他们的可再生能源行动计划提交给委员会。

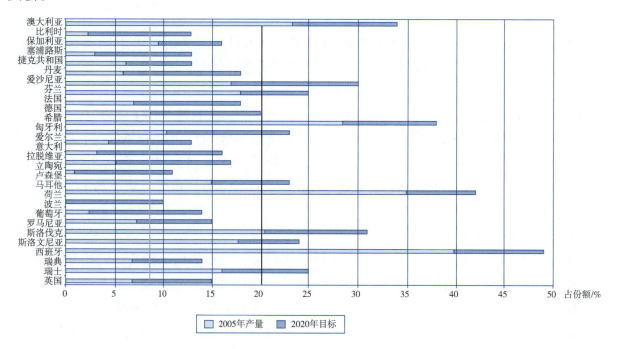

图17　欧盟2020年可再生能源份额

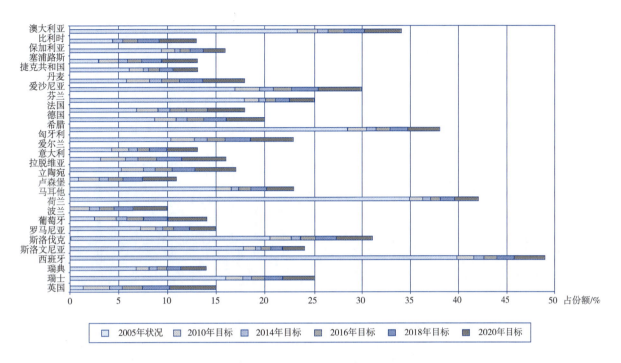

图18 欧盟2020年可再生能源份额的规划

一、欧盟的市场与销售

不同国家的光伏市场条件大不相同。这是由于各国对可再生能源，尤其是光伏能源，有不同的能源政策和公共支持计划，以及各国国内电力市场自由化程度不同造成的。从2001年到2008年，欧盟安装光伏系统增长10倍，2008年底，累计装机容量达9.5GW（图19）[Sys 2009]。

欧盟去年约有24GW的新建发电能力（图20）[Ewe 2009]。其中，8 480MW（35%）是风力发电；6 930MW（29%）燃气火力发电站；4 590MW（19%）为光伏发电；2 490MW（10%）是燃油发电；760（3%）MW是燃煤发电；470（2%）MW是水电，160MW（0.7%）生物质能源发电[①]，100MW（0.4%）CSP和60MW（0.3%）是核电。2008年可再生能源在新增发电装置的份额为57%。

2008年，西班牙是最大的光伏市场，从2007年的560MW增加到2008年约2.7GW，几乎增加5倍[Epi 2009, Sys 2009]。这是预测容量的两倍多，主要原因是由于西班牙政府将在2008年秋季提出安装500MW系统的上限，许多发电装置需要在此前完成。

2006年至2008年，快速市场扩张的原因是西班牙政府，在2005年8月批准了2005—2010年"Plan de Energías Renovables en España (PER)"（西班牙文，一个计划的名称，译者注）计划。其目标是到2010年，由可再生能源实现12.1%的西班牙整体能源需求和总电量消费的30.3%。并在2004年3月12日，皇家法令436/2004中设置了高额的税收优惠。2007年的皇家法令661/2007通过了增加1200MW的光伏安装上限，并引发

---

① 根据AEBIOM, H. Kopetz的，欧洲生物能源市场报告的线性外推估计。发表在欧盟可持续能源周刊上，2009年2月，9~13页。

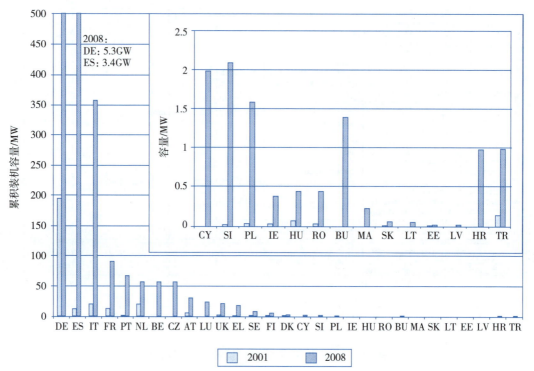

图19 欧盟及其他国家的累计接入电网的光伏发电能力

注：DE－德国，ES－西班牙，IT－意大利，FR－法国，PT－葡萄牙，NL－荷兰，BE－比利时，CZ－捷克，AT－奥地利，LU－卢森堡，UK－英国，EL－萨尔瓦多，SE－瑞典，FI－芬兰，DK－丹麦，CY－塞浦路斯，SI－斯洛文尼亚，PL－波兰，IE－爱尔兰，HU－匈牙利，RO－罗马尼亚，SK－斯洛伐克，LT－立陶宛，EE－爱沙尼亚，LV－拉脱维亚，TR－土耳其

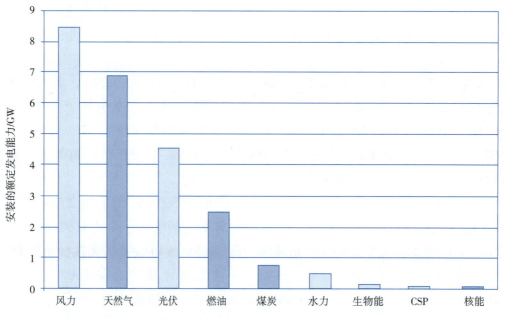

图20 2008年新安装的不同能源发电的额定发电能力

了允许安装数百万瓦的自由场太阳能光伏发电系统的快速发展。这种发展导致2008年太阳能光伏法令的修订，2008年9月26日，批准了新的皇家法令1758/2008。新法令为新系统规定了相当低的税收优惠，并限制每年的市场规模为500MW，并规定其中三分之二

为屋顶安装，不再是自由市场系统。

德国是第二大单一市场，大约为1.5GW。自2005年以来的市场都是估计数，因为至今仍未有相对应的工厂登记。从2009年开始引入新的登记制度以登记新的装置安装，因为在2008修订版"Erneuerbare – Energien – Gesetz"（EEG）（西班牙文，一个计划的名称，译者注）计划下的税收优惠，已使市场规模与前一年相比扩大一倍。这导致从安装者的调查到电网经营者的调查和逆变器的销售数字等不同数据收集方法下的显著性估计差异。因此，很难确认这些不同数字的正确性。然而，可以清楚地看到，27个新安装的光伏发电设施中，超过50%都在德国（图19）。

根据德国联邦能源和水资源协会的年度报表，2008年实际生产4.4TWh的太阳能光伏系统电力［Bde 2009］。2009年估计为5.6TWh［Bde 2008］。

正如"Erneuerbare – Energien – Gesetz"（EEG）预料的一样，德国重新审查了其税收优惠政策，并且在2008年6月6日由德国联邦议院（议会），2008年7月4日由联邦参议院（联邦委员会）通过新法律［EEG 2004，EEG 2009］。在修订的法律中，税收优惠2009年比2008年下降超过12%，新系统的折旧由5%到6.5%提高到2010年的8%到10%，2011年及之后为9%。在没有控制上限的情况下，为限制货币政策对消费者优惠制度的影响，法律有一附加条款，如果2009、2010、2011年的市场增长率高于或低于一定量，就增加或降低折旧率（详细信息见表5）。

意大利的税收优惠，在2005年7月商定，导致其在2005年下半年及2006上半年应用系统的快速增长，但在2006年下半年，新系统的容量增加就缓慢下来。在2006年第一季度结束后，超过130GW的应用系统提交到"执行机构"*Gestore del Sistema Elettrico*（GRTN SpA.），这是2012年500MW上限的2.6倍还多。2006年实际安装量只有12.5MW，远低于预期的50~80MW。2007年2月19日 *Decreto Interministeriale* 出台，改变了国家的光伏系统累积安装目标，从2015年的2 000MW增至2016年的3 000MW［Gaz 2007］。这导致光伏系统安装的迅速增长，2007年安装了50.2MW，2008年为127MW［Sys 2009］。到2009年6月22日，GSE（Gestore Servizi Elettrici）公司宣布，超过500MW的光伏系统已经接入电网［Ges 2009］。据他们收到的使用要求，他们估计，2009年的总装机容量可增长到约900MW。

2006年7月26日，法国经修订的税收优惠办法生效，使法国光伏发电市场出现了适度增长。尽管把光伏装置集成在建筑物中，具有相当吸引力和成本竞争力，然而，在2006年和2007年安装规模分别只有7.6MW和12.8MW［Sys 2008］。最后，在2008年安装量回升，增加了44.3MW的新系统［Sys 2009］。

2009年11月，法国政府宣布大幅提高新能源在法国能源使用中作用的新计划［MEE 2008］。法国能源与环境部长表示，法国打算提高太阳能的使用，到2020年发电量增长到目前的400倍，总装机容量5.4GW。统一的税收仍然是0.30欧元/kWh（海外省和科西嘉岛0.40欧元/kWh），为期20年。对于光伏发电一体化的建筑，额外补充0.25欧元/kWh（海外省和科西嘉岛0.15欧元/kWh）。然而，新的商业建筑税收分类（0.45欧元/kWh）建立后，对于满足税收条件的商业屋顶项目，并没有规模大小的限制。此外，50%的住宅安装投资成本是有税收折扣的（每个最高8 000欧元，两个最高1.6万欧元），并享有材料和安装成本 5.5% 的低增值税。光伏系统加速折旧对于企业来说是可行的。区域支持也是可能的。这些税收条款到 2012 年仍然有效,直到重新经过一个正常的修改程序进行修改。

截至 2008 年底,仍有大约 400MW 的光伏应用正在等待并入电网。为了简化太阳能光伏系统的接入法国电力公司(EdF)的程序,政府为多达 450kW 的系统实施了并网注册手续。

2008 年 8 月 1 日,澳大利亚生态发电法第二修正案最终由议会通过。可以预见,容量大于 5kW 的光伏发电系统有资格获得投资补贴,但补贴总额限制为 210 万欧元。2006 年的第一修正案规定指出,所有可再生能源电力每年获得 17 万欧元的支持,其中 10% 的补贴将专门用于光伏发电没有改变。

2009 年,通过气候与能源基金,1 800 万欧元可用来支持 >5kW 的新光伏系统。申请可以在 2009 年 8 月 4 日至 2009 年 11 月 30 日提交,系统最迟必须在 2010 年 7 月 31 日建成。对于自由场系统和屋顶增值系统,给予的支持是一笔每 kWp 2 500 欧元的补贴;对于建筑集成系统给予每 kWp 3 200 欧元补贴。

希腊 2009 年 1 月 15 日推出了一个新的税收补贴计划,税收直到 2010 年 8 月将保持不变,并保证为期 20 年。但是,如果电网连接协议是在该日期之前签署的且该系统是在未来 18 个月内完成,那么税收补贴计划将维持不变。

已经批准的应用许可(>3GW)将继续发挥作用,直到 2009 年底。新的应用许可尚不得而知。从 2010 年初起,新系统的税收补贴将以每半年 5% 的比例递减。对大多数系统(具有资格的最低投资是 10 万欧元),新的税收补贴计划至少会资助 40%。

此外,2009 年 6 月 4 日,希腊发布了关于小型光伏屋顶的、没有上限的新激励计划。这项新计划涵盖了达 10kWp 的屋顶光伏系统(包括住宅用户和小公司)。新的税收补贴定为 0.55 欧元/kWh,并保证持续 25 年,以及每年按通货膨胀调整(去年的消费物价指数为 25%)。预计到 2012 年每年递减 5%。

除了税收补贴,小型住宅应用还能享受 20% 的税收优惠,每个系统最高 700 欧元。住宅用户不必到税务机关注册为"业务",并免征任何税目(初始支付的 19% 投资增值税除外)。小公司也可获豁免任何税务,只要他们能够不断从未纳税的光伏发电中获利。需要注意的是,为了有资格申请 FIT,居民区要通过其他一些可再生能源(如太阳能热)负担其部分热水供应需求。该计划只针对大陆的电网地区。具有自主电网的群岛将在第二阶段进入该计划,只要为每个岛屿设置一个额外的屋顶太阳能发电量要求。建筑管理机构颁发的"小工程许可证"是唯一需要在安装前取得的证书。光伏幕墙不符合新的支持计划的条件。然而,在商业大厦里的光伏幕墙仍然可以从旧的 FIT 制度受益(即 0.45 欧元/kWh,受益 20 年)。

希腊希望这些措施将推动过去几年低迷的光伏市场加速发展,因为到 2008 年底,其光伏发电总容量只有 18.5MW [Sys 2009]。

斯洛伐克在 2009 年 7 月 29 日公布了新立法,以支持可再生能源和高效的热电合作生产 [Zbi 2009]。根据这一法案,可再生能源发电的能源公司将享受 15 年的价格保障。涉及的保障包括,网络工业管理办公室(úRSO)制定的购买价格和强制电力传输网络购买此电能。úRSO 根据可再生能源的来源、使用的技术、设施的运行时间以及设施的容量来决定可再生能源所发电的价格。

在斯洛文尼亚，税收优惠系统正在被讨论，准备在 2009 年实施。对于光伏发电，主要变化是对不同的发电规模、不同的地面安装系统、不同的一体化系统或者安装在建筑物上的系统，将采用不同税率（见表4）。此外，还计划增加税收保障持续时间，从 10 年至 15 年不等，以及在 2013 年之前为新系统引入 7% 的年折旧。预计每 5 年对技术成本进行定期修改。

表4 斯洛文尼亚建议的税收优惠（欧元/kWh）

项 目	<50kW	10~<1 000kW	1~<10MW	10~<125MW
在建筑上	0.415	0.380	0.315	0.281
建筑集成	0.478	0.437	0.363	0.323
地面安装	0.390	0.360	0.290	0.268

在英国，2008 年的能源法案中包含可再生电力安装的税收优惠，最大容量为 5MW[UKE 2008]。计划在 2010 年，可再生微型发电的税收优惠——包括光伏发电系统——将与现存计划可再生强制认证（ROCs）一起实施。2009 年 7 月，能源与气候变化司发起了"2009 可再生能源发电财政奖励咨询"。为了获得税收补贴，提出以下结构：

■ 对来自电力供应商的每一度电支付固定费用（简称"发电费"）。

■ 除发电费外，另外为每一度出口到更广泛能源市场的电力支付费用（简称"出口关税"）。发电商将获得有长期价格保证的出口市场。发电商可以选择以保证的价格出口电力给供应商，也可以在公开市场以商定价格出口电力。

■ 此外，发电商也将受益，因为他们有机会使用现场（on-site）电力以抵消部分或全部他们不得不买的电力。

尽管欧洲光伏生产增长再次接近 60%，达 1.9GW，西班牙市场的超快增长以及德国的稳定、庞大市场需求，这都没有改变欧洲是太阳能电池和/或组件净进口国的情况。必须进一步扩大生产能力并推动技术进步，以便将来改变这种状况，并确保欧洲在光伏产业领域的主导作用。

欧盟成员国和瑞士对光伏发电的支持措施见表5。

表5 欧盟成员国和瑞士对光伏发电的支持机制

澳大利亚	为 2009 年设置以下新税率（只适用于生态电力法所涵盖的光伏系统） ■ 系统规模 <5kW：0.4598 欧元/kWh ■ 系统规模 5~10kW：0.3998 欧元/kWh ■ 系统规模 >10kW：0.2998 欧元/kWh 2009 年：为达到 5kWp 的系统提供投资补贴。 一些联邦州的额外的投资支持计划。
比利时	绿色认证（有保证的最低价格）： 0.15~0.65 欧元/kWh，取决于大小和所在地区（布鲁塞尔 10 年，瓦隆区 15 年）；弗兰德斯从 2006 年 1 月 1 日开始，0.45 欧元/kWh，为期 20 年。 根据地区和申请者法律地位，给予 10%~50% 的投资补助。 可减税

续表

国家	内容
保加利亚	2008 年 11 月，FITs 支付的期限从 12 年改为 25 年。2009 年 4 月 1 日开始，只有大于 10MW 的系统才有税费优惠资格。税率如下： ■ 0.850 BGN/kWh（0.434 6 欧元/kWh），对 >5kW 的系统 ■ 0.755 BGN/kWh（0.386 0 欧元/kWh），对 <5kW 和 ≥10MW 的系统 资助高达项目投资的 20%，同时降低从保加利亚能源效率和可再生能源信贷额度（BEERECL）贷款的利率[1]。
塞浦路斯	对家庭，不参与经济活动的其他实体和组织进行投资补助，最多 55% 的投资成本，资助金额最高为 16.5 K 欧元（9 500 英镑）；对于企业，给予最多 40% 的投资费用补贴，补助金额最高为 1.2 万欧元（7 000 英镑）。 自 2007 年开始，对达到 20kW 容量的系统，进行 15 年的税收优惠保证。 没有投资补贴的项目： ■ 0.224CYP/kWh（0.415 欧元/kWh）[2] 对于家用； ■ 0.196CYP/kWh（0.363 欧元/kWh）对于企业。 有投资补贴的项目： ■ 0.12CYP/kWh（0.222 欧元/kWh）。
捷克共和国	20 年税收优惠。每年的价格由能量管理委员会设定。电力生产者可以选择两个支持计划： ■ 固定税收优惠 2009 [Cze 2008]： 01/01/09 后启用的系统： ≤30kW：12.890 克朗/kWh（0.497 欧元/kWh）[3] 17 >30kW：12.790 克朗/kWh（0.493 欧元/kWh） 2008 年启用的系统：13.730 克朗/kWh（0.530 欧元/kWh） 01/01/06 至 31/12/07 启用的系统： 14.080 克朗/kWh（0.543 欧元/kWh） 01/01/06 之前启用的系统：6.71 克朗/kWh（0.259 欧元/kWh） ■ 市场价格 + 绿色红利；绿色红利 2009 01/01/09 后启用的系统： ≤30kW：11.910 克朗/kWh（0.459 欧元/kWh） >30kW：11.810 克朗/kWh（0.456 欧元/kWh） 2008 年启用的系统：12.750 克朗/kWh（0.492 欧元/kWh） 01/01/06 至 31/12/07 启用的系统： 13.100 克朗/kWh（0.505 欧元/kWh） 01/01/06 之前启用的系统：5.73 克朗/kWh（0.221 欧元/kWh） 收入免税（法案 589/1992，关于所得税） 经营者可根据欧盟结构基金或国家计划获得补贴。
丹麦	没有提出任何具体的光伏计划，但设定了绿色电力的价格 10 年之内，60Øre/kWh（0.08 欧元/kWh）其后 10 年，40Øre/kWh。
爱沙尼亚	没有提出任何具体光伏计划，但有可再生投资组合标准和税收减免。 12 年之内，除风力发电外，可再生能源发电的税收优惠： ■ 1.16 克朗/kWh（0.074 欧元/kWh）[4]，2007—2009 开始实施。 ■ 0.85 克朗/kWh（0.054 欧元/kWh）2010 年开始实施。
芬兰	没有光伏发电计划，但对于可再生能源发电的投资补贴达 40%，税收/生产补贴（6.9 欧元/MWh）

---

[1] 汇率：1 欧元 = 1.955 8BGN
[2] 汇率：1 欧元 = 0.5401CYP
[3] 汇率：1 欧元 = 25.92 克朗
[4] 汇率：1 欧元 = 15.64 克朗

续表

法国	20年税收优惠 2009年税率： 0.32欧元/kWh（海外省和科西嘉岛0.42欧元/kWh），为期20年。 对于光伏安装建筑一体化系统，额外补助0.25欧元/kWh（海外省和科西嘉岛0.15欧元/kWh） 2009年开始有了一个新类别： 商业楼宇的屋顶安装设施（0.45欧元/kWh） 投资成本的50%免税；系统成本5.5%的低增值税（不计劳动力成本）；加速企业光伏系统的折旧。 地方上还有一些支持。 每年根据通货膨胀率进行调整。
德国	20年税收优惠 2009年新安装系统的税率： ■ 系统规模<30kW：0.430 1欧元/kWh ■ 系统规模为30kW至100kW：0.409 1欧元/kWh ■ 系统规模为100kW至1MW：0.395 8欧元/kWh ■ 系统规模>1MW：0.33欧元/kWh 对于新系统增加了每年的折旧率如下： ■ 系统规模<100kW：2010，-8% ■ 系统规模>100kW：2010，-10% ■ 从2011年开始：任何规模的系统都是9% 此外，如果装机容量高于或低于前一年的某个设定值，还会有一自动增加或递减率的折旧率。为了检测这一点，所有2009年1月1日后投入运营的新系统，都要登记在中央光伏注册系统中。 ■ 如果超出下面的安装容量，下一年折旧率增加1%： 2009年：1 500兆瓦，2010年：1 700兆瓦，2011年：1 900兆瓦 ■ 如果未达到下面的安装容量，下一年折旧率减少1%： 2009年：1 000兆瓦，2010年：1 100兆瓦，2011年：1 200兆瓦 以前的正面一体化奖金被取消。
希腊	2009年1月，希腊实施了新的税收优惠制度。新税率到2010年8月将保持不变，且保证持续20年。但是，如果电网连接协议是在该日期之前签署的且该系统是在未来18个月内完成，那么税收补贴计划将维持不变。 现存的自由场应用许可（>3GW）将继续发挥作用直到2009年底。新申请制度尚不得而知。 税收优惠[欧元/千瓦时]： | 开始运转时间 | 大陆电网 | | 自治岛屿电网 | | | --- | --- | --- | --- | --- | | | >100kWp | ≤100kWp | >100kWp | ≤100kWp | | 2009年2月： | 0.40 | 0.45 | 0.45 | 0.50 | | 2009年8月： | 0.40 | 0.45 | 0.45 | 0.50 | | 2010年2月： | 0.40 | 0.45 | 0.45 | 0.50 | | 2010年8月： | 0.392 | 0.441 | 0.441 | 0.49 | 从2010年初起，新系统的税收补贴将以每半年5%的比例递减。对大多数系统（具有资格的最低投资是10万欧元），新的税收补贴计划至少会资助40%。 2009年6月4日开始的新措施：达到10kWp的屋顶光伏系统（包括住宅用户和小公司）可得到0.55欧元/kWh补助；预计到2012年每年递减5%。

续表

匈牙利	通过电力法对可再生能源的支持,该法2003年1月1日生效。 从2008年1月起,对光伏发电的税收优惠是:26.46HUF/kWh (0.10?)
爱尔兰	2006年,新的可再生能源税收优惠计划取代了替代能源需求(AER)保护计划。然而,光伏并不包括在内。
意大利	税收优惠保证20年,每年新系统折旧2%。全国的目标是由2015年2 000MW改变为2016年3 000MW [Gaz 2007]。 2009年税率: 　　额定功率　　　　非集成　　　　　部分集成　　　　　建筑集成 　　1~3kWp　　　0.392 欧元/kWh　0.431 欧元/kWh　　0.480 欧元/kWh 　　3~20kWp　　　0.372 欧元/kWh　0.412 欧元/kWh　　0.451 欧元/kWh 　　>20kWp　　　0.353 欧元/kWh　0.392 欧元/kWh　　0.431 欧元/kWh 存在以下补充: ■ 5%奖励:如果在一个非集成系统70%的电力由生产商所使用。 ■ 5%奖励:学校和公共健康楼宇的所有系统以及少于5 000人的公共商业建筑。 ■ 5%奖励:农场综合系统以及石棉水泥包覆被替换的系统。 ■ 增值税从20%减少到10%。
拉脱维亚	可再生能源税收优惠,但没有光伏发电的具体措施: 2001年6月1日之前许可:8年内按照平均销售价格的两倍(~0.101 欧元/kWh),然后降低到正常价格销售。 2001年6月1日之后许可:管理机构设置价格。 优惠体系已通过了关于可再生能源发电的第503条款,进行了修改但没有光伏方面的规定。 2002年以来一直运行国家投资计划。
立陶宛	没有提出任何具体的光伏支持措施,全国价格和能源管制委员会批准了可再生能源发电长期采购价格,电网运营商必须优先考虑可再生能源电力的传输。
卢森堡	2005年9月制订了"Règlement大公国"支持计划。设定2007年的上限为3MW。2008年2月修订了税收优惠措施,新税率适用于2008年1月1日后开始运行的系统。用简单的行政程序保证优惠税率15年,根据技术和规模来确定税率。一些税率是逐渐递减的。对于光伏发电,税率设置如下: ■ 系统规模≤30kW:0.42 欧元/kWh(每年3%递减) ■ 系统规模在31 kW至1 000kW:0.37 欧元/kWh 此外,投资补贴可用于私营公司(经济部框架法,中产阶级框架法)、社区(环境部环境保护基金)、农民(农业部法律支持农村发展)和家庭(环境部2007年12月21日规定)向可再生能源技术的投资。 2008年1月,新的家庭安装条款生效以促进可再生能源的投资,对于所有光伏发电板,补贴投资金额的30%。
马耳他	光伏系统发电净计量。目前,很难确定具体价值,因为能源附加费措施,每两个月会改变一次。 剩余出口到电网:0.07 欧元/kWh。 奖励屋顶光伏发电装置。

续表

荷兰	2007年10月，荷兰政府公布了新的可再生能源奖励规定。新的保障机制称为SDE，类似于旧环境保护部奖励系统。生产者在几年内，将获得高于整体能源价格的额外成本奖励。 2009年小光伏发电系统（0.6—15kWp）的保证价格是0.273欧元/kWh；对于更大的系统，保证价格是0.076欧元/kWh。 2009年4月6日，2009年20MW奖励计划公布（小于15MW和大于5MW系统）。FIT设置为小型系统0.526欧元/kWh，大型系统0.459欧元/kWh。很短时间就达到了补贴容量的上限。 可获得投资补贴，可以每年进行申请。 可减税。
波兰	没有提出任何具体光伏计划。2007年1月，对能源法法案进行了修改，使得不论何种电力安装，都需要能源发电许可证（以前只有>50MW的系统才有此要求）。 2002年推出了一项基于可再生能源-E的免税措施。 其数额为0.02 PLN/kWh（0.483欧分/kWh）。① 所有可再生能源技术都可获得绿色认证。 价值约为0.25 PLN/kWh（0.060欧元/kWh）
葡萄牙	按照独立电力生产商（IPP）法律，对于容量达150MW的光伏发电系统，可以得到税收优惠的计划，目前被暂停运作。 2007年11月，微型发电计划推出，自2008年3月全面实施。有两种制度： ■ 一般制度：这是可用于任何类型的微型发电，最大容量5.75kW。FIT与调节关税一样，每年有监管机构设定。 ■ 特别制度：只适用于容量达到3.68kW的可再生能源发电。最初的FIT定为0.65欧元/kWh，其后，每新增10MW的装机容量（不仅PV），降低5%的补贴。到2009年4月，税率低至0.6175欧元/kWh。 关税在第一个5年内是保证的（+完成安装所在的月份）然后它恢复到实际水平，并根据上述规则修订。每年增加的上限是2MW。 为了符合FIT的资格，所有装置必须安装有至少2平方米的太阳能热板。 减少可再生能源设备的增值税率从21%至12%，常规项目免税，减少所得税（对太阳能设备高达800欧元）。 为中小企业提供投资补贴。
罗马尼亚	没有具体的光伏计划。为促进可再生能源发电，实施了可交易的绿色认证系统。对于1MW的光伏系统可以拥有4个绿色认证。 2005—2012年期间，每年的最高和最低值的绿色认证交易是27欧元和55欧元，根据罗马尼亚国家银行前一年12月最后一个工作日确定的汇率进行统计。 罚款标准是0.84欧元/kWh。
斯洛伐克	每年由管理机构设定税收优惠。 2009年的新税率优惠为13.2 SKK/kWh（0.434欧元/kWh②）保证12年。 此外，太阳能光伏像所有其他可再生能源资源一样，可以在欧盟框架基金帮助下获得投资补贴。

---

① 汇率：1欧元 = 4.137 PLN
② 汇率：1欧元 = 30.396SKK

续表

斯洛文尼亚	税收优惠：固定价格或者电力价格（3.36 欧分/kWh）+保险费。电厂的规模限制在 2006 年 6 月被取消。 统一年度价格 统一年度保费 0.377 欧元/kWh 0.343 欧元/kWh
西班牙	2008 年 9 月决定对小于 400MW + 100MW（增加的部分是针对地面系统的），执行新的税收优惠措施，400MW 中的三分之二的装置将是屋顶系统。目前的税率是： ■ 0.34 欧元/kWh <20kWp，建筑一体化系统与屋顶系统 ■ 0.32 欧元/kWh >20kWp，建筑一体化系统与屋顶系统，最大容量限制为 2MW ■ 0.32 欧元/kWh 地面安装系统，最大容量限制为 10MW
瑞典	没有具体的光伏计划。免除能源税。
瑞士	2008 年，为新的光伏发电系统以及 2006 年 1 月 1 日之后投入运行的系统，实行新的税收优惠（当前预算上限：1 600 万瑞士法郎或 1 000 万欧元）。税率保证 20 年。从 2010 年开始，新项目的税率每年递减 8%。 [瑞士法郎/kWh（欧元/kWh）]① 额定功率　　　　　地面安装　　　　　屋顶安装　　　　　建筑一体化 　<10 kWp　　　　0.65（0.406）　　0.75（0.469）　　0.90（0.563） 　10～30 kWp　　　0.54（0.338）　　0.65（0.406）　　0.74（0.463） 　30～100 kWp　　 0.51（0.319）　　0.62（0.389）　　0.67（0.419） 　>100 kWp　　　　0.49（0.306）　　0.60（0.375）　　0.62（0.389）
联合王国（英国）	在光伏发电示范项目的框架内具有投资补助。 降低增值税；承担可再生能源义务，但没有具体的光伏计划。

正如表 5 所示，27 个成员国中的 17 个和瑞士已推出税收优惠。然而，这些措施对于加速开发这些国家光伏发电潜力的效率，可能有很大差别，这取决于各国规定措施的细节。那些不包括税收优惠的国家的影响非常有限。在其他一些国家，虽然有激励性税率但其效力有限，由于：

■ 过早的达到上限规定，

■ 保证的税收优惠有效期太短，或

■ 行政规定过于复杂，甚至不畅通。

只有那些税收优惠足够高的国家，能在一个合理时间内收回投资成本，以及设定的上限足够现实的国家，光伏发电装置和产品竞争力以及贸易等才能稳步发展。根据当前的社会经济数据，税收优惠的设计应该有可能使初始投资在 10 年至 12 年内收回，并应结合内置的"太阳能集合"。这样按一定比例每年减少，保证税率可以弥补早期技术的用户损失，执行实际的价格降低措施，如果设计得好，就能为投资者和太阳能系统制造商提供一个长期繁荣发展的环境。

---

① 汇率：1 欧元 = 1.60 瑞郎

尽管有非常好的太阳能资源，在有些国家高达1600kWh/kWp（塞浦路斯、马耳他、罗马尼亚、保加利亚和匈牙利），但新成员国和候选成员国安装的光伏发电容量比现有成员国要低得多。即使在波罗的海国家的一个1kWp的系统，每年发电的平均值也将超过800kWh，这相当于德国北部的平均值［Sur 2004］。

在分析何种措施能够激励人们的时候，我们发现税收优惠具有巨大优势——例如成百上千的私人（国内）投资者如果能比较容易接入电网、规范的问责制（最后但并非不重要）、与附近相当的价格——一个理想的发展分散光伏能源的情景。如果当地共同行动（在村庄或市镇一级）或"局部集中"的投资具有更好收入，市场就能自动发挥其提升效率的作用。根据需要，以惊人速度发展电网稳定性（例如，在欧盟地中海国家大量增加的空调机组），通过非集中发电和传输可以更经济、更生态、也更加平衡的进行补偿——部分避免了昂贵的电网改造费用。此外，在安装和维护方面的业务还能创造就业岗位。

稳定的政治和社会经济状况，不仅使私人和商业投资者安装光伏电站，而且还将刺激投资新的太阳能电池和组件的生产能力。特别是在德国和西班牙，它们是欧洲最有活力的市场，太阳能电池和组件的生产能力增加幅度远远快于其他欧洲国家（图21）。随着意大利、法国和捷克市场的扩大，这些国家太阳能制造公司的数目还将继续增加。

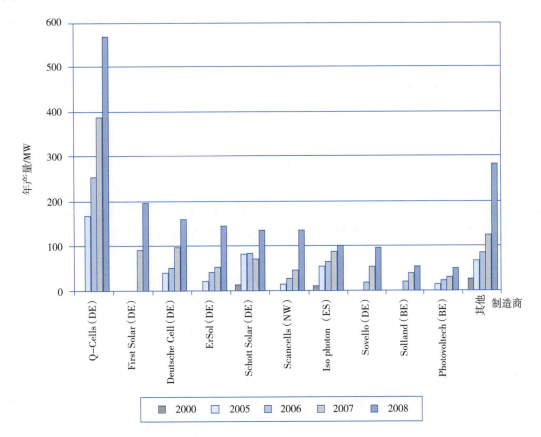

图21　2008年欧洲产量最大的10家制造商

自1999年以来迄今为止，欧洲太阳能电池生产设施的投资大部分分布在德国和西班牙，这两个国家为人们投资光伏发电系统提供了最稳定现实的法律框架条件。2000年的欧洲前十名制造商，目前只有两家还保持在前十。

根据来自行业的消息，绿色和平组织和 EPIA 在它们的新研究"太阳能发电 V–2008（Solar Generation V–2008）"中认为，每 MW 的生产过程可以创造 10 个职位，每 MW 的安装过程将产生约 33 个就业机会［Gre 2008］。电力的批发系统和间接供应（例如：在生产过程中）也将会每 MW 创造 3~4 个就业机会。每兆瓦的研究也增加了另外的 1~2 个职位。基于这一数据，2008 年欧盟在光伏发电行业的就业人数远超 10 万。这与德国报道的 48 000 个工作机会［Bsw 2009］和西班牙报道的 41 700 个工作机会（15 400 永久性工作和 26 300 临时性工作）［Aso 2009］比较吻合。然而，西班牙光伏产业协会估计，西班牙雇用人数将下降至 13 900（11 300 永久性工作和 2 600 临时性工作），这是由于存在 500MW 的安装上限。2009 年，欧盟光伏发电行业的就业人数范围估计将在 8.5 万人至 9 万人间。

2007 年 1 月，欧洲委员会向理事会和欧洲议会发表了一份题为"可再生能源路线图——可再生能源 21 世纪：建设一个更加可持续的未来（Renewable Energy Road Map – Renewable Energies in the 21st Century: Building a More Sustainable Future）"［EC 2007］的报告。在这份报告中，成员国实现可再生能源发电的进展指导意见 2001/77/EC，列举如下：

欧盟在发电领域已取得非常大的进展。如果目前的政策和措施更到位，到 2010 年，欧盟将可能达到 19% 的份额。然而，欧盟的进展一直不很平衡，会员国只有在稳定的管理框架下，这些政策和措施才能发挥出最好的作用。

关于利用可再生能源的影响，报告陈述如下：

2006 年 3 月，欧盟理事会决定重新关注里斯本行动计划[①]中关于就业和增长[②]的内容。欧盟可再生能源部门已取得全球领导地位，营业额达 200 亿欧元，员工达 30 万人［Ere, 2005］。为保持领导地位，欧盟需要继续扩大可再生能源技术在欧盟的部署。关于增加可再生能源的使用对国内生产总值的影响，研究估计各有不同，有人认为有少许增长（大约 0.5%），而有人则认为有少许减缓。一些研究也表明，支持可再生能源发展仅能增加少量就业。通过支持可再生能源产生的大多数经济活动都在农业领域，通常在边远地区。

这也与可再生能源对工作和当地财富创造的影响相关的各项研究是一致的。［Epi 2004, Ere 2004, Ike 2005］。另外，德国太阳能行业协会报告说，尽管德国在光伏系统中需要大量安装的太阳能电池进口，超过 65% 的增加值留在了德国内部［Bsw 2009］。

从长远看，光伏系统产生的电力对欧洲经济有积极意义。首先，随着越来越多的光伏系统装置被安装，产生的电力可以有助于减少欧盟对进口能源的依赖。欧洲委员会对欧盟可再生能源支援措施的影响评估结果，引用如下［EC 2005］：

油价的上涨和随之而来普遍上涨的能源价格，揭示出大多经济体的脆弱性和对进口的依赖。欧洲委员会的 DG ECFIN 预测，石油从 50 美元/桶上涨到 60 美元/桶，上涨的 10 美元/桶将抵消欧盟经济增长的约 0.3%，抵消美国经济增长的 0.35%［EC 2005a］。从 2005—2007 年，由于油价上涨给欧盟带来的经济总量的减少额大约为 419 亿欧元。

---

① 2000 年 3 月，里斯本欧洲理事会同意在其结论"在未来 10 年新的战略目标：成为世界上最具竞争力和活力知识型经济，能够提供更多更好的就业机会和更大的社会凝聚力，经济具有可持续增长的能力"。

② 2006 年 3 月 24 日，欧洲理事会主席的结论。

很明显，油价的进一步上涨将导致经济状况的进一步恶化，一些经济分析家声称，2008/2009 年的经济危机可以归因于自 2003 年以来迅速增加的石油价格上涨，并在 2008 年 7 月[①]达到峰值［IEA 2008］。

有几个研究探讨了在能源投资组合中可再生能源发电标准（RES）的作用以及能源投资组合价格下降的影响等难以量化的问题。此外，避免燃料成本和外部成本（温室气体，GHG）的花费不仅产生了就业效益和经济效益，也可以为当地经济创造财富［Awe 2003］。

其次，光伏系统发电一般在生产需求的高峰期时刻，或从经济上说，是电力最昂贵的时候。此外，在极其炎热、缺水情况下，热电发电厂由于冷却水缺乏不得不减少发电量，而此时光伏发电则处在最佳工作状态。2006 年 7 月的极端热浪，欧洲电力交易所（EEX）的最高支付价格超过了德国支付的税收优惠。

太阳能电池生产能力的不断增加对太阳能系统的出口市场和亚洲农村地区具有重要作用。非洲和南美约 2 亿人仍然没有电。欧洲人不应失去这个未来市场，同样也需要关注发展太阳能可能提供的劳动力市场。2004 年 6 月，欧洲光伏工业协会（EPIA）公布了其光伏路线图，并在其中指出："不按照路线图提出的建议采取行动将会错过一个巨大机会。欧洲将丧失其目前强大的市场地位和未来潜在的主要行业。光伏产业从财富和就业上讲，对欧洲来说非常重要，2010 年欧盟有关光伏产业的职位约为 5.9 万个，如果该目标得以实现，随着未来出口机会的实现，将会带来 10 万个就业岗位。"

所有这些发展的一个先决条件是，向公众市场推出激励措施的同时，要同时允许光伏系统的发电量可以自由买卖且可以优先接入电网。由于光伏系统为减少对气候有害的温室气体排放作出了贡献，如果可行的话，需要确保太阳能系统产生的电力免除生态税。此外，必须使光伏系统运营商能向二氧化碳生产者销售绿色认证。

2006 年，欧盟已经超额完成了 2010 年光伏系统可再生电力累计装机容量 3GWp 的目标。如果保持 2001 年至 2007 年的增长速度（2008 年是不考虑因西班牙的特殊情况下），2010 年可以生产超过 15TWh 的电力。这将是欧盟 27 个国家 2005 年电力总产量的 0.5%。欧盟光伏安装增长速度曲线和风力发电情景相似，仅仅是相对风力发电而言推迟了 12 年。

欧洲为维持其光伏产业地位，必须在未来几年继续快速增长。这只有在创建和保持了可靠的政治框架条件，使投资光伏产业的投资回报与投资其他行业相似才能实现连续增长的目标。除了政治问题，还需要有针对性地改进太阳能电池及系统技术。

二、欧洲光伏研究

除了 27 个国家各自的市场销售、研究和发展计划外，欧盟自 1980 年以来，在研究框架计划（the Research Framework Programmes）指导下，一直在资助研究（DG RTD）和示范项目（DG TREN）。与各国的国家预算相比，欧盟的预算相当小，但它在推动欧洲光伏

[①] 原油价格从 26 美元/桶（2003 年 6 月）上涨到 147.27 美元/桶（2008 年 7 月），来源：国际能源署石油报告

研究领域方面扮演着十分重要的角色。许多研究机构,包括大学中很小的研究小组到大的研究中心,从基础材料研究到生产工艺优化,都在从事光伏发电的研究。下面,仅将欧洲层面的研究列举出来,而国家级和地区级的研究由于非常多样,也不便于在本报告中一一列出。

欧盟委员会的研究与发展项目是有组织的多年度框架计划(Framework Programmes,FP),时间跨度为4年。1980年开始支持光伏研究项目。在FP4(1994—1998年)计划中,85个项目获得支持,总预算8 400万欧元。在FP5(1998—2002年)计划中,预算增加至约1.2亿元欧元。在示范项目部分,以5 400万欧元支持了约40个项目,同时以6 600万欧元的研究经费资助了62个项目。在FP6(2002—2006年)计划中,光伏项目预算下降到1.075亿欧元。

除了这些以技术为导向的研究项目外,还有"玛丽居里研究团队计划(Marie Curie Fellow – ships)"和"智能能源—欧洲计划(Intelligent Energy – Europe,EIE)"。由欧洲委员会发起的协作倡议是一个全欧洲积极主动解决挑战,以创造更加可持续的欧洲未来能源需求。协作倡议由欧盟能源和运输总署(DG Energy and Transport)监督执行,可以为太阳能相关项目提供1 400万欧元的资助。

在第六框架协议计划期间,光伏技术平台成立[Pho 2007]。该平台的目标是动员所有参与者共用一个长期的欧洲光伏愿景。该平台设计未来十年的欧洲光伏研究战略计划,提供保持欧洲工业的领导地位的实施建议[Pho 2007A]。

欧盟委员会的第7框架协议计划从2007年至2013年,第一次长达7年地持续推进研究开发。第一批资助研究项目[(DG RTD 2007年5月3日完成(FP7 – 能源 – 2007 – 1 – RTD)],6月28日示范项目(DG TREN)完成(FP7 – 能源 – 2007 – 2 – TERN)。

倡议激发了以下光伏研究课题:光伏是资本密集型的可再生电力。目前,欧洲的光伏并网发电成本从0.25欧元/kWh到0.65欧元/kWh,这取决于当地太阳辐射和市场条件。这项工作将包括光伏设备制造新工艺的开发和示范、标准化和测试组件构建,以及光伏发电多项额外受益的示范项目。对于下一代光伏发电(具有高效、低成本的特点)的长远策略也需要支持。这方面内容已考虑了欧洲光伏技术平台关于战略研究规划(SRA)的发展。

该委员会预计研究活动会带来下述影响:通过技术改进和规模经济,到2020年,欧洲并网光伏发电的成本预计将降低到0.10~0.25欧元/kWh。研究和开发应能降低原材料消耗、提高效率并以环保工艺和流程改进制造工艺。

下列项目纳入了选择范围:

欧盟第七届框架计划——能源 – 2007 – 2 – RTD

■ **APPOLON**:多途径获得高效率集成、智能集中的光伏组件(系统)。该项目旨在优化和发展点聚焦和基于镜面光谱分离光伏集中(CPV)系统(多种方法)。MJ太阳能电池将用全新材料和沉积技术来生产。消除冷却需求的新概念将应用在基于镜面光谱分离的系统。优化技术和新技术都将得到恰当测试,以实现长寿命可靠的CPV系统。该项目始于2008年7月1日,项目期限60个月。

协调机构:电子技术标准化研究所,位于意大利里切尔卡温泉。

■ HETSI：基于 a-Si/c-Si（单晶硅/晶体硅）的异质结太阳能电池。该项目旨在设计、开发和测试新的、高效率 a-Si/c-Si 异质结太阳能电池结构概念。

该项目涉及价值链的各个方面，从层的生长和积层的上游研究，到组件工艺和电池联网，再到产品升级、异质结概念的成本评估等。

该项目始于 2008 年 2 月 1 日，为期 36 个月。

协调机构：法国 CEA

■ HIGH—EF：通过新型复合激光二极管和固相结晶过程，在玻璃片上生成大颗粒、低应力多晶硅薄膜片太阳能电池。该项目将开发出独特工艺，通过大型低颗粒缺陷、低应力水平材料，使得太阳能电池具有很高效率（有 >10% 的潜力），而且该材料的生产成本很有竞争力。这一工艺基于非晶硅（a-Si）初始层（厚度 <500 纳米）和初始层的外延增厚（>2 微米）的组合熔体结晶，通过固相结晶（SPC）过程实现。

该项目始于 2008 年 1 月 1 日，为期 36 个月。

协调机构：德国光子技术研究所

■ IBPOWER：高效率、低成本的光伏发电中间带材料和太阳能电池。该项目根据下面的主要策略研究中间带材料的制造和太阳能电池：

——插入第三种过渡元素到 III-V 半导体材料中；

——使用量子点系统制造中间带太阳能电池；

——开发带的中间材料和基于氮化铟镓（InGaN）的太阳能电池；

——过渡元素插入到薄膜片多晶主体中；

该项目始于 2008 年 2 月 1 日，为期 48 个月。

协调机构：Politecnica 大学，西班牙马德里。

■ ROBUST DCS：染料感光法太阳能电池（DSC）。ROBUST DSC 的目的是为 DSC 开发材料与制造工艺以实现长寿命，并增加组件效率（目标 7%）。该项目计划在能源供应市场加速 DSC 技术开发。该方法的重点是使用可升级的、重复的、商业上可行的制造工艺，开发大面积、健全、7% 效率的 DSC 组件。

该项目始于 2008 年 2 月 1 日，为期 36 个月。

协调机构：荷兰能源研究中心（ECN），荷兰。

欧盟第七届框架计划——能源-2007-2-TREN

■ SOLASYS：下一代太阳能电池和组件激光加工系统。主要目的是改进和展示新的基于激光的制造工艺，以及相关光伏产业制造设备。

项目期限：36 个月。

■ ULTIMATE：超薄太阳能电池的组件组装——坚固和高效（ULTIMATE）。该项目的主要目标是展示，用比目前薄得多的太阳能电池（100 微米）生产光伏组件的可行性。

项目期限：36 个月。

在合作主题框架的欧盟第七框架计划下，有两个项目被选定（一个由 DG RTD，另外一个 DG TERN 选定）。

■ NACIR：CPV 的新应用，快速提高可靠性和技术进步的方法。该项目的目的是加速 CPV 必须遵循的学习曲线，以期在 4 年~5 年内，与目前的平板光伏系统相比具有市场竞争力。

该项目始于 2009 年 1 月 1 日,为期 48 个月。

协调机构:马德里 Politécnica 大学

■ MetaPV:配电变化:光伏发电的系统服务。该项目的主要目的是大规模展示光伏发电(PV)带来的电力收益前景。在电网中积极支持光伏的额外收益将在两个地点展示,一个是社区/市区,共计 128 户,每户 4kWp;另一个是工业区,31 个光伏系统,每个 200kWp。

项目期限:60 个月

合作者:3E,比利时

第二个项目于 2008 年 9 月 3 日开始,该倡议对光伏发电领域明确了以下主题(能源 2.1):

光伏发电是资本密集型可再生电力。研究将包括光伏产品制造新工艺的开发和演示,包括用于光伏产业、遵循现有标准和守则的设备制造,基于光伏的新建筑元素,以及光伏发电多项额外受益的示范。对于下一代光伏发电(具有高效、低成本的特点)的长远的策略也需要支持。

■ 主题 能源.2009 年 2 月 1 日 1:薄膜片光伏发电的效率和材料问题

内容/范围:薄膜片光伏发电具有内在低成本的潜力,因为其生产只需少量活性物质,并且适合集成加工,产量高。这里需要进行的研究,是要提高设备质量和组件效率,并更好了解沉积工艺与产品参数间的关系,沉积材料的电气和光学性能间的关系,以及由此产生的设备属性。要解决的关键问题是改善对材料的电子性质与其接口的了解,改善透明导电氧化物(TCOs)的质量和稳定性,并开发先进的光学方法。项目结束时,结果应转移到生产线上。

资助计划:协同项目。应用截止日期 2008 年 11 月 25 日。

预期效果:加速更经济和更高效的薄膜片光伏发电市场发展。

其他信息:为最大限度地扩大研究工作的产业相关性和影响,中小型企业的积极参加体现了这个课题的附加价值,这将会在评价中予以反映。有关中国合作伙伴积极参与可以增加该项目的科学和/或技术优势的,和/或导致增加将要进行的研究影响,这也将被评估机构考虑。

■ 主题 能源.2009 年 2 月 1 日 2:太阳能光伏发电:薄膜片光伏发电的制造和生产问题

内容/范围:展示标准生产设备和更好工艺,以减少材料和能源使用,实现更高产量和收益,提高回收率,提高薄膜片光伏发电的环境状况和整体经济效益。过程的质量保证,在线监测技术,同时需要生产和加工步骤的一体化和自动化以改善产量和组件效率,并减少生产成本。设备制造商将在这一发展进程中发挥主导作用。光伏相关产业外获得的知识也应加以利用。

资助计划:协同项目。应用截止日期 2009 年 4 月 29 日。

预期效果:提高生产力参数(例如工艺改善、产量),降低成本以加快市场发展和成本效益,并得到更环保的薄膜片光伏发电系统。

其他信息：本主题是协调与并行的研究工作。关键工业合作伙伴和技术供应商的积极参与对实现该项目的全部影响非常重要，这将在评价中予以考虑。示范项目的指导准则在申请指引中。如果该项目成功，工业合作伙伴应有一个现实的、具有说服力的市场开拓计划，并具有明确职责、任务和责任界定清晰的合作伙伴。

最多两个项目可以得到资助。

■ 主题　能源.2009年2月1日3：支持光伏领域的利益相关者活动的协调

内容/范围：在光伏领域的主要利益相关者建立了欧洲光伏技术平台以促进该领域的合作，以及设计和实施战略研究计划。需要由合适的行政和交流活动支持这个过程。行政活动包括组织和管理研讨会、论坛和利益相关者之间的会议；交流活动将重点放在促进技术平台内部，以及与其他有关外部技术平台的信息流动和通过IT工具以及信息活页、小册子、报告及其他有关文件间的交互。

资助计划：协调和支持的行动。

报名截止日期2008年11月25日。

预期影响：进一步深化利益相关者间的合作，将有助于增加光伏发电领域研究的效率和竞争力。

其他信息：最多一个项目可以得到资助。

对于这个主题，对所有参加者，欧盟委员会将资助高达50%的项目总合格费用，3年内最多可以资助50万欧元。

在这一号召下，提交项目的评估已经在2009年上半年完成，但与财团的合同谈判在本报告的截止日期2009年8月之前还没有完成。

第三次倡导的项目在2009年7月30日公布，明确了光伏领域的以下主题（能源2.1）：

■ 主题　能源.2010年2月1日-1：进一步发展基于晶体硅的光伏发电超薄晶片

内容/范围：研究将确定在非常薄（<100微米）的晶体硅片上，生产高效率、应用新工艺的材料。该材料制造工艺将做适应性修改，并发展大幅减少生产成本的电池技术。该项目应解决有关材料需求和部件、设备性能，以及这种电池和组件制造等问题。在非常薄（<100微米）的晶体硅片上，发展高效率太阳能电池，发展先进的高产制造技术，包括先进的晶片处理和/或使用临时运营商来推广超薄电池生产线。项目结束时应转移到试生产阶段。

资助计划：合作项目。报名截止日期2009年10月15日。

预期效果：目前，约90%的现有光伏制品仍使用晶片为基础的晶体硅技术。c-Si太阳能电池的主流制造方法是处理约180微米厚的晶片，然后组装成组件。所需质量和高效率的硅材料的可实现性是限制产量一步提高的主要因素。虽然在制造c-Si组件方面已取得很大进展，但仍还可能进一步降低成本。该项目的目的是将加速向更高效率（>20%）和更薄（<100微米，如50微米）的硅片太阳能电池推进，从而降低材料强度及c-Si组件的生产成本。

其他信息：有关工业合作伙伴的积极参与，尤其是中小型企业，对于最大限度发挥项目的影响非常重要，这将在评估时予以考虑。

■ 主题　能源.2010 年 2 月 1 日 –2：新材料，适合薄膜片太阳能电池和 TCOs 的新设备结构及制备方法，包括有机光伏电池的发展

内容/范围：传统的薄膜片太阳能电池技术（硅为基础的、碲化镉、铜铟镓硒）在迈向工业应用方面，最近有了显著性发展，同时，有机光伏发电也展示了未来潜力。然而需要进一步研究开发以提高光电转换效率，提高设备的长期绩效稳定能力，降低太阳能电池组件的生产成本。研究和深入探索材料创新，价格低廉和低温工艺方法，替代设备结构研究以减少光损失，并最大限度利用太阳光谱以提高效率。这些可以通过改善薄层属性以及薄膜片太阳能电池和透明导电氧化物（TCO）之间接口后达到。同样重要的是开发出低成本、大面积可扩展的廉价沉积技术以发展高效太阳能电池，这可以在不牺牲电池性能的情况下，优化加工过程的材料利用率。

资助计划：合作项目。申请截止日期 2009 年 11 月 30 日。

预期影响：在该项目结束，薄膜片太阳能电池材料/设备/工艺等方面的新发展，能够产生更高效率、更稳定（如通过加速寿命试验验证）的设备。

额外的资格标准：只有与印度合作的项目符合资格。因此，欧盟委员会建议，必须确定包括一个印度提案的详细解释并同时提交给印度科学与技术部（DST）。

额外的选择标准：提案将被选中的条件是，要相应协调印度项目，同时也被 DST 资金支持。

其他信息：为确保项目的推行切实反映欧盟—印度的真正合作关系，在两个研究协调计划中，项目评价将优先考虑提案涉及妥善协调欧洲和印度的研究活动。有关工业合作伙伴和工业研究中心的积极参与，以及印度与欧洲研究人员的交流，对于实现该项目的预期影响十分必要，这将在评价中予以考虑。

■ 主题　能源.2010 年 2 月 1 日 –3：开发新的聚合组件和集中光伏系统的性能评价

内容/范围：在聚光光伏系统中，多结太阳能电池的效率已达 40%。使用这些高效率电池并在 200～1 000 倍的强度范围内使用，正在实地测试中。进一步研究需要首先改善系统的光学效率并跟踪系统性能；二是，在电气绝缘、材料稳定性和耐久性方面，评估组件组装的可靠性和效率。在该项目结束时，整体组件效率要提高到 30%～35%，进一步降低集中光伏（CPV）系统的发电成本。研究与深入探索初次和二次光学、高效散热技术，完善和节约成本的跟踪安排等都应在该计划中执行。新材料、新概念应加以探讨。在发展的同时，两个至少 25kW—50kW 的系统应分别设计和安装在欧洲和印度的适当地点。应进行组件室内评价，以及系统实际运行评价和对比。模拟系统的技术性能应有助于 CPV 系统良好做法的技术发展，同时特别注意光谱影响以及器件温度对平均能源生产的影响。

资助计划：合作项目。应用截止日期 2009 年 11 月 30 日。

预期影响：在该项目结束时，应开发出新组件和 CPV 系统，并根据当前质量标准展示所需的可靠性。目标效率应由印度和欧洲安装的系统证明。该项目还应该提供一个制造成本分析和 50kWp 系统的发电成本评估。

额外的资格标准：只有与印度合作的项目符合资格。因此，欧盟委员会建议，必须确定包括一个印度提案的详细解释并同时提交给印度科学与技术部（DST）。

额外的选择标准：提案将被选中的条件是，要相应协调印度项目，同时也被 DST 资金支持。

其他信息：为确保项目的推行切实反映欧盟—印度的真正合作关系，在两个研究协调计划中，项目评价将优先考虑提案涉及妥善协调欧洲和印度的研究活动。有关工业合作伙伴和工业研究中心的积极参与，以及印度与欧洲研究人员的交流，对于实现该项目的预期影响十分必要，这将在评价中予以考虑。

能源技术战略计划

2007 年 11 月 22 日，欧盟委员会（EC）公布了欧洲战略能源技术计划（the European Strategic Energy Technology Plan，SET‐PLAN）[EC 2007a]。SET‐PLAN 的重点将放在加强整个欧洲努力的连贯性，其目标是加快欧洲低碳创新技术。这样做将有利于实现 2020 年目标和 2050 年的欧洲能源政策远景目标。关于 SET‐PLAN 的交流如下：

欧洲需要现在就一起采取行动，提供可持续的、安全和有竞争力的能源。相互关联的挑战，如气候变化、能源供应和竞争力是多方面的，需要作出协调一致的反应。我们拼凑了一个长远的政策和措施：2020 年具有约束力的目标，减少温室气体排放量 20%，可再生能源在欧盟的能源结构来源中确保达到 20%；到 2020 年，欧盟总的初级能源的使用减少 20%；通过碳排放权交易制度和能源税实现碳定价；一个具有竞争力的内部能源市场；制订国际能源政策。现在，我们需要一个专门的政策以加快开发和部署具有成本效益的低碳技术。

SET‐PLAN 中，光伏被确定为一项关键技术，SET‐PLAN 不同的计划要求中，太阳能是其中之一。欧洲太阳能行动将集中于大型光伏发电和集中太阳能电力示范项目。2009 年春季提出太阳能行动草案，现在正在进行进一步谈判。

2008 年 9 月 1 日至 5 日，在 23 届欧洲光伏太阳能会议和展览期间，欧洲光伏产业协会 2020 年新愿景被提出。在 SET‐PLAN 的帮助下，协会的宗旨是以这样一种方式发展该领域，即高达 12% 的欧洲电力将由光伏系统产生。这相当于 420TWh 的电力，或者 350 GWp 的光伏发电装置。为实现这个愿景，在 2009 年和 2020 年间，需要新安装 340 GWp 的光伏发电装置。2007 年每季度新安装的光伏系统容量约为 1.6GW，需要增加到 2010 年每季度 4GW，到 2020 年将达每季度 80GW。这相当于在未来 12 年，复合年增长率超过 37%。到那个时候，欧洲光伏系统的发电成本将达到电网平均价格。

2009 年 6 月，欧洲光伏产业协会发表了其研究"战略能源计划 2020—太阳能光伏电力：欧洲 2020 年的主流电力（SET for 2020 - Solar photovoltaic Electricty: A mainstream power source in Europe by 2020）"。该研究探讨了从 4% 至 12% 的不同部署状况。

该 SET‐PLAN 的目的是，欧洲是光伏领域的主导，由于这个原因，欧洲光伏工业协会（EPIA）正在开发光伏发电推进措施的一个大纲。在 2008 年 9 月 25 日布鲁塞尔举行的一次研讨会上，与会者一致认为，所有必需的研究必须按行业需要进行，但某些研究课题必须由产业界或学术界领导[Epi 2008]。已完成下面的分类：

■ 区分工业研究和学术研究的责任

产业主导

——升级

——在当前商业化的技术领域内降低成本：·组件，·BOS，·存储（包括水电费）
——材料供应

学术主导
——电网整合+控制和智能电网；存储解决方案（主要是工业主导，并公用事业与合作）这一主题，必须在两个领域中都存在。
——下一代技术：高效率硅薄膜片，有机薄膜片，晶体硅的研究突破
——基本材料
——全新的生产工艺（其他行业）

■ 短期的研究问题
——电网一体化和稳定性（BOS），智能电网和存储
——解决阻碍增长目标的稀有材料（如银、铟、碲化物）问题
——光伏建筑一体化（作为建筑元素）
——定义寿命期，如何衡量它（准确）并证明
——宏观的经济模式"发电"

■ 中/长期研究的问题
——基础材料研究
——下一代光伏技术（例如多晶硅电池，22%，50微米）
——关注"可扩展技术"，例如硅薄膜片到更高效率的解决方案
——全新的大规模生产工艺（如印刷相对真空沉积；没有切口损失的晶圆）
——组件寿命>35年

这个列表并不完整，但却是利益相关者进一步磋商的基础。除了需要这些研究外，相关必要的政策框架问题以及保障人力资源和提高人们普遍认识等问题也应引起关注。一些先决条件列举如下：

■ 与其他可再生能源资源技术的合作
■ 与公用事业和电网运营商的交流
■ 外部成本内部化
■ 公用事业市场的自由化
■ 公正、透明的电价结构

在竞争前阶段以及太阳能发电价格达到或低于电网平价电价的阶段，为达到12%的目标，先决条件之一是要有利的政治框架（欧盟和国家级的）。下面在有竞争力前的阶段，必要的国家支持政策列举如下：

■ 合理的税收优惠（7%~8%的投资回报率）
■ 无投资补贴和税收优惠的上限
■ 投资保证
■ 免除行政壁垒/简化行政（一站式服务）
■ 优先进入电网
■ 支持建筑规范

在太阳能发电价格达到或低于电网平价电价（the grid parity phase and beyond）的阶

段，必要的国家支持政策列举如下：
- 投资保证
- 免除的行政壁垒/简化行政
- 优先进入电网和电网监管
- 支持建筑规范

八、展望

尽管大多数的G20[①]国家的经济复苏计划包括"绿色刺激"措施，2009年5月刚刚披露的资金总额达1 850亿美元（1 350亿欧元），其中包括353亿美元（252亿欧元）用于所有可再生能源，221亿美元（158亿欧元）用于研发，直到2013年。与此相比，中国新能源振兴规划草案，预计今年年底完成并公布，给出了一个相当大的投资规模。在未来10年，该计划预计3万亿人民币（3 090亿欧元）的投资进入新能源，包括太阳能，超过4万亿人民币（欧元4 360亿）进入的智能电网。这一发展清楚表明，中国正在大力支持可再生能源产业，并在目前的金融危机后变得更强大。

光伏产业在过去几年发生了惊人变化。中国和欧洲超越日本成为太阳能电池的主要生产者，在短短5年之内，中国已成为主要生产地。

2008年，在十大制造商中，中国的企业数量与日本相同，各有3家：中国（尚德第3，英利太阳能第6，晶澳太阳能第7），日本（夏普第4，京瓷第5，三洋第10）。其他进入前十名的公司包括一家欧洲公司（Q-Cells第1），一家中国台湾公司（茂迪第8）和2个公司，它们的生产能力不在一个大陆（第一太阳能第2，SunPower第9）。自1999年以来，欧洲光伏制品以每年平均50%的速度增长，2008年达到约1.9GW。欧洲的市场份额从20%增加至26%，中国制造商份额由1%增加至32%，而美国和日本分别下跌至6%和17%。

1994年日本的宏伟目标是在2000年安装200MW光伏系统，由于持续和一致的支持光伏发电，日本在2001实现这个目标，只比原定计划推迟一年。到2010年的长远战略是日本光伏产业在短短10年可以达到市场领先地位的一个原因。然而，日本国内市场的停滞以及全球范围内生产能力的积极扩张，导致其在世界市场的份额从大约50%减少至17%。

在1997年，日本市场开始实施计划前，光伏市场的年增长率约为10%，主要由通信、工业和独立系统带动。由于这一计划，1999年德国推出了税收优惠法，随后世界各地都推出了税收优惠法，在过去几年，光伏市场的年增长率增加到40%，2008年产量达7.3 GWp。

过去几年，光伏产业的高增长率使得硅原料暂时短缺，导致新公司和新技术进入这个市场。新的多晶硅生产工厂、先进的硅片生产技术，薄膜片太阳能组件和技术，如聚集器概念，被引入市场的速度远远超过几年前的预计。

---

① 20国集团（G-20）财长和央行行长会晤制度1999年建立，汇集重要的工业化国家和发展中国家，一起讨论全球经济中的关键问题。20国集团创始会议，1999年12月15—16日在柏林举行，由德国和加拿大财政部长主办。

即使在当前的经济困难时期，全球市场实施计划的日益增加以及整体能源价格的上涨压力和稳定气候的要求，将继续保持对太阳能系统的大量需求。从长期看，光伏发电的增长率将继续维持在高水平，即使经济框架条件不同，也只可能导致短期放缓。这种观点被越来越多的金融机构所认同，并把可再生能源转作为可持续和有利可图的长期投资。能源需求的增加将不断推动化石能源价格的上涨。早在2007年，多位分析家预测，油价在2007年年末或2008年初很可能达到100美元/桶［IHT 2007］。石油价格在2008年7月达到顶峰，近150美元/桶；受世界性金融危机影响油价下跌，2008年12月达到最低点约37美元/桶；但石油价格已经回升，并在2009年8月重回70美元/桶。很明显，基本的需求增长趋势将推动油价再度上扬。在2009年3月初的一次采访中，国际能源机构执行署长Nobuo Tanaka警告说，由于供应紧缩，未来的石油危机将使石油价格增长到200美元/桶左右。由于缺乏新的石油生产投资，这场危机可能在2013年到来。

未来石油价格将在2009年秋季的20美元/桶到2010年底的95美元/桶之间波动。2009年7月底路透社调查显示，2010年预计原油平均价格约73美元/桶。这些价格的不确定性，使我们依赖能源经济附加了额外风险。唯一能减少这种风险的能源是指那些不需要燃料的能源，如风能和太阳能。因此，投资太阳能光伏发电系统是为未来进行储蓄，也增加了太阳能发电的吸引力。

据投资分析师和行业预测，未来几年，太阳能将继续以较高速度增长。不同的光伏工业协会以及绿色和平组织，欧洲可再生能源理事会（EREC）和国际能源机构已为光伏的未来增长进行规划。新的美国和EPIA愿景［Zwe 2007年，Epi 2009］不包括在内，因为它们没有相同的时间范围。表6显示了绿色和平组织/ EREC研究不同情景下，以及2008年国际能源机构对不同能源技术的展望情况。

表6 到2050年累计安装的太阳能发电能力［Gre 2008，IEA 2008］

年份	2000/GW	2010/GW	2020/GW	2030/GW	2050/GW
绿色和平组织（参考情况）	1	10	50	86	153
绿色和平组织（演变情况）	1	21	270	920	2 900
绿色和平组织（高级情况）	1	21	290	1 500	3 800
IEA 参考情况	1	20	30	<60	非竞争的
IEA ACT 路线图	1	22	80	130	600
IEA BLUE 路线图	1	27	130	230	1 150

这些预测表明，如果在采取了正确的政策措施，未来光伏发电将会有巨大机会，但我们要记住，这样的发展不会自动发生。这需要所有利益相关者不断努力和支持，实施向可持续能源供应的社会转变，其中光伏发电是重要的组成部分。发展的主要障碍是观念、监管框架以及现有的电力传输和分配结构的限制。

国际能源机构发布的世界能源展望2008说，按照他们目前的参考计划，"2007年至2030年，在能源供应基础设施累计投资"，将达26万亿美元[①]（18.6万亿欧元）［IEA

---

① 以2007年美元计算

2008a〕，比 2007 年世界经济展望预测的结果超出 4 万亿美元（28.6 万亿欧元）。根据这一数据，13.6 万亿美元（9.7 万亿欧元）将需要分配给电力部门，其中用于发电的和电力分配与传输的计划各占一半。

新数字暗示，大约占全世界电力消耗 18.5% 的欧盟，每年将需要有将近 1 050 亿美元（750 亿欧元）的投资，分布式可再生能源发电可以帮助减少能源传输成本。因此，目前有一个独特的机会来进行基础性检查以改变传输和分配系统，从而能吸收大量、不同质量的集中式或分散在欧洲各地及邻近国家的可再生能源。

由于发电厂的寿命较长（30 年至 50 年），现在采取的决定将影响我们 2020 年甚至以后更长一段时间的能源系统、社会经济和生态等关键因素。此外，2003 年国际能源机构的研究指出，燃料成本将与基础设施投资规模为同一数量级。过去 5 年的价格变化加剧了这一趋势，增加了挑战规模，特别是对发展中国家。

世界能源展望 2008 列出了两个额外情景：一个情景是限制温室气体的浓度在 450ppm（ACT 路线图），另一个是 550ppm（Blue 路线图）。国际能源机构估计，2010—2030 年 ACT 愿景实现的额外成本为 4.1 万亿美元（2.93 万亿欧元），少于同一时间段内所能涵盖的 7 万亿美元（5 万亿欧元）燃料节省。在 Blue 路线图情况下，额外成本估计为 9.2 万亿美元（6.57 万亿欧元），由于电力成本较高，只能由燃料节省 5.8 万亿美元（4.14 万亿欧元）的成本，仅能补偿一部分；然而，3.4 万亿美元（2.43 万亿欧元）的差额只相当于全球年均 GDP 的 0.2%，额外成本仅为每人每年 14 美元（10 欧元）。

上述情景只有在新型太阳能电池和组件设计理念得以实现的条件下才可能出现，如果根据现有技术水平，未来 30 年的产业发展将产生一个问题，比如对材料的需求，如银，将超出现有的可用资源。避免此类问题的研究也正在进行过程中，可以预计这种瓶颈将可以得到避免。

光伏产业正在发展成为一个成熟的、大规模生产的行业。这种发展将加速行业整合，这是一个机遇与风险并存的时期。如果新的大型太阳能电池公司利用其成本优势提供低价位产品，客户将购买更多的太阳能系统，光伏市场将加速增长。然而，这种发展同时会影响中小型企业的竞争力。为了能在大公司规模经济产生的价格压力下生存，他们必须选准利基市场并提升产品的附加值。另一种可能性是提供技术更先进、更便宜的太阳能电池概念。

欧洲在 2006 年已经达到了他们设定的 2010 年目标，欧洲产量大幅回升。今后几年，增加的生产能力将用于确保其市场主导地位。日本制造商也在大幅增加生产能力，但国内市场的停滞不前使他们不得不加强出口导向，因此，它们要与近来快速增长的中国内地、中国台湾地区制造商竞争，以及同来自印度、马来西亚、菲律宾、新加坡、韩国、阿联酋等新市场进入者进行竞争。目前，从全球看，光伏生产能力的持续增加还会延续，尽管过去几年持续快速增长，但欧洲也仅能将市场份额稳定在 20%。目前，很难预测世界各地的市场新进入者如何影响未来的市场发展。

未来市场的发展以及产量的增加，很大程度上将取决于目前世界各地宣布的光伏项目和增加的生产能力是否能够实现。在 2008 年和 2009 年上半年，来自新公司要开始光伏生产，并设立公司以增加生产能力，又较之前增加了。如果所有这些计划都得以实现，薄膜片生产企业的生产能力甚至要快于以硅晶片为基础的生产企业,而且薄膜片的市场份额也将从2007年的10%增加到2010年的约20%~25%。这将对光伏组件以及光伏系统的价格下调具有非常显著的影响。

数年来,我们看到石油和能源价格不断上涨,对化石能源的依赖将更加突出我们的弱点,也增加了发展中国家争取未来发展的负担。另一方面,我们看到,经过陡峭的学习曲线,可再生能源技术的生产成本不断降低。由于外部能源成本、常规能源补贴和价格波动风险一般没有考虑在内,可再生能源和光伏发电仍被市场视为比传统能源更昂贵。不过,现在已经证明,从太阳能光伏系统产生的电力可以比跨越几个国家的电力交换高峰期价格更便宜,如果新的EPIA愿景能够实现,到2020年,在欧洲大部分地区,光伏系统发电的成本将达到电网平价。此外,可再生能源与常规能源相反,是未来唯一能够减价而不涨价的能源。

参考文献

1. Joint Research Centre (JRC). PV Status Report 2009 [R/OL]. 2009 – 08. http://www.solarplaza.com/report/pv-status-report-2009.

上海交通大学　康聚梅　蒋云飞编译
水利部　刘澄洁；产业所　张嵎喆校译

5 欧洲的创新绩效：一个长期视角

编者按

为使大家能对欧洲的创新绩效有所了解，我们组织相关人士编辑、摘译了欧盟有关创新研究的报告以飨读者。

摘　要

本报告将利用三次《欧洲社会创新情况调查》（*the European Community Innovation Surveys*，后文简称 CIS2、3、4）的结果，对创新活动的根源和创新绩效与经济绩效联系间的长效机制进行深入细致研究。

研究中考虑到了技术转变的累积及固有效应，区分了行业所属部门，对主要欧盟国家的创新活动过程、结果及最终表现进行了模式分析。其中创新成果绩效的分析，更是考虑了所属行业和国家的不同而分别进行。

第一部分，将对研究数据和分析方法进行详细介绍；其中所用数据来源为 Urbino 大学基于政府提供的第 2、3、4 次 CIS（即前述《欧洲社会创新情况调查》，采样时间分别为：2002—2004 年，1998—2000 年及 1994—1996 年）的结果建立《部门创新情况数据库》（the Sectoral Innovation Database，后文对其简称 SID），数据涉及欧洲统计局定义的 21 个制造性行业和 17 个服务性行业的所有企业，且覆盖了包括德、法、意、荷、葡、西、英等七大欧盟国与非欧盟成员挪威——也即欧洲 80% 以上的经济成分。

第二部分，就 CIS 指标与长期模式研究的相关性给出验证，通过包括多重因子独立分析、斯皮尔曼、肯德尔及线性相关性分析（用于对大量 CIS 指标数据的分布进行时间稳定性测试）等一系列统计方法，证实了 CIS 数据结果前后时间的稳定规律性，并结合其所属部门和国家的不同情况，对相应结果加以对比，最终证明 CIS 指标可以有效地进行跨时间、跨地区以及跨部门创新模式的对比研究。

第三部分，引入了由既往研究提出的两大创新优势概念：技术优势和成本优势；其中技术优势包括知识创造、产品创新和市场拓展，成本优势包括劳动力成本的节省、高灵活性和结构重组。采用 SID 数据库中提取的一系列数据以实证方法进行了主成分分析，证明了两者对技术活动差异的主导作用。并且两者在企业及行业范围内，即使存在共存情况，也总有一方处于相对主导地位。

第四部分，围绕技术变革与经济绩效间复杂的长期关系开展研究，最终以三个方程的形式解释了研发、创新活动结果（即产生现金流量）与两者经济绩效（利润增长）间的关系，具体如下：

单位劳动力研发产量由研发的累积效应、研发的经济来源——利润的增长滞后、企业技术与行业最佳水平间的差距（以劳动生产效率计）、企业平均规模以及市场导向的作用（由以市场拓展作为创新活动目标的企业占行业比例计量）决定。

创新产生的现金净流量比例由技术优势扩大（以单位劳动力研发产量计量）、由技术引进（以与创新来源相关的器械和中间投入计量）和需求增长（以行业附加值的变化量计量）所带来的成本优势增加决定。

而利润的增长（经营盈余）则由创新销售滞后（lagged innovative sales）的关联度（以 Schumpeterian 利润计量）和需求的增长（对市场拓展行为进行衡量，以行业附加值变动额计量）共同决定。

以上三个方程式单独进行测试的结果均为显著相关。

此外，对这些关系的滞后效应结构进行研究，得出利润滞后对研发、前期研发累积效应对当期研发、创新成果滞后对利润均产生重要影响，后续试验则发现延迟时间在三年至四年的滞后效应相关性最大。

第五部分，对三个方程整体进行系统性考察，得出结论，行业的利润增长由需求增长"拉力"与延迟的创新净利润"推力"共同决定；而此一拉一推二力，则为研发所增加的技术优势，配合技术引进增加的成本优势共同形成。其中，研发是一个长期积累的过程，其资金来源于滞后利润的支持，且企业的行业技术水平排名越靠前，以上关系越为明显。

此外，对制造业单独测试的结果表明，制造业与服务业间确实存在着一定差异。具体而言，制造业的创新成果来源既非需求增长也非新技术引进，且企业规模对研发的开展有影响；而服务业创新则与需求、外来技术两者关系更为密切，至于企业规模则关系不大。

在进行分析的整个过程中，着重将技术优势和成本优势两种不同战略的影响，以及技术优势下利润、研发和创新成果三者间的反馈延迟作用作为研究的关键，并以关注创新的本质特性、动态模式以及外在影响作用等三个重要方面为特色，对创新活动的开展与其经济成果间复杂的长期关系进行全面、动态研究。

研究改变了对创新与其成果间联系的看法，并由此产生了三大认识：

a）需求方面的因素对创新和经济成果影响显著；

b）研发、市场拓展计划以及新技术的应用将以不同方式对创新和经济绩效产生

影响;

c）鉴于滞后效应已可观测，因而不能期待支持研发创新的政策在短期几年内产生经济绩效。

因此将可能促使欧盟乃至其他各国对各自的创新支持政策进行修改和重新制定。

一、引论及采用方法的介绍

（一）长期角度看创新

对创新进行研究，可选的数据来源有二：对研发及专利开展时间序列分析，或者从欧洲的 CIS（社会创新调查）结果中提取。相比之下，前者针对性较强但指标选择比较单一，而后者虽量度大大丰富却只能由同业比较方法得到，因而必须在两者间作一权衡。

其中，若选用前者将存在一个重大缺陷，即将限制对创新认识的充分性。一些研究报告（Archibugi 与 Pianta 1996 年的研究报告，和 Smith 2005 研究报告）对不同技术指标优劣评估指出，研发、专利时间序列分析结果与众服务业及部分制造业关联度较低，因而会大大低估了这部分企业所开展的创新。但若将其用于企业、行业以及国家的实证分析，则可以覆盖到一个比较大的时间跨度。而后者，即创新调查结果数据［参见欧洲委员会与欧盟统计局联合发布的总结报告（2001，2004，欧统局，2008）］则有利于把握包括内外研发投入，外界知识的获取，新产品、新工艺的自行设计开发，与创新相关的机械设备购置，以及新产品的营销在内更多的企业研发行为，此外，它还可以为我们提供知识来源、（迄今）已有的创新种类、新产品对销售的经济影响、企业科研活动整体策略及其过程中遇到的障碍等一系列资料。但若要将其用于企业、行业和国家数据的实证分析则将受到调查期数限制，不同期间的比较受到某些限制而无法进行。因此在这份报告中，配合下面给出的这个庞大的部门数据库，得到有效时间跨度较长的创新调查结果，从而得以在后面的调查中解决某些涉及创新活动的开展、结果及其经济影响间动态关系的时间基础问题。

（二）部门创新情况数据 SID

为研究技术进步的过程种类以及创新对经济和就业的影响，本报告大量引用了 Urbino 大学于近期开发的"行业创新成果数据库（SID）"中给出的数据。该数据库涵盖了 CIS 2、3、4 的绝大部分数据结果，并从各个渠道搜集信息，将这些数据与同行业的经济与就业进行配对。范围覆盖超过 80% 的欧洲经济成分，涉及八大国家（德、法、意、挪、荷、葡、西、英）的制造和服务部门等几十个行业（按国家统计局定义分类）。对数据库数据的来源和建立方法的详细了解，可参见《SID 数据库建立方法说明》（Urbino 大学，2007 年）。

行业创新调查结果数据库（SID）的数据来源于国家的第二、第三和第四次社会创新调查（采样时间分别为 1994—1996 年，1998—2000 年，2002—2004 年）的结果，收录的指标涉及创新的数个方面，其中包括：研发支出、创新投入总额、新机器购置支出、外部技术购买、专利、创新产出、产品创新、工艺创新、创新及其最终目标的信息来源、创新的资金支持、创新所遇到的障碍，以及创新与企业战略及组织变化间的联系。Urbino 大学在建立"部门创新数据库"时所用到的数据，均由其与相关方面签订合作协议获得。其中包括提供各自相应数据的国家统计局，CIS 2、3 调查结果的主要研究机构及提供 CIS 4 数据的欧洲统计局（除英国以外，英国数据由其国家方面提供）。其数据库的建立过程应用统计学数据归集和标准化程序，并严格遵守通用数据使用协议。国家和部门数据的选取保证不侵犯统计局官方政策或所属国行业规模限制引起的隐私问题，部门企业数据选择保证了行业代表性，而企业层面上则按国家统计局向业界报告的标准进行了加权，因而可以保证给出结果能够代表所有企业。而这也正是对创新和（其他全球来源的）各行业经济数据进行总体研究的必要前提条件。

为了对创新与经济的集中表现及就业的联系进行观测，Urbino 大学从一组经济形势数据中提取了几十家制造和服务行业对等的经济指标数据，汇总建立了一个创新相关的数据库。其中所选用的经济形势数据来源于 STAN 数据库［由 OECD（经合组织）提供］。考虑了数据提供方知会的数据库方法和国家特性问题，在此基础上，对数据的对等性给予了特别关注，对两大类几十种行业中提取的数据进行了完全平行的配对。

表1　SID 数据库：涉及的行业

行业	欧统局编号
制造性行业	
食品、饮料及烟草行业	15～16
纺织品行业	17
皮革及鞋履业	18
木材及相关产品制造业	19
纸浆及纸产品制造业	20
印刷及出版业	21
石油提炼、焦炭及核燃料业	22
化工业	23
橡皮与橡胶产品制造业	24
非金属矿物制品制造业	25
基本金属制造业	26
金属产品制造业	27
机械工程业	28
办公机械制造业	29
电机制造业（不另分类）	30
收音机、电视机及通讯设备制造业	31
医疗、测量、光学仪器及钟表制造业	32
汽车制造业	33
其他交通工具制造业	34
家具制造业、复合产业及回收循环	36～37

续表

行业	欧统局编号
服务性行业	
汽车与摩托销售维修业和机油零售业	50
批发及代理商（汽车、摩托除外）	51
零售商（汽车、摩托除外）与家电维修业	52
宾馆及餐饮业	55
内陆交通运输业	60
船舶运输业	61
空中交通运输业	62
交通附属及支持行业、旅行社	63
通信行业	64
金融中介机构，不含保险及养老金提供机构	65
保险及养老金提供机构，不含强制性社保提供机构	66
金融中介机构附属行业	67
房地产交易	70
机械设备出租业	71
计算机及相关行业	72
研究发展机构	73
其他商业企业	74

本报告用于评估经济成果的主要指标包括附加值、就业率及劳动生产率。基于这些指标欧元不变价格计算的相关数据，将建立起一系列研究相关变量，包括它们的绝对、相对水平及增长率。

大多数变量采样时间段为1994—2006年，与三次创新调查的时间对等。

所涉及产业的名单见表1。

表2为实证分析涉及变量（数据来源：SID），大致可分为结构变量和投入变量两类。其中前者为企业内部开展创新的部门比例，以百分比表示；后者单位为（千欧元/员工），数据按照欧统局标准的GDP价格平减处理（对英国和挪威等非欧元使用国用货币购买力平价进行校正）。

表2 SID数据库：描述创新的变量

指标名称	单位
开发新产品的企业比例	%
应用新工艺的企业比例	%
为拓展市场开展创新的企业比例	%
为削减劳动成本开展创新的企业比例	%
为创新引进机械设备的企业比例	%
针对办公场所开展创新的企业比例	%

续表

指标名称	单位
创新型企业比例	%
新产品或改进产品产生的营业额	%
申请创新专利的企业比例	%
依赖设备供应商开展创新的企业比例	%
依赖客户开展创新的企业比例	%
单位劳动力内部研发投入	千欧元/员工
单位劳动力总研发投入	千欧元/员工
单位劳动力创新机械设备投入	千欧元/员工
创新投入总额	千欧元/员工

表3 SID数据库：经济指标

指标名称	单位	数据来源
劳动生产率复合增长率	年增速	STAN
劳动力复合增长率	年增速	STAN
单位劳动报酬复合增长率	年增速	STAN
附加值复合增长率	年增速	STAN
经营盈余复合增长率	年增速	STAN

表3中所示为SID中抽取的实证分析主要经济指标，其中包括劳动生产率、劳动报酬、需求和其他相关指标的变化量。

该数据库的主要优势在于对部门进行了高度细分，且覆盖了欧盟劳动力及附加值重心所在的服务业；数据库来源为各国共享资料，因而无保密性问题；其范围（欧盟七国及一非欧盟国）虽未覆盖整个欧盟，却已可代表所有大国与部分小国水平。由于政府保密及部分欧盟小国行业规模的限制，增加样本容量将导致大量价值缺失与结果扭曲。此外，CIS最早的第二期的CIS 2国家覆盖面小，导致完整性及可比性缺失情况较严重。因此在国家覆盖面与时间跨度间进行了适当的权衡调整，保证所用数据可靠且价值缺失少。

二、创新指标的长期稳定性

要研究催生创新及其经济成果的长效机制，首先必须确认所采用的CIS 2、3、4结果是否满足实证分析的稳健性对所用数据稳定性和可靠性的要求。

本节中的主要研究对象是CIS中对欧洲制造及服务业创新不同维度给出描述的大量数据。

首先将对各期调查、各国、各行业所有指标进行稳定性测试，接着将分析三期调查中各国创新部门的分布形势是否稳定，然后综合各国给出的结果，并对其行业创新排布的相似性进行比较，最后以国家为单位，对各指标的长期稳定性进行测试。

测试中涉及的相关系数检验包括斯皮尔曼顺序相关、Kendall顺序相关以及线性相关，涉及指标有：

- 单位劳动力研发投入
- 单位劳动力机械投入
- 以削减劳动力成本为目的开展创新的企业比例
- 以市场拓展为目的开展创新的企业比例
- 依赖供应商主导创新的企业比例
- 依赖客户主导创新的企业比例
- 单位劳动力创新投入总额
- 为创新申请专利的企业比例
- 创新成果应用于产品开发的企业比例
- 创新成果应用于工艺开发的企业比例

本节中列示的是前两个指标，即以员工为单位计量的研发投入和机械增加投入，它们是衡量公司内部创新行为的两个关键维度。其余指标数据，在附录表1至表8中列出，而所给出的创新指标数据的稳定性研究是综合了所有数据的分析结果。

（一）整体分布稳定性

首先需要验证的，是SID中的CIS结果是否能有效研究欧洲技术进步的国家结构模式。就此分别取各行业（欧洲统计局界定的）、各国、调查各期数据变量的复合平均数，观察以上范围界定是否能够引起变量差异。

表4 一组创新变量复合平均值数据

数据指标	数值	F值	P值
模型			
Wilks' Lambda	0.00	9.16	0.0000
Pillai's Trace	4.03	7.24	0.0000
Lawley – Hotelling Trace	11.38	11.94	0.0000
Roy 最大根	4.26	46.77	0.0000
调查期数			
Wilks' Lambda	0.26	45.30	0.0000
Pillai's Trace	0.90	40.35	0.0000
Lawley – Hotelling Trace	2.09	50.53	0.0000
Roy 最大根	1.70	82.85	0.0000
行业			
Wilks' Lambda	0.05	4.47	0.0000
Pillai's Trace	2.17	3.70	0.0000
Lawley – Hotelling Trace	4.38	5.71	0.0000
Roy 最大根	2.45	32.65	0.0000

续表

数据指标	数值	F 值	P 值
国家			
Wilks' Lambda	0.06	23.60	0.000 0
Pillai's Trace	1.90	18.26	0.000 0
Lawley – Hotelling Trace	4.22	29.08	0.000 0
Roy 最大根	2.35	115.41	0.000 0

测试分别以调查期数、行业以及国家为单位对各指标分布进行测试。涉及指标包括：研发投入，机械购置投入，申请创新专利的企业比例，创新投入总额，依赖供货商主导创新的企业比例，依赖客户主导创新的企业比例，以降低劳动成本为目的开展创新企业比例，以拓展市场为目的开展创新的企业比例，创新成果应用于产品开发的企业比例，以及创新成果应用于工艺开发的企业比例。

表4证明了时间、行业和国家维度对引入指标的变量分布均有影响（F－检验拒绝不同调查、国家和行业间分布无差异假设）。

行业技术、国家特有的技术结构组成以及经济周期或其他宏观形势的时间效应三大结构性因素，均可引起分布变化的发生。为深入该主题进一步寻找分布变化的来源，将对各指标进行细化分析，对各指标进行因子方差分析，从而对其在不同维度上进行分解。报告中给出的是两个投入指标（单位劳动力研发产量和单位劳动力机械投入）的相关数据结果（表5、表6）。

表5 单位劳动力研发投入的实测平均值

类别	误差平方	F 检验	P 值
模型	7 580.10	15.08	0.000 0
调查期数	51.31	2.35	0.096 5
行业	6 254.52	15.47	0.000 0
国家	1 129.43	14.76	0.000 0

样本容量：648
平方差值：0.53

表6 单位劳动力机械增加投入的实测平均值

类别	误差平方	F 检验	P 值
模型	1 204.72	4.37	0.000 0
调查期数	35.75	2.98	0.051 5
行业	713.17	3.21	0.000
国家	395.72	9.42	0.000

样本容量：631
平方差值：0.25

上述结果表明，在5%误差水平上，两个指标与时间的相关性不显著，差异主要由所属部门和国家的不同引起（如第二列所示）；同样得出不显著结果的还有创新投入总额，而其他维度分布均呈现时间差异性。由于技术变革存在累积效应和步骤依赖性，因而使其短周期性与创新活动规律的关联不大、反而与一些对调查设计、受访者认知依赖度较低、误差也较少的投入变量呈明显相关。此外，结果还以数据证明，不拒绝我们对于CIS指标能有效用于创新与经济关系研究的假设。下一部分中将针对部门、国家、所述调查期数间的差异，对分布中单个变量的稳定性进行进一步测试。

（二）部门分布情况

研究第二阶段主要针对的是各国范围内行业变量分布的稳定性。在对技术变革的研究中，考虑了创新的累积效应与过程依赖性，因而设定在CIS 2，3，4采样时间范围内全欧洲的行业创新情况分布及密度不存在大幅突变，但考虑小国与小规模行业中，单个企业进出市场及结构变化限制均可引起变量值巨变，且此外一部分由企业市场预期决定的变量（例如机械购置、新产品上市等）将受短期经济循环影响，故并不保证此模式绝对固定。由此，当前主要研究的是各指标是否因为CIS可比性及统计方法问题、而非现实的经济变动而产生异常。

对各期调查中各变量数据分别进行了5%误差水平上的斯皮尔曼顺序[①]相关、Kendall相关、以及线性相关测试，以排除国家差异深入分析行业特性及行为稳定性。这里给出研发投入和机械增加投入两项指标数据（表7～表12）。

表7 单位劳动力研发投入的斯皮尔曼顺序相关分析

	德国	西班牙	法国	意大利	荷兰	葡萄牙	英国	挪威
CIS2-3	0.86	0.96	0.96	0.89	0.95	0.87	0.73	0.90
CIS2-4	0.90	0.96	0.83	0.88	0.70	0.77	0.55	0.89
CIS3-4	0.93	0.98	0.92	0.96	0.78	0.65	0.47	0.92

显著性水平：5%

数据来源：SID数据库

表8 单位劳动力机械投入的斯皮尔曼顺序相关分析

	德国	西班牙	法国	意大利	荷兰	葡萄牙	英国	挪威
CIS2-3	0.32	0.76	n.a.	0.75	0.38	0.51	0.13	0.54
CIS2-4	0.09	0.35	n.a.	0.65	0.74	0.21	0.46	0.22
CIS3-4	0.84	0.40	n.a.	0.61	0.01	0.71	0.28	0.42

显著性水平：5%，"n.a."表明数据不足

数据来源：SID数据库

---

① 同时进行Kendall顺序相关分析，是鉴于斯皮尔曼顺序相关（研究主体不单一）结果涵义颇多、分析理解复杂。由此相对而言，前者结果直观易理解。

表9 单位劳动力研发投入的 Kendall 顺序相关分析

	德国	西班牙	法国	意大利	荷兰	葡萄牙	英国	挪威
CIS2-3	0.71	0.87	0.86	0.71	0.86	0.69	0.56	0.81
CIS2-4	0.76	0.85	0.96	0.71	0.64	0.62	0.36	0.76
CIS3-4	0.83	0.91	0.78	0.85	0.68	0.49	0.35	0.81

显著性水平：5%，"n.a."表明数据不足

数据来源：SID 数据库

表10 单位劳动力机械投入的 Kendall 顺序相关分析

	德国	西班牙	法国	意大利	荷兰	葡萄牙	英国	挪威
CIS2-3	0.23	0.60	n.a.	0.50	0.27	0.41	0.09	0.42
CIS2-4	0.05	0.19	n.a.	0.56	0.52	0.19	0.35	0.13
CIS3-4	0.68	0.27	n.a.	0.47	0.01	0.56	0.18	0.32

显著性水平：5%，"n.a."表明数据不足

数据来源：SID 数据库

表11 单位劳动力研发投入的线性相关分析

	德国	西班牙	法国	意大利	荷兰	葡萄牙	英国	挪威
CIS2-3	0.87	0.98	0.94	0.87	0.70	0.88	0.54	0.89
CIS2-4	0.75	0.80	0.82	0.94	0.90	0.78	0.27	0.95
CIS3-4	0.94	0.85	0.78	0.86	0.89	0.27	0.07	0.94

显著性水平：5%，"n.a."表明数据不足

数据来源：SID 数据库

表12 单位劳动力机械投入的线性相关分析

	德国	西班牙	法国	意大利	荷兰	葡萄牙	英国	挪威
CIS2-3	0.01	0.74	n.a.	0.65	0.57	0.51	0.05	0.79
CIS2-4	0.05	0.16	0.5	0.62	0.65	0.21	0.04	0.19
CIS3-4	0.79	0.55	0.89	0.60	0.78	0.27	0.01	0.08

显著性水平：5%，"n.a."表明数据不足

数据来源：SID 数据库

结果显示，各国行业行为情况的分布在各期调查间总体呈稳定态势；三种测试在大多数指标的测试中结果吻合。

具体看来，研发变量相比机械购置投入变动更小——同时应当也更为受调者理解。在比对分析中，只有英国 CIS9 4 与前期调查线性相关性较低。

英德（考虑 CIS2）与挪威（考虑 CIS4）的机械增加投入相关性不如其他国家显著；且附录表9～表16中除葡萄牙的少数几个指标外，其他指标结果均与时间呈显著相关。然而其中英国发生过（行业的）结构重大转变，而挪威和葡萄牙两个小国的公司及其所属行业数量都比较有限（可以说在一定程度上缺乏代表性）。

以上结果证明，SID 数据库的 CIS 指标可以有效应用于欧洲创新长期演变规律的研究。

（三）国家行为

那么在欧洲制造、服务业创新过程中，国家间的差异又有多大呢？

其中需要考查的关键就是，部门专业的类别、技术机制（Breschi et al. 2000），以及部门创新体系结构（Malerba 2004，2005）是否如各文献所认为的一样，会对创新产生影响。这些文献的观点普遍认为，国家范围内的部门创新行为情况由其技术属性决定，进而是由发展所处经济、社会、知识结构环境间的差异造成。

但行业特长与国家影响相比又孰强孰弱呢？这些创新指标，是不论在什么国家，行业结构都一样（行业效应大于国家效应）呢，还是恰恰相反（同一行业各国不同，或各国行业分布不同，即国家效应大于行业效应）的情况呢？

在下面的表格（表13）中，借用斯皮尔曼和 Kendall 顺序相关分析对变量进行实验；实验方法如下：首先对各变量进行各国行业分布（源于 CIS 2、3、4）情况分析，然后再在同行业中计算并以国家为单位将变量相关性进行排列。这样我们就可以排除时间因素的干扰，把注意力集中在国家因素对行业长期指标的影响上。最后同样给出研发与机械购置投入的结果。

表13　欧洲各国间单位劳动力研发投入的斯皮尔曼顺序相关系数

	德国	西班牙	法国	意大利	荷兰	葡萄牙	英国	挪威
德国	1.00							
西班牙	0.92	1.00						
法国	0.76	0.86	1.00					
意大利	0.89	0.91	0.87	1.00				
荷兰	0.44	0.46	0.48	0.41	1.00			
葡萄牙	0.77	0.83	0.74	0.81	0.47	1.00		
英国	0.81	0.85	0.79	0.88	0.26	0.83	1.00	
挪威	0.58	0.66	0.63	0.53	0.67	0.64	0.45	1.00

误差水平：5%

数据来源：SID 数据库

下面（表14～表18）是实验考察的 8 个国家两两之间的实验数据结果：

可看出相比的国家，部门专长影响显示出较大优势，与前述文献研究相符——除小国葡萄牙（有且仅有）一指标与其他较大欧盟国有些微差别。

但如果进行不同变量间的比较，则将得到显著的国家间差异。其中，反映企业技术优势的研发和新产品相关变量在大国中呈稳定趋势，验证了技术机遇的缺乏对所有企业创新都有强大的限制性作用；而另一方面，反映企业成本优势的新机械和新工艺相关变量则国家间显示出较大差异，给国家以技术专长转变的暗示（要发展研发可以换一种思维方式，即考虑转变技术专长结构）。

表14　欧洲各国间单位劳动力机械投入的斯皮尔曼顺序相关系数

	德国	西班牙	法国	意大利	荷兰	葡萄牙	英国	挪威
德国	1.00							
西班牙	0.59	1.00						
法国	0.32	0.50	1.00					
意大利	0.74	0.86	0.54	1.00				
荷兰	0.11	0.47	0.46	0.34	1.00			
葡萄牙	0.52	0.47	0.50	0.52	0.41	1.00		
英国	0.39	0.05	0.16	0.28	0.02	0.28	1.00	
挪威	0.49	0.67	0.38	0.56	0.47	0.43	0.28	1.00

误差水平：5%

数据来源：SID 数据库

表15　欧洲各国间单位劳动力研发投入的 Kendall 顺序相关系数

	德国	西班牙	法国	意大利	荷兰	葡萄牙	英国	挪威
德国	1.00							
西班牙	0.77	1.00						
法国	0.59	0.69	1.00					
意大利	0.73	0.78	0.71	1.00				
荷兰	0.33	0.36	0.36	0.31	1.00			
葡萄牙	0.57	0.63	0.55	0.62	0.34	1.00		
英国	0.61	0.67	0.60	0.72	0.20	0.66	1.00	
挪威	0.47	0.53	0.48	0.47	0.47	0.46	0.33	1.00

误差水平：5%

数据来源：SID 数据库

表16　欧洲各国间单位劳动力机械投入的 Kendall 顺序相关系数

	德国	西班牙	法国	意大利	荷兰	葡萄牙	英国	挪威
德国	1.00							
西班牙	0.45	1.00						
法国	0.27	0.37	1.00					
意大利	0.57	0.68	0.41	1.00				
荷兰	0.05	0.35	0.34	0.28	1.00			
葡萄牙	0.36	0.32	0.35	0.38	0.28	1.00		
英国	0.31	0.09	0.18	0.27	0.07	0.23	1.00	
挪威	0.36	0.51	0.29	0.43	0.34	0.30	0.23	1.00

误差水平：5%

数据来源：SID 数据库

表 17　欧洲各国间单位劳动力研发投入的线性相关系数

	德国	西班牙	法国	意大利	荷兰	葡萄牙	英国	挪威
德国	1.00							
西班牙	0.76	1.00						
法国	0.85	0.78	1.00					
意大利	0.94	0.77	0.70	1.00				
荷兰	0.68	0.45	0.44	0.71	1.00			
葡萄牙	0.77	0.69	0.76	0.81	0.64	1.00		
英国	0.84	0.70	0.74	0.74	0.62	0.73	1.00	
挪威	0.77	0.73	0.71	047	0.73	0.87	0.49	1.00

误差水平：5%

数据来源：SID 数据库

表 18　欧洲各国间单位劳动力机械投入的线性相关检验

	德国	西班牙	法国	意大利	荷兰	葡萄牙	英国	挪威
德国	1.00							
西班牙	0.70	1.00						
法国	0.27	0.22	1.00					
意大利	0.56	0.58	0.17	1.00				
荷兰	0.35	0.72	0.49	0.20	1.00			
葡萄牙	0.32	0.48	0.34	0.57	0.50	1.00		
英国	0.10	-0.06	0.28	0.02	0.28	0.09	1.00	
挪威	0.48	0.35	0.24	0.31	0.27	0.20	-0.03	1.00

误差水平：5%

数据来源：SID 数据库

（四）趋势与阶段性

在三次 CIS 中得到的结果究竟有多强的规律可循？在这一部分中，将以单个指标为单位（不分国家）进行长期稳定性的测试，首先给出是各变量在不同行业的欧洲整体结果以及单期 CIS 结果，然后计算出各结果相应的 Spearman、Kendall 等级以及线性相关系数。结果如下（表 19～表 24）：

表 19　三次调查间单位劳动力研发投入的斯皮尔曼顺序相关分析

	CIS 2	CIS 3	CIS 4
CIS 2	1.00		
CIS 3	0.95	1.00	
CIS 4	0.95	0.92	1.00

显著性水平：5%

数据来源：SID 数据库

表20　三次调查单位劳动力机械购置投入的斯皮尔曼顺序相关分析

	CIS 2	CIS 3	CIS 4
CIS 2	1.00		
CIS 3	0.91	1.00	
CIS 4	0.61	0.60	1.00

显著性水平：5%

数据来源：SID 数据库

表21　三次调查单位劳动力研发投入的 Kendall 顺序相关分析

	CIS 2	CIS 3	CIS 4
CIS 2	1.00		
CIS 3	0.85	1.00	
CIS 4	0.82	0.76	1.00

显著性水平：5%

数据来源：SID 数据库

表22　三次调查单位机械购置投入的 Kendall 顺序相关分析

	CIS 2	CIS 3	CIS 4
CIS 2	1.00		
CIS 3	0.75	1.00	
CIS 4	0.49	0.49	1.00

显著性水平：5%

数据来源：SID 数据库

表23　三次调查单位劳动力研发投入的线性相关分析

	CIS 2	CIS 3	CIS 4
CIS 2	1.00		
CIS 3	0.95	1.00	
CIS 4	0.94	0.85	1.00

显著性水平：5%

数据来源：SID 数据库

表24　三次调查单位劳动力机械购置增加投入线性相关分析

	CIS 2	CIS 3	CIS 4
CIS 2	1.00		
CIS 3	0.77	1.00	
CIS 4	0.68	0.28	1.00

显著性水平：5%

数据来源：SID 数据库

大多指标依然是稳定性显著，即三次 CIS 结果分析结果表明创新在欧洲长期稳定性显著。

其中，主要是由于 CIS3 与 CIS4 间存在的经济周期作用，机械购置投入变量在线性相关性分析中显示出的稳定性相对不显著。其中 CIS3 数据来源于 2000 年，处于商业周期高峰；而 CIS4 数据则来源于 2004 年，处于欧洲经济增长平稳期。

以上结果表明 SID 及三次 CIS 体现了欧洲创新活动复杂而多样的形式是显著的、稳定的。通过对变量进行前后对比，我们验证了 CIS 的稳定性，并且给出了导致分布变化的关键因素。

经证实，创新活动对制造业和服务业创新的特性和规律都有影响，而国家在部门专业分布的差异所产生的作用（尤其是对反映技术优势的变量）更为明显。

三、一个技术战略构想

在 CIS 对欧洲长期创新模式研究价值介绍后，将总结创新调查变量给出的结果，初步建立起一个技术战略的概念。

过去的创新研究常将来源、性质的差异以及技术进步的影响作为主要研究对象，因而最终从基本特征出发，给出一系列企业和行业分类的有效理论[①]。这其中当属 Pavitt 分类法（Pavitt，1984）最为著名。我们曾在相关报告（Bogliacino 和 Pianta，2009 年）中对修正 Pavitt 分类法应用于服务和信息通信技术业的延用效度进行了测试。

在这其间阅读了大量文献并观测到，通过知识构建、产品创新及市场拓展构建技术优势，与开展裁员、节省劳动力投资、柔性提高及结构重组[②]从而建立成本优势，其实为两大基础战略，两者间存在本质性差异，最终得到的结果间存在显著差异，因而可通过所属行业或企业创新变量的相关程度进行大致鉴别——若存在（企业或行业）对开展研发与专利申请较为重视、大规模引入新产品、新产品营业份额高、以拓展市场作为开展研发的目的，且研发的开展对客户行为的依赖度明显的情况则为技术优势战略；若机械购置投入高、新工艺应用规模大、以低劳动力成本及高柔性作为目的开展研发，且在研发的开展上对供应商依赖度较高即为成本优势战略。

这两个战略均为动态的模型，能够对创新成果、生产率增长及就业机会的增加和减少产生多种不同影响。两者可以并存于单个企业，但实际经验却指出各行业总会由其中之一为主导。我们在 Bogliacino 和 Pianta（2009b）中加入此概念修正了 Pavitt 分类法，从而证明了指标在 Pavitt 分类基础上分别应用于两大不同战略，最终得到的结果将截然不同。

为对创新在欧洲的长期模式进行研究，我们在这一部分中假设技术战略为重要解释变量，利用数据库实证两大战略引导下差异的显著性。实验采用的方法为主成分分析，分析主体为各行业、各国家与各调查期间上部分给出过的指标变量，以期分离出潜在的

---

① 实例参见 Pavitt（1984），Tidd et al（2005），Breschi et al.（2001）.
② 定义参见 Pianta（2001）；采用该定义的实证分析参见 Crespi 和 Pianta（2007，2008a，b），Pianta（2006），以及 Pianta 和 Tancioni（2008）.

决定变量。在 CIS 中选取变量的方法上，我们依然采用（投入、成果、目标及来源的）相关性与可靠性强度（即保证非缺失值）作为衡量标准。

表 25　技术优势战略 vs 成本优势战略

指标	因素 1 供方主导成本优势	因素 2 新产品技术优势	因素 3 科技相关技术优势	因素 4 机械相关成本优势	同一性测试
单位劳动力研发成果	0.06	0.13	0.88	0.29	0.10
单位劳动力机械投入	0.06	0.12	0.18	0.96	0.02
创新运用于开发新产品的企业比例	0.31	0.87	0.06	0.18	0.09
创新运用于开发新工艺的企业比例	0.46	0.74	0.34	0.08	0.09
为削减劳动力成本而创新的企业比例	0.87	0.38	0.01	0.07	0.08
为拓展市场而创新的企业比例	0.84	0.44	0.18	0.06	0.04
为创新申请专利的企业比例	0.44	0.49	0.60	-0.03	0.19
依赖供方为源头开展创新的企业比例	0.96	0.06	0.05	0.02	0.07
依赖客户为源头开展创新的企业比例	0.87	0.32	0.26	0.07	0.05
新产品创造的营业额份额	0.27	0.63	0.47	0.06	0.28

方法：主成分分析（保留数据范围为特征值 > 0.5）

循环法：方差最大正交旋转（***）

样本容量：440

指标（参数）数量：32

表 25 中的数据为主成分分析的结果中提取出影响较大（即特征值大于 0.5）的变量指标。

经同一性检验[①]排除了方法存在外部因素后，研究最终找到了这四个隐藏的影响因子。此四者清楚地体现了两大战略间的差异，且与 Pavitt 定义的四个分类显著相关。

其中因素 2 和因素 3 分别为技术优势的两大方面：Pavitt 定义的"科学型"同样重视的研发和专利，以及包括新产品、新工艺产出在内的产品创新份额，也即企业内部构建的知识和竞争力，以及相应在外部市场上成功应用于产品和服务的能力。这两大因素，是构造技术优势的关键。

而因素 1 和因素 4 则主要反映了成本优势：主要是在创新源头对供应商、客户及削减劳动力成本目标的依赖度（即企业开展创新在多大程度上是为了上述三者的要求，或上述三者对企业计划开展的创新影响），以及外部技术与工艺的重要性两个方面；即分别强调了（Pavitt 的"供方主导"类行业密切联系的）企业或行业外部支持创新的力量源，以及以机械（特别是劳动力削减引导下的）形式体现的技术的决定作用。

这两个因素能够有效体现成本优势战略的特征。

以上结果表明，CIS 以实证验证了技术、成本优势战略选择不同将引起巨大差异，因而可以有效用于欧洲创新的长期模式研究。

---

① 考虑到高相关性的结果也可能来源于完全独立，我们希望通过测试排除方程不能为变量给出全面解释的可能。

四、研究行为、创新结果和经济绩效间的长期互动模式

研究的互动关系之所以复杂，是源于技术变革的必然要求，因而将这部分的研究重点集中在研发开展、创新结果（即创新活动现金流量）以及经济绩效（即利润增长额）三者的动因。

对于研发、创新、产能三者间的联系，Crepon（Duguet 与 Mairesse 1998）和 Parisi，[Schiantarelli 和 Sembenelli（2006）[1]]均曾给出方法并应用于创新过程的研究；这些分析都尝试对其进行分解，分为以下三阶段进行研究：a) 创新目标的设立；b) 创新投入与产出的关系；c) 创新成果在经济上的表现（通常是生产效率）。

但是，这样看就重点强调了从 a 到 c 的流程顺序，必须建立在"创新来源于研发而过程固定"的理论基础之上。

而我们的研究则以一种复合眼光，从区分技术、成本优势着手，考察了特定变量对其加以区分，并对创新活动的种类进行了系统整合，研究探索了创新行为、结果与经济绩效之间的联系。其中相比原有文献，最大优势在于：

首先不想当然地以模型把创新标准建立为研发结果的表现形式；相反，考虑了技术和成本优势两种战略因素选择的作用，对研发行为的部门差异进行了区分处理，符合进化论以及 Schumpeterian 新论提出的技术范式[2]多样观点。

其次考虑到，利润不仅体现为创新的成果和主要策动力，更以经济形式作用于创新的开展[3]，因而从累积性和反馈效应出发，建立了一个时距结构模型。

此外，还考虑了技术的行业和经济的结构（属性引起的）特点，从行业的层面进行分析，在第一部分给出的 SID 基础上，将考查范围拓展到了服务性行业。

在这一部分中将给出三个模型，分别针对：a) 利润增长；b) 创新增加现金流量份额；c) 单位劳动力研发投入的决定性因素给出解释。

在以下部分中，将系统地结合三个方程，考察各变量同时期的决定因素以及反馈效应是否存在。

为了估计 SID 数据库系统的效用，使用两阶最小二乘法（Two-Stage-Least-Squares，之后都用 2SLS 替代说明）对系数进行识别以减少测试的假设基础。众所周知[4]，系统 2SLS 用于方程组与用于一组方程的效用相同。在选择估计量上，需要对效度和可比性给予权衡。鉴于样本量（的从行业数据中提取则不可避免）有限的原因，选择放弃效度确保可比性——因为其实，2SLS 法中只需验证各个方程内的正交关系，并不用保证照顾到整个系统[5]。接着，将采用适当的外部性分析方法（包括多元共线性及一些别的标准检验测试），注意确保每个方程所用指标一致，具体步骤将于后面的三个小节给出。

---

① （一个等式的）前期参考为 Geroski et al.（1993），Dosi（1982）和（1988）；Pavitt（1984）；Malerba（2002）、（2004）；Freeman（1995）
② 见 Dosi（1982）、（1988）；Pavitt（1984）；Malerba（2002）、（2004）；Freeman（1995）．
③ 参见 Hall（2002），O'Sullivan（2006）．
④ 见 Wooldridge（2002）p 192
⑤ 见 Wooldridge（2002）p. 199

此外，相比过去的研究，还引入了时距概念，计算了三方程各自最适的延迟时间。

时间结构问题值得深究。因为滞后四年的 CIS 调查结果数据取样时间为三年，而 STAN 数据的取样时间则为一年，故必须加以协调。为此，在考虑了滞后效应长度为四年（1996 年、2000 年、2004 年）的前提下，最终选择以 CIS 的最后一年[①]为基年确立了时间参考指标，从 CIS 各轮调查中提取最后一年的数据，并从 STAN 数据中找出相应值。然而，2004 年技术发展的影响需要 2008 年的数据分析得到，但 STAN 数据库尚未更新到这一年。

我们将给出具体实验步骤。首先在进行估计之前，所有测试数据都进行了一阶（log-）求导以控制未观察到的外部性。由于 2008 年的新数据尚无从得到，在不影响随机误差的基本假设下寻找有效数据代替一阶求导。还对各时间窗口进行了时间跨度分割。这一步仅仅相当于一个线性变换，不会影响存在扰动项的假设。以上步骤的实质就是用年均变化率替代长期变化率。如此就可将必需数据的范围限制在 2006 年（即可得最新数据）了。第一期为 1996—1999 年直接平均的结果，第二期为 2000—2003 年直接平均的结果，第三期为 2003—2006 年直接平均的结果。[其中对时间窗口进行小幅调整（即不采用 1996—2000 年，2000—2004 年，2004—2006 年）是为保证时间跨度能达到必要长度]

（一）利润方程

第一个方程研究的是利润的决定因素。这里引入一个与技术相关的供应方变量和一个需求方变量，给出一个有误差成分的基准方程（1）：

$$\log(\prod\nolimits_{ijt}) = a_0 + a_1\log(d_{ijt}) + a_2\log(inn.perf_{ijt} - 1) + \varepsilon_{ij} + u_{ijt} \quad (1)$$

其中 i 为行业，j 为国家，t 为时间。仍采用了 Schumpeterian 的观点，假设技术影响有滞后作用。求导去除时间差异影响后可得方程（2）：

$$\Delta\log(\prod\nolimits_{ijt}) = a_1\Delta\log(d_{ijt}) + a_2\Delta\log(inn.perf_{ijt} - 1) + \Delta u_{ijt} \quad (2)$$

其中以经营盈平均变化率计量利润变化率，以附加值变化率计量需求增加率，并以各期 CIS 创新增加现金流量差额计量创新成果增长率，得出假设方程（3）如下：

$$rateOS_{ijt} = a_1 rateVA_{ijt} + a_2\Delta INNturnover_{ijt-1} + \Delta u_{ijt} \quad (3)$$

其中 $rateOS_{ijt}$ 和 $rateVA_{ijt}$ 分别是经营盈余和附加值 $t-1$ 到 t 间的年均复合增长率。

由此看出，利润增长由反映 Schumpeterian 利润的滞后创新成果产出变量和反映市场拓展的需求增长变量（以行业附加值变化量计）决定。

固定效应排除后，我们还需解决各次观察行业不同导致的数据分组不均问题。由于数据分组不均将导致 OLS 估计量前后不可比，因此必须进行加权处理。此处采用加权最小二乘法[②]（WLS）。接下来对经过处理的基准假设方程进行鉴别，具体过程如下。

表 26 为同方差性的 Breusch-Pagan 检验（未被拒绝）、多重共线性的方差膨胀因子

[①] 有关变量（包括创新活动开支在内）均来自 CIS 最后一年调查结果。
[②] 按照标准程序采用员工人数为权数。

检验，以及外部性检验①。

表26 利润方程验证测试

Breusch – Pagan 检验	
Chi2（1）	11.04
P值	0.0009
多元共线性	
平均方差膨胀因子	1.02
外部性	
T统计量（创新产出利润额）	-0.16
P值	0.87
T统计量（附加值变化）	-0.56
P值	0.57

结果未拒绝方程，于是（由于 Breusch – Pagan 拒绝了同方差性的原假设）采用估计的稳健标准误差；于是解释变量正交于误差项，不存在多重共线性，故可以采用稳健误差 WLS。

接下来将计算最适合第一个方程的滞后量。如表27示，方程只和当期需求和一阶滞后创新成果有关，因而基准方程中采用二阶滞后转换变量。

表27 利润方程滞后结构效应

	(1)	(2)
附加值	1.15 [6.17]***	1.50 [6.63]***
附加值（一阶滞后）	-0.02 [0.84]	
创新产出营业额变化（一阶滞后）	0.11 [1.83]*	0.45 [2.72]***
创新产出营业额变化（二阶滞后）		0.31 [1.24]
常量	-3.19 [4.23]***	-0.96 [-0.46]
样本容量	230	74
平方差	0.24	0.27

因变量：运营盈余复合增长率

使用稳健标准差加权（员工人数）WLS

括号中为 t 统计量

* 为10%误差水平，** 为5%误差水平，*** 为1%误差水平

---

① 我们采用了一系列工具指标（包括滞后的附加值变化率、虚拟国家变量、企业平均规模，以及有意拓展市场的企业占行业份额）对解释变量进行了回归，计算残差并代入方程再次进行了稳健标准差 WLS 测试。其中回归系数的 T 检验方程本质为外部性的测试，且具体过程在 Wooldridge（2002，p.118）中给出。由于对现金流量和增长模式都存在影响作用，虚拟国家变量也被纳入考虑范围，因而无法通过一阶微分将其排除。还对延续作用进行了测试，但因变量滞后效应的相关性并不显著。

实证分析后方程未被拒绝,即清楚地证明了正常范围内滞后效应为显著相关。由此,可以保留方程(3)无需修改。

表27数据证明,利润的改变是由附加值增加(代表需求)与创新成功案例的出现(反映技术竞争力、供应结构,以及市场力量的演变进步)决定。但这两大主要因素有一根本差别,即需求是当期活动的现时结果,而技术的进步则需要经过一段时间才能产生影响力作用,也即Schumpeterian体系中典型的技术变革反复试验特征(见表28)。

表28 利润方程验证测试

Breusch – Pagan 测试	
Chi2(1)(卡方)	171.50
P值	0.0000
多元共线性	
平均方差膨胀因子	1.02
外部性	
T统计量(SSUP)	−0.08
P值	0.94
T统计量(附加值变化)	−1.91
P值	0.06

(二)创新成果产出方程

在第二个方程中,将研究的是创新成果产出变量。考虑的方法,同一系列近代文献(包括Pianta,2001;Crespi与Pianta,2008;Bogliacino与Pianta,2008;Pianta与Tancioni,2008;Vaona与Pianta,2008)一样,是由第三部分分析的技术优势和成本优势两种指导战略进行研究。这两种战略是从Schumpeterian最初对产品创新和工艺创新的原始分类发展而来,由于是在Schumpeterian中对产品和技术创新的最初分类基础上产生,且观测到的相应创新和经济最终结果大相径庭。

因此由科布·道格拉斯生产函数得出的技术能力见方程(4),为研发资本存量(内源创新成果产出)、外来技术资本存量(表现为机械、设备以及中间产品的形式)和需求的因变量:

$$\log(INNCAP_{ijt}) = \beta_0 + \beta_1 \log(MACH-stck_{ijt}) + \beta_2 \log(R\&D-stock_{ijt}) + \beta_3 \log(d_{ijt}) + U_{ij} + v_{ijt} \quad (4)$$

再求一阶导数消除时间差影响,得方程(5):

$$Inn.perf_{ijt} = \beta_t \Delta\log(MACH-stock_{ijt}) + \beta_2 \Delta\log(R\&D-stock_{ijt}) + \beta_3 \Delta\log(d_{ijt}) + \Delta v_{ijt} \quad (5)$$

这样即可以创新成果衡量创新能力。研发资本存量变化率,以研发资本存量净现金流量计量,简称研发(由于研究的是行业层面,故而采用单位劳动力的投入额进行计算)。同时,为了对外源技术获取进行计量,引入了"以供应商为源头开展创新的企业比例"（即 SSUP）这一变量①；而需求变化依然以附加值年均变化率计量。

$$Inn.\ perf_{ijt} = \beta_1 SSUP_{ijt} + \beta_2 ex - R\&D_{ijt} + \beta_3 rateVA_{ijt} + \Delta v_{ijt} \tag{6}$$

此处创新成果以创新增加现金流量②计，得出方程（6）即系统的第二个方程。

由此可得，创新为企业所增加的现金流量就可以通过供方行为主导的技术优势（以单位劳动力研发产出计）和成本优势（以供方提供的机械与中间投入与创新间的相关性显著程度计）的扩大，以及需求扩大（以行业增加值变化量计）的共同影响。

于是，又要以同样的方法测试对其进行鉴别。经过实证推理（且我们考虑的方法支持），研发投入是内生变量，但事实上它是一个路径依赖型自回归变量。

创新能力是由过去和现在开展的研究活动所决定的，因此将充分考虑其自身的一阶滞后效应、虚拟国家变量、时间趋势、需求增长以及其滞后效应、依赖供应商开展创新的企业占行业比例、有意拓展市场的企业占行业比例，以及企业平均规模对其进行研究。

因此只给出 SSUP 和需求两个变量的外部性测试（使用回归方程为稳健标准差加权 2SLS）。

外部性在 5% 的显著性水平未被拒绝，因此可以确认使用上述工具变量以及稳健标准差加权 2SLS 方程式。

现在开始将考察滞后效应的结构。（其中，由于尚无有效证据显示过去的需求对现期创新活动现金流量有影响，故仅考虑当期需求。）

由表 29 中显示的结果看，各指标的测试结果与预期相同，研发（除一阶滞后效应结果不显著外）满足滞后效应结构方程。同时使用 SSUP 与一阶滞后 SSUP 时出现了方差膨胀问题，使用经验数据时不能辨别出显著相关性。但是只要（在通过识别前提下）控制时间变量就考察到新技术应用的影响，从而得到结果相对明显。

表29　创新成果产出方程

	(1)	(2)
单位劳动力研发投入	4.55 [3.32]***	1.88 [2.98]***
单位劳动力研发投入（一阶滞后）	-1.17 [-1.31]	
技术运用	0.14 [1.92]*	0.089 [1.65]
技术运用（一阶滞后）		0.13 [1.44]
附加值变化	0.07 [0.33]	0.10 [0.53]

---

① 之所以选用该变量而非机械增加投入，是因为 CIS 数据的是实证经验证明，采用新机械与设计和产品改进在节省劳动力效果上不能体现出明显的区别。更多细节参见 Pianta and Bogliacino（2008）。

② "改进或新产品增加现金流量"变量经反复验证公认有效，且达到 0 或 100% 的几率都不大，（尚未观测到此二极端数据），因此应用线性方程当不会产生特别的问题。

续表

	(1)	(2)
常量	6.94 [5.09]***	6.02 [3.24]***
样本容量	145	144
***（无偏）平方差	0.47	0.72
***（Overspecification – 过度识别？）测试（Hansen J 统计）	0.47 10.65	0.72 15.42
P 值	0.15	0.05

因变量：创新产出营业额份额

稳健标准差加权（员工人数）2SLS

内生变量：研发投入

排除指标：一阶滞后研发、虚拟国家变量、时间趋势、需求增长的滞后、有意拓展市场的企业比例，以及企业平均规模。

括号中给出的是 Z 值。

* 显著性水平为 10%，** 显著性水平为 5%，*** 显著性水平为 1%。

上述方程使用经验数据分为技术优势和成本优势两种不同战略分别考察，突破了传统方法的限制，加深了对创新成果形成的理解。由于创新的途径多种多样，从而经济影响各异，因此考察的企业可以任意。

所得结论如我们预期，研发滞后效应相关性并不显著。在后面一小节验证研发为过程依赖型自回归变量，以及控制时间变量可以观测到延迟效用。

（三）研发方程

最后，从 Crepon et al.（1998）与 Parisi et al（2006）方程出发，为研发投入建立一个方程（7）。首先进行一阶求导消除固定效应：

$$\Delta \log(R\&D-stock_{ijt}) = Y_1 \Delta \log(R\&D-stock_{ijt}-1) + Y_2 \Delta \log(\prod_{ijt}) + Y_3 EMAR_{ijt}$$
$$+ Y_4 OPP_{ijt} + Y_5 size_{ijt} + \Delta z_{ijt} \tag{7}$$

基准方程中的研发资本存量（以研发资本存量增加现金流量计）为自回归变量；又由于投资创新存在风险（见 Hall，2002），从金融市场获得资金比较困难，故研发活动的开展只能依赖于内源融资，因而具有路径依赖性。接下来将部门平均企业规模加入方程，以测试 Schumpeterian 在旧理论中提出的研发与企业规模联系假设（参见 Cohen et Levine，1989）。另外还加入了"为拓展市场开展创新的企业比例"（EMAR）[①]这一创新目标的描述变量以研究此类目标对创新是否有进一步推动作用。最后还考虑了由进化论提出的"存在的机遇"这一重要概念，即技术进步必要过程允许范围内[②]的潜在改进可能性。

机遇难以计量，因此就为其建立一个变量：主体劳动力生产效率与样本（即所涉

---

① 动态角度可认为其衡量了需求增长期望值。
② 见 Malerba（2002）and Breschi et al.（2001）.

的欧洲 8 国）中行业最佳水平的差距百分比。

标准定义可以参见（8）：

$$OPP_{i,j,t} = 100 \frac{|LP_{i,j,t} - LP_{i,j,max,t}|}{LP_{i,j,max,t}}$$
$$i \epsilon NACE, j \epsilon \{DE, ES, FR, IT, NL, PT, UK, NO\} \tag{8}$$
$$jmax = \{\bar{j} \mid LP_{\bar{ij}t} \geqslant LP_{i,j,t}, \forall j\}$$

这个变量正确理解应为：仅通过投资就可以赶超的劳动生产率差距。它与科技、正式概念研发等无关[①]。将在过后给出期望值的研究，当前暂时假设其与研发活动的力度相关性不显著。

要记得以单位劳动力净现金流量计量研发资本存量变化率［见方程（6）］，由此可给出假设方程（9）：

$$R\&D_{ijt} = Y_1 R\&D_{ijt-1} + Y_2 rateOS_{ijt-1} + Y_3 EMAR_{ijt} + Y_4 OPP_{ijt} + Y_5 size_{ijt} + \Delta z_{ijt} \tag{9}$$

上述方程中，考虑到有干扰项作用，认为研发现金净流量的滞后为内源变量。考虑到研发有助提高产能及发现新机遇的学习机制原因，对于研发相关的诸有待学习进步的指标，也将其视为内生变量。排除指标：需求变化率，虚拟国家变量[②]，及 SSUP 的滞后。

识别测试方程采用的方法可参见表 30。其中外部性测试估计方程为稳健方差加权 2SLS，包含的内原变量及外部指标如上所述，此处仅给出规模变量外部性测试结果（采用滞后利润、EMAR 概念上非内源）。

表30 研发方程式验证测试

Breusch - Pagan 检验	
Chi2（1）	972.20
P 值	0.0000
多元共线性	
平均方差膨胀因子	1.12
外部性	
T 统计量（规模）	-0.06
P 值	0.52

接下来对滞后模型中研发与内源因素间的联系进行了研究。给出估计方程和第二阶段延迟利润增长率，分别进行 z 统计分析。

数据未拒绝基础方程。且表 31 的结果可证明，研发活动有累积性（前期研发高度相关）且依赖于一阶滞后利润支持，且其中劳动生产效率落后越少相关性越显著；又企业规模效应相关系数为负且接近于零，拒绝了企业规模影响研发的传统假设；而市场拓展的目标相关性不显著。

在此基础上，将该方程滞后结构中的研发和利润调整到一阶滞后。接下来就可以将

[①] 它也可以被解释成推动技术前沿前进的竞争压力；两者差距越大，这种压力作用越小。
[②] 由于时间跨度上的限制，与常量呈共线下降的时间模型不适用于第一阶段回归。

三个方程结合进行系统研究。

表31 研发方程

	(1)
单位劳动力研发投入（一阶滞后）	0.92 [7.97]***
利润增长率（一阶滞后）	0.06 [2.41]**
利润增长率（二阶滞后）	0.00 [0.21]
规模	−0.00 [−2.20]*
机遇	−0.02 [−2.73]***
拓展市场的创新目标	−0.01 [−0.76]
常量	1.31 [2.87]***
样本容量	186
***(Uncentered－无偏）平方差	0.58
***(Overidentification－过度识别）测试（Hansen J 统计）	19.00
P 值	0.01

因变量：单位劳动力研发投入
稳健标准差加权（员工人数）2SLS
内生变量：研发投入（一阶滞后）及 OPPO（劳动生产率水平与欧洲最佳水平差距百分比）。
排除指标：一阶滞后研发、虚拟国家变量、需求增长及 SSUP 滞后效应。
括号中给出的是 Z 值。
* 显著性水平为 10%，** 显著性水平为 5%，*** 显著性水平为 1%。

五、研究活动、创新结果以及经济效应间的长期互动机制

为将三个模型结合，并就反馈结果给出分析，将在以下系统中将三个方程进行合并，得方程（10）。

$$\begin{cases} rateOS_{ijt} = a_1 rateVA_{ijt} + a_2 \Delta u_{ijt} \\ INNturnover_{ijt} = \beta_1 SSUP_{ijt} + \beta_2 R\&D_{ijt} + \beta_3 rateVA_{ijt} + \Delta V_{ijt} \\ R\&D_{lijt} = r_1 R\&D_{ijt=1} + r_2 rateOS_{ijt=1} + r_3 EMAR_{ijt} + r_4 OPP_{ijt} + r_5 size_{ijt} + \Delta z_{ijt} \end{cases} \quad (10)$$

结果与假设一致，且明显符合前述的理论背景。

假设利润方程中需求和创新成果的滞后效应与经营盈余明显相关。

在创新成果方程中，假设研发相关性显著，即能够体现科技进步和新产品的技术优势作用。同时假设"通过供应商开展创新"（SSUP）的相关性显著，即能够体现技术优势，以及行业相对地位提高的影响。而需求一方面引入（包括创新引起的）现金流量增加，另一方面又能帮无创新企业抢夺市场份额、削弱了创新竞争的压力，两力相抵因此作用不大。

最后是基于研发方程，给出的假设是，研发有过程依赖性且与其因变量的滞后显著相关。研发活动的开展，依靠的是滞后利润对内部科技进步的资金支持。行业承受的研发压力大小，与其和技术水平最优国的最优水平间的差距呈负相关，则可以如此定义机遇这个变量，即技术发展固定模式下投资与模仿可弥补的效率差距，那么对于技术领先企业而言，只有研发才能提高效率以保持其竞争优势。接着，基于 Schumpeter Mark II 模型推翻前论 Schumpeter Mark I[①] 技术发展"涵盖面愈宽"论所提出的"影响力加深"假说，引入企业规模变量以检验其与研发活动数量间的关系。根据这些变量给出的结果，将得到三个方程模型描述欧洲工业的效度。此外，假设拓展市场的目标与创新间的相关性为显著，也即存在这样一种区别于研发的特殊市场力量，与其协同拉动技术相关活动的开展，共同扩大技术优势。

结果

各个方程的结果将分列于三个表（表32～表34）中给出，估计样本为制造与服务业的总体样本，及制造业单独样本两个。其中后者与前期 Crepon et al.（1998）and Parisi et al.（2006）等不涉及服务业的研究文献可比。

实验结果证明了假设，说明给出的模型方程有效，估计量准确。

利润方程中，需求增长和滞后的创新成果都呈现出了明显正相关性，制造业单独样本与总体样本非常接近。

创新成果方程中，研发增加的技术优势，与外来技术形成的成本优势，均与创新活动现金净流量正相关；需求增长（以附加值计），以其自身"拉"高创新利润和"推"动非创新产品两力对冲，抵消了影响；而当被单独放在制造业样本中时，后者则显现出一定相关性。此外，鉴于供方独撑创新力量有限而不能增产，外来技术显示结果为不相关；制造业单独而言，外来技术（特别是新机械）应用的最大成果是大规模重组成功削减的劳动力成本（见 Bogliacino and Pianta 2009a）。

最后，研发方程给出三个重要结果。首先，实证表明经济产出反作用于研发，利润则明显落后于总体样本和制造业；其次，技术进步与研发过程均有依赖性，而后者一阶滞后效应显著；再者，行业技术排名越前研发压力越大，而机遇变量显著负相关。以上结果均为两个样本共有。企业规模于总体为无关，制造业样本为适度关联；市场拓展意图为确定不相关；而研发滞后则关联于技术导向行业方方面面。

这个研究的优势主要在于其对滞后与反作用效应的考虑，以及以系统形式给出的三个关系方程，就欧洲创新以及经济绩效间复杂的互动关系给人带来启示。研究结论表明，

[①] 参见 Breschi et al.（2001）. 涵盖面的拓宽，主要反映的是新生力量和创造性破坏打造的技术进步，而影响力加深，则多见于累积效应与准入门槛影响大（因而成就了企业规模）的部门发展轨迹。

利润的增长是需求与增加值施以"拉力"、及创新成果滞后产出"推力"共同作用结果。而此二力，则又来源于研发推动的技术优势，以及外来技术（体现为新机械购置和中间投入）增加的成本优势两者的共同影响。两战略可以共存，但各行业总有各自主导的一方。因而进行行业对比时有必要同时进行细致的考察。

表32　研发方程

	（1）样本整体	（2）制造行业
单位劳动力研发投入（一阶滞后）	0.92 [7.97]***	0.79 [6.73]***
利润增长率（一阶滞后）	0.05 [1.87]*	0.06 [1.92]*
规模	−0.00 [−0.70]	0.01 [1.91]*
机遇	−0.01 [−2.71]***	−0.05 [−2.57]**
拓展市场的创新最终目标	−0.00 [−0.03]	−0.04 [−1.51]
常量	0.78 [1.79]*	1.95 [2.17]**
样本容量	301	134
***(Uncentered – 无偏）平方差	0.68	0.72
***(Overidentification – 过度识别）测试（Hansen J 统计）	10.17	12.96
P 值	0.25	0.11
第一阶段		
F 检验模型（OPP）	38.86	18.67
P 值	0.0000	0.0000
F 检验模型（一阶滞后研发）	3.51	19.62
P 值	0.0002	0.0000

因变量：单位劳动力研发投入

稳健标准差加权（员工人数）2SLS

内生变量：研发投入（一阶滞后）及机遇（劳动生产率水平与欧洲最佳水平差距百分比）。

排除指标：一阶滞后研发、虚拟国家变量、需求增长及SSUP滞后效应。

括号中给出的是 Z 检验量。

*显著性水平为 10%，**显著性水平为 5%，***显著性水平为 1%。

表33 创新成果方程

	（1）样本整体	（2）制造行业
单位劳动力研发投入	2.20 [3.27]***	1.96 [2.98]***
技术应用	0.13 [2.62]***	0.07 [1.21]
附加值变化率	0.11 [0.61]	-0.72 [2.88]***
常量	8.20 [7.09]***	9.32 [5.86]***
样本容量	145	100
***（Uncentered-无偏）平方差	0.74	0.48
***（Overidentification-过度识别）测试（Hansen J 统计）	14.19	20.74
P 值	0.07	0.00
第一阶段		
F 检验模型（研发）	5.80	5.56
P 值	0.0000	0.0000

因变量：创新产出营业额份额

稳健标准差加权（员工人数）2SLS

内生变量：研发投入比例

排除指标：一阶滞后研发、虚拟国家变量、时间趋势效应、需求增长滞后效应、有意拓展市场的企业比例，以及企业平均规模。

括号中给出的是 Z 值。

*表示显著性为10%，**表示显著性为5%，***表示显著性为1%。

表34 利润方程

	（1）样本整体	（2）制造行业
附加值变化率	1.15 [6.33]***	1.08 [4.78]***
创新成果产出差异（一阶滞后）	0.11 [1.88]*	0.17 [1.97]*
常量	-3.21 [4.35]***	-3.11 [-3.05]***
样本容量	232	191
平方差	0.24	0.27

因变量：经营盈余复合增长率

稳健标准差加权（员工人数）2SLSl

括号中给出的是 Z 检验量。

*表示显著性为10%，**表示显著性为5%，***表示显著性为1%。

最后，还证明了研发活动存在累积效应以及过程依赖性：它们由滞后利润提供资金来源支持，活动规模与企业的行业技术排名正相关。然而由于欧洲制造业、服务业变革的影响，传统认为存在的企业规模相关性，最终被测试拒绝。

研究得到的这条结论，使我们对创新与其经济影响的长期关系，能以一种更为全面复杂的眼光视之。报告围绕技术与成本优势两大对等战略的影响作用，以及技术优势战略下利润、研发与创新成果三者间的反馈延迟，充分体现了创新的内在特性、动态机制及外在影响几大关键因素。

制造业、服务业总体样本与制造业单独样本两者之间比照结果同样有趣。总体而言，一众前人之作（Crespi and Pianta, 2008a，b; Pianta and Tancioni, 2008; Bogliacino and Pianta 2009a，b）可予证实，即若以技术活动的各类各关联因素论，制造或服务也无多大差别。其中制造业的创新成果产出，为由研发"推动"而非需求"拉动"，而决定于外来技术的成本优势，则易导致就业下降而创新得到现金净流量增加。在一些服务行业不得重视的研发开展，与研发的累积效应、滞后利润、以及发展技术优势在制造和总体样本中相关性同重。而唯有企业规模的影响是单独存在于制造业。这其中应有 Schumpeter Mark II 模型主导性影响作用。

最后，对三大方程中滞后的结构性作用进行了深入分析。由于牵连到学习、研发、技术结合产生市场及经济影响前的时间，它是一个重要的课题。而此前的研究却多于注重部门间差异的研究，因而大多忽略该项研究。而在研究中既使用了 SID，又覆盖了三期 CIS 的时间跨度，从而记录到了滞后效应带来的影响，进而得以对其长度进行分析，得出其中最主要的有盈利滞后对研发的影响、前期研发对当期研发的影响、以及创新现金净流量滞后对利润的影响，且延迟时间在三年至四年的滞后效应影响最大。

六、结论

本报告针对创新与其成果间的长期关系进行了研究。首先给出了一种原始概念，接着对各概念和数据的有效性进行了严格的测试，最后建立了一套模型，通过三个方程式同时为欧洲 8 大国生产及服务业中的创新成果以及利润增长的决定因素给出了解释。主要结论可概括如下：

A. CIS 调查数据结果可以为不同行业和国家创新成果的长期规律分析提供强大有效的数据基础。进行的研究都提供了有力基础。列示于第一部分中引起行业间和国家间数据差异的主要指标，在取样时间范围内呈现出稳定态势，且由第二部分中细节化测试可知它们在之后三轮 CIS 调查中结果一致。因此所采用的 SID 数据库中 CIS 调查数据指标可以为创新的长期、行业与国家规律的研究提供有效数据。

B. 如第二部分所介绍，长远来看，行业特性对创新活动的结构层次塑造过程影响似乎比国家差异更大。这为大量文献的论点提供了验证，并进一步体现了本文一样行业与区块层面上进行分析的重要性。

C. 第三部分应用了一系列的创新指标，对技术优势和成本优势战略两者差异的影响作用进行了分析。该方法有效地对各种技术变革进行了总结。两种不同战略可以共存于同一企业或行业，但已有理论确认某些行业中一方将占领主导的地位。从本报告可以看到，由于专业结构差异和周期因素等的不同，不同国家在长期中呈现的相似性和不同时间节点数据的稳定性，在技术优势战略条件下（如研发、产品创新）更为明显，而在反映成本优势主导的指标（如新机器购置支出、工艺创新支出）中则相对较弱。

D. 在第四部分中，针对技术变革及其对经济的影响间复杂的长期关系建立了三个方程，以阐明研发、创新成果（创新所形成的利润）以及经济成果（利润增长）间的联系。模型可以概括如下：

单位劳动力研发产量的影响因素包括研发的累积性效应，（为研发提供资金支持的）利润增长滞后效应，行业与技术前沿间的距离，企业平均规模，以及为市场开发而制定的创新战略有效性。

创新带来的利润份额多少可由（以单位劳动力研发产量衡量的）技术优势投入增加，（通过新技术应用实现的）成本优势扩大（以机械和中介服务供应商供给与创新的相关程度衡量），以及需求增长（以行业附加值变化衡量）解释。

利润的增长（确切的术语是经营盈余）可归结为创新成果销售延迟以及需求上升的影响。

三个方程单独测试的系数与预期相同，且最终结果鲜明，证明这些模型能对影响技术变革过程及其经济成果的主要因素给出有效解释。

E. 知识、技术变革和经济成果动因间的时间落差显而易见。在第四部分中，对滞后作用的关联结构进行了细化分析，并发现其中盈利滞后对研发的影响，前期研发对当期研发的影响，以及创新投入资金回笼延迟对利润的影响作用较为显著。还对滞后时间长短进行了相关性检验，并发现时长在三年至四年的滞后相关性最大。

F. 如第五部分所示，三个方程结合恰当的滞后作用系统研究的结果，可以有效解释欧洲主要国家自1990年代中期至今的创新和经济成果相互间的作用规律。分析所使用的数据覆盖了38个行业，8个国家，以及（包括有滞后现象的指标在内）两个不同时间段，结果鲜明而可信。

利润的增长既归功于需求的增长，也不乏创新滞后的影响。而创新成果则是（研发相关的）技术优势和（外来技术支持的）成本优势共同作用形成，与需求增长关系不大。

研发活动的开展通常是研究实验、获利延迟、以及企业靠近技术前沿的行业位置对研发成果要求的压力三者的共同作用结果（研发滞后）。企业规模对创新的影响范围仅限于制造业内，而市场拓展计划则与创新联系不大。

G. 制造业和服务业总的结果与制造业单独的结果两者之间存在着一定的差异。前者中制造业中创新成果的产生是由研发"推动"而非需求"拉动"，而服务业以新技术运用为基础的成本优势战略带来更多的是就业率降低，而非创新资金运作加快。而于后者，制造业的研发（一定程度上）与企业规模有关。

因此制造业与服务业间的主要差异可以归结如下：服务行业创新的销售成果由技术运用所影响（可能需求增长也有一定作用），而制造业则非如此；与服务业不同的是，在制造业中，企业规模越大，对创新的重视程度也相应越高。

就我们所知，本研究所采用的分析方法是前所未有的。所建立的方程对利润、研发及创新成果三者的延迟效应和反馈机制给予了充分全面的考虑，所应用的数据也能够有效覆盖取样时间范围内的行业差异以及国家专业特长与动态机制，而这份研究成果结合了以上两者，其所给出的结论和解释，在以创新及其成果的长期规律为主题的研究中迄今为止当属最全面、最综合的一份。如分析所得，行业利润的增长是由需求扩张的"拉力"和创新成果的滞后"推力"共同作用而驱动；而上述二力，则又是由研发基础上的技术优势，和新技术运用而得的成本优势两者的配合作用所形成。研发是由利润，以及行业与技术前沿间的接近度（影响更大）所推动，经过一段时间的累积形成的。

此份报告着重对科技发展和经济进步在长期时间范围内的关键动态机制进行了探讨。由它的结论，可以就政策的制定给出以下三条值得探讨的建议：

1. 考虑到需求因素对创新和经济成果可能产生重大的影响力作用，而欧洲列国在政策制定上一向对供方行为给予的更多重视，加强行业需求的满足度将成为促进创新和增长的一个有力工具。

2. 由研究成果可以看到，存在于不同行业中的创新和科技战略，其本质是不尽相同的。因此，创新政策应当考虑到研发活动，市场拓展的行为，以及新工艺和新技术的运用对创新和经济成果所可能产生的各种影响作用，以及它们因行业而异的潜在影响作用。

3. 创新运作周转资金增加与创新经济效应加强之间的不协调、以及利润增长与研发重视度的增加之间的分歧，这些都已经看到。它们意味着要依靠着政策力量支持研发和创新在短期几年内产生经济成效是不可行的。

针对欧洲各国间特有的关系给出的这套方程组，将为今后政策工具的打造提供细凿的工具，最终有效引导技术变革以适当的速度，朝着正确的方向发展，从而保证经济得到持续发展。

参考文献

1. Francesco Bogliacino and Mario Pianta. Innovation performances in Europe：a long term perspective [R/OL]. 2009 – 03. http：//www. proinno – europe. eu/node/admin/uploaded _ documents/MERITBogliacinoPiantaFINAL. pdf.

上海交通大学　蒋云飞编译
水利部　刘澄洁；产业所　张崌喆校译

2010年科学与工程指标概览

编者按

通过对发达国家科技、高技术产业发展的研究有益于我们正确认识我国高技术产业和科技水平所处的历史阶段和地位,为此,我们组织相关人士编辑、摘译了美国的《2010年科学与工程指标概览》以飨读者。

引　言

美国国家科学委员会《2010年科学与工程指标概览》汇集了国际上和美国在科学和技术上的主要发展成就。2010年科学和工程指标中的指标来源于多个国家、国际、公共和私人资料,但在统计意义上可能没法严格类比。正如文中所指出的,一些数据比较薄弱;因此,重点是大趋势,个别数据点和结果应小心释义。

概述使用美国、欧洲联盟(欧盟)、日本、中国和其他亚洲经济体[亚洲9国(地区):印度、印度尼西亚、马来西亚、菲律宾、新加坡、韩国、泰国、越南和中国台湾地区]通用的、广泛可比性数据,研究了这些科技模式和趋势是如何影响美国的。该综述勾画了主要科技主题(the main S&T themes)的可分析框架和提纲,然后通过各种指标,如全球研发支出和人力资源,包括研究人员进行衡量,描述他们的研究成果,以及引文和专利的使用情况;然后转向国际高技术市场、贸易和贸易相关领域的增长和结构变化。

由于这份报告的数据没有包括从2008年开始的金融危机所带来的变化,所以该数据无法精确描述金融危机对世界科技企业造成的影响。因此,本报告讨论的趋势很可能已经以意想不到的方式有所改变。然而,过去十年间从基础研究到产品生产,高技术产品和知识密集型服务贸易行业的主要模式和趋势已发展成型；这也是未来任何改变的出发点。

全球科技变化的鸟瞰

20世纪90年代以来，全球市场自由化浪潮带来了一个互相连接的世界经济体系，这个体系以空前的速度在增长，同时还有无法完全解读的结构变化。许多发展中国家的政府开始把科技作为经济增长和发展不可或缺的部分，而且他们准备开发更多的知识密集型经济，因而商业开发和脑力劳动将会发挥更为重要的作用。

为此，发展中国家已经对贸易和外国资本投资开放了市场，发展或重塑自己的科技基础、促进产业研发、扩展高等教育体系和构建本土研发能力。这大大扩张了全球研发活动，特别是发展速度最快的亚洲。政府也为此实施了促进东道主科技能力的政策，以确保科技能力成为其经济的竞争力。

美国仍在绝大多数领域的科技活动中保持领先地位，但在很多具体领域，美国的地位正逐步削减。其中有两点特别突出，一是除日本外的其他亚洲国家的科技能力快速增强，另一是欧盟取得的成绩促进了其在研发、创新和高技术领域上的相对竞争力。

由于中国和其他一些亚洲经济体［亚洲-9国（地区）］的快速发展，亚洲迅速崛起，正逐步超越日本成为世界主要的科技中心。所有国家都在寻求提高高等教育的质量和开发世界级的研究和科技基础设施。亚洲-9国（地区）为中国的高技术制造业出口，最近似乎也正在包括日本的高技术制造业出口，形成了一个结构松散的供货区域。日本，作为一个长期卓越的科技大国，正努力保持其在研究领域和一些高技术活动领域中的地位，但与亚洲-9国（地区）相比，其在所有高技术制造业和贸易领域的份额都在逐步缩小。印度的国内生产总值（GDP）增长率很高，相比之下，整体科技水平却刚刚起步。

欧盟在面对这些全球科技变化时，极大保持了自己的位置。在共同货币、无内部贸易和移民壁垒的支持下，欧盟实施了以创新为重点的政策。欧盟很多高技术交易都是和其他欧盟成员国进行的。由于公开宣布支持和开展内部合作，欧盟的研究能力很强。欧盟同样把重点放在提高大学质量和国际地位方面。

其他国家把在科技方面的高度关注作为经济增长的一种手段。南非和巴西起点很低，但呈现快速的科技增长率。在较发达的国家中，俄罗斯的科技能力建设仍在相对地位和绝对地位等方面持续奋斗，而以色列、加拿大和瑞士则是成熟的、高绩效科技能力建设的典范。

在这个不断变化的环境下，跨国公司正在寻求进入发展中国家市场，这些市场的政府为其提供奖励。现代通信和管理工具使那些定位于全球的企业可以充分利用广泛覆盖的、专门化的全球供应商网络。相应地，东道国政府通过在市场准入和经营等方面的附加条件以及技术外溢，提升了东道国的技术能力。西方跨国公司和日本跨国公司通过在发展中国家设立总部，正在大力进入全球科技市场。

研发支出的全球扩张

在卓有成效的发展中，全球研发支出已在11年中翻番，增速比全球经济总产出的增速还要快。该指标从 1996 年的 5 250 亿美元增长到 2007 年的约 1.1 万亿美元（图 O - 1）。对图 O - 1 所示的每年具体数据点并非一个精确的估计值，但稳定的上升趋势表明快速增长的全球专注于创新。

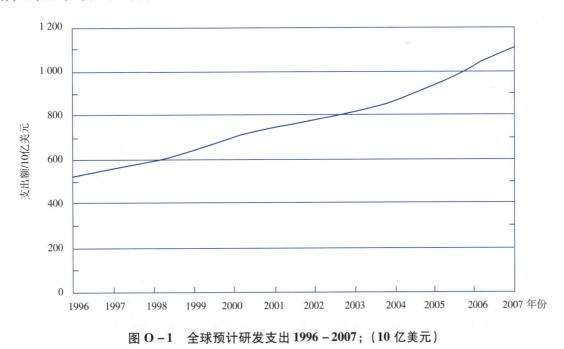

图 O - 1　全球预计研发支出 1996 - 2007；（10 亿美元）

来源：经济合作和发展组织，主要科学技术指标（2009 年 1 月及以往年份）；联合国教科文组织数据机构，http：//stats.uis.unesco.org/unesco/tableviewer/document.aspx?Resportld=143&1F_language=eng；国际科学基金，科学资料统计局特别制作 2010 科学和工程指标。
Science and Engineering Indicators 2010

美国仍是目前最大的研发支出国家。其 2007 年研发支出为 3 690 亿美元，超过整个亚洲地区的 3 380 亿美元和欧盟（欧盟 27 国）的 2 630 亿美元（图 O - 2）。美国 2007 年研发支出大体与紧随其后的 4 个国家（日本、中国、德国和法国）研发总支出相同。

如果研发支出是一项长期的创新投资，那么国家需要在此方面投资多少呢？上世纪 50 年代美国的目标是，到 1957 年，研发支出占 GDP 的 1%；近年来，许多政府在追求发展知识型经济的过程中，其愿景为研发支出占 GDP 的 3%；欧盟则正式将研发支出占 GDP 的 3% 作为其长期发展目标。

然而，几乎所有影响研发支出的决定都由产业决策，因此，使得政府无法通过直接控制而实现目标。在美国，产业研发支出相当于所有研发的 67%，而欧盟平均为 55%，但范围不确定（如德国为 70%，英国是 45%）。在中国、新加坡和中国台湾地区，产业研发支出都在 60% 以上。然而即使在只有少数几个国家能达到研发支出占 GDP 比例为 3% 的条件下，政府规划仍将研发支出占 GDP 比例作为体现创新能力的一个重要指标。

过去十年，许多亚洲发展中经济体明显提升了研发支出占国内生产总值的比例；相反，美国和欧盟基本保持稳定。日本研发支出 2007 年占 GDP 的 3.4%；20 世纪 90 年代后韩国研发支出占 GDP 的比例快速增加，到 2007 年达 3.5%。

中国研发支出占国内生产总值的比例增加一倍以上，由 1996 年的 0.6% 增长至 2007 年的 1.5%；在此期间，中国国内生产总值以年均 12% 的增速持续增长。而中国和发达经济体研发

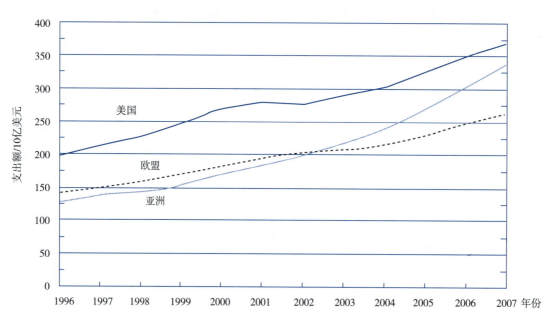

图 O-2 美国、欧盟和亚洲的研发支出 1996－2007 美元；(10 亿)

注释：亚洲包括中国、印度、日本、马来西亚、新加坡、韩国、中国台湾地区和泰国。欧盟包括27个成员国。

来源：经济合作和发展组织，主要科学技术指标（2009年1月及以往年份）；联合国教科文组织数据机构，http：//stats.uis.unesco.org/unesco/tableviewer/document.aspx? Resportld=143&1F_language=eng；国际科学基金，科学资料统计局特别制作2010科学和工程指标。
Science and Engineering Indicators 2010

支出占国内生产总值比例的差距表明，中国研发支出总量还可以继续快速增长（图 O-3）。

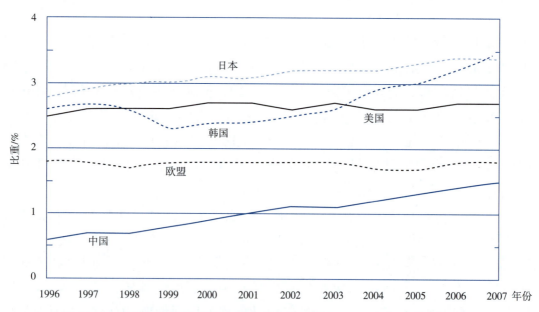

图 O-3 所选国家研发支出占经济支出的比重 1996—2007 所占 GDP 比重

EU：欧盟；GDP：国民生产总值

注释：欧盟包括27个成员国。

来源：经济发展合作组织

主要科学技术指标（2009年1月及以往年份）；
Science and Engineering Indicators 2010

海外发展篇

科技发达国家的十年研发增长率和发展中国家大为不同。美国、欧盟和日本未经通货膨胀调整的研发支出增长率年均为5%~6%。亚洲国家的差别较大，印度、韩国和中国台湾地区的研发支出增长率在9%~10%之间，而中国内地超过20%。亚洲研发支出的增长反映了国内外私人投资的增长；同样，公共投资也在增加，旨在通过支持发展知识型经济以提高经济竞争力的战略性策略（图O-4）。

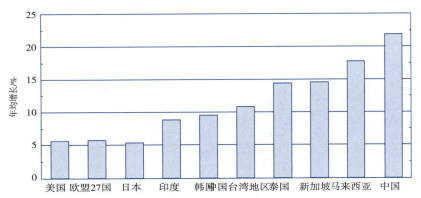

图O-4　1996-2007年间美国、欧盟和挑选的亚洲8国和地区经济体研发支出的年平均增长

来源：经济合作和发展组织，主要科学技术指标（2009年1月及以往年份）；联合国教科文组织数据机构，http：//stats. uis. unesco. org/unesco/tableviewer/document. aspx？Resportld = 143&1F _ language = eng；国际科学基金，科学资料统计局特别制作2010科学和工程指标。
Science and Engineering Indicators 2010

亚洲（除日本外）相对较快的研发增长导致科技发达国家和地区（美国、欧盟和日本）的研发支出占全球研发支出的比例不断下降。北美地区（美国、加拿大和墨西哥）的研发支出占全球研发支出的比例从40%下降到35%，而欧盟所占比例从31%下降到28%。在日本研发支出增长相对较低的情况下，亚太地区研发支出占全球研发支出的比例从24%增加至31%。全球其他国家研发支出占全球研发支出的比例则从5%增至6%，

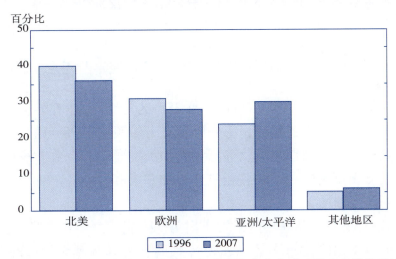

图O-5　世界主要地区1996年和2007年研发支出占全球研发支出的比重比较图

注：1996年全球研发支出总额为5 250亿美元，2007年的全球研发支出总额高达1.1万亿美元。
来源：经济合作和发展组织，主要科学技术指标（2009年1月及以往年份）；联合国教科文组织数据机构，http：//stats. uis. unesco. org/unesco/tableviewer/document. aspx？Resportld =143&1F _ language = eng；国际科学基金，科学资料统计局特别制作2010科学和工程指标。
Science and Engineering Indicators 2010

增幅不大。但研发支出总量的大幅增长，表明世界各国都广泛地认识到研发支出对经济发展的重要性（图 O-5）。

跨国公司海外研发

亚洲研发支出的转移，也特别体现出了跨国集团和它们持有多数股份的海外子公司研发资金流动的走向（图 O-6）。

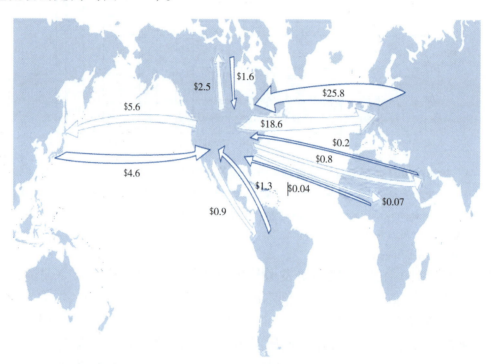

图 O-6 2006 年外国公司美国分公司、投资财团的研发活动，以及美国跨国公司国外分公司和本地财团的研发活动。美元（10 亿）

注释：初步估计

来源：美国国外直接投资调查，经济分析局；美国海外直接投资调查，见附表 4-32 和 4-34。
Science and Engineering Indicators 2010

美国跨国公司的海外研发支出（2006 年是 285 亿美元），正在转向新兴的亚洲市场，除日本外，在新兴亚洲市场的跨国公司海外研发支出份额从 1995 年的 5% 增至 2006 年的 14%。这种转变主要源于美国在中国、韩国和新加坡的子公司。在 1995 年，90% 的美国跨国公司海外研发支出都集中在欧洲各经济体、加拿大和日本；然而到了 2006 年，这些经济体所占比例下降至 80%。

在美国，海外跨国公司 2006 年的研发支出为 343 亿美元。海外跨国公司的研发支出占所有美国企业研发支出的比例从上世纪 80 年代的不到 10% 增至当前的 14%。

全球高等教育和劳动力发展趋势

现在没有对全球科技劳动力的全面衡量，但零星数据表明，追求高等教育的个人数量在快速增长，特别是在发展中国家。近十年，新科技学位数量持续增加，包括自然科学和工程学位，发展中国家学位颁发的增长已削弱了发达国家在高等教育领域的优势。

世界范围内，拥有高等教育的人口比例继续增加。1980 年和 2000 年，人数增加了 1.2 亿，从 7 300 万增至 1.93 亿人（图 O-7）。发展中的亚洲经济体中，获得高等教育的人口数量增长最快。中国、印度、韩国、菲律宾和泰国的比例总和，从占全球拥有高等教育人口的 14% 提高到 25%。2000 年，这些亚洲国家接受高等教育的人数达 4 900 万，几乎和美国相当；而在 1980 年，这些国家还不到美国的一半。不完全的国际学位数据趋势表明，亚洲获得高等教育的人口数量仍在继续增长且增速可能还在加快。

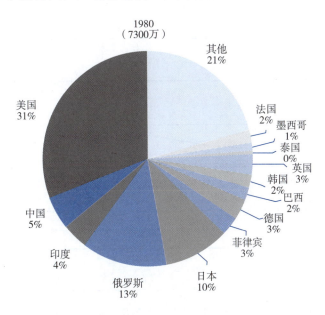

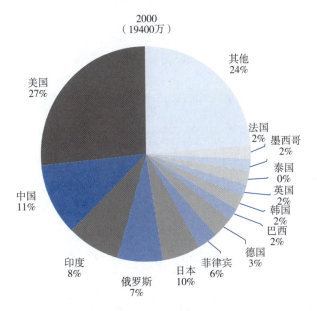

图 O-7　1980 年和 2000 年 15 岁及以上人口高等教育情况，以国家和经济体为统计单位

注释：由于圆形结构，数据不能累加。

来源：Barro RJt Lee J，国际受教育数据：更新和应用。国际发展论文中心 No.042（2000）。

http：//cid. harvard. edu/cidwp/0.42. htm，2009 年 9 月

Science and Engineering Indicators 2010

日本和许多西方国家目前十分关心保持落后学生对自然科学或工程学（NS&E）和对知识密集型经济有用的技术技能和知识的学习兴趣。在发展中国家，大致与美国学士学位相当的，一流大学的自然科学或工程学学位数量仍呈上升趋势；特别是中国，从1998年的23.9万人增至2006年的80.7万人。日本和韩国2006年自然科学或工程学的学位总和接近该年度美国自然科学或工程学学位的数量（大约23.5万人），尽管美国人口数量相对较多（美国人口数量3亿，而日本和韩国的人口数量为1.75亿）（图O-8）。

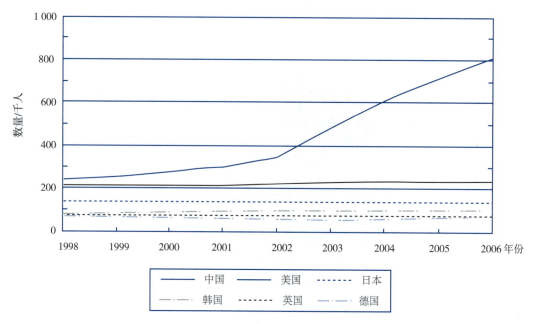

图O-8　1998-2006年挑选国家的自然科学和工程类本科学位

注释：自然科学包括物理、生物、大地、大气、海洋、农业、计算机科学和数学
来源：中国：中国国家统计局；日本：日本教育部文化、体育、科技和高等教育局文部省调查数据
韩国和德国：经济合作发展机构
英国：高等教育统计局
美国：国家教育统计中心、中等教育教育后数据系统；国家科学基金会科学资料统计局，科学与工程集合数据系统：http://webcaspar.nsf.gov
Science and Engineering Indicators 2010

自然科学或工程学位的增加不仅包括一流大学的学位增加，而且也包括完成进修的学位认证的增加。20世纪90年代以来，在日本和印度，授予自然科学或工程博士学位的数量增加了七成——日本大约7 100人，印度大约7 500人。同一时期，在韩国，授予自然科学或工程博士学位的数量增长三倍，大约为3 500人。中国国内的自然科学或工程博士人数更在此期间增长十倍，2006年接近2.1万人，已接近在美国授予的自然科学或工程博士学位数量（图O-9）。

2002年后美国自然科学或工程博士学位的增加，主要是授予给了临时和永久签证持有者，他们在2007年得到美国2.25万个自然科学或工程博士学位中的1.16万个。2006年以来，外籍人士获得了超过一半的美国自然科学或工程的博士学位。这些学生中有一半来自东亚地区，其中大部分来自中国（31%）、印度（14%）和韩国（7%）。

对工程学位而言，从1999年起，临时和永久签证持有者获得的工程博士学位占美国工程博士学位总量的比例不断提高，从51%增至2007年的68%。接近四分之三获得工程

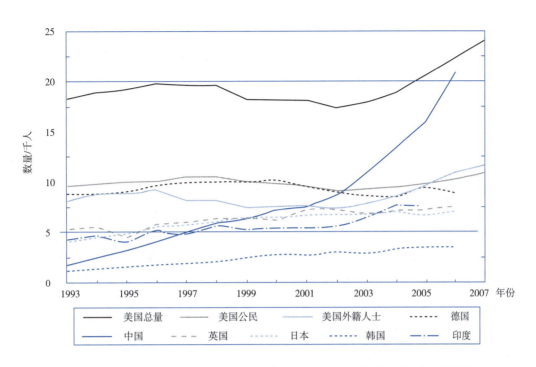

图 O-9　1993-2007 年间挑选国家自然科学和工程类博士学位取得数量

注释：自然科学包括物理、生物、大地、大气、海洋、农业、计算机科学和数学
来源：中国：中国国家统计局；日本：日本教育部文化、体育、科技和高等教育局文部省调查数据
韩国和德国：经济合作发展机构
英国：高等教育统计局
美国：国家教育统计中心、中等教育教育后数据系统；国家科学基金会科学资料统计局，科学与工程集合数据
系统：http://webcaspar.nsf.gov
Science and Engineering Indicators 2010

博士的外籍人士来自东亚或印度。

这其中许多人，特别是临时签证持有者在获得博士学位后会离开美国，但若延续以往趋势的话，更大比例的人会选择留在美国。1997 年 60% 获得博士学位的临时签证持有者，到 2007 年都已成功在美国就业，这也是迄今为止有数据记载的最高居留率。

扩大全球研究人员资源库

对世界研究人员数量的估计，为之前研发数据和学位数据反映的转移和趋势提供了明显支持。

据估计，研究人员的数字从 1995 年的 400 万增至 2007 年的 570 万。美国和欧盟 27 国分别拥有 140 万研究人员，占全球研究人员总数的 49%，低于 10 年前 51% 的比重。中国研究人员增加一倍多，从 50 多万增至 140 多万；十年间，中国研究人员占全球研究人员总数的比例从 13% 提高至 25%（图 O-10）。

不同国家和地区的研究人员增长率趋势变化很大。1995 年到 2006 年间，美国和欧盟的年均增长率大概为 3%，日本的增长率低于 1%；亚洲国家（除日本外）的增长率从 7% 到 11% 不等。作为最大的发展中国家，中国的平均增长率接近 9%，但由于中央政府政策的转变，国有企业私有化的快速转型使得 1998 年和 1999 年有一简短但剧烈的断裂。

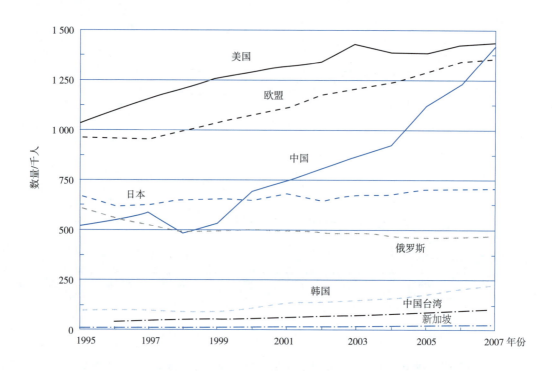

图 O–10　1995—2007 年挑选国家、地区经济体的研究人员数量

注释：FTE：全工时评量法，时间跨度为 1995–2007 或是最为可用的年份。2007 年美国数据是给予 2004–2006 年增长率估计的。

来源：经济合作与发展组织，主要科技指标
Science and Engineering Indicators 2010

俄罗斯的研究人员增长率目前比较平稳，但在此期间有所下降（图 O–11）。

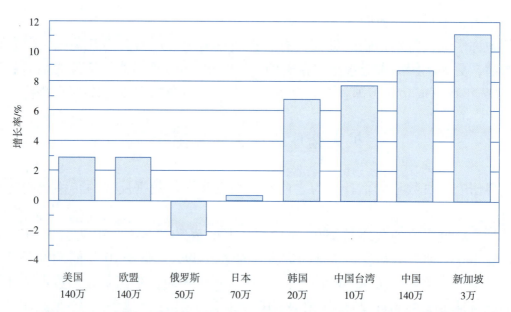

图 O–11　1995—2007 年间挑选地区、国家和经济体的研究人员年均增长率

注释：FTE：全工时评量法，时间跨度为 1995–2007 或是最为可用的年份。括号里 2007 年或最新年份研究人员的数量，2007 年美国数据是给予 2004–2006 年增长率估计的。

来源：经济合作与发展组织，主要科技指标
Science and Engineering Indicators 2010

跨国公司海外市场的经营对研究人员增长率的贡献还不得而知。美国跨国公司及其子公司的海外研发雇员数据只每五年提供一次。最新可用数据表明，跨国公司海外研发雇员从1994年的10.2万人增至2004年的13.8万人；同一期间，这些跨国公司在美国的研发雇员从62.5万人增至71.6万人。因此，研发人员的海外比例从14%增至16%（图O-12）。这些数据不包括跨国公司中没有控股权的海外子公司以及把研发外包给跨国公司的企业研发人员。

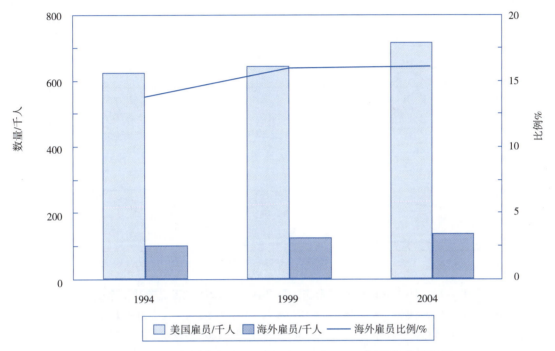

图 O-12　美国跨国公司 1994、1999 和 2004 年研发雇员数量

注释：海外雇员仅指跨国公司在海外控股分公司的雇员
来源：经济分析局，国际经济计算，美国海外直接投资（2004年及以前）
http://www.bea.gov/International/index.htm.
Science and Engineering Indicators 2010

除了在美国工作的研发人员，其他国外跨国公司没有可用的研究人员数据。国外跨国公司美国分公司的研究人员增速与美国整体研究人员的增长趋势相同。

研究产出：期刊论文和专利

研究产生新的知识、产品或流程。研究出版物表明对知识的贡献，专利表明是有用的发明，科技文献中专利申请的引用能表明研究与实际应用间的联系。

一系列国际性行业期刊发表的研究文章从1988年的46万篇增至2008年的76万篇。作者的区域分布同时还反映了一个国家或地区研究企业的数量以及能通过同行评审的研究成果的开发能力。

欧盟和美国研究人员长期主导着全球文章的发表，但由于亚洲文章产出量的增加，欧盟和美国研究人员发表文章的总数占全球所有发表文章的比重不断下降，从1995年的69%跌至2008年的59%。十多年，由于中国文章总量的快速增加（在此期间以约每年

14%的速度增长），亚洲文章的比重从14%增至23%。2008年，中国发表的文章占全球文章总量的8%，而1988年仅为1%。到2007年，中国的文章发表量已超过日本升至第2位，仅次于美国，而1995年仅列第14位。相比之下，印度发表的科学和技术文章数量停滞不前，90年代后期才开始增加，而印度排名并未发生太多变化，仅从1995年的第12位升至2008年的第11位（图O-13）。

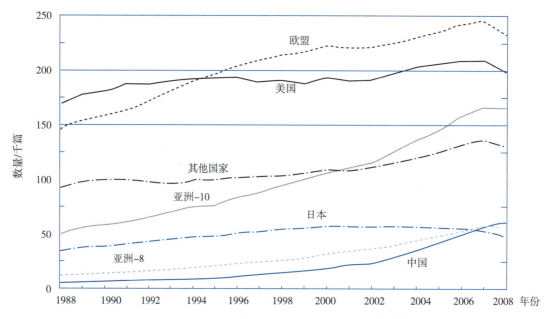

图O-13　1988—2008年间所选地区和国家科学和工程类期刊文章数量

注释：根据作者的工作机构地址，文章按照出版年份和制定国家/地区来分类。对于来自多个国家/经济体机构的合作文章，每个国家/经济体按照参与机构的比例得到相应的计分。2008年计数是不完整的。

来源：汤姆森路透集团，自然科学引文索引和社会科学引文索引；专利数据统计局特别制作

Science and Engineering Indicators 2010

各国研究发表的不同领域反映了一个国家的研究重点。2007年，美国研究人员超过一半的文章都是关于生物医学和其他生命科学领域的，而亚洲和主要欧洲国家的研究人员发表文章则集中在物理学和工程等方面（图O-14）。图O-14中重点的转移还不十分明显，比如中国日益增长的化学研发（中国有关化学的S&E文章比例从1988年的13%增至2008年的24%），及其物理科学文章比例的下降（从39%降至28%）；以及韩国在生物和医学方面的文章快速增加（从17%至38%）。这些研究作品的变化也反映了一国政府的政策选择，中国正在加强它的化学工业，而韩国正努力在健康科学方面赢得声誉。

在世界范围内，工程类研究文章在过去20年间比S&E文章总量增长的还快，特别是在亚洲，工程类文章的增长率（7.8%）超过了全部S&E文章的增长率（6.1%）；美国和日本平均增长低于2%，而欧盟大约为4.4%。中国的工程类文章产量以接近16%的年增长率增加，亚洲-8国（地区）经济体的文章产出量的年均增长率也达到10%。

因此，工程类研究文章的发表重点正从那些已建立科技基础的发达国家转移出去。1988年，美国工程类文章的比例为36%，到2008年为20%；同一时期，日本工程类文章的比例也从12%下降到7%；只有欧盟基本保持不变，工程类文章的比例约为28%；除日本外的亚洲国家工程类文章的比例，从7%提高到30%，其中中国到2008发表了近一半（14%）的文章（图O-15）。

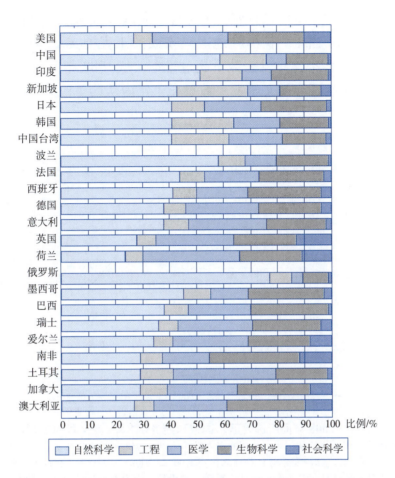

图 O-14　2007年所选国家和经济体研究文章在各领域的比例

来源：汤姆森路透集团，自然科学引文索引和社会科学引文索引；专利委员会；科学数据统计局特别制作
Science and Engineering Indicators 2010

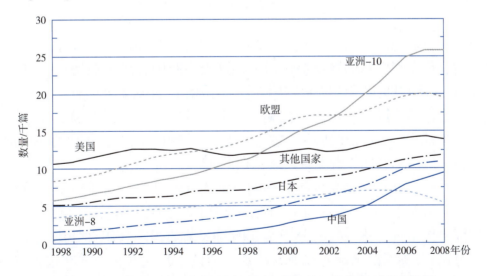

图 O-15　1998-2008年间所选地区和国家的工程类期刊文章数量

注释：根据作者的工作机构地址，文章按照出版年份和制定国家/地区来分类。对于来自多个国家/经济体机构的合作文章，每个国家/经济体按照参与机构的比例得到相应的计分。2008年计数是不完整的。
来源：汤姆森路透集团，自然科学引文索引和社会科学引文索引；专利数据统计局特别制作
Science and Engineering In dicators 2010

亚洲经济体工程类文章的强劲增长与该地区强调发展高技术制造业能力相符（图O-16）。从1999年起，亚洲-10国（地区）发表的工程类文章超过美国，2003年超过欧盟。2005年，中国工程类文章发表数量超过日本，从1988年的第9位升至第2位；印度相对较强的实力也使其工程类文章发表数量在十年内从第7位升至第5位。

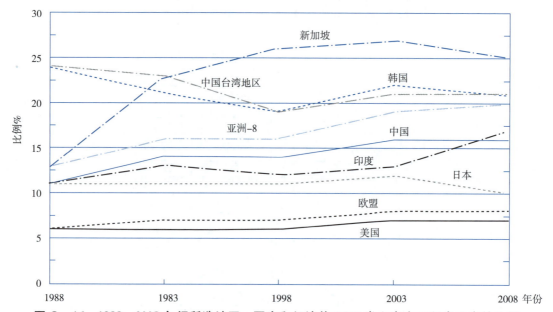

图O-16　1988—2008年间所选地区、国家和经济体S&E类文章中工程类文章的比例
注释：根据作者的工作机构地址，文章按照出版年份和指定国家/地区来分类。对于来自多个国家/经济体机构的合作文章，每个国家/经济体按照参与机构的比例得到相应的计分。2008年计数是不完整的。
来源：汤姆森路透集团，自然科学引文索引和社会科学引文索引；专利数据统计局特别制作
Science and Engineering In dicators 2010

扩大国际研究协作

协作研究正在成为一种研究模式，正如期刊中越来越多的合作文章。两个或两个以上国家的作者合作发表文章的数量快速增加，这表明跨国合作正在增加。1998年，合作的国际S&E文章只占8%，而到2007年，这一比例已增长到22%。

美国国际合作的速度与日本和中国相当，但比欧盟低，欧盟明确的奖励措施促进了其国际合作，特别是欧盟内部的协作（图O-17）。作为美国发表文章的一大部分，2008年美国作者占全球国际共同作者文章发表总数的43%。

国际协作指数根据各国研究机构的影响不同而动态调整。它总结了区域和国家共同作者的模式，数值高于"1"表示高于预期，低于1则表明协作低于预期。

根据国际协作指数（该指数的分子是a国与b国的国际合作百分比，分母是b国的国际合作百分比），美国的国际协作非常广泛，但低于预期水平，并在过去10年基本保持不变（1998—2008年）。欧盟的合作也非常广泛，由于成员国较多所以也低于预期水平，但在过去十年明显提升，因为这也是贯彻欧盟明确策略的结果。和发达国家的指数值不同，亚洲的指数值大大高于预期水平。

2008年，美国与北美的加拿大和墨西哥（分别是1.18和1.03）、以色列（1.25）、与亚洲的韩国和中国台湾地区（1.23）的研究合作比较紧密。美国与中国、日本和印度

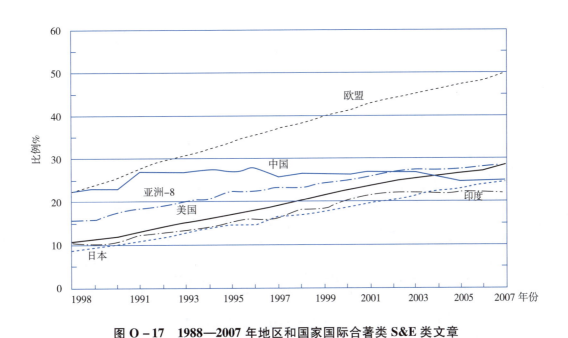

图 O-17　1988—2007 年地区和国家国际合著类 S&E 类文章

注释：根据作者的工作机构地址，文章按照出版年份和指定国家/地区来分类。每个协作国家或地区记一份

来源：汤姆森路透集团，自然科学引文索引和社会科学引文索引；专利数据统计局特别制作

Science and Engineering In dicators 2010

的合作均高于美国平均水平。

欧盟增加欧盟内部合作一体化的政策也取得了成效，在此期间，欧洲内部的合作指数值持续增长，而且大多高于平均水平。

在亚洲，即使没有类似欧盟提供的整合框架，区域内的合作也正在盛行。在过去十年，中国和日本、韩国、新加坡以及中国台湾地区的合作水平也很高，而中国和印度的合作率却在明显下降；与此同时，印度与日本、韩国、新加坡和中国台湾地区的合作却在加强。相关指数表明，应在亚洲设立一个亚洲内部的科学合作区与知识和技术经济活动相对应。

全球引文反映出的新研究模式

对他人作品的引用是一项对正在进行的研究工作十分有用的指标。国外文章的引用可以表明其他地方正在从事的有用工作。美国文章对国内作品的引用率持续下降，自 1992 年的 69% 下降到 2007 年的 60%，这也反映出对其他地方有关作品引用的增长。图 O-18 显示了对非美国出版物引文引用的区域性统计分析。大多数美国作品中的国外引文都来自于欧盟出版物。2007 年，美国文章对欧盟出版物的引用率从 1992 年的 18% 增到 23%，但最近几年增幅不大；同期，对日本出版物的引用率正逐步下降；对亚洲-8 国（地区）作品的引用率始终维持在较低水平，部分原因是其出版物的整体水平较低，但也可能是由于语言、文化障碍和研究水平的缘故。

欧盟的引用模式也有类似变化，从 1992—2007 年，对美国作品的引用率从 36% 降至 28%；对亚洲文章的引用略有增加，由 5% 增至 8%，而对世界其他地区文章的引用则从 13% 提高到 18%。

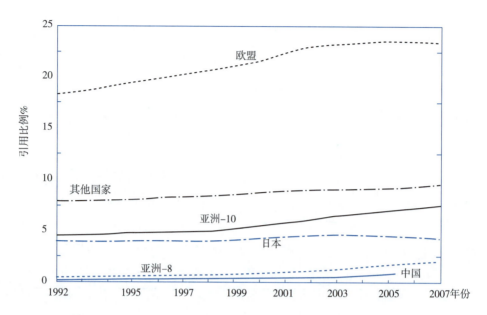

图 O–18　1992—2007 年美国 S&E 文章对非美国出版物的引用

注释：根据作者的工作机构地址，文章按照出版年份和指定国家/地区来分类。对于来自多个国家/经济体机构的合作文章，每个国家/经济体按照参与机构的比例得到相应的计分。2008 年计数是不完整的。

来源：汤姆森路透集团，自然科学引文索引和社会科学引文索引；专利数据统计局特别制作

Science and Engineering In dicators 2010

亚洲–10 国（地区）引用模式的主要变化显而易见，在 1992 年至 2007 年期间，其内部引用率从 37% 提高到 41%。在亚洲–10 国（地区），对日本文章的引用比例急剧下降，从 31% 降至 17%；对中国文章的引用比例从 2% 升至 12%；而对亚洲–8 国（地区）文章的引用比例从 5% 上升到 12%；对欧盟文章的引用比例则逐渐增加，而对美国文章的引用比例则从 36% 下降到 27%（图 O–19）。

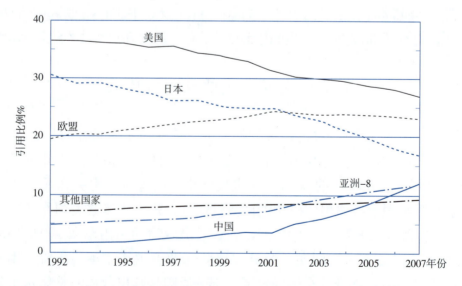

图 O–19　1992—2007 年所选国家对亚洲 10 国（地区）S&E 类文章的引用

注释：根据作者的工作机构地址，文章按照出版年份和指定国家/地区来分类。对于来自多个国家/经济体机构的合作文章，每个国家/经济体按照参与机构的比例得到相应的计分。2008 年计数是不完整的。

来源：汤姆森路透集团，自然科学引文索引和社会科学引文索引；专利数据统计局特别制作

Science and Engineering In dicators 2010

华人作者的引文数量急剧上升，但相对而言，中国作者越来越多地引用国内文章和和亚洲-8国（地区）集团研究人员的文章，而对美国作者作品的引用相对较少。因此，尽管对美国文章的引用数量从1992年的6 000次增至2007年的大约8.2万次，但对美国文章的引用比例还是从36%降至25%。日本对中国作品的引用率自20世纪90年代初以来基本没变，欧盟也一样（图O-20）。

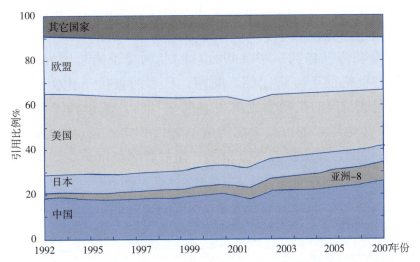

图O-20 1992—2007年间地区和国家对中国S&E类文章的引用

注释：根据作者的工作机构地址，文章按照出版年份和指定国家/地区来分类。对于来自多个国家/经济体机构的合作文章，每个国家/经济体按照参与机构的比例得到相应的计分。2008年计数是不完整的。

来源：汤姆森路透集团，自然科学引文索引和社会科学引文索引；专利数据统计局特别制作

Science and Engineering In dicators 2010

即使全球论文的产出和引文模式已经发生改变，而由引用率衡量的全球文章相对质量的变化很小。2007年，美国文章在所有主要类别上都比欧盟和亚洲-10国（地区）的文章引用率高（图O-21）。在1998—2007年间，在所有主要S&E领域，这都没有什么变化。

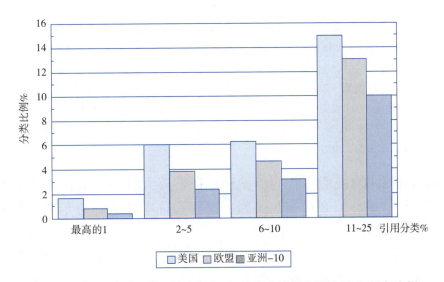

图O-21 2007年世界最高引率S&E文章中地区和国家论文所占比例

来源：汤姆森路透集团，自然科学引文索引和社会科学引文索引；专利数据统计局特别制作

Science and Engineering In dicators 2010

专利表明的发明活动

专利是发明活动的一个指标。通过签发专利，专利持有人可以得到专利使用费，政府保护的发明是新的、有用的，不是毫无创意的。美国专利与商标局（USPTO）会给世界各地的发明者授予专利，并且由于美国专利数量庞大和美国市场的重要性，专利成为反应发明活动分布和趋势的有用指标。

2008年，美国专利商标局约一半（49%）的专利授予给美国发明家，与1995年的55%相比有所下降，也略低于申请比例。同期，日本的被授予比例维持在20%~22%，比申请比例高；欧盟成员国的被授予比例在14%~16%。基于韩国和中国台湾地区的强劲表现，亚洲-9国（地区）的被授予比例从3%升至10%。在所有主要科技领域，中国的被授予比例在1%以内。在主要的西方市场，作为政府政策重点的本土发明活动并未有所突破（图O-22）。

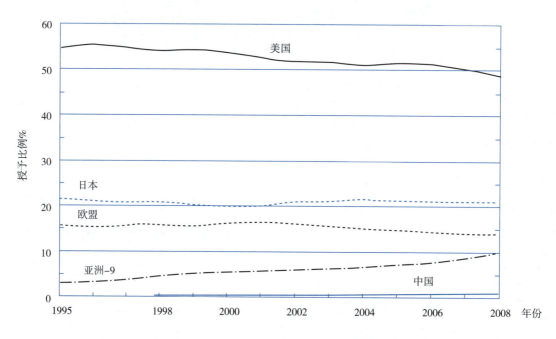

图O-22　1995—2008年所选地区国家专利授予比例

美国专利和商标办公室，从1965年至今按原籍国统计，在美国实际申请专利数量，
http：//www.uspto.gov/web/offices/ac/ido/oeip/taf/appl_yr.htm；国家科学基金，科学资料统计局特别制作。
Science and Engineering In dicators 2010

美国、欧盟和日本对发明专利的保护和维持需要大量资源支持。这表明专利持有人认为这些专利很有价值，那么这些在美国、欧盟和日本都维持的专利就被视为各国高价值专利的一个重要指标。

2006年，只有30%多的高价值专利属于美国发明者，而1997年是34%；欧盟为29%；日本紧随其后。由于韩国发明者的突出表现，亚洲-9国（地区）的高价值专利占比上升很快；而中国发明者只占高价值专利的1%（图O-23）。

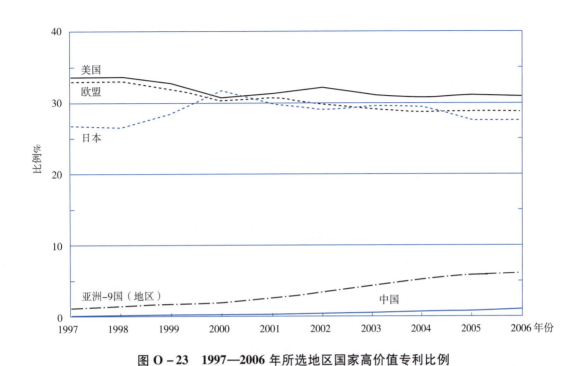

图 O-23　1997—2006 年所选地区国家高价值专利比例

注释：高价值专利在三个市场注册：美国、欧盟和日本

数据来源：经济合作和发展组织，专利统计，网址：http://stata.oecd.org/index.aspx；国家科学基金

知识科技密集型企业的全球产出量快速增长

各国政府都毫不怀疑知识和科技密集型经济投入虽大，但却能贡献高产量并保证经济竞争力。为应对不断变化的机遇，知识密集型（KI）服务业和高技术（HT）制造业比其他经济行业增长都快（图 O-24）。

2007 年，知识科技密集型（KTI）行业总计贡献的全球经济产出接近 16 万亿美元——约占全球 GDP 的 30%（图 O-25）。

最初，知识科技密集型产业都在发达国家，但他们在发展中国家市场增长迅速。全球增值总量最大的商业性知识密集型服务业，从 1995 年的 4.5 万亿美元增加到 2007 年的 9.5 万亿美元（图 O-26）。

2007 年，美国商业服务、金融服务和通讯业的产值为 3.3 万亿美元，在全球的产出最大；其次是欧盟，产值为 2.9 万亿美元。尽管产值大幅增加，但 2007 年美国和欧盟的产值占全球比重与 1995 年基本持平。中国和亚洲-9 国（地区）的商业性知识密集型服务业产出迅速增加，产值接近 5 000 亿美元，但占全球的比重仍不到 5%。由于日本产出基本保持不变，因此，其知识科技密集型产业产值占全球的比重下降一半，至 8%。

在知识密集型服务产业，情况基本类似，美国和欧盟占全球总量的比重基本持平，日本则直线下降，中国和亚洲-9 国（地区）起点较差但在平稳增长。

相对于知识密集型产业的趋势，高技术制造业在发展中亚洲经济体占据了重要位置，而在日本却大幅下滑。1995 年至 2007 年期间，亚洲-9 国（地区）的产量约为世界总产量的 10%，而中国的市场份额从 3% 提高到 14%。日本的份额从 27% 下降至 11%，美国和欧盟的份额略微增长。

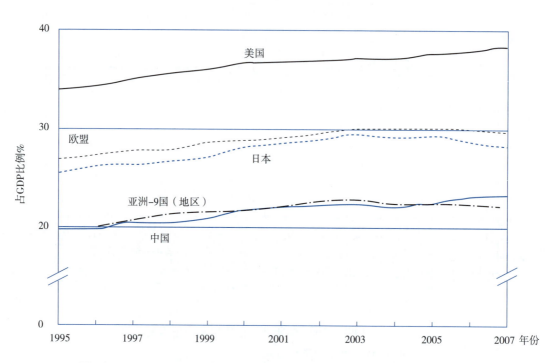

图 O-24　1995—2007 年知识密集型和高科技产业增值占 GDP 的比例

注释：知识密集型服务业和高科技制造业是由经济合作与发展组织定义的。中国包括香港，欧盟不包括塞浦路斯、爱沙尼亚、拉脱维亚、立陶宛、卢森堡、马耳他和斯洛文尼亚。

来源：IHS 全球观察，世界产业服务数据特别制作
Science and Engineering In dicators 2010

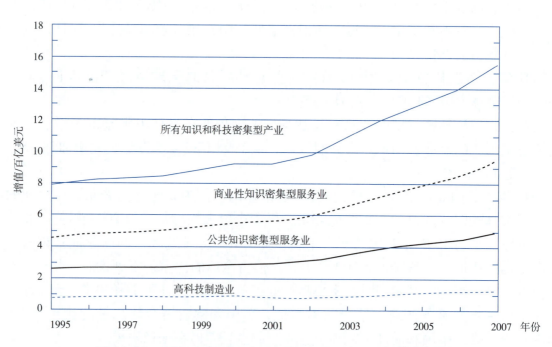

图 O-25　1995—2007 年知识和科技密集型产业的全球增值情况

注释：产业是由经济合作与发展组织定义的。

来源：IHS 全球观察，世界产业服务数据特别制作
Science and Engineering In dicators 2010

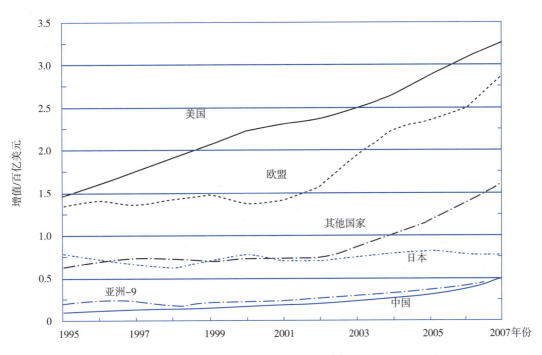

图 O-26　1995—2007 年所选国家商业性知识密集型服务业增值情况

注释：产业是由经济合作与发展组织定义的。
来源：IHS 全球观察，世界产业服务数据特别制作
Science and Engineering In dicators 2010

2007 年，全球五大高技术制造业的产值达 1.2 万亿美元，按降序排列依次为：通信和半导体（4 450 亿美元）、药品（3 190 亿美元）、科学仪器（1 890 亿美元）、航空航天（1 530 亿美元）和计算机及办公器材（1 140 亿美元）。按国家和经济体的总体分配见图 O-27。

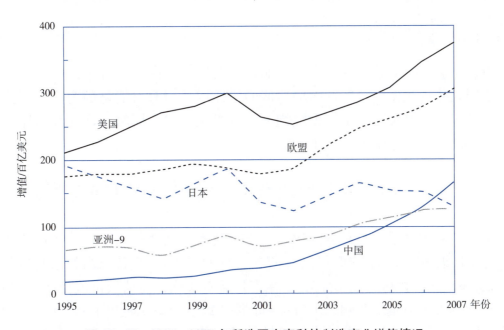

图 O-27　1995—2007 年所选国家高科技制造产业增值情况

注释：产业是由经济合作与发展组织定义的。
来源：IHS 全球观察，世界产业服务数据特别制作
Science and Engineering In dicators 2010

美国排位第一,占总量的31%;欧盟紧随其后,占总量的25%。美国在通信和半导体(29%)、制药(32%)和航天(52%)方面全球第一,而科学仪器方面排在欧盟之后(19%对44%)。

然而在计算机和办公设备制造业方面,美国(25%)、欧盟(15%)和日本(5%)的排名都落后中国(39%),反映出全球一个相对快速的转变(图O-28)。

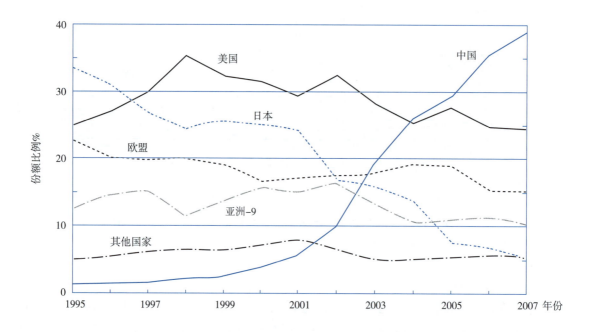

图O-28　1995—2007年地区/国家计算机和办公设备制造业市场份额的全球增值情况
注释:欧盟不包括塞浦路斯、爱沙尼亚、拉脱维亚、立陶宛、卢森堡、马耳他和斯洛文尼亚
来源:IHS全球观察,世界产业服务数据特别制作
Science and Engineering In dicators 2010

这些数据掩盖了一个更大的活力体,那就是亚洲区域内围绕着中国的一个高技术集结地带。中国大陆在计算机制造方面增加值的快速增长很有可能是因为中国台湾地区制造业的大规模转移,以及随后中国大陆制造的计算机出口。同时,这些数据还表明全球的计算机和办公设备制造业在亚洲日益集中。

全球高技术出口快速增长,全球贸易格局重置

2007年,高技术产品出口总额的增长快于高技术产品产出的增长,使得高技术产出中出口的比重接近60%,而1995年仅为37%(图O-29);反映出高技术制造业更广泛的国际基础,跨国公司海外生产的扩张,生产日益专业化,而地域供应商的日益分散化。2008年,受全球经济衰退的影响,出口总额急剧下跌且出口比重也下降。

高技术贸易的全球扩张使中国成为了最大的高技术产品出口国,并改变了发达国家和发展中国家的相对位置。中国高技术产品出口占世界高技术产品出口的比例由1995年的6%增至2008年的20%,亚洲-9国(地区)保持在26%~29%(图O-30)。日本则从18%降至8%,美国由21%下降至14%,欧盟保持在16%~18%。

图 O-29　1995—2008 年全球高科技产品出口比例

注释：不包括欧盟内部贸易

来源：IHS 全球观察，世界产业服务数据特别制作

Science and Engineering Indicators 2010

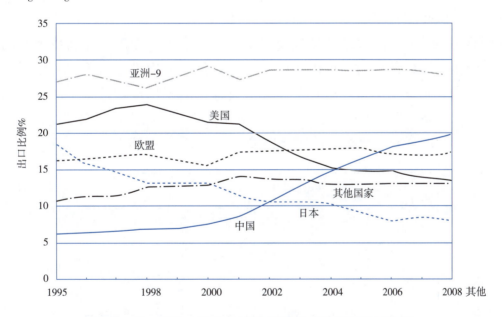

图 O-30　1995—2008 年地区/国家全球高科技出口比例

注释：不包括欧盟内部贸易；欧盟不包括塞浦路斯、爱沙尼亚、拉脱维亚、立陶宛、卢森堡、马耳他和斯洛文尼亚

来源：IHS 全球观察，世界产业服务数据特别制作

Science and Engineering Indicators 2010

与中国增长近 12 倍相比，美国所占份额却在逐步下降（图 O-30 和 O-31），主要是因为计算机和信息和通信（ICT）产品的出口低于平均水平。自 1995 年以来，中国和亚洲-9 国（地区）已将 ICT 产品占全球的份额由 42% 提高到 64%，而单是计算机更占到 70%。

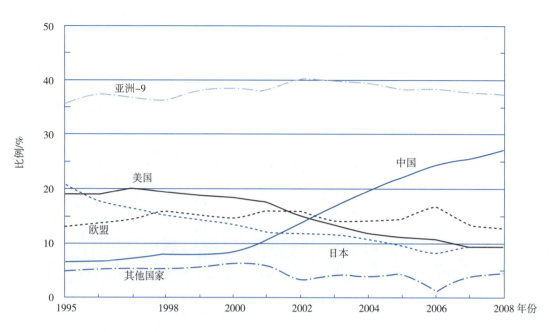

图 O-31　1995—2008 年地区/国家信息和通信科技产品全球出口比例

注释：包括计算机、通信和半导体。欧盟不包括塞浦路斯、爱沙尼亚、拉脱维亚、立陶宛、卢森堡、马耳他和斯洛文尼亚

来源：IHS 全球观察，世界产业服务数据特别制作
Science and Engineering In dicators 2010

一个围绕中国的亚洲高技术产品供应区正在快速形成并发展。在高技术产品产出向亚洲发展中经济体转移的同时，提供中等技术产品的区域内供应关系也在增长，更多是为了进一步的组装和终端出口。尽管美国经济衰退影响了出口增速，中国对美国高技术产品的出口仍从 2000 年的 280 亿美元增至 2008 年的 1 120 亿美元，而同期，中国对欧盟的高技术产品出口的增长还要稍快一些（图 O-32 和图 O-33）。

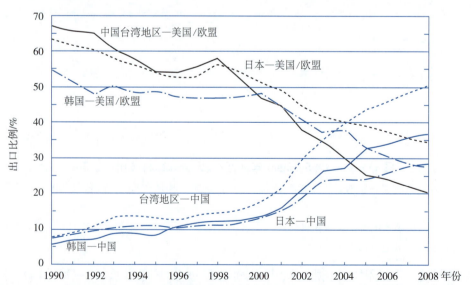

图 O-32　1990—2008 年所选亚洲国家/经济体对美国/欧盟和中国的高科技出口比例

注释：欧盟不包括塞浦路斯、爱沙尼亚、拉脱维亚、立陶宛、卢森堡、马耳他和斯洛文尼亚

来源：IHS 全球观察，世界产业服务数据特别制作
Science and Engineering In dicators 2010

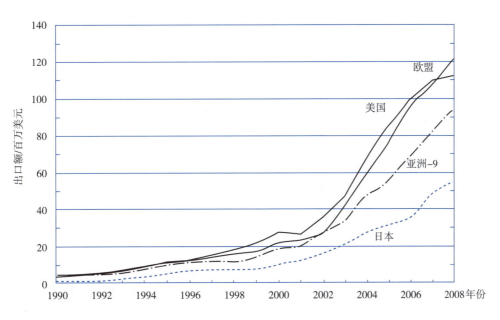

图 O-33 1990—2008 中国对所选地区/国家的高科技出口

来源：IHS 全球观察，世界产业服务数据特别制作

Science and Engineering In dicators 2010

高技术产品世界贸易形势的巨变

在高技术产品贸易中，美国 90 年代中期到末期的贸易顺差很小；而 1998 年后贸易逆差越来越大，2005 年后，该逆差大概保持在 800 亿美元附近（图 O-34）。美国在通讯、半导体和计算机方面的贸易赤字更是大于这一数字，在 2007 年创纪录的达到 1 260 亿美元后，2008 年的贸易逆差为 1 190 亿美元，这也反映出经济衰退导致的进口减少。

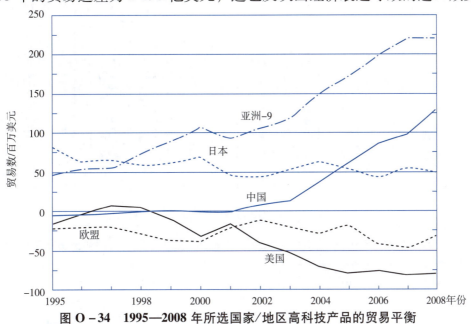

图 O-34 1995—2008 年所选国家/地区高科技产品的贸易平衡

注释：欧盟不包括塞浦路斯、爱沙尼亚、拉脱维亚、立陶宛、卢森堡、马耳他和斯洛文尼亚

来源：IHS 全球观察，世界贸易服务数据库

Science and Engineering In dicators 2010

信息和通信技术产品是造成美国高技术贸易赤字的主要原因。由于这些商品生产地点已广泛转移到亚洲，随着美国需求的不断增长，这反过来又刺激了进口的增长。2008年，制药业的贸易赤字达 210 亿美元。航空航天和科学仪器行业为贸易顺差，分别为 500 亿美元和 90 亿美元。

欧盟在 1995—2008 年间，高技术类别的总贸易逆差相对稳定，也比美国小；但欧盟信息和通信技术的赤字和美国几乎相同，也反映出国内需求的增长和生产转移的趋势。欧盟的航空航天、制药和科技仪器的贸易差额为盈余。

中国和亚洲 –9 国（地区）2008 年高技术贸易顺差分别为 1 290 亿美元和 2 210 亿美元，二者都在 2002 年后表现出强劲增长。日本高技术产业生产的市场份额虽在下降，但多数时间内，其贸易顺差都在 500 亿美元左右。

美国知识密集型服务业和无形资产贸易持续保持顺差

不像高技术产品的生产，美国在商业性知识密集型服务业，如商务、金融和通讯服务贸易上一直保持着持续增长（图 O - 35）；贸易顺差从 1997 年的 210 亿美元增至 2007 年的近 500 亿美元，而且出口增长比进口增长快。同样，无形资产贸易，如使用他人财产权生产商品、商标、计算机软件、书籍、唱片、特许权使用费等方面的顺差也在增长，2007 年达到近 600 亿元。

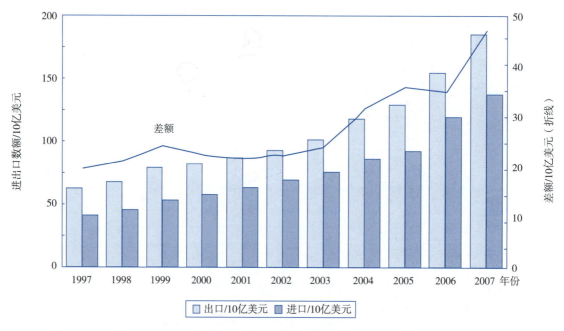

图 O - 35　1997—2007 年美国商业性知识密集型服务业进口、出口和贸易平衡情况

来源：IHS 全球观察，世界贸易服务数据库

Science and Engineering In dicators 2010

总　　结

科学技术不再是发达国家的专属，科技在某种意义上，已经"民主化"。许多国家都

坚定地将发展科技纳入其发展政策，他们努力使其经济更加知识和技术密集型，从而确保其在全球化的世界中的竞争力。这些政策包括长期投资高等教育以发展人才、基础设施建设、研究和发展投入，以吸引外国直接投资和技术先进的跨国公司，最终发展和提高本土技术能力。

由此，为国际社会的广泛协作打开了大门。在这种大趋势下，明显地，世界一流期刊上国际作者协作发表的研究文章快速增长。

发展也带来了国家间的竞争。对国际人才的追求，曾主要限于西方主要国家，现在很多国家都在追求，"人才外流"已发展成为高水准专家的跨国流动。在科技方面，国家都急于建立专业市场和发展世界级的本土科技能力。

世界经济全球化给许多国家带来了前所未有的增长，这表明各国都获得了好处；但随着世界经济衰退引发的不确定性和潜在变化，快速发展包括的结构变化也带来了痛苦和混乱。如何解决这些问题，将不可避免地影响国家科技体系的健康发展以及他们在世界中的地位。

注释

1. 亚洲—8 国（地区）：包括印度、印度尼西亚、马来西亚、菲律宾、新加坡、韩国、中国台湾地区和泰国。

2. 亚洲—9 国（地区）：包括印度、印度尼西亚、马来西亚、菲律宾、新加坡、韩国、中国台湾地区、泰国和越南

3. 亚洲—10 国（地区）：包括中国、日本、印度、印度尼西亚、马来西亚、菲律宾、新加坡、韩国、中国台湾地区和泰国。

4. 欧盟 27 国：包括奥地利、比利时、保加利亚、塞浦路斯、捷克共和国、丹麦、爱沙尼亚、芬兰、法国、德国、希腊、匈牙利、爱尔兰、意大利、拉脱维亚、立陶宛、卢森堡、马耳他、荷兰、波兰、葡萄牙、罗马尼亚、斯洛伐克、斯洛文尼亚、西班牙、瑞典和英国。

5. 高技术制造业：包括空气和航天、制药、办公室、会计和计算机械、无线电、电视和通讯设备、以及医疗、精密和光学仪器。

6. 知识密集型服务业：包括商业、金融和通讯服务、大部分公共支持的教育和保健服务。商业知识密集型服务业不包括教育和卫生。

参考文献

1. National Science Board Committee. Science and Engineering Indicators 2010 ［R/OL］.［2010-01-15］. http：//www.nsf.gov/statistics/seind10/

上海交通大学　陈丽　蒋云飞编译
水利部　刘澄洁；产业所　张嵎喆校译

7 世界各国和地区的科技投入现状与发展趋势

编者按

为使大家能对全球研发支出的现状和主要发达国家科技投入的发展趋势有所了解，我们组织相关人士编辑、摘译了国内外相关研究机构 2010 年的部分研究报告以飨读者。

一、世界各国（地区）研发支出现状

（一）美国研发支出概况及国际联系

1. 美国研发执行的趋势

第一，2008 年，美国研发支出继续增加，增速超过了美国的经济增长速度。一是，美国国家科学基金会估计，2008 年美国国内执行的研发总支出在 2007 年 3 730 亿美元的基础上增长了 6.7%，达到 3 980 亿美元。如果考虑通货膨胀因素，进行价格调整后，则增长了 4.5%。但 2008 年的这一数据可能没有充分反映 2008 年年底的美国经济下滑，以及全球经济状况加剧恶化的影响。二是，1953 年以来，美国的研发支出一直在增加。在过去 20 年，按现值美元计算，研发投入平均增长 5.6%；以不变美元计算，研发投入平均增长 3.1%——略高于同期国内生产总值的增长速度（不论是现值美元还是以不变美元计算）。

第二，企业部分研发是美国研发的主要执行者和资助者。一是，2008 年，企业部分执行的研发经费估计为 2 890 亿美元，占美国研发总额的 73%，这些研发部分来自企业部门，部分来自联邦政府。2008 年，企业部门自身提供的研发经费估计为 2 680 亿美元，占美国研发经费总额的67%，这些资金大部分用于对企业的研发工作。过去5年，企业研发支出的增加对全国研发支出的增长做出了巨大贡献。二是，学术部门是美国研发费用的第二大执行者，2008年执行的研发经费估计为510亿美元，略低于美国研发总额的13%。三是，联邦政府是美国研发的第二大资金提供者，2008年提供的经费大约1 040亿美元，占美国研发经费总额的26%。

第三，美国的研发中，开发支出占大多数，主要由企业部门实施，而大学和学院主要从事基础研究。一是2008年，基础研究约占美国研发总经费的17%（690亿美元），应用研究约占22%（890美元），开发研究约占60.0%（2 400亿美元）。二是，历史上，美国的基础研究一直主要由大学和学院完成，估计占美国2008年基础研究的56%。联邦政府一直是基础研究经费的主要来源，2008年约占全国总经费的57%。三是，目前，企业部门提供的应用研究经费占美国应用研究总经费的半数以上，提供的应用研究经费是基础研究经费的4倍多。四是，美国的开发主要由企业部门执行，占2008年开发总经费的90%，并提供了84%的资金。其余部分大多由联邦政府提供。

2. 研发活动的地域分布

研发在地域上呈集中趋势，不同州执行的研究类型上具有显著差异。一是，2007年，10个研发支出最大的州，占美国所有研发支出总额的64%。仅加利福尼亚州就占美国研发支出总额的22%，是居第二位的马萨诸塞州支出的3倍。2006年，研发—国内生产总值比率（研发强度）最高的州是：新墨西哥州、马萨诸塞州和马里兰州，加州的研发—国内生产总值比率仅名列第七位。二是，2007年，马萨诸塞州、伊利诺斯州、加利福尼亚州和得克萨斯州四个州大约占全部计算机和电子产品公司执行的研发总额的三分之二；而新泽西州、康涅狄格州和宾夕法尼亚州在化工制造业方面，占该行业研发总额的41%。三是，就全国而言，小公司（雇员从5人到499人）完成了全国企业研发总额的19%，这些小公司的研发成果在地域上也非常集中。在十大企业执行研发的州中，纽约和加州的小公司的研究成果最多，分别占全国小公司执行研发的23%和20%。

3. 企业研发

企业部门的研发，在2007年达到最高水平。尽管2008年的预测表明，企业部门的研发仍然还会增长，但是这个数据并不能反映美国经济衰退带来的严重影响。一是，2007年，由企业部分完成的研发工作估计达2 690亿美元，预计2008年将增加到2 890亿美元。二是，2003—2006年期间，美国企业对研发的资助与企业销售额的比例，介于3.2%~3.4%之间；2007年这一比例为3.5%。三是，超过四分之三的企业研发是由6个企业部门实施的。2007年，这些部门的研发与销售比率为8.0%，而所有其他部门的研发与销售比例仅有1.4%。

4. 联邦研发

在最近几年提出和制定的联邦预算中，联邦研发投入持续增长，通过的《美国复苏和再投资法》将使联邦研发支出获得进一步的提升。一是，2009财年，联邦研发经费支出总额为1 471亿美元（现值美元），比2008财年规定的支出水平增加了33亿美元（增长2.4%）。2010财年，提议的联邦研发支出增加幅度不大，仅为0.4%。二是，然而，2009年的《美国复苏和再投资法》（简称：ARRA）中，包括了在2009财年一次性额外增加的研发经费，估计总额达183亿。三是，在2009财年的预算中，研发经费增加最大的部门是美国国家卫生研究署（NIH）、能源部（DOE）和美国国家科学基金会（NSF）；还有国家航空航天局和国家标准和技术研究所，这些机构也获得ARRA的大幅支持。四是，国防仍是联邦研发预算的最大部分，占2008财年联邦预算总额（预算管理局）的59%。五是，在过去25年中，国家研发最大的变化是，与健康相关的研发大幅上升，从1980财年占联邦非国防预算的25%上升到2005财年的55%。在2008财年，卫生事业占非国防研发预算的52%。

5. 联邦研发的税收减免

除了直接的研发资助，政府还通过税收鼓励措施推动研发行为。2006年，约11 000家美国公司申请了大约73亿美元的联邦研究和实验税收抵免，而2005年仅为64亿美元。

6. 研发的国际对比

第一，尽管许多国家都在进行研发，但全球的大部分研发仍集中在少数高收入国家和地区。一是，2007年，全球的研发支出总额估计为11 070亿美元（最近一年的可用数据）。其中，美国约占全球研发支出总额的33%；日本名列第二，约占全球研发支出总额的13%；中国排名第三，约占全球研发支出总额的9%；德国和法国，分列第四位和第五位（是欧洲研发投入最大的国家），分别占全球研发支出总额的6%和4%。排在前十位的国家（也包括韩国，英国，俄罗斯联邦，加拿大和意大利）总计占目前全球研发投入的80%。二是，欧盟（EU-27）27个国家约占全球研发支出总额的24%，从1997年到2007年，以不变美元汇率计算，年均增长3.3%。相比之下，美国的平均增长速度也为3.3%。三是，近年来，中国的研发支出增幅最大，在过去10年中，以通货膨胀调整后的美元计算，平均年增速略高于19%。

第二，富裕的经济体与不发达经济体相比，其研发投入占国内生产总值（GDP）的比重普遍较高。一是，2007年，美国研发投入占GDP的比率为2.7%，并且在过去10年，一直在2.6%~2.8%之间波动，这主要是因为企业研发支出的变化造成的。2007年，美国研发投入占GDP的比率在OECD经济体中排第八位。日本、韩国，以及其他较小的发达经济体的研发投入占GDP比率较高。二是，在欧洲主要的研发投入国家中，意大利（2006年）、俄罗斯联邦（2007）的研发投入占GDP的比率为1.1%。2007年，英国研发投入占GDP的比率为1.8%，法国和德国研发投入占GDP的比率分别为2.1%和2.5%，加拿大的研发投入占GDP的比率为1.9%。在过去10年，这些比例大多比较稳定，即使有波动，变化也很小。三是在过去的10年中，日本、韩国和中国的研发投入占GDP的比率大幅增加。2007年，日本和韩国研发投入占GDP的比率是世界上最高的地区之一，分别为3.4%和3.5%。中国研发投入占GDP的比率仍然比较低，为1.5%，但与1996年的0.6%相比，增长超过一倍。

第三，在研发支出最多的国家中，企业部门执行的研发占总研发的大部分。一是，在研发支出排名前十的国家中，企业部门是最大的实施者，企业部门执行的研发占总研发的比例从韩国、日本的77%到意大利的49%。二是，2007年，美国没有任何单一产业的研发支出占企业全部研发支出的比重在18%以上，许多其他国家的行业和部门却显示出高得多的集中度。三是，在丹麦和英国，制药业企业的研发投入占企业研发总额的比重超过25%，比利时和爱尔兰超过了20%。在大多数国家中，计算机、办公和会计设备业，只占企业研发总额的一小部分；在这个行业里，只有日本在这一行业中的研发投入占企业研发总额的比重超过两位数。在经济合作与发展组织（OECD）的多数国家中（包括美国），服务行业的研发投入占企业研发投入的30%，或者更多。

7. 跨国公司的研发

跨国公司（MNCs）的研发投入占美国研发投入的大部分，美国跨国公司的海外研发，反映出美国跨国公司对地理位置关注点的逐步变化态势。一是，国外跨国公司拥有多数股权的子公司，在美国的研发支出，从2005年的3 110亿美元增加到2006年的3 430亿美元。他们在美国的研发支出增速，超过了美国企业研发总额的增速，它们占美国企业研发总额的比重，从90年代初的个位数增长到2003年的约14%。二是，2006年，美国跨国公司在全球执行的研发支出总额为2 163亿美元，包括由母公司在美国本土支出的1 878亿美元，以及海外分支机构支出的285亿美元。跨国公司的母公司执行的研发支出总额占美国跨国公司在全球执行的研发支出总额的87%，约占美国企业研发总额的76%。并且近几年这两个比例的变化不大。然而，海外子公司研发的地理分布，正逐步反映出新兴市场的作用。三是，美国跨国公司的海外子公司在欧洲、加拿大、日本的研发份额从1994年的90%下降到2006年的80%。而同期，这一比例在亚洲（不包括日本）从5.4%上升到13.5%。主要是因为子公司在中国、新加坡和韩国的研发投入增加。四是，美国在中国和印度拥有的子公司的研发投入，从1994年的不到1 000万美元，分别增加到2006年的8.04亿美元和3.10亿美元。尽管2006年美国跨国公司在中国和印度的投入分别仅约占美国跨国公司海外研发总额的3%和1%；从购买力的角度来看，在一些成本较低的地区的研发投入水平仍具有重要作用。

8. 技术与创新之间的联系

第一，联邦机构和实验室继续进行合作和技术转让活动。企业增加了对美国国内合同承包人的资金支持。一是，2007年，联邦机构参与了超过7 000个正式的合作研发协定，以及9 000多个不太正式的有组织的合作研发关系。2007年，联邦机构申请了超过1 400项专利，并持有超过10 000个以其知识产权库为基础的实施许可。二是，美国企业报告声称，2007年向公司以外的其他企业发包的研发合同估计为190亿美元，而2006年仅为124亿美元。这使得外协研发占企业执行的研发总额的比重有所增加，从2006年的5.5%增加到2007年的7.8%。对制造商来说，这个比例从2006年的5.7%，增加到2007年的8.5%。

第二，研发服务和技术联盟方面的国际贸易，表明了外部来源，以及旨在获得或共同开发新知识的合作关系的作用。一是，2007年，美国在研究、开发和实验服务方面，保持着贸易顺差33亿美元。由于跨国公司在美国研发中的巨大作用，因此，跨国公司的内部贸易在统计数据中占主要部分。二是，2006年，成立了将近900个全球商业技术联盟，其中大约三分之二至少涉及一个美资公司（不论其位于那里）。1999年以来，美国企业与外国企业建立的联盟的数量已经超过美国企业间的联盟，这种转变主要是由与欧洲的联盟快速增长造成的。然而，2006年美国与日本以外的亚洲合作伙伴建立的联盟数量（50个）与美日建立的合作联盟数量（54个）大致相当，这是因为1990年以来美国与日本以外的亚洲合作伙伴建立的联盟快速增长所致。

9. 美国研发公司的研发雇员

美国国家科学基金会（NSF）2010年7月发布的《2008年企业研发和创新调查的雇员统计数据》报告中指出，2008年美国研发公司（包括位于美国、从事或者资助国内或其海外分公司从事研发活动的公司）在全球雇用了2 710万人。数据显示，研发雇员（指从事或者直接支持研发活动的人员）共计190万个职位，占美国研发公司全球职位的7.1%。国内总就业人数为1 850万人，其中包括150万研发人员。因此，公司在国内的研发雇员占其国内雇员总人数的7.9%，占其全球研发雇员的77%。决策者和行业官员认为这些数据十分重要，因为从事研发活动的人员直接影响到知识的创造和传播，为创新和经济增长做出贡献。这也是最新的企业研发和创新调查（BRDIS）提供的第一个雇员统计数据。这次调查由美国国家科学基金会和美国人口普查局联合开展。这些统计数据是初步的数据；最终的和更详细的数据将于2011年初公布。将来的出版物将提供BRDIS中与研发雇员相关的新指标，其中包括：按选定的职业类别划分的研发雇员，如工程师、科学家、技术人员和辅助人员等；受教育水平（博士或其他大学本科学历）；性别。这一调查还将提供被产业雇用为研发科学家和工程师的有美国临时签证（如H-1B或L-1）的非美国公民的数量。

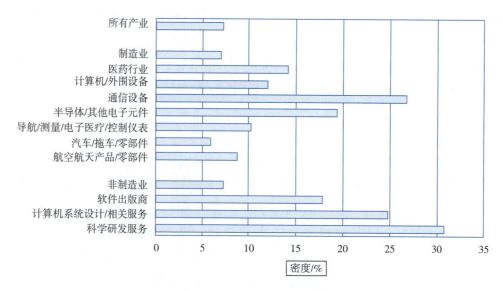

图1　2008年全球研发雇员密度（按所选产业）

第一，研发雇员密度。研发雇员相对于雇员总数的比例，即研发雇员密度，是衡量一个公司参与研发活动的指标。按照公司所属产业对这一指标进行分析研究发现（见图

1),科学研发服务(31%)、通信设备(27%)、计算机系统设计和相关服务(25%)等行业的全球研发雇员密度远远高于包括所有行业的总密度,后者的数值为7.1%。这三大产业加上半导体和其他电子元件、软件出版商和医药行业,约占2008年企业进行的全球研发支出的一半(见表1)。

表1 2008年全球、国内和国外的雇员人数、研发雇员人数和公司开展的研发
(按选定的行业划分)

产业与NAICS编码	雇员人数/千人						企业开展的研发/百万美元		
	总额			研发					
	全球	国内	国外	全球	国内	国外	全球	国内	国外
所有行业,21-33,42-81	27 066	18 528	8 538	1 909	1 461	448	345 737	283 238	62 499
制造业,31-33	16 364	9 912	6 452	1 129	835	294	236 984	190 049	46 935
食品,311	1 310	1 032	227	20	16	4	3 860	3 177	683
饮料/烟草产品,312	540	311	229	5	4	1	1 060	937	123
纺织品/衣服,皮革和类似产品,313-16	591	356	235	11	7	4i	1 223	823	400
木制品,321	154	131	23	3	3	*	255	226	29
化学制品,325	2 258	1271	986	205	155	50	65 957	52 449	13 508
制药,325	1 053	630	423	148	114	34	55 984	45 126	10 858
其他,325	1 205	642	563	57	40	16	9 970	7322	2 648
塑料,橡胶制品,326	689	482	207	29	21	8	3 235	2 624	611
非金属矿物制品,327	264	217	47	11	8	3i	1 579	1 478	101
初级金属,331	343	215	128	7	7	1	791	691	100
金属制品,332	825	629	196	33	29	3i	2 614	2 417	197
机械,333	1 412	827	585	78	60	17	11 831	9 903	1 928
计算机/电子产品,334	2 455	1 222	1 234	380	268	112	74 844	59 037	15 807
计算机/外围设备,3341	538	199	340	64	45	19	12 498	9 236	3 262
通信设备,3342	303	184	119	81	55	26	15 703	12 787	2 916
半导体/其他电子元件	753	315	438	145	96	48	28 650	21 693	6 957
导航/测量/电子医疗/控制仪表,3345	815	495	320	83	67	17	16 778	14 526	2 252
其他,334	47	29	17	7	5i	2i	1 214	795	419
电气设备/电器/组件,335	557	289	288	31	20	11	4 636	3 122	1 514
运输设备,336	3 159	1 808	1 350	233	169	65	52 383	42 091	10 292
汽车/拖车/零件,3361-63	1 757	752	1 005	102	58	44	21 534	13 075	8 459
航空航天产品/零件,3364	1 210	893	3 187	105	85	19	29 223	27 572	1 651
其他,336	191	163	28	27	26	1	1 627	1 446	181
家具/相关产品,337	206	182	24	5	5	*	503	475	28

续表

产业与 NAICS 编码	雇员人数/千人						企业开展的研发/百万美元		
	总额			研发					
	全球	国内	国外	全球	国内	国外	全球	国内	国外
其他未分类的制造业，31-33	1 582	939	642	78	64	15	12 216	10 599	1 617
非制造业，21-23，42-81	10 702	8 616	2 086	780	626	154	108 753	93 189	15 564
信息，51	2 855	1 962	892	299	221	78	44 786	37 071	7 715
软件出版，5112	1 179	559	620	210	147	63	34 573	28 173	6 400
电信/互联网服务器提供商/网络搜索门户/数据处理服务，517-18	1 282	1 120	162	79	66	13	8 711	7 517	1 194
其他 51	393	283	110	10	8	2	1 502	1 381	121
金融/保险业，52	1 361	1 278	83	9	9	1	1 235	1 162	73
房地产/租赁，53	119	142	57	4	3	1	497	362	135
专业/科学/技术服务，54	1 594	1 234	360	366	302	64	46 414	40 008	6 406
计算机系统设计/相关服务，5415	658	465	193	163	124	39	14 452	12 156	2 296
科学研发服务，5417	394	316	78	121	100	21	23 073	19 443	3 630
其他 54	542	453	89	82	79	4	8 889	8 409	480
医疗保健服务，621-23	204	203	1	12	12	*	1 339	1 333	6
其他未分类的非制造业 21-23，42-81	4 489	3 797	692	89	79	10	14 484	13 255	1 229

注：i=>输入值的 50%；*=<500 名员工；NAICS：北美工业分类系统。由于四舍五入的关系，表内数据相加可能与总数略有出入。表中收集了全球和国内的雇佣机会；计算了国外雇佣机会。公司研发=用于自身绩效的研发支出+用于自身绩效的受其他方资助的研发费用。产业分类基于公司的国内研发绩效的主要产业编码。对于那些没有报告企业活动代码的公司，产业分类是基于公司最大的薪金总额。

第二，国内和国外研发雇员。2008年，公司在全球的190万研发雇员中，约有150万人（77%）在美国工作，44.8万人（23%）在海外分公司工作。作为一个大类，制造业的全球研发雇员的74%是在美国国内，而非制造业为80%。占国内研发雇员的80%或以上的行业包括：小型研发行业（公司开展的研发少于10亿美元），如木制品或基本金属制造业；大型研发行业，它们在历史上一直拥有相当大份额的联邦研发资助。后者包括航空产品和零件，以及科技研发服务行业。只有三个行业报告说，国内研发雇员占其全球研发雇员的比例低于70%，这三个行业都属于制造业，分别是：通信设备，半导体和其他电子元件，以及机动车辆、拖车和零部件。最后一个行业的国内研发雇员比例最低，2008年仅略超过55%。在之前的工业研发调查（SIRD）中，2007年共有110万的全时当量（FTE）研发科学家和工程师。SIRD 的度量不能直接等同于 BRDIS 的国内研发雇员人数，后者指的是人口调查数字。一般来说，人口调查数字大于那些全时当量人员数，因为有些公司职员既从事研发工作又从事非研发工作，或者有些员工是兼职的。而且，BRDIS 的度量不仅包括研发科学家和工程师，还包括他们的管理人员以及技术人员和辅助人员。

第三，公司研发雇员的人均研发经费。在其国内和国外的研发活动中，公司研发雇员的人均研发经费有较大差异。在全球范围内，公司研发雇员的人均研发经费约为18.1万美元，而国内和国外的数字估计分别为19.4万美元和14.0万美元。研发雇员的人均研发经费，制造业（21.0万美元）高于非制造业（13.9万美元）。在每一个总数中，国内研发雇员的人均研发经费超过了相应的国外估计值。在全球的4位数产业分类中，制药行业的研发雇员的人均研发经费最大（37.8万美元），其中，国内为39.6万美元，国外为31.9万美元。

相关名词的定义：公司：拥有一个或多个机构的商业组织，这些机构在一样的所有权和控制权之下。一个公司包括所有子公司或分部，不管这些子公司和分部在何处，公司均拥有50%以上的所有权。公司执行的研发：公司出于自身利益为本公司各个机构开展的研发活动支付的资金总额，再加上他人为该公司各个机构出于他人的利益而开展的研发活动而支付的资金。国内：美国50个州和哥伦比亚地区。国外：美国50个州和哥伦比亚地区以外的所有地理位置。全时当量（FIE）：全时当量考虑的是非全职工作的雇员，对于BRBIS则计及了那些非全职从事研发活动的雇员。例如，就人口调查而言，一个用一半时间工作的雇员算作一个雇员，但根据全时当量，该雇员只算作半个雇员。产业：产业指北美工业分类系统（NAICS）所用的2位、3位和4位数代码，或者用于公布调查统计数据的一组代码。本报告中的比较用4位数工业分类进行，木制品和初级金属制造除外，这两个工业不具有4位数分类号。研发雇员：指为研发提供直接支持的所有雇员的总数，这些研发的费用要么是由公司支付的，要么是由不属于该公司的他人支付的，如公司在一项资助或一份合同下开展的研发。研发雇员包括从事研发工作的科学家和工程师，以及为研发提供直接支持的研发管理人员、技术人员、行政人员、文书人员和实习人员等，但不包括提供间接支持的人员，如保安人员和食堂工人。外借雇员、临时工以及现场顾问也不计入研发雇员。研发雇员人均研发资金：公司执行的研发总额除以研发雇员人数后得到的结果。雇员总数：支付期（包括2008年3月12日）内的所有雇员数，包括带薪休病假、带薪假期和带薪休假的雇员。美国：指美国50个州和哥伦比亚地区。全球：指所有地理位置，包括美国在内。

来源：美国国家科学基金会/科学资源统计学部，2008年企业研发与创新调查

（二）欧盟科技投入概况

1. 研发支出

2007年，欧盟27国的研发强度为1.85%，与2006年相比保持稳定，但仍较里斯本战略所设定的2010年达到3%的目标低1个多的百分点。欧盟27国的研发强度仍明显低于日本和美国。就现有最新数据看，在所调查的国家中，日本的研发强度最高（2006年为3.40%），其次是韩国（2006年为3.00%）和美国（2007年为2.67%）。不过，欧盟的研发强度仍略高于中国的研发强度（1.44%）。2002—2007年间，欧盟27国的研发强度以年均0.21%的速率递减，但同期欧盟27国的研发经费平均每年增长2.6%（2000年

的不变价），2007 年达到 2 287 亿欧元。2007 年，欧盟 27 国的研发经费总额达 2 280 亿欧元，美国的研发经费总额为 2 690 亿美元，日本的研发经费总额为 1 180 亿美元。欧盟 27 国中，德国、法国、意大利和英国 4 国的研发经费总和超过欧盟 27 国研发经费总额的一半。德国的研发经费达 615 亿欧元，占欧盟 27 国研发经费总额的四分之一；其次是法国、英国和意大利，各国的研发经费分别为 393 亿欧元、367 亿欧元和 168 亿欧元。

在欧盟成员国中，只有瑞典和芬兰超过了里斯本战略所设定的目标，即它们将 GDP 的 3% 以上投入到研发，两国 2007 年的研发强度分别为 3.60% 和 3.47%。考虑到奥地利、丹麦和德国研发强度正增长的情形，我们认为到 2010 年上述国家有望实现里斯本战略所设定的目标。从地区层面看，2006 年，15 个研发强度领先的地区超过了里斯本战略所设定的 2010 年达到 3% 的目标，其中有 3 个地区的研发强度超过 5%。德国的布伦瑞克排名第一，其研发强度为 5.83%，接下来是瑞典的西维里格（5.40%）和德国的斯图加特（5.37%）。其他欧盟 27 国的各地区研发强度都低于 5%。

欧盟 27 国的企业部门（Business Enterprise Sector，BES）的研发支出占欧盟全部研发支出总额的绝大多数，占比为 64%；其次是高等教育部门，占欧盟全部研发支出总额的 22%；最后是政府部门，占欧盟全部研发支出总额的 13%。虽然，欧盟 27 国企业部门的研发支出占欧盟全部研发支出总额的比重较高，但是韩国、日本、中国和美国的企业部门的研发支出占各自国家全部研发支出总额的比重更高，分别为 77%、77%、72% 和 72%。欧盟 27 国研发经费总额的 55.4% 由企业部门提供，低于里斯本战略中要求 2010 年企业部门提供三分之二研发经费的目标。欧盟 27 国的企业部门执行的研发经费中有 6.4% 的来源于海外，还有 4.5% 来源于政府部门。目前，在国家层面，欧盟成员国中只有一个国家——卢森堡（80%）的企业部门提供的研发经费占其研发经费总额的比重超过 75%。其他国家，如芬兰（68%）、德国（68%）、瑞典（64%）、丹麦（60%）、比利时（60%）和瑞士（70%）等国家的企业部门提供的研发经费占各国研发经费总额的比重较高。捷克、爱尔兰、法国、斯洛文尼亚、荷兰和冰岛等国家的企业部门提供的研发经费占各国研发经费总额的比重低于 50%。在调查的大多数国家中，"制造（Manufacturing）"部门占企业研发经费的份额最大，特别是在德国，其制造部门占企业研发经费总额的比重为 90%，其次是斯洛文尼亚，其制造部门占企业研发经费总额的比重为 86%；再次是芬兰和瑞士，其制造部门占企业研发经费总额的比重都为 80%。另一方面，在保加利亚、爱沙尼亚、塞浦路斯、拉脱维亚、立陶宛、卢森堡、波兰、葡萄牙、斯洛伐克、冰岛、挪威和克罗地亚等国，制造部门占企业研发经费总额的比重都低于 50%。

在欧盟 27 国中，就研发经费的绝对额而言，高等教育部门（Higher Education Sector，HES）是仅次于企业部门的第二位重要的研发执行部门；但这在中国、韩国和俄罗斯并非如此。2002—2007 年间，中国、韩国和俄罗斯的高等教育部门执行的研发总额的增速分别为 13.7%、9.0% 和 8.3%；但从研发经费的绝对额而言（2000 年的不变价），这几个国家的高等教育部门执行的研发总额远远低于欧盟 27 国高等教育部门执行的研发总额（420 亿欧元）。在高等教育部门，各国拨给不同科学领域的研发经费有明显不同。2006 年，在可获得相关数据的欧盟国家中，大部分国家在"自然科学（natural sciences）"方面的研发投入占政府部门提供的研发总额的大部分。政府部门在"自然科学"方面的研发投入占政府部门提供的研发总额最多的国家是波兰，占比高达 64.8%；其次是捷克，占比为 55.5%；拉脱维亚和斯洛文尼亚的占比也超过 50%。在比利时、卢森堡、罗马尼亚、芬兰和俄罗斯，政府部门在"工程学和技术（Engineering and technology）"方面的研发投入占政府部门提供的研发总额的比重最高；在丹麦、西班牙和奥地利，政府部门在"医疗卫生科学（medical and health sciences）"方面的研发投入占政府部门提供的研发总额的比重最高；在爱尔兰、塞浦路斯、马耳他、葡萄牙和冰岛，政府部门在"农业科学（Agricultural sciences）"方面的研发投入占政府部门提供的研发总额的比重最高。

2. 研发人员

在欧盟 27 国，2001—2006 年间，研发人员占全部就业人员的比重（按人数计算）逐步增加。同期，在日本和韩国，研发人员占全部就业人员的比重（按人数计算）也逐步增加。不过，2006 年，欧盟的研发人员密度（研发人员占全部就业人员的比重）（1.54%）要低于日本（1.80%）和韩国（1.58%）。2001—2006 年间，欧盟的研发人员密度以年均 0.13% 的增速在增加；同期，日本的研发人员密度增速为 0.16%，韩国的研发人员密度增速为 0.37%。2006 年，研发人员占欧盟 27 国全部就业人员的 1.54%（按人数计算）。从国家层面看，研发人员占就业总人数的份额最高的国家主要包括冰岛（3.68%）、芬兰（3.27%）和瑞典（2.71%）。在国家层面，研发密度和平均增长率（AAGR）均高于欧盟平均水平的国家主要包括卢森堡、奥地利、挪威、丹麦、芬兰、西班牙、韩国和日本；研发密度高于欧盟平均水平、平均增长率（AAGR）低于欧盟平均水平的国家主要包括法国、比利时、德国、瑞士、瑞典和冰岛；平均增长率（AAGR）高于欧盟平均水平、研发密度低于欧盟平均水平的国家主要包括马耳他、塞浦路斯、罗马尼亚、捷克共和国、爱沙尼亚、意大利、葡萄牙、拉脱维亚和土耳其；研发密度和平均增长率（AAGR）均低于欧盟平均水平的国家主要包括匈牙利、荷兰、爱尔兰、斯洛文尼亚、希腊、立陶宛、斯洛伐克、波兰、保加利亚、克罗地亚和俄罗斯。

除了保加利亚的研发人员（按人数计算）主要集中在政府部门，其他所有国家的研发人员主要集中在企业部门和高等教育部门。欧盟 27 国中，高等教育部门雇佣的研发人员最多，占全部研发人员的 45%；其次是企业部门，雇佣的研发人员占全部研发人员的 42%；政府和非营利组织雇佣的研发人员分别占全部研发人员的 13% 和 1%。2001—2006 年间，欧盟 27 国高等教育部门的研发人员密度以年均 1.78% 的增速增加。不过在卢森堡，超过 80% 的研发人员受雇于企业部门，日本和俄罗斯的企业部门雇佣的研发人员占全部研发人员的比重达 60% 以上；另一方面，在立陶宛，企业部门雇佣的研发人员占全部研发人员的比重仅为 10%。在企业部门，研发人员占就业总人数的百分比介于卢森堡的 2.15% 与保加利亚和立陶宛的 0.10% 之间，而欧盟 27 国的平均水平为 0.64%。在大多数欧盟成员国的企业部门，制造业部门研发人员所占的份额最高。然而，在爱沙尼亚、塞浦路斯、拉脱维亚和斯洛伐克等国，服务业研发人员占研发人员总数（FTE）的份额接近 60%。除保加利亚外，在大多数国家，特别是在瑞士、爱尔兰、比利时、马耳他和瑞典等国，政府部门雇佣的研发人员并不重要，仅占全部研发人员的很小一部分。在 14 个欧盟国家和挪威、瑞士、克罗地亚及土耳其等国，高等教育部门雇佣的研发人员占全部研发人员的比重最高；在立陶宛、土耳其、波兰、希腊和斯洛伐克，高等教育部门雇佣的研发人员占全部研发人员的比重超过60%；然而，在卢森堡和俄罗斯，高等教育部门雇佣的研发人员占全部研发人员的比重低于6%。从地区层面看，2006年，根据全时当量考虑的研发人员总量最高的15个地区中，有6个在德国，西班牙、意大利和法国各有两个地区，比利时、芬兰和瑞典各有一个地区；其中法国的法兰西岛根据全时当量考虑的研发人员总量最高，达135 872人。前15个地区相对突出的特点就是，其中9个地区是首都地区。应该说，基于全时当量考虑的研发人员总量与基于人数计算的研发人员总量是有所差异的。2006年，就研发人员占就业人员总数的份额而言，奥地利的维也纳在欧洲地区处于领先地位，为4.58%。其次是捷克的布拉格（4.53%）和挪威的特伦纳拉格（4.36%）。在所有其他欧洲地区中，研发人员占就业人员总数的份额均低于4%。

（三）英国研发投资概况

英国商业、创新与技能部（the Department for Business，Innovation & Skills，BIS）发布的《2010年英国研发记分牌》，总结了英国1000家最活跃于研发的公司2009年的研发投资数据和财政绩效情况，包括在英国从事研发的外国公司和全球1 000家最活跃于研发的公司数据。

1.《2010年英国研发记分牌》概况

第一，主要结果。一是英国1 000家研发投资最多的公司在2009年的研发支出为253亿英镑，同比下降0.6%。二是1 000家绩效最好的公司执行的研发中有80%由100家研发最活跃的公司执行的。三是从全球看，1 000家研发最活跃的公司的研发支出总额为3 440亿英镑，同比下降1.9%。全球1 000家研发最活跃的公司中的50家英国公司，其研发投资也有所减少，但仅下降1%。四是78%的全球研发发生在五个国家：美国、日本、德国、法国和英国。五是全球研发强度（研发支出占销售额的百分比）达到3.6%。而英国1 000家公司的研发强度只达到1.7%。

第二，英国的主要研发公司。2009年，英国1 000家主要研发公司的研发投资比2008年减少0.6%，达253亿英镑。这种由全球经济低迷引发的减少，在很大程度上是由固定线路电信、银行、航空航天与国防部门的企业研发投资下降所致。然而密切观察显示更加细微的情形，研发支出在整个经济中的分布有所不同。总投资排在前面的几个部门包括：汽车与零部件、软件与计算机设备、技术硬件与设备，尽管研发支出增长率低于2008年，但是其研发总额均有所增加。英国50家最大的研发投资公司——它们也在全球1 000家最大的研发公司之列——执行的研发，占英国1 000家主要研发公司执行的总研发的60%。这50家英国公司的研发支出同比下降1%，而对应的全球50家研发公司同比下降2%。

第三，全球的研发情形。全球1 000家主要研发公司的研发支出下降71.9%，达3 440亿英镑。在美国、日本、德国、法国、瑞士和英国6个国家注册的公司就在这一全球研发支出榜中占主导地位。这些公司共占全球1 000家主要研发公司研发总支出的82%。相比之下，在中国（包括香港地区）和印度注册的公司共占全球1 000家主要研发

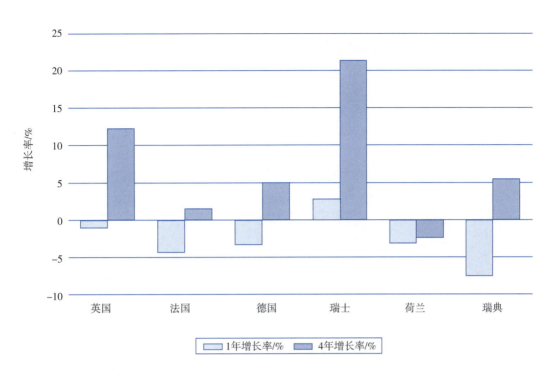

图 2 全球 1 000 家主要研发公司根据国别考虑的研发增长率

公司研发投资总额的 1.8%。但是，与其他全球主要研发公司不同，这些公司在 2009 年的研发投资大幅增加。中国公司的研发投资平均增长 40%。作为全球 1 000 家主要研发公司的一部分，这些中国主要研发公司的研发支出集中在技术硬件与设备、建筑与材料以及石油与天然气生产商。软件与计算机服务以及汽车与零部件公司共占印度主要研发公司研发总支出的 73%。在全球 1 000 家主要研发公司的欧洲公司中，英国公司的研发支出按绝对值排名第四，前三名分别是德国、法国和瑞士。

图 2 表明研发投资最高的 6 个欧盟国家公司的平均研发投资增长率。就 4 年的研发投资增长率而言，只有瑞士公司的研发投资增长率高于英国公司。2009 年全球 1 000 家主要研发公司中的英国公司没有发生像德国、法国、荷兰和瑞典公司那样大的研发支出削减。2009 年只有在瑞士注册的公司增加了研发支出。

与 2009 年的记分牌相同，制药与生物技术仍是全球最大的研发投资部门，2009 年研发投资增长 5.5%。在全球最大的 10 个研发投资部门中，只有三个部门——制药与生物技术、电子与电气设备、化学——增加了研发投资。汽车与零部件部门的研发支出下降幅度最大，达 11.6%；其次是技术硬件与设备，下降 6.3%。

英国 1 000 家主要研发公司与全球 1 000 家主要研发公司的研发支出比较，揭示出不同的发展情况。从全球看，汽车与零部件、技术硬件与设备、软件与计算机服务部门的研发支出出现下降，而在英国却出现了增加。从全球看，固定电话电信、石油与天然气以及银行部门的研发支出出现增加，但在英国却出现减少。

2. 研发模式概况

本部分重点介绍了英国和全球的主要研发投资者，提供了 2009 年英国和全球按部门分布的研发投资模式概况，总结了 2008 年来研发投资出现的主要变化。

第一，研发规模。2009年，英国1 000家最大的研发投资企业共投资253亿英镑，比2008年减少0.6%。这一减少很大程度上可归因于全球性经济衰退，这一衰退在2008年底尚未完全表现出来，因而在2009年的记分牌中并未完全显现。2009年，全球1 000家研发最活跃的公司共投资3 440亿英镑，同比下降1.9%。研发支出主要集中在美国、日本、德国、法国、瑞士和英国6个国家，743家公司（占74%）来自这些国家，82%的投资来自这些国家（见图3）。

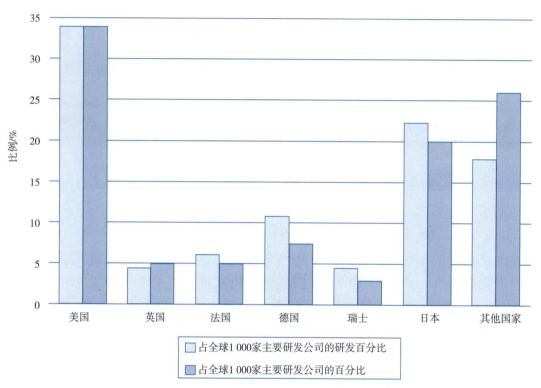

图3　2009年全球1 000家主要研发公司的研发支出分布（按国别）

第二，研发的部门分布。英国1 000家主要研发公司的研发支出主要发生在5个部门：制药与生物技术、航空航天与国防、软件与计算机服务、汽车与零部件、银行业。这5个部门共占研发支出的60%（见图4）。与2009年的记分牌有所不同，排名前5位的部门中，有2个部门（银行、航空航天与国防）的研发支出出现减少。软件与计算机服务、汽车与零部件部门的研发投资都增长9%左右。与2009年的记分牌一样，制药与生物技术部门是最大的研发投资部门，占英国1 000家公司研发投资的35%，其投资额比第二大研发投资部门多5倍以上。2009年，5个最大的研发投资部门共占英国1 000家公司研发支出总额的60%。这与2009年记分牌的调查结果类似。从全球看，5大部门继续在全球主要研发投资部门中占主导地位。其中3个部门也在英国5大研发投资部门之列，分别是制药与生物技术、软件与计算机服务以及汽车与零部件部门。技术硬件与设备以及电气电子设备已不在全球5大部门之列。其中，制药与生物技术部门仍是最大的研发投资部门，位于技术硬件与设备以及汽车与零部件部门之前。在英国，没有一个部门在全部研发支出占主导地位。尽管3个最大的研发部门在全球1 000家主要研发公司的研发投资总额中所占份额相似，但是2009年只有制药与生物技术部门的研发支出实现增加。5

大研发投资部门占全球1 000家主要研发公司研发投资总额的66%以上（见图5），略低于2009年记分牌的调查结果（68%）。与2009年记分牌情况类似，最大的研发投资部门在这些主要国家之间差异很大。法国、日本和美国有着相对多样化的研发组合，至少有3个部门对总研发支出做出较大贡献。德国的研发仍比较集中，特别是汽车与零部件部门。瑞士与韩国的研发也高度集中，集中在制药与生物技术部门和电子与电气设备部门。全球1 000家主要研发公司中的50家英国公司的研发高度集中于制药与生物技术部门。2009年，软件与计算机服务部门的成长相对健康，使该部门在英国研发组合多样化方面起着更大的作用。不过分析也表明，英国主要研发部门之外的研发投资在主要国家中也是最大的。

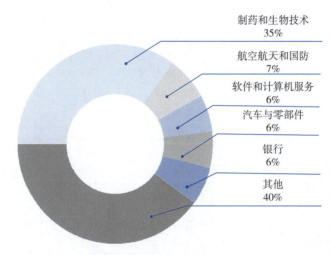

图4　2009年英国1000家公司的研发支出分布（按部门）

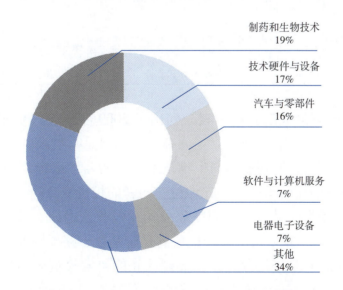

图5　2009年全球1000家公司的研发支出分布

第三，英国的研发相对集中。2009年，英国1 000家主要研发公司的研发支出总额中有80%可归因于100家研发投资最大的公司。全球1 000家公司中的50家英国公司占1 000家英国公司总研发的60%。这50家公司将60%的研发投资投向了3个最大的部门：制药与生物技术、银行以及石油与天然气生产商。它们在航空航天与国防部门的投资略低于6%。

表2 英国研发支出排名前25位的公司

2010年排名	公司	部门	研发额/百万英镑	与2008年相比研发增长/%	2009排名
1	葛兰素史克	制药与生物技术	3 629	9.5	1
2	阿斯利康	制药与生物技术	2 746	-12	2
3	英国电信	固定线路电信	1 029	-8	3
4	联合利华	食品生产	792	-3.9	4
5	皇家荷兰壳牌	石油与天然气生产	679	-11.1	5
6	苏格兰皇家银行	银行	559	-7.1	6
7	汇丰银行	银行	472	-0.1	7
8	劳斯莱斯	航空航天与国防	471	-3.9	9
9	空客	航空航天与国防	367	-26	8
10	英国石油	石油与天然气生产	363	-1.3	10
11	沙尔（Shire）	制药与生物技术	347	16.2	12
12	辉瑞	制药与生物技术	326	3	13
13	路虎汽车	汽车与零部件	314	38	16
14	福特汽车	汽车与零部件	313	-25	11
15	沃达丰	移动通信	303	8.2	14
16	巴克莱银行	银行	264	-3.7	15
17	英国航空航天	航空航天与国防	234	9.9	18
18	宾利汽车	汽车与零部件	230	119	无
19	罗氏制药	制药与生物技术	208	15	22
20	诺基亚	技术硬件与设备	197	34	24
21	捷豹汽车	汽车与零部件	181	-6	20
22	里德爱思维尔	媒体	179	55.7	无
23	赛捷	软件与计算机服务	175	25	25
24	英美烟草	烟草	152	10.1	无
25	卫材欧洲（EisaiEurope）	制药与生物技术	151	42	无

一是，英国研发投资最大的公司。表2列出了2009年研发投资最多的英国25家公司。尽管排名前7位的公司仍与2009年记分牌一样，但是只有葛兰素史克公司增加了研发总投资。与2008年相同，同在制药与生物技术部门的葛兰素史克与阿斯利康研发投入平稳增长，继续保持它们在名单中的领先地位。两者的投资从2008年的72亿英镑下降至2009年的64亿英镑。它们共占英国1 000家公司研发投资总额的25%，比2009年记分牌下降72个百分点。前25家公司中攀升最快的是诺基亚、路虎和罗氏制药，尽管它们的排名只有小幅提升。在2010年记分牌中，英国领先的研发投资公司中外国公司增加了2家。空中客车公司研发支出减少26%，其排名下降1位，但仍是在英国的外国公司中研发投入最高的（3.67亿英镑）。从2009年的记分牌观察到，排名前25位的公司中，汽车与零部件公司的研发投入呈下降趋势。2010年的记分牌表明，这一趋势可能已经中止，这一结果与汽车与零部件部门的研发总支出增长是一致的。虽然福特汽车与捷豹汽车公司降低了研发支出，但是，作为一个新进入记分牌的公司——宾利汽车公司，以及路虎汽车公司都大幅增加了研发支出，其增长幅度分别为119%和38%。除宾利汽车公司外，

来自媒体以及烟草行业的里德爱思维尔和英美烟草公司两家公司成为新加入记分牌的公司中研发投入最高者,二者共投资3.31亿英镑,其中前者研发投资同比增长50%。卫材(Eisai)欧洲公司进入前25强,使得表中制药与生物技术公司的总数达6家。

二是,全球的研发领先公司。正像2009年的研发记分牌一样,全球研发支出排名前25位的公司变化很大(见表3)。丰田汽车继续成为研发投资最多的公司,稳居第一。然而,汽车与零部件部门的其他公司均位次有所下降,通用下降7位,福特下降14位。制药与生物技术部门在今年的全球领先者排名中表现最佳。罗氏、诺华、赛诺菲一安万特以及默克制药的排名都比2008年有所上升,也许这不应归因于它们增加了研发投资,而是更多地应归因于其他部门的竞争对手相对弱势,因为2009年大部分竞争对手降低了研发支出。与2009年记分牌更为不同的是,葛兰素史克是唯一保留在当前全球研发投资排名前25家公司当中的英国公司。与其他制药与生物技术公司一起,葛兰素史克的排名上升6位,从21位升至15位,扭转了近年来的下降趋势。

表3 全球研发支出排名前25位的公司

2010年排名	公司	部门	国家	研发额/百万英镑	与2008相比研发增长/%	2009年排名
1	丰田汽车	汽车与零部件	日本	6 014	-6	1
2	瑞士罗氏公司	制药与生物技术	瑞士	5 688	9	4
3	微软	软件与计算机服务	美国	5 396	-3	2
4	大众汽车	汽车与零部件	德国	5 144	2	3
5	辉瑞制药	制药与生物技术	美国	4 802	2	6
6	诺华	制药与生物技术	瑞士	4 581	2	10
7	诺基亚	技术硬件与设备	芬兰	4 440	-6	8
8	强生	制药与生物技术	美国	4 326	-8	7
9	赛诺菲安万特	制药与生物技术	法国	4 060	0	12
10	三星电子	电子电气设备	韩国	4 007	8	18
11	西门子	电子电气设备	德国	3 805	2	20
12	通用汽车	汽车与零部件	美国	3 758	-24	5
13	本田汽车	汽车与零部件	日本	3 746	-4	11
14	戴姆勒	汽车与零部件	德国	3 700	-6	13
15	葛兰素史克	制药与生物技术	英国	3 629	10	21
16	默克	制药与生物技术	美国	3 619	22	25
17	英特尔	技术硬件与设备	美国	3 501	-1	17
18	松下	休闲商品	日本	3 445	-7	14
19	索尼	休闲商品	日本	3 308	-4	16
20	思科	技术硬件与设备	美国	3 225	1	22
21	罗伯特·博世	汽车与零部件	德国	3 179	-9	19
22	IBM	软件与计算机服务	美国	3 061	-10	15
23	福特汽车	汽车与零部件	美国	3 034	-33	9
24	日产汽车	汽车与零部件	日本	3 030	0	23
25	武田制药	制药与生物技术	日本	3 014	64	无

3. 主要部门的研发状况

本部分分析了英国以及全球不同部门研发支出的主要趋势。首先考虑了研发支出规模的变化,并将这一变化与公司的其他投入,特别是资本支出和雇佣情况相比较。其次,考察公司研发投资与销售额以及利润的比率。

表4总结了2009年以来1 000家研发投资最多的英国公司在研发方面的重大变化以及其他企业绩效测度。主要结论如下:一是英国1 000家公司的研发投资2009年比2008年下降了0.6%;二是主要部门中研发投资增长最快的部门是汽车与零部件部门、软件与计算机服务部门,其研发支出分别增长9%和8.6%;三是研发支出下降最大的是固定线路电信部门,其研发支出下降8%,其次是石油与天然气生产以及银行部门,研发支出都下降7%左右;四是制药与生物技术部门的公司占英国1 000家公司研发投资总额的35%以上;五是研发投资最大的4个部门中的3个部门(制药与生物技术部门、软件与计算机服务、汽车与零部件)增加了研发投资,而航空航天与国防部门降低了研发投资;六是10个最大的研发投资部门中有6个称其2009年出现营业损失,汽车与零部件部门以及技术硬件与设备部门的营业损失最大;七是与2009年的记分牌相比,在研发投资最多的部门,各公司研发投资占资本支出的百分比大致相似。

表4 英国1000家公司所在部门的主要趋势(2009年)

主要部门	2009年研发投资额/百万英镑	与2008年相比研发的改变/%	研发占资本支出的百分比/%	与2008年相比雇员人数的改变/%	与2008年相比销售额的改变/%	与2008年相比利润的改变/%
制药与生物技术	8 922	0.9	321	-2.2	11.11	14.1
航空航天与国防	1 643	-5	127	1.4	14.8	-14.9
软件与计算机服务	1 621	8.6	281	-1.5	0 2	18.2
汽车与零部件	1 529	9.1	157	5.3	-7.6	-152.4
银行	1 390	-7	16	1.3	44.8	n.a.
石油与天然气生产	1 119	-7.3	3	-5.7	-36	-45.3
技术硬件与设备	1 067	2.1	278	-2	-0.7	-59.4
食品生产	1 034	-3.4	40	-4.5	-1.0	8.2
固定线路电信	1 031	-8	55	8.1	-2.7	512.7
电气电子设备	647	14	254	-5.4	2.6	31.2
总计*	25 262					

*包括所有其他部门

表5 英国1000家公司所在的研发投资增长最快的部门（2009年）

主要部门	2009年研发投资额/百万英镑	与2008年相比研发的改变/%	研发占资本支出的百分比/%	与2008年相比雇员人数的改变/%	与2008年相比销售额的改变/%	与2008年相比利润的改变/%
天然气、水与综合公用事业部门	90	94.6	1	2	3.8	26.3
非人寿保险部门	128	40.4	200	2.5	6.6	-8.0
旅行与休闲部门	205	36.8	27	-2.7	9.7	47.4
金融服务部门	277	27.5	24	-2.6	-1.2	-38.6
石油设备、服务与配送部门	62	15.6	55	-5.3	-46.3	-36.4

表5总结了英国1 000家公司所在的研发投资增长最快的部门在2009年的重大变化。按绝对值测度，这些部门的研发投资额大大低于英国领先的研发投资部门。排名最前的4个部门都增加了研发投资，尽管天然气、水和综合公用事业公司这一部门的增长很大程度上可归功于森特理克公司（Centrica）研发投资的增长。从表4还可以看出，非人寿保险公司的研发增长主要是由该部门最大的公司——英国RSA保险公司推动的。作为2009年记分牌的延续，旅行休闲部门以及石油设备、服务和配送部门仍然是研发投资增长最快的部门。迈凯轮与托马斯库克公司是旅行与休闲公司中研发投资增长最快的公司，而贝克体斯公司是石油设备、服务和配送公司中研发投资增长最快的公司。就研发投资的相对值而言，在5个增长最快的部门中有4个部门的研发支出占资本支出的百分比大大低于3个主要部门——制药与生物技术、航空航天与国防、软件与计算机服务——的研发支出占资本支出的百分比；只有非人寿保险部门接近200%的水平。

（四）印度研发和科技产出概况

1. 从财政资金来源看

第一，2005—2006年，印度的国家研发支出从2002—2003年度的1 808.816亿卢比增加到2005—2006年度的2 877.665亿卢比。预计2006—2007年度研发支出达到3 294.164亿卢比，2007—2008年达到3 777.790亿卢比。第二，2005—2006年度，研发支出占国民生产总值（GNP）的百分比为0.89%，而2002—2003年度为0.81%（见图6）。尽管就绝对值而言，研发支出呈增长趋势，但是研发支出占GNP的百分比没有固定趋势。当GNP增长率高于研发支出增长率时，这个比率就会下降，反之亦然。第三，印度的人均研发支出从2002—2003年度的169.38卢比增加到2005—2006年的260.20卢比。第四，2005－2006年度，各部门占国家研发支出的份额分别是：中央政府占57.5%，公共产业部门占4.5%，私营部门占2.59%，联邦政府占7.7%，高等教育部门占4.4%。包含公共和私营产业部门在内的产业部门研发支出达30.4%。这与发达国家情况相反，在发达国家，产业部门占国家研发支出的份额通常高于50%。第五，2003年，科技政策

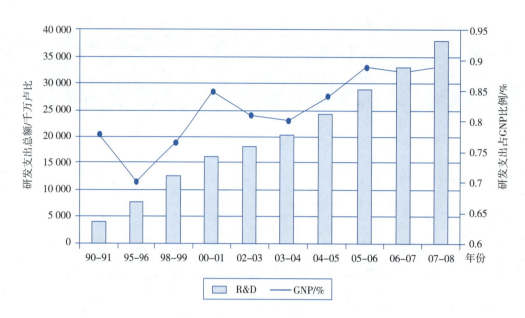

图6　印度研发支出及其占国民生产总值的百分比

强调了产业部门应更多地参与研发，使它在全球化的新时代更具竞争力。2002—2003年度，私营部门的产业研发投资为349.83亿卢比，2005—2006年增至744.421亿卢比，增加了1倍多，2007—2008年将继续增加至1 119.286亿卢比。第六，2002—2003年度到2005—2006年度，私营部门研发投资的年均复合增长率为28.6%，而中央部门研发投资的年均复合增长率为14.0%，私营部门投资占国家研发投资总额的份额从2002—2003年度的19.3%增加至2005—2006年度的25.9%。第七，2005—2006年度，74.1%的研发资金由政府部门提供，25.9%来自私营部门。第八，2005—2006年度，大部分（86%）的中央政府研发支出资金由12个主要科技部门提供，它们分别是印度科学与工业研究理事会、印度国防研究与发展组织、印度原子能部（DAE）、生物技术部（DBT）、科技部（DST）、航天部（DOS）、地球科学部（MOES）、印度农业研究理事会、印度医学研究理事会、信息通信技术部（MICT）、环境部（MOE）以及新能源与可再生能源部（MNRE），其余14%的资金由其他中央部门和公共产业部门提供。国防研究与发展组织在12个主要科技部门中所占份额是34.4%。第九，2005—2006年度，产业研发部门将其0.55%的销售额用于研发活动。私营和公共部门的这一比例分别是0.66%和0.30%。第十，2005—2006年度，制药业在产业研发支出中所占份额最高，为37.4%，其次是运输业和国防产业，分别占14.7%和6.9%。第十一，2005-06年度，仅国防部门就占公共部门研发支出的38.8%，其次是燃料产业，共占24.2%。私营部门的研发支出中，制药业所占比例最高，为45.1%，其次是运输业，占16.7%。第十二，科学机构提供支持的外部研发从2002—2003年度的44.869亿卢比增加到2005—2006年度的116.380亿卢比。2002—2003年度到2005—2006年度，外部研发支出的年均复合增长率为37.4%。由科学机构提供支持的外部研发项目从2002—2003年度的2 718个增加到2005—2006年度的3 569个。第十三，对外部研发提供最大支持的是科技部，为57.211亿卢比（49.2%）。其次是信息通信技术部和生物技术部，它们提供的外部研发支持分别是18.385亿卢比（15.8%）和17.473亿卢比（15.0%）。2005—2006年度，科技部、信息通信技术部以及生物技术部三个机构提供了最大的外部研发支持，它们共占总数的80.0%。

2. 从人力资源角度看

第一，2006—2007年度，印度有358所大学或自封的大学，13个在全国具有重要地位的学院以及20 677个学院在从事高等教育。2006—2007年度，高等教育入学人数为1 161.25万，其中31.6%选择了科学院系。第二，2005—2006年度，教育系统培养出的博士为1.873万人，其中45%的博士在科学院系，其余55%的博士在艺术院系。科学院系中授予理论科学专业的博士学位数占绝大部分，达5 625个，占66.8%；其次分别是农业科学，119个（13.3%）和工程/技术科学，1 058个（12.6%）。第三，2005年4月1日，在印度研发机构就业的有391万人，其中包括在公共和私营部门内的研发单位就业人员。其中39.6%的人从事研发活动，27.0%的人从事辅助活动，其余33.4%提供管理和非技术支持。第四，绝大多数研发人员（63.0%）受雇于公共部门和高等教育部门。在产业部门（包含公共和私营产业）从事研发活动的研发人员占37.0%。其中公共部门（包含合资企业）从事研发活动的研发人员占60%。第五，研发机构雇用的女性人员达6.105万人，占印度研发人员总数的15.6%。其中1.9707万人从事研发活动，占从事研发活动的人员总数的12.7%。第六，2005年4月1日，从事研发活动且有教育文凭的人员达11.6175万人。其中博士占17.5%，硕士占38.2%，大学本科毕业生占30.3%，其他的占14.0%。第七，大部分博士（76.6%）和硕士（55.0%）学位持有者受雇于公共部门。这表明，公共部门比私营部门雇用更多的高学历人员从事研发活动。第八，在全部研发人员中，47.6%的人有工程和技术专长，29.8%的人有自然科学专长，12.1%的人有农业科学专长；8.1%的人有医学专长，其余2.4%的人有社会科学专长。产业部门雇用的研发人员中，53.4%的人有工程和技术专长，27.5%的人有自然科学专长，12.5%的人有医学专长，而公共部门雇用的研发人员中，42.0%的人有工程和技术专长，32.0%的人有自然科学专长，19.6%的人有农业科学专长。

3. 从科技产出的角度看

第一，专利申请数从2000—2001年度的8 503件增加到2006—2007年度的2.894万件。由印度公民申请的专利数量共计5 314件，其中30.2%来自马哈拉施特拉邦，24.7%来自德里。此外，卡纳塔克邦和安得拉邦分别为11.2%和7.2%。这4个邦共占印度公民申请的专利总数的73.3%。2006—2007年度，美国占外国人在印度申请的2.3626万件专利总数的35.5%。第二，2006—2007年度授予的专利总数为7 539件，其中74.7%是外国人申请的，只有25.3%是印度公民申请的。

第三，选取每个学科的核心数据库，并对数据库中有印度地址的论文进行计数，作为同行评议论文的数量。涉及到的数据库有CAB文摘（农业）、生物学文摘（生命科学）、化学文摘（化学）、地学参考（地球科学）、工程索引（工程）、数学文献库（数学）、医学文摘（医学）和INSPEC科学文摘数据库（物质科学）。根据核心数据库统计出来的论文总数，2001年为59 315篇，到2005年增加到8.929 7万篇。除地球科学外，其他学科领域的论文总数都呈增长趋势，地球科学的论文数从2001年的1 656篇降低到

2005 年的 1 212 篇。第四，化学领域的论文最多，达 2.366 8 万篇；其次是农业科学领域和生物科学领域，分别是 1.652 6 万篇和 1.249 1 万篇。相对于其他科技领域而言，地球科学领域和数学领域的论文较少，分别为 1 212 和 1 739 篇。第五，印度占全球论文总数的比例稍有增长，从 1995—2000 年度的 2.1%增长到 2000—2005 年度的 23%。

4. 研发支出占 GDP 比例的国际比较

大多数发达国家将 2%以上的国内生产总值用于研发。在发展中国家，巴西和中国的研发支出占 GDP 的比例分别为 0.82%和 1.42%，而印度为 0.88%。与印度相比，研发支出占 GDP 比例较低的国家还包括阿根廷、埃及、巴基斯坦、斯里兰卡和委内瑞拉。

5. 从研究机构数量看

2006 年，印度有 3 960 个研发机构。研发机构数量最多的是马哈拉施特拉邦，共有 835 个（21.0%），其次是泰米尔纳德邦和安得拉邦，分别是 402 个（10.2%）和 338 个（8.5%）。

（五）全球产业研发现状

《2010 年欧盟产业研发投资记分牌》提供了全球研发投资排名前 1 400 家公司的相关信息。记分牌中的数据是从 2009 财年账户中获取的；在这 1 400 家公司中，欧盟公司有 400 家，其他 1 000 家为非欧盟公司。

始于 2008 年的全球经济和金融危机，给全球企业带来了冲击，这可以在 2010 年记分牌中的公司财务中充分反映出来。2009 年的记分牌和 2010 年的记分牌大不一样，在 2009 年记分牌中，危机的最初影响仅仅体现在销售额、营业利润和市场评价等指标上，而研发投入继续增长，这是由于危机对研发活动造成的影响通常是滞后的。2010 年的记分牌显示出经济衰退对公司财务业绩和诸如研发投入与固定资产投资等投入指标的影响。此次分析将研发投入额与净销售额和利润的变化进行比较，并强调对不同的公司、部门和区域造成的不同效果和趋势，此次分析还与 2002—2003 年的那次经济衰退进行了比较。尽管总的来说研发投入出现减少，但许多公司仍继续增加研发投入，以增强它们的竞争地位，为经济复苏做好准备。

2010 年记分牌的主要调查结果如下：第一，2009 年，全球企业的研发投入数据表明，研发投入对全球性衰退的强免疫性，这是最大的企业投资商们给予研发以战略性重要地位的一个迹象。2009 年，记分牌上的 1 400 家公司的研发投资为 4 022 亿欧元，比 2008 年减少 1.9%，结束了过去 4 年年增长率高于 5%的正增长趋势。但是，考虑到此次危机对企业净销售额（-10.1%）和利润（-21.0%）所带来的严重影响，也考虑到本记分牌所反映出的大部分研发投入是在 2008 年年底（正处于金融危机的高峰期）做出的决定，这一数据表明，研发仍是研发投入最大企业的首要任务（见图 7）。记分牌上排名前 100 位的企业占上述研发投入总额的 58%，其绩效说明了此次金融危机的影响：一是此次危机产生的影响比 2002—2003 年那次经济衰退更为严重。在前 100 家企业中，有 54 家报告称其研发投入减少，而上次危机中只有 43 家研发投入减少（70 家企业报告称其销

图 7　记分牌上企业的年研发投入与净销售额增长

注：不同年份的记分牌不可直接比较，因为每次样本组成会发生变化。

来源：2004、2005、2006、2007、2008、2009、2010 年欧盟产业研发投资记分牌，欧盟委员会，欧盟联合研究中心等。

售额减少，而2003年只有45家的销售额减少）。二是在前100家企业中，有46家增加了研发投入，其中有19家增加超过10%（其中7家企业属于制药行业）。在这19家企业中，欧洲只有2家，而美国有8家，日本6家。

第二，日本汽车制造商丰田公司是全球最大的研发投资企业，其次是瑞士制药公司罗氏。大众汽车公司名列第四，是欧盟最大的研发投资企业。记分牌上排名前两位的企业既不是欧盟企业也不是美国企业，这种情况尚属首次。汽车行业的利润和销售额大幅下降，而不同企业的反应不同。丰田公司和大众公司努力巩固其研发投资地位，而其他公司，如通用和福特，则大幅削减研发投入，退出了前10名。2009年，制药行业有5家企业名列记分牌前10位，并处于继续攀升态势，瑞士的罗氏公司目前位居第二。这是该行业特别有活力的结果。受此次危机影响最大的是汽车行业的企业：有15家企业减少了研发投入，福特（-32.4%）、雷诺（-26.5%）和通用汽车（-24.1%）等公司减幅更大。相比之下，其他公司如尼桑和丰田等降幅不大，一些公司如现代甚至还有所增加。2009年增加研发投入的公司，包括有着良好销售额和利润的公司，如华为科技（27.8%）和苹果公司（25.4%），也包括一些利润和销售额大幅下降的公司，如拜耳集团公司（8.8%）和通用电气公司（10.1%）。

第三，研发投入总额掩盖了各产业部门间的显著差别。制药行业的研发投入继续增加，而汽车和IT硬件行业的研发投入大幅减少。制药行业的研发投入增长75.3%，巩固了其作为最大研发投入行业的地位。制药行业也是金融危机时期实现销售额增长（6.4%）的少数几个行业之一。而且，大型制药企业正通过并购来增强其研发能力，从而巩固其地位，被并购的往往是生物技术企业。相比之下，汽车及零部件行业备受金融危机打击较大，其研发投入减少711.6%（如前所述，大幅削减研发投入的企业包括美国和欧洲的一些企业）。技术硬件和设备行业的研发投入也大幅下降（-6.4%）。对大多数行业而言，研发投入减少是与净销售额大幅下降一同出现的。然而，一些企业净销售额显著下降而研发投入仍然增加。石油天然气生产商和化工行业的研发投入分别增长2.6%和2.7%，但它们的销售额分别下降26.0%和16.1%（见图8）。替代能源产业继续延续其过去3年中迅速增长的趋势，公司数量和规模都有所增加。记分牌上现有的15家全力进行清洁能源技术开发的企业，比2008年多了9家，其中13家是欧洲企业，2家是其他地方的企业。2009年，这些企业的研发投入超过5亿欧元，与2008年相比，大幅增长28.7%。应当指出的是，记分牌上对替代能源开发进行投资的其他企业分别属于不同的行业，如石油和天然气行业，通用工业设备及工业机械行业等。

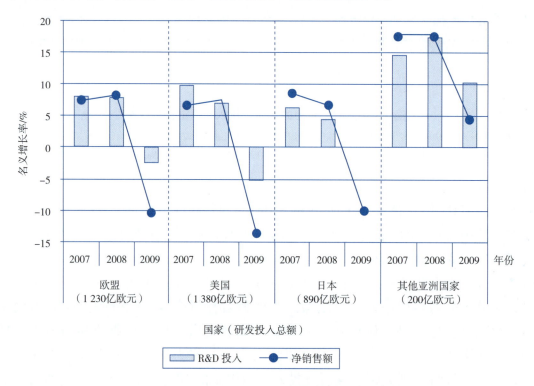

图8 2010年记分牌上研发投入和净销售额的增长率

第四，各地区的研发模式有很大差异，美国企业研发投入的下降幅度大于欧盟企业，而一些亚洲国家的企业大幅增加研发投入。欧盟企业的研发投入减少26%，约为美国企业降幅的一半（5.2%），尽管欧盟企业与美国企业的销售额均出现大致相同幅度的下降（约-10%），但欧洲企业的利润下降更大，美国企业利润的下降幅度较小（-13.0%对-1.4%）。更不可思议的是日本企业的表现，尽管它们的销售额有所下降（-10%），利润却出现明显地大幅下降（-88.2%），但日本企业的研发投入仍维持着2008年的水平。在其他地区，企业既增加了研发投入也增加了净销售额。一些亚洲国家和地区的企业保持其近年来研发高增长率的趋势，如中国（40.0%）、印度（27.3%）、中国香港（148%）、韩国（9.1%）和中国台湾（3.1%）。瑞士企业的研发投入也大幅增加（25%）。2010年的记分牌上又增加了一些亚洲经济体的企业：中国增加了6家企业，中国台湾和韩国各增加4家企业，日本增加3家企业，印度、中国香港和新加坡各增加2家企业。但在记分牌上，中国仅有21家企业，而韩国有26家。相比之下，27家美国企业退出排名榜，然而美国迄今仍是最大的研发贡献国，记分牌上有504家企业。

第五，尽管发生了金融危机，但全球研发投入仍保持了独特的行业构成，美国主导着高研发密集度行业，而欧盟则主导着中高技术行业（见图9）。主要地区的部门专业化在很大程度上未受经济衰退影响。欧盟企业在汽车行业的研发投入总额中占43.5%，在化工行业中占40.3%。同是这两个行业，日本企业分别占36.3%和34.4%。美国占制药行业研发投入的43.2%，在IT硬件行业占48.0%，在计算机软件及服务行业占74.6%。如果按照高、中高、中低和低研发密集度划分行业，可以看到，欧盟在中高研发密集度行业中继续占主导地位，占48%。美国在研发密集度最高的行业中的研发投入占美国研发投入的比例为69%，日本在研发密集度最高的行业中的研发投入占日本研发投入的比例为37.8%，欧盟在研发密集度最高的行业中的研发投入占欧盟研发投入的比例为34.9%。如记分牌所示，从中期看，美国的行业构成所发生的变化最大，其汽车行业的研发投入份额从2000年的14%降至2010年的9%。这在一定程度上也形成了美国较长期的研发投入趋势，即在过去的30年~40年里，研发密集型行业的规模已大大增加。对高研发密集度行业的企业年龄分布进行分析，为美国企业的活力提供了进一步的证据。

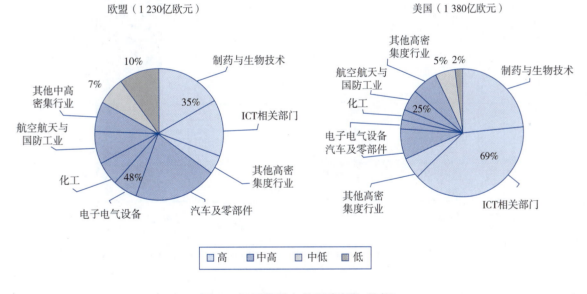

图9　各行业所占的研发投入份额

注：按全球各行业的研发密集度，划分为四类行业：高研发密集度行业（密集度高于5%），包括制药与生物技术、医疗保健设备与服务、技术硬件与设备、计算机软件与服务等；中高研发密集度行业（密集度在2%到5%之间），包括电子电气设备、汽车与零部件、航空航天与国防、工业工程与机械、化工、个人用品、家居用品、通用工业设备、支持服务等；中低研发密集度行业（密集度在1%到2%之间），包括食品生产、饮料、旅行与休闲、传媒、石油设备、电力、固话电信等；低研发密集度行业（密集度小于1%），包括石油与天然气生产、工业金属、建筑与材料、食品与药品零售、运输、采矿、烟草、多元公用事业等。

来源：2010欧盟产业研发投资记分牌等

第六，考虑到企业年龄及其研发密集度，欧盟和美国在研发密集度上的差距则很大程度上源自欧盟高研发密集度行业年轻的创新型企业数量较少。正如前几年的记分牌所强调的，产业结构的差异（如相对于美国而言，欧盟的高研发密集度行业要小得多）造成欧盟企业总体上在研发密集度方面与美国有很大差距。因此,增加欧盟高研发密集度行业的大企业数量,将有助于实现欧盟总体研发密集度的目标。此次竞争力分析中将记分牌上公司的年龄作为一个补充变量,由此对欧盟研发密集度的落后起因有了新的见解。较新的企业(1975年后创建但未被其他公司收购的公司)的研发密集度较高,而老企业的研发密集度较低,分别为6.1%和3.3%,且美国较新的企业数量比欧盟多得多(美国占54.4%,欧洲占17.8%)。此外,欧盟年轻企业的研发密集度也比不上美国年轻企业(分别为4.4%和11.8%)(见图10)。记分牌上显现的事实表明欧盟高研发密集度行业的新企业数量较少,也表明企业形成和增长比率的差异可能是欧盟在高研发密集度行业的规模比美国小的主要原因。如能对造成欧盟和美国企业结构和企业活力的这些差异的因素作进一步分析,会有助于确定有针对性的政策措施,以提高欧洲企业的研发投入水平。

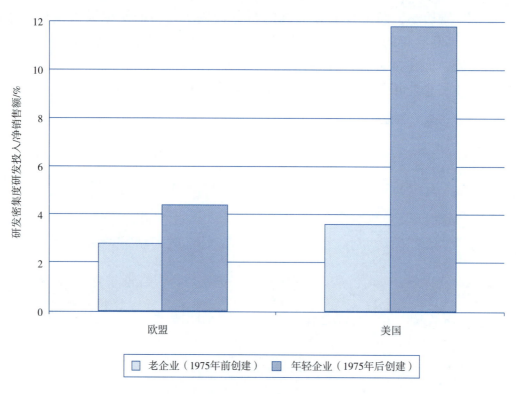

图10　记分牌上按年龄划分的欧盟和美国企业的研发密集度

第七,与此同时,从中期看,其他有活力的地区可能会给欧盟和美国带来挑战。在其他地区的高研发密集度行业和中高研发密集度行业,企业也有增加研发活动的趋势。亚洲地区(除日本外)的企业明显增加了它们在这些行业的研发投资份额。从中期看,在中高研发密集度的行业,如汽车及零部件行业,这些新兴力量将增加对欧盟顶级研发投资企业的竞争压力(见图11)。韩国企业已和日本企业联手,成为汽车行业的强大竞争对手,中国和印度的新公司也准备如此。这给这些行业带来了更多挑战,这些行业需要保持高水平的研发投入以保持其竞争力;这给欧盟也带来了更多挑战,欧盟也要保持和吸引来自这些行业的研发投入。

第八,关键行业的最新发展决定着半导体、软件和生物技术等行业的未来竞争力,也表明了欧盟面临挑战的程度。对于其他关键行业如信息通信技术相关产业、运输、医

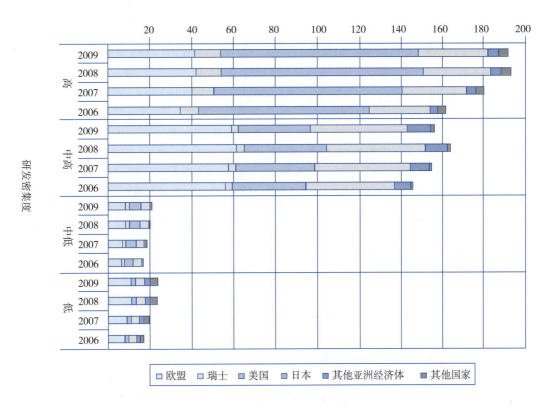

图 11　各行业的研发投资额

疗保健、食品和环境行业的整体价值链而言，半导体、软件和生物技术起着启动技术的作用。对这些行业而言，研发是一个重要的竞争力因素；在 2009 年的记分牌上，它们的研发密集度最高：半导体为 16.8%，软件为 14.6%，生物技术为 21.2%。与主要对手相比，欧盟企业在企业增长和数量/份量方面处于弱势地位。在这三大行业的企业数量和总研发投入方面，美国都占主导地位。美国企业在半导体行业的投资几乎为欧盟企业的 5 倍，在软件行业是欧盟企业的 4 倍，在生物技术行业是欧盟企业的 8 倍多。此次经济危机似乎对这些行业（以及价值链下游的行业）产生了不同影响：半导体及相关产业的销售额和利润受到负面影响，而软件、医疗保健和食品相关行业的这些指标似乎没有受到影响。

第九，欧盟成员国不同的研发增长率反映出行业构成的差异。欧盟总体研发投入的减少，绝大多数来自汽车研发以及 IT 硬件研发占很大份额的国家，前者如德国和法国，后者如芬兰和瑞典。德国、法国和英国的企业占记分牌上欧盟企业研发投入总额的三分之二以上。法国和德国的研发投入分别下降 4.5% 和 3.2%，这对欧盟的平均下降水平（-2.6%）有重要影响。德国和法国企业研发投入的下降，大部分应归因于汽车及零部件企业，两者的研发投入分别下降 7.4% 和 14.1%。英国的研发投入仅下降 0.6%，在一定程度上是因为其汽车行业小（见图 12）。有趣的是，在这三个成员国中，高研发密集度行业的企业维持甚至稍稍增加了其研发投入。从其他成员国企业也可以观察到研发投入模式的差异。来自"领先创新者"成员国（如瑞典和芬兰）的企业，其研发投入分别降低 6.6% 和 6.0%，而丹麦则增加 1.8%。这可以归因于少数企业个别行为的重要性，如瑞典的爱立信，芬兰的诺基亚和丹麦制药企业伦贝克（Lundbeck）。无论在瑞典还是芬兰，10 个企业中就有 8 个减少了研发投入。记分牌上的西班牙企业也值得一提，因为尽管它们遭遇了经济衰退（销售额下降 6.4%），但仍大幅增加其研发投入（15.4%）。这是因为西班牙巨头企业大大增加了研发投入，如西班牙电信公司 Telefonica 和能源公司 hcciona 分别增加了 16% 和 29%，另外还有顶级企业西班牙国家银行 BancoSantander（增加 18%）的入围。

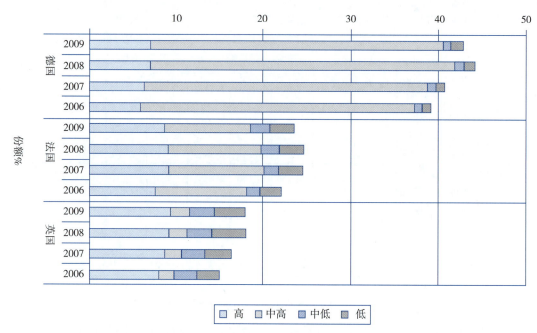

图 12 德国、法国和英国研发投入所占份额（按行业划分）

注：行业的划分如图 9 一样。
来源：2010 年欧盟产业研发投资记分牌

二、世界科技投入的发展趋势

（一）投资今天的创新应对明天的挑战

奥巴马政府的 2011 财年预算提议为非国防研发投资 660 亿美元，比 2010 年增加 37 亿美元，增长 5.9%，这说明美国政府坚信：科学技术和创新投资是建设美国未来经济之关键所在。

2011 财年预算要求进行战略性研发投资，为 21 世纪的产业创造高质量就业岗位，探索地球和空间领域有吸引力的科学前沿，提高美国人民的健康水平和生活质量。预算增加了对生物医学研究的支持，使得科学家能够利用基因组学和再生医学等领域激动人心的发现成果。预算还为新一代先进材料和制造方法的发展打下基础。预算中，包括一个大胆的雄心勃勃的空间新计划，该计划对美国的创造性进行投资，推动美国人步入新的创新和发现之旅。最后，预算还支持可再生能源和能效手段，如下一代电池、太阳能、生物质能、地热能、风能、碳捕获和封存技术的开发，并且支持推进核技术和提升其市场竞争力的计划。

2011 年预算以 20 亿美元的投入维持国防部对基础研究的承诺。同时，预算承认紧缩财政的需要，将国防部的研发总预算减少了 35 亿美元，降低到 775 亿美元，削减的主要是低优先武器开发计划和国会项目的定向性支出。

2011年财年预算中，国防和非国防投资共为基础和应用研究提供资金616亿美元，比2010财年预算增加33亿美元，提高了5.6%。2011年预算为开发提供资助815亿美元，低于2010年的规定水平。2011财年研发预算共计1 477亿美元，比2010财年增加3.43亿美元，增长0.2%。

"美国总统奥巴马认识到，科学比以往任何时候都更加重要，科学是实现美国国家繁荣、人民安全、地球健康和生活富足的关键。"美国总统科技助理兼白宫科技政策办公室主任约翰·霍尔德伦博士（Dr John P. Holdren）说，"总统的新预算清楚地表明，他很注意推动美国的创新，以及增强美国经济和应对21世纪的大挑战。"

特别是为确保美国保持数十年来一直成为美国经济实力之核的全球科技强国地位，总统2011财年预算要求：

- 继续支持三个主要科学机构预算翻番的承诺，这三个机构分别是国家科学基金会、能源部科学办公室、国家标准与技术研究院的实验室，为此，2011财年预算为这三个机构共提供资助133亿美元，比2010财年增加8.24亿美元，增长6.6%；
- 为美国航天局研发提供110亿美元，比2010财年增加17亿美元，提高18.3%，部分是为了刺激全新技术的创造，使美国进入一个大胆进行太空探索的新时代；
- 为国家卫生研究院提供321亿美元，比2010财年增加10亿美元，增长3.2%，用于做出发现和发展医学突破，从而有助于美国人更加健康长寿；
- 为国家海洋和大气管理局提供约10亿美元的研发预算，大大高于2010财年，并为跨机构的美国全球变化研究计划（USGCRP）提供26亿美元资助，比2010财年增加4.39亿美元，增长21%，以践行美国政府的了解气候变化带来的风险并制定适当的战略来减轻和适应那些风险的承诺。
- 为联邦政府的中小学科学技术工程和数学（STEM）教育计划提供10亿美元资助，增加3亿美元，反映出总统的要将美国学生在这些学科的成绩从中等提高到一流的承诺；
- 为其他能为将来的产业和就业岗位奠定基础的研发目标增加资助，如网络学习、纳米制造、清洁能源以及"超越摩尔定律"计算的下一次革命；
- 使联邦研究与试验税收减免永久化，从而给予美国创新者和创业者所需要的长期经济支持，使他们为明天的经济建设投入资源。

"即使经过预期的下一年1.1%的通胀调整，这些有重点的科技研发增加也有望加速美国的经济进步，确保美国将来继续作为全球领先者的地位。"约翰·霍尔德伦博士说。

表6　美国2011财年研发预算　　　　（单位：百万美元）

	2009 财年 实际值	2009 财年 ARRA 1/	2010 财年 估计值	2011 财年 预算值	2010—2011 财年的变化	
					金额	%
总研发						
国防部（军用）	80 821	300	81 090	77 548	-3 542	-4.4
卫生部	30 595	11 063	31 177	32 156	979	3.1
国家卫生研究院	29 289	10 363	30 442	31 398	956	3.1

续表

	2009 财年实际值	2009 财年 ARRA 1/	2010 财年估计值	2011 财年预算值	2010—2011 财年的变化 金额	%
卫生部的其他研发	1 306	700	735	758	23	3.1
国家航天局	10 887	790	9 286	10 986	1 700	18.3
能源部	10 301	2 967	10 693	11 219	526	4.9
国防原子能研发	3 825	2 967	10 693	11 219	526	4.9
科学办公室	2/	2/	4 470	4 642	172	3.8
能源研发	2/	2/	2 275	2 430	155	6.8
国家科学基金会	5 379	2 197	5 092	5 571	479	9.4
农业部	2 437	176	2 591	2 448	-143	13.9
商务部	1 393	576	1 516	1 727	211	13.9
国家海洋和大气管理局	790	165	872	959	87	10.0
国家标准与技术研究院	522	411	580	706	126	21.7
内政部	701	74	755	772	17	2.3
美国地质勘探局	614	74	660	679	19	2.9
运输部	976	0	1 012	1 018	6	0.6
环保署	599	0	622	651	29	4.7
退伍军人事务部	1 020	0	1 162	1 180	18	1.5
教育部	312	0	348	383	35	10.1
国土安全部	1 096	0	1 150	1 046	-104	-9.0
史密森学会	216	10	208	236	28	13.5
其他	625	0	651	755	104	16.0
研发总计	147 318	18 153	147 353	147 696	343	0.2
国防研发	84 646	300	85 038	81 695	-3 343	-3.9
非国防研发	62 672	17 853	62 315	66 001	3 686	5.9
基础研究	29 583	7 794	30 002	31 341	1 339	4.5
应用研究	29 054	5 385	28 327	30 276	1 949	6.9
研究总计	58 637	13 179	58 329	61 617	3 288	5.6
开发	83 866	1 482	84 373	81 455	-2 918	-3.5
研发设备设施	4 815	3 492	4 651	4 624	-27	-0.6

ARRA 1：《复苏与再投资法》拨款分配。

来源：White House Office of Science and Technology Policy (OSTP)，2010-02-01

总统的 2011 财年预算还包括：

- 为能源部新成立的能源先进研究计划署（ARPAE）提供 3 亿美元，为能源部科学办公室提供 51 亿美元，比 2010 财年增长 4.6%；
- 为国家科学基金会提供 74 亿美元，比 2010 财年增长 8%；
- 为国家标准与技术研究院的实验室提供 7.09 亿美元，比 2010 财年增长 6.9%；
- 为国防先进研究计划局提供 31 亿美元，比 2010 财年增长 3.7%；

- 为退伍军人事务部研发提供 12 亿美元，比 2010 财年增长 1.5%；
- 为美国内务部的美国地质勘探局提供 6.79 亿美元，比 2010 财年增长 2.9%；
- 为美国环保署研发提供 6.51 亿美元，比 2010 财年增长 4.7%；
- 为美国国家食品与农业研究所的关键竞争性研究计划即农业食品和研究计划提供 4.29 亿美元，比 2010 财年增长 63%；
- 为美国教育部的研发提供 3.83 亿美元，比 2010 财年增长 10.1%；
- 为史密森学会提供 2.36 亿美元，比 2010 财年增长 13.5%；
- 为国家科学基金会研究生奖学金名额到 2013 年增至三倍继续提供资助。

1. 美国 2011 财年预算中的联邦研发优先领域

美国总统 2011 财年的研发预算提议，联邦研发投资 1 477 亿美元。2011 财年的联邦研发预算比 2010 财年的规定水平增加 3.43 亿美元，增长 0.2%。2011 财年预算设定了优先领域，并在财政严重紧缩的情况下作出艰难抉择，为高优先领域的投资让路。在这种背景下，2011 财年预算提议，国防相关的研发因武器开发计划减少而降低，但非国防的研发大幅增加，达到 660 亿美元，比 2010 年的规定水平增加 37 亿美元，增长 5.9%。即使经过预期的下一年 1.1% 的通胀调整，关键性非国防研发计划也将大幅增加。

2011 财年预算承认政府在促进科学技术重大突破中所起的作用，特别强调了基础研究和应用研究，从根本上提高对自然的认识，变革关键的科学领域，推进长期的经济增长和提高生活质量。2011 财年预算中的联邦研究（包括基础研究和应用研究）投资共计 616 亿美元，比 2010 财年增加 33 亿美元，增长 5.6%。在经过了 2004—2008 年的 4 年下降后，2009 年和 2010 年规定的投资水平（包括《复苏法》的资助）以及 2011 财年的预算都表明，联邦对科学与工程领域、非国防与国防的研发投资不断增加。

2011 财年的预算为开发提供 815 亿美元，比 2010 年规定的水平下降了，这是因为削减了低优先的武器开发计划。研发设施和固定设备资助共计 46 亿美元。

总统的科学与创新计划要求，2011 财年预算对主要科学机构的资助将翻番。2011 财年预算维持总统关于 3 个主要科学机构预算翻番的承诺。在《复苏法》、《2009 年综合拨款法案》和 2010 财年拨款的基础上，2011 财年预算对国家科学基金会、能源部科学办公室、国家标准与技术研究院的实验室的资助大幅增加，以实现 2017 年资助翻番的计划。这些投资将拓展人类知识的前沿，为未来的就业和产业奠定基础。奥巴马政府致力于取得科学发现和保持美国在创新方面的领导地位。《总统的科学与创新计划》（The President's Plan for Science and Innovation）和《美国竞争法》（the America COMPETES ACT）都认为，国家科学基金会、能源部科学办公室和国家标准与技术研究院是实现美国国家繁荣和维护美国在创新中的世界领导地位的关键所在。尽管布什政府声称支持对这些机构的预算翻番做出的努力，但 2007 年和 2008 年缺少这方面的努力。2009 年，奥巴马总统签署的《美国复苏与再投资法》（the American Recovery and Reinvestment Act）和《2009 年综合拨款法》（the 2009 Omnibus Appropriations Act）最终使这些机构走上了预算翻番的轨道。总统的科学与创新计划是 2009 年 9 月宣布的《美国创新战略》（A Strategy for American Innovation）的一部分，也是实现总统提出的将美国 GDP 的 3% 投入研发这一长期目标的关键。2011财年的预算维持美国政府对国家科学基金会、能源部科学办公室和国家标准与技术研究院的实验室共计133亿美元的投资承诺,这个数字比2010的规定水平增加8.24亿美元,增长6.6%。投资预算的显著增长将确保这些机构实现5年内资助翻番的目标。此外,2011财年预算确定了这3个机构预算实现翻番的途径,2006年它们共获得97亿美元,2017年要达到195亿美元,比2006年的97亿美元翻一番,并特别注重鼓励高风险、高回报的研究和支持处在职业生涯之初的研究人员。

2. 美国2011财年预算中的技术计划

第一,投资创新的基本要素。一是促进有前途的技术的商业化。预算提议国家科学基金会为新的创新生态系统投资1 200万美元,以便大学与其他机构合作,通过商业化、产业联盟和新企业创办,增加大学中最有前途的创新的影响。预算还提议在标准与技术研究院计划中新增500万美元,促进制造领域的创新,重点是可持续的纳米制造业。二是扩展宽带接入。2011财年,美国商务部和农业部将重点管理72亿美元的扩大宽带部署的计划以及提高由《复苏法》资助的宽带使用和数据收集计划。此外,预算从美国农业部贷款和补助中提供4.18亿美元扩大宽带服务接入,使乡村社区走向现代信息经济。联邦通信委员会(FCC)正准备出台一个国家宽带计划,该计划将包含扩展宽带接入和使用的长期政策。该计划一出台,美国政府将部分地通过国家科学技术委员会为协调工作提供援助。三是发起移动宽带革命。预算指导国家电信和信息管理局(NTIA)以及联邦通信委员会合作制定一个计划,在下一个十年里分配既适合移动又适合固定无线宽带使用的频谱。该计划的重点是,在许可和非许可的基础上,为商业宽带提供商或技术的专用分配频谱,或者为商业和政府用户的动态、共享接入分配频谱。预算为国家电信和信息管理局提供资助,使它能够增加频谱共享方法方面的研究能力。

第二,激励有活力的创业并提高效率。预算对创造市场条件以激发创业精神和灌输开放政府文化的计划进行资助。包括:一是帮助创业者和小企业建立新的有活力的企业,创造新的就业岗位和经济增长。此次衰退遗留下来的困难之一是,许多小企业难以获得它们运营、成长和创造新就业岗位所需要的资本。2011财年预算提供1.65亿美元的补助金来支持小企业管理局7(a)贷款担保的175亿美元,以帮助小企业运作和扩大。预算还提议将7(a)贷款的最高额度从200万美元增加到500万美元,并为私营部门投资提供其他激励措施。二是增强区域经济竞争力。有竞争力的高绩效区域经济是国家经济增长的基本要素,我们必须更加努力在全国培养区域经济集群。2011年预算为经济开发署(EDA)提供至少7 500万美元的区域规划和匹配资金来支持区域创新集群的建立,以利用区域的竞争力来促进就业和经济增长。三是推动公共部门的创新。2011年预算提议为总务局(the General Services Administration,GSA)的电子政务基金提供3 500万美元,以支持跨机构的电子政务计划,特别是开放政府计划。

第三,促进国家优先领域取得突破。2011年的预算,将对那些能在国家优先领域开放数据标准的计划方面进行改善的领域投资。具体包括:一是为新兴技术设立标准和测度方法。标准和测度能提高新兴技术的社会效益,因为它们提供互操作性、提高效率、创造更好的制造方法。2011年预算为国家标准和技术研究院的科学技术研究与服务提供

5.85亿美元，比2010年规定的水平增加了7 000万美元，用以支持该研究院在卫生信息技术、智能电网、绿色制造和建设、先进太阳能技术、生物制药、纳米材料和先进制造方面的标准和测度工作，为美国的这些新兴产业奠定坚实基础。二是扩展卫生信息技术的使用并促进其开发。2011财年将启动针对电子健康记录认证的主要使用者医师和医院的医疗照顾和医疗补助激励计划。2011财年预算为国家卫生信息技术协调员办公室提供7 800万美元以支持数据标准、政策和手段，支持互联网上保密、安全的卫生信息交流，特别是客户参与和数据隐私。三是投资21世纪的学校和学习。2011年预算对转变教育者的教学方式和学生学习方式的技术给予巨大投入。总统坚信，当技术被创造性和高效利用时，就能以象转变私立部门的方式那样转变教育和培训。预算将对教育部的一系列计划进行资助，包括5亿美元的"创新投资"基金（"Investing in Innovation" Fund）能够进行与技术相关的投资，促进教育技术向一系列计划灌输，改进教与学，在国家和地方层面形成更好利用技术进行有效知识传授的能力。

（二）全球科学影响力发生转移

1. 知识在全球经济中的作用日益突出

首先，新数字技术，例如宽带、因特网和移动电话价格低廉、使用方便，这些加快了最佳技术的推广，从而革新了内部和外部研究组织，促使公司将研究与开发（简称"研发"）中心移植海外（David和Foray，2002年）。然而，不仅仅是数字信息和传播技术（ICT）的传播促成了更加透明和公平的竞争环境（这并不是说每个参与者都能拥有均等的成功机会，而是许多人遵守同样的游戏规则）。在贸易、投资和知识产权方面管理国际知识流动的世界贸易组织（WTO）等全球组织机构的成员增多和进一步发展也加快了关键知识的获取。例如，中国在2001年12月才加入世界贸易组织。目前，这一环境包括各式各样的资本和组织形式的技术转让，其中包括外国直接投资（FDI）、许可证以及其他形式的正式和非正式的知识传播。

第二，各国在经济增长和知识投资方面已迎头赶上，这体现在对高等教育和研发的投资方面。科学和工程类毕业生数量迅速增加则可见一斑。例如，印度决定新建30所大学，从而将学生的入学人数从2007年的不足1 500万增加到2012年的2 100万。巴西、中国、印度、墨西哥和南非等新兴发展中大国对研发的投入也比以往有所增加。俄罗斯联邦（俄罗斯）和其他一些中东欧国家等转型经济体也出现了这一趋势，而且逐渐恢复到了前苏联时期的投入水平。在一些情况下，国内研发总支出（GERD）的增加已成为经济迅猛增长的必然结论。例如，在巴西和印度，研发总支出占GDP的比重保持稳定，而在中国，该比值从2002年起已增长50%，达到1.54%（2008年）。与此类似，如果研发总支出占GDP的比重在一些非洲国家有所下降，这并不说明这些国家对于研发投入不够。这仅仅反映出由于石油开采（安哥拉、赤道几内亚、尼日利亚等）促进经济增长和其他非研发密集型领域发展加速。

第三，全球衰退对后2008年世界的影响尚未反映在研发数据上，但衰退显然已经首次对古老的北南技术贸易（发达国家向发展中国家输出）和增长模式发起了挑战（Krugman，1970 年；Soete，1981 年；Dosi 等，1990 年）。全球经济衰退似乎越来越多地向西方的科学和技术（简称"科技"）优势发起了挑战。正当欧洲和美国努力走出衰退的阴影时，巴西、中国、印度和南非等新兴经济体的公司却经历了国内增长持续，并且在价值链中的位置有所上升。这些新兴经济体曾几何时只是加工活动外包的仓库而已，而目前却正在朝着自主加工工艺开发、产品开发、设计和应用研究迈进。中国、印度和少数其他亚洲国家连同一些阿拉伯海湾国家已经在短时间内将具有国家目标的技术政策与积极和成功地开展学术研究结合起来。为此，他们已经恰当地运用了货币和非货币激励措施以及体制改革。尽管数据获取不易，但是众所周知，在过去五年里，东亚国家发展迅速的大学向美国、澳大利亚和欧洲大学的许多学术领军人物都提供了职位和大量的研究经费。

2. 研发总支出的趋势表明全球影响力正在发生转移

2007 年，全世界 1.7% 的 GDP 用于研发，这一比例自从 2002 年起一直保持稳定。然而，按货币计算，这相当于 11 460 亿美元（均指美元购买力平价），比 2002 年增长 45%。这比同期的 GDP 增长幅度（43%）略高。此外，这一增长的背后是全球影响力发生转移。在中国、印度和韩国的主要推动下，亚洲在世界 GDP 中所占比重从 27% 增至 32%，而三巨头却相对减少。欧洲联盟（欧盟）的下降大部分由其 3 个最大的成员，即法国、德国和联合王国（英国）所导致。同时，虽然非洲和阿拉伯国家所占比重较低，但很稳定，而大洋洲略有进步。

我们可以发现，中国在全世界研发总支出中所占比重与其 GDP 的比重差不多，而巴西或印度在全球 GDP 的贡献中超过研发总支出。值得注意的是，三巨头的情况恰好相反，不过欧盟的两者差异十分微小。在这方面，韩国是个有趣的例子，与三巨头的情况类似。韩国在全世界研发总支出中比重几乎是其 GDP 比重的两倍。韩国的要务之一是在 2012 年前将其研发总支出占 GDP 的比重提高到 5%。我们还可以看出，同其在研发系统中的财政资源相比，俄罗斯仍然拥有较多的研究人员。此外，新出现的 3 个大国，即中国、巴西和印度，还有伊朗和土耳其。甚至是非洲作为一个大陆目前也在全球研发工作中占有可观的份额。这些经济体的研发密集度或人力资本可能仍然很低，但是他们对于世界知识储备的贡献实际上正在迅速增加。相比之下，最不发达国家组仍然处于边缘。

商业研发投入（BERD）最能说明全世界私人投资的研发中心在地理上发生了怎样迅速的变化。在全球层面研发内部化战略当中，跨国公司越来越多地将其研究活动分散到部分发达国家和发展中国家（Zanatta 和 Queiroz，2007 年）。对于跨国公司来说，这一战略降低了人力成本，并且使公司更容易利用市场、当地人力资本和知识以及所在国的自然资源。受到青睐的投资目的地是所谓的亚洲"四小龙"、亚洲"古老的"新兴工业国以及巴西、印度和中国。然而，这不再是单向的投资流动：新兴经济体的公司现在也在收购发达国家的大公司，从而一夜之间获得这些公司的知识资本。因此，研发工作在南北之间的全球性分布正在迅速改变。1990 年，95% 以上的研发位于发达国家，全世界研发的 92% 以上位于 7 个经合组织（OECD）经济体（Coe 等，1997 年）。截至 2002 年，发达国家占研发总量的 83%，而到 2007 年，其占研发总量的 76%。此外，一般不视为研发密集型的许多国家正在发展某些部门，例如轻工程，以此作为进口替代战略，其中孟加拉国就是例子。从 2002 年至 2007 年，商业研发投入占 GDP 的比重在日本、中国和新加坡迅速提高，而在韩国则急速攀升。该比例在巴西、美国和欧盟保持大致不变，在俄罗斯甚至有所下降。因此，到 2007 年，韩国开始和日本争夺技术领军国家的位置，新加坡已经差不多追上美国，而中国也已能与欧盟比肩。尽管如此，印度和巴西的商业研发投入占 GDP 的比重仍然比三巨头低很多。

3. 人力资源的趋势表明中国研究人员数量将超美欧

第一，中国在研究人员的绝对数量方面即将超过美国和欧盟。这三个大型经济体分别占世界研究人员总数的大约 20%。如果我们加上日本（10%）和俄罗斯（7%）的比重，这表明研究人员极度集中：这 5 个最大经济体占世界人口的 35%，但是却拥有所有研究人员的四分之三。相比之下，印度等人口稠密的国家仍然仅占世界总数的 2.2%，而整个拉丁美洲和非洲大陆才分别占到 3.5% 和 2.2%。尽管发展中国家研究人员的比重已由 2002 年的 30% 增至 2007 年的 38%，但是，中国在这一增长中就占到三分之二。各国培训的科学家和工程师比以前增加很多，但是毕业生在国内难以找到合格的职位或者有吸引力的工作条件。因此，高素质的研究人员从发展中国家转移到发达国家已经成为过去十年的特征。英国议会办事处提供的 2008 年报告引用了经合组织的数据显示，在那些生活在经合组织国家的 5 900 万移民中，有 2 000 万是高技术人才。

第二，人才外流困扰着发展中国家。尽管关于移民的著作很多，几乎不可能对全世界高度娴熟人群的长期迁移进行系统的量化描述。此外，每个人对于这一现象的认知有所不同。一些人说成人才外流，其他人则更喜欢说是人才吃紧或人才流通。不管倾向的用辞如何，本报告都凸显出这一严重问题，即人才外流已经成为一大障碍，导致国内研发所创造的知识流出。例如，斯里兰卡国家科学基金的一项全国调查发现，斯里兰卡从事经济活动的科学家的数量已经从 1996 年的 13 286 名减少到 2006 年的 7 907 名。同时，流入印度的外国直接投资正导致国内人才外流，因为国内公司无法与在印外国公司提供的诱人报酬相竞争。国际统计学会未能系统地获得南南和南北移民数据，但是综合经合组织的高技术移民的数据和教科文组织国际学生双边流动的数据可见一斑（Dunnewijk，2008 年）。这些数据显示，南北和北北流动是移民流动的主要方向，但是，从整体来看，目的地正在越来越多样化：南非、俄罗斯、乌克兰、马来西亚和约旦也已经成为吸引高技术移民的目的地。在南非定居的移民来自津巴布韦、博茨瓦纳、纳米比亚和莱索托；在俄罗斯定居的移民来自哈萨克斯坦、乌克兰和白俄罗斯；在乌克兰定居的移民来自文莱达鲁萨兰国；在前捷克斯洛伐克的移民来自伊朗；在马来西亚定居的移民来自中国和印度；在罗马尼亚定居的移民来自摩尔多瓦；在约旦定居的移民来自巴勒斯坦自治领土；在塔吉克斯坦定居的移民来自乌兹别克斯坦；在保加利亚定居的移民来自希腊。犹太人的大流散成为制定政策提高技术转让和知识溢出效率的有效出发点。这种现象促使各国精心制定政策，以吸引高技术侨民回国。韩国过去的情况就是如此，而中国和其他地方目前也能看到这种趋势。目标是鼓励移民利用在国外获得的技能促进本国的结构性改革。此外，如果永久回国的前景渺茫，可以邀请移民"远程"参与。在尼日利亚，其国会在

2010 年批准建立尼日利亚侨民委员会，旨在确定尼日利亚侨居国外的专家，并且鼓励他们参加尼日利亚的政策和项目制定。

4. 出版物方面的趋势表明新三巨头占统治地位

Thomson Reuters 的科学引文指数（SCI）中记录的科技出版物数量是最普遍使用的科学产出指标。该指标极其宝贵，它使我们可以在国际上对比总体水平，也可以更加详细地评价某些科学领域。我们首先总体分析一下科技出版物。美国仍然是在科学产出方面领导世界的国家。然而，在过去 6 年，美国的世界比重（28%）比任何其他国家下降都多。在这一指标中领先的欧盟的比重也已经下降 4 个百分点，不到 37%。相比之下，中国的比重在仅仅 6 年间增加两倍多，目前占世界总数的 10% 以上，仅次于美国，尽管中文文章的引用率依然比三巨头低很多。随后是日本和德国。它们目前旗鼓相当，占到不足 8%，日本的比重比德国下降的更快。对于"金砖四国"（巴西、俄罗斯联邦、印度和中国），他们在世界出版物中所占比重除俄罗斯以外都大幅增长，而俄罗斯的比重从 2002 年的 3.5% 降至 2008 年的 2.7%。按大陆划分，拉丁美洲的比重从 3.8% 升至 4.9%，但是这主要归功于巴西。阿拉伯世界的增长缓慢。在 2002 年到 2008 年间，非洲在 SCI 出版物中所占比重从极低的起点（占世界总数的 2.0%）增至 25%。这里，南非和马格里布的增长最为明显，但是每个非洲国家在 SCI 中记录的文章数量也都有所增加。在全球层面上，科学出版目前由新的三巨头所主导：美国、欧洲和亚洲。鉴于亚洲人口众多，预计将来会成为最主要的科学发达地区。

就各国在具体科学学科中相对专长而言，法国在数学方面的专长最近得到承认，两名法国数学家在 2010 年获得了阿贝尔奖（数学界的诺贝尔奖）。法国也像德国一样，在地球和空间科学领域拥有专长。而日本有物理学、化学、工程学和技术等优势领域。有趣的是，美国和英国都在生物医学研究、临床医学和地球以及空间科学方面拥有专长。从金砖四国和非洲的情况看，俄罗斯专长于物理学、数学和地球以及空间科学。而中国往往擅长物理学、化学、数学和工程学以及技术。相比之下，非洲和巴西在生物学方面有优势，而印度擅长化学。科学专长方面的这些差异会反映在下文不同的国家概况中。各国似乎不仅根据各自的需要（临床医学）、地理机会（地球和空间科学以及生物学），而且根据文化亲合力（数学、物理学）和源于工业发展的专业知识（化学）选择科学知识创新的领域。

5. 科学产出方面的趋势表明私有知识创新不均衡

第一，私有知识创新不均衡，美国的整体优势十分明显。我们可以通过三巨头的专利局，即美国专利商标局（USPTO）、欧洲专利局和日本专利局注册专利等指标反映出各国和地区在私人占有知识方面的情况。在这 3 个专利局登记注册的专利一般认为质量较高。作为一个技术指标，专利较好地反映出知识的强大、累积和潜移默化，这些特点体现在正式认可的持久知识产权中。正是这一特征使得知识从一个环境转移到另一个环境代价高昂。美国的整体优势十分明显。这凸显出美国技术市场作为世界主要自由技术许可市场的巨大作用。日本、德国和韩国是其他专利持有人最多的国家。印度所占比重仅占三巨头所有专利的0.2%，而巴西和俄罗斯则分别为0.1%和0.2%。专利申请高度集中在北美洲、亚洲和欧洲；而世界其他地区仅占专利总数的2%。非洲、亚洲和拉丁美洲的大多数国家所起作用微乎其微。印度的专利往往在化学相关领域。有趣的是，印度在2005年引入了《专利法案》，使得印度符合《与贸易有关的知识产权协议》（TRIPS），这并未给该国的制药工业带来消极影响。作者支持这一观点，引用了2000年以来研发投入大幅增加的数据，这在2008年仍然居高不下。然而，作者也发现这些专利中的大多数是基于在印度开展的研发项目，并授予驻印度的外国公司，而且越来越多。在《教科文组织科学报告》中使用的所有指标中，专利是唯一一个最能说明全球知识创新不均衡的指标。以下趋势有助于解释经合组织经济体中专利数量多的原因。在高收入国家，高科技产品的寿命正在缩短，迫使公司比以往更加迅速地推出新产品。例如，这在新计算机、软件、视频游戏和移动电话上市速度方面就可见一斑。高技术公司本身促成了这一现象，因为他们已经通过每6个月就推出一款更加尖端的产品，而有意识地着手创造消费者的新需要。在任何地方，这种战略也是在竞争中保持领先的一种方法。因此，有效期曾经为几年的专利目前寿命缩短了。每6个月左右开发新产品和注册新专利是一项高度劳动力密集型和投资密集型的工作，这迫使公司以近于疯狂的速度进行创新。随着全球衰退的出现，公司发现更加难以保持这种速度。

第二，更容易地获取信息和知识为更迅速的科技传播提供机会。我们现在看一下与专利相反的一个变量，因特网用户数量。这一变量应该使我们能够衡量更容易地获取信息和知识是否能够为更迅速的科技传播提供机会。因特网使用数据描绘了一幅与专利完全不同的景象。我们发现，金砖四国和许多发展中国家在这一指标上正在迅速追上美国、日本和主要欧洲国家。这显示出，因特网等数字通信的出现对于科技，以及更广义地，对于知识在全世界的分布起着至关重要的作用。因特网在发展中国家的迅速普及是新千年最有前途的新趋势，这很有可能使人们在长期获取科技的程度方面更加趋于接近。

第三，各国的国家创新系统各有侧重。国家创新系统的概念是已故Christopher Freeman在20世纪80年代末期提出的，用以描述日本社会中公私领域内各种机构网络之间愈加趋于一致，两者的活动和相互作用促进、进口、修改和传播了新技术（Freeman，1987年）。上述的一系列指标阐明了每个国家国内创新系统的一些特征。然而，应该牢记的是过去的适当科学、技术和创新（STI）指标现在可能不再适用，甚至会造成误解（Freeman和Soete，2009年）。发展中国家不应简单地信赖经合组织国家制定并为其服务的科学、技术和创新指标，而应当制定自己的科学、技术和创新指标（Tijssen和Hollanders，2006年）。非洲目前正在开展一个项目，旨在制定、通过和利用常见的指标，通过定期出版《非洲创新展望》来考察非洲大陆的科技发展。乍看起来，美国的系统似乎是最为均衡的。然而，美国在人力资本方面的地位不稳，并且与其他高度发达国家不一致：美国人口中仅有24.5%拥有高等教育学位，而在法国、德国或日本，该比例接近或超过30%。人们可能会认为美国在高等教育方面成绩更好，因为该指标另一端成绩很好。美国确实拥有世界上一些最好的大学，但上海交通大学等大学排名重点关注研究成果，而不是教育质量。总之，美国依靠大量的外国研究人员和其他高技术人才流入，从而推动经济发展。日本提供了一个对照的例子。日本在科技出版物和人均GDP方面显然落后于其他高度发达国家。在谈到将该国对人类研究资本和研发方面的大量投入转化为充足的科学和经济价值时，其创新系统似乎不够强劲。英国则面临恰恰相反的问题：其在科技出版物和经济财富创造方面的业绩胜过在人类研究资本和研发方面的投入。俄罗斯则在人力资本投资方面十分突出，但如果算上其他领域则比较落后。中国明显仍然处于追赶阶段：中国对研发的海量投入尚未奏效，但是理所当然，其经济结构中非技术密集型活动仍然占主要地位。

6. 全球经济衰退可能会对全球知识投资产生严重影响

在此过程中，2007年及其之前的许多知识指标可能会受到影响，因此，不能准确地预测2009或2010年的形势。尤其是研发预算往往会在危机时刻遭到削减。研发支出的下降转而会影响专利和出版物，但由于管道效应可能会掩盖大幅波动，故这可能在较长时期后才会发生，而并不那么直接地影响科学产出。至于劳动力教育趋势方面，这个领域往往会更少受到短期失真的影响。有几个短期指标或许可以解释经济衰退迄今所产生的影响。在这里，我们使用经合组织（OECD）综合领先指标（CLI），该指标可很快获得。该指标使用工业生产月度数据（去除趋势后）作为经济活动的指标。由于工业生产在一个经济周期的初期复苏，因此它是一个领先指标。综合领先指标中的转折点预示着在商业周期中的6至9个月之内将会出现一个转折点。中国早在2008年11月就表现出转折点，因此，正如所预测的那样，中国在2009年5月至8月商业周期中情况出现了好转。我们还可以看出，巴西2007年的工业生产比其长期水平高出10%，而在此后的2009年第一个月，又在这个水平的基础上急剧下降了大约85%。印度和欧元区的工业生产只是暂时放缓（大约从103%下降至90%），预计复苏会非常强劲，足以将其工业生产水平提高到其长期趋势之上。但是，最近几个月（2010年6月）的数据却又表明，其复苏速度正在放缓，正引起对可能出现"二次探底"情况的担忧。简而言之，我们可以说，第一次复苏迹象是在2008年10月至2009年3月期间出现的。总的来说，亚洲，特别是中国，经济首先得以复苏。

中国的研发支出不可能受到了全球经济衰退的影响，因为在相对较短的时期内，中国的工业生产仅比长期趋势值下降了7%。此外，欧盟2009年研发投资记分牌所提供的公司间接证据表明，中国在2008年的研发活动事实上增加了，至少在电信行业是这样。有理由设想中国2009年和2010年的情况会大致相同，因为中国在2007年和2008年的经济增长都超过了7%。另一方面，对于巴西和印度来说，由于在相当长时期内工业生产水平相对较低，它们总的研发活动在2008年和2009年可能会受到压力。事实上，在2008年7月至2010年3月之间，它们的工业生产低于其长期趋势。就好的方面来说，这些国家多年来在研发总支出（GERD）方面一直在追赶发达国家。因此，人们更多的是预计这些国家不断增加的研发密集度会暂时降低，而不是显著下降。至于那些世界上最大的研发密集型公司，2009年的间接证据显示，美国大多数大型研发公司都在当年削减了它们5%至25%的研发支出，只有少数研发公司增加了6%至19%的研发支出。但总的来说，美国和欧盟最有可能将他们总的研发密集度保持在大约2007年的水平上。这意味着国内生产总值和研发支出将双双下降，从而在2009—2010年度内让研发密集度或多或少保持不变（Battelle，2009 年）。

7. 主要国家和地区的情况

《教科文组织 2010 年科学报告》中对国家和地区的选择，很好地反映了世界各地科学和技术的不均衡性，既有高度发达的经合组织国家，也有新兴的"金砖四国"以及在全球研究活动中发挥越来越大作用的大量发展中国家。

在美国，在过去五年里，研发活动繁荣发展，并将继续成为政府的绝对重点。向国家科学基金会提供经费就是一个很好的例子，按照布什政府的要求，这些经费在 2007 年已经翻了一番，在奥巴马政府时期又将再次翻番。尽管源自次贷危机的经济衰退在 2009 年和 2010 年对经济造成重创，但是各大学和研究中心仍然继续获得公共资金、私人捐赠和产业基金的慷慨资助。尽管奥巴马政府在 2009 年底发布的第二个经济刺激计划包含了大量、且将惠及研发活动的一次性科学、技术和创新投资，但现在存在着明显的风险，即联邦资金的任何增加都将会被州政府和私人资金的减少所抵消。尽管如此，奥巴马政府的一项重要承诺是将研发总支出（GERD）从占国内生产总值的 2.7% 增加到 3%。奥巴马政府正在强调能源领域的研发活动，特别是清洁能源。与公共研究不同，产业研发看来受到了经济衰退比较严重的冲击，并造成大量研究人员下岗。在最大的研发资金使用者当中，制药行业受到了经济衰退的严重影响。事实上，制药行业在衰退面前已经表现出困难迹象，因为研发活动的大量投资在近期看来并没有产生许多"拳头产品"。就研究而言，美国的大学体系仍然处于世界领先位置：2006 年，在所有被 SCI 收录的刊物上发表的科技文章当中，有 44% 的文章至少出自一名驻美国作者之手。此外，上海交通大学高等教育研究院 2008 年所做排名的前 25 所大学中，有 19 所在美国。

在加拿大，不管是与美国还是欧洲相比，它都更少受到全球经济衰退的影响，这归功于加拿大强大的金融体制，并且规避了其邻国出现的房地产市场信贷支持过度的情况。此外，低通货膨胀加上来自加拿大丰富自然资源的收入，缓和了全球经济衰退对国家经济造成的影响。2010 年 3 月，联邦政府承诺向一系列新举措投入资金，以促进 2010 年至 2011 年间的研究活动。这些举措包括博士后奖学金以及更为普遍地向助学金理事会和地区创新集群提供研究经费。这些资金中的相当大部分投入到了有关粒子和原子核物理学以及新一代卫星技术的研究。由于与美国毗邻，加拿大不能自鸣得意。稳定的研发投入看来正在取得回报：在 2002 年至 2008 年期间，被 SCI 收录的加拿大科技出版物数量增加到将近 14 000 篇。但是，即使加拿大能够吹嘘拥有充满活力的学术界以及在科学、技术和创新以及研究活动上充足的公共开支，许多企业仍未形成"知识创新"氛围。加拿大的生产力问题首先是企业创新问题。企业糟糕的研发表现的结果是，学术研究似乎经常是产业研发的替代品。联邦政府近期通过以下两项倡议着手促进公私伙伴关系：一是联邦政府与加拿大大学与学院协会同意将研究数量翻一番以及研究成果商业化的数量增加 2 倍；二是建设英才中心网络，目前全国境内共有 17 个英才中心。

欧盟，日益成为一个参差不齐的国家组织。尽管新成员国在经济上正在努力追赶，但最富裕国家和最贫穷国家之间仍然存在着巨大差距。但当谈及创新时，这种参差不齐突破了边界限制。创新方面表现良好的国家遍布整个欧盟，而不是局限于资历更老的

（以及更加富裕的）成员国。尽管在SCI收录的出版物方面，欧盟无可争议地处于世界领先地位，但它正在努力加大研发支出和发展创新。这从欧盟无法实现里斯本和巴塞罗那确定的目标（即将研发总支出在2010年前增加到国内生产总值的3%）问题上可以明显看出来。整个欧盟各成员国正在努力解决的另一个问题是关于大学体系的制度改革。在这方面，欧盟面临的双重挑战是提高研究质量和振兴其资金匮乏的高等教育机构。值得庆幸的是，欧盟与许多其他地区不同，欧盟愿意承认只有通过集中各成员国的能力，才能改善在科学、技术和创新以及研发方面的表现。这种态度促成产生了大量多边性质的欧洲机构和计划。这些组织各不相同，包括像欧洲核研究组织（CERN）这样的大型研究组织（在这种情况下，单个国家依托欧盟研究与技术开发框架计划开展协作），联合技术倡议和旨在激励行业研究的欧洲研究合作机构（EUREKA）。大量新的欧盟组织已经建立起来，或是正在建立过程之中，这包括欧洲科学基金会、欧洲创新与技术研究院以及欧洲研究委员会等资助机构。在受到2008年底全球经济衰退冲击之前，东南欧所有国家都在以年均约3%增长率增长。但是，该地区在社会经济发展方面存在着显著差异，最富裕国家（例如，希腊和斯洛文尼亚）与最贫穷国家（摩尔多瓦）之间存在着10倍的差距。尽管最先进国家正在执行以欧盟为重心的战略，将重点放在创新上，但落后国家仍处于尝试制定或执行基础科技政策以及建立研发体系的阶段。当然，在较小的国家当中，有两个国家仍然处于其幼年时期：黑山和科索沃分别在2006年和2008年才获得独立。目前，尽管高校毕业生数量日益增加，但除斯洛文尼亚外，所有国家对研发和技术人才的需求仍然很低。缺乏研发需求的两个原因是公司规模小及其能力匮乏。对于该地区非欧盟成员国，欧洲一体化是确保社会和政治凝聚的唯一可行计划。如果没有强有力的科学、技术和创新政策，该地区有可能会进一步落后于欧洲其他地方。

在俄罗斯联邦，在2008年底发生严重经济下滑的前些年，经济高速发展。这主要得益于高油价、初期疲软的货币以及强劲的国内需求。消费和投资都很高。国家为应对危机采取了广泛的经济复苏计划，但存在该计划会强化政府直接干预经济的趋势，而不是促进实现现代化所需的制度改革的种类，特别是关于科学、技术和创新政策的担忧。如果没有这样的制度改革，不同部门之间糟糕的联系会继续损害国家创新体系。目前，各部门之间缺乏合作，行政体系非常复杂，并且科学、学术和行业之间联系很差。这些因素都阻碍了合作和创新。一个显著的特点是国家科学、技术和创新表现与指定用于研发活动的财政资源之间存在着不平衡。这些财政资源在公共研究机构内受到谨慎保护，但行业和各大学却很难获取这些资源。因此，各大学在新知识创新方面发挥作用较小：它们提供的资金仅占研发总支出的6.7%，在过去二十年里，这个数据一直保持不变，而且每三所大学中仅有一所开展研发活动，这与1995年相比已经减半。私立大学几乎不开展任何研究活动。随着学士和硕士计划的推出，高等教育体系在最近几年已经进行了广泛改革，现在这个体系与前苏联时期的学位制度并存。截至2009年，超过一半的大学教职员工拥有博士同等学位。科学、技术和创新政策需要允许更多学术界流动与合作；还需要为科学家和工程师的专业培训打下重要基础。鉴于俄罗斯研究人员的老龄化（40%的研究人员超过官方退休年龄），科学家和工程师的专业培训就尤为紧急。推动对大学研究的支持已成为俄罗斯科学、技术和创新以及教育政策最为重要的战略方向之一。自2006

年以来，国家重点教育项目和一项后续计划额外向 84 所被认为是英才中心的大学各提供了大约 3 000 万美元的资金，以促进人力资源发展、高质量研发活动和教育项目以及用于采购研究设备。

中国，过去十年在经济发展方面取得了重大进展，保持着惊人的增长率。2010 年 8 月，中国超越日本，成为世界第二大经济体。中国的研发密集度也已增加了 6 倍。当前，只有美国发表的科学文章比中国多，尽管中国文章在 SCI 内的影响因素仍然大幅低于前三名，但中国的地位仅列在韩国之后，在科学论文引用方面，与印度相当。政府在过去 4 年里颁布了一系列重要政策以保持高增长率以及在 2020 年前成为创新型国家，并且在 2005 年通过了《国家中长期科技发展规划纲要》的宏伟目标。许多重要机制激励企业在创新上投入更多，并且鼓励中国研究人员从海外回国。政府还计划在未来 5 年到 10 年在国家实验室、著名企业和研究机构以及众多大学中雇用 2 000 名外国专家。另一项指标是到 2020 年，将研发总支出在国内生产总值中所占比例从 1.5% 提高到 2.5%。与之并行的是，到 2010 年结束的第十一个五年计划正在极力发展科学、技术和创新基础设施，这包括 12 个新的大型设施以及规划的 300 个国家重点实验室，以及其他机构。另一个重点是环境问题。作为降低能源消耗和主要污染物排放战略的一部分，政府计划在 2020 年之前，实现非化石能源来源占能源消耗的 15%。当前，创新的主要障碍是企业面临的快速增加的创新风险、缺乏系统的创新和研究支持以及对创新疲软的市场需求。

在日本，2008 年受到了全球经济衰退的严重冲击。2002 年至 2007 年期间，它的增长率徘徊在 2% 左右，而在此之后，它的国内生产总值增长下降到零，使得大型公司陷入困境并造成破产和失业率急剧增加。日本制造商传统上擅长稳步改进生产工艺以及在他们机构内部积累生产专有技术，从而以具有竞争力的价格实现高质量产品的最终目标。但是，日本的这种模式在许多行业领域正在失去效力，因为具有更低劳动力成本的中国、韩国和其他国家正成为强有力的竞争者。在这种情况下，日本制造商开始认为，为了在全球市场生存下来，他们必须持续创新。这种新思维模式的一个结果就是近年来大学与产业之间合作快速扩大，造就了大量的大学创业。与之相应的是，私营部门的研发支出和研究人员数量看来也在增加。事实上，日本在重要行业，例如汽车、电子元件、数码相机和机床方面，都保持着科学、技术和创新的优势地位。2004 年，所有日本大学都实现了半私营化并转变为"国家大学团体"，而且大学的教职员都失去了他们的公务员身份。许多主要从美国引进的学术政策，例如竞争性研发资金、英才中心以及转变为更加常见的临时学术职位，可能会破坏现有大学体系的特色，对顶尖大学有益，但会破坏其他大学的研发能力以及摧毁旧有的学术研究网络。

韩国，可能是世界上最致力于科学、技术和创新的国家。在国内生产总值增长率于 2008 年下降到 5.6% 之前，韩国保持了 10 年的高增长率。截至 2009 年，由于政府领导的经济刺激计划，经济已经再次扩张。其中部分计划包括向研发活动提供更多资金以刺激国家科学、技术和创新。因此，2008—2009 年的公共研发支出实际在增长。韩国认为科学、技术和创新是经济进步的核心，对于实现一系列国家目标至关重要。首要任务之一是到 2012 年将研发总支出从 2008 年已经很高的 3.4% 增加到 5%。强有力的投资还伴随着强有力的政策。例如，韩国在 2004 年实施了建立国家技术创新体系倡议，有 30 项重要任务。2008 年，新一届政府执行了一项称之为科学技术基础计划（2008—2013 年）的后续战略，这项计划规定了 50 项的重要任务。这两项计划现在构成了科学、技术和创新政策的基本框架。此外，2008 年韩国宣布低碳、绿色增长政策为重要的国家议程。

参考文献

1. National Science Foundation（NSF）. National Science Board Releases Science and Engineering Indicators2010［EB/OL］. 2010 – 01 – 15. http：//www. nsf. gov/news/news_summ. jsp？cntn_id = 116238.

2. National Science Foundation（NSF）. New Employment Statistics from the 2008 Business R&D and Innovation Survey［EB/OL］. 2010 – 07. http：//www. nsf. gov/statistics/infbrief/nsf10326/nsf10326. pdf.

3. Publications Office of the European Union. Science，technology and innovation in Europe – Edition 2010［EB/OL］. 2010 – 05 – 18. http：//epp. eurostat. ec. europa. eu/cache/ITY_OFFPUB/KS – EM – 10 – 001/EN/KS – EM – 10 – 001 – EN. PDF.

4. Department for Business Innovation & Skills（BIS）. THE 2010 R&D SCOREBOARD – THE TOP 1000 UK AND 1000 GLOBAL COMPANIES BY R&D INVESTMENT COMMENTARY AND ANALYSIS［EB/OL］. 2010 – 11 – 25. http：//bis. ecgroup. net/Publications/innovation/RD/10215a. aspx.

5. DEPARTMENT OF SCIENCE AND TECHNOLOGY（INDIA）. RESEARCH AND DEVELOPMENT STATISTICS AT A GLANCE：2007 – 08［EB/OL］. 2008 – 10. http：//www. dst. gov. in/scientific – programme/r&d – eng. pdf.

6. Joint Research Centre Directorate General Research. The 2010 EU Industrial R&D Investment Scoreboard［EB/OL］. 2010 – 10 – 26. http：//iri. jrc. ec. europa. eu/research/docs/2010/SB2010_final_report. pdf.

7. White House Office of Science and Technology Policy（OSTP）. Research and Development Budget for FY 2011：Investing in Innovation Today to Meet the Challenges of Tomorrow［EB/OL］. 2010 – 02 – 01. http：//www. cpst. org/hrdata/documents/pwm13s/C471C082. pdf.

8. Office of Science and Technology Policy Executive Office of the President. Investing in the Building Blocks of American Innovation：Federal R&D, Technology, and STEM Education in the 2011 Budget［EB/OL］. 2010 – 02 – 01. http：//www. whitehouse. gov/sites/default/files/fy2011rd%20final. pdf.

9. United Nations Educational, Scientific and Cultural Organization（UNESCO）. UNESCO Science Report 2010. 2010 – 11 – 10. http：//www. unesco. org/new/en/natural – sciences/science – technology/prospective – studies/unesco – science – report/.

上海交通大学　蒋云飞编译
水利部　刘澄洁；产业所　张嵋喆校译

中国高技术产业发展年鉴(2011)

政策法规篇

Policies & Rules

CHINA HIGH-TECH INDUSTRY DEVELOPMENT ALMANAC (2011)

中华人民共和国无线电管制规定

(中华人民共和国国务院　中华人民共和国中央军事委员会令第579号)

现公布《中华人民共和国无线电管制规定》，自2010年11月1日起施行。

国务院总理　温家宝
中央军委主席　胡锦涛
2010年8月31日

第一条　为了保障无线电管制的有效实施，维护国家安全和社会公共利益，制定本规定。

第二条　本规定所称无线电管制，是指在特定时间和特定区域内，依法采取限制或者禁止无线电台（站）、无线电发射设备和辐射无线电波的非无线电设备的使用，以及对特定的无线电频率实施技术阻断等措施，对无线电波的发射、辐射和传播实施的强制性管理。

第三条　根据维护国家安全、保障国家重大任务、处置重大突发事件等需要，国家可以实施无线电管制。

在全国范围内或者跨省、自治区、直辖市实施无线电管制，由国务院和中央军事委员会决定。

在省、自治区、直辖市范围内实施无线电管制，由省、自治区、直辖市人民政府和相关军区决定，并报国务院和中央军事委员会备案。

第四条　实施无线电管制，应当遵循科学筹划、合理实施的原则，最大限度地减轻无线电管制对国民经济和人民群众生产生活造成的影响。

第五条　国家无线电管理机构和军队电磁频谱管理机构，应当根据无线电管制需要，会同国务院有关部门，制定全国范围的无线电管制预案，报国务院和中央军事委员会批准。

省、自治区、直辖市无线电管理机构和军区电磁频谱管理机构，应当根据全国范围的无线电管制预案，会同省、自治区、直辖市人民政府有关部门，制定本区域的无线电管制预案，报省、自治区、直辖市人民政府和军区批准。

第六条　决定实施无线电管制的机关应当在开始实施无线电管制10日前发布无线电管制命令，明确无线电管制的区域、对象、起止时间、频率范围以及其他有关要求。但是，紧急情况下需要立即实施无线电管制的除外。

第七条　国务院和中央军事委员会决定在全国范围内或者跨省、自治区、直辖市实施无线电管制的，由国家无线电管理机构和军队电磁频谱管理机构会同国务院公安等有关部门组成无线电管制协调机构，负责无线电管制的组织、协调工作。

在省、自治区、直辖市范围内实施无线电管制的，由省、自治区、直辖市无线电管理机构和军区电磁频谱管理机构会同公安等有关部门组成无线电管制协调机构，负责无线电管制的组织、协调工作。

第八条　无线电管制协调机构应当根据无线电管制命令发布无线电管制指令。

国家无线电管理机构和军队电磁频谱管理机构，省、自治区、直辖市无线电管理机构和军区电磁频谱管理机构，依照无线电管制指令，根据各自的管理职责，可以采取下列无线电管制措施：

（一）对无线电台（站）、无线电发射设备和辐射无线电波的非无线电设备进行清查、检测；

（二）对电磁环境进行监测，对无线电台（站）、无线电发射设备和辐射无线电波的非无线电设备的使用情况进行监督；

（三）采取电磁干扰等技术阻断措施；

（四）限制或者禁止无线电台（站）、无线电发射设备和辐射无线电波的非无线电设备的使用。

第九条 实施无线电管制期间，无线电管制区域内拥有、使用或者管理无线电台（站）、无线电发射设备和辐射无线电波的非无线电设备的单位或者个人，应当服从无线电管制命令和无线电管制指令。

第十条 实施无线电管制期间，有关地方人民政府，交通运输、铁路、广播电视、气象、渔业、通信、电力等部门和单位，军队、武装警察部队的有关单位，应当协助国家无线电管理机构和军队电磁频谱管理机构或者省、自治区、直辖市无线电管理机构和军区电磁频谱管理机构实施无线电管制。

第十一条 无线电管制结束，决定实施无线电管制的机关应当及时发布无线电管制结束通告；无线电管制命令已经明确无线电管制终止时间的，可以不再发布无线电管制结束通告。

第十二条 违反无线电管制命令和无线电管制指令的，由国家无线电管理机构或者省、自治区、直辖市无线电管理机构责令改正；拒不改正的，可以关闭、查封、暂扣或者拆除相关设备；情节严重的，吊销无线电台（站）执照和无线电频率使用许可证；违反治安管理规定的，由公安机关依法给予处罚。

军队、武装警察部队的有关单位违反无线电管制命令和无线电管制指令的，由军队电磁频谱管理机构或者军区电磁频谱管理机构责令改正；情节严重的，依照中央军事委员会的有关规定，对直接负责的主管人员和其他直接责任人员给予处分。

第十三条 本规定自2010年11月1日起施行。

国务院关于修改《中华人民共和国专利法实施细则》的决定

(中华人民共和国国务院令第569号)

《国务院关于修改〈中华人民共和国专利法实施细则〉的决定》已经2009年12月30日国务院第95次常务会议通过,现予公布,自2010年2月1日起施行。

总理 温家宝
2010年1月9日

国务院决定对《中华人民共和国专利法实施细则》作如下修改:

一、删去第二条。

二、将第七条改为第六条,增加一款,作为第三款:"当事人依照本条第一款或者第二款的规定请求恢复权利的,应当提交恢复权利请求书,说明理由,必要时附具有关证明文件,并办理权利丧失前应当办理的相应手续;依照本条第二款的规定请求恢复权利的,还应当缴纳恢复权利请求费。"

三、将第八条改为第七条,修改为:"专利申请涉及国防利益需要保密的,由国防专利机构受理并进行审查;国务院专利行政部门受理的专利申请涉及国防利益需要保密的,应当及时移交国防专利机构进行审查。经国防专利机构审查没有发现驳回理由的,由国务院专利行政部门作出授予国防专利权的决定。

"国务院专利行政部门认为其受理的发明或者实用新型专利申请涉及国防利益以外的国家安全或者重大利益需要保密的,应当及时作出按照保密专利申请处理的决定,并通知申请人。保密专利申请的审查、复审以及保密专利权无效宣告的特殊程序,由国务院专利行政部门规定。"

四、增加一条,作为第八条:"专利法第二十条所称在中国完成的发明或者实用新型,是指技术方案的实质性内容在中国境内完成的发明或者实用新型。

"任何单位或者个人将在中国完成的发明或者实用新型向外国申请专利的,应当按照下列方式之一请求国务院专利行政部门进行保密审查:

"(一)直接向外国申请专利或者向有关国外机构提交专利国际申请的,应当事先向国务院专利行政部门提出请求,并详细说明其技术方案;

"(二)向国务院专利行政部门申请专利后拟向外国申请专利或者向有关国外机构提交专利国际申请的,应当在向外国申请专利或者向有关国外机构提交专利国际申请前向国务院专利行政部门提出请求。

"向国务院专利行政部门提交专利国际申请的,视为同时提出了保密审查请求。"

五、增加一条,作为第九条:"国务院专利行政部门收到依照本细则第八条规定递交的请求后,经过审查认为该发明或者实用新型可能涉及国家安全或者重大利益需要保密的,应当及时向申请人发出保密审查通知;申请人未在其请求递交日起4个月内收到保密审查通知的,可以就该发明或者实用新型向外国申请专利或者向有关国外机构提交专利国际申请。

"国务院专利行政部门依照前款规定通知进行保密审查的,应当及时作出是否需要保密的决定,并通知申请人。申请人未在其请求递交日起6个月内收到需要保密的决定的,可以就该发明或者实用新型向外国申请专利或者向有关国外机构提交专利国际申请。"

六、将第十一条改为第十二条,第一款第(三)项修改为:"退休、调离原单位后或者劳动、人事关系终止后1年内作出的,与其在原单位承担的本职工作或者原单位分配的任务有关的发明创造。"

七、将第十三条改为第四十一条，修改为："两个以上的申请人同日（指申请日；有优先权的，指优先权日）分别就同样的发明创造申请专利的，应当在收到国务院专利行政部门的通知后自行协商确定申请人。

"同一申请人在同日（指申请日）对同样的发明创造既申请实用新型专利又申请发明专利的，应当在申请时分别说明对同样的发明创造已申请了另一专利；未作说明的，依照专利法第九条第一款关于同样的发明创造只能授予一项专利权的规定处理。

"国务院专利行政部门公告授予实用新型专利权，应当公告申请人已依照本条第二款的规定同时申请了发明专利的说明。

"发明专利申请经审查没有发现驳回理由，国务院专利行政部门应当通知申请人在规定期限内声明放弃实用新型专利权。申请人声明放弃的，国务院专利行政部门应当作出授予发明专利权的决定，并在公告授予发明专利权时一并公告申请人放弃实用新型专利权声明。申请人不同意放弃的，国务院专利行政部门应当驳回该发明专利申请；申请人期满未答复的，视为撤回该发明专利申请。

"实用新型专利权自公告授予发明专利权之日起终止。"

八、删去第十四条。

九、将第十五条改为第十四条，增加一款，作为第三款："以专利权出质的，由出质人和质权人共同向国务院专利行政部门办理出质登记。"

十、将第十七条改为第十六条，修改为："发明、实用新型或者外观设计专利申请的请求书"应当写明下列事项：

"（一）发明、实用新型或者外观设计的名称；

"（二）申请人是中国单位或者个人的，其名称或者姓名、地址、邮政编码、组织机构代码或者居民身份证件号码；申请人是外国人、外国企业或者外国其他组织的，其姓名或者名称、国籍或者注册的国家或者地区；

"（三）发明人或者设计人的姓名；

"（四）申请人委托专利代理机构的，受托机构的名称、机构代码以及该机构指定的专利代理人的姓名、执业证号码、联系电话；

"（五）要求优先权的，申请人第一次提出专利申请（以下简称在先申请）的申请日、申请号以及原受理机构的名称；

"（六）申请人或者专利代理机构的签字或者盖章；

"（七）申请文件清单；

"（八）附加文件清单；

"（九）其他需要写明的有关事项。"

十一、将第十八条改为第十七条，增加一款，作为第五款："实用新型专利申请说明书应当有表示要求保护的产品的形状、构造或者其结合的附图。"

十二、增加一条作为第二十六条："专利法所称遗传资源，是指取自人体、动物、植物或者微生物等含有遗传功能单位并具有实际或者潜在价值的材料；专利法所称依赖遗传资源完成的发明创造，是指利用了遗传资源的遗传功能完成的发明创造。

"就依赖遗传资源完成的发明创造申请专利的，申请人应当在请求书中予以说明，并填写国务院专利行政部门制定的表格。"

十三、删去第二十七条第一款。

十四、将第二十八条修改为："外观设计的简要说明应当写明外观设计产品的名称、用途，外观设计的设计要点，并指定一幅最能表明设计要点的图片或者照片。省略视图或者请求保护色彩的，应当在简要说明中写明。

"对同一产品的多项相似外观设计提出一件外观设计专利申请的，应当在简要说明中指定其中一项作为基本设计。

"简要说明不得使用商业性宣传用语，也不能用来说明产品的性能。"

十五、删去第三十条。

十六、将第三十一条改为第三十条，增加一款，作为第一款："专利法第二十四条第（一）项所称中国政府承认的国际展览会，是指国际展览会公约规定的在国际展览局注册或者由其认可的国际展览会。"

十七、将第三十二条改为第三十一条，修改为："申请人依照专利法第三十条的规定要求外国优先权的，申请人提交的在先申请文件副本应当经原受理机构证明。依照国务院专利行政部门与该受理机构签订的协议，国务院专利行政部门通过电子交换等途径获得在先申请文件副本的，视为申请人提交了经该受理机构证明的在先申请文件副本。要求本国优先权，申请人在请求书中写明在先申请的申请日和申请号的，视为提交了在先申请文件副本。

"要求优先权，但请求书中漏写或者错写在先申请的申请日、申请号和原受理机构名称中的一项或者两项内容的，国务院专利行政部门应当通知申请人在指定期限内补正；期满未补正的，视为未要求优先权。

"要求优先权的申请人的姓名或者名称与在先申请文件副本中记载的申请人姓名或者名称不一致的，应当提交优先权转让证明材料，未提交该证明材料的，视为未要求优先权。

"外观设计专利申请的申请人要求外国优先权，其在先申请未包括对外观设计的简要说明，申请人按照本细则第二十八条规定提交的简要说明未超出在先申请文件的图片或者照片表示的范围的，不影响其享有优先权。"

十八、将第三十六条改为第三十五条，修改为："依照专利法第三十一条第二款规定，将同一产品的多项相似外观设计作为一件申请提出的，对该产品的其他设计应当与简要说明中指定的基本设计相似。一件外观设计专利申请中的相似外观设计不得超过10项。

"专利法第三十一条第二款所称同一类别并且成套出售或者使用的产品的两项以上外观设计，是指各产品属于分类表中同一大类，习惯上同时出售或者同时使用，而且各产品的外观设计具有相同的设计构思。

"将两项以上外观设计作为一件申请提出的,应当将各项外观设计的顺序编号标注在每件外观设计产品各幅图片或者照片的名称之前。"

十九、将第四十四条第一款修改为:"专利法第三十四条和第四十条所称初步审查,是指审查专利申请是否具备专利法第二十六条或者第二十七条规定的文件和其他必要的文件,这些文件是否符合规定的格式,并审查下列各项:

"(一)发明专利申请是否明显属于专利法第五条、第二十五条规定的情形,是否不符合专利法第十八条、第十九条第一款、第二十条第一款或者本细则第十六条、第二十六条第二款的规定,是否明显不符合专利法第二条第二款、第二十六条第五款、第三十一条第一款、第三十三条或者本细则第十七条至第二十一条的规定;

"(二)实用新型专利申请是否明显属于专利法第五条、第二十五条规定的情形,是否不符合专利法第十八条、第十九条第一款、第二十条第一款或者本细则第十六条至第十九条、第二十一条至第二十三条的规定,是否明显不符合专利法第二条第三款、第二十二条第二款、第四款、第二十六条第三款、第四款、第三十一条第一款、第三十三条或者本细则第二十条、第四十三条第一款的规定,是否依照专利法第九条规定不能取得专利权;

"(三)外观设计专利申请是否明显属于专利法第五条、第二十五条第一款第(六)项规定的情形,是否不符合专利法第十八条、第十九条第一款或者本细则第十六条、第二十七条、第二十八条的规定,是否明显不符合专利法第二条第四款、第二十三条第一款、第二十七条第二款、第三十一条第二款、第三十三条或者本细则第四十三条第一款的规定,是否依照专利法第九条规定不能取得专利权;

"(四)申请文件是否符合本细则第二条、第三条第一款的规定。"

二十、增加一条,作为第五十五条:"保密专利申请经审查没有发现驳回理由的,国务院专利行政部门应当作出授予保密专利权的决定,颁发保密专利证书,登记保密专利权的有关事项。"

二十一、将第五十五条改为第五十六条,修改为:"授予实用新型或者外观设计专利权的决定公告后,专利法第六十条规定的专利权人或者利害关系人可以请求国务院专利行政部门作出专利权评价报告。

"请求作出专利权评价报告的,应当提交专利权评价报告请求书,写明专利号。每项请求应当限于一项专利权。

"专利权评价报告请求书不符合规定的,国务院专利行政部门应当通知请求人在指定期限内补正;请求人期满未补正的,视为未提出请求。"

二十二、将第五十六条改为第五十七条,修改为:"国务院专利行政部门应当自收到专利权评价报告请求书后2个月内作出专利权评价报告。对同一项实用新型或者外观设计专利权,有多个请求人请求作出专利权评价报告的,国务院专利行政部门仅作出一份专利权评价报告。任何单位或者个人可以查阅或者复制该专利权评价报告。"

二十三、将第五十九条改为第六十条,增加一款,作为第二款:"复审请求不符合专利法第十九条第一款或者第四十一条第一款规定的,专利复审委员会不予受理,书面通知复审请求人并说明理由。"

二十四、将第七十一条改为第七十二条,第二款修改为:"专利复审委员会作出决定之前,无效宣告请求人撤回其请求或者其无效宣告请求被视为撤回的,无效宣告请求审查程序终止。但是,专利复审委员会认为根据已进行的审查工作能够作出宣告专利权无效或者部分无效的决定的,不终止审查程序。"

二十五、增加一条,作为第七十三条:"专利法第四十八条第(一)项所称未充分实施其专利,是指专利权人及其被许可人实施其专利的方式或者规模不能满足国内对专利产品或者专利方法的需求。

"专利法第五十条所称取得专利权的药品,是指解决公共健康问题所需的医药领域中的任何专利产品或者依照专利方法直接获得的产品,包括取得专利权的制造该产品所需的活性成分以及使用该产品所需的诊断用品。"

二十六、将第七十二条改为第七十四条,修改为:"请求给予强制许可的,应当向国务院专利行政部门提交强制许可请求书,说明理由并附具有关证明文件。

"国务院专利行政部门应当将强制许可请求书的副本送交专利权人,专利权人应当在国务院专利行政部门指定的期限内陈述意见;期满未答复的,不影响国务院专利行政部门作出决定。

"国务院专利行政部门在作出驳回强制许可请求的决定或者给予强制许可的决定前,应当通知请求人和专利权人拟作出的决定及其理由。

"国务院专利行政部门依照专利法第五十条的规定作出给予强制许可的决定,应当同时符合中国缔结或者参加的有关国际条约关于为了解决公共健康问题而给予强制许可的规定,但中国作出保留的除外。"

二十七、增加一条,作为第七十六条:"被授予专利权的单位可以与发明人、设计人约定或者在其依法制定的规章制度中规定专利法第十六条规定的奖励、报酬的方式和数额。

"企业、事业单位给予发明人或者设计人的奖励、报酬,按照国家有关财务、会计制度的规定进行处理。"

二十八、将第七十四条改为第七十七条,修改为:"被授予专利权的单位未与发明人、设计人约定也未在其依法制定的规章制度中规定专利法第十六条规定的奖励的方式和数额的,应当自专利权公告之日起3个月内发给发明人或者设计人奖金。一项发明专利的奖金最低不少于3000元;一项实用新型专利或者外观设计专利的奖金最低不少于1000元。

"由于发明人或者设计人的建议被其所属单位采纳而完成的发明创造,被授予专利权的单位应当从优发给奖金。"

二十九、将第七十五条、第七十六条合并,作为第七十八条，修改为："被授予专利权的单位未与发明人、设计人约定也未在其依法制定的规章制度中规定专利法第十六条规定的报酬的方式和数额的，在专利权有效期限内，实施发明创造专利后，每年应当从实施该项发明或者实用新型专利的营业利润中提取不低于2%或者从实施该项外观设计专利的营业利润中提取不低于0.2%，作为报酬给予发明人或者设计人，或者参照上述比例，给予发明人或者设计人一次性报酬；被授予专利权的单位许可其他单位或者个人实施其专利的，应当从收取的使用费中提取不低于10%，作为报酬给予发明人或者设计人。"

三十、删去第七十七条。

三十一、第八十三条增加一款，作为第二款："专利标识不符合前款规定的，由管理专利工作的部门责令改正。"

三十二、将第八十四条、第八十五条合并，作为第八十四条，修改为："下列行为属于专利法第六十三条规定的假冒专利的行为：

"（一）在未被授予专利权的产品或者其包装上标注专利标识，专利权被宣告无效后或者终止后继续在产品或者其包装上标注专利标识，或者未经许可在产品或者产品包装上标注他人的专利号；

"（二）销售第（一）项所述产品；

"（三）在产品说明书等材料中将未被授予专利权的技术或者设计称为专利技术或者专利设计，将专利申请称为专利，或者未经许可使用他人的专利号，使公众将所涉及的技术或者设计误认为是专利技术或者专利设计；

"（四）伪造或者变造专利证书、专利文件或者专利申请文件；

"（五）其他使公众混淆，将未被授予专利权的技术或者设计误认为是专利技术或者专利设计的行为。

"专利权终止前依法在专利产品、依照专利方法直接获得的产品或者其包装上标注专利标识，在专利权终止后许诺销售、销售该产品的，不属于假冒专利行为。

"销售不知道是假冒专利的产品，并且能够证明该产品合法来源的，由管理专利工作的部门责令停止销售，但免除罚款的处罚。"

三十三、将第八十七条修改为："人民法院在审理民事案件中裁定对专利申请权或者专利权采取保全措施的，国务院专利行政部门应当在收到写明申请号或者专利号的裁定书和协助执行通知书之日中止被保全的专利申请权或者专利权的有关程序。保全期限届满，人民法院没有裁定继续采取保全措施的，国务院专利行政部门自行恢复有关程序。"

三十四、增加一条，作为第八十八条："国务院专利行政部门根据本细则第八十六条和第八十七条规定中止有关程序，是指暂停专利申请的初步审查、实质审查、复审程序，授予专利权程序和专利权无效宣告程序；暂停办理放弃、变更、转移专利权或者专利申请权手续，专利权质押手续以及专利权期限届满前的终止手续等。"

三十五、将第八十九条第一款改为第九十条，修改为："国务院专利行政部门定期出版专利公报，公布或者公告下列内容：

"（一）发明专利申请的著录事项和说明书摘要；

"（二）发明专利申请的实质审查请求和国务院专利行政部门对发明专利申请自行进行实质审查的决定；

"（三）发明专利申请公布后的驳回、撤回、视为撤回、视为放弃、恢复和转移；

"（四）专利权的授予以及专利权的著录事项；

"（五）发明或者实用新型专利的说明书摘要，外观设计专利的一幅图片或者照片；

"（六）国防专利、保密专利的解密；

"（七）专利权的无效宣告；

"（八）专利权的终止、恢复；

"（九）专利权的转移；

"（十）专利实施许可合同的备案；

"（十一）专利权的质押、保全及其解除；

"（十二）专利实施的强制许可的给予；

"（十三）专利权人的姓名或者名称、地址的变更；

"（十四）文件的公告送达；

"（十五）国务院专利行政部门作出的更正；

"（十六）其他有关事项。"

三十六、将第八十九条第二款改为第九十一条，修改为："国务院专利行政部门应当提供专利公报、发明专利申请单行本以及发明专利、实用新型专利、外观设计专利单行本，供公众免费查阅。"

三十七、增加一条，作为第九十二条："国务院专利行政部门负责按照互惠原则与其他国家、地区的专利机关或者区域性专利组织交换专利文献。"

三十八、将第九十条改为第九十三条，修改为："向国务院专利行政部门申请专利和办理其他手续时，应当缴纳下列费用：

"（一）申请费、申请附加费、公布印刷费、优先权要求费；

"（二）发明专利申请实质审查费、复审费；

"（三）专利登记费、公告印刷费、年费；

"（四）恢复权利请求费、延长期限请求费；

"（五）著录事项变更费、专利权评价报告请求费、无效宣告请求费。

"前款所列各种费用的缴纳标准，由国务院价格管理部门、财政部门会同国务院专利行政部门规定。"

三十九、将第九十二条改为第九十五条，第一款修改为："申请人应当自申请日起2个月内或者在收到受理通知书之日起15日内缴纳申请费、公布印刷费和必要的申请附加费；期满未缴纳或者未缴足的，其申请视为撤回。"

四十、删去第九十四条。

四十一、将第九十七条改为第九十九条，修改为："恢复权利请求费应当在本细则规定的相关期限内缴纳；期满未缴纳或者未缴足的，视为未提出请求。

"延长期限请求费应当在相应期限届满之日前缴纳；期满未缴纳或者未缴足的，视为未提出请求。

"著录事项变更费、专利权评价报告请求费、无效宣告请求费应当自提出请求之日起1个月内缴纳；期满未缴纳或者未缴足的，视为未提出请求。"

四十二、将第九十八条改为第一百条，修改为："申请人或者专利权人缴纳本细则规定的各种费用有困难的，可以按照规定向国务院专利行政部门提出减缴或者缓缴的请求。减缴或者缓缴的办法由国务院财政部门会同国务院价格管理部门、国务院专利行政部门规定。"

四十三、将第一百零一条、第一百零三条、第一百零五条第一款的部分内容合并，作为第一百零三条，修改为："国际申请的申请人应当在专利合作条约第二条所称的优先权日（本章简称优先权日）起30个月内，向国务院专利行政部门办理进入中国国家阶段的手续；申请人未在该期限内办理该手续的，在缴纳宽限费后，可以在自优先权日起32个月内办理进入中国国家阶段的手续。"

四十四、将第一百零一条、第一百零三条、第一百零五条第一款的部分内容合并，作为第一百零四条，修改为："申请人依照本细则第一百零三条的规定办理进入中国国家阶段的手续的，应当符合下列要求：

"（一）以中文提交进入中国国家阶段的书面声明，写明国际申请号和要求获得的专利权类型；

"（二）缴纳本细则第九十三条第一款规定的申请费、公布印刷费，必要时缴纳本细则第一百零三条规定的宽限费；

"（三）国际申请以外文提出的，提交原始国际申请的说明书和权利要求书的中文译文；

"（四）在进入中国国家阶段的书面声明中写明发明创造的名称、申请人姓名或者名称、地址和发明人的姓名，上述内容应当与世界知识产权组织国际局（以下简称国际局）的记录一致；国际申请中未写明发明人的，在上述声明中写明发明人的姓名；

"（五）国际申请以外文提出的，提交摘要的中文译文，有附图和摘要附图的，提交附图副本和摘要附图副本，附图中有文字的，将其替换为对应的中文文字；国际申请以中文提出的，提交国际公布文件中的摘要和摘要附图副本；

"（六）在国际阶段向国际局已办理申请人变更手续的，提供变更后的申请人享有申请权的证明材料；

"（七）必要时缴纳本细则第九十三条第一款规定的申请附加费。

"符合本条第一款第（一）项至第（三）项要求的，国务院专利行政部门应当给予申请号，明确国际申请进入中国国家阶段的日期（以下简称进入日），并通知申请人其国际申请已进入中国国家阶段。

"国际申请已进入中国国家阶段，但不符合本条第一款第（四）项至第（七）项要求的，国务院专利行政部门应当通知申请人在指定期限内补正；期满未补正的，其申请视为撤回。"

四十五、将第一百条第二款与第一百零二条合并，作为第一百零五条，修改为："国际申请有下列情形之一的，其在中国的效力终止：

"（一）在国际阶段，国际申请被撤回或者被视为撤回，或者国际申请对中国的指定被撤回的；

"（二）申请人未在优先权日起32个月内按照本细则第一百零三条规定办理进入中国国家阶段手续的；

"（三）申请人办理进入中国国家阶段的手续，但自优先权日起32个月期限届满仍不符合本细则第一百零四条第（一）项至第（三）项要求的。

"依照前款第（一）项的规定，国际申请在中国的效力终止的，不适用本细则第六条的规定；依照前款第（二）项、第（三）项的规定，国际申请在中国的效力终止的，不适用本细则第六条第二款的规定。"

四十六、将第一百零四条改为第一百零六条，修改为："国际申请在国际阶段作过修改，申请人要求以经修改的申请文件为基础进行审查的，应当自进入日起2个月内提交修改部分的中文译文。在该期间内未提交中文译文的，对申请人在国际阶段提出的修改，国务院专利行政部门不予考虑。"

四十七、将第一百零五条改为第一百零七条，修改为："国际申请涉及的发明创造有专利法第二十四条第（一）项或者第（二）项所列情形之一，在提出国际申请时作过声明的，申请人应当在进入中国国家阶段的书面声明中予以说明，并自进入日起2个月内提交本细则第三十条第三款规定的有关证明文件；未予说明或者期满未提交证明文件的，其申请不适用专利法第二十四条的规定。"

四十八、增加一条，作为第一百零九条："国际申请涉及的发明创造依赖遗传资源完成的，申请人应当在国际申请进入中国国家阶段的书面声明中予以说明，并填写国务院专利行政部门制定的表格。"

四十九、将第一百零七条改为第一百一十条，第二款修改为："申请人应当自进入日起2个月内缴纳优先权要求费；期满未缴纳或者未缴足的，视为未要求该优先权。"

删去第四款。

五十、将第一百零九条改为第一百一十二条，第一款修改为："要求获得实用新型专利权的国际申请，申请人可以自进入日起2个月内对专利申请文件主动提出修改。"

五十一、删去第一百一十三条、第一百一十四条。

此外，根据2008年12月27日审议通过的《全国人民代表大会常务委员会关于修改〈中华人民共和国专利法〉的决定》，对《中华人民共和国专利法实施细则》引用《中华人民共和国专利法》的条文作了相应修改，并对部分条款顺序和文字作了相应调整。

本决定自2010年2月1日起施行。

《中华人民共和国专利法实施细则》根据本决定作相应的修改，重新公布。

中华人民共和国专利法实施细则（2001年6月15日中华人民共和国国务院令第306号公布根据2002年12月

28 日《国务院关于修改〈中华人民共和国专利法实施细则〉的决定》第一次修订根据 2010 年 1 月 9 日《国务院关于修改〈中华人民共和国专利法实施细则〉的决定》第二次修订）

第一章　总　　则

第一条　根据《中华人民共和国专利法》（以下简称专利法），制定本细则。

第二条　专利法和本细则规定的各种手续，应当以书面形式或者国务院专利行政部门规定的其他形式办理。

第三条　依照专利法和本细则规定提交的各种文件应当使用中文；国家有统一规定的科技术语的，应当采用规范词；外国人名、地名和科技术语没有统一中文译文的，应当注明原文。

依照专利法和本细则规定提交的各种证件和证明文件是外文的，国务院专利行政部门认为必要时，可以要求当事人在指定期限内附送中文译文；期满未附送的，视为未提交该证件和证明文件。

第四条　向国务院专利行政部门邮寄的各种文件，以寄出的邮戳日为递交日；邮戳日不清晰的，除当事人能够提出证明外，以国务院专利行政部门收到日为递交日。

国务院专利行政部门的各种文件，可以通过邮寄、直接送交或者其他方式送达当事人。当事人委托专利代理机构的，文件送交专利代理机构；未委托专利代理机构的，文件送交请求书中指明的联系人。

国务院专利行政部门邮寄的各种文件，自文件发出之日起满 15 日，推定为当事人收到文件之日。

根据国务院专利行政部门规定应当直接送交的文件，以交付日为送达日。

文件送交地址不清，无法邮寄的，可以通过公告的方式送达当事人。自公告之日起满 1 个月，该文件视为已经送达。

第五条　专利法和本细则规定的各种期限的第一日不计算在期限内。期限以年或者月计算的，以其最后一月的相应日为期限届满日；该月无相应日的，以该月最后一日为期限届满日；期限届满日是法定休假日的，以休假日后的第一个工作日为期限届满日。

第六条　当事人因不可抗拒的事由而延误专利法或者本细则规定的期限或者国务院专利行政部门指定的期限，导致其权利丧失的，自障碍消除之日起 2 个月内，最迟自期限届满之日起 2 年内，可以向国务院专利行政部门请求恢复权利。

除前款规定的情形外，当事人因其他正当理由延误专利法或者本细则规定的期限或者国务院专利行政部门指定的期限，导致其权利丧失的，可以自收到国务院专利行政部门的通知之日起 2 个月内向国务院专利行政部门请求恢复权利。

当事人依照本条第一款或者第二款的规定请求恢复权利的，应当提交恢复权利请求书，说明理由，必要时附具有关证明文件，并办理权利丧失前应当办理的相应手续；依照本条第二款的规定请求恢复权利的，还应当缴纳恢复权利请求费。

当事人请求延长国务院专利行政部门指定的期限的，应当在期限届满前，向国务院专利行政部门说明理由并办理有关手续。

本条第一款和第二款的规定不适用专利法第二十四条、第二十九条、第四十二条、第六十八条规定的期限。

第七条　专利申请涉及国防利益需要保密的，由国防专利机构受理并进行审查；国务院专利行政部门受理的专利申请涉及国防利益需要保密的，应当及时移交国防专利机构进行审查。经国防专利机构审查没有发现驳回理由的，由国务院专利行政部门作出授予国防专利权的决定。

国务院专利行政部门认为其受理的发明或者实用新型专利申请涉及国防利益以外的国家安全或者重大利益需要保密的，应当及时作出按照保密专利申请处理的决定，并通知申请人。保密专利申请的审查、复审以及保密专利权无效宣告的特殊程序，由国务院专利行政部门规定。

第八条　专利法第二十条所称在中国完成的发明或者实用新型，是指技术方案的实质性内容在中国境内完成的发明或者实用新型。

任何单位或者个人将在中国完成的发明或者实用新型向外国申请专利的，应当按照下列方式之一请求国务院专利行政部门进行保密审查：

（一）直接向外国申请专利或者向有关国外机构提交专利国际申请的，应当事先向国务院专利行政部门提出请求，并详细说明其技术方案；

（二）向国务院专利行政部门申请专利后拟向外国申请专利或者向有关国外机构提交专利国际申请的，应当在向外国申请专利或者向有关国外机构提交专利国际申请前向国务院专利行政部门提出请求。

向国务院专利行政部门提交专利国际申请的，视为同时提出了保密审查请求。

第九条　国务院专利行政部门收到依照本细则第八条规定递交的请求后，经过审查认为该发明或者实用新型可能涉及国家安全或者重大利益需要保密的，应当及时向申请人发出保密审查通知；申请人未在其请求递交日 4 个月内收到保密审查通知的，可以就该发明或者实用新型向外国申请专利或者向有关国外机构提交专利国际申请。

国务院专利行政部门依照前款规定通知进行保密审查的，应当及时作出是否需要保密的决定，并通知申请人。申请人未在其请求递交日起 6 个月内收到需要保密的决定的，可以就该发明或者实用新型向外国申请专利或者向有关国外机构提交专利国际申请。

第十条　专利法第五条所称违反法律的发明创造，不包括仅其实施为法律所禁止的发明创造。

第十一条　除专利法第二十八条和第四十二条规定的情形外，专利法所称申请日，有优先权的，指优先权日。

本细则所称申请日，除另有规定的外，是指专利法第二十八条规定的申请日。

第十二条 专利法第六条所称执行本单位的任务所完成的职务发明创造，是指：

（一）在本职工作中作出的发明创造；

（二）履行本单位交付的本职工作之外的任务所作出的发明创造；

（三）退休、调离原单位后或者劳动、人事关系终止后1年内作出的，与其在原单位承担的本职工作或者原单位分配的任务有关的发明创造。

专利法第六条所称本单位，包括临时工作单位；专利法第六条所称本单位的物质技术条件，是指本单位的资金、设备、零部件、原材料或者不对外公开的技术资料等。

第十三条 专利法所称发明人或者设计人，是指对发明创造的实质性特点作出创造性贡献的人。在完成发明创造过程中，只负责组织工作的人、为物质技术条件的利用提供方便的人或者从事其他辅助工作的人，不是发明人或者设计人。

第十四条 除依照专利法第十条规定转让专利权外，专利权因其他事由发生转移的，当事人应当凭有关证明文件或者法律文书向国务院专利行政部门办理专利权转移手续。

专利权人与他人订立的专利实施许可合同，应当自合同生效之日起3个月内向国务院专利行政部门备案。

以专利权出质的，由出质人和质权人共同向国务院专利行政部门办理出质登记。

第二章 专利的申请

第十五条 以书面形式申请专利的，应当向国务院专利行政部门提交申请文件一式两份。

以国务院专利行政部门规定的其他形式申请专利的，应当符合规定的要求。

申请人委托专利代理机构向国务院专利行政部门申请专利和办理其他专利事务的，应当同时提交委托书，写明委托权限。

申请人有2人以上且未委托专利代理机构的，除请求书中另有声明的外，以请求书中指明的第一申请人为代表人。

第十六条 发明、实用新型或者外观设计专利申请的请求书应当写明下列事项：

（一）发明、实用新型或者外观设计的名称；

（二）申请人是中国单位或者个人的，其名称或者姓名、地址、邮政编码、组织机构代码或者居民身份证件号码；申请人是外国人、外国企业或者外国其他组织的，其姓名或者名称、国籍或者注册的国家或者地区；

（三）发明人或者设计人的姓名；

（四）申请人委托专利代理机构的，受托机构的名称、机构代码以及该机构指定的专利代理人的姓名、执业证号码、联系电话；

（五）要求优先权的，申请人第一次提出专利申请（以下简称在先申请）的申请日、申请号以及原受理机构的名称；

（六）申请人或者专利代理机构的签字或者盖章；

（七）申请文件清单；

（八）附加文件清单；

（九）其他需要写明的有关事项。

第十七条 发明或者实用新型专利申请的说明书应当写明发明或者实用新型的名称，该名称应当与请求书中的名称一致。说明书应当包括下列内容：

（一）技术领域：写明要求保护的技术方案所属的技术领域；

（二）背景技术：写明对发明或者实用新型的理解、检索、审查有用的背景技术；有可能的，并引证反映这些背景技术的文件；

（三）发明内容：写明发明或者实用新型所要解决的技术问题以及解决其技术问题采用的技术方案，并对照现有技术写明发明或者实用新型的有益效果；

（四）附图说明：说明书有附图的，对各幅附图作简略说明；

（五）具体实施方式：详细写明申请人认为实现发明或者实用新型的优选方式；必要时，举例说明；有附图的，对照附图。

发明或者实用新型专利申请人应当按照前款规定的方式和顺序撰写说明书，并在说明书每一部分前面写明标题，除非其发明或者实用新型的性质用其他方式或者顺序撰写能节约说明书的篇幅并使他人能够准确理解其发明或者实用新型。

发明或者实用新型说明书应当用词规范、语句清楚，并不得使用"如权利要求……所述的……"一类的引用语，也不得使用商业性宣传用语。

发明专利申请包含一个或者多个核苷酸或者氨基酸序列的，说明书应当包括符合国务院专利行政部门规定的序列表。申请人应当将该序列表作为说明书的一个单独部分提交，并按照国务院专利行政部门的规定提交该序列表的计算机可读形式的副本。

实用新型专利申请说明书应当有表示要求保护的产品的形状、构造或者其结合的附图。

第十八条 发明或者实用新型的几幅附图应当按照"图1，图2，……"顺序编号排列。

发明或者实用新型说明书文字部分中未提及的附图标记不得在附图中出现，附图中未出现的附图标记不得在说明书文字部分中提及。申请文件中表示同一组成部分的附图标记应当一致。

附图中除必需的词语外，不应当含有其他注释。

第十九条 权利要求书应当记载发明或者实用新型的技术特征。

权利要求书有几项权利要求的，应当用阿拉伯数字顺序编号。

权利要求书中使用的科技术语应当与说明书中使用

的科技术语一致，可以有化学式或者数学式，但是不得有插图。除绝对必要的外，不得使用"如说明书……部分所述"或者"如图……所示"的用语。

权利要求中的技术特征可以引用说明书附图中相应的标记，该标记应当放在相应的技术特征后并置于括号内，便于理解权利要求。附图标记不得解释为对权利要求的限制。

第二十条 权利要求书应当有独立权利要求，也可以有从属权利要求。

独立权利要求应当从整体上反映发明或者实用新型的技术方案，记载解决技术问题的必要技术特征。

从属权利要求应当用附加的技术特征，对引用的权利要求作进一步限定。

第二十一条 发明或者实用新型的独立权利要求应当包括前序部分和特征部分，按照下列规定撰写：

（一）前序部分：写明要求保护的发明或者实用新型技术方案的主题名称和发明或者实用新型主题与最接近的现有技术共有的必要技术特征；

（二）特征部分：使用"其特征是……"或者类似的用语，写明发明或者实用新型区别于最接近的现有技术的技术特征。这些特征和前序部分写明的特征合在一起，限定发明或者实用新型要求保护的范围。

发明或者实用新型的性质不适于用前款方式表达的，独立权利要求可以用其他方式撰写。

一项发明或者实用新型应当只有一个独立权利要求，并写在同一发明或者实用新型的从属权利要求之前。

第二十二条 发明或者实用新型的从属权利要求应当包括引用部分和限定部分，按照下列规定撰写：

（一）引用部分：写明引用的权利要求的编号及其主题名称；

（二）限定部分：写明发明或者实用新型附加的技术特征。

从属权利要求只能引用在前的权利要求。引用两项以上权利要求的多项从属权利要求，只能以择一方式引用在前的权利要求，并不得作为另一项多项从属权利要求的基础。

第二十三条 说明书摘要应当写明发明或者实用新型专利申请所公开内容的概要，即写明发明或者实用新型的名称和所属技术领域，并清楚地反映所要解决的技术问题、解决该问题的技术方案的要点以及主要用途。

说明书摘要可以包含最能说明发明的化学式；有附图的专利申请，还应当提供一幅最能说明该发明或者实用新型技术特征的附图。附图的大小及清晰度应当保证在该图缩小到4厘米×6厘米时，仍能清晰地分辨出图中的各个细节。摘要文字部分不得超过300个字。摘要中不得使用商业性宣传用语。

第二十四条 申请专利的发明涉及新的生物材料，该生物材料公众不能得到，并且对该生物材料的说明不足以使所属领域的技术人员实施其发明的，除应当符合专利法和本细则的有关规定外，申请人还应当办理下列手续：

（一）在申请日前或者最迟在申请日（有优先权的，指优先权日），将该生物材料的样品提交国务院专利行政部门认可的保藏单位保藏，并在申请时或者最迟自申请日起4个月内提交保藏单位出具的保藏证明和存活证明；期满未提交证明的，该样品视为未提交保藏；

（二）在申请文件中，提供有关该生物材料特征的资料；

（三）涉及生物材料样品保藏的专利申请应当在请求书和说明书中写明该生物材料的分类命名（注明拉丁文名称）、保藏该生物材料样品的单位名称、地址、保藏日期和保藏编号；申请时未写明的，应当自申请日起4个月内补正；期满未补正的，视为未提交保藏。

第二十五条 发明专利申请人依照本细则第二十四条的规定保藏生物材料样品的，在发明专利申请公布后，任何单位或者个人需要将该专利申请所涉及的生物材料作为实验目的使用的，应当向国务院专利行政部门提出请求，并写明下列事项：

（一）请求人的姓名或者名称和地址；

（二）不向其他任何人提供该生物材料的保证；

（三）在授予专利权前，只作为实验目的的使用的保证。

第二十六条 专利法所称遗传资源，是指取自人体、动物、植物或者微生物等含有遗传功能单位并具有实际或者潜在价值的材料；专利法所称依赖遗传资源完成的发明创造，是指利用了遗传资源的遗传功能完成的发明创造。

就依赖遗传资源完成的发明创造申请专利的，申请人应当在请求书中予以说明，并填写国务院专利行政部门制定的表格。

第二十七条 申请人请求保护色彩的，应当提交彩色图片或者照片。

申请人应当就每件外观设计产品所需要保护的内容提交有关图片或者照片。

第二十八条 外观设计的简要说明应当写明外观设计产品的名称、用途，外观设计的设计要点，并指定一幅最能表明设计要点的图片或者照片。省略视图或者请求保护色彩的，应当在简要说明中写明。

对同一产品的多项相似外观设计提出一件外观设计专利申请的，应当在简要说明中指定其中一项作为基本设计。

简要说明不得使用商业性宣传用语，也不能用来说明产品的性能。

第二十九条 国务院专利行政部门认为必要时，可以要求外观设计专利申请人提交使用外观设计的产品样品或者模型。样品或者模型的体积不得超过30厘米×30厘米×30厘米，重量不得超过15公斤。易腐、易损或者危险品不得作为样品或者模型提交。

第三十条 专利法第二十四条第（一）项所称中国政府承认的国际展览会，是指国际展览会公约规定的在国际展览局注册或者由其认可的国际展览会。

专利法第二十四条第（二）项所称学术会议或者技

术会议，是指国务院有关主管部门或者全国性学术团体组织召开的学术会议或者技术会议。

申请专利的发明创造有专利法第二十四条第（一）项或者第（二）项所列情形的，申请人应当在提出专利申请时声明，并自申请日起2个月内提交有关国际展览会或者学术会议、技术会议的组织单位出具的有关发明创造已经展出或者发表，以及展出或者发表日期的证明文件。

申请专利的发明创造有专利法第二十四条第（三）项所列情形的，国务院专利行政部门认为必要时，可以要求申请人在指定期限内提交证明文件。

申请人未依照本条第三款的规定提出声明和提交证明文件的，或者未依照本条第四款的规定在指定期限内提交证明文件的，其申请不适用专利法第二十四条的规定。

第三十一条 申请人依照专利法第三十条的规定要求外国优先权的，申请人提交的在先申请文件副本应当经原受理机构证明。依照国务院专利行政部门与该受理机构签订的协议，国务院专利行政部门通过电子交换等途径获得在先申请文件副本的，视为申请人提交了经该受理机构证明的在先申请文件副本。要求本国优先权，申请人在请求书中写明在先申请的申请日和申请号的，视为提交了在先申请文件副本。

要求优先权，但请求书中漏写或者错写在先申请的申请日、申请号和原受理机构名称中的一项或者两项内容的，国务院专利行政部门应当通知申请人在指定期限内补正；期满未补正的，视为未要求优先权。

要求优先权的申请人的姓名或者名称与在先申请文件副本中记载的申请人姓名或者名称不一致的，应当提交优先权转让证明材料，未提交该证明材料的，视为未要求优先权。

外观设计专利申请的申请人要求外国优先权，其在先申请未包括对外观设计的简要说明，申请人按照本细则第二十八条规定提交的简要说明未超出在先申请文件的图片或者照片表示的范围的，不影响其享有优先权。

第三十二条 申请人在一件专利申请中，可以要求一项或者多项优先权；要求多项优先权的，该申请的优先权期限从最早的优先权日起计算。

申请人要求本国优先权，在先申请是发明专利申请的，可以就相同主题提出发明或者实用新型专利申请；在先申请是实用新型专利申请的，可以就相同主题提出实用新型或者发明专利申请。但是，提出后一申请时，在先申请的主题有下列情形之一的，不得作为要求本国优先权的基础：

（一）已经要求外国优先权或者本国优先权的；

（二）已经被授予专利权的；

（三）属于按照规定提出的分案申请的。

申请人要求本国优先权的，其在先申请自后一申请提出之日起即视为撤回。

第三十三条 在中国没有经常居所或者营业所的申请人，申请专利或者要求外国优先权，国务院专利行政部门认为必要时，可以要求其提供下列文件：

（一）申请人是个人的，其国籍证明；

（二）申请人是企业或者其他组织的，其注册的国家或者地区的证明文件；

（三）申请人的所属国，承认中国单位和个人可以按照该国国民的同等条件，在该国享有专利权、优先权和其他与专利有关的权利的证明文件。

第三十四条 依照专利法第三十一条第一款规定，可以作为一件专利申请提出的属于一个总的发明构思的两项以上的发明或者实用新型，应当在技术上相互关联，包含一个或者多个相同或者相应的特定技术特征，其中特定技术特征是指每一项发明或者实用新型作为整体，对现有技术作出贡献的技术特征。

第三十五条 依照专利法第三十一条第二款规定，将同一产品的多项相似外观设计作为一件申请提出的，对该产品的其他设计应当与简要说明中指定的基本设计相似。一件外观设计专利申请中的相似外观设计不得超过10项。

专利法第三十一条第二款所称同一类别并且成套出售或者使用的产品的两项以上外观设计，是指各产品属于分类表中同一大类，习惯上同时出售或者同时使用，而且各产品的外观设计具有相同的设计构思。

将两项以上外观设计作为一件申请提出的，应当将各项外观设计的顺序编号标注在每件外观设计产品各幅图片或者照片的名称之前。

第三十六条 申请人撤回专利申请的，应当向国务院专利行政部门提出声明，写明发明创造的名称、申请号和申请日。

撤回专利申请的声明在国务院专利行政部门作好公布专利申请文件的印刷准备工作后提出的，申请文件仍予公布；但是，撤回专利申请的声明应当在以后出版的专利公报上予以公告。

第三章　专利申请的审查和批准

第三十七条 在初步审查、实质审查、复审和无效宣告程序中，实施审查和审理的人员有下列情形之一的，应当自行回避，当事人或者其他利害关系人可以要求其回避：

（一）是当事人或者其代理人的近亲属的；

（二）与专利申请或者专利权有利害关系的；

（三）与当事人或者其代理人有其他关系，可能影响公正审查和审理的；

（四）专利复审委员会成员曾参与原申请的审查的。

第三十八条 国务院专利行政部门收到发明或者实用新型专利申请的请求书、说明书（实用新型必须包括附图）和权利要求书，或者外观设计专利申请的请求书、外观设计的图片或者照片和简要说明后，应当明确申请日、给予申请号，并通知申请人。

第三十九条 专利申请文件有下列情形之一的，国务院专利行政部门不予受理，并通知申请人：

（一）发明或者实用新型专利申请缺少请求书、说明书（实用新型无附图）或者权利要求书的，或者外观设计专利申请缺少请求书、图片或者照片、简要说明的；

（二）未使用中文的；

（三）不符合本细则第一百二十一条第一款规定的；

（四）请求书中缺少申请人姓名或者名称，或者缺少地址的；

（五）明显不符合专利法第十八条或者第十九条第一款的规定的；

（六）专利申请类别（发明、实用新型或者外观设计）不明确或者难以确定的。

第四十条 说明书中写有对附图的说明但无附图或者缺少部分附图的，申请人应当在国务院专利行政部门指定的期限内补交附图或者声明取消对附图的说明。申请人补交附图的，以向国务院专利行政部门提交或者邮寄附图之日为申请日；取消对附图的说明的，保留原申请日。

第四十一条 两个以上的申请人同日（指申请日；有优先权的，指优先权日）分别就同样的发明创造申请专利的，应当在收到国务院专利行政部门的通知后自行协商确定申请人。

同一申请人在同日（指申请日）对同样的发明创造既申请实用新型专利又申请发明专利的，应当在申请时分别说明对同样的发明创造已申请了另一专利；未作说明的，依照专利法第九条第一款关于同样的发明创造只能授予一项专利权的规定处理。

国务院专利行政部门公告授予实用新型专利权，应当公告申请人已依照本条第二款的规定同时申请了发明专利的说明。

发明专利申请经审查没有发现驳回理由，国务院专利行政部门应当通知申请人在规定期限内声明放弃实用新型专利权。申请人声明放弃的，国务院专利行政部门应当作出授予发明专利权的决定，并在公告授予发明专利权时一并公告申请人放弃实用新型专利权声明。申请人不同意放弃的，国务院专利行政部门应当驳回该发明专利申请；申请人期满未答复的，视为撤回该发明专利申请。

实用新型专利权自公告授予发明专利权之日起终止。

第四十二条 一件专利申请包括两项以上发明、实用新型或者外观设计的，申请人可以在本细则第五十四条第一款规定的期限届满前，向国务院专利行政部门提出分案申请；但是，专利申请已经被驳回、撤回或者视为撤回的，不能提出分案申请。

国务院专利行政部门认为一件专利申请不符合专利法第三十一条和本细则第三十四条或者第三十五条的规定的，应当通知申请人在指定期限内对其申请进行修改；申请人期满未答复的，该申请视为撤回。

分案的申请不得改变原申请的类别。

第四十三条 依照本细则第四十二条规定提出的分案申请，可以保留原申请日，享有优先权的，可以保留优先权日，但是不得超出原申请记载的范围。

分案申请应当依照专利法及本细则的规定办理有关手续。

分案申请的请求书中应当写明原申请的申请号和申请日。提交分案申请时，申请人应当提交原申请文件副本；原申请享有优先权的，并应当提交原申请的优先权文件副本。

第四十四条 专利法第三十四条和第四十条所称初步审查，是指审查专利申请是否具备专利法第二十六条或者第二十七条规定的文件和其他必要的文件，这些文件是否符合规定的格式，并审查下列各项：

（一）发明专利申请是否明显属于专利法第五条、第二十五条规定的情形，是否不符合专利法第十八条、第十九条第一款、第二十条第一款或者本细则第十六条、第二十六条第二款的规定，是否明显不符合专利法第二条第二款、第二十六条第五款、第三十一条第一款、第三十三条或者本细则第十七条至第二十一条的规定；

（二）实用新型专利申请是否明显属于专利法第五条、第二十五条规定的情形，是否不符合专利法第十八条、第十九条第一款、第二十条第一款或者本细则第十六条至第十九条、第二十一条至第二十三条的规定，是否明显不符合专利法第二条第三款、第二十二条第二款、第四款、第二十六条第三款、第四款、第三十一条第一款、第三十三条或者本细则第二十条、第四十三条第一款的规定，是否依照专利法第九条规定不能取得专利权；

（三）外观设计专利申请是否明显属于专利法第五条、第二十五条第一款第（六）项规定的情形，是否不符合专利法第十八条、第十九条第一款或者本细则第十六条、第二十七条、第二十八条的规定，是否明显不符合专利法第二条第四款、第二十三条第一款、第二十七条第二款、第三十一条第二款、第三十三条或者本细则第四十三条第一款的规定，是否依照专利法第九条规定不能取得专利权；

（四）申请文件是否符合本细则第二条、第三条第一款的规定。

国务院专利行政部门应当将审查意见通知申请人，要求其在指定期限内陈述意见或者补正；申请人期满未答复的，其申请视为撤回。申请人陈述意见或者补正后，国务院专利行政部门仍然认为不符合前款所列各项规定的，应当予以驳回。

第四十五条 除专利申请文件外，申请人向国务院专利行政部门提交的与专利申请有关的其他文件有下列情形之一的，视为未提交：

（一）未使用规定的格式或者填写不符合规定的；

（二）未按照规定提交证明材料的。

国务院专利行政部门应当将视为未提交的审查意见通知申请人。

第四十六条 申请人请求早日公布其发明专利申请的，应当向国务院专利行政部门声明。国务院专利行政部门对该申请进行初步审查后，除予以驳回的外，应当立即将申请予以公布。

第四十七条 申请人写明使用外观设计的产品及其

所属类别的，应当使用国务院专利行政部门公布的外观设计产品分类表。未写明使用外观设计的产品所属类别或者所写的类别不确切的，国务院专利行政部门可以予以补充或者修改。

第四十八条 自发明专利申请公布之日起至公告授予专利权之日止，任何人均可以对不符合专利法规定的专利申请向国务院专利行政部门提出意见，并说明理由。

第四十九条 发明专利申请人因有正当理由无法提交专利法第三十六条规定的检索资料或者审查结果资料的，应当向国务院专利行政部门声明，并在得到有关资料后补交。

第五十条 国务院专利行政部门依照专利法第三十五条第二款的规定对专利申请自行进行审查时，应当通知申请人。

第五十一条 发明专利申请人在提出实质审查请求时以及在收到国务院专利行政部门发出的发明专利申请进入实质审查阶段通知书之日起的3个月内，可以对发明专利申请主动提出修改。

实用新型或者外观设计专利申请人自申请日起2个月内，可以对实用新型或者外观设计专利申请主动提出修改。

申请人在收到国务院专利行政部门发出的审查意见通知书后对专利申请文件进行修改的，应当针对通知书指出的缺陷进行修改。

国务院专利行政部门可以自行修改专利申请文件中文字和符号的明显错误。国务院专利行政部门自行修改的，应当通知申请人。

第五十二条 发明或者实用新型专利申请的说明书或者权利要求书的修改部分，除个别文字修改或者增删外，应当按照规定格式提交替换页。外观设计专利申请的图片或者照片的修改，应当按照规定提交替换页。

第五十三条 依照专利法第三十八条的规定，发明专利申请经实质审查应当予以驳回的情形是指：

（一）申请属于专利法第五条、第二十五条规定的情形，或者依照专利法第九条规定不能取得专利权的；

（二）申请不符合专利法第二条第二款、第二十条第一款、第二十二条、第二十六条第三款、第四款、第五款、第三十一条第一款或者本细则第二十条第二款规定的；

（三）申请的修改不符合专利法第三十三条规定，或者分案的申请不符合本细则第四十三条第一款的规定的。

第五十四条 国务院专利行政部门发出授予专利权的通知后，申请人应当自收到通知之日起2个月内办理登记手续。申请人按期办理登记手续的，国务院专利行政部门应当授予专利权，颁发专利证书，并予以公告。

期满未办理登记手续的，视为放弃取得专利权的权利。

第五十五条 保密专利申请经审查没有发现驳回理由的，国务院专利行政部门应当作出授予保密专利权的决定，颁发保密专利证书，登记保密专利权的有关事项。

第五十六条 授予实用新型或者外观设计专利权的决定公告后，专利法第六十条规定的专利权人或者利害关系人可以请求国务院专利行政部门作出专利权评价报告。

请求作出专利权评价报告的，应当提交专利权评价报告请求书，写明专利号。每项请求应当限于一项专利权。

专利权评价报告请求书不符合规定的，国务院专利行政部门应当通知请求人在指定期限内补正；请求人期满未补正的，视为未提出请求。

第五十七条 国务院专利行政部门应当自收到专利权评价报告请求书后2个月内作出专利权评价报告。对同一项实用新型或者外观设计专利权，有多个请求人请求作出专利权评价报告的，国务院专利行政部门仅作出一份专利权评价报告。任何单位或者个人可以查阅或者复制该专利权评价报告。

第五十八条 国务院专利行政部门对专利公告、专利单行本中出现的错误，一经发现，应当及时更正，并对所作更正予以公告。

第四章 专利申请的复审与专利权的无效宣告

第五十九条 专利复审委员会由国务院专利行政部门指定的技术专家和法律专家组成，主任委员由国务院专利行政部门负责人兼任。

第六十条 依照专利法第四十一条的规定向专利复审委员会请求复审的，应当提交复审请求书，说明理由，必要时还应当附具有关证据。

复审请求不符合专利法第十九条第一款或者第四十一条第一款规定的，专利复审委员会不予受理，书面通知复审请求人并说明理由。

复审请求书不符合规定格式的，复审请求人应当在专利复审委员会指定的期限内补正；期满未补正的，该复审请求视为未提出。

第六十一条 请求人在提出复审请求或者在对专利复审委员会的复审通知书作出答复时，可以修改专利申请文件；但是，修改应当仅限于消除驳回决定或者复审通知书指出的缺陷。

修改的专利申请文件应当提交一式两份。

第六十二条 专利复审委员会应当将受理的复审请求书转交国务院专利行政部门原审查部门进行审查。原审查部门根据复审请求人的请求，同意撤销原决定的，专利复审委员会应当据此作出复审决定，并通知复审请求人。

第六十三条 专利复审委员会进行复审后，认为复审请求不符合专利法和本细则有关规定的，应当通知复审请求人，要求其在指定期限内陈述意见。期满未答复的，该复审请求视为撤回；经陈述意见或者进行修改后，专利复审委员会认为仍不符合专利法和本细则有关规定的，应当作出维持原驳回决定的复审决定。

专利复审委员会进行复审后，认为原驳回决定不符合专利法和本细则有关规定的，或者认为经过修改的专利申请文件消除了原驳回决定指出的缺陷的，应当撤销原驳回决定，由原审查部门继续进行审查程序。

第六十四条 复审请求人在专利复审委员会作出决定前，可以撤回其复审请求。

复审请求人在专利复审委员会作出决定前撤回其复审请求的，复审程序终止。

第六十五条 依照专利法第四十五条的规定，请求宣告专利权无效或者部分无效的，应当向专利复审委员会提交专利权无效宣告请求书和必要的证据一式两份。无效宣告请求书应当结合提交的所有证据，具体说明无效宣告请求的理由，并指明每项理由所依据的证据。

前款所称无效宣告请求的理由，是指被授予专利的发明创造不符合专利法第二条、第二十条第一款、第二十二条、第二十三条、第二十六条第三款、第四款、第二十七条第二款、第三十三条或者本细则第二十条第二款、第四十三条第一款的规定，或者属于专利法第五条、第二十五条的规定，或者依照专利法第九条规定不能取得专利权。

第六十六条 专利权无效宣告请求不符合专利法第十九条第一款或者本细则第六十五条规定的，专利复审委员会不予受理。

在专利复审委员会就无效宣告请求作出决定之后，又以同样的理由和证据请求无效宣告的，专利复审委员会不予受理。

以不符合专利法第二十三条第三款的规定为理由请求宣告外观设计专利权无效，但是未提交证明权利冲突的证据的，专利复审委员会不予受理。

专利权无效宣告请求书不符合规定格式的，无效宣告请求人应当在专利复审委员会指定的期限内补正；期满未补正的，该无效宣告请求视为未提出。

第六十七条 在专利复审委员会受理无效宣告请求后，请求人可以在提出无效宣告请求之日起1个月内增加理由或者补充证据。逾期增加理由或者补充证据的，专利复审委员会可以不予考虑。

第六十八条 专利复审委员会应当将专利权无效宣告请求书和有关文件的副本送交专利权人，要求其在指定的期限内陈述意见。

专利权人和无效宣告请求人应当在指定期限内答复专利复审委员会发出的转送文件通知书或者无效宣告请求审查通知书；期满未答复的，不影响专利复审委员会审理。

第六十九条 在无效宣告请求的审查过程中，发明或者实用新型专利的专利权人可以修改其权利要求书，但是不得扩大原专利的保护范围。

发明或者实用新型专利的专利权人不得修改专利说明书和附图，外观设计专利的专利权人不得修改图片、照片和简要说明。

第七十条 专利复审委员会根据当事人的请求或者案情需要，可以决定对无效宣告请求进行口头审理。

专利复审委员会决定对无效宣告请求进行口头审理的，应当向当事人发出口头审理通知书，告知举行口头审理的日期和地点。当事人应当在通知书指定的期限内作出答复。

无效宣告请求人对专利复审委员会发出的口头审理通知书在指定的期限内未作答复，并且不参加口头审理的，其无效宣告请求视为撤回；专利权人不参加口头审理的，可以缺席审理。

第七十一条 在无效宣告请求审查程序中，专利复审委员会指定的期限不得延长。

第七十二条 专利复审委员会对无效宣告的请求作出决定前，无效宣告请求人可以撤回其请求。

专利复审委员会作出决定之前，无效宣告请求人撤回其请求或者其无效宣告请求被视为撤回的，无效宣告请求审查程序终止。但是，专利复审委员会认为根据已进行的审查工作能够作出宣告专利权无效或者部分无效的决定的，不终止审查程序。

第五章　专利实施的强制许可

第七十三条 专利法第四十八条第（一）项所称未充分实施其专利，是指专利权人及其被许可人实施其专利的方式或者规模不能满足国内对专利产品或者专利方法的需求。

专利法第五十条所称取得专利权的药品，是指解决公共健康问题所需的医药领域中的任何专利产品或者依照专利方法直接获得的产品，包括取得专利权的制造该产品所需的活性成分以及使用该产品所需的诊断用品。

第七十四条 请求给予强制许可的，应当向国务院专利行政部门提交强制许可请求书，说明理由并附具有关证明文件。

国务院专利行政部门应当将强制许可请求书的副本送交专利权人，专利权人应当在国务院专利行政部门指定的期限内陈述意见；期满未答复的，不影响国务院专利行政部门作出决定。

国务院专利行政部门在作出驳回强制许可请求的决定或者给予强制许可的决定前，应当通知请求人和专利权人拟作出的决定及其理由。

国务院专利行政部门依照专利法第五十条的规定作出给予强制许可的决定，应当同时符合中国缔结或者参加的有关国际条约关于为了解决公共健康问题而给予强制许可的规定，但中国作出保留的除外。

第七十五条 依照专利法第五十七条的规定，请求国务院专利行政部门裁决使用费数额的，当事人应当提出裁决请求书，并附具双方不能达成协议的证明文件。国务院专利行政部门应当自收到请求书之日起3个月内作出裁决，并通知当事人。

第六章　对职务发明创造的发明人或者设计人的奖励和报酬

第七十六条 被授予专利权的单位可以与发明人、

设计人约定或者在其依法制定的规章制度中规定专利法第十六条规定的奖励、报酬的方式和数额。

企业、事业单位给予发明人或者设计人的奖励、报酬，按照国家有关财务、会计制度的规定进行处理。

第七十七条 被授予专利权的单位未与发明人、设计人约定也未在其依法制定的规章制度中规定专利法第十六条规定的奖励的方式和数额的，应当自专利权公告之日起3个月内发给发明人或者设计人奖金。一项发明专利的奖金最低不少于3000元；一项实用新型专利或者外观设计专利的奖金最低不少于1000元。

由于发明人或者设计人的建议被其所属单位采纳而完成的发明创造，被授予专利权的单位应当从优发给奖金。

第七十八条 被授予专利权的单位未与发明人、设计人约定也未在其依法制定的规章制度中规定专利法第十六条规定的报酬的方式和数额的，在专利权有效期限内，实施发明创造专利后，每年应当从实施该项发明或者实用新型专利的营业利润中提取不低于2%或者从实施该项外观设计专利的营业利润中提取不低于0.2%，作为报酬给予发明人或者设计人，或者参照上述比例，给予发明人或者设计人一次性报酬；被授予专利权的单位许可其他单位或者个人实施其专利的，应当从收取的使用费中提取不低于10%，作为报酬给予发明人或者设计人。

第七章　专利权的保护

第七十九条 专利法和本细则所称管理专利工作的部门，是指由省、自治区、直辖市人民政府以及专利管理工作量大又有实际处理能力的设区的市人民政府设立的管理专利工作的部门。

第八十条 国务院专利行政部门应当对管理专利工作的部门处理专利侵权纠纷、查处假冒专利行为、调解专利纠纷进行业务指导。

第八十一条 当事人请求处理专利侵权纠纷或者调解专利纠纷的，由被请求人所在地或者侵权行为地的管理专利工作的部门管辖。

两个以上管理专利工作的部门都有管辖权的专利纠纷，当事人可以向其中一个管理专利工作的部门提出请求；当事人向两个以上有管辖权的管理专利工作的部门提出请求的，由最先受理的管理专利工作的部门管辖。

管理专利工作的部门对管辖权发生争议的，由其共同的上级人民政府管理专利工作的部门指定管辖；无共同上级人民政府管理专利工作的部门的，由国务院专利行政部门指定管辖。

第八十二条 在处理专利侵权纠纷过程中，被请求人提出无效宣告请求并被专利复审委员会受理的，可以请求管理专利工作的部门中止处理。

管理专利工作的部门认为被请求人提出的中止理由明显不能成立的，可以不中止处理。

第八十三条 专利权人依照专利法第十七条的规定，在其专利产品或者该产品的包装上标明专利标识的，应当按照国务院专利行政部门规定的方式予以标明。

专利标识不符合前款规定的，由管理专利工作的部门责令改正。

第八十四条 下列行为属于专利法第六十三条规定的假冒专利的行为：

（一）在未被授予专利权的产品或者其包装上标注专利标识，专利权被宣告无效后或者终止后继续在产品或者其包装上标注专利标识，或者未经许可在产品或者产品包装上标注他人的专利号；

（二）销售第（一）项所述产品；

（三）在产品说明书等材料中将未被授予专利权的技术或者设计称为专利技术或者专利设计，将专利申请称为专利，或者未经许可使用他人的专利号，使公众将所涉及的技术或者设计误认为是专利技术或者专利设计；

（四）伪造或者变造专利证书、专利文件或者专利申请文件；

（五）其他使公众混淆，将未被授予专利权的技术或者设计误认为是专利技术或者专利设计的行为。

专利权终止前依法在专利产品、依照专利方法直接获得的产品或者其包装上标注专利标识，在专利权终止后许诺销售、销售该产品的，不属于假冒专利行为。

销售不知道是假冒专利的产品，并且能够证明该产品合法来源的，由管理专利工作的部门责令停止销售，但免除罚款的处罚。

第八十五条 除专利法第六十条规定的外，管理专利工作的部门应当事人请求，可以对下列专利纠纷进行调解：

（一）专利申请权和专利权归属纠纷；

（二）发明人、设计人资格纠纷；

（三）职务发明创造的发明人、设计人的奖励和报酬纠纷；

（四）在发明专利申请公布后专利权授予前使用发明而未支付适当费用的纠纷；

（五）其他专利纠纷。

对于前款第（四）项所列的纠纷，当事人请求管理专利工作的部门调解的，应当在专利权被授予之后提出。

第八十六条 当事人因专利申请权或者专利权的归属发生纠纷，已请求管理专利工作的部门调解或者向人民法院起诉的，可以请求国务院专利行政部门中止有关程序。

依照前款规定请求中止有关程序的，应当向国务院专利行政部门提交请求书，并附具管理专利工作的部门或者人民法院的写明申请号或者专利号的有关受理文件副本。

管理专利工作的部门作出的调解书或者人民法院作出的判决生效后，当事人应当向国务院专利行政部门办理恢复有关程序的手续。自请求中止之日起1年内，有关专利申请权或者专利权归属的纠纷未能结案，需要继续中止有关程序的，请求人应当在该期限内请求延长中止。期满未请求延长的，国务院专利行政部门自行恢复有关程序。

第八十七条 人民法院在审理民事案件中裁定对专利申请权或者专利权采取保全措施的，国务院专利行政部门应当在收到写明申请号或者专利号的裁定书和协助执行通知书之日中止被保全的专利申请权或者专利权的有关程序。保全期限届满，人民法院没有裁定继续采取保全措施的，国务院专利行政部门自行恢复有关程序。

第八十八条 国务院专利行政部门根据本细则第八十六条和第八十七条规定中止有关程序，是指暂停专利申请的初步审查、实质审查、复审程序，授予专利权程序和专利权无效宣告程序；暂停办理放弃、变更、转移专利权或者专利申请权手续，专利权质押手续以及专利权期限届满前的终止手续等。

第八章　专利登记和专利公报

第八十九条 国务院专利行政部门设置专利登记簿，登记下列与专利申请和专利权有关的事项：

（一）专利权的授予；
（二）专利申请权、专利权的转移；
（三）专利权的质押、保全及其解除；
（四）专利实施许可合同的备案；
（五）专利权的无效宣告；
（六）专利权的终止；
（七）专利权的恢复；
（八）专利实施的强制许可；
（九）专利权人的姓名或者名称、国籍和地址的变更。

第九十条 国务院专利行政部门定期出版专利公报，公布或者公告下列内容：

（一）发明专利申请的著录事项和说明书摘要；
（二）发明专利申请的实质审查请求和国务院专利行政部门对发明专利申请自行进行实质审查的决定；
（三）发明专利申请公布后的驳回、撤回、视为撤回、视为放弃、恢复和转移；
（四）专利权的授予以及专利权的著录事项；
（五）发明或者实用新型专利的说明书摘要，外观设计专利的一幅图片或者照片；
（六）国防专利、保密专利的解密；
（七）专利权的无效宣告；
（八）专利权的终止、恢复；
（九）专利权的转移；
（十）专利实施许可合同的备案；
（十一）专利权的质押、保全及其解除；
（十二）专利实施的强制许可的给予；
（十三）专利权人的姓名或者名称、地址的变更；
（十四）文件的公告送达；
（十五）国务院专利行政部门作出的更正；
（十六）其他有关事项。

第九十一条 国务院专利行政部门应当提供专利公报、发明专利申请单行本以及发明专利、实用新型专利、外观设计专利单行本，供公众免费查阅。

第九十二条 国务院专利行政部门负责按照互惠原则与其他国家、地区的专利机关或者区域性专利组织交换专利文献。

第九章　费　用

第九十三条 向国务院专利行政部门申请专利和办理其他手续时，应当缴纳下列费用：

（一）申请费、申请附加费、公布印刷费、优先权要求费；
（二）发明专利申请实质审查费、复审费；
（三）专利登记费、公告印刷费、年费；
（四）恢复权利请求费、延长期限请求费；
（五）著录事项变更费、专利权评价报告请求费、无效宣告请求费。

前款所列各种费用的缴纳标准，由国务院价格管理部门、财政部门会同国务院专利行政部门规定。

第九十四条 专利法和本细则规定的各种费用，可以直接向国务院专利行政部门缴纳，也可以通过邮局或者银行汇付，或者以国务院专利行政部门规定的其他方式缴纳。

通过邮局或者银行汇付的，应当在送交国务院专利行政部门的汇单上写明正确的申请号或者专利号以及缴纳的费用名称。不符合本款规定的，视为未办理缴费手续。

直接向国务院专利行政部门缴纳费用的，以缴纳当日为缴费日；以邮局汇付方式缴纳费用的，以邮局汇出的邮戳日为缴费日；以银行汇付方式缴纳费用的，以银行实际汇出日为缴费日。

多缴、重缴、错缴专利费用的，当事人可以自缴费日起3年内，向国务院专利行政部门提出退款请求，国务院专利行政部门应当予以退还。

第九十五条 申请人应当自申请日起2个月内或者在收到受理通知书之日起15日内缴纳申请费、公布印刷费和必要的申请附加费；期满未缴纳或者未缴足的，其申请视为撤回。

申请人要求优先权的，应当在缴纳申请费的同时缴纳优先权要求费；期满未缴纳或者未缴足的，视为未要求优先权。

第九十六条 当事人请求实质审查或者复审的，应当在专利法及本细则规定的相关期限内缴纳费用；期满未缴纳或者未缴足的，视为未提出请求。

第九十七条 申请人办理登记手续时，应当缴纳专利登记费、公告印刷费和授予专利权当年的年费；期满未缴纳或者未缴足的，视为未办理登记手续。

第九十八条 授予专利权当年以后的年费应当在上一年度期满前缴纳。专利权人未缴纳或者未缴足的，国务院专利行政部门应当通知专利权人自应当缴纳年费期满之日起6个月内补缴，同时缴纳滞纳金；滞纳金的金额按照每超过规定的缴费时间1个月，加收当年全额年费的5%计算；期满未缴纳的，专利权自应当缴纳年费期满之日起终止。

第九十九条 恢复权利请求费应当在本细则规定的相关期限内缴纳；期满未缴纳或者未缴足的，视为未提出请求。

延长期限请求费应当在相应期限届满之日前缴纳；期满未缴纳或者未缴足的，视为未提出请求。

著录事项变更费、专利权评价报告请求费、无效宣告请求费应当自提出请求之日起1个月内缴纳；期满未缴纳或者未缴足的，视为未提出请求。

第一百条 申请人或者专利权人缴纳本细则规定的各种费用有困难的，可以按照规定向国务院专利行政部门提出减缴或者缓缴的请求。减缴或者缓缴的办法由国务院财政部门会同国务院价格管理部门、国务院专利行政部门规定。

第十章 关于国际申请的特别规定

第一百零一条 国务院专利行政部门根据专利法第二十条规定，受理按照专利合作条约提出的专利国际申请。

按照专利合作条约提出并指定中国的专利国际申请（以下简称国际申请）进入国务院专利行政部门处理阶段（以下称进入中国国家阶段）的条件和程序适用本章的规定；本章没有规定的，适用专利法及本细则其他各章的有关规定。

第一百零二条 按照专利合作条约已确定国际申请日并指定中国的国际申请，视为向国务院专利行政部门提出的专利申请，该国际申请日视为专利法第二十八条所称的申请日。

第一百零三条 国际申请的申请人应当在专利合作条约第二条所称的优先权日（本章简称优先权日）起30个月内，向国务院专利行政部门办理进入中国国家阶段的手续；申请人未在该期限内办理该手续的，在缴纳宽限费后，可以在自优先权日起32个月内办理进入中国国家阶段的手续。

第一百零四条 申请人依照本细则第一百零三条的规定办理进入中国国家阶段的手续的，应当符合下列要求：

（一）以中文提交进入中国国家阶段的书面声明，写明国际申请号和要求获得的专利权类型；

（二）缴纳本细则第九十三条第一款规定的申请、公布印刷费，必要时缴纳本细则第一百零三条的宽限费；

（三）国际申请以外文提出的，提交原始国际申请的说明书和权利要求书的中文译文；

（四）在进入中国国家阶段的书面声明中写明发明创造的名称，申请人姓名或者名称、地址和发明人的姓名，上述内容应当与世界知识产权组织国际局（以下简称国际局）的记录一致；国际申请中未写明发明人的，在上述声明中写明发明人的姓名；

（五）国际申请以外文提出的，提交摘要的中文译文，有附图和摘要附图的，提交附图副本和摘要附图副本，附图中有文字的，将其替换为对应的中文文字；国际申请以中文提出的，提交国际公布文件中的摘要和摘要附图副本；

（六）在国际阶段向国际局已办理申请人变更手续的，提供变更后的申请人享有申请权的证明材料；

（七）必要时缴纳本细则第九十三条第一款规定的申请附加费。

符合本条第一款第（一）项至第（三）项要求的，国务院专利行政部门应当给予申请号，明确国际申请进入中国国家阶段的日期（以下简称进入日），并通知申请人其国际申请已进入中国国家阶段。

国际申请已进入中国国家阶段，但不符合本条第一款第（四）项至第（七）项要求的，国务院专利行政部门应当通知申请人在指定期限内补正；期满未补正的，其申请视为撤回。

第一百零五条 国际申请有下列情形之一的，其在中国的效力终止：

（一）在国际阶段，国际申请被撤回或者被视为撤回，或者国际申请对中国的指定被撤回的；

（二）申请人未在优先权日起32个月内按照本细则第一百零三条规定办理进入中国国家阶段手续的；

（三）申请人办理进入中国国家阶段的手续，但自优先权日起32个月期限届满仍不符合本细则第一百零四条第（一）项至第（三）项要求的。

依照前款第（一）项的规定，国际申请在中国的效力终止的，不适用本细则第六条的规定；依照前款第（二）项、第（三）项的规定，国际申请在中国的效力终止的，不适用本细则第六条第二款的规定。

第一百零六条 国际申请在国际阶段作过修改，申请人要求以经修改的申请文件为基础进行审查的，应当自进入日起2个月内提交修改部分的中文译文。在该期间内未提交中文译文的，对申请人在国际阶段提出的修改，国务院专利行政部门不予考虑。

第一百零七条 国际申请涉及的发明创造有专利法第二十四条第（一）项或者第（二）项所列情形之一，在提出国际申请时作过声明的，申请人应当在进入中国国家阶段的书面声明中予以说明，并自进入日起2个月内提交本细则第三十条第三款规定的有关证明文件；未予说明或者期满未提交证明文件的，其申请不适用专利法第二十四条的规定。

第一百零八条 申请人按照专利合作条约的规定，对生物材料样品的保藏已作出说明的，视为已经满足了本细则第二十四条第（三）项的要求。申请人应当在进入中国国家阶段声明中指明记载生物材料样品保藏事项的文件以及在该文件中的具体记载位置。

申请人在原始提交的国际申请的说明书中已记载生物材料样品保藏事项，但是没有在进入中国国家阶段声明中指明的，应当自进入日起4个月内补正。期满未补正的，该生物材料视为未提交保藏。

申请人自进入日起4个月内向国务院专利行政部门

提交生物材料样品保藏证明和存活证明的，视为在本细则第二十四条第（一）项规定的期限内提交。

第一百零九条 国际申请涉及的发明创造依赖遗传资源完成的，申请人应当在国际申请进入中国国家阶段的书面声明中予以说明，并填写国务院专利行政部门制定的表格。

第一百一十条 申请人在国际阶段已要求一项或者多项优先权，在进入中国国家阶段时该优先权要求继续有效的，视为已经依照专利法第三十条的规定提出了书面声明。

申请人应当自进入日起2个月内缴纳优先权要求费；期满未缴纳或者未缴足的，视为未要求该优先权。

申请人在国际阶段已依照专利合作条约的规定，提交过在先申请文件副本的，办理进入中国国家阶段手续时不需要向国务院专利行政部门提交在先申请文件副本。申请人在国际阶段未提交在先申请文件副本的，国务院专利行政部门认为必要时，可以通知申请人在指定期限内补交；申请人期满未补交的，其优先权要求视为未提出。

第一百一十一条 在优先权日起30个月期满前要求国务院专利行政部门提前处理和审查国际申请的，申请人除应当办理进入中国国家阶段手续外，还应当依照专利合作条约第二十三条第二款规定提出请求。国际局尚未向国务院专利行政部门传送国际申请的，申请人应当提交经确认的国际申请副本。

第一百一十二条 要求获得实用新型专利权的国际申请，申请人可以自进入日起2个月内对专利申请文件主动提出修改。

要求获得发明专利权的国际申请，适用本细则第五十一条第一款的规定。

第一百一十三条 申请人发现提交的说明书、权利要求书或者附图中的文字的中文译文存在错误的，可以在下列规定期限内依照原始国际申请文本提出改正：

（一）在国务院专利行政部门作好公布发明专利申请或者公告实用新型专利权的准备工作之前；

（二）在收到国务院专利行政部门发出的发明专利申请进入实质审查阶段通知书之日起3个月内。

申请人改正译文错误的，应当提出书面请求并缴纳规定的译文改正费。

申请人按照国务院专利行政部门的通知书的要求改正译文的，应当在指定期限内办理本条第二款规定的手续；期满未办理规定手续的，该申请视为撤回。

第一百一十四条 对要求获得发明专利权的国际申请，国务院专利行政部门经初步审查认为符合专利法和本细则有关规定的，应当在专利公报上予以公布；国际申请以中文以外的文字提出的，应当公布申请文件的中文译文。

要求获得发明专利权的国际申请，由国际局以中文进行国际公布的，自国际公布日起适用专利法第十三条的规定；由国际局以中文以外的文字进行国际公布的，自国务院专利行政部门公布之日起适用专利法第十三条的规定。

对国际申请，专利法第二十一条和第二十二条中所称的公布是指本条第一款所规定的公布。

第一百一十五条 国际申请包含两项以上发明或者实用新型的，申请人可以自进入日起，依照本细则第四十二条第一款的规定提出分案申请。

在国际阶段，国际检索单位或者国际初步审查单位认为国际申请不符合专利合作条约规定的单一性要求时，申请人未按照规定缴纳附加费，导致国际申请某些部分未经国际检索或者未经国际初步审查，在进入中国国家阶段时，申请人要求将所述部分作为审查基础，国务院专利行政部门认为国际检索单位或者国际初步审查单位对发明单一性的判断正确的，应当通知申请人在指定期限内缴纳单一性恢复费。期满未缴纳或者未足额缴纳的，国际申请中未经检索或者未经国际初步审查的部分视为撤回。

第一百一十六条 国际申请在国际阶段被有关国际单位拒绝给予国际申请日或者宣布视为撤回的，申请人在收到通知之日起2个月内，可以请求国际局将国际申请档案中任何文件的副本转交国务院专利行政部门，并在该期限内向国务院专利行政部门办理本细则第一百零三条规定的手续，国务院专利行政部门应当在接到国际局传送的文件后，对国际单位作出的决定是否正确进行复查。

第一百一十七条 基于国际申请授予的专利权，由于译文错误，致使依照专利法第五十九条规定确定的保护范围超出国际申请的原文所表达的范围的，以依据原文限制后的保护范围为准；致使保护范围小于国际申请的原文所表达的范围的，以授权时的保护范围为准。

第十一章　附　　则

第一百一十八条 经国务院专利行政部门同意，任何人均可以查阅或者复制已经公布或者公告的专利申请的案卷和专利登记簿，并可以请求国务院专利行政部门出具专利登记簿副本。

已视为撤回、驳回和主动撤回的专利申请的案卷，自该专利申请失效之日起满2年后不予保存。

已放弃、宣告全部无效和终止的专利权的案卷，自该专利权失效之日起满3年后不予保存。

第一百一十九条 向国务院专利行政部门提交申请文件或者办理各种手续，应当由申请人、专利权人、其他利害关系人或者其代表人签字或者盖章；委托专利代理机构的，由专利代理机构盖章。

请求变更发明人姓名、专利申请人和专利权人的姓名或者名称、国籍和地址、专利代理机构的名称、地址和代理人姓名的，应当向国务院专利行政部门办理著录事项变更手续，并附具变更理由的证明材料。

第一百二十条 向国务院专利行政部门邮寄有关申请或者专利权的文件，应当使用挂号信函，不得使用包裹。

除首次提交专利申请文件外，向国务院专利行政部门提交各种文件、办理各种手续的，应当标明申请号或者专利号、发明创造名称和申请人或者专利权人姓名或者名称。

一件信函中应当只包含同一申请的文件。

第一百二十一条 各类申请文件应当打字或者印刷，字迹呈黑色，整齐清晰，并不得涂改。附图应当用制图工具和黑色墨水绘制，线条应当均匀清晰，并不得涂改。

请求书、说明书、权利要求书、附图和摘要应当分别用阿拉伯数字顺序编号。

申请文件的文字部分应当横向书写。纸张限于单面使用。

第一百二十二条 国务院专利行政部门根据专利法和本细则制定专利审查指南。

第一百二十三条 本细则自 2001 年 7 月 1 日起施行。1992 年 12 月 12 日国务院批准修订、1992 年 12 月 21 日中国专利局发布的《中华人民共和国专利法实施细则》同时废止。

国务院关于修改《中华人民共和国知识产权海关保护条例》的决定

（中华人民共和国国务院令第572号）

《国务院关于修改〈中华人民共和国知识产权海关保护条例〉的决定》已经2010年3月17日国务院第103次常务会议通过，现予公布，自2010年4月1日起施行。

总　理　温家宝
2010年3月24日

国务院决定对《中华人民共和国知识产权海关保护条例》作如下修改：

一、将第十一条修改为："知识产权备案情况发生改变的，知识产权权利人应当自发生改变之日起30个工作日内，向海关总署办理备案变更或者注销手续。"

"知识产权权利人未依照前款规定办理变更或者注销手续，给他人合法进出口或者海关依法履行监管职责造成严重影响的，海关总署可以根据有关利害关系人的申请撤销有关备案，也可以主动撤销有关备案。"

二、将第二十三条第一款修改为："知识产权权利人在向海关提出采取保护措施的申请后，可以依照《中华人民共和国商标法》、《中华人民共和国著作权法》、《中华人民共和国专利法》或者其他有关法律的规定，就被扣留的侵权嫌疑货物向人民法院申请采取责令停止侵权行为或者财产保全的措施。"

三、第二十四条增加一项，作为第（五）项："在海关认定被扣留的侵权嫌疑货物为侵权货物之前，知识产权权利人撤回扣留侵权嫌疑货物的申请的。"

四、将第二十七条第三款修改为："被没收的侵犯知识产权货物可以用于社会公益事业的，海关应当转交给有关公益机构用于社会公益事业；知识产权权利人有收购意愿的，海关可以有偿转让给知识产权权利人。被没收的侵犯知识产权货物无法用于社会公益事业且知识产权权利人无收购意愿的，海关可以在消除侵权特征后依法拍卖，但对进口假冒商标货物，除特殊情况外，不能仅清除货物上的商标标识即允许其进入商业渠道；侵权特征无法消除的，海关应当予以销毁。"

五、将第二十八条改为第三十一条，修改为："个人携带或者邮寄进出境的物品，超出自用、合理数量，并侵犯本条例第二条规定的知识产权的，按照侵权货物处理。"

此外，对条文顺序作相应调整。

本决定自2010年4月1日起施行。

《中华人民共和国知识产权海关保护条例》根据本决定作相应的修改，重新公布。

中华人民共和国知识产权海关保护条例（2003年12月2日中华人民共和国国务院令第395号公布　根据2010年3月24日《国务院关于修改〈中华人民共和国知识产权海关保护条例〉的决定》修订）

第一章　总　　则

第一条　为了实施知识产权海关保护，促进对外经济贸易和科技文化交往，维护公共利益，根据《中华人民共和国海关法》，制定本条例。

第二条　本条例所称知识产权海关保护，是指海关对与进出口货物有关并受中华人民共和国法律、行政法规保护的商标专用权、著作权和与著作权有关的权利、专利权（以下统称知识产权）实施的保护。

第三条　国家禁止侵犯知识产权的货物进出口。

海关依照有关法律和本条例的规定实施知识产权保护，行使《中华人民共和国海关法》规定的有关权力。

第四条 知识产权权利人请求海关实施知识产权保护的，应当向海关提出采取保护措施的申请。

第五条 进口货物的收货人或者其代理人、出口货物的发货人或者其代理人应当按照国家规定，向海关如实申报与进出口货物有关的知识产权状况，并提交有关证明文件。

第六条 海关实施知识产权保护时，应当保守有关当事人的商业秘密。

第二章　知识产权的备案

第七条 知识产权权利人可以依照本条例的规定，将其知识产权向海关总署申请备案；申请备案的，应当提交申请书。申请书应当包括下列内容：

（一）知识产权权利人的名称或者姓名、注册地或者国籍等；

（二）知识产权的名称、内容及其相关信息；

（三）知识产权许可行使状况；

（四）知识产权权利人合法行使知识产权的货物的名称、产地、进出境地海关、进出口商、主要特征、价格等；

（五）已知的侵犯知识产权货物的制造商、进出口商、进出境地海关、主要特征、价格等。

前款规定的申请书内容有证明文件的，知识产权权利人应当附送证明文件。

第八条 海关总署应当自收到全部申请文件之日起30个工作日内作出是否准予备案的决定，并书面通知申请人；不予备案的，应当说明理由。

有下列情形之一的，海关总署不予备案：

（一）申请文件不齐全或者无效的；

（二）申请人不是知识产权权利人的；

（三）知识产权不再受法律、行政法规保护的。

第九条 海关发现知识产权权利人申请知识产权备案未如实提供有关情况或者文件的，海关总署可以撤销其备案。

第十条 知识产权海关保护备案自海关总署准予备案之日起生效，有效期为10年。

知识产权有效的，知识产权权利人可以在知识产权海关保护备案有效期届满前6个月内，向海关总署申请续展备案。每次续展备案的有效期为10年。

知识产权海关保护备案有效期届满而不申请续展或者知识产权不再受法律、行政法规保护的，知识产权海关保护备案随即失效。

第十一条 知识产权备案情况发生改变的，知识产权权利人应当自发生改变之日起30个工作日内，向海关总署办理备案变更或者注销手续。

知识产权权利人未依照前款规定办理变更或者注销手续，给他人合法进出口或者海关依法履行监管职责造成严重影响的，海关总署可以根据有关利害关系人的申请撤销有关备案，也可以主动撤销有关备案。

第三章　扣留侵权嫌疑货物的申请及其处理

第十二条 知识产权权利人发现侵权嫌疑货物即将进出口的，可以向货物进出境地海关提出扣留侵权嫌疑货物的申请。

第十三条 知识产权权利人请求海关扣留侵权嫌疑货物的，应当提交申请书及相关证明文件，并提供足以证明侵权事实明显存在的证据。

申请书应当包括下列主要内容：

（一）知识产权权利人的名称或者姓名、注册地或者国籍等；

（二）知识产权的名称、内容及其相关信息；

（三）侵权嫌疑货物收货人和发货人的名称；

（四）侵权嫌疑货物名称、规格等；

（五）侵权嫌疑货物可能进出境的口岸、时间、运输工具等。

侵权嫌疑货物涉嫌侵犯备案知识产权的，申请书还应当包括海关备案号。

第十四条 知识产权权利人请求海关扣留侵权嫌疑货物的，应当向海关提供不超过货物等值的担保，用于赔偿可能因申请不当给收货人、发货人造成的损失，以及支付货物由海关扣留后的仓储、保管和处置等费用；知识产权权利人直接向仓储商支付仓储、保管费用的，从担保中扣除。具体办法由海关总署制定。

第十五条 知识产权权利人申请扣留侵权嫌疑货物，符合本条例第十三条的规定，并依照本条例第十四条的规定提供担保的，海关应当扣留侵权嫌疑货物，书面通知知识产权权利人，并将海关扣留凭单送达收货人或者发货人。

知识产权权利人申请扣留侵权嫌疑货物，不符合本条例第十三条的规定，或者未依照本条例第十四条的规定提供担保的，海关应当驳回申请，并书面通知知识产权权利人。

第十六条 海关发现进出口货物有侵犯备案知识产权嫌疑的，应当立即书面通知知识产权权利人。知识产权权利人自通知送达之日起3个工作日内依照本条例第十三条的规定提出申请，并依照本条例第十四条的规定提供担保的，海关应当扣留侵权嫌疑货物，书面通知知识产权权利人，并将海关扣留凭单送达收货人或者发货人。知识产权权利人逾期未提出申请或者未提供担保的，海关不得扣留货物。

第十七条 经海关同意，知识产权权利人和收货人或者发货人可以查看有关货物。

第十八条 收货人或者发货人认为其货物未侵犯知识产权权利人的知识产权的，应当向海关提出书面说明并附送相关证据。

第十九条 涉嫌侵犯专利权货物的收货人或者发货人认为其进出口货物未侵犯专利权的，可以在向海关提供货物等值的担保金后，请求海关放行其货物。知识产权权利人未能在合理期限内向人民法院起诉的，海关应当退还担保金。

第二十条　海关发现进出口货物有侵犯备案知识产权嫌疑并通知知识产权权利人后，知识产权权利人请求海关扣留侵权嫌疑货物的，海关应当自扣留之日起30个工作日内对被扣留的侵权嫌疑货物是否侵犯知识产权进行调查、认定；不能认定的，应当立即书面通知知识产权权利人。

第二十一条　海关对被扣留的侵权嫌疑货物进行调查，请求知识产权主管部门提供协助的，有关知识产权主管部门应当予以协助。

知识产权主管部门处理涉及进出口货物的侵权案件请求海关提供协助的，海关应当予以协助。

第二十二条　海关对被扣留的侵权嫌疑货物及有关情况进行调查时，知识产权权利人和收货人或者发货人应当予以配合。

第二十三条　知识产权权利人在向海关提出采取保护措施的申请后，可以依照《中华人民共和国商标法》、《中华人民共和国著作权法》、《中华人民共和国专利法》或者其他有关法律的规定，就被扣留的侵权嫌疑货物向人民法院申请采取责令停止侵权行为或者财产保全的措施。

海关收到人民法院有关责令停止侵权行为或者财产保全的协助执行通知的，应当予以协助。

第二十四条　有下列情形之一的，海关应当放行被扣留的侵权嫌疑货物：

（一）海关依照本条例第十五条的规定扣留侵权嫌疑货物，自扣留之日起20个工作日内未收到人民法院协助执行通知的；

（二）海关依照本条例第十六条的规定扣留侵权嫌疑货物，自扣留之日起50个工作日内未收到人民法院协助执行通知，并且经调查不能认定被扣留的侵权嫌疑货物侵犯知识产权的；

（三）涉嫌侵犯专利权货物的收货人或者发货人在向海关提供与货物等值的担保金后，请求海关放行其货物的；

（四）海关认为收货人或者发货人有充分的证据证明其货物未侵犯知识产权权利人的知识产权的；

（五）在海关认定被扣留的侵权嫌疑货物为侵权货物之前，知识产权权利人撤回扣留侵权嫌疑货物的申请的。

第二十五条　海关依照本条例的规定扣留侵权嫌疑货物，知识产权权利人应当支付有关仓储、保管和处置等费用。知识产权权利人未支付有关费用的，海关可以从其向海关提供的担保金中予以扣除，或者要求担保人履行有关担保责任。

侵权嫌疑货物被认定为侵犯知识产权的，知识产权权利人可以将其支付的有关仓储、保管和处置等费用计入其为制止侵权行为所支付的合理开支。

第二十六条　海关实施知识产权保护发现涉嫌犯罪案件的，应当将案件依法移送公安机关处理。

第四章　法律责任

第二十七条　被扣留的侵权嫌疑货物，经海关调查后认定侵犯知识产权的，由海关予以没收。

海关没收侵犯知识产权货物后，应当将侵犯知识产权货物的有关情况书面通知知识产权权利人。

被没收的侵犯知识产权货物可以用于社会公益事业的，海关应当转交给有关公益机构用于社会公益事业；知识产权权利人有收购意愿的，海关可以有偿转让给知识产权权利人。被没收的侵犯知识产权货物无法用于社会公益事业且知识产权权利人无收购意愿的，海关可以在消除侵权特征后依法拍卖，但对进口假冒商标货物，除特殊情况外，不能仅清除货物上的商标标识即允许其进入商业渠道；侵权特征无法消除的，海关应当予以销毁。

第二十八条　海关接受知识产权保护备案和采取知识产权保护措施的申请后，因知识产权权利人未提供确切情况而未能发现侵权货物、未能及时采取保护措施或者采取保护措施不力的，由知识产权权利人自行承担责任。

知识产权权利人请求海关扣留侵权嫌疑货物后，海关不能认定被扣留的侵权嫌疑货物侵犯知识产权权利人的知识产权，或者人民法院判定不侵犯知识产权权利人的知识产权的，知识产权权利人应当依法承担赔偿责任。

第二十九条　进口或者出口侵犯知识产权货物，构成犯罪的，依法追究刑事责任。

第三十条　海关工作人员在实施知识产权保护时，玩忽职守、滥用职权、徇私舞弊，构成犯罪的，依法追究刑事责任；尚不构成犯罪的，依法给予行政处分。

第五章　附　　则

第三十一条　个人携带或者邮寄进出境的物品，超出自用、合理数量，并侵犯本条例第二条规定的知识产权的，按照侵权货物处理。

第三十二条　知识产权权利人将其知识产权向海关总署备案的，应当按照国家有关规定缴纳备案费。

第三十三条　本条例自2004年3月1日起施行。1995年7月5日国务院发布的《中华人民共和国知识产权海关保护条例》同时废止。

国务院关于2009年度国家科学技术奖励的决定

（国发〔2010〕3号）

各省、自治区、直辖市人民政府，国务院各部委、各直属机构：

为全面贯彻党的十七大和十七届四中全会精神，深入贯彻落实科学发展观，大力实施科教兴国战略和人才强国战略，推进科学技术的自主创新，国务院决定，对为我国科学技术进步、经济社会发展、国防现代化建设做出突出贡献的科学技术人员和组织给予奖励。

根据《国家科学技术奖励条例》的规定，经国家科学技术奖励评审委员会评审、国家科学技术奖励委员会审定和科技部审核，国务院批准并报请国家主席胡锦涛签署，授予谷超豪、孙家栋2位院士2009年度国家最高科学技术奖；国务院批准，授予"《中国植物志》的编研"国家自然科学奖一等奖，授予"太阳磁场结构和演化研究"等27项成果国家自然科学奖二等奖，授予"海洋特征寡糖的制备技术（糖库构建）与应用开发"等2项成果国家技术发明奖一等奖，授予"超细耐磨钛酸盐纤维制备新技术及其应用"等53项成果国家技术发明奖二等奖，授予"绕月探测工程"等3项成果国家科学技术进步奖特等奖，授予"超高压直流输电重大成套技术装备开发及产业化"等17项成果国家科学技术进步奖一等奖，授予"北方粳型优质超级稻新品种培育与示范推广"等262项成果国家科学技术进步奖二等奖，授予美国物理学家沈元壤等7名外国专家中华人民共和国国际科学技术合作奖。

全国科学技术工作者要向谷超豪院士、孙家栋院士及全体获奖者学习，继续发扬团结协作、顽强拼搏、奋力攀登、开拓创新、爱国奉献的精神，坚定不移地走中国特色自主创新道路，提高自主创新能力，培育战略性新兴产业，为建设创新型国家、促进科学发展做出更大贡献。

国务院
2010年1月7日

国务院关于进一步做好利用外资工作的若干意见

(国发〔2010〕9号)

各省、自治区、直辖市人民政府，国务院各部委、各直属机构：

利用外资是我国对外开放基本国策的重要内容。改革开放以来，我国积极吸引外商投资，促进了产业升级和技术进步，外商投资企业已成为国民经济的重要组成部分。目前，我国利用外资的优势依然明显。为提高利用外资质量和水平，更好地发挥利用外资在推动科技创新、产业升级、区域协调发展等方面的积极作用，现提出如下意见：

一、优化利用外资结构

（一）根据我国经济发展需要，结合国家产业调整和振兴规划要求，修订《外商投资产业指导目录》，扩大开放领域，鼓励外资投向高端制造业、高新技术产业、现代服务业、新能源和节能环保产业。严格限制"两高一资"和低水平、过剩产能扩张类项目。

（二）国家产业调整和振兴规划中的政策措施同等适用于符合条件的外商投资企业。

（三）对用地集约的国家鼓励类外商投资项目优先供应土地，在确定土地出让底价时可按不低于所在地土地等别相对应《全国工业用地出让最低价标准》的70%执行。

（四）鼓励外商投资高新技术企业发展，改进并完善高新技术企业认定工作。

（五）鼓励中外企业加强研发合作，支持符合条件的外商投资企业与内资企业、研究机构合作申请国家科技开发项目、创新能力建设项目等，申请设立国家级技术中心认定。

（六）鼓励跨国公司在华设立地区总部、研发中心、采购中心、财务管理中心、结算中心以及成本和利润核算中心等功能性机构。在2010年12月31日以前，对符合规定条件的外资研发中心确需进口的科技开发用品免征进口关税和进口环节增值税、消费税。

（七）落实和完善支持政策，鼓励外商投资服务外包产业，引入先进技术和管理经验，提高我国服务外包国际竞争力。

二、引导外资向中西部地区转移和增加投资

（八）根据《外商投资产业指导目录》修订情况，补充修订《中西部地区外商投资优势产业目录》，增加劳动密集型项目条目，鼓励外商在中西部地区发展符合环保要求的劳动密集型产业。

（九）对符合条件的西部地区内外资企业继续实行企业所得税优惠政策，保持西部地区吸收外商投资好的发展势头。

（十）对东部地区外商投资企业向中西部地区转移，要加大政策开放和技术资金配套支持力度，同时完善行政服务，在办理工商、税务、外汇、社会保险等手续时提供便利。鼓励和引导外资银行到中西部地区设立机构和开办业务。

（十一）鼓励东部地区与中西部地区以市场为导向，通过委托管理、投资合作等多种方式，按照优势互补、产业联动、利益共享的原则共建开发区。

三、促进利用外资方式多样化

（十二）鼓励外资以参股、并购等方式参与国内企业改组改造和兼并重组。支持A股上市公司引入境内外战略投资者。规范外资参与境内证券投资和企业并购。依法实施反垄断审查，并加快建立外资并购安全审查制度。

（十三）利用好境外资本市场，继续支持符合条件的企业根据国家发展战略及自身发展需要到境外上市，充分利用两个市场、两种资源，不断提高竞争力。

（十四）加快推进利用外资设立中小企业担保公司试点工作。鼓励外商投资设立创业投资企业，积极利用私募股权投资基金，完善退出机制。

（十五）支持符合条件的外商投资企业境内公开发行股票、发行企业债和中期票据，拓宽融资渠道，引导金融机构继续加大对外商投资企业的信贷支持。稳步扩大在境内发行人民币债券的境外主体范围。

四、深化外商投资管理体制改革

（十六）《外商投资产业指导目录》中总投资（包括增资）3亿美元以下的鼓励类、允许类项目，除《政府核准的投资项目目录》规定需由国务院有关部门核准之外，由地方政府有关部门核准。除法律法规明确规定由国务院有关部门审批外，在加强监管的前提下，国务院有关部门可将本部门负责的审批事项下放地方政府审批，服务业领域外商投资企业的设立（金融、电信服务除外）由地方政府按照有关规定进行审批。

（十七）调整审批内容，简化审批程序，最大限度缩小审批、核准范围，增强审批透明度。全面清理涉及外商投资的审批事项，缩短审批时间。改进审批方式，在试点并总结经验的基础上，逐步在全国推行外商投资企业合同、章程格式化审批，大力推行在线行政许可，规范行政行为。

五、营造良好的投资环境

（十八）规范和促进开发区发展，发挥开发区在体制创新、科技引领、产业集聚、土地集约方面的载体和平台作用。支持符合条件的省级开发区升级，支持具备条件的国家级、省级开发区扩区和调整区位，制定加快边境经济合作区建设的支持政策措施。

（十九）进一步完善外商投资企业外汇管理，简化外商投资企业外汇资本金结汇手续。对依法经营、资金紧张暂时无法按时出资的外商投资企业，允许延长出资期限。

（二十）加强投资促进，针对重点国家和地区、重点行业加大引资推介力度，广泛宣传我国利用外资政策。积极参与多双边投资合作，把"引进来"和"走出去"相结合，推动跨国投资政策环境不断改善。

国务院各有关部门、地方各级人民政府要统一认识，坚持积极有效利用外资的方针，坚持以我为主、择优选资，促进"引资"与"引智"相结合，不断提高利用外资质量。要总结改革开放经验，结合新形势、新要求，进一步加大改革创新力度，提高便利化程度，创造更加开放、更加优化的投资环境，全面提高利用外资工作水平。

国务院
2010年4月6日

国务院关于2010年度国家科学技术奖励的决定

(国发〔2010〕43号)

各省、自治区、直辖市人民政府,国务院各部委、各直属机构:

为全面贯彻党的十七大和十七届五中全会精神,深入贯彻落实科学发展观,大力实施科教兴国战略和人才强国战略,推进科技进步和自主创新,国务院决定,对为我国科学技术进步、经济社会发展、国防现代化建设作出突出贡献的科学技术人员和组织给予奖励。

根据《国家科学技术奖励条例》的规定,经国家科学技术奖励评审委员会评审、国家科学技术奖励委员会审定和科技部审核,国务院批准并报请国家主席胡锦涛签署,授予师昌绪院士、王振义院士2010年度国家最高科学技术奖;国务院批准,授予"基于模拟关系的计算力学辛理论体系和数值方法"等30项成果国家自然科学奖二等奖,授予"钞票对印技术"等2项成果国家技术发明奖一等奖,授予"催化氧化新材料——空心钛硅分子筛"等44项成果国家技术发明奖二等奖,授予"大庆油田高含水后期4000万吨以上持续稳产高效勘探开发技术"等3项成果国家科学技术进步奖特等奖,授予"三峡输电系统工程"等31项成果国家科学技术进步奖一等奖,授予"水稻重要种质创新及其应用"等239项成果国家科学技术进步奖二等奖,授予德国环境规划专家克劳斯·托普弗等5名外国专家中华人民共和国国际科学技术合作奖。

全国科学技术工作者要向师昌绪院士、王振义院士及全体获奖者学习,继续发扬求真务实、勇于创新的科学精神,以科教兴国为己任,为建设创新型国家、加快转变经济发展方式、实现全面建设小康社会奋斗目标作出新的更大贡献。

国务院
2010年12月20日

2010 年国家工程研究中心评价结果

(国家发展改革委 2010 年第 4 号公告)

为加强和规范国家工程研究中心(以下简称"工程中心")的建设,建立优胜劣汰和动态调整的运行管理机制,国家发展和改革委员会根据《国家工程研究中心管理办法》的有关规定,在各主管部门审核上报有关材料的基础上,对已验收的工程中心进行了评价,现将评价结果予以公告。对于评分在 60~65 分之间(含 60 分和 65 分)的光电子器件、输配电及节电技术、移动通信和水煤浆气化及煤化工等工程中心,决定给予警告,对存在的问题要抓紧进行整改。

请各主管部门认真负责,切实加强工程中心建设和运行的监督、管理,确保工程中心真正发挥应有的作用。

附件:一、2010 年国家工程研究中心评价结果
　　　二、予以警告的国家工程研究中心名单

中华人民共和国国家发展和改革委员会
2010 年 4 月 20 日

《废弃电器电子产品处理目录（第一批）》和《制订和调整废弃电器电子产品处理目录的若干规定》

（国家发展改革委 2010 年第 24 号公告）

《废弃电器电子产品处理目录（第一批）》和《制订和调整废弃电器电子产品处理目录的若干规定》，已经国务院批准，现予以公布，自 2011 年 1 月 1 日起施行。

附件：一、废弃电器电子产品处理目录（第一批）

二、制订和调整废弃电器电子产品处理目录的若干规定

国家发展改革委
环境保护部
工业和信息化部
2010 年 9 月 8 日

附件一：废弃电器电子产品处理目录（第一批）

序号	产品种类	产品范围
1	电视机	阴极射线管（黑白、彩色）电视机、等离子电视机、液晶电视机、背投电视机及其他用于接收信号并还原出图像及伴音的终端设备。
2	电冰箱	冷藏冷冻箱（柜）、冷冻箱（柜）、冷藏箱（柜）及其他具有制冷系统、消耗能量以获取冷量的隔热箱体。
3	洗衣机	波轮式洗衣机、滚筒式洗衣机、搅拌式洗衣机、脱水机及其他依靠机械作用洗涤衣物（含兼有干衣功能）的器具。
4	房间空调器	整体式空调器（窗机、穿墙式等）、分体式空调器（分体壁挂、分体柜机等）、一拖多空调器及其他制冷量在 14000W 及以下的房间空气调节器具。
5	微型计算机	台式微型计算机（包括主机、显示器分体或一体形式、键盘、鼠标）和便携式微型计算机（含掌上电脑）等信息事务处理实体。

附件二：制订和调整废弃电器电子产品处理目录的若干规定

第一条 制订依据

为科学、客观、有效地制订和调整《废弃电器电子产品处理目录》（以下简称《目录》），制定本规定。

第二条 制订主体

国家发展改革委会同环境保护部、工业和信息化部成立《目录》管理委员会，负责《目录》的制订和调整工作，下设专家小组、行业小组、企业小组（具体机构职责和人员组成见《发改办环资〔2010〕545 号》）。

第三条 制订原则

制订《目录》遵循以下原则：

（一）社会保有量大、废弃量大；

（二）污染环境严重、危害人体健康；

（三）回收成本高、处理难度大；

（四）社会效益显著、需要政策扶持。

第四条 制订程序

制订和调整《目录》按照以下程序：

（一）《目录》管理委员会委托有关机构，依据本规定第三条有关原则，研究提出《目录》备选范围；

（二）专家小组对纳入《目录》备选范围的产品进行评估，提出评估意见，形成《目录》初稿；

（三）行业小组和企业小组对《目录》初稿提出修改意见，完善后形成《目录》征求意见稿；

（四）《目录》征求意见稿征求国务院有关部门、行业协会、相关企业等各方面意见，完善后形成《目录》送审稿；

（五）《目录》送审稿经国务院批准后发布实施。

第五条 评估与调整

《目录》管理委员会不定期组织对《目录》实施情况的评估，并根据评估结果以及经济社会发展情况，对《目录》进行调整。《目录》的调整包括增补、变更、取消等情形。

第六条 参照标准

制订和调整《目录》参照现行相关电器电子产品的国家及行业标准。

第七条 海关商品编码

列入《目录》的进口和出口电器电子产品适用的海关商品编码由国家发展改革委会同海关总署、环境保护部等有关部门另行发布。

第八条 解释与发布

本规定由国家发展改革委会同环境保护部、工业和信息化部联合发布并负责解释。

第十七批享受优惠政策的企业（集团）技术中心名单

（国家发展改革委 2010 年第 30 号公告）

根据《国家认定企业技术中心管理办法》，经审定，现将第十七批享受优惠政策的企业（集团）技术中心名单公告如下：

确认中国华电工程（集团）总公司等 93 家企业技术中心和南通中远船务工程有限公司等 4 家分技术中心为第十七批享受优惠政策的企业（集团）技术中心。请享受优惠政策的企业（集团）技术中心按照《海关总署 2007 年第 13 号公告》的规定，向单位所在地直属海关申请办理减免税备案、审批等有关手续。

特此公告。

附件：一、第十七批国家认定企业（集团）技术中心及分中心名单

二、国家认定企业技术中心名单

国家发展改革委
科学技术部
财政部
海关总署
国家税务总局
2010 年 11 月 11 日

政策法规篇

10

国家重点节能技术推广目录（第三批）

（国家发展改革委 2010 年第 33 号公告）

为贯彻落实《中华人民共和国节约能源法》、《国务院关于加强节能工作的决定》和《国务院关于进一步加大工作力度确保实现"十一五"节能减排目标的通知》，加快重点节能技术的推广普及，引导用能单位采用先进的节能新工艺、新技术和新设备，提高能源利用效率，我们组织编制了《国家重点节能技术推广目录（第三批）》，现予公布。

本目录涉及煤炭、电力、钢铁、有色金属、石油石化、化工、建材、机械、纺织、建筑、交通等 11 个行业，共 30 项高效节能技术。

附件：国家重点节能技术推广目录（第三批）

中华人民共和国国家发展和改革委员会
2010 年 11 月 29 日

废弃电器电子产品处理目录（第一批）适用海关商品编号（2010年版）

（国家发展改革委 2010 年第 35 号公告）

根据经国务院批准的《制订和调整废弃电器电子产品处理目录的若干规定》第七条规定，我们组织制订了《废弃电器电子产品处理目录（第一批）适用海关商品编号（2010年版）》（以下简称《目录海关商品编号》），现予以公布，自2011年1月1日起施行。进出口列入《目录海关商品编号》的电器电子产品适用《废弃电器电子产品回收处理管理条例》的有关规定。

附件：废弃电器电子产品处理目录（第一批）适用海关商品编号（2010年版）

国家发展改革委
海关总署
环境保护部
工业和信息化部
2010 年 12 月 21 日

国家发展改革委关于推进国家创新型城市试点工作的通知

（发改高技〔2010〕30号）

各省、自治区、直辖市及计划单列市、副省级省会城市、新疆生产建设兵团发展改革委：

为深入贯彻科学发展观，全面落实自主创新战略，我委决定在推进深圳市创建国家创新型城市试点工作的基础上，扩大试点范围，围绕完善区域创新体系，增强可持续发展能力，加快实现创新驱动发展，继续指导和推进一批城市开展创建国家创新型城市试点。现将有关工作通知如下：

一、试点城市

原则同意大连、青岛、厦门、沈阳、西安、广州、成都、南京、杭州、济南、合肥、郑州、长沙、苏州、无锡、烟台等城市申报的创建国家创新型城市总体方案，支持以上十六个城市开展创建国家创新型城市试点。

二、指导思想和目标

创建国家创新型城市要以实现创新驱动发展为导向，以提升自主创新能力为主线，以体制机制创新为动力，以营造创新友好环境为突破口，健全创新体系、聚集创新资源、突出效益效率、着眼引领示范，探索区域创新发展模式，培育一批特色鲜明、优势互补的国家创新型城市，形成若干区域创新发展增长极，增强国家综合实力和国际竞争力，为实现创新型国家建设目标奠定坚实基础。

三、主要任务

（一）加强统筹规划协调，强化城市创新功能。制订创新型城市建设规划，以自主创新统筹经济、科技、教育发展，实施创新型城市建设重大工程，系统推进创新型城市技术创新、产业创新、企业创新，加强自主创新基础能力建设，强化城市创新功能，增强城市创新发展能力，实现发展模式转型，促进经济社会又好又快发展。

（二）健全区域创新体系，突出企业主体地位。增加教育和科技投入，建设和引进高水平教育与研究机构，增强区域创新人才和技术有效供给能力。鼓励和扶持创新公共平台和中介机构发展，增强创新服务能力。探索财政、税收和政府采购政策支持产学研合作创新的新模式，支持企业创新基础能力建设，加速创新要素向企业集聚，强化企业技术创新主体地位，培育有国际影响力的行业龙头企业。

（三）推进城市产业升级，优化区域产业结构。围绕城市主导产业发展需要，实施产业自主创新工程，加大创新能力建设投入力度，推进创新型城市主导产业升级。培育新能源、新材料、生物医药等战略性新兴产业，发展高技术产业和现代服务业，促进产业创新集群发展，加快高新技术改造传统产业进程，优化产业结构。

（四）建设创新友好环境，促进创新创业发展。制订和实施创新型城市相关配套政策与措施，建立创新政策落实效果监测与反馈机制，不断优化区域创新环境，形成创新友好型政策法律制度环境。围绕创新型城市建设总目标，弘扬科学思想，尊重首创精神，激发创造热情，营造鼓励创新、宽容失败的创新文化氛围，促进创新创业发展。

四、工作要求

（一）加强组织领导。各试点城市要成立创建国家创新型城市工作领导小组，加强对城市创新发展的领导，明确相关部门分工，将各项工作分解落实到具体单位。

（二）制定发展规划。请各试点城市根据创建国家创新型城市的总体方案，抓紧研究编制创建国家创新型城市的详细规划，细化和落实建设任务。

（三）认真组织实施。具备条件后请各试点城市抓紧组织实施创建国家创新型城市的总体方案和详细规划，落实专项经费，制定切实可行的政策措施，全面推进创新型城市建设工作。

（四）及时总结经验。请各试点城市在创建国家创新型城市工作中，进一步解放思想、大胆实践、突出特色，积极探索创新驱动发展的新模式。并及时总结经验，将有关情况报告我委。

我委将会同有关部门，加强对创建国家创新型城市工作的指导、监督和考核，并对试点城市的自主创新和高技术产业发展工作优先予以支持。

国家发展改革委
2010 年 1 月 6 日

13

国家发展改革委关于对百泰生物药业有限公司基因重组人源化单克隆抗体h-R3等117项生物领域国家高技术产业化示范工程授牌的决定

(发改高技〔2010〕1255号)

各省、自治区、直辖市及计划单列市、新疆生产建设兵团发展改革委，国务院有关部门，有关单位：

大力发展高技术产业，促进高技术成果的产业化是全面贯彻落实科学发展观，建设创新型国家，加快转变经济发展方式，提高自主创新能力的重要举措。按照党中央、国务院的总体部署，在有关部门和各地政府的积极支持配合下，国家发展改革委通过制定规划、发布高技术产业化重点领域指南、实施国家高技术产业发展项目计划和高技术产业化重大专项，加快了一大批高技术成果的产业化，培育了一大批具有竞争实力高技术企业，促进了我国高技术产业发展和传统产业技术升级，对国民经济发展和社会进步起到了十分重要的作用。

为充分发挥国家高技术产业化示范工程项目的带动示范作用，推动生物产业发展，鼓励全社会加强自主创新，加速科技成果转化，国家发展改革委决定，对近年实施并取得显著经济和社会效益的百泰生物药业有限公司基因重组人源化单克隆抗体h-R3等117项生物领域高技术产业化示范工程项目，授予"国家高技术产业化示范工程"牌匾，表彰其对我国生物产业高技术产业化工作所做的贡献。

希望你们在今后工作中，进一步贯彻落实国家相关规划和政策的要求，积极推进自主创新成果产业化，促进高技术产业发展。同时认真总结项目建设和管理经验，在运行机制、管理模式等方面不断创新，进一步发挥国家高技术产业化示范工程的示范和带动作用，为加速推动我国高技术产业发展和产业结构调整做出应有的贡献。

附表：国家发展改革委生物领域高技术产业化示范工程授牌项目名单

国家发展改革委
2010年6月9日

国家发展改革委关于印发加强区域产业创新基础能力建设工作指导意见的通知

(发改高技〔2010〕2455号)

各省、自治区、直辖市及计划单列市、新疆生产建设兵团发展改革委：

为深入贯彻落实党中央、国务院关于提高自主创新能力、建设创新型国家的决策部署，国家发展改革委将围绕构建和完善各具特色和优势的区域创新体系，鼓励和引导地方建立长效的工作和投入机制，进一步加强区域产业创新基础能力建设，加快促进经济发展方式转变和结构调整。现将《加强区域产业创新基础能力建设工作指导意见》印发你们，请在工作中认真执行和落实。

附件：《加强区域产业创新基础能力建设工作指导意见》

国家发展改革委
2010年10月13日

附件：加强区域产业创新基础能力建设工作指导意见

为深入贯彻落实党中央和国务院关于提高自主创新能力、建设创新型国家的决策部署，全面推进实施《国家中长期科学和技术发展规划纲要（2006—2020年）》和国家自主创新基础能力建设规划，进一步加强产业创新基础能力建设，构建和完善各具特色和优势的区域创新体系，提出如下指导意见。

一、加强区域产业创新基础能力建设的意义

区域创新体系是国家创新体系建设的重要组成部分，区域产业创新基础能力是区域创新体系建设的关键。加强区域产业创新基础能力建设，主要是建立和完善由国家和地方工程研究中心、工程实验室、企业技术中心、公共技术服务平台等创新平台构成的多层次产业创新支撑体系，对促进经济社会的持续快速健康发展具有重要的现实意义。

（一）加强区域产业创新基础能力建设是推进创新型国家建设的重要举措。围绕推动经济社会发展真正转向依靠创新驱动和提高劳动者素质的轨道，发挥不同区域产业创新资源的特点和优势，构建各具特色的区域创新体系，有利于实现自主创新能力的统筹协调发展，全面提升国家的整体创新能力，加快国家重大战略的实施进程，推进创新型国家建设。

（二）加强区域产业创新基础能力建设是夯实国家自主创新支撑体系的迫切需要。大力推进产业创新平台建设，促进国家和地方相关创新平台的优化布局与合作，进一步加强创新资源的高效整合和开放共享，有利于促进区域创新体系与技术创新体系、知识创新体系、国防科技创新体系和科技中介服务体系等建设的相互融合，真正形成全方位推进国家创新体系建设的协调发展格局。

（三）加强区域产业创新基础能力建设是调整产业结构和转变经济发展方式的重要手段。针对国民经济发展的战略需求，着力区域创新基础能力的薄弱环节，通过强化产业创新平台建设，突破一批制约区域经济社会发展的关键共性技术，加快推进相关重大创新成果的产业化，有利于提升不同区域产业的层次和技术水平，进一步促进科技经济更加紧密结合，并不断探索创新驱动发展的新模式、新途径。

（四）加强区域产业创新基础能力建设是推进实施区域发展总体战略的重要支撑。围绕区域经济发展的战略

需求，大力加强产业创新平台建设，提升区域创新基础能力，有利于推进建立区域间的协作创新机制，为西部开发、东北老工业基地振兴、中部崛起、东部率先发展提供动力支撑，加快推动形成主体功能定位清晰、东中西部良性互动的区域协调发展格局。

二、指导思想和基本原则

（一）指导思想

以科学发展观为指导，以促进结构调整和培育战略性新兴产业为主线，以推进经济发展方式转变为目标，按照国家自主创新基础能力建设规划明确的"着眼长远发展，优化整体布局，完善体制机制，提升创新能力"总要求，整合集聚创新资源，统筹创新平台建设，促进产学研用结合，大力提升区域产业创新基础能力，为经济社会持续健康发展和创新型国家建设提供有力支撑。

（二）基本原则

合理规划、特色发展。根据区域产业特色、资源禀赋和区位优势等，合理规划产业发展的区域创新基础能力建设方向和重点，加强国家和地方不同层面创新资源的有效对接，建设特色鲜明的多层次区域创新体系。

创新机制、整合资源。着眼国家创新体系建设的需要，探索建立国家和地方产业创新平台共享开放的运行机制和发展模式，有效整合区域创新资源，推进跨区域的产学研用合作，实现创新资源的优化配置和高效利用。

国家引导、地方为主。加强国家宏观政策和规划导向，发挥市场配置资源的基础性作用和公共财政投入的引导作用，鼓励和调动地方大力支持和加强自主创新基础设施建设，形成国家和地方相互联动的创新机制。

三、主要任务

（一）促进区域经济持续创新发展。提升区域产业创新基础能力，重点是围绕国家创新型城市、国家高技术产业基地建设以及地方特色产业链、地方主导产业发展确定的重点领域，强化产业创新平台建设，大力推进关键共性技术的研发和产业化，加快发展高技术产业，培育战略性新兴产业，调整振兴重点产业，广泛推广应用高新技术改造提升传统产业，不断注入区域经济持续增长动力。

（二）建立多层次区域创新体系。加大支持力度，进一步提升国家产业创新平台的能力和水平，充分发挥其对地方自主创新和经济发展的支撑和引领作用。鼓励和支持地方产业创新平台建设，促进跨区域、跨行业的联合，加快推进国家地方联合工程研究中心、国家地方联合工程实验室（以下简称"国家地方联合创新平台"）等创新平台布局，促进国家和地方产业创新平台的有机衔接和合作，强化不同区域研发、系统集成和工程化的能力，构建辐射带动作用强的区域创新源，推动形成各具特色、优势明显、高水平、多层次的区域创新体系。

（三）建立创新平台的高效运行机制。发挥市场配置资源的基础性作用和宏观政策规划的引导作用，推动技术、人才和资金等资源向创新平台的集聚，提高创新平台的运行效率和水平。探索长效的产业创新平台建设管理运行模式，推动建立国家地方互动协作的工作体系，大力推进产学研用的广泛合作，逐步形成利益共享、风险共担的创新机制，实现创新资源合理配置和高效利用。

（四）加速创新人才培养和集聚。依托产业创新平台和重大项目建设，凝聚和造就高端科技人才、管理人才，引进一批战略科学家和学术带头人，培养一批高素质的创新人才团队。建立和完善创新平台人才评价、激励机制，探索产学研用联合培养创新人才的新模式，推进建立创新人才在企业、高等院校、科研院所之间的流动机制，使创新平台真正成为创新人才的重要集聚地和各显其能的用武之地。

四、保障措施

（一）强化规划政策引导。根据国家自主创新基础能力建设的总体部署和要求，各省级发展和改革委员会（以下简称"各省级发展改革部门"）要结合本地经济和社会发展实际，会同有关方面研究制定本地自主创新能力建设规划，明确思路、发展方向、重点任务和目标，加强统筹协调，采取有针对性的政策措施，指导推进本地创新平台的建设。

（二）加强组织管理规范。各省级发展改革部门要把提升区域产业创新基础能力作为一项长期、日常的重要基础性工作来抓。要按照《国家高技术产业发展项目管理暂行办法》、《国家工程研究中心管理办法》、《国家工程实验室管理办法（试行）》、《国家认定企业技术中心管理办法》等有关规定，加强对国家工程研究中心、国家工程实验室、国家认定企业技术中心等建设和运行管理的指导，落实相关配套条件；根据《国家地方联合创新平台建设实施办法》（见附件），负责组织实施国家地方联合创新平台的建设。同时，要兼顾当前和长远，加强统筹，紧密结合本地区产业、经济的发展需要，对本地产业创新平台建设进行合理规划和布局，制定完善相应的管理规范，并加强与国家产业创新平台的有机衔接与合作。

（三）加大政府支持力度。国家发展和改革委员会（以下简称"国家发展改革委"）将进一步强化对产业创新平台建设的引导，会同有关部门研究制定鼓励产业创新平台建设的具体政策措施。省级发展改革部门要建立支持本地产业创新平台建设的计划支撑体系，安排专项资金和制定完善相关政策，创新支持方式和模式，激励、引导各方面共同推进国家和地方创新平台的建设，促进创新平台在产业标准、技术服务与扩散等方面发挥更大的作用。国家鼓励和支持跨区域和跨行业的创新平台建设。

（四）推进实施国家地方联合创新平台建设。围绕经济社会发展的战略需求和国家自主创新基础能力建设规划，加强区域创新基础能力建设，国家发展改革委将有计划、有步骤地布局一批国家地方联合创新平台。对符合条件的省级工程研究中心、工程实验室可命名为国家地方联合工程研究中心、工程实验室，或作为现有国家工程研究中心的分中心、国家工程实验室的分实验室，并对西部地区中部分特色突出、辐射带动作用强和行业影响明显的上述创新平台给予一定的资金支持。对于拟安排国家投资补助的西部地区国家地方联合创新平台，按照国家的统一规定和要求，原则上由相应的省级发展改革部门择优选择确定。

（五）探索创新管理方式。国家发展改革委要加强对国家地方联合创新平台建设的监督检查。各省级发展改革部门要加强对国家和地方创新平台建设的跟踪分析、研究，及时总结经验和教训，提出改进的对策措施和建议，积极促进创新平台与本地产业发展需求的紧密结合，切实发挥创新平台的功能和作用；要建立合理的动态考核评价体系和优胜劣汰的管理运行机制，加强对国家地方联合创新平台、地方创新平台的评估和检查，促进创新平台的良性发展。

附件：国家地方联合创新平台建设实施办法。

附件：国家地方联合创新平台建设实施办法

第一章 总 则

第一条 为加强和规范国家地方联合创新平台的建设和运行管理，制定本办法。

第二条 本办法所称国家地方联合创新平台是指国家地方联合工程研究中心和国家地方联合工程实验室。

第三条 国家地方联合创新平台建设应围绕国家创新型城市、国家高技术产业基地建设以及地方特色产业链、地方主导产业发展对技术进步的迫切需求，建立工程化研究、验证的设施和有利于技术创新、成果转化的机制，加快科研成果向现实生产力转化，为实现区域经济持续发展提供技术支撑。

第四条 国家地方联合创新平台应承担以下主要任务：

（一）根据国家相关批复文件的要求，实现设定的研究开发和成果转化目标；

（二）开展产业关键共性技术开发，并为行业提供技术开发及成果工程化的试验、验证环境；

（三）承担国家、地方和行业下达的科研开发及工程化研究任务，并依据合同按时完成任务；

（四）将承担国家、地方和行业任务所形成的技术成果通过市场机制向行业转移和扩散，起到科研与产业之间的桥梁和纽带作用。

第五条 国家发展改革委负责对国家地方联合创新平台进行有关命名的审查，并给予相关的政策支持。各省级发展改革部门负责会同本级政府其他相关部门制定和发布本地创新平台建设的规划和有关政策等指导性文件，进行国家地方联合创新平台的组织申报、初审、评价等管理。

第二章 申报和审查

第六条 国家发展改革委负责对申报的国家地方联合创新平台进行复核，并对通过复核的创新平台进行命名。

第七条 省级发展改革部门负责国家地方联合创新平台的申报和审查工作，主要包括：

（一）组织本地区符合条件的单位申报国家地方联合创新平台，指导申报单位编制国家地方联合创新平台方案。

（二）组织对方案进行初审，并提出审核意见。

（三）将通过初审的项目、审核意见及相关材料一并报送国家发展改革委申请复核。

第八条 拟申请国家地方联合创新平台的单位，应编制国家地方联合创新平台方案（编制提纲见附件）并向省级发展改革部门申报。方案需由符合省级发展改革部门规定资质的工程设计、咨询单位编写。

第九条 申请国家地方联合创新平台应具备以下条件：

（一）已经批复为省级工程研究中心、工程实验室等创新平台并运行1年以上。

（二）地方政府已有明确的财政资金支持计划或安排。

（三）符合区域发展规划和产业总体布局，属于地方主导产业、特色产业、国家创新型城市、国家高技术产业基地规划等确定的重点领域。

（四）能为解决当地产业或经济发展的瓶颈问题提供共性技术支撑，并对当地相关产业发展、结构调整有较好的辐射、带动作用。

（五）承担单位具有明显的创新资源优势，有比较好的技术研发、系统集成和工程化能力，有相应的基础设施配套条件。

（六）建设方案、目标和任务定位比较明确、合理，技术发展方向符合国家的产业技术政策。

第三章 建设和运行

第十条 国家发展改革委将根据年度国家投资预算，对西部地区中部分特色突出、辐射带动作用强和行业影响明显的国家地方联合创新平台给予一定的国家投资补助。

给予国家投资补助的国家地方联合创新平台，按照国家的统一规定和要求，原则上由相应的省级发展改革部门择优选择确定。

国家发展改革委负责对安排国家投资补助的国家地方联合创新平台建设情况进行跟踪、核查，并根据项目实施进展下达国家投资计划。

第十一条 省级发展改革部门负责对国家地方联合创新平台建设和运行进行管理，主要包括：

（一）指导和协调推进国家地方联合创新平台的建设工作，组织国家地方联合创新平台的验收工作以及验收后的运行管理和考核评价等工作；

（二）对于国家安排投资补助的国家地方联合创新平台，根据国家发展改革委的批复要求，组织项目单位编制项目资金申请报告，进行项目的审理和批复，并将批复文件及相关资料上报国家发展改革委备案，作为安排和下达国家投资计划的依据；

（三）根据国家有关规定建立相应的管理制度，完善管理规范，及时协调解决项目建设过程中的问题，配合有关部门做好相关工作；

（四）对国家地方联合创新平台项目安排配套资金，并通过相关计划支持其发展。

第十二条 项目承担单位负责国家地方联合创新平台的具体实施工作。

（一）按照有关批复文件的要求，落实建设与运行的支撑条件，筹措建设和运行经费，保障国家地方联合创新平台正常运行；

（二）承担国家和省有关部门委托的研发任务，保证国家地方联合创新平台的开放和共享，为国家和省相关重大战略任务、重点工程提供研发和试验条件；

（三）按照有关要求向审核部门报送项目实施情况和运行情况。

第十三条 项目承担单位应按照省级发展改革委部门批复资金申请报告的总体目标组织实施建设工作。实施过程中，项目出现重大情况需调整的，应编制项目调整报告报省级发展改革部门。对不能完成总体目标的项目，省级发展改革部门可根据国家地方联合创新平台实际运行状况，对国家地方联合创新平台提出重组、整合或撤销的意见，并上报国家发展改革委复核；对其他不影响项目总体目标实现的调整，由省级发展改革部门审核调整并抄报国家发展改革委。

第十四条 项目承担单位在每年1月底以前，将项目进度情况、存在的问题和解决措施等内容以书面形式报省级发展改革部门。省级发展改革部门于每年2月底以前，以正式文件向国家发展改革委提交项目进展情况报告。

第十五条 项目实施达到总体目标后，项目承担单位应及时做好项目验收准备工作，编制项目验收报告，并向省级发展改革部门提出项目验收申请。省级发展改革部门对项目验收报告的完整性进行审查后，组织专家组进行验收。省级发展改革部门根据专家组验收意见批复项目验收报告并报送国家发展改革委。

项目验收编制大纲由省级发展改革部门参照《国家工程研究中心管理办法》、《国家工程实验室管理办法（试行）》另行规定。

第四章 考核与评价

第十六条 项目实施过程中和验收后，省级发展改革部门组织对项目进行中期评估和后评估。

第十七条 国家地方联合创新平台实行优胜劣汰、动态调整的运行评价管理机制。省级发展改革部门委托中介评价机构对国家地方联合创新平台每3年进行一次运行绩效评价并于评价年的8月底前出具审核意见报国家发展改革委。国家发展改革委进行复核后统一对外发布。

评价办法参照国家相关管理办法的有关评价规定要求。

第十八条 国家地方联合创新平台考核评价结果分为优秀、良好、基本合格、不合格。评为基本合格的国家地方联合创新平台，国家发展改革委将给予警示。评为不合格的国家地方联合创新平台，予以撤销。

第五章 监督管理和法律责任

第十九条 国家发展改革委负责对国家地方联合创新平台情况进行稽查。省级发展改革部门和项目单位应配合财政、审计、监察等部门做好稽查、审计、监察和检查工作。

第二十条 凡不涉及保密要求的国家地方联合创新平台项目，均应采取适当方式向社会公开。

第二十一条 项目单位有下列行为之一的，可以责令其限期整改或取消命名，收回国家已拨付资金，并可视情节轻重提请或移交有关机关依法追究有关责任人的行政或法律责任：

（一）提供虚假情况，骗取国家补贴资金的；

（二）转移、侵占或者挪用国家补贴资金的；

（三）其他违反国家法律法规和本办法规定的行为。

第二十二条 各省级发展改革部门和评估、咨询单位及有关责任人在审查、评估、咨询、稽查、检查等过程中弄虚作假、玩忽职守、滥用职权、徇私舞弊、索贿受贿的，依法追究有关责任人的法律责任；构成犯罪的，由司法机关依法追究刑事责任。

第六章 附 则

第二十三条 本管理办法自发布之日起实行，由国家发展改革委负责解释。

附件：国家地方联合创新平台方案编制提纲

一、摘要（4000字以内）

1. 国家地方联合创新平台名称
2. 国家地方联合创新平台法人概况
3. 项目方案编制依据
4. 国家地方联合创新平台提出的主要理由
5. 国家地方联合创新平台发展战略与经营计划
6. 国家地方联合创新平台建设内容、规模、方案和地点

7. 国家地方联合创新平台主要建设条件
8. 国家地方联合创新平台建设取得的成绩
9. 结论与建议

二、国家地方联合创新平台建设的依据、背景与意义

1. 国家地方联合创新平台所在区域相关产业已是地方相关规划确定的发展重点，目前产业发展面临的瓶颈问题，及对区域经济社会发展的影响和作用。
2. 国家地方联合创新平台所在产业领域的主要发展状况及趋势预测。国家地方联合创新平台建设对当地相关产业发展、结构调整将产生的影响、作用和意义。
3. 国家地方联合创新平台所在产业领域的国内外市场状况分析与发展趋势预测，以及国内外技术发展状况、方向分析与趋势预测。国家地方联合创新平台在同行中所处的水平和影响力。

三、主要方向、任务与目标

1. 国家地方联合创新平台的发展战略与思路
2. 国家地方联合创新平台的主要发展方向
3. 国家地方联合创新平台的主要任务
4. 国家地方联合创新平台的近期和中期目标

四、组织机构、管理与运行机制

1. 国家地方联合创新平台法人单位情况
2. 国家地方联合创新平台的机构设置与职责
3. 主要技术带头人、管理人员概况及技术队伍情况
4. 运行机制和激励机制

五、国家地方联合创新平台发展现状

1. 研发、工程化和试验验证条件建设情况
2. 现有技术、设备和工程状况
3. 原材料、动力、供水等配套及外部协作条件
4. 主要技术、工艺设计方案

六、其他需说明的问题

七、相关附件

（地方对拟申报国家地方联合创新平台的省级创新平台的批复文件及批复时所依据的环评、土地或房屋、资金、法人等证明材料）

国家发展改革委 工业和信息化部关于做好云计算服务创新发展试点示范工作的通知

（发改高技 [2010] 2480 号）

北京市、上海市、江苏省、浙江省、深圳市发展改革委、工业和信息化主管部门：

为加强我国云计算创新发展顶层设计和科学布局，推进云计算中心（平台）建设，在充分考虑各地区产业发展情况的基础上，经研究，国家发展改革委、工业和信息化部拟按照自主、可控、高效原则，在北京、上海、深圳、杭州、无锡等五个城市先行开展云计算创新发展试点示范工作。现将有关事项通知如下：

一、总体工作思路

现阶段云计算创新发展的总体思路是"加强统筹规划、突出安全保障、创造良好环境、推进产业发展、着力试点示范、实现重点突破"。云计算创新发展试点示范工作要与区域产业发展优势相结合，与国家创新型城市建设相结合，与现有数据中心等资源整合利用相结合，要立足全国规划布局，推进云计算中心（平台）建设，为提升信息服务水平、培育战略性新兴产业、调整经济结构、转变发展方式提供有力支撑。

二、试点示范主要内容

（一）针对政府、大中小企业和个人等不同用户需求，研究推进 SaaS（软件即服务）、PaaS（平台即服务）和 IaaS（基础设施即服务）等服务模式创新发展。可选择若干信息服务骨干企业作为试点企业，建设云计算中心（平台），面向全国开展相关服务。

（二）以信息服务骨干企业牵头、产学研用联合方式，加强虚拟化技术、分布式存储技术、海量数据管理技术等核心技术研发和产业化。

（三）组建全国性云计算产业联盟，形成云计算创新发展的合力。

（四）加强云计算技术标准、服务标准和有关安全管理规范的研究制定。

三、有关要求

（一）制定云计算创新发展实施方案

有关省市发展改革委、工业和信息化主管部门要结合本地区产业发展特点和优势，抓紧制定云计算创新发展实施方案，主要包括发展思路、发展领域、发展目标、主要任务和政策措施等内容。请于 2010 年 11 月 25 日前将云计算创新发展实施方案联合报国家发展改革委（高技术产业司）、工业和信息化部（软件服务业司）。

（二）组织实施试点示范工作

有关省市发展改革委、工业和信息化主管部门要务实推进云计算创新发展试点示范工作，及时掌握试点示范情况，协调解决存在问题，提出政策措施建议，并将相关情况报送国家发展改革委（高技术产业司）、工业和信息化部（软件服务业司）。

国家发展改革委、工业和信息化部将与相关部门协调配合，及时总结试点示范工作经验，推广成功模式。

联系人及联系电话：

国家发展改革委高技术产业司：徐彬 68504424
　　　　　　　　　　　　　　　张志华 68502543
工业和信息化部软件服务业司：尹洪涛 68208246
　　　　　　　　　　　　　　　任利华 68208291

国家发展改革委
工业和信息化部
2010 年 10 月 18 日

16

国家发展改革委办公厅、财政部办公厅关于请组织推荐2010年创业风险投资备选企业的通知

(发改办高技 [2010] 484号)

各省、自治区、直辖市及计划单列市、新疆生产建设兵团发展改革委、财政厅（局），有关受托管理机构：

为贯彻落实国家中长期科技发展规划纲要和"十一五"高技术产业发展规划，促进我国创业风险投资产业的快速发展，根据《财政部、国家发展改革委关于产业技术研究与开发资金试行创业风险投资的若干指导意见》（财建 [2007] 8号）、《国家发展改革委办公厅、财政部办公厅关于产业技术研发资金试行创业风险投资项目申报和管理相关工作的通知》（发改办高技 [2007] 1955号）、《财政部、国家发展改革委关于印发〈产业技术研究与开发资金试行创业风险投资管理工作规程（试行）〉的通知》（财建 [2007] 953号），2010年将继续组织开展产业技术研发资金试行创业风险投资工作，现将有关工作事项通知如下：

一、投资重点

符合《国家高技术产业发展"十一五"规划》、《当前优先发展的高技术产业化重点领域指南（2007年度）》范围，重点支持电子信息、生物、新材料、新能源、节能环保、信息服务和研发设计服务等高技术服务业、资源综合利用、高新技术改造传统产业等领域范围内适合创业风险投资支持的高成长性企业，投资阶段向早中期项目倾斜。

二、投资属性

创业风险投资不是财政拨款补助项目，国家资金将以股权投资形式投入企业，由受托管理机构行使投资权利。

三、具体要求

（一）请各地方发展改革委、财政厅和受托管理机构等单位按照相关文件的要求，向申报企业说明国家资金的投资属性，做好创业风险投资政策解释宣传，并按投资重点组织做好企业推荐工作。

（二）各地方发展改革委、财政厅和受托管理机构可在每月末通过网上申报系统（链接：国家发展改革委门户网站"创业风险投资项目网上申报系统"）推荐企业，其中地方推荐项目由地方发展改革委、财政厅联合行文报国家发展改革委、财政部。各推荐部门应当对企业网上申报材料进行真实性审查。

（三）申报企业应当按照《产业技术研发资金试行创业风险投资项目申报和管理若干要求（试行）》（发改高技 [2007] 1955号）编写商业计划书，通过网上申报系统提交，不需纸质商业计划书。

（四）申报企业得到新兴产业创投计划参股设立创业投资基金投资支持的，国家资金可根据创投基金和申报企业共同提出的融资计划优先给予跟进投资，申报程序同上。

（五）受托管理机构（国投高科技投资有限公司、盈富泰克创业投资有限公司）将根据申报材料与申报企业进行联系，开展尽职调查和股权谈判工作。鉴于创业风险投资特点，申报企业最终与受托管理机构达成投资协议的比例一般较低，对于未能达成投资协议的企业，国家发展改革委和财政部将建立项目库，继续关注企业发展。

国家发展改革委办公厅
财政部办公厅
2010年3月5日

国家发展改革委办公厅关于 2010 年继续组织实施微生物制造、绿色农用生物产品高技术产业化专项的补充通知

(发改办高技〔2010〕533号)

各省、自治区、直辖市及计划单列市、新疆生产建设兵团发展改革委（局），国务院有关部门、直属机构办公厅（室），有关中央管理企业，有关单位：

为进一步提高创新成果产业化能力，促进我国微生物制造产品和农用生物制品的国产化和规模化，提升我国酶制剂、微生物发酵产品和农产品的质量，有效保障我国粮食安全，带动相关产业技术进步和结构调整升级，根据《国家发展改革委办公厅关于请组织申报微生物制造高技术产业化专项的通知》（发改办高技〔2009〕537号）和《国家发展改革委办公厅关于请组织申报绿色农用生物产品高技术产业化专项的通知》（发改办高技〔2009〕536号）的有关要求，结合 2009 年专项实施情况，为落实好 2010 年微生物制造和绿色农用生物产品高技术产业化专项的实施，现就有关专项组织工作补充通知如下：

一、支持重点

在《国家发展改革委办公厅关于请组织申报微生物制造高技术产业化专项的通知》和《国家发展改革委办公厅关于请组织申报绿色农用生物产品高技术产业化专项的通知》的基础上，2010 年微生物制造专项和绿色农用生物产品专项的重点支持内容进行了部分调整。

（一）微生物制造专项支持重点主要包括

1. 新型酶制剂产业化。以酶工程技术和基因工程技术为基础，重点支持 1000 吨/年规模以上的新型半纤维素酶、脂肪酶、蛋白酶的产业化，以及酶制剂在造纸、纺织、制革中的产业化应用。

2. 新型微生物发酵产品。以微生物分子选育、代谢工程、发酵工程技术为基础，重点支持 500 吨/年规模以上的高附加值氨基酸、核苷，1000 吨/年规模以上的高附加值有机酸和多元醇的产业化。

3. 生物制造工艺示范应用。以新型生物催化与转化技术为基础，重点支持年产万吨级氨基酸、年产百吨级手性医药中间体的生物制造工艺改造升级与示范。

（二）绿色农用生物产品专项支持重点主要包括

1. 畜禽新型疫苗产业化。针对严重制约我国畜牧业发展、干扰市场供应、引发公共安全问题的突发性、流行性、高致病性和高经济损失性的重大动物疫病，支持快速、高效、安全、廉价的新型畜禽疫苗、疫病诊断试剂盒的产业化。包括针对口蹄疫、禽流感、蓝耳病、狂犬病的快速血清学检测试剂盒、免疫和感染鉴别诊断试剂盒、基因工程疫苗、外壳蛋白疫苗、合成肽疫苗的产业化。

2. 新型饲用抗生素替代产品产业化。针对我国畜牧业集约化养殖抗生素使用超标、药物残留严重的问题，以大幅度减少和完全取代畜禽产品中抗生素和药物残留为目标，开展安全高效的新型饲用抗生素替代产品的产业化。包括新型饲用酶、抗菌肽等产品与制剂的规模化生产。

3. 农林生物农药产业化。针对我国农林有害生物灾害种类多、频度高、成灾面广、损失大的特点，以螟虫、小菜蛾、蝗虫、蚜虫、地老虎、病毒病、灰霉病等重要病虫害为对象，以常年大面积基本控制病虫害爆发、确保农业生产安全为目标，解决生产防治缺乏高效、安全、

规模化主导产品的突出问题,开展新型生物农药的产业化。包括千吨级病毒制剂、真菌制剂、蛋白制剂、壳寡糖制剂的产业化。

二、申报要求

国家综合性高技术产业基地和国家生物产业基地所在省市每个专项申报项目数量不应超过5项,其他项目主管部门申报项目数量原则上不超过3项。

两个专项申报的其他要求仍按照专项通知(发改办高技〔2009〕536号、537号)执行。请你们对已完成项目备案程序、并符合专项重点内容的项目进行认真审查,于2010年5月6日前将项目资金申请报告、项目简介(含电子版)和有关附件等材料一式三份报送我委,并同时完成国家高技术产业化项目网上申报。

特此通知。

国家发展和改革委员会办公厅
2010年3月10日

国家发展改革委办公厅关于组织实施 2010 年信息安全专项有关事项的通知

(发改办高技 [2010] 549 号)

教育部、工业和信息化部、公安部、安全部、国家质检总局、中科院、国家密码局、国家保密局办公厅（室），各省、自治区、直辖市、计划单列市发展改革委：

为了贯彻落实 2006—2020 年国家信息化发展战略和国家信息化"十一五"规划的工作部署，进一步促进我国信息安全产业的发展，提升信息安全专业化服务水平，保障国民经济和社会信息化的健康快速发展，我委决定组织实施 2010 年信息安全专项。现将有关事项通知如下：

一、2010 年信息安全专项重点

专项按照优化产业结构，提高完善产品性能和功能，培育专业化服务，推动标准化建设，扶持骨干重点企业，提升产业竞争力，以及重要信息系统自主可控能力的指导原则，主要围绕以下三个领域展开：

（一）为国家信息化建设提供支撑的信息安全产品产业化

1. 重点支持金融、税务、民航、电力、海关、军工和电子政务等领域的专用安全操作系统、专用安全服务器、专用安全数据库、安全中间件、操作系统与数据库安全加固、数据安全存储、容灾备份软件等产品的产业化。

2. 重点支持保密移动存储介质管理、安全保密检查与评测、安全审计与追踪、电子数据取证与证据管理、涉密电子文档安全处理与管理软件、防信息泄漏等安全保密类产品的产业化；重点支持网络木马监测与防治、网络反扫描、产品脆弱性扫描分析与风险评估、高速智能化入侵监测、移动和桌面终端与 WEB 服务器安全防护、面向无线网络的安全管理、安全一体化集中管理（SOC）、等级保护综合管理以及保障云计算安全的安全保护类产品的产业化；重点支持面向数字签名、电子印章等应用安全的数字版权保护类产品的产业化；重点支持视音频监控、网络安全态势分析与预警等监控类安全产品的产业化。

3. 重点支持高性能专用安全芯片和专用安全设备、基于自主密码技术的高性能集成应用产品的产业化。重点支持基于国产可信计算芯片的安全应用产品，基于电子身份证的网络身份认证产品的产业化；重点支持安全的 RFID 应用产品以及面向 RFID 的安全产品的产业化。

（二）为基础信息网络和重要信息系统安全运行提供技术支持的信息安全专业化服务

1. 重点支持基于介质的数据恢复服务、关键数据的容灾备份服务、网络安全应急支援服务、信息系统安全监控系统的托管服务、基于云计算的安全服务。

2. 重点支持信息安全风险评估与咨询服务、信息安全漏洞补丁与咨询服务、无线数据终端的安全检测服务、网络服务软件在线运行适用性及安全性评测服务、RFID 类产品和系统安全性检测服务、密码技术产品测试服务。

3. 重点支持面向信息系统的等级保护安全方案设计咨询服务、专用信息系统安全可控性仿真与验证服务。

（三）面向国家信息安全的安全标准体系及重要信息安全产品的关键标准

重点支持信息安全相关标准的制订，以及验证环境的建设及应用,主要包括:终端安全配置、安全审计与取证鉴定、互联网应用服务安全检测、涉密信息系统防护、网络安全风险评估与应急响应、密码算法及其产品检测等安全保护类标准;安全监控与数据采集、数据灾备、统一威胁管理(UTM)、可信计算产品等安全设备类标准;安全漏洞与恶意代码、安全服务资质、安全等级保护等安全管理类标准;网络安全接入、身份管理等安全认证类标准;面向家庭信息终端、云计算、物联网、三网融合、下一代互联网、工业控制系统等新技术应用安全架构类标准。

二、申报要求

(一)请项目主管部门根据投资体制改革精神和《国家高技术产业发展项目管理暂行办法》的有关规定,结合本单位、本地区实际情况,认真做好项目组织和备案工作,组织编写项目资金申请报告并协调落实项目建设资金、环保等相关建设条件,同时汇总相关申请材料并报我委。

(二)项目主管部门应对报送的材料(如资金申请报告、银行贷款承诺、自有资金证明、销售许可证明等)进行认真核实,并负责对其真实性予以确认。

(三)为加强项目管理工作,本次专项项目采取纸质材料申报和网上申报并行的组织实施方式。请项目主管部门在报送项目纸质申报材料前,先登录国家发展改革委高技术产业发展项目管理系统 http://ndrc.jhgl.org/xx-hc,履行相关网上申报手续,纸质申报材料的具体报送地点将在网上申报系统首页另行通知。

项目纸质申报材料包括:项目资金申请报告(达到可行性研究报告深度)、项目简表和项目汇总表,上述材料一式三份。项目所需备案文件和自有资金情况、投资及信贷承诺等证明资料须提交原件并单独装订。纸质材料和网上申报的项目信息原则上应保持一致(涉密及不宜通过网上申报的项目材料,可在纸质报件中予以补充),未履行网上申报手续的项目将不予受理。

(四)信息安全产品产业化类项目的承担单位原则上应为企业法人。申报项目应具备以下条件:(1)按规定在当地政府备案;(2)已落实项目建设资金;(3)采用的科技成果应具有我国自主知识产权,知识产权归属明晰;(4)项目申报单位必须具有较强的技术开发和项目实施能力,具备较好的资信等级,资产负债率在合理范围内;(5)申报产业化的产品应具有公安部门出具的销售许可证明,如是密码类的产品应具有国家密码局出具的销售许可证明。资金申请报告的具体编制要求请详见附件一。

(五)信息安全服务类项目的承担单位可为企业法人或事业法人。申报项目应具备以下条件:(1)按规定在当地政府备案;(2)已落实项目建设资金;(3)具有较强的技术开发和项目实施能力,具备较好的资信等级,资产负债率在合理范围内。资金申请报告具体编制要求请详见附件二。

(六)信息安全标准类项目的承担单位可为企业法人或事业法人。申报的项目应属于国家信息安全标准化"十一五"规划的重点领域,并已列入国家信息安全标准制修订计划。资金申请报告具体编制要求请详见附件三。

(七)2010年信息安全专项项目申报日期截止至2010年4月30日,在经我委组织专家对申报项目进行初选后,将于2010年5月中旬组织现场答辩。具体项目答辩名单、答辩时间和地点,将在专家初选后另行通知。

附件:一、信息安全产品产业化项目资金申请报告编制要点

二、信息安全专业化服务项目资金申请报告编制要点

三、信息安全标准项目资金申请报告编制要点

四、信息安全项目及承担单位基本情况简表

五、信息安全项目汇总表

国家发展和改革委员会办公厅
2010年3月12日

国家发展改革委办公厅关于组织实施 2010 年新型电力电子器件产业化专项的通知

(发改办高技〔2010〕614号)

各省、自治区、直辖市及计划单列市、新疆生产建设兵团发展改革委，有关中央管理企业：

为贯彻落实"十一五"高技术产业发展规划和信息产业发展规划，推进节能降耗，促进电力电子技术和产业的发展，2010年我委将组织实施新型电力电子器件产业化专项。根据《中央预算内投资补助和贴息项目管理暂行办法》（国家发展改革委第31号令），以及《国家高技术产业发展项目管理办法》（国家发展改革委第43号令），现将项目申报有关事项通知如下：

一、主要任务

大力推进新型电力电子器件产业发展，努力掌握自主知识产权的芯片和器件的设计、制造技术，以市场带动产业，尽快形成芯片和器件的规模化生产能力和产业配套能力，拓展电力电子技术在国民经济各领域的应用，为建设资源节约型和环境友好型社会奠定坚实基础。

二、专项重点

（一）芯片和器件的设计开发及产业化

支持金属氧化物半导体场效应晶体管（MOSFET）、集成门极换流晶闸管（IGCT）、绝缘栅双极晶体管（IGBT）、超快恢复二极管（FRD）等量大面广的新型电力电子芯片和器件的产业化，重点解决芯片设计、制造和封装技术，包括结构设计、可靠性设计，以及光刻、刻蚀、表面钝化、背面研磨、背面金属化、测试等工艺技术，提高产品档次。

（二）功率模块产业化

围绕电机节能、冶金、新能源、输变电、汽车电子、轨道交通等领域对功率模块的实际需求，支持采用自主技术芯片和器件的功率模块产业化，主要包括：大功率模块、智能功率模块（IPM）和用户专用功率模块（AS-PM）等，重点解决散热关键技术、电磁兼容（EMC）技术和智能功率模块的驱动及保护技术等。

（三）电力电子应用装置示范

支持采用自主技术芯片、器件和功率模块的应用装置产业化和示范应用，包括变频装置、逆变装置、感应加热装置、无功补偿、有源滤波、通信（网络）电源等。

（四）配套材料产业化

支持配套材料产业化，重点支持陶瓷覆铜板、铝碳化硅基板等新型电力电子器件生产所需专用材料。

三、具体要求

（一）项目主管部门应根据投资体制改革精神和《国家高技术产业发展项目管理暂行办法》的有关规定，按照专项实施重点的要求，结合本单位、本地区实际情况，认真做好项目组织和备案工作，组织编写项目资金申请报告并协调落实项目建设资金、节能、环保、土地、规划等相关建设条件。

（二）项目主管部门应对资金申请报告及相关附件（如银行贷款承诺、自有资金证明等）进行认真核实，并负责对其真实性予以确认。

（三）项目建设单位应实事求是制定建设方案，严格控制征地、新增建筑面积和投资规模。项目资金申请报告的具体编写要求及所需附件内容参见附件一。电力电子应用装置示范项目应提供项目建设单位与相关单位的合作协议。

（四）本次专项采取纸质材料申报和网上申报并行的组织实施方式。请各项目主管部门于2010年5月31日前，将项目的资金申请报告和有关附件、项目简介和基本情况表（见附件二）、项目的备案材料等一式二份（同时须附各项目简介及所有项目汇总表的电子文本）报送我委高技术产业司。

请项目主管部门登陆国家发展改革委高技术产业发展项目管理系统 http：//ndrc.jhgl.org/xxcyh（新兴产业一处入口），履行相关网上申报手续。纸质材料申报和网上申报的截止时间相同，项目信息应完全一致，未履行网上申报手续的项目将不予受理。

（五）在项目主管部门申报的基础上，我委将按照公正、公平的原则，组织专家评审，择优支持。

特此通知。

附件　一、项目资金申请报告编制要点
　　　二、项目及项目单位基本情况表

国家发展和改革委员会办公厅
2010年3月19日

国家发展改革委办公厅关于 2010 年继续组织实施彩电产业战略转型产业化专项的通知

（发改办高技〔2010〕1065 号）

各省、自治区、直辖市及计划单列市、新疆生产建设兵团发展改革委，有关中央管理企业：

为贯彻落实"十一五"高技术产业发展规划和信息产业发展规划，推进我国彩电产业战略转型、促进平板显示产业发展，2010 年我委将继续组织实施彩电产业战略转型产业化专项。根据《中央预算内投资补助和贴息项目管理暂行办法》（国家发展改革委第 31 号令），以及《国家高技术产业发展项目管理办法》（国家发展改革委第 43 号令），现将项目申报有关事项通知如下：

一、主要任务

以促进彩电产业结构调整为目标，完善上游配套产业链，积极关注未来技术发展趋势。鼓励配套材料企业根据平板显示骨干企业需求，研发并生产关键配套材料；继续支持 AMOLED 等新型显示技术研发，力争形成自主知识产权和核心竞争力，为下一步规模化生产奠定基础。

二、专项重点

（一）平板显示关键配套材料研发及产业化

鼓励配套材料企业根据面板、模组生产企业的需求，提升自主创新能力，实现关键配套材料规模化生产。

1. TFT—LCD：重点支持彩色滤光片（含彩色光阻）、偏光片（含 PVA 膜、TAC 膜）、液晶材料、驱动 IC、湿化学品（主要包括刻蚀液、清洗剂、显影液、光刻胶、光刻胶剥离液）、靶材、背光源（含增亮膜、反射片）等。

2. PDP：重点支持玻璃基板、感光电极浆料、湿化学品（主要包括显影液、剥膜液、ITO 刻蚀液、障壁刻蚀液、玻璃清洗液、光刻胶、光刻胶清洗液）、玻璃粉、荧光粉、UV 胶、氧化镁颗粒、驱动 IC 等。

3. OLED：重点支持玻璃基板、高纯有机材料、湿化学品（主要包括清洗剂、剥膜液、显影液、刻蚀液、光刻胶）、光掩膜板、磷发光材料、后盖、干燥剂、偏光片、驱动 IC 等。

（二）平板显示材料认证应用试验平台

鼓励面板企业建设平板显示材料认证应用试验平台，与材料企业形成互动，在真实环境下对材料进行试验、验证，加快平板显示材料的本地化配套进程。

（三）AMOLED 新一代显示技术研发及产业化

鼓励有条件的企业重点突破 AMOLED 等新一代显示技术核心关键技术，逐步形成产业化能力。主要包括 AMOLED 的基板技术、真空镀膜技术、薄膜封装技术等。

三、具体要求

（一）项目主管部门应根据投资体制改革精神和《国家高技术产业发展项目管理暂行办法》的有关规定，按照专项实施重点的要求，结合本单位、本地区实际情况，认真做好项目组织和备案工作、编写项目资金申请报告并协调落实项目建设资金、节能、环保、土地、规划等相关建设条件。

（二）项目主管部门应对资金申请报告及相关附件（如银行贷款承诺、自有资金证明等）进行认真核实，并负责对其真实性予以确认。

（三）项目建设单位应实事求是制定建设方案，严格控制征地、新增建筑面积和投资规模。项目资金申请报告的具体编写要求及所需附件内容参见附件一。配套材料项目应提供与面板、模组企业之间的合作协议。

（四）本次专项项目申请，采取纸质材料申报和网上申报并行的组织实施方式。请各项目主管部门于2010年7月15日前，将项目的资金申请报告和有关附件、项目简介和基本情况表（见附件二）、项目的备案材料等一式二份（同时须附各项目简介及所有项目汇总表的电子文本）报送我委（高技术产业司）。

请项目主管部门登陆国家发展改革委高技术产业发展项目管理系统 http：//ndrc.jhgl.org/xxcyh（新兴产业一处入口），履行相关网上申报手续。纸质材料申报和网上申报的截止时间相同，项目信息应完全一致，未履行网上申报手续的项目将不予受理。

（五）在项目主管部门申报的基础上，我委将按照公正、公平的原则，组织专家评审，择优支持。

特此通知。

附件：一、项目资金申请报告编制要点
　　　二、项目及项目单位基本情况表

国家发展和改革委员会办公厅
2010年5月8日

国家发展改革委办公厅关于当前推进高技术服务业发展有关工作的通知

(发改办高技 [2010] 1093号)

北京市、天津市、河北省、辽宁省、上海市、江苏省、浙江省、广东省、四川省、湖北省、湖南省、重庆市、深圳市、大连市发展改革委:

高技术服务业是高技术产业的重要组成部分和增长引擎,对于推进产业结构优化升级,提升产业竞争力具有重要支撑作用。大力发展高技术服务业,是促进高技术产业规模持续增长,提升高技术产业发展质量的必然选择,也是加快培育战略性新兴产业,实现"中国制造"向"中国创造"转变的迫切需要。高技术服务业主要包括信息技术服务、生物技术服务、数字内容服务、研发设计服务、知识产权服务和科技成果转化服务等知识和人才密集、附加值高的相关行业。

当前,我国正处于加快调整经济结构,转变发展方式的关键时期,全社会对高技术服务的需求日益增长,以加工制造为主的中小企业对研发设计服务和信息服务,高新技术企业对知识产权服务和科技成果转化服务等均提出了新的更高的要求。经国务院同意,目前我委正会同有关部门着手研究起草加快发展高技术服务业的指导意见。为从实践中探索高技术服务业发展规律,经研究,我们拟在部分省市先期开展高技术服务业创新发展工作,为今后全面部署高技术服务业工作奠定基础。现将有关工作事项通知如下:

一、工作思路

以科学发展观为指导,以做强做大高技术服务业为目标,依据地方条件和比较优势,着力推动重点领域改革,通过先行先试,完善体制机制;着力加强政府引导,促进产业集聚,创新服务模式;着力在带动性强的关键领域实现重点突破,加快建立健全高技术服务业体系,为高技术产业发展和产业结构调整提供有力支撑。

二、主要任务

(一)重点培育信息技术服务、生物技术服务、数字内容服务、研发设计服务、知识产权服务和科技成果转化服务等高技术服务行业。

(二)依托国家创新型城市建设,选择部分城市建立国家高技术服务产业基地,推动重点城市在服务模式、体制机制、政策措施、支撑体系建设等方面探索和完善推进高技术服务业发展的工作思路,促进高技术服务业集聚化。

(三)逐步建立和完善高技术服务业统计体系。经商国家统计局相关司局,各省市可按初步提出的高技术服务业统计目录进行统计试点工作(按照现行《国民经济行业分类》统计目录,高技术服务总量统计主要包括:一是第"G"类,信息传输、计算机服务和软件业;二是第"M"类,科学研究、技术服务和地质勘查业;三是第"L"类中的7450小类,即知识产权服务)。

三、工作重点

(一)信息服务

一是发展面向市场的高性能计算和云计算服务。加强对全国高性能计算中心的统筹规划,鼓励现有公立计算中心转变机制,采取单独和合作成立服务企业等方式,为全社会提供计算服务。大力发展云计算模式的平台运营和应用服务，促进已在内部应用云计算技术的企业进一步对外开展相关服务，推动有条件的制造企业通过云计算模式向服务转型。根据工作情况，选择部分城市作为云计算试验城市，组织国内骨干企业开展云计算服务。

二是开展物联网和下一代互联网应用服务。重点在精细农牧业、工业智能生产、交通物流、电网、金融、医疗卫生等领域开展物联网特色服务示范。按照国家统筹规划，加快互联网由 IPv4 协议向 IPv6 协议的转换，大力推动下一代互联网技术的应用，积极探索新技术条件下的服务模式创新。

三是促进软件服务化发展。推动软件开发与管理咨询的融合，提升龙头软件企业的咨询和服务能力，促进国内重点软件企业面向金融、电信、制造业等行业的知识库建设（包括标准规范、业务模型、数据模型、应用软件构件、行业信息化分析报告和软件解决方案等）。对引导软件企业提供 SaaS（软件即服务）模式服务的应用聚合平台和技术服务平台加大推广应用力度，加强政府和企业业务外包管理支撑系统软件研发与应用，促进能源、交通等关键领域的实时数据库、智能管理信息系统软件研发和相关业务服务外包。

四是引导数字文化产业创新发展。加强数字动漫及数字影视、网络出版、3G 手机内容服务等领域关键技术开发和应用平台建设，包括高计算能力的实时渲染系统研发和应用、中国风格动漫技法数字化与推广应用、自主动漫和游戏开发系统、数字出版服务平台、3G 手机内容服务相关技术开发和服务模式创新、数字音视频及语义智能搜索引擎研发及应用、网络协同创作服务平台等。

（二）生物技术服务

大力发展临床前研究、药物安全性评价、临床试验及试验设计等专业化第三方服务，降低创新成本，提高创新效率；充分发挥现代中药、基因技术等研发优势，大力发展具有中国特色的药物研发外包服务；开展生物数据挖掘，建立生物信息共享体系，实现生物数据资源共享，为生物产业的快速发展提供关键数据资源和技术支撑服务。

（三）研发设计服务

在笔记本电脑、3G 手机等重点领域扶持发展一批高水平的设计企业，鼓励制造企业联合，或与相关企业合作成立专业设计服务企业；加强研发设计领域共性和基础性技术研发，在特色产业集群优势明显、研发设计服务需求迫切的重点地区，依托产业基地建设一批研发设计公共服务平台，通过扶持一批高水平设计企业，提升当地产业的产品研发设计能力。

（四）技术创新服务

一是提高知识产权服务能力。进一步开放专利等知识产权信息资源，鼓励全社会开发利用各类知识产权信息资源。在知识产权软件服务、专业知识产权数据库服务、知识产权咨询服务、知识产权质押贷款和其他投融资服务等增值服务领域扶持一批服务企业。支持各地有条件的公共知识产权机构进行企业化转制改革试点，或采取单独和合作成立服务企业等方式，为全社会提供高水平知识产权服务。

二是健全科技成果转化服务体系。支持各地积极探索，对各类技术转移机构加强引导，完善体制机制，建立有利于科技成果转化的市场环境。在节能环保、信息、生物、新材料、新能源等战略性新兴产业相关领域，扶持一批专业化的技术成果转化服务企业。鼓励现有科技成果转化服务企业进一步拓展服务领域，构建多领域、网络化的技术成果转化服务体系。引导科研院所和科技园区的科技成果转化机构采取单独或与社会投资机构合作等多种方式成立主营科技成果转化专业服务企业，提高科技成果转化效率。

四、工作要求

（一）要建立必要的工作组织协调机制，进一步解放思想、大胆实践，协调当地相关行业管理部门，推动高技术服务业体制机制创新，积极探索和创新高技术服务产业化发展模式。

（二）要研究制定相关政策措施。要根据本地区产业特色和对高技术服务的需求，会同地方相关部门，研究制定促进高技术服务业发展的政策措施，对重点领域尽可能给予政策和资金支持。

（三）要从本地区实际出发，组织编制本地区推进高技术服务业工作方案，于 2010 年 7 月 30 日前报我委（高技术司）。工作方案应包括总体工作思路、工作目标、主要任务和政策措施等。在总结工作方案实施情况的基础上，及时组织编制本地区高技术服务业发展规划。

（四）要建立并不断完善高技术服务业统计体系。各地发展改革委应与当地统计部门密切配合，结合当地实际情况，从 2010 年开始做好高技术服务业统计试点工作。

（五）要结合国家创新型城市建设，遴选部分重点城市建立高技术服务产业基地。请在高技术服务业工作方案中提出基地建设相关建议，包括基地建设工作思路、工作目标、主要任务和政策措施等内容。高技术服务产业基地认定有关工作另行通知。

（六）要及时总结工作情况，分析存在问题，提出政策措施建议，并及时将相关工作情况报送我委（高技术司）。

我们将与相关方面协调配合，及时总结先行先试地区的工作经验，推广成功模式，逐步形成政策措施建议。并将视情况对有典型示范作用的高技术服务产业基地重点项目，采取后补助方式给予一定资金支持。

国家发展改革委办公厅
2010 年 5 月 12 日

关于选择一批产业技术创新战略联盟开展试点工作的通知

(国科办政 [2010] 3号)

各有关产业技术创新战略联盟,各有关单位:

根据科技部等六部门《关于推动产业技术创新战略联盟构建的指导意见》(国科发政 [2008] 770号)、科技部《关于印发〈关于推动产业技术创新战略联盟构建与发展的实施办法(试行)〉的通知》(国科发政 [2009] 648号)等文件精神,结合各领域推进产业技术创新战略联盟(以下简称联盟)构建的进展情况,经研究,决定在已成立的联盟中选择一批符合条件的联盟开展试点工作(名单见附件)。

各参加试点工作的联盟要积极探索建立产学研合作的信用机制、责任机制和利益机制,探索承担国家重大技术创新任务的组织模式和运行机制,探索整合资源构建产业技术创新平台、服务广大中小企业,探索率先落实国家自主创新政策,发挥行业技术创新的引领和带动作用,为更多联盟的建立和发展积累经验。试点过程中的情况和建议,请及时报告我部。

联系方式:科技部政策法规司(创新体系建设办公室)

010-58881762

附件:开展试点工作的产业技术创新战略联盟名单

科学技术部办公厅
2010年1月8日

附件:开展试点工作的产业技术创新战略联盟名单(共36个)

1. 钢铁可循环流程技术创新战略联盟
2. 新一代煤(能源)化工产业技术创新战略联盟
3. 煤炭开发利用技术创新战略联盟
4. 农业装备产业技术创新战略联盟
5. TD产业技术创新战略联盟
6. 数控机床高速精密化技术创新战略联盟
7. 汽车轻量化技术创新战略联盟
8. 抗生素产业技术创新战略联盟
9. 维生素产业技术创新战略联盟
10. 半导体照明产业技术创新战略联盟
11. 长风开放标准平台软件联盟
12. 高效节能铝电解技术创新战略联盟
13. 大豆加工产业技术创新战略联盟
14. WAPI产业技术创新战略联盟
15. 闪联产业技术创新战略联盟
16. 光纤接入(FTTx)产业技术创新战略联盟
17. 有色金属钨及硬质合金技术创新战略联盟
18. 化纤产业技术创新战略联盟
19. 存储产业技术创新战略联盟
20. 开源及基础软件通用技术创新战略联盟
21. 多晶硅产业技术创新战略联盟
22. 农药产业技术创新战略联盟
23. 染料产业技术创新战略联盟
24. 新一代纺织设备产业技术创新联盟
25. 太阳能光热产业技术创新战略联盟
26. 商用汽车与工程机械新能源动力系统产业技术创新战略联盟
27. 茶产业技术创新战略联盟
28. 杂交水稻产业技术创新战略联盟
29. 木竹产业技术创新战略联盟
30. 柑橘加工产业技术创新战略联盟
31. 油菜加工产业技术创新战略联盟
32. 缓控释肥产业技术创新战略联盟
33. 畜禽良种产业技术创新战略联盟
34. 饲料产业技术创新战略联盟
35. 肉类加工产业技术创新战略联盟
36. 乳业产业技术创新战略联盟

23 关于下达2010年度国家有关科技计划项目的通知

（国科发计［2010］265号）

各省、自治区、直辖市及计划单列市、新疆生产建设兵团、副省级城市科技厅（委、局），国务院各有关部门科技主管单位，各有关单位：

按照《国家科技计划管理暂行规定》和《国家科技计划项目管理暂行办法》的有关规定，国家星火计划、火炬计划、重点新产品计划、软科学研究计划立项工作已经完成，现将项目清单印发给你们。请按照有关计划的管理办法，认真做好项目的组织实施工作。

附件：1. 2010年度国家星火计划
2. 2010年度国家火炬计划
3. 2010年度国家重点新产品计划
4. 2010年度国家软科学研究计划

科学技术部
2010年5月28日

关于加强十一五科技计划项目总结验收相关管理工作的通知

(国科发计 [2010] 314 号)

各省、自治区、直辖市、计划单列市、副省级城市科技厅（委、局），新疆生产建设兵团科技局，国务院有关部门、直属机构科技主管部门，各有关单位：

今年是"十一五"最后一年，为全面深入做好"十一五"科技计划总结工作，确保完成"十一五"各项任务目标，现就进一步加强科技计划项目结题验收及总结过程中相关共性管理工作通知如下。

一、关于项目课题验收工作的总体要求

1. 各单位要严格按照相关科技计划管理办法要求，认真组织做好"十一五"项目课题的经费审计和总结验收工作，进一步加强项目课题的成果管理、知识产权、资源开放共享、科技保密、档案管理等工作。

2. 在组织项目课题验收时，要注意遵守课题任务合同书规定的时间要求。对于原定于"十一五"结题的项目，要尽快组织完成验收工作；对于逾期不能完成的项目，要根据项目实施的实际情况，按照管理办法要求进行调整；对于跨"十一五"和"十一五"的项目，如果研究工作正在按合同时间节点正常推进，不要过早提出验收要求。

3. "十一五"国家科技计划重大重点项目，如果其中80%左右的课题已结题或可以结题，即可组织项目总体验收。

4. 各单位在对"十一五"科技计划工作进行系统总结的同时，可结合"十一五"科技规划研究，对科技计划管理体制改革工作提出意见和建议并反馈我们。

二、加强科技计划成果管理和登记工作

科技计划成果是科技计划的最直接产出，也是"十一五"计划总结最重要的基础。各有关单位要加强科技计划成果管理，严格按照《科技成果登记办法》的有关规定，认真组织好项目课题结题验收后的科技成果登记工作。

1. 项目承担单位应在项目课题结题验收后30日内履行科技成果登记手续，将成果登记信息完整纳入国家科技成果数据库。

2. 各地方（部门）科技管理部门、各项目组织单位要加强对结题验收项目课题成果登记情况的监督检查，督促项目承担单位按时履行成果登记手续。项目课题完成成果登记后，方才视同完成结题验收工作。

三、加强知识产权和技术标准管理工作

科技计划执行中形成的知识产权和技术标准，是计划成果的重要组成部分。要将知识产权和技术标准考核作为项目课题结题验收的一项重要内容，不断提高科技计划的知识产权和技术标准管理水平。

1. 知识产权和技术标准考核与项目课题验收工作应同时进行。依据课题任务书中的考核指标对专利、商标、著作权等相关知识产权的取得、使用、管理、保护等情况，以及国际标准、国家标准、行业标准或地方标准的研制完成情况、完成效果进行考核评价。

2. 对知识产权的考核，应侧重体现专利申请量、授权量、视同撤销量、专利许可转让数量、论文数量、技术秘密情况、软件著作权等情况以及有无知识产权纠纷等指标；对技术标准的考核，应重点关注是否形成了技术标准、技术标准的应用效果以及后续形成技术标准的预期，尤其是应对项目课题形成的技术标准的阶段予以确认，如草案稿、征求意见稿、送审稿、报批稿等。

3. 项目课题任务书中未明确约定知识产权及技术标准指标，但有知识产权、技术标准产出，或研究成果将来有望形成知识产权和技术标准的，承担单位应在验收报告中据实填写相关内容，并提出后续建议，作为验收的补充材料。

四、加强资源加工管理和开放共享工作

在"十一五"科技计划项目课题验收过程中，要加强科技计划项目所形成的科技资源信息的加工和管理，做好数据汇交工作，按照分级管理的原则，促进科技资源开放共享，提高科技资源的使用效益。

1. 科技计划项目信息是重要的科技资源，做好项目信息汇交工作，对于提高科研工作和科技投入的水平和效率具有重要意义。各项目承担单位应在结题验收前将项目基本信息汇交到国家科技基础条件平台门户。

2. 项目课题在执行中形成的科技文献、科学数据、研究实验报告，以及购置使用的大型科学仪器、设备等科技资源，其所属关系不变，承担单位应将其描述性信息汇交到主管部门指定的数据中心，同时向国家科技基础条件平台门户备份。

3. 项目课题在执行中研发、培养或形成的特殊实验动物、生物、植株、菌种、病毒等实物资源，应汇交到相应的国家级资源平台。

4. 各计划实施中形成的具有共享服务功能的科技资源共享载体，如创新基地、网站、服务中心等，可按照相关要求加盟中国科技资源共享网，面向社会提供科技资源信息共享、技术咨询、介绍推广等公共服务。

5. 凡在课题任务书中明确规定了信息汇交任务的，验收前应依据任务书要求汇交到相应的国家级资源平台，未完成汇交任务的不予验收。任务书中没有规定汇交任务，但在执行过程中形成了可共享的科技资源的，承担单位在结题验收时，应提出汇交方案，内容包括资源遴选、数字化加工、汇交方式以及共享方式等。汇交方案作为验收的补充材料。

五、加强科学技术保密工作

"十一五"科技计划项目课题结题验收工作，要严格遵守《保守国家秘密法》、《科学技术保密规定》等相关规定，按照国家科学技术保密要求的程序和标准进行。

1. 项目课题结题验收前，承担单位要根据有关法律法规，对取得的技术成果是否定密提出明确建议。

2. 保密项目课题和拟对成果定密的非保密项目课题验收时，要严格遵守保密相关规定，强调保密纪律，控制知悉范围，相关人员要进行保密教育培训并签订保密协议。财务审查机构要具有保密资质。验收专家组建议包括保密专家，保密专家可由国家科技保密办公室协调，专家组名单需报国家科技保密办公室备案。验收专家组需对项目承担单位提出的定密建议进行审查并提出建议。验收组织单位要对承担单位提出的定密建议和验收专家组提出的审查意见进行审定，并报计划主管单位和国家科技保密办公室备案。

3. 项目课题验收报告要包括研究过程中公开发表论文和宣传报道情况、对外合作交流情况、接受外方资助等情况。保密项目课题和成果定密的非保密项目课题验收报告中还要就保密情况进行说明，包括：技术成果是否定密、定密的密级和保密期限、研究过程中保密规定执行情况等。

4. 确定的国家秘密技术，应根据《保守国家秘密法》、《科学技术保密规定》、《国家秘密技术出口审查规定》、《国家秘密技术项目持有单位管理暂行办法》等法律法规，加强管理，并对涉密人员进行教育培训。同时，在保证国家秘密技术安全的基础上，促进技术推广、转化和应用。

5. 保密项目课题和成果定密的非保密项目课题验收通过后5年内，非保密项目课题验收通过后3年内，承担单位基于该研究成果，接受外方资助开展相关研究，需报所在省、市、自治区科技管理部门审核同意。

六、加强科研档案管理工作

科研档案是科学技术研究活动的真实记录和重要的信息资源。各计划要按照《科学技术研究档案管理暂行规定》的有关要求，认真做好"十一五"科研项目档案归档工作。

1. 项目课题完成后，要按照专业分级管理的原则，由相应的档案管理部门对准备归档的科研文件材料进行审查验收。未经档案部门审查验收，或科研文件材料归档不符合要求的项目课题，不得进行结题验收。

2. 实行由科研课题（项目）负责人主持立卷归档的责任制。科研项目课题执行过程中，要加强对所形成的具有保存价值的文字、图表、数据、声像等各种形式科研文件材料的管理，及时进行系统整理，及时归档封存。

3. 科研档案实行集中统一管理，确保完整、准确、系统、安全。凡归档的科研文件材料，要审查手续完备，制成材料优良，格式统一，字迹工整，图样清晰，装订整洁，禁用字迹不牢固的书写工具。

4. 几个单位协作科研项目的归档可按《科学技术档案工作条例》第二十二条规定或协议条款立卷归档。如确系涉及协作单位或该单位科技人员的合法权益，应在协议书或委托书中明确科研文件材料归档和归属，协作单位应将承担项目的档案目录提供主持单位。

七、加强重大科技成果的发布管理工作

建立国家科技计划重大科技成果报告制度。凡是在国家科技计划执行过程中产生，对国家安全、国家利益和社会公共利益有重大影响，技术上有重大创新、在国际上处于领先水平，或有重大推广应用价值、产业化前景及经济效益显著的重大科技成果，实行统一推荐、统一发布。

1. 各地方（部门）科技主管部门要按照《关于加强国家科技计划成果管理的暂行规定》（国科发计字[2003]196号）的有关要求，及时总结凝练科技计划执行过程中产生的重大成果，并组织承担单位填写国家科技计划重大成果推荐表（参考格式见附件）。

2. 地方（部门）科技主管部门推荐的重大成果，报科技部项目主管司局审查通过后，由科技部计划综合管理部门组织专家进行评议和审查认定。

3. 对经认定的重大成果，由科技部统一对外发布。具体发布方案由科技部新闻宣传管理部门会同相关计划管理单位、承担单位共同制定。

4. 其他成果的发布工作，经报科技部相关项目主管司局和计划主管单位审核并报科技部新闻办备案后，承担单位可自行发布。

附件：重大科技成果推荐表（参考格式）

科学技术部
2010年6月24日

25

关于印发《国家科技重大专项知识产权管理暂行规定》的通知

(国科发专〔2010〕264号)

各有关重大专项领导小组、牵头组织单位，各有关单位：

为了在国家科技重大专项中落实知识产权战略，充分运用知识产权制度提高科技创新层次，保护科技创新成果，促进知识产权转移和运用，为培育和发展战略性新兴产业，解决经济社会发展重大问题提供知识产权保障，根据《科学技术进步法》、《促进科技成果转化法》、《专利法》等法律法规和《国家科技重大专项管理暂行规定》的有关规定，科学技术部、国家发展和改革委员会、财政部、国家知识产权局共同研究制定了《国家科技重大专项知识产权管理暂行规定》。现印发给你们，请遵照执行。

附件：国家科技重大专项知识产权管理暂行规定

科学技术部、国家发展和改革委员会、
财政部、国家知识产权局
2010年7月1日

附件：国家科技重大专项知识产权管理暂行规定

第一章 总 则

第一条 为了在国家科技重大专项（以下简称"重大专项"）中落实知识产权战略，充分运用知识产权制度提高科技创新层次，保护科技创新成果，促进知识产权转移和运用，为培育和发展战略性新兴产业，解决经济社会发展重大问题提供知识产权保障，根据《科学技术进步法》、《促进科技成果转化法》、《专利法》等法律法规和《国家科技重大专项管理暂行规定》的有关规定，制定本规定。

第二条 本规定适用于《国家中长期科学和技术发展规划纲要（2006—2020年）》所确定的重大专项的知识产权管理。

本规定所称知识产权，是指专利权、计算机软件著作权、集成电路布图设计专有权、植物新品种权、技术秘密。

第三条 组织和参与重大专项实施的部门和单位应将知识产权管理纳入重大专项实施全过程，掌握知识产权动态，保护科技创新成果，明晰知识产权权利和义务，促进知识产权应用和扩散，全面提高知识产权创造、运用、保护和管理能力。

第二章 知识产权管理职责

第四条 科学技术部、国家发展和改革委员会、财政部（以下简称"三部门"）作为重大专项实施的综合管理部门，负责制定重大专项知识产权管理制度和政策，对重大专项实施中的重大知识产权问题进行统筹协调和宏观指导，监督检查各重大专项的知识产权工作落实情况。

国家知识产权局和相关知识产权行政管理部门，有效运用专业人才和信息资源优势，加强对重大专项知识产权工作的业务指导和服务。

第五条 重大专项牵头组织单位在专项领导小组领导下，全面负责本重大专项知识产权工作：

（一）制定符合本重大专项科技创新和产业化特点的知识产权战略；

（二）制定和落实本重大专项知识产权管理措施；

（三）建立知识产权工作体系，落实有关保障条件；

（四）对重大成果的知识产权保护、管理和运用等进行指导和监督；

（五）建立重大专项知识产权专题数据库，推动知识产权信息共享平台建设，建立重大专项知识产权预警机制；

（六）推动和组织实施标准战略，研究提出相关标准中的知识产权政策。

各重大专项实施管理办公室应当设立专门岗位、配备专门人员负责本重大专项知识产权工作。

重大专项领导小组和牵头组织单位可以根据需要，委托知识产权服务机构对本重大专项知识产权战略制定和决策提供咨询和服务。

第六条 重大专项专职技术责任人带领总体组，负责组织开展知识产权战略分析，提出技术方向和集成方案设计中的知识产权策略建议，对成果产业化可能产生的知识产权问题进行预测评估并提出对策建议，对项目（课题）的知识产权工作予以技术指导。

各重大专项总体组应当有知识产权专家或指定专家专门负责知识产权工作。

第七条 项目（课题）责任单位针对项目（课题）任务应履行以下知识产权管理义务：

（一）提出项目（课题）知识产权目标，并纳入项目（课题）合同管理；

（二）制定项目（课题）知识产权管理工作计划与流程，将知识产权工作融入研究开发、产业化的全过程；

（三）指定专人具体负责项目（课题）知识产权工作，根据需要委托知识产权服务机构对项目（课题）知识产权工作提供咨询和服务；

（四）组织项目（课题）参与人员参加知识产权培训，保证相关人员熟练掌握和运用相关的知识产权知识；

（五）履行本规定提出的各项知识产权管理义务，履行信息登记和报告义务，积极推进知识产权的运用。

各项目（课题）知识产权工作实行项目（课题）责任单位法定代表人和项目（课题）组长负责制。因未履行本规定提出的义务，造成知识产权流失或其他损失的，由重大专项领导小组、牵头组织单位根据本规定追究法定代表人和项目（课题）组长的相应责任。

第八条 参与项目（课题）实施的研究和管理人员应当提高知识产权意识，遵守知识产权管理制度，协助做好相关知识产权工作。

因违反相关规定造成损失的，应当承担相应责任。

第九条 重大专项实施过程中，应充分发挥知识产权代理、信息服务、战略咨询、资产评估等中介服务机构的作用，加强重大专项知识产权保护，完善知识产权战略，促进重大专项科技成果及其知识产权的应用和扩散。

知识产权中介服务机构应当恪守职业道德，认真履行职责，最大限度地保护国家利益和委托人利益。

第三章 重大专项实施过程中的知识产权管理

第十条 牵头组织单位在编制五年实施计划时，应当组织开展知识产权战略研究，对本重大专项重点领域的国内外知识产权状况进行分析，分析结果作为制定五年实施计划、年度计划、项目（课题）申报指南等的重要参考。

本条第一款规定的知识产权分析内容包括本重大专项技术领域的知识产权分布和保护态势、主要国家和地区同行业的关键技术及其知识产权保护范围、对我国相关产业研究开发和产业化的影响、本重大专项研究开发和产业化的知识产权对策等。

第十一条 项目（课题）申报单位提交申请材料时，应提交本领域核心技术知识产权状况分析，内容包括分析的目标、检索方式和路径、知识产权现状和主要权利人分布、本单位相关的知识产权状况、项目（课题）的主要知识产权目标和风险应对策略及其对产业的影响等。

项目（课题）申报单位拟在研究开发中使用或购买他人的知识产权时，应当在申请材料中作出说明。

牵头组织单位对项目（课题）申报单位的知识产权状况分析内容进行抽查论证。项目（课题）申报单位的知识产权状况分析弄虚作假的，取消其项目（课题）申报资格。

第十二条 牵头组织单位应把知识产权作为立项评审的独立评价指标，合理确定其在整个评价指标体系中的权重。

牵头组织单位应聘请知识产权专家参加评审，并根据需要委托知识产权服务机构对同一项目（课题）申请者的知识产权目标及其可行性进行汇总和评估，评估结果作为项目评审的重要依据。

第十三条 对批准立项的项目（课题），牵头组织单位和项目（课题）责任单位应当在任务合同书中明确约定知识产权任务和目标。

对多个单位共同承担的项目（课题），各参与单位应当就研究开发任务分工和知识产权归属及利益分配签订协议。

第十四条 项目（课题）责任单位在签订子课题或委托协作开发协议时，应当在协议中明确各自的知识产权权利和义务。

第十五条 项目（课题）实施过程中，责任单位应密切跟踪相关技术领域的知识产权及技术标准发展动态，据此按照有关程序对项目（课题）的研究策略及知识产权措施及时进行相应调整。

在项目实施过程中，如发现因知识产权受他人制约等情况而无法实现项目（课题）目标，需对研究方案和技术路线等进行重大调整的，项目（课题）责任单位应及时报牵头组织单位批准。项目（课题）责任单位未进行知识产权跟踪分析或对分析结果故意隐瞒不报造成预期目标无法实现的，由重大专项领导小组、牵头组织单位根据各自职责予以通报批评、限期改正、缓拨项目经费、终止项目合同、追回已拨经费、取消承担重大专项项目（课题）资格等处理。

牵头组织单位发现本重大专项所涉及的领域发生重大知识产权事件，对重大专项实施带来重大风险的，应当及时进行分析评估，制定对策，调整布局，并按规定报批。

第十六条 各重大专项应当建立本领域知识产权专题数据库，作为重大专项管理信息系统的重要组成部分，向项目（课题）责任单位开放使用。鼓励项目（课题）责任单位和其他机构开发的与本领域密切相关的知识产权信息纳入重大专项管理信息系统，按照市场机制向项目（课题）责任单位开放使用。

第十七条 项目（课题）责任单位在提交阶段报告和验收申请报告中应根据要求报送知识产权信息，内容包括知识产权类别、申请号和授权（登记）号、申请日和授权（登记）日、权利人、权利状态等。

第十八条 牵头组织单位应定期对本重大专项申请和获取的知识产权总体情况进行评估分析，跟踪比较国内外发展态势，研究提出下一阶段知识产权策略。

第十九条 在三部门、重大专项领导小组组织开展的监测评估中，应当对各重大专项知识产权战略制定情况、项目（课题）评审知识产权工作落实情况、知识产权工作体系和制度建设情况、项目（课题）责任单位知识产权管理状况、项目（课题）知识产权目标完成情况、所取得知识产权的维护、转化和运用情况进行调查分析，做出评估判断，提出对策建议。

第二十条 知识产权情况是重大专项验收的重要内容之一。

项目（课题）验收报告应包含知识产权任务和目标完成情况、成果再开发和产业化前景预测。未完成任务合同书约定的知识产权目标的，项目（课题）责任单位应当予以说明。

牵头组织单位进行项目（课题）验收评价时，应以任务合同书所约定的知识产权目标和考核指标为依据，对项目（课题）知识产权任务和目标完成、保护及运用情况做出明确评价。

三部门组织的验收中，各重大专项应当对本重大专项知识产权任务完成情况、对产业发展的影响等予以说明。

第二十一条 参与重大专项实施的各主体在进行知识产权分析、知识产权评估、项目（课题）知识产权验收等环节，应当充分发挥知识产权行政管理部门业务指导作用。

第四章　知识产权的归属和保护

第二十二条 重大专项产生的知识产权，其权利归属按照下列原则分配：

（一）涉及国家安全、国家利益和重大社会公共利益的，属于国家，项目（课题）责任单位有免费使用的权利。

（二）除第（一）项规定的情况外，授权项目（课题）责任单位依法取得，为了国家安全、国家利益和重大社会公共利益的需要，国家可以无偿实施，也可以许可他人有偿实施或者无偿实施。

项目（课题）任务合同书应当根据上述原则对所产生的知识产权归属做出明确约定。

属于国家所有的知识产权的管理办法另行规定。牵头组织单位或其指定机构对属于国家所有的知识产权负有保护、管理和运用的义务。

第二十三条 子课题或协作开发形成的知识产权的归属按照本规定第二十二条第一款的规定执行。项目（课题）责任单位在签订子课题或协作开发任务合同时，应当告知子课题和协作开发任务的承担单位国家对该项目（课题）知识产权所拥有的权利。上述合同内容与国家保留的权利相冲突的，不影响国家行使相关权利。

第二十四条 论文、学术报告等发表、发布前，项目（课题）责任单位要进行审查和登记，涉及到应当申请专利的技术内容，在提出专利申请前不得发表、公布或向他人泄漏。未经批准发表、发布或向他人泄漏，使研究成果无法获得专利保护的，由重大专项领导小组、牵头组织单位根据各自职责追究直接责任人、项目（课题）组长、法定代表人的责任。

第二十五条 对项目（课题）产生的科技成果，项目（课题）责任单位应当根据科技成果特点，按照相关法律法规的规定适时选择申请专利权、申请植物新品种权、进行著作权登记或集成电路布图设计登记、作为技术秘密等适当方式予以保护。

对于应当申请知识产权并有国际市场前景的科技成果，项目（课题）责任单位应当在优先权期限内申请国外专利权或者其他知识产权。

项目（课题）责任单位不申请知识产权保护或者不采取其他保护措施时，牵头组织单位认为有必要采取保护措施的，应书面督促项目（课题）责任单位采取相应的措施，在其仍不采取保护措施的情况下，牵头组织单位可以自行申请知识产权或者采取其他相应的保护措施。

第二十六条 对作为技术秘密予以保护的科技成果，项目（课题）责任单位应当明确界定、标识予以保护的技术信息及其载体，采取保密措施，与可能接触该技术秘密的科技人员和其他人员签订保密协议。涉密人员因调离、退休等原因离开单位的，仍负有协议规定的保密义务，离开单位前应当将实验记录、材料、样品、产品、装备和图纸、计算机软件等全部技术资料交所在单位。

第二十七条 项目（课题）责任单位应当对重大专项知识产权的发明人、设计人或创作者予以奖励。被授予专利权的项目（课题）责任单位应当依照专利法及其实施细则等法律法规的相关规定对职务发明创造的发明人、设计人或创作者予以奖励。

第二十八条 权利人拟放弃重大专项产生或购买的知识产权的，应当进行评估，并报牵头组织单位备案。未经评估放弃知识产权或因其他原因导致权利失效的，由重大专项领导小组、牵头组织单位根据各自职责对项目（课题）责任单位及其责任人予以通报批评，并责令其改进知识产权管理工作。

第二十九条 项目（课题）责任单位可以在项目（课题）知识产权事务经费中列支知识产权保护、维护、维权、评估等事务费。

项目（课题）验收结题后，项目（课题）责任单位应当根据需要对重大专项产生的知识产权的申请、维持等给予必要的经费支持。

第五章 知识产权的转移和运用

第三十条 重大专项牵头组织单位、知识产权权利人应积极推动重大专项产生的知识产权的转移和运用，加快知识产权的商品化、产业化。

第三十一条 重大专项产生的知识产权信息，在不影响知识产权保护、国家秘密和技术秘密保护的前提下，项目（课题）责任单位应当广泛予以传播。

项目（课题）责任单位、被许可人或受让人就项目（课题）产生的科技成果申请知识产权、进行发表或转让的，应当注明"国家科技重大专项资助"。

第三十二条 鼓励项目（课题）责任单位将获得的自主知识产权纳入国家标准，并积极参与国际标准制定。

第三十三条 重大专项产生的知识产权，应当首先在境内实施。许可他人实施的，一般应当采取非独占许可的方式。

知识产权转让、许可出现下列情形之一的，应当报牵头组织单位审批。牵头组织单位为企业的，应报专项领导小组组长单位审批。

（一）向境内机构或个人转让或许可其独占实施；
（二）向境外组织或个人转让或许可的；
（三）因并购等原因致使权利人发生变更的。

向境外组织或个人转让或许可的，经批准后，还应依照《中华人民共和国技术进出口管理条例》执行。

知识产权转让、许可主体为执行事业单位财务和会计制度的事业单位，或执行《民间非盈利组织会计制度》的社会团体及民办非企业单位的，按照《事业单位国有资产管理暂行办法》（财政部令第36号）规定执行。

第三十四条 重大专项产生的知识产权，各项目（课题）责任单位应当首先保证其他项目（课题）责任单位为重大专项实施目的的使用。

项目（课题）责任单位为了重大专项研究开发目的，需要集成使用其他项目（课题）责任单位实施重大专项产生和购买的知识产权时，相关知识产权权利人应当许可其免费使用；为了重大专项科技成果产业化目的的使用时，相关知识产权权利人应当按照平等、合理、无歧视原则许可其实施。

项目（课题）责任单位为了研究开发目的而获得许可使用他人的知识产权时，应当在许可协议中约定许可方有义务按照平等、合理、无歧视原则授予项目（课题）责任单位为了产业化目的的使用。

第三十五条 对重大专项产生和购买的属于项目（课题）责任单位的知识产权，有下列情形之一，牵头组织单位可以依据本规定第二十二条第一款第（二）项的规定，要求项目（课题）责任单位以合理的条件许可他人实施；项目（课题）责任单位无正当理由拒绝许可的，牵头组织单位可以决定在批准的范围内推广使用，允许指定单位一定时期内有偿或者无偿实施：

（一）为了国家重大工程建设需要；
（二）对产业发展具有共性、关键作用需要推广应用；
（三）为了维护公共健康需要推广应用；
（四）对国家利益、重大社会公共利益和国家安全具有重大影响需要推广应用。

获得指定实施的单位不享有独占的实施权。取得有偿实施许可的，应当与知识产权权利人商定合理的使用费。

第三十六条 国家知识产权局可以根据专利法及其实施细则和《集成电路布图设计保护条例》的相关规定，给予实施重大专项产生的发明专利、实用新型专利和集成电路布图设计的强制许可或者非自愿许可。

第三十七条 项目（课题）责任单位许可或转让重大专项产生的知识产权时，应当告知被许可人或受让人国家拥有的权利。许可和转让协议不得影响国家行使相关权利。

第三十八条 鼓励项目（课题）责任单位以科技成果产业化为目标，按照产业链建立产业技术创新战略联盟，通过交叉许可、建立知识产权分享机制等方式，加速科技成果在产业领域应用、转移和扩散，为产业和社会发展提供完整的技术支撑和知识产权保障。

按照产业链不同环节部署项目（课题）的重大专项，牵头组织单位应当推动建立产业技术创新战略联盟。

第三十九条 在项目结束后五年内，项目（课题）责任单位或重大专项知识产权被许可人或受让人应当根据重大专项牵头组织单位的要求，报告知识产权应用、再开发和产业化等情况。

第四十条 项目（课题）责任单位应当依法奖励为完成该项科技成果及转化做出重要贡献的人员。

第六章 附则

第四十一条 各重大专项可以依据本规定，结合本重大专项特点，制定本重大专项的知识产权管理实施细则。

第四十二条 事业单位转让无形资产取得的收入和取得无形资产所发生的支出，应当按照《事业单位财务规则》和《事业单位国有资产管理暂行办法》（财政部令36号）有关规定执行。

第四十三条 国防科技知识产权管理按有关规定执行。

第四十四条 本办法自2010年8月1日起施行。

26

财政部 海关总署 税务总局关于调整重大技术装备进口税收政策暂行规定有关清单的通知

（财关税［2010］17号）

各省、自治区、直辖市、计划单列市财政厅（局）、国家税务局，新疆生产建设兵团财务局，海关总署广东分署、各直属海关，财政部驻各省、自治区、直辖市、计划单列市财政监察专员办事处：

按照《财政部 国家发展改革委 工业和信息化部 海关总署 国家税务总局 国家能源局关于调整重大技术装备进口税收政策的通知》（财关税［2009］55号）规定，根据国内相关产业发展情况，在广泛听取有关主管部门、行业协会及企业意见的基础上，经研究决定，对《重大技术装备进口税收政策暂行规定》（以下简称《暂行规定》）所附装备目录与商品清单予以调整，现通知如下：

一、《国家支持发展的重大技术装备和产品目录（2010年修订）》（见附件1）和《重大技术装备和产品进口关键零部件、原材料商品清单（2010年修订）》（见附件2）自2010年4月25日起执行，符合规定条件的国内企业为生产本通知附件1所列装备或产品而确有必要进口本通知附件2所列商品，免征关税和进口环节增值税。

二、《进口不予免税的重大技术装备和产品目录（2010年修订）》（见附件3）自2010年4月25日起执行，对新批准的《暂行规定》第三条所列项目和企业进口本通知附件3所列自用设备以及按照合同随上述设备进口的技术及配套件、备件，一律征收进口税收。

2010年4月25日前（不含4月25日）批准的上述项目和企业进口本通知附件3所列设备，在2010年10月25日前继续按照《暂行规定》附件3执行；自2010年10月25日起（含10月25日）对上述项目和企业进口本通知附件3中设备，一律征收进口税收。

三、自2010年4月25日起，《暂行规定》中附件1、2、3废止；已获得免税资格的企业在免税进口额度内进口关键零部件、原材料，且在2010年4月25日前（不含4月25日）申报进口的，仍可按照《暂行规定》附件2执行。

四、新申请享受城市轨道交通车辆及机电设备、高速动车组、大功率机车、大型铁路养护机械、大型环保及资源综合利用设备、大型施工机械领域进口税收优惠政策的企业，应在2010年4月25日至5月25日提交申请文件，具体申请程序和要求应按照《暂行规定》有关规定执行。自2010年4月25日起，新申请企业凭受理部门出具的证明文件，可向海关申请凭税款担保先予办理有关零部件及原材料放行手续。

省级工业和信息化主管部门应会同企业所在地直属海关、财政部驻当地财政监察专员办事处对上述领域的地方企业申请材料进行初审，并在2010年6月10日前将申请文件及初审意见汇总上报工业和信息化部，同时抄送财政部、海关总署、国家税务总局。

五、自2009年7月1日起，城市轨道交通承担自主化依托项目业主进口城市轨道交通车辆及机电设备所需关键零部件、原材料（见附件2），免征进口关税和进口环节增值税。

六、城市轨道交通、核电承担自主化依托项目业主申请享受重大技术装备进口税收优惠政策的，可在项目进口物资计划确定后分别向国家发展改革委、国家能源局提交申请文件。上述领域项目业主在2010年申请享受该进口税收优惠政策的，应在2010年5月25日前提交申请文件。

七、根据国内相关产业发展情况，《国家支持发展的重大技术装备和产品目录（2010年修订）》对风力发电机（组）及其配套部件、数控装备及其功能部件等领域的申请条件进行了调整。2009年下半年度已认定符合资格的上述领域的企业，如企业享受政策的装备有关技术规格要求或销售业绩要求在本通知附件1中涉及调整的，原认定免税资格在2010年4月25日之前有效。

上述领域新申请企业和原认定资格企业（享受政策的装备有关技术规格要求或销售业绩要求在本通知附件1中涉及调整的）申请享受2010年4月25日至12月31日期间重大技术装备进口税收优惠政策的，应在2010年4月25日至5月25日按照《暂行规定》有关申请程序和要求提交申请文件。省级工业和信息化主管部门应会同有关部门比照第四条第二款的要求完成初审工作。

八、本通知对重大技术装备企业优惠政策情况报告有关格式及要求进行了修订（见附件4），自2010年4月25日起，《暂行规定》中附件5废止。2009年下半年度已享受重大技术装备进口税收优惠政策的所有企业，应在2010年5月25日前按照《暂行规定》及本通知附件4的有关要求报送享受优惠政策落实情况报告，包括2010年1月1日至4月25日或者2010年全年的进口需求。

附件1. 国家支持发展的重大技术装备和产品目录（2010年修订）

附件2. 重大技术装备和产品进口关键零部件、原材料商品清单（2010年修订）

附件3. 进口不予免税的重大技术装备和产品目录（2010年修订）

附件4. 重大技术装备企业优惠政策落实情况报告及其要求

财政部　海关总署　国家税务总局
2010年4月13日

27

财政部 科技部 国家发展改革委 海关总署 国家税务总局关于科技重大专项进口税收政策的通知

（财关税［2010］28号）

各省、自治区、直辖市、计划单列市财政厅（局）、科技厅（委、局）、发展改革委、国家税务局，新疆生产建设兵团财务局、科技局、发展改革委，海关总署广东分署、各直属海关：

为贯彻落实国务院关于实施《国家中长期科学和技术发展规划纲要（2006—2020年）》若干配套政策中有关科技重大专项进口税收政策的要求，扶持国家重大战略产品、关键共性技术和重大工程的研究开发，营造激励自主创新的环境，特制定《科技重大专项进口税收政策暂行规定》（见附件，以下简称《暂行规定》），现将有关事项通知如下：

一、自2010年7月15日起，对承担《国家中长期科学和技术发展规划纲要（2006—2020年）》中民口科技重大专项项目（课题）的企业和大专院校、科研院所等事业单位（以下简称项目承担单位）使用中央财政拨款、地方财政资金、单位自筹资金以及其他渠道获得的资金进口项目（课题）所需国内不能生产的关键设备（含软件工具及技术）、零部件、原材料，免征进口关税和进口环节增值税。

二、项目承担单位在2010年7月15日至2011年12月31日期间进口物资申请享受免税政策的，应在2010年9月1日前向科技重大专项项目牵头组织单位提交申请文件，具体申请程序和要求见《暂行规定》，逾期不予受理。符合条件的项目承担单位自2010年7月15日起享受进口免税政策，可凭牵头组织单位出具的已受理申请的证明文件，向海关申请凭税款担保办理有关进口物资先予放行手续。

三、科技重大专项牵头组织单位应按《暂行规定》有关要求，受理和审核项目承担单位的申请文件，并在2010年10月1日前向财政部报送科技重大专项免税进口物资需求清单。财政部会同科技部、发展改革委、海关总署、国家税务总局等有关部门按照《暂行规定》有关要求，及时研究制定各科技重大专项免税进口物资清单。

四、项目承担单位应当在进口物资前按照有关规定，持有关材料向其所在地海关申请办理免税审批手续。

附件：科技重大专项进口税收政策暂行规定

财政部
科技部
国家发展改革委
海关总署
国家税务总局
2010年7月24日

附件：科技重大专项进口税收政策暂行规定

第一条 为贯彻落实国务院关于实施《国家中长期科学和技术发展规划纲要（2006—2020年）》若干配套政策中有关科技重大专项进口税收政策的要求，扶持国家重大战略产品、关键共性技术和重大工程的研究开发，营造激励自主创新的环境，特制定本规定。

第二条 承担科技重大专项项目（课题）的企业和大专院校、科研院所等事业单位（以下简称项目承担单位）使用中央财政拨款、地方财政资金、单位自筹资金以及其他渠道获得的资金进口项目（课题）所需国内不能生产的关键设备（含软件工具及技术）、零部件、原材料，免征进口关税和进口环节增值税。

第三条 本规定第二条所述科技重大专项是指列入《国家中长期科学和技术发展规划纲要（2006—2020

年)》的民口科技重大专项,包括核心电子器件、高端通用芯片及基础软件产品,极大规模集成电路制造装备及成套工艺,新一代宽带无线移动通信网,高档数控机床与基础制造装备,大型油气田及煤层气开发,大型先进压水堆及高温气冷堆核电站,水体污染控制与治理,转基因生物新品种培育,重大新药创制,艾滋病和病毒性肝炎等重大传染病防治。

第四条 申请享受本规定进口税收政策的项目承担单位应当具备以下条件:

1. 独立的法人资格;
2. 经科技重大专项领导小组批准承担重大专项任务。

第五条 项目承担单位申请免税进口的设备、零部件、原材料应当符合以下要求:

1. 直接用于项目(课题)的科学研究、技术开发和应用,且进口数量在合理范围内;
2. 国内不能生产或者国内产品性能不能满足要求的,且价值较高;
3. 申请免税进口设备的主要技术指标一般应优于当前实施的《国内投资项目不予免税的进口商品目录》所列设备。

第六条 为了提高财政资金和进口税收政策的使用效益,对于使用中央财政和地方财政安排的重大专项资金购置的仪器设备,在申报设备预算时,应当主动说明是否申请进口免税和涉及的进口税款。

第七条 各科技重大专项牵头组织单位(以下简称牵头组织单位)是落实进口税收政策的责任主体,负责受理和审核项目承担单位的申请文件、报送科技重大专项免税进口物资需求清单、出具《科技重大专项项目(课题)进口物资确认函》(格式见附件1,以下简称《进口物资确认函》)、报送政策落实情况报告等事宜。

有两个及以上牵头组织单位的科技重大专项,由第一牵头组织单位会同其他牵头组织单位共同组织落实上述事宜。科技重大专项牵头组织单位为企业的,由该专项领导小组组长单位负责审核项目承担单位的申请文件、报送科技重大专项免税进口物资需求清单、出具《进口物资确认函》。

第八条 财政部会同科技部、国家发展改革委、海关总署、国家税务总局等有关部门根据科技重大专项进口物资需求,结合国内外生产情况和供需状况,研究制定各科技重大专项免税进口物资清单,组织落实政策年度执行方案,定期评估政策的执行效果,并适时调整和完善政策。

第九条 项目承担单位是享受本进口税收政策和履行相应义务的责任主体。项目承担单位应在每年7月15日前向牵头组织单位提交下一年度进口免税申请文件(要求见附件2),项目承担单位在领取《进口物资确认函》之前,可凭牵头组织单位出具的已受理申请的证明文件,向海关申请凭税款担保办理有关进口物资先予放行手续。上年度已享受免税政策的项目承担单位尚未领取当年度《进口物资确认函》之前,可直接向海关申请凭税款担保办理有关进口物资先予放行手续。

第十条 项目承担单位应当在进口物资前,按照《中华人民共和国海关进出口货物减免税管理办法》(海关总署令第179号)的有关规定,持《进口物资确认函》等有关材料向其所在地海关申请办理免税审批手续。

对项目承担单位在《进口物资确认函》确定的免税额度内进口物资的免税申请,海关按照科技重大专项免税进口物资清单进行审核,并确定相关物资是否符合免税条件。

第十一条 为及时对政策进行绩效评价,享受本规定进口税收政策的单位,应在每年2月1日前将上一年度的政策执行情况如实上报牵头组织单位。牵头组织单位应在每年3月1日前向财政部报送科技重大专项进口税收政策落实情况报告,说明上一年度实际免税进口物资总体情况,同时抄送科技部、国家发展改革委、海关总署、国家税务总局。

牵头组织单位连续两年未按规定提交报告的,该科技重大专项停止享受本规定进口税收优惠政策1年。项目承担单位未按规定提交报告的,停止该单位享受本规定进口税收优惠政策1年。

第十二条 牵头组织单位应当按照本规定要求,切实做好科技重大专项进口税收政策执行的管理工作,保证政策执行的规范性、安全性和有效性。

项目承担单位应当严格按照本规定有关要求,如实申报材料、办理相关进口物资的免税申请和进口手续。项目承担单位违反规定,将免税进口物资擅自转让、销售、移作他用或者进行其他处置,除按照有关法律、法规及规定处理外,对于被依法追究刑事责任的,从违法行为发现之日起停止享受本规定进口税收优惠政策;尚不够追究刑事责任的,从违法行为发现之日起停止享受本规定进口税收优惠政策2年。

第十三条 经海关核准,有关项目承担单位免税进口的设备可用于其他单位的科学研究、教学活动和技术开发,但未经海关许可,免税进口的设备不得移出原项目承担单位。科技重大专项项目(课题)完成后,对于仍处于海关监管年限内的免税进口设备和剩余的少量原材料、零部件,项目承担单位可及时向所在地海关申请办理提前解除监管的手续,并免于补缴税款。

第十四条 本规定自2010年7月15日起施行。

附件:1. 科技重大专项项目(课题)进口物资确认函
　　　2. 项目(课题)承担单位免税申请文件有关要求

通信网络安全防护管理办法

(中华人民共和国工业和信息化部令第 11 号)

《通信网络安全防护管理办法》已经 2009 年 12 月 29 日中华人民共和国工业和信息化部第 8 次部务会议审议通过，现予公布，自 2010 年 3 月 1 日起施行。

部　长　李毅中
2010 年 1 月 21 日

第一条　为了加强对通信网络安全的管理，提高通信网络安全防护能力，保障通信网络安全畅通，根据《中华人民共和国电信条例》，制定本办法。

第二条　中华人民共和国境内的电信业务经营者和互联网域名服务提供者（以下统称"通信网络运行单位"）管理和运行的公用通信网和互联网（以下统称"通信网络"）的网络安全防护工作，适用本办法。

本办法所称互联网域名服务，是指设置域名数据库或者域名解析服务器，为域名持有者提供域名注册或者权威解析服务的行为。

本办法所称网络安全防护工作，是指为防止通信网络阻塞、中断、瘫痪或者被非法控制，以及为防止通信网络中传输、存储、处理的数据信息丢失、泄露或者被篡改而开展的工作。

第三条　通信网络安全防护工作坚持积极防御、综合防范、分级保护的原则。

第四条　中华人民共和国工业和信息化部（以下简称工业和信息化部）负责全国通信网络安全防护工作的统一指导、协调和检查，组织建立健全通信网络安全防护体系，制定通信行业相关标准。

各省、自治区、直辖市通信管理局（以下简称通信管理局）依据本办法的规定，对本行政区域内的通信网络安全防护工作进行指导、协调和检查。

工业和信息化部与通信管理局统称"电信管理机构"。

第五条　通信网络运行单位应当按照电信管理机构的规定和通信行业标准开展通信网络安全防护工作，对本单位通信网络安全负责。

第六条　通信网络运行单位新建、改建、扩建通信网络工程项目，应当同步建设通信网络安全保障设施，并与主体工程同时进行验收和投入运行。

通信网络安全保障设施的新建、改建、扩建费用，应当纳入本单位建设项目概算。

第七条　通信网络运行单位应当对本单位已正式投入运行的通信网络进行单元划分，并按照各通信网络单元遭到破坏后可能对国家安全、经济运行、社会秩序、公众利益的危害程度，由低到高分别划分为一级、二级、三级、四级、五级。

电信管理机构应当组织专家对通信网络单元的分级情况进行评审。

通信网络运行单位应当根据实际情况适时调整通信网络单元的划分和级别，并按照前款规定进行评审。

第八条　通信网络运行单位应当在通信网络定级评审通过后三十日内，将通信网络单元的划分和定级情况按照以下规定向电信管理机构备案：

（一）基础电信业务经营者集团公司向工业和信息化部申请办理其直接管理的通信网络单元的备案；基础电信业务经营者各省（自治区、直辖市）子公司、分公司向当地通信管理局申请办理其负责管理的通信网络单元的备案；

（二）增值电信业务经营者向作出电信业务经营许可

决定的电信管理机构备案；

（三）互联网域名服务提供者向工业和信息化部备案。

第九条 通信网络运行单位办理通信网络单元备案，应当提交以下信息：

（一）通信网络单元的名称、级别和主要功能；

（二）通信网络单元责任单位的名称和联系方式；

（三）通信网络单元主要负责人的姓名和联系方式；

（四）通信网络单元的拓扑架构、网络边界、主要软硬件及型号和关键设施位置；

（五）电信管理机构要求提交的涉及通信网络安全的其他信息。

前款规定的备案信息发生变化的，通信网络运行单位应当自信息变化之日起三十日内向电信管理机构变更备案。

通信网络运行单位报备的信息应当真实、完整。

第十条 电信管理机构应当对备案信息的真实性、完整性进行核查，发现备案信息不真实、不完整的，通知备案单位予以补正。

第十一条 通信网络运行单位应当落实与通信网络单元级别相适应的安全防护措施，并按照以下规定进行符合性评测：

（一）三级及三级以上通信网络单元应当每年进行一次符合性评测；

（二）二级通信网络单元应当每两年进行一次符合性评测。

通信网络单元的划分和级别调整的，应当自调整完成之日起九十日内重新进行符合性评测。

通信网络运行单位应当在评测结束后三十日内，将通信网络单元的符合性评测结果、整改情况或者整改计划报送通信网络单元的备案机构。

第十二条 通信网络运行单位应当按照以下规定组织对通信网络单元进行安全风险评估，及时消除重大网络安全隐患：

（一）三级及三级以上通信网络单元应当每年进行一次安全风险评估；

（二）二级通信网络单元应当每两年进行一次安全风险评估。

国家重大活动举办前，通信网络单元应当按照电信管理机构的要求进行安全风险评估。

通信网络运行单位应当在安全风险评估结束后三十日内，将安全风险评估结果、隐患处理情况或者处理计划报送通信网络单元的备案机构。

第十三条 通信网络运行单位应当对通信网络单元的重要线路、设备、系统和数据等进行备份。

第十四条 通信网络运行单位应当组织演练，检验通信网络安全防护措施的有效性。

通信网络运行单位应当参加电信管理机构组织开展的演练。

第十五条 通信网络运行单位应当建设和运行通信网络安全监测系统，对本单位通信网络的安全状况进行监测。

第十六条 通信网络运行单位可以委托专业机构开展通信网络安全评测、评估、监测等工作。

工业和信息化部应当根据通信网络安全防护工作的需要，加强对前款规定的受托机构的安全评测、评估、监测能力指导。

第十七条 电信管理机构应当对通信网络运行单位开展通信网络安全防护工作的情况进行检查。

电信管理机构可以采取以下检查措施：

（一）查阅通信网络运行单位的符合性评测报告和风险评估报告；

（二）查阅通信网络运行单位有关网络安全防护的文档和工作记录；

（三）向通信网络运行单位工作人员询问了解有关情况；

（四）查验通信网络运行单位的有关设施；

（五）对通信网络进行技术性分析和测试；

（六）法律、行政法规规定的其他检查措施。

第十八条 电信管理机构可以委托专业机构开展通信网络安全检查活动。

第十九条 通信网络运行单位应当配合电信管理机构及其委托的专业机构开展检查活动，对于检查中发现的重大网络安全隐患，应当及时整改。

第二十条 电信管理机构对通信网络安全防护工作进行检查，不得影响通信网络的正常运行，不得收取任何费用，不得要求接受检查的单位购买指定品牌或者指定单位的安全软件、设备或者其他产品。

第二十一条 电信管理机构及其委托的专业机构的工作人员对于检查工作中获悉的国家秘密、商业秘密和个人隐私，有保密的义务。

第二十二条 违反本办法第六条第一款、第七条第一款和第三款、第八条、第九条、第十一条、第十二条、第十三条、第十四条、第十五条、第十九条规定的，由电信管理机构依据职权责令改正；拒不改正的，给予警告，并处五千元以上三万元以下的罚款。

第二十三条 电信管理机构的工作人员违反本办法第二十条、第二十一条规定的，依法给予行政处分；构成犯罪的，依法追究刑事责任。

第二十四条 本办法自2010年3月1日起施行。

29 工业和信息化部关于废止原国防科学技术工业委员会《国防科技工业技术基础科研管理办法》和《国防基础科研管理办法》的决定

（中华人民共和国工业和信息化部令第17号）

中华人民共和国工业和信息化部决定：原中华人民共和国国防科学技术工业委员会2002年1月16日发布的《国防科技工业技术基础科研管理办法》（中华人民共和国国防科学技术工业委员会令第8号）、《国防基础科研管理办法》（中华人民共和国国防科学技术工业委员会令第9号），自2011年1月1日起废止。

部　长　李毅中
2010年11月20日

中国高技术产业发展年鉴(2011)

大事记录篇 ------>

Records of Great Events

CHINA HIGH-TECH INDUSTRY DEVELOPMENT ALMANAC (2011)

1

综 合 类

2010-01-21 "大熊猫基因组"发表

由深圳华大基因研究院发起,中国科学院昆明动物研究所、中国科学院动物研究所、成都大熊猫繁育研究基地和中国保护大熊猫研究中心参与的合作研究成果《大熊猫基因组测序和组装》,1月21日以封面故事形式在国际权威杂志《自然》上发表。

2010-03-18 我国首列低碳静音城轨车辆成功下线

我国最轻量化B型城轨车辆在中国南车株洲电力机车有限公司成功下线。这款轻量化城轨车辆宽2.8米,四节编组最大载客量为1328人,最高运营时速可达80千米。

2010-03-23 我国自动镦锻机类全圆剪夹新技术研发成功

石西企业(国际)机构控股有限公司研发成功自动镦锻机类全圆剪夹新技术,该技术为目前全球该行业唯一的自动镦锻机类全圆剪夹新技术,是金属成型机械技术的新突破。

2010-04-25 国内首个电动汽车充电设施实验室投运

由国家电网所属中国电科院建设的国内首个电动汽车充电设施实验室顺利投运。该实验室在电动汽车充电设备、充电监控信息网络、充电设施电能计量、动力电池组等方面具备了完整的试验研究能力,将重点开展电动汽车充电技术研究和设备、电动汽车与智能电网双向能量转换等研究,进行电动汽车充电设施标准制定、设备检测、政策研究等,收集试验运行数据,为电动汽车充电设施建设及产业化发展提供有效的实验平台。

2010-04-26 中国科大首次在实验上验证了过氧化物的存在

中国科学技术大学国家同步辐射实验室齐飞教授研究小组与法国南希大学 Battin-Leclerc 教授研究小组合作,首次在实验上验证了碳氢化合物低温氧化机理中广泛应用20多年的重要假定——过氧化物的存在,揭开了碳氢化合物"自燃"的秘密。该研究成果已发表在近日出版的国际著名学术期刊《德国应用化学》上。

2010-04-26 中国大陆首条海底隧道建成 创隧道建设史奇迹

由我国自主设计、施工建设的中国大陆第一条海底隧道——厦门翔安海底隧道建成通车。作为世界上断面最大的海底隧道,翔安海底隧道全长8.695千米,从厦门岛到达对岸的大陆端,比原来节省82分钟。

2010-04-27 中国科学院自动化研究所发明打乒乓球机器人

中科院自动化所最新研制成功了会打乒乓球的机器人,可以自动判断球的方向,与人对打50多个回合。机器人成功接打乒乓球的关键在于有视觉测量系统和运动控制系统,这样,机器人就能瞬时识别来球轨迹,并对每个不同方向飞来的球都能游刃有余地应对。

2010-04-29 热科院三项科技成果通过鉴定

由热科院环境与植物保护研究所与其他科研单位共

同完成的"香蕉枯萎病快速检测与监测应用"、"绿僵菌菌剂研制及对热带作物几种重要害虫防控关键技术研究"、"拟青霉E7菌剂研制及防治根结线虫的研究"三个项目通过鉴定,该成果整体达到国际先进水平。

2010-04-29　我国铜冶炼领域一项新技术首次走出国门

我国自主开发的一项炼铜新技术——由山东东营方圆有色金属有限公司与中国有色工程设计研究总院联合研发的方圆氧气底吹无碳铜熔炼新工艺用于越南生权铜联合企业项目改造。这是我国铜冶炼技术首次走出国门。

2010-05-04　我国科学家取得耐辐射微生物研究重大突破

新疆农科院微生物研究所学者石玉瑚经过长达八年的不懈努力,终于从高放射性土壤中分离出一批耐高辐射真菌(含酵母菌)。石玉瑚说:"分离出耐辐射真菌实现了耐辐射微生物从原核向真核的跨越,为探索耐辐射微生物的生命起源与进化提供了科学依据,也为气候变化对地球物种影响提供了新的解释。"

2010-05-04　耐干热生物立体化植被及深加工高技术产业化示范工程项目完成

四创中冠集团股份有限公司耐干热生物立体化植被及深加工高技术产业化示范工程项目完成竣工验收。项目建设改善了金沙江水域植被覆盖率,保持了水土与生物多样性,项目营林的后续加工利用,提高了产品附加值,具有良好的经济效益和社会效益。

2010-05-04　乙烯关键设备大型双螺杆挤压造粒机组实现国产化

我国自主研制的20万吨级聚丙烯双螺杆挤压造粒机组在燕山石化一次开车成功。各项指标满足生产要求。作为高聚物混炼加工关键设备,大型双螺杆挤压造粒机组实现国产化尚属首次,填补了国内空白。

2010-05-13　中国科大成功实现世界上最大的"薛定谔猫"态

中国科学技术大学微尺度物质科学国家实验室量子物理与量子信息研究部成功制备出超纠缠光子"薛定谔猫"态,纠缠量子比特数目最高达到10个,刷新了纠缠态制备的世界记录。这是一个"实验杰作,在光学量子计算和量子度量学方面有着重要的意义"。

2010-05-14　连续分布式光纤传感技术填补我国物联网空白

南京大学工程管理学院张旭苹教授发明的"基于布里渊效应的连续分布式光纤传感技术"通过鉴定。此项技术创新性强,拥有多项自主知识产权,技术上达到国内领先、国际先进水平,具有良好应用前景。

2010-05-17　河北省培育出3个专用型燕麦新品种

河北省高寒作物研究所承担的河北省科技支撑计划"优质专用型燕麦新品种选育与种质资源创新"课题,培育出粮草兼用型裸燕麦新品种"坝莜五号"、早熟高产备荒救灾型裸燕麦新品种"坝莜六号"和优质加工型裸燕麦新品种"坝莜九号",在同类研究中居国际先进水平。对提高我国燕麦产量将产生重要影响,对实现燕麦产业化和燕麦产区畜牧业的发展具有重要意义。

2010-05-23　水稻基因育种技术获突破性进展

中国农业科学院水稻所钱前博士作为主要完成人的"水稻基因育种技术获突破性进展"被评为2010年中国十大科技进展新闻。《自然—遗传学》杂志在2010年5月23日报道说,中国科学院遗传与发育生物学研究所李家洋院士和中国农业科学院中国水稻研究所钱前研究员等组成的科研团队,在水稻分蘖分子调控机理方面取得突破性进展,成功克隆了一个可帮助水稻增产的关键基因。这种基因产生变异后可使水稻分蘖数减少,穗粒数和千粒重增加,同时茎秆变得粗壮,增加了抗倒伏能力。研究团队将基因分析技术与传统作物种植方法相结合,培育出了改良稻米品种,可使水稻产量提高10%。这是中国科学家在水稻基因育种方面取得的又一个重要进展,在揭示水稻高产的分子奥秘上迈出了重要一步。英国《自然》出版集团在5月23日的新闻通报中评价说,中国科学家对水稻增产基因的确认和利用将成为解决粮食问题的重要途径。

2010-05-27　时速380公里新一代高速列车面世

中国北车长客股份公司高速车制造基地,拥有自主知识产权、时速380千米新一代高速列车"和谐号"380A首辆车竣工下线,该车是当今世界速度最快、品质最优、功能最全、安全可靠性更高的产品。

2010-06-01　我国第一台超千万亿次超级计算机正式发布

由曙光公司、中科院技术研究所、国家超级计算深圳中心共同研制的具有自主知识产权的我国第一台实测性能超千万亿次的"星云"超级计算机系统发布。该产品是国内第一台、世界第三台实测性能超千万亿次的超级计算机,采用了自主设计的HPP体系结构,并使用了Intel Xeon 5650 + Fermi 架构的 NVIDIA Tesla C2050 通用处理器。

2010-06-03　我国"子午工程"首枚气象火箭发射成功

我国重大科学基础设施项目——东半球空间环境地基综合监测子午链首枚气象火箭在海南探空火箭发射场成功发射,并首次采用GPS技术获得了我国低纬度地区20千米至60千米高度的高精度临近空间大气温度、压力和风场的探测参数。这次发射的成功,表明我国利用探空火箭开展临近空间探测和科学技术试验的工作在一个新的基准上再次起步，将为科学研究、技术试验以及空间环境保证提供更多的数据和更大的支撑。

2010-06-04　我科学家首次实现远距离自由空间量子态隐形传输

由中国科大和清华大学组成的联合小组成功实现16公里的世界上最远距离量子态隐形传输，比此前的纪录提高20多倍。该实验结果首次证实了在自由空间进行远距离量子态隐形传输的可行性，向全球化量子通信网络的最终实现迈出了重要一步。

2010-07-07　我国首台激光动态弯沉测量车问世

武大卓越科技公司与武汉龙安集团成功攻克道路快速弯沉检测的核心技术，研制成功了具有自主知识产权的我国首台激光动态弯沉测量车，填补了国内道路快速弯沉检测空白，使我国公路检测仪器的研发和道路养护跻身世界先进水平。

2010-07-08　台达变频器填补我国大客车变频空调技术空白

在上海世博园中，台达变频器让世博园区内的新能源公交车更节能、更绿色。这套系统克服了传统大客车空调只有单冷模式的缺陷，实现了冷热双功，并填补了我国大客车变频空调技术空白，达国际领先水平。

2010-07-09　我国最大高强有机纤维生产线开建

中国航天科工集团公司六院"F-12高强有机纤维50吨产业化项目"开工建设仪式在呼和浩特市举行。该生产线是我国最大的一条高强有机纤维生产线，它的建设对进一步提高我国F-12高强有机纤维的批量生产能力，打破我国高端芳纶纤维研究制造领域依赖进口的局面，形成芳纶纤维的国内自主保障能力具有重要意义。

2010-07-23　世界首个±800千伏高压直流换流阀试验成功

安装了由中国南车株洲所研制的具有完全自主知识产权的6英寸7200V晶闸管的世界首个±800kV/4750A特高压直流换流阀顺利通过关键的型式试验——阀绝缘冲击试验（包括操作冲击试验和雷电冲击试验两个试验），创造了同类产品通流能力和电压等级世界之最。

2010-07-28　我国首台采用富氧助燃技术回转炉窑成功运行

济南钢铁集团耐火材料有限责任公司研制的我国首台回转炉窑应用膜法制氧、富氧助燃节能装置成功运行，综合节能率达10.12%。这项新技术的应用对促进我国节能减排具有重大现实意义，对推进我国工业炉窑节能改造技术进步具有积极的示范作用。

2010-07-30　我国仿生红外鱼眼光学技术研究达国际水平

由我国学者提出的"基于视觉仿生的凝视红外成像全向感知技术"，突破了国际上相关研究的技术局限，可实现昼夜、无盲区的实时信息获取，在仿生红外鱼眼光学研究领域达到国际先进水平。

2010-07-30　我国光纤电流传感器技术取得新进展

我国在全光纤电流传感技术研发与应用领域取得最新进展，首批新型全光纤电流互感器样机已完成组装调试，2011年可形成工业标准化产品。

2010-08-02　中国正研制真空磁悬浮列车时速达600千米~1000千米

西南交通大学牵引动力国家重点实验室课题组正研究真空高速列车，理论时速可达2万千米。

2010-08-02　上海光机所创造光纤激光输出最高纪录

中国科学院上海光学精密机械研究所高功率激光单元技术研发中心胡丽丽研究员、张军杰研究员课题组承担的科技部863项目2007AA03Z441"2微米稀土掺杂激光玻璃光纤研制项目"工作取得突破性进展。该研究组利用自行研制的铥单掺双包层碲酸盐玻璃光纤，首次实现800nmLD泵浦下-2微米瓦级激光输出，输出功率达1.12瓦，创造了目前碲酸盐玻璃光纤中-2微米激光输出的最高纪录。

2010-08-03　我国自主研发纳米材料绿色制版技术成功首印

由我国自主研发的纳米材料绿色制版技术，首次用于杂志印刷。这是纳米材料绿色制版技术经过约5年的研发后，首度运用于国家正式出版物印刷，标志着该技术从实验室走向市场。

2010-08-04　我国成功研制新一代贴片式高频整流电子器件

由扬州大学能源与动力工程学院与扬杰电子科技公司共同合作研发的"改进型贴片式超高频桥式整流器"成功投入生产。该产品的成功研发填补了国内空白，性能指标均已达国际同类产品先进水平，有望逐步取代进口产品。

2010-08-05　中国第一架自主知识产权水陆两栖飞机下线

由中航工业石家庄飞机工业有限责任公司研制的中国首架具有完全自主知识产权的轻型水陆两栖飞机——"海鸥300"在石家庄下线。

2010-08-18　新型电磁装置使汽车燃油充分燃烧

由国家发展和改革委员会能源研究所主办的"中发

伟车辆节能减排装置的应用"——最佳节能实践案例发布会暨产品推介会举行。应用这种装置后,车辆的节油效果可达5%到13%,而且减排效果明显。该项成果已获得国家专利。

2010-08-19 世界最大跨度铁路转体连续梁成功对接

由铁道部第三勘察设计院设计、中铁十二局集团承建的京石铁路客运专线滹沱河特大桥分别平行于京广铁路两侧的单体主跨128米、转体重量12 000吨预应力混凝土连续梁,通过千斤顶的连续牵引,相向转过25度和18度之后在京广铁路上空成功对接,标志着我国高速铁路桥梁施工技术取得又一重大突破。

2010-08-19 中国科学家研究水系锂离子电池取得突破性进展

复旦大学新能源研究所夏永姚教授课题组关于水系锂离子电池的研究取得突破性进展,找到了导致水系锂离子电池循环性差、即寿命偏短的核心问题。

2010-08-26 深海载人潜水器海试首次突破3 700米水深纪录

中国科技部和国家海洋局26日在北京联合宣布,中国第一台自行设计、自主集成研制的"蛟龙号"深海载人潜水器3 000米级海试取得成功,最大下潜深度达到3 759米,这标志着中国成为继美、法、俄、日之后第五个掌握3 500米以上大深度载人深潜技术的国家。

2010-09-09 国虹通讯推出全球首款三电同充式充电器

长虹手机品牌制造商国虹通讯推出自主研发的全球第一款三电同充式充电器,该充电器可同时对三块手机电池进行充电。它的出现给充电器的发展开启了一条变革之路,而省电节能技术的应用更使得这款充电器完全填补了充电器在节能领域的空白,成为该领域技术标准的制定者。

2010-09-10 蒸发冷却技术成功应用于超级计算机

中科院电工所研制的低温强迫循环蒸发冷却系统在中科院过程工程研究所GHPC1000超级计算机系统上成功进行了负荷试验。试验结果显示,机柜内计算节点满负荷工作状态下,完全满足冷风温度为18~22摄氏度的设计要求。这一创新性成果表明,蒸发冷却技术可广泛应用于超级计算机和大型服务器的冷却,为大规模计算中心和数据信息服务中心的冷却问题提供了一个优异的解决方案。

2010-09-14 射流灯:照明市场再添新军

深圳格林莱电子技术有限公司研制的射流灯已经进入成熟应用、大面积推广阶段,这是该公司的一大技术创新,也标志着国内的绿色照明军团再添新军。该产品不仅将丰富照明产品市场,也将加速我国相关产业的迅速发展。

2010-09-18 我国形成完整新型核工业体系

中国核工业集团公司和中国核工业建设集团公司举行"核工业创建55周年座谈会",会议介绍,55年来,在中央几代领导集体的亲切关怀和领导下,我国核工业坚持自主创新,有力地保障了国防建设;积极推动核能和平利用,形成了完整的、世界上只有少数几个国家才拥有的新型核工业体系,实现从以军为主向军民结合、军民融合发展的历史性转变,成功走出一条寓军于民、军民融合、互相促进、特色鲜明的发展道路,开辟了核能和平利用新局面,为国家安全和经济社会发展作出重大贡献。

2010-09-30 我国晶体材料在激光和非线性光学领域国际领先

我国生产的LBO晶体,占世界销量的80%,每年销售额接近700万美元。目前可工业化应用的非线性光学晶体,如LBO、BBO、KTP等,我国占近3/5,供应量超过50%。中国在晶体材料科学、技术及其产业化方面已经不仅仅是大国,也是强国,并得到国际认可。

2010-10-08 世界顶级射电望远镜将落户贵州

利用贵州喀斯特地区的洼坑作为望远镜台址,建造世界第一大单口径射电望远镜——500米口径球冠状主动反射面射电望远镜的重大科学工程正稳步推进。工程建成后可开展巡视宇宙中的中性氢、观测脉冲星、空间飞行器的测控与通讯、脉冲星计时阵和自主导航等科学研究与应用工作。

2010-10-09 我国首台高端容错计算机上线测试

我国首台高端容错计算机在金融示范应用系统成功启动上线测试,这标志着我国高端容错计算机系统研制实现重大突破。第一台高端容错计算机样机研制完成,意味着我国在金融、电信等关键领域高端计算机一直被国外垄断的现状即将被打破,并有望实现这类信息化建设重大装备的自主可控。

2010-10-11 我国成功开发出世界最大规格连铸大圆坯

兴澄特种钢铁有限公司成功开发出世界最大规格的φ900mm连铸大圆坯,这项科研成果属世界首创。

2010-10-15 我首例弯臂式地坑同步架车机举起500米动车组

在湖北武汉动车检修基地,重达2000多吨、由32万个零部件组成的弯臂式地坑同步架车机将重近千吨、长达500多米的16编组和谐号动车组一次成功举起。这一由我国自主研制的,具有世界领先水平的弯臂式地坑同步架车机技术是在铁道部运输局领导下,由武汉铁路局、武汉动车检修基地、铁道部第四勘测设计院、北京铁道工程机电技术研究所为铁路现代化取得的又一创新成果，它结束了新中国成立后没有地坑式架车机自主知识产权制造的历史，填补了国际上没有16编组动车地坑式同步架车机架车一次成功的空白。

2010－10－24　首套"高压变频数字化船用岸电系统"启用

由连云港发明研制的全球第一套高压变频数字化船用岸电系统正式启用。该系统在全国、乃至全球属于首创。

2010－10－25　中国自主研发两款无线传感网SoC芯片

无锡物联网产业研究院、中科院上海微系统与信息技术研究所等传感器网络标准工作组成员单位联合发布了名为VW628、WSNS1_SCBR的两款中国自主知识产权的无线传感网SoC芯片。两款产品成功研制标志着中国传感网领域核心关键技术和核心共性芯片取得重要突破。

2010－10－26　煤代油制烯烃技术迈向产业化

"新一代甲醇制取低碳烯烃（DMTO－Ⅱ）工业化技术"在北京首签工业化示范项目许可。陕西煤业化工集团、中石化洛阳石化工程公司和中科院大连化学物理所（技术许可方），与陕西蒲城清洁能源化工有限公司（被许可方）正式签约。煤制甲醇年产180万吨、甲醇制烯烃年产67万吨及配套项目将进入实施。这是DMTO－Ⅱ工业化技术在全球的首份许可合同，它标志着具有我国自主知识产权、世界领先的新一代甲醇制烯烃技术，在走向工业化道路上又迈出了关键一步。

2010－10－27　中煤集团五项施工科技成果通过鉴定

中煤集团所属建安公司完成的《大直径预应力钢筋混凝土筒仓刚性平台滑模技术》、《高寒地区井塔工程冬期快速施工综合技术》、《井塔转换梁结构工程综合施工技术》、《大型钢栈桥地面制作与整体吊装技术》和《筒仓滑模施工清水混凝土技术》等5项科技成果，通过鉴定。5项成果解决了煤矿工程施工中的关键技术难题，特别是在大直径筒仓刚性滑模技术及高寒地区冬期钢筋混凝土结构工程施工技术方面均有新的突破，总体达到国内领先水平。

2010－10－28　近物所研制的清洁大流量真空差分系统通过科技成果鉴定

由中科院近代物理研究所自行研制的"兰州重离子加速器充气反冲谱仪清洁、大流量真空差分系统"通过鉴定。该系统设计方案新颖，技术先进，创新点突出，达到国际领先水平。

2010－11－01　中科大发现源于纳米天线效应的新电光现象

合肥微尺度物质科学国家实验室单分子物理化学研究团队发现，当无线电通信天线尖端尺寸减少到纳米量级，并非常接近另一金属表面而形成一个纳米腔室时，就可以利用局域等离激元共振模式的调控来对腔内荧光体的发光特性进行有效控制，并在光频区实现新奇的电光效应。

2010－11－02　新兴铸管集团际华3509公司获四项专利

新兴铸管集团际华3509公司获4项专利授权，分别为："粗纱机上下清洁装置的加速传动系统"、"用于FA317并条机的导条杆架"、"可适用于不同纤维纺纱的清花系统"以及"ZAX9100织机钢筘"。

2010－11－05　让植物吃饱高产优质无污染

山东省秸秆生物工程技术研究中心主任张世明研究员发明的"秸秆生物反应堆技术"，在联合国粮农组织主办的第二十七届农业科研成果及科教电影评奖大会上荣获国际评委最高奖，标志着我国秸秆生物反应堆技术达到世界领先水平。

2010－11－10　中国首个国家科技成果转化服务示范基地落户厦门

中国国家科技奖励工作办公室副主任张木向厦门市授牌，这标志着中国第一个国家科技成果转化服务示范基地，经国家科技部批准，正式落户厦门。该基地立足厦门乃至海西工业园区、科技园区和科技孵化园区，以国家科技成果库为主要依托，引进最新实用科技成果来厦进行转化、产业化或解决企业技术难题，并由此吸引战略性投资机构和资金。

2010－11－11　耐盐碱水稻新品种"东稻4号"创超高产纪录

由中国科学院东北地理与农业生态研究所培育的水稻新品种"东稻4号"单产超过吉林省目前大面积推广的超级稻品种"吉粳88"（786.94公斤/亩，第二名），创下吉林省水稻超高产品种历史最高纪录。

2010－11－13　中国专利界最高奖项揭晓

由清华大学、北京维信诺科技有限公司和昆山维信诺显示技术有限公司共同持有的"有机电致发光器件（简称OLED，Organic Light Emitting Display）"专利荣获了中国专利金奖。该项专利技术已经应用在OLED显示产品和OLED照明器件上，有效降低了产品的功耗，延长了产品的使用寿命。

2010－11－18　盐湖固体钾矿溶解转化项目获青海省科技成果

由青海盐湖工业集团股份有限公司完成的"察尔汗盐湖固体钾矿溶解转化试验及工程化研究"项目获青海省科技成果。该成果整体达到国际领先水平，将对国内外盐类溶解采矿技术的发展产生重要作用，目前已申请了国家发明专利。

2010－11－22　吉大"板材无模多点成形装置"获中国专利金奖

吉林大学李明哲教授科研团队负责研发的发明专利"板材无模多点成形装置"获中国专利金奖，实现了吉林省获得发明类中国专利金奖的历史性突破。这项研究成果具有国际领先水平，在产业化方面也已走在国际前列。

2010－11－22　等离子熔融技术变高炉渣为宝贵资源

武汉科技大学研制的"高钛型高炉渣资源化综合利用研究"可解决攀钢40年积存的6 000余万吨高炉尾渣，使尾渣中钛的回收率超过90%，提钛后的尾渣再制备铝酸盐水泥、钢水精炼脱硫剂高附加值产品，炉渣综合利用率达95%以上，将高钛型高炉渣变为宝贵的二次资源。经鉴定为国际领先水平。

2010－11－23　首例芒属植物人工杂交品种在湘问世

由湖南农业大学芒属植物课题组选育得到的湘杂交芒1号、芒2号、芒3号三个新品系通过评议。这是目前已知的世界上首例人工培育的芒与南荻的杂交新品种。

2010－11－26　一种新矿物"汉江石"被发现

中国地质大学（北京）教授刘家军在陕西发现一种层状硅酸盐矿物，后确认其为具有新结构型的层状硅酸盐新矿物，将其命名为"汉江石"。国际矿物协会新矿物及矿物命名委员会投票通过，将"汉江石"确认为新矿物。"汉江石"新矿物的发现，对我国和世界新矿物的研究具有特殊意义。

2010－11－29　安徽建筑节能科技成果获国家专利优秀奖

安徽省质检院自主研发的建筑节能科技专利成果——"建筑保温耐候测试仪"荣获中国专利奖优秀奖，是全国质检系统仅有的两项获奖成果之一。

2010－11－30　165MN自由锻造油压机通过国家科技成果鉴定

由上海重型机器厂有限公司、中国重型机械研究院等自主创新研制的"165MN自由锻造油压机"通过鉴定。该产品解决了我国超大型锻压装备设计、加工、制造及生产方面的瓶颈问题，是当今世界已投入使用的吨位最大、水平最高的自由锻造油压机。

2010－12－01　新型螺旋式喷浆头研制成功

"新型螺旋式喷浆头"在山东新矿集团华丰煤矿研制成功，经投入生产使用后效果良好。

2010－12－01　大气细粒子和超细粒子快速在线监测技术成果

由中国科学院合肥物质科学研究院承担的863计划资源环境技术领域"大气细粒子和超细粒子的快速在线监测技术"课题通过验收。该课题不仅突破了大气细粒子和超细粒子快速在线监测技术，开发出具有自主知识产权的大气细粒子在线监测仪器，而且在逐步实现产品定型和产业化后，可以改变国内相关环境监测设备长期依靠进口的现状，推动国家环境监测网的建设。

2010－12－02　我国氨氮废水首次实现资源化处理

由中科院过程工程研究所、天津大学研发的国家863计划项目成果"高浓氨氮废水资源化处理技术与工程示范"通过鉴定。该项目突破高浓氨氮废水处理难题，形成了全套具有自主知识产权的高浓氨氮废水清洁处理工艺，其氨氮污染物削减率、资源利用率均大于99%，实现了氨氮废水的资源化处理。

2010－12－05　北师大地表过程与资源生态重点实验室通过验收

北京师范大学建设的地表过程与资源生态国家重点实验室通过验收。

2010－12－08　国内首条采用天然石英砂加工超白太阳能玻璃砂生产线调试成功

海南三箭科技开发有限公司年产6万吨超白太阳能玻璃砂生产线调试成功。该项目为国内首条采用天然石英砂加工超白太阳能玻璃砂生产线，项目成功填补了国内海砂选超白太阳能玻璃砂的空白。

2010－12－09　我"人造太阳"有了新型"体温计"

国际公认的最为准确的电子温度和密度诊断系统——汤姆逊散射诊断系统在我国新一代"人造太阳"实验装置EAST成功建成并调试运行。这套25道汤姆逊散射诊断系统，为国内最先进水平，已基本可以提供等离子体电子温度和密度分布结果。

2010－12－13　我国研制铯原子钟1500万年不差1秒

由中国计量科学研究院自主研制的"NIM5可搬运激光冷却－铯原子喷泉时间频率基准"通过鉴定。经鉴定，这台铯原子喷泉钟可达到1500万年不差一秒。

2010－12－14　永济电机打破国外在IGBT市场的垄断

具有世界最先进水平的首批最大功率IGBT产品在中国北车永济电机公司成功下线。这批具有自主知识产权的大功率IGBT产品的问世，为我国以机车、动车组为代表的轨道交通装备及其他相关产业提供强劲的"中国芯"。对于打破国外在IGBT市场的垄断、促进我国电子电气技术迈上新台阶具有重要意义。

2010－12－15　机电行业重点污染控制技术课题取得显著效果

由西安重型机械研究所承担的国家"十一五"科技

支撑计划"绿色制造关键技术与装备"重大项目"机电行业重点污染控制技术与装备"课题通过验收。该课题通过选择机电行业典型制造过程中污染严重的环节，提出了用特定磁场改变烟气中 NO 迁移转化规律的技术路线，研制出具有改变烟气中 NO 迁移转化规律的烟气磁化系统，通过确定氮氧化物转换系统设计参数，对 SCR 脱氮成套设备进行结构性研发，研制出国内首个具有自主知识产权的 SCR 高效脱氮成套装置，为治理工业炉窑的氮氧化物污染提供一条符合我国国情的技术路线。

2010 – 12 – 16　岫岩陨石坑被研究证实

中科院广州地球化学研究所研究员陈鸣率领的研究团队从 2007 年开始对我国陨石坑进行探索，历时 3 年，成功证实了我国境内第一个地外天体撞击构造——岫岩陨石坑。岫岩陨石坑的发现填补了中国领土上这类独特地质构造形迹的空白。这项研究的进展，体现了我国在陨石坑和冲击变质领域的进步，与国际上该科学领域研究水平差距的缩小。

2010 – 12 – 16　中国石油研发成功万吨级己烯 – 1 技术

中国石油重大科技专项万吨级乙烯三聚合成己烯 – 1 成套技术，通过验收。这项成套技术是中国石油化工业首次实现从试验室研究到工业化转化的成套工艺技术，核心技术达国际先进水平，对炼化企业新技术开发和推广应用具有里程碑意义。

2010 – 12 – 17　我国首个捕集与封存二氧化碳项目取得阶段成果

我国首个旨在捕集与封存二氧化碳的研究专项——"广东省二氧化碳捕集与封存可行性研究项目"已取得丰硕的阶段成果。

2010 – 12 – 21　超硬材料砂轮的研究与开发取得阶段性成果

由郑州磨料磨具磨削研究所承担的"十一五"国家科技支撑计划"高速高效切削工具的研究开发"重点项目"超硬材料砂轮的研究与开发"课题取得阶段性成果。该课题攻克了长期制约我国高速陶瓷砂轮技术发展的相关难题。

2010 – 12 – 21　中国造世界最牛消防车高压水可送达 400 米楼顶

北京与三一重工联合研制的超高层建筑消防车月底将完成装配，与直通楼顶的消防竖管配合，超高层建筑消防车可在六七分钟内将高压水送达 400 米高的楼顶。超高层建筑灭火的世界性难题有望在北京率先攻克。

2010 – 12 – 22　我国基于 AVS 标准的 3D 电视技术试验系统取得重大进展

我国基于 AVS 标准的 3D 电视技术试验系统取得重大进展。该系统首次实现了 AVS 3D 电视节目制作系统和 AVS 3D 电视播出系统集成，对完善我国 3D 电视技术及产业链、推动自主音视频标准的应用具有积极的作用。

2010 – 12 – 22　高速、重载机械传动系统关键技术研究成果应用显著

"十一五"国家科技支撑计划"关键基础件和通用部件"重点项目"高速、重载、精密机械传动系统关键技术研究"课题在南京高速齿轮制造有限公司通过验收。项目成果提升了我国大型重载齿轮传动装置研究、开发、生产的国际竞争力，提高了我国大型高速、重载齿轮传动装置的自主创新能力。

2010 – 12 – 23　国核锆业公司 5000 吨油压机成功试压第一块电极块

国核锆业合金制造厂在 5000 吨油压机上压制出国核锆业第一块电极块。第一块电极块的成功压制，标志着国核锆业工作重点已逐步由工程建设转入试生产阶段，标志着接受西屋技术转让工作的进一步深化，标志着国核锆业工艺技术、设备管理、生产组织及员工培训等工作又攀新台阶。

2010 – 12 – 23　中远船务公司自主研制的首制穿梭油轮在南通命名

由中远集团所属中远船务工程集团有限公司自主研发设计并建造的首制 105000 载重吨穿梭油轮在南通成功命名为"FORTALEZA KNUTSEN"（福塔雷萨·库娜森）。该产品填补了我国在先进海洋工程船舶设计建造上的空白，对推动我国深海油气钻井配套装备走向世界，具有里程碑意义。

2010 – 12 – 24　重庆通用新品获节能机电产品称号

重庆通用工业（集团）有限责任公司研发制造的等减速曲叶型离心通风机、曝气离心鼓风机、干熄焦循环风机、机械蒸气再压缩离心通风机等四款新产品荣获节能机电产品称号，并被工信部列入推荐节能产品行列。

2010 – 12 – 24　中国南车创世界铁路运营试验最高速

由中国南车研制的 CRH380A 新一代高速动车组最高运行时速达到 486.1 千米，中国高铁再次刷新世界铁路运营试验最高速。该车是目前世界上运营速度最快、科技含量最高的高速列车，达到世界领先水平。

2010 – 12 – 25　中国西电研制成功 110 – 500kV 电子式互感器

由中国西电所属西开有限公司研制的"110 – 500kV 电子式互感器"通过鉴定。这 6 项产品各项性能符合技术规范和国家标准，其中：JLENDQ – 500W2 电子式电流电压互感器达到国际领先水平，其余 5 个产品达到国际先进水平。这标志着中国西电在国内一次设备厂家中率先研制成功电子式互感器。

2010 - 12 - 27　国内规模最大一批转基因克隆绵羊在内蒙古诞生

由内蒙古农业大学动物生物技术重点实验室主任周欢敏教授带领的科研团队承担的我国规模最大的一批转基因克隆绵羊诞生，标志着中国绵羊现代生物育种技术又有新突破。

2010 - 12 - 27　中国电子科技集团公司研制成功多核DSP 芯片

国家"核高基"重大专项 DSP 课题——"华睿1号"专用 DSP 芯片，研制成功，填补了我国在多核 DSP 领域的空白。该产品的研制成功，对提高我国高端芯片的自主研发能力、提升我国电子整机装备研制水平及可持续发展能力、保障国家信息安全、提高我国在该领域的科技创新能力，具有重大意义。

2010 - 12 - 28　葛洲坝在向家坝电站创造混凝土日浇筑量世界记录

由葛洲坝集团向家坝施工局承担施工的向家坝水电站二期工程消力池齿槽碾压混凝土日浇筑量突破 22 088 立方米，打破了一直以来三峡工程建设中创造的碾压混凝土最高日浇筑量 21 066 立方米的世界记录，创造了业界碾压混凝土日浇筑量新的世界记录。

2010 - 12 - 29　我国 DNA 纳米技术研究不断取得新突破

在贺林带领下，李璨、樊春海、张钊等开发的"DNA 纳米中国芯"可以在溶液中的纳米级"中国地图"表面实现可寻址的高灵敏基因检测，实现了对单碱基多型性（SNP）的高特异性分辨，为 DNA 纳米技术在医学、遗传学等领域的实际应用迈出重大一步。

2010 - 12 - 29　2010 年信息产业 5 大技术发明

工业和信息化部对外发布了 2010 年（第十届）信息产业重大技术发明评选结果，中兴通讯股份有限公司的高性能大容量的电信级路由器平台、华为技术有限公司的面向异构网络深度融合的 IMS 统一核心架构、广州广晟数码技术有限公司的 DRA 多声道数字音频编解码关键技术研发及其产业化、厦门市三安光电科技有限公司的用于 TFT - LCD 背光源的超高亮度 LED 芯片产业化、新奥博为技术有限公司的磁共振导航监控微创诊疗系统 5 个项目被评为重大技术发明。

2010 - 12 - 30　世界首台车载钠层测风测温激光雷达研制成功

中国科学院空间科学与应用研究中心临近空间环境研究室自主研制的车载钠层测风测温激光雷达进行了观测，成功获得了中间层顶区域约 80 公里 ~ 105 公里高度大气三维风场、温度及钠原子数密度等参数。这标志着世界首台车载钠层测风测温激光雷达研制成功。这次试验是国际上首台车载钠层测风测温激光雷达研制成功的标志性事件，对于临近空间环境探测技术和研究领域具有重要的意义。

2010 - 12 - 31　2010 年中国十大科技新闻

第一，嫦娥二号成功发射，探月工程二期揭幕；第二，"天河一号"成为全球最快超级计算机；第三，深海载人潜水器海试首次突破 3 700 米水深纪录；第四，京沪高铁全线铺通；第五，水稻基因育种技术获突破性进展；第六，揭示致癌蛋白作用新机制；第七，实验快堆实现首次临界；第八，实现 16 千米自由空间量子态隐形传输；第九，"大熊猫基因组"发表；第十，煤代油制烯烃技术迈向产业化。

2010 - 12 - 31　上海有机所自由基环合反应研究取得重要进展

中科院上海有机化学研究所天然产物合成化学院重点实验室研究人员发现，在路易斯酸的促进下，α-酰胺基自由基可以高效地进行 8 - endo 环合反应，高区域及立体选择性地生成相应的八元环内酰胺。该反应具有较为广泛的底物适用性，因而有着良好的有机合成应用前景。

2010 - 12 - 31　中子带宽限制斩波器样机通过鉴定

散裂中子源（CSNS）工程经理部研制的中子带宽限制斩波器样机通过鉴定。该样机达到中子带宽限制斩波器的设计指标，满足中子散射谱仪物理设计对带宽限制斩波器的要求，达到国际同类设备水平。

信息产业类

2010-01-05 夏普新型 SH003 手机采用 Cypress TrueTouch 触摸屏技术

赛普拉斯半导体公司宣布，夏普通讯系统集团生产的新型 KDDI 手机的触摸屏上采用了其 TrueTouch 触摸屏解决方案。SH003 手机载有一颗 1210 万像素的摄像头，可以通过 TrueTouch 解决方案提供的用户友好的多点触摸手势对图像进行操作，也可以控制其他功能。赛普拉斯早先发布的 TrueTouch 解决方案在 KDDI Sportio 防水手机上实现了防水触摸屏。

2010-01-05 泰克为嵌入式设计工程师推出 USB 2.0 总线分析解决方案

泰克公司发布 DPO4USB 模块，此模块是业内第一款用于经济型台式示波器的 USB 串行总线触发和分析的模块。DPO4USB 模块解决了当前嵌入式设计工程师们面临的一个重大挑战，即 USB 总线在系统与系统间及芯片与芯片间通信应用的迅猛增长。新模块完善了 MSO/DPO4000 系列示波器，可在 USB2.0 低速、全速和高速总线上自动完成关键的测量和分析工作，使得工程师可以更加迅速地进行故障排查和调试，从而加快产品开发速度。

2010-01-11 华虹 NEC 推出业界领先的 0.13 微米嵌入式 EEPROM 解决方案

上海华虹 NEC 电子有限公司宣布，公司基于 0.13 微米嵌入式闪存（eFlash）工艺平台，成功开发出面向高性能智能卡、信息安全及微处理器等应用的嵌入式 EEPROM（电可擦可编程只读存储器）解决方案，充分展现了华虹 NEC 在嵌入式非挥发性存储器（eNVM）技术上的领先地位和创新优势。华虹 NEC 的 0.13 微米嵌入式 EEPROM 是在已有 0.13 微米嵌入式 Flash 平台上开发的，实现了 Flash 和 EEPROM 的完美兼容，也是目前代工业界仅有的可以在同一款产品上同时提供 Flash 和 EEPROM 的代工工艺，给予客户设计时更加灵活的方案选择，满足客户产品的多方面应用需求。

2010-01-14 宏力半导体发布先进的 0.18 微米 45V LDMOS 电源管理制程

上海宏力半导体制造有限公司，发布基于其稳定的 0.18 微米逻辑平台的先进 45V LDMOS 电源管理制程。与传统线宽相比，0.18 微米逻辑平台使得更高集成度的数字电路成为可能，从而可以适用于 SoC 和智能电源。宏力半导体成熟的 0.18 微米逻辑制程配备了具有高精准模型的完整设计工具包，极大地缩短了产品的设计周期，加速客户产品的投产。此外，该 0.18 微米逻辑制程还分别提供了通用逻辑和低功耗逻辑平台供客户选择。

2010-02-22 芯海科技开发出低功耗 SoC 衡器计量芯片

深圳芯海科技公司宣布推出低功耗 SoC 衡器计量芯片 CSU11xx 系列，包括 CSU1182、CSU1181 及 CSU1100 三款产品；可降低电子衡器、精密测量及控制系统的待机与工作功耗，并降低整体实现成本。例如，对于太阳能电子秤的开发，既保证人体秤测量精度，同时工作电流小于 20μA。推出的高精度 24 位 ADC 芯片 CS1242 填补了中国本土中高端电子衡器芯片领域的空白。

2010 – 03 – 11　明导推出半导体封装热特性分析及设计

明导国际（MentorGraphics）宣布 FloTHERMIC 上市，这是一套定位于半导体产业产品之热特性定义与设计而生的研发利器。针对现今芯片设计日趋复杂，芯片密度更高与高性能的需求，FloTHERMIC 通过一个独特的网络平台，提供高层次的自动化设计任务与全方位热特性定义和有效性。

2010 – 03 – 31　新高温 7 段液晶显示器提供明亮显示功能

伊律美发布了全球上市的 QuasarBrite 高温 7 段数字液晶显示技术，提供明亮，清晰的显示功能，达到 105°C 的市场领先温度范围。

2010 – 04 – 15　首款 TD – LTE 基带芯片诞生　应用于世博的数据卡

全球首枚 TD – LTE（中国的"准 4G"技术）基带芯片成功问世，在上海世博会期间运营全球首个 TD – LTE 规模试验网，成为本届世博会网络覆盖的一大亮点。此款芯片是全球首款支持 20 兆带宽的 TD – LTE 基带通信芯片，是在中国移动研究院的大力推动和重点资金扶持下，由北京创毅视讯公司与其合作伙伴香港应科院开发成功的，此次应用于世博的数据卡，则由联想移动基于此芯片开发。

2010 – 04 – 19　手持电视正式在京运营　信号覆盖六环内 95% 地区

北京中广传播有限公司宣布 CMMB 手持电视业务在北京地区正式商用。北京已建成 13 处主发射基站，信号覆盖六环内 95% 的地区，堪称全球最大的移动广播电视单频网。

2010 – 04 – 20　化学所利用光子晶体实现高性能光信息存储

中科院化学研究所有机固体实验室和新材料实验室的科研人员从材料的结构性能关系出发，在已有研究基础上，设计制备了一系列新型有机光电功能薄膜，对分子结构与光电信息存储性能的关系进行了深入研究（Adv. Funct. Mater. 2010, 20, 803 – 810; Adv. Mater. 2008, 20, 2888 – 2898），利用同一材料实现了光电双重响应的高密度信息存储（Appl. Phys. Lett. 2009, 94, 163 309; Appl. Phys. Lett. 2009, 95, 183 307），并通过光电协同效应，实现了低能耗、高开关比的信息存储（J. Phys. Chem. C 2009, 113, 8548 – 8552）。该研究结果表明，通过光子晶体的带隙设计可以大大提高荧光分子体系的信号强度和开关比，对于发展高性能的光信息存储及荧光检测器件具有重要意义。

2010 – 04 – 23　我国研制成功新型三维图像悬浮显示装置

一种新型三维图像悬浮显示装置，在中科院长春光机所研制成功，这项新成果全称是"基于单源光路的三维图像多方位悬浮显示装置"，它的可观看视角达到 360 度。该项研究成果，有效解决了真实三维物体全方位悬浮显示的技术问题。随着其工艺日益成熟，有望在广告、展厅、游戏等领域得到广泛应用，为观看者提供更高质量的观看体验。

2010 – 04 – 27　格力低频控制技术达到国际领先水平

格力电器自主研发的"G10 变频引擎"低频控制技术达到"国际领先"水平，这是我国空调产业第一项"国际领先"的变频技术，填补了行业空白，标志着我国变频空调产业开始从"跟随型制造"向"引领型创造"转变，在空调产业史上具有里程碑式的意义。

2010 – 04 – 29　晶门科技微型投影机解决方案以超低功耗支持清晰影像

晶门科技有限公司作为显示系统解决方案的先锋，为最新的微型投影市场隆重推出其创新的 Magus Core 微型投影机系统解决方案，为商用及消费者娱乐用途带来全新且庞大的市场需求。

2010 – 05 – 02　"曙光 6000" 千万亿次计算机将首次采用我国自主知识产权处理器

中科院计算所与曙光公司正在开发的千万亿次高性能计算机"曙光 6000"将首次采用国产通用处理器龙芯作为核心部件，曙光千万亿次计算机问世后，国产高性能计算机将实现两大突破：一是采用国产中央处理器，龙芯的应用将具有划时代的伟大意义；二是高性能计算机现有的机群体系结构将在千万亿次时代实现改变。

2010 – 05 – 04　我国高性能数模混合集成电路设计获突破

由复旦大学专用集成电路与系统国家重点实验室主任任俊彦领衔的"新一代宽带无线移动通信网"国家科技重大专项课题组，获重要进展。14bit 100MS/s ADC 是国内首款适用于宽带无线移动通信基站的高速高精度 ADC，体现了国内高速高精度 ADC 的最新水平，是我国高性能数模混合集成电路设计领域的一个突破。

2010 – 05 – 06　波导管精密打弯技术大幅提升产品优良率

应用"毫米波器件制造工艺研究"成果研制的波导管精密打弯技术生产的弯波导，产品合格率可达 90%，与传统的打弯技术相比，效率至少提高 3 倍。该项目获得 2009 年度中国电子学会电子信息科学技术奖。"毫米波器件制造工艺研究"项目成功将扩散焊接技术应用于铜合金毫米波器件的成型，在保证焊缝密封的前提下，焊缝圆角能控制在 R0.2mm 以内，成功解决了弯波导、扭波导、复合弯波导、正交模耦合器、裂缝波导、魔 T、交连、行馈等毫米波器件的制造难题，现已申请专利，并已应用在我国首部机载毫米波 SAR 雷达以及其他通信设备中。

2010 – 05 – 22　我国首个脉冲超宽带无线通信网络建成

我国首个脉冲超宽带无线通信系统和网络应用示范系统在中国科学技术大学研制成功，并通过验收。该系统使用的核心技术芯片是完全自主研发的。

2010 – 06 – 04　实现 16 千米自由空间量子态隐形传输

由中国科学技术大学和清华大学组成的联合小组，成功实现了 16 公里的量子态隐形传输，这个距离是目前世界纪录的 20 多倍。该实验首次证实了在自由空间进行远距离量子态隐形传输的可行性，向全球化量子通信网络的最终实现迈出了重要一步。

2010 – 06 – 11　国内首台自主知识产权的高端半导体设备进入韩国

上海浦东张江高科技园区的盛美半导体设备（上海）有限公司 12 英寸 45 纳米半导体单片清洗设备，正式启运运往韩国知名存储器厂商海力士，这也是国内首台具有自主知识产权的高端 12 英寸半导体设备进入韩国市场。

2010 – 07 – 01　中华电信和台湾爱立信展示台首个 LTE 现场测试结果

中华电信研究所和爱立信联合展示了台湾首个 LTE 现场测试结果，此次测试展示了 LTE 技术的卓越性能，其中包括演示室内和室外移动性能、各种应用服务以及中华电信研究所自行研发的 LTE 模拟器。

2010 – 07 – 12　宏力半导体发布 0.13 微米铝制逻辑及混合信号工艺

上海宏力半导体制造有限公司发布其低本高效的 0.13 微米铝制程逻辑及混合信号工艺。该制程可以支持最多 7 层金属层，同时提供 MIM，HRP 和 DNW 等支持混合信号设计，并提供不同性能的器件，客户可以进行更优化的芯片设计。

2010 – 07 – 22　我国芯片制造依赖进口已成为历史

中芯国际集成电路公司成功研发出了"65 纳米产品工艺"，并开始批量生产，芯片制造依赖进口已成为历史。其研发成功标志着我国集成电路制造技术完全达到了国际主流先进生产技术水平，可以为我国的移动通讯、数字电视、计算机、三网融合、数控机床、汽车电子等高端通用芯片产品的自主开发提供国际先进水平的生产制造服务。

2010 – 07 – 26　中国计算机获重大突破　解放军武器配国产 CPU

国防科大计算机学院"高性能微处理器技术创新团队"，坚持自主创新，在高性能微处理器技术等方面突破了一系列核心关键技术，填补了国产高性能军用 CPU 和 DSP（数字信号处理器）的空白，让我军武器装备有了"中国芯"。

2010 – 09 – 01　"天河一号"安装完毕

我国首台千万亿次超级计算机系统"天河一号"的 13 排计算机柜已全部安装到位，计划从 9 月开始进行系统调试与测试，并分步提交用户使用。

2010 – 09 – 10　国内首条大尺寸液晶屏 6 代线投产

京东方 6 代线宣布试生产，彻底结束了 32 英寸以上液晶电视无国产屏的历史，是中国大陆自主建设的首条高世代线，它的投产也将中国电子信息产业的"中国创造"水平提升到一个新台阶。

2010 – 09 – 11　我国自主研制成功 71 英寸全高清硅基液晶激光显示器

由武汉全真光电科技有限公司牵头，联合北京中视中科光电技术有限公司研制的全球首台 71 英寸全高清硅基液晶激光显示器，该产品集成了硅基液晶光学引擎和激光光源模组两大核心部件，是全球首台高技术、高品质的新一代显示器。

2010 – 09 – 14　我研发出全球首款高性能和高集成度芯片

新岸线公司和英国 ARM 公司在京联合发布全球首款 40 纳米 A9 双核 2.0G 高性能计算机系统芯片。这款名为 NuSmart2816 的芯片是基于 ARM 公司技术架构，中国自主设计的计算机系统芯片。NuSmart2816 芯片的推出为移动互联网时代和相关行业发展带来了新的想象空间。

2010 – 09 – 14　力科发布业界最全面的 MIPI 测试解决方案

力科公司宣布为移动电话产业特别是 MIPI（Mobile Industry Processor Interface）标准提供业界最全面的测试解决方案。

2010 – 09 – 28　大陆首颗 40 纳米芯片

由台湾半导体企业龙头台积电（2330 – TW）所生产制造，广东新岸线设计公司与台积电转投资的创意（3443 – TW）所共同设计的中国大陆第一款半导体制程 40 纳米单芯片诞生。该产品是目前大陆所有芯片采用的制程中，技术最先进的。

2010 – 10 – 15　新型搜索引擎能向用户直接提供所需内容

耶宝智慧（北京）技术发展有限公司展示了最新研

发的搜索引擎，面对互联网上的海量信息，这种智能搜索引擎可以向用户提供个性化的搜索结果，特别是它能向用户直接提供所需的内容，而不是只显示搜索到的网页。

2010 – 10 – 27　AC – LED 开发突破技术瓶颈

东营市加文光电有限公司与浪潮华光集团合作，联合开发一种新型的交流驱动 AC – LED 技术，项目取得了突破性进展，各项指标均已符合产业化要求，并申报了国家发明专利。加文光电在该领域的技术突破、专利申请及产品研发不仅迅速填补了 AC – LED 在国内的研究空白，而且在芯片尺寸、功率、电效率及有效发光面积等重要参数方面实现了优化，处于国际领先水平，为我国 LED 技术的发展做出了重要贡献。

2010 – 11 – 04　光纤传感技术有了新突破　填补国内物联网空白

南京大学工程管理学院张旭苹教授发明的"基于布里渊效应的连续分布式光纤传感技术"通过鉴定。此项技术创新性强，拥有多项自主知识产权，技术上达到了国内领先、国际先进水平，具有良好的应用前景。

2010 – 11 – 12　首颗二维码解码"中国芯"诞生

福建新大陆电脑股份有限公司发布了全球首颗二维码解码芯片，标志着中国物联网技术以及二维码识读核心技术已取得重大突破，表明中国在二维码核心技术领域已达到国际先进水平。

2010 – 11 – 14　"天河一号"成为全球最快超级计算机

国际 TOP500 组织 14 日在网站上公布了最新全球超级计算机前 500 强排行榜，中国首台千万亿次超级计算机系统"天河一号"雄居第一。"天河一号"由国防科学技术大学研制，部署在国家超级计算天津中心，其实测运算速度可以达到每秒 2 570 万亿次。美国橡树岭国家实验室的"美洲虎"超级计算机此前排名第一，在新榜单中，其排名下滑一位。"美洲虎"的实测运算速度可达每秒 1 750 万亿次。排名第三的是中国曙光公司研制的"星云"高性能计算机，其实测运算速度达到每秒 1 270 万亿次。

2010 – 11 – 17　新强光电开发 8 寸外延片级 LEDs 封装技术

新强光电（NeoPac Opto）配合其固态照明通用平台（NeoPac Universal Platform）及可持续性的 LEDs 标准光源技术，已成功开发出 8 寸外延片级 LEDs 封装（WLCSP）技术，此技术将用来制造其多晶封装、单一点光源的超高亮度 LEDs 发光元件（NeoPac Emitter），并配合专利的散热机构制作成系统构装（System – In – Package）的 LEDs 照明级发光引擎（NeoPac Light Engine）。

2010 – 12 – 06　中国第一台自主知识产权激光打印机问世

由珠海赛纳科技有限公司自主研发、生产的中国第一台有核心技术的自主知识产权激光打印机"奔图"问世，并开始批量生产。这使中国成为全球第四个掌握激光打印机核心技术，有能力研发制造激光打印机的国家。

2010 – 12 – 13　空间面阵红外凝视相机通过在轨试验

由哈尔滨工业大学空间光学工程研究中心研制的空间面阵红外凝视相机通过在轨试验。试验结果表明，国产器件在空间试验中性能可靠，可以替代进口器件。该相机的研制成功为国产新型制冷机和红外焦平面红外探测器的实际空间应用提供了基础试验数据和技术支撑，为小型空间红外凝视相机和空间用元器件、原材料的国产化奠定了基础。

2010 – 12 – 16　LGD 联合六大厂商齐推不闪式 3D 技术

LGD 宣布推出不闪式 3D 硬屏，并联合国内六大彩电厂商共同成立不闪式 3D 联合阵线。

2010 – 12 – 16　清华大学与 TSMC 共创 65nm 里程碑

清华大学与 TSMC 共同发表 65nm 产学合作成果，清华大学微电子学研究所在半数字锁相环（Phase Lock Loop）以及模拟/数字转换器（Analog DIGItal CONverter）二项研究上创下世界级的里程碑，为中国的集成电路设计业带来创新的发展。

2010 – 12 – 17　人大金仓首次发布成型 BI 平台产品

人大金仓对外正式发布"KingbaseBI 统一平台"，这是国产数据库厂商首次在 BI 领域发布系统、成型的 BI 平台产品。

2010 – 12 – 29　华虹 NEC BCD180 工艺技术进入量产

上海华虹 NEC 电子有限公司最新研发成功、处于业界领先地位的 0.18 微米 BCD（Bipolar CMOS DMOS）—BCD180 工艺技术进入量产。该技术性能指标达到国际先进水平，由此成为国内首家、全球少数几家可以提供 0.18 微米 BCD 量产工艺的代工厂之一。

3 新材料产业类

2010-04-07　最有发展前景的显示技术　将亮相中国电子展

由清华大学和维信诺公司联合完成的OLED，是一种有机半导体材料在电场作用下的发光技术，产品为全固态结构，主动发光，无需背光源。被业界认为是最有发展前景的新型显示技术之一，也是国际上高技术领域的一个竞争热点。该产品获得2009年度"中国电子学会电子信息科学技术奖"一等奖的"有机发光显示（OLED）材料、器件及其产业化项目"。

2010-04-07　固体所在微/纳米结构材料环境治理方面取得新突破

中科院合肥物质科学研究院固体所科研人员利用其结构的特殊性，合成出具有吸附性能的硅酸镁空心球。结果表明，制备具有微/纳米结构的吸附材料能够极大地提高其吸附效果，为下一步开展针对持久性污染物的治理工作奠定了材料基础。相关研究结果申请了中国发明专利，撰写的论文发表在《欧洲化学》上。

2010-04-26　碳纤维国产化核心技术瓶颈终获突破

由哈尔滨天顺化工科技开发有限公司完成的黑龙江省科技攻关项目"高性能聚丙烯腈碳纤维原丝的聚合工艺研究"通过鉴定。该项目的实施将结束我国不能生产高性能碳纤维材料的历史，对满足国防和民用需要，带动与碳纤维相关产业发展意义重大。

2010-04-29　金三顺木化地板走入世博会

唐山金三顺装饰材料有限公司研制成功零污染的新型环保地板——木化地板，是用石粉做原料的环保型木化地板专利产品。该产品既保留了木地板的质感和舒适度，又有瓷砖不怕水、抗冲击、安装打理方便等诸多优点。产品具有零甲醛、健康、环保，导热性好，防腐防蛀，高强度，不变形等特点。上海世博会中国河北馆、加勒比馆、加蓬馆、喀麦隆馆、刚果（布）馆、咋得馆、阿根廷馆、安格拉馆等国家的展馆都采购了金三顺木化地板。

2010-05-26　我国制备出高性能共聚聚丙烯合金

中科院长春应用化学研究所与中国石油天然气股份有限公司经过3年多的艰苦拼搏，以自主研发的磷酸酯类给电子体聚丙烯催化剂，制备出高性能共聚聚丙烯合金。该聚丙烯合金具有很宽范围的模量和高冲击强度，性能达到国外同类产品水平。

2010-06-03　光子晶格设计制备研究取得进展

中山大学物理科学与工程技术学院、光电材料与技术国家重点实验室周建英教授与俄罗斯莫斯科大学Yuri. D. Treyakov院士、英国圣安德鲁大学ThomasF. Krauss教授合作，成功设计与制备了一种新型光子晶格——折射率虚部形成的光子晶格。

2010-06-18　物理加热法"蒸"出低价太阳能级多晶硅

由南阳迅天宇硅品有限公司、中科院上海技术物理研究所联合研发的物理法太阳能级多晶硅全流程工艺通过鉴定。这项技术填补了国际上没有专门面向光伏产业的多晶硅工业技术的空白，标志着我国已经超越发达国家，在节能环保的低成本太阳能级多晶硅制造新技术领域取得重大突破。

2010-07-13 我国半导体/绝缘高分子复合材料研究取得重大突破

中科院长春应用化学研究所杨小牛研究员课题组在半导体/绝缘体高分子复合材料研究方面取得重大突破，其研究结果被国际著名期刊《先进功能材料》以"卷首插画"的形式给予重点报道。

2010-07-13 南通新绿叶非织造布有限公司科技成果鉴定会成功召开

南通新绿叶非织造布有限公司"再生棉纤维缝编擦拭拖地布"项目通过鉴定。该项目关键工艺技术拥有自主知识产权，技术水平达国内领先。

2010-07-20 国内通信级塑料光纤达到国际先进水平

江西大圣塑料光纤有限公司研发的江西省重点新产品——通信用PMMA塑料光纤通过鉴定。这是国内唯一自主研发并达到国际先进水平的通信级塑料光纤。

2010-08-02 嵌入式非挥发性内存：力旺Neobit技术率先满足车规

嵌入式非挥发性内存厂商力旺电子宣布，其Neobit技术已率先导入于0.25微米车规IC制程平台，并已于2010年Q2完成可靠度验证，成功自工规领域迈进车规市场，未来更将强化与晶圆代工伙伴间之策略联盟，持续开发先进高阶制程之OTP技术。

2010-08-08 我国高温超导线圈技术达到国际领先水平

上海的美时医疗技术公司凭借高温超导磁共振线圈技术，实现了核磁共振医疗设备的技术革新，打破了国外产品的垄断。

2010-08-27 成大研发全球最省能芯片

成大电机系副教授张顺志带领的研发团队，研发出全球最省能源的IC芯片，比起传统设计可省能8成以上，并已拿到美国与台湾地区的专利。

2010-09-16 北理工纳米光子材料研究取得新突破

北京理工大学材料学院邹炳锁教授领导的纳米光子学团队在一维半导体超晶格微米线的制备与光学性质的研究方面取得突破。该成果对降低微型固态激光器的激发阈值、实现新型光波导、光开关，研究激子与光的相互作用具有重要的意义。

2010-09-25 导电混凝土关键技术研究

中国建筑科学研究院青年基金项目"导电混凝土关键技术研究"通过验收。该项目的圆满完成，标志着中国建筑科学研究院掌握了导电混凝土的成套技术并达到国内领先水平。导电混凝土技术的研发，对提高我国功能混凝土的整体技术水平，引领现代混凝土技术的发展，具有重要意义。

2010-10-16 我国成功开发市场急需的高振实密度银粉材料

由西北大学王惠教授主持的科技部国际科技合作专题项目"太阳能光伏电池用高导电性银粉材料的制备技术与工艺研究"，通过小试、中试以及工业放大等过程，成功开发出目前国际、国内市场上急需的高振实密度（$2.5g/cm^3 \sim 4.8g/cm^3$）银粉材料。该类银粉的成功开发填补了国内高振实密度球形银粉生产的空白，标志着我国将有自主知识产权的太阳能光伏电池前电极浆料用高振实密度球形银粉以及用其开发出的银浆料。

2010-10-26 乐凯集团开发新一代电子纸

乐凯集团承担的国家"863"计划项目——电子纸取得重大进展，突破了电泳微胶囊稳定批量制备和均匀涂布技术难关，实验室样品实现了良好的电子图文动态显示效果。

2010-11-26 我国发明新型高电导率纳米粉体材料

中国科学院长春应用化学研究所成功研制出绿色环保型高电导率纳米粉体材料，并获得专利授权。该材料在科学研究和工业生产中应用前景广泛。

2010-12-09 纳米新材料"钯蓝"问世

我国科学家制备出一种蓝色的新型钯纳米材料，它不仅具有很高的催化活性，而且或可成为癌症光热疗的"希望之星"。

2010-12-10 汉白玉水性保护涂料问世

海洋化工研究院成功研发出新型的应用于汉白玉表面保护的水性涂料。该产品已经在中南海的汉白玉桥梁、台阶、栏杆上使用，效果理想。

2010-12-11 通光应力转移型特强钢芯软型铝绞线产品通过鉴定

江苏通光强能输电线科技有限公司提交的应力转移型特强钢芯软铝型线铝绞线AOF（SZ）Gg+S4A-400+52和、AOF（SZ）+S4A-400+52两种产品通过鉴定。该产品填补了国内空白，其综合性能达到国际同类产品先进水平。

2010-12-20 我国研发出国际领先新型大麻纤维

中国工程院院士、军需材料专家周国泰与大连工业大学季英超教授合作进行的"毛型大麻纤维生产技术研究"获得突破性成果：采用该技术可生产出长度81.5mm的毛型大麻纤维，达到国际领先水平。该项研究不仅填补了大麻纤维品种的空白，拓宽了大麻纤维的应用领域，而且对可再生生物质纤维优质化应用、促进纺织行业可持续发展等具有重要意义。

大事记录篇

生物、医药产业类

2010-01-07 揭示致癌蛋白作用新机制

武汉大学生命科学学院教授张翼和付向东联合指导的研究组发现，PTB 蛋白（多聚嘧啶串结合蛋白）不仅能直接抑制靶基因的可变剪接，还能直接促进靶基因的可变剪接。该发现打破了已写入教科书的、认为 PTB 蛋白是抑制蛋白的定论。2009 年 12 月 24 日，该研究成果在《细胞》（Cell）杂志子刊《分子细胞》（Molecular Cell）上作为封面论文正式刊登发表。西班牙科学家 Juan Valcárcel 教授为该文撰写的题为《RNA 加工：重绘已制好的地形图》的评论文章指出，该文是向科学家们已经绘制好的 RNA 加工地形图进行挑战，并成功重新绘制了新的地形图，研究成果对基因转录后调控研究领域具有引领作用。该成果在理论和方法上的突破，将带来蛋白质—RNA 相互作用研究革命，是国际上第一次成功"看清"致癌蛋白在细胞内几乎所有靶标的创举，并对理解 PTB 蛋白的致癌机制和推动抗癌药物开发具有重要意义。

2010-01-26 Aptina 公司创新型医用图像传感器解决方案

Aptina 公司宣布，基文影像公司（Given Imaging Ltd）的 PillCam COLON 2 内置了 Aptina 公司的 MT9S526 医用图像传感器。基文影像公司有 3 种患者友好型的可吞式 PillCam 产品，分别用于小肠、食管成像，最新型号也用于结肠成像，这 3 种产品的基文成像胶囊中全部内置了 Aptina 公司的传感器。Aptina 公司与基文影像公司长达 10 年的伙伴关系反映了两家公司稳固的关系，也帮助 Aptina 公司发展成为医用图像传感器市场中的领先企业。

2010-05-04 冠状动脉金属支架及输送系统高技术产业化示范工程项目完成

辽宁生物医学材料研发中心有限公司冠状动脉金属支架及输送系统高技术产业化示范工程项目完成竣工验收。通过项目建设，形成了年产支架 5 万套、导管球囊 3 万套产业化能力，产品列入国家医疗保险用品手册。

2010-05-14 中美科学家发现藏族人适应高海拔的特殊基因

由青海大学医学院和美国犹他州大学盐湖城分校学者组成的联合科研小组经过大量科学探索，在青藏高原成功发现了两种藏族人适应高原环境的特殊基因，它对于人类预防和治疗高原病将产生划时代的意义。

2010-05-15 超级抗原神七太空育种获新突破

4 个超级抗原生物菌种搭载神七成功进行太空育种，是我国在空间生物医药领域上的又一次重大突破。

2010-05-17 海藻多糖空心胶囊高技术产业化项目

"海藻多糖空心胶囊"是秦皇岛药用胶囊有限公司与中国科学院海洋研究所合作开发的高技术产品。其研究成果《一种海藻多糖空心胶囊原料组合物及空心胶囊的制备方法》和《一种 K—卡拉胶的制备方法》现已取得国家发明专利证书。

2010-06-02 我科学家发现一种能清除病原微生物的蛋白分子

我国医学免疫学国家重点实验室主任、第二军医大学免疫学研究所所长曹雪涛院士首次发现了一种被称为 Lrrfip1 的蛋白分子，能够在免疫细胞内识别入侵的病原微生物 DNA 和 RNA，进而通过一种非经典的信号转导通路激活免疫细胞产生干扰素以迅速清除病原微生物。该研究为人们深入认识免疫系统如何抗御病原微生物感染的机制和抗感染免疫药物的设计提出了新方向。

2010－07－20　国内首个高压氧舱应急系统研制成功

第三军医大学大坪医院历经三年研制的多人高压氧舱应急系统获得国家发明专利。这一发明，填补了国内空白，大坪医院也由此成为国内第一家拥有医用空气加压氧舱应急系统的单位。

2010－08－09　一次实验即可达到 HLA 分型最高分辨率

深圳华大基因研究院应用新一代测序技术，只需通过一次实验就能够读取数千份样本的 HLA 序列数据，并一次性达到 HLA 分型的最高分辨率，同时还可发现新的等位基因。在检测通量、数据质量、成本控制等方面都有质的飞跃。

2010－08－16　我国首例"人工肌肉"植入萎缩下肢手术成功

国内首例"人工肌肉"植入小儿麻痹患者萎缩下肢的手术，在北京潞河医院宣告成功。

2010－09－03　X 射线技术突破有望使 CT 检查更安全简便

中国科学技术大学吴自玉研究员领导的北京同步辐射装置和合肥国家同步辐射实验室联合成像科研小组，在 X 射线相位衬度成像研究领域取得重大突破，其研究成果克服了医学 X 射线 CT 技术应用 X 射线相位衬度成像方法的障碍，为形成更加快速、灵敏度更高、更安全的 X 射线相位 CT 技术奠定了基础。这项研究成果被誉为"近 20 年来 X 射线成像研究取得的重大突破"。

2010－10－28　昆明动物所转基因动物研究取得新成果

由中国科学院昆明动物研究所季维智研究员领导的研究小组发表关于非人灵长类转基因动物的研究论文 Transgenic rhesus monkeys produced by gene transfer into early–cleavage–stage embryos using a simian immunodeficiency virus–based vector。这项研究成果不仅是我国首例获得成功的转基因猕猴研究，同时也标志着昆明动物研究所在非人灵长类转基因动物研究方面达到了世界领先水平，为未来人类重大疾病的非人灵长类动物模型的深入研究奠定了基础。

2010－11－23　纳米抗菌剂能有效对付细菌耐药性

中国国家纳米科学中心中科院纳米生物效应与安全重点实验室蒋兴宇研究组的赵玉云博士及其合作者，在研究中利用纳米抗菌剂对抗有了耐药性的细菌，取得进展。

2010－12－01　我国发现一例世界首报人类染色体异常核型

石河子大学新疆地方与民族高发病重点实验室高级实验师李露霞发现了一例罕见的人类染色体异常核型。这一研究发现为人类染色体异常目录数据填补了一项空白，为医学遗传学的基础研究提供了新的理论依据，并将对临床产前诊断、优生优育工作，提高社会人口素质具有一定的医学应用价值和社会效益。

2010－12－03　我学者首次揭示心房颤动发生新"奥秘"

由哈尔滨医科大学"重大心脏疾病基础研究"973 项目首席科学家杨宝峰院士领衔的科研团队，在国际上首次发现临床最为常见的心律失常类型——心房颤动发生的新机理及微小核苷酸—328 调控心房颤动的发生。该项研究对心房颤动的诊治有着重大意义，为心脏疾病领域的生物医药产业的创新研发奠定了基础。

2010－12－13　于常海研发一流基因芯片检测技术

于常海教授与他的研发团队研发出全球一流的基因芯片检测技术，为快速测试各种病毒带来福音。

2010－12－15　维甲酸 X 受体四聚体构象的天然小分子首次被发现

中科院上海药物研究所沈旭课题组与蒋华良及胡立宏课题组合作，博士研究生张海涛与周蓉（华东理工大学药学院联合培养硕博生）等发现天然产物 Danthron 是 RXRa 特异性拮抗剂，并获得了 RXRa－LBD/Danthron 复合物晶体，成功解析了其结构。该成果将为 RXR 拮抗剂的设计筛选提供新的重要研究思路。

2010－12－16　新型口蹄疫疫苗在哈研制成功

由中国农业科学院哈尔滨兽医研究所于力研究员率领的课题组通过三年攻关，在国内率先研制成功了针对我国目前流行的血清型口蹄疫病毒样颗粒缺损腺病毒表达疫苗，通过论证。

2010－12－17　农林大学重大科技专项中药材 GAP 技术取得突出成效

由福建农林大学工业原料林研究所承担的福建省科技重大专项"福建中药材 GAP 技术平台及示范基地建设"专题"福建省中药材 GAP 示范基地建设"通过验收。

2010－12－30　抗病毒天然免疫研究取得新进展

武汉大学舒红兵研究组在抗病毒天然免疫研究领域再获突破。研究组发现了蛋白激酶 GSK3 在病毒感染后，调控在病毒感染诱导 I 型干扰素表达中起重要作用的另一个蛋白激酶 TBK1。GSK3 引起 TBK1 的寡聚化和磷酸化，导致 TBK1 的激活。这一发现为了解病毒感染诱导 I 型干扰素表达及抗病毒天然免疫的分子调控过程作出了新贡献。

5 新能源产业类

2010-02-22 新一代LED日光灯驱动芯片

华润矽威科技（上海）有限公司推出新一代LED日光灯驱动芯片PT4207。通过采用革新的架构，PT4207可实现85VAC—265VAC全电压范围的LED照明产品，占空比最高可达100%，以保证系统的高效能。

2010-04-27 我国研制出第一件110万千瓦核电半速发电机转子

国内首件110万千瓦核电半速发电机转子，正式通过鉴定。这标志着我国已具备自主生产超大型核电半速发电机转子的能力。

2010-04-27 松花江流域梯级电站开发取得重大进展

由东北电网公司投资建设的松江河梯级双沟水电站两台单机140兆瓦发电机组成功试运行72小时后，正式投产发电。这标志松花江流域梯级电站开发取得重要进展。

2010-04-28 我国有能力自主设计制造百万千瓦超大型水电机

我国完全有能力自主设计制造出单机容量超过三峡机组的100万千瓦超大型水轮发电机组，并将可能首先应用于位于金沙江下游的两个西电东送骨干电源——乌东德、白鹤滩巨型水电站。

2010-04-29 亚洲最长跨海输电线路开机架线 创多项世界纪录

舟山至大陆的220千伏联网工程正式开机架线。这项工程因跨度直线距离长达2 756米，被誉为"亚洲第一跨海输电线路"。这项跨海输电工程的建设，创造了中国乃至世界电网建设史上多项纪录。两基370米输电高塔，分别位于宁波凉帽山、舟山大猫山，为全球输电铁塔第一高；高塔重达5 999吨，为世界铁塔第一重；大跨越耐张段长6 215米，为世界之最。

2010-05-04 三峡世界最大地下水电站蜗壳安装全部完成

世界上最大的地下水电站——三峡地下电站6台70万千瓦机组的蜗壳安装施工已全部完成，至此地下电站机组埋件安装基本结束，并将转向机组本体安装工作。

2010-05-05 中国西电1 100千伏断路器研制获突破

中国西电为国家特高压后续工程研制的1 100千伏GIS用断路器，成功通过了非对称条件下、满容量63kA短路电流的开断试验。该试验项目是1 100kV～63kA断路器研发中技术难度最高的试验项目，其通过标志着中国西电开关设备的研制技术取得重大突破。

2010-05-05 宝新能源200亿打造全国最大海上风电场

宝新能源规划中的125万千瓦的海上风电场有望成为全国最大的海上风电场。该项目是宝新能源下一步的发展重点，将建成为中国海上风电场的示范基地和行业新标准。有望成为全国最大的海上风电场。

2010-05-07　中国首台自主制造第三代核电压力容器项目开工

中国第一重型机械集团公司承制的中国首台国产化AP1000反应堆压力容器——三门核电2号机组压力容器在中国一重大连核电石化事业部开工制造。这也是中国制造企业首次尝试制造成套的第三代核反应堆压力容器，对于AP1000第三代核电技术完全国产化意义重大。

2010-05-11　浓度低于1%煤矿瓦斯照样能发电

由胜利油田胜动集团自主研发生产的通风瓦斯氧化技术及60 000m³/时煤矿乏风氧化装置通过鉴定，该技术的诞生意味着中国在世界上率先将瓦斯吃干榨净，为煤炭行业节能减排开辟了新空间，应用和推广前景十分广阔。

2010-05-18　我国自主设计建造中国先进研究堆实现首次临界

由中国原子能科学研究院自主研发、设计和建造的中国先进研究堆，实现首次临界。该堆具有世界先进水平，它的建成为我国核科学研究及核技术开发应用提供了一个重要的科学实验平台，也是我国核科学技术研究能力达到较高水平的重要标志。

2010-05-21　全球首个"巨无霸"圆柱形锂离子电池问世

由天津大学和北京天路能源有限公司联合研制成功一种超大容量圆柱形单体400Ah锂离子电池。该项成果系统地研究并解决了圆柱形动力锂离子电池在正负极材料匹配、工艺配方优化和电池内部结构设计等方面存在的关键技术问题，为大容量、高安全性、长寿命新型动力电池的研究开辟了一条新途径，具有国际先进水平。

2010-06-03　钻石膜LED新技术大规模应用于LED路灯上

中国钻石科技中心，提出了一种号称超级LED的类钻石技术。目前该技术已经大规模应用在LED路灯上。

2010-06-18　南昌研发出全球最高光效LED路灯

南昌高新区企业晶和照明有限公司成功推出光效为108.6LM/W的大功率LED路灯、隧道灯。经过国家电光源检测中心检测，这是目前全球最高光效的商品化LED大功率路灯。该款灯具的成功开发，表明我自主研发的LED路灯、隧道灯具技术已经走在世界同行的前列。

2010-07-02　清华同方LED产品性能参数已达到国际先进水平

清华同方LED产品性能参数达到国际先进水平，十分优异，完全满足高端LED芯片产品的技术需求。清华同方在LED领域取得的竞争优势不仅给中国LED企业带来示范作用，更成为了中国彩电行业掌握产业链话语权的典范。

2010-07-02　国内多晶硅生产技术获重大突破

河南南阳迅天宇硅品有限公司研制的物理法制备太阳能级多晶硅全流程工艺贯通通过鉴定。这项技术的研发成功，是在太阳能级多晶硅生产技术领域取得的重大突破，填补了国际上没有专门面向光伏产业多晶硅工业技术的空白。

2010-07-06　我国最大海上风电示范项目并网发电

我国最大的海上风电场——上海东海大桥100兆瓦海上风电场全部机组并网发电，该项目具有我国完全自主知识产权。

2010-07-21　我国转换率21.1%的太阳能电池调试成功

我国首条转换率高达21.1%的薄膜太阳能电池调试成功。本次中试线调试成功标志着普尼在产业化方面又向前迈进了一大步。

2010-07-21　我国自主研发出中温太阳能真空集热管和集热器

由我国完全自主研发的"中温太阳能真空集热管和中温真空管集热器"通过鉴定。这两项科技成果是我国太阳能热利用领域的一次重大技术革新，填补了全玻璃真空太阳能集热管在150℃温区的技术空白，达到了国际领先水平。

2010-07-21　实验快堆实现首次临界

是日上午9点50分，中国实验快堆（CEFR）达到首次临界，这是我国第一座快中子反应堆，也是本世纪全球首座实现临界的快堆。该反应堆由中核集团中国原子能科学研究院自主研发，是我国核电领域的重大自主创新成果，其成功临界意味着我国第四代先进核能系统技术实现了重大突破。我国也成为继美、英、法等国之后，世界上第8个拥有快堆技术的国家。中国原子能科学研究院院长赵志祥表示，我国首座快堆的成功临界是我国核能技术开发、核科技创新的巨大成就，对促进我国核电的可持续发展和先进核燃料循环体系的建立具有极为重要的意义，对世界快堆技术的发展也是重要贡献。

2010-07-22　国产容量最大的换流变压器在西安研制成功

国产容量最大的换流变压器在中国西电集团公司研制成功，各项性能指标满足国家标准和技术协议的要求，其技术性能达到了国际领先水平。

2010-07-27　我国最大薄膜电池太阳能光电幕墙并网发电

安装面积为2 500平方米的浙江正泰太阳能科技有限公司C厂房非晶—微晶双结薄膜电池太阳能光电幕墙，

是我国国内已建成的最大薄膜电池太阳能光电幕墙,实现了并网发电。

2010-08-06 我国第四代燃料电池核心技术获突破

由黑龙江省科技厅组织的专家组对哈尔滨工业大学孙克宁教授科研团队完成的"中温固体氧化物燃料电池的集成研发"项目进行了成果鉴定。该项目独立开发出的"流延共烧结技术",实现了我国在固体氧化物燃料电池大面积电池基片制备核心技术方面的突破,单体电池的功率及功率密度以及节能环保等方面技术达到国际先进水平,综合水平国内领先。

2010-08-10 特变鲁缆试制成国内最高电压500kV交联电缆样品

国内最高电压等级YJLW03290/500kV 1×1 600mm² 交联电缆样品大长度试制成功,该产品性能达国际上同类产品水平要求,极大满足了电力工业的发展需求,后期挂网运行成功后将填补国内空白,打破500kV电缆产品一直依靠进口国外产品的现状。

2010-08-15 国产特高压直流换流阀打破技术垄断

由国家电网公司中国电力科学研究院自主研制的世界首个"±800千伏/4750安特高压直流换流阀"通过鉴定。该设备整体技术指标处于国际领先地位,具有完全自主知识产权,并已具备规模化生产和工程应用条件。

2010-08-18 我国首台深井探测机器人研制成功

由武桥重工和上海交大历时7年联合研制的中国首台深井探测机器人,在四川锦屏水电站地区海拔2 000米地下岩层实验成功。此项成果的成功研制,标志着中国对地下深层复杂地质环境的研究取得了突破性进展,填补了国内深井地应力测量空白,创造了全球领先水平。

2010-08-21 我超深井钻井成功率100%

由中石化组织的研究团队历经4年,在"超深井钻井技术研究"领域获得重大突破:钻井周期平均缩短20%以上,部分地区缩短周期50%以上,成功率达100%,形成了一套独特的超深井钻井关键技术,标志着我国超深井钻探技术已达国际先进水平。

2010-08-22 超低功耗LED保护芯片在芜湖研制成功

由安徽问天量子公司自主研制的功耗仅为0.1微瓦的LED保护芯片在芜湖研制成功,并获得国家实用新型专利。它解决了一直以来困扰LED照明行业的模组化连接方式,大大降低了LED灯具的成本,为LED照明进入普通百姓家庭铺平道路。

2010-08-23 邑昇研发无眩光导光管照明新技术

邑昇实业研发的导光管照明新技术与LED光源相结合,发展出节能减碳产品,能提供有别于一般灯具的无眩光照明。

2010-08-27 中国自产LED照明芯片突破外国垄断

由清华大学集成光电学国家重点实验室与江苏北极皓天科技有限公司合作开发的、具有自主知识产权的大功率半导体照明(LED)生产项目在江苏宜兴开工建设。这项技术生产的LED芯片首次突破国外半导体照明专利对中国的垄断,并可在国内大规模推广生产。

2010-09-01 赛维LDK三项目顺利通过科技成果鉴定

赛维LDK承担的《生产100cm×100cm多晶硅锭的工艺与设备研究》等三个项目,通过鉴定。该研究成果达到了国际领先水平,取得了显著的成效。特别是依据此项目生产出的100cm×100cm多晶硅锭,是世界上第一个800kg多晶硅锭也是最大的多晶硅锭。《从多晶硅线切割废浆料中回收硅》项目、《硅块机加工过程中的硅粉回收》项目的综合水平也已达到国际先进。这三个项目的鉴定成功,表明赛维LDK在降低多晶硅生产成本与能耗、提高生产效率与材料利用率、在技术创新与应用等方面有了进一步突破。

2010-09-03 我国实现固体氧化物燃料电池系统独立发电

华中科技大学燃料电池研究开发中心以电扇和灯泡为负载实现了固体氧化物燃料电池(SOFC)系统的独立发电。该独立发电系统在我国尚属首次,尽管还有待完善,但表明我国有能力在不远的将来赶上国际先进水平,实现SOFC技术的产业化。

2010-09-06 我国研发出国际领先的LED照明散热技术

重庆海虹科技有限责任公司研发的"灯珠散热器低温直焊技术"(LTS)可彻底解决困扰LED照明领域多年的散热难题。通过该技术可以大幅度提高LED灯具的光效和使用寿命,导热性能将提高10倍以上。

2010-09-15 胜利钻井院高频扭转冲击破岩工具井下试验成功

胜利油田钻井院研制的高频扭转冲击破岩工具在胜利油田高890—24井进行了井下试验获得成功。该工具试验井段2 517米至2 620米,井下工作时间14小时,平均机械钻速提高72.78%,打破国外技术垄断,填补了国内技术空白。

2010-09-16 首台最高电压等级变压器保定天威研制成功

河北保定天威保变电气股份有限公司研制的世界首台最高电压等级的ODFPS—一千兆伏安/一千千伏特高压交流变压器,通过试验,各项性能指标均达到国际领先水平。该产品的研制成功，是中国重大电力装备制造业发展的一次重大突破。

2010-09-27　三安光电推出6款新LED产品芯片技术领先国内

三安光电推出的六款LED芯片新产品较2009年产品相比光效呈现近20%的提升，产品稳定性及其他各项技术指标均有明显改善，具备国内领先、国际先进的优势，新产品的推出进一步缩短我国LED新型光源产业与国外先进国家或地区的差距；而且有利于推动全社会节能降耗减排，缓解国内能源危机；带动LED产业链发展，提升我国LED产业的国际综合竞争力。

2010-10-04　可燃冰钻探取心工具现场试验成功

天然气水合物钻探取心关键技术研究，在渤海南岸、黄河三角洲东北部的埕岛海域成功进行了现场取样。可燃冰钻探取心技术的突破，将拉开我国可燃冰商业开发的帷幕。

2010-10-15　我国深水半潜式钻井平台设计和建造技术取得重要突破

863计划海洋技术领域"3 000米水深半潜式钻井平台关键技术研究"课题通过验收，该课题在深水半潜式钻井平台设计和建造技术方面取得了重要进展，部分关键技术成果达到国际领先水平。平台的设计与建造对实现我国石油工业由浅水向深水的跨越发展、保障我国能源战略安全、促进我国重大装备制造业的发展等均具有重要意义。

2010-10-21　我国单台功率最大海上风力发电机下线

国内首台5兆瓦永磁直驱海上风力发电机下线暨海上风力发电技术与检测国家重点实验室授牌仪式在湖南湘潭电机股份有限公司举行，这是我国风电产业发展史上的重要里程碑，标志着湖南在大型风电装备制造领域跻身世界前列。

2010-10-21　聚光光伏发电关键技术完成突破

河南中光学集团研究从光学角度解决太阳能发电成本过高的问题，即聚光光伏发电技术，已完成关键技术的攻关，转化率可达26%。

2010-10-22　首次"风电短路"试验成功

西北电网公司成功设计并组织了330千伏敦煌—桥东线路人工单相短路试验。本次试验在国内尚属首次。

2010-10-24　中国核电站"神经中枢"研发取得重大突破性进展

中国具有自主知识产权的核安全级数字化控制平台研制成果在北京发布，标志着中国在核电站"神经中枢"——核电数字化仪控系统领域的研发取得重大突破性进展。该平台的各项性能指标均达到或超过了国外同类产品，填补了国内空白。

2010-10-27　煤基清洁能源国家重点实验室通过建设计划论证

煤基清洁能源国家重点实验室建设计划通过可行性论证。该实验室以煤基能源的清洁转化和利用技术为研究方向，以大型煤气化及IGCC发电技术、煤基二氧化碳捕集技术、煤的清洁燃烧发电技术、煤制氢及燃料发电技术为重点研究内容，定位准确。

2010-10-28　EILog成套装备在酒东水平井测井成功　我国自行研发

中国石油测井公司吐哈事业部在玉门油田酒东探区应用EILog成套装备首次在水平井进行测井作业，取得一次成功。由中国石油测井公司自行研发的具有自主知识产权的测井成套装备，其成像测井功能精度达国际同类装备先进水平。

2010-10-29　七二二所成功研发真空断路器

七二二所成功研发出真空断路器设备。该装置集系统电参量的测量、开关驱动及自动控制、远程遥控功能、系统监控及保护等功能于一体，能够融入变电站综合自动化系统中，不仅能实时监测电网参数，并且可对电气设备提供各种保护功能。

2010-10-30　我国自主研发的火电厂脱硝催化剂面市

由华北电力大学专家与江苏峰业电力环保集团万德电力环保有限公司合作研发的我国自主研发的火电厂脱硝催化剂正式推向市场，有望改变国内火电脱硝催化剂技术完全依赖进口的局面，推动我国这一产业进入自主研发、量化生产的新阶段。

2010-11-01　河北尚义2.5MW风光互补光伏电站已成功运行

河北尚义风电场的国华2.5MW风光互补并网发电站成功运行。该项目的成功运行，不仅可以有效地利用当地丰富的太阳能资源，还能够缓解当地用电紧张局面，改善局部电网构成，具有良好的社会、经济、环境等综合效益。

2010-11-03　国内首台CMMT2—25C煤矿用锚索钻车下线

中国煤炭科工所属太原研究院自主开发研制的国内首台CMMT2—25C煤矿用锚索钻车成功下线，并通过验收。该产品研制成功填补了国内在锚索快速支护技术领域的空白，积极促进和推动了煤矿巷道支护技术的发展。

2010-11-03　我国核电站安全级数字化仪控技术获重大突破

由国家能源核电站数字化仪控系统研发中心发布的

由国内企业独立研发、具有完整自主知识产权的核电站安全级数字化控制平台，标志着我国核电数字化仪控研发上取得了突破性进展。该平台的设计和开发严格遵循核安全法规和标准的相关要求，各项性能指标均达到或超过了国外同类产品，填补了国内空白。

2010-11-03　我国太阳能光伏产业关键设备国产化重大突破

中国电子科技集团公司48所承担的电子信息产业发展基金《多晶硅铸锭炉开发及产业化》项目及《大口径闭管高温扩散/氧化设备》项目通过验收，实现我国太阳能光伏产业关键设备国产化的重大突破。该设备的研制成功，是我国太阳能光伏产业关键设备实现国产化的一次重大突破，解决了我国大规模生产多晶硅锭的技术瓶颈，满足国内对该设备的迫切需求。

2010-11-09　世界首条太阳能LED路灯系统启用

世界首条大规模、大功率的跟踪式太阳能LED路灯系统，在重庆大足县迎宾大道正式启用。该系统全长4.3公里，由300台自动跟踪式平板太阳能LED路灯组成，路灯电源可实现二氧化碳零排放。

2010-11-10　世界最大的燃煤电厂CO_2捕集装置通过技术成果鉴定

由中国华能集团公司完成的"燃煤电厂12万吨/年CO_2捕集装置研制及工程示范"项目通过鉴定。该项目技术成果大幅度提高了我国燃煤电厂CO_2捕集的技术水平，标志着我国已自主掌握燃煤电厂大规模CO_2捕集的关键技术，为我国CO_2减排奠定了重要基础。

2010-11-18　扬州LED照明攻克世界难题

扬州一家民营企业自主研发超高度照明灯具，已将LED照明高度增至50米，该新产品已通过2000质量管理体系论证、CE认论、CCC国家强制性认证，以及国家光电检测所的检测。

2010-11-25　青海格尔木大型光伏发电站并网成功

青海省格尔木200MW大型荒漠光伏电站并网投运，标志着青海省发展太阳能发电产业迈出了关键的一步。

2010-11-26　"沼气二次发酵装置"通过科技成果鉴定

由天津市德盛源环境工程有限公司研发的"大型连体沼气二次发酵装置"通过鉴定。该项目技术国内领先，具有较高的应用和推广价值。

2010-12-08　安徽电网首条220千伏风力发电输电线路贯通

安徽电网首条线路全长近15千米、新建铁塔57基、220千伏风力发电输电线路——滁州市220千伏宝桥变电站至220千伏龙安风电升压变电站输电线路实现全线贯通，为当地经济发展提供了强有力的电力保障。

2010-12-10　新型被动式自呼吸纯甲醇燃料电池问世

由中科院长春应用化学研究所研制的一种采用纯甲醇进料方式的被动式自呼吸直接甲醇燃料电池，在长春问世。

2010-12-16　我国首台特高压交流升压变压器转换技术取得重大突破

由国家电网公司会同五大发电集团公司，以及特变电工沈阳变压器集团公司联合研制的我国首台特高压交流升压变压器通过验证，这标志着我国特高压直接升压转换技术取得重大突破。

2010-12-16　国产大型提升机智能闸控系统运行良好

国产化大型提升机机电成套及新型智能闸控系统在神华宁煤、焦煤集团成功运行，实现了我国在此方面零的突破。

2010-12-18　杰生电气研发深紫外LED生产线投产

国内首条波长280纳米的深紫外LED生产线在青岛杰生电气有限公司建成并投产，标志着我国半导体照明产业的发展水平实现质的飞跃。这是深紫外LED在国内首次实现商业化量产。

2010-12-18　红沿河核电1号机组反应堆压力容器研制成功

由中国第一重型机械集团公司承制的我国首台完全自主开发的红沿河核电站1号机组核反应堆压力容器各项技术指标全部满足要求，标志着我国百万千瓦级核岛主设备的制造完全实现国产化，具备了为我国核电建设标准化、批量化、规模化发展提供成套装备的能力。

2010-12-20　高效高压三相异步电动机研究取得多项成果

由湘潭电机股份有限公司承担的"十一五"国家科技支撑计划"工业电机及典型泵阀节能关键技术研究"重点项目中"高效高压三相异步电动机的研究"课题取得多项阶段性成果。

2010-12-21　我国首座乏燃料后处理中试厂热试成功

我国第一座动力堆乏燃料后处理中间试验工厂——中核四〇四中试工程热调试取得成功。热调试的成功，实现了核燃料闭式循环的目标，有力地推动了核燃料产业及核电的快速发展，为我国先进后处理工程技术的开发提供了重要的研究实验平台，标志着我国已掌握了动力堆乏燃料后处理技术。

2010-12-23　黑龙江电力公司四大项目荣获黑龙江省政府科学技术进步奖

根据《黑龙江省科学技术奖励办法》，黑龙江电力公司《基于智能电网的数字化技术的电能量采集与控制系统的研究和应用》项目荣获省政府科学技术进步一等奖，《电力电缆在线负荷余量预测报警系统》、《风电场接入黑龙江电网运行分析研究》、《地下车库生态庭院的园林景观规划营建模式研究》等三个项目荣获省政府科学技术进步三等奖。

2010-12-24　我国新一代"人造太阳"实验装置年度实验获多项突破

我国新一代"人造太阳"实验装置、世界首个全超导托卡马克（EAST）2010年度实验圆满结束，获得1兆安等离子体电流、100秒1500万度偏滤器长脉冲等离子体、大于30倍能量约束时间高约束模式等离子体、3兆瓦离子回旋加热等多项重要实验成果。中科院专家指出，2010年度实验取得这些重要成果大大推进了 EAST 实现其总体科学目标的进程；实验中广泛开展的国际合作，使 EAST 已成为国际上最重要的高参数长脉冲等离子体物理实验平台。

2010-12-28　我国建成全球首台百万千瓦空冷机组

全球首个百万千瓦超超临界空冷发电机组项目——华电集团宁夏灵武二期工程正式投产发电。作为我国百万千瓦机组空冷技术装备自主国产化示范项目，机组节水率高达80%，彻底改变我国空冷机组技术、设备依赖进口的历史。该项目的实施，对于加速推进我国大型电站空冷系统国产化实施进程，确保我国富煤、贫水地区电力工业的可持续发展具有重要的标志意义。

2010-12-28　我国首台自主化"虚拟核电站"上岗

我国首台自主开发的百万千瓦级核电站全范围模拟机在福建宁德核电站通过性能测试，正式投入使用，标志着我国核电在自主设计、自主制造、自主建设、自主运营的道路上又迈出了重要的一步，在我国核电发展史上具有里程碑意义。

2010-12-28　深紫外 LED 材料和应用研究取得重要突破

"十一五"国家863计划新材料技术领域重大项目"半导体照明工程"课题"深紫外 LED 制备和应用技术研究"在高铝组分材料研究和器件应用方面取得重要突破。本课题的实施提升了我国在引领未来的 LED 前沿技术领域的国际竞争力，有利于我国半导体照明技术的持续发展。

2010-12-29　中核集团成立核电技术服务公司搭建专业化平台

中核核电技术服务有限公司在武汉揭牌成立。这意味着在核电大发展的新时期，中核集团将向核电市场提供更专业的技术支持和服务，也标志中核集团在核电技术服务产业规模化道路上迈出了坚实一步。

2010-12-30　我成功研制直流大电流比例自校准装置

由中国计量科学研究院承担的科技部科技基础性工作专项项目"直流大电流测量技术研究"通过鉴定。该课题自主研制的5KA 直流大电流比例自校准装置具有国际领先水平，填补了国内在高耗能工业生产和科学研究领域量值溯源和传递的空白。

2010-12-31　葛洲坝安装的缅甸水津水电站首台机组试运行成功

由中国葛洲坝集团股份公司负责机电设备设计、供货与安装任务的缅甸水津水电站首台机（4号机）成功完成72小时试运行。

6

航空航天产业类

2010-04-27 我国首次自主完成直升机先进旋翼系统疲劳评定

中航工业直升机设计研究所自主完成钛合金桨毂中央件和复合材料桨叶等第三代直升机先进旋翼系统关键部件的疲劳评定工作。这在我国还属首次,彻底改变了我国对国际先进直升机旋翼系统疲劳评定技术的依赖。此次疲劳评定的完成,标志着我国直升机旋翼系统疲劳寿命设计能力取得重大突破,将加速推进我国直升机国产旋翼系统的自主研发,大大缩短我国与国外先进水平在这一领域的差距。

2010-06-07 我国第四颗北斗导航卫星准确进入地球静止轨道

西安卫星测控中心对我国第四颗北斗导航卫星顺利实施了第2批次轨道位置捕获控制,卫星成功定点于东经84.6°赤道上空,准确进入地球静止轨道。

2010-07-20 航天科工上半年重点型号试验成功率达100%

中国航天科工集团公司在2010年上半年,航天科工型号科研生产势头良好,飞行试验成功率大幅提升,国家重点型号试验成功率达100%。

2010-08-02 嫦娥一号激光高度计科学数据填补世界空白

2007年11月28日至2008年10月24日,嫦娥一号卫星激光高度计在环月轨道上累计开机3 309小时,共获取912万点有效全月面三维高层数据,特别是月球南北两极的高程数据,填补了世界空白。同时,嫦娥一号卫星激光高度计拍摄了我国第一张全月球三维图,圆满完成了探测任务。由中国科学院上海技术物理研究所王建宇、舒嵘研究员与上海精密光学与机械研究所陈卫标研究员领导的科研团队共同研制的激光高度计元部件全部由我国自行设计生产,具有完全的自主知识产权和鲜明的设计特色,是我国第一个上天的激光有效载荷,其主要任务是获取月球表面三维立体影像。

2010-08-05 第五颗北斗导航卫星成功进入预定轨道

我国在西昌卫星发射中心用"长征三号甲"运载火箭成功发射第五颗北斗导航卫星。卫星送入太空预定转移轨道后,西安卫星测控中心先后发送上千条遥控指令,成功实施了太阳帆板展开控制、通信天线展开控制、远地点发动机点火变轨控制等一系列高难度控制。

2010-09-05 我国成功发射"鑫诺六号"通信广播卫星

我国在西昌卫星发射中心用"长征三号乙"运载火箭,成功将"鑫诺六号"通信广播卫星送入太空,并将接替鑫诺三号开展工作。它的成功发射,将进一步改善我国广播电视的直播条件,丰富广大人民群众特别是边远山区群众的文化生活。同时,对防灾减灾、国家安全等诸多领域也具有重要意义。

2010-09-19 首架"滨海造"直升机即将振翅蓝天

中航直升机天津基地首架"滨海造"直升机即将总

装完毕，计划国庆节之后试飞。首架总装的直升机为轻型民用直升机，可广泛应用于飞行培训、抢险救护、旅游观光等领域。

2010-10-01　嫦娥二号成功发射，探月工程二期揭幕

随着嫦娥二号10月1日18时59分57秒在西昌卫星发射中心成功升空，中国探月工程二期揭开序幕。作为工程二期的技术先导星，嫦娥二号的主要任务是为嫦娥三号实现月面软着陆开展部分关键技术试验，并继续进行月球科学的探测和研究。起飞约25分钟后，火箭把卫星送入近地点高度200千米、远地点高度约38万千米的地月转移轨道。这标志着我国成功突破直接地月转移轨道发射技术。

2010-10-21　中国首颗皮卫星完成全部预定任务

我国在酒泉卫星发射中心用长征二号丁运载火箭成功将"遥感卫星十一号"送入太空，并同时搭载发射了浙江大学研制的两颗"皮星一号A"卫星。785秒之后，星箭成功分离入轨。"皮星一号A"卫星以每96分钟绕地球一周的速度平稳运行，完成了全部预定任务。

2010-10-27　我国载人空间站工程正式启动实施

我国载人空间站工程已正式启动实施，2020年前后将建成规模较大、长期有人参与的国家级太空实验室。我国载人空间站工程分为空间实验室和空间站两个阶段实施。2016年前，研制并发射空间实验室，突破和掌握航天员中期驻留等空间站关键技术，开展一定规模的空间应用；2020年前后，研制并发射核心舱和实验舱，在轨组装成载人空间站，突破和掌握近地空间站组合体的建造和运营技术、近地空间长期载人飞行技术，并开展较大规模的空间应用。

2010-11-01　我国成功发射第六颗北斗导航卫星

我国在西昌卫星发射中心用长征三号丙运载火箭成功将第六颗北斗导航卫星送入太空，这是我国2010年连续发射的第4颗北斗导航系统组网卫星。北斗卫星导航系统是目前全球卫星导航系统四大供应商之一，是中国独立发展、自主运行的全球卫星导航系统，同时也是国家正在建设的重要空间信息基础设施。北斗系统的建设，促进了全球卫星导航领域的合作发展，推动了全球卫星导航系统的技术进步。

2010-11-25　我国成功发射中星—20A通信广播卫星

中国在西昌卫星发射中心用"长征三号甲"运载火箭，将"中星—20A"通信广播卫星成功送入太空预定轨道。"中星—20A"卫星是中国卫星通信集团有限公司研制的一颗通信广播卫星，主要用于传输话音、数据和广播电视等任务。该星的成功发射，将为中国卫星通信与广播电视提供更好的服务。

2010-12-15　航天永磁直驱风机研制获突破性成果

由中国航天科技集团公司一院控股的万源国际公司成功树立起2.0兆瓦航天永磁直驱风机的样机。该样机顺利通过产品和设计符合性、质量归零及举一反三验收评审。

2010-12-17　四维图新喜获卫星导航定位科学技术奖等三项荣誉

四维图新凭借动态交通信息服务技术研发与产业化项目喜获"2010年卫星导航定位科学技术奖"，同时四维图新还荣获"推进我国卫星导航定位产业发展做出突出贡献单位"及"二〇一〇年度社会责任先进单位"三个企业奖项。

2010-12-18　长三甲火箭成功发射第七颗北斗导航卫星

以"金牌火箭"著称的长征三号甲运载火箭在西昌卫星发射中心点火升空。火箭飞行832.1秒后，成功将第七颗北斗导航卫星送入太空预定转移轨道，圆满完成任务。至此，2010年我国共进行了15次成功发射，创历史新高，而这样的发射密度在国际上已与美俄相当。

2010-12-28　中国C919大型客机复材部段研制取得重大突破

由中航工业西飞国际研制生产的C919大型客机中央翼、襟翼及运动机构部段样件正式下线，标志着中国自主研发的C919大型客机复材部段研制取得重要进展。

中国高技术产业发展年鉴(2011)

基础数据篇

Basic Data

CHINA HIGH-TECH INDUSTRY DEVELOPMENT ALMANAC (2011)

2010 年 1–12 月分行业高技术产业增加值　　　　　　　　　　　　　　　　　　　　　　　　　　　　　%

名称	增加值（当年价）	
	本月同期增长	本月累计同期增长
全国规模以上工业总计	13.5	15.7
高技术产业合计	13.4	16.6
一、信息化学品制造	36.9	30.3
二、医药制造业	14.8	15.1
其中：化学药品制造	14.2	14.4
中成药制造	11.3	14.0
生物、生化制品的制造	10.3	14.9
三、航空航天器制造	15.9	13.9
1. 飞机制造及修理	17.1	14
2. 航天器制造	3.8	11.5
四、电子及通信设备制造业	14.6	17
1. 通信设备制造	12.9	8.7
其中：通信传输设备制造	1.9	20.5
通信交换设备制造	26.2	5.4
通信终端设备制造	8.2	12.3
移动通信及终端设备制造	5.2	8.0
2. 雷达及配套设备制造	36.9	24.8
3. 广播电视设备制造	10.2	20.1
4. 电子器件制造	21.4	28.8
电子真空器件制造	20.5	24.8
半导体分立器件制造	21.4	29.2
集成电路制造	15.6	23.7
光电子器件及其他电子器件制造	24.7	32
5. 电子元件制造	11.5	16.9
6. 家用视听设备制造	13.1	14.6
7. 其他电子设备制造	14.5	20.0
五、电子计算机及办公设备制造业	5.5	15.7
1. 电子计算机整机制造	-9.9	0.6
2. 计算机网络设备制造	11.9	14.7
3. 电子计算机外部设备制造	35.8	42.3
4. 办公设备制造	7.6	19.1
六、医疗设备及仪器仪表制造业	15.6	18.4
1. 医疗设备及器械制造	-1.8	12.2
2. 仪器仪表制造	23.0	20.5
七、公共软件服务	0.0	0.0
八、其他	21.9	9.4

备注：第七类公共软件服务未统计。

2010年1-12月分行业高技术产业总产值

名称	总产值（当年价）			
	本月/亿元	同期增长/%	本月累计/亿元	同期增长/%
全国规模以上工业总计	71 552.30	29.02	707 772.16	30.37
高技术产业合计	7 910.08	21.05	76 156.31	24.60
一、信息化学品制造	121.78	69.74	1 089.30	51.33
二、医药制造业	1 271.32	29.45	11 933.82	27.07
其中：化学药品制造	602.46	25.74	5 952.75	24.59
中成药制造	287.52	23.98	2 587.05	25.83
生物、生化制品的制造	133.98	22.81	1 314.16	29.74
三、航空航天器制造	239.31	26.64	1 585.20	21.66
1. 飞机制造及修理	221.31	28.51	1 500.38	21.86
2. 航天器制造	18.00	7.49	84.82	18.35
四、电子及通信设备制造业	3 787.08	23.83	36 112.78	25.00
1. 通信设备制造	1 140.75	19.96	9 452.70	11.60
其中：通信传输设备制造	96.11	2.12	793.09	29.24
通信交换设备制造	457.80	41.55	2 817.01	6.54
通信终端设备制造	65.34	12.01	614.40	16.99
移动通信及终端设备制造	444.30	7.60	4 627.18	10.50
2. 雷达及配套设备制造	24.31	50.59	198.40	41.27
3. 广播电视设备制造	57.52	18.21	535.38	29.89
4. 电子器件制造	899.14	35.11	9 142.11	42.02
电子真空器件制造	56.02	33.33	518.67	36.17
半导体分立器件制造	75.75	35.71	745.86	42.50
集成电路制造	260.39	25.50	2 638.02	34.54
光电子器件及其他电子器件制造	506.98	40.77	5 239.56	46.67
5. 电子元件制造	1 014.88	23.05	10 599.50	27.82
6. 家用视听设备制造	485.02	15.83	4 567.74	17.73
7. 其他电子设备制造	165.46	23.86	1 616.94	28.60
五、电子计算机及办公设备制造业	1 827.89	6.81	19 689.60	20.34
1. 电子计算机整机制造	927.58	-11.23	10 081.26	4.09
2. 计算机网络设备制造	55.83	16.01	471.55	17.92
3. 电子计算机外部设备制造	761.42	40.14	8 296.65	48.02
4. 办公设备制造	83.05	10.69	840.14	25.20
六、医疗设备及仪器仪表制造业	651.09	26.61	5 664.34	29.00
1. 医疗设备及器械制造	133.08	-2.29	1 181.81	19.08
2. 仪器仪表制造	518.01	37.02	4 482.52	31.90
七、公共软件服务	0.00	0.00	0.00	0.00
八、其他	11.60	50.69	81.28	21.71

2010年1-12月分行业高技术产业新产品产值

名称	新产品产值（当年价）			
	本月/亿元	同期增长/%	本月累计/亿元	同期增长/%
全国规模以上工业总计	7 554.81	28.46	70 395.42	32.94
高技术产业合计	1 686.81	21.96	15 465.35	27.92
一、信息化学品制造	28.79	76.83	232.93	56.68
二、医药制造业	175.85	21.80	1 624.06	27.67
其中：化学药品制造	105.95	24.06	994.35	30.07
中成药制造	37.05	20.86	323.69	26.41
生物、生化制品的制造	15.34	5.62	162.98	21.13
三、航空航天器制造	75.35	25.49	630.17	33.57
1. 飞机制造及修理	70.96	33.93	605.67	35.04
2. 航天器制造	4.38	-37.88	24.50	5.35
四、电子及通信设备制造业	954.64	26.75	8 534.24	29.42
1. 通信设备制造	458.93	34.00	3 748.70	26.76
其中：通信传输设备制造	25.88	27.58	192.83	80.74
通信交换设备制造	234.70	103.52	1 354.20	62.48
通信终端设备制造	14.99	23.88	125.29	94.18
移动通信及终端设备制造	173.16	-7.44	1 997.54	5.22
2. 雷达及配套设备制造	8.93	85.20	85.20	51.37
3. 广播电视设备制造	13.64	22.55	121.54	38.74
4. 电子器件制造	165.84	46.92	1 742.86	68.97
电子真空器件制造	10.49	15.20	106.46	9.52
半导体分立器件制造	7.13	-14.61	79.89	34.36
集成电路制造	58.75	9.85	774.82	68.16
光电子器件及其他电子器件制造	89.47	113.33	781.68	88.79
5. 电子元件制造	90.37	22.07	944.35	34.87
6. 家用视听设备制造	200.11	4.69	1 728.02	5.82
7. 其他电子设备制造	16.81	0.84	163.57	27.47
五、电子计算机及办公设备制造业	334.08	5.71	3 501.40	20.75
1. 电子计算机整机制造	250.21	2.76	2 372.78	14.35
2. 计算机网络设备制造	10.73	104.14	88.72	10.82
3. 电子计算机外部设备制造	67.98	10.87	977.44	39.84
4. 办公设备制造	5.17	-13.18	62.46	37.17
六、医疗设备及仪器仪表制造业	117.08	25.92	931.60	33.21
1. 医疗设备及器械制造	20.22	-22.73	164.17	4.93
2. 仪器仪表制造	96.86	44.99	767.43	41.36
七、公共软件服务	0.00	0.00	0.00	0.00
八、其他	1.02	295.57	10.95	131.72

2010年1-12月分行业高技术产业工业销售产值

名称	工业销售产值（当年价）			
	本月/亿元	同期增长/%	本月累计/亿元	同期增长/%
全国规模以上工业总计	70 738.02	28.23	693 109.55	30.61
高技术产业合计	7 795.84	20.82	74 393.15	24.90
一、信息化学品制造	119.35	67.15	1 054.95	52.14
二、医药制造业	1 211.02	28.47	11 330.97	26.29
其中：化学药品制造	566.43	25.20	5 646.46	23.72
中成药制造	274.60	24.71	2 429.49	25.08
生物、生化制品的制造	129.22	18.20	1 245.03	27.54
三、航空航天器制造	236.65	23.40	1 480.72	16.38
1. 飞机制造及修理	220.50	26.47	1 400.08	16.49
2. 航天器制造	16.14	-7.34	80.64	14.45
四、电子及通信设备制造业	3 720.08	22.52	35 409.11	25.28
1. 通信设备制造	1 114.33	18.52	9 349.65	12.31
其中：通信传输设备制造	99.72	4.34	782.26	31.02
通信交换设备制造	464.46	43.84	2 865.77	10.23
通信终端设备制造	64.49	8.10	597.69	19.02
移动通信及终端设备制造	415.86	4.66	4 535.63	9.45
2. 雷达及配套设备制造	26.19	55.20	191.99	43.36
3. 广播电视设备制造	61.80	19.35	522.82	35.83
4. 电子器件制造	856.35	28.57	8 866.32	40.27
电子真空器件制造	56.96	40.72	506.85	36.02
半导体分立器件制造	75.19	38.78	730.82	42.35
集成电路制造	226.32	10.08	2 561.72	32.67
光电子器件及其他电子器件制造	497.89	36.11	5 066.93	44.61
5. 电子元件制造	997.09	21.68	10 403.84	28.19
6. 家用视听设备制造	497.71	21.09	4 478.90	18.87
7. 其他电子设备制造	166.61	27.24	1 595.59	31.40
五、电子计算机及办公设备制造业	1 855.84	10.20	19 527.06	21.86
1. 电子计算机整机制造	888.85	-11.94	9 980.89	5.03
2. 计算机网络设备制造	56.14	13.81	463.70	16.97
3. 电子计算机外部设备制造	822.80	50.12	8 247.08	51.30
4. 办公设备制造	88.05	13.81	835.39	23.73
六、医疗设备及仪器仪表制造业	637.46	23.70	5 511.71	29.08
1. 医疗设备及器械制造	130.39	-3.52	1 142.61	18.66
2. 仪器仪表制造	507.06	33.38	4 369.11	32.11
七、公共软件服务	0.00	0.00	0.00	0.00
八、其他	15.44	43.99	78.62	16.95

2010年1-12月分行业高技术产业出口交货值

名称	出口交货值			
	本月/亿元	同期增长/%	本月累计/亿元	同期增长/%
全国规模以上工业总计	8 663.29	18.26	90 764.34	25.37
高技术产业合计	3 456.92	14.12	37 408.22	25.11
一、信息化学品制造	21.42	60.99	258.31	61.36
二、医药制造业	80.74	1.07	908.09	19.60
其中：化学药品制造	49.62	2.22	574.80	17.59
中成药制造	4.52	-27.11	43.31	-2.19
生物、生化制品的制造	13.67	-4.35	155.03	27.92
三、航空航天器制造	18.29	-27.24	175.48	-13.48
1. 飞机制造及修理	18.27	-27.29	175.30	-13.52
2. 航天器制造	0.02	155.96	0.17	72.91
四、电子及通信设备制造业	1 830.25	19.42	19 743.41	25.96
1. 通信设备制造	480.60	13.34	4 920.98	11.39
其中：通信传输设备制造	24.37	29.87	229.25	41.85
通信交换设备制造	181.84	36.17	1 498.13	15.68
通信终端设备制造	33.33	28.56	334.57	25.49
移动通信及终端设备制造	231.16	-1.32	2 723.88	5.92
2. 雷达及配套设备制造	3.65	52.49	38.08	64.77
3. 广播电视设备制造	22.49	22.52	217.98	44.00
4. 电子器件制造	551.78	27.87	5 978.12	42.37
电子真空器件制造	31.77	63.60	268.68	63.63
半导体分立器件制造	28.65	15.37	333.23	37.38
集成电路制造	164.82	9.49	1 892.75	30.38
光电子器件及其他电子器件制造	326.54	37.93	3 483.46	48.84
5. 电子元件制造	500.39	15.26	5 628.01	25.47
6. 家用视听设备制造	204.50	20.39	2 270.28	21.16
7. 其他电子设备制造	66.83	27.83	689.96	31.56
五、电子计算机及办公设备制造业	1 402.25	9.42	15 248.64	24.40
1. 电子计算机整机制造	684.97	-15.13	7 781.40	5.07
2. 计算机网络设备制造	19.31	-3.38	209.45	15.07
3. 电子计算机外部设备制造	635.67	59.22	6 616.34	58.74
4. 办公设备制造	62.30	12.90	641.44	27.87
六、医疗设备及仪器仪表制造业	103.62	7.40	1 068.59	26.86
1. 医疗设备及器械制造	37.03	-14.30	351.61	14.28
2. 仪器仪表制造	66.60	25.01	716.98	34.10
七、公共软件服务	0.00	0.00	0.00	0.00
八、其他	0.35	2.35	5.71	48.52

2010年1-11月分行业高技术产业主营业务收入和利润

名称	主营业务收入		利润总额	
	本月累计/亿元	同期增长/%	本月累计/亿元	去年同期/%
全国规模以上工业总计	624 450.52	31.78	38 827.93	49.35
高技术产业合计	66 551.19	27.69	3 597.89	43.95
一、信息化学品制造	928.79	55.57	90.9	177.9
二、医药制造业	10 169.71	26.5	1 050.42	29.84
其中：化学药品制造	5 222.96	24.11	526.96	23.82
中成药制造	2 153.6	25.47	223.89	29.03
生物、生化制品的制造	1 062.45	30.55	153.95	41.5
三、航空航天器制造	1 152.26	25	47.09	10.77
1. 飞机制造及修理	1 084.33	24.38	42.21	7.57
2. 航天器制造	67.93	35.72	4.88	49.24
四、电子及通信设备制造业	31 543.96	28.48	1 509.28	59.23
1. 通信设备制造	8 477.39	14.92	489.1	18.85
其中：通信传输设备制造	708.17	36.93	39.06	19.67
通信交换设备制造	2 653.56	14.9	266.07	18.16
通信终端设备制造	530.12	23.85	28.07	134.11
移动通信及终端设备制造	4 099.69	9.91	130.14	7.6
2. 雷达及配套设备制造	172.81	46.1	12.12	70..22
3. 广播电视设备制造	433.9	32.52	23.82	65.76
4. 电子器件制造	7 816.69	45.23	359.27	268.9
电子真空器件制造	436.54	33.06	14.9	167.06
半导体分立器件制造	640.53	40.62	53.8	88.51
集成电路制造	2 223.56	42.62	106.66	1408.63
光电子器件及其他电子器件制造	4 516.06	48.57	183.91	118.94
5. 电子元件制造	9 210.62	32.52	443.71	63.57
6. 家用视听设备制造	4 027.49	21.53	111.63	14.94
7. 其他电子设备制造	1 405.06	29.92	69.63	41.93
五、电子计算机及办公设备制造业	17 873.84	25.11	463.58	30.31
1. 电子计算机整机制造	9 441.79	16.39	168.27	51.46
2. 计算机网络设备制造	385.7	13.97	39.83	32.37
3. 电子计算机外部设备制造	7 306.23	39.43	220.32	18.77
4. 办公设备制造	740.13	24.19	35.16	21.03
六、医疗设备及仪器仪表制造业	4 832.33	31.49	435.45	40.79
1. 医疗设备及器械制造	998.4	24.52	105.19	18.86
2. 仪器仪表制造	3 833.94	33.44	330.26	49.58
七、公共软件服务	0	0	0	0
八、其他	50.29	6.82	1.16	-47.27

2010年1—11月分行业高技术产业全部从业人员

名称	全部从业人员平均人数	
	本月累计/万人	同期增长/%
全国规模以上工业总计	9 063.29	7.83
高技术产业合计	1 043.16	11.64
一、信息化学品制造	9.83	25.38
二、医药制造业	162.58	7.99
其中：化学药品制造	78.27	6.75
中成药制造	40.18	5.51
生物、生化制品的制造	13.91	9.61
三、航空航天器制造	32.42	0.71
1. 飞机制造及修理	30.28	0.46
2. 航天器制造	2.14	4.39
四、电子及通信设备制造业	567.88	13.51
1. 通信设备制造	96.73	9.42
其中：通信传输设备制造	12.63	14.09
通信交换设备制造	20.73	10.56
通信终端设备制造	10.84	10.39
移动通信及终端设备制造	42.64	7.62
2. 雷达及配套设备制造	3.92	3.7
3. 广播电视设备制造	11.12	13.7
4. 电子器件制造	119.44	18.14
电子真空器件制造	7.1	-5.96
半导体分立器件制造	11.22	14.72
集成电路制造	30.96	15.09
光电子器件及其他电子器件制造	70.16	23.39
5. 电子元件制造	249.78	14.88
6. 家用视听设备制造	56.08	5.75
7. 其他电子设备制造	30.81	15.13
五、电子计算机及办公设备制造业	172.54	11.08
1. 电子计算机整机制造	50.99	11.82
2. 计算机网络设备制造	6.26	14.86
3. 电子计算机外部设备制造	104.82	10.6
4. 办公设备制造	10.47	10.09
六、医疗设备及仪器仪表制造业	96.71	11.06
1. 医疗设备及器械制造	24.36	9.14
2. 仪器仪表制造	72.35	11.74
七、公共软件服务	0	0
八、其他	1.21	3.42

2010 年 1－12 月分地区高技术产业总产值

	总产值（当年价）			
	本月/亿元	同期增长/%	本月累计/亿元	同期增长/%
全国	7 910.08	21.05	76 156.31	24.60
东部地区	6 443.29	18.20	64 357.81	22.81
中部地区	830.94	34.63	6 866.58	36.45
西部地区	635.85	36.46	4 931.92	33.79
北京	299.93	5.41	3 007.65	11.02
天津	210.92	20.85	2 295.63	19.79
河北	108.95	31.47	923.83	33.36
山西	25.37	0.20	249.92	26.72
内蒙古	36.59	84.93	247.31	-3.63
辽宁	172.98	28.74	1 742.33	33.45
吉林	63.28	29.28	720.73	33.22
黑龙江	63.80	30.07	373.61	21.16
上海	705.75	15.85	6 958.01	23.36
江苏	1 523.62	20.55	16 413.65	26.84
浙江	377.49	22.35	3 563.13	30.55
安徽	101.05	67.42	689.97	46.89
福建	250.26	24.53	2 630.09	31.75
江西	144.37	36.93	1 128.82	39.41
山东	471.19	16.39	5 562.21	20.99
河南	161.40	40.75	1 380.98	40.68
湖北	143.25	9.43	1 356.07	25.87
湖南	128.44	55.59	966.49	49.30
广东	2 271.61	15.88	20 914.52	19.13
广西	62.26	80.02	447.53	56.68
海南	14.00	86.41	99.45	55.53
重庆	79.10	69.88	571.35	44.90
四川	290.25	26.95	2 322.83	36.74
贵州	43.76	29.10	320.96	17.10
云南	18.39	20.77	167.99	18.01
陕西	117.76	39.17	895.10	23.50
甘肃	13.20	14.27	107.24	29.50
青海	2.44	36.63	25.36	20.03
宁夏	5.25	20.71	39.58	20.80
新疆	2.74	-33.05	27.87	17.71

2010年1-12月分地区高技术产业新产品产值

名称	新产品产值（当年价）			
	本月/亿元	同期增长/%	本月累计/亿元	同期增长/%
全国	1 686.81	21.96	15 465.35	27.92
东部地区	1 395.87	22.47	13 071.79	26.74
中部地区	87.46	14.80	802.12	39.67
西部地区	203.48	21.74	1 591.44	32.42
北京	156.21	-3.54	1 577.95	8.64
天津	123.73	37.61	1 357.92	23.19
河北	5.98	11.54	60.21	45.51
山西	3.45	-63.91	58.45	7.76
内蒙古	0.00	0.00	0.00	-99.99
辽宁	26.36	-14.05	352.09	21.69
吉林	12.06	90.24	113.21	44.08
黑龙江	4.34	36.11	32.78	16.51
上海	88.90	15.54	718.66	12.29
江苏	283.57	6.30	3 086.32	26.66
浙江	141.34	36.48	1 215.52	35.84
安徽	19.07	57.66	131.64	45.32
福建	32.35	75.13	336.88	48.56
江西	9.06	-7.21	73.02	15.07
山东	119.28	-2.28	1 256.76	19.71
河南	10.88	6.26	104.49	36.68
湖北	7.99	-26.13	125.61	33.20
湖南	20.60	45.34	162.92	83.95
广东	418.14	58.33	3 109.49	42.62
广西	4.11	19.40	37.23	46.68
海南	0.00	0.00	0.00	0.00
重庆	39.34	64.93	234.51	20.47
四川	124.75	8.36	1 037.86	32.63
贵州	10.40	51.62	64.02	19.11
云南	2.49	14.85	24.90	10.72
陕西	17.09	36.90	157.63	63.96
甘肃	2.50	85.15	14.93	29.87
青海	0.00	-17.16	0.03	72.24
宁夏	2.41	62.01	17.58	31.96
新疆	0.39	4.96	2.76	37.11

2010 年 1–12 月分地区高技术产业工业销售产值

	工业销售产值（当年价）			
	本月/亿元	同期增长/%	本月累计/亿元	同期增长/%
全国	7 795.84	20.82	74 393.15	24.90
东部地区	6 356.93	18.27	63 108.70	23.28
中部地区	815.12	33.51	6 602.81	35.96
西部地区	623.79	33.57	4 681.64	33.17
北京	287.28	0.79	2 933.18	9.75
天津	212.81	22.37	2 177.22	14.36
河北	104.67	35.95	871.36	31.07
山西	23.25	-2.75	225.05	26.25
内蒙古	32.80	90.92	221.23	-6.67
辽宁	169.47	30.29	1 708.02	34.12
吉林	61.23	28.73	687.80	34.32
黑龙江	61.51	22.84	353.55	17.07
上海	659.47	10.16	6 832.61	23.24
江苏	1 546.57	20.56	16 203.26	27.11
浙江	361.50	20.72	3 443.79	30.07
安徽	97.01	73.54	659.80	47.46
福建	245.03	21.30	2 564.04	30.55
江西	144.72	35.24	1 111.81	40.18
山东	467.77	16.70	5 463.75	20.92
河南	157.00	35.96	1 327.61	38.95
湖北	143.02	11.15	1 289.22	24.35
湖南	127.37	55.50	947.97	50.19
广东	2 256.13	18.73	20 600.82	21.49
广西	54.83	63.62	408.26	57.19
海南	13.42	75.04	89.42	46.27
重庆	79.00	68.46	549.58	44.33
四川	283.73	22.76	2 250.67	36.34
贵州	43.20	31.12	281.19	15.54
云南	18.78	44.90	153.46	21.58
陕西	115.66	30.58	851.68	21.74
甘肃	18.26	62.43	96.34	23.43
青海	1.80	-6.18	23.35	18.20
宁夏	4.91	31.84	34.13	12.75
新疆	2.79	-17.34	26.78	25.66

2010年1－12月分地区高技术产业出口交货值

	出口交货值			
	本月/亿元	同期增长/%	本月累计/亿元	同期增长/%
全国	3 456.92	14.12	37 408.22	25.11
东部地区	3 327.74	13.91	36 114.80	24.26
中部地区	61.49	10.19	618.31	31.20
西部地区	67.69	30.01	675.10	85.01
北京	85.19	-16.86	1 214.43	4.51
天津	92.09	6.97	1 074.58	18.14
河北	17.42	59.93	165.30	38.59
山西	2.83	-54.68	55.42	-1.40
内蒙古	1.45	79.96	10.99	37.83
辽宁	54.25	38.70	527.22	51.22
吉林	0.58	-65.92	6.76	8.33
黑龙江	3.44	-41.43	12.93	-32.28
上海	452.06	9.69	4 990.19	25.81
江苏	876.37	19.69	9 793.58	25.52
浙江	121.80	12.52	1 308.59	27.99
安徽	5.56	66.04	44.51	42.20
福建	127.79	16.13	1 526.26	30.33
江西	18.87	50.20	165.61	59.45
山东	113.64	-6.42	1 673.90	23.63
河南	4.85	15.83	55.49	20.92
湖北	20.05	10.03	224.04	24.58
湖南	5.30	45.08	53.56	85.76
广东	1 385.49	15.68	13 827.43	23.48
广西	5.52	28.28	60.02	62.21
海南	0.19	-39.76	2.31	-21.19
重庆	13.45	232.36	52.39	70.95
四川	36.99	10.97	457.39	108.95
贵州	2.07	120.63	12.80	23.78
云南	1.26	56.38	6.93	21.40
陕西	6.70	-11.04	69.18	36.11
甘肃	0.25	103.29	2.93	114.67
青海	0.02	420.80	0.08	75.92
宁夏	0.98	30.62	9.81	17.89
新疆	0.45	94.26	3.55	112.37

2010 年 1－11 月分地区高技术产业主营业务收入和利润

	主营业务收入		利润总额	
	本月累计/亿元	同期增长/%	本月累计/亿元	同期增长/%
全国	66 551.19	27.69	3 597.89	43.95
东部地区	56 976.69	26.26	2 899.44	42.74
中部地区	5 583.57	39.99	432.86	52.64
西部地区	3 990.93	32.93	265.59	43.94
北京	3 025.53	14.82	171.79	31.34
天津	2 110.03	22.68	85.34	7.28
河北	824.89	38.58	81.5	33.94
山西	201.49	31.55	7.72	32.87
内蒙古	200.09	-13.05	9.6	78.11
辽宁	1 467.63	39.98	73.31	87.16
吉林	540.95	38.43	50.34	21.18
黑龙江	353.65	16.55	42.85	23.84
上海	6 283.1	22.23	217.65	182
江苏	14 660.84	26.92	753.3	34.18
浙江	3 088.88	30.31	274.92	64.08
安徽	552.32	44.7	37.77	47.83
福建	2 313.37	30.86	113.94	109.64
江西	966.13	41.83	51.38	72.24
山东	4 969.69	21.03	323.57	38.11
河南	1 137.69	34.39	115.16	50.67
湖北	1 050.01	47.15	77.09	96.71
湖南	781.33	50.82	50.55	64.98
广东	18 170.79	28.51	790.85	28.53
广西	327.19	66.74	20.79	57.14
海南	61.94	18.48	13.28	23.53
重庆	456.41	41.53	25.31	7.61
四川	1 855.22	41.03	111.97	45.15
贵州	217.02	15.24	18.25	28.61
云南	130.67	23.16	16.87	21.19
陕西	652.96	25.06	42.42	101.23
甘肃	73.69	20	10.36	18.13
青海	21.57	39.43	1.11	52.05
宁夏	29.53	19.75	3.59	49.58
新疆	22.17	40.67	3.62	49.59

2010年1-11月分地区高技术产业全部从业人员

	全部从业人员平均人数	
	本月累计/万人	同期增长/%
全国	1 043.16	11.64
东部地区	838.13	11.21
中部地区	120.12	17.49
西部地区	84.91	8.1
北京	24.44	5.21
天津	21.42	15.16
河北	18.98	23.73
山西	11.75	24.34
内蒙古	2.69	7.17
辽宁	20.53	7.71
吉林	7.52	9.14
黑龙江	7.33	1.38
上海	51.76	8.1
江苏	212.31	14.54
浙江	64.31	13.32
安徽	13.82	26.56
福建	30.85	16.11
江西	21.92	23.56
山东	53.79	8.86
河南	23.57	16.57
湖北	20.63	14.99
湖南	13.59	14.59
广东	338.48	9.11
广西	9.42	13.49
海南	1.26	4.13
重庆	8.06	12.73
四川	30.37	14.69
贵州	6.7	-2.05
云南	2.65	6.43
陕西	19.81	-0.05
甘肃	3.2	4.92
青海	0.48	-4
宁夏	0.7	6.06
新疆	0.68	6.25

2010年1–12月信息化学品制造业总产值

	总产值（现价）			
	本月/亿元	同期增长/%	本月累计/亿元	同期增长/%
全国	121.78	69.74	1 089.30	51.33
东部地区	67.19	63.27	690.05	47.71
中部地区	37.40	63.91	279.32	67.91
西部地区	17.18	121.10	119.94	38.95
北京	0.79	7.01	9.23	33.08
天津	0.86	205.36	10.57	120.04
河北	7.87	66.15	86.48	33.59
山西	0.00	0.00	0.00	0.00
内蒙古	3.79	452.86	12.58	-36.27
辽宁	3.34	37.08	32.09	153.26
吉林	0.09	-54.66	3.20	66.03
黑龙江	0.02	76.18	0.20	40.57
上海	3.89	95.43	39.66	101.30
江苏	14.48	47.69	196.92	48.18
浙江	18.58	60.35	159.40	74.68
安徽	3.54	104.33	18.37	99.30
福建	2.93	27.96	27.41	15.26
江西	17.94	136.73	106.64	111.82
山东	3.69	114.62	40.32	42.42
河南	9.75	30.05	91.72	46.13
湖北	4.83	-1.62	48.30	50.69
湖南	1.23	38.12	10.89	10.01
广东	6.96	42.79	75.37	20.90
广西	0.78	42.92	8.05	20.05
海南	0.00	0.00	0.00	0.00
重庆	6.44	53.23	49.82	25.88
四川	9.37	244.48	56.17	51.53
贵州	0.16	414.83	1.37	444.36
云南	0.00	0.00	0.00	0.00
陕西	0.43	58.98	4.52	66.64
甘肃	0.00	0.00	0.00	0.00
青海	0.00	0.00	0.00	0.00
宁夏	0.00	0.00	0.00	0.00
新疆	0.00	0.00	0.00	0.00

2010年1-12月信息化学品制造业出口交货值

	出口交货值			
	本月/亿元	同期增长/%	本月累计/亿元	同期增长/%
全国	21.42	60.99	258.31	61.36
东部地区	14.81	31.15	209.27	49.01
中部地区	6.27	219.11	46.29	146.07
西部地区	0.34	595.37	2.75	232.43
北京	0.37	16.92	4.29	58.91
天津	0.08	167.22	1.40	201.56
河北	0.67	-16.82	6.94	-4.75
山西	0.00	0.00	0.00	0.00
内蒙古	0.79	1 470.80	4.30	76.03
辽宁	0.08	-69.16	12.59	926.32
吉林	0.00	0.00	0.00	0.00
黑龙江	0.00	0.00	0.00	0.00
上海	0.92	39.66	11.63	82.28
江苏	5.79	22.31	101.29	39.67
浙江	4.01	73.31	38.27	67.11
安徽	0.00	0.00	0.00	0.00
福建	0.83	124.81	7.08	87.97
江西	3.39	0.00	19.23	3 135.47
山东	0.12	-57.45	1.58	-9.52
河南	0.72	-7.29	9.09	23.83
湖北	1.81	68.46	16.28	70.94
湖南	0.35	215.30	1.68	24.62
广东	1.16	-21.32	19.91	4.75
广西	0.00	0.00	0.00	0.00
海南	0.00	0.00	0.00	0.00
重庆	0.02	12.14	0.13	7.69
四川	0.32	893.12	2.62	271.84
贵州	0.00	0.00	0.00	0.00
云南	0.00	0.00	0.00	0.00
陕西	0.00	0.00	0.00	0.00
甘肃	0.00	0.00	0.00	0.00
青海	0.00	0.00	0.00	0.00
宁夏	0.00	0.00	0.00	0.00
新疆	0.00	0.00	0.00	0.00

2010年1–12月医药制造业总产值

	总产值（现价）			
	本月/亿元	同期增长/%	本月累计/亿元	同期增长/%
全国	1 271.32	29.45	11 933.82	27.07
东部地区	719.66	25.78	7 025.32	24.98
中部地区	365.24	42.60	3 238.97	33.87
西部地区	186.43	21.21	1 669.53	23.56
北京	37.70	18.82	366.84	17.69
天津	26.23	45.55	273.35	19.79
河北	49.24	17.18	457.32	24.34
山西	11.50	52.47	106.17	30.20
内蒙古	20.09	37.39	177.44	33.58
辽宁	32.61	17.15	381.43	22.85
吉林	54.83	29.49	594.63	34.86
黑龙江	34.10	106.35	250.25	28.17
上海	41.56	13.18	413.16	14.62
江苏	138.55	34.41	1 399.05	28.64
浙江	78.21	9.59	772.21	20.66
安徽	32.84	66.56	247.17	49.19
福建	16.73	35.37	146.62	21.98
江西	54.97	46.39	454.69	31.14
山东	177.18	23.48	1 741.86	25.74
河南	90.01	39.74	790.05	40.59
湖北	43.25	14.34	432.73	29.44
湖南	43.72	44.77	363.29	23.94
广东	92.75	44.87	815.97	31.95
广西	21.67	20.78	170.87	28.62
海南	8.79	27.87	80.04	38.01
重庆	20.63	5.25	195.66	18.68
四川	67.75	34.05	635.55	30.91
贵州	23.61	26.72	180.45	18.70
云南	14.75	19.39	139.29	16.70
陕西	25.34	15.24	229.22	15.98
甘肃	5.10	-17.61	50.43	22.25
青海	2.30	69.22	23.06	20.48
宁夏	3.32	1.75	27.85	22.50
新疆	1.23	-0.23	11.02	13.46

2010年1-12月医药制造业出口交货值

	出口交货值			
	本月/亿元	同期增长/%	本月累计/亿元	同期增长/%
全国	80.74	1.07	908.09	19.60
东部地区	65.01	1.52	752.55	21.33
中部地区	10.87	6.80	113.83	23.65
西部地区	4.87	-14.28	41.71	-11.20
北京	0.34	-31.68	6.42	11.36
天津	2.68	61.99	25.82	17.23
河北	7.20	21.58	74.40	14.54
山西	0.43	-35.14	6.76	18.80
内蒙古	0.67	-10.96	6.61	21.64
辽宁	1.04	-12.85	20.45	1.68
吉林	0.36	-55.44	3.57	-1.10
黑龙江	0.63	-2.83	8.69	6.72
上海	3.33	0.23	36.92	19.73
江苏	11.61	12.25	135.81	14.63
浙江	21.21	14.45	212.74	19.99
安徽	1.64	105.33	13.39	47.44
福建	2.06	55.41	18.07	27.79
江西	1.92	-10.44	15.88	7.81
山东	8.49	-15.02	128.94	32.47
河南	1.47	33.67	16.26	33.81
湖北	3.94	21.01	42.98	30.63
湖南	0.49	-36.17	6.28	9.45
广东	6.37	-39.26	86.37	35.25
广西	0.53	122.27	3.87	1.30
海南	0.00	0.00	0.00	0.00
重庆	1.47	-51.88	11.17	-44.02
四川	1.11	33.67	10.39	20.01
贵州	0.00	0.00	0.00	-100.00
云南	0.43	-3.44	2.71	-16.21
陕西	0.27	-25.93	3.51	8.09
甘肃	0.07	2 995.56	0.59	176.71
青海	0.00	0.00	0.00	0.00
宁夏	0.94	36.58	9.25	22.90
新疆	0.04	-20.89	0.20	-20.48

2010年1-12月医疗设备及仪器仪表制造业总产值

	总产值（现价）			
	本月/亿元	同期增长/%	本月累计/亿元	同期增长/%
全国	651.09	26.61	5 664.34	29.00
东部地区	494.18	23.08	4 450.12	29.05
中部地区	108.30	44.72	850.16	33.61
西部地区	48.61	28.16	364.05	18.89
北京	40.74	22.26	299.43	19.54
天津	8.50	20.93	75.21	17.41
河北	11.36	26.55	83.05	27.88
山西	2.02	-7.91	17.76	31.64
内蒙古	0.18	52.13	1.77	107.33
辽宁	26.28	32.97	239.72	31.85
吉林	2.18	34.61	46.73	29.81
黑龙江	2.35	35.95	22.11	22.01
上海	36.26	13.63	370.25	24.45
江苏	176.93	43.76	1 631.20	39.26
浙江	73.15	32.77	640.94	26.42
安徽	15.81	42.27	110.76	39.79
福建	8.73	18.04	81.70	28.19
江西	12.57	37.87	105.69	34.54
山东	43.28	19.91	468.15	23.06
河南	30.07	48.25	209.49	35.54
湖北	14.08	5.74	133.74	5.69
湖南	29.23	88.97	203.86	57.09
广东	68.77	-12.64	558.69	19.85
广西	5.57	59.65	35.47	57.12
海南	0.00	0.00	0.00	0.00
重庆	10.99	48.39	103.72	31.10
四川	9.97	-11.12	99.43	1.80
贵州	0.53	26.26	6.33	7.19
云南	1.27	-2.04	14.89	19.00
陕西	17.73	44.43	88.22	17.74
甘肃	0.51	54.49	3.94	39.84
青海	0.13	-60.48	1.03	14.24
宁夏	1.75	81.38	9.86	14.88
新疆	0.15	-22.49	1.17	-3.25

2010 年 1-12 月医疗设备及仪器仪表制造业出口交货值

	出口交货值			
	本月/亿元	同期增长/%	本月累计/亿元	同期增长/%
全国	103.62	7.40	1 068.59	26.86
东部地区	96.00	5.64	998.92	25.95
中部地区	5.00	31.42	47.36	46.80
西部地区	2.62	45.51	22.31	31.68
北京	4.77	28.28	39.69	27.80
天津	2.58	-0.40	30.97	37.18
河北	0.74	52.32	5.03	-6.99
山西	0.02	2.32	0.08	24.93
内蒙古	0.00	0.00	0.00	0.00
辽宁	2.66	50.99	30.53	20.03
吉林	0.01	-54.46	0.85	111.29
黑龙江	0.01	187.28	0.09	-82.25
上海	11.39	5.82	138.10	32.57
江苏	33.22	41.75	327.56	32.94
浙江	13.48	19.76	129.96	24.89
安徽	1.07	7.19	10.23	25.97
福建	2.40	17.45	26.27	32.08
江西	2.48	36.26	22.30	44.76
山东	4.06	91.83	58.44	6.31
河南	0.62	36.35	6.32	40.58
湖北	0.14	120.82	1.80	75.25
湖南	0.66	53.53	5.70	151.89
广东	20.69	-36.72	212.37	18.52
广西	0.25	57.60	1.92	23.31
海南	0.00	0.00	0.00	0.00
重庆	0.75	24.83	7.81	23.62
四川	0.33	16.51	2.51	-10.98
贵州	0.00	-64.86	0.04	-31.54
云南	0.36	14.67	2.84	29.82
陕西	0.91	109.52	7.10	80.28
甘肃	0.00	0.00	0.00	-35.84
青海	0.02	420.80	0.08	75.92
宁夏	0.00	0.00	0.01	-50.16
新疆	0.00	0.00	0.00	0.00

2010年1—12月电子及通信设备制造业总产值

	总产值（现价）			
	本月/亿元	同期增长/%	本月累计/亿元	同期增长/%
全国	3 787.08	23.83	36 112.78	25.00
东部地区	3 347.48	22.92	32 506.28	23.08
中部地区	221.03	34.54	1 784.52	46.36
西部地区	218.57	27.95	1 821.98	44.55
北京	157.67	0.45	1 846.82	7.25
天津	143.83	5.44	1 665.72	17.61
河北	33.58	55.03	264.29	51.75
山西	11.28	-26.08	122.87	22.98
内蒙古	11.95	184.01	53.49	-47.27
辽宁	81.19	39.21	756.23	35.88
吉林	4.85	34.59	65.75	25.41
黑龙江	2.43	9.94	15.83	16.47
上海	257.24	31.97	2 176.04	26.65
江苏	756.52	26.43	7 980.00	33.51
浙江	151.06	27.27	1 371.76	35.97
安徽	40.84	74.81	275.09	47.92
福建	120.07	21.06	1 383.75	47.79
江西	40.78	36.62	327.05	43.26
山东	172.63	18.21	1 986.30	18.54
河南	21.45	55.65	192.85	50.38
湖北	53.67	9.54	459.04	34.61
湖南	45.72	67.98	326.04	92.01
广东	1 456.53	22.63	13 002.48	16.95
广西	22.28	101.78	165.78	69.68
海南	5.21	719.07	19.41	226.37
重庆	24.66	68.41	139.43	40.09
四川	140.42	21.51	1 197.94	45.91
贵州	4.16	-12.17	43.98	13.61
云南	1.22	306.78	5.14	96.33
陕西	21.39	9.71	228.24	34.33
甘肃	2.89	33.86	22.64	44.18
青海	0.00	-100.00	1.28	16.93
宁夏	0.17	49.96	1.87	29.28
新疆	1.36	-49.03	15.68	22.93

2010年1-12月电子及通信设备制造业出口交货值

	出口交货值			
	本月/亿元	同期增长/%	本月累计/亿元	同期增长/%
全国	1 830.25	19.42	19 743.41	25.96
东部地区	1 766.82	19.34	18 999.33	24.51
中部地区	20.04	12.76	230.74	34.00
西部地区	43.38	26.27	513.34	111.18
北京	73.97	-19.67	1 095.08	1.68
天津	81.79	10.23	937.23	23.16
河北	8.70	152.39	76.56	92.19
山西	2.39	-57.16	48.57	-3.71
内蒙古	0.00	-88.11	0.08	-16.46
辽宁	41.47	45.40	371.84	51.31
吉林	0.16	-60.71	2.22	47.56
黑龙江	0.11	-18.61	1.18	-13.49
上海	137.44	17.73	1 462.57	31.27
江苏	459.04	41.59	4 831.86	35.50
浙江	44.16	22.78	454.07	29.96
安徽	2.62	80.74	19.54	48.56
福建	68.76	22.85	918.17	58.33
江西	8.21	52.98	73.37	44.45
山东	47.29	-12.93	688.09	9.17
河南	1.97	8.96	23.08	8.53
湖北	1.02	-25.97	26.86	38.52
湖南	3.56	115.78	35.94	151.28
广东	804.02	15.73	8 161.46	18.39
广西	4.64	28.52	52.88	74.87
海南	0.19	-39.76	2.31	-21.19
重庆	0.68	82.23	4.98	17.67
四川	33.75	19.61	419.66	129.07
贵州	0.54	133.55	4.69	32.51
云南	0.43	1 916.01	1.02	535.64
陕西	2.71	75.57	23.87	30.00
甘肃	0.18	48.67	2.33	105.35
青海	0.00	0.00	0.00	0.00
宁夏	0.04	-34.54	0.56	-28.77
新疆	0.41	130.21	3.35	135.40

2010年1-12月电子计算机及办公设备制造业总产值

	总产值（现价）			
	本月/亿元	同期增长/%	本月累计/亿元	同期增长/%
全国	1 827.89	6.81	19 689.60	20.34
东部地区	1 732.06	4.62	19 032.75	19.34
中部地区	39.50	12.34	373.20	25.18
西部地区	56.33	173.43	283.65	147.22
北京	48.89	5.74	409.91	17.28
天津	8.27	-11.99	100.63	-0.02
河北	2.49	47.91	19.95	77.34
山西	0.51	116.18	2.47	45.80
内蒙古	0.57	293.41	2.03	15.13
辽宁	12.51	48.57	126.67	53.28
吉林	0.17	-52.88	6.80	19.83
黑龙江	0.75	-36.75	6.93	-19.76
上海	359.74	5.76	3 922.95	21.73
江苏	429.38	1.26	5 141.63	13.83
浙江	56.34	9.07	615.92	28.39
安徽	2.62	73.31	11.33	46.88
福建	99.77	27.26	963.10	18.16
江西	4.98	21.30	50.37	56.91
山东	73.36	-3.84	1 313.46	17.33
河南	2.11	33.81	26.59	41.98
湖北	22.60	4.95	234.09	14.51
湖南	5.76	23.86	34.63	80.56
广东	640.73	3.48	6 416.51	22.25
广西	11.65	810.05	65.30	167.69
海南	0.00	0.00	0.00	0.00
重庆	16.27	2 619.93	81.65	684.67
四川	26.78	55.95	124.74	81.49
贵州	0.06	-69.23	0.75	-58.68
云南	1.15	-9.94	8.67	10.35
陕西	0.41	444.09	2.53	65.74
甘肃	0.00	0.00	0.00	0.00
青海	0.00	0.00	0.00	0.00
宁夏	0.00	0.00	0.00	0.00
新疆	0.00	0.00	0.00	0.00

2010 年 1－12 月电子计算机及办公设备制造业出口交货值

	出口交货值			
	本月/亿元	同期增长/%	本月累计/亿元	同期增长/%
全国	1 402.25	9.42	15 248.64	24.40
东部地区	1 376.15	8.69	15 054.98	24.22
中部地区	15.44	2.74	163.65	19.50
西部地区	10.66	3 286.75	30.02	1 871.66
北京	5.32	-1.36	62.15	59.13
天津	4.66	-37.12	76.61	13.06
河北	0.10	-55.38	2.37	32.72
山西	0.00	0.00	0.00	0.00
内蒙古	0.00	0.00	0.00	0.00
辽宁	7.68	42.95	79.12	69.17
吉林	0.00	0.00	0.00	0.00
黑龙江	0.00	-100.00	0.01	-99.87
上海	298.17	6.49	3 332.77	23.17
江苏	363.61	-1.00	4 367.93	15.61
浙江	38.93	-3.09	472.30	28.48
安徽	0.22	149.99	1.17	65.67
福建	52.11	5.65	533.48	2.57
江西	2.12	3.89	29.32	63.05
山东	53.66	-1.93	795.62	39.71
河南	0.00	0.00	0.00	0.00
湖北	12.99	7.04	132.68	17.74
湖南	0.11	-36.83	0.48	-60.00
广东	551.90	20.97	5 332.63	32.57
广西	0.10	-66.16	1.36	-2.26
海南	0.00	0.00	0.00	0.00
重庆	10.53	0.00	28.28	285 010.08
四川	0.00	0.00	0.02	0.00
贵州	0.00	0.00	0.00	0.00
云南	0.03	61.89	0.35	192.63
陕西	0.00	0.00	0.00	0.00
甘肃	0.00	0.00	0.00	0.00
青海	0.00	0.00	0.00	0.00
宁夏	0.00	0.00	0.00	0.00
新疆	0.00	0.00	0.00	0.00

2010年1-12月航空航天器制造业总产值

	总产值（现价）			
	本月/亿元	同期增长/%	本月累计/亿元	同期增长/%
全国	239.31	26.64	1585.20	21.66
东部地区	82.27	43.59	648.17	28.26
中部地区	59.34	-7.13	339.50	16.17
西部地区	97.70	44.16	597.53	18.24
北京	14.14	-9.06	75.42	10.20
天津	23.23	584.33	170.15	66.16
河北	4.40	16.24	12.73	29.36
山西	0.05	-35.75	0.64	10.11
内蒙古	0.00	0.00	0.00	0.00
辽宁	17.03	-3.04	206.12	27.68
吉林	1.16	41.45	3.63	-10.76
黑龙江	24.14	-11.72	78.20	7.87
上海	6.79	101.02	34.11	61.47
江苏	7.69	41.56	63.98	17.95
浙江	0.07	32.39	0.71	65.58
安徽	5.40	84.67	27.24	24.43
福建	2.02	51.25	27.50	-26.17
江西	13.11	-23.87	84.38	14.49
山东	1.04	-12.37	12.11	49.80
河南	7.88	11.50	69.47	26.49
湖北	4.83	11.62	48.17	23.42
湖南	2.78	-32.63	27.78	8.69
广东	5.85	4.30	45.35	7.68
广西	0.31	7.43	2.06	47.19
海南	0.00	0.00	0.00	0.00
重庆	0.10	-6.29	1.06	30.53
四川	31.43	13.81	175.81	9.83
贵州	15.23	54.24	88.08	16.81
云南	0.00	0.00	0.00	0.00
陕西	50.04	73.65	324.94	24.08
甘肃	0.59	-44.80	5.58	-3.74
青海	0.00	0.00	0.00	0.00
宁夏	0.00	0.00	0.00	0.00
新疆	0.00	0.00	0.00	0.00

2010年1-12月航空航天器制造业出口交货值

	出口交货值			
	本月/亿元	同期增长/%	本月累计/亿元	同期增长/%
全国	18.29	-27.24	175.48	-13.48
东部地区	8.92	5.80	97.18	-25.25
中部地区	3.87	-45.17	16.45	-13.40
西部地区	5.50	-43.01	61.84	14.93
北京	0.42	-7.06	6.80	5.19
天津	0.29	52.74	2.55	-92.87
河北	0.00	-100.00	0.00	15.79
山西	0.00	0.00	0.00	0.00
内蒙古	0.00	0.00	0.00	0.00
辽宁	1.32	-34.06	12.70	35.62
吉林	0.05	-90.03	0.12	-83.05
黑龙江	2.69	-40.18	2.97	-37.11
上海	0.81	51.85	7.58	59.75
江苏	3.08	43.24	28.36	38.44
浙江	0.00	-48.15	0.06	43.11
安徽	0.01	-22.81	0.18	-25.51
福建	1.63	61.92	23.20	-30.24
江西	0.75	-36.73	5.51	26.30
山东	0.02	140.56	1.23	1 375.00
河南	0.07	47.07	0.75	16.17
湖北	0.16	-50.15	3.44	-20.27
湖南	0.13	-74.44	3.48	-12.69
广东	1.35	-35.14	14.69	-25.71
广西	0.00	0.00	0.00	0.00
海南	0.00	0.00	0.00	0.00
重庆	0.00	333.33	0.01	47.06
四川	1.16	-69.11	19.06	-12.47
贵州	1.52	118.58	8.07	19.72
云南	0.00	0.00	0.00	0.00
陕西	2.81	-45.82	34.70	37.26
甘肃	0.00	0.00	0.01	-47.71
青海	0.00	0.00	0.00	0.00
宁夏	0.00	0.00	0.00	0.00
新疆	0.00	0.00	0.00	0.00

2010年1-12月高技术产业投资情况（一）

指标	计划总投资/万元	完成投资/万元	新增固定资产/万元	施工项目个数/个	新开工项目个数/个	投产项目个数/个
制造业合计	1 739 478 928	732 344 918	467 984 943	149 020	104 095	87 866
其中：高技术	193 115 098	73 515 969	43 102 585	10 628	6 616	5 228
一、按隶属关系分						
中央	19 628 949	5 085 852	1 902 008	287	110	66
地方	173 486 149	68 430 117	41 200 577	10 341	6 506	5 162
二、按建设性质关系分						
新建	128 988 045	41 356 232	21 957 704	5 349	3 145	2 322
扩建	25 391 672	11 805 964	7 721 781	2 152	1 345	1 193
改建	28 751 708	13 859 151	8 479 045	2 982	2 069	1 648
三、按注册类型关系分						
内资	141 433 707	55 322 474	31 596 396	8 974	5 724	4 467
其中：私营	27 955 921	13 582 660	9 502 391	3 342	2 343	1 922
港澳台商	24 726 366	7 507 284	4 827 149	706	401	284
外商投资	26 868 342	10 617 681	6 646 299	920	468	455
个体经营	86 683	68 530	32 741	28	23	22
四、按地区分						
北京	8 292 726	1 522 243	404 974	109	37	26
天津	6 493 575	2 221 274	1 996 807	183	100	91
河北	7 873 161	2 281 891	1 269 804	335	223	168
山西	2 413 962	527 545	168 678	104	56	49
内蒙古	1 474 155	569 833	265 962	76	57	51
辽宁	10 667 913	4 829 164	2 076 874	350	228	166
吉林	3 887 774	2 235 707	1 492 358	349	287	227
黑龙江	2 740 132	1 231 956	856 289	186	129	112
上海	8 889 264	2 358 343	851 416	189	75	54
江苏	28 252 759	14 008 394	9 807 333	1454	969	918
浙江	7 095 924	1 860 292	987 413	673	293	203
安徽	8 721 862	4 198 312	1 492 892	721	479	356
福建	4 533 161	1 638 114	918 902	308	173	88
江西	9 697 517	4 740 201	3 755 044	746	465	483
山东	12 835 003	5 903 423	2 948 357	802	490	362
河南	10 589 328	3 891 019	2 270 394	694	500	381
湖北	8 487 251	2 824 069	1 620 777	491	330	284
湖南	4 778 371	2 326 802	1 280 223	631	471	297
广东	20 541 794	5 031 988	2 660 988	736	385	222
广西	2 564 068	935 592	532 543	271	180	148
海南	568 708	79 293	11 720	12	3	1
重庆	4 722 610	1 949 753	464 114	200	131	105
四川	8 790 546	3 546 726	3 966 817	441	235	218
贵州	773 764	203 126	86 720	96	66	41
云南	1 237 497	308 744	95 500	90	45	24
西藏	78 636	16 489	11 920	16	3	9
陕西	4 086 517	1 752 091	622 761	217	110	94
甘肃	1 495 364	347 489	109 486	98	66	32
青海	117 009	45 179	41 671	11	5	6
宁夏	132 952	47 607	8 482	13	5	3
新疆	281 795	83 310	25 366	26	20	9

2010年1-12月高技术产业投资情况（二）

指标	计划总投资/万元	完成投资/万元	新增固定资产/万元	施工项目个数/个	新开工项目个数/个	投产项目个数/个
六、按行业分						
（一）核燃料加工	638 739	144 479	7 862	8	6	3
（二）信息化学品制造	7 673 340	2 601 239	1 972 310	256	150	110
（三）医药制造业	42 727 683	19 074 426	10 735 802	4 086	2 615	2 068
其中：化学药品制造	17 113 299	7 198 951	3 519 601	1 288	784	596
中成药制造	8 298 372	3 646 694	2 069 298	867	537	409
生物、生化制品的制造	8 198 974	3 645 543	1 886 801	669	405	313
（四）航空航天器制造	15 046 905	2 658 448	2 005 644	186	73	62
1. 飞机制造及修理	13 308 358	2 197 886	1 790 798	140	55	50
2. 航天器制造	1 299 427	344 195	23 360	31	12	4
3. 其他飞行器制造	439 120	116 367	191 486	15	6	8
（五）电子及通信设备制造业	91 743 173	33 045 545	16 696 250	3 874	2 402	1 857
1. 通信设备制造	12 995 724	4 382 857	2 468 284	560	329	239
其中：通信传输设备制造	3 309 193	1 329 683	815 243	149	90	66
通信交换设备制造	590 406	257 562	105 226	49	35	14
通信终端设备制造	667 448	331 314	295 322	53	27	22
移动通信及终端设备制造	6 651 117	1 522 345	526 637	146	73	45
2. 雷达及配套设备制造	914 818	240 900	376 682	22	14	8
3. 广播电视设备制造	1 457 787	580 971	230 724	98	60	40
4. 电子器件制造	47 270 370	15021401	5 871 661	974	584	427
电子真空器件制造	1 052 289	432753	284579	76	47	43
半导体分立器件制造	5 259 016	1310822	512427	122	75	51
集成电路制造	13 512 803	4 875 523	1 408 118	201	114	91
光电子器件及其他电子器件制造	27 446 262	8 402 303	3 666 537	575	348	242
5. 电子元件制造	16 702 788	8 095 404	5 606 638	1 515	984	816
6. 家用视听设备制造	3 423 424	1 449 792	714 308	182	103	82
7. 其他电子设备制造	8 978 262	3 274 220	1 427 953	523	328	245
（六）电子计算机及办公设备制造业	11 607 313	5 876 733	4 864 652	382	213	169
1. 电子计算机整机制造	3 017 615	1 161 999	435 330	69	39	22
2. 计算机网络设备制造	1 544 225	627 863	240 617	60	30	31
3. 电子计算机外部设备制造	6 426 514	3 866 262	4 057 243	215	124	99
4. 办公设备制造	618 959	220 609	131 462	38	20	17
（七）医疗设备及仪器仪表制造业	17 163 644	8 087 367	5 751 088	1 539	994	837
1. 医疗设备及器械制造	3 984 936	2 067 235	1 433 534	438	291	226
2. 仪器仪表制造	13 178 708	6 020 132	4 317 554	1101	703	611
（八）公共软件服务	6 514 301	2 027 732	1 068 977	297	163	122

2010 年 1 – 12 月高技术产业资金来源情况（一） 万元

指标	资金来源小计	国家预算内资金	国内贷款	债券	利用外资	自筹资金	其他
制造业合计	772 624 412	4 710 100	81 027 547	287 945	26 500 929	637 770 730	22 327 161
其中：高技术	77 463 958	862 506	9 850 666	24 286	6 400 820	57 513 560	2 812 120
一、按隶属关系分							
中央	4 975 553	298 103	1 116 358	22 936	2 691	3 334 213	201 252
地方	72 488 405	564 403	8 734 308	1 350	6 398 129	54 179 347	2 610 868
二、按建设性质关系分							
新建	43 644 578	536 352	5 821 371	860	3 070 845	32 513 890	1 701 260
扩建	12 689 396	180 168	2 249 396	490	841 740	8 933 181	484 421
改建	14 556 285	115 270	1 362 595	22 936	1 033 150	11 561 812	460 522
三、按注册类型关系分							
内资	58 654 420	674 279	8 254 712	24 286	225 472	47 277 325	2 198 346
其中：私营	14 362 703	12 438	1 009 115	0	59 644	12 854 649	426 857
港澳台商	7 748 564	126 920	728 417	0	2 424 418	4 259 233	209 576
外商投资	10 990 822	61 307	867 537	0	3 750 930	5 909 730	401 318
个体经营	70 152	0	0	0	0	67 272	2 880
四、按地区分							
北京	1 624 834	54 770	241 469	0	175 639	1 096 046	56 910
天津	2 139 209	781	279 845	0	296 122	1 499 944	62 517
河北	2 904 511	7 130	225 693	0	51 309	2 561 550	58 829
山西	845 712	4 889	14 190	300	2 135	808 801	15 397
内蒙古	571 592	860	77 200	0	0	452 322	41 210
辽宁	5 197 806	16 990	438 620	500	880 491	3 721 830	139 375
吉林	2 234 745	2 737	42 579	0	60 539	2 109 768	19 122
黑龙江	1 299 355	4 349	34 295	490	18 648	1 212 520	29 053
上海	2 015 474	92 471	374 756	0	294 780	1 187 621	65 846
江苏	13 968 163	57 200	1 422 367	0	2 743 777	9 609 037	135 782
浙江	2 004 741	1 550	248 751	0	165 564	1 547 629	41 247
安徽	3 702 959	11 509	633 735	60	45 259	2 981 615	30 781
福建	1 724 419	69 353	244 415	0	200 067	1 054 430	156 154
江西	4 903 537	105 462	289 313	0	285 166	3 907 972	315 624
山东	6 216 410	21 842	435 748	0	293 933	5 100 157	364 730
河南	3 845 842	119 050	368 284	0	103 102	3 078 895	176 511
湖北	3 252 978	30 576	666 235	0	53 752	2 410 597	91 818
湖南	2 401 582	32 256	151 535	22 936	37 027	2 082 002	75 826
广东	6 061 728	65 090	1 229 747	0	649 242	4 056 256	61 393
广西	948 191	724	119 277	0	9 995	807 110	11 085
海南	78 544	7 400	3 691	0	0	30 999	36 454
重庆	2 649 753	25 483	1 685 304	0	2 494	701 598	234 874
四川	3 735 156	61 140	374 550	0	10 333	2 893 179	395 954
贵州	248 854	21 984	32 145	0	546	189 070	5 109
云南	332 536	127	78 246	0	0	247 463	6 700
西藏	16 733	2 180	4 000	0	0	10 103	450
陕西	2 003 905	34 163	68 322	0	20 400	1 721 736	159 284
甘肃	360 168	7 260	62 504	0	500	274 419	15 485
青海	45 179	0	1 000	0	0	37 579	6 600
宁夏	42 543	0	1 350	0	0	41 193	0
新疆	86 799	3 180	1 500	0	0	80 119	2 000

2010年1-12月高技术产业资金来源情况（二）　　　　　　　　　（单位：万元）

指标	资金来源小计	国家预算内资金	国内贷款	债券	利用外资	自筹资金	其他
六、按行业分							
（一）核燃料加工	145 389	0	48 463	0	0	89 898	7 028
（二）信息化学品制造	2 660 019	1 500	338 846	0	49 724	2 216 022	53 927
（三）医药制造业	20 991 278	71 816	1 913 331	550	552 108	17 757 069	696 404
其中：化学药品制造	8 461 352	27 935	989 016	0	310 936	6 848 241	285 224
中成药制造	3 821 195	7 685	266 134	0	48 109	3 383 034	116 233
生物、生化制品的制造	3 964 130	9 277	413 923	0	144 096	3 245 573	151 261
（四）航空航天器制造	2 470 393	300 277	57 209	0	50 949	1 954 153	107 805
1. 飞机制造及修理	2 035 765	235 855	51 702	0	15 163	1 635 000	98 045
2. 航天器制造	316 423	46 752	5 507	0	3 086	251 318	9 760
3. 其他飞行器制造	118 205	17 670	0	0	32 700	67 835	0
（五）电子及通信设备制造业	34 574 649	440 208	5 830 889	23 236	4 428 395	22 747 716	1 104 205
1. 通信设备制造	4 839 640	137 474	310 219	0	196 527	4 079 382	116 038
其中：通信传输设备制造	1 360 665	102 162	83 733	0	44 089	1 112 124	18 557
通信交换设备制造	306 158	0	16 025	0	0	284 514	5 619
通信终端设备制造	319 883	715	35 979	0	30 183	25 1404	1 602
移动通信及终端设备制造	1 892 619	13 097	115 678	0	61 553	1 620 184	82 107
2. 雷达及配套设备制造	257 600	1 724	25 560	0	0	227 473	2 843
3. 广播电视设备制造	575 926	1 533	15 573	0	48 514	492 692	17 614
4. 电子器件制造	15 872 762	193 094	4 286 338	0	2 157 749	8 577 431	658 150
电子真空器件制造	460 612	0	20 802	0	26 065	406 348	7 397
半导体分立器件制造	1 249 817	300	273 145	0	215 967	685 541	74 864
集成电路制造	5 114 197	89 655	1 725 802	0	992 614	2 072 935	233 191
光电子器件及其他电子器件制造	9 048 136	103 139	2 266 589	0	923 103	5 412 607	342 698
5. 电子元件制造	8 059 500	38 622	626 372	22 936	1 725 961	5 416 786	228 823
6. 家用视听设备制造	1 425 437	4 838	160 329	0	145 289	1 076 499	38 482
7. 其他电子设备制造	3 543 784	62 923	406 498	300	154 355	2 877 453	42 255
（六）电子计算机及办公设备制造业	5 682 569	3 867	835 905	0	866 859	3 538 054	437 884
1. 电子计算机整机制造	1 133 502	949	116 811	0	185 564	468 680	361 498
2. 计算机网络设备制造	671 005	0	30 220	0	70 941	542 877	26 967
3. 电子计算机外部设备制造	3 656 402	2 918	680 414	0	564 381	2 362 394	46 295
4. 办公设备制造	221 660	0	8 460	0	45 973	164 103	3 124
（七）医疗设备及仪器仪表制造业	8 803 695	25 733	616 320	0	287 189	7 504 611	369 842
1. 医疗设备及器械制造	2 230 272	2 281	170 730	0	47 622	1 935 685	73 954
2. 仪器仪表制造	6 573 423	23 452	445 590	0	239 567	5 568 926	295 888
（八）公共软件服务	2 135 966	19 105	209 703	500	165 596	1 706 037	35 025

问 卷 调 查

为使《中国高技术产业发展年鉴》更具针对性,更好地服务于广大读者,《中国高技术产业发展年鉴》编辑部特进行此次调查。您的宝贵意见和建议将成为我们改进《中国高技术产业发展年鉴》的重要参考材料,请您在您认为合适的答案的标号上打"√",我们对您的回答将予以保密,我们期待能收到您填写完整的问卷,诚挚地感谢您的信任、支持和无私贡献。(本问卷复印有效,若不做特殊说明,所有问题都是单选题)

一、基本情况:

1. 性别:(1) 男　　　　　　(2) 女
2. 您的年龄?
(1) 45 岁及以下　　　(2) 46 – 60 岁(包括 60 岁)　　　(3) 61 岁以上
3. 您的文化程度?
(1) 大学　　　　　　(2) 硕士　　　　　　(3) 博士
4. 您从事的工作类型:
(1) 产业研究人员　　(2) 企业管理人员
(3) 政府决策人员　　(4) 其他(请注明)_____

二、问卷具体内容

1. 对于《中国高技术产业发展年鉴》,您觉得:
(1) 非常好　　(2) 好　　(3) 一般　　(4) 不好　　(5) 非常不好
2. 您觉得《中国高技术产业发展年鉴》中最值得阅读的部分是?
(1) 产业发展篇　　(2) 地区发展篇　　(3) 海外篇
(4) 政策法规篇　　(5) 大事记录篇　　(6) 基础数据篇
3. 您最希望《中国高技术产业发展年鉴》加强哪部分内容?
(1) 产业发展篇　　(2) 地区发展篇　　(3) 海外篇
(4) 政策法规篇　　(5) 大事记录篇　　(6) 基础数据篇
4. 您对《中国高技术产业发展年鉴》有何建议?_____

再次感谢您的参与和支持!